BIBLIA para
nuevos creyentes™

Nuevo Testamento

primeros pasos para nuevos cristianos

Nueva
Traducción
Viviente

Tyndale House Publishers, Inc.
Carol Stream, Illinois

Visite las emocionantes páginas de Tyndale Español en Internet:
www.nuevatraduccionviviente.com y www.tyndaleespanol.com

Colaboradores de la obra en inglés:

Editor general: Greg Laurie
Editora de Harvest Ministries: Karen Dagher
Editor asistente de Harvest Ministries: Danny Bond
Editor de Tyndale House: Steve Benson
Diseñadores gráficos: Timothy R. Botts y David Riley Associates

Greg Laurie además de ser evangelista, autor y pastor también es presidente de Harvest Ministries. Harvest Ministries
auspicia Harvest Crusades (Cruzadas de Cosecha). Estas cruzadas son eventos públicos evangelísticos con el propósito de presentar el mensaje de Jesucristo en un ambiente no religioso. Harvest Crusades comenzaron en 1990 y
son conocidas por su ambiente informal, su música contemporánea, y un mensaje directo y sencillo dirigido por Greg
Laurie. Hasta la fecha, cerca de un millón y medio de personas han asistido a estas cruzadas no denominacionales.
Si desea más información acerca de Harvest Ministries o las cruzadas, escriba a Harvest Ministries, P.O. Box 4000,
Riverside, CA 92514-4000, o llame al (951) 687-6595. En Internet diríjase a http://www.harvest.org.

Las notas de estudio y las secciones de lectura © 2002, 2009 Greg Laurie. Todos los derechos reservados.
Traducción al español: Alicia Bruchez, traducción adicional Omar Cabral y Adriana Powell. Edición en español:
Rafael Serrano y Moisés Castaño.

Las fotografías de las páginas 145, 181 y 247 © Photodisc; páginas 103 y 191 © BrandX; páginas 143 y 205 ©
Getty Images; página 179 © Dex Images; página 295 © Digital Vision; página 331 © Alamy. Todos los derechos
reservados.

La fotografía de la página 67 es cortesía de Phil Comfort. Todos los derechos reservados.

Esta Biblia compuesta en ojo *Lucerna*, diseñado por Brian Sooy & Co. exclusivamente para Tyndale House
Publishers, Inc. Todos los derechos reservados.

Publicado originalmente en inglés en 1996 como *New Believer's Bible New Testament* por Tyndale House
Publishers, Inc., con ISBN 978-0-8423-4005-2.

ISBN 978-1-4143-2641-2
ISBN 978-1-4143-3432-5 (Harvest ed.)

Impreso en los Estados Unidos de América

15 14 13 12 11 10 09
 7   6   5   4   3   2   1

Contenido

NUEVO TESTAMENTO

ÍNDICES Y TABLAS

¡Felicitaciones! En tus manos tienes el libro más vendido en la historia de la humanidad: la Biblia. Nos fue dada por Dios hace miles de años. Aunque la Biblia ha existido por siglos, la sabiduría y el conocimiento que contiene siguen siendo pertinentes hoy. Todo lo que necesitas saber acerca de Dios y la vida se encuentra en las páginas de este libro. Es el «manual de la vida» que todos hemos estado buscando.

La Biblia no sólo nos enseña acerca de la vida. También nos muestra cómo tener una relación *personal* con el mismo Dios que inspiró este libro. Esta Biblia en particular contiene notas explicativas que han sido preparadas especialmente para ayudarte a entender, descubrir y profundizar la relación personal que Dios quiere disfrutar contigo.

Quizá todavía no crees en Jesucristo, pero quieres aprender más acerca del cristianismo, o deseas ser creyente, pero no sabes cómo llegar a serlo. En el *Nuevo Testamento de la Biblia para nuevos creyentes* encontrarás una sección titulada: «Cómo puedes conocer a Dios» (pág. A9). Allí descubrirás la manera de establecer una relación con Jesús que cambiará tu vida.

Tal vez acabas de comenzar en la fe cristiana y eres un nuevo creyente. Ahora aprenderás cómo establecer un buen fundamento para tu fe y tu caminar con Dios en los años siguientes.

Quizá ya eres un creyente maduro en tu fe. En estas páginas recibirás frescura y aliento al repasar los fundamentos de la fe y la vida cristiana.

SECCIONES PRINCIPALES

El *Nuevo Testamento de la Biblia para nuevos creyentes* contiene cuatro secciones de lectura: «Piedras angulares», «Primeros pasos», «En marcha» y «Grandes preguntas». Cada una de estas secciones (excepto «Grandes preguntas») está compuesta de dos clases de notas: *notas preliminares* y *notas en el contexto*. Las *notas preliminares* se encuentran al principio del Nuevo Testamento y se componen de uno o dos párrafos con dos a ocho puntos numerados. Estos puntos te dirigen a los pasajes en la Escritura que hablan de esos temas y también a las *notas en el contexto* que los acompañan. («Grandes preguntas» tiene una lista de preguntas con el número de las páginas donde puedes encontrar las *notas en el contexto* que responden a esas preguntas).

Primera sección: Piedras angulares: Las piedras angulares —bloques de piedra— eran usadas tradicionalmente para poner el fundamento de un edificio. De la misma manera, las «Piedras angulares» de esta lectura te ayudan a edificar un fundamento sólido para tu fe. Aquí aprenderás acerca del carácter de Dios, la vida de Jesús, y la labor del Espíritu Santo en la vida del creyente. «Piedras angulares» también contiene enseñanzas vitales sobre los aspectos esenciales del carácter cristiano que se desarrollan y se nutren por una relación personal con Jesucristo. Algunos de estos aspectos son: el amor, el perdón, la pureza, la honestidad, el discernimiento, la paz y el gozo.

Segunda sección: Primeros pasos: La frase *primeros pasos* trae a la mente la imagen de un niñito que está dando sus primeros pasos sin apoyo. Como un niño pequeño, en cierto modo, los nuevos creyentes en Cristo tienen que aprender a caminar. Esto es porque la vida cristiana, para la mayoría, es una manera de vivir completamente nueva. Para ayudarte a aprender a vivir esta nueva vida, la sección de lectura «Primeros pasos» te da valiosos y edificantes consejos para crecer en tu fe. Aquí aprenderás la importancia de cómo estudiar la Biblia, cómo orar, cómo encontrar la iglesia adecuada, resistir la tentación y buscar la voluntad de Dios para tu vida.

Tercera sección: En marcha: ¿Cómo aplico la Palabra de Dios a mi vida diaria? Esta es una de las preguntas más frecuentes acerca de la Biblia. La sección «En marcha» contesta esta pregunta. Aquí vas a descubrir cómo poner tu fe en acción. Verás lo que la Biblia dice acerca de temas importantes como el matrimonio, la crianza de los hijos, las prioridades, las conversaciones y el trabajo. Al ayudarte a aplicar los principios de la Biblia en estos aspectos de tu vida, «En marcha» te lleva al próximo nivel de la vida cristiana, viviendo día a día.

Cuarta sección: Grandes preguntas: La vida nos presenta situaciones apremiantes que nos obligan a hacer preguntas difíciles. Por ejemplo, podrías preguntarte por qué un Dios bueno permite que te suceda algo malo —como el cáncer. O tal vez te preguntes por qué Jesús es el único camino a Dios. ¿Acaso las otras religiones no son buenas? En la sección de lectura de «Grandes preguntas» verás lo que la Biblia dice acerca de asuntos difíciles. Todo, desde los estilos de vida alternativos hasta la segunda venida de Cristo, está cubierto aquí.

SECCIONES ADICIONALES

En la parte posterior del *Nuevo Testamento de la Biblia para nuevos creyentes* encontrarás secciones adicionales que te ayudarán a entender mejor la Biblia y tu fe. Estas son:

- *Cómo estudiar la Biblia:* una manera práctica para leer la Biblia y una lista de preguntas para que te hagas mientras lees.

- *Plan de lectura del Nuevo Testamento en un año:* una guía diaria de lectura para que leas el Nuevo Testamento en su totalidad en un año.

- *Temas útiles para la investigación:* una lista de temas que podrías enfrentar en la vida, con referencias a pasajes en el Nuevo Testamento para que investigues lo que Dios tiene que decir acerca de ellos.

- *23 grandes historias bíblicas:* una lista de historias bíblicas conocidas del Nuevo Testamento, dónde las puedes encontrar, y la lección que puedes aprender de cada una de ellas.

- *Versículos para memorizar:* una lista de versículos bíblicos, de importancia fundamental, para memorizar.

- *Profecías sobre Jesús:* una lista de pasajes del Antiguo Testamento que contienen profecías sobre Jesús, y las referencias en el Nuevo Testamento que muestran el cumplimiento de esas profecías.

- *Glosario de términos cristianos:* una guía de referencia para ayudarte a entender el significado de palabras como *expiación, justificación, redención, y santificación.*

CÓMO USAR LAS SECCIONES DE LECTURA

Es fácil usar el *Nuevo Testamento de la Biblia para nuevos creyentes.* Ve a la página A21 (estas son las *notas preliminares*) y comienza a leer «¿Quién es Dios?» de la sección principal «Piedras angulares». Lee los pasajes bíblicos y las *notas en el contexto* indicados al final de cada punto numerado (los puntos marcados con un asterisco [*] contienen *notas en el contexto*). Después que hayas leído todas las notas y los pasajes bíblicos de «¿Quién es Dios?» continúa con el siguiente tema («¿Quién es Jesús?») y comienza el proceso nuevamente.

Puedes leer cada día una *nota preliminar*, el pasaje bíblico y la *nota en el contexto.* O si prefieres, revisa las secciones de lectura y elige aquellos temas que te interesen más para tu lectura diaria.

Colosenses 3:16 dice: «Que el mensaje de Cristo, con toda su riqueza, llene sus vidas». Dios quiere que su Palabra penetre en cada aspecto de tu vida: tu hogar, tu negocio y tu tiempo de recreación al igual que tu tiempo de oración. Así que abre tu Biblia y tu corazón, y Dios te hablará desde estas páginas. No dejes que nada te impida pasar un tiempo leyendo la Palabra de Dios cada día.

Greg Laurie

¿Qué es lo que nos falta en la vida?

Un propósito, un sentido y una razón por la cual vivir, es lo que deseamos y buscamos en la vida, y a pesar de los pasos que tomamos no podemos lograrlos; nos sentimos insatisfechos porque hay un vacío espiritual en nuestra vida. La ausencia de Dios crea ese vacío en el corazón y en el alma. Ni las posesiones ni el éxito podrán llenarlo. Las relaciones interpersonales tampoco, y la moral, por sí sola, es insuficiente para ocupar ese espacio. Ni siquiera la religión puede llenar el vacío de nuestro corazón.

Sólo hay una manera efectiva para llenar este vacío. Ésta no sólo nos ayudará a tener una vida plena y abundante sino, más importante aún, nos dará la esperanza absoluta de pasar la eternidad en la presencia de Dios. Sin embargo, antes de que podamos apreciar esta buena noticia, necesitamos entender el lado sombrío del serio problema que todos tenemos.

El problema: el pecado La Biblia identifica al pecado como nuestro serio problema. El pecado no es sólo una acción, sino la misma naturaleza de nuestro ser. En otras palabras, no somos pecadores porque pecamos. Al contrario, pecamos porque ¡somos pecadores! Nacemos con la naturaleza para hacer el mal. El rey David, gobernante israelita del Antiguo Testamento, escribió: «Pues soy pecador de nacimiento, así es, desde el momento en que me concibió mi madre» (Salmos 51:5). Porque nacemos pecadores se nos hace natural pecar. Por esta razón es inútil pensar que la solución a todos nuestros problemas viene de «adentro». De acuerdo con la Biblia, ¡el *problema* está precisamente dentro, en nuestro interior! Las Escrituras nos dicen: «El corazón es lo más engañoso que hay, y extremadamente perverso. ¿Quién sabe realmente lo malo que es?» (Jeremías 17:9).

No somos buenos por naturaleza; somos pecadores por naturaleza. Nuestro estado pecaminoso se manifiesta en todo lo que hacemos. Cada problema que experimentamos en la sociedad de hoy apunta a que hemos rechazado vivir como Dios quiere. Volviendo al huerto del Edén, Adán eligió, y por ello sufrió las consecuencias, marcando un patrón que el resto de la humanidad seguiría. La Biblia explica: «Cuando Adán pecó, el pecado entró en el mundo. El pecado de Adán introdujo la muerte, de modo que la muerte se extendió a todos, porque todos pecaron [...] Así es, un solo pecado de Adán trae condenación para todos» (Romanos 5:12, 18).

Puedes protestar: «¡Eso no es justo! ¿Por qué tenemos que sufrir por lo que otro hizo?». Sin embargo, en la misma situación, cada uno de nosotros haría lo mismo que Adán. En realidad, no pasa un solo día sin que enfrentemos la misma prueba que se le propuso a Adán. Dios nos ha dado la libertad de escoger entre dos caminos: el camino que te lleva a la vida y el camino que te lleva a la muerte. La Biblia dice: «Ahora pongo al cielo y a la tierra como testigos de la decisión que tomes. ¡Ay, si eligieras la vida, para que tú y tus descendientes puedan vivir!» (Deuteronomio 30:19).

Sin un pie para pararnos Alguien puede decir: «Pero yo vivo una vida buena. Trato de ser amable y considerado con todos. Cumplo los Diez Mandamientos». Pero la verdad es que los Diez Mandamientos, o «la ley» como los llaman en la Biblia, no fueron dados para hacernos buenos, sino para demostrar que somos malos. La Biblia nos dice: «Pues nadie jamás llegará a ser justo ante Dios por hacer lo que la ley manda. La ley sencillamente nos muestra lo pecadores que somos» (Romanos 3:20). El propósito de la ley es hacernos saber cuán pecaminosos somos. Se podría decir que la ley de Dios fue dada para «cerrarnos la boca» y demostrarnos que necesitamos desesperadamente su ayuda y perdón por nuestro estado terminal como pecadores.

Mira los pasajes siguientes para tener un mejor entendimiento de la naturaleza y seriedad del pecado.

1. *Todos hemos errado al blanco* (lee Romanos 3:23, pág. 180). Romanos 3:23 dice que *todos* hemos pecado. Para aquellas personas que piensan ser la excepción de esta verdad eterna, el versículo diez de este capítulo dice claramente: «No hay ni un solo justo, ni siquiera uno» (Romanos 3:10). Otra palabra para *justo* es *bueno*. La palabra *justo* quiere decir: «uno que es como debe ser». Cuando la Biblia dice que nadie es justo, o bueno, no se refiere tanto a su comportamiento como al carácter.

¿Cuál es la «meta gloriosa de Dios» que Romanos 3:23 dice que no hemos cumplido? La «meta gloriosa» es la perfección absoluta. Jesús dijo: «Pero tú debes ser perfecto, así como tu Padre en el cielo es perfecto» (Mateo 5:48). En otras palabras, cualquiera que no es tan bueno como Dios, no es aceptable para él.

La definición de *pecado* se deriva de la palabra griega *hamartia*, y es «errarle al blanco». Cuando se trata de acertar al blanco de la perfección, erramos por un kilómetro. Aunque es imposible vivir de acuerdo con la norma de Dios, por nuestra naturaleza pecaminosa, no podemos echarle toda la culpa a esa naturaleza por nuestro pecado. El pecado es una acción voluntaria.

2. **El pecado es una acción voluntaria** (lee Efesios 2:1-3, pág. 244). Otra palabra para *pecado* en Efesios 2:1 es *transgresión*. Esta palabra habla de un descarrío o una desviación de la verdad. En contraste con simplemente «errarle al blanco» esta es una acción voluntaria. Ya que el pecado es una acción voluntaria, no podemos culpar a la sociedad y a nuestro ambiente, o a nuestro estado mental o físico por nuestro pecado. Cada persona ha escogido hacer lo equivocado. Si lo negamos, «lo único que hacemos es engañarnos a nosotros mismos y no vivimos en la verdad» (1 Juan 1:8).

3. **El pago final por el pecado es la muerte** (lee Romanos 6:23, pág. 186). De acuerdo con la Biblia, hemos ofendido al Dios Santo. No lo hemos hecho una o dos veces, sino tantas veces que hemos perdido la cuenta. Romanos 6:23 dice: «La *paga* que deja el pecado es la muerte...». La paga es algo que recibes por el trabajo cumplido. En otras palabras, tú ganas tu pago. Debido a que todos hemos pecado repetidas veces, hemos ganado la pena de muerte, que es el castigo eterno en un lugar llamado infierno.

En medio de toda esta explicación acerca del pecado y la muerte, hay buenas noticias. Dios nos ha dado una manera de escapar del castigo por nuestros pecados. Nos ha dado la posibilidad de tener una relación con él, y gozar de la esperanza de una vida eterna sin castigo.

La solución: Jesucristo

Dios entiende nuestro problema y sabe que no podemos hacer nada para resolverlo. Porque Dios nos ama, él envió a su propio Hijo, Jesucristo, a la tierra, para ser un puente sobre el abismo del pecado que nos separa de Dios.

Por qué Jesús puede ser un puente entre Dios y nosotros

Nunca ha existido alguien como Jesús. Para comenzar, Jesús no fue concebido en el vientre de su madre de manera natural. Él fue concebido de manera sobrenatural en el vientre de una joven virgen llamada María. Por su concepción sobrenatural, Jesús, quien es Dios, también se hizo completamente humano.

Aunque Jesús es Dios, él eligió poner a un lado los privilegios de su divinidad y vivió en la tierra como un hombre. Describiendo el sacrificio que Cristo hizo al hacerse hombre, la Biblia dice que Jesús «renunció a sus privilegios divinos; adoptó la humilde posición de un esclavo y nació como un ser humano. Cuando apareció en forma de hombre, se humilló a sí mismo en obediencia a Dios y murió en una cruz» (Filipenses 2:7-8). Es muy importante notar que Jesús no dejó de ser Dios cuando vino a la tierra. Él sólo puso a un lado sus privilegios divinos y caminó sobre la tierra como un hombre. Al hacer esto, pudo experimentar, personalmente, la escala de las emociones humanas desde la alegría hasta la profunda tristeza. Él supo lo que era estar cansado, con frío y hambriento.

Aún más, él vino a esta tierra con un objetivo claro en mente: ser un puente entre Dios y nosotros.

Cuando los israelitas del Antiguo Testamento pecaban, tenían que enviar al sumo sacerdote al templo para ofrecer el sacrificio de un animal como pago para el perdón de los pecados. En un sentido simbólico, esta era una manera de echar los pecados de una persona sobre el animal, el cual tomaba el lugar de la persona culpable. La Biblia nos enseña que: «Sin derramamiento de sangre no hay perdón» (Hebreos 9:22).

Los sacrificios rituales de los israelitas en el Antiguo Testamento demostraban lo que Jesús haría cuando viniera a la tierra. Él cargó los pecados del mundo cuando fue crucificado hace dos mil años.

Muchas profecías del Antiguo Testamento anunciaron no sólo su nacimiento y su vida, sino también su muerte, incluyendo la manera en que moriría.

Jesús sabía desde el principio que había venido expresamente a morir por los pecados de la humanidad. Él también sabía que ese sacrificio sería en una cruz romana. Él comenzó su última jornada hacia la cruz del Calvario en un lugar llamado Cesarea de Filipo, y muchas veces habló de su muerte con sus discípulos. La Escritura dice: «A partir de entonces, Jesús empezó a decir claramente a sus discípulos que era necesario que fuera a Jerusalén, y que sufriría muchas cosas terribles a manos de los ancianos, de los principales sacerdotes y de los maestros de la ley religiosa. Lo matarían, pero al tercer día resucitaría» (Mateo 16:21).

Fue arrestado bajo falsas acusaciones después que Judas Iscariote, uno de sus discípulos, lo traicionó. Pero no fue un accidente. Si la humanidad iba a estar en contacto con Dios, si la barrera que los separaba iba a ser removida, algo drástico tenía que suceder. Figuradamente, Jesús se sujetó de un Dios Santo con una mano, y con la otra sostuvo al pecaminoso género humano. Mientras sus manos estaban siendo martilladas en la cruz con duros clavos, ¡él anuló la separación!

Sin embargo, no debemos olvidar que tres días después de su crucifixión, ¡Jesús se levantó de los muertos! Si es cierto que «un buen hombre cae pero vuelve a levantarse», entonces es aún más cierto que la tumba no podía contener a un «Dios hombre».

Nosotros crucificamos a Jesús

La necesidad de la muerte de Jesucristo nos muestra la gravedad de nuestra situación como humanidad caída. Se dice que puedes darte cuenta de la profundidad de un pozo por la cantidad de soga que bajas. Cuando vemos «cuánta soga bajó» del cielo, nos damos cuenta cuán grave era nuestra situación.

Por esta razón, no culpes a la gente de ese tiempo por crucificar a Jesús. Nosotros somos tan culpables como ellos. En realidad, no fueron los soldados romanos ni los líderes judíos los que lo crucificaron. La causa de que Jesús fuera voluntariamente a esa tortura y humillante muerte fueron nuestros pecados.

Lee los versículos y las notas siguientes para ver exactamente lo que Jesús hizo por nosotros.

1. *La mayor demostración de amor* (lee Romanos 5:6-8, pág. 184). Jesús no murió por nosotros mientras éramos sus amigos, sino cuando éramos sus enemigos, oponiéndonos a él por nuestro estado pecaminoso. Sin embargo, a pesar de todo esto, Dios demostró su amor por nosotros al morir en la cruz. En este versículo, el apóstol Pablo explica que Jesús no murió simplemente por la humanidad entera, sino que él murió por cada uno de nosotros. En otro lugar Pablo escribe: «[Cristo] me amó y se entregó a sí mismo por mí» (Gálatas 2:20).

Cuando seas tentado a dudar del amor de Dios hacia ti, mira detenidamente la cruz donde murió Jesús. Después te darás cuenta de que los clavos no lo crucificaron, sino el amor.

2. *Abandonado para que nosotros pudiéramos ser perdonados* (lee Lucas 23:32-49, pág. 105). Muchos de nosotros hemos oído la historia de Jesús en algún momento de nuestra vida. Pero el significado detrás de esta escena desgarradora con frecuencia es mal entendido. Él no era simplemente un «buen maestro» que fue crucificado por sus creencias. Era Dios en forma

humana quien murió en esa cruz, cerrando la brecha entre la gente pecaminosa y un Dios santo.

El Evangelio según Mateo nos dice que cuando Jesús murió en esa cruz, gritó: «Dios mío, Dios mío, ¿por qué me has abandonado?» (Mateo 27:46). Muchos eruditos bíblicos creen que esas palabras marcan el momento preciso cuando Dios puso los pecados del mundo sobre su Hijo. La Biblia, hablando de Dios, dice: «Tú eres puro y no soportas ver la maldad» (Habacuc 1:13). Por esta razón, el Padre tuvo que «esconder su rostro» y derramar su ira sobre su propio Hijo. En la cruz, Jesús recibió el pago que nos correspondía a nosotros. Él no fue auxiliado, para que nosotros pudiéramos ser auxiliados. El oído de Dios estuvo cerrado hacia Jesús por un tiempo, para que nunca esté cerrado para nosotros.

3. Cristo, el único mediador (lee 1 Timoteo 2:5-6, pág. 278). ¿Por qué hay un solo mediador capacitado para acercar a Dios y a la gente? ¿No han existido otros líderes religiosos que han reclamado conocer el camino a Dios? ¿No han existido otros que también han muerto a causa de su mensaje?

Aunque las respuestas a estas preguntas pueden ser sí, la verdad es que ninguno fue totalmente Dios y totalmente humano. Por esta razón, Jesús es el único capacitado para tratar con el pecado. Jesús dijo: «Yo soy el camino, la verdad y la vida; nadie puede ir al Padre si no es por medio de mí» (Juan 14:6). Hechos 4:12 nos dice: «¡En ningún otro hay salvación! Dios no ha dado ningún otro nombre bajo el cielo, mediante el cual podamos ser salvos». Y aún más importante, ¡Jesucristo resucitó de entre los muertos!

Aunque es cierto que debes creer que Jesús murió en la cruz por tus pecados para que puedas recibir vida eterna y ser un verdadero cristiano, todavía hay algo más que debes hacer.

La respuesta: acepta la oferta de Dios

Para conocer a Jesucristo personalmente y para que tus pecados sean perdonados, debes reconocer que eres un pecador separado de Dios y que tu única esperanza es Jesucristo, el Hijo de Dios, quien vino a morir por tus pecados. Sin embargo, esto no es suficiente para ser salvo.

Hay dos cosas que debes hacer ahora para entrar en una relación con el Dios del cual has estado separado.

1. Apártate del pecado. Cuando Jesús comenzó su ministerio público, su primer mensaje era: «Arrepiéntanse» (Marcos 1:15). En esencia, cuando Jesús le decía a la gente que se arrepintiera, les estaba diciendo que reconocieran su pecado, que cambiaran su manera de pensar y la dirección de sus vidas.

Míralo de esta manera. En el pasado, estábamos ciegos por nuestro pecado y eso hacía que nos alejáramos de Dios. Al arrepentirnos, damos un «giro total» y comenzamos a correr hacia él. No es suficiente sentirnos mal por nuestro pecado. También debemos cambiar nuestro estilo de vida, porque la Biblia nos enseña que: «Pues la clase de tristeza que Dios desea que suframos nos aleja del pecado y trae como resultado salvación» (2 Corintios 7:10). En otras palabras, si realmente te sientes mal por algo, los resultados se tienen que ver en un cambio de tus acciones.

El apóstol Pablo resumió ese cambio en forma concisa cuando citó lo que Jesús dijo a la gente: «Para que les abras los ojos, a fin de que pasen de la oscuridad a la luz, y del poder de Satanás a Dios. Entonces recibirán el perdón de sus pecados y se les dará un lugar entre el pueblo de Dios, el cual es apartado por la fe en mí» (Hechos 26:18).

Mira, hay cosas que sólo Dios puede hacer, y hay cosas que sólo tú puedes hacer. Sólo Dios puede quitar tu pecado y darte el don de la vida eterna, pero sólo tú puedes apartarte del pecado y recibir a Jesús como tu Salvador. Esto nos lleva al segundo paso que tienes que dar para responder a la oferta de Dios.

2. Cree en Jesucristo y recíbelo en tu vida. Después de reconocer la inmensidad de tu pecado y tomar la decisión de apartarte de él, debes creer en Jesucristo y recibirlo como tu Señor y Salvador. Ser cristiano, sin embargo, es mucho más que seguir un credo, o tratar de vivir de acuerdo a ciertas normas. Jesús dijo que debes «nacer de nuevo» o, literalmente, «nacer de lo alto» (Juan 3:3). Este nacer de nuevo (espiritual), sucede cuando creemos en Jesucristo, lo recibimos al invitarlo a nuestra vida, y nos apartamos del pecado. En otras palabras, le pedimos a Jesús que haga su residencia en nuestra vida y que lleve a cabo los cambios necesarios. Una persona debe tomar este importante paso para llegar a ser un hijo de Dios.

Observa que esta oferta es para ti, y es gratuita. No tienes que trabajar para obtenerla, tratando de limpiar tu vida antes de tomar esta decisión que cambiará tu ser. La Biblia dice: «El regalo que Dios da es la vida eterna por medio de Cristo Jesús nuestro Señor» (Romanos 6:23).

Ser cristiano también implica tener comunión con el Dios viviente. En Apocalipsis 3:20, Jesús dice: «¡Mira! Yo estoy a la puerta y llamo. Si oyes mi voz y abres la puerta, yo entraré y cenaremos juntos como amigos». Para comprender mejor el sentido de este versículo, es importante entender la cultura del tiempo en que fue escrito. Comer juntos en aquella época constituía un tiempo largo y relajado. No utilizaban sillas que rodeaban una mesa en un estilo formal como nosotros. Se sentaban en el piso, reclinados en cojines alrededor de una mesa de baja altura. Esa atmósfera amistosa hacía que la comida no sólo satisficiera el apetito, sino que también se disfrutara de un tiempo gratificante de conversación placentera. Se podía abrir el corazón y compartir la vida con aquellos que se sentaban juntos a la mesa.

Por eso, cuando Jesús dice que él «compartirá una comida con nosotros», implica intimidad, cercanía y amistad. Él nos ofrece esa relación, pero primeramente debemos «oír su llamado».

Para oír el llamado de Dios, debemos saber cómo habla. Una manera que Dios nos habla se menciona en la Biblia como una voz «dulce y apacible». Esta voz también la podemos describir como un empujón que sientes en tu corazón de parte del Espíritu Santo, mostrándote que necesitas a Jesús. ¡Tal vez te esté hablando ahora mismo! Es en este momento cuando debes «abrir la puerta». Sólo tú puedes hacer eso. Jesús nunca te va a forzar.

Si estás listo para apartarte de tu pecado, creer en Jesucristo, y recibir el perdón de tus pecados y la esperanza de la vida eterna, toma un momento, inclina tu cabeza y haz una oración como la siguiente:

Dios, me arrepiento de mis pecados. Me aparto de ellos ahora mismo. Te doy gracias por enviar a Jesucristo a morir en la cruz por mis pecados.

Jesús, te pido que entres en mi corazón y en mi vida en este momento. Quiero que seas mi Señor, mi Salvador y mi amigo. Ayúdame a seguirte como tu discípulo todos los días de mi vida.

Gracias por perdonarme y recibirme ahora mismo. Gracias por el perdón de mis pecados y por llevarme al cielo. Oro en el nombre de Jesús, amén.

Dedica nuevamente tu vida a Jesucristo. Tal vez ya eres cristiano pero te has alejado de Jesucristo. Has sido un hijo pródigo o una hija pródiga. Si te vuelves a Dios, él te perdonará ahora mismo. Él nos dice en las Escrituras: «Convertíos, hijos rebeldes, y sanaré vuestras rebeliones» (Jeremías 3:22). Si deseas volver a Dios y dedicar de nuevo tu vida a él ahora mismo, puedes hacer una oración como la siguiente:

Dios, me arrepiento de mis pecados y de haberme alejado de ti. Te pido que me perdones. No quiero vivir más como un hijo pródigo o una hija pródiga.

Renuévame y avívame al seguirte una vez más como mi Dios. Gracias por tu perdón. Oro en el nombre de Jesús, amén.

Si oraste para hacer tu primer compromiso o para dedicar de nuevo tu vida, has tomado la decisión correcta. Si realmente lo deseabas, Dios te ha perdonado y te ha recibido. Puedes estar seguro de que tu relación con Jesucristo traerá cambios radicales y dramáticos en tu vida. Al describir esto, la Biblia dice: «Esto significa que todo el que pertenece a Cristo se ha convertido en una persona nueva. La vida antigua ha pasado, ¡una nueva vida ha comenzado!» (2 Corintios 5:17). ¡Esa es una muy buena noticia! Pero aún más importante es que Dios ha cambiado tu destino eterno. En lugar de encontrar un castigo eterno en el infierno, vas a pasar una eternidad pacífica en la presencia de Dios en el cielo.

Ahora que has dado este primer paso, lee la próxima sección para ver cuánto más ha hecho Dios por ti.

Lo que Dios ha hecho por ti

¿Qué sucede en el momento en que Jesucristo viene a tu vida? En primer lugar, él te salva de tus pecados y del castigo eterno en el infierno que merecías por ellos. Eso se llama salvación o regeneración, y tiene que ver con lo que sucede en tu corazón: Dios te da una vida nueva.

En segundo lugar, él te justifica. La justificación significa que puedes estar ante la presencia de Dios, porque él ha quitado todos tus pecados y te ha otorgado su perdón. ¿No es asombroso? Cuando recibes a Jesucristo en tu vida, estás completamente perdonado. La Palabra de Dios nos dice: «Hermanos, ¡escuchen! Estamos aquí para proclamar que, por medio de este hombre Jesús, ustedes tienen el perdón de sus pecados. Todo el que cree en él es declarado justo ante Dios, algo que la ley de Moisés nunca pudo hacer» (Hechos 13:38-39). Hablando de nuestros pecados, Dios dice: «Nunca más me acordaré de sus pecados y sus transgresiones» (Hebreos 10:17). ¡Qué promesa maravillosa!

Sin embargo, la justificación es más que el perdón, la eliminación de la culpa y de la condenación que acompañan al pecado. Aunque Dios ha quitado tus pecados y te ha perdonado, él también ha puesto la justificación perfecta de

Jesucristo a tu favor. No tienes que merecerla o tratar de alcanzarla. Es tuya como un regalo de gracia del Dios que te ama. Para entender la justificación completamente, lee las siguientes notas y pasajes.

1. **Dios nos promete su perdón por gracia** (lee 1 Juan 1:9, pág. 327). La palabra *confesar* significa: «decir lo mismo que otro» o «estar de acuerdo». Confesar quiere decir que estamos de acuerdo con Dios acerca de nuestro pecado. Vemos las cosas como él las ve. Sabemos que Dios odia el pecado, por lo tanto, si realmente confesamos nuestro pecado, en esencia sentimos lo mismo que Dios siente con respecto a lo que hemos hecho. Después de haber cometido ese pecado estaremos decididos a echarlo fuera de nuestra vida y nunca más volver a hacerlo. Esa es una confesión verdadera en el sentido bíblico. La razón por la que muchos creyentes no experimentan el perdón y el gozo que desean es porque ¡no han confesado realmente su pecado! Una vez que cumplimos con los requisitos de Dios, estamos en condiciones de conocer su perdón por gracia. Tal vez no nos sintamos «perdonados», pero lo estamos. Su Palabra lo dice.

2. **Dios nos ha hecho perfectos, moral y espiritualmente** (lee Romanos 5:1-2, pág. 183). Cuando Dios nos hace justos ante sus ojos, lo hace poniendo toda la justicia de Cristo a nuestro favor. Esto nos hace perfectos ante él, moral y espiritualmente. Tenemos todo lo que necesitamos para vivir una vida plena y abundante. Hasta este punto, la salvación ha sido responsabilidad de Dios. De aquí en adelante continúa siendo su responsabilidad, con la excepción de que nosotros ahora somos responsables de la sabia inversión de nuestra salvación, o sea, que estamos comprometidos a vivir como Dios quiere que vivamos. Es como si tu cuenta bancaria estuviera vacía y alguien te hiciera un depósito millonario. Tu decides lo que harás con ese dinero.

3. **Dios nos llama sus hijos** (lee Lucas 15:11-32, págs. 92-93). Esta historia increíble nos ilustra lo que sucede cuando una persona se aparta de sus pecados y se vuelve a Dios. Primero, observa que el padre de la historia no le dio a su hijo pródigo lo que se merecía: volverle la espalda. De la misma manera, no recibimos de Dios lo que merecemos: el castigo por nuestro pecado. Segundo, el joven recibió lo que no merecía: el derecho y el privilegio de ser hijo. De la misma manera, aunque no somos dignos de ser llamados hijos de Dios, él nos llama sus hijos. En resumen, él no nos da lo que merecemos (juicio). Él nos da lo que no merecemos (perdón y justificación).

Hablando de hijos e hijas, sigue leyendo para ver cómo te ha adoptado Dios en su familia.

Adoptados y seguros

Hemos visto lo que sucede cuando somos regenerados (cuando Cristo viene a nuestra vida) y cuando somos justificados (cuando Dios perdona nuestros pecados y los reemplaza por su justicia). Ahora veamos otra maravilla increíble que Dios ha hecho por nosotros. ¡Él nos ha adoptado en su familia como sus hijos!

Adopción significa «tener los derechos de un hijo». En esencia, has recibido todos los derechos de hijo de Dios como si hubieras nacido en su familia. La historia del hijo pródigo ilustra esto (Lucas 15:11-32). El hijo descarriado pensó que, después de irse de su casa, ya no lo iban a considerar como un hijo sino como un sirviente. Para su gran sorpresa, cuando hizo el largo viaje hacia su casa, su padre lo recibió con gusto y lo llenó de besos. Después dio órdenes para que trajeran el mejor vestido y pusieran un anillo en su dedo, lo cual simbolizaba sus derechos completos como hijo. ¡Esto es exactamente lo que Dios ha hecho por ti! Toma un tiempo ahora para examinar tres pasajes de las Escrituras que te dan la seguridad de tu adopción en la familia de Dios.

1. ***Dios disciplina a sus hijos*** (lee Hebreos 12:5-9, págs. 304-305). Reconocer que ahora eres un hijo de Dios no es una esperanza distante sino una realidad presente. Una de las maneras que Dios te recuerda que eres su hijo es corrigiéndote y volviéndote al camino una vez más cuando te apartas de él, como lo hace un padre amoroso. Antes de ser creyentes tal vez no nos sentíamos culpables por ciertas cosas que hacíamos o no hacíamos. Pero ahora que somos cristianos, el Espíritu Santo de Dios nos muestra cómo vivir, y eso incluye corregirnos. Él no hace esto porque nos odie, sino porque nos ama como lo que somos: sus propios hijos. Comprender esta verdad nos ayuda a reflexionar en nuestro comportamiento.

2. ***Tienes un Padre accesible*** (lee Gálatas 4:6, pág. 238). El idioma arameo traduce la palabra *abba*, que aparece en este pasaje, como: «querido Padre». Es una expresión que manifiesta el afecto de un niño hacia su padre. En nuestros días equivaldría a: «papá» o «papi». Dios no quiere que lo veamos como un padre distante y desinteresado, sino como un padre amoroso y accesible a quien puedes acudir en cualquier momento porque eres su hijo.

3. ***Sus promesas no están basadas en tus sentimientos*** (lee 1 Juan 5:11-13, pág. 333). Habrá momentos en tu vida cristiana cuando no vas a «sentir» la presencia de Dios. Tal vez hasta seas tentado a dudar de que él haya venido a tu vida. Pero 1 Juan 5:13 no dice: «Les he escrito estas cosas

a ustedes, que creen en el nombre del Hijo de Dios, para que *sientan* que tienen vida eterna». Los sentimientos van y vienen, fluctúan de un día a otro. La Biblia tampoco dice: «Escribo esto para que tengan la esperanza —si Dios está de buen humor— de que tendrán vida eterna». Dice: «... para que sepan...». ¡La vida eterna es tuya! Afírmate en la promesa de Dios para ti. Estás perdonado, justificado, adoptado en su familia y seguro de tu salvación. ¡Esa es una maravillosa razón para regocijarte!

Para aprender más acerca de Dios, lee «¿Quién es Dios?» en la sección «Piedras angulares».

¿Quién es Dios?

Miles de años atrás, el faraón, gobernador egipcio, hizo una pregunta que persiste hoy: «¿Y quién es ese Señor?». Es una buena pregunta y, sin embargo, no es un tema fácil de analizar. Para nuestra mente limitada es difícil captar al Dios eterno y sin límite. Alguien dijo: «Si Dios fuera suficientemente pequeño para tu mente, no sería suficientemente grande para llenar tus necesidades». Por esa razón, no te desesperes si no puedes entender por completo quién es Dios y por qué hace ciertas cosas. Un día, nos prometen las Escrituras, todo lo relativo a Dios será entendido con claridad (1 Corintios 13:12). Mientras tanto, todo lo que necesitamos saber acerca de él, lo encontraremos en su Palabra. Busca los siguientes pasajes y notas para averiguar quién es Dios.

1. **Dios conoce todo, está siempre presente, y es todopoderoso.**
   El creador del universo conoce los detalles más íntimos de su creación (lee Mateo 10:29-31, pág. 14).
2. **Dios es santo.** La incomparable santidad de Dios merece nuestra alabanza (lee Apocalipsis 15:2-4, pág. 353).
3. **Dios es amoroso y justo.** * La justicia de Dios es atenuada por su amor (lee 2 Pedro 3:3-9, nota en la pág. 324).
4. **Dios es personal.** * Esta característica de Dios lo distingue de los llamados «dioses» de otras religiones (lee Hechos 17:22-31, nota en la pág. 164).
5. **Dios tiene el control de todo.** Es muy importante recordar que Dios tiene el control de todo, aunque pareciera que las cosas a nuestro alrededor están en un estado de caos (lee Romanos 11:33-36, pág. 194).
6. **El Dios de la Biblia es el único Dios verdadero.** Mientras algunos insisten en la existencia de muchos dioses, sólo el Dios de la Biblia es el verdadero Dios viviente, digno de nuestra devoción (lee 1 Corintios 8:4-6, pág. 210).

¿Quién es Jesús?

A través de la historia, mucha gente ha tratado de contestar esta pregunta. Algunos la han respondido con certeza, pero muchos no han podido. Nuestro mejor recurso para contestarla es —una vez más— la misma Palabra de Dios. La Biblia nos presenta algunas verdades ineludibles acerca de Jesús, las cuales demandan una respuesta. Cualquier persona que estudia las Escrituras seriamente para aprender más acerca de Jesús debe contestar dos preguntas desafiantes: (1) ¿Qué piensas de Jesucristo? y (2) ¿Quién es él? El escritor C. S. Lewis hizo esta observación: «Tú debes elegir. O este hombre fue, y es, el Hijo de Dios, o es un loco, o algo peor. Puedes callarlo y tomarlo por un necio; puedes escupirle y matarlo como a un demonio; o puedes caer a sus pies y llamarle Señor y Dios. Pero no lleguemos a la insensata conclusión de que él fue sólo un gran maestro humano. Él no nos dejó tal opción. No fue su propósito» (*Mere Christianity* [*Mero Cristianismo*], ed. rev., [Nueva York: Macmillan, 1952], p. 41).

Jesús no sólo fue un buen hombre. Él fue y es el Dios-hombre. Examinemos lo que la Biblia dice acerca de Jesús.

1. ***Jesús es humano.*** * Jesús fue nuestro ejemplo supremo porque era Dios en forma humana (lee Filipenses 2:5-11, nota en la pág. 254).
2. ***Jesús es divino.*** * Aunque Jesús se hizo humano, siguió siendo Dios (lee Colosenses 1:15-20, nota en la pág. 260).
3. ***Jesús tenía una misión específica que cumplir.*** * Jesús vino a salvar a la humanidad del pecado (lee Lucas 4:16-21, nota en la pág. 72).
4. ***Jesús hizo el sacrificio supremo.*** Jesús sufrió un dolor intenso para que nosotros podamos gozar de la eternidad con él (lee 1 Pedro 2:24, pág. 317).
5. ***Jesús tiene gran poder para transformar a las personas.*** * Jesús puede cambiar a la persona que menos pensamos en uno de los testigos más poderosos para su obra (lee Hechos 4:1-13, nota en la pág. 142).
6. ***Jesús tiene el dominio eterno.*** * El reino de Jesús se extiende más allá de las fronteras del tiempo y el espacio (lee Apocalipsis 1:4-8, nota en la pág. 342).

¿Quién es el Espíritu Santo?

El Espíritu Santo es la persona más misteriosa de la Trinidad, la cual incluye a Dios el Padre, Dios el Hijo (Jesucristo), y Dios el Espíritu (el Espíritu Santo). A muchos les parece confusa la idea de un Dios en tres personas. Honestamente, nunca vamos a comprender este concepto por completo mientras estemos de este lado del cielo.

Algunos, equivocadamente, han pensado en el Espíritu Santo como una «cosa» y no como una «persona». Esto sucede, en parte, por la descripción bíblica que se hace de él cuando se refiere a que es como el viento, o como paloma al descender sobre Jesús, y otras comparaciones que la Biblia menciona.

Sin embargo, estas descripciones deben equilibrarse con las de los otros miembros de la Trinidad. Por ejemplo, Jesús se refirió a sí mismo como «el pan de vida» y «el buen pastor». De la misma manera, Dios el Padre es mencionado como «refugio» y «fuego consumidor». ¿Esto quiere decir que Jesús es un pan o un granjero, o que Dios el Padre es una fortaleza de piedra o un horno de fuego? ¡Por supuesto que no! Estas son sólo metáforas usadas en las Escrituras para comunicar el carácter de Dios. De la misma manera, las singulares descripciones otorgadas al Espíritu Santo no significan que el Espíritu Santo sea sólo una «fuerza» o un «poder». Jesús dijo lo siguiente acerca del Espíritu Santo: «Cuando venga el Espíritu de verdad, él los guiará a toda la verdad [...] les contará lo que sucederá en el futuro» (Juan 16:13). Observe el uso del pronombre *él*. El Espíritu Santo tiene una personalidad definida y una obra específica que él quiere cumplir en la vida de los seguidores de Jesús. Exploremos lo que la Biblia dice acerca de él.

1. ***A quiénes ayuda el Espíritu Santo.*** * El Espíritu Santo da fuerza y poder a los seguidores de Cristo (lee Hechos 2:1-41, nota en la pág. 140).

2. ***El Espíritu Santo trabaja con el Padre y con el Hijo.*** * El Espíritu Santo trabaja junto con Dios el Padre y con Jesús, el Hijo de Dios, para que nuestra vida agrade a Dios (lee 1 Pedro 1:2, nota en la pág. 316).

3. ***Por qué Dios nos da el Espíritu Santo.*** * La presencia del Espíritu Santo en nuestra vida es la marca de propiedad de Dios (lee Efesios 1:13-14, nota en la pág. 244).

4. ***Cómo trabaja el Espíritu Santo en nuestra vida.*** * El Espíritu Santo nos acerca a Cristo, entra en nuestra vida al momento de la conversión y nos llena de poder mientras le dejamos actuar en nuestra vida (lee Juan 14:15-17, pág. 126).

5. ***Cuando se peca contra el Espíritu Santo.*** * Existen seis maneras específicas en las que podemos pecar contra el Espíritu Santo (lee Hechos 5:1-10, nota en la pág. 146).

6. ***Por qué los cristianos necesitan al Espíritu Santo.*** * Es imposible vivir la vida cristiana sin la ayuda del Espíritu Santo (lee Gálatas 5:16-26, nota en la pág. 236).

¿Quién es el diablo?

¿Cómo es el diablo? ¿Realmente es como la caricatura de las fábulas, con un traje rojo, una horquilla, sentado en el trono del infierno? ¿O viaja por la tierra disfrazado de un ángel de luz?

Desdichadamente, muchas personas no tienen una imagen acertada del diablo. Muchos lo menosprecian a él y a su poder, y aun llegan al punto de dudar de su existencia. Una vez alguien le preguntó al gran evangelista Charles Finney: «Señor Finney, ¿usted cree que el diablo es real?». Finney respondió: «Trata de oponerte a él por un tiempo, y sabrás si es real o no». En el instante que te comprometes con Jesucristo, te das cuenta de cuán real es el diablo.

La Biblia nos demuestra claramente lo activo y astuto que es el diablo. Al mismo tiempo, las Escrituras nos dejan saber los límites del diablo y su aniquilación final. Cuanto más entendamos las tácticas de este inteligente ser espiritual, mejor preparados estaremos para defendernos de sus ataques. Los siguientes pasajes de las Escrituras contestan algunas de las preguntas más comunes acerca del diablo, al cual también se llama Satanás.

1. **¿De dónde vino Satanás?** El orgullo de Satanás lo guió a su caída del cielo (lee Apocalipsis 12:7-9, págs. 349-350).

2. **¿Cuáles son las habilidades de Satanás?*** Satanás tiene el poder y el acceso para hacer ciertas cosas en este mundo (lee 2 Corintios 4:3-4, nota en la pág. 224).

3. **¿Cuáles son las limitaciones de Satanás?** No debemos menospreciar el poder de Satanás, pero debemos darnos cuenta de que es limitado (lee 2 Timoteo 4:18, pág. 286).

4. **¿Cómo ataca Satanás a las personas?** Satanás manipula y distorsiona hábilmente para engañar a la gente (lee 2 Corintios 11:13-15, págs. 230-231).

5. **¿Quién puede frustrar los planes de Satanás?*** Aquellos que rinden su vida a Cristo pueden derrotar a ese malvado enemigo (lee Apocalipsis 12:10-12, nota en la pág. 350).

¿Qué son los ángeles?

De acuerdo con una reciente encuesta, la mayoría de la gente cree en la existencia de los ángeles. Gran cantidad de libros sobre el tema llenan los estantes de las librerías. Aún así, el único recurso digno de confianza sobre los ángeles y su actividad es la Biblia. Realmente, ¿quiénes son estas criaturas misteriosas? ¿Cómo son? ¿Usan vestiduras largas y tienen alas como los pájaros? ¿Cuál es su propósito?

Puedes llamar a los ángeles «agentes secretos de Dios». Básicamente operan detrás del escenario. Casi todo el tiempo estos agentes secretos son invisibles, con la excepción de aquellas ocasiones especiales cuando Dios permite que la gente los vea. Sin duda, Dios se dio cuenta de que si pudiéramos verlos todo el tiempo, se convertirían en objeto de nuestra adoración, la cual debe estar reservada sólo para Dios. Tomemos un tiempo para ver lo que la Biblia nos dice acerca de los ángeles, y su función en este mundo.

1. *¿Por qué creó Dios a los ángeles?** Dios creó a los ángeles como seres espirituales únicos para adorar a Cristo y cuidar de sus seguidores (lee Hebreos 1:4-14, nota en la pág. 294).

2. *¿Qué hacen los ángeles en la vida del cristiano?* Dios ha ordenado a los ángeles proteger a sus seguidores y mantenerlos fuera de peligro (lee Hechos 27:23-24, pág. 174).

3. *¿Cómo están involucrados los ángeles en nuestras oraciones?* Nuestras oraciones pueden desatar una guerra espiritual (lee Lucas 22:42-44, pág. 102).

4. *¿Qué función desempeñarán los ángeles en los últimos tiempos?** Los ángeles tendrán una función estratégica al difundir el evangelio eterno (lee Apocalipsis 14:6-7, nota en la pág. 352).

¿Qué son los demonios?

Así como existen ángeles que velan por tu bienestar, existen ángeles empeñados en causar tu destrucción. La Biblia nos enseña que cuando Satanás cayó del cielo, se llevó a una tercera parte de los ángeles con él (Apocalipsis 12:4). Aunque no sabemos la cantidad exacta, las Escrituras nos dicen que hay multitudes (Lucas 2:13) y legiones (Mateo 26:53) de ángeles. Así que Satanás tiene una fuerza enorme, sumamente organizada bajo su control. Estos ángeles caídos, también conocidos como demonios, ayudan a Satanás a cumplir su propósito, el cual, en las palabras de Cristo, es robar, matar, y destruir. Si bien la Biblia no nos da detalles específicos de cómo obran los demonios, tenemos la certeza de que todo lo que necesitamos saber se encuentra en las Escrituras. No necesitamos buscar en ningún otro lugar para comprender el mundo espiritual. Veamos lo que la Palabra de Dios dice acerca de estos agentes malignos.

1. *¿En qué creen los demonios?** Aunque parezca extraño, los demonios reconocen que sólo hay un Dios (lee Santiago 2:19, nota en la pág. 314).

2. *¿Pueden los demonios dañarte?** Aquellas personas que tienen una verdadera relación con Cristo no pueden ser vencidas por los demonios. Aquellas que no la tienen son víctimas de estos siervos de Satanás (lee Hechos 19:13-20, nota en la pág. 166).

3. *¿Qué deja a los demonios sin poder?** El nombre de Jesús, usado por sus seguidores, hace que los demonios tiemblen (lee Lucas 10:1-20, nota en la pág. 82).

¿Qué es el cielo?

La Biblia nos da una preciosa y vívida descripción del cielo. Por medio de las Escrituras sabemos que las calles del cielo son de oro, y que el dolor, el temor y el sufrimiento no están presentes allí.

No obstante, aun con todo este detalle, no alcanzamos a comprender el «cuadro completo». Nos es difícil captar la gloria y la perfección absoluta del cielo. Sin embargo, poniendo todo el esplendor a un lado, lo que hace al cielo espectacular es que estaremos eternamente en la presencia de Dios. El salmista lo expresó categóricamente: «Me mostrarás el camino de la vida, me concederás la alegría de tu presencia y el placer de vivir contigo para siempre» (Salmos 16:11).

No es posible responder a todas nuestras inquietudes en cuanto al cielo mientras estamos aquí en la tierra, pero la Biblia contesta algunas de las preguntas más profundas.

1. *¿Quién entrará al cielo?* El cielo es el lugar para aquellos que han recibido a Jesús como su Señor (lee Juan 14:2-6, nota en la pág. 124).

2. *¿Cuándo entra un cristiano al cielo?* Cuando respiremos por última vez en la tierra, respiraremos por primera vez en el cielo (lee 2 Corintios 5:6-9, nota en la pág. 226).

3. *¿Reconoceremos a la gente en el cielo?* Aunque nuestro cuerpo celestial pueda parecerse a nuestro cuerpo terrenal, en alguna manera seremos como ángeles (lee Mateo 22:23-33, nota en la pág. 30).

4. *¿Cómo será la vida en el cielo?* Nuestra permanencia en el cielo ya no será consumida por las preocupaciones de esta vida, sino que estaremos llenos de gozo en la presencia de nuestro Padre celestial (lee Apocalipsis 7:13-17, nota en la pág. 346).

¿Qué es el infierno?

De acuerdo con la Biblia, tratándose de dónde pasaremos el resto de nuestra vida después de la muerte, tenemos dos opciones. Una es el cielo. La otra es el infierno. Es interesante saber que, aunque parece que hay un aumento en la cantidad de personas que creen que existe un lugar llamado infierno, la mayoría de ellas no piensa que está en camino a ese lugar. En lugar de eso, creen que el infierno está reservado sólo para los peores criminales y otros elementos «malignos» de nuestra sociedad. Sin embargo, la Palabra de Dios usa un criterio diferente para juzgar a la gente. No vas al infierno por ser una persona mala, ni vas al cielo por ser una persona buena. Todos merecemos vivir la eternidad en el infierno (Romanos 3:22-23).

Mientras Dios dice claramente que los que rechazan la salvación ofrecida a través de su Hijo Jesucristo vivirán el resto de la eternidad en ese lugar de tormento, él le da a cada persona, una y otra vez, la amplia oportunidad de elegir vida, vida en abundancia en la tierra, y vida eterna en el cielo (2 Pedro 3:9). Si todavía no has tomado esa decisión, o si ya la has tomado y deseas un entendimiento más profundo de lo que tus amigos incrédulos tienen que enfrentar, considera estos datos acerca del infierno que se encuentran en las páginas de las Escrituras.

1. *¿A qué se parece el infierno?** El infierno es un lugar de tormento eterno (lee Lucas 16:19-31, nota en la pág. 92).

2. *¿Quiénes irán al infierno?** Aquel cuyo nombre no aparezca en el Libro de la Vida está destinado a un castigo eterno (lee Apocalipsis 20:11-15, nota en la pág. 356).

3. *¿Cuál es el peor castigo del infierno?** El peor castigo del infierno es la separación eterna de la presencia de Dios (lee 2 Tesalonicenses 1:7-10, nota en la pág. 274).

Amor

En una ocasión, alguien le preguntó a Jesús cuál era el mandamiento más importante. Él contestó: «El mandamiento más importante es: "¡Escucha, Oh Israel! El SEÑOR nuestro Dios es el único SEÑOR. Amarás al SEÑOR tu Dios con todo tu corazón, con toda tu alma, con toda tu mente y con todas tus fuerzas". El segundo es igualmente importante: "Amarás a tu prójimo como a ti mismo"» (Marcos 12:29-31).

Estos son los dos mandamientos más importantes, porque si realmente amas a Dios con todo tu corazón, tu alma, tu mente y tus fuerzas, querrás hacer todo lo que le complace a él. Asimismo, si amas a otros tanto como a ti mismo, te vas a preocupar por su bienestar y los tratarás de esa manera. Sin embargo, antes de que puedas amar a Dios realmente, debes comprender cuánto te ama él.

Las Escrituras explican que Dios nos demostró su gran amor al enviar a Cristo para morir por nosotros cuando todavía éramos pecadores y no teníamos una relación con él (Romanos 5:8). Cuanto más nos damos cuenta de esta gran verdad, más crecerá nuestro amor por Dios. La Biblia reconoce que nuestro amor por Dios es el resultado de que él nos amó primero (1 Juan 4:19). Estos pasajes de las Escrituras exploran diferentes aspectos del amor que debemos tenerles a Dios y a nuestro prójimo.

1. *Dios debe ser el amor más grande de nuestra vida.* Antes que podamos amarnos plenamente unos a otros, debemos amar plenamente a Dios y comprender su amor por nosotros (lee Mateo 22:37-38, pág. 31).

2. **El amor de Cristo es el ejemplo.** * El amor que tenemos los unos por los otros debe reflejar el amor de Cristo por nosotros (lee Efesios 5:1-2, nota en la pág. 250).

3. **El amor supera a todos los dones espirituales.** * Un cristiano que entiende lo que significa el amor, y lo demuestra en su vida, es el mejor testimonio para otros (lee 1 Corintios 13:1-13, nota en la pág. 218).

4. **Nuestro amor a Dios nos prepara para el servicio.** * La profundidad de nuestro amor por Dios afecta directamente nuestra capacidad de ministrar a otros (lee Juan 21:15-17, nota en la pág. 132).

5. **Nuestro amor por otros refleja la condición de nuestro corazón.** * El amor que tenemos por los que nos rodean es una indicación de la fuerza de nuestra vida cristiana (lee 1 Juan 2:9-11, nota en la pág. 328).

6. **Nuestro amor debe crecer.** * Cuanto más nos acercamos a Dios, más debe crecer nuestro amor hacia otros (lee 1 Tesalonicenses 3:12-13, nota en la pág. 268).

Perdón

Uno de los grandes principios de la vida cristiana es el perdón. Jesús ejemplificó este principio cuando pendía de la cruz y oraba por las personas que lo habían crucificado (lee Lucas 23:34, pág. 105). Sus palabras fueron tan poderosas e inesperadas que uno de los ladrones que estaba junto a él se convirtió.

Puesto que Jesús nos perdonó completamente, él quiere que sigamos su ejemplo y perdonemos a otros. Como dicen las Escrituras: «Por el contrario, sean amables unos con otros, sean de buen corazón, y perdónense unos a otros, tal como Dios los ha perdonado a ustedes por medio de Cristo» (Efesios 4:32–5:1). La Biblia nos da importantes características sobre el perdón que debemos dar a otros.

1. **El perdón viene primero de Dios.** * Nuestro perdón a otros está basado en el perdón que Dios nos extendió a nosotros (lee Marcos 11:25, nota en la pág. 56).

2. **El perdón no conoce límites.** * Para un cristiano, ningún error es muy grande o muy pequeño para no ser perdonado (lee Mateo 18:21-35, nota en la pág. 26).

3. **El perdón no es selectivo.** * No podemos elegir perdonar a unas personas y a otras no (lee Mateo 5:43-48, nota en la pág. 8).

4. **El perdón rompe barreras.** Cuando elegimos perdonar, experimentamos la verdadera libertad (lee Colosenses 3:12-15, pág. 263).

Pureza

La pureza es una cualidad de la que rara vez oímos. Por lo general, la relacionamos con la pureza sexual. Sin embargo, la pureza va mucho más allá; incluye pensamientos sanos, un deseo sincero de hacer lo correcto y un compromiso a obedecer la Palabra de Dios. Jesús se refirió a la importancia de la pureza cuando prometió que los de corazón puro verían a Dios (Mateo 5:8). Al usar la palabra corazón, Jesús estaba diciendo que el centro de nuestro ser —nuestra voluntad, emociones y pensamientos— necesita estar limpio de pecado. Los siguientes textos de la Biblia se refieren a la pureza y a la manera en que nos influye como seguidores de Jesucristo.

1. **No te pongas en el camino de la tentación sin necesidad.** Debes conocer tus debilidades morales y evitar las situaciones donde la tentación a pecar sería irresistible (lee Santiago 1:14-15, pág. 309).

2. **Cuida el contenido de tus pensamientos.** * No llenes tu mente con la inmoralidad del mundo (lee 2 Timoteo 2:22, nota en la pág. 284).

3. **Cuidado con los pecados del corazón.** * La persona que comete adulterio en su corazón es tan culpable como la que lo lleva a cabo (lee Mateo 5:27-30, nota en la pág. 6).

4. **Evita las relaciones adúlteras.** * Dios nos advierte específicamente que no tengamos relaciones inmorales (lee 1 Tesalonicenses 4:1-8, nota en la pág. 270).

5. **Si caes, pídele a Dios que te perdone y purifique tu corazón y tus deseos.** Sólo Dios te puede perdonar, restaurar tu gozo y llenarte con deseos correctos (lee 1 Juan 1:9, pág. 327).

6. **Mantén una perspectiva eterna.** * No malgastes tu tiempo tras placeres terrenales (lee 2 Pedro 3:10-11, nota en la pág. 326).

7. **Vive para agradar a Dios.** * Rendir tu vida a la dirección del Espíritu Santo es la única manera de vivir que agrada a Dios (lee Romanos 8:5-8, nota en la pág. 184).

Perseverancia

Habrá tiempos en tu caminar cristiano cuando te sientas «caído» emocionalmente. Tal vez pienses que Dios se ha olvidado de ti. O quizá te sientas desanimado al ver que otros que han hecho una confesión de fe en Jesucristo pierden interés en las cosas espirituales y se alejan. Podrás comenzar a preguntarte si eres el próximo blanco en la «lista de ataque» del diablo. Sin embargo, Dios nunca permitirá que padezcas más de lo que puedes soportar espiritualmente. En realidad, es durante los tiempos de lucha cuando resultarás más fortalecido, no más debilitado.

Al leer tu Biblia encontrarás palabras como resistencia y perseverancia. La Biblia usa estas palabras muchas veces cuando compara la vida cristiana con una carrera. Pero es un maratón, no una carrera de cien metros llanos. Porque la vida cristiana es una carrera muy larga, necesitas regular tus fuerzas para perseverar, pero sobre todo, para finalizar la carrera. Busca los siguientes versículos que describen cómo y por qué necesitas perseverar a través de las inevitables luchas de la vida.

1. **La perseverancia produce resultados.** * Cuando creces en tu entendimiento de la Palabra de Dios y la aplicas a tu vida, ganarás a otros para el Señor (lee Lucas 8:15, nota en la pág. 78).

2. **Las pruebas de la vida te harán más fuerte.** * No debes ver las dificultades de la vida como obstáculos a tu fe, sino como oportunidades para un crecimiento espiritual (lee Santiago 1:2-4, nota en la pág. 310).

3. **Cristo soportó grandes dolores por nosotros.** * Jesús mostró una resistencia máxima para animarnos a mantener firme nuestra fe en la carrera de la vida (lee Hebreos 12:1-3, nota en la pág. 302).

4. **Dios honra a quien persevera.** Una entrega de todo corazón a Dios te capacitará para «terminar bien», para ser firme en tu fe (lee 2 Timoteo 4:7-8, pág. 286).

Honestidad e integridad

La honestidad y la integridad parecen escasear en estos días. Sin embargo, la Biblia nos dice que forman parte de la vida del creyente. Lamentablemente, el mundo tiende a menospreciar este rasgo del cristiano y prefiere caracterizarlo como una persona que está fuera de la realidad. Pero el creyente es simplemente alguien que permite a Dios influir en cada aspecto de su vida, en todos sus pormenores, en los asuntos diarios del trabajo, las finanzas y las relaciones. Los pasajes siguientes nos enseñan cómo la integridad y la honestidad deben caracterizar nuestra vida.

1. **Debemos permanecer libres de toda crítica.** Una vida fiel y honesta hará que otros sean más receptivos a nuestro mensaje (lee 2 Corintios 7:2, pág. 227).

2. **Nuestra conducta debe hacer que otros glorifiquen a Cristo.** * Vivir una vida honesta y buena delante de nuestro prójimo no creyente le traerá gloria a Dios (lee 1 Pedro 2:9-12, nota en la pág. 320).

3. **Debemos ser ejemplo para otros.** * Debemos mostrar una vida de integridad para ser un sólido ejemplo para nuestro prójimo (lee Tito 2:6-8, nota en la pág. 288).

Fe y obras

Cuando una persona viene con sinceridad a Jesucristo, esta relación transformará dramáticamente su vida. El cambio se verá de inmediato en algunas personas y en otras demorará un poco más. Para aquellos cuya vida estuvo caracterizada por evidentes malos hábitos y una vida inmoral, el cambio en su estilo de vida mostrará a los demás que algo profundo ha ocurrido en su interior. Para otros, quienes no se han involucrado en pecados muy evidentes, el cambio puede no ser tan notable, pero es igualmente significativo. Recuerda, todos nosotros estuvimos separados de Dios por el pecado, el cual fue perdonado en la cruz de Jesús.

Nuestra conversión debe mostrarse tanto en fruto como en obras. Este concepto de «producir fruto» se usa a menudo en la Escritura para describir los resultados de la entrega de una persona a Cristo. Si no producimos fruto, esto demuestra que no hemos aceptado realmente a Cristo como Señor y Salvador. Producir frutos no es una opción. Es el resultado natural de una persona que entra en unión con Dios. A veces hay confusión en este asunto de llevar frutos u obras. Mira lo que la Biblia dice acerca de este asunto.

1. ***Nuestra vida debe mostrar que Dios está trabajando en nuestro corazón.*** *Dios desea que demostremos nuestro crecimiento espiritual a través de acciones externas (lee Romanos 7:4, nota en la pág. 182).
2. ***Debemos vivir nuestra fe.*** *La fe sin obras está incompleta (lee Santiago 2:14-17, nota en la pág. 312).
3. ***Dios nos ha salvado con un propósito.*** *Cuando Dios nos dio su salvación, dispuso que ésta nos conduzca a buenas obras (lee Efesios 2:10, nota en la pág. 246).
4. ***Nuestro andar debe armonizar con nuestro hablar.*** *Dios no tiene tanto interés en lo que decimos creer sino en cómo vivimos lo que creemos (lee Mateo 7:21, nota en la pág. 10).

Discernimiento

Una vez se le preguntó a un inspector que trabajaba para Scotland Yard, en el departamento de falsificaciones, si invertía mucho tiempo examinando dinero falso. Respondió que no y explicó que pasaba tanto tiempo examinando el «dinero bueno» que podía detectar el falso de inmediato. De la misma manera, cuando adquirimos un buen conocimiento de la Palabra de Dios, nosotros también podemos detectar enseñanzas y conceptos que son contrarios a la Escritura. No nos equivoquemos, hay muchas «verdades» falsas circulando por el mundo. Lee los siguientes pasajes de las Escrituras para que veas cómo puedes evitar ser víctima de falsas enseñanzas.

1. **Cuidado con las astutas imitaciones de Satanás.** *La obra de Satanás y sus agentes puede parecer buena, pero al final mostrarán lo que realmente son (lee Mateo 13:24-30, nota en la pág. 18).

2. **Reconoce las estrategias de Satanás.** *La mentira y el engaño son las dos mayores estrategias de Satanás para apartar a la gente de la verdad (lee 1 Timoteo 4:1-2, nota en la pág. 278).

3. **Comprende la diferencia entre el verdadero y el falso evangelio.** *La Escritura nos provee una prueba clara para saber distinguir entre la verdad y el error (lee 1 Juan 4:1-3, nota en la pág. 330).

4. **Usa la Palabra de Dios para evaluar la enseñanza de otra persona.** *La mejor manera de detectar una falsificación es estar bien familiarizado con lo verdadero (lee Hechos 17:11, nota en la pág. 162).

Paz

La paz interior parece imposible en estos tiempos de asesinatos, de inseguridad en el trabajo, y cuando la moral de la sociedad se está haciendo pedazos. Pero aún así, Jesús ha prometido que cada uno de nosotros puede experimentar verdadera paz: «Les dejo un regalo: paz en la mente y en el corazón. Y la paz que yo doy es un regalo que el mundo no puede dar. Así que no se angustien ni tengan miedo» (Juan 14:27).

Algunas personas están tan atrapadas en la «búsqueda de paz», que olvidan que Jesús ya se las ha dado. Simplemente han dejado ese «regalo» sin abrir. No podemos hallar paz fuera de las normas que Dios nos ha dado. San Agustín dijo: «Nuestras almas no descansarán tranquilas hasta que descansen en Dios». Empecemos a «desenvolver» ese precioso regalo y examinemos lo que la Palabra de Dios tiene para decir acerca de él.

1. **La paz comienza cuando cedemos a Dios el control de nuestra vida.** *Cuando entregamos a Jesús nuestras cargas, y le permitimos que él nos guíe, hallamos descanso (lee Mateo 11:28-30, nota en la pág. 14).

2. **La paz perfecta se edifica a través de una confianza total.** A medida que Dios llega a ser una parte integral de nuestra vida diaria, nuestras angustias comienzan a desaparecer (lee Juan 16:33, pág. 129).

3. **Nuestra paz continúa mientras seguimos al Espíritu Santo.** *Para que podamos experimentar paz, tenemos que impedir que nuestra vieja naturaleza pecaminosa nos controle. (lee Romanos 8:5-8, nota en la pág. 190).

4. **La paz de Dios debe gobernar nuestro corazón.** *Siempre debemos evitar que otras cosas nos quiten la paz de Dios (lee Colosenses 3:15, nota en la pág. 262).

Gozo

Un cambio fundamental que toma lugar en la vida de un nuevo creyente es el gozo que recibe. En realidad, el gozo está en la lista del «fruto del Espíritu» que debe ser visible en la vida del creyente (lee Gálatas 5:22, pág. 240). Pero este gozo es diferente de la efímera y temporal «felicidad» que por lo general depende de las «cosas buenas» que están sucediendo en la vida de alguien. Aunque el creyente tenga penas, el Espíritu Santo le dará un gozo y una paz que no le podrán ser quitados. Las siguientes son algunas de las maneras en que experimentarás el gozo de Dios en tu vida.

1. *Estudiar la Palabra de Dios te ayuda a experimentar su gozo.*
   Cuando estudiamos la Palabra de Dios, y honramos a Dios con nuestra vida, experimentamos su gozo en nosotros (lee 1 Tesalonicenses 1:6, pág. 267).

2. *Conocer y confiar en Dios es la fuente de gozo indescriptible.* *
   El mayor gozo que podemos experimentar viene sólo de una relación personal con Jesucristo (lee 1 Pedro 1:8, nota en la pág. 318).

3. *Compartir tu fe te produce gozo.* Aunque el trabajo de traer personas a Cristo es obra difícil, el resultado final te dará un regocijo digno de celebrarse (lee Juan 4:36, pág. 111).

4. *Pasar por alto asuntos insignificantes nos permite experimentar gozo.* * Dios quiere que experimentemos su gozo en nuestra vida, y evitemos las cosas que pudieran impedirlo (lee 1 Corintios 1:10-17, nota en la pág. 202).

5. *Saber a quién perteneces y lo qué depara el futuro produce verdadero gozo.* * Comprender que eres un hijo de Dios, y que pasarás la eternidad en el cielo con él, te producirá verdadero gozo (lee Romanos 15:13, nota en la pág. 198).

Responsabilidad

Una vez que recibes a Jesucristo en tu vida como tu Señor y Salvador personal, no sólo obtienes el privilegio del don de vida eterna, sino que también adquieres una gran responsabilidad. A ti se te ha confiado el mensaje del evangelio y eres responsable por todo lo que haces con él en tu vida. Sabemos que cuando lleguemos a la presencia de Dios, lo que hemos hecho por Cristo en esta tierra será examinado delante del Dios Todopoderoso y expuesto ante el resto del mundo. La pregunta que debemos hacernos es: ¿Lo que estoy haciendo por Cristo y su reino resistirá la prueba del tiempo? Los que hayan hecho mucho con lo que Dios les ha dado serán grandemente recompensados. Toma algún tiempo para ver lo que la Palabra de Dios dice al respecto.

1. ***Cuanto más sabemos, mayor será nuestra responsabilidad.*** * El Señor demanda más de aquellos que ocupan posiciones de liderazgo espiritual, a quienes se les ha confiado mayor responsabilidad (lee Lucas 12:48, nota en la pág. 88).

2. ***Somos responsables de nuestros pecados y errores.*** No podemos culpar a otros por nuestros errores (lee Romanos 3:23, pág. 180).

3. ***Necesitamos invertir nuestras habilidades y recursos en el reino de Dios.*** * Por su gracia, Dios nos ha dado habilidades y recursos para que los invirtamos en la expansión de su reino (lee Lucas 19:11-26, nota en la pág. 96).

4. ***El valor de nuestra obra en la tierra será puesto a prueba.*** * En el día del juicio, la calidad de nuestra fe y obra por Cristo será manifestada y recompensada (lee 1 Corintios 3:10-15, nota en la pág. 204).

Primeros pasos
Qué hacer después que
has recibido a Cristo

Estudia la Biblia

La Biblia es el «manual de la vida» que todos hemos buscado. Todo lo que necesitamos para conocer a Dios y vivir una vida que le agrada se halla en sus páginas. Algunos de nosotros hemos pasado la vida sin leer mucho de este asombroso libro cuyas palabras fueron inspiradas por Dios. Sin embargo, el éxito o el fracaso en la vida cristiana se determinan por cuánto de la Biblia tenemos en nuestro corazón y mente, y cuán obedientes somos a los principios y a la enseñanza que hallamos en ella. Así como necesitamos respirar oxígeno para sobrevivir, necesitamos estudiar la Biblia para crecer y florecer espiritualmente. Aquí hay algunas razones importantes por las cuales necesitamos pasar tiempo estudiando este libro que cambia la vida.

1. **Estudiar la Biblia es necesario para nuestro crecimiento espiritual.** * La Biblia tiene tres funciones para ayudarnos a madurar espiritualmente (lee 2 Timoteo 3:16-17, nota en la pág. 285).

2. **Estudiar la Biblia nos mantiene espiritualmente fuertes.** Cuanto más captemos de este libro y apliquemos sus enseñanzas, seremos más capaces de estar firmes en las tormentas y tribulaciones de la vida (lee Mateo 7:24-27, pág. 11).

3. **Estudiar la Biblia hace de la Escritura una parte central de nuestra vida.** Dios desea que hagamos de la Biblia una parte integral de nuestra vida (lee Colosenses 3:16, pág. 263).

4. **Estudiar la Biblia nos ayuda a aplicar su verdad en nuestra vida.** Notaremos cambios positivos en nuestra vida cuando apliquemos lo que leemos en las Escrituras (lee 2 Timoteo 3:16-17, pág. 286).

Ora

La idea de hablar con Dios puede ser intimidante. Pero no tiene que ser así. En realidad, orar puede ser una experiencia maravillosa si sabemos hacerlo de la manera que a Dios le agrada. Afortunadamente, tenemos la Palabra de Dios que nos enseña cómo orar. La Biblia nos instruye a orar en todo tiempo, en cualquier postura, en cualquier lugar, por cualquier razón. Además, no importa si usas un lenguaje más antiguo o un lenguaje popular. Dios desea que ores con corazón puro y sincero.

Los discípulos observaron el profundo efecto que tenía la oración en la vida y el ministerio de Jesús. Fueron testigos de cómo, muy a menudo, Jesús se retiraba para pasar tiempo en oración con su Padre celestial. Vieron el poder, la paz y la tranquilidad que emanaba de su vida, dándole la capacidad de permanecer en calma en las peores circunstancias. La vida de oración de Jesús impresionó de tal manera a estos hombres que le pidieron les enseñara a orar (Lucas 11:1-13). Si el perfecto Hijo de Dios constantemente dedicaba tiempo para orar durante su vida en esta tierra, ¿cuánto más nosotros, simples hombres y mujeres, necesitamos orar?

Debido a que la oración es un ingrediente esencial para caminar con Cristo, necesitamos examinar sus principios, que se encuentran en la Palabra de Dios.

1. *Cristo nos dio el modelo de la oración.* *Él dedicó tiempo para enseñar a sus seguidores cómo orar (lee Mateo 6:5-15, nota en la pág. 7).

2. *La oración no es una experiencia solitaria.* *Dios nos ha dado su Santo Espíritu para ayudarnos en la oración, aun cuando nosotros no sepamos cómo orar (lee Romanos 8:26-27, nota en la pág. 185).

3. *La oración nos permite expresar nuestras peticiones a Dios.* *La oración es la manera designada por Dios para que le hablemos de nuestras preocupaciones y necesidades (lee Santiago 4:2-3, nota en la pág. 311).

4. *La oración nos capacita para buscar el perdón.* Cuando oramos pidiendo perdón, Dios oye nuestras oraciones y nos restaura (lee Santiago 5:15-16, pág. 314).

5. *La oración nos ayuda a vencer la preocupación.* En las tribulaciones podemos recibir la paz de Dios por medio de la oración (lee Filipenses 4:6-7, pág. 257).

6. *La oración aumenta nuestro conocimiento espiritual y madurez.* Dios nos da una gran comprensión espiritual a través de la oración (lee Colosenses 1:9, pág. 259).

Busca y asiste a la iglesia adecuada

Uno de los pilares esenciales del crecimiento espiritual es el compañerismo que se logra con otros creyentes asistiendo a una iglesia local. La iglesia (que significa la totalidad de los creyentes) no es una organización sino, mejor dicho, un organismo. Se esfuerza por conservar a sus miembros espiritualmente activos y bien alimentados. La iglesia te provee instrucción de la Palabra de Dios y te permite adorar a Dios con otros creyentes, te capacita para usar los dones y las habilidades que Dios quiso darte, y te prepara para ejercer tu liderazgo espiritual.

Algunos creen que obtendrán suficiente crecimiento espiritual de los programas cristianos de televisión y radio, o de libros. Aunque estos tienen valor, nada puede reemplazar la necesidad de ser un miembro activo de una iglesia. Si unirse en compañerismo con otros creyentes no fuera importante, ¿por qué entonces estableció Jesús la iglesia? (lee Mateo 16:18, pág. 23). La Biblia contiene muchas enseñanzas acerca de las características de una iglesia saludable y vibrante, y sobre la necesidad de que los cristianos se congreguen. A continuación aparecen cuatro guías de la Palabra de Dios para que encuentres la iglesia adecuada y asistas a ella.

1. **Qué iglesia elegir.** * Debes buscar una iglesia que tenga las cualidades y características de la iglesia del primer siglo (lee Hechos 2:42, 44-47, nota en la pág. 141).
2. **Necesitamos compañerismo con otros creyentes.** * El compañerismo con otros cristianos agudiza tu discernimiento espiritual y te prepara para el regreso de Cristo (lee Hebreos 10:25, nota en la pág. 301).
3. **Por qué te necesita la iglesia.** * No sólo tú te beneficias de la iglesia, sino que la iglesia se beneficia de ti y de las habilidades que Dios te ha dado (lee Efesios 4:11-16, nota en la pág. 245).
4. **Tú tienes un lugar en la iglesia.** * Dios ha dado a cada uno de nosotros una tarea única para desempeñar en la iglesia donde nos congregamos (lee 1 Corintios 12:12-31, nota en la pág. 217).

Obedece a Dios

La evidencia innegable de un verdadero cristiano es una vida cambiada. El gran predicador inglés Charles Haddon Spurgeon dijo una vez: «¿Qué valor tiene la gracia que profeso haber recibido, si no cambia el modo en que vivo? Si no cambia el modo en que vivo, nunca cambiará mi destino eterno».

Una vida cambiada comienza con la obediencia a Dios. Significa que debes dejar de hacer ciertas cosas y comenzar a hacer otras. Si bien Dios comienza a cambiar tu corazón y tus deseos, una vez que has rendido tu vida a él, el Señor todavía te da la libertad de decidir cuánto de tu vida le dejarás controlar. Pero debes saber lo siguiente: cualquier cosa que abandones para seguir a Jesús, es poco en comparación con lo que él te da en recompensa. Por ejemplo, cuando le rindes tu conducta pecaminosa, él reemplaza tu pecado con perdón y una conciencia limpia. Con este incentivo para la obediencia, mira estas seis formas específicas en que la Biblia nos instruye para obedecer a Dios.

1. **Reconoce que eres una nueva creación.** * Cuando comprendas lo que Dios ha hecho en tu vida, la obediencia será más un deseo que un simple deber (lee 2 Corintios 5:14-17, nota en la pág. 227).

2. **Sigue a Dios de todo corazón.** Cuando sigues a Dios, terminarás bien la carrera de la vida (lee Hebreos 12:1-3, pág. 304).

3. **Ofrece a Dios algo más que una devoción de labios.** Dios mira más tu corazón que tus acciones religiosas (lee Mateo 23:25-28, págs. 32-33).

4. **Vive en el amor de Dios.** * Descubre el secreto de un gozo verdadero y duradero (lee Juan 15:9-11, nota en la pág. 127).

5. **Ponte la armadura de Dios.** * La obediencia te prepara para las batallas de la vida (lee Romanos 13:11-14, nota en la pág. 193).

6. **Deja que Dios ocupe tus pensamientos.** * Tus pensamientos afectarán tus acciones (lee Colosenses 3:2-4, nota en la pág. 261).

Resiste la tentación

Ahora que ya eres un seguidor de Cristo, Satanás buscará apartarte del camino, tentándote a desobedecer la Palabra de Dios. No es pecado ser tentado, también Jesús lo fue (lee Lucas 4:1-13, pág. 71). Pecamos cuando cedemos a la tentación. La buena nueva es que Dios nunca nos dejará ser tentados más de lo que podamos resistir. Además, nos ha dado maneras específicas para manejar la tentación. Estos son tres puntos que debemos recordar cuando enfrentamos alguna tentación.

1. **Reconoce de quién viene la tentación.** * Satanás es la mente maestra detrás de cada tentación (lee Efesios 6:10-12, nota en la pág. 251).

2. **Resiste al diablo.** * La Biblia dice que si resistes al diablo, él huirá de ti (lee Santiago 4:7-8, nota en la pág. 313).

3. **Regocíjate porque la victoria es tuya en Cristo Jesús.** * Dios ha prometido que él siempre proveerá una puerta de escape (lee 1 Corintios 10:13, nota en la pág. 213).

Vive en el poder de Dios

Algunas personas miran la vida cristiana y dicen: «Yo no podría empezar a vivir de ese modo y mantener esas normas. ¡Es demasiado difícil!». Y es verdad. No es fácil ser cristiano, de hecho, es imposible sin la ayuda del Espíritu Santo. Dios te ha dado el poder para vivir la vida cristiana. Desde el momento en que pediste a Jesús que entrara a tu corazón, Dios te dio el don de su Espíritu Santo (lee «¿Quién es el Espíritu Santo?», pág. A22).

El Espíritu Santo no sólo reside en tu corazón sino que te da el poder para vivir una vida santa y ser un testigo efectivo del Señor Jesucristo. El poder del Espíritu Santo se parece mucho a una inversión. Tú necesitas tomar de su poder cada día para vivir tu fe. Para saber más acerca de cómo el Espíritu Santo puede capacitar y fortalecer tu caminar cristiano, lee los siguientes pasajes de la Escritura.

1. **El Espíritu de Dios será tu guía.** * El Espíritu Santo te ayudará a comprender las verdades de la Escritura y el carácter de Dios (lee Juan 16:13-15, nota en la pág. 129).

2. **El Espíritu de Dios dará poder a tu testimonio.** * El Espíritu Santo te dará gran valentía y habilidad para compartir tu fe (lee Hechos 1:8, nota en la pág. 139)

3. **El Espíritu de Dios te animará a ser obediente.** El Espíritu Santo provocará en ti el deseo de obedecer los mandamientos de Dios (lee Romanos 8:13-14, pág. 187).

4. **El Espíritu de Dios te ayudará a vencer al pecado.** * El pecado no tendrá nunca más el poder que tenía sobre ti cuando no eras cristiano (lee Romanos 8:9-14, nota en la pág. 183).

Comparte tu fe

Después de conocer personalmente al Señor Jesús, y caminar con él, una de las bendiciones más grandes es llevar a otros al Señor Jesucristo. La buena noticia es que Dios desea usarte a ti —no sólo a los pastores, misioneros y evangelistas— como su instrumento para hablarles de Cristo a otros.

Jesús nos dio esta comisión cuando dice en Marcos 16:15: «Vayan por todo el mundo y prediquen la Buena Noticia a todos». Este mandato maravilloso es conocido como «la gran comisión». Pero por la manera en que algunos cristianos toman esta Escritura, tú podrías pensar que es «la gran sugerencia». ¡Compartir la fe es algo que Jesús desea, y demanda, de cada uno de nosotros! ¿Cómo podemos hacerlo? La Primera Epístola de Pedro 3:15-16 nos dice que debemos estar listos para dar una respuesta a todo el que nos pregunte acerca de la esperanza que tenemos en Jesús. Aquí hay cinco pasajes de la Palabra de Dios que te ayudarán a compartir tu fe.

1. **No necesitas ningún entrenamiento para compartir tu fe.** * Un corazón cambiado es lo único que necesitas para empezar a compartir tu fe con otros (lee Juan 9:1-41, nota en la pág. 119).

2. **Sé receptivo a la dirección de Dios.** * Compartir la fe con eficacia comienza con un corazón deseoso y dispuesto (lee Hechos 8:4-8, 26-38, nota en la pág. 151).

3. **Comprende la sencillez del evangelio.** * El mensaje del evangelio es muy sencillo, pero poderoso (lee 1 Corintios 2:1-5, nota en la pág. 203).

4. **Comparte tu propia historia.** * Nunca subestimes la fuerza de tu testimonio personal (lee Hechos 26:1-23, nota en la pág 171).

Busca la voluntad de Dios

¿Te has preguntado alguna vez acerca de tu futuro? ¿Has considerado las respuestas a decisiones tan importantes como aquellas que cambian la vida, tales como con quién me casaré o qué carrera voy a seguir? La mayoría de nosotros nos hemos hecho esas preguntas, y nos hemos preguntado si Dios tiene un plan definido o una opinión en el asunto. Con esto en mente, he aquí algunas buenas noticias: Dios está totalmente interesado en tu vida, y él desea guiarte en todas tus decisiones.

Jesús llamó amigos a sus seguidores (lee Juan 15:15, pág. 128). Como amigo de Dios, tú tienes «la fuente» para descubrir la voluntad de Dios para tu vida. Esta fuente es la Biblia. Allí hallarás la voluntad de Dios para tu vida (tal como poner primero a Dios en todo y seguir sus normas para el matrimonio), así como algunos principios que debes seguir si buscas alguna guía específica para tu vida. En fin, hallarás la voluntad de Dios si obedeces lo que lees en la Biblia, y vives por fe. He aquí seis pasos que puedes tomar cuando buscas la voluntad de Dios.

1. **Rinde tu vida incondicionalmente.** * Debes cumplir con ciertas condiciones si deseas conocer la voluntad de Dios para tu vida (lee Romanos 12:1-2, nota en la pág. 187).

2. **Comprende que Dios tiene un plan para tu vida.** Tu vida tiene propósito y significado, y Dios desea revelártelos (lee Efesios 1:7-9, pág. 243).

3. **Actúa de acuerdo con lo que Dios ha revelado en la Escritura.** * En su Palabra, Dios nos da guías específicas (lee 1 Tesalonicenses 4:1-8, nota en la pág. 269).

4. Confía en Dios. No hay cosa más segura que confiar un futuro desconocido a un Dios conocido (lee Filipenses 4:6-7, pág. 257).

5. Escucha la voz de Dios. A veces Dios nos habla con una voz muy suave (lee Juan 10:27, pág. 120).

Vive como un discípulo

Cuando oyes la palabra *discípulo* ¿piensas inmediatamente en los doce que siguieron a Jesús durante su ministerio en la tierra? Mucha gente no comprende que, en la actualidad, Jesús todavía tiene discípulos. Cada discípulo es un creyente, pero no necesariamente cada creyente es un discípulo. El discípulo ha tomado con todo su corazón la decisión de seguir a Jesús como Salvador y Señor. En un sentido, puedes llamar al discipulado: «un modo radical de vivir». Cuando haces un verdadero compromiso de seguir a Jesús como discípulo, empiezas a vivir la vida cristiana tal como debe ser. Cualquier práctica inferior al discipulado es conformarse con menos de lo que Dios desea. He aquí cuatro pasajes de la Biblia que significan lo que es ser discípulo de Jesús.

1. Un discípulo toma su cruz y sigue a Cristo. * Ser discípulo requiere trabajo y consagración (lee Lucas 9:23-25, nota en la pág. 81).

2. Un discípulo calcula el costo. * Los discípulos de Jesús estaban dispuestos a dejar todo para seguirlo (lee Lucas 14:25-33, nota en la pág. 91).

3. Un discípulo permanece en Cristo. * La fuente de la fortaleza de un discípulo está en su comunión con Cristo (lee Juan 15:1-17, nota en la pág. 125).

4. Un discípulo camina como Jesús caminó. * Los discípulos conducen su vida de acuerdo con Jesús, quien es el ejemplo supremo de cómo vivir (lee 1 Juan 2:3-6, nota en la pág. 329).

Da a Dios

El dinero es un tema tan importante en la Biblia que se menciona en casi la *mitad* de todas las parábolas de Jesús. Además, uno de cada siete versículos en el Nuevo Testamento habla sobre este tema. Para tener una idea de la importancia que tiene el dinero comparado con otros temas, diremos que la Escritura tiene unos quinientos versículos sobre la oración y un poco menos de quinientos sobre la fe, mientras que hay ¡más de *dos mil* sobre asuntos de dinero!

Puedes preguntar: ¿qué tiene que ver el dinero con nuestra fe? Ahora que el Señor ha venido a tu vida, él desea ser el Señor de cada aspecto de ella. Esto incluye nuestras finanzas. Martín Lutero decía acertadamente: «Hay tres conversiones necesarias: la conversión del corazón, la de la mente, y la de la bolsa [o billetera]». Cuando experimentamos esta «conversión de la bolsa» y damos con generosidad de nuestro dinero a la obra del Señor (a nuestra iglesia, a un ministro o a un misionero), hacemos la mejor inversión de ese dinero; una inversión con réditos eternos. Con esto en mente, he aquí cinco preguntas para considerar acerca de las riquezas y el dar.

1. *¿Por qué debes dar una porción de tus recursos financieros a Dios?* Él desea probar tu fidelidad por medio de tus diezmos y ofrendas (lee 2 Corintios 9:6-11, pág. 229).

2. *¿Cuánto debes dar?** Dios nos anima a dar con sacrificio (lee Marcos 12:41-44, nota en la pág. 59).

3. *¿Qué sucede cuando ofrendas?** Cuando das por los motivos correctos, experimentas gozo y generosas bendiciones de Dios (lee 2 Corintios 9:6-14, nota en la pág. 231).

4. *¿Cómo debes considerar la riqueza material?** Acumular riquezas nunca debe ser una prioridad, porque no tienen valor en la eternidad (lee Mateo 6:19-34, nota en la pág. 9).

5. *¿Puedes disfrutar de las riquezas?** Dios puede bendecirte materialmente, pero tú eres responsable de usar con sabiduría tus riquezas materiales (lee 1 Timoteo 6:17-19, nota en la pág. 279).

Sé fuerte en las pruebas

Muchos cristianos tienen la idea errónea de que una vez que se convierten a Cristo, la vida será para ellos un suave navegar por aguas tranquilas desde ese día en adelante. Esto no es así. Aunque es cierto que caminar con Cristo nos ayuda a evitar muchos de los problemas de la vida, todavía vamos a experimentar lo que la Biblia llama «pruebas».

Las pruebas pueden venir en forma de una crisis, una enfermedad súbita, la pérdida de un ser amado o algún cambio drástico en tu vida. Incluso experimentarás momentos difíciles en los cuales no sientas la presencia de Dios, cuando creas que la iglesia no parece tan emocionante como antes o sientas que tus oraciones no van más arriba del techo de tu habitación. Tal vez te preguntes si habrás ofendido a Dios, o si él te ha dejado. Pero Dios no nos hace pasar por dificultades para vernos sufrir. Más bien, él permite esas tribulaciones en nuestra vida para ayudarnos a crecer espiritualmente, para enseñarnos a vivir por fe, no por sentimientos o emociones. Lee los siguientes pasajes para que sepas el lugar que ocupan las tribulaciones en nuestra vida. Recuerda que Dios promete estar con nosotros durante esos tiempos de prueba.

1. **Las pruebas pulen nuestra fe.** * Las situaciones difíciles desarrollan nuestro carácter y purifican nuestra fe (lee 1 Pedro 1:3-7, nota en la pág. 317).

2. **Las pruebas nos ayudan para consolar a otros.** * Experimentar sufrimiento profundiza nuestra compasión por otros que también sufren (lee 2 Corintios 1:3-7, nota en la pág. 223).

3. **Las pruebas son soportables.** * Debemos conservar nuestra perspectiva eterna en medio de los tiempos difíciles (lee 2 Corintios 4:7-18, nota en la pág. 225).

4. **Las pruebas demuestran nuestro cimiento.** * Cuando cimentamos nuestra vida en Cristo, podemos soportar cualquier temporal (lee Lucas 6:47-49, nota en la pág. 77).

5. **Jesús está con nosotros en las tormentas de la vida.** * Nunca estamos fuera del ojo atento de Dios y su presencia cercana (lee Marcos 4:35-41, nota en la pág. 45).

6. **Dios da esperanza a nuestros corazones atribulados.** * Podemos tener paz en nuestro interior en medio de las pruebas más difíciles (lee Juan 14:1-7, nota en la pág. 123).

Matrimonio

Existe la idea de que algunos matrimonios fueron «arreglados en el cielo». Esta afirmación supone que algunos matrimonios están destinados a ser buenos, mientras que otros están destinados a ser malos. Tal modo de pensar asume que el matrimonio tiene una vida propia, y que la única manera de saber si vas a tener un buen o un mal matrimonio es lanzar una moneda al aire. Sin embargo, lo que mucha gente no parece comprender es que el matrimonio se parece a un espejo. Refleja lo que ve. Si un matrimonio es fuerte, es porque los cónyuges han puesto mucho esfuerzo en él. Si un matrimonio es débil, es porque el esposo o la esposa, o ambos, lo han descuidado.

Dios nunca concibió un matrimonio débil para nadie. Su designio para el matrimonio es una relación de pleno compañerismo de por vida. Para que una pareja prospere dentro de ese designio, debe obedecer a Dios y a su Palabra, y hacer a un lado ese distorsionado y perverso concepto mundano del matrimonio. La Biblia contiene verdades que no sólo ayudan a mantener unida a la pareja, sino que también conservan fuerte al matrimonio. Las lecciones que este libro nos da sobre el matrimonio, deberían servir como el fundamento de la relación de cada pareja cristiana. Sea que estés soltero o casado, los siguientes versículos te darán una buena perspectiva sobre las relaciones matrimoniales.

1. **Dios creó el matrimonio.** Podemos aprender más acerca del matrimonio ideal según Dios, reflexionando sobre la primera pareja humana que hubo en el mundo (lee Mateo 19:4-6, pág. 26).
2. **Marido y mujer tienen distintas funciones en el matrimonio.** * Un matrimonio funciona bien cuando ambos cónyuges siguen el designio específico de Dios para ellos (lee Efesios 5:21-33, nota en la pág. 248).
3. **Se deben honrar y disfrutar los límites del matrimonio.** La intimidad sexual se debe disfrutar plenamente, pero está restringida a los límites de la relación matrimonial (lee Hebreos 13:4, pág. 306).

4. Mantén tu matrimonio fuerte. * Dios ha prometido castigar a aquellos que cometen adulterio o llevan vidas inmorales (lee Hebreos 13:4, nota en la pág. 304).

5. El divorcio no es parte del plan de Dios. * Jesús enseña que el matrimonio debe ser una relación de por vida (lee Marcos 10:2-12, nota en la pág. 52).

6. Un cristiano no debería divorciarse de un cónyuge no cristiano. * Un esposo o una esposa no cristiano no debe ser abandonado, sino amado (lee 1 Corintios 7:12-16, nota en la pág. 210).

7. El matrimonio no es para todos. * Aunque Dios bendice a muchos con el matrimonio, algunos tienen el llamado, o la capacidad, de permanecer solteros (lee 1 Corintios 7:1-40, nota en la pág. 208).

8. La intimidad que hay en el matrimonio no se puede encontrar en ninguna otra relación. Dios desea que tengas una vida sexual plena y que disfrutes de ella dentro de los límites del matrimonio (lee 1 Corintios 7:3-5, pág. 208).

Hijos

El plan de Dios es edificar, fortalecer y proteger a la familia. El plan de Satanás es minarla, debilitarla y destruirla. No hay error: Satanás ha declarado la guerra a la familia. Trágicamente, muchos de nosotros hemos sido cómplices de él. ¿Por qué? Porque la mayoría de los problemas de nuestra cultura hoy se deben a la ruptura de las familias o de los hogares donde los principios bíblicos se ignoran o se desobedecen. Esto no sólo incluye parejas que se separan, sino también las llamadas familias alternativas que son parejas de homosexuales, lesbianas y amantes que viven juntos. Tales relaciones no serán nunca bendecidas u honradas por Dios, porque están fuera de sus normas y sus leyes. Bien se ha dicho: «Una familia puede sobrevivir sin un país; pero un país no puede sobrevivir sin la familia».

Afortunadamente, hay esperanza. La Biblia nos da instrucciones especificas sobre el tema de la crianza de los hijos. Si los ponemos en práctica veremos resultados asombrosos. Mira lo que la Biblia dice respecto a la crianza de los hijos que aman y reverencian a Dios, en un mundo que es a menudo hostil a Dios y sus valores.

1. Los hijos nunca son muy pequeños para aprender acerca de Dios. Enseñar a los hijos a amar a Dios en sus primeros años los ayudará a permanecer fieles por el resto de sus vidas (lee Gálatas 6:7-9, págs. 240-241).

2. Asegúrate de que tus hijos oigan el mensaje del evangelio. * El evangelio debe empezar a predicarse en el hogar (lee Hechos 16:29-34, nota en la pág. 160).

3. Alienta el crecimiento espiritual de tus hijos. * Como lo sugiere el apóstol Pablo, un padre amoroso anima a sus hijos a vivir una vida agradable a Dios (lee 1 Tesalonicenses 2:11-12, nota en la pág. 268).

4. **Vigila la herencia que dejas.** Tu devoción a Dios, o la falta de ella, hará un tremendo efecto en la generación siguiente (lee Hechos 21:5, pág. 167).

5. **Disciplina a tus hijos.** Los padres que aman a sus hijos y desean verlos convertirse en hombres y mujeres de carácter, los disciplinarán (lee Hebreos 12:5-11, págs. 304-305).

6. **Evita exasperar a tus hijos.*** Tu disciplina tiene que estar suavizada con amor. Así tus hijos no estarán resentidos contigo (lee Colosenses 3:20-21, nota en la pág. 262).

Prioridades

Como cristiano, uno de los cambios más dramáticos en tu vida debe ser la manera en que empleas tu tiempo. Tus planes y ambiciones en la vida deben ser diferentes. Después de todo, tú no debes vivir ya para ti mismo sino para Dios. Al principio puede ser una transición difícil. Aquí hay algunos consejos que podemos adquirir de la Palabra de Dios.

1. **Que Cristo esté por encima de todo.*** Para ser un verdadero seguidor de Cristo, necesitas estar dedicado a él y no dejar que nada se interponga en el camino de tu devoción (lee Filipenses 3:4-11, nota en la pág. 256).

2. **Equilibra el servicio cristiano con la adoración.*** No adquieras el hábito de «servir» tanto al Señor que descuidas adorarlo y dedicar tiempo para conocerlo mejor (lee Lucas 10:38-42, nota en la pág. 84).

3. **No malgastes tiempo en la búsqueda de cosas que no perduran.** Tu tiempo en la tierra es corto. Pídele ayuda a Dios para invertir tu tiempo en cosas que tienen valor (lee 2 Timoteo 4:5-8, pág. 286).

4. **Emplea tiempo en alimentar tu alma.** Dios ofrece bendecirte si eliges pasar más tiempo con él en lugar de dedicar tu tiempo a la búsqueda de satisfacciones temporales (lee 1 Pedro 2:1-3, pág. 316).

5. **Mantén vivo tu celo espiritual.*** Esfuérzate en mantener ese «fuego» ardiente en tu corazón, que brille siempre mientras sirves al Señor (lee Romanos 12:11, nota en la pág. 188).

Tiempo de oración

Antes de ser cristiano, tal vez oraste antes de comer o en fiestas religiosas o durante tiempos de crisis. Sin embargo, como creyente, la oración debe ser parte de tu vida. La oración ya no es más una opción sino parte integral de todo lo que haces.

Cuando integres la oración a cada aspecto de tu vida, no siempre verás tus oraciones contestadas de la manera que deseas. Cuando esto sucede, es fácil desanimarse y dejar de orar. Pero Jesús nos ordena orar y nunca abandonar la oración (Lucas 18:1). También Pablo instruye a los creyentes que «nunca dejen de orar» (1 Tesalonicenses 5:17). Cuando fallamos en orar, perdemos una de las mayores bendiciones de la vida cristiana, la comunión con Dios, la fuente de poder para nuestra vida. Además, estamos en contra de lo que Dios nos ha instruido a hacer.

La Biblia da algunas perspectivas sobre cómo experimentar el poder de la oración en nuestra vida. La siguiente es una lista parcial de lo que debería caracterizar nuestras oraciones como creyentes.

1. **Ora con regularidad.** Dios desea escuchar nuestras oraciones durante todo el día, no sólo antes de las comidas o en momentos de dificultad (lee Hechos 10:2, pág. 152).

2. **Ora sin impedimentos.** Los pecados y otras distracciones pueden afectar negativamente tu vida de oración (lee Lucas 22:39-46, pág. 102).

3. **Ora confiando tener respuesta.** * La Biblia nos enseña cómo orar de modo que tengamos la respuesta (lee 1 Juan 5:14-15, nota en la pág. 332).

4. **Ora con eficacia.** * La oración puede obrar poderosamente en medio de una crisis, cuando el pueblo de Dios se une y clama a él (lee Hechos 12:1-17, nota en la pág. 154).

5. **Ora con persistencia.** * Dios honra la oración persistente (lee Lucas 18:1-8, nota en la pág. 94).

Conversación

Como cristiano, es muy importante recordar que eres un representante de Cristo. Una de las formas más visibles en que lo representas es con tu manera de hablar o con tus conversaciones. Se ha dicho que cada persona habla unas treinta mil palabras en un día promedio. Esto es un tiempo considerable, cuando se sabe el poder que tiene la palabra hablada. Con nuestra lengua podemos edificar o destruir. Esto debe motivarnos a pensar las palabras antes de decirlas.

La Biblia comparte algunos consejos prácticos cuando se trata de controlar la lengua. Veamos algunos pasajes bíblicos de la Escritura para guiarnos en este asunto.

1. **Piensa antes de hablar.** Cuando mides tus palabras demuestras que eres una persona sabia y cuidadosa (lee 1 Timoteo 4:12, pág. 280).

2. **Controla tu lengua.** * Cuando aprendas a controlar tu lengua aprenderás a controlar otros aspectos de tu vida (lee Santiago 3:1-12, nota en la pág. 312).

3. **Evita toda palabra inútil.*** Somos responsables de cada palabra vana que hablamos (lee Mateo 12:35-37, nota en la pág. 16).

4. **Haz un hábito hablar del Señor.** Cuando hablamos con alguien acerca del Señor y sus bendiciones, Dios se agrada (lee Hechos 11:20, pág. 154).

5. **Mantén tu conversación afable.*** Cuando compartimos nuestra fe con otros, debemos hablar con gentileza y sensibilidad (lee Colosenses 4:6, nota en la pág. 265).

6. **Nunca uses un lenguaje vulgar.*** Nuestras conversaciones necesitan reflejar la santidad de Dios, no las groserías del mundo (lee 1 Pedro 3:10, nota en la pág. 318).

7. **Piensa en cómo alentar, elogiar y edificar a otros.*** Como cristiano, debes hablar de manera constructiva (lee 1 Tesalonicenses 5:11, nota en la pág. 272).

Relaciones

La gente con la que nos relacionamos con regularidad puede ayudar o impedir nuestro crecimiento espiritual. Por esta razón, Dios nos ha dado valiosos avisos y fuertes advertencias cuando se trata de elegir a nuestros amigos. Lee los siguientes pasajes de la Escritura cuando pienses en qué cosas procurar y cuáles evitar en tu relación con otros.

1. **Busca un verdadero amigo cristiano.*** Un buen amigo cristiano puede ayudarte en tiempos de pruebas y tentación (lee Gálatas 6:1-3, nota en la pág. 238).

2. **No te asocies con aquellos que se burlan de Dios.** Entre tus amistades, Dios y su Palabra deben ser objeto de alabanza, no de burla (lee 2 Timoteo 3:1-5, pág. 285).

3. **Evita las relaciones que puedan inducirte a pecar.*** Las malas compañías corrompen las buenas costumbres (lee 2 Corintios 6:14–7:1, nota en la pág. 228).

4. **Asegúrate de que tus amistades honran a Dios.*** Busca la amistad de aquellos que viven como Cristo enseña (lee 1 Juan 1:7, nota en la pág. 328).

Responsabilidad

Una pregunta muy común, que muchos cristianos se hacen, es: «¿Puedo ser cristiano y todavía hacer...?». Algunas preguntas acerca de la «libertad cristiana» se pueden responder con facilidad, porque la Biblia es directa al contestarlas. Por ejemplo, si alguien pregunta: «¿Puede un cristiano emborracharse?». La respuesta es clara: «No». La Biblia dice: «No se emborrachen con vino, porque eso les arruinará la vida. En cambio, sean llenos del Espíritu Santo» (Efesios 5:18). Sin embargo, preguntas como: «¿Puedo ser cristiano y tomar bebidas alcohólicas?» o «¿Puedo ir al cine?» o «¿Puedo escuchar cualquier clase de música?» no se contestan con tanta facilidad. Estas se encuentran en las «áreas inciertas» de la vida cristiana y no tienen una respuesta específica en algún capítulo o versículo de la Biblia.

Cuando te encuentres en una situación donde la Biblia no habla clara y directamente, debes considerar si tus acciones agradarán o no a Dios. Esta es una prueba sencilla que puedes aplicar a esas áreas inciertas de la vida.

1. **Esto que hago, ¿me edifica espiritualmente?*** Necesitas evitar cualquier cosa que tiene el potencial de nublar tus sentidos espirituales, y privarte de tu hambre por Dios y su Palabra (lee 1 Corintios 10:23, nota en la pág. 214).
2. **Esto que hago, ¿me controla?*** Como cristiano, debes ser controlado sólo por el Señor Jesucristo (lee 1 Corintios 6:12, nota en la pág. 206).
3. **Esto que hago, ¿me provoca inquietud?*** Debes ser obediente a lo que Dios te ha dicho que hagas y no ser arrastrado por lo que otros hacen (lee Romanos 14:23, nota en la pág. 196).
4. **Esto que hago, ¿podría ser un tropiezo para la fe de otros cristianos?*** Mantente lejos de todo lo que pueda influir negativamente a otros cristianos que están alrededor de ti (lee Romanos 14:3-21, nota en la pág. 196).

Trabajo

Algunos de los grandes desafíos que enfrentas como cristiano pueden provenir del trabajo que realizas o del lugar donde trabajas. Quizá estás trabajando en un ambiente moralmente cuestionable. O puede que se te haga difícil respetar a quienes están sobre ti. O quizás tu trabajo te resulta tedioso o sin significado. Hasta puedes preguntarte si tu fe está impactando a tus compañeros de trabajo. Cualquiera sea tu vocación, tu trabajo puede llegar a ser más significativo y más recompensado cuando obedeces lo que la Biblia dice acerca de tu actitud hacia el trabajo o hacia tus responsabilidades. Lleva estos consejos bíblicos en tu corazón y ¡verás la diferencia!

1. **Trabaja como si lo hicieras para el Señor.*** Ten en mente que al fin de cuentas tú estás trabajando para el Señor, no para la gente (lee Colosenses 3:22-24, nota en la pág. 264).
2. **Crea hambre espiritual en aquellos que te rodean.*** Tu buen ejemplo puede estimular a tus compañeros de trabajo a conocer más de Jesús (lee Tito 2:9-10, nota en la pág. 288).

3. **Esfuérzate por ser responsable.** * La gente te respetará a ti y a tu mensaje cuando demuestres que eres responsable (lee 1 Tesalonicenses 4:11-12, nota en la pág. 270).

4. **Honra a Cristo con tu arduo trabajo.** No permitas que los no creyentes critiquen al Señor por tu testimonio deficiente (lee 1 Tesalonicenses 4:11-12, pág. 271).

5. **No desatiendas tu salud espiritual.** * Nunca pongas tu deseo de riqueza material por encima de tu bienestar espiritual (lee Lucas 12:15-21, nota en la pág. 86).

Actitud hacia ti mismo

En la actualidad, muchos están en búsqueda de la felicidad personal. Hacen lo que sea necesario para «encontrarse a sí mismos». Se les ha dicho que la respuesta está «dentro», así que buscan en todos los lugares equivocados tratando de hallar significado y propósito en la vida. La Biblia, sin embargo, no nos dice que la respuesta está dentro de nosotros, más bien nos enseña que el problema está en nosotros. Jeremías 17:9 dice: «El corazón es lo más engañoso que hay, y extremadamente perverso. ¿Quién sabe realmente lo malo que es?». ¿Quién conoce realmente cuán malo es el corazón? Por esta razón, todos los intentos de reformarnos están destinados al fracaso. No necesitamos tanto la autoestima como una visión real de quiénes somos y de quién es Dios. Una vez que aceptemos honestamente nuestra condición pecaminosa, y aceptemos nuestra vulnerabilidad y debilidad hacia el pecado, entonces seremos capaces de apreciar la solución de Dios. En pocas palabras, la verdadera felicidad la encontramos cuando buscamos a Dios. La Palabra de Dios nos dice lo siguiente acerca de cómo ser personas felices y satisfechas.

1. **Necesitamos reconocer nuestra verdadera condición.** * Cuando nos humillamos ante un Dios santo, somos bendecidos (lee Mateo 5:3-5, nota en la pág. 4).

2. **Debemos anteponer las necesidades de otros a las nuestras.** *
   Jesús nos da el ejemplo supremo de lo que significa ser un siervo (lee Hebreos 13:11-13, nota en la pág. 306).

3. **Encontramos la felicidad en amar a Dios y en servir a otros.** *
   Amar a Dios y a otros le da a nuestra vida verdadero propósito y significado (lee Mateo 22:37-40, nota en la pág. 32).

4. **Debemos rendir nuestros sueños, y buscar la voluntad de Dios.** *
   Los verdaderos seguidores de Cristo ponen su futuro en las manos de Dios, porque él conoce lo que es mejor para nosotros (lee Mateo 16:24-26, nota en la pág. 22).

Grandes preguntas

Lo que la Biblia dice de algunos
asuntos inquietantes de la vida

Una edición completa de la *Santa Biblia*, en la Nueva Traducción Viviente (NTV) estará disponible en el año 2010. Es una nueva traducción que se está preparando desde hace siete años, y es fruto del trabajo de más de cincuenta eruditos en las áreas de teología, traducción, estudios lingüísticos, corrección de estilo, corrección de gramática, tipografía, edición y más. También representa una asociación entre varios ministerios y editoriales como la Editorial Tyndale Español, la Editorial Unilit y la Asociación Luis Palau.

La meta de cualquier tipo de traducción de la Biblia es compartir con los lectores contemporáneos tan precisamente como sea posible, el significado y el contenido de los textos antiguos en hebreo, arameo y griego. El desafío para nuestros traductores, lingüistas, y teólogos fue crear un texto contemporáneo que comunicara el mensaje de los textos originales con la misma claridad, y causara el mismo impacto a los lectores de hoy que los textos originales causaron en los lectores y oyentes de los tiempos bíblicos. En fin, esta traducción es de fácil lectura y comprensión, y al mismo tiempo comunica con precisión el significado y el contenido de los textos bíblicos originales. La NTV es una traducción ideal para el estudio, para la lectura devocional y para la alabanza.

Creemos que la Nueva Traducción Viviente —que utiliza la erudición más actualizada con un estilo claro y dinámico— comunicará poderosamente la Palabra de Dios a todos los que la lean. Publicamos la NTV pidiendo a Dios en oración que la use para transmitir de una manera impactante su verdad eterna a la iglesia y al mundo.

Los editores
Febrero de 2008

Este es el Nuevo Testamento de la *Santa Biblia* en la versión Nueva Traducción Viviente (NTV). Se publica teniendo en mente al lector común y corriente de Latinoamérica, con el propósito de que sirva como una herramienta para la evangelización de nuestra América y la edificación del pueblo cristiano. A continuación presentamos algunas características de esta traducción que la hacen ideal para comunicar con toda claridad la verdad de Dios.

Filosofía y metodología de traducción. Los traductores de la NTV se propusieron transmitir el mensaje de los textos originales de las Escrituras en un idioma contemporáneo claro. Al hacerlo, tuvieron presente los criterios tanto de la equivalencia formal como de la equivalencia dinámica. Por un lado, tradujeron con la mayor sencillez y literalidad posible en los casos en que ese enfoque permitía producir un texto preciso, comprensible y natural. Muchas de las palabras y las frases fueron traducidas de manera literal, preservando los recursos literarios y retóricos esenciales, las metáforas antiguas, y las opciones de palabras que dan estructura a un texto y establecen ecos de significado entre un pasaje y el siguiente. Por otro lado, los traductores trasladaron el mensaje de una manera más dinámica en los casos en que la traducción literal hubiera resultado confusa, difícil de entender, o hubiera contenido términos arcaicos o extraños. Procuraron clarificar las metáforas y términos difíciles a fin de facilitar al lector la comprensión del texto. En primer término los traductores trabajaron con el significado de las palabras y las frases en su contexto antiguo; luego tradujeron el mensaje en un lenguaje claro y natural. Su meta fue ser fieles a los textos antiguos y a la vez comprensibles. El resultado es una traducción que tiene precisión exegética y fuerza idiomática.

Equipo y proceso de traducción. Para producir una traducción precisa de la Biblia en un lenguaje contemporáneo, el equipo de traducción debía tener la habilidad necesaria para acceder a los patrones de pensamiento de los antiguos escritores, y luego traducir aquellas ideas, connotaciones y efectos en un idioma contemporáneo comprensible. Para iniciar este proceso se requerían eruditos bíblicos reconocidos que interpretaran el significado del texto original y lo cotejaran con la traducción preliminar. A fin de evitar sesgos personales y teológicos, el equipo de eruditos debía representar a una variedad de grupos evangélicos capaces de emplear las mejores herramientas exegéticas. Luego serían necesarios correctores de estilo del idioma, que trabajarían junto a ellos para darle al texto una forma comprensible en el lenguaje contemporáneo.

A lo largo de este proceso de traducción y edición, los traductores principales y sus equipos de especialistas tuvieron la oportunidad de revisar la edición realizada por el equipo de correctores de estilo. Esto permitió controlar que no se introdujeran errores exegéticos en las etapas finales del proceso, y que el Comité de Traducción de la Biblia quedara satisfecho con el resultado final. Al elegir un equipo de especialistas calificados y de correctores de estilo hábiles, y al establecer un proceso que permitiera interacción a lo largo de las etapas, la NTV ofrece una traducción refinada que preserva los elementos formales esenciales de los textos bíblicos originales, en un idioma claro y comprensible.

Tyndale House Publishers publicó en inglés por primera vez en 1996 la *Santa Biblia* New Living Translation (NLT) usando la teoría de traducción más moderna. Poco después de esta primera edición, el Comité de Traducción de la Biblia comenzó un proceso de revisiones y pulido de la traducción. El propósito de esta revisión continua fue el de mejorar el nivel de precisión sin sacrificar la calidad de un texto de fácil comprensión. Esta segunda edición en inglés se terminó en el 2004, y una actualización adicional, con cambios menores, fue introducida subsecuentemente en el 2007. La presente traducción del Nuevo Testamento de la NTV es la primera edición que se publica en español. Esta publicación del Nuevo Testamento de la NTV es una nueva traducción, desde los idiomas originales al español, haciendo uso de la misma filosofía y orientaciones que guiaron el proyecto en inglés y el texto actualizado de la NLT.

Redactada para ser leída en voz alta. En las Escrituras resulta evidente que los documentos bíblicos fueron escritos para ser leídos en voz alta, con frecuencia durante la adoración pública (Lucas 4:16-20; 1 Timoteo 4:13; Apocalipsis 1:3). En la actualidad sigue siendo mayor el número de personas que escuchará la lectura de la Biblia en el templo que aquellos que la leerán por sí mismos. Por lo tanto, una nueva traducción debe comunicar con claridad y fuerza cuando se lea en público. La claridad fue una meta primordial para los traductores de la NTV, no sólo para facilitar la lectura y la comprensión en privado, sino también para garantizar un resultado excelente en la lectura pública y un impacto inmediato y poderoso en cualquier oyente.

Los textos que respaldan la traducción del Nuevo Testamento de la NTV. Los traductores del Nuevo Testamento utilizaron las dos ediciones clásicas del Nuevo Testamento Griego: *Greek New Testament*, publicado por las Sociedades Bíblicas Unidas (SBU, cuarta edición revisada, 1993) y el *Novum Testamentum Graece*, publicado por Nestle y Aland (NA, vigesimoséptima edición, 1993). Estas dos ediciones, que tienen el mismo texto pero difieren en la puntuación y en las notas textuales, representan, en gran medida, lo mejor de la investigación textual moderna. Sin embargo, en los casos en que las evidencias lingüísticas o de otra índole respaldaran fuertemente una alternativa, los traductores optaron por discrepar de los textos griegos SBU y NA, y siguieron versiones alternativas encontradas en otras fuentes antiguas. Las variaciones textuales importantes son siempre mencionadas en las notas textuales del Nuevo Testamento de la NTV.

Cuestiones de traducción. Los traductores hicieron un esfuerzo consciente por ofrecer un texto que fuera fácilmente entendido por un lector corriente en el idioma actual. Con ese propósito procuramos usar solamente estructuras de lenguaje y vocabulario que sean de uso común en la actualidad. Evitamos usar lenguaje que tenga probabilidad de quedar desactualizado en poco tiempo o que refleje regionalismos, eso con la intención de que el Nuevo Testamento de la NTV tenga un uso tan amplio en tiempo y espacio como sea posible.

Nuestra preocupación por la facilidad de lectura no concierne únicamente al vocabulario o a la estructura de la oración. También prestamos atención a las barreras culturales e históricas que pudieran dificultar la comprensión de la Biblia, y por ello hemos procurado usar términos expresados en un estilo cultural e histórico que pueda comprenderse de inmediato. Para ello:

- Hemos convertido pesos y medidas antiguos a sus equivalentes modernos (por ejemplo, «efa» [unidad de volumen seco] o «codo» [medida de longitud]), ya que por lo general las medidas antiguas no tienen significado para los lectores contemporáneos. En las notas al pie ofrecemos las medidas hebreas, arameas o griegas literales, junto con el equivalente moderno.
- En lugar de traducir literalmente los valores antiguos del dinero, los hemos expresado en términos comunes que comunican el significado. Por ejemplo, en el Nuevo Testamento con frecuencia hemos traducido «denario» como «el salario de un día», para facilitar la comprensión. En la nota al pie se agrega: «En griego *un denario*, la paga de un día completo de trabajo». En general, brindamos una traducción clara en el idioma moderno y presentamos la traducción literal del griego en la nota al pie.
- Dado que las referencias antiguas a la hora del día difieren de nuestros métodos modernos de indicar la hora, hemos optado por traducciones que el lector moderno puede comprender de inmediato. Hemos traducido momentos

específicos del día mediante equivalencias aproximadas de nuestro sistema horario. En algunas oportunidades, cuando la referencia bíblica era de carácter más general, hemos traducido «al amanecer del día siguiente» o «cuando el sol se ponía».

• Muchos términos y frases cargan con enorme significado cultural que sin duda era obvio para los lectores originales, pero requieren explicación en nuestra cultura. Por ejemplo, en tiempos antiguos la frase «golpeándose el pecho» (Lucas 23:48) significaba que las personas estaban muy afligidas, a menudo, de duelo. Hemos optado por traducir esta frase con un criterio dinámico, en favor de la claridad: «regresaron a su casa *con gran dolor*». Luego incluimos una nota al pie, con la expresión literal del griego: *«regresaron a su casa golpeándose el pecho»*. Sin embargo, en otros casos similares a veces hemos preferido aclarar la expresión literal y hacerla fácilmente comprensible. Por ejemplo, podríamos haber ampliado la expresión literal, y redactar: «Regresaron a su casa golpeándose el pecho, *apenadas*». En ese caso, no habríamos incluido la nota textual al pie, ya que el sentido griego literal aparecería con claridad en la traducción.

• El término griego *hoi Ioudaioi* se traduce literalmente en muchas versiones como «los judíos». Sin embargo, en el Evangelio de Juan, este término no siempre se refiere al pueblo judío en general. En algunos contextos, se aplica en forma particular a los líderes religiosos judíos. Hemos intentado captar el significado en estos diversos contextos utilizando términos tales como «el pueblo» (con una nota al pie: En griego *el pueblo judío*) o «los líderes religiosos», según correspondiere.

Constancia del léxico en la terminología. En favor de la claridad, hemos traducido de manera constante ciertos términos del lenguaje original, especialmente en pasajes sinópticos y en frases retóricas frecuentemente repetidas, y en ciertas categorías terminológicas tales como nombres divinos o términos técnicos no teológicos (por ejemplo vocablos litúrgicos, legales, culturales, zoológicos y botánicos). En cuanto a los términos teológicos hemos aceptado un rango semántico más amplio de vocablos o frases aceptables para traducir una sola palabra griega. Hemos evitado algunos términos teológicos que muchos lectores modernos no entenderían fácilmente. Por ejemplo, evitamos usar palabras tales como «justificación», «santificación» y «regeneración», que son remanentes de las traducciones al latín. En lugar de esas palabras, empleamos expresiones tales como «hechos justos con Dios» y «hechos santos».

Traducción de los nombres de la deidad. En el Nuevo Testamento la palabra griega *christos* ha sido traducida como «Mesías» cuando el contexto sugiere una audiencia judía. Cuando se supone una audiencia gentil, *christos* se traduce «Cristo». La palabra griega *kurios* siempre se traduce «Señor», excepto en los casos en que el texto del Nuevo Testamento cita de manera explícita el Antiguo Testamento, y en ese caso se traduce «Señor».

Todos los nombres y pronombres masculinos usados para referirse a Dios (por ejemplo «Padre») se han mantenido sin excepción. Todas las decisiones de este tipo han estado inspiradas por el interés de reflejar con precisión el sentido que se proponían expresar los textos originales de las Escrituras.

Notas al pie de página. El Nuevo Testamento de la NTV contiene varios tipos de notas textuales, todas las cuales se indican en el texto con un asterisco:

- Cuando por beneficio de claridad, el Nuevo Testamento de la NTV traduce de manera dinámica una frase difícil o potencialmente confusa, por lo general, incluimos la traducción literal con una nota al pie. Esto le permite al lector ver la fuente literal de nuestra traducción dinámica y comparar de qué manera nuestra traducción se relaciona con otras traducciones más literales. Estas notas se inician con la referencia al griego, identificando de esa manera el lenguaje de la fuente textual subyacente. Por ejemplo, en Hechos 2:42 tradujimos la expresión literal del griego «partimiento del pan» como «la Cena del Señor», para aclarar que este versículo se refiere a la práctica ceremonial de la iglesia más que a una comida común. Luego agregamos una nota al pie, que dice: «En griego *partiendo el pan*».

- Las notas al pie también se utilizan para ofrecer traducciones alternativas, indicadas con la letra «O». Normalmente estas ocurren en el caso de pasajes donde algún aspecto del significado está en discusión.

- Cuando nuestros traductores eligieron una alternativa textual que difiere significativamente de nuestros textos griegos de referencia (mencionados anteriormente), documentamos esa diferencia en una nota al pie. También agregamos notas al pie en los casos en que el Nuevo Testamento de la NTV excluye un pasaje que sí aparece en el texto griego conocido como *Textus Receptus*. En esos casos, ofrecemos en la nota al pie una traducción del texto excluido, a pesar de que por lo general se reconoce que se trata de una adición tardía al texto griego y que no forma parte del Nuevo Testamento griego original.

- Todos los pasajes del Antiguo Testamento citados en el Nuevo Testamento se identifican con una nota al pie de página donde se hace referencia a ellos. Cuando el Nuevo Testamento claramente cita de la traducción griega del Antiguo Testamento, y la versión difiere significativamente del texto hebreo, también colocamos donde corresponde una nota al pie en el Antiguo Testamento. Esta nota incluye una traducción de la versión griega y una referencia cruzada al o a los pasajes del Nuevo Testamento donde se cita (por ejemplo, ver las notas sobre Proverbios 3:12; Salmos 8:2; 53:3).

- Algunas notas ofrecen información cultural e histórica sobre lugares, cosas y personas en la Biblia que probablemente serían desconocidos para los lectores modernos. Se espera que estas notas ayuden al lector a comprender el mensaje del texto. Por ejemplo, en Hechos 12:1, esta traducción menciona al «rey Herodes» como «rey Herodes Agripa», y se identifica en la nota como «sobrino de Herodes Antipas y nieto de Herodes el Grande».

Al presentar esta traducción para su publicación, estamos conscientes de que todas las traducciones de las Escrituras están sujetas a limitaciones e imperfecciones. Cualquiera que haya intentado comunicar las riquezas de la Palabra de Dios en otro idioma sabrá que es imposible hacer una traducción perfecta. Admitiendo estas limitaciones, hemos buscado la guía y la sabiduría de Dios a lo largo de este proyecto. Nuestra oración es que él acepte nuestros esfuerzos y utilice esta traducción en beneficio de la iglesia y de todos los lectores.

Pedimos a Dios en oración que el Nuevo Testamento de la NTV supere algunas de las barreras históricas, culturales e idiomáticas que han sido un impedimento para que las personas puedan leer y comprender la Palabra de Dios. Esperamos que los lectores que no están familiarizados con la Biblia encuentren que esta traducción es clara y de fácil comprensión para ellos, y que los lectores más versados en las Escrituras obtengan una perspectiva fresca. Pedimos a Dios que los que lean esta versión adquieran discernimiento y sabiduría para la vida, pero sobre todo, que tengan un encuentro con el Dios de la Biblia y sean transformados para siempre por haberlo conocido.

Comité de Traducción de la Biblia
Febrero de 2008

Mateo

AUTOR: MATEO (Levi) | FECHA DE ESCRITURA: 60-65 d. de J. C. | GÉNERO: EVANGELIO

Este Evangelio fue escrito teniendo en mente a una audiencia judía, por lo cual contiene muchas referencias a las profecías del Antiguo Testamento que Jesús cumplió. Contiene al menos 129 citas o alusiones al Antiguo Testamento. El objetivo de Mateo era demostrarle a los judíos que Jesús era efectivamente el Mesías que tanto habían esperado.

CAPÍTULO 1

Antepasados de Jesús el Mesías

El siguiente es un registro de los antepasados de Jesús el Mesías, descendiente de David* y de Abraham:

2 Abraham fue el padre de Isaac.
Isaac fue el padre de Jacob.
Jacob fue el padre de Judá y de sus hermanos.
3 Judá fue el padre de Fares y de Zara (la madre fue Tamar).
Fares fue el padre de Esrom.
Esrom fue el padre de Ram.*
4 Ram fue el padre de Aminadab.
Aminadab fue el padre de Naasón.
Naasón fue el padre de Salmón.
5 Salmón fue el padre de Booz (su madre fue Rahab).
Booz fue el padre de Obed (su madre fue Rut).
Obed fue el padre de Isaí.
6 Isaí fue el padre del rey David.
David fue el padre de Salomón (su madre fue Betsabé, la viuda de Urías).
7 Salomón fue el padre de Roboam.
Roboam fue el padre de Abías.
Abías fue el padre de Asá.*
8 Asá fue el padre de Josafat.
Josafat fue el padre de Jehoram.*
Jehoram fue el padre* de Uzías.
9 Uzías fue el padre de Jotam.
Jotam fue el padre de Acaz.
Acaz fue el padre de Ezequías.
10 Ezequías fue el padre de Manasés.
Manasés fue el padre de Amós.*
Amós fue el padre de Josías.
11 Josías fue el padre de Joaquín* y de sus hermanos (quienes nacieron en el tiempo del destierro a Babilonia).
12 Luego del destierro a Babilonia:
Joaquín fue el padre de Salatiel.
Salatiel fue el padre de Zorobabel.
13 Zorobabel fue el padre de Abiud.
Abiud fue el padre de Eliaquim.
Eliaquim fue el padre de Azor.
14 Azor fue el padre de Sadoc.
Sadoc fue el padre de Aquim.
Aquim fue el padre de Eliud.
15 Eliud fue el padre de Eleazar.
Eleazar fue el padre de Matán.
Matán fue el padre de Jacob.
16 Jacob fue el padre de José, esposo de María.
María dio a luz a Jesús, quien es llamado el Mesías.

17 Todos los que aparecen en la lista abarcan catorce generaciones desde Abraham hasta David, catorce desde David hasta el destierro a Babilonia, y catorce desde el destierro a Babilonia hasta el Mesías.

Nacimiento de Jesús el Mesías

18 Éste es el relato de cómo nació Jesús el Mesías. Su madre, María, estaba comprometida para casarse con José. Pero, antes de que la boda se realizara, mientras todavía era virgen, quedó embarazada mediante el poder del Espíritu Santo. 19 José, su prometido, era un hombre bueno y no quiso avergonzarla en

---

1:1 En griego *Jesús el Mesías, hijo de David.* 1:3 En griego *Aram,* una variante de Ram; también en 1:4. Ver 1Cr 2:9-10. 1:7 En griego *Asaf,* una variante de Asá; también en 1:8. Ver 1Cr 3:10. 1:8a En griego *Joram,* una variante de Jehoram; también en 1:8b. Ver 1R 22:50 y la nota en 1Cr 3:11. 1:8b O *antepasado;* también en 1:11. 1:10 En griego *Amós,* una variante de Amón; también en 1:10b. Ver 1Cr 3:14. 1:11 En griego *Jeconías,* una variante de Joaquín; también en 1:12. Ver 2R 24:6 y la nota en 1Cr 3:16.

público; por lo tanto, decidió romper el compromiso* en privado.

[20] Mientras consideraba esa posibilidad, un ángel del Señor se le apareció en un sueño. «José, hijo de David —le dijo el ángel—, no tengas miedo de recibir a María por esposa, porque el niño que lleva dentro de ella fue concebido por el Espíritu Santo. [21] Y tendrá un hijo y lo llamarás Jesús,* porque él salvará a su pueblo de sus pecados».

[22] Todo eso sucedió para que se cumpliera el mensaje del Señor a través de su profeta:

[23] «¡Miren! ¡La virgen concebirá un niño!
Dará a luz un hijo,
y lo llamarán Emanuel,*
que significa "Dios está con nosotros"».

[24] Cuando José despertó, hizo como el ángel del Señor le había ordenado y recibió a María por esposa, [25] pero no tuvo relaciones sexuales con ella hasta que nació su hijo. Y José le puso por nombre Jesús.

CAPÍTULO 2
Visitantes del oriente

Jesús nació en Belén de Judea durante el reinado de Herodes. Por ese tiempo, algunos sabios* de países del oriente llegaron a Jerusalén y preguntaron: [2] «¿Dónde está el rey de los judíos que acaba de nacer? Vimos su estrella mientras salía* y hemos venido a adorarlo».

[3] Cuando el rey Herodes oyó eso, se perturbó profundamente igual que todos en Jerusalén. [4] Mandó llamar a los principales sacerdotes y maestros de la ley religiosa y les preguntó:

—¿Dónde se supone que nacerá el Mesías?

[5] —En Belén de Judea —le dijeron— porque eso es lo que escribió el profeta:

[6] "Y tú, Belén, en la tierra de Judá,
no eres la menor entre las ciudades
reinantes* de Judá,
porque de ti saldrá un gobernante
que será el pastor de mi pueblo Israel"*.

[7] Luego Herodes convocó a los sabios a una reunión privada y, por medio de ellos, se enteró del momento en el que había aparecido la estrella por primera vez. [8] Entonces les dijo: «Vayan a Belén y busquen al niño con esmero. Y, cuando lo encuentren, vuelvan y díganme dónde está, para que yo también vaya y lo adore».

[9] Después de esa reunión, los sabios siguieron su camino, y la estrella que habían visto en el oriente los guió hasta Belén. Iba delante de ellos y se detuvo sobre el lugar donde estaba el niño. [10] Cuando vieron la estrella, ¡se llenaron de alegría! [11] Entraron en la casa y vieron al niño con su madre, María, y se inclinaron y lo adoraron. Luego abrieron sus cofres de tesoro y le dieron regalos de oro, incienso y mirra.

[12] Cuando llegó el momento de irse, volvieron a su tierra por otro camino, ya que Dios les advirtió en un sueño que no regresaran a Herodes.

Huída a Egipto

[13] Después de que los sabios se fueron, un ángel del Señor se le apareció a José en un sueño. «¡Levántate! Huye a Egipto con el niño y su madre —dijo el ángel—. Quédate allí hasta que yo te diga que regreses, porque Herodes buscará al niño para matarlo».

[14] Esa noche José salió para Egipto con el niño y con María, su madre, [15] y se quedaron allí hasta la muerte de Herodes. Así se cumplió lo que el Señor había dicho por medio del profeta: «De Egipto llamé a mi Hijo»*.

[16] Cuando Herodes se dio cuenta de que los sabios se habían burlado de él, se puso furioso. Y, basado en lo que dijeron los sabios sobre la primera aparición de la estrella, Herodes envió soldados para matar a todos los niños que vivieran en Belén y en sus alrededores y que tuvieran dos años o menos. [17] Esta acción brutal cumplió lo que Dios había anunciado por medio del profeta Jeremías:

[18] «En Ramá se oyó una voz,
llanto y gran lamento.
Raquel llora por sus hijos,
se niega a que la consuelen,
porque están muertos»*.

Regreso a Nazaret

[19] Cuando Herodes murió, un ángel del Señor se le apareció en un sueño a José en Egipto. [20] «¡Levántate! —dijo el ángel—. Lleva al niño y a su madre de regreso a la tierra de Israel, porque ya murieron los que trataban de matar al niño».

[21] Entonces José se levantó y regresó a la tierra de Israel con Jesús y su madre. [22] Pero, cuando se enteró de que el nuevo gobernante de Judea era Arquelao, hijo de Herodes, tuvo miedo de ir allí. Entonces, luego de ser advertido en un sueño, se fue a la región de Galilea. [23] Después la familia fue a vivir a una ciudad llamada Nazaret y así se cumplió lo que los profetas habían dicho: «Lo llamarán nazareno».

CAPÍTULO 3
Juan el Bautista prepara el camino

En esos días, Juan el Bautista llegó al desierto de Judea y comenzó a predicar. Su mensaje era el siguiente: [2] «Arrepiéntanse de sus peca-

---

1:19 En griego *divorciarse de ella.* **1:21** *Jesús* significa «El Señor salva». **1:23** Is 7:14; 8:8, 10 (versión griega). **2:1** O *astrólogos reales;* en griego dice *magos;* también en 2:7, 16. **2:2** O *estrella en el oriente.* **2:6a** En griego *los gobernantes.* **2:6b** Mi 5:2; 2S 5:2. **2:15** Os 11:1. **2:18** Jer 31:15.

dos y vuelvan a Dios, porque el reino del cielo está cerca*». ³El profeta Isaías se refería a Juan cuando dijo:

«Es una voz que clama en el desierto:
"¡Preparen el camino para la venida del
   Señor!
¡Ábranle camino!"»*.

⁴Juan usaba ropa tejida con pelo rústico de camello y llevaba puesto un cinturón de cuero alrededor de la cintura. Se alimentaba con langostas y miel silvestre. ⁵Gente de Jerusalén, de toda Judea y de todo el valle del Jordán salía para ver y escuchar a Juan. ⁶Y, cuando confesaban sus pecados, él las bautizaba en el río Jordán.

⁷Pero, cuando Juan vio que muchos fariseos y saduceos venían a mirarlo bautizar,* los enfrentó. «¡Camada de víboras! —exclamó—. ¿Quién les advirtió que huyeran de la ira divina que se acerca? ⁸Demuestren con su forma de vivir que se han arrepentido de sus pecados y han vuelto a Dios. ⁹No se digan simplemente el uno al otro: "Estamos a salvo porque somos descendientes de Abraham". Eso no significa nada, porque les digo que Dios puede crear hijos de Abraham de estas mismas piedras. ¹⁰Ahora mismo el hacha del juicio de Dios está lista para cortar las raíces de los árboles. Así es, todo árbol que no produzca buenos frutos será cortado y arrojado al fuego.

¹¹»Yo bautizo con* agua a los que se arrepienten de sus pecados y vuelven a Dios, pero pronto viene alguien que es superior a mí, tan superior que ni siquiera soy digno de ser su esclavo y llevarle las sandalias. Él los bautizará con el Espíritu Santo y con fuego.* ¹²Está listo para separar el trigo de la paja con su rastrillo. Luego limpiará la zona donde se trilla y juntará el trigo en su granero, pero quemará la paja en un fuego interminable».

Bautismo de Jesús

¹³Luego Jesús fue de Galilea al río Jordán para que Juan lo bautizara, ¹⁴pero Juan intentó convencerlo de que no lo hiciera.

—Yo soy el que necesita que tú me bautices —dijo Juan—, entonces ¿por qué vienes tú a mí?

¹⁵Pero Jesús dijo:

—Así debe hacerse, porque tenemos que cumplir con todo lo que Dios exige.*

Entonces Juan aceptó bautizarlo.

¹⁶Después del bautismo, mientras Jesús salía del agua, los cielos se abrieron* y vio al Espíritu de Dios que descendía sobre él como una paloma. ¹⁷Y una voz dijo desde el cielo: «Éste es mi Hijo amado, quien me da un gran gozo».

CAPÍTULO **4**
Tentación de Jesús

Luego el Espíritu llevó a Jesús al desierto para que allí lo tentara el diablo. ²Durante cuarenta días y cuarenta noches ayunó y después tuvo mucha hambre.

³En ese tiempo, el diablo* se le acercó y le dijo:

—Si eres el Hijo de Dios, di a estas piedras que se conviertan en pan.

⁴Pero Jesús le dijo:

—¡No! Las Escrituras dicen:

"La gente no vive sólo de pan,
   sino de cada palabra que sale de la boca
   de Dios"*.

⁵Después el diablo lo llevó a la santa ciudad, Jerusalén, al punto más alto del templo, ⁶y dijo:

—Si eres el Hijo de Dios, ¡tírate! Pues las Escrituras dicen:

"Él ordenará a sus ángeles que te protejan.
Y te sostendrán con sus manos
   para que ni siquiera te lastimes el pie con
   una piedra"*.

⁷Jesús le respondió:

—Las Escrituras también dicen: "No pondrás a prueba al Señor tu Dios"*.

⁸Luego el diablo lo llevó a la cima de una montaña muy alta y le mostró todos los reinos del mundo y la gloria que hay en ellos.

⁹—Te daré todo esto —dijo— si te arrodillas y me adoras.

¹⁰—Vete de aquí, Satanás —le dijo Jesús—, porque las Escrituras dicen:

"Adora al Señor tu Dios
   y sírvele sólo a él"*.

¹¹Entonces el diablo se fue, y llegaron ángeles a cuidar a Jesús.

Comienzo del ministerio de Jesús

¹²Cuando Jesús oyó que habían arrestado a Juan, salió de Judea y regresó a Galilea. ¹³Primero fue a Nazaret, luego salió de allí y siguió hasta Capernaúm, junto al mar de Galilea, en la región de Zabulón y Neftalí. ¹⁴Así se cumplió lo que Dios dijo por medio del profeta Isaías:

¹⁵«En la tierra de Zabulón y Neftalí,
   junto al mar, más allá del río Jordán,
   en Galilea, donde viven tantos gentiles,*

3:2 O ha llegado, o viene pronto.   3:3 Is 40:3 (versión griega).   3:7 O que venían para ser bautizados.   3:11a O en.
3:11b O en el Espíritu Santo y en fuego.   3:15 O porque debemos cumplir con toda justicia.   3:16 Algunos manuscritos dicen se abrieron a él.   4:3 En griego el tentador.   4:4 Dt 8:3.   4:6 Sal 91:11-12.   4:7 Dt 6:16.   4:10 Dt 6:13.   4:15 Gentil(es), que no es judío.

16 la gente que estaba en la oscuridad
ha visto una gran luz.
Y para aquellos que vivían en la tierra donde
la muerte arroja su sombra,
ha brillado una luz»*.

17A partir de entonces, Jesús comenzó a predicar: «Arrepiéntanse de sus pecados y vuelvan a Dios, porque el reino del cielo está cerca*».

Primeros discípulos
18 Cierto día, mientras Jesús caminaba por la orilla del mar de Galilea, vio a dos hermanos —a Simón, también llamado Pedro, y a Andrés— que echaban la red al agua, porque vivían de la pesca. 19Jesús los llamó: «Vengan, síganme, ¡y yo les enseñaré cómo pescar personas!». 20Y enseguida dejaron las redes y lo siguieron.

21Un poco más adelante por la orilla, vio a otros dos hermanos, Santiago y Juan, sentados en una barca junto a su padre, Zebedeo, reparando las redes. También los llamó para que lo siguieran. 22Ellos, dejando atrás la barca y a su padre, lo siguieron de inmediato.

Multitudes siguen a Jesús
23Jesús viajó por toda la región de Galilea enseñando en las sinagogas, anunciando la Buena Noticia del reino. Y sanaba a la gente de toda clase de enfermedades y dolencias. 24Las noticias acerca de él corrieron y llegaron tan lejos como Siria, y pronto la gente comenzó a llevarle a todo el que estuviera enfermo. Y él los sanaba a todos, cualquiera fuera la enfermedad o el dolor

que tuvieran, o si estaban poseídos por demonios, o eran epilépticos o paralíticos. 25Numerosas multitudes lo seguían a todas partes: gente de Galilea, de las Diez Ciudades,* de Jerusalén, de toda Judea y del este del río Jordán.

CAPÍTULO **5**
El sermón del monte
Cierto día, al ver que las multitudes se reunían, Jesús subió a la ladera de la montaña y se sentó. Sus discípulos se juntaron a su alrededor, 2y él comenzó a enseñarles.

Las bienaventuranzas
3 «Dios bendice a los que son pobres
en espíritu y se dan cuenta de la
necesidad que tienen de él,
porque el reino del cielo les pertenece.
4 Dios bendice a los que lloran,
porque serán consolados.
5 Dios bendice a los que son humildes,
porque heredarán toda la tierra.
6 Dios bendice a los que tienen hambre y sed
de justicia,
porque serán saciados.
7 Dios bendice a los compasivos,
porque serán tratados con compasión.
8 Dios bendice a los que tienen corazón puro,
porque ellos verán a Dios.
9 Dios bendice a los que procuran la paz,
porque serán llamados hijos de Dios.
10 Dios bendice a los que son perseguidos por
hacer lo correcto,
porque el reino del cielo les pertenece.

4:15-16 Is 9:1-2 (versión griega).   4:17 O *ha venido*, o *viene pronto*.   4:25 En griego *Decápolis*.

En marcha
NECESITAMOS RECONOCER NUESTRA VERDADERA CONDICIÓN
Lee MATEO 5:3-5

En este texto Jesús nos muestra el camino a la felicidad verdadera. Créalo o no, este camino no tiene nada que ver con la «realización personal».
Jesús nos da aquí una receta de tres pasos para alcanzar la felicidad y la salud espiritual:

1. Mírate como realmente eres. Cuando te das cuenta de tu necesidad de Dios (versículo 3), te ves a ti mismo como eres en realidad: un pecador, en desesperada necesidad del perdón de Dios. Este es el primer paso. La frase «necesidad que tienen de [Dios]» en este versículo viene de un verbo que significa «encogerse [de miedo], achicarse, inclinarse [en reverencia]», como se siente y lo hace un mendigo. Habla de alguien que está completamente desposeído y depende por completo de los demás. Por lo tanto, el darte cuenta de tu necesidad de Dios es admitir que al estar separado de Dios estás totalmente desposeído.

2. Ponte en acción. Otra manera de traducir el versículo 4 es «feliz es el que es infeliz». Cuando nos vemos como realmente somos, nos lamentamos de

¹¹»Dios los bendice a ustedes cuando la gente les hace burla y los persigue y miente acerca de ustedes* y dice toda clase de cosas malas en su contra porque son mis seguidores. ¹²¡Alégrense! ¡Estén contentos, porque les espera una gran recompensa en el cielo! Y recuerden que a los antiguos profetas los persiguieron de la misma manera.

Enseñanza acerca de la sal y de la luz
¹³»Ustedes son la sal de la tierra. Pero ¿para qué sirve la sal si ha perdido su sabor? ¿Pueden lograr que vuelva a ser salada? La descartarán y la pisotearán como algo que no tiene ningún valor.

¹⁴»Ustedes son la luz del mundo, como una ciudad en lo alto de una colina que no puede esconderse. ¹⁵Nadie enciende una lámpara y luego la pone debajo de una canasta. En cambio, la coloca en un lugar alto donde ilumina a todos los que están en la casa. ¹⁶De la misma manera, dejen que sus buenas acciones brillen a la vista de todos, para que todos alaben a su Padre celestial.

Enseñanza acerca de la ley
¹⁷»No malinterpreten la razón por la cual he venido. No vine para abolir la ley de Moisés o los escritos de los profetas. Al contrario, vine para cumplir sus propósitos. ¹⁸Les digo la verdad, hasta que desaparezcan el cielo y la tierra, no desaparecerá ni el más mínimo detalle de la

ley de Dios hasta que su propósito se cumpla. ¹⁹Entonces, si no hacen caso al más insignificante mandamiento y les enseñan a los demás a hacer lo mismo, serán llamados los más insignificantes en el reino del cielo. Pero el que obedece las leyes de Dios y las enseña será llamado grande en el reino del cielo. ²⁰»Pero les advierto: a menos que su justicia supere a la de los maestros de la ley religiosa y la de los fariseos, nunca entrarán en el reino del cielo.

Enseñanza acerca del enojo
²¹»Han oído que a nuestros antepasados se les dijo: "No asesines. Si cometes asesinato quedarás sujeto a juicio"*. ²²Pero yo digo: aun si te enojas con alguien,* ¡quedarás sujeto a juicio! Si llamas a alguien idiota,* corres peligro de que te lleven ante el tribunal. Y, si maldices a alguien,* corres peligro de caer en los fuegos del infierno.*

²³»Por lo tanto, si presentas una ofrenda en el altar del templo y de pronto recuerdas que alguien tiene algo contra ti, ²⁴deja la ofrenda allí en el altar. Anda y reconcíliate con esa persona. Luego ven y presenta tu ofrenda a Dios.

²⁵»Cuando vayas camino al juicio con tu adversario, resuelvan rápidamente las diferencias. De no ser así, el que te acusa podría entregarte al juez, quien te entregará a un oficial y te meterán en la cárcel. ²⁶Y, si eso sucede, te aseguro que no te pondrán en libertad hasta que hayas pagado el último centavo.*

5:11 Algunos manuscritos no incluyen *miente acerca de ustedes.* 5:21 Éx 20:13; Dt 5:17. 5:22a Algunos manuscritos incluyen *sin causa.* 5:22b El griego emplea un término arameo de desprecio: *Si le dices a tu hermano: "Raca."* 5:22c En griego *Si dices: "Necio".* 5:22d En griego *Gehenna;* también en 5:29, 30. 5:26 En griego *los últimos kodrantes* [es decir, cuadrantes].

---

nuestra condición. Esto nos conduce a que empecemos a hacer cambios en nuestra vida. La Escritura dice: «Pues la clase de tristeza que Dios desea que suframos nos aleja del pecado y trae como resultado salvación. No hay que lamentarse por esa clase de tristeza. Pero la tristeza del mundo, al cual le falta arrepentimiento, resulta en muerte espiritual» (2 Corintios 7:10). Esta clase de tristeza nos guiará al gozo: la salvación en Jesucristo.

3. Busca la humildad. El vernos a nosotros mismos tal como somos produce dos cualidades espirituales fundamentales: gentileza y humildad (versículo 5). También obtenemos una evaluación precisa y honesta de nosotros mismos que, a su vez, afecta nuestra relación con los demás. Esto contradice el modo de pensar del mundo, el cual pugna por defender «nuestros derechos» y el enaltecerse uno mismo para obtener «lo que uno se merece». La humildad que Jesús describe aquí no es una especie de debilidad o cobardía, sino «un poder bajo control», tal como un poderoso potro se somete al control del freno.

Cuanto más nos humillemos y admitamos nuestras debilidades, más contaremos con la gracia de Dios, y de esa manera estaremos más contentos con nosotros mismos y con los demás.

Para leer la próxima nota de «Actitud hacia ti mismo», ve a la pág. A51.

Piedras angulares

CUIDADO CON LOS PECADOS DEL CORAZÓN
Lee MATEO 5:27-30

Algunas personas tienen el concepto erróneo de que, a menos que cometan el acto mismo del adulterio, no han pecado. Piensan que está bien fantasear, o mirar a alguien con deseo, mientras no se vea involucrado en una relación pecaminosa con esa persona. Pero Jesús corta directamente al corazón del asunto. Él nos deja saber que hasta una mirada con lujuria es tan pecaminosa como cometer el acto mismo de adulterio.

En el griego original del Nuevo Testamento uno de los significados de la palabra que Jesús usa para «mirar» es ver intencionalmente repetidas veces. El remedio que propone Jesús, para alguien que tiene problemas en esta área, le parecerá demasiado drástico, pero debemos mirar el contexto y la cultura de esos días para comprender esta radical pero importante declaración.

En la cultura judía, se consideraba al ojo derecho y la mano derecha como las posesiones más valiosas. El ojo derecho representaba la mejor visión y la mano derecha los mejores talentos. En esencia, Jesús está diciendo que debemos abandonar lo que sea necesario para no caer en pecado. Quizás cortar una relación, cancelar el servicio de televisión por cable o la suscripción a alguna revista, o cambiar el cómo y dónde pasa uno el tiempo. En otras palabras, debemos alejarnos de cualquier cosa o relación que pueda tener un efecto espiritual destructivo en nuestra vida. Luego debemos dar los pasos necesarios para llenar nuestra mente con las cosas de Dios. «Concéntrense en todo lo que es verdadero, todo lo honorable, todo lo justo, todo lo puro, todo lo bello y todo lo admirable. Piensen en cosas excelentes y dignas de alabanza» (Filipenses 4:8).

Para leer la próxima nota de «Pureza», ve a la pág. A29.

Enseñanza acerca del adulterio
27»Han oído el mandamiento que dice: "No cometas adulterio"*. 28 Pero yo digo que el que mira con pasión sexual a una mujer, ya ha cometido adulterio con ella en el corazón. 29 Por lo tanto, si tu ojo —incluso tu ojo bueno*— te hace caer en pasiones sexuales, sácatelo y tíralo. Es preferible que pierdas una parte de tu cuerpo y no que todo tu cuerpo sea arrojado al infierno. 30 Y, si tu mano —incluso tu mano más fuerte*— te hace pecar, córtala y tírala. Es preferible que pierdas una parte del cuerpo y no que todo tu cuerpo sea arrojado al infierno.

Enseñanza acerca del divorcio
31»Han oído la ley que dice: "Un hombre puede divorciarse de su esposa con sólo darle por escrito un aviso de divorcio"*. 32 Pero yo digo que un hombre que se divorcia de su esposa, a menos que ella le haya sido infiel, hace que ella cometa adulterio. Y el que se casa con una divorciada también comete adulterio.

Enseñanza acerca de los juramentos
33»También han oído que a nuestros antepasados se les dijo: "No rompas tus juramentos; debes cumplir con los juramentos que le haces al SEÑOR"*. 34 Pero yo digo: ¡no hagas juramentos! No digas: "¡Por el cielo!", porque el cielo es el trono de Dios. 35 Y no digas: "¡Por la tierra!", porque la tierra es donde descansa sus pies. Tampoco digas: "¡Por Jerusalén!", porque Jerusalén es la ciudad del gran Rey. 36 Ni siquiera digas: "¡Por mi cabeza!", porque no puedes hacer que ninguno de tus cabellos se vuelva blanco o negro. 37 Simplemente di: "Sí, lo haré" o "No, no lo haré". Cualquier otra cosa proviene del maligno.

Enseñanza acerca de la venganza
38»Han oído la ley que dice que el castigo debe ser acorde a la gravedad del daño: "Ojo por ojo, y diente por diente"*. 39 Pero yo digo: no resistas a la persona mala. Si alguien te da una bofetada en la mejilla derecha, ofrécele también la otra mejilla. 40 Si te demandan ante el tribunal y te quitan la camisa, dales también tu abrigo. 41 Si un soldado te exige que lleves su equipo por un kilómetro,* llévalo dos. 42 Dale a los que te pidan y no des la espalda a quienes te pidan prestado.

Enseñanza acerca del amor hacia los enemigos
43»Han oído la ley que dice: "Ama a tu prójimo"* y odia a tu enemigo. 44 Pero yo digo: ¡ama a tus enemigos!* ¡Ora por los que te persiguen! 45 De

5:27 Éx 20:14; Dt 5:18. 5:29 En griego *tu ojo derecho*. 5:30 En griego *tu mano derecha*. 5:31 Dt 24:1. 5:33 Nm 30:2. 5:38 En griego *la ley que dice: "Ojo por ojo y diente por diente"*. Éx 21:24; Lv 24:20; Dt 19:21. 5:41 En griego *milion* [1478 metros ó 4854 pies]. 5:43 Lv 19:18. 5:44 Algunos manuscritos incluyen *Bendigan a quienes los maldicen. Hagan el bien a todos los que los odian.* Comparar Lc 6:27-28.

esa manera, estarás actuando como verdadero hijo de tu Padre que está en el cielo. Pues él da la luz de su sol tanto a los malos como a los buenos y envía la lluvia sobre los justos y los injustos por igual. ⁴⁶Si sólo amas a quienes te aman, ¿qué recompensa hay por eso? Hasta los corruptos cobradores de impuestos hacen lo mismo. ⁴⁷Si eres amable sólo con tus amigos,* ¿en qué te diferencias de cualquier otro? Hasta los paganos hacen lo mismo. ⁴⁸Pero tú debes ser perfecto, así como tu Padre en el cielo es perfecto.

CAPÍTULO **6**

Enseñanza acerca de dar a los necesitados
»¡Tengan cuidado! No hagan sus buenas acciones en público para que los demás los admiren, porque perderán la recompensa de su Padre, que está en el cielo. ²Cuando le des a alguien que pasa necesidad, no hagas lo que hacen los hipócritas que tocan la trompeta en las sinagogas y en las calles para llamar la atención a sus actos de caridad. Les digo la verdad, no recibirán otra recompensa más que ésa. ³Pero tú, cuando le des a alguien que pasa necesidad, que no sepa tu mano izquierda lo que hace tu derecha. ⁴Entrega tu ayuda en privado y tu Padre, quien todo lo ve, te recompensará.

Enseñanza acerca de la oración y el ayuno
⁵»Cuando ores, no hagas como los hipócritas a quienes les encanta orar en público, en las esquinas de las calles y en las sinagogas donde todos pueden verlos. Les digo la verdad, no recibirán otra recompensa más que ésa. ⁶Pero tú, cuando ores, apártate a solas, cierra la puerta detrás de ti y ora a tu Padre en privado. Entonces, tu Padre, quien todo lo ve, te recompensará. ⁷»Cuando ores, no parlotees de manera interminable como hacen los seguidores de otras religiones. Piensan que sus oraciones recibirán respuesta sólo por repetir las mismas palabras una y otra vez. ⁸No seas como ellos, porque tu Padre sabe exactamente lo que necesitas, incluso antes de que se lo pidas. ⁹Ora de la siguiente manera:

Padre nuestro que estás en el cielo,
que sea siempre santo tu nombre.
¹⁰ Que tu reino venga pronto.
Que se cumpla tu voluntad en la tierra
como se cumple en el cielo.
¹¹ Danos hoy el alimento que necesitamos,*
¹² y perdónanos nuestros pecados,
así como hemos perdonado a los que
pecan contra nosotros.

5:47 En griego *tus hermanos.* **6:11** O *Danos hoy nuestro alimento para este día; o Danos hoy nuestro alimento para mañana.*

CRISTO NOS DIO EL MODELO DE LA ORACIÓN

Lee MATEO 6:5-15

Posiblemente has oído del «padrenuestro». Jesús nos dio esta oración para enseñarnos *cómo* orar. Aunque el Señor haya hecho esta oración, no significa que la hizo para sí mismo. Él nunca había pecado. Sería bueno llamar a esta oración, «la oración de los discípulos», porque Jesús la dio en respuesta a la petición que ellos le hicieron: «Enséñanos a orar». Para comprender mejor esta oración es bueno dividirla en dos clases de peticiones:

Las primeras tres peticiones se enfocan en la gloria de Dios.

- «Padre nuestro que estás en el cielo»: Reconoce que te estás dirigiendo a un Dios santo que te ve como su hijo.
- «Que sea siempre santo tu nombre»: Comienza tus oraciones con reverencia y alabanza a Dios por lo que él es. Esto te ayuda a poner tus necesidades y problemas en la perspectiva apropiada.
- «Que tu reino venga pronto. Que se cumpla tu voluntad en la tierra como se cumple en el cielo»: Pídele a Dios que su voluntad gobierne tu vida. No puedes orar: «Que tu reino venga» hasta que ores «que mi reino desaparezca».

Las segundas tres peticiones se enfocan en nuestras necesidades personales.

- «Danos hoy el alimento que necesitamos»: Dile a Dios cuáles son tus necesidades físicas y personales. Recuerda, la Escritura dice que Dios proveerá para todas nuestras necesidades (lee Filipenses 4:19, pág. 257).
- «Y perdónanos nuestros pecados, así como hemos perdonado a los que pecan contra nosotros»: Confiesa tus pecados a Dios. El Salmo 66:18 dice: «Si no hubiera confesado el pecado de mi corazón, mi Señor no me habría escuchado». Si te estás aferrando a algún pecado, tu vida de oración padecerá.
- «No permitas que cedamos ante la tentación, sino rescátanos del maligno»: Reconoce tu inclinación a caer en pecado, y ora para que la oportunidad de pecar no te conduzca a cometer el pecado.

Asegúrate de incluir estos importantes aspectos en tus oraciones personales. Al hacerlo comenzarás a comprender cuán inmenso es tu Dios, y qué pequeños son tus problemas en comparación con él.

Para leer la próxima nota de «Ora», ve a la pág. A36.

Piedras angulares
EL PERDÓN NO ES SELECTIVO
Lee MATEO 5:43-48

Como lo dijo un comentarista bíblico: «Devolver mal por bien, es diabólico; devolver bien por bien, es humano; devolver bien por mal es divino». Aunque no somos divinos, no tenemos la libertad de escoger a quién vamos a perdonar y a quién no. Esto significa que no sólo debemos perdonar a nuestros enemigos, sino también amarlos.

Amar a nuestros enemigos no es algo que se produce fácil o naturalmente. De hecho, si esperamos que de repente nos invada un sentimiento de amor, eso no sucederá. Debemos empezar a orar por nuestros enemigos incluso antes que nazca un sentimiento de amor hacia ellos. Sin la ayuda del Espíritu Santo es absolutamente imposible hacerlo. Si tú sientes que fallas en la obra de perdonar, cobra ánimo. La Biblia está llena de ejemplos de esa habilidad divina de perdonar, la cual puede venir sólo por la obra del Espíritu Santo en nuestras vidas:

- El Espíritu de Dios capacitó a Abraham para darle la mejor parte de la tierra a su sobrino y compañero de viaje, Lot (Génesis 13:1-12).
- El Espíritu de Dios le dio a José la habilidad de abrazar y besar a sus hermanos que lo habían vendido como esclavo (Génesis 45:1-15).
- El Espíritu de Dios guardó a David de aprovechar la oportunidad de matar al rey Saúl, que andaba buscándolo para matarlo (1 Samuel 24).
- El Espíritu de Dios hizo que Esteban (el primer mártir del cristianismo) orara por todos aquellos que lo apedrearon hasta la muerte (lee Hechos 7:59-60, pág. 149).

Pero el ejemplo máximo de perdonar a nuestros enemigos viene de Jesús. Él mismo fue ejemplo de este principio para nosotros cuando, colgado en la cruz, oró diciendo: «Padre, perdónalos, porque no saben lo que hacen» (lee Lucas 23:34, pág. 105). Si la cruel tortura de la crucifixión no silenció la oración de Jesús por sus enemigos, ¿qué dolor, perjuicio, o maltrato injusto podría justificar que no oráramos por nuestros enemigos? Así como el Espíritu de Dios obró en las vidas de los individuos mencionados arriba, él te capacitará a ti para amar, orar y hacer el bien a todos aquellos que te odian y lastiman.

Para leer la próxima nota de «Perdón», ve a la pág. A28.

---

[13] No permitas que cedamos ante la tentación,* sino rescátanos del maligno.*

[14]»Si perdonas a los que pecan contra ti, tu Padre celestial te perdonará a ti. [15] Pero, si te niegas a perdonar a los demás, tu Padre no perdonará tus pecados.

[16]»Y, cuando ayunes, que no sea evidente, como hacen los hipócritas pues tratan de tener una apariencia miserable y andan desarreglados para que la gente los admire por sus ayunos. Les digo la verdad, no recibirán otra recompensa más que ésa. [17] Pero tú, cuando ayunes, lávate la cara y péinate. [18] Así, nadie se dará cuenta de que estás ayunando, excepto tu Padre, quien sabe lo que haces en privado. Y tu Padre, quien todo lo ve, te recompensará.

Enseñanza acerca del dinero y las posesiones
[19]»No almacenes tesoros aquí en la tierra, donde las polillas se los comen y el óxido los destruye, y donde los ladrones entran y roban. [20] Almacena tus tesoros en el cielo, donde las polillas y el óxido no pueden destruir, y los ladrones no entran y roban. [21] Donde esté tu tesoro, allí estarán también los deseos de tu corazón.

[22]»Tu ojo es una lámpara que da luz a tu cuerpo. Cuando tu ojo es bueno, todo tu cuerpo está lleno de luz. [23] Pero, cuando tu ojo es malo, todo tu cuerpo está lleno de oscuridad. Y si la luz que crees tener en realidad es oscuridad, ¡qué densa es esa oscuridad!

[24]»Nadie puede servir a dos amos. Pues odiará a uno y amará al otro; será leal a uno y despreciará al otro. No se puede servir a Dios y al dinero. [25]»Por eso les digo que no se preocupen por

6:13a O Y líbranos de ser puestos a prueba. 6:13b O del mal. Algunos manuscritos incluyen *Pues tuyo es el reino y el poder y la gloria por siempre. Amén.*

la vida diaria, si tendrán suficiente alimento y bebida, o suficiente ropa para vestirse. ¿Acaso no es la vida más que la comida y el cuerpo más que la ropa? [26] Miren los pájaros. No plantan ni cosechan ni guardan comida en graneros, porque el Padre celestial los alimenta. ¿Y no son ustedes para él mucho más valiosos que ellos? [27] ¿Acaso con todas sus preocupaciones pueden añadir un solo momento a su vida? [28] ¿Y por qué preocuparse por la ropa? Miren cómo crecen los lirios del campo. No trabajan ni cosen su ropa; [29] sin embargo, ni Salomón con toda su gloria se vistió tan hermoso como ellos. [30] Y, si Dios cuida de manera tan maravillosa a las flores silvestres que hoy están y mañana se echan al fuego, tengan por seguro que cuidará de ustedes. ¿Por qué tienen tan poca fe? [31] »Así que no se preocupen por todo eso diciendo: "¿Qué comeremos?, ¿qué beberemos?, ¿qué ropa nos pondremos?". [32] Esas cosas dominan el pensamiento de los incrédulos, pero su Padre celestial ya conoce todas sus necesidades. [33] Busquen el reino de Dios* por encima de todo lo demás y lleven una vida justa, y él les dará todo lo que necesiten.

[34] »Así que no se preocupen por el mañana, porque el día de mañana traerá sus propias preocupaciones. Los problemas del día de hoy son suficientes por hoy.

CAPÍTULO **7**

No juzgar a los demás

»No juzguen a los demás, y no serán juzgados. [2] Pues serán tratados de la misma forma en que traten a los demás.* El criterio que usen para juzgar a otros es el criterio con el que se les juzgará a ustedes.*

[3] »Y ¿por qué te preocupas por la astilla en el ojo de tu amigo* cuando tú tienes un tronco en el tuyo? [4] ¿Cómo puedes pensar en decirle a tu amigo:* "Déjame ayudarte a sacar la astilla de tu ojo" cuando tú no puedes ver más allá del tronco que está en tu propio ojo? [5] ¡Hipócrita! Primero quita el tronco de tu ojo; después verás lo suficientemente bien para ocuparte de la astilla en el ojo de tu amigo.

[6] »No desperdicies lo que es santo en gente que no es santa.* ¡No arrojes tus perlas a los cerdos! Pisotearán las perlas y luego se darán vuelta y te atacarán.

Oración eficaz

[7] »Sigue pidiendo y recibirás lo que pides; sigue buscando y encontrarás; sigue llamando, y la puerta se te abrirá. [8] Pues todo el que pide,

6:33 Algunos manuscritos no incluyen *de Dios.* 7:2a O *Pues Dios los juzgará como ustedes juzgan a los demás.* 7:2b O *La misma medida que dan será la que recibirán.* 7:3 En griego *el ojo de tu hermano;* también en 7:5. 7:4 En griego *tu hermano.* 7:6 En griego *No den lo sagrado a los perros.*

Primeros pasos

¿CÓMO DEBES CONSIDERAR LA RIQUEZA MATERIAL?

Lee MATEO 6:19-34

Esta sección del famoso «Sermón del monte» de Jesús trata con posiblemente el mayor obstáculo para que le sigamos de todo corazón: las riquezas. Esta serie de versículos nos da al menos tres advertencias acerca de la riqueza, y una norma para sobreponernos a sus efectos esclavizantes:

1. Debemos vigilar qué y cómo almacenamos. El versículo 19 dice que no debemos «almacenar tesoros». No habla simplemente de ahorrar, sino de acumular. Jesús no está condenando el hábito de ahorrar ni el de proveer para nuestra familia (Proverbios 6:6, y 1 Timoteo 5:8, pág. 280). Él está condenando la acumulación de posesiones para impresionar a los demás. Disfrutemos lo que Dios nos ha dado, sin hacer de esas posesiones nuestra ambición primordial.

2. Debemos mantener nuestra visión clara. Si bien podemos disfrutar de las cosas que Dios nos da, necesitamos comprender que las cosas materiales de este mundo son temporales. Las posesiones personales y las inversiones pueden devaluarse o ser destruidas por desastres naturales; podemos perderlas o pueden ser robadas. Este es el problema con hacer de la acumulación de «cosas» la pasión de nuestra vida. Es algo efímero, insatisfactorio y hasta esclavizante. Sin la perspectiva correcta, podemos ser fácilmente entrampados. Entonces ya no servimos más a Dios, sino al dinero, y nuestra visión se oscurece, apagando la luz de la Palabra de Dios (versículos 22-24).

3. No debemos preocuparnos por las cosas materiales. La ansiedad es una fuerza poderosa que puede dividirnos o distraernos. Uno puede preocuparse por el futuro, el trabajo, la salud, y hasta por lo que otros piensan de nosotros. Pero Jesús nos dice que podemos dejar de preocuparnos, porque Dios *siempre* proveerá para nuestras necesidades (versículos 25-30). En pocas palabras, la preocupación es una pérdida del valioso tiempo que tenemos como sus siervos aquí en la tierra.

4. Debemos poner a Dios primero en nuestra vida. Nuestra meta principal no debe ser adquirir posesiones materiales o prestigio sino buscar cómo poner a Jesucristo en primer lugar en nuestra vida (versículos 31-34). Hace mucho sentido poner nuestras necesidades temporales y preocupaciones en las manos de un Dios eterno.

Para leer la próxima nota de «Da a Dios», ve a la pág. A42.

Piedras angulares

NUESTRO ANDAR DEBE ARMONIZAR CON NUESTRO HABLAR
Lee MATEO 7:21

En este versículo, Jesús va al corazón de lo que cree cada persona. Afirma que llamarle «Señor» no es suficiente para entrar al cielo. Esto se debe a que una persona puede pronunciar la palabra, pero no valorizarla. Lo que vale es la vida cambiada: una vida de obediencia a la voluntad de Dios.

Con respecto a la vida cristiana se ha dicho: «Lo importante no es lo alto que puedas saltar, sino lo derecho que caminas después de tocar el suelo». Uno puede ser capaz de decir todas las «palabras correctas», pero si la fe no altera el modo en que se vive, ella no significa nada, más bien condena. La verdad es que uno no tiene una relación genuina con Dios.

En la pared de una catedral de Alemania están grabadas estas palabras que escudriñan el alma:

Así habla Cristo nuestro Señor a cada uno de nosotros:
«Tú me llamas Maestro, y no me obedeces;
Me llamas luz, y no me ves;
Me llamas camino, y no andas por mí;
Me llamas vida, y no me vives;
Me llamas sabio, y no me sigues;
Me llamas hermoso, y no me amas;
Me llamas rico, y no me pides nada;
Me llamas eterno, y no me buscas;
Si yo te condeno, no me culpes».

Cuanto más aprendemos de lo que Dios ha hecho por nosotros, más desearemos saber cómo vivir para él. Nuestros motivos saldrán de un corazón puro, no de una ambición egoísta. Dios anda buscando creyentes genuinos, cuyo andar armoniza con su vivir. ¿Puedes tú ser contado como uno de ellos?

Para comenzar el próximo tema, ve a la pág. A31.

recibe; todo el que busca, encuentra; y a todo el que llama, se le abrirá la puerta.

⁹»Ustedes, los que son padres, si sus hijos les piden un pedazo de pan, ¿acaso les dan una piedra en su lugar? ¹⁰O, si les piden un pescado, ¿les dan una serpiente? ¡Claro que no! ¹¹Así que, si ustedes, gente pecadora, saben dar buenos regalos a sus hijos, cuánto más su Padre celestial dará buenos regalos a quienes le pidan.

La regla de oro
¹²»Haz a los demás todo lo que quieras que te hagan a ti. Ésa es la esencia de todo lo que se enseña en la ley y en los profetas.

La puerta angosta
¹³»Sólo puedes entrar en el reino de Dios a través de la puerta angosta. La carretera al infierno* es amplia y la puerta es ancha para los muchos que escogen ese camino. ¹⁴La puerta de acceso a la vida es muy angosta y el camino es difícil, y son sólo unos pocos los que alguna vez lo encuentran.

7:13 En griego *La senda que conduce a la destrucción.*

El árbol y su fruto
¹⁵»Ten cuidado de los falsos profetas que vienen disfrazados de ovejas inofensivas pero en realidad son lobos feroces. ¹⁶Puedes identificarlos por su fruto, es decir, por la manera en que se comportan. ¿Acaso puedes recoger uvas de los espinos o higos de los cardos? ¹⁷Un buen árbol produce frutos buenos y un árbol malo produce frutos malos. ¹⁸Un buen árbol no puede producir frutos malos y un árbol malo no puede producir frutos buenos. ¹⁹Por lo tanto, todo árbol que no produce frutos buenos se corta y se arroja al fuego. ²⁰Así es, de la misma manera que puedes identificar un árbol por su fruto, puedes identificar a la gente por sus acciones.

Verdaderos discípulos
²¹»No todo el que me llama: "¡Señor, Señor!" entrará en el reino del cielo. Sólo entrarán aquellos que verdaderamente hacen la voluntad de mi Padre que está en el cielo. ²²El día del juicio, muchos me dirán: "¡Señor, Señor! Profetizamos en tu nombre, expulsamos demonios

en tu nombre e hicimos muchos milagros en tu nombre". ²³Pero yo les responderé: "Nunca los conocí. Aléjense de mí, ustedes, que violan las leyes de Dios".

Edificar sobre un cimiento sólido
²⁴»Todo el que escucha mi enseñanza y la sigue es sabio, como la persona que construye su casa sobre una roca sólida. ²⁵Aunque llueva a cántaros y suban las aguas de la inundación y los vientos golpeen contra esa casa, no se vendrá abajo porque está construida sobre un lecho de roca. ²⁶Pero el que oye mi enseñanza y no la obedece es un necio, como la persona que construye su casa sobre la arena. ²⁷Cuando vengan las lluvias y lleguen las inundaciones y los vientos golpeen contra esa casa, se derrumbará con un gran estruendo».

²⁸Cuando Jesús terminó de decir esas cosas, las multitudes quedaron asombradas de su enseñanza, ²⁹porque lo hacía con verdadera autoridad, algo completamente diferente de lo que hacían los maestros de la ley religiosa.

CAPÍTULO **8**
Jesús sana a un leproso
Al bajar Jesús por la ladera del monte, grandes multitudes lo seguían. ²De repente, un leproso se le acercó y se arrodilló delante de él.

—Señor —dijo el hombre—, si tú quieres, puedes sanarme y dejarme limpio.

³Jesús extendió la mano y lo tocó:

—Sí quiero —dijo—. ¡Queda sano!

Al instante, la lepra desapareció.

⁴—No se lo cuentes a nadie —le dijo Jesús—. En cambio, preséntate ante el sacerdote y deja que te examine. Lleva contigo la ofrenda que exige la ley de Moisés a los que son sanados de lepra.* Esto será un testimonio público de que has quedado limpio.

La fe de un oficial romano
⁵Cuando Jesús regresó a Capernaúm, un oficial romano* se le acercó y le rogó:

⁶—Señor, mi joven siervo* está en cama, paralizado y con terribles dolores.

⁷—Iré a sanarlo —dijo Jesús.

⁸—Señor —dijo el oficial—, no soy digno de que entres en mi casa. Tan sólo pronuncia la palabra desde donde estás y mi siervo se sanará. ⁹Lo sé porque estoy bajo la autoridad de mis oficiales superiores y tengo autoridad sobre mis soldados. Sólo tengo que decir: "Vayan", y ellos van o "vengan", y ellos vienen. Y, si les digo a mis esclavos: "Hagan esto", lo hacen.

¹⁰Al oírlo, Jesús quedó asombrado. Se dirigió a los que lo seguían y dijo: «Les digo la verdad, ¡no he visto una fe como ésta en todo Israel! ¹¹Y les digo que muchos gentiles* vendrán de todas partes del mundo —del oriente y del occidente— y se sentarán con Abraham, Isaac y Jacob en la fiesta del reino del cielo. ¹²Pero muchos israelitas —para quienes se preparó el reino— serán arrojados a la oscuridad de afuera, donde habrá llanto y rechinar de dientes».

¹³Entonces Jesús le dijo al oficial romano: «Vuelve a tu casa. Debido a que creíste, ha sucedido». Y el joven siervo quedó sano en esa misma hora.

Jesús sana a mucha gente
¹⁴Cuando Jesús llegó a la casa de Pedro, la suegra de Pedro estaba enferma en cama con mucha fiebre. ¹⁵Pero, cuando Jesús le tocó la mano, la fiebre se fue. Entonces ella se levantó y le preparó una comida.

¹⁶Aquella noche, le llevaron a Jesús muchos endemoniados. Él expulsó a los espíritus malignos con una simple orden y sanó a todos los enfermos. ¹⁷Así se cumplió la palabra del Señor por medio del profeta Isaías, quien dijo:

«Se llevó nuestras enfermedades
    y quitó nuestras dolencias»*.

Lo que cuesta seguir a Jesús
¹⁸Cuando Jesús vio a la multitud que lo rodeaba, dio instrucciones a sus discípulos de que cruzaran al otro lado del lago.

¹⁹Entonces uno de los maestros de la ley religiosa le dijo:

—Maestro, te seguiré a donde quiera que vayas.

²⁰Pero Jesús respondió:

—Los zorros tienen cuevas donde vivir y los pájaros tienen nidos, pero el Hijo del Hombre* no tiene ni siquiera un lugar donde recostar la cabeza.

²¹Otro de sus discípulos dijo:

—Señor, deja que primero regrese a casa y entierre a mi padre.

²²Pero Jesús le dijo:

—Sígueme ahora. Deja que los muertos espirituales entierren a sus muertos.*

Jesús calma la tormenta
²³Luego Jesús entró en la barca y comenzó a cruzar el lago con sus discípulos. ²⁴De repente, se desató sobre el lago una violenta tormenta, con olas que entraban en el barco. Pero Jesús dormía. ²⁵Los discípulos fueron a despertarlo: «Señor, ¡sálvanos! ¡Nos vamos a ahogar!» —gritaron.

8:4 Ver Lv 14:2-32. **8:5** En griego *un centurión;* similar en 8:8, 13. **8:6** O *hijo;* también en 8:13. **8:11** *Gentil[es],* que no es judío. **8:17** Is 53:4. **8:20** «Hijo del Hombre» es un título que Jesús empleaba para referirse a sí mismo. **8:22** En griego *Deja que los muertos entierren a sus propios muertos.*

²⁶«¿Por qué tienen miedo? —preguntó Jesús—. ¡Tienen tan poca fe!». Entonces se levantó y reprendió al viento y a las olas y, de repente hubo una gran calma.

²⁷Los discípulos quedaron asombrados y preguntaron: «¿Quién es este hombre? ¡Hasta el viento y las olas lo obedecen!».

Jesús sana a dos endemoniados

²⁸Cuando Jesús llegó al otro lado del lago, a la región de los gadarenos,* dos hombres que estaban poseídos por demonios salieron a su encuentro. Vivían en un cementerio y eran tan violentos que nadie podía pasar por esa zona. ²⁹Comenzaron a gritarle: «¿Por qué te entrometes con nosotros, Hijo de Dios? ¿Has venido aquí para torturarnos antes del tiempo establecido por Dios?».

³⁰Sucedió que a cierta distancia había una gran manada de cerdos alimentándose. ³¹Entonces los demonios suplicaron:

—Si nos echas afuera, envíanos a esa manada de cerdos.

³²—Muy bien, ¡vayan! —les ordenó Jesús.

Entonces los demonios salieron de los hombres y entraron en los cerdos, y toda la manada se lanzó al lago por el precipicio y se ahogó en el agua.

³³Los hombres que cuidaban los cerdos huyeron a la ciudad cercana y a todos contaron lo que había sucedido con los endemoniados. ³⁴Entonces toda la ciudad salió al encuentro de Jesús, pero le rogaron que se fuera y los dejara en paz.

CAPÍTULO 9

Jesús sana a un hombre paralítico

Jesús subió a una barca y regresó al otro lado del lago, a su propia ciudad. ²Unos hombres le llevaron a un paralítico en una camilla. Al ver la fe de ellos, Jesús le dijo al paralítico: «¡Ánimo, hijo mío! Tus pecados son perdonados».

³Pero algunos de los maestros de la ley religiosa decían en su interior: «¡Es una blasfemia! ¿Acaso se cree que es Dios?».

⁴Jesús sabía* lo que ellos estaban pensando, así que les preguntó: «¿Por qué tienen pensamientos tan malvados en el corazón? ⁵¿Qué es más fácil decir: "Tus pecados son perdonados" o "Ponte de pie y camina"? ⁶Así que les demostraré que el Hijo del Hombre* tiene autoridad en la tierra para perdonar pecados». Entonces Jesús miró al paralítico y dijo: «¡Ponte de pie, toma tu camilla y vete a tu casa!».

⁷¡El hombre se levantó de un salto y se fue a su casa! ⁸Al ver esto, el temor se apoderó de la multitud. Y alababan a Dios por enviar a un hombre con tanta autoridad.*

Jesús llama a Mateo

⁹Mientras caminaba, Jesús vio a un hombre llamado Mateo sentado en su cabina de cobrador de impuestos. «Sígueme y sé mi discípulo», le dijo Jesús. Entonces Mateo se levantó y lo siguió.

¹⁰Más tarde, Mateo invitó a Jesús y a sus discípulos a una cena en su casa, junto con muchos cobradores de impuestos y otros pecadores de mala fama. ¹¹Pero, cuando los fariseos vieron esto, preguntaron a los discípulos: «¿Por qué su maestro come con semejante escoria*?».

¹²Cuando Jesús los oyó, les dijo: «La gente sana no necesita médico, los enfermos sí». ¹³Luego añadió: «Ahora vayan y aprendan el significado de la siguiente Escritura: "Quiero que tengan compasión, no que ofrezcan sacrificios"*. Pues no he venido a llamar a los que se creen justos, sino a los que saben que son pecadores».

Discusión acerca del ayuno

¹⁴Un día los discípulos de Juan el Bautista se acercaron a Jesús y le preguntaron:

—¿Por qué tus discípulos no ayunan,* como lo hacemos nosotros y los fariseos?

¹⁵Jesús respondió:

—¿Acaso los invitados de una boda están de luto mientras festejan con el novio? Por supuesto que no. Pero un día el novio será llevado, y entonces sí ayunarán.

¹⁶»Además, ¿a quién se le ocurriría remendar una prenda vieja con tela nueva? Pues el remiendo nuevo encogería y se desprendería de la tela vieja, lo cual dejaría una rotura aún mayor que la anterior.

¹⁷»Y nadie pone vino nuevo en cueros viejos. Pues los cueros viejos se reventarían por la presión y el vino se derramaría, y los cueros quedarían arruinados. El vino nuevo se guarda en cueros nuevos para preservar a ambos.

Jesús sana en respuesta a la fe

¹⁸Mientras Jesús decía esas cosas, el líder de una sinagoga se le acercó y se arrodilló delante de él. «Mi hija acaba de morir —le dijo—, pero tú puedes traerla nuevamente a la vida sólo con venir y poner tu mano sobre ella».

¹⁹Entonces Jesús y sus discípulos se levantaron y fueron con él. ²⁰Justo en ese momento, una mujer quien hacía doce años que sufría de una hemorragia continua se le acercó por detrás. Tocó el fleco de la túnica de Jesús ²¹porque pensó: «Si tan sólo toco su túnica, quedaré sana».

8:28 Otros manuscritos dicen *gergesenos;* incluso otros dicen *gerasenos.* Comparar Mr 5:1; Lc 8:26. **9:4** Algunos manuscritos dicen *vio.* **9:6** «Hijo del Hombre» es un título que Jesús empleaba para referirse a sí mismo. **9:8** En griego *por darle semejante autoridad a los seres humanos.* **9:11** En griego *con cobradores de impuestos y pecadores?* **9:13** Os 6:6 (versión griega). **9:14** Algunos manuscritos dicen *ayunan a menudo.*

²²Jesús se dio vuelta y, cuando la vio, le dijo: «¡Ánimo, hija! Tu fe te ha sanado». Y la mujer quedó sana en ese instante. ²³Cuando Jesús llegó a la casa del oficial, vio a una ruidosa multitud y escuchó la música del funeral. ²⁴«¡Salgan de aquí! —les dijo—. La niña no está muerta; sólo duerme». Pero la gente se rió de él. ²⁵Sin embargo, una vez que hicieron salir a todos, Jesús entró y tomó la mano de la niña, y ¡ella se puso de pie! ²⁶La noticia de este milagro corrió por toda la región.

Jesús sana a unos ciegos

²⁷Cuando Jesús salió de la casa de la niña, lo siguieron dos hombres ciegos, quienes gritaban: «¡Hijo de David, ten compasión de nosotros!».
²⁸Entraron directamente a la casa donde Jesús se hospedaba, y él les preguntó:
—¿Creen que puedo darles la vista?
—Sí, Señor —le dijeron—, lo creemos.
²⁹Entonces él les tocó los ojos y dijo:
—Debido a su fe, así se hará.
³⁰Entonces sus ojos se abrieron ¡y pudieron ver! Jesús les advirtió severamente: «No se lo cuenten a nadie». ³¹Pero ellos, en cambio, salieron e hicieron correr su fama por toda la región.

³²Cuando se fueron, un hombre que no podía hablar poseído por un demonio fue llevado a Jesús. ³³Entonces Jesús expulsó al demonio y después el hombre comenzó a hablar. Las multitudes quedaron asombradas. «¡Jamás sucedió algo así en Israel!», exclamaron.

³⁴Pero los fariseos dijeron: «Puede expulsar demonios porque el príncipe de los demonios le da poder».

La necesidad de obreros

³⁵Jesús recorrió todas las ciudades y aldeas de esa región, enseñando en las sinagogas y anunciando la Buena Noticia acerca del reino. Y sanaba toda clase de enfermedades y dolencias. ³⁶Cuando vio a las multitudes, les tuvo compasión, porque estaban confundidas y desamparadas, como ovejas sin pastor. ³⁷A sus discípulos les dijo: «La cosecha es grande, pero los obreros son pocos. ³⁸Así que oren al Señor que está a cargo de la cosecha; pídanle que envíe más obreros a sus campos».

CAPÍTULO **10**

Jesús envía a los doce apóstoles

Jesús reunió a sus doce discípulos y les dio autoridad para expulsar espíritus malignos* y para sanar toda clase de enfermedades y dolencias. ²Los nombres de los doce apóstoles son los siguientes:

Primero, Simón (también llamado Pedro), luego Andrés (el hermano de Pedro), Santiago (hijo de Zebedeo), Juan (el hermano de Santiago), ³Felipe, Bartolomé, Tomás, Mateo (el cobrador de impuestos), Santiago (hijo de Alfeo), Tadeo,* ⁴Simón (el zelote),* Judas Iscariote (quien después lo traicionó).

⁵Jesús envió a los doce apóstoles con las siguientes instrucciones: «No vayan a los gentiles* ni a los samaritanos, ⁶sino sólo al pueblo de Israel, las ovejas perdidas de Dios. ⁷Vayan y anúncienles que el reino del cielo está cerca.* ⁸Sanen a los enfermos, resuciten a los muertos, curen a los leprosos y expulsen a los demonios. ¡Den tan gratuitamente como han recibido!

⁹»No lleven nada de dinero en el cinturón, ni monedas de oro, ni de plata, ni siquiera de cobre. ¹⁰No lleven bolso de viaje con una muda de ropa ni con sandalias, ni siquiera lleven un bastón. No duden en aceptar la hospitalidad, porque los que trabajan merecen que se les dé alimento.

¹¹»Cada vez que entren en una ciudad o una aldea, busquen a una persona digna y quédense en su casa hasta que salgan de ese lugar. ¹²Cuando entren en el hogar, bendíganlo. ¹³Si resulta ser un hogar digno, dejen que su bendición siga allí; si no lo es, retiren la bendición. ¹⁴Si cualquier casa o ciudad se niega a darles la bienvenida o a escuchar su mensaje, sacúdanse el polvo de los pies al salir. ¹⁵Les digo la verdad, el día del juicio, les irá mejor a las ciudades perversas de Sodoma y Gomorra que a esa ciudad.

¹⁶»Miren, los envío como ovejas en medio de lobos. Por lo tanto, sean astutos como serpientes e inofensivos como palomas. ¹⁷Pero tengan cuidado, porque los entregarán a los tribunales y los azotarán con látigos en las sinagogas. ¹⁸Serán sometidos a juicio delante de gobernantes y reyes por ser mis seguidores. Pero ésa será una oportunidad para que les hablen a los gobernantes y a otros incrédulos acerca de mí.* ¹⁹Cuando los arresten, no se preocupen por cómo responder o qué decir. Dios les dará las palabras apropiadas en el momento preciso. ²⁰Pues no serán ustedes los que hablen, sino que el Espíritu de su Padre hablará por medio de ustedes.

²¹»Un hermano traicionará a muerte a su hermano, un padre traicionará a su propio hijo, los hijos se rebelarán contra sus padres y

10:1 En griego *impuros.* **10:3** Otros manuscritos dicen *Lebeo;* incluso otros dicen *Lebeo, a quien se llama Tadeo.* **10:4** En griego *el cananeo,* término arameo para designar a los judíos nacionalistas. **10:5** *Gentil[es],* que no es judío. **10:7** O *ha venido,* o *viene pronto.* **10:18** O *Pero éste será su testimonio en contra de los gobernantes y otros incrédulos.*

Piedras angulares

LA PAZ COMIENZA CUANDO CEDEMOS A DIOS EL CONTROL DE NUESTRA VIDA
Lee MATEO 11:28-30

En este pasaje, Jesús nos enseña tres cosas que debemos hacer para poder encontrar la verdadera paz o el «descanso». Sin embargo, por alguna razón, a veces pensamos que estas cosas son demasiado difíciles de lograr. Asegurémonos de concentrarnos en practicar estas tres acciones necesarias:

1. Ven a Cristo. Si tú has aceptado a Cristo como Señor y Salvador de tu vida, ya has completado este paso. Si todavía andas buscando, es posible que estés justo a la puerta. Pero debes saber esto: no hallarás paz en nada ni en nadie más. Por cierto, puedes tener una paz mental temporal, si tus finanzas andan bien, o si piensas que ya has hallado la relación «perfecta». Pero cuando el piso se derrumba, ¿qué sucede entonces? Sólo Cristo puede garantizarte una paz perdurable.

2. Cambia tu yugo por su yugo. Un yugo es una pieza de madera que se pone en el cuello de uno o dos bueyes para ayudarles a arrastrar cargas pesadas. También ayuda al granjero a dirigir al buey. Llevando esta analogía a los humanos, nuestro «pesado yugo» podría ser el peso de nuestra culpa, o la carga de tratar de guardar los mandamientos de Dios y procurar agradarle haciendo buenas obras. Jesús desea cambiar esa carga por su propia carga mucho más liviana: la gracia de Dios. Encontrarás descanso cuando comprendas que no necesitas trabajar para ganar el favor de Dios, sólo necesitas aceptar a su Hijo.

3. Deja que Jesús dirija. Esto es, indudablemente, uno de los requisitos más difíciles de esta promesa. Esto se debe a que nosotros deseamos mantener siempre el control. Pero Dios nos dice que debemos entregarle las riendas, porque sólo así él puede enseñarnos. ¿Estás listo y dispuesto a dejar tus habilidades, tu futuro y tus problemas en las manos de Dios? Entonces, y sólo entonces, vas a experimentar el prometido «descanso» de Dios para tu alma.

Para leer la próxima nota de «Paz», ve a la pág. A32.

---

harán que los maten. ²²Y todas las naciones los odiarán a ustedes por ser mis seguidores,* pero todo el que se mantenga firme hasta el fin será salvo. ²³Cuando los persigan en una ciudad, huyan a la siguiente. Les digo la verdad, el Hijo del Hombre* regresará antes de que hayan llegado a todas las ciudades de Israel.

²⁴»Los alumnos* no son superiores a su maestro, y los esclavos no son superiores a su amo. ²⁵Los alumnos deben parecerse a su maestro, y los esclavos deben parecerse a su amo. Y, si a mí, el amo de la casa, me han llamado príncipe de los demonios,* a los miembros de mi casa los llamarán con nombres todavía peores.

²⁶»Pero no tengan miedo de aquellos que los amenazan; pues llegará el tiempo en que todo lo que está encubierto será revelado y todo lo secreto se dará a conocer a todos. ²⁷Lo que ahora les digo en la oscuridad grítenlo por todas partes cuando llegue el amanecer. Lo que les susurro al oído grítenlo desde las azoteas, para que todos lo escuchen.

²⁸»No teman a los que quieren matarles el cuerpo; no pueden tocar el alma. Teman sólo a Dios, quien puede destruir tanto el alma como el cuerpo en el infierno.* ²⁹¿Cuánto cuestan dos gorriones: una moneda de cobre?* Sin embargo, ni un solo gorrión puede caer a tierra sin que el Padre lo sepa. ³⁰Y, en cuanto a ustedes, cada cabello de su cabeza está contado. ³¹Así que no tengan miedo; para Dios ustedes son más valiosos que toda una bandada de gorriones.

³²»Todo aquel que me reconozca en público aquí en la tierra también lo reconoceré delante de mi Padre en el cielo. ³³Pero al que me niegue aquí en la tierra, también yo lo negaré delante de mi Padre en el cielo.

³⁴»¡No crean que vine a traer paz a la tierra! No vine a traer paz, sino espada.

³⁵ "He venido a poner a un hombre contra su
padre,
a una hija contra su madre
y a una nuera contra su suegra.

10:22 En griego *por causa de mi nombre*. **10:23** «Hijo del Hombre» es un título que Jesús empleaba para referirse a sí mismo. **10:24** O *discípulos*. **10:25** En griego *Beelzeboul*; otros manuscritos dicen *Beezeboul*; la versión latina dice *Beelzebú*. **10:28** En griego *Gehenna*. **10:29** En griego *un asarion* [es decir, un «as», moneda romana equivalente a ¹⁄₁₆ de un denario].

³⁶ ¡Sus enemigos serán los miembros de su propia casa!"*.

³⁷»Si amas a tu padre o a tu madre más que a mí, no eres digno de ser mío; si amas a tu hijo o a tu hija más que a mí, no eres digno de ser mío. ³⁸Si te niegas a tomar tu cruz y a seguirme, no eres digno de ser mío. ³⁹Si te aferras a tu vida, la perderás; pero, si entregas tu vida por mí, la salvarás.

⁴⁰»El que los recibe a ustedes me recibe a mí, y el que me recibe a mí recibe al Padre, quien me envió. ⁴¹Si reciben a un profeta como a alguien que habla de parte de Dios,* recibirán la misma recompensa que un profeta. Y, si reciben a un justo debido a su justicia, recibirán una recompensa similar a la de él. ⁴²Y, si le dan siquiera un vaso de agua fresca a uno de mis seguidores más insignificantes, les aseguro que recibirán una recompensa».

CAPÍTULO **11**

Jesús y Juan el Bautista

Cuando Jesús terminó de darles esas instrucciones a los doce discípulos, salió a enseñar y a predicar en las ciudades de toda la región.

²Juan el Bautista, quien estaba en prisión, oyó acerca de todas las cosas que hacía el Mesías. Entonces envió a sus discípulos para que le preguntaran a Jesús:

³—¿Eres tú el Mesías a quien hemos esperado* o debemos seguir buscando a otro?

⁴Jesús les dijo:

—Regresen a Juan y cuéntenle lo que han oído y visto: ⁵los ciegos ven, los cojos caminan bien, los leprosos son curados, los sordos oyen, los muertos resucitan, y a los pobres se les predica la Buena Noticia. ⁶Y díganle: "Dios bendice a los que no se apartan por causa de mí"*.

⁷Mientras los discípulos de Juan se iban, Jesús comenzó a hablar acerca de él a las multitudes: «¿A qué clase de hombre fueron a ver al desierto? ¿Acaso era una caña débil sacudida con la más leve brisa? ⁸¿O esperaban ver a un hombre vestido con ropa costosa? No, la gente que usa ropa costosa vive en los palacios. ⁹¿Buscaban a un profeta? Así es, y él es más que un profeta. ¹⁰Juan es el hombre al que se refieren las Escrituras cuando dicen:

"Mira, envío a mi mensajero por anticipado,
    y él preparará el camino delante de ti"*.

¹¹»Les digo la verdad, de todos los que han vivido, nadie es superior a Juan el Bautista. Sin embargo, hasta la persona más insignificante en el reino del cielo es superior a él. ¹²Y, desde los días en que Juan el Bautista comenzó a predicar hasta ahora, el reino del cielo ha venido avanzando con fuerza, y gente violenta lo está atacando.* ¹³Pues, antes de que viniera Juan, todos los profetas y la ley de Moisés esperaban este tiempo. ¹⁴Y, si están dispuestos a aceptar lo que les digo, él es Elías, aquel que los profetas dijeron que vendría.* ¹⁵¡Todo el que tenga oídos para oír, que escuche y entienda!

¹⁶»¿Con qué puedo comparar a esta generación? Se parece a los niños que juegan en la plaza. Se quejan ante sus amigos:

¹⁷ "Tocamos canciones de bodas,
    y no bailaron;
entonces tocamos canciones fúnebres,
    y no se lamentaron".

¹⁸»Pues Juan no dedicaba el tiempo a comer y beber, y ustedes dicen: "Está poseído por un demonio". ¹⁹El Hijo del Hombre,* por su parte, festeja y bebe, y ustedes dicen: "¡Es un glotón y un borracho y es amigo de cobradores de impuestos y de otros pecadores!". Pero la sabiduría demuestra estar en lo cierto por medio de sus resultados».

Juicio para los incrédulos

²⁰Luego Jesús comenzó a denunciar a las ciudades en las que había hecho tantos milagros, porque no se habían arrepentido de sus pecados ni se habían vuelto a Dios. ²¹¡Qué aflicción les espera, Corazín y Betsaida! Pues, si en las perversas ciudades de Tiro y de Sidón se hubieran hecho los milagros que hice entre ustedes, hace tiempo sus habitantes se habrían arrepentido de sus pecados vistiéndose de ropa de tela áspera y echándose ceniza sobre la cabeza en señal de remordimiento. ²²Les digo que el día del juicio, a Tiro y Sidón les irá mejor que a ustedes.

²³»Y ustedes, los de Capernaúm, ¿serán honrados en el cielo? No, descenderán al lugar de los muertos.* Pues, si hubiera hecho en la perversa ciudad de Sodoma los milagros que hice entre ustedes, la ciudad estaría aquí hasta el día de hoy. ²⁴Les digo que, el día del juicio, aun a Sodoma le irá mejor que a ustedes».

Jesús da gracias al Padre

²⁵En esa ocasión, Jesús hizo la siguiente oración: «Oh Padre, Señor del cielo y de la tierra, gracias por esconder estas cosas de los que se creen sabios e inteligentes y por revelárselas a los que son como niños. ²⁶Sí, Padre, ¡te agradó hacerlo de esa manera!

²⁷»Mi Padre me ha confiado todo. Nadie conoce verdaderamente al Hijo excepto el

---

10:35-36 Mi 7:6.   10:41 En griego *reciban a un profeta en nombre de un profeta.*   11:3 En griego *¿Eres tú el que viene?*
11:6 O *que no son ofendidos por mí.*   11:10 Mal 3:1.   11:12 O *El reino del cielo sufre violencia.*   11:14 Ver Mal 4:5.
11:19 «Hijo del Hombre» es un título que Jesús empleaba para referirse a sí mismo.   11:23 En griego *al Hades.*

Padre, y nadie conoce verdaderamente al Padre excepto el Hijo y aquellos a quienes el Hijo decide revelarlo».

²⁸ Luego dijo Jesús: «Vengan a mí todos los que están cansados y llevan cargas pesadas, y yo les daré descanso. ²⁹ Pónganse mi yugo. Déjenme enseñarles, porque yo soy humilde y tierno de corazón, y encontrarán descanso para el alma. ³⁰ Pues mi yugo es fácil de llevar y la carga que les doy es liviana».

CAPÍTULO **12**

Discusión acerca del día de descanso

Por ese tiempo, Jesús caminaba en el día de descanso por unos terrenos sembrados. Sus discípulos tenían hambre, entonces comenzaron a arrancar unas espigas de grano y a comérselas. ² Pero algunos fariseos los vieron y protestaron:

—Mira, tus discípulos violan la ley al cosechar granos en el día de descanso.

³ —¿No han leído en las Escrituras lo que hizo David cuando él y sus compañeros tuvieron hambre? ⁴ Entró en la casa de Dios, y él y sus compañeros violaron la ley al comer los panes sagrados, que sólo a los sacerdotes se les permitía comer. ⁵ Y ¿no han leído en la ley de Moisés que los sacerdotes de turno en el templo pueden trabajar en el día de descanso? ⁶ Les digo, ¡aquí hay uno que es superior al templo! ⁷ Pero ustedes no habrían condenado a mis discípulos —quienes son inocentes— si conocieran el significado de la Escritura que dice: "Quiero que tengan compasión, no que ofrezcan sacrificios"*. ⁸ Pues el Hijo del Hombre* es Señor ¡incluso del día de descanso!

Jesús sana en el día de descanso

⁹ Luego Jesús entró en la sinagoga de ellos, ¹⁰ y allí vio a un hombre que tenía una mano deforme. Los fariseos le preguntaron a Jesús:

—¿Permite la ley que una persona trabaje sanando en el día de descanso?

(Esperaban que él dijera que sí para poder levantar cargos en su contra).

¹¹ Él les respondió:

—Si tuvieran una oveja y ésta cayera en un pozo de agua en el día de descanso, ¿no trabajarían para sacarla de allí? Por supuesto que lo harían. ¹² ¡Y cuánto más valiosa es una persona que una oveja! Así es, la ley permite que una persona haga el bien en el día de descanso.

¹³ Después le dijo al hombre: «Extiende la mano». Entonces el hombre la extendió, y la mano quedó restaurada, ¡igual que la otra! ¹⁴ Entonces los fariseos convocaron a una reunión para tramar cómo matar a Jesús.

Jesús, el Siervo elegido de Dios

¹⁵ Pero Jesús sabía lo que ellos tenían en mente. Entonces salió de esa región, y mucha gente lo siguió. Sanó a todos los enfermos de esa multitud, ¹⁶ pero les advirtió que no revelaran quién era él. ¹⁷ Con eso se cumplió la profecía de Isaías acerca de él:

¹⁸ «Miren a mi Siervo, al que he elegido.
　　Él es mi Amado, quien me complace.
　　Pondré mi Espíritu sobre él,
　　　y proclamará justicia a las naciones.
¹⁹ No peleará ni gritará,
　　　ni levantará su voz en público.
²⁰ No aplastará la caña más débil
　　　ni apagará una vela que titila.
　　Al final, hará que la justicia salga
　　　victoriosa.
²¹ Y su nombre será la esperanza
　　　de todo el mundo»*.

Jesús y el príncipe de los demonios

²² Luego le llevaron a Jesús a un hombre ciego y mudo que estaba poseído por un demonio.

12:7 Os 6:6 (versión griega).   12:8 «Hijo de Hombre» es un título que Jesús empleaba para referirse a sí mismo.
12:18-21 Is 42:1-4 (versión griega para el 42:4).

En marcha

EVITA TODA PALABRA INÚTIL

Lee MATEO 12:35-37

El versículo 34 dice: «Pues lo que está en el corazón determina lo que uno dice». Tu hablar refleja la condición de tu corazón.

Tu corazón representa tus pensamientos más íntimos, tus deseos y tus emociones. Si tu corazón está lleno de amargura, tu modo de hablar expresará lo que hay en él. Si está lleno del amor de Dios, tus palabras mostrarán ese amor. Si tomamos seriamente la advertencia de Jesús acerca de ser responsables de nuestras palabras inútiles, no sólo debemos pesar nuestras palabras sino también examinar a fondo nuestro corazón, que es la fuente de nuestro hablar. Aquí hay una buena regla para aplicar antes de hablar:

Jesús sanó al hombre para que pudiera hablar y ver. [23]La multitud quedó llena de asombro, y preguntaba: «¿Será posible que Jesús sea el Hijo de David, el Mesías?».

[24]Pero, cuando los fariseos oyeron del milagro, dijeron: «Con razón puede expulsar demonios. Él recibe su poder de Satanás,* el príncipe de los demonios».

[25]Jesús conocía sus pensamientos y les contestó: «Todo reino dividido por una guerra civil está condenado al fracaso. Una ciudad o una familia dividida por peleas se desintegrará. [26]Y, si Satanás expulsa a Satanás, está dividido y pelea contra sí mismo; su propio reino no sobrevivirá. [27]Y, si mi poder proviene de Satanás, ¿qué me dicen de sus propios exorcistas quienes también expulsan demonios? Así que ellos los condenarán a ustedes por lo que acaban de decir. [28]Pero, si yo expulsó a los demonios por el Espíritu de Dios, entonces el reino de Dios ha llegado y está entre ustedes. [29]Pues ¿quién tiene suficiente poder para entrar en la casa de un hombre fuerte como Satanás y saquear sus bienes? Sólo alguien aún más fuerte, alguien que pudiera atarlo y después saquear su casa.

[30]»El que no está conmigo, a mí se opone, y el que no trabaja conmigo, en realidad, trabaja en mi contra.

[31]»Por eso les digo, cualquier pecado y blasfemia pueden ser perdonados, excepto la blasfemia contra el Espíritu Santo, que jamás será perdonada. [32]El que hable en contra del Hijo del Hombre puede ser perdonado, pero el que hable contra el Espíritu Santo jamás será perdonado, ya sea en este mundo o en el que vendrá.

[33]»A un árbol se le identifica por su fruto. Si el árbol es bueno, su fruto será bueno. Si el árbol es malo, su fruto será malo. [34]¡Camada de víboras! ¿Cómo podrían hombres malvados como ustedes hablar de lo que es bueno y correcto? Pues lo que está en el corazón determina lo que

uno dice. [35]Una persona buena produce cosas buenas del tesoro de su buen corazón, y una persona mala produce cosas malas del tesoro de su mal corazón. [36]Y les digo lo siguiente: el día del juicio, tendrán que dar cuenta de toda palabra inútil que hayan dicho. [37]Las palabras que digas te absolverán o te condenarán».

La señal de Jonás

[38]Un día, algunos maestros de la ley religiosa y algunos fariseos se acercaron a Jesús y le dijeron:

—Maestro, queremos que nos muestres alguna señal milagrosa para probar tu autoridad.

[39]Pero Jesús respondió:

—Sólo una generación maligna y adúltera exigiría una señal milagrosa; pero la única que les daré será la señal del profeta Jonás. [40]Así como Jonás estuvo en el vientre del gran pez durante tres días y tres noches, el Hijo del Hombre estará en el corazón de la tierra durante tres días y tres noches.

[41]»El día del juicio los habitantes de Nínive se levantarán contra esta generación y la condenarán, porque ellos se arrepintieron de sus pecados al escuchar la predicación de Jonás. Ahora alguien superior a Jonás está aquí, pero ustedes se niegan a arrepentirse. [42]La reina de Saba* también se levantará contra esta generación el día del juicio y la condenará, porque vino de una tierra lejana para oír la sabiduría de Salomón. Ahora alguien superior a Salomón está aquí, pero ustedes se niegan a escuchar.

[43]»Cuando un espíritu maligno* sale de una persona, va al desierto en busca de descanso, pero no lo encuentra. [44]Entonces dice: "Volveré a la persona de la cual salí". De modo que regresa y encuentra su antigua casa vacía, barrida y en orden. [45]Entonces el espíritu busca a otros siete espíritus más malignos que él, y todos

12:24 En griego Beelzeboul; también en 12:27. Otros manuscritos dicen Beezeboul; la versión latina dice Beelzebú. 12:42 En griego La reina del sur. 12:43 En griego impuro.

1. ¿Es verdad?
2. ¿Puede ayudar?
3. ¿Inspira?
4. ¿Es necesario?
5. ¿Es amable?

Si el contenido de lo que vas a decir no pasa esta prueba de cinco preguntas, realmente no necesitas decirlo. De otra manera tendrás que responder por tus palabras cuando estés delante del Señor.

Para leer la próxima nota de «Conversación», ve a la pág. A49.

Piedras angulares

CUIDADO CON LAS ASTUTAS IMITACIONES DE SATANÁS

Lee MATEO 13:24-30

Esta ilustración es conocida como la parábola del trigo y la cizaña. Jesús la dio para exponer la táctica satánica de imitación e infiltración. En las primeras etapas de su desarrollo, la cizaña es exactamente igual al trigo. Pero al crecer se revela como lo que realmente es: una maleza silvestre que puede desarraigar al trigo si es arrancada.

En esencia, Satanás ha seguido la táctica de la cizaña en sus ataques contra la iglesia. Él ha «inundado el mercado» con imitaciones de las cosas verdaderas. En la Biblia encontramos ejemplos de esto. En el Éxodo (el segundo libro del Antiguo Testamento), los magos de Egipto imitaron algunos milagros que Dios había hecho por medio de Moisés, tal como convertir una vara en una serpiente, convertir las aguas del Nilo en sangre y traer una plaga de ranas (Éxodo 7:1–8:15).

En efecto, cada vez que la iglesia ha experimentado un gran avivamiento, un falso movimiento ha surgido a su lado proclamando verdades a medias y engaños.

Satanás sabe que una verdad a medias es más peligrosa que una mentira completa. Por eso, alguien que modifica la verdad hace más daño que aquel que la niega abiertamente. Por lo tanto, debemos cuidarnos a toda costa de verdades a medias y de imitaciones del evangelio.

Para leer la próxima nota de «Discernimiento», ve a la pág. A32.

---

entran en la persona y viven allí. Y entonces esa persona queda peor que antes. Eso es lo que le ocurrirá a esta generación maligna.

La verdadera familia de Jesús

46 Mientras Jesús hablaba a la multitud, su madre y sus hermanos estaban afuera y pedían hablar con él. 47 Alguien le dijo a Jesús: «Tu madre y tus hermanos están afuera y desean hablar contigo»*.

48 Jesús preguntó: «¿Quién es mi madre? ¿Quiénes son mis hermanos?». 49 Luego señaló a sus discípulos y dijo: «Miren, estos son mi madre y mis hermanos. 50 Pues todo el que hace la voluntad de mi Padre que está en el cielo es mi hermano y mi hermana y mi madre».

CAPÍTULO 13

Parábola del agricultor que esparce semilla

Más tarde ese mismo día, Jesús salió de la casa y se sentó junto al lago. 2 Pronto se reunió una gran multitud alrededor de él, así que entró en una barca. Se sentó allí y enseñó mientras la gente estaba de pie en la orilla. 3 Contó muchas historias en forma de parábola como la siguiente:

«¡Escuchen! Un agricultor salió a sembrar. 4 A medida que esparcía las semillas por el campo, algunas cayeron sobre el camino y los pájaros vinieron y se las comieron. 5 Otras cayeron en tierra poco profunda con roca abajo. Las semillas germinaron con rapidez porque la tierra era poco profunda. 6 Pero pronto las plantas se marchitaron bajo el calor del sol y, como no tenían raíces profundas, murieron. 7 Otras semillas cayeron entre espinos los cuales crecieron y ahogaron los brotes. 8 Pero otras semillas cayeron en tierra fértil ¡y produjeron una cosecha que fue treinta, sesenta y hasta cien veces más numerosa de lo que se había sembrado! 9 Todo el que tenga oídos para oír, que escuche y entienda».

10 Sus discípulos vinieron y le preguntaron:
—¿Por qué usas parábolas cuando hablas con la gente?

11 —A ustedes se les permite entender los secretos* del reino del cielo —les contestó—, pero a otros no. 12 A los que escuchan mis enseñanzas se les dará más comprensión, y tendrán conocimiento en abundancia. Pero a los que no escuchan se les quitará aun lo poco que entiendan. 13 Por eso uso estas parábolas:

Pues ellos miran, pero en realidad no ven.
Oyen, pero en realidad no escuchan ni entienden.

14 »De esa forma, se cumple la profecía de Isaías que dice:

"Cuando ustedes oigan lo que digo,
    no comprenderán.
Cuando vean lo que hago,
    no entenderán.
15 Pues el corazón de este pueblo está
    endurecido,

y sus oídos no pueden oír,
y han cerrado los ojos,
así que sus ojos no pueden ver,
y sus oídos no pueden oír,
y sus corazones no pueden entender,
y no pueden volver a mí
para que yo los sane"*.

[16]»Pero benditos son los ojos de ustedes, porque ven; y sus oídos, porque oyen. [17]Les digo la verdad, muchos profetas y muchas personas justas anhelaron ver lo que ustedes ven, pero no lo vieron. Y anhelaron oír lo que ustedes oyen, pero no lo oyeron.

[18]»Escuchen ahora la explicación de la parábola acerca del agricultor que salió a sembrar: [19]Las semillas que cayeron en el camino representan a los que oyen el mensaje del reino y no lo entienden. Entonces viene el maligno y arrebata la semilla que fue sembrada en el corazón. [20]Las semillas sobre la tierra rocosa representan a los que oyen el mensaje y de inmediato lo reciben con alegría; [21]pero, como no tienen raíces profundas, no duran mucho. En cuanto tienen problemas o son perseguidos por creer la palabra de Dios, caen. [22]Las semillas que cayeron entre los espinos representan a los que oyen la palabra de Dios, pero muy pronto el mensaje queda desplazado por las preocupaciones de esta vida y el atractivo de la riqueza, así que no se produce ningún fruto. [23]Las semillas que cayeron en la buena tierra representan a los que de verdad oyen y entienden la palabra de Dios ¡y producen una cosecha treinta, sesenta y hasta cien veces más numerosa de lo que se había sembrado!

Parábola del trigo y la maleza

[24]La siguiente es otra historia que contó Jesús: «El reino del cielo es como un agricultor que sembró buena semilla en su campo. [25]Pero aquella noche, mientras los trabajadores dormían, vino su enemigo, sembró hierbas malas entre el trigo y se escabulló. [26]Cuando el cultivo comenzó a crecer y a producir granos, la maleza también creció.

[27]»Los empleados del agricultor fueron a hablar con él y le dijeron: "Señor, el campo donde usted sembró la buena semilla está lleno de maleza. ¿De dónde salió?".

[28]»"¡Eso es obra de un enemigo!", exclamó el agricultor.

"¿Arrancamos la maleza?", le preguntaron.

[29]"No —contestó el amo—, si lo hacen, también arrancarán el trigo. [30]Dejen que ambas crezcan juntas hasta la cosecha. Entonces les diré a los cosechadores que separen la maleza, la aten en manojos y la quemen, y que pongan el trigo en el granero"».

Parábola de la semilla de mostaza

[31]La siguiente es otra ilustración que usó Jesús: «El reino del cielo es como una semilla de mostaza sembrada en un campo. [32]Es la más pequeña de todas las semillas, pero se convierte en la planta más grande del huerto; crece hasta llegar a ser un árbol y vienen los pájaros a hacer nidos en las ramas».

Parábola de la levadura

[33]Jesús también usó la siguiente ilustración: «El reino del cielo es como la levadura que utilizó una mujer para hacer pan. Aunque puso sólo una pequeña porción de levadura en tres medidas de harina, la levadura impregnó toda la masa».

[34]Jesús siempre usaba historias e ilustraciones como esas cuando hablaba con las multitudes. De hecho, nunca les habló sin usar parábolas. [35]Así se cumplió lo que había dicho Dios por medio del profeta:

«Les hablaré en parábolas.
Les explicaré cosas escondidas desde la
creación del mundo»*.

Explicación de la parábola del trigo y la maleza

[36]Luego, Jesús dejó a las multitudes afuera y entró en la casa. Sus discípulos le dijeron:

—Por favor, explícanos la historia de la maleza en el campo.

[37]Jesús respondió:

—El Hijo del Hombre* es el agricultor que siembra la buena semilla. [38]El campo es el mundo, y la buena semilla representa a la gente del reino. La maleza representa a las personas que pertenecen al maligno. [39]El enemigo que sembró la maleza entre el trigo es el diablo. La cosecha es el fin del mundo,* y los cosechadores son los ángeles.

[40]»Tal como se separa la maleza y se quema en el fuego, así será en el fin del mundo. [41]El Hijo del Hombre enviará a sus ángeles, y ellos quitarán del reino todo lo que produzca pecado y a todos aquellos que hagan lo malo. [42]Y los ángeles los arrojarán al horno ardiente, donde habrá llanto y rechinar de dientes. [43]Entonces los justos brillarán como el sol en el reino de su Padre. ¡Todo el que tenga oídos para oír, que escuche y entienda!

Parábolas del tesoro escondido y de la perla

[44]»El reino del cielo es como un tesoro escondido que un hombre descubrió en un campo. En medio de su entusiasmo, lo escondió nuevamente y vendió todas sus posesiones a fin

---

13:14-15 Is 6:9-10 (versión griega). **13:35** Algunos manuscritos no incluyen *del mundo*. Sal 78:2. **13:37** «Hijo del Hombre» es un título que Jesús empleaba para referirse a sí mismo. **13:39** O *del siglo*; también en 13:40, 49.

de juntar el dinero suficiente para comprar el campo.

45»Además el reino del cielo es como un comerciante en busca de perlas de primera calidad. 46 Cuando descubrió una perla de gran valor, vendió todas sus posesiones y la compró.

Parábola de la red para pescar

47»También el reino del cielo es como una red para pescar, que se echó al agua y atrapó toda clase de peces. 48 Cuando la red se llenó, los pescadores la arrastraron a la orilla, se sentaron y agruparon los peces buenos en cajas, pero desecharon los que no servían. 49 Así será en el fin del mundo. Los ángeles vendrán y separarán a los perversos de los justos, 50 y arrojarán a los malos en el horno ardiente, donde habrá llanto y rechinar de dientes. 51 ¿Entienden todas estas cosas?

—Sí —le dijeron—, las entendemos.

52 Entonces añadió:

—Todo maestro de la ley religiosa que se convierte en un discípulo del reino del cielo es como el propietario de una casa, que trae de su depósito joyas de la verdad tanto nuevas como viejas.

Jesús es rechazado en Nazaret

53 Cuando Jesús terminó de contar esas historias e ilustraciones, salió de esa región. 54 Regresó a Nazaret, su pueblo. Cuando enseñó allí en la sinagoga, todos quedaron asombrados, y decían: «¿De dónde saca esa sabiduría y el poder para hacer milagros?». 55 Y se burlaban: «No es más que el hijo del carpintero, y conocemos a María, su madre, y a sus hermanos: Santiago, José,* Simón y Judas. 56 Todas sus hermanas viven aquí mismo entre nosotros. ¿Dónde aprendió todas esas cosas?». 57 Se sentían profundamente ofendidos y se negaron a creer en él.

Entonces Jesús les dijo: «Un profeta recibe honra en todas partes menos en su propio pueblo y entre su propia familia». 58 Por lo tanto, hizo sólo unos pocos milagros allí debido a la incredulidad de ellos.

CAPÍTULO 14

Muerte de Juan el Bautista

Cuando Herodes Antipas, el gobernante de Galilea,* oyó hablar de Jesús, 2 les dijo a sus consejeros: «¡Éste debe ser Juan el Bautista que resucitó de los muertos! Por eso puede hacer semejantes milagros».

3 Pues Herodes había arrestado y encarcelado a Juan como un favor para su esposa, Herodías (ex esposa de Felipe, el hermano de Herodes). 4 Juan venía diciendo a Herodes: «Es contra la ley de Dios que te cases con ella». 5 Herodes

quería matar a Juan pero temía que se produjera un disturbio, porque toda la gente creía que Juan era un profeta.

6 Pero, durante la fiesta de cumpleaños de Herodes, la hija de Herodías bailó una danza que a él le agradó mucho, 7 entonces le prometió con un juramento que le daría cualquier cosa que ella quisiera. 8 Presionada por su madre, la joven dijo: «Quiero en una bandeja la cabeza de Juan el Bautista». 9 Entonces el rey se arrepintió de lo que había dicho; pero, debido al juramento que había hecho delante de sus invitados, dio las órdenes necesarias. 10 Así fue que decapitaron a Juan en la prisión, 11 trajeron su cabeza en una bandeja y se la dieron a la joven, quien se la llevó a su madre. 12 Después, los discípulos de Juan llegaron a buscar su cuerpo y lo enterraron. Luego fueron a contarle a Jesús lo que había sucedido.

Jesús alimenta a cinco mil

13 En cuanto Jesús escuchó la noticia, salió en una barca a un lugar alejado para estar a solas. Pero las multitudes oyeron hacia dónde se dirigía y lo siguieron a pie desde muchas ciudades. 14 Cuando Jesús bajó de la barca, vio a la gran multitud, tuvo compasión de ellos y sanó a los enfermos.

15 Esa tarde, los discípulos se le acercaron y le dijeron:

—Éste es un lugar alejado y ya se está haciendo tarde. Despide a las multitudes para que puedan ir a las aldeas a comprarse comida.

16 Pero Jesús dijo:

—Eso no es necesario; denles ustedes de comer.

17 —¡Pero lo único que tenemos son cinco panes y dos pescados! —le respondieron.

18 —Tráiganlos aquí —dijo Jesús.

19 Luego le dijo a la gente que se sentara sobre la hierba. Jesús tomó los cinco panes y los dos pescados, miró hacia el cielo y los bendijo. Después partió los panes en trozos y se los dio a sus discípulos, quienes los distribuyeron entre la gente. 20 Todos comieron cuanto quisieron, y después los discípulos juntaron doce canastas con lo que sobró. 21 Aquel día, ¡unos cinco mil hombres se alimentaron, además de las mujeres y los niños!

Jesús camina sobre el agua

22 Inmediatamente después, Jesús insistió en que los discípulos regresaran a la barca y cruzaran al otro lado del lago mientras él enviaba a la gente a casa. 23 Después de despedir a la gente, subió a las colinas para orar a solas. Mientras estaba allí solo, cayó la noche.

24 Mientras tanto, los discípulos se encontra-

13:55 Otros manuscritos dicen *Joses;* incluso otros dicen *Juan,* hijo del rey Herodes y gobernaba sobre Galilea. 14:1 En griego *Herodes el tetrarca.* Herodes Antipas era un

ban en problemas lejos de tierra firme, ya que se había levantado un fuerte viento y luchaban contra grandes olas. ²⁵A eso de las tres de la madrugada,* Jesús se acercó a ellos caminando sobre el agua. ²⁶Cuando los discípulos lo vieron caminar sobre el agua, quedaron aterrados. Llenos de miedo, clamaron: «¡Es un fantasma!».

²⁷Pero Jesús les habló de inmediato: «No tengan miedo —dijo—. ¡Tengan ánimo! ¡Yo estoy aquí!*».

²⁸Entonces Pedro lo llamó:

—Señor, si realmente eres tú, mándame que vaya hacia ti caminando sobre el agua.

²⁹—Sí, ven —dijo Jesús.

Entonces Pedro se bajó por el costado de la barca y caminó sobre el agua hacia Jesús. ³⁰Pero, cuando vio el fuerte* viento y las olas, se aterrorizó y comenzó a hundirse. «¡Sálvame, Señor!» —gritó.

³¹De inmediato, Jesús extendió la mano y lo agarró. «Tienes tan poca fe —le dijo Jesús—. ¿Por qué dudaste de mí?».

³²Cuando subieron de nuevo a la barca, el viento se detuvo. ³³Entonces los discípulos lo adoraron. «¡De verdad eres el Hijo de Dios!», exclamaron.

³⁴Después de cruzar el lago, arribaron a Genesaret. ³⁵Cuando la gente reconoció a Jesús, la noticia de su llegada corrió rápidamente por toda la región, y pronto la gente llevó a todos los enfermos para que fueran sanados. ³⁶Le suplicaban que permitiera a los enfermos tocar al menos el fleco de su túnica, y todos los que tocaban a Jesús eran sanados.

CAPÍTULO 15

Jesús enseña acerca de la pureza interior

En ese momento, algunos fariseos y maestros de la ley religiosa llegaron desde Jerusalén para ver a Jesús.

²—¿Por qué tus discípulos desobedecen nuestra antigua tradición? —le preguntaron—. No respetan la ceremonia de lavarse las manos antes de comer.

³Jesús les respondió:

—¿Y por qué ustedes, por sus tradiciones, violan los mandamientos directos de Dios? ⁴Por ejemplo, Dios dice: "Honra a tu padre y a tu madre"* y "Cualquiera que hable irrespetuosamente de su padre o de su madre tendrá que morir"*. ⁵Pero ustedes dicen que está bien que uno le diga a sus padres: "Lo siento, no puedo ayudarlos porque he jurado darle a Dios lo que les hubiera dado a ustedes". ⁶De esta manera, ustedes afirman que no hay necesidad de hon-

rar a los padres.* Y entonces anulan la palabra de Dios por el bien de su propia tradición. ⁷¡Hipócritas! Isaías tenía razón cuando profetizó acerca de ustedes, porque escribió:

⁸ "Este pueblo me honra con sus labios,
    pero su corazón está lejos de mí.
⁹ Su adoración es una farsa
    porque enseñan ideas humanas como si
    fueran mandatos de Dios"*.

¹⁰Luego Jesús llamó a la multitud para que se acercara y oyera. «Escuchen —les dijo—, y traten de entender. ¹¹Lo que entra por la boca no es lo que los contamina; ustedes se contaminan por las palabras que salen de la boca».

¹²Entonces los discípulos se le acercaron y le preguntaron:

—¿Te das cuenta que has ofendido a los fariseos con lo que acabas de decir?

¹³Jesús contestó:

—Toda planta que no fue plantada por mi Padre celestial será arrancada de raíz, ¹⁴así que, no les hagan caso. Son guías ciegos que conducen a los ciegos y, si un ciego guía a otro, los dos caerán en una zanja.

¹⁵Entonces Pedro le dijo a Jesús:

—Explícanos la parábola que dice que la gente no se contamina por lo que come.

¹⁶—¿Todavía no lo entienden? —preguntó Jesús—. ¹⁷Todo lo que comen pasa a través del estómago y luego termina en la cloaca. ¹⁸Pero las palabras que ustedes dicen provienen del corazón; eso es lo que los contamina. ¹⁹Pues del corazón salen los malos pensamientos, el asesinato, el adulterio, toda inmoralidad sexual, el robo, la mentira y la calumnia. ²⁰Esas cosas son las que los contaminan. Comer sin lavarse las manos nunca los contaminará.

La fe de una mujer gentil

²¹Luego Jesús salió de Galilea y se dirigió al norte, a la región de Tiro y Sidón. ²²Una mujer de los gentiles,* que vivía allí, se le acercó y le rogó: «¡Ten misericordia de mí, oh Señor, Hijo de David! Pues mi hija está poseída por un demonio que la atormenta terriblemente».

²³Pero Jesús no le contestó ni una palabra. Entonces sus discípulos le instaron a que la despidiera. «Dile que se vaya —dijeron—. Nos está molestando con sus súplicas».

²⁴Entonces Jesús le dijo a la mujer:

—Fui enviado para ayudar solamente a las ovejas perdidas de Dios, el pueblo de Israel.

²⁵Pero ella se acercó y lo adoró, y le rogó una vez más:

14:25 En griego *En la cuarta vigilia de la noche.* **14:27** O *¡El Yo Soy está aquí!* En griego dice *Yo soy.* Ver Éx 3:14. **14:30** Algunos manuscritos no incluyen *fuerte.* **15:4a** Éx 20:12; Dt 5:16. **15:4b** Éx 21:17 (versión griega); Lv 20:9 (versión griega). **15:6** En griego *su padre;* otros manuscritos dicen *su padre o su madre.* **15:8-9** Is 29:13 (versión griega). **15:22** En griego *cananea.* [*Gentil[es]*, que no es judío].

—¡Señor, ayúdame!

²⁶ Jesús respondió:

—No está bien tomar la comida de los hijos y arrojársela a los perros.

²⁷ —Es verdad, Señor —respondió la mujer—, pero hasta a los perros se les permite comer las sobras que caen bajo la mesa de sus amos.

²⁸ —Apreciada mujer —le dijo Jesús—, tu fe es grande. Se te concede lo que pides.

Y al instante la hija se sanó.

Jesús sana a mucha gente

²⁹ Jesús regresó al mar de Galilea, subió a una colina y se sentó. ³⁰ Una inmensa multitud le llevó a personas cojas, ciegas, lisiadas, mudas y a muchas más. Las pusieron delante de Jesús y él las sanó a todas. ³¹ ¡La multitud quedó asombrada! Los que no podían hablar, ahora hablaban; los lisiados quedaron sanos, los cojos caminaban bien y los ciegos podían ver. Y alababan al Dios de Israel.

Jesús alimenta a cuatro mil

³² Entonces Jesús llamó a sus discípulos y les dijo:

—Siento compasión por ellos. Han estado aquí conmigo durante tres días y no les queda nada para comer. No quiero despedirlas con hambre, no sea que se desmayen por el camino.

³³ Los discípulos contestaron:

—¿Dónde conseguiríamos comida suficiente aquí en el desierto para semejante multitud?

³⁴ —¿Cuánto pan tienen? —preguntó Jesús.

—Siete panes y unos pocos pescaditos —contestaron ellos.

³⁵ Entonces Jesús le dijo a la gente que se sentara en el suelo. ³⁶ Tomó luego los siete panes y los pescados, dio gracias a Dios por ellos y los partió en trozos. Se los dio a los discípulos, quienes repartieron la comida entre la multitud.

³⁷ Todos comieron cuanto quisieron. Después los discípulos recogieron siete canastas grandes con la comida que sobró. ³⁸ Aquel día, cuatro mil hombres recibieron alimento, además de las mujeres y los niños. ³⁹ Entonces Jesús envió a todos a sus casas, subió a una barca y cruzó a la región de Magadán.

CAPÍTULO 16

Los líderes demandan una señal milagrosa

Cierto día, los fariseos y saduceos se acercaron a Jesús para ponerlo a prueba, exigiéndole que les mostrara una señal milagrosa del cielo para demostrar su autoridad.

² Él respondió: «Ustedes conocen el dicho: "Si el cielo está rojo por la noche, mañana habrá buen clima; ³ si el cielo está rojo por la mañana, habrá mal clima todo el día". Saben interpretar las señales del clima en los cielos, pero no saben interpretar las señales de los tiempos.* ⁴ Sólo una generación malvada y adúltera reclamaría una señal milagrosa, pero la única señal que les daré es la del profeta Jonás*».

Luego Jesús los dejó y se fue.

La levadura de los fariseos y de los saduceos

⁵ Más tarde, cuando ya habían cruzado al otro lado del lago, los discípulos descubrieron que

16:2-3 Varios manuscritos no incluyen ninguna de las palabras de 16:2-3 después de *Él respondió.*   16:4 En griego *la señal de Jonás.*

En marcha

DEBEMOS RENDIR NUESTROS SUEÑOS, Y BUSCAR LA VOLUNTAD DE DIOS

Lee MATEO 16:24-26

Las palabras de Jesús en este pasaje parecen extremadamente duras. Pero en realidad son compasivas, porque señalan el camino de la vida verdadera. Cualquiera que desee esta vida auténtica, debe hacerse discípulo de Jesús. Esto significa obedecer sus mandamientos y adoptar una actitud de negación de uno mismo. Este texto señala tres puntos sobre qué significa adoptar esta actitud y seguir a Jesús:

1. Debemos entregar nuestra vida. Hallamos vida no buscándola, sino llegando a una alineación correcta con Dios y su plan para nosotros. Conforme entregues tu vida, la hallarás. Esta «vida» de la que habla Jesús no significa solamente la vida después de la muerte, sino también «la vida durante la vida». Jesús dice que él vino para darnos «una vida plena y abundante» (Juan 10:10). No debes tener miedo de confiar tu futuro desconocido a un Dios conocido. Su plan para ti es mejor que cualquier plan que puedas tener para ti mismo.

se habían olvidado de llevar pan. ⁶«¡Atención!
—les advirtió Jesús—. Tengan cuidado con la
levadura de los fariseos y con la de los saduceos».

⁷Al oír esto, comenzaron a discutir entre
sí pues no habían traído nada de pan. ⁸Jesús
supo lo que hablaban, así que les dijo: «¡Tienen tan poca fe! ¿Por qué discuten los unos
con los otros por no tener pan? ⁹¿Todavía no
entienden? ¿No recuerdan los cinco mil que
alimenté con cinco panes y de las canastas con
sobras que recogieron? ¹⁰¿Ni los cuatro mil que
alimenté con siete panes ni las grandes canastas con sobras que recogieron? ¹¹¿Por qué no
pueden entender que no hablo de pan? Una vez
más les digo: "Tengan cuidado con la levadura
de los fariseos y de los saduceos"».

¹²Entonces, al fin, comprendieron que no
les hablaba de la levadura del pan, sino de las
enseñanzas engañosas de los fariseos y de los
saduceos.

Declaración de Pedro acerca de Jesús
¹³Cuando Jesús llegó a la región de Cesarea de
Filipo, les preguntó a sus discípulos:
—¿Quién dice la gente que es el Hijo del
Hombre?*

¹⁴—Bueno —contestaron—, algunos dicen
Juan el Bautista, otros dicen Elías, y otros dicen
Jeremías o algún otro profeta.

¹⁵Entonces les preguntó:
—Y ustedes, ¿quién dicen que soy?

¹⁶Simón Pedro contestó:

—Tú eres el Mesías,* el Hijo del Dios viviente.

¹⁷Jesús respondió:
—Bendito eres, Simón hijo de Juan,* porque
mi Padre que está en el cielo te lo ha revelado.
No lo aprendiste de ningún ser humano. ¹⁸Ahora te digo que tú eres Pedro (que quiere
decir "roca"),* y sobre esta roca edificaré mi
iglesia, y el poder de la muerte* no la conquis-
tará. ¹⁹Y te daré las llaves del reino del cielo.
Todo lo que prohíbas* en la tierra será prohibido en el cielo, y todo lo que permitas* en la
tierra será permitido en el cielo.

²⁰Luego advirtió severamente a los discípulos que no le contaran a nadie que él era el
Mesías.

Jesús predice su muerte
²¹A partir de entonces, Jesús* empezó a decir claramente a sus discípulos que era necesario que
fuera a Jerusalén, y que sufriría muchas cosas terribles a manos de los ancianos, de los principales sacerdotes y de los maestros de la ley religiosa.
Lo matarían, pero al tercer día resucitaría.

²²Pero Pedro lo llevó aparte y comenzó a reprenderlo* por decir semejantes cosas.
—¡Dios nos libre, Señor! —dijo—. Eso jamás
te sucederá a ti.

²³Jesús se dirigió a Pedro y le dijo:
—¡Aléjate de mí, Satanás! Representas una
trampa peligrosa para mí. Ves las cosas solamente desde el punto de vista humano, no
desde el punto de vista de Dios.

16:13 «Hijo del Hombre» es un título que Jesús empleaba para referirse a sí mismo.   16:16 O el Cristo. Tanto Cristo (término griego) como Mesías (término hebreo) quieren decir «el Ungido».   16:17 En griego Simón bar-Jonás; ver Jn 1:42; 21:15-17.   16:18a En griego que tú eres Pedro.   16:18b En griego y las puertas del Hades no la conquistarán.   16:19a O ates, o cierres.   16:19b O desates, o abras.   16:21 Algunos manuscritos dicen Jesús el Mesías.   16:22 O comenzó a corregirlo.

2. Debemos negarnos a nosotros mismos. «Negarse a sí mismo» significa
poner la voluntad y los propósitos de Dios por encima de los nuestros. Descubri-
mos la voluntad de Dios para nosotros cuando escudriñamos, estudiamos y obedecemos la Palabra de Dios.

3. Debemos tomar nuestra propia cruz. Esto significa «morir» a nuestra propia voluntad y ambición egoísta. No permitas que este pasaje te asuste. A través
de este morir a nosotros mismos es que hallamos el plan y el propósito de Dios
para nuestra vida.

La vida cristiana no es una de morbosa infelicidad y examen de conciencia exce-
sivo. Es una vida de paz y gozo en tanto caminamos en armonía con el Dios que
nos ha creado. Pablo resume esto perfectamente cuando escribe: «Mi antiguo yo
ha sido crucificado con Cristo. Ya no vivo yo, sino que Cristo vive en mí. Así que
vivo en este cuerpo terrenal confiando en el Hijo de Dios, quien me amó y se
entregó a sí mismo por mí» (Gálatas 2:20). Sólo cuando el bulbo de un tulipán cae
en tierra y muere, es que una bella flor puede crecer en su lugar. Entrégate voluntariamente al plan de Dios para tu vida. Nunca lo vas a lamentar.

Para comenzar la próxima sección, ve a la pág. A53.

²⁴Luego Jesús dijo a sus discípulos: «Si alguno de ustedes quiere ser mi seguidor, tiene que abandonar su manera egoísta de vivir, tomar su cruz y seguirme. ²⁵Si tratas de aferrarte a la vida, la perderás, pero, si entregas tu vida por mi causa, la salvarás. ²⁶¿Y qué beneficio obtienes si ganas el mundo entero pero pierdes tu propia alma?* ¿Hay algo que valga más que tu alma? ²⁷Pues el Hijo del Hombre vendrá con sus ángeles en la gloria de su Padre y juzgará a cada persona de acuerdo con sus acciones. ²⁸Y les digo la verdad, algunos de los que están aquí ahora no morirán antes de ver al Hijo del Hombre llegar en su reino».

CAPÍTULO **17**
La transfiguración
Seis días después, Jesús tomó a Pedro y a los dos hermanos, Santiago y Juan, y los llevó a una montaña alta para estar a solas. ²Mientras los hombres observaban, la apariencia de Jesús se transformó a tal punto que la cara le brillaba como el sol y su ropa se volvió tan blanca como la luz. ³De repente, aparecieron Moisés y Elías y comenzaron a conversar con Jesús.

⁴Pedro exclamó: «Señor, ¡es maravilloso que estemos aquí! Si deseas, haré tres enramadas como recordatorios:* una para ti, una para Moisés y la otra para Elías».

⁵No había terminado de hablar cuando una nube brillante los cubrió y, desde la nube, una voz dijo: «Éste es mi Hijo muy amado, quien me da gran gozo. Escúchenlo a él». ⁶Los discípulos estaban aterrados y cayeron rostro en tierra.

⁷Entonces Jesús se les acercó y los tocó. «Levántense —les dijo—, no tengan miedo». ⁸Y, cuando levantaron la vista, Moisés y Elías habían desaparecido, y vieron sólo a Jesús.

⁹Mientras descendían de la montaña, Jesús les ordenó: «No le cuenten a nadie lo que han visto hasta que el Hijo del Hombre* se haya levantado de los muertos».

¹⁰Luego sus discípulos le preguntaron:
—¿Por qué los maestros de la ley religiosa insisten en que Elías debe regresar antes de que venga el Mesías?*

¹¹Jesús contestó:
—Es cierto que Elías viene primero a fin de dejar todo preparado. ¹²Pero les digo, Elías ya vino, pero no fue reconocido y ellos prefirieron maltratarlo. De la misma manera, también harán sufrir al Hijo del Hombre.

¹³Entonces los discípulos se dieron cuenta de que hablaba de Juan el Bautista.

Jesús sana a un muchacho endemoniado
¹⁴Al pie del monte, les esperaba una gran multitud. Un hombre vino y se arrodilló delante de Jesús y le dijo: ¹⁵«Señor, ten misericordia de mi hijo. Le dan ataques y sufre terriblemente. A menudo cae al fuego o al agua. ¹⁶Así que lo llevé a tus discípulos, pero no pudieron sanarlo».

¹⁷Jesús dijo: «¡Gente corrupta y sin fe! ¿Hasta cuándo tendré que estar con ustedes? ¿Hasta cuándo tendré que soportarlos? Tráiganme aquí al muchacho». ¹⁸Entonces Jesús reprendió al demonio, y el demonio salió del joven. A partir de ese momento, el muchacho estuvo bien.

¹⁹Más tarde, los discípulos le preguntaron a Jesús en privado:
—¿Por qué nosotros no pudimos expulsar al demonio?

²⁰—Ustedes no tienen la fe suficiente —les dijo Jesús—. Les digo la verdad, si tuvieran fe, aunque fuera tan pequeña como una semilla de mostaza, podrían decirle a esta montaña: "Muévete de aquí hasta allá", y la montaña se movería. Nada sería imposible.*

Jesús predice otra vez su muerte
²²Luego, cuando volvieron a reunirse en Galilea, Jesús les dijo: «El Hijo del Hombre será traicionado y entregado en manos de sus enemigos. ²³Lo matarán, pero al tercer día se levantará de los muertos». Y los discípulos se llenaron de profundo dolor.

El pago del impuesto del templo
²⁴Cuando llegaron a Capernaúm, los cobradores del impuesto* del templo se acercaron a Pedro y le preguntaron:
—¿Tu maestro no paga el impuesto del templo?

²⁵—Sí, lo paga —contestó Pedro. Luego entró en la casa.

Pero, antes de tener oportunidad de hablar, Jesús le preguntó:
—¿Qué te parece, Pedro?* Los reyes, ¿cobran impuestos a su propia gente o a la gente que han conquistado?*

²⁶—Se los cobran a los que han conquistado —contestó Pedro.

—Muy bien —dijo Jesús—, entonces, ¡los ciudadanos quedan exentos! ²⁷Sin embargo, no queremos que se ofendan, así que desciende al lago y echa tu anzuelo. Abre la boca del primer pez que saques y allí encontrarás una gran moneda de plata.* Tómala y paga mi impuesto y el tuyo.

16:26 O *tu propio ser?*; también en el 16:26b.   17:4 En griego *tres tabernáculos*.   17:9 «Hijo del Hombre» es un título que Jesús empleaba para referirse a sí mismo.   17:10 En griego *que Elías debe venir primero?*   17:20 Algunos manuscritos incluyen el versículo 21: *Pero esta clase de demonio no se va sino con oración y ayuno.* Comparar Mr 9:29.   17:24 En griego *(el impuesto) de dos dracmas*; también en 17:24b. Ver Éx 30:13-16; Neh 10:32-33.   17:25a En griego *Simón?*   17:25b En griego *a sus hijos o a extraños?*   17:27 En griego *un estatero* [moneda griega equivalente a cuatro dracmas].

CAPÍTULO 18

El más importante en el reino

Por ese tiempo, los discípulos se acercaron a Jesús y le preguntaron:

—¿Quién es el más importante en el reino del cielo?

[2] Jesús llamó a un niño pequeño y lo puso en medio de ellos. [3] Entonces dijo:

—Les digo la verdad, a menos que se aparten de sus pecados y se vuelvan como niños, nunca entrarán en el reino del cielo. [4] Así que el que se vuelva tan humilde como este pequeño, es el más importante en el reino del cielo.

[5] »Y todo el que recibe de mi parte* a un niño pequeño como éste, me recibe a mí. [6] Pero, si hacen que uno de estos pequeños que confía en mí caiga en pecado, sería mejor para ustedes que se aten una gran piedra de molino alrededor del cuello y se ahoguen en las profundidades del mar.

[7] »¡Qué aflicción le espera al mundo, porque tienta a la gente a pecar! Las tentaciones son inevitables, pero ¡qué aflicción le espera al que provoca la tentación! [8] Por lo tanto, si tu mano o tu pie te hace pecar, córtatelo y tíralo. Es preferible entrar en la vida eterna con una sola mano o un solo pie que ser arrojado al fuego eterno con las dos manos y los dos pies. [9] Y, si tu ojo te hace pecar, sácatelo y tíralo. Es preferible entrar en la vida eterna con un solo ojo que tener los dos ojos y ser arrojado al fuego del infierno.*

[10] »Cuidado con despreciar a cualquiera de estos pequeños. Les digo que, en el cielo, sus ángeles siempre están en la presencia de mi Padre celestial.*

Parábola de la oveja perdida

[12] »Si un hombre tiene cien ovejas y una de ellas se extravía, ¿qué hará? ¿No dejará las otras noventa y nueve en las colinas y saldrá a buscar la perdida? [13] Y, si la encuentra, les digo la verdad, se alegrará más por esa que por las noventa y nueve que no se extraviaron. [14] De la misma manera, no es la voluntad de mi Padre celestial que ni siquiera uno de estos pequeñitos perezca.

Cómo corregir a otro creyente

[15] »Si un creyente* peca contra ti,* háblale en privado y hazle ver su falta. Si te escucha y confiesa el pecado, has recuperado a esa persona. [16] Pero, si no te hace caso, toma a uno o dos más contigo y vuelve a hablarle, para que

los dos o tres testigos puedan confirmar todo lo que digas. [17] Si aún así la persona se niega a escuchar, lleva el caso ante la iglesia. Luego, si la persona no acepta la decisión de la iglesia, trata a esa persona como a un pagano o como a un corrupto cobrador de impuestos.

[18] »Les digo la verdad, todo lo que prohíban* en la tierra será prohibido en el cielo, y todo lo que permitan* en la tierra será permitido en el cielo.

[19] »También les digo lo siguiente: si dos de ustedes se ponen de acuerdo aquí en la tierra con respecto a cualquier cosa que pidan, mi Padre que está en el cielo lo hará. [20] Pues donde se reúnen dos o tres en mi nombre, yo estoy allí entre ellos.

Parábola del deudor que no perdona

[21] Luego Pedro se le acercó y preguntó:

—Señor, ¿cuántas veces debo perdonar a alguien* que peca contra mí? ¿Siete veces?

[22] —No siete veces —respondió Jesús—, sino setenta veces siete.*

[23] »Por lo tanto, el reino del cielo se puede comparar a un rey que decidió poner al día las cuentas con los siervos que le habían pedido prestado dinero. [24] En el proceso, le trajeron a uno de sus deudores que le debía millones de monedas de plata.* [25] No podía pagar, así que su amo ordenó que lo vendieran —junto con su esposa, sus hijos y todo lo que poseía— para pagar la deuda.

[26] »Pero el hombre cayó de rodillas ante su amo y le suplicó: "Por favor, tenme paciencia y te pagaré todo". [27] Entonces el amo sintió mucha lástima por él, y lo liberó y le perdonó la deuda.

[28] »Pero, cuando el hombre salió de la presencia del rey, fue a buscar a un compañero, también siervo, que le debía unos pocos miles de monedas de plata.* Lo tomó del cuello y le exigió que le pagara de inmediato.

[29] »El compañero cayó de rodillas ante él y le rogó que le diera un poco más de tiempo. "Ten paciencia conmigo, y yo te pagaré", le suplicó.

[30] Pero el acreedor no estaba dispuesto a esperar. Hizo arrestar al hombre y lo puso en prisión hasta que pagara toda la deuda.

[31] »Cuando algunos de los otros siervos vieron eso, se disgustaron mucho. Fueron ante el rey y le contaron todo lo que había sucedido. [32] Entonces el rey llamó al hombre al que había perdonado y le dijo: "¡Siervo malvado! Te perdoné esa tremenda deuda porque me lo rogaste.

18:5 En griego en mi nombre. 18:9 En griego el Gehenna de fuego. 18:10 Algunos manuscritos incluyen el versículo 11: Y el Hijo del Hombre vino a salvar a los que están perdidos. Comparar Lc 19:10. 18:15a En griego Si tu hermano. 18:15b Algunos manuscritos no incluyen contra ti. 18:18a O aten, o cierren. 18:18b O desaten, o abran. 18:21 En griego mi hermano. 18:22 O setenta y siete veces. 18:24 En griego 10.000 talentos [375 toneladas ó 340 toneladas métricas de plata]. 18:28 En griego 100 denarios. Un denario equivalía a la paga de un obrero por una jornada completa de trabajo.

Piedras angulares
EL PERDÓN NO CONOCE LÍMITES
Lee MATEO 18:21-35

Los líderes religiosos de esos días enseñaban que el que había sido ofendido debía perdonar dos o tres veces, ¡a lo sumo! Pedro, juntando toda la compasión que pudo, le preguntó a Jesús si perdonar hasta siete veces era suficiente. Imaginemos el impacto que recibió Pedro cuando Jesús le dijo que tenía que perdonar no sólo siete veces, sino hasta «setenta veces siete» ó 490 veces.

¿Esto significa que si una persona ofendió 491 veces no hay que perdonarlo más? ¡Por supuesto que no! Más bien, Jesús estaba enseñando que no hay límite en el número de veces que debemos perdonar a los demás. Más adelante Jesús relata la historia de un hombre a quien se le perdonó una gran deuda que tenía (quizá unos diez millones de dólares), pero no era capaz de perdonar a otro una deuda mucho menor (quizá unos dos mil dólares). El mensaje de Jesús es que nosotros, como pecadores, hemos sido perdonados en gran manera; así que nosotros también debemos perdonar a los que nos hacen mal, no importa cuánto daño nos hayan causado. Ellos nos deben poco en comparación con lo que nosotros le debemos a Dios.

Para leer la próxima nota de «Perdón», ve a la pág. A28.

---

³³¿No deberías haber tenido compasión de tu compañero así como yo tuve compasión de ti?". ³⁴Entonces el rey, enojado, envió al hombre a la prisión para que lo torturaran hasta que pagara toda la deuda.

³⁵»Eso es lo que les hará mi Padre celestial a ustedes si se niegan a perdonar de corazón a sus hermanos.

CAPÍTULO **19**

Discusión acerca del divorcio y del matrimonio
Cuando Jesús terminó de decir esas cosas, salió de Galilea y descendió a la región de Judea, al oriente del río Jordán. ²Grandes multitudes lo siguieron, y él sanó a los enfermos.

³Unos fariseos se acercaron y trataron de tenderle una trampa con la siguiente pregunta:

—¿Se permite que un hombre se divorcie de su esposa por cualquier motivo?

⁴Jesús respondió:

—¿No han leído las Escrituras? Allí está escrito que, desde el principio, "Dios los hizo hombre y mujer"*. ⁵Y agregó: "Esto explica por qué el hombre deja a su padre y a su madre, y se une a su esposa, y los dos se convierten en uno solo"*. ⁶Como ya no son dos sino uno, que nadie separe lo que Dios ha unido.

⁷—Entonces —preguntaron— ¿por qué dice Moisés en la ley que un hombre podría darle a su esposa un aviso de divorcio por escrito y despedirla?*

⁸Jesús contestó:

—Moisés permitió el divorcio sólo como una concesión ante la dureza del corazón de ustedes, pero no fue la intención original de Dios. ⁹Y les digo lo siguiente: el que se divorcia de su esposa y se casa con otra comete adulterio, a menos que la esposa le haya sido infiel.*

¹⁰Entonces los discípulos le dijeron:

—Si así son las cosas, ¡será mejor no casarse!

¹¹—No todos pueden aceptar esta palabra —dijo Jesús—. Sólo aquellos que reciben la ayuda de Dios. ¹²Algunos nacen como eunucos, a otros los hacen eunucos, y otros optan por no casarse* por amor al reino del cielo. El que pueda, que lo acepte.

Jesús bendice a los niños
¹³Cierto día, algunos padres llevaron a sus niños a Jesús para que pusiera sus manos sobre ellos y orara por ellos. Pero los discípulos regañaron a los padres por molestar a Jesús. ¹⁴Pero Jesús dijo: «Dejen que los niños vengan a mí. ¡No los detengan! Pues el reino del cielo pertenece a los que son como estos niños». ¹⁵Y les puso las manos sobre la cabeza y los bendijo antes de irse.

El hombre rico
¹⁶Alguien se acercó a Jesús con la siguiente pregunta:

—Maestro,* ¿qué buena acción tengo que hacer para tener la vida eterna?

¹⁷—¿Por qué me preguntas a mí sobre lo que es bueno? —respondió Jesús—. Sólo hay Uno que es bueno. Pero, para contestar a tu pregunta, si deseas recibir la vida eterna, cumple* los mandamientos.

19:4 Gn 1:27; 5:2. **19:5** Gn 2:24. **19:7** Ver Dt 24:1. **19:9** Algunos manuscritos incluyen *Y el que se casa con una mujer divorciada comete adulterio.* Comparar Mt 5:32. **19:12** En griego *y algunos se hacen eunucos ellos mismos.* **19:16** Algunos manuscritos dicen *Maestro bueno.* **19:17** Algunos manuscritos dicen *continúa cumpliendo.*

[18] —¿Cuáles? —preguntó el hombre.

Y Jesús le contestó:

—"No cometas asesinato; no cometas adulterio; no robes; no des falso testimonio; [19] honra a tu padre y a tu madre; ama a tu prójimo como a ti mismo"*.

[20] —He obedecido todos esos mandamientos —respondió el joven—. ¿Qué más debo hacer?

[21] Jesús le dijo:

—Si deseas ser perfecto, anda, vende todas tus posesiones y entrega el dinero a los pobres, y tendrás tesoro en el cielo. Después ven y sígueme.

[22] Pero, cuando el joven escuchó lo que Jesús le dijo, se fue triste porque tenía muchas posesiones.

[23] Entonces Jesús dijo a sus discípulos: «Les digo la verdad, es muy difícil que una persona rica entre en el reino del cielo. [24] Lo repito: es más fácil que un camello pase por el ojo de una aguja que un rico entre en el reino de Dios».

[25] Los discípulos quedaron atónitos.

—Entonces ¿quién podrá ser salvo? —preguntaron.

[26] Jesús los miró fijamente y dijo:

—Humanamente hablando es imposible, pero para Dios todo es posible.

[27] Entonces Pedro le dijo:

—Nosotros hemos dejado todo para seguirte. ¿Qué recibiremos a cambio?

[28] Jesús contestó:

—Les aseguro que, cuando el mundo se renueve* y el Hijo del Hombre* se siente sobre su trono glorioso, ustedes, que han sido mis seguidores, también se sentarán en doce tronos para juzgar a las doce tribus de Israel. [29] Y todo el que haya dejado casas o hermanos o hermanas o padre o madre o hijos o bienes por mi causa recibirá cien veces más a cambio y heredará la vida eterna. [30] Pero muchos que ahora son los más importantes, en ese día serán los menos importantes, y aquellos que ahora parecen menos importantes, en ese día serán los más importantes.*

CAPÍTULO **20**

Parábola de los trabajadores del viñedo

»El reino del cielo es como un propietario que salió temprano por la mañana con el fin de contratar trabajadores para su viñedo. [2] Acordó pagar el salario* normal de un día de trabajo y los envió a trabajar.

[3] »A las nueve de la mañana, cuando pasaba por la plaza, vio a algunas personas que estaban allí sin hacer nada. [4] Entonces las contrató y les dijo que, al final del día, les pagaría lo que fuera justo. [5] Así que, fueron a trabajar al viñedo. El propietario hizo lo mismo al mediodía y a las tres de la tarde.

[6] »A las cinco de la tarde, se encontraba nuevamente en la ciudad y vio a otros que estaban allí. Les preguntó: "¿Por qué ustedes no trabajaron hoy?".

[7] »Ellos contestaron: "Porque nadie nos contrató".

»El propietario les dijo: "Entonces vayan y únanse a los otros en mi viñedo".

[8] »Aquella noche, le dijo al capataz que llamara a los trabajadores y les pagara, comenzando por los últimos que había contratado. [9] Cuando recibieron su paga los que habían sido contratados a las cinco de la tarde, cada uno recibió el salario por una jornada completa. [10] Cuando los que habían sido contratados primero llegaron a recibir su paga, supusieron que recibirían más; pero a ellos también se les pagó el salario de un día. [11] Cuando recibieron la paga, protestaron contra el propietario: [12] "Aquellos trabajaron sólo una hora y, sin embargo, se les ha pagado lo mismo que a nosotros, que trabajamos todo el día bajo el intenso calor".

[13] »Él le respondió a uno de ellos: "Amigo, ¡no he sido injusto! ¿Acaso tú no acordaste conmigo que trabajarías todo el día por el salario acostumbrado? [14] Toma tu dinero y vete. Quise pagarle a este último trabajador lo mismo que a ti. [15] ¿Acaso es contra la ley que yo haga lo que quiero con mi dinero? ¿Te pones celoso porque soy bondadoso con otros?".

[16] »Así que los que ahora son últimos, ese día serán los primeros, y los primeros serán los últimos.

Jesús vuelve a predecir su muerte

[17] Mientras Jesús subía a Jerusalén, llevó a los doce discípulos aparte y les contó en privado lo que le iba a suceder. [18] «Escuchen —les dijo—, subimos a Jerusalén, donde el Hijo del Hombre* será traicionado y entregado a los principales sacerdotes y a los maestros de la ley religiosa. Lo condenarán a muerte. [19] Luego lo entregarán a los romanos* para que se burlen de él, lo azoten con un látigo y lo crucifiquen. Pero, al tercer día, se levantará de los muertos».

Jesús enseña acerca del servicio a los demás

[20] Entonces la madre de Santiago y de Juan, hijos de Zebedeo, se acercó con sus hijos a Jesús. Se arrodilló respetuosamente para pedirle un favor.

[21] —¿Cuál es tu petición? —le preguntó Jesús.

La mujer contestó:

19:18-19 Éx 20:12-16; Dt 5:16-20; Lv 19:18.   **19:28a** O *en la regeneración.*   **19:28b** «Hijo del Hombre» es un título que Jesús empleaba para referirse a sí mismo.   **19:30** En griego *Pero muchos de los que son primeros serán los últimos; y los últimos, los primeros.*   **20:2** En griego *denario,* la paga por una jornada completa de trabajo; similar en 20:9, 10, 13.   **20:18** «Hijo del Hombre» es un título que Jesús empleaba para referirse a sí mismo.   **20:19** En griego *los gentiles.* [*Gentil(es)*, que no es judío].

—Te pido por favor que permitas que, en tu reino, mis dos hijos se sienten en lugares de honor a tu lado, uno a tu derecha y el otro a tu izquierda.

22 Pero Jesús les respondió a ellos:

—¡No saben lo que piden! ¿Acaso pueden beber de la copa amarga de sufrimiento que yo estoy a punto de beber?

—Claro que sí —contestaron ellos—, ¡podemos!

23 Jesús les dijo:

—Es cierto, beberán de mi copa amarga; pero no me corresponde a mí decir quién se sentará a mi derecha o a mi izquierda. Mi Padre preparó esos lugares para quienes él ha escogido.

24 Cuando los otros diez discípulos oyeron lo que Santiago y Juan habían pedido, se indignaron. 25 Pero Jesús los reunió a todos y les dijo: «Ustedes saben que los gobernantes de este mundo tratan a su pueblo con prepotencia y los funcionarios hacen alarde de su autoridad frente a los súbditos. 26 Pero entre ustedes será diferente. El que quiera ser líder entre ustedes deberá ser sirviente, 27 y el que quiera ser el primero entre ustedes deberá convertirse en esclavo. 28 Pues ni aun el Hijo del Hombre vino para que le sirvan, sino para servir a otros y para dar su vida en rescate por muchos».

Jesús sana a dos hombres ciegos

29 Mientras Jesús y sus discípulos salían de la ciudad de Jericó, una gran multitud los seguía. 30 Dos hombres ciegos estaban sentados junto al camino. Cuando oyeron que Jesús venía en dirección a ellos, comenzaron a gritar: «¡Señor, Hijo de David, ten compasión de nosotros!».

31 «¡Cállense!» —les gritó la multitud.

Pero los dos ciegos gritaban aún más fuerte: «¡Señor, Hijo de David, ten compasión de nosotros!».

32 Cuando Jesús los oyó, se detuvo y los llamó:

—¿Qué quieren que haga por ustedes?

33 —Señor —dijeron—, ¡queremos ver!

34 Jesús se compadeció de ellos y les tocó los ojos. ¡Al instante pudieron ver! Luego lo siguieron.

CAPÍTULO **21**

Entrada triunfal de Jesús

Mientras Jesús y sus discípulos se acercaban a Jerusalén, llegaron a la ciudad de Betfagé, en el monte de los Olivos. Jesús mandó a dos de ellos que se adelantaran. 2 «Vayan a la aldea que está allí —les dijo—. En cuanto entren, verán una burra atada junto con su cría. Desaten a los dos animales y tráiganmelos. 3 Si alguien les pregunta qué están haciendo, simplemente digan: "El Señor los necesita", entonces les permitirá llevárselos de inmediato».

4 Eso ocurrió para se cumpliera la profecía que decía:

5 «Dile a la gente de Jerusalén:*
   "Mira, tu Rey viene hacia ti.
Es humilde y llega montado en un burro:
   montado en la cría de una burra"»*.

6 Los dos discípulos hicieron tal como Jesús les había ordenado. 7 Llevaron la burra y su cría, pusieron sus prendas sobre la cría, y Jesús se sentó allí.*

8 De la multitud presente, la mayoría tendió sus prendas sobre el camino delante de él, y otros cortaron ramas de los árboles y las extendieron sobre el camino. 9 Jesús estaba en el centro de la procesión, y toda la gente que lo rodeaba gritaba:

«¡Alaben a Dios* por el Hijo de David!
   ¡Bendiciones al que viene en el nombre
      del Señor!
   ¡Alaben a Dios en el cielo más alto!»*.

10 Toda la ciudad de Jerusalén estaba alborotada a medida que Jesús entraba. «¿Quién es éste?» —preguntaban.

11 Y las multitudes contestaban: «Es Jesús, el profeta de Nazaret de Galilea».

Jesús limpia el templo

12 Jesús entró en el templo y comenzó a echar a todos los que compraban y vendían animales para el sacrificio. Volcó las mesas de los cambistas y las sillas de los que vendían palomas. 13 Les dijo: «Las Escrituras declaran: "Mi templo será llamado casa de oración", ¡pero ustedes lo han convertido en una cueva de ladrones!»*.

14 Los ciegos y los cojos se acercaron a Jesús en el templo y él los sanó. 15 Los principales sacerdotes y los maestros de la ley religiosa vieron esos milagros maravillosos y oyeron que hasta los niños en el templo gritaban: «Alaben a Dios por el Hijo de David».

Sin embargo, los líderes estaban indignados.

16 Le preguntaron a Jesús:

—¿Oyes lo que dicen esos niños?

—Sí —contestó Jesús—. ¿No han leído las Escrituras? Pues dicen: "A los niños y a los bebés les has enseñado a darte alabanza"*.

17 Luego regresó a Betania, donde pasó la noche.

21:5a En griego *Dile a la hija de Sión*. Is 62:11. 21:5b Zac 9:9. 21:7 En griego *sobre ellas, y se sentó encima de ellas*. 21:9a En griego *Hosanna*, exclamación de alabanza que quiere decir literalmente «salva ahora»; también en el 21:9b, 15. 21:9b Sal 118:25-26; 148:1. 21:13 Is 56:7; Jer 7:11. 21:16 Sal 8:2.

Jesús maldice la higuera

18 Por la mañana, cuando Jesús regresaba a Jerusalén, tuvo hambre 19 y vio que había una higuera junto al camino. Se acercó para ver si tenía higos, pero sólo había hojas. Entonces le dijo: «¡Que jamás vuelva a dar fruto!». De inmediato, la higuera se marchitó.

20 Al ver eso los discípulos quedaron asombrados y le preguntaron:

—¿Cómo se marchitó tan rápido la higuera?

21 Entonces Jesús les dijo:

—Les digo la verdad, si tienen fe y no dudan, pueden hacer cosas como ésa y mucho más. Hasta pueden decirle a esta montaña: "Levántate y échate al mar", y sucederá. 22 Ustedes pueden orar por cualquier cosa y, si tienen fe, la recibirán.

Desafían la autoridad de Jesús

23 Cuando Jesús regresó al templo y comenzó a enseñar, se le acercaron los principales sacerdotes y los ancianos.

—¿Con qué autoridad haces todas estas cosas? —le reclamaron—. ¿Quién te dio el derecho?

24 —Les diré con qué autoridad hago estas cosas si me contestan una pregunta —respondió Jesús—. 25 La autoridad de Juan para bautizar, ¿provenía del cielo o era meramente humana? Ellos discutieron el asunto unos con otros. «Si decimos que provenía del cielo, nos preguntará por qué no le creímos a Juan. 26 Pero, si decimos que era meramente humana, la multitud se vendrá contra nosotros porque todos creen que Juan era un profeta». 27 Entonces finalmente contestaron:

—No sabemos.

Y Jesús respondió:

—Entonces yo tampoco les diré con qué autoridad hago estas cosas.

Parábola de los dos hijos

28 »Pero ¿qué piensan de lo siguiente? Un hombre con dos hijos le dijo al mayor: "Hijo, ve a trabajar al viñedo hoy". 29 El hijo le respondió: "No, no iré", pero más tarde cambió de idea y fue. 30 Entonces el padre le dijo al otro hijo: "Ve tú", y él le dijo: "Sí, señor, iré". Pero no fue.

31 »¿Cuál de los dos obedeció al padre?

Ellos contestaron:

—El primero.*

Luego Jesús explicó el significado:

—Les digo la verdad, los corruptos cobradores de impuestos y las prostitutas entrarán en el reino de Dios antes que ustedes. 32 Pues Juan el Bautista vino y les mostró a ustedes la manera correcta de vivir, pero ustedes no le creyeron, mientras que los cobradores de impuestos y las prostitutas sí le creyeron. Y, aun viendo lo que ocurría, ustedes se negaron a creerle y a arrepentirse de sus pecados.

Parábola de los agricultores malvados

33 »Ahora, escuchen otra historia. Cierto propietario plantó un viñedo, lo cercó con un muro, cavó un hoyo para extraer el jugo de las uvas y construyó una torre de vigilancia. Luego les alquiló el viñedo a unos agricultores arrendatarios y se mudó a otro país. 34 Llegado el tiempo de la cosecha de la uva, envió a sus siervos para recoger su parte de la cosecha. 35 Pero los agricultores agarraron a los siervos, golpearon a uno, mataron a otro y apedrearon a un tercero. 36 Entonces el dueño de la tierra envió a un grupo más numeroso de siervos para recoger lo que era suyo, pero el resultado fue el mismo.

37 »Finalmente, el dueño envió a su propio hijo porque pensó: "Sin duda, respetarán a mi hijo".

38 »Sin embargo, cuando los agricultores vieron que venía el hijo, se dijeron unos a otros: "Aquí viene el heredero de esta propiedad. Vamos, matémoslo y nos quedaremos con la propiedad". 39 Entonces lo agarraron, lo arrastraron fuera del viñedo y lo asesinaron.

40 Jesús preguntó:

—Cuando el dueño del viñedo regrese, ¿qué les parece que hará con esos agricultores?

41 Los líderes religiosos contestaron:

—A los hombres malvados les dará una muerte horrible y alquilará el viñedo a otros que le darán su porción después de cada cosecha.

42 Entonces Jesús les preguntó:

—¿Nunca leyeron en las Escrituras:

"La piedra que los constructores rechazaron
  ahora se ha convertido en la piedra
  principal.
Esto es obra del SEÑOR
  y es maravilloso verlo"?*

43 »Les digo que a ustedes se les quitará el reino de Dios y se le dará a una nación que producirá el fruto esperado. 44 Cualquiera que tropiece con esa piedra se hará pedazos, y la piedra aplastará a quienes les caiga encima.*

45 Cuando los principales sacerdotes y los fariseos oyeron esa parábola, se dieron cuenta de que contaba esa historia en contra de ellos, pues ellos eran los agricultores malvados. 46 Querían arrestarlo, pero tenían miedo de las multitudes, que consideraban que Jesús era un profeta.

21:29-31 Otros manuscritos dicen —El segundo. Incluso en otros manuscritos, el primer hijo dice «Sí», pero no hace nada; el segundo dice «No», pero luego se arrepiente y va; y la respuesta a la pregunta de Jesús es que el segundo hijo obedeció a su padre. 21:42 Sal 118:22-23. 21:44 Algunos manuscritos antiguos no incluyen este versículo. Comparar Lc 20:18.

Piedras angulares

¿RECONOCEREMOS A LA GENTE EN EL CIELO?
Lee MATEO 22:23-33

En los días de Jesús, había personas que tenían ideas equivocadas acerca de la vida después de la muerte. El grupo de líderes mencionados aquí, los saduceos, no creía en la vida después de la muerte. Así que cuando Jesús contestó la pregunta que le habían hecho para tentarlo, mencionó inmediatamente el error de su enseñanza: «El error de ustedes es que no conocen las Escrituras y no conocen el poder de Dios» (versículo 29). Al refutar el error y la arrogancia de los saduceos, Jesús revela tres cosas respecto a la vida en el cielo:

1. No nos casaremos. No vamos a participar en las mismas actividades que realizamos ahora, tales como el matrimonio y la vida familiar. Parece que la mayor parte del tiempo lo pasaremos adorando a Dios (lee Apocalipsis 19:5, pág. 356).

2. Nos conoceremos unos a otros. Jesús dice que seremos como los ángeles. No nos convertiremos en ángeles, pero es probable que tendremos algunas de sus capacidades o características. No seremos simplemente un espíritu, sino que tendremos un cuerpo resucitado. Aunque no hay en la Biblia ningún pasaje que nos garantice que nos reconoceremos unos a otros en el cielo, muchos versículos sugieren que sí. Los discípulos fueron capaces de reconocer el cuerpo resucitado de Jesús, así que él debió haber retenido muchas características físicas. En la parábola del rico y Lázaro (lee Lucas 16:19-31, págs. 93-94), ambos hombres conservan su identidad. La Biblia dice que nuestro conocimiento en el cielo será mucho mayor: «Ahora vemos todo de manera imperfecta, como en un espejo empañado, pero luego veremos todo con perfecta claridad. Todo lo que ahora conozco es parcial e incompleto, pero luego conoceré todo por completo, tal como Dios ya me conoce a mí completamente» (1 Corintios 13:12). Con esa clase de conocimiento, ¡probablemente reconoceremos más gente en el cielo que ahora en la tierra!

3. Tendremos una personalidad definida. Notemos que al final del pasaje, Jesús hace referencia al pasaje del Antiguo Testamento que dice: «Yo soy el Dios de tu padre, el Dios de Abraham, el Dios de Isaac y el Dios de Jacob» (Éxodo 3:6). Este versículo no sólo ofrece una gran prueba de la resurrección física, sino que también se refiere a esas personas por nombre. Cuando leemos que Dios escribe nuestros nombres en el Libro de la Vida, indica que tendremos personalidades bien definidas en el cielo. Dios no escribió un número; él escribió tu nombre.

Algún día, «en un abrir y cerrar de ojos», Cristo nos llamará a los cielos, y nuestros cuerpos serán transformados en «cuerpos inmortales» (lee 1 Corintios 15:50-53, pág. 220).

Vivir para siempre con estos mismos cuerpos sería una maldición. Pero vivir eternamente con cuerpos nuevos, libres de enfermedad y dolor, en la presencia de Dios, será una bendición.

Para leer la próxima nota de «¿Qué es el cielo?», ve a la pág. A26.

CAPÍTULO **22**

Parábola de la gran fiesta

Jesús también les contó otras parábolas. Dijo: ²«El reino del cielo también puede ilustrarse mediante la historia de un rey que preparó una gran fiesta de bodas para su hijo. ³Cuando el banquete estuvo listo, el rey envió a sus sirvientes para llamar a los invitados. ¡Pero todos se negaron a asistir!

⁴»Entonces envió a otros sirvientes a decirles: "La fiesta está preparada. Se han matado los toros y las reses engordadas, y todo está listo. ¡Vengan al banquete!". ⁵Pero las personas a quienes había invitado no hicieron caso y siguieron su camino: uno se fue a su granja y otro a su negocio. ⁶Otros agarraron a los mensajeros, los insultaron y los mataron.

⁷»El rey se puso furioso, y envió a su ejército para destruir a los asesinos y quemar su ciudad. ⁸Y les dijo a los sirvientes: "La fiesta de bodas está lista y las personas a las que invité no son dignas de tal honor. ⁹Ahora salgan a las esquinas de las calles e inviten a todos los que vean". ¹⁰Entonces los sirvientes llevaron a todos los que pudieron encontrar, tanto buenos como malos, y la sala del banquete se llenó de invitados.

¹¹»Pero, cuando el rey entró para recibir a

los invitados, notó que había un hombre que no estaba vestido apropiadamente para una boda. ¹²"Amigo —le preguntó—, ¿cómo es que estás aquí sin ropa de bodas?". Pero el hombre no tuvo respuesta. ¹³Entonces el rey dijo a sus asistentes: "Átenlo de pies y manos y arrójenlo a la oscuridad de afuera, donde habrá llanto y rechinar de dientes".

¹⁴»Pues muchos son los llamados, pero pocos los elegidos».

Los impuestos para el César

¹⁵Entonces los fariseos se juntaron para tramar cómo hacer que Jesús cayera en la trampa de decir algo por lo cual pudiera ser arrestado. ¹⁶Enviaron a algunos de sus discípulos, junto con los partidarios de Herodes, a buscarlo.

—Maestro —dijeron—, sabemos lo honesto que eres. Enseñas con verdad el camino de Dios. Eres imparcial y no tienes favoritismos. ¹⁷Ahora bien, dinos qué piensas de lo siguiente: ¿Es correcto que paguemos impuestos al César o no?

¹⁸Pero Jesús conocía sus malas intenciones.

—¡Hipócritas! —dijo—. ¿Por qué intentan de atraparme? ¹⁹Veamos, muéstrenme la moneda que se usa para el impuesto.

Cuando le entregaron una moneda romana,* ²⁰les preguntó:

—¿A quién pertenecen la imagen y el título grabados en la moneda?

²¹—Al César —contestaron.

—Bien —dijo—, entonces den al César lo que pertenece al César y den a Dios lo que pertenece a Dios. ²²Su respuesta los dejó asombrados, y se marcharon.

Discusión acerca de la resurrección

²³Ese mismo día, se acercaron a Jesús algunos saduceos, líderes religiosos que dicen que no hay resurrección después de la muerte. Le plantearon la siguiente pregunta: ²⁴—Maestro, Moisés dijo: "Si un hombre muere sin haber tenido hijos, su hermano debe casarse con la viuda y darle un hijo para que el nombre del hermano continúe"*. ²⁵Ahora bien, supongamos que había siete hermanos. El mayor se casó y murió sin dejar hijos, entonces su hermano se casó con la viuda. ²⁶Pero el segundo hermano también murió, y el tercero se casó con ella. Lo mismo sucedió con los siete. ²⁷Por último, la mujer también murió. ²⁸Entonces dinos, ¿de quién será esposa en la resurrección? Pues los siete estuvieron casados con ella.

²⁹Jesús contestó:

—El error de ustedes es que no conocen las Escrituras y no conocen el poder de Dios. ³⁰Pues, cuando los muertos resuciten, no se casarán ni se entregarán en matrimonio. En este sentido, serán como los ángeles del cielo.

³¹»Ahora bien, en cuanto a si habrá una resurrección de los muertos, ¿nunca han leído acerca de esto en las Escrituras? Mucho después de que Abraham, Isaac y Jacob murieran, Dios dijo:* ³²"Yo soy el Dios de Abraham, el Dios de Isaac y el Dios de Jacob"*. Por lo tanto, él es Dios de los que están vivos, no de los muertos.

³³Cuando las multitudes lo escucharon, quedaron atónitas ante su enseñanza.

El mandamiento más importante

³⁴En cuanto los fariseos oyeron que había silenciado a los saduceos con esa respuesta, se juntaron para interrogarlo nuevamente. ³⁵Uno de ellos, experto en la ley religiosa, intentó tenderle una trampa con la siguiente pregunta:

³⁶—Maestro, ¿cuál es el mandamiento más importante en la ley de Moisés?

³⁷Jesús contestó:

—"Amarás al Señor tu Dios con todo tu corazón, con toda tu alma y con toda tu mente"*. ³⁸Éste es el primer mandamiento y el más importante. ³⁹Hay un segundo mandamiento que es igualmente importante: "Amarás a tu prójimo como a ti mismo"*. ⁴⁰Toda la ley y las exigencias de los profetas se basan en estos dos mandamientos.

¿De quién es hijo el Mesías?

⁴¹Entonces, rodeado por los fariseos, Jesús les hizo una pregunta:

⁴²—¿Qué piensan del Mesías? ¿De quién es hijo?

Ellos contestaron:

—Es hijo de David.

⁴³Jesús les respondió:

—Entonces ¿por qué David, mientras hablaba bajo la inspiración del Espíritu, llama al Mesías "mi Señor"? Pues David dijo:

⁴⁴ "El Señor le dijo a mi Señor:

'Siéntate en el lugar de honor a mi derecha,
hasta que humille a tus enemigos y los
ponga por debajo de tus pies'"*.

⁴⁵»Si David llamó al Mesías "mi Señor", ¿cómo es posible que el Mesías sea su hijo?

⁴⁶Nadie pudo responderle. Y, a partir de entonces, ninguno se atrevió a hacerle más preguntas.

CAPÍTULO **23**

Jesús critica a los líderes religiosos

Entonces Jesús les dijo a las multitudes y a sus discípulos: ²«Los maestros de la ley religiosa y

22:19 En griego *un denario.* 22:24 Dt 25:5-6. 22:31 En griego ¿*no han leído acerca de esto? Dios dijo.* 22:32 Éx 3:6.
22:37 Dt 6:5. 22:39 Lv 19:18. 22:44 Sal 110:1.

los fariseos son los intérpretes oficiales de la ley de Moisés.* [3]Por lo tanto, practiquen y obedezcan todo lo que les digan, pero no sigan su ejemplo. Pues ellos no hacen lo que enseñan. [4]Aplastan a la gente bajo el peso de exigencias religiosas insoportables y jamás mueven un dedo para aligerar la carga.

[5]»Todo lo que hacen es para aparentar. En los brazos se ponen anchas cajas de oración con versículos de la Escritura, y usan túnicas con flecos muy largos.* [6]Y les encanta sentarse a la mesa principal en los banquetes y ocupar los asientos de honor en las sinagogas. [7]Les encanta recibir saludos respetuosos cuando caminan por las plazas y que los llamen "Rabí"*.

[8]»Pero no permitan que a ustedes nadie los llame "Rabí", porque tienen un solo maestro y todos ustedes son hermanos por igual. [9]Además, aquí en la tierra, no se dirijan a nadie llamándolo "Padre", porque sólo Dios, que está en el cielo, es su Padre espiritual. [10]Y no permitan que nadie los llame "Maestro", porque ustedes tienen un solo Maestro, el Mesías. [11]El más importante entre ustedes debe ser el sirviente de los demás. [12]Pero aquellos que se exaltan a sí mismos serán humillados, y los que se humillan a sí mismos serán exaltados.

[13]»¡Qué aflicción les espera, maestros de la ley religiosa y fariseos! ¡Hipócritas! Pues le cierran la puerta del reino del cielo en la cara a la gente. Ustedes no entrarán ni tampoco dejan que los demás entren.*

[15]»¡Qué aflicción les espera, maestros de la ley religiosa y fariseos! ¡Hipócritas! Pues cruzan tierra y mar para ganar un solo seguidor ¡y luego lo convierten en un hijo del infierno* dos veces peor que ustedes mismos!

[16]»¡Guías ciegos! ¡Qué aflicción les espera! Pues dicen que no significa nada jurar "por el templo de Dios" pero que el que jura "por el oro del templo" está obligado a cumplir ese juramento. [17]¡Ciegos tontos! ¿Qué es más importante, el oro o el templo que lo hace sagrado? [18]Y dicen que jurar "por el altar" no impone una obligación pero jurar "por las ofrendas que están sobre el altar" sí la impone. [19]¡Qué ciegos son! Pues ¿qué es más importante, la ofrenda sobre el altar o el altar que hace que la ofrenda sea sagrada? [20]Cuando juran "por el altar", juran por el altar y por todo lo que hay encima. [21]Y, cuando juran "por el templo", no sólo juran por el templo sino por Dios, quien vive allí. [22]Y, cuando juran "por el cielo", juran por el trono y por Dios, quien se sienta en el trono.

[23]»¡Qué aflicción les espera, maestros de la ley religiosa y fariseos! ¡Hipócritas! Pues se cuidan de dar el diezmo sobre el más mínimo ingreso de sus jardines de hierbas,* pero pasan por alto los aspectos más importantes de la ley: la justicia, la misericordia y la fe. Es cierto que deben diezmar, pero sin descuidar las cosas más importantes. [24]¡Guías ciegos! ¡Cuelan el agua para no tragarse por accidente un mosquito, pero se tragan un camello!*

[25]»¡Qué aflicción les espera, maestros de la ley religiosa y fariseos! ¡Hipócritas! ¡Pues se cuidan de limpiar la parte exterior de la taza y del plato pero ustedes están sucios por dentro, llenos de avaricia y se permiten todo tipo de excesos! [26]¡Fariseo ciego! Primero lava el interior de la taza y del plato,* y entonces el exterior también quedará limpio.

[27]»¡Qué aflicción les espera, maestros de la ley religiosa y fariseos! ¡Hipócritas! Pues

23:2 En griego *y los fariseos se sientan en el asiento de Moisés*. 23:5 En griego *Agrandan sus filacterias y alargan sus borlas*. 23:7 *Rabí*, del arameo, significa «amo», «maestro». 23:13 Algunos manuscritos incluyen el versículo 14: *¡Qué aflicción les espera a ustedes, líderes de la ley religiosa y fariseos! ¡Hipócritas! Con todo descaro engañan a las viudas y se apoderan de sus propiedades, y luego pretenden ser piadosos al hacer largas oraciones en público. Por esta causa, recibirán un severo castigo.* Comparar con Mr 12:40 y Lc 20:47. 23:15 En griego *Gehenna*; también en 23:33. 23:23 En griego *diezman la menta, el eneldo y el comino*. 23:24 Ver Lv 11:4, 23, donde se prohíbe comer tanto mosquitos como camellos. 23:26 Algunos manuscritos no incluyen *y del plato*.

En marcha

ENCONTRAMOS LA FELICIDAD EN AMAR A DIOS Y EN SERVIR A OTROS
Lee MATEO 22:37-40

En sólo dos mandamientos, Jesús resume toda la ley del Antiguo Testamento. Nos enseña nuestra obligación como sus seguidores: amar a Dios con todo el corazón y a nuestro prójimo como a nosotros mismos. Cuando hacemos estas dos cosas hallamos verdadera felicidad por medio de nuestra obediencia a Dios.

La felicidad verdadera no se halla en satisfacer nuestros apetitos y deseos. Más bien, se encuentra en amar a Dios y a otros. Esto no es casualidad. Dios lo dispuso así. Él conocía el valor de amar a otros, aun antes que demostrara

son como tumbas blanqueadas: hermosas por fuera, pero llenas de huesos de muertos y de toda clase de impurezas por dentro. ²⁸Por fuera parecen personas rectas pero, por dentro, el corazón está lleno de hipocresía y desenfreno. ²⁹»¡Qué aflicción les espera, maestros de la ley religiosa y fariseos! ¡Hipócritas! Edifican tumbas a los profetas que sus antepasados mataron, y adornan los monumentos de la gente justa que sus antepasados destruyeron. ³⁰Luego dicen: "Si hubiéramos vivido en los días de nuestros antepasados, jamás nos habríamos unido a ellos para matar a los profetas". ³¹»Pero, al decir eso, dan testimonio en contra de ustedes mismos, que en verdad son descendientes de aquellos que asesinaron a los profetas. ³²Sigan adelante y terminen lo que sus antepasados comenzaron. ³³¡Serpientes! ¡Hijos de víboras! ¿Cómo escaparán del juicio del infierno? ³⁴»Por lo tanto, les envío profetas, hombres sabios y maestros de la ley religiosa. Pero a algunos los matarán crucificándolos, y a otros los azotarán con látigos en las sinagogas y los perseguirán de ciudad en ciudad. ³⁵Como consecuencia, se les hará responsables del asesinato de toda la gente justa de todos los tiempos, desde el asesinato del justo Abel hasta el de Zacarías, hijo de Berequías, a quien mataron en el templo, entre el santuario y el altar. ³⁶Les digo la verdad, ese juicio caerá sobre esta misma generación.

Lamento de Jesús por Jerusalén
³⁷»¡Oh, Jerusalén, Jerusalén, la ciudad que mata a los profetas y apedrea a los mensajeros de Dios! Cuántas veces quise juntar a tus hijos como la gallina protege a sus pollitos debajo de sus alas, pero no me dejaste. ³⁸Y ahora, mira, tu casa está abandonada y desolada.* ³⁹Pues te digo lo siguiente: no volverás a verme hasta

que digas: "¡Bendiciones al que viene en el nombre del Señor!"»*.

CAPÍTULO 24
Jesús predice la destrucción del templo
Cuando Jesús salía del terreno del templo, sus discípulos le señalaron los diversos edificios del templo. ²Pero él les respondió: «¿Ven todos esos edificios? Les digo la verdad, serán demolidos por completo. ¡No quedará ni una sola piedra sobre otra!».
³Más tarde, Jesús se sentó en el monte de los Olivos. Sus discípulos se le acercaron en privado y le dijeron:
—Dinos, ¿cuándo sucederá todo eso? ¿Qué señal marcará tu regreso y el fin del mundo?*
⁴Jesús les dijo:
—No dejen que nadie los engañe, ⁵porque muchos vendrán en mi nombre y afirmarán: "Yo soy el Mesías". Engañarán a muchos. ⁶Y ustedes oirán de guerras y de amenazas de guerras, pero no se dejen llevar por el pánico. Es verdad, esas cosas deben suceder, pero el fin no vendrá inmediatamente después. ⁷Una nación entrará en guerra con otra, y un reino con otro reino. Habrá hambres y terremotos en muchas partes del mundo. ⁸Pero todo eso es sólo el comienzo de los dolores del parto, luego vendrán más.
⁹»Entonces los arrestarán, los perseguirán y los matarán. En todo el mundo los odiarán por ser mis seguidores.* ¹⁰Y muchos se apartarán de mí, se traicionarán unos a otros y se odiarán. ¹¹Y aparecerán muchos falsos profetas y engañarán a mucha gente. ¹²Abundará el pecado por todas partes, y el amor de muchos se enfriará. ¹³Pero el que se mantenga firme hasta el fin será salvo. ¹⁴Y se predicará la Buena Noticia acerca del reino por todo el mundo, de manera que todas las naciones* la oirán; y entonces vendrá el fin.
¹⁵»Llegará el día cuando verán de lo que habló

23:38 Algunos manuscritos no incluyen *y desolada.* 23:39 Sal 118:26.   24:3 O *del siglo?*   24:9 En griego *por causa de mi nombre.* 24:14 O *todos los grupos étnicos.*

su amor por nosotros en la cruz. Él también sabía cuán egoístas somos los seres humanos: si no nos hubiera mandado a amarle a él y a los demás, llenaríamos nuestras vidas con esfuerzos vanos en busca de la felicidad.

Como dice Pablo, todas nuestras obras serán probadas por fuego en el día del juicio (lee 1 Corintios 3:13, pág. 204). Las obras que fueron realizadas con egoísmo no pasarán la prueba. Pero las que fueron hechas por amor a Dios y al prójimo sí. Este amor y las obras motivadas por él son eternas; por eso hallamos verdadero sentido cuando las hacemos. Además, experimentamos gozo verdadero cuando damos de nosotros mismos por amor a Dios y a otros. Cuando damos, hallamos propósito para nuestra vida y experimentamos la verdadera felicidad.

Para leer la próxima nota de «Actitud hacia ti mismo», ve a la pág. A51.

el profeta Daniel: el objeto sacrílego que causa profanación* de pie en el Lugar Santo. (Lector, ¡presta atención!). ¹⁶Entonces los que estén en Judea huyan a las colinas. ¹⁷La persona que esté en la azotea no baje a la casa para empacar. ¹⁸La persona que esté en el campo no regrese ni para buscar un abrigo. ¹⁹¡Qué terribles serán esos días para las mujeres embarazadas y para las madres que amamantan! ²⁰Y oren para que la huída no sea en invierno o en día de descanso. ²¹Pues habrá más angustia que en cualquier otro momento desde el principio del mundo. Y jamás habrá una angustia tan grande. ²²De hecho, a menos que se acorte ese tiempo de calamidad, ni una sola persona sobrevivirá; pero se acortará por el bien de los elegidos de Dios.

²³»Entonces, si alguien les dice: "Miren, aquí está el Mesías" o "Allí está", no lo crean. ²⁴Pues se levantarán falsos mesías y falsos profetas y realizarán grandes señales y milagros para engañar, de ser posible, aun a los elegidos de Dios. ²⁵Miren, que les he advertido esto de antemano.

²⁶»Por lo tanto, si alguien les dice: "Miren, el Mesías está en el desierto", ni se molesten en ir a buscarlo. O bien, si les dicen: "Miren, se esconde aquí", ¡no lo crean! ²⁷Pues, así como el relámpago destella en el oriente y brilla en el occidente, así será cuando venga el Hijo del Hombre.* ²⁸Así como los buitres, cuando se juntan, indican que hay un cadáver cerca, de la misma manera, esas señales revelan que el fin está cerca.*

²⁹»Inmediatamente después de la angustia de esos días,

"El sol se oscurecerá,
     la luna no dará luz,
las estrellas caerán del cielo,
     y los poderes de los cielos serán
          sacudidos"*.

³⁰»Y entonces, por fin, aparecerá en los cielos la señal de que el Hijo del Hombre viene, y habrá un profundo lamento entre todos los pueblos de la tierra. Verán al Hijo del Hombre venir en las nubes del cielo con poder y gran gloria.* ³¹Enviará a sus ángeles con un potente toque de trompeta y reunirán a los elegidos de todas partes del mundo,* desde los extremos más lejanos de la tierra y del cielo.

³²»Ahora, aprendan una lección de la higuera. Cuando las ramas echan brotes y comienzan a salir las hojas, ustedes saben que el verano se acerca. ³³De la misma manera, cuando vean que suceden todas estas cosas, sabrán que su regreso está muy cerca, a las puertas. ³⁴Les digo la verdad,

no pasará esta generación* hasta que todas estas cosas sucedan. ³⁵El cielo y la tierra desaparecerán, pero mis palabras no desaparecerán jamás.

³⁶»Sin embargo, nadie sabe el día ni la hora en que sucederán estas cosas, ni siquiera los ángeles en el cielo ni el propio Hijo.* Sólo el Padre lo sabe.

³⁷»Cuando el Hijo del Hombre regrese, será como en los días de Noé. ³⁸En esos días, antes del diluvio, la gente disfrutaba de banquetes, fiestas y casamientos, hasta el momento en que Noé entró en su barco. ³⁹La gente no se daba cuenta de lo que iba a suceder hasta que llegó el diluvio y arrasó con todos. Así será cuando venga el Hijo del Hombre.

⁴⁰»Dos hombres estarán trabajando juntos en el campo; uno será llevado, el otro será dejado. ⁴¹Dos mujeres estarán moliendo harina en el molino; una será llevada, la otra será dejada.

⁴²»¡Así que ustedes también deben estar alerta!, porque no saben qué día vendrá su Señor. ⁴³Entiendan lo siguiente: si el dueño de una casa supiera exactamente a qué hora viene un ladrón, se mantendría alerta y no dejaría que asaltara su casa. ⁴⁴Ustedes también deben estar preparados todo el tiempo, porque el Hijo del Hombre vendrá cuando menos lo esperen.

⁴⁵»Un sirviente fiel y sensato es aquel a quien el amo puede darle la responsabilidad de dirigir a los demás sirvientes y alimentarlos. ⁴⁶Si el amo regresa y encuentra que el sirviente ha hecho un buen trabajo, habrá una recompensa. ⁴⁷Les digo la verdad, el amo pondrá a ese sirviente a cargo de todo lo que posee. ⁴⁸Pero ¿qué tal si el sirviente es malo y piensa: "Mi amo no regresará por un tiempo" ⁴⁹y comienza a golpear a los otros sirvientes, a parrandear y a emborracharse? ⁵⁰El amo regresará inesperadamente y sin previo aviso, ⁵¹cortará al sirviente en pedazos y le asignará un lugar con los hipócritas. En ese lugar habrá llanto y rechinar de dientes.

CAPÍTULO 25

Parábola de las diez damas de honor

»Entonces, el reino del cielo será como diez damas de honor* que tomaron sus lámparas y salieron para encontrarse con el novio. ²Cinco de ellas eran necias y cinco sabias. ³Las cinco que eran necias no llevaron suficiente aceite de oliva para sus lámparas, ⁴pero las otras cinco fueron tan sabias que llevaron aceite extra. ⁵Como el novio se demoró, a todas les dio sueño y se durmieron.

24:15 En griego *la abominación de la desolación*. Ver Dn 9:27; 11:31; 12:11.   24:27 «Hijo del Hombre» es un título que Jesús empleaba para referirse a sí mismo.   24:28 En griego *Donde hay un animal muerto, allí se juntan los buitres.*   24:29 Ver Is 13:10; 34:4; Jl 2:10.   24:30 Ver Dn 7:13.   24:31 En griego *de los cuatro vientos.*   24:34 O *esta era*, o *esta nación.*   24:36 Algunos manuscritos no incluyen *ni el propio Hijo.*   25:1 O *vírgenes;* también en el 25:7, 11.

⁶»A la medianoche, se despertaron ante el grito de: "¡Miren, ya viene el novio! ¡Salgan a recibirlo!".

⁷»Todas las damas de honor se levantaron y prepararon sus lámparas. ⁸Entonces las cinco necias les pidieron a las otras: "Por favor, dennos un poco de aceite, porque nuestras lámparas se están apagando".

⁹»Pero las sabias contestaron: "No tenemos suficiente para todas. Vayan a una tienda y compren un poco para ustedes".

¹⁰»Pero, durante el lapso en que se fueron a comprar aceite, llegó el novio. Entonces las que estaban listas entraron con él a la fiesta de bodas y se cerró la puerta con llave. ¹¹Más tarde, cuando regresaron las otras cinco damas de honor, se quedaron afuera, y llamaron: "¡Señor, Señor! ¡Ábrenos la puerta!".

¹²»Pero él les respondió: "Créanme, ¡no las conozco!".

¹³»¡Así que ustedes también deben estar alerta! Porque no saben el día ni la hora de mi regreso.

Parábola de los tres siervos
¹⁴»También el reino del cielo puede ilustrarse mediante la historia de un hombre que tenía que emprender un largo viaje. Reunió a sus siervos y les confió su dinero mientras estuviera ausente. ¹⁵Lo dividió en proporción a las capacidades de cada uno. Al primero le dio cinco bolsas de plata;* al segundo, dos bolsas de plata; al último, una bolsa de plata. Luego se fue de viaje.

¹⁶»El siervo que recibió las cinco bolsas de plata comenzó a invertir el dinero y ganó cinco más. ¹⁷El que tenía las dos bolsas de plata también salió a trabajar y ganó dos más. ¹⁸Pero el siervo que recibió una sola bolsa de plata cavó un hoyo en la tierra y allí escondió el dinero de su amo.

¹⁹»Después de mucho tiempo, el amo regresó de su viaje y los llamó para que rindieran cuentas de cómo habían usado su dinero. ²⁰El siervo al cual le había confiado las cinco bolsas de plata se presentó con cinco más y dijo: "Amo, usted me dio cinco bolsas de plata para invertir, y he ganado cinco más".

²¹»El amo lo llenó de elogios. "Bien hecho, mi buen siervo fiel. Has sido fiel en administrar esta pequeña cantidad, así que ahora te daré muchas más responsabilidades. ¡Ven a celebrar conmigo!"*.

²²»Se presentó el siervo que había recibido las dos bolsas de plata y dijo: "Amo, usted me dio dos bolsas de plata para invertir, y he ganado dos más".

²³»El amo dijo: "Bien hecho, mi buen siervo fiel. Has sido fiel en administrar esta pequeña cantidad, así que ahora te daré muchas más responsabilidades. ¡Ven a celebrar conmigo!".

²⁴»Por último se presentó el siervo que tenía una sola bolsa de plata y dijo: "Amo, yo sabía que usted era un hombre severo, que cosecha lo que no sembró y recoge las cosechas que no cultivó. ²⁵Tenía miedo de perder su dinero, así que lo escondí en la tierra. Mire, aquí está su dinero de vuelta".

²⁶»Pero el amo respondió: "¡Siervo perverso y perezoso! Si sabías que cosechaba lo que no sembré y recogía lo que no cultivé, ²⁷¿por qué no depositaste mi dinero en el banco? Al menos hubiera podido obtener algún interés de él". ²⁸Entonces ordenó: "Quítenle el dinero a este siervo y dénselo al que tiene las diez bolsas de plata. ²⁹A los que usan bien lo que se les da, se les dará aún más y tendrán en abundancia; pero a los que no hacen nada se les quitará aun lo poco que tienen. ³⁰Ahora bien, arrojen a este siervo inútil a la oscuridad de afuera, donde habrá llanto y rechinar de dientes".

El juicio final
³¹»Pero, cuando el Hijo del Hombre* venga en su gloria acompañado por todos los ángeles, entonces se sentará sobre su trono glorioso. ³²Todas las naciones* se reunirán en su presencia, y él separará a la gente como un pastor separa a las ovejas de las cabras. ³³Pondrá las ovejas a su derecha y las cabras a su izquierda.

³⁴»Entonces el Rey dirá a los que estén a su derecha: "Vengan, ustedes, que son benditos de mi Padre, hereden el reino preparado para ustedes desde la creación del mundo. ³⁵Pues tuve hambre, y me alimentaron. Tuve sed, y me dieron de beber. Fui extranjero, y me invitaron a su hogar. ³⁶Estuve desnudo, y me dieron ropa. Estuve enfermo, y me cuidaron. Estuve en prisión, y me visitaron".

³⁷»Entonces esas personas justas responderán: "Señor, ¿en qué momento te vimos con hambre y te alimentamos, o con sed y te dimos algo de beber, o ³⁸te vimos como extranjero y te brindamos hospitalidad, o te vimos desnudo y te dimos ropa, ³⁹o te vimos enfermo o en prisión, y te visitamos?".

⁴⁰»Y el Rey dirá: "Les digo la verdad, cuando hicieron alguna de estas cosas al más insignificante de éstos, mis hermanos, ¡me lo hicieron a mí!".

⁴¹»Luego el Rey se dirigirá a los de la izquierda y dirá: "¡Fuera de aquí, ustedes, los malditos, al fuego eterno preparado para el diablo

---

25:15 En griego *cinco talentos*; lo mismo se repite en toda la historia. Un talento equivale a 34 kilogramos ó 75 libras. 25:21 En griego *Entra en el gozo de tu amo* (o *tu Señor*); también en 25:23. 25:31 «Hijo del Hombre» es un título que Jesús empleaba para referirse a sí mismo. 25:32 O *Todos los grupos étnicos.*

y sus demonios!* ⁴²Pues tuve hambre, y no me alimentaron. Tuve sed, y no me dieron de beber. ⁴³Fui extranjero, y no me invitaron a su hogar. Estuve desnudo, y no me dieron ropa. Estuve enfermo y en prisión, y no me visitaron".

⁴⁴»Entonces ellos responderán: "Señor, ¿en qué momento te vimos con hambre o con sed o como extranjero o desnudo o enfermo o en prisión y no te ayudamos?".

⁴⁵»Y él responderá: "Les digo la verdad, cuando se negaron a ayudar al más insignificante de éstos, mis hermanos, se negaron a ayudarme a mí".

⁴⁶»Y ellos irán al castigo eterno, pero los justos entrarán en la vida eterna.

CAPÍTULO **26**
Conspiración para matar a Jesús
Cuando Jesús terminó de hablar todas esas cosas, dijo a sus discípulos: ²«Como ya saben, la Pascua comienza en dos días, y el Hijo del Hombre* será entregado para que lo crucifiquen».

³En ese mismo momento, los principales sacerdotes y los ancianos estaban reunidos en la residencia de Caifás, el sumo sacerdote, ⁴tramando cómo capturar a Jesús en secreto y matarlo. ⁵«Pero no durante la celebración de la Pascua —acordaron—, no sea que la gente cause disturbios».

Jesús ungido en Betania
⁶Mientras tanto, Jesús se encontraba en Betania, en la casa de Simón, un hombre que había tenido lepra. ⁷Mientras comía,* entró una mujer con un hermoso frasco de alabastro que contenía un perfume costoso, y lo derramó sobre la cabeza de Jesús.

⁸Los discípulos se indignaron al ver esto. «¡Qué desperdicio! —dijeron—. ⁹Podría haberse vendido a un alto precio y el dinero dado a los pobres».

¹⁰Pero Jesús, consciente de esto, respondió: «¿Por qué critican a esta mujer por hacer algo tan bueno conmigo? ¹¹Siempre habrá pobres entre ustedes, pero a mí no siempre me tendrán. ¹²Ella ha derramado este perfume sobre mí a fin de preparar mi cuerpo para el entierro. ¹³Les digo la verdad, en cualquier lugar del mundo donde se predique la Buena Noticia, se recordará y se hablará de lo que hizo esta mujer».

Judas acuerda traicionar a Jesús
¹⁴Entonces Judas Iscariote, uno de los doce discípulos, fue a ver a los principales sacerdotes ¹⁵y preguntó: «¿Cuánto me pagarán por traicionar a Jesús?». Y ellos le dieron treinta piezas de plata. ¹⁶A partir de ese momento, Judas comenzó a buscar una oportunidad para traicionar a Jesús.

La última cena
¹⁷El primer día del Festival de los Panes sin Levadura, los discípulos se acercaron a Jesús y le preguntaron:
—¿Dónde quieres que te preparemos la cena de Pascua?

¹⁸—Al entrar en la ciudad —les dijo—, verán a cierto hombre. Díganle: "El Maestro dice: 'Mi tiempo ha llegado y comeré la cena de Pascua con mis discípulos en tu casa'".

¹⁹Entonces los discípulos hicieron como Jesús les dijo y prepararon la cena de Pascua allí.

²⁰Al anochecer, Jesús se sentó a la mesa* con los doce discípulos.* ²¹Mientras comían, les dijo:
—Les digo la verdad, uno de ustedes me traicionará.

²²Ellos, muy afligidos, le preguntaron uno por uno:
—¿Seré yo, Señor?

²³Jesús contestó:
—Uno de ustedes que acaba de comer de este plato conmigo me traicionará. ²⁴Pues el Hijo del Hombre tiene que morir, tal como lo declararon las Escrituras hace mucho tiempo. Pero ¡qué terrible será para el que lo traiciona! ¡Para ese hombre sería mucho mejor no haber nacido!

²⁵Judas, el que lo iba a traicionar, también preguntó:
—¿Seré yo, Rabí?
Y Jesús le dijo:
—Tú lo has dicho.

²⁶Mientras comían, Jesús tomó un poco de pan y lo bendijo. Luego lo partió en trozos, lo dio a sus discípulos y dijo: «Tómenlo y cómanlo, porque esto es mi cuerpo».

²⁷Y tomó en sus manos una copa de vino y dio gracias a Dios por ella. Se la dio a ellos y dijo: «Cada uno de ustedes beba de la copa, ²⁸porque esto es mi sangre, la cual confirma el pacto* entre Dios y su pueblo. Es derramada como sacrificio para perdonar los pecados de muchos. ²⁹Acuérdense de lo que les digo: no volveré a beber vino hasta el día en que lo beba nuevo con ustedes en el reino de mi Padre».

³⁰Luego cantaron un himno y salieron al monte de los Olivos.

Jesús predice la negación de Pedro
³¹En el camino, Jesús les dijo: «Esta noche, todos ustedes me abandonarán, porque las Escrituras dicen:

25:41 En griego *sus ángeles.* **26:2** «Hijo del Hombre» es un título que Jesús empleaba para referirse a sí mismo. **26:7** O *estaba reclinado.* **26:20a** O *Jesús se reclinó.* **26:20b** Algunos manuscritos dicen *los Doce.* **26:28** Algunos manuscritos dicen *el nuevo pacto.*

"Dios golpeará* al Pastor,
y las ovejas del rebaño se dispersarán".

32 »Pero, después de ser levantado de los muertos, iré delante de ustedes a Galilea y allí los veré».

33 Pedro declaró:

—Aunque todos te abandonen, yo jamás te abandonaré.

34 Jesús respondió:

—Te digo la verdad, Pedro: esta misma noche, antes de que cante el gallo, negarás tres veces que me conoces.

35 —¡No! —insistió Pedro—. Aunque tenga que morir contigo, ¡jamás te negaré!

Y los demás discípulos juraron lo mismo.

Jesús ora en Getsemaní

36 Entonces Jesús fue con ellos al huerto de olivos llamado Getsemaní y dijo: «Siéntense aquí mientras voy allí para orar». 37 Se llevó a Pedro y a los hijos de Zebedeo, Santiago y Juan, y comenzó a afligirse y angustiarse. 38 Les dijo: «Mi alma está destrozada de tanta tristeza, hasta el punto de la muerte. Quédense aquí y velen conmigo».

39 Él se adelantó un poco más y se inclinó rostro en tierra mientras oraba: «¡Padre mío! Si es posible, que pase de mí esta copa de sufrimiento. Sin embargo, quiero que se haga tu voluntad, no la mía».

40 Luego volvió a los discípulos y los encontró dormidos. Le dijo a Pedro: «¿No pudieron velar conmigo ni siquiera una hora? 41 Velen y oren para que no cedan ante la tentación, porque el espíritu está dispuesto, pero el cuerpo es débil».

42 Entonces Jesús los dejó por segunda vez y oró: «¡Padre mío! Si no es posible que pase esta copa* a menos que yo la beba, entonces hágase tu voluntad». 43 Cuando regresó de nuevo adonde estaban ellos, los encontró dormidos porque no podían mantener los ojos abiertos.

44 Así que se fue a orar por tercera vez, repitió lo mismo. 45 Luego se acercó a sus discípulos y les dijo: «¡Adelante, duerman y descansen! Pero miren, ha llegado la hora y el Hijo del Hombre es traicionado y entregado en manos de pecadores. 46 Levántense, vamos. ¡Miren, el que me traiciona ya está aquí!».

Traición y arresto de Jesús

47 Y, mientras Jesús hablaba, llegó Judas, uno de los doce discípulos, junto con una multitud de hombres armados con espadas y palos. Los habían enviado los principales sacerdotes y los ancianos del pueblo. 48 El traidor, Judas, había acordado con ellos una señal: «Sabrán a cuál

arrestar cuando lo salude con un beso». 49 Entonces Judas fue directamente a Jesús.

—¡Saludos, Rabí! —exclamó, y le dio el beso.

50 Jesús dijo:

—Amigo mío, adelante, haz lo que viniste a hacer.

Entonces los otros agarraron a Jesús y lo arrestaron. 51 Pero uno de los hombres que estaban con Jesús sacó su espada e hirió al esclavo del sumo sacerdote cortándole una oreja.

52 «Guarda tu espada —le dijo Jesús—. Los que usan la espada morirán a espada. 53 ¿No te das cuenta de que yo podría pedirle a mi Padre que enviara miles* de ángeles para que nos protejan, y él los enviaría de inmediato? 54 Pero, si lo hiciera, ¿cómo se cumplirían las Escrituras, que describen lo que tiene que suceder ahora?».

55 Luego Jesús le dijo a la multitud: «¿Acaso soy un peligroso revolucionario, para que vengan con espadas y palos para arrestarme? ¿Por qué no me arrestaron en el templo? Estuve enseñando allí todos los días. 56 Pero todo esto sucede para que se cumplan las palabras de los profetas registradas en las Escrituras». En ese momento, todos los discípulos lo abandonaron y huyeron.

Jesús ante el Concilio

57 Luego la gente que había arrestado a Jesús lo llevó a la casa de Caifás, el sumo sacerdote, donde se habían reunido los maestros de la ley religiosa y los ancianos. 58 Mientras tanto, Pedro lo siguió de lejos y llegó al patio del sumo sacerdote. Entró, se sentó con los guardias y esperó para ver cómo acabaría todo.

59 Adentro, los principales sacerdotes y todo el Concilio Supremo* intentaban encontrar testigos que mintieran acerca de Jesús para poder ejecutarlo. 60 Sin embargo, aunque encontraron a muchos que accedieron a dar un falso testimonio, no pudieron usar el testimonio de ninguno. Finalmente, se presentaron dos hombres 61 y declararon: «Este hombre dijo: "Puedo destruir el templo de Dios y reconstruirlo en tres días"».

62 Entonces el sumo sacerdote se puso de pie y le dijo a Jesús: «Bien, ¿no vas a responder a estos cargos? ¿Qué tienes que decir a tu favor?».

63 Pero Jesús guardó silencio. Entonces el sumo sacerdote le dijo:

—Te exijo, en el nombre del Dios viviente, que nos digas si eres el Mesías, el Hijo de Dios.

64 Jesús respondió:

—Tú lo has dicho. Y, en el futuro, verán al Hijo del Hombre sentado en el lugar de poder, a la derecha de Dios,* y viniendo en las nubes del cielo.*

26:31 En griego Golpearé. Zac 13:7. 26:42 En griego Si esto no puede pasar. 26:53 En griego doce legiones. 26:59 En griego el Sanedrín. 26:64a En griego sentado a la derecha de poder. Ver Sal 110:1. 26:64b Ver Dn 7:13.

⁶⁵Entonces el sumo sacerdote se rasgó las vestiduras en señal de horror y dijo: «¡Blasfemia! ¿Para qué necesitamos más testigos? Todos han oído la blasfemia que dijo. ⁶⁶¿Cuál es el veredicto?».

«¡Culpable! —gritaron—. ¡Merece morir!».

⁶⁷Entonces comenzaron a escupirle en la cara a Jesús y a darle puñetazos. Algunos le daban bofetadas ⁶⁸y se burlaban: «¡Profetízanos, Mesías! ¿Quién te golpeó esta vez?».

Pedro niega a Jesús

⁶⁹Mientras tanto, Pedro estaba sentado afuera en el patio. Una sirvienta se acercó y le dijo:

—Tú eras uno de los que estaban con Jesús, el galileo.

⁷⁰Pero Pedro lo negó frente a todos.

—No sé de qué hablas —le dijo.

⁷¹Más tarde, cerca de la puerta, lo vio otra sirvienta, quien les dijo a los que estaban por ahí: «Este hombre estaba con Jesús de Nazaret*».

⁷²Nuevamente, Pedro lo negó, esta vez con un juramento. «Ni siquiera conozco al hombre» —dijo.

⁷³Un poco más tarde, algunos de los otros que estaban allí se acercaron a Pedro y dijeron:

—Seguro que tú eres uno de ellos; nos damos cuenta por el acento galileo que tienes.

⁷⁴Pedro juró:

—¡Que me caiga una maldición si les miento! ¡No conozco al hombre!

Inmediatamente, el gallo cantó.

⁷⁵De repente, las palabras de Jesús pasaron rápidamente por la mente de Pedro: «Antes de que cante el gallo, negarás tres veces que me conoces». Y Pedro salió llorando amargamente.

CAPÍTULO 27

Judas se ahorca

Muy temprano por la mañana, los principales sacerdotes y los ancianos del pueblo se juntaron nuevamente para tramar de qué manera ejecutar a Jesús. ²Luego, lo ataron, se lo llevaron y lo entregaron a Pilato, el gobernador romano.

³Cuando Judas, quien lo había traicionado, se dio cuenta de que habían condenado a muerte a Jesús, se llenó de remordimiento. Así que devolvió las treinta piezas de plata a los principales sacerdotes y a los ancianos.

⁴—He pecado —declaró—, porque traicioné a un hombre inocente.

—¿Qué nos importa? —contestaron—. Ese es tu problema.

⁵Entonces Judas tiró las monedas de plata en el templo, salió y se ahorcó.

⁶Los principales sacerdotes recogieron las monedas. «No sería correcto poner este dinero en el tesoro del templo —dijeron—, ya que se usó para pagar un asesinato*». ⁷Luego de discutir unos instantes, finalmente decidieron comprar el campo del alfarero y convertirlo en un cementerio para extranjeros. ⁸Por eso todavía se llama el Campo de Sangre. ⁹Así se cumplió la profecía de Jeremías que dice:

«Tomaron* las treinta piezas de plata
   —el precio que el pueblo de Israel le puso
      a él—
¹⁰ y compraron el campo del alfarero,
   como indicó el SEÑOR»*.

Juicio de Jesús ante Pilato

¹¹Jesús se encontraba frente a Pilato, el gobernador romano.

—¿Eres tú el rey de los judíos? —le preguntó el gobernador.

—Tú lo has dicho —contestó Jesús.

¹²Pero, cuando los principales sacerdotes y los ancianos presentaron sus acusaciones contra él, Jesús guardó silencio.

¹³—¿No oyes todas las acusaciones que presentan en tu contra? —le preguntó Pilato.

¹⁴Pero, para sorpresa del gobernador, Jesús no respondió a ninguno de esos cargos.

¹⁵Ahora bien, era costumbre del gobernador cada año, durante la celebración de la Pascua, poner en libertad a un preso —el que la gente quisiera— y entregarlo a la multitud. ¹⁶Ese año, había un preso de mala fama, un hombre llamado Barrabás.* ¹⁷Al reunirse la multitud frente a la casa de Pilato aquella mañana, él les preguntó: «¿A quién quieren que ponga en libertad, a Barrabás o a Jesús, llamado el Mesías?». ¹⁸(Él sabía muy bien que los líderes religiosos judíos habían arrestado a Jesús por envidia).

¹⁹Justo en ese momento, cuando Pilato estaba sentado en el tribunal, su esposa le envió el siguiente mensaje: «Deja en paz a ese hombre inocente. Anoche sufrí una pesadilla terrible con respecto a él».

²⁰Mientras tanto, los principales sacerdotes y los ancianos persuadieron a la multitud para que pidiera la libertad de Barrabás y que se ejecutara a Jesús. ²¹Así que el gobernador volvió a preguntar:

—¿A cuál de estos dos quieren que les deje en libertad?

—¡A Barrabás! —contestó la multitud a gritos.

²²—Entonces ¿qué hago con Jesús, llamado el Mesías? —preguntó Pilato.

—¡Crucifícalo! —le contestaron a gritos.

²³—¿Por qué? —insistió Pilato—. ¿Qué crimen ha cometido?

26:71 O Jesús nazareno. **27:6** En griego ya que es el precio de sangre. **27:9** O Tomé. **27:9-10** En griego como me ordenó el Señor. Zac 11:12-13; Jer 32:6-9. **27:16** Algunos manuscritos dicen Jesús Barrabás; también en 27:17.

Pero la turba rugió aún más fuerte:

—¡Crucifícalo!

²⁴Pilato vio que no lograba nada y que se armaba un disturbio. Así que mandó a buscar un recipiente con agua y se lavó las manos delante de la multitud a la vez que decía:

—Soy inocente de la sangre de este hombre. La responsabilidad es de ustedes.

²⁵Y la gente respondió a gritos:

—¡Nos haremos responsables de su muerte, nosotros y nuestros hijos!*

²⁶Así fue que Pilato dejó a Barrabás en libertad. Mandó azotar a Jesús con un látigo que tenía puntas de plomo, y después lo entregó a los soldados romanos para que lo crucificaran.

Los soldados se burlan de Jesús

²⁷Algunos de los soldados del gobernador llevaron a Jesús al cuartel* y llamaron a todo el regimiento. ²⁸Le quitaron la ropa y le pusieron un manto escarlata. ²⁹Armaron una corona con ramas de espinos y se la pusieron en la cabeza y le colocaron una caña de junco en la mano derecha como si fuera un cetro. Luego se arrodillaron burlonamente delante de él mientras se mofaban: «¡Viva el rey de los judíos!». ³⁰ Lo escupieron, le quitaron la caña de junco y lo golpearon en la cabeza con ella. ³¹Cuando al fin se cansaron de hacerle burla, le quitaron el manto y volvieron a ponerle su propia ropa. Luego lo llevaron para crucificarlo.

La crucifixión

³²En el camino, se encontraron con un hombre llamado Simón, quien era de Cirene,* y los soldados lo obligaron a llevar la cruz de Jesús. ³³Salieron a un lugar llamado Gólgota (que significa «Lugar de la Calavera»). ³⁴Los soldados le dieron a Jesús vino mezclado con hiel amarga, pero cuando lo probó, se negó a beberla.

³⁵Después de clavarlo en la cruz, los soldados sortearon su ropa tirando los dados.* ³⁶Luego se sentaron alrededor e hicieron guardia mientras él estaba colgado allí. ³⁷Encima de la cabeza de Jesús, colocaron un letrero que anunciaba el cargo en su contra. Decía: «Éste es Jesús, el Rey de los judíos». ³⁸Con él crucificaron a dos revolucionarios,* uno a su derecha y otro a su izquierda.

³⁹La gente que pasaba por allí gritaba insultos y movía la cabeza en forma burlona. ⁴⁰«¡Pero mírate ahora! —le gritaban—. Dijiste que ibas a destruir el templo y a reconstruirlo

en tres días. Muy bien, si eres el Hijo de Dios, sálvate a ti mismo y bájate de la cruz».

⁴¹Los principales sacerdotes, los maestros de la ley religiosa y los ancianos también se burlaban de Jesús. ⁴²«Salvó a otros —se mofaban—, ¡pero no puede salvarse a sí mismo! Con que es el Rey de Israel, ¿no? ¡Que baje de la cruz ahora mismo y creeremos en él! ⁴³Confió en Dios, entonces ¡que Dios lo rescate ahora si lo quiere! Pues dijo: "Soy el Hijo de Dios"». ⁴⁴Hasta los revolucionarios que estaban crucificados con Jesús se burlaban de él de la misma manera.

Muerte de Jesús

⁴⁵Al mediodía, la tierra se llenó de oscuridad hasta las tres de la tarde. ⁴⁶A eso de las tres de la tarde, Jesús clamó en voz fuerte: «*Eli, Eli,** ¿*lama sabactani?*», que significa: «Dios mío, Dios mío, ¿por qué me has abandonado?»*.

⁴⁷Algunos que pasaban por allí entendieron mal y pensaron que estaba llamando al profeta Elías. ⁴⁸Uno de ellos corrió y empapó una esponja en vino agrio, la puso sobre una caña de junco y la levantó para que él pudiera beber. ⁴⁹Pero los demás dijeron: «¡Espera! A ver si Elías viene a salvarlo»*.

⁵⁰Entonces Jesús volvió a gritar y entregó su espíritu. ⁵¹En ese momento, la cortina del santuario del templo se rasgó en dos, de arriba abajo. La tierra tembló, las rocas se partieron en dos, ⁵²y las tumbas se abrieron. Los cuerpos de muchos hombres y mujeres justos que habían muerto resucitaron. ⁵³Salieron del cementerio luego de la resurrección de Jesús, entraron en la santa ciudad de Jerusalén y se aparecieron a mucha gente.

⁵⁴El oficial romano* y los otros soldados que estaban en la crucifixión quedaron aterrorizados por el terremoto y por todo lo que había sucedido. Dijeron: «¡Este hombre era verdaderamente el Hijo de Dios!».

⁵⁵Muchas mujeres que habían llegado desde Galilea con Jesús para cuidar de él, miraban de lejos. ⁵⁶Entre ellas estaban María Magdalena, María (la madre de Santiago y José), y la madre de Santiago y Juan, los hijos de Zebedeo.

Entierro de Jesús

⁵⁷Al acercarse la noche, José, un hombre rico de Arimatea que se había convertido en seguidor de Jesús, ⁵⁸fue a ver a Pilato y le pidió el cuerpo de Jesús. Pilato emitió una orden para que se lo entregaran. ⁵⁹José tomó el cuerpo y lo

---

27:25 En griego —*¡Su sangre sea sobre nosotros y sobre nuestros hijos!* **27:27** O *al pretorio.* **27:32** *Cirene* era una ciudad al norte de África. **27:35** En griego *echando suertes.* Unos cuantos manuscritos tardíos incluyen *Así se cumplió la palabra del profeta: «Dividieron entre sí mis vestidos y echaron suertes sobre mi túnica».* Ver Sal 22:18. **27:38** O *criminales;* también en 27:44. **27:46a** Algunos manuscritos dicen *Eloi, Eloi.* **27:46b** Sal 22:1. **27:49** Algunos manuscritos incluyen *Y otro tomó una lanza y le traspasó el costado, y corrió agua y sangre.* Comparar Jn 19:34. **27:54** En griego *El centurión.*

envolvió en un largo lienzo de lino limpio. ⁶⁰Lo colocó en una tumba nueva, su propia tumba que había sido tallada en la roca. Luego hizo rodar una gran piedra para tapar la entrada y se fue. ⁶¹Tanto María Magdalena como la otra María estaban sentadas frente a la tumba y observaban.

La guardia en la tumba
⁶²Al día siguiente, que era el día de descanso,* los principales sacerdotes y los fariseos fueron a ver a Pilato. ⁶³Le dijeron:

—Señor, recordamos lo que dijo una vez ese mentiroso cuando todavía estaba con vida: "Luego de tres días resucitaré de los muertos". ⁶⁴»Por lo tanto, le pedimos que selle la tumba hasta el tercer día. Eso impedirá que sus discípulos vayan y roben su cuerpo, y luego le digan a todo el mundo que él resucitó de los muertos. Si eso sucede, estaremos peor que al principio.

⁶⁵Pilato les respondió:

—Tomen guardias y aseguren la tumba lo mejor que puedan.

⁶⁶Entonces ellos sellaron la tumba y pusieron guardias para que la protegieran.

CAPÍTULO **28**
La resurrección
El domingo por la mañana temprano,* cuando amanecía el nuevo día, María Magdalena y la otra María fueron a visitar la tumba.

²¡De repente, se produjo un gran terremoto! Pues un ángel del Señor descendió del cielo, corrió la piedra a un lado y se sentó sobre ella. ³Su rostro brillaba como un relámpago, y su ropa era blanca como la nieve. ⁴Los guardias temblaron de miedo cuando lo vieron y cayeron desmayados por completo.

⁵Entonces, el ángel les habló a las mujeres: «¡No teman! —dijo—. Sé que buscan a Jesús el que fue crucificado. ⁶¡No está aquí! Ha resucitado tal como dijo que sucedería. Vengan, vean el lugar donde estaba su cuerpo. ⁷Y ahora, vayan rápidamente y cuéntenles a sus discípulos que ha resucitado y que va delante de ustedes a Galilea. Allí lo verán. Recuerden lo que les he dicho».

⁸Las mujeres se fueron a toda prisa. Estaban asustadas pero a la vez llenas de gran alegría, y se apresuraron para dar el mensaje del ángel a los discípulos. ⁹Mientras iban, Jesús les salió al encuentro y las saludó. Ellas corrieron hasta él, abrazaron sus pies y lo adoraron. ¹⁰Entonces Jesús les dijo: «¡No teman! Digan a mis hermanos que vayan a Galilea, y allí me verán».

El informe de los guardias
¹¹Mientras las mujeres estaban en camino, algunos de los guardias entraron en la ciudad y les contaron a los principales sacerdotes lo que había sucedido. ¹²Se convocó a una reunión con los ancianos, y decidieron dar a los soldados un gran soborno. ¹³Les dijeron: «Ustedes deben decir: "Los discípulos de Jesús vinieron durante la noche, mientras dormíamos, y robaron el cuerpo". ¹⁴Si llega a oídos del gobernador, nosotros los respaldaremos, así no se meterán en problemas». ¹⁵Entonces los guardias aceptaron el soborno y dijeron lo que les habían ordenado. Su historia corrió por todas partes entre los judíos y la siguen contando hasta el día de hoy.

La gran comisión
¹⁶Entonces los once discípulos salieron hacia Galilea y se dirigieron al monte que Jesús les había indicado. ¹⁷Cuando vieron a Jesús, lo adoraron, ¡pero algunos de ellos dudaban! ¹⁸Jesús se acercó y dijo a sus discípulos: «Se me ha dado toda autoridad en el cielo y en la tierra. ¹⁹Por lo tanto, vayan y hagan discípulos de todas las naciones,* bautizándolos en el nombre del Padre y del Hijo y del Espíritu Santo. ²⁰Enseñen a los nuevos discípulos a obedecer todos los mandatos que les he dado. Y tengan por seguro esto: que estoy con ustedes siempre, hasta el fin de los tiempos».

27:62 O *Al día siguiente, luego de la preparación.* 28:1 En griego *Luego del día de descanso, el primer día de la semana.* 28:19 O *todos los grupos étnicos.*

Marcos

AUTOR: JUAN MARCOS | FECHA DE ESCRITURA: 55-65 d. de J. C. | GÉNERO: EVANGELIO

El Evangelio de Marcos es el relato de la vida, el ministerio, los milagros, y las palabras de Jesucristo. En contraste con Mateo, el cual primeramente presentó a Jesús como el «Mesías», Marcos enfatiza la servidumbre del Señor.

CAPÍTULO 1

Juan el Bautista prepara el camino

Ésta es la Buena Noticia acerca de Jesús el Mesías, el Hijo de Dios.* Comenzó ²tal como el profeta Isaías había escrito:

«Mira, envío mi mensajero delante de ti,
y él te preparará tu camino.*
³ Es una voz que clama en el desierto:
"¡Preparen el camino para la venida del
  SEÑOR!
¡Ábranle camino!"»*.

⁴Ese mensajero era Juan el Bautista. Estaba en el desierto y predicaba que la gente debía ser bautizada para demostrar que se había arrepentido de sus pecados y vuelto a Dios para ser perdonada. ⁵Toda la gente de Judea, incluidos los habitantes de Jerusalén, salían para ver y oír a Juan. Y, cuando confesaban sus pecados, él los bautizaba en el río Jordán. ⁶Juan usaba ropa tejida con pelo rústico de camello y llevaba puesto un cinturón de cuero alrededor de la cintura. Se alimentaba con langostas y miel silvestre.

⁷Juan anunciaba: «Pronto viene alguien que es superior a mí, tan superior que ni siquiera soy digno de inclinarme como un esclavo y desatarle las correas de sus sandalias. ⁸Yo los bautizo con* agua, ¡pero él los bautizará con el Espíritu Santo!».

Bautismo y tentación de Jesús

⁹Cierto día, Jesús llegó de Nazaret de Galilea, y Juan lo bautizó en el río Jordán. ¹⁰Cuando Jesús salió del agua, vio que el cielo se abría y el Espíritu Santo descendía sobre él* como una paloma. ¹¹Y una voz dijo desde el cielo: «Tú eres mi Hijo muy amado y me das gran gozo».

¹²Luego el Espíritu lo impulsó a ir al desierto, ¹³donde Jesús fue tentado por Satanás durante cuarenta días. Estaba a la intemperie entre los animales salvajes, y los ángeles lo cuidaban.

¹⁴Más tarde, después del arresto de Juan, Jesús entró en Galilea, donde predicó la Buena Noticia de Dios.* ¹⁵«¡Por fin ha llegado el tiempo prometido por Dios! —anunciaba—. ¡El reino de Dios está cerca! ¡Arrepiéntanse de sus pecados y crean la Buena Noticia!».

Primeros discípulos

¹⁶Cierto día, mientras Jesús caminaba por la orilla del mar de Galilea, vio a Simón* y a su hermano Andrés que echaban la red al agua, porque vivían de la pesca. ¹⁷Jesús los llamó: «Vengan, síganme, ¡y yo les enseñaré cómo pescar personas!». ¹⁸Y enseguida dejaron las redes y lo siguieron.

¹⁹Un poco más adelante por la orilla, Jesús vio a Santiago y a Juan, hijos de Zebedeo, en una barca, reparando las redes. ²⁰Los llamó de inmediato y ellos también lo siguieron, dejando a su padre Zebedeo en la barca con los hombres contratados.

Jesús expulsa a un espíritu maligno

²¹Jesús y sus compañeros fueron al pueblo de Capernaúm. Cuando llegó el día de descanso, Jesús entró en la sinagoga y comenzó a enseñar. ²²La gente quedó asombrada de su enseñanza, porque lo hacía con verdadera autoridad, algo completamente diferente de lo que hacían los maestros de la ley religiosa.

1:1 Algunos manuscritos no incluyen *el Hijo de Dios.*   1:2 Mal 3:1.   1:3 Is 40:3 (versión griega).   1:8 O *en;* también en 1:8b. 1:10 O *hacia él,* o *en él.*   1:14 Algunos manuscritos dicen *la Buena Noticia del reino de Dios.*   1:16 *Simón* es llamado «Pedro» desde 3:16 en adelante.

²³De pronto, un hombre en la sinagoga, que estaba poseído por un espíritu maligno,* comenzó a gritar: ²⁴«¿Por qué te entrometes con nosotros, Jesús de Nazaret? ¿Has venido a destruirnos? ¡Yo sé quién eres: el Santo de Dios!». ²⁵«¡Cállate! —lo interrumpió Jesús y le ordenó—: ¡Sal de este hombre!». ²⁶En ese mismo momento, el espíritu soltó un alarido, dio convulsiones al hombre y luego salió de él.

²⁷El asombro se apoderó de la gente, y todos comenzaron a hablar de lo que había ocurrido. «¿Qué clase de enseñanza nueva es ésta? —se preguntaban con emoción—. ¡Tiene tanta autoridad! ¡Hasta los espíritus malignos obedecen sus órdenes!». ²⁸Las noticias acerca de Jesús corrieron velozmente por toda la región de Galilea.

Jesús sana a mucha gente

²⁹Después Jesús salió de la sinagoga con Santiago y Juan, y fueron a la casa de Simón y Andrés. ³⁰Resulta que la suegra de Simón estaba enferma en cama con mucha fiebre. Se lo contaron a Jesús de inmediato. ³¹Él se acercó a la cama, la tomó de la mano y la ayudó a sentarse. Entonces la fiebre se fue, y ella les preparó una comida.

³²Esa tarde, después de la puesta del sol, le llevaron a Jesús muchos enfermos y endemoniados. ³³El pueblo entero se juntó en la puerta para mirar. ³⁴Entonces Jesús sanó a mucha gente que padecía de diversas enfermedades y expulsó a muchos demonios. Pero, como los demonios sabían quién era él, no los dejó hablar.

Jesús predica en Galilea

³⁵A la mañana siguiente, antes del amanecer, Jesús se levantó y fue a un lugar aislado para orar. ³⁶Más tarde, Simón y los otros salieron a buscarlo. ³⁷Cuando lo encontraron, le dijeron:

—Todos te están buscando.

³⁸Pero Jesús respondió:

—Debemos seguir adelante e ir a otras ciudades, y en ellas también predicaré porque para eso he venido.

³⁹Así que recorrió toda la región de Galilea, predicando en las sinagogas y expulsando demonios.

Jesús sana a un leproso

⁴⁰Un hombre con lepra se acercó, se arrodilló ante Jesús y le suplicó que lo sanara.

—Si tú quieres, puedes sanarme y dejarme limpio —dijo.

⁴¹Movido a compasión,* Jesús extendió la mano y lo tocó.

—Sí quiero —dijo—. ¡Queda sano!

⁴²Al instante, la lepra desapareció y el hombre quedó sano. ⁴³Entonces Jesús lo despidió con una firme advertencia:

⁴⁴—No se lo cuentes a nadie. En cambio, preséntate ante el sacerdote y deja que te examine. Lleva contigo la ofrenda que exige la ley de Moisés a los que son sanados de lepra.* Esto será un testimonio público de que has quedado limpio.

⁴⁵Pero el hombre hizo correr la voz proclamando a todos lo que había sucedido. Como resultado, grandes multitudes pronto rodearon a Jesús, de modo que ya no pudo entrar abiertamente en ninguna ciudad. Tenía que quedarse en lugares apartados, pero aún así gente de todas partes seguía acudiendo a él.

CAPÍTULO 2

Jesús sana a un paralítico

Cuando Jesús regresó a Capernaúm varios días después, enseguida corrió la voz de que había vuelto a casa. ²Pronto la casa donde se hospedaba estaba tan llena de visitas que no había lugar ni siquiera frente a la puerta. Mientras él les predicaba la palabra de Dios, ³llegaron cuatro hombres cargando a un paralítico en una camilla. ⁴Como no podían llevarlo hasta Jesús debido a la multitud, abrieron un agujero en el techo, encima de donde estaba Jesús. Luego bajaron al hombre en la camilla, justo delante de Jesús. ⁵Al ver la fe de ellos, Jesús le dijo al paralítico: «Hijo mío, tus pecados son perdonados».

⁶Pero algunos de los maestros de la ley religiosa que estaban allí sentados pensaron: ⁷«¿Qué es lo que dice? ¡Es una blasfemia! ¡Sólo Dios puede perdonar pecados!».

⁸En ese mismo instante, Jesús supo lo que pensaban, así que les preguntó: «¿Por qué cuestionan eso en su corazón? ⁹¿Qué es más fácil decirle al paralítico: "Tus pecados son perdonados" o "Ponte de pie, toma tu camilla y camina"? ¹⁰Así que les demostraré que el Hijo del Hombre* tiene autoridad en la tierra para perdonar pecados». Entonces Jesús miró al paralítico y dijo: ¹¹«¡Ponte de pie, toma tu camilla y vete a tu casa!».

¹²Y el hombre se levantó de un salto, tomó su camilla y salió caminando entre los espectadores, que habían quedado atónitos. Todos estaban asombrados y alababan a Dios, exclamando: «¡Jamás hemos visto algo así!».

Jesús llama a Leví (Mateo)

¹³Entonces Jesús salió de nuevo a la orilla del lago y enseñó a las multitudes que se acercaban a él. ¹⁴Mientras caminaba, vio a Leví, hijo de Alfeo, sentado en su cabina de cobrador de impuestos. «Sígueme y sé mi discípulo», le dijo Jesús. Entonces Leví se levantó y lo siguió.

1:23 En griego *impuro*; también en 1:26, 27.   1:41 Algunos manuscritos dicen *Por enojo*.   1:44 Ver Lv 14:2-32.
2:10 «Hijo del Hombre» es un título que Jesús empleaba para referirse a sí mismo.

¹⁵ Más tarde, Leví invitó a Jesús y a sus discípulos a una cena en su casa, junto con muchos cobradores de impuestos y otros pecadores de mala fama. (Había mucha de esa clase de gente entre los seguidores de Jesús). ¹⁶ Pero, cuando los maestros de la ley religiosa, que eran fariseos,* lo vieron comer con los cobradores de impuestos y otros pecadores, preguntaron a los discípulos: «¿Por qué come con semejante escoria*?».

¹⁷ Cuando Jesús los oyó, les dijo: «La gente sana no necesita médico, los enfermos sí. No he venido a llamar a los que se creen justos, sino a los que saben que son pecadores».

Discusión sobre el ayuno

¹⁸ Cierta vez que los discípulos de Juan y los fariseos ayunaban, algunas personas se acercaron a Jesús y le preguntaron:

—¿Por qué tus discípulos no ayunan, como lo hacen los discípulos de Juan y los fariseos?

¹⁹ Jesús les contestó:

—¿Acaso los invitados de una boda ayunan mientras festejan con el novio? Por supuesto que no. No pueden ayunar mientras el novio está con ellos. ²⁰ Pero un día el novio será llevado, y entonces sí ayunarán.

²¹ »Además, ¿a quién se le ocurriría remendar una prenda vieja con tela nueva? Pues el remiendo nuevo encogería y se desprendería de la tela vieja, lo cual dejaría una rotura aún mayor que la anterior.

²² »Y nadie pone vino nuevo en cueros viejos. Pues el vino reventaría los cueros, y tanto el vino como los cueros se echarían a perder. El vino nuevo necesita cueros nuevos.

Discusión sobre el día de descanso

²³ Cierto día de descanso, mientras Jesús caminaba por unos terrenos sembrados, sus discípulos comenzaron a arrancar espigas de grano para comer. ²⁴ Pero los fariseos le dijeron a Jesús:

—Mira, ¿por qué tus discípulos violan la ley al cosechar granos el día de descanso?

²⁵ Jesús les dijo:

—¿Acaso no han leído en las Escrituras lo que hizo David cuando él y sus compañeros tuvieron hambre? ²⁶ Entró en la casa de Dios (en el tiempo que Abiatar era sumo sacerdote) y violó la ley al comer los panes sagrados que sólo a los sacerdotes se les permite comer. También les dio una porción a sus compañeros.

²⁷ Después Jesús les dijo:

—El día de descanso se hizo para satisfacer las necesidades de la gente, y no para que la gente satisfaga los requisitos del día de descanso. ²⁸ Así que el Hijo del Hombre es Señor ¡incluso del día de descanso!

CAPÍTULO **3**

Jesús sana en el día de descanso

Jesús entró de nuevo en la sinagoga y vio a un hombre que tenía una mano deforme. ²ᐟComo era el día de descanso, los enemigos de Jesús lo vigilaban de cerca. Si sanaba la mano del hombre, tenían pensado acusarlo por trabajar en el día de descanso.

³ Jesús le dijo al hombre con la mano deforme: «Ven y ponte de pie frente a todos». ⁴ Luego se dirigió a sus acusadores y les preguntó: «¿Permite la ley hacer buenas acciones en el día de descanso o es un día para hacer el mal? ¿Es un día para salvar la vida o para destruirla?». Pero ellos no quisieron contestarle.

⁵ Jesús miró con enojo a los que lo rodeaban, profundamente entristecido por la dureza de su corazón. Entonces le dijo al hombre: «Extiende la mano». Entonces el hombre la extendió, ¡y la mano quedó restaurada! ⁶ Los fariseos salieron enseguida y se reunieron con los partidarios de Herodes para tramar cómo matar a Jesús.

La multitud sigue a Jesús

⁷ Jesús fue al lago con sus discípulos, y una gran multitud lo siguió. La gente llegaba de toda Galilea, Judea, ⁸ Jerusalén, Idumea, del este del río Jordán y de lugares tan al norte como Tiro y Sidón. Las noticias sobre sus milagros corrían por todas partes, y una enorme cantidad de personas llegó para verlo.

⁹ Jesús encargó a sus discípulos que prepararan una barca para que la multitud no lo apretujara. ¹⁰ Ese día sanó a tanta gente, que todos los enfermos empujaban hacia adelante para poder tocarlo. ¹¹ Y, cuando los que estaban poseídos por espíritus malignos* lo veían, los espíritus los arrojaban al suelo frente a él y gritaban: «¡Tú eres el Hijo de Dios!». ¹² Pero Jesús ordenó severamente a los espíritus que no revelaran quién era él.

Jesús escoge a los doce apóstoles

¹³ Tiempo después Jesús subió a un monte y llamó a los que quería que lo acompañaran. Todos ellos se acercaron a él. ¹⁴ Luego nombró a doce de ellos y los llamó sus apóstoles.* Ellos lo acompañarían, y él los enviaría a predicar ¹⁵ y les daría autoridad para expulsar demonios. ¹⁶ Estos son los doce que escogió:

Simón (a quien llamó Pedro),
¹⁷ Santiago y Juan (los hijos de Zebedeo, a quienes Jesús apodó «hijos del trueno»*),

---

2:16a En griego *los escribas de los fariseos.*   2:16b En griego *con cobradores de impuestos y pecadores?*   3:11 En griego *impuros;* también en 3:30.   3:14 Algunos manuscritos no incluyen *y los llamó sus apóstoles.*   3:17 En griego *a quienes llamó Boanerges, que significa hijos del trueno.*

¹⁸ Andrés,
Felipe,
Bartolomé,
Mateo,
Tomás,
Santiago (hijo de Alfeo),
Tadeo,
Simón (el zelote*),
¹⁹ Judas Iscariote (quien después lo traicionó).

Jesús y el príncipe de los demonios

²⁰ Cierta vez, Jesús entró en una casa y las multitudes empezaron a juntarse nuevamente. Pronto ni él ni sus discípulos encontraron un momento para comer. ²¹ Cuando sus familiares oyeron lo que sucedía, intentaron llevárselo. «Está fuera de sí», decían.

²² Pero los maestros de la ley religiosa que habían llegado de Jerusalén decían: «Está poseído por Satanás,* el príncipe de los demonios. De él recibe el poder para expulsar los demonios». ²³ Jesús los llamó para que se acercaran y respondió con una ilustración. «¿Cómo puede Satanás expulsar a Satanás? —preguntó—. ²⁴ Un reino dividido por una guerra civil, acabará destruido. ²⁵ De la misma manera una familia dividida por peleas se desintegrará. ²⁶ Y, si Satanás está dividido y pelea contra sí mismo, ¿cómo podrá mantenerse en pie? Nunca sobreviviría. ²⁷ Permítanme darles otra ilustración. ¿Quién tiene suficiente poder para entrar en la casa de un hombre fuerte como Satanás y saquear sus bienes? Sólo alguien aún más fuerte, alguien que pudiera atarlo y después saquear su casa. ²⁸»Les digo la verdad, cualquier pecado y blasfemia pueden ser perdonados, ²⁹ pero todo el que blasfeme contra el Espíritu Santo jamás será perdonado. Éste es un pecado que acarrea consecuencias eternas». ³⁰ Les dijo esto porque ellos decían: «Está poseído por un espíritu maligno».

La verdadera familia de Jesús

³¹ Luego la madre y los hermanos de Jesús vinieron a verlo. Se quedaron afuera y le mandaron a decir que saliera para hablar con ellos. ³² Había una multitud sentada alrededor de Jesús, y alguien dijo: «Tu madre y tus hermanos* están afuera y te llaman». ³³ Jesús respondió: «¿Quién es mi madre? ¿Quiénes son mis hermanos?». ³⁴ Entonces miró a los que estaban a su alrededor y dijo: «Miren, estos son mi madre y mis hermanos. ³⁵ Todo el que hace la voluntad de Dios es mi hermano y mi hermana y mi madre».

CAPÍTULO 4

Parábola del agricultor que esparce semillas

Una vez más Jesús comenzó a enseñar a la orilla del lago. Pronto se reunió una gran multitud alrededor de él, así que entró en una barca. Luego se sentó en la barca, mientras que toda la gente permanecía en la orilla. ² Les enseñaba por medio de historias que contaba en forma de parábola, como la siguiente:

³ «¡Escuchen! Un agricultor salió a sembrar. ⁴ A medida que esparcía la semilla por el campo, algunas cayeron sobre el camino y los pájaros vinieron y se las comieron. ⁵ Otras cayeron en tierra poco profunda con roca abajo. Las semillas germinaron con rapidez porque la tierra era poco profunda. ⁶ Pero pronto las plantas se marchitaron bajo el calor del sol y, como no tenían raíces profundas, murieron. ⁷ Otras semillas cayeron entre espinos, los cuales crecieron y ahogaron los brotes, así que esos brotes no produjeron grano. ⁸ Pero otras semillas cayeron en tierra fértil, y germinaron y crecieron ¡y produjeron una cosecha que fue treinta, sesenta y hasta cien veces más numerosa de lo que se había sembrado!». ⁹ Luego les dijo: «El que tenga oídos para oír, que escuche y entienda».

¹⁰ Más tarde, cuando Jesús se quedó a solas con los doce discípulos y con las demás personas que se habían reunido, le preguntaron el significado de las parábolas.

¹¹ Él contestó: «A ustedes se les permite entender el secreto* del reino de Dios. Pero utilizo parábolas para hablarles a los de afuera, ¹² para que se cumplan las Escrituras:

"Cuando ellos vean lo que hago,
no aprenderán nada.
Cuando oigan lo que digo,
no entenderán.
De lo contrario, se volverían a mí
y serían perdonados"*».

¹³ Luego Jesús les dijo: «Si no pueden entender el significado de esta parábola, ¿cómo entenderán las demás parábolas? ¹⁴ El agricultor siembra las semillas al llevar la palabra de Dios a otros. ¹⁵ Las semillas que cayeron en el camino representan a los que oyen el mensaje, pero enseguida viene Satanás y las quita. ¹⁶ Las semillas sobre la tierra rocosa representan a los que oyen el mensaje y de inmediato lo reciben con alegría; ¹⁷ pero, como no tienen raíces profundas, no duran mucho. En cuanto tienen problemas o son perseguidos por creer la palabra de Dios, caen. ¹⁸ Las semillas que cayeron entre los espinos representan a los que oyen la palabra de Dios, ¹⁹ pero muy pronto el mensaje

---

3:18 En griego el cananeo, un término arameo para referirse a los judíos nacionalistas.   3:22 En griego Beelzeboul; otros manuscritos dicen Beezeboul; la versión latina dice Beelzebú.   3:32 Algunos manuscritos incluyen y hermanas.   4:11 En griego misterio.   4:12 Is 6:9-10 (versión griega).

queda desplazado por las preocupaciones de esta vida, el atractivo de la riqueza y el deseo por otras cosas, así que no se produce ningún fruto. ²⁰Y las semillas que cayeron en la buena tierra representan a los que oyen y aceptan la palabra de Dios ¡y producen una cosecha treinta, sesenta y hasta cien veces más numerosa de lo que había sembrado!».

Parábola de la lámpara

²¹Entonces Jesús les preguntó: «¿Acaso alguien encendería una lámpara y luego la pondría debajo de una canasta o de una cama? ¡Claro que no! Una lámpara se coloca en un lugar alto, donde su luz alumbre. ²²Pues todo lo que está escondido tarde o temprano se descubrirá y todo secreto saldrá a la luz. ²³El que tenga oídos para oír debería escuchar y entender».

²⁴Luego agregó: «Presten mucha atención a lo que oyen. Cuanto más atentamente escuchen, tanto más entendimiento les será dado,* y se les dará aún más. ²⁵A los que escuchan mis enseñanzas se les dará más entendimiento. Pero a los que no escuchan, se les quitará aun lo poco que entiendan».

Parábola de la semilla que crece

²⁶Jesús también dijo: «El reino de Dios es como un agricultor que esparce semilla en la tierra. ²⁷Día y noche, sea que él esté dormido o despierto, la semilla brota y crece, pero él no entiende cómo sucede. ²⁸La tierra produce las cosechas por sí sola. Primero aparece una hoja, luego se forma la espiga y finalmente el grano madura. ²⁹Tan pronto como el grano está listo, el agricultor lo corta con la hoz porque ha llegado el tiempo de la cosecha».

Parábola de la semilla de mostaza

³⁰Jesús dijo: «¿Cómo puedo describir el reino de Dios? ¿Qué relato emplearé para ilustrarlo? ³¹Es como una semilla de mostaza sembrada en la tierra. Es la más pequeña de todas las semillas, ³²pero se convierte en la planta más grande del huerto; sus ramas llegan a ser tan grandes que los pájaros hacen nidos bajo su sombra».

³³Jesús empleó muchas historias e ilustraciones similares para enseñar a la gente, tanto como pudieran entender. ³⁴De hecho, durante su ministerio público nunca enseñó sin usar parábolas; pero después, cuando estaba a solas con sus discípulos, les explicaba todo a ellos.

Jesús calma la tormenta

³⁵Al atardecer, Jesús dijo a sus discípulos: «Crucemos al otro lado del lago». ³⁶Así que, dejaron

4:24 O *La medida que ustedes den será la medida que recibirán.*

JESÚS ESTÁ CON NOSOTROS EN LAS TORMENTAS DE LA VIDA

Lee MARCOS 4:35-41

Esta historia nos muestra que Dios está con nosotros y que tiene el control, aun en medio de las más desesperadas circunstancias. Aquí hallamos a los discípulos, varios de ellos experimentados pescadores y marineros, aterrorizados porque creían que perecerían en esta tormenta. Aunque Jesús estaba con ellos en la barca, pensaron que a él no le interesaba la grave situación que estaban atravesando. Pero Jesús deseaba que ellos descubrieran tres importantes lecciones:

1. Jesús siempre está consciente de nuestra situación. Aunque Jesús, siendo humano, necesitaba dormir para darle descanso a su agotado cuerpo, estaba consciente de la necesidad de sus discípulos. En el momento que uno de ellos clamó a él, respondió inmediata y poderosamente. Aunque los rugidos de la tormenta no lo despertaban, lo despertó el clamor de uno de sus discípulos. El Salmo 121:3 dice: «Él no permitirá que tropieces; el que te cuida no se dormirá».

2. Jesús responderá a tu pedido de ayuda. El Señor hará lo mismo por ti en medio de tus pruebas. A veces nos deja llegar hasta la desesperación para que reconozcamos que él es nuestra única esperanza. Él desea que nosotros reconozcamos, por decirlo así, que él «está en el barco» junto con nosotros.

3. Tú puedes vencer. Cada uno de nosotros va a enfrentar dificultades. Pero sólo el que es hijo de Dios tiene la promesa de que Dios estará con él en medio de la tormenta. Al igual que Jesús no abandonó a sus discípulos, de la misma manera Dios no te dejará abandonado en medio de tu problema. Aunque no te promete una navegación tranquila, sí te promete un pasaje seguro. Pablo nos recuerda: «Y estoy seguro de que Dios, quien comenzó la buena obra en ustedes, la continuará hasta que quede completamente terminada el día que Cristo Jesús vuelva» (Filipenses 1:6).

Para leer la próxima nota de «Sé fuerte en las pruebas», ve a la pág. A43.

a las multitudes y salieron con Jesús en la barca (aunque otras barcas los siguieron). [37] Pero pronto se desató una tormenta feroz. Olas violentas entraban en la barca, la cual empezó a llenarse de agua. [38] Jesús estaba dormido en la parte posterior de la barca, con la cabeza recostada en una almohada. Los discípulos lo despertaron: «¡Maestro, no te importa que nos ahoguemos!» —gritaron. [39] Cuando Jesús se despertó, reprendió al viento y dijo a las olas: «¡Silencio! ¡Cálmense!». De repente, el viento se detuvo y hubo una gran calma. [40] Luego él les preguntó: «¿Por qué tienen miedo? ¿Todavía no tienen fe?».

[41] Los discípulos estaban completamente aterrados. «¿Quién es este hombre? —se preguntaban unos a otros—. ¡Hasta el viento y las olas lo obedecen!».

CAPÍTULO 5

Jesús sana a un hombre endemoniado

Entonces llegaron al otro lado del lago, a la región de los gerasenos.* [2] Cuando Jesús bajó de la barca, un hombre poseído por un espíritu maligno* salió del cementerio a su encuentro. [3] Este hombre vivía entre las cuevas de entierro y ya nadie podía sujetarlo ni siquiera con cadenas. [4] Siempre que lo ataban con cadenas y grilletes —lo cual le hacían a menudo—, él rompía las cadenas de sus muñecas y destrozaba los grilletes. No había nadie con suficiente fuerza para someterlo. [5] Día y noche vagaba entre las cuevas donde enterraban a los muertos y por las colinas, aullando y cortándose con piedras afiladas.

[6] Cuando Jesús todavía estaba a cierta distancia, el hombre lo vio, corrió a su encuentro y se inclinó delante de él. [7] Dando un alarido, gritó: «¿Por qué te entrometes conmigo, Jesús, Hijo del Dios Altísimo? ¡En el nombre de Dios, te suplico que no me tortures!». [8] Pues Jesús ya le había dicho al espíritu: «Sal de este hombre, espíritu maligno».

[9] Entonces Jesús le preguntó:

—¿Cómo te llamas?

Y él contestó:

—Me llamo Legión, porque somos muchos los que estamos dentro de este hombre.

[10] Entonces los espíritus malignos le suplicaron una y otra vez que no los enviara a un lugar lejano. [11] Sucedió que había una gran manada de cerdos alimentándose en una ladera cercana. [12] «Envíanos a esos cerdos —suplicaron los espíritus—. Déjanos entrar en ellos». [13] Entonces Jesús les dio permiso. Los espíritus malignos salieron del hombre y entraron

en los cerdos, y toda la manada de unos dos mil cerdos se lanzó al lago por el precipicio y se ahogó en el agua.

[14] Los hombres que cuidaban los cerdos huyeron a la ciudad cercana y sus alrededores, difundiendo la noticia mientras corrían. La gente salió corriendo para ver lo que había pasado. [15] Pronto una multitud se juntó alrededor de Jesús, y todos vieron al hombre que había estado poseído por la legión de demonios. Se encontraba sentado allí, completamente vestido y en su sano juicio, y todos tuvieron miedo. [16] Entonces los que habían visto lo sucedido, les contaron a los otros lo que había ocurrido con el hombre poseído por los demonios y con los cerdos. [17] Y la multitud comenzó a rogarle a Jesús que se fuera y los dejara en paz.

[18] Mientras Jesús entraba en la barca, el hombre que había estado poseído por los demonios le suplicaba que le permitiera acompañarlo. [19] Pero Jesús le dijo: «No. Ve a tu casa y a tu familia y diles todo lo que el Señor ha hecho por ti y lo misericordioso que ha sido contigo». [20] Así que el hombre salió a visitar las Diez Ciudades* de esa región y comenzó a proclamar las grandes cosas que Jesús había hecho por él; y todos quedaban asombrados de lo que les decía.

Jesús sana en respuesta a la fe

[21] Jesús entró de nuevo en la barca y regresó al otro lado del lago, donde una gran multitud se juntó alrededor de él en la orilla. [22] Entonces llegó uno de los líderes de la sinagoga local, llamado Jairo. Cuando vio a Jesús, cayó a sus pies [23] y le rogó con fervor: «Mi hijita se está muriendo —dijo—. Por favor, ven y pon tus manos sobre ella para que se sane y viva».

[24] Jesús fue con él, y toda la gente lo siguió, apretujada a su alrededor. [25] Una mujer de la multitud hacía doce años que sufría una hemorragia continua. [26] Había sufrido mucho con varios médicos y, a lo largo de los años, había gastado todo lo que tenía para poder pagarles, pero nunca mejoró. De hecho, se puso peor. [27] Ella había oído de Jesús, así que se le acercó por detrás entre la multitud y tocó su túnica. [28] Pues pensó: «Si tan sólo tocara su túnica, quedaré sana». [29] Al instante, la hemorragia se detuvo, y ella pudo sentir en su cuerpo que había sido sanada de su terrible condición.

[30] Jesús se dio cuenta de inmediato de que había salido poder sanador de él, así que se dio vuelta y preguntó a la multitud: «¿Quién tocó mi túnica?».

[31] Sus discípulos le dijeron: «Mira a la multitud que te apretuja por todos lados. Cómo puedes preguntar: "¿Quién me tocó?"».

5:1 Otros manuscritos dicen *gadarenos;* incluso otros dicen *gergesenos.* Ver Mt 8:28; Lc 8:26.   **5:2** En griego *impuro;* también en 5:8, 13.   **5:20** En griego *Decápolis.*

³²Pero él siguió mirando a su alrededor para ver quién lo había hecho. ³³Entonces la mujer, asustada y temblando al darse cuenta de lo que le había pasado, se le acercó y se arrodilló delante de él y le confesó lo que había hecho. ³⁴Y él le dijo: «Hija, tu fe te ha sanado. Ve en paz. Se acabó tu sufrimiento».

³⁵Mientras él todavía hablaba con ella, llegaron mensajeros de la casa de Jairo, el líder de la sinagoga y le dijeron: «Tu hija está muerta. Ya no tiene sentido molestar al Maestro».

³⁶Pero Jesús, oyó* lo que decían y le dijo a Jairo: «No tengas miedo. Sólo ten fe».

³⁷Jesús detuvo a la multitud y no dejó que nadie fuera con él excepto Pedro, Santiago y Juan (el hermano de Santiago). ³⁸Cuando llegaron a la casa del líder de la sinagoga, Jesús vio el alboroto y que había muchos llantos y lamentos. ³⁹Entró y preguntó: «¿Por qué tanto alboroto y llanto? La niña no está muerta; sólo duerme». ⁴⁰La gente se rió de él. Pero él hizo que todos salieran y llevó al padre y a la madre de la muchacha y a sus tres discípulos a la habitación donde estaba la niña. ⁴¹La tomó de la mano y le dijo: *«Talita cum»* (que significa «¡niña, levántate!»). ⁴²Y la niña, que tenía doce años, ¡enseguida se puso de pie y caminó! Los presentes quedaron conmovidos y totalmente asombrados. ⁴³Jesús dio órdenes estrictas de que no le dijeran a nadie lo que había sucedido y entonces les dijo que le dieran de comer a la niña.

CAPÍTULO 6

Jesús es rechazado en Nazaret

Jesús salió de esa región y regresó con sus discípulos a Nazaret, su pueblo. ²El siguiente día de descanso, comenzó a enseñar en la sinagoga, y muchos de los que lo oían quedaban asombrados. Preguntaban: «¿De dónde sacó toda esa sabiduría y el poder para realizar semejantes milagros?». ³Y se burlaban: «Es un simple carpintero, hijo de María* y hermano de Santiago, José,* Judas y Simón. Y sus hermanas viven aquí mismo entre nosotros». Se sentían profundamente ofendidos y se negaron a creer en él.

⁴Entonces Jesús les dijo: «Un profeta recibe honra en todas partes menos en su propio pueblo y entre sus parientes y su propia familia». ⁵Y, debido a la incredulidad de ellos, Jesús no pudo hacer ningún milagro entre ellos, excepto poner sus manos sobre algunos enfermos y sanarlos. ⁶Y estaba asombrado de su incredulidad.

Jesús envía a los doce discípulos

Después Jesús fue de aldea en aldea enseñando a la gente. ⁷Reunió a sus doce discípulos, co-menzó a enviarlos de dos en dos y les dio autoridad para expulsar espíritus malignos.* ⁸Les dijo que no llevaran nada para el viaje —ni comida, ni bolso de viaje, ni dinero*— sino sólo un bastón. ⁹Les permitió llevar sandalias pero no una muda de ropa.

¹⁰Les dijo: «Por todo lugar que vayan, quédense en la misma casa hasta salir de la ciudad. ¹¹Pero si en algún lugar se niegan a recibirlos o a escucharlos, sacúdanse el polvo de los pies al salir para mostrar que abandonan a esas personas a su suerte».

¹²Entonces los discípulos salieron y decían a todos que se arrepintieran de sus pecados y volvieran a Dios. ¹³También expulsaban muchos demonios y sanaban a muchos enfermos ungiéndolos con aceite de oliva.

Muerte de Juan el Bautista

¹⁴El rey Herodes Antipas pronto oyó hablar de Jesús, porque todos hablaban de él. Algunos decían:* «Éste debe ser Juan el Bautista que resucitó de los muertos. Por eso puede hacer semejantes milagros». ¹⁵Otros decían: «Es Elías». Incluso otros afirmaban: «Es un profeta como los grandes profetas del pasado».

¹⁶Cuando Herodes oyó hablar de Jesús, dijo: «Juan, el hombre que yo decapité, ha regresado de los muertos».

¹⁷Pues Herodes había enviado soldados para arrestar y encarcelar a Juan para hacerle un favor a Herodías. Él se casó con ella a pesar de que era esposa de su hermano, Felipe. ¹⁸Juan le había estado diciendo a Herodes: «Es contra la ley de Dios que te cases con la esposa de tu hermano». ¹⁹Por eso Herodías le guardaba rencor a Juan y quería matarlo. Pero, sin el visto bueno de Herodes, ella no podía hacer nada, ²⁰porque Herodes respetaba a Juan y lo protegía porque sabía que era un hombre bueno y santo. Herodes se inquietaba mucho siempre que hablaba con Juan, pero aun así le gustaba escucharlo.

²¹Finalmente, Herodías tuvo su oportunidad en el cumpleaños de Herodes. Él dio una fiesta para los altos funcionarios de su gobierno, los oficiales del ejército y los ciudadanos prominentes de Galilea. ²²Luego la hija del rey, también llamada Herodías,* entró y bailó una danza que agradó mucho a Herodes y a sus invitados. «Pídeme lo que quieras —le dijo el rey a la muchacha— y te lo daré». ²³Incluso juró: «Te daré cualquier cosa que me pidas, ¡hasta la mitad de mi reino!».

²⁴Ella salió y le preguntó a su madre:
—¿Qué debo pedir?
Su madre le dijo:

5:36 O *ignoró.*   6:3a Algunos manuscritos dicen *Él es sólo el hijo del carpintero y de María.*   6:3b La mayoría de los manuscritos dicen *Joses;* ver Mt 13:55.   6:7 En griego *impuros.*   6:8 En griego *ni monedas de cobre en su cinturón.*   6:14 Algunos manuscritos dicen *Él decía.*   6:22 Algunos manuscritos dicen *la hija de la propia Herodías.*

—¡Pide la cabeza de Juan el Bautista!

²⁵Así que la muchacha regresó de prisa y le dijo al rey:

—¡Quiero ahora mismo la cabeza de Juan el Bautista en una bandeja!

²⁶Entonces el rey se arrepintió profundamente de lo que había dicho pero, debido a los juramentos que había hecho delante de sus invitados, no le podía negar lo que pedía. ²⁷Así que envió de inmediato a un verdugo a la prisión para que le cortara la cabeza a Juan y luego se la trajera. El soldado decapitó a Juan en la prisión, ²⁸trajo su cabeza en una bandeja y se la dio a la muchacha, quien se la llevó a su madre. ²⁹Cuando los discípulos de Juan oyeron lo que había sucedido, fueron a buscar el cuerpo y lo pusieron en una tumba.

Jesús alimenta a cinco mil

³⁰Los apóstoles regresaron de su viaje y le contaron a Jesús todo lo que habían hecho y enseñado. ³¹Entonces Jesús les dijo: «Vayamos solos a un lugar tranquilo para descansar un rato». Lo dijo porque había tanta gente que iba y venía que Jesús y sus apóstoles no tenían tiempo ni para comer.

³²Así que salieron en la barca a un lugar tranquilo, donde pudieran estar a solas. ³³Pero muchos los reconocieron y los vieron salir, y de muchos pueblos gente corrió a lo largo de la orilla y llegó antes que ellos. ³⁴Cuando Jesús salió de la barca, vio a la gran multitud y tuvo compasión de ellos, porque eran como ovejas sin pastor. Entonces comenzó a enseñarles muchas cosas.

³⁵Al atardecer, los discípulos se le acercaron y le dijeron:

—Éste es un lugar alejado y ya se está haciendo tarde. ³⁶Despide a las multitudes para que puedan ir a las granjas y aldeas cercanas a comprar algo de comer.

³⁷Pero Jesús dijo:

—Denles ustedes de comer.

—¿Con qué? —preguntaron—. ¡Tendríamos que trabajar durante meses para ganar suficiente* a fin de comprar comida para toda esta gente!

³⁸—¿Cuánto pan tienen? —preguntó—. Vayan y averigüen.

Ellos regresaron e informaron:

—Tenemos cinco panes y dos pescados.

³⁹Entonces Jesús les dijo a los discípulos que sentaran a la gente en grupos sobre la hierba verde. ⁴⁰Así que se sentaron en grupos de cincuenta y de cien. ⁴¹Jesús tomó los cinco panes y los dos pesca-

dos, miró hacia el cielo y los bendijo. Luego, a medida que partía los panes en trozos, se los daba a sus discípulos para que los distribuyeran entre la gente. También dividió los pescados para que cada persona tuviera su porción. ⁴²Todos comieron cuanto quisieron, ⁴³y después los discípulos juntaron doce canastas con lo que sobró de pan y pescado. ⁴⁴¡Un total de cinco mil hombres y sus familias se alimentaron de esos panes!

Jesús camina sobre el agua

⁴⁵Inmediatamente después, Jesús insistió en que sus discípulos regresaran a la barca y comenzara a cruzar el lago hacia Betsaida mientras él enviaba a la gente a casa. ⁴⁶Después de despedirse de la gente, subió a las colinas para orar a solas.

⁴⁷Muy tarde esa misma noche, los discípulos estaban en la barca en medio del lago y Jesús estaba en tierra, solo. ⁴⁸Jesús vio que ellos se encontraban en serios problemas, pues remaban con mucha fuerza y luchaban contra el viento y las olas. A eso de las tres de la madrugada,* Jesús se acercó a ellos caminando sobre el agua. Su intención era pasarlos de largo ⁴⁹pero, cuando los discípulos lo vieron caminar sobre el agua, gritaron de terror pues pensaron que era un fantasma. ⁵⁰Todos quedaron aterrados al verlo.

Pero Jesús les habló de inmediato: «¡Tengan ánimo! ¡Yo estoy aquí!* ¡No tengan miedo!».

⁵¹Entonces subió a la barca, y el viento se detuvo. Ellos estaban totalmente asombrados ⁵²porque todavía no entendían el significado del milagro de los panes. Tenían el corazón demasiado endurecido para comprenderlo.

⁵³Después de cruzar el lago, arribaron a Genesaret. Llevaron la barca hasta la orilla ⁵⁴y bajaron. Los habitantes reconocieron a Jesús enseguida ⁵⁵y corrieron por toda la región llevando a los enfermos en camillas hasta donde oían que él estaba. ⁵⁶Por donde iba —fueran aldeas, ciudades o granjas— le llevaban enfermos a las plazas. Le suplicaban que permitiera a los enfermos tocar al menos el fleco de su túnica, y todos los que lo tocaban a Jesús eran sanados.

CAPÍTULO **7**

Jesús enseña sobre la pureza interior

Cierto día, algunos fariseos y maestros de la ley religiosa llegaron desde Jerusalén para ver a Jesús. ²Notaron que algunos de sus discípulos no seguían el ritual judío de lavarse las manos antes de comer. ³(Los judíos, sobre todo los fariseos, no comen si antes no han derramado agua sobre el hueco de sus manos,* como exigen sus tradiciones antiguas. ⁴Tampoco comen nada del mercado sin antes sumergir sus manos* en agua. Ésa es sólo una de las tantas tradiciones a las que se han aferrado, tal como el lavado ceremonial de vasos, jarras y vasijas de metal).*

⁵Entonces los fariseos y maestros de la ley religiosa le preguntaron:

—¿Por qué tus discípulos no siguen nuestra antigua tradición? Ellos comen sin antes realizar la ceremonia de lavarse las manos.

⁶Jesús contestó:

—¡Hipócritas! Isaías tenía razón cuando profetizó acerca de ustedes, porque escribió:

"Este pueblo me honra con sus labios,
  pero su corazón está lejos de mí.
⁷ Su adoración es una farsa
  porque enseñan ideas humanas como si
  fueran mandatos de Dios"*.

⁸»Pues ustedes pasan por alto la ley de Dios y la reemplazan con su propia tradición.

⁹Entonces dijo:

—Ustedes esquivan hábilmente la ley de Dios para aferrarse a su propia tradición. ¹⁰Por ejemplo, Moisés les dio la siguiente ley de Dios: "Honra a tu padre y a tu madre" y "Cualquiera que hable irrespetuosamente de su padre o de su madre* tendrá que morir"*. ¹¹Pero ustedes dicen que está bien que uno le diga a sus padres: "Lo siento, no puedo ayudarlos porque he jurado darle a Dios lo que les hubiera dado a ustedes"*. ¹²De esta manera, ustedes permiten que la gente desatienda a sus padres necesitados. ¹³Y entonces anulan la palabra de Dios para transmitir su propia tradición. Y éste es sólo un ejemplo entre muchos otros.

¹⁴Luego Jesús llamó a la multitud para que se acercara y oyera. «Escuchen, todos ustedes, y traten de entender. ¹⁵Lo que entra en el cuerpo no es lo que los contamina; ustedes se contaminan por lo que sale de su corazón»*.

¹⁷Luego Jesús entró en una casa para alejarse de la multitud, y sus discípulos le preguntaron qué quiso decir con la parábola que acababa de emplear. ¹⁸«¿Ustedes tampoco entienden? —preguntó—. ¿No se dan cuenta de que la comida que introducen en su cuerpo no puede contaminarlos? ¹⁹La comida no entra en su corazón, sólo pasa a través del estómago y luego termina en la cloaca». (Al decir eso, declaró que toda clase de comida es aceptable a los ojos de Dios).

²⁰Y entonces agregó: «Es lo que sale de su interior lo que los contamina. ²¹Pues de adentro, del corazón de la persona, salen los malos pensamientos, la inmoralidad sexual, el robo, el asesinato, ²²el adulterio, la avaricia, la perversidad, el engaño, los deseos sensuales, la envidia, la calumnia, el orgullo y la necedad. ²³Todas esas vilezas provienen de adentro; esas son las que los contaminan».

La fe de una mujer no judía

²⁴Luego Jesús salió de Galilea y se dirigió al norte, a la región de Tiro.* No quería que nadie supiera en qué casa se hospedaba, pero no pudo ocultarlo. ²⁵Enseguida una mujer que había oído de él se acercó y cayó a sus pies. Su hijita estaba poseída por un espíritu maligno,* ²⁶y ella le suplicó que expulsara al demonio de su hija.

Como la mujer no era judía, sino nacida en la región de Fenicia que está en Siria, ²⁷Jesús le dijo:

—Primero debo alimentar a los hijos, a mi propia familia, los judíos.* No está bien tomar la comida de los hijos y arrojársela a los perros.

²⁸—Es verdad, Señor —respondió ella—, pero hasta a los perros que están debajo de la mesa se les permite comer las sobras del plato de los hijos.

²⁹—¡Buena respuesta! —le dijo Jesús—. Ahora vete a tu casa, porque el demonio ha salido de tu hija.

³⁰Y, cuando ella llegó a su casa, encontró a su hijita tranquila recostada en la cama, y el demonio se había ido.

Jesús sana a un sordo

³¹Jesús salió de Tiro y subió hasta Sidón antes de regresar al mar de Galilea y a la región de las Diez Ciudades.* ³²Le trajeron a un hombre sordo con un defecto del habla, y la gente le suplicó a Jesús que pusiera sus manos sobre el hombre para sanarlo.

³³Jesús lo llevó aparte de la multitud para poder estar a solas con él. Metió sus dedos en los oídos del hombre. Después escupió sobre sus propios dedos y tocó la lengua del hombre. ³⁴Mirando al cielo, suspiró y dijo: «*Efatá*», que significa «¡Ábranse!». ³⁵Al instante el hombre pudo oír perfectamente bien y se le desató la lengua, de modo que hablaba con total claridad.

³⁶Jesús le dijo a la multitud que no lo contaran a nadie, pero cuanto más les pedía que no lo hicieran, tanto más hacían correr la voz. ³⁷Quedaron completamente asombrados y decían una y otra vez: «Todo lo que él hace es maravilloso. Hasta hace oír a los sordos y da la capacidad de hablar al que no puede hacerlo».

7:4a Algunos manuscritos dicen *rociarse*.   7:4b Algunos manuscritos incluyen *y divanes del comedor*.   7:7 Is 29:13 (versión griega).   7:10a Éx 20:12; Dt 5:16.   7:10b Éx 21:17 (versión griega); Lv 20:9 (versión griega).   7:11 En griego "Lo que pudiera haberte dado es corbán" (esto es, un regalo). Comparar 4:9, 23.   7:15 Algunos manuscritos incluyen el versículo 16: *El que tenga oídos debe escuchar y entender*. Comparar 4:9, 23.   7:24 Algunos manuscritos incluyen *y Sidón*.   7:25 En griego *impuro*.   7:27 En griego *Permite que los hijos coman primero*.   7:31 En griego *Decápolis*.

CAPÍTULO **8**

Jesús alimenta a cuatro mil

En esos días, se reunió otra gran multitud, y de nuevo la gente quedó sin alimentos. Jesús llamó a sus discípulos y les dijo: ²—Siento compasión por ellos. Han estado aquí conmigo durante tres días y no les queda nada para comer. ³Si los envío a sus casas con hambre, se desmayarán en el camino porque algunos han venido desde muy lejos.

⁴Sus discípulos respondieron:

—¿Cómo vamos a conseguir comida suficiente para darles de comer aquí en el desierto?

⁵—¿Cuánto pan tienen? —preguntó Jesús.

—Siete panes —contestaron ellos.

⁶Entonces Jesús le dijo a la gente que se sentara en el suelo. Luego tomó los siete panes, dio gracias a Dios por ellos, los partió en trozos y se los dio a sus discípulos, quienes repartieron el pan entre la multitud. ⁷También encontraron unos pescaditos, así que Jesús los bendijo y pidió a sus discípulos que los repartieran.

⁸Ellos comieron cuanto quisieron. Después los discípulos recogieron siete canastas grandes con la comida que sobró. ⁹Ese día había unas cuatro mil personas en la multitud, y Jesús las envió a sus casas luego de que comieron. ¹⁰Inmediatamente después, subió a una barca con sus discípulos y cruzó a la región de Dalmanuta.

Los fariseos exigen una señal milagrosa

¹¹Cuando los fariseos oyeron que Jesús había llegado, se acercaron y comenzaron a discutir con él. Para ponerlo a prueba, exigieron que les mostrara una señal milagrosa del cielo que demostrara su autoridad.

¹²Cuando Jesús oyó esto, suspiró profundamente en su espíritu y dijo: «¿Por qué esta gente sigue exigiendo una señal milagrosa? Les digo la verdad, no daré ninguna señal a esta generación». ¹³Luego regresó a la barca y los dejó y cruzó al otro lado del lago.

La levadura de los fariseos y de Herodes

¹⁴Pero los discípulos se habían olvidado de llevar comida y sólo tenían un pan en la barca. ¹⁵Mientras cruzaban el lago, Jesús les advirtió: «¡Atención! ¡Tengan cuidado con la levadura de los fariseos y con la de Herodes!».

¹⁶Al oír esto, comenzaron a discutir entre sí, pues no habían traído nada de pan. ¹⁷Jesús supo lo que hablaban, así que les dijo:

—¿Por qué discuten por no tener pan? ¿Todavía no saben ni entienden? ¿Tienen el corazón demasiado endurecido para comprenderlo?

¹⁸"Tienen ojos ¿y no pueden ver? Tienen oídos ¿y no pueden oír?"* ¿No recuerdan nada en absoluto? ¹⁹Cuando alimenté a los cinco mil con cinco panes, ¿cuántas canastas con sobras recogieron después?

—Doce —contestaron ellos.

²⁰—Y cuando alimenté a los cuatro mil con siete panes, ¿cuántas canastas grandes con sobras recogieron?

—Siete —dijeron.

²¹—¿Todavía no entienden? —les preguntó.

Jesús sana a un ciego

²²Cuando llegaron a Betsaida, algunas personas le llevaron a un hombre ciego ante Jesús y le suplicaron que lo tocara y lo sanara. ²³Jesús tomó al ciego de la mano y lo llevó fuera de la aldea. Luego escupió en los ojos del hombre, puso sus manos sobre él y le preguntó:

—¿Puedes ver algo ahora?

²⁴El hombre miró a su alrededor y dijo:

—Sí, veo a algunas personas, pero no puedo verlas con claridad; parecen árboles que caminan.

²⁵Entonces Jesús puso nuevamente sus manos sobre los ojos del hombre y fueron abiertos. Su vista fue totalmente restaurada y podía ver todo con claridad. ²⁶Jesús lo envió a su casa y le dijo:

—No pases por la aldea cuando regreses a tu casa.

Declaración de Pedro acerca de Jesús

²⁷Jesús y sus discípulos salieron de Galilea y fueron a las aldeas cerca de Cesarea de Filipo. Mientras caminaban, él les preguntó:

—¿Quién dice la gente que soy?

²⁸—Bueno —contestaron—, algunos dicen Juan el Bautista, otros dicen Elías, y otros dicen que eres uno de los otros profetas.

²⁹Entonces les preguntó:

—Y ustedes, ¿quién dicen que soy?

Pedro contestó:

—Tú eres el Mesías.*

³⁰Pero Jesús les advirtió que no le contaran a nadie acerca de él.

Jesús predice su muerte

³¹Entonces Jesús comenzó a decirles que el Hijo del Hombre* tendría que sufrir muchas cosas terribles y ser rechazado por los ancianos, por los principales sacerdotes y por los maestros de la ley religiosa. Lo matarían, pero tres días después resucitaría. ³²Mientras hablaba abiertamente de eso con sus discípulos, Pedro lo llevó aparte y empezó a reprenderlo por decir semejantes cosas.*

8:18 Jer 5:21.   **8:29** O *el Cristo.* Tanto *Cristo* (término griego) como *Mesías* (término hebreo) quieren decir «el Ungido».
8:31 «Hijo del Hombre» es un título que Jesús empleaba para referirse a sí mismo.   **8:32** O *comenzó a corregirlo.*

33 Jesús se dio la vuelta, miró a sus discípulos y reprendió a Pedro: «¡Aléjate de mí, Satanás! —dijo—. Ves las cosas solamente desde el punto de vista humano, no del punto de vista de Dios».

34 Entonces llamó a la multitud para que se uniera a los discípulos, y dijo: «Si alguno de ustedes quiere ser mi seguidor, tiene que abandonar su manera egoísta de vivir, tomar su cruz y seguirme. 35 Si tratas de aferrarte a la vida, la perderás; pero, si entregas tu vida por mi causa y por causa de la Buena Noticia, la salvarás. 36 ¿Y qué beneficio obtienes si ganas el mundo entero pero pierdes tu propia alma?* 37 ¿Hay algo que valga más que tu alma?* 38 Si alguien se avergüenza de mí y de mi mensaje en estos días de adulterio y de pecado, el Hijo del Hombre se avergonzará de esa persona cuando regrese en la gloria de su Padre con sus santos ángeles».

CAPÍTULO 9

Jesús continuó diciendo: «¡Les digo la verdad, algunos de los que están aquí ahora no morirán antes de ver el reino de Dios llegar con gran poder!».

La transfiguración

2 Seis días después, Jesús tomó a Pedro, a Santiago y a Juan y los llevó a una montaña alta para estar a solas. Mientras los hombres observaban, la apariencia de Jesús se transformó, 3 y su ropa se volvió blanca resplandeciente, más de lo que cualquier blanqueador terrenal jamás podría lograr. 4 Después aparecieron Elías y Moisés y comenzaron a conversar con Jesús.

5 Pedro exclamó: «Rabí,* ¡es maravilloso que estemos aquí! Hagamos tres enramadas como recordatorios:* una para ti, una para Moisés y la otra para Elías». 6 Dijo esto porque realmente no sabía qué otra cosa decir, pues todos estaban aterrados.

7 Luego una nube los cubrió y, desde la nube, una voz dijo: «Éste es mi Hijo muy amado. Escúchenlo a él». 8 De pronto, cuando miraban ellos a su alrededor, Moisés y Elías se habían ido, y vieron sólo a Jesús con ellos.

9 Mientras descendían de la montaña, él les dijo que no le contaran a nadie lo que habían visto hasta que el Hijo del Hombre* se levantara de los muertos. 10 Así que guardaron el secreto, pero a menudo se preguntaban qué quería decir con «levantarse de los muertos».

11 Entonces le preguntaron:

—¿Por qué los maestros de la ley religiosa insisten en que Elías debe regresar antes de que venga el Mesías?*

12 Jesús contestó:

—Es cierto que Elías viene primero a fin de dejar todo preparado. Sin embargo, ¿por qué las Escrituras dicen que el Hijo del Hombre debe sufrir mucho y ser tratado con total desprecio? 13 Pero les digo, Elías ya vino, y ellos prefirieron maltratarlo, tal como lo predijeron las Escrituras.

Jesús sana a un muchacho endemoniado

14 Cuando regresaron adonde estaban los demás discípulos, vieron que los rodeaba una gran multitud y que algunos maestros de la ley religiosa discutían con ellos. 15 Cuando la multitud vio a Jesús, todos se llenaron de asombro y corrieron a saludarlo.

16 —¿Sobre qué discuten? —preguntó Jesús.

17 Un hombre de la multitud tomó la palabra y dijo:

—Maestro, traje a mi hijo para que lo sanaras. Está poseído por un espíritu maligno que no le permite hablar. 18 Y, siempre que este espíritu se apodera de él, lo tira violentamente al suelo y él echa espuma por la boca, rechina los dientes y se pone rígido.* Así que les pedí a tus discípulos que echaran fuera al espíritu maligno, pero no pudieron hacerlo.

19 Jesús les dijo:* «¡Gente sin fe! ¿Hasta cuándo tendré que estar con ustedes? ¿Hasta cuándo tendré que soportarlos? Tráiganme al muchacho».

20 Así que se lo llevaron. Pero, cuando el espíritu maligno vio a Jesús, le dio una violenta convulsión al muchacho, quien cayó al piso retorciéndose y echando espuma por la boca.

21 —¿Hace cuánto tiempo que le pasa esto? —preguntó Jesús al padre del muchacho.

—Desde que era muy pequeño —contestó él—. 22 A menudo el espíritu lo arroja al fuego o al agua para matarlo. Ten misericordia de nosotros y ayúdanos si puedes.

23 —¿Cómo que "si puedo"? —preguntó Jesús—. Todo es posible si uno cree.

24 Al instante el padre clamó:

—¡Sí, creo, pero ayúdame a superar mi incredulidad!

25 Cuando Jesús vio que aumentaba el número de espectadores, reprendió al espíritu maligno.* «Escucha, espíritu que impides que este muchacho oiga y hable —dijo—. ¡Te ordeno que salgas de este muchacho y nunca más entres en él!».

26 Entonces el espíritu gritó, dio otra convulsión violenta al muchacho y salió de él. El muchacho quedó como muerto. Un murmullo recorrió la multitud: «Está muerto» —decía la

---

8:36 O te pierdes a ti mismo?   8:37 O tú mismo?   9:5a Rabí, del arameo, significa «amo», «maestro».   9:5b En griego tres tabernáculos.   9:9 «Hijo del Hombre» es un título que Jesús empleaba para referirse a sí mismo.   9:11 En griego que Elías debe venir primero?   9:18 O se pone débil.   9:19 O dijo a sus discípulos.   9:25 En griego impuro.

gente. ²⁷ Pero Jesús lo tomó de la mano, lo levantó, y el muchacho se puso de pie.

²⁸ Más tarde, cuando Jesús quedó a solas en la casa con sus discípulos, ellos le preguntaron:

—¿Por qué nosotros no pudimos expulsar ese espíritu maligno?

²⁹ Jesús contestó:

—Esa clase sólo puede ser expulsada con oración.*

Jesús predice otra vez su muerte

³⁰ Saliendo de esa región, viajaron por Galilea. Jesús no quería que nadie supiera que él estaba allí, ³¹ porque deseaba pasar más tiempo con sus discípulos y enseñarles. Les dijo: «El Hijo del Hombre será traicionado y entregado en manos de sus enemigos. Lo matarán, pero tres días después se levantará de los muertos».³² Ellos no entendieron lo que quería decir, sin embargo, tenían miedo de preguntarle.

El más importante en el reino

³³ Después de llegar a Capernaúm e instalarse en una casa, Jesús preguntó a sus discípulos: «¿Qué venían conversando en el camino?». ³⁴ Pero ellos no le contestaron porque venían discutiendo sobre quién de ellos era el más importante. ³⁵ Jesús se sentó y llamó a los doce discípulos y dijo: «Quien quiera ser el primero, debe tomar el último lugar y ser el sirviente de todos los demás».

³⁶ Entonces puso a un niño pequeño en medio de ellos. Y, tomándolo en sus brazos, les dijo: ³⁷ «Todo el que recibe de mi parte* a un niño pequeño como éste me recibe a mí, y todo el que me recibe, no sólo me recibe a mí, sino también a mi Padre, quien me envió».

Uso del nombre de Jesús

³⁸ Juan le dijo a Jesús:

—Maestro, vimos a alguien usar tu nombre para expulsar demonios, pero le dijimos que no lo hiciera, porque no pertenece a nuestro grupo.

³⁹ —¡No lo detengan! —dijo Jesús—. Nadie que haga un milagro en mi nombre podrá luego hablar mal de mí. ⁴⁰ Todo el que no está en contra de nosotros está a nuestro favor. ⁴¹ Si alguien les da a ustedes incluso un vaso de agua porque pertenecen al Mesías, les digo la verdad, esa persona ciertamente será recompensada.

⁴² »Pero, si tú haces que uno de estos pequeños que confían en mí caiga en pecado, sería mejor que te arrojaran al mar con una gran piedra de molino atada al cuello. ⁴³ Si tu mano te hace pecar, córtatela. Es preferible entrar en la vida eterna con una sola mano que en el fuego inextinguible del infierno* con las dos manos.* ⁴⁵ Si tu pie te hace pecar, córtatelo. Es preferible entrar en la vida eterna con un solo pie que ser arrojado al infierno con los dos pies.* ⁴⁷ Y, si tu ojo te hace pecar, sácatelo. Es preferible entrar en el reino de Dios con un solo ojo que tener

9:29 Algunos manuscritos dicen con oración y ayuno.   9:37 En griego en mi nombre.   9:43a En griego Gehenna; también en 9:45, 47.   9:43b Algunos manuscritos incluyen el versículo 44: "donde los gusanos nunca mueren y el fuego nunca se apaga". Ver 9:48.   9:45 Algunos manuscritos incluyen el versículo 46: "donde los gusanos nunca mueren y el fuego nunca se apaga". Ver 9:48.

En marcha

EL DIVORCIO NO ES PARTE DEL PLAN DE DIOS

Lee MARCOS 10:2-12

Cuando le preguntaron a Jesús acerca del divorcio, algunas personas tenían ideas muy liberales acerca de este asunto. Lo mismo que en el día de hoy, un matrimonio podía disolverse por cualquier razón. Pero Jesús le recordó a la gente cuál es el plan original de Dios para el matrimonio (versículos 6-9): que un hombre y una mujer hagan un compromiso de por vida el uno con el otro. El divorcio ni siquiera debe ser considerado.

Quizás uno de los más grandes elementos disuasivos para el divorcio es ver cuánto lo detesta Dios: «Claman: "¿Por qué el Señor no acepta mi adoración?". ¡Les diré por qué! Porque el Señor fue testigo de los votos que tú y tu esposa hicieron cuando eran jóvenes. Pero tú le has sido infiel, aunque ella siguió siendo tu compañera fiel, la esposa con la que hiciste tus votos matrimoniales. ¿No te hizo uno el Señor con tu esposa? En cuerpo y espíritu ustedes son de él. ¿Y qué es lo que él quiere? De esa unión quiere hijos que vivan para Dios. Por eso, guarda tu corazón y permanece fiel a la esposa de tu juventud. "¡Pues yo odio el divorcio!" —dice el Señor, el Dios de Israel—. Divorciarte de tu esposa

los dos ojos y ser arrojado al infierno, [48]"donde los gusanos nunca mueren y el fuego nunca se apaga"*.

[49]»Pues cada uno será probado con fuego.* [50]La sal es buena para condimentar. Pero, si pierde su sabor, ¿cómo la harán salada de nuevo? Entre ustedes deben tener las cualidades de la sal y vivir en paz unos con otros.

CAPÍTULO **10**

Discusión sobre el divorcio y el matrimonio

Luego Jesús salió de Capernaúm, descendió a la región de Judea y entró en la zona que está al este del río Jordán. Una vez más, las multitudes lo rodearon, y él les enseñaba como de costumbre.

[2]Unos fariseos se acercaron y trataron de tenderle una trampa con la siguiente pregunta:

—¿Está bien permitir que un hombre se divorcie de su esposa?

[3]Jesús les contestó con otra pregunta:

—¿Qué dijo Moisés en la ley sobre el divorcio?

[4]—Bueno, él lo permitió —contestaron—. Dijo que un hombre puede darle a su esposa un aviso de divorcio por escrito y despedirla.*

[5]Pero Jesús respondió:

—Moisés escribió ese mandamiento sólo como una concesión ante la dureza del corazón de ustedes. [6]Pero, desde el principio de la creación, "Dios los hizo hombre y mujer".* [7]Esto explica por qué "un hombre deja a su padre y a su madre, y se une a su esposa,* [8]y los dos se convierten en uno solo"*. Como ya

no son dos sino uno, [9]que nadie separe lo que Dios ha unido.

[10]Más tarde, cuando quedó a solas con sus discípulos en la casa, ellos sacaron el tema de nuevo. [11]Él les dijo: «El que se divorcia de su esposa y se casa con otra comete adulterio contra ella. [12]Y, si una mujer se divorcia de su marido y se casa con otro, comete adulterio».

Jesús bendice a los niños

[13]Cierto día, algunos padres llevaron a sus niños a Jesús para que los tocara y los bendijera, pero los discípulos regañaron a los padres por molestarlo.

[14]Cuando Jesús vio lo que sucedía, se enojó con sus discípulos y les dijo: «Dejen que los niños vengan a mí. ¡No los detengan! Pues el reino de Dios pertenece a los que son como estos niños. [15]Les digo la verdad, el que no reciba el reino de Dios como un niño nunca entrará en él». [16]Entonces tomó a los niños en sus brazos y después de poner sus manos sobre la cabeza de ellos, los bendijo.

El hombre rico

[17]Cuando Jesús estaba por emprender su camino a Jerusalén, un hombre se le acercó corriendo, se arrodilló y le preguntó:

—Maestro bueno, ¿qué debo hacer para heredar la vida eterna?

[18]—¿Por qué me llamas bueno? —preguntó Jesús—. Sólo Dios es verdaderamente bueno.

9:48 Is 66:24.   **9:49** En griego *salado con fuego;* otros manuscritos incluyen *y cada sacrificio será salado con sal.* **10:4** Ver Dt 24:1.   **10:6** Ver Gn 1:27; 5:2.   **10:7** Algunos manuscritos no incluyen *y se une a su esposa.* **10:7-8** Gn 2:24.

es abrumarla de crueldad —dice el SEÑOR de los Ejércitos Celestiales—. Por eso guarda tu corazón; y no le seas infiel a tu esposa» (Malaquías 2:14-16). Así como uno considera el costo del casamiento, también debería considerar el costo del divorcio. No sólo devasta el «compañerismo» que Dios desea que exista entre marido y mujer, sino que también afecta enormemente a los hijos. Como Dios lo dice aquí, él desea que haya hijos santos de la unión de marido y mujer. Cuando un hogar se rompe por el divorcio, es más difícil criar hijos obedientes al Señor.

¿Permite Dios alguna vez el divorcio? Aunque la Biblia cita dos motivos (adulterio y si el cónyuge no creyente desea dejar al cónyuge creyente) la voluntad de Dios es que la pareja permanezca unida. Cuando tratamos de acomodar las normas divinas a la falta de normas de nuestra moralidad contemporánea puede surgir todo tipo de confusión.

Winston Churchill observó con astucia: «La victoria no se obtiene por medio de la retirada». Si tú estás casado, pide a Dios que fortalezca tu matrimonio hoy mismo. Recuerda que Dios te ha unido a ti y a tu cónyuge para siempre. Mantente firme en tu compromiso. No te retires de tus problemas, sino pide a Dios ayuda para encararlos y vencerlos. Cultiva la «unidad» y el compañerismo en tu matrimonio, y vuelve al designio original de Dios.

Para leer la próxima nota de «Matrimonio», ve a la pág. A46.

¹⁹Pero, para contestar a tu pregunta, tú conoces los mandamientos: «No asesines; no cometas adulterio; no robes; no des falso testimonio; no estafes a nadie; honra a tu padre y a tu madre»*.

²⁰—Maestro —respondió el hombre—, he obedecido todos esos mandamientos desde que era joven.

²¹Jesús miró al hombre y sintió profundo amor por él.

—Hay una cosa que todavía no has hecho —le dijo—. Anda y vende todas tus posesiones y entrega el dinero a los pobres, y tendrás tesoro en el cielo. Después ven y sígueme.

²²Al oír esto, el hombre puso cara larga y se fue triste porque tenía muchas posesiones.

²³Jesús miró a su alrededor y dijo a sus discípulos: «¡Qué difícil es para los ricos entrar en el reino de Dios!». ²⁴Los discípulos quedaron asombrados de sus palabras. Pero Jesús volvió a decir: «Queridos hijos, es muy difícil* entrar en el reino de Dios. ²⁵De hecho, ¡es más fácil que un camello pase por el ojo de una aguja que un rico entre en el reino de Dios!».

²⁶Los discípulos quedaron atónitos.

—Entonces ¿quién podrá ser salvo? —preguntaron.

²⁷Jesús los miró fijamente y dijo:

—Humanamente hablando, es imposible, pero no para Dios. Con Dios, todo es posible.

²⁸Entonces Pedro comenzó a hablar.

—Nosotros hemos dejado todo para seguirte —dijo.

²⁹—Así es —respondió Jesús—, y les aseguro que todo el que haya dejado casa o hermanos o hermanas o madre o padre o hijos o bienes por mi causa y por la Buena Noticia ³⁰recibirá ahora a cambio cien veces más el número de casas, hermanos, hermanas, madres, hijos y bienes, junto con persecución. Y, en el mundo que vendrá, esa persona tendrá la vida eterna. ³¹Pero muchos que ahora son los más importantes, en ese día serán los menos importantes, y aquellos que ahora parecen menos importantes, en ese día serán los más importantes.*

Jesús predice nuevamente su muerte

³²Subían rumbo a Jerusalén, y Jesús caminaba delante de ellos. Los discípulos estaban llenos de asombro y la gente que los seguía, abrumada por temor. Jesús tomó a los doce discípulos aparte y, una vez más, comenzó a describir todo lo que estaba por sucederle. ³³«Escuchen —les dijo—, subimos a Jerusalén, donde el Hijo del Hombre* será traicionado y entregado a los principales sacerdotes y a los

maestros de la ley religiosa. Lo condenarán a muerte y lo entregarán a los romanos.* ³⁴Se burlarán de él, lo escupirán, lo azotarán con un látigo y lo matarán. Pero, después de tres días, resucitará».

Jesús enseña sobre el servicio a los demás

³⁵Entonces Santiago y Juan, hijos de Zebedeo, se le acercaron y dijeron:

—Maestro, queremos que nos hagas un favor.

³⁶—¿Cuál es la petición? —preguntó él.

³⁷Ellos contestaron:

—Cuando te sientes en tu trono glorioso, nosotros queremos sentarnos en lugares de honor a tu lado, uno a tu derecha y el otro a tu izquierda.

³⁸Pero Jesús les dijo:

—¡No saben lo que piden! ¿Acaso pueden beber de la copa amarga de sufrimiento que yo estoy a punto de beber? ¿Acaso pueden ser bautizados con el bautismo de sufrimiento con el cual yo tengo que ser bautizado?

³⁹—Claro que sí —contestaron ellos—, ¡podemos!

Entonces Jesús les dijo:

—Es cierto, beberán de mi copa amarga y serán bautizados con mi bautismo de sufrimiento. ⁴⁰Pero no me corresponde a mí decir quién se sentará a mi derecha o a mi izquierda. Dios preparó esos lugares para quienes él ha escogido.

⁴¹Cuando los otros diez discípulos oyeron lo que Santiago y Juan habían pedido, se indignaron. ⁴²Así que Jesús los reunió a todos y les dijo: «Ustedes saben que los gobernantes de este mundo tratan a su pueblo con prepotencia y los funcionarios hacen alarde de su autoridad frente a los súbditos. ⁴³Pero entre ustedes será diferente. El que quiera ser líder entre ustedes deberá ser sirviente, ⁴⁴y el que quiera ser el primero entre ustedes deberá ser esclavo de los demás. ⁴⁵Pues ni aun el Hijo del Hombre vino para que le sirvan, sino para servir a otros y para dar su vida en rescate por muchos».

Jesús sana al ciego Bartimeo

⁴⁶Después llegaron a Jericó y mientras Jesús y sus discípulos salían de la ciudad, una gran multitud los siguió. Un mendigo ciego llamado Bartimeo (hijo de Timeo) estaba sentado junto al camino. ⁴⁷Cuando Bartimeo oyó que Jesús de Nazaret estaba cerca, comenzó a gritar: «¡Jesús, Hijo de David, ten compasión de mí!».

⁴⁸«¡Cállate!» —muchos le gritaban. Pero él gritó aún más fuerte: «¡Hijo de David, ten compasión de mí!».

10:19 Éx 20:12-16; Dt 5:16-20.   **10:24** Algunos manuscritos dicen *muy difícil para aquellos que confían en las riquezas.*
10:31 En griego *Pero muchos que son primeros serán los últimos, y los últimos serán primeros.*   **10:33a** «Hijo del Hombre»
es un título que Jesús empleaba para referirse a sí mismo.   **10:33b** En griego *los gentiles. [Gentiles], que no es judío.*

49 Cuando Jesús lo oyó, se detuvo y dijo: «Díganle que se acerque».

Así que llamaron al ciego. «Anímate —le dijeron—. ¡Vamos, él te llama!». 50 Bartimeo echó a un lado su abrigo, se levantó de un salto y se acercó a Jesús.

51 —¿Qué quieres que haga por ti? —preguntó Jesús.

—Mi Rabí* —dijo el hombre ciego—, ¡quiero ver!

52 Y Jesús le dijo:

—Puedes irte, pues tu fe te ha sanado.

Al instante el hombre pudo ver y siguió a Jesús por el camino.*

CAPÍTULO 11
Entrada triunfal de Jesús

Mientras Jesús y los discípulos se acercaban a Jerusalén, llegaron a las ciudades de Betfagé y Betania, en el monte de los Olivos. Jesús mandó a dos de ellos que se adelantaran. 2 «Vayan a la aldea que está allí —les dijo—. En cuanto entren, verán un burrito atado, que nadie ha montado jamás. Desátenlo y tráiganlo aquí. 3 Si alguien les pregunta: "¿Qué están haciendo?" simplemente digan: "El Señor lo necesita y él lo devolverá pronto"».

4 Los dos discípulos salieron y encontraron el burrito en la calle, atado frente a la puerta principal. 5 Mientras lo desataban, algunos que estaban allí les preguntaron: «¿Qué están haciendo, por qué desatan ese burrito?». 6 Ellos contestaron lo que Jesús había dicho y se les dio permiso para llevarlo. 7 Así que llevaron el burrito a Jesús y pusieron sus prendas encima y él se sentó allí.

8 Muchos de la multitud tendían sus prendas sobre el camino delante de él y otros extendían ramas frondosas que habían cortado en los campos. 9 Jesús estaba en el centro de la procesión, y la gente que lo rodeaba gritaba:

«¡Alaben a Dios!*
¡Bendiciones al que viene en el nombre del Señor!
10 ¡Bendiciones al reino que viene, el reino de nuestro antepasado David!
¡Alaben a Dios en el cielo más alto!»*.

11 Así Jesús llegó a Jerusalén y entró en el templo. Después de mirar todo detenidamente a su alrededor, salió porque ya era tarde. Después regresó a Betania con los doce discípulos.

Jesús maldice la higuera

12 A la mañana siguiente, cuando salían de Betania, Jesús tuvo hambre. 13 Vio que, a cierta distancia, había una higuera frondosa, así que se acercó para ver si encontraba higos. Pero sólo tenía hojas porque aún no había comenzado la temporada de higos. 14 Entonces Jesús dijo al árbol: «¡Que nadie jamás vuelva a comer tu fruto!». Y los discípulos lo oyeron.

Jesús limpia el templo

15 Cuando llegaron de nuevo a Jerusalén, Jesús entró en el templo y comenzó a echar a los que compraban y vendían animales para los sacrificios. Volcó las mesas de los cambistas y las sillas de los que vendían palomas, 16 y les prohibió a todos que usaran el templo como un mercado.* 17 Les dijo: «Las Escrituras declaran: "Mi templo será llamado casa de oración para todas las naciones", pero ustedes lo han convertido en una cueva de ladrones»*.

18 Cuando los principales sacerdotes y los maestros de la ley religiosa oyeron lo que Jesús había hecho, comenzaron a planificar cómo matarlo. Pero tenían miedo de Jesús, porque la gente estaba asombrada de su enseñanza.

19 Esa tarde Jesús y los discípulos salieron* de la ciudad.

20 A la mañana siguiente, al pasar junto a la higuera que él había maldecido, los discípulos notaron que se había marchitado desde la raíz. 21 Pedro recordó lo que Jesús había dicho al árbol el día anterior y exclamó:

—¡Mira, Rabí!* ¡La higuera que maldijiste se marchitó y murió!

22 Entonces Jesús dijo a los discípulos:

—Tengan fe en Dios. 23 Les digo la verdad, ustedes pueden decir a esta montaña: "Levántate y échate al mar", y sucederá. Pero deben creer de verdad que ocurrirá y no tener ninguna duda en el corazón. 24 Les digo, ustedes pueden orar por cualquier cosa y, si creen que lo han recibido, será suyo. 25 Pero, cuando estén orando, primero perdonen a todo aquel contra quien guarden rencor, para que su Padre que está en el cielo también les perdone a ustedes sus pecados.*

Desafían la autoridad de Jesús

27 Nuevamente entraron en Jerusalén. Mientras Jesús caminaba por la zona del templo, los principales sacerdotes, los maestros de la ley religiosa y los ancianos se le acercaron.

28 —¿Con qué autoridad haces todas estas cosas? —le reclamaron—. ¿Quién te dio el derecho de hacerlas?

29 —Les diré con qué autoridad hago estas

10:51 En griego se emplea el término hebreo *Raboní*, que significa «maestro». 10:52 O *en el camino.* 11:9 En griego *Hosanna*, una exclamación de alabanza que literalmente significa «salva ahora»; también en 11:10. 11:9-10 Sal 118:25-26; 148:1. 11:16 O *llevaran mercancías a través del templo.* 11:17 Is 56:7; Jer 7:11. 11:19 En griego *ellos salieron;* otros manuscritos dicen *él salió.* 11:21 *Rabí,* del arameo, significa «amo», «maestro». 11:25 Algunos manuscritos incluyen el versículo 26: *Pero si ustedes se niegan a perdonar, su Padre que está en el cielo, no les perdonará sus pecados.* Comparar Mt 6:15.

Piedras angulares

EL PERDÓN VIENE PRIMERO DE DIOS
Lee MARCOS 11:25

Como el versículo 25 de este pasaje indica, una actitud de falta de perdón puede estorbar nuestra vida de oración. En este versículo, Jesús no dice que el perdón de Dios depende de que tú perdones a otros. La aceptación de Dios y su perdón dependen completamente de lo que Jesús hizo por ti en la cruz. Él está afirmando que si has sido perdonado, tú —más que todos los demás— debes estar dispuesto a perdonar a otros. Al mismo tiempo, si no estás dispuesto a hacerlo, uno puede preguntarse si realmente conoces algo acerca del perdón de Dios.

No permitas que la falta de perdón te robe el gozo de la vida. Perdona a otros así como Cristo te perdonó a ti.

Para leer la próxima nota de «Perdón», ve a la pág. A28.

---

cosas si me contestan una pregunta —respondió Jesús—. ³⁰La autoridad de Juan para bautizar, ¿provenía del cielo o era meramente humana? ¡Contéstenme!

³¹Ellos discutieron el asunto unos con otros. «Si decimos que provenía del cielo, preguntará por qué nosotros no le creímos a Juan. ³²Pero ¿nos atrevemos a decir que era meramente humana?». Pues tenían temor de lo que haría la gente, porque todos creían que Juan era un profeta. ³³Entonces finalmente contestaron:

—No sabemos.

Y Jesús respondió:

—Entonces yo tampoco les diré con qué autoridad hago estas cosas.

CAPÍTULO **12**

Parábola de los agricultores malvados

Después Jesús comenzó a enseñarles con historias: «Un hombre plantó un viñedo. Lo cercó con un muro, cavó un hoyo para extraer el jugo de las uvas y construyó una torre de vigilancia. Luego les alquiló el viñedo a unos agricultores arrendatarios y se mudó a otro país. ²Llegado el tiempo de la cosecha de la uva, envió a uno de sus siervos para recoger su parte de la cosecha. ³Pero los agricultores agarraron al siervo, le dieron una paliza y lo mandaron de regreso con las manos vacías. ⁴Entonces el dueño envió a otro siervo, pero lo insultaron y le pegaron en la cabeza. ⁵Al próximo siervo que envió, lo mataron. Envió a otros, a unos los golpearon y a otros los mataron, ⁶hasta que le quedó sólo uno, su hijo, a quien amaba profundamente. Finalmente, el dueño lo envió porque pensó: "Sin duda, respetarán a mi hijo".

⁷»Pero los agricultores se dijeron unos a otros: "Aquí viene el heredero de esta propiedad. ¡Matémoslo y nos quedaremos con la propiedad!". ⁸Así que lo agarraron, lo asesinaron y tiraron su cuerpo fuera del viñedo».

⁹«¿Qué creen qué hará el dueño del viñedo? —preguntó Jesús—. Les diré, irá y matará a esos agricultores y alquilará el viñedo a otros. ¹⁰¿Nunca leyeron en las Escrituras:

"La piedra que los constructores rechazaron
ahora se ha convertido en la piedra principal.
¹¹ Esto es obra del Señor
y es maravilloso verlo"*?».

¹²Los líderes religiosos* querían arrestar a Jesús porque se dieron cuenta de que contaba esa historia en contra de ellos, pues ellos eran los agricultores malvados. Pero tenían miedo de la multitud, así que lo dejaron y se marcharon.

Los impuestos para el César

¹³Después los ancianos enviaron a algunos fariseos y partidarios de Herodes para hacer que Jesús cayera en la trampa de decir algo por lo cual pudiera ser arrestado. ¹⁴—Maestro —dijeron—, sabemos lo honesto que eres. Eres imparcial y no tienes favoritismos. Enseñas con verdad el camino de Dios. Ahora dinos, ¿es correcto que paguemos impuestos al César o no? ¹⁵¿Debemos o no pagarlos?

Jesús se dio cuenta de su hipocresía y dijo:

—¿Por qué intentan atraparme? Muéstrenme una moneda romana,* y les diré.

¹⁶Cuando se la dieron, les preguntó:

—¿A quién pertenecen la imagen y el título grabados en la moneda?

—Al César —contestaron.

¹⁷—Bien —dijo Jesús—, entonces den al César lo que pertenece al César y den a Dios lo que pertenece a Dios.

Su respuesta los dejó totalmente asombrados.

12:10-11 Sal 118:22-23.   **12:12** En griego *Ellos.*   **12:15** En griego *un denario.*

Discusión sobre la resurrección

¹⁸ Después se acercaron a Jesús algunos saduceos, líderes religiosos que dicen que no hay resurrección después de la muerte. Le plantearon la siguiente pregunta:

¹⁹ —Maestro, Moisés nos dio una ley que dice que, si un hombre muere y deja a una esposa sin hijos, su hermano debe casarse con la viuda y darle un hijo para que el nombre del hermano continúe.* ²⁰ Ahora bien, supongamos que había siete hermanos. El mayor se casó y murió sin dejar hijos. ²¹ Entonces el segundo hermano se casó con la viuda, pero también murió sin dejar hijos. Luego el tercer hermano se casó con ella. ²² Lo mismo sucedió con los siete y aún no había hijos. Por último, la mujer también murió. ²³ Entonces dinos, ¿de quién será esposa en la resurrección? Pues los siete estuvieron casados con ella.

²⁴ Jesús contestó:

—El error de ustedes es que no conocen las Escrituras y no conocen el poder de Dios. ²⁵ Pues, cuando los muertos resuciten, no se casarán ni se entregarán en matrimonio. En este sentido, serán como los ángeles del cielo. ²⁶ »Ahora bien, en cuanto a si los muertos resucitarán, ¿nunca han leído acerca de esto en los escritos de Moisés, en la historia de la zarza que ardía? Mucho después de que Abraham, Isaac y Jacob murieron, Dios le dijo a Moisés:* "Yo soy el Dios de Abraham, el Dios de Isaac y el Dios de Jacob"*. ²⁷ Por lo tanto, él es Dios de los que están vivos, no de los muertos. Ustedes han cometido un grave error.

El mandamiento más importante

²⁸ Uno de los maestros de la ley religiosa estaba allí escuchando el debate. Se dio cuenta de que Jesús había contestado bien, entonces le preguntó:

—De todos los mandamientos, ¿cuál es el más importante?

²⁹ Jesús contestó:

—El mandamiento más importante es: "¡Escucha, oh Israel! El Señor nuestro Dios es el único Señor. ³⁰ Amarás al Señor tu Dios con todo tu corazón, con toda tu alma, con toda tu mente y con todas tus fuerzas"*. ³¹ El segundo es igualmente importante: "Amarás a tu prójimo como a ti mismo"*. Ningún otro mandamiento es más importante que éstos.

³² El maestro de la ley religiosa respondió:

—Bien dicho, Maestro. Has hablado la verdad al decir que hay sólo un Dios y ningún otro. ³³ Además yo sé que es importante amarlo con todo mi corazón y todo mi entendimiento y todas mis fuerzas, y amar a mi prójimo como a mí

Primeros pasos

¿CUÁNTO DEBES DAR?
Lee MARCOS 12:41-44

La generosidad no se mide por el tamaño de la dádiva, sino por la motivación. En esta historia vemos cómo Jesús valora más la ofrenda de la viuda pobre, que las grandes cantidades que dan los ricos. Jesús sabía que ella había dado todo lo que tenía. Él pudo ver que el motivo por el cual daba era el correcto.

El gran salmista David, rey de Israel, dijo que él no le daría nada al Señor que no le costara. En otras palabras, no debemos darle «las sobras» al Señor, sino lo mejor que tenemos. Cuando lo piensas bien, ¿es pedir demasiado? Después de todo, él nos dio a nosotros lo mejor, cuando envió a su amado Hijo a morir en la cruz en nuestro lugar.

Nuestra actitud al respecto, debe ser igual a la de los generosos creyentes de Macedonia, que estaban ansiosos de ayudar a la iglesia de Jerusalén en tiempos de necesidad: «Pues puedo dar fe de que dieron no sólo lo que podían, sino aún mucho más. Y lo hicieron por voluntad propia. Nos suplicaron una y otra vez poder tener el privilegio de participar en la ofrenda para los creyentes de Jerusalén» (2 Corintios 8:3-4).

Cuando te preguntes cuánto de tus ingresos darás para la obra del Señor, recuerda esta promesa: «Cada uno debe decidir en su corazón cuánto dar. Y no den de mala gana ni bajo presión, "porque Dios ama a la persona que da con alegría". Y Dios proveerá con generosidad todo lo que necesiten. Entonces siempre tendrán todo lo necesario y habrá bastante de sobra que compartir con otros» (2 Corintios 9:7-8).

Para leer la próxima nota de «Da a Dios», ve a la pág. A42.

mismo. Esto es más importante que presentar todas las ofrendas quemadas y sacrificios exigidos en la ley.

³⁴ Al ver cuánto entendía el hombre, Jesús le dijo:

—No estás lejos del reino de Dios.

Y, a partir de entonces, nadie se atrevió a hacerle más preguntas.

12:19 Ver Dt 25:5-6.   **12:26a** En griego *Moisés, en la historia de la zarza? Dios le dijo.*   **12:26b** Éx 3:6.   **12:29-30** Dt 6:4-5.
12:31 Lv 19:18.

¿De quién es hijo el Mesías?

³⁵ Tiempo después, Jesús estaba enseñando al pueblo en el templo y preguntó: «¿Por qué afirman los maestros de la ley religiosa que el Mesías es hijo de David? ³⁶ Pues el propio David, mientras hablaba bajo la inspiración del Espíritu Santo, dijo:

"El Señor le dijo a mi Señor:
'Siéntate en el lugar de honor a mi derecha,
hasta que humille a tus enemigos y los
ponga por debajo de tus pies' "*.

³⁷ Ya que David mismo llamó al Mesías "mi Señor", ¿cómo es posible que el Mesías sea su hijo?». La gran multitud se deleitaba al escucharlo.

³⁸ Jesús también enseñó: «¡Cuídense de los maestros de la ley religiosa! Pues les gusta pavonearse en túnicas largas y sueltas y recibir saludos respetuosos cuando caminan por las plazas. ³⁹ ¡Y cómo les encanta ocupar los asientos de honor en las sinagogas y sentarse a la mesa principal en los banquetes! ⁴⁰ Sin embargo, estafan descaradamente a las viudas para apoderarse de sus propiedades y luego pretenden ser piadosos haciendo largas oraciones en público. Por eso serán castigados con más severidad».

La ofrenda de la viuda

⁴¹ Jesús se sentó cerca de la caja de las ofrendas del templo y observó mientras la gente depositaba su dinero. Muchos ricos echaban grandes cantidades. ⁴² Entonces llegó una viuda pobre y echó dos monedas pequeñas.*

⁴³ Jesús llamó a sus discípulos y les dijo: «Les digo la verdad, esta viuda pobre ha dado más que todos los demás que ofrendan. ⁴⁴ Pues ellos dieron una mínima parte de lo que les sobraba, pero ella, con lo pobre que es, dio todo lo que tenía para vivir».

CAPÍTULO 13

Jesús predice la destrucción del templo

Cuando Jesús salía del templo ese día, uno de sus discípulos le dijo:

—Maestro, ¡mira estos magníficos edificios! Observa las impresionantes piedras en los muros.

² Jesús respondió:

—Sí, mira estos grandes edificios, pero serán demolidos por completo. ¡No quedará ni una sola piedra sobre otra!

³ Más tarde, Jesús se sentó en el monte de los Olivos, al otro lado del valle del templo. Pedro,

Santiago, Juan y Andrés se le acercaron en privado y le preguntaron:

⁴ —Dinos, ¿cuándo sucederá todo eso? ¿Qué señal nos indicará que esas cosas están por cumplirse?

⁵ Jesús contestó:

—No dejen que nadie los engañe, ⁶ porque muchos vendrán en mi nombre y afirmarán: "Yo soy el Mesías"*. Engañarán a muchos. ⁷ Y ustedes oirán de guerras y de amenazas de guerras, pero no se dejen llevar por el pánico. Es verdad, esas cosas deben suceder, pero el fin no vendrá inmediatamente después. ⁸ Una nación entrará en guerra con otra, y un reino con otro reino. Habrá terremotos en muchas partes del mundo, y también hambres. Pero eso es sólo el comienzo de los dolores del parto, luego vendrán más.

⁹ »Cuando esas cosas comiencen a suceder, ¡tengan cuidado! Los entregarán a los tribunales y los golpearán en las sinagogas. Serán sometidos a juicio ante gobernantes y reyes por ser mis seguidores. Pero ésa será una oportunidad para que ustedes les hablen de mí.* ¹⁰ Pues la Buena Noticia primero tiene que ser predicada a todas las naciones.* ¹¹ Pero, cuando los arresten y los sometan a juicio, no se preocupen de antemano por lo que van a decir. Sólo hablen lo que Dios les diga en ese momento, porque no serán ustedes los que hablen, sino el Espíritu Santo.

¹² »Un hermano traicionará a muerte a su hermano, un padre traicionará a su propio hijo, y los hijos se rebelarán contra sus padres y harán que los maten. ¹³ Y todos los odiarán a ustedes por ser mis seguidores.* Pero el que se mantenga firme hasta el fin será salvo.

¹⁴ »Llegará el día cuando verán el objeto sacrílego que causa profanación* de pie en un lugar donde él* no debe estar. (Lector, ¡presta atención!). Entonces los que estén en Judea huyan a las colinas. ¹⁵ La persona que esté en la azotea no baje a la casa para empacar. ¹⁶ El que esté en el campo no regrese ni para buscar un abrigo. ¹⁷ Qué terribles serán esos días para las mujeres embarazadas y para las madres que amamantan. ¹⁸ Y oren para que la huída no sea en invierno. ¹⁹ Pues habrá más angustia en esos días que en cualquier otro momento desde que Dios creó el mundo. Y jamás habrá una angustia tan grande. ²⁰ De hecho, a menos que el Señor acorte ese tiempo de calamidad, ni una sola persona sobrevivirá; pero por el bien de los elegidos, él ha acortado esos días.

²¹ »Entonces, si alguien les dice: "Miren, aquí está el Mesías" o "Allí está", no lo crean. ²² Pues

---

12:36 Sal 110:1.   12:42 En griego *dos leptas, que es un kodrante* [es decir, un cuadrante].   13:6 En griego *y afirmarán: "Yo soy"*.   13:9 O *Pero ése será su testimonio contra ellos*.   13:10 O *todos los grupos étnicos*.   13:13 En griego *por causa de mi nombre*.   13:14a En griego *la abominación de la desolación*. Ver Dn 9:27; 11:31; 12:11.   13:14b O *esto*.

se levantarán falsos mesías y falsos profetas y realizarán señales y milagros para engañar, de ser posible, aun a los elegidos de Dios. ²³ ¡Tengan cuidado! ¡Les he advertido esto de antemano!

²⁴»En ese tiempo, después de la angustia de esos días,

el sol se oscurecerá,
   la luna no dará luz,
²⁵ las estrellas caerán del cielo,
   y los poderes de los cielos serán
   sacudidos.*

²⁶»Entonces todos verán al Hijo del Hombre* venir en las nubes con gran poder y gloria.* ²⁷ Y él enviará a sus ángeles para que reúnan a los elegidos de todas partes del mundo,* desde los extremos más lejanos de la tierra y del cielo.

²⁸»Ahora, aprendan una lección de la higuera. Cuando las ramas echan brotes y comienzan a salir las hojas, ustedes saben que el verano se acerca. ²⁹ De la misma manera, cuando vean que suceden todas estas cosas, sabrán que su regreso está muy cerca, a las puertas. ³⁰ Les digo la verdad, no pasará esta generación* hasta que todas estas cosas sucedan. ³¹ El cielo y la tierra desaparecerán, pero mis palabras no desaparecerán jamás.

³²»Sin embargo, nadie sabe el día ni la hora en que sucederán esas cosas, ni siquiera los ángeles en el cielo ni el propio Hijo. Sólo el Padre lo sabe. ³³ Y, ya que ustedes tampoco saben cuándo llegará ese tiempo, ¡manténganse en guardia! ¡Estén alerta!*

³⁴»La venida del Hijo del Hombre puede ilustrarse mediante la historia de un hombre que tenía que emprender un largo viaje. Cuando salió de casa, dio instrucciones a cada uno de sus esclavos sobre el trabajo que debían hacer y le dijo al portero que esperara su regreso. ³⁵ ¡Ustedes también deben estar alerta! Pues no saben cuándo regresará el amo de la casa: si en la tarde, a medianoche, durante la madrugada o al amanecer. ³⁶ Que no los encuentre dormidos cuando llegue sin previo aviso. ³⁷ Les digo a ustedes lo que digo a todos: ¡Manténganse despiertos esperándolo a él!

CAPÍTULO **14**
Jesús es ungido en Betania
Faltaban dos días para la Pascua y el Festival de los Panes sin Levadura. Los principales sacerdotes y los maestros de la ley religiosa seguían buscando una oportunidad para capturar a Jesús en secreto y matarlo. ² «Pero no durante

la celebración de la Pascua —acordaron—, no sea que la gente cause disturbios».

³ Mientras tanto, Jesús se encontraba en Betania, en la casa de Simón, un hombre que había tenido lepra. Mientras comía,* entró una mujer con un hermoso frasco de alabastro que contenía un perfume costoso, preparado con esencias de nardo. Ella abrió el frasco y derramó el perfume sobre la cabeza de Jesús. ⁴ Algunos que estaban a la mesa se indignaron. «¿Por qué desperdiciar un perfume tan costoso? —preguntaron—. ⁵ ¡Podría haberse vendido por el salario de un año* y el dinero dado a los pobres!». Así que la regañaron severamente.

⁶ Pero Jesús respondió: «Déjenla en paz. ¿Por qué la critican por hacer algo tan bueno conmigo? ⁷ Siempre habrá pobres entre ustedes, y pueden ayudarlos cuando quieran, pero a mí no siempre me tendrán. ⁸ Ella hizo lo que pudo y ungió mi cuerpo en preparación para el entierro. ⁹ Les digo la verdad, en cualquier lugar del mundo donde se predique la Buena Noticia, se recordará y se hablará de lo que hizo esta mujer».

Judas acuerda traicionar a Jesús
¹⁰ Entonces Judas Iscariote, uno de los doce discípulos, fue a ver a los principales sacerdotes para llegar a un acuerdo de cómo entregarles a Jesús a traición. ¹¹ Ellos quedaron complacidos cuando oyeron la razón de su visita y le prometieron darle dinero. Entonces él comenzó a buscar una oportunidad para traicionar a Jesús.

La última cena
¹² El primer día del Festival de los Panes sin Levadura, cuando se sacrifica el cordero de la Pascua, los discípulos de Jesús le preguntaron: «¿Dónde quieres que vayamos a prepararte la cena de Pascua?».

¹³ Así que Jesús envió a dos de ellos a Jerusalén con las siguientes instrucciones: «Al entrar en la ciudad, se encontrarán con un hombre que lleva un cántaro de agua. Síganlo. ¹⁴ En la casa donde él entre, díganle al dueño: "El Maestro pregunta: ¿Dónde está el cuarto de huéspedes para que pueda comer la cena de Pascua con mis discípulos?'". ¹⁵ Él los llevará a un cuarto grande en el piso de arriba, que ya está listo. Allí deben preparar nuestra cena». ¹⁶ Entonces los dos discípulos entraron en la ciudad y encontraron todo como Jesús les había dicho y allí prepararon la cena de Pascua.

¹⁷ Por la noche, Jesús llegó con los doce discípulos.* ¹⁸ Mientras estaban a la mesa,*

13:24-25 Ver Is 13:10; 34:4; Jl 2:10.   13:26a «Hijo del Hombre» es un título que Jesús empleaba para referirse a sí mismo.   13:26b Ver Dn 7:13.   13:27 En griego *desde los cuatro vientos*.   13:30 O *esta era, o esta nación*.   13:33 Algunos manuscritos incluyen *y oren*.   14:3 O *estaba reclinado*.   14:5 En griego *trescientos denarios*. Un denario equivalía a la paga de un obrero por una jornada completa de trabajo.   14:17 En griego *los Doce*.   14:18 O *se reclinaban*.

comiendo, Jesús dijo: «Les digo la verdad, uno de ustedes que está aquí comiendo conmigo me traicionará». [19] Ellos, muy afligidos, le preguntaron uno por uno: «¿Seré yo?». [20] Él contestó: «Es uno de ustedes doce que come de este plato conmigo. [21] Pues el Hijo del Hombre* tiene que morir, tal como lo declararon las Escrituras hace mucho tiempo. Pero qué aflicción le espera a aquel que lo traiciona. ¡Para ese hombre sería mucho mejor no haber nacido!». [22] Mientras comían, Jesús tomó un poco de pan y lo bendijo. Luego lo partió en trozos, lo dio a sus discípulos y dijo: «Tómenlo, porque esto es mi cuerpo». [23] Y tomó en sus manos una copa de vino y dio gracias a Dios por ella. Se la dio a ellos, y todos bebieron de la copa. [24] Y les dijo: «Esto es mi sangre, la cual confirma el pacto* entre Dios y su pueblo. Es derramada como sacrificio por muchos. [25] Les digo la verdad, no volveré a beber vino hasta el día en que lo beba nuevo en el reino de Dios».

[26] Luego cantaron un himno y salieron al monte de los Olivos.

Jesús predice la negación de Pedro

[27] En el camino, Jesús les contó: «Todos ustedes me abandonarán, porque las Escrituras dicen:

"Dios golpeará* al Pastor,
    y las ovejas se dispersarán".

[28] Pero, después de ser levantado de los muertos, iré delante de ustedes a Galilea y allí los veré».

[29] Pedro le dijo:

—Aunque todos te abandonen, yo jamás lo haré.

[30] Jesús respondió:

—Te digo la verdad, Pedro: esta misma noche, antes que cante el gallo dos veces, negarás tres veces que me conoces.

[31] —¡No! —exclamó Pedro enfáticamente—. Aunque tenga que morir contigo, ¡jamás te negaré!

Y los demás juraron lo mismo.

Jesús ora en Getsemaní

[32] Fueron al huerto de olivos llamado Getsemaní, y Jesús dijo: «Siéntense aquí mientras yo voy a orar». [33] Se llevó a Pedro, a Santiago y a Juan y comenzó a afligirse y angustiarse profundamente. [34] Les dijo: «Mi alma está destrozada de tanta tristeza, hasta el punto de la muerte. Quédense aquí y velen conmigo». [35] Se adelantó un poco más y cayó en tierra.

Pidió en oración que, si fuera posible, pasara de él la horrible hora que le esperaba. [36] «Abba, Padre* —clamó—, todo es posible para ti. Te pido que quites esta copa de sufrimiento de mí. Sin embargo, quiero que se haga tu voluntad, no la mía».

[37] Luego volvió y encontró a los discípulos dormidos. Le dijo a Pedro: «Simón, ¿estás dormido? ¿No pudiste velar conmigo ni siquiera una hora? [38] Velen y oren para que no cedan ante la tentación, porque el espíritu está dispuesto, pero el cuerpo es débil».

[39] Entonces Jesús los dejó otra vez e hizo la misma oración que antes. [40] Cuando regresó de nuevo adonde estaban ellos, los encontró dormidos porque no podían mantener los ojos abiertos. Y no sabían qué decir.

[41] Cuando volvió a ellos por tercera vez, les dijo: «Adelante, duerman, descansen. Pero no, la hora ha llegado. El Hijo del Hombre es traicionado y entregado en manos de pecadores. [42] Levántense, vamos. ¡Miren, el que me traiciona ya está aquí!».

Traición y arresto de Jesús

[43] En ese mismo instante, mientras Jesús todavía hablaba, llegó Judas, uno de los doce discípulos, junto con una multitud de hombres armados con espadas y palos. Los habían enviado los principales sacerdotes, los maestros de la ley religiosa y los ancianos. [44] El traidor, Judas, había acordado previamente con ellos una señal: «Sabrán a cuál arrestar cuando yo lo salude con un beso. Entonces podrán llevárselo bajo custodia». [45] En cuanto llegaron, Judas se acercó a Jesús. «¡Rabí!»* —exclamó, y le dio el beso. [46] Entonces los otros agarraron a Jesús y lo arrestaron. [47] Pero uno de los hombres que estaban con Jesús sacó su espada e hirió al esclavo del sumo sacerdote cortándole una oreja.

[48] Jesús les preguntó: «¿Acaso soy un peligroso revolucionario, para que vengan con espadas y palos para arrestarme? [49] ¿Por qué no me arrestaron en el templo? Estuve enseñando allí entre ustedes todos los días. Pero estas cosas suceden para que se cumpla lo que dicen las Escrituras acerca de mí».

[50] Entonces todos sus discípulos lo abandonaron y huyeron. [51] Un joven que los seguía sólo llevaba puesta una camisa de noche de lino. Cuando la turba intentó agarrarlo, [52] su camisa de noche se deslizó y huyó desnudo.

Jesús ante el Concilio

[53] Llevaron a Jesús a la casa del sumo sacerdote, donde se habían reunido los principales

---

14:21 «Hijo del Hombre» es un título que Jesús empleaba para referirse a sí mismo.   14:24 Algunos manuscritos dicen *el nuevo pacto.*   14:27 En griego *Golpearé.* Zac 13:7.   14:36 *Abba* es un término arameo para la palabra «padre».
14:45 *Rabí,* del arameo, significa «amo», «maestro».

sacerdotes, los ancianos y los maestros de la ley religiosa. ⁵⁴ Mientras tanto, Pedro lo siguió de lejos y entró directamente al patio del sumo sacerdote. Allí se sentó con los guardias para calentarse junto a la fogata.

⁵⁵ Adentro, los principales sacerdotes y todo el Concilio Supremo* intentaban encontrar pruebas contra Jesús para poder ejecutarlo, pero no pudieron encontrar ninguna. ⁵⁶ Había muchos falsos testigos que hablaban en contra de él, pero todos se contradecían. ⁵⁷ Finalmente unos hombres se pusieron de pie y dieron el siguiente falso testimonio: ⁵⁸ «Nosotros lo oímos decir: "Yo destruiré este templo hecho con manos humanas y en tres días construiré otro, no hecho con manos humanas"». ⁵⁹ ¡Pero aun así sus relatos no coincidían!

⁶⁰ Entonces el sumo sacerdote se puso de pie ante todos y le preguntó a Jesús: «Bien, ¿no vas a responder a estos cargos? ¿Qué tienes que decir a tu favor?». ⁶¹ Pero Jesús se mantuvo callado y no contestó. Entonces el sumo sacerdote le preguntó:

—¿Eres tú el Mesías, el Hijo del Bendito?

⁶² Jesús dijo:

—Yo Soy.* Y ustedes verán al Hijo del Hombre sentado en el lugar de poder, a la derecha de Dios,* y viniendo en las nubes del cielo.*

⁶³ Entonces el sumo sacerdote se rasgó las vestiduras en señal de horror y dijo: «¿Para qué necesitamos más testigos? ⁶⁴ Todos han oído la blasfemia que dijo. ¿Cuál es el veredicto?».

«¡Culpable!» —gritaron todos—. ¡Merece morir!».

⁶⁵ Entonces algunos comenzaron a escupirle, y le vendaron los ojos y le daban puñetazos. «¡Profetízanos!» —se burlaban. Y los guardias lo abofeteaban mientras se lo llevaban.

Pedro niega a Jesús

⁶⁶ Mientras tanto, Pedro estaba abajo, en el patio. Una de las sirvientas que trabajaba para el sumo sacerdote pasó ⁶⁷ y vio que Pedro se calentaba junto a la fogata. Se quedó mirándolo y dijo:

—Tú eres uno de los que estaban con Jesús de Nazaret.*

⁶⁸ Pero Pedro lo negó y dijo:

—No sé de qué hablas.

Y salió afuera, a la entrada. En ese instante, cantó un gallo.*

⁶⁹ Cuando la sirvienta vio a Pedro parado allí, comenzó a decirles a los otros: «¡No hay duda de que este hombre es uno de ellos!». ⁷⁰ Pero Pedro lo negó otra vez.

Un poco más tarde, algunos de los otros que estaban allí confrontaron a Pedro y dijeron:

—Seguro que tú eres uno de ellos, porque eres galileo.

⁷¹ Pedro juró:

—¡Que me caiga una maldición si les miento! ¡No conozco a ese hombre del que hablan!

⁷² Inmediatamente, el gallo cantó por segunda vez.

De repente, las palabras de Jesús pasaron rápidamente por la mente de Pedro: «Antes de que cante el gallo dos veces, negarás tres veces que me conoces»; y se echó a llorar.

CAPÍTULO 15

Juicio de Jesús ante Pilato

Muy temprano por la mañana, los principales sacerdotes, los ancianos y los maestros de la ley religiosa —todo el Concilio Supremo*— se reunieron para hablar del próximo paso. Ataron a Jesús, se lo llevaron y lo entregaron a Pilato, el gobernador romano.

² Pilato le preguntó a Jesús:

—¿Eres tú el rey de los judíos?

—Tú lo has dicho —contestó Jesús.

³ Entonces los principales sacerdotes siguieron acusándolo de muchos delitos, ⁴ y Pilato le preguntó: «¿No vas a contestarles? ¿Qué me dices de las acusaciones que presentan en tu contra?». ⁵ Pero, para sorpresa de Pilato, Jesús no dijo nada.

⁶ Ahora bien, era costumbre del gobernador cada año, durante la celebración de la Pascua, poner en libertad a un preso, el que la gente pidiera. ⁷ Uno de los presos en ese tiempo era Barrabás, un revolucionario que había cometido un asesinato durante un levantamiento. ⁸ La multitud acudió a Pilato y le pidió que soltara a un preso como era la costumbre.

⁹ «¿Quieren que les deje en libertad a este "rey de los judíos"?» —preguntó Pilato. ¹⁰ (Pues ya se había dado cuenta de que los principales sacerdotes habían arrestado a Jesús por envidia). ¹¹ Pero, en ese momento, los principales sacerdotes incitaron a la multitud para que exigiera la libertad de Barrabás en lugar de la de Jesús. ¹² Pilato les preguntó:

—Entonces ¿qué hago con este hombre al que ustedes llaman rey de los judíos?

¹³ —¡Crucifícalo! —le contestaron a gritos.

¹⁴ —¿Por qué? —insistió Pilato—. ¿Qué crimen ha cometido?

Pero la turba rugió aún más fuerte:

—¡Crucifícalo!

¹⁵ Entonces Pilato, para calmar a la multitud,

14:55 En griego *el Sanedrín.*   14:62a O —*El Yo Soy está aquí;* o —*Yo soy el Señor.* Ver Éx 3:14.   14:62b En griego *a la derecha del poder.* Ver Sal 110:1.   14:62c Ver Dn 7:13.   14:67 O *Jesús nazareno.*   14:68 Algunos manuscritos no incluyen *En ese instante, cantó un gallo.*   15:1 En griego *el Sanedrín;* también en 15:43.

dejó a Barrabás en libertad. Y mandó azotar a Jesús con un látigo que tenía puntas de plomo, y después lo entregó a los soldados romanos para que lo crucificaran.

Los soldados se burlan de Jesús

¹⁶Los soldados llevaron a Jesús al patio del cuartel general del gobernador (llamado pretorio) y llamaron a todo el regimiento. ¹⁷Lo vistieron con un manto púrpura y armaron una corona con ramas de espinos y se la pusieron en la cabeza. ¹⁸Entonces lo saludaban y se mofaban: «¡Viva el rey de los judíos!». ¹⁹Y lo golpeaban en la cabeza con una caña de junco, le escupían y se ponían de rodillas para adorarlo burlonamente. ²⁰Cuando al fin se cansaron de hacerle burla, le quitaron el manto púrpura y volvieron a ponerle su propia ropa. Luego lo llevaron para crucificarlo.

La crucifixión

²¹Un hombre llamado Simón, que pasaba por allí pero era de Cirene,* venía del campo justo en ese momento, y los soldados lo obligaron a llevar la cruz de Jesús. (Simón era el padre de Alejandro y de Rufo). ²²Y llevaron a Jesús a un lugar llamado Gólgota (que significa «Lugar de la Calavera»). ²³Le ofrecieron vino mezclado con mirra, pero él lo rechazó.

²⁴Después los soldados lo clavaron en la cruz. Dividieron su ropa y tiraron los dados* para ver quién se quedaba con cada prenda. ²⁵Eran las nueve de la mañana cuando lo crucificaron. ²⁶Un letrero anunciaba el cargo en su contra. Decía: «El Rey de los judíos». ²⁷Con él crucificaron a dos revolucionarios,* uno a su derecha y otro a su izquierda.*

²⁹La gente que pasaba por allí gritaba insultos y movía la cabeza en forma burlona. «¡Eh! ¡Pero mírate ahora! —le gritaban—. Dijiste que ibas a destruir el templo y a reconstruirlo en tres días. ³⁰¡Muy bien, sálvate a ti mismo y bájate de la cruz!».

³¹Los principales sacerdotes y los maestros de la ley religiosa también se burlaban de Jesús. «Salvó a otros —se mofaban—, ¡pero no puede salvarse a sí mismo! ³²¡Que este Mesías, este Rey de Israel, baje de la cruz para que podamos verlo y creerle!». Hasta los hombres que estaban crucificados con Jesús se burlaban de él.

Muerte de Jesús

³³Al mediodía, la tierra se llenó de oscuridad hasta las tres de la tarde. ³⁴Luego, a las tres de la tarde, Jesús clamó con voz fuerte: «*Eloi, Eloi, ¿lema sabactani?*», que significa: «Dios mío, Dios mío, ¿por qué me has abandonado?»*.

³⁵Algunos que pasaban por allí entendieron mal y pensaron que estaba llamando al profeta Elías. ³⁶Uno de ellos corrió y empapó una esponja en vino agrio, la puso sobre una caña de junco y la levantó para que él pudiera beber. «¡Esperen! —dijo—. ¡A ver si Elías viene a bajarlo!».

³⁷Entonces Jesús soltó otro fuerte grito y dio su último suspiro. ³⁸Y la cortina del santuario del templo se rasgó en dos, de arriba abajo.

³⁹El oficial romano* que estaba frente a él,* al ver cómo había muerto, exclamó: «¡Este hombre era verdaderamente el Hijo de Dios!».

⁴⁰Algunas mujeres miraban de lejos, entre ellas, María Magdalena, María (la madre de Santiago el menor y de José*), y Salomé. ⁴¹Eran seguidoras de Jesús y lo habían cuidado mientras estaba en Galilea. También estaban allí muchas otras mujeres que habían venido con él a Jerusalén.

Entierro de Jesús

⁴²Todo eso sucedió el viernes —el día de preparación*— anterior al día de descanso. Al acercarse la noche, ⁴³José de Arimatea se arriesgó y fue a ver a Pilato y pidió el cuerpo de Jesús. (José era miembro honorable del Concilio Supremo y esperaba la venida del reino de Dios). ⁴⁴Pilato no podía creer que Jesús ya hubiera muerto, así que llamó al oficial romano y le preguntó si ya había muerto. ⁴⁵El oficial lo confirmó, así que Pilato le dijo a José que podía llevarse el cuerpo. ⁴⁶José compró un largo lienzo de lino. Luego bajó el cuerpo de Jesús de la cruz, lo envolvió en el lienzo y lo colocó en una tumba que había sido tallada en la roca. Después hizo rodar una piedra en la entrada. ⁴⁷María Magdalena y María, la madre de José, vieron dónde ponían el cuerpo de Jesús.

CAPÍTULO **16**
La resurrección

El sábado al atardecer, cuando terminó el día de descanso, María Magdalena, María la madre de Santiago, y Salomé fueron a comprar especias para el entierro, a fin de ungir el cuerpo de Jesús. ²El domingo por la mañana* muy temprano, justo al amanecer, fueron a la tumba. ³En el camino, se preguntaban unas a otras: «¿Quién nos correrá la piedra de la entrada de la tumba?». ⁴Pero, cuando llegaron, se fijaron

15:21 *Cirene* era una ciudad al norte de África.   15:24 En griego *echaron suertes*. Ver Sal 22:18.   15:27a O *dos criminales*.   15:27b Algunos manuscritos incluyen el versículo 28: *Y se cumplió la Escritura que dice: «Fue contado entre los rebeldes».* Ver Is 53:12; comparar con Lc 22:37.   15:34 Sal 22:1.   15:39a En griego *centurión*; similar en 15:44, 45. 15:39b Algunos manuscritos incluyen *oyó su grito y*.   15:40 En griego *Joses*; también en 15:47. Ver Mt 27:56.   15:42 En griego *Era el día de la preparación*.   16:2 En griego *El primer día de la semana*; también en 16:9.

y vieron que la piedra, que era muy grande, ya estaba corrida.

⁵Cuando entraron en la tumba, vieron a un joven vestido con un manto blanco, sentado al lado derecho. Las mujeres estaban asustadas, ⁶pero el ángel les dijo: «No se alarmen. Ustedes buscan a Jesús de Nazaret,* el que fue crucificado. ¡No está aquí! ¡Ha resucitado! Miren, aquí es donde pusieron su cuerpo. ⁷Ahora vayan y cuéntenles a sus discípulos, incluido Pedro, que Jesús va delante de ustedes a Galilea. Allí lo verán, tal como les dijo antes de morir».

⁸Las mujeres, desconcertadas, huyeron temblando de la tumba y no dijeron nada a nadie porque estaban muy asustadas.*

⁹*Después de que Jesús resucitó el domingo por la mañana temprano, la primera persona que lo vio fue María Magdalena, la mujer de quien él había expulsado siete demonios. ¹⁰Ella fue a ver a los discípulos, quienes estaban lamentándose y llorando, y les dijo lo que había sucedido. ¹¹Pero, cuando les dijo que Jesús estaba vivo y que lo había visto, ellos no le creyeron.

¹²Tiempo después, Jesús se apareció en otra forma a dos de sus seguidores que iban caminando desde Jerusalén hacia el campo. ¹³Ellos regresaron corriendo para contárselo a los demás, pero ninguno les creyó.

¹⁴Incluso más tarde, se apareció a los once discípulos mientras comían juntos. Los reprendió por su obstinada incredulidad, porque se habían negado a creer a los que lo habían visto después de que resucitó.*

¹⁵Y entonces les dijo: «Vayan por todo el mundo y prediquen la Buena Noticia a todos. ¹⁶El que crea y sea bautizado será salvo. Pero el que se niegue a creer, será condenado. ¹⁷Estas señales milagrosas acompañarán a los que creen: expulsarán demonios en mi nombre y hablarán nuevos idiomas.* ¹⁸Podrán tomar serpientes en las manos sin que nada les pase y, si beben algo venenoso, no les hará daño. Pondrán sus manos sobre los enfermos, y ellos sanarán».

¹⁹Cuando el Señor Jesús terminó de hablar con ellos, fue levantado al cielo y se sentó en el lugar de honor, a la derecha de Dios. ²⁰Y los discípulos fueron por todas partes y predicaron, y el Señor actuaba por medio de ellos confirmando con muchas señales milagrosas lo que decían.

16:6 O Jesús nazareno.   16:8 Los manuscritos más antiguos y confiables del Evangelio de Marcos terminan aquí en el versículo 8. Otros manuscritos incluyen varios finales del Evangelio. Algunos incluyen un «final breve»: Luego ellas informaron todo eso a Pedro y a sus compañeros brevemente. Tiempo después, Jesús mismo los envió del oriente al occidente con el sagrado e inagotable mensaje de salvación que da vida eterna. Amén.   16:9-20 Algunos manuscritos incluyen un «final largo», es decir los versículos 9-20.   16:14 Algunos manuscritos antiguos incluyen: Y ellos se disculparon diciendo: «Esta época de desorden e incredulidad está bajo Satanás, que no permite que la verdad y el poder de Dios conquisten a los espíritus malignos (impuros). Por consiguiente, revela tu justicia ahora». Esto es lo que ellos le dijeron a Cristo. Y Cristo les respondió: «El período de años del poder de Satanás se ha cumplido, pero pronto otras cosas terribles ocurrirán. Y yo fui entregado a la muerte para beneficio de los que han pecado, a fin de que puedan volver a la verdad y no pequen más, y así puedan heredar la gloria celestial, que es espiritual, incorruptible y justa».   16:17 O nuevas lenguas; algunos manuscritos no incluyen nuevas.

Lucas

AUTOR: LUCAS | FECHA DE ESCRITURA: 60 d. de J. C. | GÉNERO: EVANGELIO

Lucas fue un gentil que puso su fe en Jesucristo. Su propósito, al escribir una historia de la vida, muerte, y resurrección de Jesucristo, era que las personas fuera de la fe y cultura judía pudieran entender el mensaje de salvación.

CAPÍTULO 1

Introducción

Muchas personas han intentado escribir un relato de los hechos que se han cumplido entre nosotros. ²Se valieron de los informes que circulan entre nosotros dados por testigos oculares, los primeros discípulos.* ³Después de investigar todo con esmero desde el principio, yo también decidí escribir un relato cuidadoso para ti, muy honorable Teófilo, ⁴para que puedas estar seguro de la veracidad de todo lo que te han enseñado.

Anuncio del nacimiento de Juan el Bautista

⁵Cuando Herodes era rey en Judea, hubo un sacerdote judío llamado Zacarías. Era miembro del grupo sacerdotal de Abías; y su esposa, Elisabet, también pertenecía a la familia sacerdotal de Aarón. ⁶Zacarías y Elisabet eran justos a los ojos de Dios y cuidadosos en obedecer todos los mandamientos y las ordenanzas del Señor. ⁷No tenían hijos porque Elisabet no podía quedar embarazada y los dos eran ya muy ancianos.

⁸Cierto día, Zacarías se encontraba sirviendo a Dios en el templo, porque su grupo de sacerdotes estaba de turno esa semana. ⁹Como era costumbre entre los sacerdotes, le tocó por sorteo entrar en el santuario del Señor y quemar el incienso. ¹⁰Mientras el incienso se quemaba, una gran multitud estaba afuera orando.

¹¹Y mientras Zacarías estaba en el santuario, se le apareció un ángel del Señor, de pie a la derecha del altar del incienso. ¹²Cuando Zacarías lo vio, se alarmó y se llenó de temor, ¹³pero el ángel le dijo:

—¡No tengas miedo, Zacarías! Dios ha oído tu oración. Tu esposa, Elisabet, te dará un hijo, y lo llamarás Juan. ¹⁴Tendrás gran gozo y alegría, y muchos se alegrarán de su nacimiento, ¹⁵porque él será grande a los ojos del Señor. No deberá beber vino ni ninguna bebida alcohólica y será lleno del Espíritu Santo aun antes de nacer.* ¹⁶Y hará que muchos israelitas vuelvan al Señor su Dios. ¹⁷Será un hombre con el espíritu y el poder de Elías; preparará a la gente para la venida del Señor. Inclinará el corazón de los padres* hacia los hijos* y hará que los rebeldes acepten la sabiduría de los justos.

¹⁸Zacarías le dijo al ángel:

—¿Cómo puedo estar seguro de que ocurrirá esto? Ya soy muy anciano, y mi esposa también es de edad avanzada.

¹⁹Entonces el ángel dijo:

—¡Yo soy Gabriel! Estoy en la presencia misma de Dios. ¡Fue él quien me envió a darte esta buena noticia! ²⁰Pero ahora, como no creíste lo que te dije, te quedarás mudo, sin poder hablar hasta que nazca el niño. Te aseguro que mis palabras se cumplirán a su debido tiempo.

²¹Mientras tanto, la gente esperaba a que Zacarías saliera del santuario y se preguntaba por qué tardaba tanto. ²²Cuando por fin salió, no podía hablarles. Entonces, por las señas que hacía y su silencio, se dieron cuenta de que seguramente había tenido una visión en el santuario.

²³Cuando Zacarías terminó su semana de servicio en el templo, regresó a su casa. ²⁴Poco tiempo después, su esposa, Elisabet, quedó embarazada y permaneció recluida en su casa durante cinco meses. ²⁵«¡Qué bondadoso es el Señor! —exclamó ella—. Me ha quitado la vergüenza de no tener hijos».

1:2 En griego *de aquellos que, desde un principio, fueron siervos de la palabra.*   1:15 O *aun desde su nacimiento.*
1:17a En griego esta palabra se refiere sólo a los hombres.   1:17b Ver Mal 4:5-6.

Anuncio del nacimiento de Jesús

²⁶ Cuando Elisabet estaba en su sexto mes de embarazo, Dios envió al ángel Gabriel a Nazaret, una aldea de Galilea, ²⁷ a una virgen llamada María. Ella estaba comprometida para casarse con un hombre llamado José, descendiente del rey David. ²⁸ Gabriel se le apareció y dijo: «¡Saludos, mujer favorecida! ¡El Señor está contigo!»*.

²⁹ Confusa y perturbada, María trató de pensar lo que el ángel quería decir.

³⁰ —No tengas miedo, María —le dijo el ángel—, ¡porque has hallado el favor de Dios! ³¹ Concebirás y darás a luz un hijo, y le pondrás por nombre Jesús. ³² Él será muy grande y lo llamarán Hijo del Altísimo. El Señor Dios le dará el trono de su antepasado David. ³³ Y reinará sobre Israel* para siempre; ¡su reino no tendrá fin!

³⁴ —¿Pero cómo podrá suceder esto? —le preguntó María al ángel—. Soy virgen.

³⁵ El ángel le contestó:

—El Espíritu Santo vendrá sobre ti, y el poder del Altísimo te cubrirá con su sombra. Por lo tanto, el bebé que nacerá será santo y será llamado Hijo de Dios. ³⁶ Además, tu parienta Elisabet ¡quedó embarazada en su vejez! Antes la gente decía que ella era estéril, pero ha concebido un hijo y ya está en su sexto mes de embarazo. ³⁷ Pues nada es imposible para Dios.*

³⁸ María respondió:

—Soy la sierva del Señor. Que se cumpla todo lo que has dicho acerca de mí.

Y el ángel la dejó.

María visita a Elisabet

³⁹ Pocos días después, María fue de prisa a la zona montañosa de Judea, al pueblo ⁴⁰ donde vivía Zacarías. Entró en la casa y saludó a Elisabet. ⁴¹ Al escuchar el saludo de María, el bebé de Elisabet saltó en su vientre y Elisabet se llenó del Espíritu Santo.

⁴² Elisabet dio un grito de alegría y le exclamó a María:

—Dios te ha bendecido más que todas las mujeres, y tu hijo es bendito. ⁴³ ¿Por qué tengo este honor, que la madre de mi Señor venga a visitarme? ⁴⁴ Cuando escuché tu saludo, el bebé saltó de alegría en mi vientre. ⁴⁵ Eres bendita porque creíste que el Señor haría lo que te dijo.

El Magníficat: Canción de alabanza de María

⁴⁶ María respondió:

—Oh, cuánto alaba mi alma al Señor.

⁴⁷   ¡Cuánto mi espíritu se alegra en Dios mi Salvador!

⁴⁸ Pues se fijó en su humilde sierva,
     y de ahora en adelante todas las
        generaciones me llamarán bendita.
⁴⁹ Pues el Todopoderoso es santo
     y ha hecho grandes cosas por mí.
⁵⁰ Él muestra misericordia de generación en
        generación
     a todos los que le temen.
⁵¹ ¡Su brazo poderoso ha hecho cosas
        tremendas!
     Dispersó a los orgullosos y a los altaneros.
⁵² A príncipes derrocó de sus tronos
     y exaltó a los humildes.
⁵³ Al hambriento llenó de cosas buenas
     y a los ricos despidió con las manos vacías.
⁵⁴ Ayudó a su siervo Israel
     y no se olvidó de ser misericordioso.
⁵⁵ Pues lo prometió a nuestros antepasados,
     a Abraham y a sus descendientes para
        siempre.

⁵⁶ Y María se quedó con Elisabet unos tres meses y luego regresó a su casa.

Nacimiento de Juan el Bautista

⁵⁷ Cuando se cumplió el tiempo para que naciera el bebé, Elisabet dio a luz un hijo varón. ⁵⁸ Todos sus vecinos y parientes se alegraron al enterarse de que Dios había sido tan misericordioso con ella.

⁵⁹ Cuando el bebé cumplió ocho días, todos se reunieron para la ceremonia de circuncisión. Querían ponerle por nombre Zacarías como su padre, ⁶⁰ pero Elisabet dijo:

—¡No! ¡Su nombre es Juan!

⁶¹ —¿Cómo? —exclamaron—. No hay nadie en tu familia con ese nombre.

⁶² Entonces, le preguntaron por gestos al padre cómo quería que se llamara. ⁶³ Zacarías pidió con señas que le dieran una tablilla para escribir y, para sorpresa de todos, escribió: «Su nombre es Juan». ⁶⁴ Al instante Zacarías pudo hablar de nuevo y comenzó a alabar a Dios.

⁶⁵ Todo el vecindario se llenó de temor reverente, y la noticia de lo que había sucedido corrió por todas las colinas de Judea. ⁶⁶ Los que la oían meditaban sobre los acontecimientos y se preguntaban: «¿Qué llegará a ser este niño?». Pues la mano del Señor estaba sobre él de una manera especial.

Profecía de Zacarías

⁶⁷ Entonces su padre, Zacarías, se llenó del Espíritu Santo y dio la siguiente profecía:

⁶⁸ «Alaben al Señor, el Dios de Israel,
     porque ha visitado y redimido a su
        pueblo.

1:28 Algunos manuscritos incluyen *Bendita eres entre las mujeres.*   **1:33** En griego *sobre la casa de Jacob.*   **1:37** Algunos manuscritos dicen *Pues la palabra de Dios nunca dejará de cumplirse.*

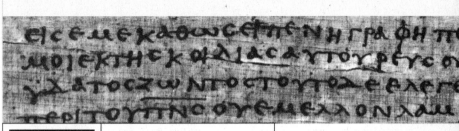

GRANDES PREGUNTAS

¿Es la Biblia creíble?

Lee LUCAS 1:1-4

Al escribir este Evangelio, Lucas hace esmerados esfuerzos para garantizar la legitimidad de su obra. Deja muy en claro que preparó este libro meticulosamente, yendo al extremo de «investigar todo con esmero desde el principio» las historias dichas por los discípulos.

Aunque Lucas y otros escritores de la Biblia se tomaron el trabajo de comprobar la veracidad de todas las historias, algunas personas han tratado de señalar contradicciones e inconsecuencias en la Biblia. La misma gente dice que la Biblia no es creíble, basándose en lo que ellos creen son contradicciones. Pero hay tres razones por las cuales podemos confiar que la Biblia es creíble:

1. Dios es el autor. A pesar del hecho de que la Biblia fue escrita por más de cuarenta autores, debemos reconocer un hecho importante: las personas que tomaron papel y tinta fueron instrumentos en las manos de Dios. El autor real de la Biblia es Dios. Como lo escribió el apóstol Pablo: «Toda la Escritura es inspirada por Dios y es útil para enseñarnos lo que es verdad y para hacernos ver lo que está mal en nuestra vida. Nos corrige cuando estamos equivocados y nos enseña a hacer lo correcto» (2 Timoteo 3:16). Dios eligió hablar a través de todas esas diferentes personas, tal como un pintor escoge diferentes pinceles para pintar un cuadro al óleo. Cada uno tiene su propio estilo particular, pero la verdad es la misma.

2. La principal historia de la Biblia es demasiado compleja para ser un engaño. El renombrado historiador Will Durant, que dedicó su vida al estudio de los registros de la antigüedad, hizo esta observación con respecto a la historia de Jesús y de la iglesia primitiva tal como se hallan en la Escritura: «Que unos pocos hombres sencillos en una generación hayan inventado un personaje tan poderoso y atrayente, una ética tan elevada, y una visión tan inspiradora de la fraternidad humana, sería un milagro más increíble que cualquier milagro registrado en los evangelios. Después de dos siglos de Alta crítica, los bosquejos de la vida, el carácter, y las enseñanzas de Jesús permanecen razonablemente claras y constituyen el rasgo más fascinante en la historia del hombre occidental» [«Caesar and Christ» en *The Story of Civilization* («César y Cristo» en La historia de la civilización), Vol. 3, Nueva York: Simon y Schuster, 1944, pág. 557].

3. La evidencia científica sostiene la veracidad de la Biblia. Los hallazgos arqueológicos han sostenido muchos de los pasajes complicados de la Biblia. Además, hay mucha más seguridad de la autenticidad de la Biblia que de todos los otros escritos de la antigüedad [ver Norman L. Geisler y William E. Nix, *A General Introduction to the Bible* (Una introducción general a la Biblia), Chicago: Moody Press, Moody Bible Institute, 1986].

A pesar de su evidencia, la Palabra de Dios debe ser aceptada por fe. Tú, como individuo, debes llegar a reconocer que la Palabra de Dios es perfecta, confiable y correcta (lee Hebreos 11:7-12, pág. 303). Tu creencia y tu práctica de las verdades halladas en este libro —el mensaje de Dios para ti— harán el impacto más profundo en tu vida durante toda tu existencia, y hasta la eternidad.

Para leer la próxima nota de «Grandes preguntas», ve a la pág. A103.

69 Nos envió un poderoso Salvador*
del linaje real de su siervo David,
70 como lo prometió
mediante sus santos profetas hace
mucho tiempo.
71 Ahora seremos rescatados de nuestros
enemigos
y de todos los que nos odian.
72 Él ha sido misericordioso con nuestros
antepasados
al recordar su pacto sagrado,
73 el pacto que prometió mediante un
juramento
a nuestro antepasado Abraham.
74 Hemos sido rescatados de nuestros enemigos
para poder servir a Dios sin temor,
75 en santidad y justicia,
mientras vivamos.
76 »Y tú, mi pequeño hijo,
serás llamado profeta del Altísimo,
porque prepararás el camino para el Señor.
77 Dirás a su pueblo cómo encontrar la
salvación
mediante el perdón de sus pecados.
78 Gracias a la tierna misericordia de Dios,
desde el cielo, la luz matinal está a punto
de brillar entre nosotros,*
79 para dar luz a los que están en oscuridad y
en sombra de muerte,
y para guiarnos al camino de la paz».

80 Juan creció y se fortaleció en espíritu. Y
vivió en el desierto hasta que comenzó su ministerio público a Israel.

CAPÍTULO 2
Nacimiento de Jesús
En esos días, Augusto, el emperador de Roma,
decretó que se hiciera un censo en todo el Im-
perio Romano. 2(Este fue el primer censo que se
hizo cuando Cirenio era gobernador de Siria).
3 Todos regresaron a los pueblos de sus antepasados a fin de inscribirse para el censo. 4 Como
José era descendiente del rey David, tuvo que
ir a Belén de Judea, el antiguo hogar de David.
Viajó hacia allí desde la aldea de Nazaret de
Galilea. 5 Llevó consigo a María, su prometida,
cuyo embarazo ya estaba avanzado.

6 Mientras estaban allí, llegó el momento
para que naciera el bebé. 7 María dio a luz a su
primer hijo, un varón. Lo envolvió en tiras de
tela y lo acostó en un pesebre, porque no había
alojamiento disponible para ellos.

Pastores y ángeles
8 Esa noche había unos pastores en los campos
cercanos, que estaban cuidando sus rebaños
de ovejas. 9 De repente, apareció entre ellos un

ángel del Señor, y el resplandor de la gloria del
Señor los rodeó. Los pastores estaban aterrados, 10 pero el ángel los tranquilizó. «No tengan
miedo —dijo—. Les traigo buenas noticias que
darán gran alegría a toda la gente. 11 ¡El Salvador
—sí, el Mesías, el Señor— ha nacido hoy en Belén, la ciudad de David! 12 Y lo reconocerán por la
siguiente señal: encontrarán a un niño envuelto
en tiras de tela, acostado en un pesebre».

13 De pronto, se unió a ese ángel una inmensa
multitud —los ejércitos celestiales— que alababan a Dios y decían:

14 «Gloria a Dios en el cielo más alto
y paz en la tierra para aquellos en quienes
Dios se complace».

15 Cuando los ángeles regresaron al cielo, los
pastores se dijeron unos a otros: «¡Vayamos a
Belén! Veamos esto que ha sucedido y que el
Señor nos anunció».

16 Fueron de prisa a la aldea y encontraron a
María y a José. Y allí estaba el niño, acostado
en el pesebre. 17 Después de verlo, los pastores
contaron a todos lo que había sucedido y lo que
el ángel les había dicho acerca del niño. 18 Todos los que escucharon el relato de los pastores
quedaron asombrados, 19 pero María guardaba
todas estas cosas en el corazón y pensaba en
ellas con frecuencia. 20 Los pastores regresaron
a sus rebaños, glorificando y alabando a Dios
por lo que habían visto y oído. Todo sucedió tal
como el ángel les había dicho.

Presentación de Jesús en el templo
21 Ocho días después, cuando el bebé fue circuncidado, le pusieron por nombre Jesús, el
nombre que había dado el ángel aun antes de
que el niño fuera concebido.

22 Luego llegó el tiempo para la ofrenda de purificación, como exigía la ley de Moisés después
del nacimiento de un niño; así que sus padres lo
llevaron a Jerusalén para presentarlo al Señor.
23 La ley del Señor dice: «Si el primer hijo de una
mujer es varón, habrá que dedicarlo al SEÑOR»*.
24 Así que ellos ofrecieron el sacrificio requerido
en la ley del Señor, que consistía en «un par de
tórtolas o dos pichones de paloma»*.

Profecía de Simeón
25 En ese tiempo, había en Jerusalén un hombre
llamado Simeón. Era justo y devoto, y esperaba
con anhelo que llegara el Mesías y rescatara a
Israel. El Espíritu Santo estaba sobre él 26 y le
había revelado que no moriría sin antes ver al
Mesías del Señor. 27 Ese día, el Espíritu lo guió al
templo. De manera que, cuando María y José llegaron para presentar al bebé Jesús ante el Señor

1:69 En griego has levantado un cuerno de salvación para nosotros.   1:78 O la Luz Matinal del Cielo está a punto de
visitarnos.   2:23 Éx 13:2.   2:24 Lv 12:8.

como exigía la ley, [28]Simeón estaba allí. Tomó al niño en sus brazos y alabó a Dios diciendo:

[29] «Soberano Señor, permite ahora que tu
. siervo muera en paz,
  como prometiste.
[30] He visto tu salvación,
[31] la que preparaste para toda la gente.
[32] Él es una luz para revelar a Dios a las
  naciones,
  ¡y es la gloria de tu pueblo Israel!».

[33]Los padres de Jesús estaban asombrados de lo que se decía de él. [34]Entonces Simeón les dio su bendición y le dijo a María, la madre del bebé: «Este niño está destinado a provocar la caída de muchos en Israel, pero también será la alegría de muchos otros. Fue enviado como una señal de Dios, pero muchos se le opondrán. [35]Como resultado, saldrán a la luz los pensamientos más profundos de muchos corazones, y una espada atravesará tu propia alma».

Profecía de Ana
[36]En el templo también estaba Ana, una profetisa muy anciana, hija de Fanuel, de la tribu de Aser. Su esposo había muerto cuando sólo llevaban siete años de casados. [37]Después ella vivió como viuda hasta la edad de ochenta y cuatro años.* Nunca salía del templo, sino que permanecía allí de día y de noche adorando a Dios en ayuno y oración. [38]Llegó justo en el momento que Simeón hablaba con María y José, y comenzó a alabar a Dios. Habló del niño a todos los que esperaban que Dios rescatara a Jerusalén.

[39]Una vez que los padres de Jesús cumplieron con todas las exigencias de la ley del Señor, regresaron a su casa en Nazaret de Galilea. [40]Allí el niño crecía sano y fuerte. Estaba lleno de sabiduría, y el favor de Dios estaba sobre él.

Jesús habla con los maestros
[41]Cada año, los padres de Jesús iban a Jerusalén para el festival de la Pascua. [42]Cuando Jesús tenía doce años, asistieron al festival como siempre. [43]Una vez terminada la celebración, emprendieron el regreso a Nazaret, pero Jesús se quedó en Jerusalén. Al principio, sus padres no se dieron cuenta, [44]porque creyeron que estaba entre los otros viajeros. Pero, cuando se hizo de noche y no aparecía, comenzaron a buscarlo entre sus parientes y amigos.

[45]Como no pudieron encontrarlo, regresaron a Jerusalén para buscarlo allí. [46]Tres días después, por fin lo encontraron en el templo, sentado entre los maestros religiosos, escu-chándolos y haciéndoles preguntas. [47]Todos los que lo oían quedaban asombrados de su entendimiento y de sus respuestas.

[48]Sus padres no sabían qué pensar.

—Hijo, ¿por qué nos has hecho esto? —le dijo su madre—. Tu padre y yo hemos estado desesperados buscándote por todas partes.

[49]—Pero ¿por qué tuvieron que buscarme? —les preguntó—. ¿No sabían que tengo que estar en la casa de mi Padre?*

[50]Pero ellos no entendieron lo que les quiso decir.

[51]Luego regresó con sus padres a Nazaret, y vivió en obediencia a ellos. Y su madre guardó todas esas cosas en el corazón. [52]Jesús crecía en sabiduría y en estatura, y en el favor de Dios y de toda la gente.

CAPÍTULO **3**

Juan el Bautista prepara el camino
Era el año quince del reinado de Tiberio, el emperador de Roma. Poncio Pilato era gobernador de Judea; Herodes Antipas gobernaba* Galilea; su hermano Felipe gobernaba* Iturea y Traconite; y Lisanias gobernaba Abilinia. [2]Anás y Caifás eran los sumos sacerdotes. En ese tiempo, un mensaje de Dios llegó a Juan, hijo de Zacarías, que vivía en el desierto. [3]Entonces Juan fue de un lugar a otro, por ambos lados del río Jordán, predicando que la gente debía ser bautizada para demostrar que se había arrepentido de sus pecados y vuelto a Dios para ser perdonada. [4]Isaías había hablado de Juan cuando dijo:

«Es una voz que clama en el desierto:
  "¡Preparen el camino para la venida del
  Señor!
  ¡Ábranle camino!
[5] Los valles serán rellenados,
  y las montañas y las colinas, allanadas.
  Las curvas serán enderezadas,
  y los lugares ásperos, suavizados.
[6] Y entonces todas las personas verán
  la salvación enviada por Dios"»*.

[7] Cuando las multitudes acudieron a Juan para que los bautizara, les dijo:

—¡Camada de víboras! ¿Quién les advirtió que huyeran de la ira de Dios que se acerca? [8]Demuestren con su forma de vivir que se han arrepentido de sus pecados y han vuelto a Dios. No se digan simplemente el uno al otro: "Estamos a salvo porque somos descendientes de Abraham". Eso no significa nada, porque les digo que Dios puede crear hijos de Abraham de estas mismas piedras. [9]Ahora mismo el hacha del

---

2:37 O *Ella había sido viuda por ochenta y cuatro años.*   2:49 O *¿No se dieron cuenta de que debo ocuparme de los asuntos de mi Padre?*   3:1a En griego *Herodes era tetrarca de.* Herodes Antipas era hijo del rey Herodes.   3:1b En griego *era tetrarca de;* también en 3:1c.   3:4-6 Is 40:3-5 (versión griega).

juicio de Dios está lista para cortar las raíces de los árboles. Así es, todo árbol que no produzca buenos frutos será cortado y arrojado al fuego.

¹⁰Las multitudes preguntaron:

—¿Qué debemos hacer?

¹¹Juan contestó:

—Si tienes dos camisas, da una a los pobres. Si tienes comida, comparte con los que tienen hambre.

¹²Hasta los corruptos recaudadores de impuestos vinieron a bautizarse y preguntaron:

—Maestro, ¿qué debemos hacer?

¹³Él les contestó:

—No recauden más impuestos de lo que el gobierno requiere.

¹⁴—¿Qué debemos hacer nosotros? —preguntaron algunos soldados.

Juan les contestó:

—No extorsionen ni hagan falsas acusaciones y estén satisfechos con su salario.

¹⁵Todos esperaban que el Mesías viniera pronto, y tenían muchas ganas de saber si Juan era el Mesías. ¹⁶Juan contestó a sus preguntas diciendo: «Yo los bautizo con* agua, pero pronto viene alguien que es superior a mí, tan superior que ni siquiera soy digno de ser su esclavo y desatarle las correas de sus sandalias. Él los bautizará con el Espíritu Santo y con fuego.* ¹⁷Él está listo para separar el trigo de la paja con su rastrillo. Luego limpiará la zona donde se trilla y juntará el trigo en su granero, pero quemará la paja en un fuego interminable». ¹⁸Juan usó muchas advertencias similares al anunciar la Buena Noticia al pueblo.

¹⁹También Juan criticó públicamente a Herodes Antipas, el gobernador de Galilea,* por haberse casado con Herodías, la esposa de su hermano, y por muchas otras injusticias que había cometido. ²⁰Así que Herodes metió a Juan en la cárcel, agregando a sus muchos pecados uno más.

Bautismo de Jesús

²¹Cierto día, en que las multitudes se bautizaban, Jesús mismo fue bautizado. Mientras él oraba, los cielos se abrieron, ²²y el Espíritu Santo, en forma visible, descendió sobre él como una paloma. Y una voz dijo desde el cielo: «Tú eres mi Hijo muy amado y me das un gran gozo»*.

Antepasados de Jesús

²³Jesús tenía unos treinta años cuando comenzó su ministerio público.

Jesús era conocido como el hijo de José. José era hijo de Elí.

²⁴Elí era hijo de Matat.
Matat era hijo de Leví.
Leví era hijo de Melqui.
Melqui era hijo de Jana.
Jana era hijo de José.
²⁵José era hijo de Matatías.
Matatías era hijo de Amós.
Amós era hijo de Nahum.
Nahum era hijo de Esli.
Esli era hijo de Nagai.
²⁶Nagai era hijo de Maat.
Maat era hijo de Matatías.
Matatías era hijo de Semei.
Semei era hijo de Josec.
Josec era hijo de Judá.
²⁷Judá era hijo de Joana.
Joana era hijo de Resa.
Resa era hijo de Zorobabel.
Zorobabel era hijo de Salatiel.
Salatiel era hijo de Neri.
²⁸Neri era hijo de Melqui.
Melqui era hijo de Adi.
Adi era hijo de Cosam.
Cosam era hijo de Elmodam.
Elmodam era hijo de Er.
²⁹Er era hijo de Josué.
Josué era hijo de Eliezer.
Eliezer era hijo de Jorim.
Jorim era hijo de Matat.
Matat era hijo de Leví.
³⁰Leví era hijo de Simeón.
Simeón era hijo de Judá.
Judá era hijo de José.
José era hijo de Jonán.
Jonán era hijo de Eliaquim.
³¹Eliaquim era hijo de Melea.
Melea era hijo de Mainán.
Mainán era hijo de Matata.
Matata era hijo de Natán.
Natán era hijo de David.
³²David era hijo de Isaí.
Isaí era hijo de Obed.
Obed era hijo de Booz.
Booz era hijo de Salmón.*
Salmón era hijo de Naasón.
³³Naasón era hijo de Aminadab.
Aminadab era hijo de Admín.
Admín era hijo de Arní.*
Arní era hijo de Esrom.
Esrom era hijo de Fares.
Fares era hijo de Judá.
³⁴Judá era hijo de Jacob.
Jacob era hijo de Isaac.
Isaac era hijo de Abraham.
Abraham era hijo de Taré.
Taré era hijo de Nacor.

3:16a O en.   3:16b O en el Espíritu Santo y en fuego.   3:19 En griego Herodes tetrarca.   3:22 Algunos manuscritos dicen mi Hijo, y hoy me he convertido en tu padre.   3:32 En griego Sala, una variante de Salmón; también en 3:32b. Ver Rt 4:22.
3:33 Algunos manuscritos dicen Aminadab era hijo de Aram. Arní y Aram son variantes de Ram. Ver 1Cr 2:9-10.

35 Nacor era hijo de Serug.
Serug era hijo de Ragau.
Ragau era hijo de Peleg.
Peleg era hijo de Heber.
Heber era hijo de Sala.
36 Sala era hijo de Cainán.
Cainán era hijo de Arfaxad.
Arfaxad era hijo de Sem.
Sem era hijo de Noé.
Noé era hijo de Lamec.
37 Lamec era hijo de Matusalén.
Matusalén era hijo de Enoc.
Enoc era hijo de Jared.
Jared era hijo de Mahalaleel.
Mahalaleel era hijo de Cainán.
38 Cainán era hijo de Enós.*
Enós era hijo de Set.
Set era hijo de Adán.
Adán era hijo de Dios.

CAPÍTULO **4**
Tentación de Jesús
Entonces Jesús, lleno del Espíritu Santo, regresó del río Jordán. Y el Espíritu lo llevó al desierto,* 2 donde fue tentado por el diablo durante cuarenta días. Jesús no comió nada en todo ese tiempo y comenzó a tener mucha hambre.

3 Entonces el diablo le dijo:
—Si eres el Hijo de Dios, dile a esta piedra que se transforme en pan.

4 Pero Jesús le dijo:
—¡No! Las Escrituras dicen: "La gente no vive sólo de pan"*.

5 Entonces el diablo lo llevó a una parte alta y desplegó ante él todos los reinos del mundo en un solo instante.

6 —Te daré la gloria de estos reinos y autoridad sobre ellos —le dijo el diablo—, porque son míos para dárselos a quien yo quiera. 7 Te daré todo esto si me adoras.

8 Jesús le respondió:
—Las Escrituras dicen:

"Adora al SEÑOR tu Dios
   y sírvele sólo a él"*.

9 Entonces el diablo lo llevó a Jerusalén, al punto más alto del templo, y dijo:
—Si eres el Hijo de Dios, ¡tírate! 10 Pues las Escrituras dicen:

"Él ordenará a sus ángeles que te protejan y
   te guarden.
11 Y te sostendrán con sus manos
   para que ni siquiera te lastimes el pie con
   una piedra"*.

12 Jesús le respondió:
—Las Escrituras también dicen: "No pondrás a prueba al SEÑOR tu Dios"*.

13 Cuando el diablo terminó de tentar a Jesús, lo dejó hasta la siguiente oportunidad.

Jesús es rechazado en Nazaret
14 Entonces Jesús regresó a Galilea lleno del poder del Espíritu Santo. Las noticias acerca de él corrieron rápidamente por toda la región. 15 Enseñaba con frecuencia en las sinagogas y todos lo elogiaban.

16 Cuando llegó a Nazaret, la aldea donde creció, fue como de costumbre a la sinagoga el día de descanso y se puso de pie para leer las Escrituras. 17 Le dieron el rollo del profeta Isaías. Jesús lo desenrolló y encontró el lugar donde está escrito lo siguiente:

18 «El Espíritu del SEÑOR está sobre mí,
   porque me ha ungido para llevar la Buena
      Noticia a los pobres.
Me ha enviado a proclamar que los cautivos
      serán liberados,
   que los ciegos verán,
que los oprimidos serán puestos en libertad,
19   y que ha llegado el tiempo del favor del
      SEÑOR»*.

20 Lo enrolló de nuevo, se lo entregó al ayudante y se sentó. Todas las miradas en la sinagoga se fijaron en él. 21 Después Jesús comenzó a hablarles: «La Escritura que acaban de oír ¡se ha cumplido este mismo día!».

22 Todos hablaban bien de él y estaban asombrados de la gracia con la que salían las palabras de su boca. «¿Cómo puede ser? —preguntaban—. ¿No es éste el hijo de José?».

23 Entonces Jesús les dijo: «Seguramente ustedes me citarán el proverbio que dice: "Médico, cúrate a ti mismo" para decirme: "Haz milagros aquí en tu propio pueblo como los que hiciste en Capernaúm." 24 Pero les digo la verdad, ningún profeta es aceptado en su propio pueblo.

25 »Sin duda había muchas viudas necesitadas en Israel en el tiempo de Elías, cuando los cielos se cerraron por tres años y medio y un hambre terrible devastó la tierra. 26 Sin embargo, Elías no fue enviado a ninguna de ellas. En cambio, lo enviaron a una extranjera, a una viuda de Sarepta en la tierra de Sidón. 27 También había muchos leprosos en Israel en el tiempo del profeta Eliseo, pero el único sanado fue Naamán, un sirio».

28 Al oír eso la gente de la sinagoga se puso furiosa. 29 Se levantaron de un salto, lo atacaron y lo

3:38 En griego *Enós*, una variante de Enosh; también en 3:38b. Ver Gn 5:6.   4:1 Algunos manuscritos dicen *hacia el desierto.*
4:4 Dt 8:3.   4:8 Dt 6:13.   4:10-11 Sal 91:11-12.   4:12 Dt 6:16.   4:18-19 O *y a proclamar el año aceptable del SEÑOR.*
Is 61:1-2 (versión griega); 58:6.

Piedras angulares

JESÚS TENÍA UNA MISIÓN ESPECÍFICA QUE CUMPLIR
Lee LUCAS 4:16-21

Cuando Jesús regresó a su pueblo, Nazaret, citó a Isaías 61:1-2 para describir el propósito de su ministerio. Esta porción de las Escrituras describe cinco objetivos que tenía Jesús en su ministerio terrenal.

1. Llevar la Buena Noticia a los pobres. Jesús ministró a hombres de todas las clases sociales, desde los ricos recaudadores de impuestos, los sencillos pescadores y hasta los mendigos de las calles. A él no le importaba la categoría social de la gente. Jesús miraba más allá de las necesidades externas de la gente. Él veía la pobreza de todas sus almas. Y a todos aquellos dispuestos a oírle, Jesús les ofrece las buenas nuevas del evangelio.

2. Sanar a los quebrantados de corazón. Cuando tienes el corazón quebrantado te parece que nadie te entiende ni se preocupa por ti. Mas no es así, Jesús te comprende. Él sabe lo que es ser abandonado por los amigos. Él ha experimentado lo que es ser rechazado. Conoce el aguijón de la muerte. Por estas razones, él desea sanar tu quebrantado corazón.

3. Traer liberación a los cautivos. La Biblia enseña que antes de darle nuestro corazón a Dios, vivimos cautivos del pecado. Si te das cuenta de que estás viviendo cautivo de algún vicio o pecado que no puedes vencer, Jesús desea librarte de esa esclavitud espiritual. Sólo admite esta condición pecaminosa, sal de ella, y pídele a Dios que te dé un nuevo corazón. Luego entrégate a la ayuda y el poder del Espíritu Santo, y conocerás la verdadera libertad.

4. Dar vista a los ciegos. La Biblia también enseña que antes que entreguemos nuestra vida a Jesús estamos espiritualmente ciegos. «Satanás, quien es el dios de este mundo, ha cegado la mente de los que no creen. Son incapaces de ver la gloriosa luz de la Buena Noticia. No entienden este mensaje acerca de la gloria de Cristo, quien es la imagen exacta de Dios» (2 Corintios 4:4). Jesús desea abrir nuestros ojos para que podamos comprender y responder al mensaje del evangelio.

5. Dar libertad a los oprimidos. La palabra *oprimidos* puede ser también traducida «aquellos que son aplastados por la vida». Jesús comprende tus penas y angustias, y desea quitar esas cargas de tus hombros.

Para leer la próxima nota de «¿Quién es Jesús?», ve a la pág. A22.

---

llevaron a la fuerza hasta el borde del cerro sobre el cual estaba construida la ciudad. Querían arrojarlo por el precipicio, [30]pero él pasó por en medio de la multitud y siguió su camino.

Jesús expulsa un demonio
[31]Después Jesús fue a Capernaúm, una ciudad de Galilea, y enseñaba en la sinagoga cada día de descanso. [32]Allí también la gente quedó asombrada de su enseñanza, porque hablaba con autoridad.

[33]Cierta vez que Jesús estaba en la sinagoga, un hombre poseído por un demonio, un espíritu maligno,* comenzó a gritarle a Jesús:

[34]—¡Vete! ¿Por qué te entrometes con nosotros, Jesús de Nazaret? ¿Has venido a destruirnos? ¡Yo sé quién eres: el Santo de Dios!

[35]—¡Cállate! —lo interrumpió Jesús y le ordenó—: ¡Sal de este hombre!

En ese mismo momento, el demonio arrojó al hombre al suelo mientras la multitud miraba; luego salió de él sin hacerle más daño.

4:33 En griego *impuro;* también en 4:36.

[36]La gente, asombrada, exclamó: «¡Qué poder y autoridad tienen las palabras de este hombre! Hasta los espíritus malignos le obedecen y huyen a su orden». [37]Las noticias acerca de Jesús corrieron por cada aldea de toda la región.

Jesús sana a mucha gente
[38]Después de salir de la sinagoga ese día, Jesús fue a la casa de Simón, donde encontró a la suegra de Simón muy enferma, con mucha fiebre. «Por favor, sánala», le suplicaron todos. [39]De pie junto a su cama, Jesús reprendió a la fiebre y la fiebre se fue de la mujer. Ella se levantó de inmediato y les preparó una comida.

[40]Esa tarde, al ponerse el sol, la gente de toda la aldea llevó ante Jesús a sus parientes enfermos. Cualquiera que fuera la enfermedad, el toque de su mano los sanaba a todos. [41]Muchos estaban poseídos por demonios, los cuales salieron a su orden gritando: «¡Eres el Hijo de Dios!». Pero, como ellos sabían que él era el Mesías, los reprendió y no los dejó hablar.

Jesús continúa predicando

42 Muy temprano a la mañana siguiente, Jesús salió a un lugar aislado. Las multitudes lo buscaron por todas partes y, cuando por fin lo encontraron, le suplicaron que no se fuera. 43 Pero él respondió: «Debo predicar la Buena Noticia del reino de Dios también en otras ciudades, porque para eso fui enviado». 44 Así que siguió recorriendo la región, predicando en las sinagogas de toda Judea.*

CAPÍTULO 5

Primeros discípulos

Cierto día, mientras Jesús predicaba en la orilla del mar de Galilea,* grandes multitudes se abalanzaban sobre él para escuchar la palabra de Dios. 2 Jesús notó dos barcas vacías en la orilla porque los pescadores las habían dejado mientras lavaban sus redes. 3 Al subir a una de las barcas, Jesús le pidió a Simón,* el dueño de la barca, que la empujara al agua. Luego se sentó en la barca y desde allí enseñaba a las multitudes.

4 Cuando terminó de hablar, le dijo a Simón:

—Ahora ve a las aguas más profundas y echa tus redes para pescar.

5 —Maestro —respondió Simón—, hemos trabajado mucho durante toda la noche y no hemos pescado nada. Pero, si tú lo dices, echaré las redes nuevamente.

6 Y esta vez las redes se llenaron de tantos peces ¡que comenzaron a romperse! 7 Un grito de auxilio atrajo a los compañeros de la otra barca, y pronto las dos barcas estaban llenas de peces y a punto de hundirse.

8 Cuando Simón Pedro se dio cuenta de lo que había sucedido, cayó de rodillas delante de Jesús y le dijo:

—Señor, por favor, aléjate de mí, soy demasiado pecador para estar cerca de ti.

9 Pues estaba muy asombrado por la cantidad de peces que habían sacado, al igual que los otros que estaban con él. 10 Sus compañeros, Santiago y Juan, hijos de Zebedeo, también estaban asombrados.

Jesús respondió a Simón: «¡No tengas miedo! ¡De ahora en adelante, pescarás personas!» 11 Y, en cuanto llegaron a tierra firme, dejaron todo y siguieron a Jesús.

Jesús sana a un leproso

12 En una de las aldeas, Jesús conoció a un hombre que tenía una lepra muy avanzada. Cuando el hombre vio a Jesús, se inclinó rostro en tierra y le suplicó que lo sanara.

—¡Señor! —le dijo—, ¡si tú quieres puedes sanarme y dejarme limpio!

13 Jesús extendió la mano y lo tocó:

—Sí quiero —dijo—. ¡Queda sano!

Al instante, la lepra desapareció. 14 Entonces Jesús le dio instrucciones de que no dijera a nadie lo que había sucedido. Le dijo: «Preséntate ante el sacerdote y deja que te examine. Lleva contigo la ofrenda que exige la ley de Moisés a los que son sanados de lepra.* Esto será un testimonio público de que has quedado limpio».

15 Pero, a pesar de las instrucciones de Jesús, la noticia de su poder corrió aún más, y grandes multitudes llegaron para escucharlo predicar y ser sanados de sus enfermedades. 16 Pero Jesús muchas veces se alejaba al desierto para orar.

Jesús sana a un hombre paralítico

17 Cierto día, mientras Jesús enseñaba, algunos fariseos y maestros de la ley religiosa estaban sentados cerca. (Al parecer, esos hombres habían llegado de todas las aldeas de Galilea y Judea, y también de Jerusalén). Y el poder sanador del Señor estaba presente con fuerza en Jesús.

18 Unos hombres llegaron cargando a un paralítico en una camilla. Trataron de llevarlo dentro a donde estaba Jesús, 19 pero no pudieron acercarse a él debido a la multitud. Entonces subieron al techo y quitaron algunas tejas. Luego bajaron al enfermo en su camilla hasta ponerlo en medio de la multitud, justo frente a Jesús. 20 Al ver la fe de ellos, Jesús le dijo al hombre: «Joven, tus pecados son perdonados».

21 Pero los fariseos y los maestros de la ley religiosa decían para sí: «¿Quién se cree que es? ¡Es una blasfemia! ¡Sólo Dios puede perdonar pecados!».

22 Jesús supo lo que pensaban, así que les preguntó: «¿Por qué cuestionan eso en su corazón? 23 ¿Qué es más fácil decir: "Tus pecados son perdonados" o "Ponte de pie y camina"? 24 Así que les demostraré que el Hijo del Hombre* tiene autoridad en la tierra para perdonar pecados».

Entonces Jesús miró al paralítico y dijo: «¡Ponte de pie, toma tu camilla y vete a tu casa!».

25 Al instante, delante de todos, el hombre se levantó de un salto, tomó su camilla y se fue a su casa alabando a Dios. 26 El asombro se apoderó de todos, y quedaron pasmados. Y alababan a Dios exclamando: «¡Hoy hemos visto cosas maravillosas!».

Jesús llama a Leví (Mateo)

27 Tiempo después, al salir de la ciudad, Jesús vio a un cobrador de impuestos llamado Leví

4:44 Algunos manuscritos dicen *Galilea.*　5:1 En griego *lago de Genesaret,* otro nombre para el mar de Galilea.　5:3 *Simón* es llamado «Pedro» desde 6:14 en adelante.　5:14 Ver Lv 14:2-32.　5:24 «Hijo del Hombre» es un título que Jesús empleaba para referirse a sí mismo.

sentado en su cabina de cobrador. «Sígueme y sé mi discípulo», le dijo Jesús. ²⁸Entonces Leví se levantó, dejó todo y lo siguió.

²⁹Más tarde, Leví dio un banquete en su casa, con Jesús como invitado de honor. Muchos de los cobradores de impuestos, compañeros de Leví, y otros invitados comieron con ellos.

³⁰Pero los fariseos y los maestros de la ley religiosa les reclamaron severamente a los discípulos de Jesús diciéndoles: «¿Por qué comen y beben con semejante escoria*?».

³¹Jesús les contestó: «La gente sana no necesita médico, los enfermos sí. ³²No he venido a llamar a los que se creen justos, sino a los que saben que son pecadores y necesitan arrepentirse».

Discusión acerca del ayuno

³³Cierto día, algunas personas le dijeron a Jesús:

—Los discípulos de Juan el Bautista ayunan y oran con frecuencia, igual que los discípulos de los fariseos. ¿Por qué tus discípulos están siempre comiendo y bebiendo?

³⁴Jesús contestó:

—¿Acaso los invitados de una boda ayunan mientras festejan con el novio? Por supuesto que no. ³⁵Pero un día el novio será llevado, y entonces sí ayunarán.

³⁶Luego Jesús les dio la siguiente ilustración: «Nadie quita un pedazo de tela de una prenda nueva y la usa para remendar una prenda vieja; pues la prenda nueva se arruinaría y el remiendo nuevo no haría juego con la prenda vieja.

³⁷»Y nadie pone vino nuevo en cueros viejos; pues el vino nuevo reventaría los cueros, el vino se derramaría, y los cueros quedarían arruinados. ³⁸El vino nuevo debe guardarse en cueros nuevos. ³⁹Pero parece que nadie que prueba el vino añejo quiere el vino nuevo. "El añejo es mejor", dicen».

CAPÍTULO 6

Discusión acerca del día de descanso

Cierto día de descanso, mientras Jesús caminaba por unos terrenos sembrados, sus discípulos arrancaron unas espigas de grano, las frotaron entre sus manos para sacarles la cáscara y se comieron los granos. ²Pero algunos fariseos dijeron:

—¿Por qué violan la ley al cosechar granos en el día de descanso?

³Jesús les respondió:

—¿Acaso no han leído en las Escrituras lo que hizo David cuando él y sus compañeros tuvieron hambre? ⁴Entró en la casa de Dios y violó la ley al comer los panes sagrados que sólo los sacerdotes pueden comer. También les dio una

porción a sus compañeros. ⁵Y Jesús agregó—: El Hijo del Hombre* es Señor incluso del día de descanso.

Jesús sana en un día de descanso

⁶Otro día de descanso, un hombre que tenía la mano derecha deforme estaba en la sinagoga mientras Jesús enseñaba. ⁷Los maestros de la ley religiosa y los fariseos vigilaban a Jesús de cerca. Si sanaba la mano del hombre, tenían pensado acusarlo por trabajar en el día de descanso.

⁸Pero Jesús sabía lo que pensaban y le dijo al hombre con la mano deforme: «Ven y ponte de pie frente a todos». Así que el hombre pasó adelante. ⁹Entonces Jesús les dijo a sus acusadores: «Tengo una pregunta para ustedes: ¿Permite la ley hacer buenas acciones en el día de descanso o es un día para hacer el mal? ¿Es un día para salvar la vida o para destruirla?».

¹⁰Miró uno por uno a los que lo rodeaban y luego le dijo al hombre: «Extiende la mano». Entonces el hombre la extendió, ¡y la mano quedó restaurada! ¹¹Al ver esto, los enemigos de Jesús se llenaron de rabia y comenzaron a discutir para decidir qué harían con él.

Jesús escoge a los doce apóstoles

¹²Cierto día, poco tiempo después, Jesús subió a un monte a orar y oró a Dios toda la noche. ¹³Al amanecer, llamó a todos sus discípulos y escogió a doce de ellos para que fueran apóstoles. Sus nombres son los siguientes:

¹⁴Simón (a quien llamó Pedro),
Andrés (hermano de Pedro),
Santiago,
Juan,
Felipe,
Bartolomé,
¹⁵Mateo,
Tomás,
Santiago (hijo de Alfeo),
Simón (a quien llamaban el zelote),
¹⁶Judas (hijo de Santiago),
Judas Iscariote (quien después lo traicionó).

Multitudes siguen a Jesús

¹⁷Cuando descendieron del monte, los discípulos se quedaron con Jesús en un amplio lugar llano, rodeados de muchos seguidores y de las multitudes. Había gente de toda Judea y Jerusalén, y de lugares tan al norte como las costas de Tiro y Sidón. ¹⁸Habían llegado para oírlo y para ser sanados de sus enfermedades; y los que eran atormentados por espíritus malignos* fueron sanados. ¹⁹Todos trataban de tocarlo, porque el él salía poder sanador, y los sanó a todos.

5:30 En griego con *cobradores de impuestos y pecadores?* 6:5 «Hijo del Hombre» es un título que Jesús empleaba para referirse a sí mismo. 6:18 En griego *inmundos*.

Las bienaventuranzas

20 Entonces Jesús se volvió hacia sus discípulos y les dijo:

«Dios los bendice a ustedes, que son pobres,
porque el reino de Dios les pertenece.
21 Dios los bendice a ustedes, que ahora
tienen hambre,
porque serán saciados.
Dios los bendice a ustedes, que ahora lloran,
porque a su debido tiempo reirán.

22»Qué bendiciones les esperan cuando la gente los odie y los excluya, cuando se burlen de ustedes y los maldigan, como si fuera gente maligna, porque siguen al Hijo del Hombre. 23 Cuando les suceda eso, pónganse contentos. ¡Sí, salten de alegría, porque les espera una gran recompensa en el cielo! Y recuerden que los antepasados de ellos trataron a los antiguos profetas de la misma manera.

Tristeza anunciada

24»Qué aflicción les espera a ustedes, los que
son ricos,
porque su única felicidad es aquí y ahora.
25 Qué aflicción les espera a ustedes, los que
ahora están gordos y prósperos,
porque tienen un horrible tiempo de
hambre por delante.
Qué aflicción les espera a ustedes, los que
ahora se ríen,
porque su risa se convertirá en luto y
dolor.
26 Qué aflicción les espera a ustedes, los que
son elogiados por las multitudes,
porque sus antepasados también
elogiaron a falsos profetas.

El amor hacia los enemigos

27»Pero a los que están dispuestos a escuchar, les digo: ¡Amen a sus enemigos! Hagan bien a quienes los odian. 28 Bendigan a quienes los maldicen. Oren por aquellos que los lastiman. 29 Si alguien te da una bofetada en una mejilla, ofrécele también la otra mejilla. Si alguien te exige el abrigo, ofrécele también la camisa. 30 Dale a cualquiera que te pida; y cuando te quiten las cosas, no trates de recuperarlas. 31 Traten a los demás como les gustaría que ellos los trataran a ustedes.

32»Si sólo aman a quienes los aman a ustedes, ¿qué mérito tienen? ¡Hasta los pecadores aman a quienes los aman a ellos! 33 Y, si sólo hacen bien a los que son buenos con ustedes, ¿qué mérito tienen? ¡Hasta los pecadores hacen eso! 34 Y, si prestan dinero solamente a quienes pueden devolverlo, ¿qué mérito tienen? Hasta los pecadores prestan a otros pecadores a cambio de un reembolso completo. 35»¡Amen a sus enemigos! Háganles bien. Presten sin esperar nada a cambio. Entonces su recompensa del cielo será grande, y se estarán comportando verdaderamente como hijos del Altísimo, pues él es bondadoso con los que son desagradecidos y perversos. 36 Deben ser compasivos, así como su Padre es compasivo.

No juzgar a los demás

37»No juzguen a los demás, y no serán juzgados. No condenen a otros, para que no se vuelva en su contra. Perdonen a otros, y ustedes serán perdonados. 38 Den, y recibirán. Lo que den a otros les será devuelto por completo: apretado, sacudido para que haya lugar para más, desbordante y derramado sobre el regazo. La cantidad que den determinará la cantidad que recibirán a cambio*».

39 Luego Jesús les dio la siguiente ilustración: «¿Puede un ciego guiar a otro ciego? ¿No caerán los dos en una zanja? 40 Los alumnos* no son superiores a su maestro, pero el alumno que complete su entrenamiento se volverá como su maestro.

41»¿Y por qué te preocupas por la astilla en el ojo de tu amigo* cuando tú tienes un tronco en el tuyo? 42 ¿Cómo puedes decir: "Amigo,* déjame ayudarte a sacar la astilla de tu ojo", cuando tú no puedes ver más allá del tronco que está en tu propio ojo? ¡Hipócrita! Primero quita el tronco de tu ojo; después verás lo suficientemente bien para ocuparte de la astilla en el ojo de tu amigo.

El árbol y su fruto

43»Un buen árbol no puede producir frutos malos, y un árbol malo no puede producir frutos buenos. 44 Al árbol se le identifica por su fruto. Los higos no se recogen de los espinos, y las uvas no se cosechan de las zarzas. 45 Una persona buena produce cosas buenas del tesoro de su buen corazón, y una persona mala produce cosas malas del tesoro de su mal corazón. Lo que uno dice brota de lo que hay en el corazón.

Edificar sobre un cimiento sólido

46»Así que ¿por qué siguen llamándome "¡Señor, Señor!" cuando no hacen lo que digo? 47 Les mostraré cómo es cuando una persona viene a mí, escucha mi enseñanza y después la sigue. 48 Es como una persona que, para construir una casa, cava hondo y echa los cimientos sobre roca sólida. Cuando suben las aguas de la inundación y golpean contra esa casa, ésta queda intacta porque está bien construida. 49 Pero el que oye y

---

6:38 O La medida que den será la medida que les devolverán. también en 6:42.   6:42 En griego Hermano.

6:40 O discípulos.   6:41 En griego por el ojo de tu hermano;

no obedece es como una persona que construye una casa sin cimientos. Cuando las aguas de la inundación azoten esa casa, se derrumbará en un montón de escombros».

CAPÍTULO 7
La fe de un oficial romano

Cuando Jesús terminó de decir todo eso a la gente, regresó a Capernaúm. ²En ese tiempo, un apreciado esclavo de un oficial romano* estaba enfermo y a punto de morir. ³Cuando el oficial oyó hablar de Jesús, envió a unos respetados ancianos judíos a pedirle que fuera a sanar a su esclavo. ⁴De todo corazón, le suplicaron a Jesús que ayudara al hombre. Le dijeron: «Si alguien merece tu ayuda, es él; ⁵pues ama al pueblo judío y hasta construyó una sinagoga para nosotros».

⁶Entonces Jesús fue con ellos; pero, justo antes de que llegaran a la casa, el oficial envió a unos amigos a decir: «Señor, no te molestes en venir a mi casa, porque no soy digno de tanto honor. ⁷Ni siquiera soy digno de ir a tu encuentro. Tan sólo pronuncia la palabra desde donde estás y mi siervo se sanará. ⁸Lo sé porque estoy bajo la autoridad de mis oficiales superiores y tengo autoridad sobre mis soldados. Sólo tengo que decir: "Vayan", y ellos van, o "vengan", y ellos vienen. Y si les digo a mis esclavos: "Hagan esto", lo hacen».

⁹Al oírlo, Jesús quedó asombrado. Se dirigió a la multitud que lo seguía y dijo: «Les digo, ¡no he visto una fe como ésta en todo Israel!». ¹⁰Cuando los amigos del oficial regresaron a la casa, encontraron al esclavo completamente sano.

Jesús resucita al hijo de una viuda

¹¹Poco después, Jesús fue con sus discípulos a la aldea de Naín, y una multitud numerosa lo siguió. ¹²Cuando Jesús llegó a la entrada de la aldea, salía una procesión fúnebre. El joven que había muerto era el único hijo de una viuda, y una gran multitud de la aldea la acompañaba. ¹³Cuando el Señor la vio, su corazón rebosó de compasión. «No llores» —le dijo. ¹⁴Luego se acercó al ataúd y lo tocó y los que cargaban el ataúd se detuvieron. «Joven —dijo Jesús—, te digo, levántate». ¹⁵¡Entonces el joven muerto se incorporó y comenzó a hablar! Y Jesús lo regresó a su madre.

¹⁶Un gran temor se apoderó de la multitud, y alababan a Dios diciendo: «Un profeta poderoso se ha levantado entre nosotros» y «Dios ha visitado hoy a su pueblo». ¹⁷Y las noticias acerca de Jesús corrieron por toda Judea y sus alrededores.

Jesús y Juan el Bautista

¹⁸Los discípulos de Juan el Bautista le contaron todo lo que Jesús hacía. Entonces Juan llamó a dos de sus discípulos ¹⁹y los envió al Señor para que le preguntaran: «¿Eres tú el Mesías* a quien hemos esperado o debemos seguir buscando a otro?».

²⁰Los dos discípulos de Juan encontraron a Jesús y le dijeron: «Juan el Bautista nos envió a preguntarte: "¿Eres tú el Mesías a quien hemos esperado o debemos seguir buscando a otro?"».

²¹En ese preciso momento Jesús sanó a muchas personas de enfermedades, dolencias, y expulsó espíritus malignos y le devolvió la vista a muchos ciegos. ²²Luego les dijo a los discípulos de Juan: «Regresen a Juan y cuéntenle lo que han visto y oído: los ciegos ven, los cojos caminan bien, los leprosos son curados, los sordos oyen, los muertos resucitan, y a los pobres se les predica la Buena Noticia. ²³Y díganle: "Dios bendice a los que no se apartan por causa de mí*"».

²⁴Después de que los discípulos de Juan se fueron, Jesús comenzó a hablar acerca de él a las multitudes. «¿A qué clase de hombre fueron a ver al desierto? ¿Acaso era una caña débil sacudida por la más leve brisa? ²⁵¿O esperaban ver a un hombre vestido con ropa costosa? No, la gente que usa ropa elegante y vive rodeada de lujos se encuentra en los palacios. ²⁶¿Buscaban a un profeta? Así es, y él es más que un profeta. ²⁷Juan es el hombre al que se refieren las Escrituras cuando dicen:

"Mira, envío a mi mensajero por anticipado,
    y él preparará el camino delante de ti"*.

²⁸»Les digo que de todos los hombres que han vivido, nadie es superior a Juan. Sin embargo, hasta la persona más insignificante en el reino de Dios es superior a él».

²⁹Cuando oyeron esto, todos —hasta los cobradores de impuestos— coincidieron en que el camino de Dios era el correcto,* porque fueron bautizados por Juan. ³⁰Pero los fariseos y los expertos en la ley religiosa no aceptaron el plan de Dios para ellos, porque rechazaron el bautismo de Juan.

³¹«¿Con qué puedo comparar a la gente de esta generación? —preguntó Jesús—. ¿Cómo los puedo describir? ³²Se parecen a los niños que juegan en la plaza. Se quejan ante sus amigos:

"Tocamos canciones de bodas,
    y no bailaron;
entonces tocamos canciones fúnebres,
    y no lloraron".

³³»Pues Juan el Bautista no pasaba el tiempo comiendo pan y bebiendo vino, y ustedes dicen:

7:2 En griego *centurión*; similar en 7:6.   7:19 En griego *¿Eres tú el que viene?*; también en 7:20.   7:23 O *que no se ofenden por mí*.   7:27 Mal 3:1.   7:29 O *alabaron a Dios por su justicia*.

"Está poseído por un demonio". ³⁴El Hijo del Hombre,* por su parte, festeja y bebe, y ustedes dicen: "Es un glotón y un borracho y ¡es amigo de cobradores de impuestos y de otros pecadores!". ³⁵Pero la sabiduría demuestra estar en lo cierto por la vida de quienes la siguen*».

Una mujer pecadora unge a Jesús
³⁶Uno de los fariseos invitó a Jesús a cenar, así que Jesús fue a su casa y se sentó a comer.* ³⁷Cuando cierta mujer de mala vida que vivía en la ciudad se enteró de que Jesús estaba comiendo allí, llevó un hermoso frasco de alabastro lleno de un costoso perfume. ³⁸Llorando, se arrodilló detrás de él a sus pies. Sus lágrimas cayeron sobre los pies de Jesús, y ella los secó con sus cabellos. No cesaba de besarle los pies y les ponía perfume.

³⁹Cuando el fariseo que lo había invitado vio esto, dijo para sí: «Si este hombre fuera profeta, sabría qué tipo de mujer lo está tocando; ¡Es una pecadora!».

⁴⁰Entonces Jesús respondió a los pensamientos del fariseo:

—Simón —le dijo—, tengo algo que decirte.

—Adelante, Maestro —respondió Simón.

⁴¹Entonces Jesús le contó la siguiente historia:

—Un hombre prestó dinero a dos personas, quinientas piezas de plata* a una y cincuenta piezas a la otra. ⁴²Pero ninguna de las dos pudo devolver el dinero, así que el hombre perdonó amablemente a ambas y les canceló la deuda. ¿Quién crees que lo amó más?

⁴³Simón contestó:

—Supongo que la persona a quien le perdonó la deuda más grande.

—Correcto —dijo Jesús.

⁴⁴Luego se volvió a la mujer y le dijo a Simón:

—Mira a esta mujer que está arrodillada aquí. Cuando entré en tu casa, no me ofreciste agua para lavarme el polvo de los pies, pero ella los lavó con sus lágrimas y los secó con sus cabellos. ⁴⁵Tú no me saludaste con un beso, pero ella, desde el momento en que entré, no ha dejado de besarme los pies. ⁴⁶Tú no tuviste la cortesía de ungir mi cabeza con aceite de oliva, pero ella ha ungido mis pies con un perfume exquisito. ⁴⁷»Te digo que sus pecados —que son muchos— han sido perdonados, por eso ella me demostró tanto amor. Pero una persona a quien se le perdona poco, demuestra poco amor.

⁴⁸Entonces Jesús le dijo a la mujer: «Tus pecados son perdonados».

⁴⁹Los hombres que estaban sentados a la

Primeros pasos

LAS PRUEBAS DEMUESTRAN NUESTRO CIMIENTO
Lee LUCAS 6:47-49

Vistas desde afuera estas dos casas probablemente parecían iguales. Lo único que las diferenciaba eran los cimientos. Esto se hizo evidente cuando golpeó la tormenta. De la misma manera, cuando las tormentas de la vida nos golpean, se revela cuál es el verdadero cimiento de nuestra vida. ¿Sobre qué cimiento estás edificando tu vida?

Un cimiento defectuoso (o no existente). La persona que edifica sobre este cimiento es conocida como un «oyente». Este individuo puede estar listo para oír, leer o hablar acerca de Jesús y lo que él dice en su Palabra, pero falla en aplicar esas enseñanzas en su propia vida. Cuando vengan las tormentas de la vida —y un día llegan—, esta persona estará débil espiritualmente y es muy probable que «se dé por vencida» en cuanto a su fe, porque no tiene un buen cimiento donde afirmarse.

Un cimiento de roca sólida. La persona que edifica sobre este cimiento es conocida como un «hacedor». Esta persona no sólo oye las enseñanzas de Jesús, sino que las sigue en su vida diaria. Tal persona será capaz de permanecer firme, aun en la más devastadora tempestad, porque su vida está cimentada en las enseñanzas del Señor.

Si te das cuenta de que estás sobre un cimiento defectuoso, todavía estás a tiempo para «remodelar». Pero tú eres el único arquitecto que puede hacer el cambio.

Para leer la próxima nota de «Sé fuerte en las pruebas», ve a la pág. A43.

mesa se decían entre sí: «¿Quién es este hombre que anda perdonando pecados?».

⁵⁰Y Jesús le dijo a la mujer: «Tu fe te ha salvado; ve en paz».

CAPÍTULO **8**
Las mujeres que seguían a Jesús
Poco después, Jesús comenzó un recorrido por las ciudades y aldeas cercanas, predicando y anunciando la Buena Noticia acerca del reino de Dios. Llevó consigo a sus doce discípulos,

7:34 «Hijo del Hombre» es un título que Jesús empleaba para referirse a sí mismo. 7:35 O *Pero la sabiduría es justificada por todos sus hijos.* 7:36 O *y se reclinó.* 7:41 En griego *quinientos denarios.* Un denario equivalía a la paga de un obrero por una jornada completa de trabajo.

Piedras angulares

LA PERSEVERANCIA PRODUCE RESULTADOS
Lee LUCAS 8:15

En los versículos 4 al 8 de este capítulo, Jesús narra la bien conocida parábola del sembrador para ilustrar cuatro diferentes reacciones a su mensaje.

La semilla que cae junto al camino representa a aquellos que oyen el evangelio, pero no le permiten penetrar en su mente y en su corazón (versículo 12). La semilla que cae en terreno pedregoso describe a los que oyen la Palabra de Dios e inicialmente la reciben con alegría, pero su entrega demuestra ser poco profunda y superficial (versículo 13). La semilla que cae entre espinas describe a aquellos que aparentan creer, pero dejan que las preocupaciones y los afanes de la vida terminen ahogando la semilla (versículo 14). La semilla que cae en buena tierra es la semilla que echa buenas raíces y produce fruto espiritual.

¿Cuál es la diferencia entre este grupo de individuos y el resto? La clave de su éxito puede ser dividida en tres pasos: (1) Oyen la Palabra de Dios; (2) Obedecen la Palabra de Dios; y (3) Perseveran hasta producir «una cosecha enorme». Para describir la perseverancia en la fe de esos, Jesús usa la palabra *hupomone*, que significa «paciente resistencia». Esta perseverancia es la que produce fruto espiritual, es decir nuevos creyentes.

Al permitir que la Palabra de Dios eche profundas raíces en tu corazón y tu vida, no sólo crecerás fuerte, sino que serás capaz de resistir las tormentas de la vida, y además, tu vida ayudará a otros para que acepten al Señor Jesucristo.

Para leer la próxima nota de «Perseverancia», ve a la pág. A30.

---

[2] junto con algunas mujeres que habían sido sanadas de espíritus malignos y enfermedades. Entre ellas estaban María Magdalena, de quien él había expulsado siete demonios; [3] Juana, la esposa de Chuza, administrador de Herodes; Susana; y muchas otras que contribuían con sus propios recursos al sostén de Jesús y sus discípulos.

Parábola del sembrador
[4] Cierto día, Jesús contó una historia en forma de parábola a una gran multitud, proveniente de varias ciudades, que se había reunido para escucharlo: [5] «Un agricultor salió a sembrar. A medida que esparcía las semillas por el campo, algunas cayeron sobre el camino, donde las pisotearon y los pájaros se las comieron. [6] Otras cayeron entre las rocas. Comenzaron a crecer, pero la planta pronto se marchitó y murió por falta de humedad. [7] Otras semillas cayeron entre espinos, los cuales crecieron junto con ellas y ahogaron los brotes. [8] Pero otras semillas cayeron en tierra fértil. Estas semillas crecieron iy produjeron una cosecha que fue cien veces más numerosa de lo que se había sembrado!». Después de haber dicho esto, exclamó: «El que tenga oídos para oír, que escuche y entienda». [9] Sus discípulos le preguntaron qué significaba esta parábola. [10] Él respondió: «A ustedes se les permite entender los secretos* del reino

8:10a En griego *misterios*.   8:10b Is 6:9 (versión griega).

de Dios. Pero utilizo parábolas para enseñarles a los demás y para que se cumplan las Escrituras:

"Cuando miren, no verán realmente.
Cuando oigan, no entenderán"*.

[11] »Éste es el significado de la parábola: la semilla es la palabra de Dios. [12] Las semillas que cayeron en el camino representan a los que oyen el mensaje, pero viene el diablo, se lo quita del corazón e impide que crean y sean salvos. [13] Las semillas sobre la tierra rocosa representan a los que oyen el mensaje y lo reciben con alegría; pero, como no tienen raíces profundas, creen por un tiempo y luego se apartan cuando enfrentan la tentación. [14] Las semillas que cayeron entre los espinos representan a los que oyen el mensaje, pero muy pronto el mensaje queda desplazado por las preocupaciones, las riquezas y los placeres de esta vida. Así que nunca crecen hasta la madurez. [15] Y las semillas que cayeron en la buena tierra representan a las personas sinceras, de buen corazón, que oyen la palabra de Dios, se aferran a ella y con paciencia producen una cosecha enorme.

Parábola de la lámpara
[16] Nadie enciende una lámpara y luego la cubre con un tazón o la esconde debajo de la cama. Una lámpara se coloca en un lugar alto, donde todos los que entran a la casa puedan ver

su luz. [17] Pues todo lo secreto tarde o temprano se descubrirá, y todo lo oculto saldrá a la luz y se dará a conocer a todos. [18]»Así que, presten atención a cómo oyen. A los que escuchan mis enseñanzas se les dará más entendimiento. Pero a los que no escuchan, se les quitará aun lo que piensan que entienden».

La verdadera familia de Jesús

[19] Entonces la madre y los hermanos de Jesús vinieron a verlo, pero no pudieron acercarse a él debido a la gran cantidad de gente. [20] Alguien le dijo a Jesús:

—Tu madre y tus hermanos están afuera y quieren verte.

[21] Jesús respondió:

—Mi madre y mis hermanos son todos los que oyen la palabra de Dios y la obedecen.

Jesús calma la tormenta

[22] Cierto día Jesús les dijo a sus discípulos: «Crucemos al otro lado del lago». Así que subieron a una barca y salieron. [23] Mientras navegaban, Jesús se recostó para dormir una siesta. Pronto se desató una tormenta feroz sobre el lago. La barca se llenaba de agua y estaban realmente en peligro.

[24] Los discípulos fueron a despertarlo: «¡Maestro!¡ Maestro! ¡Nos vamos a ahogar!» —gritaron.

Cuando Jesús se despertó, reprendió al viento y a las tempestuosas olas. De repente la tormenta se detuvo, y todo quedó en calma. [25] Entonces les preguntó: «¿Dónde está su fe?».

Los discípulos quedaron aterrados y asombrados. «¿Quién es este hombre? —se preguntaban unos a otros—. Cuando da una orden, ¡hasta el viento y las olas lo obedecen!».

Jesús sana a un hombre endemoniado

[26] Luego llegaron a la región de los gerasenos,* al otro lado del lago de Galilea. [27] Mientras Jesús bajaba de la barca, un hombre que estaba poseído por demonios salió a su encuentro. Por mucho tiempo, había estado desnudo y sin hogar, y vivía en un cementerio, en las afueras de la ciudad.

[28] En cuanto vio a Jesús, soltó un alarido y cayó al suelo frente a él, y gritó: «¿Por qué te entrometes conmigo, Jesús, Hijo del Dios Altísimo? ¡Por favor, te suplico que no me tortures!». [29] Pues Jesús ya le había ordenado al espíritu maligno* que saliera del hombre. Ese espíritu a menudo tomaba control de él. Aun cuando el hombre estaba bajo custodia, con cadenas y grilletes, simplemente los rompía y se escapaba al desierto, totalmente controlado por el demonio.

[30] Jesús le preguntó:

—¿Cómo te llamas?

—Legión —contestó, porque estaba lleno de muchos demonios.

[31] Los demonios seguían suplicándole a Jesús que no los enviara al abismo sin fondo.*

[32] Sucedió que había una gran manada de cerdos alimentándose en una ladera cercana, y los demonios le suplicaron que les permitiera entrar en los cerdos.

Entonces Jesús les dio permiso. [33] Así que los demonios salieron del hombre y entraron en los cerdos, y toda la manada se lanzó al lago por el precipicio y se ahogó.

[34] Cuando los que cuidaban los cerdos vieron lo sucedido, huyeron a la ciudad cercana y sus alrededores, difundiendo la noticia mientras corrían. [35] La gente salió corriendo para ver lo que había pasado. Pronto una multitud se juntó alrededor de Jesús, y todos vieron al hombre liberado de los demonios. Estaba sentado a los pies de Jesús, completamente vestido y en su sano juicio, y todos tuvieron miedo. [36] Entonces los que habían visto lo sucedido, les contaron a los otros cómo había sido sanado el hombre poseído por demonios. [37] Y todos los habitantes de la región de los gerasenos le suplicaron a Jesús que se fuera y los dejara en paz, porque una gran ola de miedo se apoderó de ellos.

Entonces Jesús regresó a la barca y se fue y cruzó nuevamente al otro lado del lago. [38] El hombre que había sido liberado de los demonios le suplicaba que le permitiera acompañarlo. Pero Jesús lo envió a su casa diciéndole: [39]«No, regresa a tu familia y diles todo lo que Dios ha hecho por ti». Entonces el hombre fue por toda la ciudad proclamando las grandes cosas que Jesús había hecho por él.

Jesús sana en respuesta a la fe

[40] Del otro lado del lago, las multitudes recibieron a Jesús porque lo estaban esperando. [41] Y un hombre llamado Jairo, líder de la sinagoga local, se acercó y cayó a los pies de Jesús mientras rogaba que lo acompañara a su casa. [42] Su única hija, que tenía unos doce años, estaba muriendo.

Mientras Jesús iba con Jairo, las multitudes lo rodeaban. [43] Una mujer de la multitud hacía doce años que sufría una hemorragia continua* y no encontraba ninguna cura. [44] Acercándose a Jesús por detrás, le tocó el fleco de la túnica. Al instante, la hemorragia se detuvo.

[45] «¿Quién me tocó?» —preguntó Jesús.

8:26 Otros manuscritos dicen *gadarenos;* incluso otros dicen *gergesenos;* también en 8:37. Ver Mt 8:28; Mr 5:1.   **8:29** En griego *inmundo.*   **8:31** O *el abismo,* o *el averno.*   **8:43** Algunos manuscritos incluyen *y había gastado todo lo que tenía en médicos.*

Todos negaron, y Pedro dijo:

—Maestro, la multitud entera se apretuja contra ti.

⁴⁶ Pero Jesús dijo:

—Alguien me tocó a propósito, porque yo sentí que salió poder sanador de mí.

⁴⁷ Cuando la mujer se dio cuenta de que no podía permanecer oculta, comenzó a temblar y cayó de rodillas frente a Jesús. A oídos de toda la multitud, ella le explicó por qué lo había tocado y cómo había sido sanada al instante. ⁴⁸ «Hija —le dijo Jesús—, tu fe te ha sanado. Ve en paz».

⁴⁹ Mientras él todavía hablaba con ella, llegó un mensajero de la casa de Jairo, el líder de la sinagoga y le dijo: «Tu hija está muerta. Ya no tiene sentido molestar al Maestro».

⁵⁰ Pero, cuando Jesús oyó lo que había sucedido, le dijo a Jairo: «No tengas miedo. Sólo ten fe, y ella será sanada».

⁵¹ Cuando llegaron a la casa, Jesús no dejó que nadie entrara con él excepto Pedro, Juan, Santiago, y el padre y la madre de la niña. ⁵² La casa estaba llena de personas que lloraban y se lamentaban, pero Jesús dijo: «¡Dejen de llorar! No está muerta; sólo duerme».

⁵³ Pero la multitud se rió de él, porque todos sabían que había muerto. ⁵⁴ Entonces Jesús la tomó de la mano y dijo en voz fuerte: «¡Niña, levántate!». ⁵⁵ Y, en ese momento, le volvió la vida* y se puso de pie enseguida. Entonces Jesús les dijo que le dieran de comer a la niña. ⁵⁶ Sus padres quedaron conmovidos, pero Jesús insistió en que no le dijeran a nadie lo que había sucedido.

CAPÍTULO 9

Jesús envía a los doce discípulos

Cierto día, Jesús reunió a sus doce discípulos* y les dio poder y autoridad para expulsar a todos los demonios y sanar todas las enfermedades. ² Luego los envió para que anunciaran a todos acerca del reino de Dios y sanaran a los enfermos. ³ Les dio las siguientes instrucciones: «No lleven nada para el viaje, ni bastón, ni bolso de viaje, ni comida, ni dinero,* ni siquiera una muda de ropa. ⁴ Por todo lugar que vayan, quédense en la misma casa hasta salir de la ciudad. ⁵ Y, si en algún pueblo se niegan a recibirlos, sacúdanse el polvo de los pies al salir para mostrar que abandonan a esas personas a su suerte».

⁶ Entonces ellos comenzaron su recorrido por las aldeas para predicar la Buena Noticia y sanar a los enfermos.

La confusión de Herodes

⁷ Cuando Herodes Antipas, el gobernante de Galilea,* oyó hablar de todo lo que Jesús hacía, quedó perplejo. Algunos decían que Juan el Bautista había resucitado de los muertos. ⁸ Otros pensaban que Jesús era Elías o algún otro profeta, levantado de los muertos. ⁹ «Decapité a Juan —decía Herodes—, así que ¿quién es este hombre de quien oigo tantas historias?». Y siguió tratando de ver a Jesús.

Jesús alimenta a cinco mil

¹⁰ Cuando los apóstoles regresaron, le contaron a Jesús todo lo que habían hecho. Luego él se retiró con ellos sin llamar la atención hacia la ciudad de Betsaida. ¹¹ Pero las multitudes descubrieron adónde iba y lo siguieron. Jesús los recibió y les enseñó acerca del reino de Dios y sanó a los que estaban enfermos.

¹² Al atardecer, los doce discípulos se le acercaron y le dijeron:

—Despide a las multitudes para que puedan conseguir comida y encontrar alojamiento para la noche en las aldeas y granjas cercanas. En este lugar alejado no hay nada para comer.

¹³ Jesús les dijo:

—Denles ustedes de comer.

—Pero lo único que tenemos son cinco panes y dos pescados —le respondieron—. ¿O esperas que vayamos y compremos suficiente comida para toda esta gente?

¹⁴ Pues había alrededor de cinco mil hombres allí.

Jesús les respondió:

—Díganles que se sienten en grupos de unos cincuenta cada uno.

¹⁵ Entonces todos se sentaron. ¹⁶ Jesús tomó los cinco panes y los dos pescados, miró hacia el cielo y los bendijo. Luego, a medida que partía los panes en trozos, se los daba a sus discípulos junto con los pescados para que los distribuyeran entre la gente. ¹⁷ Todos comieron cuanto quisieron, y después los discípulos juntaron doce canastas con lo que sobró.

Declaración de Pedro acerca de Jesús

¹⁸ Cierto día, Jesús se alejó de las multitudes para orar a solas. Sólo estaban con él sus discípulos, y les preguntó:

—¿Quién dice la gente que soy?

¹⁹ —Bueno —contestaron—, algunos dicen Juan el Bautista, otros dicen Elías, y otros dicen que eres uno de los otros antiguos profetas, que volvió de la muerte.

²⁰ Entonces les preguntó:

—Y ustedes, ¿quién dicen que soy?

Pedro contestó:

—¡Tú eres el Mesías* enviado por Dios!

8:55 O *su espíritu.* **9:1** En griego *los Doce;* otros manuscritos dicen *los doce apóstoles.* **9:3** O *monedas de plata.* **9:7** En griego *Herodes el tetrarca.* Herodes Antipas era hijo del rey Herodes y gobernador de Galilea. **9:20** O *el Cristo.* Tanto *Mesías* (un término hebreo) como *Cristo* (un término griego) significan «el Ungido».

Jesús predice su muerte
²¹ Jesús les advirtió a sus discípulos que no dijeran a nadie quién era él.

²² —El Hijo del Hombre* tendrá que sufrir muchas cosas terribles —les dijo—. Será rechazado por los ancianos, por los principales sacerdotes y por los maestros de la ley religiosa. Lo matarán pero al tercer día resucitará.

²³ Entonces dijo a la multitud: «Si alguno de ustedes quiere ser mi seguidor, tiene que abandonar su manera egoísta de vivir, tomar su cruz cada día y seguirme. ²⁴ Si tratas de aferrarte a la vida, la perderás, pero, si entregas tu vida por mi causa, la salvarás. ²⁵ ¿Y qué beneficio obtienes si ganas el mundo entero, pero te pierdes o destruyes a ti mismo? ²⁶ Si alguien se avergüenza de mí y de mi mensaje, el Hijo del Hombre se avergonzará de esa persona cuando regrese en su gloria y en la gloria del Padre y de los santos ángeles. ²⁷ Les digo la verdad, algunos de los que están aquí ahora no morirán sin antes ver el reino de Dios».

La transfiguración
²⁸ Cerca de ocho días después, Jesús llevó a Pedro, a Juan y a Santiago a una montaña para orar. ²⁹ Y mientras oraba, la apariencia de su rostro se transformó y su ropa se volvió blanca resplandeciente. ³⁰ De repente aparecieron dos hombres, Moisés y Elías, y comenzaron a hablar con Jesús. ³¹ Se veían llenos de gloria. Y hablaban sobre la partida de Jesús de este mundo, lo cual estaba a punto de cumplirse en Jerusalén.

³² Pedro y los otros se durmieron. Cuando despertaron, vieron la gloria de Jesús y a los dos hombres de pie junto a él. ³³ Cuando Moisés y Elías comenzaron a irse, Pedro, sin saber siquiera lo que decía, exclamó: «Maestro, ¡es maravilloso que estemos aquí! Hagamos tres enramadas como recordatorios:* una para ti, una para Moisés y la otra para Elías». ³⁴ Pero no había terminado de hablar cuando una nube los cubrió y, mientras los cubría, se llenaron de miedo.

³⁵ Entonces, desde la nube, una voz dijo: «Éste es mi Hijo, mi Elegido.* Escúchenlo a él». ³⁶ Cuando la voz terminó de hablar, Jesús estaba allí solo. En aquel tiempo, no le contaron a nadie lo que habían visto.

Jesús sana a un muchacho endemoniado
³⁷ Al día siguiente, después que bajaron del monte, una gran multitud salió al encuentro de Jesús. ³⁸ Un hombre de la multitud le exclamó:

—Maestro, te suplico que veas a mi hijo, el único que tengo. ³⁹ Un espíritu maligno sigue

9:22 «Hijo del Hombre» es un título que Jesús empleaba para referirse a sí mismo.   9:33 En griego *tres tabernáculos.*
9:35 Algunos manuscritos dicen *Éste es mi Hijo muy amado.*

Primeros pasos

UN DISCÍPULO TOMA SU CRUZ Y SIGUE A CRISTO
Lee LUCAS 9:23-25

Elegir ser un discípulo de Cristo es algo más que una afirmación verbal. Requiere sacrificio y entrega diaria. Cuando sigues las indicaciones de Cristo para ser un discípulo, descubres que es mucho mejor de lo que habías imaginado. Los siguientes tres puntos son cosas que un verdadero discípulo de Jesús debería hacer:

1. Tus deseos deben ser postergados por los deseos de Jesús para tu vida. Ser un discípulo significa reconocer que los planes de Dios para tu vida son mejores que los tuyos. Puede significar hacer sacrificios en tu vida, tales como pasar más tiempo leyendo la Palabra de Dios, enseñar a niños en la Escuela Dominical o emplear tus vacaciones en algún proyecto ministerial. Aún así, al renunciar de tus propios planes, te hallarás más cerca del Señor.

2. Debes tomar tu cruz cada día. Jesús no se está refiriendo a un simple símbolo religioso. En su tiempo, la cruz significaba la más cruel de las muertes. Cualquiera que cargaba una cruz, iba rumbo a una muerte horrible. Algunos han entendido mal esta afirmación de Jesús, diciendo que tu cruz es tu inconveniencia y problema personal. Sin embargo, en este pasaje, Jesús habla del acto de morir a ti mismo. En esencia, lo que él desea es que te postres a sus pies y le digas: «Deseo hacer más tu voluntad que la mía». Una vez que hayas tomado esa cruz, experimentarás la vida abundante que Jesús promete a los que le siguen.

3. Debes perder tu vida para salvarla. El verso 24 pareciera ser una contradicción cuando lo lees por primera vez. Pero si deseas hallar felicidad y satisfacción, debes ceder por completo el control de tu vida a Jesucristo. Pablo escribió: «Ya no vivo yo, sino que Cristo vive en mí» (Gálatas 2:20). Para el discípulo, llevar la cruz no es una carga, como no lo son las alas a un pájaro. Una vida sometida a Dios es la clave para una vida satisfecha.

¡Aunque es cierto que cuesta mucho ser un discípulo, también es cierto que cuesta mucho más no serlo!

Para leer la próxima nota de «Vive como un discípulo», ve a la pág. A41.

Piedras angulares

¿QUÉ DEJA A LOS DEMONIOS SIN PODER?

Lee LUCAS 10:1-20

Algunos cristianos viven temerosos de Satanás y su ejército de demonios. Pero cada persona que ha puesto su fe y confianza en Jesucristo se coloca bajo la protección de Dios. La Escritura dice que Dios ha puesto una pared de protección a nuestro alrededor (Job 1:10). Así que, aun cuando los demonios tienen poder, nosotros no tenemos por qué temerles. Tenemos que reconocer el poder que Jesús nos ha dado cuando enfrentamos a nuestro enemigo.

Como lo descubrieron los discípulos de Jesús, los demonios están drásticamente limitados en su poder delante de un verdadero seguidor de Cristo (versículo 17). El poder que ellos tenían no era de ellos mismos, sino de Dios. Jesús fue rápido en advertirles que no se regocijaran tanto de su poder sobre los demonios, sino de que sus nombres «están escritos en el cielo» (versículo 20).

Hoy en día, puede que te encuentres con personas que dicen tener «conversaciones» con los demonios y les recuerdan cuán impotentes son. Sin embargo, aun el arcángel Miguel simplemente dijo: «¡Que el Señor te reprenda!» (lee Judas 1:9, pág. 339). Nuestro enfoque no debe estar en el poder que tenemos, sino en quien nos ha dado tal poder.

Para comenzar el próximo tema, ve a la pág. A26.

---

apoderándose de él, haciéndolo gritar. Le da tales convulsiones que echa espuma por la boca; lo sacude violentamente y casi nunca lo deja en paz. [40] Le supliqué a tus discípulos que expulsaran ese espíritu, pero no pudieron hacerlo.

[41] —Gente corrupta y sin fe —dijo Jesús—, ¿hasta cuándo tendré que estar con ustedes y soportarlos?

Entonces le dijo al hombre:

—Tráeme a tu hijo aquí.

[42] Cuando el joven se acercó, el demonio lo arrojó al piso y le dio una violenta convulsión. Pero Jesús reprendió al espíritu maligno* y sanó al muchacho. Después lo devolvió a su padre. [43] El asombro se apoderó de la gente al ver esa majestuosa demostración del poder de Dios.

Jesús predice nuevamente su muerte

Mientras todos se maravillaban de las cosas que él hacía, Jesús dijo a sus discípulos: [44] «Escúchenme y recuerden lo que digo. El Hijo del Hombre será traicionado y entregado en manos de sus enemigos». [45] Pero ellos no entendieron lo que quiso decir. El significado de lo que decía estaba oculto de ellos, por eso no pudieron entender y tenían miedo de preguntarle.

El más importante en el reino

[46] Entonces los discípulos comenzaron a discutir entre ellos acerca de quién era el más importante. [47] Pero Jesús conocía lo que ellos pensaban, así que trajo a un niño y lo puso a su lado. [48] Luego les dijo: «Todo el que recibe de mi parte* a un niño pequeño como éste, me recibe a mí y todo el que me recibe a mí, también recibe al Padre, quien me envió. El más insignificante entre ustedes es el más importante».

En el nombre de Jesús

[49] Juan le dijo a Jesús:

—Maestro, vimos a alguien usar tu nombre para expulsar demonios, pero le dijimos que no lo hiciera porque no pertenece a nuestro grupo.

[50] Pero Jesús le dijo:

—¡No lo detengan! Todo el que no está en contra de ustedes, está a su favor.

Oposición de los samaritanos

[51] Cuando se acercaba el tiempo de ascender al cielo, Jesús salió con determinación hacia Jerusalén. [52] Envió mensajeros por delante a una aldea de Samaria para que se hicieran los preparativos para su llegada. [53] Pero los habitantes de la aldea no recibieron a Jesús porque iba camino a Jerusalén. [54] Cuando Santiago y Juan vieron eso, le dijeron a Jesús: «Señor, ¿quieres que hagamos bajar fuego del cielo para que los consuma?».* [55] Pero Jesús se volvió a ellos y los reprendió.* [56] Así que se siguieron de largo hacia otro pueblo.

Lo que cuesta seguir a Jesús

[57] Mientras caminaban, alguien le dijo a Jesús:

—Te seguiré a cualquier lugar que vayas.

9:42 En griego *inmundo.* **9:48** En griego *en mi nombre.* **9:54** Algunos manuscritos incluyen *como hizo Elías.* **9:55** Algunos manuscritos amplían el versículo 55 e incluyen una oración adicional en el versículo 56: *Y él dijo: «Ustedes no se dan cuenta de cómo es su corazón.* [56] *Pues el Hijo del Hombre no vino a destruir vidas, sino a salvarlas».*

⁵⁸ Pero Jesús respondió:

—Los zorros tienen cuevas donde vivir y los pájaros tienen nidos, pero el Hijo del Hombre no tiene ni siquiera un lugar donde recostar la cabeza.

⁵⁹ Dijo a otro:

—Ven, sígueme.

El hombre aceptó, pero le dijo:

—Señor, deja que primero regrese a casa y entierre a mi padre.

⁶⁰ Pero Jesús le dijo:

—¡Deja que los muertos espirituales entierren a sus propios muertos!* Tu deber es ir y predicar acerca del reino de Dios.

⁶¹ Otro dijo:

—Sí, Señor, te seguiré, pero primero deja que me despida de mi familia.

⁶² Pero Jesús le dijo:

—El que pone la mano en el arado y luego mira atrás no es apto para el reino de Dios.

CAPÍTULO **10**

Jesús envía a sus discípulos

Después el Señor escogió a otros setenta y dos* discípulos y los envió de dos en dos delante de él a todas las ciudades y los lugares que tenía pensado visitar. ² Y les dio las siguientes instrucciones: «La cosecha es grande, pero los obreros son pocos. Así que oren al Señor que está a cargo de la cosecha; pídanle que envíe más obreros a sus campos. ³ Ahora vayan, y recuerden que los envío como ovejas en medio de lobos. ⁴ No lleven con ustedes nada de dinero, ni bolso de viaje, ni un par de sandalias de repuesto; y no se detengan a saludar a nadie por el camino.

⁵ »Cuando entren en la casa de alguien, primero digan: "La paz de Dios sea sobre esta casa". ⁶ Si los que viven en la casa son gente de paz, la bendición permanecerá; si no lo son, la bendición regresará a ustedes. ⁷ No cambien de una casa a otra. Quédense en un lugar, coman y beban lo que les den. No duden en aceptar la hospitalidad, porque los que trabajan merecen recibir su salario.

⁸ »Si entran en un pueblo donde los reciben bien, coman todo lo que les ofrezcan. ⁹ Sanen a los enfermos y díganles: "El reino de Dios ahora está cerca de ustedes". ¹⁰ Pero, si un pueblo se niega a recibirlos bien, salgan a las calles y digan: ¹¹ "Nos limpiamos de los pies hasta el polvo de su ciudad para mostrar que los abandonamos a su suerte. Y sepan esto: ¡el reino de Dios está cerca!". ¹² Les aseguro que, el día del juicio, le irá mejor a la perversa Sodoma que a ese pueblo.

¹³ »¡Qué aflicción les espera, Corazín y Bet-

saida! Pues, si en las perversas ciudades de Tiro y de Sidón se hubieran hecho los milagros que hice entre ustedes, hace tiempo sus habitantes se habrían arrepentido de sus pecados vistiéndose de tela áspera y echándose ceniza sobre la cabeza en señal de remordimiento. ¹⁴ Así es, el día del juicio, les irá mejor a Tiro y Sidón que a ustedes. ¹⁵ Y ustedes, los de Capernaúm, ¿serán honrados en el cielo? No, descenderán al lugar de los muertos*».

¹⁶ Entonces dijo a sus discípulos: «El que acepta el mensaje de ustedes me acepta también a mí. El que los rechaza a ustedes a mí me rechaza. Y el que me rechaza a mí rechaza a Dios, quien me envió».

¹⁷ Cuando los setenta y dos discípulos regresaron, le informaron llenos de alegría:

—¡Señor, hasta los demonios nos obedecen cuando usamos tu nombre!

¹⁸ —Sí —les dijo—. Vi a Satanás caer del cielo como un rayo. ¹⁹ Miren, les he dado autoridad sobre todos los poderes del enemigo; pueden caminar entre serpientes y escorpiones y aplastarlos. Nada les hará daño. ²⁰ Pero no se alegren de que los espíritus malignos los obedezcan; alégrense porque sus nombres están escritos en el cielo.

Jesús da gracias al Padre

²¹ En esa misma ocasión, Jesús se llenó del gozo del Espíritu Santo y dijo: «Oh Padre, Señor del cielo y de la tierra, gracias por esconder estas cosas de los que se creen sabios e inteligentes y por revelárselas a los que son como niños. Sí, Padre, te agradó hacerlo de esa manera.

²² »Mi Padre me ha confiado todo. Nadie conoce verdaderamente al Hijo excepto el Padre, y nadie conoce verdaderamente al Padre excepto el Hijo y aquellos a quienes el Hijo decide revelarlo».

²³ Después, cuando estuvieron a solas, se volvió a sus discípulos y les dijo: «Benditos los ojos que ven lo que ustedes han visto. ²⁴ Les digo que muchos profetas y reyes anhelaron ver lo que ustedes ven, pero no lo vieron; y anhelaron oír lo que ustedes oyen, pero no lo oyeron».

El mandamiento más importante

²⁵ Cierto día, un experto en la ley religiosa se levantó para probar a Jesús con la siguiente pregunta:

—Maestro, ¿qué debo hacer para heredar la vida eterna?

²⁶ Jesús contestó:

—¿Qué dice la ley de Moisés? ¿Cómo la interpretas?

²⁷ El hombre contestó:

9:60 En griego *Deja que los muertos entierren a sus muertos.*
10:15 En griego *al Hades.*

10:1 Algunos manuscritos dicen *setenta;* también en 10:17.

—"Amarás al Señor tu Dios con todo tu corazón, con toda tu alma, con toda tu fuerza y con toda tu mente" y "Amarás a tu prójimo como a ti mismo"*.

28 —¡Correcto! —le dijo Jesús—. ¡Haz eso y vivirás!

29 El hombre quería justificar sus acciones, entonces le preguntó a Jesús:

—¿Y quién es mi prójimo?

Parábola del buen samaritano
30 Jesús respondió con una historia:

—Un hombre judío bajaba de Jerusalén a Jericó y fue atacado por ladrones. Le quitaron la ropa, le pegaron y lo dejaron medio muerto al costado del camino.

31 »Un sacerdote pasó por allí de casualidad pero, cuando vio al hombre en el suelo, cruzó al otro lado del camino y se siguió de largo. 32 Un ayudante del templo* pasó y lo vio allí tirado, pero también se siguió de largo por el otro lado.

33 »Entonces pasó un samaritano despreciado y, cuando vio al hombre, sintió compasión por él. 34 Se le acercó y le alivió las heridas con vino y aceite de oliva, y se las vendó. Luego subió al hombre en su propio burro y lo llevó hasta un alojamiento, donde cuidó de él. 35 Al día siguiente, le dio dos monedas de plata* al encargado de la posada y le dijo: "Cuida de este hombre. Si los gastos superan esta cantidad, te pagaré la diferencia la próxima vez que pase por aquí".

36 —Ahora bien, ¿cuál de los tres te parece que fue el prójimo del hombre atacado por los bandidos? —preguntó Jesús.

37 El hombre contestó:

—El que mostró compasión.

Entonces Jesús le dijo:

—Así es, ahora ve y haz lo mismo.

Jesús visita a Marta y a María
38 Durante el viaje a Jerusalén, Jesús y sus discípulos llegaron a cierta aldea donde una mujer llamada Marta lo recibió en su casa. 39 Su hermana María se sentó a los pies del Señor a escuchar sus enseñanzas. 40 Pero Marta estaba distraída con los preparativos para la gran cena. Se acercó a Jesús y le dijo:

—Maestro, ¿no te parece injusto que mi hermana esté aquí sentada mientras yo hago todo el trabajo? Dile que venga a ayudarme.

41 Pero el Señor le dijo:

—Mi apreciada Marta, ¡estás preocupada y tan inquieta con todos los detalles! 42 Hay una sola cosa por la que vale la pena preocuparse. María la ha descubierto, y nadie se la quitará.

CAPÍTULO **11**
Enseñanza acerca de la oración
Una vez, Jesús estaba orando en cierto lugar. Cuando terminó, uno de sus discípulos se le acercó y le dijo:

—Señor, enséñanos a orar, así como Juan les enseñó a sus discípulos.

2 Jesús dijo:

—Deberían orar de la siguiente manera:*

Padre, que siempre sea santificado tu nombre.
Que tu reino venga pronto.

10:27 Dt 6:5; Lv 19:18.   10:32 En griego *Un levita.*   10:35 En griego *dos denarios.* Un denario equivalía a la paga de un obrero por una jornada completa de trabajo.   11:2 Algunos manuscritos incluyen frases adicionales en el padrenuestro, como aparece en Mt 6:9-13.

En marcha
EQUILIBRA EL SERVICIO CRISTIANO CON LA ADORACIÓN
Lee LUCAS 10:38-42

Es fácil perder de vista a Jesús en medio de toda nuestra actividad por él. Esta historia muestra la necesidad de mantener un equilibrio entre nuestra obra y nuestra adoración. Aquí vemos dos personalidades, representadas por Marta y María.

Marta: la hacedora. Marta era del tipo de persona que desea que todos los quehaceres estén hechos. En lo profundo de su corazón, ella probablemente deseaba agradar al Señor, pero cometió el error común de ofrecer obras por adoración. Ella recibió a Jesús en su casa, pero lo desatendió por el trabajo. Jesús deseaba su atención, pero ella le ofreció un frenesí de actividades. Como resultado, se sintió cansada y agotada. Igual que Marta, nosotros podemos ocuparnos demasiado en la obra, y no tomar tiempo para sentarnos a sus pies, y recibir los recursos espirituales que están disponibles para nosotros.

María: la adoradora. María tenía una vida equilibrada. Ella reconocía que

3 Danos cada día el alimento que necesitamos*
4 y perdónanos nuestros pecados, así como nosotros perdonamos a los que pecan contra nosotros. Y no permitas que cedamos ante la tentación.*

5 Luego utilizó la siguiente historia para enseñarles más acerca de la oración: «Supongan que uno de ustedes va a la casa de un amigo a medianoche para pedirle que le preste tres panes. Le dice: 6 "Acaba de llegar de visita un amigo mío y no tengo nada para darle de comer". 7 Supongan que ese amigo grita desde el dormitorio: "No me molestes. La puerta ya está cerrada, y mi familia y yo estamos acostados. No puedo ayudarte". 8 Pero yo les digo: Aunque no lo haga por amistad, si sigues tocando a la puerta el tiempo suficiente, él se levantará y te dará lo que necesitas debido a tu audaz insistencia.*

9 »Así que les digo, sigan pidiendo y recibirán lo que piden; sigan buscando y encontrarán; sigan llamando, y la puerta se les abrirá. 10 Pues todo el que pide, recibe; todo el que busca, encuentra; y a todo el que llama, se le abrirá la puerta.

11 »Ustedes, los que son padres, si sus hijos les piden* un pescado, ¿les dan una serpiente en su lugar? 12 O si les piden un huevo, ¿les dan un escorpión? ¡Claro que no! 13 Así que, si ustedes, gente pecadora, saben dar buenos regalos a sus hijos, cuánto más su Padre celestial dará el Espíritu Santo a quienes lo pidan».

Jesús y el príncipe de los demonios

14 Cierto día, Jesús expulsó un demonio de un hombre que no podía hablar y, cuando el demonio salió, el hombre comenzó a hablar. Las multitudes quedaron asombradas, 15 pero algunos dijeron: «Con razón puede expulsar demonios. Él recibe su poder de Satanás,* el príncipe de los demonios». 16 Otros, con la intención de poner a Jesús a prueba, le exigían que les mostrara alguna señal milagrosa del cielo para demostrar su autoridad.

17 Jesús conocía sus pensamientos, así que dijo: «Todo reino dividido por una guerra civil está condenado al fracaso. Una familia dividida por peleas se desintegrará. 18 Ustedes dicen que mi poder proviene de Satanás. Pero si Satanás está dividido y pelea contra sí mismo, ¿cómo puede sobrevivir su reino? 19 Y, si mi poder proviene de Satanás, ¿qué me dicen de sus propios exorcistas quienes también expulsan demonios? Así que ellos los condenarán a ustedes por lo que acaban de decir. 20 Pero, si yo expulso a los demonios por el poder de Dios,* entonces el reino de Dios ha llegado y está entre ustedes. 21 »Cuando un hombre fuerte, como Satanás, está armado y protege su palacio, sus posesiones están seguras, 22 hasta que alguien aún más fuerte lo ataca y lo vence, le quita sus armas y se lleva sus pertenencias.

23 »El que no está conmigo a mí se opone, y el que no trabaja conmigo, en realidad, trabaja en mi contra.

24 »Cuando un espíritu maligno* sale de una

11:3 O Danos cada día el alimento para ese día; o Danos cada día nuestro alimento para mañana.   11:4 O líbranos de ser puestos a prueba.   11:8 O para evitar la vergüenza, o para que su reputación no se vea dañada.   11:11 Algunos manuscritos incluyen pan, ¿les darán una piedra? O (si les piden).   11:15 En griego Beelzeboul; también en 11:18,19. Otros manuscritos dicen Beezeboul; la versión latina dice Beelzebú.   11:20 En griego por el dedo de Dios.   11:24 En griego inmundo.

---

hay un tiempo para trabajar y un tiempo para adorar, un tiempo para hacer y un tiempo para orar. Sabía que hay un tiempo para dejar todo a un lado y conversar con el más honorable huésped. Mientras Marta, fundamentalmente, deseaba «tener los platos listos», María deseaba aprovechar este maravilloso momento de sentarse a los pies del Creador del universo.

Pocas cosas hay tan dañinas a la vida cristiana como tratar de hacer la obra para Cristo, sin tomar tiempo para estar en comunión con él. En su carta al joven Timoteo, el apóstol Pablo escribe: «El agricultor que se esfuerza en su trabajo debería ser el primero en gozar del fruto de su labor» (2 Timoteo 2:6). En otras palabras, tú no puedes alimentar eficazmente a otros hasta que tú mismo hayas sido alimentado.

Lo que hacemos con Cristo es más importante que lo que hacemos para Cristo. Aquellos que saben tener un equilibrio entre el trabajo y la adoración serán más efectivos en su servicio para el Señor, y evitarán descuidar su relación personal con él.

Para leer la próxima nota de «Prioridades», ve a la pág. A47.

persona, va al desierto en busca de descanso pero, como no lo encuentra, dice: "Volveré a la persona de la cual salí". ²⁵De modo que regresa y encuentra que su antigua casa está barrida y en orden. ²⁶Entonces el espíritu busca a otros siete espíritus más malignos que él, y todos entran en la persona y viven allí. Y entonces esa persona queda peor que antes».

²⁷Mientras él hablaba, una mujer de la multitud exclamó: «¡Que Dios bendiga a tu madre, el vientre del cual saliste y los pechos que te amamantaron!».

²⁸Jesús respondió: «Pero aún más bendito es todo el que escucha la Palabra de Dios y la pone en práctica».

La señal de Jonás

²⁹Al apretujarse la multitud contra Jesús, él dijo: «Esta generación maligna sigue pidiéndome que le muestre una señal milagrosa, pero la única que le daré será la señal de Jonás. ³⁰Lo que le sucedió a él fue una señal para los habitantes de Nínive de que Dios lo había enviado. Lo que le suceda al Hijo del Hombre* será una señal para la gente de este tiempo de que él fue enviado por Dios.

³¹»El día del juicio, la reina de Saba* se levantará contra esta generación y la condenará, porque vino de una tierra lejana para oír la sabiduría de Salomón. Ahora alguien superior a Salomón está aquí, pero ustedes se niegan a escuchar. ³²Los habitantes de Nínive también se levantarán contra esta generación el día del juicio y la condenarán, porque ellos se arrepintieron de sus pecados al escuchar la predicación de Jonás. Ahora alguien superior a Jonás está aquí, pero ustedes se niegan a arrepentirse.

La lámpara del cuerpo

³³»Nadie enciende una lámpara y luego la esconde o la pone debajo de una canasta.* En cambio, una lámpara se coloca en un lugar alto donde todos los que entren en la casa puedan ver su luz.

³⁴»Tu ojo es una lámpara que da luz a tu cuerpo. Cuando tu ojo es bueno, todo tu cuerpo está lleno de luz pero, cuando tu ojo es malo, tu cuerpo está lleno de oscuridad. ³⁵Asegúrate de que la luz que crees tener no sea en realidad oscuridad. ³⁶Si estás lleno de luz, sin rincones oscuros, entonces toda tu vida será radiante, como si un reflector te llenara con su luz».

Jesús critica a los líderes religiosos

³⁷Mientras Jesús hablaba, uno de los fariseos lo invitó a comer en su casa. Jesús fue y se sentó a la mesa.* ³⁸Su anfitrión se sorprendió de que se sentara a la mesa sin antes realizar la ceremonia de lavarse las manos que exigía la costumbre judía. ³⁹Entonces el Señor le dijo: «Ustedes, los fariseos, son tan cuidadosos para limpiar la parte exterior de la taza y del plato pero ustedes están sucios por dentro, ¡llenos de avaricia y perversidad! ⁴⁰¡Necios! ¿No hizo Dios tanto el interior como el exterior? ⁴¹Por lo tanto, limpien el interior dando de sus bienes a los pobres, y quedarán completamente limpios.

⁴²»¡Qué aflicción les espera, fariseos! Pues se cuidan de dar el diezmo sobre el más mínimo

---

11:30 «Hijo del Hombre» es un título que Jesús empleaba para referirse a sí mismo.   11:31 En griego *la reina del sur.*
11:33 Algunos manuscritos no incluyen *o la pone debajo de una canasta.*   11:37 O *se reclinó.*

En marcha

NO DESATIENDAS TU SALUD ESPIRITUAL

Lee LUCAS 12:15-21

Como lo ilustra esta parábola, es fácil dejar que otras metas nublen nuestra visión espiritual. Nos afanamos por obtener más dinero para comprar un auto nuevo o una casa, o tomar esa soñada vacación. A veces nos dejamos atrapar de tal manera en la búsqueda de dinero, que dejamos a Dios fuera del «programa».

La respuesta de Dios a este dilema es que busquemos primeramente el reino de Dios y su voluntad en nuestras vidas y todo será puesto en su lugar. Es muy simple. Entre más canalices tu energía, ambición y vida en este único y santo propósito, menos obsesionado estarás con las responsabilidades y las preocupaciones de este mundo. Por el bien de tu salud espiritual, busca el reino de Dios en todo cuanto hagas. Fallar en esto sólo garantiza confusión, fracaso, vacío e insatisfacción.

Para comenzar el próximo tema, ve a la pág. A51.

ingreso de sus jardines de hierbas,* pero pasan por alto la justicia y el amor de Dios. Es cierto que deben diezmar, pero sin descuidar las cosas más importantes. 43»¡Qué aflicción les espera, fariseos! Pues les encanta ocupar los asientos de honor en las sinagogas y recibir saludos respetuosos cuando caminan por las plazas. 44 ¡Sí, qué aflicción les espera! Pues son como tumbas escondidas en el campo. Las personas caminan sobre ellas sin saber de la corrupción que están pisando».

45 —Maestro —le dijo un experto en la ley religiosa—, nos has insultado a nosotros también con lo que has dicho.

46 —Sí —dijo Jesús—, ¡qué aflicción les espera también a ustedes, expertos en la ley religiosa! Pues aplastan a la gente bajo el peso de exigencias religiosas insoportables y jamás mueven un dedo para aligerar la carga. 47 ¡Qué aflicción les espera! Pues levantan monumentos a los profetas que sus propios antepasados mataron tiempo atrás. 48 Pero, de hecho, ustedes quedan como testigos que aprueban lo que hicieron sus antepasados. Ellos mataron a los profetas ¡y ustedes se convierten en cómplices al edificar los monumentos! 49 Esto es lo que Dios en su sabiduría dijo acerca de ustedes:* "Les enviaré profetas y apóstoles, pero ellos matarán a unos y perseguirán a otros".

50»Como consecuencia, a esta generación se le hará responsable del asesinato de todos los profetas de Dios desde la creación del mundo, 51 desde el asesinato de Abel hasta el de Zacarías, a quien mataron entre el altar y el santuario. Sí, de verdad se culpará a esta generación.

52 »¡Qué aflicción les espera a ustedes, expertos en la ley religiosa! Pues le quitan a la gente la llave del conocimiento. Ustedes mismos no entran al reino e impiden que otros entren.

53 Mientras Jesús se retiraba, los maestros de la ley religiosa y los fariseos se pusieron agresivos y trataron de provocarlo con muchas preguntas. 54 Querían tenderle una trampa para que dijera algo que pudieran usar en su contra.

CAPÍTULO 12

Advertencia contra la hipocresía

Mientras tanto, las multitudes crecieron hasta que miles de personas se arremolinaban y se atropellaban unas a otras. Jesús primero se dirigió a sus discípulos y les advirtió: «Tengan cuidado con la levadura de los fariseos, es decir, su hipocresía. 2 Llegará el tiempo en que todo lo que está encubierto será revelado y todo lo secreto se dará a conocer a todos. 3 Todo lo que

hayan dicho en la oscuridad se oirá a plena luz, y todo lo que hayan susurrado a puerta cerrada ¡será gritado desde los techos para que todo el mundo lo oiga!

4»Queridos amigos, no teman a los que quieren matarles el cuerpo, después de eso, no pueden hacerles nada más. 5 Pero les diré a quién temer. Teman a Dios, quien tiene el poder de quitarles la vida y luego arrojarlos al infierno.* Claro, él es a quien deben temer.

6 »¿Cuánto cuestan cinco gorriones: dos monedas de cobre?* Sin embargo, Dios no se olvida de ninguno de ellos. 7 Y, en cuanto a ustedes, cada cabello de su cabeza está contado. Así que no tengan miedo; para Dios ustedes son más valiosos que toda una bandada de gorriones.

8»Les digo la verdad, a todo el que me reconozca en público aquí en la tierra, el Hijo del Hombre* también lo reconocerá en presencia de los ángeles de Dios. 9 Pero el que me niegue aquí en la tierra será negado delante de los ángeles de Dios. 10 El que hable en contra del Hijo del Hombre puede ser perdonado, pero el que blasfeme contra el Espíritu Santo no será perdonado.

11»Y, cuando sean sometidos a juicio en las sinagogas y delante de gobernantes y autoridades, no se preocupen por cómo defenderse o qué decir, 12 porque el Espíritu Santo les enseñará en ese momento lo que hay que decir».

Parábola del rico insensato

13 Entonces alguien de la multitud exclamó:

—Maestro, por favor, dile a mi hermano que divida la herencia de nuestro padre conmigo.

14 Jesús le respondió:

—Amigo, ¿quién me puso por juez sobre ustedes para decidir cosas como ésa?

15 Y luego dijo: «¡Tengan cuidado con toda clase de avaricia! La vida no se mide por cuánto tienen».

16 Luego les contó una historia: «Un hombre rico tenía un campo fértil que producía buenas cosechas. 17 Se dijo a sí mismo: "¿Qué debo hacer? No tengo lugar para almacenar todas mis cosechas". 18 Entonces pensó: "Ya sé. Tiraré abajo mis graneros y construiré unos más grandes. Así tendré lugar suficiente para almacenar todo mi trigo y mis otros bienes. 19 Luego me pondré cómodo y me diré a mí mismo: 'Amigo mío, tienes almacenado para muchos años. ¡Relájate! ¡Come y bebe y diviértete!'".

20»Pero Dios le dijo: "¡Necio! Vas a morir esta misma noche. ¿Y quién se quedará con todo aquello por lo que has trabajado?".

11:42 En griego diezman la menta, la ruda y cada hierba.   11:49 En griego Por lo tanto, la sabiduría de Dios dijo.
12:5 En griego Gehenna.   12:6 En griego Dos ases [moneda romana equivalente a ¹⁄₁₆ de un denario].   12:8 «Hijo del Hombre» es un título que Jesús empleaba para referirse a sí mismo.

Piedras angulares

CUANTO MÁS SABEMOS, MAYOR SERÁ NUESTRA RESPONSABILIDAD
Lee LUCAS 12:48

De acuerdo con este versículo, tú tendrás que rendir cuentas por todo lo que sabes. Se refiere a tu conducta personal, así como a la obra que harás para el reino de Dios. Por ejemplo, ahora sabes que no debes mentir, estafar, robar, o vivir una vida inmoral. Si pasas por alto los mandatos de Dios, sabes que vas a pagar las consecuencias.

Por otro lado, también debes compartir tu conocimiento del Señor con otros, especialmente aquellos que están en camino a pasar el resto de la eternidad en el infierno. Nuestra actitud debe ser como la de Pablo. Él escribió: «Pues hablamos como mensajeros aprobados por Dios a quienes se confió la Buena Noticia. Nuestro propósito es agradar a Dios, no a las personas. Solamente él examina las intenciones de nuestro corazón» (1 Tesalonicenses 2:4).

¿Qué estás haciendo con el conocimiento espiritual y la visión que Dios te ha dado? ¿Los estás usando para su gloria?

Para leer la próxima nota de «Responsabilidad», ve a la pág. A34.

21»Así es, el que almacena riquezas terrenales pero no es rico en su relación con Dios, es un necio».

Enseñanza acerca del dinero y las posesiones
22 Luego, dirigiéndose a sus discípulos, dijo: «Por eso les digo que no se preocupen por la vida diaria, si tendrán suficiente alimento para comer o suficiente ropa para vestirse. 23 Pues la vida es más que la comida, y el cuerpo es más que la ropa. 24 Miren los cuervos. No plantan ni cosechan ni guardan comida en graneros, porque Dios los alimenta. ¡Y ustedes son para él mucho más valiosos que cualquier pájaro! 25 ¿Acaso con todas sus preocupaciones pueden añadir un solo momento a su vida? 26 Y, si por mucho preocuparse no se logra algo tan pequeño como eso, ¿de qué sirve preocuparse por cosas más grandes?

27»Miren cómo crecen los lirios. No trabajan ni cosen su ropa; sin embargo, ni Salomón con toda su gloria se vistió tan hermoso como ellos. 28 Y, si Dios cuida de manera tan maravillosa a las flores que hoy están y mañana se echan al fuego, tengan por seguro que cuidará de ustedes. ¿Por qué tienen tan poca fe?

29»No se inquieten por lo que van a comer o lo que van a beber. No se preocupen por esas cosas. 30 Esas cosas dominan el pensamiento de los incrédulos en todo el mundo, pero su Padre ya conoce sus necesidades. 31 Busquen el reino de Dios por encima de todo lo demás, y él les dará todo lo que necesiten.

32»Así que no se preocupe, pequeño rebaño. Pues al Padre le da mucha felicidad entregarles el reino.

33»Vendan sus posesiones y den a los que

pasan necesidad. ¡Eso almacenará tesoros para ustedes en el cielo! Y las bolsas celestiales nunca se ponen viejas ni se agujeran. El tesoro de ustedes estará seguro; ningún ladrón podrá robarlo y ninguna polilla, destruirlo. 34 Donde esté su tesoro, allí estarán también los deseos de su corazón.

Preparados para la venida del Señor
35»Estén vestidos, listos para servir y mantengan las lámparas encendidas, 36 como si esperaran el regreso de su amo de la fiesta de bodas. Entonces estarán listos para abrirle la puerta y dejarlo entrar en el momento que llegue y llame. 37 Los siervos que estén listos y a la espera de su regreso serán recompensados. Les digo la verdad, él mismo les indicará dónde sentarse, se pondrá el delantal y les servirá mientras están a la mesa y comen. 38 Puede ser que llegue en la mitad de la noche o durante la madrugada.* Pero cualquiera que sea la hora que llegue, recompensará a los siervos que estén preparados.

39»Entiendan lo siguiente: si el dueño de una casa supiera exactamente a qué hora viene un ladrón, no dejaría que asaltaran su casa. 40 Ustedes también deben estar preparados todo el tiempo, porque el Hijo del Hombre vendrá cuando menos lo esperen.

41 Pedro preguntó:
—Señor, ¿esa ilustración es sólo para nosotros o es para todos?

42 Y el Señor respondió:
—Un siervo fiel y sensato es aquel a quien el amo puede darle la responsabilidad de dirigir a los demás siervos y alimentarlos. 43 Si el amo regresa y encuentra que el siervo ha hecho un

12:38 En griego *en la segunda o la tercera vigilia.*

buen trabajo, habrá una recompensa. [44] Les digo la verdad, el amo pondrá a ese siervo a cargo de todo lo que posee. [45] Pero ¿qué tal si el siervo piensa: "Mi amo no regresará por un tiempo" y comienza a golpear a los otros siervos, a parrandear y a emborracharse? [46] El amo regresará inesperadamente y sin previo aviso, cortará al siervo en pedazos y lo expulsará junto con los infieles.

[47]»Y un siervo que sabe lo que su amo quiere, pero no se prepara y ni cumple las instrucciones, será severamente castigado. [48] Pero alguien que no lo sabe y hace algo malo, será castigado levemente. Alguien a quien se le ha dado mucho, mucho se le pedirá a cambio; y alguien a quien se le ha confiado mucho, aún más se le exigirá.

Jesús causa división

[49]»Yo he venido para encender con fuego el mundo, ¡y quisiera que ya estuviera en llamas! [50] Me espera un terrible bautismo de sufrimiento, y estoy bajo una carga pesada hasta que se lleve a cabo. [51] ¿Piensan que vine a traer paz a la tierra? No, ¡vine a causar división entre las personas! [52] De ahora en adelante, las familias estarán divididas, tres a mi favor y dos en mi contra, o dos a favor y tres en contra.

[53] "Habrá divisiones, el padre estará contra el hijo
y el hijo contra el padre;
la madre contra la hija
y la hija contra la madre;
la suegra contra la nuera,
y la nuera contra la suegra"*.

[54] Entonces Jesús se dirigió a la multitud y dijo: «Cuando ustedes ven que se forman nubes en el occidente, dicen: "Viene la lluvia". Y tienen razón. [55] Cuando sopla viento del sur, dicen: "Hoy será un día de mucho calor". Y así sucede. [56] ¡Necios! Saben interpretar las señales del clima en la tierra y en los cielos, pero no saben interpretar los tiempos presentes.

[57]»¿Por qué no pueden decidir por ustedes mismos lo que es correcto? [58] Cuando vayan camino al juicio con el que los acusa, traten de resolver el asunto antes de llegar. De no ser así, su acusador podría arrastrarlos ante el juez, quien los entregará a un oficial, quien los meterá en la cárcel. [59] Y, si eso sucede, no los pondrán en libertad hasta que hayan pagado el último centavo*».

CAPÍTULO 13

Un llamado al arrepentimiento

En esos días, le informaron a Jesús que Pilato había asesinado a varias personas de Galilea mientras ofrecían sacrificios en el templo. [2] «¿Piensan que esos galileos eran peores pecadores que to-

das las demás personas de Galilea? —preguntó Jesús—. ¿Por eso sufrieron? [3] ¡De ninguna manera! Y ustedes también perecerán a menos que se arrepientan de sus pecados y vuelvan a Dios. [4] ¿Y qué piensan de los dieciocho que murieron cuando la torre de Siloé les cayó encima? ¿Acaso eran los peores pecadores de Jerusalén? [5] No, y les digo de nuevo, a menos que se arrepientan, ustedes también perecerán».

Parábola de la higuera estéril

[6] Luego Jesús les contó la siguiente historia: «Un hombre plantó una higuera en su jardín, y regresó varias veces para ver si había dado algún fruto, pero siempre quedaba decepcionado. [7] Finalmente le dijo al jardinero: "Llevo tres años esperando ¡y no ha producido ni un solo higo! Córtala, sólo ocupa espacio en mi jardín".

[8]»El jardinero respondió: "Señor, dale otra oportunidad. Déjala un año más, y le daré un cuidado especial y mucho fertilizante. [9] Si el año próximo da higos, bien. Si no, entonces puedes cortarla».

Jesús sana en el día de descanso

[10] Cierto día de descanso, mientras Jesús enseñaba en la sinagoga, [11] vio a una mujer que estaba lisiada a causa de un espíritu maligno. Había estado encorvada durante dieciocho años y no podía ponerse derecha. [12] Cuando Jesús la vio, la llamó y le dijo: «Apreciada mujer, ¡estás sanada de tu enfermedad!». [13] Luego la tocó y, al instante, ella pudo enderezarse. ¡Cómo alabó ella al Señor!

[14] Pero el líder a cargo de la sinagoga se indignó que Jesús la sanara en un día de descanso. «Hay seis días en la semana para trabajar —dijo a la multitud—. Vengan esos días para ser sanados, no el día de descanso».

[15] Pero el Señor respondió: «¡Hipócritas! Cada uno de ustedes trabaja el día de descanso. ¿Acaso no desatan su buey o su burro y lo sacan del establo el día de descanso y lo llevan a tomar agua? [16] Esta apreciada mujer, una hija de Abraham, estuvo esclavizada por Satanás durante dieciocho años. ¿No es justo que sea liberada, aun en el día de descanso?».

[17] Esto avergonzó a sus enemigos, pero toda la gente se alegraba de las cosas maravillosas que él hacía.

Parábola de la semilla de mostaza

[18] Entonces Jesús dijo: «¿A qué se parece el reino de Dios? ¿Cómo puedo ilustrarlo? [19] Es como una pequeña semilla de mostaza que un hombre sembró en un jardín; crece y se convierte en un árbol, y los pájaros hacen nidos en las ramas».

12:53 Mi 7:6.   12:59 En griego *último lepton* [la más pequeña de las monedas judías].

Parábola de la levadura
20También preguntó: «¿A qué otra cosa se parece
el reino de Dios? 21Es como la levadura que utilizó
una mujer para hacer pan. Aunque puso sólo una
pequeña porción de levadura en tres medidas de
harina, la levadura impregnó toda la masa».

La puerta angosta
22Jesús iba enseñando por ciudades y aldeas
mientras seguía adelante, camino a Jerusalén.
23Alguien le preguntó:
—Señor, ¿sólo unos pocos se salvarán?
Él contestó:
24—Esfuércense por entrar por la puerta angosta del reino de Dios, porque muchos tratarán
de entrar pero fracasarán. 25Cuando el señor de
la casa haya cerrado la puerta, será demasiado
tarde. Ustedes quedarán afuera llamando y ro-
gando: "¡Señor, ábrenos la puerta!" Pero él contestará: "No los conozco ni sé de dónde vienen".
26Entonces ustedes dirán: "Pero comimos y bebimos contigo, y enseñaste en nuestras calles".
27Y él responderá: "Les digo que no sé quiénes
son ni de dónde vienen. Aléjense de mí, todos
ustedes, que hacen maldad".
28»Habrá llanto y rechinar de dientes, porque
verán a Abraham y a Isaac y a Jacob junto con
todos los profetas en el reino de Dios, pero ustedes serán echados fuera. 29Y vendrán personas
de todas partes del mundo —del Oriente y del
Occidente, del Norte y del Sur— para ocupar sus
propios lugares en el reino de Dios. 30Y tomen en
cuenta lo siguiente: algunos que ahora parecen
menos importantes, en ese día serán los más importantes; y algunos que ahora son los más importantes, en ese día serán los menos importantes.*

Lamento de Jesús por Jerusalén
31En ese tiempo, algunos fariseos le dijeron:
—¡Sal de aquí si quieres vivir! ¡Herodes Antipas quiere matarte!
32Jesús respondió:
—Vayan y díganle a ese zorro que seguiré expulsando demonios y sanando a la gente hoy y
mañana; y al tercer día cumpliré mi propósito.
33Sí, hoy, mañana y pasado mañana debo seguir
mi camino. Pues, después de todo, ¡no se debe
matar a un profeta de Dios en un lugar que no
sea Jerusalén!
34»¡Oh, Jerusalén, Jerusalén, la ciudad que
mata a los profetas y apedrea a los mensajeros
de Dios! Cuántas veces quise juntar a tus hijos
como la gallina protege a sus pollitos debajo de
sus alas, pero no me dejaste. 35Y ahora, mira,
tu casa está abandonada. Y no volverás a verme
hasta que digas: "Bendiciones al que viene en el
nombre del SEÑOR"*.

CAPÍTULO 14

Jesús sana en el día de descanso
Cierto día de descanso, Jesús fue a cenar en la
casa de un líder de los fariseos, y la gente lo observaba de cerca. 2Había allí un hombre que tenía hinchados los brazos y las piernas.* 3Jesús
preguntó a los fariseos y a los expertos de la ley
religiosa: «¿Permite o no la ley sanar a la gente
el día de descanso?». 4Como ellos se negaron
a contestar, Jesús tocó al hombre enfermo, lo
sanó y lo despidió. 5Después se dirigió a ellos
y dijo: «¿Quién de ustedes no trabaja el día de
descanso? Si tu hijo* o tu buey cae en un pozo,
¿acaso no corres para sacarlo?». 6Una vez más,
ellos no pudieron responder.

Jesús enseña acerca de la humildad
7Cuando Jesús vio que todos los invitados a
la cena trataban de sentarse en los lugares de
honor, cerca de la cabecera de la mesa, les dio
el siguiente consejo: 8«Cuando te inviten a
una fiesta de bodas, no te sientes en el lugar
de honor. ¿Qué pasaría si invitaron a alguien
más distinguido que tú? 9El anfitrión vendría
y te diría: "Cédele tu asiento a esta persona". Te
sentirías avergonzado ¡y tendrías que sentarte
en cualquier otro lugar que haya quedado libre
al final de la mesa!
10»Más bien, ocupa el lugar más humilde, al
final de la mesa. Entonces, cuando el anfitrión
te vea, vendrá y te dirá: "¡Amigo, tenemos un
lugar mejor para ti!" Entonces serás honrado
delante de todos los demás invitados. 11Pues
aquellos que se exaltan a sí mismos serán humillados, y los que se humillan a sí mismos serán exaltados».
12Luego Jesús se dirigió al anfitrión: «Cuando
ofrezcas un almuerzo o des un banquete —le
dijo—, no invites a tus amigos, hermanos, parientes y vecinos ricos. Pues ellos también te in-
vitarán a ti, y ésa será tu única recompensa. 13Al
contrario, invita al pobre, al lisiado, al cojo y al
ciego. 14Luego, en la resurrección de los justos,
Dios te recompensará por invitar a los que no
podían devolverte el favor».

Parábola de la gran fiesta
15Al oír esto, un hombre que estaba sentado a
la mesa con Jesús exclamó: «¡Qué bendición
será participar de un banquete* en el reino de
Dios!».
16Jesús respondió con la siguiente historia:
«Un hombre preparó una gran fiesta y envió
muchas invitaciones. 17Cuando el banquete estuvo listo, envió a su sirviente a decirles a los invitados: "Vengan, el banquete está preparado".
18Pero todos comenzaron a poner excusas. Uno

13:30 En griego *algunos que son últimos serán primeros, y algunos que son primeros serán últimos.* **13:35** Sal 118:26.
14:2 O *que tenía hidropesía.* **14:5** Algunos manuscritos dicen *burro.* **14:15** En griego *comer pan.*

dijo: "Acabo de comprar un campo y debo ir a inspeccionarlo. Por favor, discúlpame". ¹⁹Otro dijo: "Acabo de comprar cinco yuntas de bueyes y quiero ir a probarlas. Por favor, discúlpame". ²⁰Otro dijo: "Acabo de casarme, así que no puedo ir".

²¹»El sirviente regresó y le informó a su amo lo que le habían dicho. Su amo se puso furioso y le dijo: "Ve rápido a las calles y callejones de la ciudad e invita a los pobres, a los lisiados, a los ciegos y a los cojos". ²²Después de hacerlo, el sirviente informó: "Todavía queda lugar para más personas". ²³Entonces su amo dijo: "Ve por los senderos y detrás de los arbustos y a cualquiera que veas, insístele que venga para que la casa esté llena. ²⁴Pues ninguno de mis primeros invitados probará ni una migaja de mi banquete"».

El costo de ser discípulo
²⁵Una gran multitud seguía a Jesús. Él se dio la vuelta y les dijo: ²⁶«Si quieres ser mi discípulo, debes aborrecer a los demás —a tu padre y madre, esposa e hijos, hermanos y hermanas— sí, hasta tu propia vida. De lo contrario, no puedes ser mi discípulo. ²⁷Y, si no cargas tu propia cruz y me sigues, no puedes ser mi discípulo.

²⁸»Pero, no comiences sin calcular el costo. Pues ¿quién comenzaría a construir un edificio sin primero calcular el costo para ver si hay suficiente dinero para terminarlo? ²⁹De no ser así, tal vez termines sólo los cimientos antes de quedarte sin dinero, y entonces todos se reirán de ti. ³⁰Dirán: "¡Ahí está el que comenzó un edificio y no pudo terminarlo!".

³¹»¿O qué rey entraría en guerra con otro rey sin primero sentarse con sus consejeros para evaluar si su ejército de diez mil puede vencer a los veinte mil soldados que marchan contra él? ³²Y, si no puede, enviará una delegación para negociar las condiciones de paz mientras el enemigo todavía esté lejos. ³³Así que no puedes convertirte en mi discípulo sin dejar todo lo que posees.

³⁴»La sal es buena para condimentar pero, si pierde su sabor, ¿cómo la harán salada de nuevo? ³⁵La sal sin sabor no sirve ni para la tierra ni para el abono. Se tira. ¡El que tenga oídos para oír debe escuchar y entender!».

CAPÍTULO **15**
Parábola de la oveja perdida
Los cobradores de impuestos y otros pecadores de mala fama a menudo venían a escuchar las enseñanzas de Jesús. ²Por eso los fariseos y los maestros de la ley religiosa se quejaban de que Jesús se juntaba con semejantes pecadores ¡y hasta comía con ellos!

³Entonces Jesús les contó la siguiente his-

Primeros pasos
UN DISCÍPULO CALCULA EL COSTO
Lee LUCAS 14:25-33

Cuando Jesús dijo estas palabras, ya se había convertido en una figura popular. Las multitudes se agolpaban alrededor de él dondequiera que iba. Pero no siempre lo hacían por los motivos correctos. En consecuencia, Jesús dirigió sus solemnes y escrutadoras palabras a esa gente que lo seguía con propósitos egoístas o porque estaba de moda hacerlo.

Del mismo modo, Jesús no desea que lo sigas solo cuando es conveniente o aceptable socialmente. Él desea que seas su discípulo a largo plazo, no importa cuán fácil o difícil resulte. Por este motivo debes calcular el costo de ser un verdadero discípulo de Jesús. ¿Qué significa calcular el costo? Las cuatro preguntas siguientes te darán una idea concreta.

- ¿Amas a Jesús más que a nadie o a nada en tu vida?
- ¿Amas a Jesús y deseas hacer su voluntad en tu vida, más que la tuya?
- ¿Estás dispuesto a aceptar el ridículo y el sacrificio por la causa de Cristo?
- ¿Te comprometes a seguir a Jesús, sea o no popular o fácil de llevar tu fe?

Si has examinado con cuidado tu corazón, calculado el costo, y puedes sinceramente contestar sí a estas preguntas, entonces estás en el camino del discipulado y listo para pasar el resto de tu vida como su discípulo y amigo. Jesús no está buscando seguidores a medias. Desea seguidores de todo corazón.

Para leer la próxima nota de «Vive como un discípulo», ve a la pág. A41.

toria: ⁴«Si un hombre tiene cien ovejas y una de ellas se pierde, ¿qué hará? ¿No dejará las otras noventa y nueve en el desierto y saldrá a buscar la perdida hasta que la encuentre? ⁵Y, cuando la encuentra, la cargará con alegría en sus hombros y la llevará a su casa. ⁶Cuando llega, llamará a sus amigos y vecinos y les dirá: "Alégrense conmigo porque encontré mi oveja perdida". ⁷De la misma manera, ¡hay más alegría en el cielo por un pecador perdido que se arrepiente y regresa a Dios que por noventa y nueve justos que no se extraviaron!

Piedras angulares

¿A QUÉ SE PARECE EL INFIERNO?
Lee LUCAS 16:19-31

En esta parábola, Jesús nos revela cierta información acerca del infierno. **El estilo de vida de la gente en la tierra, no será el mismo en la eternidad.** Las cosas cambiaron dramáticamente para el hombre rico cuando pasó a la eternidad. Debido a que nunca había tenido una relación personal con Dios, de inmediato entró en los tormentos del infierno, sin un centavo y en agonía. Aquellos que no tienen un corazón recto para con Dios, enfrentan el mismo futuro que el hombre rico de esta historia. Después de la muerte es posible que serán retenidos en el infierno hasta que sean presentados delante de Dios, en lo que la Biblia llama el Juicio del Gran Trono Blanco, aunque esto nadie lo sabe con certeza (lee «¿Por qué un Dios bueno envía gente al infierno?», pág. 295). **El infierno es un lugar de llamas y tormentos.** El hombre rico de esta parábola experimentó un calor insoportable y una sed insaciable. Se hallaba en tal agonía que clamó a Abraham, y le pidió que enviara a Lázaro para que mojara su dedo en agua y refrescara su lengua (la del hombre rico). Si alguna vez sufriste una grave quemadura, entonces tienes una idea del tormento que espera a los que pasarán la eternidad en el infierno. Agrega a esto tinieblas y soledad, y tendrás un escenario increíblemente terrible.

La gente no «la pasa bien» en el infierno. Algunos dicen: «Yo quiero ir al infierno. Todos mis amigos estarán allí». Puede ser cierto. Pero no hay fiestas en el infierno. Como dice esta parábola, el hombre rico estaba tan espantado de su situación que deseaba que Lázaro regresara a advertir a sus hermanos, para que ellos *no* fueran también a ese lugar de tormento.

Si deseas saber acerca de la realidad del infierno, no necesitas leer uno de esos periódicos sensacionalistas donde sale gente que dice haber tenido una experiencia fuera del cuerpo. Estudia las palabras del Dios viviente, quien murió y resucitó, y puede decirte exactamente qué esperar en la eternidad. Nuestra aceptación o rechazo de sus palabras determina donde pasaremos el resto de nuestras vidas.

Para leer la próxima nota de «¿Qué es el infierno?», ve a la pág. A27.

Parábola de la moneda perdida

8»O supongamos que una mujer tiene diez monedas de plata* y pierde una. ¿No enciende una lámpara y barre toda la casa y busca con cuidado hasta encontrarla? 9Y, cuando la encuentra, llama a sus amigos y vecinos y les dice: "¡Alégrense conmigo porque encontré mi moneda perdida!" 10De la misma manera, hay alegría en presencia de los ángeles de Dios cuando un solo pecador se arrepiente».

Parábola del hijo perdido

11Para ilustrar mejor esa enseñanza, Jesús les contó la siguiente historia: «Un hombre tenía dos hijos. 12El hijo menor le dijo al padre: "Quiero la parte de mi herencia ahora, antes de que mueras". Entonces el padre accedió a dividir sus bienes entre sus dos hijos.

13»Pocos días después, el hijo menor empacó sus pertenencias y se mudó a una tierra distante, donde derrochó todo su dinero en una vida desenfrenada. 14Al mismo tiempo que se le acabó el dinero, hubo una gran hambruna en todo el país, y él comenzó a morirse de hambre. 15Convenció a un agricultor local de que lo contratara, y el hombre lo envió al campo para que diera de comer a sus cerdos. 16El joven llegó a tener tanta hambre que hasta las algarrobas con las que alimentaba a los cerdos le parecían buenas para comer. Pero nadie le dio nada.

17»Cuando finalmente entró en razón, se dijo a sí mismo: "En casa, hasta los jornaleros tienen comida de sobra, ¡y aquí estoy yo, muriéndome de hambre! 18Volveré a la casa de mi padre y le diré: 'Padre, he pecado contra el cielo y contra ti. 19Ya no soy digno de que me llamen tu hijo'. Te ruego que me contrates como jornalero'". 20»Entonces regresó a la casa de su padre. Y, cuando todavía estaba lejos, su padre lo vio llegar. Lleno de amor y de compasión, corrió hacia su hijo, lo abrazó y lo besó. 21Su hijo le dijo: "Padre, he pecado contra el cielo y contra ti, y ya no soy digno de que me llamen tu hijo"*. 22»Pero su padre dijo a los sirvientes: "Rá-

15:8 En griego *diez dracmas*. Una dracma equivalía a la paga de una jornada completa de trabajo.   **15:21** Algunos manuscritos incluyen *Por favor, contrátame como jornalero.*

pido, traigan la mejor túnica que haya en la casa y vístanlo. Consigan un anillo para su dedo y sandalias para sus pies. 23 Maten el ternero que hemos engordado. Tenemos que celebrar con un banquete, 24 porque este hijo mío estaba muerto y ahora ha vuelto a la vida; estaba perdido y ahora ha sido encontrado". Entonces comenzó la fiesta.

25 »Mientras tanto, el hijo mayor estaba trabajando en el campo. Cuando regresó, oyó el sonido de música y baile en la casa, 26 y preguntó a uno de los sirvientes qué pasaba. 27 "Tu hermano ha vuelto —le dijo— y tu padre mató el ternero engordado. Celebramos porque llegó a salvo".

28 »El hermano mayor se enojó y no quiso entrar. Su padre salió y le suplicó que entrara, 29 pero él respondió: "Todos estos años, he trabajado para ti como un burro y nunca me negué a hacer nada de lo que me pediste. Y, en todo ese tiempo, no me diste ni un cabrito para festejar con mis amigos. 30 Sin embargo, cuando este hijo tuyo regresa después de haber derrochado tu dinero en prostitutas, ¡matas el ternero engordado para celebrar!".

31 »Su padre le dijo: "Mira, querido hijo, tú siempre has estado a mi lado y todo lo que tengo es tuyo. 32 Teníamos que celebrar este día feliz. Pues ¡tu hermano estaba muerto y ha vuelto a la vida! ¡Estaba perdido y ahora ha sido encontrado!"».

CAPÍTULO **16**

Parábola del administrador astuto

Jesús les contó la siguiente historia a sus discípulos: «Había cierto hombre rico que tenía un administrador que manejaba sus negocios. Un día llegó la noticia de que el administrador estaba malgastando el dinero de su patrón. 2 Entonces el patrón lo llamó y le dijo: "¿Qué es esto que oigo acerca de ti? Prepara un informe final porque voy a despedirte".

3 »El administrador pensó: "¿Y ahora qué haré? Mi jefe me ha despedido. No tengo fuerzas para cavar zanjas y soy demasiado orgulloso para mendigar. 4 Ah, ya sé cómo asegurarme de que tendré muchos amigos que me recibirán en sus casas cuando mi patrón me despida.

5 »Entonces invitó a todo el que le debía dinero a su patrón para conversar sobre la situación. Le preguntó al primero: "¿Cuánto debes a mi patrón?" 6 El hombre contestó: "Le debo tres mil litros de aceite de oliva". Entonces el administrador le dijo: "Toma la factura y cámbiala a mil quinientos litros".

7 »Le preguntó al siguiente: "¿Cuánto le debes

tú?" "Le debo mil medidas de trigo", respondió. "Toma la factura y cámbiala a ochocientas medidas", le dijo.*

8 »El hombre rico tuvo que admirar a este pícaro deshonesto por su astucia. Y la verdad es que los hijos de este mundo son más astutos al lidiar con el mundo que los rodea que los hijos de la luz. 9 Aquí está la lección: usen sus recursos mundanos para beneficiar a otros y para hacer amigos. Entonces, cuando esas posesiones terrenales se acaben, ellos les darán la bienvenida a un hogar eterno.*

10 »Si son fieles en las cosas pequeñas, serán fieles en las grandes. Pero, si son deshonestos en las cosas pequeñas, no actuarán con honradez en las responsabilidades más grandes. 11 Y, si no son confiables con las riquezas mundanas, ¿quién les confiará las verdaderas riquezas del cielo? 12 Y, si no son fieles con las cosas de otras personas, ¿por qué se les debería confiar lo que es de ustedes?

13 »Nadie puede servir a dos amos. Pues odiará a uno y amará al otro; será leal a uno y despreciará al otro. No se puede servir a Dios y al dinero».

14 Los fariseos, que amaban mucho su dinero, oyeron todo eso y se burlaron de Jesús. 15 Entonces él les dijo: «A ustedes les encanta aparecer como personas rectas en público, pero Dios conoce el corazón. Lo que este mundo honra es detestable a los ojos de Dios.

16 »Hasta el tiempo de Juan el Bautista, la ley de Moisés y el mensaje de los profetas fueron sus guías. Pero ahora se predica la Buena Noticia del reino de Dios, y todos están ansiosos por entrar.* 17 Pero eso no significa que la ley haya perdido su fuerza. Es más fácil que el cielo y la tierra desaparezcan, a que el más pequeño punto de la ley de Dios sea anulado.

18 »Por ejemplo, un hombre que se divorcia de su esposa y se casa con otra comete adulterio. Y el que se case con una mujer divorciada de su esposo comete adulterio».

Parábola del rico y Lázaro

19 Jesús dijo: «Había un hombre rico que se vestía con gran esplendor en púrpura y lino de la más alta calidad y vivía rodeado de lujos. 20 Tirado a la puerta de su casa había un hombre pobre llamado Lázaro, quien estaba cubierto de llagas. 21 Mientras Lázaro estaba tendido, deseando comer las sobras de la mesa del hombre rico, los perros venían y le lamían las llagas abiertas. 22 »Con el tiempo, el hombre pobre murió, y los ángeles lo llevaron a estar con Abraham.*

16:6 En griego cien batos [...] cincuenta [batos]. 16:7 En griego cien coros [...] ochenta [coros]. 16:9 O serán bienvenidos en los hogares eternos. 16:16 O y todos son instados a entrar. 16:22 En griego al seno de Abraham.

El hombre rico también murió y fue enterrado, 23y su alma fue al lugar de los muertos.* Allí, en medio del tormento, vio a Abraham a lo lejos con Lázaro junto a él.

24»El hombre rico gritó: "¡Padre Abraham, ten piedad! Envíame a Lázaro para que moje la punta de su dedo en agua y refresque mi lengua. Estoy en angustia en estas llamas".

25»Pero Abraham le dijo: "Hijo, recuerda que tú tuviste todo lo que quisiste durante tu vida, y Lázaro no tuvo nada. Ahora él está aquí recibiendo consuelo y tú estás en angustia. 26Además, hay un gran abismo que nos separa. Ninguno de nosotros puede cruzar hasta allí, y ninguno de ustedes puede cruzar hasta aquí".

27»Entonces el hombre rico dijo: "Por favor, padre Abraham, al menos envíalo a la casa de mi padre. 28Tengo cinco hermanos y quiero advertirles que no terminen en este lugar de tormento".

29»Pero Abraham dijo: "Moisés y los profetas ya les advirtieron. Tus hermanos pueden leer lo que ellos escribieron".

30»El hombre rico respondió: "¡No, padre Abraham! Pero si se les envía a alguien de los muertos ellos se arrepentirán de sus pecados y volverán a Dios".

31»Pero Abraham le dijo: "Si no escuchan a Moisés y a los profetas, no escucharán por más que alguno se levantara de los muertos"».

CAPÍTULO **17**
Enseñanzas acerca del perdón y la fe
Cierto día, Jesús dijo a sus discípulos: «Siempre habrá tentaciones para pecar, ¡pero qué aflicción le espera a la persona que provoca la tentación! 2Sería mejor que se arrojara al mar con una piedra de molino alrededor del cuello que hacer que uno de estos pequeños caiga en pecado. 3Así que, ¡cuídense!

»Si un creyente* peca, repréndelo; luego, si hay arrepentimiento, perdónalo. 4Aun si la persona te agravia siete veces al día y cada vez regresa y te pide perdón, debes perdonarla».

5Los apóstoles le dijeron al Señor:

—Muéstranos cómo aumentar nuestra fe.

6El Señor respondió:

—Si tuvieran fe, aunque fuera tan pequeña como una semilla de mostaza, podrían decirle a este árbol: "Desarráigate y échate al mar", ¡y les obedecería!

7»Cuando un sirviente vuelve de arar o de cuidar las ovejas, ¿acaso su patrón le dice: "Ven y come conmigo"? 8No, le dirá: "Prepara mi comida, ponte el delantal y sírveme mientras como. Luego puedes comer tú". 9¿Y le agradece el amo al sirviente por hacer lo que se le dijo que hiciera? Por supuesto que no. 10De la misma manera, cuando ustedes me obedecen, deben decir: "Somos siervos indignos que simplemente cumplimos con nuestro deber".

Diez leprosos son sanados
11Mientras Jesús seguía camino a Jerusalén, llegó a la frontera entre Galilea y Samaria. 12Al entrar en una aldea, diez leprosos se quedaron a la distancia, 13gritando:

—¡Jesús! ¡Maestro! ¡Ten compasión de nosotros!

14Jesús los miró y dijo:

—Vayan y preséntense a los sacerdotes.*

Y, mientras ellos iban, quedaron limpios de la lepra.

15Uno de ellos, cuando vio que estaba sano, volvió a Jesús, y exclamó: «¡Alaben a Dios!». 16Y cayó al suelo, a los pies de Jesús, y le agradeció por lo que había hecho. Ese hombre era samaritano.

17Jesús preguntó: «¿No sané a diez hombres?

16:23 En griego al Hades.   17:3 En griego Si tu hermano.   17:14 Ver Lv 14:2-32.

En marcha
ORA CON PERSISTENCIA
Lee LUCAS 18:1-8

Esta parábola ilustra la necesidad de persistir en la oración. Jesús eligió dos personajes diferentes para esta parábola: una viuda pobre, y un juez corrupto. Estos dos personajes no parecen los apropiados para describir nuestra relación con Dios, pero Jesús desea que observemos varios contrastes interesantes en esta historia.

- La viuda tenía que ir a un juez corrupto... nosotros podemos ir a nuestro Padre celestial (lee Efesios 3:14, pág. 246).
- La viuda era una extraña... nosotros somos hijos de Dios (lee Juan 1:12, pág. 107).

¿Dónde están los otros nueve? [18] ¿Ninguno volvió para darle gloria a Dios excepto este extranjero?». [19] Y Jesús le dijo al hombre: «Levántate y sigue tu camino. Tu fe te ha sanado»*.

La venida del reino
[20] Un día, los fariseos le preguntaron a Jesús:
—¿Cuándo vendrá el reino de Dios?
Jesús contestó:
—No pueden descubrir el reino de Dios por medio de señales visibles.* [21] Nunca podrán decir: "¡Aquí está!" o "¡Está por allí!", porque el reino de Dios ya está entre ustedes.*

[22] Entonces dijo a sus discípulos: «Se acerca el tiempo en que desearán ver el día que el Hijo del Hombre regrese,* pero no lo verán. [23] Algunos les dirán: "Miren, allí está el Hijo del Hombre" o "Aquí está", pero no los sigan. [24] Pues, así como el relámpago destella e ilumina el cielo de un extremo a otro, así será el día cuando venga el Hijo del Hombre. [25] Pero primero el Hijo del Hombre tiene que sufrir terriblemente* y ser rechazado por esta generación.

[26] »Cuando el Hijo del Hombre regrese, será como en los días de Noé. [27] En esos días, la gente disfrutaba de banquetes, fiestas y casamientos, hasta el momento en que Noé entró en su barco y llegó el diluvio y destruyó a todos. [28] »Y el mundo será como en los días de Lot, cuando las personas se ocupaban de sus quehaceres diarios —comían y bebían, compraban y vendían, cultivaban y edificaban— [29] hasta la mañana en que Lot salió de Sodoma. Entonces llovió del cielo fuego y azufre ardiente, y destruyó a todos. [30] Sí, será "todo como siempre" hasta el día en que se manifieste el Hijo del Hombre.

[31] Ese día, la persona que esté en la azotea no baje a la casa para empacar. La persona que esté en el campo no regrese a su casa. [32] ¡Recuerden lo que le pasó a la esposa de Lot! [33] Si se aferran a su vida, la perderán; pero, si dejan de aferrarse a su vida, la salvarán. [34] Esa noche, dos personas estarán durmiendo en una misma cama; una será llevada y la otra, dejada. [35] Dos mujeres estarán moliendo harina juntas en un molino; una será llevada, la otra será dejada».*

[37] Los discípulos le preguntaron:
—¿Dónde sucederá eso, Señor?*
Jesús les contestó:
—Así como los buitres, cuando se juntan, indican que hay un cadáver cerca, de la misma manera, esas señales revelan que el fin está cerca.*

CAPÍTULO **18**
Parábola de la viuda persistente
Cierto día, Jesús les contó una historia a sus discípulos para mostrarles que siempre debían orar y nunca darse por vencidos. [2] «Había un juez en cierta ciudad —dijo—, que no tenía temor de Dios ni se preocupaba por la gente. [3] Una viuda de esa ciudad acudía a él repetidas veces para decirle: "Hágame justicia en este conflicto con mi enemigo". [4] Durante un tiempo, el juez no le hizo caso, hasta que finalmente se dijo a sí mismo: "No temo a Dios ni me importa la gente, [5] pero esta mujer me está volviendo loco. Me ocuparé de que reciba justicia ¡porque me está agotando con sus constantes peticiones!"».

[6] Entonces el Señor dijo: «Aprendan una lección de este juez injusto. [7] Si hasta él dio un veredicto justo al final, ¿acaso no creen que Dios

---

17:19 O *Tu fe te ha salvado.*   **17:20** O *por sus especulaciones.*   **17:21** O *está dentro de ustedes, o está a su alcance.*
17:22 O *desearán aunque sea un día con el Hijo del Hombre.* «Hijo del Hombre» es un título que Jesús empleaba para referirse a sí mismo.   **17:25** O *sufrir muchas cosas.*   **17:35** Algunos manuscritos incluyen el versículo 36: *Dos hombres estarán trabajando en el campo; uno será llevado, el otro será dejado.* Comparar Mt 24:40.   **17:37a** En griego —¿Dónde, Señor?   **17:37b** En griego —Donde hay un cadáver, allí se juntan los buitres.

- La viuda no tenía acceso al juez... nosotros tenemos acceso constante a Dios (lee Hebreos 10:19, pág. 302).

- La viuda acudía a la corte legal... nosotros acudimos al trono de gracia (lee Hebreos 4:16, pág. 297).

- La viuda no tenía abogado... nosotros tenemos a Jesús como abogado (lee 1 Juan 2:1, pág. 327).

- La viuda tuvo que agotar la paciencia del juez antes de ser escuchada... nosotros sabemos que Dios oye nuestras peticiones (lee Mateo 7:7-11, págs. 9-10).

Si esta pobre mujer recibió lo que merecía, de un juez corrupto, ¡cuánto más recibiremos nosotros de nuestro amado Padre celestial! Como lo ilustra Jesús, la persistencia recompensa. ¡Sigue orando!

Para comenzar el próximo tema, ve a la pág. A48.

Piedras angulares

NECESITAMOS INVERTIR NUESTRAS HABILIDADES Y RECURSOS EN EL REINO DE DIOS
Lee LUCAS 19:11-26

Esta parábola explica lo que Jesús desea que hagamos mientras esperamos su regreso a la tierra. El hombre de la nobleza en esta historia representa a Cristo. Los siervos somos nosotros, sus seguidores. En esencia, el corazón de la parábola es que debemos trabajar diligentemente hasta que él regrese.

En esta parábola, cada hombre recibe cinco kilos de plata. Del mismo modo, cada creyente recibe igual oportunidad de invertir su vida en el reino de Dios. Es la sencilla comisión de proclamar el evangelio al mundo y hacer discípulos. Aquí vemos tres niveles de inversión.

1. El siervo con enormes ganancias. Este ambicioso siervo le dio al rey diez veces la cantidad que había recibido. Este tipo de persona es un verdadero discípulo. Comparte activamente su fe y luego toma a los nuevos creyentes bajo su cuidado para ayudarlos a madurar en su fe.

2. El siervo con espléndidas ganancias. El segundo siervo fue un poco menos ambicioso que el primero, pero obtuvo algunas ganancias. Este tipo de persona es alguien más o menos satisfecho con lo que hace. Comparte el evangelio lento pero seguro, aunque no tiene el resultado de la primera persona. Falla al aprovechar todos los recursos que Dios nos ha dado, así que con frecuencia se queda corto en su potencial.

3. El siervo que no ganó nada. El tercer siervo deseaba «ir a lo seguro» por lo que enterró el dinero. Tenía una falsa percepción de su amo. Decía que su amo era duro e injusto. Este tipo de persona, a menudo, encuentra su motivación más por el temor a Dios que por el amor a Dios. Ve el testificar más como un deber que como un privilegio. Por esto Pablo nos dice que el amor de Cristo necesita ser la fuerza motivadora en todo lo que hacemos (lee 2 Corintios 5:14, pág. 225). Podemos dar sólo lo que hemos recibido. Y este tipo de persona conoce poco del Salvador que dice servir.

En el reino de Dios, él espera ver inversiones y resultados. No tomes esta sagrada confianza que Dios ha puesto en ti para sepultarla. Úsala. Multiplícala. Recuerda, Dios no te está pidiendo que trabajes *para* él. Él está pidiendo trabajar *a través* de ti. Ríndete al poder del Espíritu Santo y pídele dirección a Dios sobre cómo puedes ser usado por él. Entonces verás los resultados.

Para leer la próxima nota de «Responsabilidad», ve a la pág. A34.

Para leer la próxima nota de «Responsabilidad», ve a la pág. A34.

---

hará justicia a su pueblo escogido que clama a él día y noche? ¿Seguirá aplazando su respuesta? [8] Les digo que ¡pronto les hará justicia! Pero, cuando el Hijo del Hombre* regrese, ¿a cuántas personas con fe encontrará en la tierra?».

Parábola del fariseo y el cobrador de impuestos
[9] Luego Jesús contó la siguiente historia a algunos que tenían mucha confianza en su propia rectitud y despreciaban a los demás: [10] «Dos hombres fueron al templo a orar. Uno era fariseo, y el otro era un despreciado cobrador de impuestos. [11] El fariseo, de pie, apartado de los demás, hizo la siguiente oración:* "Te agradezco Dios, que no soy un pecador como todos los demás. Pues no engaño, no peco y no cometo adulterio. ¡Para nada soy como ese

cobrador de impuestos! [12] Ayuno dos veces a la semana y te doy el diezmo de mis ingresos".

[13] »Pero el cobrador de impuestos se quedó a la distancia y ni siquiera se atrevía a levantar la mirada al cielo mientras oraba. En cambio, golpeó su pecho en señal de dolor mientras decía: "Oh, Dios, ten compasión de mí, porque soy un pecador". [14] Les digo que fue este pecador —y no el fariseo— quien regresó a su casa justificado delante de Dios. Pues los que se exaltan a sí mismos serán humillados, y los que se humillan serán exaltados».

Jesús bendice a los niños
[15] Cierto día, algunos padres llevaron a sus hijitos a Jesús para que él los tocara y los bendijera. Pero, cuando los discípulos vieron esto, regañaron a los padres por molestarlo.

18:8 «Hijo del Hombre» es un título que Jesús empleaba para referirse a sí mismo. **18:11** Algunos manuscritos dicen *se puso de pie e hizo esta oración para sí mismo.*

¹⁶Entonces Jesús llamó a los niños y dijo a los discípulos: «Dejen que los niños vengan a mí. ¡No los detengan! Pues el reino de Dios pertenece a los que son como estos niños. ¹⁷Les digo la verdad, el que no reciba el reino de Dios como un niño nunca entrará en él».

El hombre rico

¹⁸Cierta vez, un líder religioso le hizo a Jesús la siguiente pregunta:

—Maestro bueno, ¿qué debería hacer para heredar la vida eterna?

¹⁹—¿Por qué me llamas bueno? —le preguntó Jesús—. Sólo Dios es verdaderamente bueno. ²⁰Pero, para contestar a tu pregunta, tú conoces los mandamientos: "No cometas adulterio; no asesines; no robes; no des falso testimonio; honra a tu padre y a tu madre"*.

²¹El hombre respondió:

—He obedecido todos esos mandamientos desde que era joven.

²²Cuando Jesús oyó su respuesta, le dijo:

—Hay una cosa que todavía no has hecho. Vende todas tus posesiones y entrega el dinero a los pobres, y tendrás tesoro en el cielo. Después ven y sígueme.

²³Pero, cuando el hombre oyó esto, se puso triste porque era muy rico. ²⁴Cuando Jesús lo vio,* dijo: «¡Qué difícil es para los ricos entrar en el reino de Dios! ²⁵De hecho, ¡es más fácil que un camello pase por el ojo de una aguja que un rico entre en el reino de Dios!».

²⁶Los que lo oyeron, dijeron: «Entonces ¿quién podrá ser salvo?».

²⁷Él contestó: «Lo que es imposible para las personas es posible para Dios».

²⁸Pedro dijo:

—Nosotros hemos dejado nuestros hogares para seguirte.

²⁹—Así es —respondió Jesús—, y les aseguro que todo el que haya dejado casa o esposa o hermanos o padres o hijos por causa del reino de Dios ³⁰recibirá mucho más en esta vida y tendrá la vida eterna en el mundo que vendrá.

Jesús predice otra vez su muerte

³¹Jesús llevó a los doce discípulos aparte y dijo: «Escuchen, subimos a Jerusalén, donde todas las predicciones de los profetas acerca del Hijo del Hombre se harán realidad. ³²Será entregado a los romanos,* y se burlarán de él, lo tratarán de manera vergonzosa y lo escupirán. ³³Lo azotarán con un látigo y lo matarán, pero, al tercer día, resucitará».

³⁴Pero ellos no entendieron nada de esto. La importancia de sus palabras estaba oculta de ellos, y no captaron lo que decía.

Jesús sana a un mendigo ciego

³⁵Al acercarse Jesús a Jericó, un mendigo ciego estaba sentado junto al camino. ³⁶Cuando oyó el ruido de la multitud que pasaba, preguntó qué sucedía. ³⁷Le dijeron que Jesús de Nazaret,* pasaba por allí. ³⁸Entonces comenzó a gritar: «¡Jesús, hijo de David, ten compasión de mí!».

³⁹«¡Cállate!» —le gritaba la gente que estaba más adelante.

Pero él gritó aún más fuerte: «¡Hijo de David, ten compasión de mí!».

⁴⁰Cuando Jesús lo oyó, se detuvo y ordenó que le trajeran al hombre. Al acercarse el ciego, Jesús le preguntó:

⁴¹—¿Qué quieres que haga por ti?

—Señor —le dijo—, ¡quiero ver!

⁴²Jesús le dijo:

—Bien, recibe la vista. Tu fe te ha sanado.

⁴³Al instante el hombre pudo ver y siguió a Jesús mientras alababa a Dios. Y todos los que lo vieron también alabaron a Dios.

CAPÍTULO **19**

Jesús y Zaqueo

Jesús entró en Jericó y comenzó a pasar por la ciudad. ²Había allí un hombre llamado Zaqueo. Era jefe de los cobradores de impuestos de la región y se había hecho muy rico. ³Zaqueo trató de mirar a Jesús pero era de poca estatura para poder ver por encima de la multitud. ⁴Así que se adelantó corriendo y se subió a una higuerasicómoro que estaba junto al camino, porque Jesús iba a pasar por allí.

⁵Cuando Jesús pasó, miró a Zaqueo y lo llamó por su nombre: «¡Zaqueo! —le dijo—, ¡baja enseguida! Debo hospedarme hoy en tu casa».

⁶Zaqueo bajó rápidamente y, lleno de entusiasmo y alegría, llevó a Jesús a su casa. ⁷Pero la gente estaba disgustada: «Fue a hospedarse en la casa de un pecador de mala fama», murmuraban.

⁸Mientras tanto, Zaqueo se puso de pie delante del Señor y dijo:

—Señor, daré la mitad de mi riqueza a los pobres y, si estafé a alguien con sus impuestos, le devolveré cuatro veces más.

⁹Jesús respondió:

—La salvación ha venido hoy a esta casa, porque este hombre ha demostrado ser un verdadero hijo de Abraham. ¹⁰Pues el Hijo del Hombre* vino a buscar y a salvar a los que están perdidos.

18:20 Éx 20:12-16; Dt 5:16-20.   18:24 Algunos manuscritos dicen *Cuando Jesús vio lo triste que estaba el hombre.* 18:32 En griego *los gentiles. [Gentil(es),* que no es judío]. 18:37 O *Jesús nazareno.* 19:10 «Hijo del Hombre» es un título que Jesús empleaba para referirse a sí mismo.

Parábola de los diez siervos

¹¹ La multitud escuchaba todo lo que Jesús decía. Y, como ya se acercaba a Jerusalén, les contó una historia para corregir la idea de que el reino de Dios comenzaría de inmediato. ¹² Les dijo: «Un hombre de la nobleza fue llamado a un país lejano para ser coronado rey y luego regresar. ¹³ Antes de partir, reunió a diez de sus siervos y dividió entre ellos cinco kilos de plata,* diciéndoles: "Inviertan esto por mí mientras estoy de viaje". ¹⁴ Pero sus súbditos lo odiaban y enviaron una delegación tras él a decir: "No queremos que él sea nuestro rey".

¹⁵ »Después de que lo coronaran rey, volvió y llamó a los siervos a quienes les había dado el dinero. Quería saber qué ganancias habían tenido. ¹⁶ El primer siervo informó: "Amo, invertí su dinero ¡y multipliqué diez veces el monto inicial!".

¹⁷ »"¡Bien hecho! —exclamó el rey—. Eres un buen siervo. Has sido fiel con lo poco que te confié, así que como recompensa serás gobernador de diez ciudades".

¹⁸ »El siguiente siervo informó: "Amo, invertí su dinero y multipliqué cinco veces el monto original".

¹⁹ »"¡Bien hecho! —exclamó el rey—. Serás gobernador de cinco ciudades".

²⁰ »Pero el tercer siervo trajo sólo la suma original y dijo: "Amo, escondí su dinero para protegerlo. ²¹ Tenía miedo, porque usted es un hombre muy difícil de tratar, que toma lo que no es suyo y cosecha lo que no sembró".

²² »"¡Siervo perverso! —dijo el rey a gritos—. Tus propias palabras te condenan. Si sabías que era un hombre duro que tomo lo que no es mío y cosecho lo que no sembré, ²³ ¿por qué no depositaste mi dinero en el banco? Al menos hubiera podido obtener algún interés de él".

²⁴ »Luego, dirigiéndose a los otros que estaban cerca, el rey ordenó: "Quiten el dinero de este siervo y dénselo al que tiene cinco kilos". ²⁵ »"Pero, amo —le dijeron—, él ya tiene cinco kilos".

²⁶ »"Sí —respondió el rey—, y a los que usan bien lo que se les da, se les dará aún más. Pero a los que no hacen nada se les quitará aun lo poco que tienen. ²⁷ Y en cuanto a esos enemigos míos que no querían que yo fuera su rey, tráiganlos y ejecútenlos aquí mismo en mi presencia"».

Entrada triunfal de Jesús

²⁸ Después de contar esa historia, Jesús siguió rumbo a Jerusalén, caminando delante de sus discípulos. ²⁹ Al llegar a las ciudades de Betfagé y Betania, en el monte de los Olivos, mandó a dos discípulos que se adelantaran. ³⁰ «Vayan a la aldea que está allí —les dijo—. Al entrar, verán un burrito atado, que nadie ha montado jamás. Desátenlo y tráiganlo aquí. ³¹ Si alguien les pregunta: "¿Por qué desatan al burrito?" simplemente digan: "El Señor lo necesita"».

³² Así que ellos fueron y encontraron el burrito tal como lo había dicho el Señor. ³³ Y, efectivamente, mientras lo desataban, los dueños les preguntaron:

—¿Por qué desatan ese burrito?

³⁴ Y los discípulos simplemente contestaron:

—El Señor lo necesita.

³⁵ Entonces le llevaron el burrito a Jesús y pusieron sus prendas encima para que él lo montara.

³⁶ A medida que Jesús avanzaba, la multitud tendía sus prendas sobre el camino delante de él. ³⁷ Cuando llegó a donde comienza la bajada del monte de los Olivos, todos sus seguidores empezaron a gritar y a cantar mientras alababan a Dios por todos los milagros maravillosos que habían visto.

³⁸ «¡Bendiciones al Rey que viene en el nombre del SEÑOR!

¡Paz en el cielo y gloria en el cielo más alto!»*.

³⁹ Pero algunos de los fariseos que estaban entre la multitud decían:

—¡Maestro, reprende a tus seguidores por decir cosas como ésas!

⁴⁰ Jesús respondió:

—Si ellos se callaran, las piedras a lo largo del camino se pondrían a aclamar.

Jesús llora por Jerusalén

⁴¹ Al acercarse a Jerusalén, Jesús vio la ciudad delante de él y comenzó a llorar. ⁴² «¡Cómo quisiera que hoy tú, entre todos los pueblos, entendieras el camino de la paz! Pero ahora es demasiado tarde, y la paz está oculta a tus ojos. ⁴³ No pasará mucho tiempo antes de que tus enemigos construyan murallas pegadas a tus muros, te rodeen y te encierren por todos lados. ⁴⁴ Te aplastarán hasta el suelo, y a tus hijos contigo. Tus enemigos no dejarán una sola piedra en su lugar, porque no aceptaste tu oportunidad de salvación».

Jesús limpia el templo

⁴⁵ Luego Jesús entró en el templo y comenzó a echar a los que vendían animales para los sacrificios. ⁴⁶ Les dijo: «Las Escrituras declaran: "Mi templo será una casa de oración", pero ustedes lo han convertido en una cueva de ladrones»*. ⁴⁷ Después de eso, enseñó todos los días en

19:13 En griego *diez minas*; una mina equivalía aproximadamente a tres meses de salario.   19:38 Sal 118:26; 148:1.
19:46 Is 56:7; Jer 7:11.

el templo, pero los principales sacerdotes y los maestros de la ley religiosa, junto con los otros líderes del pueblo, comenzaron a planificar cómo matarlo. ⁴⁸ Pero no se les ocurría nada, porque el pueblo prestaba mucha atención a cada palabra que él decía.

CAPÍTULO **20**

La autoridad de Jesús es desafiada

Cierto día, mientras Jesús enseñaba a la gente y predicaba la Buena Noticia en el templo, los principales sacerdotes, los maestros de la ley religiosa y los ancianos se le acercaron. ² —¿Con qué autoridad haces todas estas cosas? —le reclamaron—. ¿Quién te dio el derecho? ³ —Primero, déjenme hacerles una pregunta —les respondió él—. ⁴ La autoridad de Juan para bautizar, ¿provenía del cielo o era meramente humana?

⁵ Ellos discutieron el asunto unos con otros. «Si decimos que provenía del cielo, preguntará por qué nosotros no le creímos a Juan. ⁶ Pero, si decimos que era meramente humana, la gente nos apedreará, porque están convencidos de que Juan era un profeta». ⁷ Entonces finalmente contestaron que no sabían.

⁸ Y Jesús respondió:

—Entonces yo tampoco les diré con qué autoridad hago estas cosas.

Parábola de los agricultores malvados

⁹ Jesús se dirigió nuevamente a la gente y les contó la siguiente historia: «Un hombre plantó un viñedo, lo alquiló a unos agricultores arrendatarios y se mudó a vivir a otro país por varios años. ¹⁰ Llegado el tiempo de la cosecha de la uva, envió a uno de sus siervos para recoger su parte de la cosecha. Pero los agricultores atacaron al siervo, le dieron una paliza y lo mandaron de regreso con las manos vacías. ¹¹ Así que el dueño envió a otro siervo, pero a éste también lo insultaron, le dieron una paliza y lo despacharon con las manos vacías. ¹² Se envió a un tercer hombre, a quien lastimaron y echaron a patadas.

¹³ »"¿Qué haré? —se preguntó el dueño—. ¡Ya sé! Enviaré a mi querido hijo. Sin duda a él lo respetarán".

¹⁴ »Sin embargo, cuando los agricultores vieron al hijo, se dijeron unos a otros: "Aquí viene el heredero de esta propiedad. ¡Matémoslo y nos quedaremos con la propiedad!". ¹⁵ Entonces lo arrastraron fuera del viñedo y lo asesinaron».

«¿Qué creen ustedes que hará con ellos el dueño del viñedo —preguntó Jesús—. ¹⁶ Les diré, irá y matará a esos agricultores y alquilará el viñedo a otros».

—¡Qué terrible que suceda algo así! —protestaron los oyentes.

¹⁷ Jesús los miró y les dijo:

—Entonces, ¿a qué se refiere la siguiente Escritura:

"La piedra que los constructores rechazaron ahora se ha convertido en la piedra principal"?*

¹⁸ Todo el que tropiece con esa piedra se hará pedazos, y la piedra aplastará a quienes les caiga encima.

¹⁹ Los maestros de la ley religiosa y principales sacerdotes querían arrestar a Jesús en ese mismo momento, porque se dieron cuenta de que contaba esa historia en contra de ellos, pues ellos eran los agricultores malvados. Pero tenían miedo de la reacción de la gente.

Los impuestos para el César

²⁰ Esperando su oportunidad, los líderes mandaron espías que se hicieron pasar por hombres sinceros. Trataban de hacer que Jesús dijera algo que pudieran incriminar al gobernador de Roma para que lo arrestara.

²¹ —Maestro —le dijeron—, sabemos que dices y enseñas lo que es correcto y no te dejas influir por lo que piensan otros. Enseñas con verdad el camino de Dios. ²² Ahora dinos, ¿es correcto que paguemos impuestos al César o no?

²³ Jesús se dio cuenta de la trampa y dijo:

²⁴ —Muéstrenme una moneda romana.* ¿A quién pertenecen la imagen y el título grabados en la moneda?

—Al César —contestaron.

²⁵ —Bien —dijo—, entonces den al César lo que pertenece al César y den a Dios lo que pertenece a Dios.

²⁶ Así que no pudieron atraparlo por lo que decía en público. En cambio, quedaron asombrados de su respuesta y se callaron.

Discusión sobre la resurrección

²⁷ Después se acercaron a Jesús algunos saduceos, líderes religiosos que dicen que no hay resurrección de los muertos. ²⁸ Le plantearon la siguiente pregunta:

—Maestro, Moisés nos dio una ley que dice que si un hombre muere y deja a una esposa sin haber tenido hijos, su hermano debe casarse con la viuda y darle un hijo para que el nombre del hermano continúe.* ²⁹ Ahora bien, supongamos que había siete hermanos. El mayor se casó y murió sin dejar hijos. ³⁰ Entonces el segundo hermano se casó con la viuda, pero él también murió. ³¹ Luego el tercer hermano se casó con ella. Lo mismo sucedió con los siete,

20:17 Sal 118:22.   20:24 En griego *un denario.*   20:28 Ver Dt 25:5-6.

quienes murieron sin dejar hijos. ³²Por último, la mujer también murió. ³³Entonces dinos, ¿de quién será esposa en la resurrección? ¡Pues los siete estuvieron casados con ella!

³⁴Jesús respondió:

—El matrimonio es para las personas aquí en la tierra. ³⁵Pero, en el mundo que vendrá, los que sean dignos de ser levantados de los muertos no se casarán ni se darán en casamiento. ³⁶Y no volverán a morir. En este sentido, serán como ángeles. Ellos son hijos de Dios e hijos de la resurrección.

³⁷»Ahora bien, en cuanto a si los muertos resucitarán, hasta Moisés demostró esto cuando escribió acerca de la zarza que ardía. Mucho después de que Abraham, Isaac y Jacob murieron, él se refirió al Señor* como "el Dios de Abraham, el Dios de Isaac y el Dios de Jacob"*. ³⁸Por lo tanto, él es Dios de los que están vivos, no de los muertos, porque todos están vivos para él.

³⁹«¡Bien dicho, Maestro!» —comentaron algunos de los maestros de la ley religiosa que estaban allí. ⁴⁰Y después nadie se atrevió a hacerle más preguntas.

¿De quién es hijo el Mesías?

⁴¹Entonces Jesús les planteó una pregunta: «¿Cómo es que se dice que el Mesías es hijo de David? ⁴²Pues David mismo escribió en el libro de los Salmos:

"El SEÑOR le dijo a mi Señor:
　Siéntate en el lugar de honor a mi
　　derecha,
⁴³hasta que humille a tus enemigos
　y los ponga por debajo de tus pies"*.

⁴⁴»Si David llamó al Mesías "Señor", ¿cómo es posible que el Mesías sea su hijo?».

⁴⁵Entonces, mientras la multitud escuchaba, se dirigió a sus discípulos y les dijo: ⁴⁶«¡Cuídense de los maestros de la ley religiosa! Pues les gusta pavonearse en túnicas largas y sueltas y les encanta recibir saludos respetuosos cuando caminan por las plazas. Y cómo les encanta ocupar los asientos de honor en las sinagogas y sentarse a la mesa principal en los banquetes. ⁴⁷Sin embargo, estafan descaradamente a las viudas para apoderarse de sus propiedades y luego pretenden ser piadosos haciendo largas oraciones en público. Por eso, serán castigados con más severidad».

CAPÍTULO 21

La ofrenda de la viuda

Mientras Jesús estaba en el templo, observó a los ricos que depositaban sus ofrendas en la caja de las ofrendas. ²Luego pasó una viuda pobre y echó dos monedas pequeñas.*

³«Les digo la verdad —dijo Jesús—, esta viuda pobre ha dado más que todos los demás. ⁴Pues ellos dieron una mínima parte de lo que les sobraba, pero ella, con lo pobre que es, dio todo lo que tenía».

Jesús predice el futuro

⁵Algunos de sus discípulos comenzaron a hablar acerca del majestuoso trabajo hecho en piedra del templo y de las decoraciones conmemorativas que adornaban las paredes. Pero Jesús les dijo: ⁶«Viene el tiempo cuando todo esto será demolido por completo. ¡No quedará ni una sola piedra sobre otra!».

⁷—Maestro —le preguntaron—, ¿cuándo sucederá todo eso? ¿Qué señal nos indicará que esas cosas están por ocurrir?

⁸Él les contestó:

—No dejen que nadie los engañe, porque muchos vendrán en mi nombre y afirmarán: "Yo soy el Mesías"* y dirán: "El tiempo ha llegado". Pero no les crean. ⁹Y, cuando oigan de guerras y de levantamientos, no se dejen llevar por el pánico. Es verdad, esas cosas deben suceder primero, pero el fin no vendrá inmediatamente después.

¹⁰Luego agregó:

—Una nación entrará en guerra con otra, y un reino con otro reino. ¹¹Habrá grandes terremotos, hambres y plagas en muchos países, y sucederán cosas aterradoras y grandes señales milagrosas del cielo.

¹²»Pero antes de que ocurra todo eso, habrá un tiempo de gran persecución. Los arrastrarán a las sinagogas y a las prisiones, y serán sometidos a juicio ante reyes y gobernantes, todo por ser mis seguidores. ¹³Pero ésa será una oportunidad para que ustedes les hablen de mí.* ¹⁴Así que no se preocupen de antemano por cómo contestarán los cargos en su contra, ¹⁵porque yo les daré las palabras apropiadas y tal sabiduría que ninguno de sus adversarios podrá responderles o refutarlos. ¹⁶Aun sus seres más cercanos —padres, hermanos, familiares y amigos— los traicionarán. Incluso a algunos de ustedes los matarán. ¹⁷Y todos los odiarán por ser mis seguidores.* ¹⁸Pero ni un solo cabello de su cabeza perecerá. ¹⁹Al mantenerse firmes, ganarán su alma.

²⁰»Y, cuando vean a Jerusalén rodeada de ejércitos, entonces sabrán que ha llegado el tiempo de su destrucción. ²¹Entonces los que estén en Judea huyan a las colinas. Los que estén en Jerusalén deben salir, y los que estén en el campo

20:37a En griego cuando escribió acerca del arbusto. Él se refirió al Señor.   20:37b Éx 3:6.   20:42-43 Sal 110:1.
21:2 En griego dos lepta (la más pequeña de las monedas judías).   21:8 En griego afirmarán: "Yo soy".   21:13 O Éste será su testimonio contra ellos.   21:17 En griego por causa de mi nombre.

no deben volver a la ciudad. ²²Pues serán días de la venganza de Dios, y las palabras proféticas de las Escrituras se cumplirán. ²³Que terribles serán esos días para las mujeres embarazadas y para las madres que amamantan. Pues habrá desastre en la tierra y gran enojo contra este pueblo. ²⁴Los matarán a espada o serán enviados cautivos a todas las naciones del mundo. Y Jerusalén será pisoteada por los gentiles* hasta que el tiempo de los gentiles llegue a su fin. ²⁵»Y habrá señales extrañas en el sol, en la luna y en las estrellas. Y aquí en la tierra, las naciones del mundo estarán en caos, perplejas por los mares rugientes y las mareas extrañas. ²⁶La gente quedará aterrada de lo que verá venir sobre la tierra, porque los poderes de los cielos serán sacudidos. ²⁷Entonces todos verán al Hijo del Hombre* venir en una nube con poder y gran gloria.* ²⁸Por lo tanto, cuando todas estas cosas comiencen a suceder, pónganse de pie y levanten la mirada, ¡porque la salvación está cerca!

²⁹Luego les dio la siguiente ilustración:

—Fíjense en la higuera o en cualquier otro árbol. ³⁰Cuando brotan las hojas, ustedes saben que el verano se acerca sin que nadie les diga. ³¹De la misma manera, cuando vean que suceden todas estas cosas, sabrán que el reino de Dios está cerca. ³²Les digo la verdad, no pasará esta generación hasta que hayan sucedido todas estas cosas. ³³El cielo y la tierra desaparecerán, pero mis palabras no desaparecerán jamás.

³⁴»¡Tengan cuidado! No dejen que su corazón se entorpezca con parrandas y borracheras, ni por las preocupaciones de esta vida. No dejen que ese día los agarre desprevenidos, ³⁵como una trampa. Pues ese día vendrá sobre cada ser viviente de la tierra. ³⁶Manténganse siempre alerta. Y oren para que sean suficientemente fuertes para escapar de los horrores que vendrán y para presentarse delante del Hijo del Hombre.

³⁷Cada día Jesús iba al templo a enseñar y cada tarde regresaba a pasar la noche en el monte de los Olivos. ³⁸Todas las mañanas, desde muy temprano, las multitudes se reunían en el templo para escucharlo.

CAPÍTULO **22**

Judas acuerda traicionar a Jesús

Se acercaba el Festival de los Panes sin Levadura, también llamado Pascua. ²Los principales sacerdotes y los maestros de la ley religiosa tramaban de qué manera matar a Jesús, pero tenían miedo de la reacción de la gente.

³Entonces Satanás entró en Judas Iscariote, uno de los doce discípulos, ⁴quien fue a ver a los principales sacerdotes y a los capitanes de la guardia del templo para hablar con ellos sobre la mejor manera de traicionar a Jesús. ⁵Ellos quedaron complacidos y prometieron darle dinero. ⁶Judas aceptó y comenzó a buscar una oportunidad para traicionar a Jesús de modo que ellos pudieran arrestarlo cuando las multitudes no estuvieran rodeándolo.

La última cena

⁷Llegó el Festival de los Panes sin Levadura, cuando se sacrifica el cordero de la Pascua. ⁸Jesús mandó que Pedro y Juan se adelantaran y les dijo:

—Vayan y preparen la cena de Pascua, para que podamos comerla juntos.

⁹—¿Dónde quieres que la preparemos? —le preguntaron.

¹⁰Él contestó:

—En cuanto entren en Jerusalén, les saldrá al encuentro un hombre que lleva un cántaro de agua. Síganlo. En la casa donde él entre, ¹¹díganle al dueño: "El Maestro pregunta: ¿Dónde está el cuarto de huéspedes en el que puedo comer la cena de Pascua con mis discípulos?". ¹²Él los llevará a un cuarto grande en el piso de arriba, que ya está listo. Allí deben preparar nuestra cena.

¹³Ellos fueron a la ciudad y encontraron todo como Jesús les había dicho y allí prepararon la cena de Pascua.

¹⁴Cuando llegó la hora, Jesús y los apóstoles se sentaron juntos a la mesa.* ¹⁵Jesús dijo: «He tenido muchos deseos de comer esta Pascua con ustedes antes de que comiencen mis sufrimientos. ¹⁶Pues ahora les digo que no volveré a comerla hasta que su significado se cumpla en el reino de Dios».

¹⁷Luego tomó en sus manos una copa de vino y le dio gracias a Dios por ella. Entonces dijo: «Tomen esto y repártanlo entre ustedes. ¹⁸Pues no volveré a beber vino hasta que venga el reino de Dios».

¹⁹Tomó un poco de pan y dio gracias a Dios por él. Luego lo partió en trozos, lo dio a sus discípulos y dijo: «Esto es mi cuerpo, el cual es entregado por ustedes. Hagan esto en memoria de mí».

²⁰Después de la cena, tomó en sus manos otra copa de vino y dijo: «Esta copa es el nuevo pacto entre Dios y su pueblo, un acuerdo confirmado con mi sangre, la cual es derramada como sacrificio por ustedes.*

²¹»Pero aquí en esta mesa, sentado entre nosotros como un amigo, está el hombre que me traicionará. ²²Pues está establecido que el Hijo

21:24 Gentil(es), que no es judío.   21:27a «Hijo del Hombre» es un título que Jesús empleaba para referirse a sí mismo.
21:27b ver Dn 7:13.   22:14 O reclinaron juntos.   22:19-20 Algunos manuscritos no incluyen los versículos 22:19b-20: *el cual es entregado por ustedes [...] la cual es derramada como sacrificio por ustedes.*

del Hombre* tiene que morir. Pero ¡que aflicción le espera a aquel que lo traiciona!». ²³Los discípulos comenzaron a preguntarse unos a otros quién sería capaz de hacer semejante cosa. ²⁴Después comenzaron a discutir quién sería el más importante entre ellos. ²⁵Jesús les dijo: «En este mundo, los reyes y los grandes hombres tratan a su pueblo con prepotencia; sin embargo, son llamados "amigos del pueblo". ²⁶Pero entre ustedes será diferente. El más importante de ustedes deberá tomar el puesto más bajo, y el líder debe ser como un sirviente. ²⁷¿Quién es más importante: el que se sienta a la mesa o el que la sirve? El que se sienta a la mesa, por supuesto. ¡Pero en este caso no!, pues yo estoy entre ustedes como uno que sirve.

²⁸»Ustedes han estado conmigo durante mis tiempos de prueba. ²⁹Y, así como mi Padre me concedió un reino, yo ahora les concedo el derecho ³⁰de comer y beber a mi mesa en mi reino. Y ustedes se sentarán sobre tronos y juzgarán a las doce tribus de Israel.

Jesús predice la negación de Pedro

³¹»Simón, Simón, Satanás ha pedido zarandear a cada uno de ustedes como si fueran trigo. ³²Pero yo he rogado en oración por ti, Simón, para que tu fe no falle. De modo que cuando te arrepientas y vuelvas a mí fortalezcas a tus hermanos».

³³Pedro dijo:

—Señor, estoy dispuesto a ir a prisión contigo y aun a morir contigo.

³⁴Pero Jesús respondió:

—Pedro, déjame decirte algo. Mañana por la mañana, antes de que cante el gallo, negarás tres veces que me conoces.

³⁵Entonces Jesús les preguntó:

—Cuando los envié a predicar la Buena Noticia y no tenían dinero ni bolso de viaje ni otro par de sandalias ¿les faltó algo?

—No —respondieron ellos.

³⁶—Pero ahora —les dijo—, tomen su dinero y un bolso de viaje. Y si no tienen espada, ¡vendan su capa y compren una! ³⁷Pues ha llegado el tiempo en que se cumpla la siguiente profecía acerca de mí: "Fue contado entre los rebeldes"*. Así es, todo lo que los profetas escribieron acerca de mí se cumplirá.

³⁸—Mira Señor —le respondieron—, contamos con dos espadas entre nosotros.

—Es suficiente —les dijo.

Jesús ora en el monte de los Olivos

³⁹Luego, acompañado por sus discípulos, Jesús salió del cuarto en el piso de arriba y, como de costumbre, fue al monte de los Oli-

vos. ⁴⁰Allí les dijo: «Oren para que no cedan a la tentación».

⁴¹Se alejó a una distancia como de un tiro de piedra, se arrodilló y oró: ⁴²«Padre, si quieres, te pido que quites esta copa de sufrimiento de mí. Sin embargo, quiero que se haga tu voluntad, no la mía». ⁴³Entonces apareció un ángel del cielo y lo fortaleció. ⁴⁴Oró con más fervor, y estaba en tal agonía de espíritu que su sudor caía a tierra como grandes gotas de sangre.*

⁴⁵Finalmente se puso de pie y regresó adonde estaban sus discípulos, pero los encontró dormidos, exhaustos por la tristeza. ⁴⁶¿Por qué duermen? —les preguntó—. Levántense y oren para que no cedan ante la tentación».

Traición y arresto de Jesús

⁴⁷Pero mientras Jesús hablaba, se acercó una multitud, liderada por Judas, uno de los doce discípulos. Judas caminó hacia Jesús para saludarlo con un beso. ⁴⁸Pero Jesús dijo: «Judas, ¿con un beso traicionas al Hijo del Hombre?».

⁴⁹Cuando los otros discípulos vieron lo que estaba por suceder, exclamaron: «Señor, ¿peleamos? ¡Trajimos las espadas!». ⁵⁰Y uno de ellos hirió al esclavo del sumo sacerdote cortándole la oreja derecha.

⁵¹Pero Jesús dijo: «Basta». Y tocó la oreja del hombre y lo sanó.

⁵²Entonces Jesús habló a los principales sacerdotes, a los capitanes de la guardia del templo y a los ancianos, que habían venido a buscarlo. «¿Acaso soy un peligroso revolucionario, para que vengan con espadas y palos para arrestarme? —les preguntó—. ⁵³¿Por qué no me arrestaron en el templo? Estuve allí todos los días. Pero éste es el momento de ustedes, el tiempo en que reina el poder de la oscuridad».

Pedro niega a Jesús

⁵⁴Entonces lo arrestaron y lo llevaron a la casa del sumo sacerdote. Y Pedro los siguió de lejos. ⁵⁵Los guardias encendieron una fogata en medio del patio y se sentaron alrededor, y Pedro se sumó al grupo. ⁵⁶Una sirvienta lo vio a la luz de la fogata y comenzó a mirarlo fijamente. Por fin dijo: «Este hombre era uno de los seguidores de Jesús».

⁵⁷Pero Pedro lo negó: «¡Mujer, ni siquiera lo conozco!».

⁵⁸Después de un rato, alguien más lo vio y dijo:

—Seguramente tú eres uno de ellos.

—¡No, hombre, no lo soy! —contestó.

⁵⁹Alrededor de una hora más tarde, otra persona insistió: «Seguro éste es uno de ellos porque también es galileo».

⁶⁰Pero Pedro dijo: «¡Hombre, no sé de qué

22:22 «Hijo del Hombre» es un título que Jesús empleaba para referirse a sí mismo.   22:37 Is 53:12.   22:43-44 Los versículos 43 y 44 no están incluidos en muchos manuscritos antiguos.

GRANDES PREGUNTAS

¿Qué es reincidir?

Lee LUCAS 22:31-62

Como creyentes se nos ha dado una «nueva naturaleza». Significa que uno tiene hambre de Dios y una inclinación sobrenatural a hacer lo que es recto. Desdichadamente, como humanos, también tenemos una «vieja naturaleza», es decir, una inclinación natural a hacer lo malo. A veces, algunos cristianos empiezan a deslizarse hacia atrás espiritualmente o a reincidir.

Quizá el mejor modo de comprender los peligros de volver atrás es examinar el relato bíblico de cómo un creyente cayó en esta trampa. Este fue Simón Pedro, uno de los discípulos más allegados a Jesús. En el capítulo 22 de Lucas se nos da el relato de su regresión espiritual. Su historia es una advertencia de que aun los creyentes maduros tienen la posibilidad de caer si bajan la guardia.

Confianza en sí mismo y falsa seguridad. Pedro hizo evidente no sólo su infundada confianza en sí mismo (dijo que él «moriría» por Jesús), sino que también contradijo directamente la predicción del Señor de que él caería (versículo 34). Negó su propia debilidad ante el pecado. La Biblia advierte que: «Si ustedes piensan que están firmes, tengan cuidado de no caer» (1 Corintios 10:12).

Falta de oración. Aun cuando Jesús instruyó específicamente a Pedro para que orara, en vez de orar, decidió dormir. En la parte correspondiente a este pasaje del Evangelio de Mateo, Jesús hasta les había advertido: «Velen y oren para que no cedan ante la tentación, porque el espíritu está dispuesto, pero el cuerpo es débil » (Mateo 26:41). Pero Pedro no se sintió débil ni vio la necesidad de orar y estar alerta. El no orar, no es sólo un pecado sino la violación directa de un mandamiento, porque a través de toda la Escritura, Dios nos instruye que oremos.

Seguir a Dios de lejos. En el fondo de toda regresión espiritual hay siempre una falta de comunión y cercanía con Jesús. Aunque Pedro todavía seguía a Jesús, no lo hacía tan cerca como debía. Hay cristianos que desean vivir en dos mundos. Quieren ser creyentes, pero no desean estar demasiado dedicados. Cuando vives de esta manera, te pones en peligro.

Calentarse en el fuego del enemigo. Por seguir a Jesús de lejos, Pedro se enfrió y quiso arrimarse al fuego. Él esperaba pasar inadvertido en medio de tanta gente, así que se mezcló con aquellos que habían arrestado a Jesús. La Biblia nos dice: «Qué alegría para los que no siguen el consejo de malos, ni andan con pecadores, ni se juntan con burlones» (Salmo 1:1). Pedro estaba haciendo lo opuesto. Cuando la pasión espiritual de nuestro corazón empieza a morir, el fuego por Jesucristo se enfría y buscamos calor en cualquier otro lado.

Negación y separación. Pedro llegó al paso final de la regresión espiritual cuando negó conocer a Jesús o haber estado con él. El Evangelio de Mateo nos dice que comenzó a maldecir y a jurar, lo que significa que hizo un juramento diciendo: «¡Que me caiga una maldición si les miento!» (Mateo 26:74). Pedro había perdido todo sentido de la realidad y, por lo tanto, toda conciencia de Dios.

A pesar de su caída, Pedro fue restaurado. En Lucas 22:61 dice que sus ojos se encontraron con los de Jesús y Pedro lloró amargamente. Cuando él penaba por su pecado, Jesús vio su corazón. La Biblia dice: «Pues la clase de tristeza que Dios desea que suframos nos aleja del pecado y trae como resultado salvación» (2 Corintios 7:10). Tres días más tarde, después de la resurrección de Jesús, el ángel en la tumba les dijo a las mujeres: «Ahora vayan y cuéntenles a sus discípulos, *incluido Pedro,* que Jesús va delante de ustedes a Galilea. Allí lo verán, tal como les dijo antes de morir» (Marcos 16:7, énfasis agregado). Jesús deseaba que Pedro supiera que él todavía lo amaba.

Como cristianos vamos a pecar. La Escritura dice: «Si afirmamos que no tenemos pecado, lo único que hacemos es engañarnos a nosotros mismos y no vivimos en la verdad» (1 Juan 1:8). Pero el Espíritu Santo amorosamente nos convencerá del pecado y nos llevará de vuelta a la cruz, donde podemos confesar el pecado y apartarnos de él. Recuerda, cuando pequemos debemos correr hacia el Señor, no alejarnos de él.

Para leer la próxima nota de «Grandes preguntas», ve a la pág. 143.

hablas!». Inmediatamente, mientras aún hablaba, el gallo cantó.
⁶¹En ese momento, el Señor se volvió y miró a Pedro. De repente, las palabras del Señor pasaron rápidamente por la mente de Pedro: «Mañana por la mañana, antes de que cante el gallo, negarás tres veces que me conoces». ⁶²Y Pedro salió del patio, llorando amargamente.
⁶³Los guardias que estaban a cargo de Jesús comenzaron a burlarse de él y a golpearlo. ⁶⁴Le vendaron los ojos y le decían: «¡Profetízanos! ¿Quién te golpeó esta vez?». ⁶⁵Y le lanzaban todo tipo de insultos.

Jesús ante el Concilio
⁶⁶Al amanecer, todos los ancianos del pueblo se reunieron, incluidos los principales sacerdotes y los maestros de la ley religiosa. Llevaron a Jesús ante el Concilio Supremo* ⁶⁷y le dijeron:
—Dinos, ¿eres tú el Mesías?
Pero él respondió:
—Si lo dijera, no me creerían. ⁶⁸Y, si yo les hiciera una pregunta, ustedes no me la contestarían. ⁶⁹Pero, desde ahora, el Hijo del Hombre estará sentado en el lugar de poder, a la derecha de Dios.*
⁷⁰Todos gritaron:
—¿Entonces afirmas que eres el Hijo de Dios?
Y él contestó:
—Ustedes dicen que lo soy.
⁷¹«¿Para qué necesitamos otros testigos? —dijeron—. Nosotros mismos lo oímos decirlo».

CAPÍTULO 23
Juicio de Jesús ante Pilato
Entonces todo el Concilio llevó a Jesús ante Pilato, el gobernador romano. ²Comenzaron a presentar su caso: «Este hombre ha estado llevando al pueblo por mal camino al decirles que no paguen los impuestos al gobierno romano y al afirmar que él es el Mesías, un rey».
³Entonces Pilato le preguntó:
—¿Eres tú el rey de los judíos?
Jesús contestó:
—Tú lo has dicho.
⁴Pilato se dirigió a los principales sacerdotes y a la multitud y les dijo:
—¡No encuentro ningún delito en este hombre!
⁵Pero insistían:
—Con sus enseñanzas causa disturbios por donde va, en toda Judea, desde Galilea hasta Jerusalén.
⁶—Ah, ¿es galileo? —preguntó Pilato.
⁷Cuando le dijeron que sí, Pilato lo mandó a Herodes Antipas, porque Galilea estaba bajo la jurisdicción de Herodes, y dio la casualidad de que se encontraba en Jerusalén en ese momento.
⁸Herodes se alegró mucho por la oportunidad de ver a Jesús, porque había oído hablar de él y hacía tiempo quería verlo realizar un milagro. ⁹Herodes le hizo una pregunta tras otra, pero Jesús se negó a contestar. ¹⁰Mientras tanto, los principales sacerdotes y los maestros de la ley religiosa se quedaron allí gritando sus acusaciones. ¹¹Entonces Herodes y sus soldados comenzaron a burlarse de Jesús y a ridiculizarlo. Finalmente le pusieron un manto real y lo enviaron de regreso a Pilato. ¹²(Herodes y Pilato, quienes habían sido enemigos anteriormente, ese día se hicieron amigos).
¹³Entonces Pilato llamó a los principales sacerdotes y a los otros líderes religiosos, junto con el pueblo, ¹⁴y anunció su veredicto: «Me trajeron a este hombre porque lo acusan de encabezar una revuelta. Detenidamente lo he examinado al respecto en presencia de ustedes y lo encuentro inocente. ¹⁵Herodes llegó a la misma conclusión y me lo devolvió. Este hombre no ha hecho nada que merezca la pena de muerte. ¹⁶Así que lo haré azotar y luego lo pondré en libertad»*.
¹⁸Pero un gran clamor surgió de la multitud, y a una voz la gente gritó: «¡Mátalo y suéltanos a Barrabás!». ¹⁹(Barrabás estaba en prisión por haber participado en un levantamiento contra el gobierno en Jerusalén, y por asesinato). ²⁰Pilato discutió con ellos porque quería poner en libertad a Jesús. ²¹Pero la multitud seguía gritando: «¡Crucifícalo! ¡Crucifícalo!».
²²Por tercera vez insistió Pilato: «¿Por qué? ¿Qué crimen ha cometido? No encuentro ninguna razón para condenarlo a muerte. Lo haré azotar y luego lo soltaré».
²³Pero la turba gritó cada vez más fuerte, exigiendo que Jesús fuera crucificado, y sus voces prevalecieron. ²⁴Entonces Pilato sentenció a Jesús a muerte como la gente reclamaba. ²⁵Como habían pedido, puso en libertad a Barrabás, el que estaba preso por levantamiento y asesinato. Y les entregó a Jesús para que hicieran con él como quisieran.

La crucifixión
²⁶Cuando ellos se llevaban a Jesús, dio la casualidad de que un hombre llamado Simón, que era de Cirene,* venía del campo. Los soldados lo agarraron, pusieron la cruz sobre él y lo obligaron a cargarla detrás de Jesús. ²⁷Una gran multitud lo seguía, incluidas muchas mujeres que lloraban desconsoladas. ²⁸Pero Jesús se dio la vuelta y les dijo: «Hijas de Jerusalén, no lloren por mí; lloren más bien por ustedes y

22:66 En griego ante el Sanedrín.　22:69 Ver Sal 110:1.　23:16 Algunos manuscritos incluyen el versículo 17: Ahora bien, era necesario que él pusiera en libertad a un preso y lo entregara a ellos durante la celebración de la Pascua. Comparar con Mt 27:15; Mr 15:6; Jn 18:39.　23:26 Cirene era una ciudad del norte de África.

por sus hijos. ²⁹Pues vienen días cuando dirán: "¡Dichosas las mujeres que no tienen hijos, los vientres que no dieron a luz y los pechos que no amamantaron!" ³⁰La gente suplicará a los montes: "¡Caigan sobre nosotros!" y rogará a las colinas: "¡Entiérrennos!"*. ³¹Pues, si estas cosas suceden cuando el árbol está verde, ¿qué pasará cuando esté seco?»*.

³²Llevaron a otros dos, ambos criminales, para ser ejecutados con Jesús. ³³Cuando llegaron a un lugar llamado «La Calavera»,* lo clavaron en la cruz y a los criminales también, uno a su derecha y otro a su izquierda.

³⁴Jesús dijo: «Padre, perdónalos, porque no saben lo que hacen»*. Y los soldados sortearon su ropa, tirando los dados.*

³⁵La multitud observaba, y los líderes se burlaban. «Salvó a otros —decían—, que se salve a sí mismo si de verdad es el Mesías de Dios, el Elegido». ³⁶Los soldados también se burlaban de él, al ofrecerle vino agrio para beber.

³⁷Y exclamaron: «Si eres el rey de los judíos, ¡sálvate a ti mismo!». ³⁸Encima de su cabeza, colocaron un letrero que decía: «Éste es el Rey de los judíos».

³⁹Uno de los criminales colgados junto a él se burló: «¿Así que eres el Mesías? Demuéstralo salvándote a ti mismo ¡y a nosotros también!».

⁴⁰Pero el otro criminal protestó: «¿Ni siquiera temes a Dios ahora que estás condenado a muerte? ⁴¹Nosotros merecemos morir por nuestros crímenes, pero este hombre no ha hecho nada malo». ⁴²Luego dijo:

—Jesús, acuérdate de mí cuando vengas en tu reino.

⁴³Jesús respondió:

—Te aseguro que hoy estarás conmigo en el paraíso.

Muerte de Jesús

⁴⁴Ya era alrededor del mediodía, y la tierra se llenó de oscuridad hasta las tres de la tarde. ⁴⁵La luz del sol desapareció. Y, de repente, la cortina del santuario del templo se rasgó por la mitad. ⁴⁶Después Jesús gritó: «Padre, ¡encomiendo mi espíritu en tus manos!»*. Y con esas palabras dio su último suspiro.

⁴⁷Cuando el oficial romano* encargado de la ejecución vio lo que había sucedido, adoró a Dios y dijo: «Este hombre era inocente* de verdad». ⁴⁸Y, cuando todas las multitudes que habían venido a observar la ejecución vieron lo que había sucedido, regresaron a su casa con gran dolor.* ⁴⁹Pero los amigos de Jesús, inclui-

das las mujeres que lo habían seguido desde Galilea, se quedaron mirando de lejos.

Entierro de Jesús

⁵⁰Había un hombre bueno y justo llamado José. Era miembro del Concilio Supremo judío, ⁵¹pero no había estado de acuerdo con la decisión y las acciones de los otros líderes religiosos. Era de la ciudad de Judea llamada Arimatea y esperaba la venida del reino de Dios. ⁵²Fue a Pilato y le pidió el cuerpo de Jesús. ⁵³Luego bajó el cuerpo de la cruz, lo envolvió en un largo lienzo de lino y lo colocó en una tumba nueva que había sido tallada en la roca. ⁵⁴Esto sucedió el viernes por la tarde, el día de preparación,* cuando el día de descanso estaba por comenzar.

⁵⁵Mientras llevaban el cuerpo, las mujeres de Galilea iban detrás y vieron la tumba donde colocaron el cuerpo. ⁵⁶Luego fueron a sus casas y prepararon especias y ungüentos para ungir el cuerpo de Jesús. Pero, cuando terminaron, ya había comenzado el día de descanso, así que descansaron como ordena la ley.

CAPÍTULO **24**

La resurrección

Pero el domingo por la mañana muy temprano* las mujeres fueron a la tumba, llevando las especias que habían preparado. ²Encontraron que la piedra de la entrada estaba corrida a un costado. ³Entonces entraron, pero no encontraron el cuerpo del Señor Jesús. ⁴Mientras estaban allí perplejas, de pronto aparecieron dos hombres vestidos con vestiduras resplandecientes.

⁵Las mujeres quedaron aterradas y se inclinaron rostro en tierra. Entonces los hombres preguntaron: «¿Por qué buscan entre los muertos a alguien que está vivo? ⁶¡Él no está aquí! ¡Ha resucitado! Recuerden lo que les dijo en Galilea, ⁷que el Hijo del Hombre* debía ser traicionado y entregado en manos de hombres pecadores, y ser crucificado, y que resucitaría al tercer día».

⁸Entonces ellas recordaron lo que Jesús había dicho. ⁹Así que regresaron corriendo de la tumba a contarles a los once discípulos y a todos los demás lo que había sucedido. ¹⁰Fueron María Magdalena, Juana, María la madre de Santiago y varias mujeres más quienes contaron a los apóstoles lo que pasó. ¹¹Pero a los hombres el relato les pareció una tontería, y no les creyeron. ¹²Sin embargo, Pedro se levantó de un salto y corrió a la tumba para ver por sí mismo. Agachándose, miró hacia adentro y vio

23:30 Os 10:8.   23:31 O *Si a mí, el árbol viviente, me hacen estas cosas, ¿qué les sucederá a ustedes, al árbol seco?*   23:33 A veces se traduce *Calvario*, que proviene de la palabra latina «calavera».   23:34a Esta oración no está incluida en muchos manuscritos antiguos.   23:34b En griego *echando suertes.* Ver Sal 22:18.   23:46 Sal 31:5.   23:47a En griego *el centurión.*   23:47b O *justo.*   23:48 En griego *regresaron a su casa golpeándose el pecho.*   23:54 En griego *Era el día de la preparación.*   24:1 En griego *Pero el primer día de la semana, muy temprano por la mañana.*   24:7 «Hijo del Hombre» es un título que Jesús empleaba para referirse a sí mismo.

sólo los lienzos de lino, vacíos; luego regresó a la casa, preguntándose qué habría ocurrido.

De camino a Emaús

13 Ese mismo día, dos de los seguidores de Jesús iban camino al pueblo de Emaús, a unos once kilómetros* de Jerusalén. 14 Al ir caminando, hablaban acerca de las cosas que habían sucedido. 15 Mientras conversaban y hablaban, de pronto Jesús mismo se apareció y comenzó a caminar con ellos. 16 Pero Dios impidió que lo reconocieran.

17 Él les preguntó:

—¿De qué vienen discutiendo tan profundamente por el camino?

Se detuvieron de golpe, con sus rostros cargados de tristeza. 18 Entonces uno de ellos, llamado Cleofas, contestó:

—Tú debes de ser la única persona en Jerusalén que no oyó acerca de las cosas que han sucedido allí en los últimos días.

19 —¿Qué cosas? —preguntó Jesús.

—Las cosas que le sucedieron a Jesús, el hombre de Nazaret —le dijeron—. Era un profeta que hizo milagros poderosos, y también era un gran maestro a los ojos de Dios y de todo el pueblo. 20 Pero los principales sacerdotes y otros líderes religiosos lo entregaron para que fuera condenado a muerte, y lo crucificaron. 21 Nosotros teníamos la esperanza de que fuera el Mesías que había venido para rescatar a Israel. Todo esto sucedió hace tres días.

22 »No obstante algunas mujeres de nuestro grupo de seguidores fueron a su tumba esta mañana temprano y regresaron con noticias increíbles. 23 Dijeron que el cuerpo había desaparecido y que habían visto a ángeles, quienes les dijeron ¡que Jesús está vivo! 24 Algunos de nuestros hombres corrieron para averiguarlo, y efectivamente el cuerpo no estaba, tal como las mujeres habían dicho.

25 Entonces Jesús les dijo:

—¡Qué necios son! Les cuesta tanto creer todo lo que los profetas escribieron en las Escrituras. 26 ¿Acaso no profetizaron claramente que el Mesías tendría que sufrir todas esas cosas antes de entrar en su gloria?

27 Entonces Jesús los guió por los escritos de Moisés y de todos los profetas, explicándoles lo que las Escrituras decían acerca de él mismo.

28 Para entonces ya estaban cerca de Emaús y del final del viaje. Jesús hizo como que iba a seguir adelante, 29 pero ellos le suplicaron: «Quédate con nosotros esta noche, ya que se está haciendo tarde». Entonces los acompañó a la casa. 30 Al sentarse a comer,* tomó el pan y lo bendijo. Luego lo partió y se lo dio a ellos.

31 De pronto, se les abrieron los ojos y lo reconocieron. Y, en ese instante, Jesús desapareció. 32 Entonces se dijeron el uno al otro: «¿No ardía nuestro corazón cuando nos hablaba en el camino y nos explicaba las Escrituras?». 33 En menos de una hora, estaban de regreso a Jerusalén. Allí encontraron a los once discípulos y los otros que se habían reunido con ellos, 34 quienes decían: «¡El Señor ha resucitado de verdad! Se le apareció a Pedro*».

Jesús se aparece a los discípulos

35 Luego los dos de Emaús les contaron cómo Jesús se les había aparecido mientras iban por el camino y cómo lo habían reconocido cuando partió el pan. 36 Y, justo mientras contaban la historia, de pronto Jesús mismo apareció de pie en medio de ellos. «La paz sea con ustedes» les dijo. 37 Pero todos quedaron asustados y temerosos; ¡pensaron que veían un fantasma!

38 «¿Por qué están asustados? —les preguntó—. ¿Por qué tienen el corazón lleno de dudas? 39 Miren mis manos. Miren mis pies. Pueden ver que de veras soy yo. Tóquenme y asegúrense de que no soy un fantasma, pues los fantasmas no tienen cuerpo, como ven que yo tengo». 40 Mientras hablaba, él les mostró sus manos y sus pies.

41 Aun así, ellos seguían sin creer, llenos de alegría y asombro. Entonces les preguntó: «¿Tienen aquí algo para comer?». 42 Le dieron un pedazo de pescado asado, 43 y él lo comió mientras ellos miraban.

44 Entonces dijo: «Cuando estaba con ustedes antes, les dije que tenía que cumplirse todo lo escrito acerca de mí en la ley de Moisés, en los profetas y en los Salmos». 45 Entonces les abrió la mente para que entendieran las Escrituras. 46 Y dijo: «Efectivamente, se escribió hace mucho tiempo que el Mesías debería sufrir, morir y resucitar al tercer día. 47 También se escribió que este mensaje se proclamaría con la autoridad de su nombre a todas las naciones,* comenzando con Jerusalén: "Hay perdón de pecados para todos los que se arrepientan". 48 Ustedes son testigos de todas estas cosas.

49 »Y ahora enviaré al Espíritu Santo, tal como prometió mi Padre. Pero quédense aquí en la ciudad hasta que el Espíritu Santo venga y los llene con poder del cielo».

La ascensión

50 Entonces Jesús los llevó a Betania, levantó sus manos al cielo y los bendijo. 51 Mientras los bendecía, los dejó y fue levantado al cielo. 52 Entonces ellos lo adoraron y regresaron a Jerusalén llenos de gran alegría. 53 Y pasaban todo su tiempo en el templo, adorando a Dios.

24:13 En griego sesenta estadios [siete millas].   24:30 O Al reclinarse.   24:34 En griego Simón.   24:47 O todos los grupos étnicos.

Juan

AUTOR: JUAN | FECHA DE ESCRITURA: 85-90 d. de J. C. | GÉNERO: EVANGELIO

El énfasis de los otros tres Evangelios se encuentra en la descripción de los sucesos en la vida de Jesús; Juan sin embargo se enfoca en el significado de esos acontecimientos.

Por ejemplo, los cuatro Evangelios describen el milagro de Jesús alimentando a los cinco mil, pero sólo Juan nos da el mensaje de Jesús acerca del «pan de vida» que siguió al milagro.

CAPÍTULO **1**

Prólogo: Cristo, la Palabra eterna

1 En el principio la Palabra ya existía.
La Palabra estaba con Dios,
y la Palabra era Dios.
2 El que es la Palabra existía en el principio con Dios.
3 Dios creó todas las cosas por medio de él,
y nada fue creado sin él.
4 La Palabra le dio vida a todo lo creado,*
y su vida trajo luz a todos.
5 La luz brilla en la oscuridad,
y la oscuridad jamás podrá apagarla.*

6 Dios envió a un hombre llamado Juan el Bautista,* 7 para que contara acerca de la luz, a fin de que todos creyeran por su testimonio. 8 Juan no era la luz; era sólo un testigo para hablar de la luz. 9 Aquel que es la luz verdadera, quien da luz a todos, venía al mundo.

10 Vino al mismo mundo que él había creado, pero el mundo no lo reconoció. 11 Vino a los de su propio pueblo, y hasta ellos lo rechazaron. 12 Pero, a todos los que creyeron en él y lo recibieron, les dio el derecho de llegar a ser hijos de Dios. 13 Ellos nacen de nuevo, no mediante un nacimiento físico como resultado de la pasión o de la iniciativa humana, sino por medio de un nacimiento que proviene de Dios.

14 Entonces la Palabra se hizo hombre* y vino a vivir entre nosotros. Estaba lleno de fidelidad y amor inagotable.* Y hemos visto su gloria, la gloria del único Hijo del Padre.

15 Juan dio testimonio de él cuando clamó a las multitudes: «A él me refería yo cuando decía: "Alguien viene después de mí que es muy superior a mí porque existe desde mucho antes que yo"».

16 De su abundancia, todos hemos recibido una bendición inmerecida tras otra.* 17 Pues la ley fue dada por medio de Moisés, pero el amor inagotable de Dios y su fidelidad vinieron por medio de Jesucristo. 18 Nadie ha visto jamás a Dios. Pero el Hijo, el único, él mismo es Dios y* está íntimamente ligado al Padre. Él nos ha revelado a Dios.

El testimonio de Juan el Bautista

19 Éste fue el testimonio que dio Juan cuando los líderes judíos enviaron sacerdotes y ayudantes del templo* desde Jerusalén para preguntarle:

—¿Quién eres?

20 Él dijo con toda franqueza:

—Yo no soy el Mesías.

21 —Bien. Entonces ¿quién eres? —preguntaron—. ¿Eres Elías?

—No —contestó.

—¿Eres el Profeta que estamos esperando?*

—No.

22 —Entonces ¿quién eres? Necesitamos alguna respuesta para los que nos enviaron. ¿Qué puedes decirnos de ti mismo?

23 Juan contestó con las palabras del profeta Isaías:

«Soy una voz que clama en el desierto:
"¡Abran camino para la llegada del SEÑOR!"»*.

1:3-4 O y nada de lo que fue creado, fue creado sino por medio de él. La Palabra dio vida a todo.   1:5 O y la oscuridad no la ha entendido.   1:6 En griego un hombre llamado Juan.   1:14a En griego se hizo carne.   1:14b O gracia y verdad; también en 1:17.   1:16 O recibimos la gracia de Cristo en lugar de la gracia de la ley; en griego dice recibimos gracia sobre gracia.   1:18 Algunos manuscritos dicen Pero el único Hijo.   1:19 En griego y levitas.   1:21 En griego ¿Eres tú el Profeta? Ver Dt 18:15, 18; Mal 4:5-6.   1:23 Is 40:3.

²⁴Entonces los fariseos que habían sido enviados ²⁵le preguntaron:

—Si no eres el Mesías, ni Elías, ni el Profeta, ¿con qué derecho bautizas?

²⁶Juan les dijo:

—Yo bautizo con* agua, pero aquí mismo, en medio de la multitud, hay alguien a quien ustedes no reconocen. ²⁷Aunque su servicio viene después del mío, yo ni siquiera soy digno de ser su esclavo, ni de desatar las correas de sus sandalias.

²⁸Ese encuentro ocurrió en Betania, una región situada al este del río Jordán, donde Juan estaba bautizando.

Jesús, el Cordero de Dios

²⁹Al día siguiente, Juan vio que Jesús se le acercaba y dijo: «¡Miren! ¡El Cordero de Dios, que quita el pecado del mundo! ³⁰A él me refería cuando yo decía: "Después de mí, vendrá un hombre que es superior a mí porque existe desde mucho antes que yo". ³¹No lo reconocí como el Mesías, aunque estuve bautizando con agua para que él fuera revelado a Israel».

³²Entonces Juan dio testimonio: «Vi al Espíritu Santo descender del cielo como una paloma y reposar sobre él. ³³Yo no sabía que era el Mesías pero, cuando Dios me envió a bautizar con agua, me dijo: "Aquél, sobre quien veas que el Espíritu desciende y reposa, es el que bautizará con el Espíritu Santo". ³⁴Vi que eso sucedió con Jesús, por eso doy testimonio de que él es el Elegido de Dios*».

Los primeros discípulos

³⁵Al día siguiente, Juan estaba otra vez allí con dos de sus discípulos. ³⁶Al pasar Jesús, Juan lo miró y declaró: «¡Miren! ¡Ahí está el Cordero de Dios!». ³⁷Cuando los dos discípulos de Juan lo oyeron, siguieron a Jesús.

³⁸Jesús miró a su alrededor y vio que ellos lo seguían.

—¿Qué quieren? —les preguntó.

Ellos contestaron:

—Rabí —que significa "Maestro"—, ¿dónde te hospedas?

³⁹—Vengan y vean —les dijo.

Eran como las cuatro de la tarde cuando lo acompañaron al lugar donde se hospedaba, y se quedaron el resto del día con él.

⁴⁰Andrés, hermano de Simón Pedro, era uno de estos hombres que, al oír lo que Juan dijo, siguieron a Jesús. ⁴¹Andrés fue a buscar a su hermano Simón y le dijo: «Hemos encontrado al Mesías» (que significa «Cristo»*).

⁴²Luego Andrés llevó a Simón, para que conociera a Jesús. Jesús miró fijamente a Simón y le dijo: «Tu nombre es Simón hijo de Juan, pero te llamarás Cefas» (que significa «Pedro»*).

⁴³Al día siguiente, Jesús decidió ir a Galilea. Encontró a Felipe y le dijo: «Ven, sígueme». ⁴⁴Felipe era de Betsaida, el pueblo natal de Andrés y Pedro.

⁴⁵Felipe fue a buscar a Natanael y le dijo:

—¡Hemos encontrado a aquel de quien Moisés* y los profetas escribieron! Se llama Jesús, el hijo de José, de Nazaret.

⁴⁶—¡Nazaret! —exclamó Natanael—. ¿Acaso puede salir algo bueno de Nazaret?

—Ven y compruébalo tú mismo —le respondió Felipe.

⁴⁷Mientras ellos se acercaban, Jesús dijo:

—Aquí viene un verdadero hijo de Israel, un hombre totalmente íntegro.

⁴⁸—¿Cómo es que me conoces? —le preguntó Natanael.

—Pude verte debajo de la higuera antes de que Felipe te encontrara —contestó Jesús.

⁴⁹Entonces Natanael exclamó:

—Rabí, ¡tú eres el Hijo de Dios, el Rey de Israel!

⁵⁰Jesús le preguntó:

—¿Crees eso sólo porque te dije que te había visto debajo de la higuera? Verás cosas más grandes que ésta.

⁵¹Y agregó: «Les digo la verdad, todos ustedes verán el cielo abierto y a los ángeles de Dios subiendo y bajando sobre el Hijo del Hombre, quien es la escalera entre el cielo y la tierra»*.

CAPÍTULO 2

La boda de Caná

Al día siguiente,* se celebró una boda en la aldea de Caná de Galilea. La madre de Jesús estaba presente, ²y también fueron invitados a la fiesta Jesús y sus discípulos. ³Durante la celebración, se acabó el vino, entonces la madre de Jesús le dijo:

—Se quedaron sin vino.

⁴—Apreciada mujer, ése no es nuestro problema —respondió Jesús—. Todavía no ha llegado mi momento.

⁵Pero, su madre les dijo a los sirvientes: «Hagan lo que él les diga».

⁶Cerca de allí había seis tinajas de piedra, que se usaban para el lavado ceremonial de los judíos. Cada tinaja tenía una capacidad de entre 75 y 113 litros.* ⁷Jesús les dijo a los sirvientes: «Llenen las tinajas con agua». Una vez que

---

1:26 O en; también en 1:31,33.   1:34 Algunos manuscritos dicen el Hijo de Dios.   1:41 Tanto Mesías (un término hebreo) como Cristo (un término griego) significan «el Ungido».   1:42 Tanto el nombre Cefas (del arameo) como el nombre Pedro (del griego) significan «roca».   1:45 En griego Moisés en la ley.   1:51 En griego subiendo y bajando sobre el Hijo del Hombre; ver Gn 28:10-17. «Hijo del Hombre» es un título que Jesús empleaba para referirse a sí mismo.   2:1 En griego Al tercer día; ver 1:35,43.   2:6 En griego 2 ó 3 medidas [entre 20 y 30 galones].

las tinajas estuvieron llenas, ⁸les dijo: «Ahora saquen un poco y llévenselo al maestro de ceremonias». Así que los sirvientes siguieron sus indicaciones.

⁹Cuando el maestro de ceremonias probó el agua que ahora era vino, sin saber de dónde provenía (aunque, por supuesto, los sirvientes sí lo sabían), mandó a llamar al novio. ¹⁰«Un anfitrión siempre sirve el mejor vino primero —le dijo—. Y, una vez que todos han bebido bastante, comienza a ofrecer el vino más barato. ¡Pero tú has guardado el mejor vino hasta ahora!».

¹¹Esta señal milagrosa en Caná de Galilea marcó la primera vez que Jesús reveló su gloria. Y sus discípulos creyeron en él.

¹²Después de la boda, se fue unos días a Capernaúm con su madre, sus hermanos y sus discípulos.

Jesús despeja el templo

¹³Se acercaba la fecha de la celebración de la Pascua judía, así que Jesús fue a Jerusalén. ¹⁴Vio que en la zona del templo había unos comerciantes que vendían ganado, ovejas y palomas para los sacrificios; vio a otros que estaban en sus mesas cambiando dinero extranjero. ¹⁵Jesús se hizo un látigo con unas cuerdas y expulsó a todos del templo. Echó las ovejas y el ganado, arrojó por el suelo las monedas de los cambistas y les volteó las mesas. ¹⁶Luego se dirigió a los que vendían palomas y les dijo: «Saquen todas esas cosas de aquí. ¡Dejen de convertir la casa de mi Padre en un mercado!».

¹⁷Entonces sus discípulos recordaron la profecía de las Escrituras que dice: «El celo por la casa de Dios me consumirá»*.

¹⁸Pero los líderes judíos exigieron:

—¿Qué estás haciendo? Si Dios te dio autoridad para hacer esto, muéstranos una señal milagrosa que lo compruebe.

¹⁹—De acuerdo —contestó Jesús—. Destruyan este templo y, en tres días, lo levantaré.

²⁰—¡Qué dices! —exclamaron—. Tardaron cuarenta y seis años en construir este templo, ¿y tú puedes reconstruirlo en tres días?

²¹Pero, cuando Jesús dijo «este templo», se refería a su propio cuerpo. ²²Después que resucitó de los muertos, sus discípulos recordaron que había dicho esto y creyeron en las Escrituras y también en lo que Jesús había dicho.

Jesús y Nicodemo

²³Debido a las señales milagrosas que Jesús hizo en Jerusalén durante la celebración de la

Pascua, muchos comenzaron a confiar en él. ²⁴Pero Jesús no confiaba en ellos porque conocía la naturaleza humana. ²⁵No hacía falta que nadie le dijera cómo es el ser humano.

CAPÍTULO **3**

Había un hombre llamado Nicodemo, un líder religioso judío, de los fariseos. ²Una noche, fue a hablar con Jesús:

—Rabí* —le dijo—, todos sabemos que Dios te ha enviado para enseñarnos. Las señales milagrosas que haces son la prueba de que Dios está contigo.

³Jesús le respondió:

—Te digo la verdad, a menos que nazcas de nuevo,* no puedes ver el reino de Dios.

⁴—¿Qué quieres decir? —exclamó Nicodemo—. ¿Cómo puede un hombre mayor volver al vientre de su madre y nacer de nuevo?

⁵Jesús le contestó:

—Te digo la verdad, nadie puede entrar en el reino de Dios si no nace de agua y del Espíritu.* ⁶El ser humano sólo puede reproducir la vida humana, pero la vida espiritual nace del Espíritu Santo.* ⁷Así que no te sorprendas cuando digo: "Tienen que nacer de nuevo". ⁸El viento sopla hacia donde quiere. De la misma manera que oyes el viento pero no sabes de dónde viene ni adónde va, tampoco puedes explicar cómo las personas nacen del Espíritu.

⁹—¿Cómo es posible todo esto? —preguntó Nicodemo.

¹⁰Jesús le contestó:

—¿Tú eres un respetado maestro judío y aún no entiendes estas cosas? ¹¹Te aseguro que les contamos lo que sabemos y hemos visto, y ustedes todavía se niegan a creer nuestro testimonio. ¹²Ahora bien, si no me creen cuando les hablo de cosas terrenales, ¿cómo creerán si les hablo de cosas celestiales? ¹³Nadie jamás fue al cielo y regresó, pero el Hijo del Hombre* bajó del cielo. ¹⁴Y, así como Moisés levantó la serpiente de bronce en un poste en el desierto, así deberá ser levantado el Hijo del Hombre, ¹⁵para que todo el que crea en él tenga vida eterna.*

¹⁶»Pues Dios amó tanto al mundo que dio a su único Hijo, para que todo el que crea en él no se pierda, sino que tenga vida eterna. ¹⁷Dios no envió a su Hijo al mundo para condenar al mundo, sino para salvarlo por medio de él. ¹⁸»No hay condenación para todo el que cree en él, pero todo el que no cree en él ya ha sido condenado por no haber creído en el único Hijo de Dios. ¹⁹Y esta condenación

2:17 O «La preocupación por la casa de Dios será mi ruina». Sal 69:9.   3:2 Rabí, del arameo, significa «amo», «maestro»; también en 3:26.   3:3 O nazcas de lo alto; también en 3:7.   3:5 O y espíritu. La palabra griega que se usa para Espíritu también puede traducirse viento; ver 3:8.   3:6 En griego lo que nace del Espíritu es espíritu.   3:13 Algunos manuscritos incluyen quien vive en el cielo. «Hijo del Hombre» es un título que Jesús empleaba para referirse a sí mismo.   3:15 O todo el que crea tenga vida eterna en él.

basa en el siguiente hecho: la luz de Dios llegó al mundo, pero la gente amó más la oscuridad que la luz, porque sus acciones eran malvadas. [20]Todos los que hacen el mal odian la luz y se niegan a acercarse a ella porque temen que sus pecados queden al descubierto. [21]Pero los que hacen lo correcto se acercan a la luz, para que otros puedan ver que están haciendo lo que Dios quiere.*

Juan el Bautista exalta a Jesús

[22]Luego Jesús y sus discípulos salieron de Jerusalén y se fueron al campo de Judea. Jesús pasó un tiempo allí con ellos, bautizando a la gente. [23]En ese tiempo, Juan el Bautista bautizaba en Enón, cerca de Salín, porque allí había mucha agua; y la gente iba a él para ser bautizada. [24](Eso ocurrió antes de que metieran a Juan en la cárcel). [25]Surgió un debate entre los discípulos de Juan y cierto judío* acerca de la purificación ceremonial. [26]Entonces los discípulos de Juan fueron a decirle:

—Rabí, el hombre que estaba contigo al otro lado del río Jordán, a quien identificaste como el Mesías, también está bautizando a la gente. Y todos van a él en lugar de venir a nosotros.

[27]Juan respondió:

—Nadie puede recibir nada a menos que Dios se lo conceda del cielo. [28]Ustedes saben que les dije claramente: "Yo no soy el Mesías; estoy aquí sólo para prepararle el camino a él". [29]Es el novio quien se casa con la novia, y el amigo del novio simplemente se alegra de poder estar al lado del novio y oír sus votos. Por lo tanto, oír que él tiene éxito me llena de alegría. [30]Él debe tener cada vez más importancia y yo, menos.

[31]»Él vino de lo alto y es superior a cualquier otro. Nosotros somos de la tierra y hablamos de cosas terrenales, pero él vino del cielo y es superior a todos.* [32]Él da testimonio de lo que ha visto y oído, ¡pero qué pocos creen en lo que les dice! [33]Todo el que acepta su testimonio puede confirmar que Dios es veraz. [34]Pues él es enviado por Dios y habla las palabras de Dios, porque Dios le da el Espíritu sin límites. [35]El Padre ama a su Hijo y ha puesto todo en sus manos. [36]Los que creen en el Hijo de Dios tienen vida eterna. Los que no obedecen al Hijo nunca tendrán vida eterna, sino que permanecen bajo la ira del juicio de Dios.

CAPÍTULO **4**

Jesús y la mujer samaritana

Jesús* sabía que los fariseos se habían enterado de que él hacía y bautizaba más discípulos que Juan [2](aunque no era Jesús mismo quien los bautizaba sino sus discípulos). [3]Así que se fue de Judea y volvió a Galilea.

[4]En el camino, tenía que pasar por Samaria. [5]Entonces llegó a una aldea samaritana llamada Sicar, cerca del campo que Jacob le dio a su hijo José. [6]Allí estaba el pozo de Jacob; y Jesús, cansado por la larga caminata, se sentó junto al pozo cerca del mediodía. [7]Poco después, llegó una mujer samaritana a sacar agua, y Jesús le dijo:

—Por favor, dame un poco de agua para beber. [8]Él estaba solo en ese momento porque sus discípulos habían ido a la aldea a comprar algo para comer.

[9]La mujer se sorprendió, ya que los judíos rechazan todo trato con los samaritanos.* Entonces le dijo a Jesús:

—Usted es judío, y yo soy una mujer samaritana. ¿Por qué me pide agua para beber?

[10]Jesús contestó:

—Si tan sólo supieras el regalo que Dios tiene para ti y con quién estás hablando, tú me pedirías a mí, y yo te daría agua viva.

[11]—Pero señor, usted no tiene ni una soga ni un balde —le dijo ella—, y este pozo es muy profundo. ¿De dónde va a sacar esa agua viva? [12]Además, ¿se cree usted superior a nuestro antepasado Jacob, quien nos dio este pozo? ¿Cómo puede usted ofrecer mejor agua que la que disfrutaron él, sus hijos y sus animales?

[13]Jesús contestó:

—Cualquiera que beba de esta agua pronto volverá a tener sed. [14]Pero todos los que beban del agua que yo doy no tendrán sed jamás. Esa agua se convierte en un manantial que brota con frescura dentro de ellos y les da vida eterna.

[15]—Por favor, señor —le dijo la mujer—, ¡déme de esa agua! Así nunca más volveré a tener sed y no tendré que venir aquí a sacar agua.

[16]Jesús le dijo:

—Ve y trae a tu esposo.

[17]—No tengo esposo —respondió la mujer.

—Es cierto —dijo Jesús—. No tienes esposo [18]porque has tenido cinco esposos y ni siquiera estás casada con el hombre con el que ahora vives. ¡Ciertamente dijiste la verdad!

[19]—Señor —dijo la mujer—, seguro que usted es profeta. [20]Así que dígame, ¿por qué ustedes, los judíos, insisten en que Jerusalén es el único lugar donde se debe adorar, mientras que nosotros, los samaritanos, afirmamos que es aquí, en el monte Gerizim,* donde adoraron nuestros antepasados?

[21]Jesús le contestó:

—Créeme, querida mujer, que se acerca el tiempo en que no tendrá importancia si se

---

3:21 O *puedan ver a Dios obrando en lo que él hace.*   **3:25** Algunos manuscritos dicen *algunos judíos.*   **3:31** Algunos manuscritos no incluyen *y es superior a todos.*   **4:1** Algunos manuscritos dicen *El Señor.*   **4:9** Algunos manuscritos no incluyen toda esta oración.   **4:20** En griego *en este monte.*

adora al Padre en este monte o en Jerusalén. ²²Ustedes, los samaritanos, saben muy poco acerca de aquel a quien adoran, mientras que nosotros, los judíos, conocemos bien a quien adoramos, porque la salvación viene por medio de los judíos. ²³Pero se acerca el tiempo —de hecho, ya ha llegado— cuando los verdaderos adoradores adorarán al Padre en espíritu y en verdad. El Padre busca personas que lo adoren de esa manera. ²⁴Pues Dios es Espíritu, por eso todos los que lo adoran deben hacerlo en espíritu y en verdad.

²⁵La mujer dijo:

—Sé que el Mesías está por venir, al que llaman Cristo. Cuando él venga, nos explicará todas las cosas.

²⁶Entonces Jesús le dijo:

—¡Yo Soy el Mesías!*

²⁷Justo en ese momento, volvieron sus discípulos. Se sorprendieron al ver que Jesús hablaba con una mujer, pero ninguno se atrevió a preguntarle: «¿Qué quieres de ella?» o «¿Por qué le hablas?». ²⁸La mujer dejó su cántaro junto al pozo y volvió corriendo a la aldea mientras les decía a todos: ²⁹«¡Vengan a ver a un hombre que me dijo todo lo que he hecho en mi vida! ¿No será éste el Mesías?». ³⁰Así que la gente salió de la aldea para verlo.

³¹Mientras tanto, los discípulos le insistían a Jesús:

—Rabí,* come algo.

³²Pero Jesús respondió:

—Yo tengo una clase de alimento que ustedes no conocen.

³³«¿Le habrá traído alguien de comer mientras nosotros no estábamos?» —se preguntaban los discípulos unos a otros.

³⁴Entonces Jesús explicó:

—Mi alimento consiste en hacer la voluntad de Dios, quien me envió, y en terminar su obra. ³⁵Ustedes conocen el dicho: "Hay cuatro meses entre la siembra y la cosecha", pero yo les digo: despierten y miren a su alrededor, los campos ya están listos* para la cosecha. ³⁶A los segadores se les paga un buen salario, y los frutos que cosechan son personas que pasan a tener la vida eterna. ¡Qué alegría le espera tanto al que siembra como al que cosecha! ³⁷Ya saben el dicho: "Uno siembra y otro cosecha", y es cierto. ³⁸Yo los envié a ustedes a cosechar donde no sembraron; otros ya habían hecho el trabajo, y ahora a ustedes les toca levantar la cosecha.

Muchos samaritanos creen

³⁹Muchos samaritanos de esa aldea creyeron en Jesús, porque la mujer había dicho: «¡Él me

dijo todo lo que hice en mi vida!». ⁴⁰Cuando salieron a verlo, le rogaron que se quedara en la aldea. Así que Jesús se quedó dos días, ⁴¹tiempo suficiente para que muchos más escucharan su mensaje y creyeran. ⁴²Luego le dijeron a la mujer: «Ahora creemos, no sólo por lo que tú nos dijiste, sino porque lo hemos oído en persona. Ahora sabemos que él es realmente el Salvador del mundo».

Jesús sana al hijo de un funcionario

⁴³Pasados los dos días, Jesús siguió camino a Galilea. ⁴⁴Él mismo había declarado que un profeta no recibe honra en su propio pueblo. ⁴⁵Sin embargo, los galileos lo recibieron bien, porque habían estado en Jerusalén durante la celebración de la Pascua y habían visto todo lo que él hizo allí.

⁴⁶En su paso por Galilea, Jesús llegó a Caná, donde había convertido el agua en vino. Cerca de allí, en Capernaúm, había un funcionario de gobierno que tenía un hijo muy enfermo. ⁴⁷Cuando supo que Jesús había ido de Judea a Galilea, fue a verlo y le rogó que se dirigiera a Capernaúm para sanar a su hijo, quien estaba al borde de la muerte.

⁴⁸Jesús le preguntó:

—¿Acaso nunca van a creer en mí a menos que vean señales milagrosas y maravillas?

⁴⁹—Señor, por favor —suplicó el funcionario—, ven ahora mismo, antes de que mi hijito se muera.

⁵⁰Entonces Jesús le dijo:

—Vuelve a tu casa. ¡Tu hijo vivirá!

Y el hombre creyó lo que Jesús le dijo y emprendió el regreso a su casa. ⁵¹Mientras el funcionario iba en camino, algunos de sus sirvientes salieron a su encuentro con la noticia de que su hijo estaba vivo y sano. ⁵²Él les preguntó a qué hora el niño había comenzado a mejorar, y ellos le contestaron: «Ayer, a la una de la tarde, ¡la fiebre de pronto se le fue!». ⁵³Entonces el padre se dio cuenta de que la sanidad había ocurrido en el mismo instante en que Jesús le había dicho: «Tu hijo vivirá». Y tanto él como todos los de su casa creyeron en Jesús. ⁵⁴Ésa fue la segunda señal milagrosa que hizo Jesús en Galilea al volver de Judea.

CAPÍTULO 5

Jesús sana a un hombre cojo

Después Jesús regresó a Jerusalén para la celebración de uno de los días sagrados de los judíos. ²Dentro de la ciudad, cerca de la Puerta de las Ovejas, se encontraba el estanque de Betesda,* que tenía cinco pórticos cubiertos.

4:26 O —¡El Yo Soy está aquí!; o —¡Yo soy el Señor!; en griego dice —Yo soy, el que habla contigo. Ver Éx 3:14.   4:31 Rabí, del arameo, significa «amo», «maestro».   4:35 En griego blancos.   5:2 Otros manuscritos dicen Bet-zata; incluso otros dicen Betsaida.

³ Una multitud de enfermos —ciegos, cojos, paralíticos— estaban tendidos en los pórticos.* ⁵ Uno de ellos era un hombre que hacía treinta y ocho años que estaba enfermo. ⁶ Cuando Jesús lo vio y supo que hacía tanto que padecía la enfermedad, le preguntó:

—¿Te gustaría recuperar la salud?

⁷ —Es que no puedo, señor —contestó el enfermo—, porque no tengo a nadie que me meta en el estanque cuando se agita el agua. Siempre alguien llega antes que yo.

⁸ Jesús le dijo:

—¡Ponte de pie, toma tu camilla y anda!

⁹ ¡Al instante, el hombre quedó sano! Enrolló la camilla ¡y comenzó a caminar! Pero ese milagro sucedió el día de descanso, ¹⁰ así que los líderes judíos protestaron. Le dijeron al hombre que había sido sanado:

—¡No puedes trabajar el día de descanso! ¡La ley no te permite cargar esa camilla!

¹¹ Pero él respondió:

—El hombre que me sanó me dijo: "Toma tu camilla y anda".

¹² —¿Quién te dijo semejante cosa? —le exigieron.

¹³ El hombre no lo sabía, porque Jesús había desaparecido entre la multitud. ¹⁴ Pero después, Jesús lo encontró en el templo y le dijo: «Ya estás sano; así que deja de pecar o podría sucederte algo mucho peor». ¹⁵ Entonces el hombre fue a ver a los líderes judíos y les dijo que era Jesús quien lo había sanado.

Jesús afirma ser el Hijo de Dios

¹⁶ Entonces los líderes judíos comenzaron a acosar* a Jesús por haber violado las reglas del día de descanso. ¹⁷ Pero Jesús respondió: «Mi Padre siempre trabaja, y yo también». ¹⁸ Entonces los líderes judíos se esforzaron aún más por encontrar una forma de matarlo. Pues no sólo violaba el día de descanso sino que, además, decía que Dios era su Padre, con lo cual se hacía igual a Dios.

¹⁹ Entonces Jesús explicó: «Les digo la verdad, el Hijo no puede hacer nada por su propia cuenta, sólo hace lo que ve que el Padre hace. Todo lo que hace el Padre, también lo hace el Hijo, ²⁰ pues el Padre ama al Hijo y le muestra todo lo que hace. De hecho, el Padre le mostrará cómo hacer cosas más trascendentes que el sanar a ese hombre. Entonces ustedes quedarán realmente asombrados. ²¹ Pues, así como el Padre da vida a los que resucita de los muertos, también el Hijo da vida a quien él quiere. ²² Además, el Padre no juzga a nadie, sino que le

ha dado al Hijo autoridad absoluta para juzgar, ²³ a fin de que todos honren al Hijo así como honran al Padre. El que no honra al Hijo, por cierto tampoco honra al Padre quien lo envió.

²⁴ »Les digo la verdad, todos los que escuchan mi mensaje y creen en Dios, quien me envió, tienen vida eterna. Nunca serán condenados por sus pecados, pues ya han pasado de la muerte a la vida.

²⁵ »Y les aseguro que se acerca el tiempo —de hecho, ya ha llegado— cuando los muertos oirán mi voz, la voz del Hijo de Dios, y los que escuchen, vivirán. ²⁶ El Padre tiene vida en sí mismo y le ha entregado a su Hijo ese mismo poder de dar vida.* ²⁷ Y le ha dado autoridad para juzgar a todos, porque es el Hijo del Hombre.* ²⁸ ¡No se sorprendan tanto! Ciertamente, ya se acerca el tiempo en que todos los que están en las tumbas oirán la voz del Hijo de Dios ²⁹ y resucitarán. Los que hicieron el bien resucitarán para gozar de la vida eterna, y los que continuaron en su maldad resucitarán para sufrir el juicio. ³⁰ Yo no puedo hacer nada por mi propia cuenta; juzgo según Dios me indica. Por lo tanto, mi juicio es justo, porque llevo a cabo la voluntad del que me envió y no la mía.

Testigos de Jesús

³¹ »Si yo diera testimonio en mi propio favor, mi testimonio no sería válido. ³² Pero hay otro que también da testimonio de mí, y les aseguro que todo lo que dice acerca de mí es verdad. ³³ De hecho, ustedes enviaron a sus hombres para que escucharan a Juan el Bautista, y el testimonio que él dio acerca de mí fue cierto. ³⁴ Por supuesto, no necesito testigos humanos, pero digo estas cosas para que ustedes sean salvos. ³⁵ Juan era como una lámpara que ardía y brillaba, y ustedes se entusiasmaron con su mensaje durante un tiempo. ³⁶ Pero yo tengo un testigo aún más importante que Juan: mis enseñanzas y mis milagros. El Padre me dio estas obras para que yo las realizara, y ellas prueban que él me envió. ³⁷ Y el Padre mismo, quien me envió, ha dado testimonio de mí. Ustedes nunca han oído su voz ni lo han visto cara a cara, ³⁸ y no tienen su mensaje en el corazón, porque no creen en mí, que soy a quien el Padre les ha enviado.

³⁹ »Ustedes estudian las Escrituras a fondo porque piensan que ellas les dan vida eterna. ¡Pero las Escrituras me señalan a mí! ⁴⁰ Sin embargo, ustedes se niegan a venir a mí para recibir esa vida.

⁴¹ »La aprobación de ustedes no significa nada para mí, ⁴² porque sé que no tienen el

---

5:3 Algunos manuscritos amplían el versículo 3 e incluyen el versículo 4: *esperando un determinado movimiento del agua,* ⁴*porque un ángel del Señor descendía de vez en cuando y agitaba el agua. Y la primera persona que se metía en el agua después de que se agitara quedaba sana de cualquier enfermedad que tuviera.* 5:16 O *perseguir.* 5:26 En griego *y le ha dado al Hijo el tener vida en sí mismo.* 5:27 «Hijo del Hombre» es un título que Jesús empleaba para referirse a sí mismo.

amor de Dios adentro. [43] Yo he venido en nombre de mi Padre, y ustedes me han rechazado. Sin embargo, si otros vienen en su propio nombre, ustedes los reciben con gusto. [44] ¡Con razón les cuesta creer! Pues a ustedes les encanta honrarse unos a otros, pero no les importa la honra que proviene del único que es Dios.* [45]»Sin embargo, no soy yo quien los acusará ante el Padre. ¡Moisés los acusará! Sí, Moisés, en quien ustedes han puesto su esperanza. [46] Si en verdad le creyeran a Moisés, me creerían a mí, porque él escribió acerca de mí. [47] Pero, como no creen en lo que él escribió, ¿cómo creerán lo que yo digo?».

CAPÍTULO **6**
Jesús alimenta a más de cinco mil
Después Jesús cruzó al otro lado del mar de Galilea, conocido también como el mar de Tiberias. [2] Una gran multitud siempre lo seguía a todas partes porque veía las señales milagrosas que hacía cuando sanaba a los enfermos. [3] Entonces Jesús subió a una colina y se sentó allí rodeado de sus discípulos. [4] (Ya era casi el tiempo de la celebración de la Pascua judía). [5] Enseguida Jesús vio que una gran multitud venía a su encuentro. Dirigiéndose a Felipe, le preguntó:

—¿Dónde podemos comprar pan para alimentar a toda esta gente?

[6] Lo estaba poniendo a prueba, porque Jesús ya sabía lo que iba a hacer.

[7] Felipe contestó:

—¡Aunque trabajáramos meses enteros, no tendríamos el dinero suficiente* para alimentar a toda esta gente!

[8] Entonces habló Andrés, el hermano de Simón Pedro: [9] «Aquí hay un muchachito que tiene cinco panes de cebada y dos pescados. Pero ¿de qué sirven ante esta enorme multitud?».

[10] Jesús dijo: «Díganles a todos que se sienten». Así que todos se sentaron sobre la hierba, en las laderas. (Sólo contando a los hombres sumaban alrededor de cinco mil). [11] Luego Jesús tomó los panes, dio gracias a Dios y los distribuyó entre la gente. Después hizo lo mismo con los pescados. Y todos comieron cuanto quisieron. [12] Una vez que quedaron satisfechos, Jesús les dijo a sus discípulos: «Ahora junten lo que sobró, para que no se desperdicie nada». [13] Entonces ellos juntaron las sobras y llenaron doce canastos con los restos que la multitud había dejado después de comer de los cinco panes de cebada.

[14] La gente, al ver la señal milagrosa que

Jesús* había hecho, exclamó: «¡No hay duda de que es el Profeta que esperábamos!»*. [15] Cuando Jesús vio que estaban dispuestos a hacerlo rey a la fuerza, se escabulló hacia las colinas él solo.

Jesús camina sobre el agua
[16] Al atardecer, los discípulos de Jesús bajaron a la orilla del lago para esperarlo. [17] Pero, al ver que caía la noche y Jesús aún no había vuelto, subieron a la barca y comenzaron a cruzar el lago rumbo a Capernaúm. [18] Poco después, se levantó un viento fuerte sobre ellos y el mar se agitó mucho. [19] Habían remado unos cinco o seis kilómetros* cuando de pronto vieron a Jesús caminando sobre el agua en dirección a la barca. Estaban aterrados, [20] pero él exclamó: «No tengan miedo, ¡yo estoy aquí!*». [21] Entonces lo recibieron con entusiasmo en la barca ¡y enseguida llegaron a su destino!

Jesús, el pan de vida
[22] Al día siguiente, la multitud que se había quedado en la otra orilla del lago se dio cuenta de que los discípulos habían tomado la única barca y que Jesús no había ido con ellos. [23] Varias barcas de Tiberias arribaron cerca del lugar donde el Señor había bendecido el pan y la gente había comido. [24] Cuando la multitud vio que ni Jesús ni sus discípulos estaban allí, subieron a las barcas y cruzaron el lago hasta Capernaúm para ir en busca de Jesús. [25] Lo encontraron al otro lado del lago y le preguntaron:

—Rabí,* ¿cuándo llegaste acá?

[26] Jesús les contestó:

—Les digo la verdad, ustedes quieren estar conmigo porque les di de comer, no porque hayan entendido las señales milagrosas. [27] Pero no se preocupen tanto por las cosas que se echan a perder, tal como la comida. Pongan su energía en buscar la vida eterna que puede darles el Hijo del Hombre.* Pues Dios Padre me ha dado su sello de aprobación.

[28] —Nosotros también queremos realizar las obras de Dios —contestaron ellos—. ¿Qué debemos hacer?

[29] Jesús les dijo:

—La única obra que Dios quiere que hagan es que crean en quien él ha enviado.

[30] —Si quieres que creamos en ti —le respondieron—, muéstranos una señal milagrosa. ¿Qué puedes hacer? [31] Después de todo, ¡nuestros antepasados comieron maná mientras andaban por el desierto! Las Escrituras dicen: "Moisés les dio de comer pan del cielo"*.

5:44 Algunos manuscritos dicen *del Único*.   6:7 En griego *Doscientos denarios no serían suficientes.* Un denario equivalía a la paga de un obrero por una jornada completa de trabajo.   6:14a Algunos manuscritos no incluyen *Jesús.*   6:14b Ver Dt 18:15, 18; Mal 4:5-6.   6:19 En griego *25 ó 30 estadios* [3 ó 4 millas].   6:20 O *¡El Yo Soy está aquí!;* en griego dice *Yo soy.* Ver Éx 3:14.   6:25 *Rabí,* del arameo, significa «amo», «maestro».   6:27 «Hijo del Hombre» es un título que Jesús empleaba para referirse a sí mismo.   6:31 Éx 16:4; Sal 78:24.

32 Jesús les respondió:

—Les digo la verdad, no fue Moisés quien les dio el pan del cielo, fue mi Padre. Y ahora él les ofrece el verdadero pan del cielo, 33 pues verdadero pan de Dios es el que desciende del cielo y da vida al mundo.

34 —Señor —le dijeron—, danos ese pan todos los días.

35 Jesús les respondió:

—Yo soy el pan de vida. El que viene a mí nunca volverá a tener hambre; el que cree en mí no tendrá sed jamás. 36 Pero ustedes no han creído en mí, a pesar de que me han visto. 37 Sin embargo, los que el Padre me ha dado, vendrán a mí, y jamás los rechazaré. 38 Pues he descendido del cielo para hacer la voluntad de Dios, quien me envió, no para hacer mi propia voluntad. 39 Y la voluntad de Dios es que yo no pierda ni a uno solo de todos los que él me dio, sino que los resucite en el día final. 40 Pues la voluntad de mi Padre es que todos los que vean a su Hijo y crean en él tengan vida eterna; y yo los resucitaré en el día final.

41 Entonces la gente* comenzó a murmurar en desacuerdo, porque él había dicho: «Yo soy el pan que descendió del cielo». 42 Ellos se decían: «¿Acaso no es éste Jesús, el hijo de José? Conocemos a su padre y a su madre. ¿Y ahora cómo puede decir: "Yo descendí del cielo"?».

43 Pero Jesús contestó: «Dejen de quejarse por lo que dije. 44 Pues nadie puede venir a mí a menos que me lo traiga el Padre, que me envió, y yo lo resucitaré en el día final. 45 Como dicen las Escrituras:* "A todos les enseñará Dios". Todos los que escuchan al Padre y aprenden de él, vienen a mí. 46 (No es que alguien haya visto al Padre; solamente yo lo he visto, el que Dios envió).

47 »Les digo la verdad, todo el que cree, tiene vida eterna. 48 ¡Sí, yo soy el pan de vida! 49 Sus antepasados comieron maná en el desierto, pero todos murieron, 50 sin embargo, el que coma el pan del cielo nunca morirá. 51 Yo soy el pan vivo que descendió del cielo. Todo el que coma de este pan vivirá para siempre; y este pan, que ofreceré para que el mundo viva, es mi carne».

52 Entonces la gente comenzó a discutir entre sí sobre lo que él quería decir. «¿Cómo puede este hombre darnos de comer su carne?» —se preguntaban.

53 Por eso Jesús volvió a decir: «Les digo la verdad, a menos que coman la carne del Hijo del Hombre y beban su sangre, no podrán tener vida eterna en ustedes. 54 Pero todo el que coma mi carne y beba mi sangre tendrá vida eterna, y yo lo resucitaré en el día final. 55 Pues mi carne es verdadera comida y mi sangre es verdadera bebida. 56 Todo el que come mi carne y bebe mi sangre permanece en mí y yo en él. 57 Yo vivo gracias al Padre viviente que me envió; de igual manera, todo el que se alimente de mí vivirá gracias a mí. 58 Yo soy el pan verdadero que descendió del cielo. El que coma de este pan no morirá —como les pasó a sus antepasados a pesar de haber comido el maná— sino que vivirá para siempre».

59 Jesús dijo esas cosas mientras enseñaba en la sinagoga de Capernaúm.

Muchos discípulos abandonan a Jesús

60 Muchos de sus discípulos decían: «Esto es muy difícil de entender. ¿Cómo puede alguien aceptarlo?».

61 Jesús era consciente de que sus discípulos se quejaban, así que les dijo: «¿Acaso esto los ofende? 62 ¿Qué pensarán, entonces, si ven al Hijo del Hombre ascender al cielo otra vez? 63 Sólo el Espíritu da vida eterna; los esfuerzos humanos no logran nada. Y las palabras que yo les he hablado son espíritu y son vida. 64 Pero algunos de ustedes no me creen». (Pues Jesús sabía, desde un principio, quiénes eran los que no creían y también quién lo traicionaría). 65 Entonces les dijo: «Por eso dije que nadie puede venir a mí a menos que el Padre me lo entregue».

66 A partir de ese momento, muchos de sus discípulos se apartaron de él y lo abandonaron. 67 Entonces Jesús, mirando a los Doce, les preguntó:

—¿Ustedes también van a marcharse?

68 Simón Pedro le contestó:

—Señor, ¿a quién iríamos? Tú tienes las palabras que dan vida eterna. 69 Nosotros creemos y sabemos que tú eres el Santo de Dios.*

70 Entonces Jesús dijo:

—Yo los elegí a ustedes doce, pero hay uno de ustedes que es un diablo.

71 Se refería a Judas, hijo de Simón Iscariote, uno de los doce, quien más tarde lo traicionaría.

CAPÍTULO 7

Jesús y sus hermanos

Después Jesús recorrió la región de Galilea. Quería alejarse de Judea, donde los líderes judíos estaban tramando su muerte. 2 Pero se acercaba el tiempo judío, el Festival de las Enramadas, 3 y sus hermanos de Jesús le dijeron:

—¡Sal de aquí y vete a Judea, donde tus seguidores puedan ver tus milagros! 4 ¡No puedes hacerte famoso si te escondes así! Si tienes poder para hacer cosas tan maravillosas, ¡muéstrate al mundo!

6:41 En griego *los judíos*; también en 6:52.   6:45 En griego *está escrito en los profetas.* Is 54:13.   6:69 Otros manuscritos dicen *tú eres el Cristo, el Santo de Dios;* otros dicen *tú eres el Cristo, el Hijo de Dios;* e incluso otros dicen *tú eres el Cristo, el Hijo del Dios viviente.*

⁵Pues ni siquiera sus hermanos creían en él.
⁶—Éste no es el mejor momento para que yo vaya —respondió Jesús—, pero ustedes pueden ir cuando quieran. ⁷El mundo no puede odiarlos a ustedes, pero a mí sí me odia, porque yo lo acuso de hacer lo malo. ⁸Vayan ustedes; no iré* al festival, porque todavía no ha llegado mi momento. ⁹Después de decir esas cosas, se quedó en Galilea.

Jesús enseña abiertamente en el templo

¹⁰Pero, después de que sus hermanos se fueron al festival, Jesús también fue, aunque en secreto, y se quedó fuera de la vista del público. ¹¹Los líderes judíos lo buscaron durante todo el festival y no dejaron de preguntar a la gente si alguien lo había visto. ¹²Se oían muchas discusiones acerca de él entre la multitud. Unos afirmaban: «Es un buen hombre», mientras que otros decían: «No es más que un farsante que engaña a la gente». ¹³Pero nadie se atrevía a hablar bien de él en público por miedo a tener problemas con los líderes judíos.

¹⁴Entonces, en la mitad del festival, Jesús subió al templo y comenzó a enseñar. ¹⁵Los presentes* quedaron maravillados al oírlo. Se preguntaban: «¿Cómo es que sabe tanto sin haber estudiado?».

¹⁶Así que Jesús les dijo:

—Mi mensaje no es mío sino que proviene de Dios, quien me envió. ¹⁷Todo el que quiera hacer la voluntad de Dios sabrá si lo que enseño proviene de Dios o sólo hablo por mi propia cuenta. ¹⁸Los que hablan por su propia cuenta buscan su propia gloria, pero el que busca honrar a quien lo envió, habla con la verdad, no con mentiras. ¹⁹Moisés les dio la ley, ¡pero ninguno de ustedes la cumple! De hecho, tratan de matarme.

²⁰—¡Estás endemoniado! —respondió la multitud—. ¿Quién trata de matarte?

²¹Jesús contestó:

—Yo hice un milagro en el día de descanso, y ustedes se asombraron. ²²Pero ustedes también trabajan en el día de descanso al obedecer la ley de la circuncisión dada por Moisés. (En realidad, la costumbre de la circuncisión comenzó con los patriarcas, mucho antes de la ley de Moisés). ²³Pues, si el tiempo indicado para circuncidar a un hijo cae justo en un día de descanso, ustedes igual realizan el acto, para no violar la ley de Moisés. Entonces ¿por qué se enojan conmigo por sanar a un hombre en el día de descanso? ²⁴Miren más allá de la superficie, para poder juzgar correctamente.

¿Es Jesús el Mesías?

²⁵Algunos de los que vivían en Jerusalén comenzaron a preguntarse unos a otros: «¿No es ése el hombre a quien procuran matar? ²⁶Sin embargo, está aquí hablando en público, y nadie le dice nada. ¿Será que nuestros líderes ahora creen que es el Mesías? ²⁷Pero ¿cómo podría serlo? Nosotros sabemos de dónde proviene este hombre. Cuando venga el Mesías, sencillamente aparecerá; y nadie sabrá de dónde proviene».

²⁸Mientras Jesús enseñaba en el templo, exclamó: «Es cierto, ustedes me conocen y saben de dónde provengo, pero no estoy aquí por mi propia cuenta. El que me envió es veraz, y ustedes no lo conocen. ²⁹Pero yo sí lo conozco porque provengo de él, y él me envió a ustedes».

³⁰Entonces los líderes trataron de arrestarlo, pero nadie le puso las manos encima, porque aún no había llegado su momento.* ³¹De las multitudes presentes en el templo, muchos creyeron en él. «Después de todo —decían—, ¿acaso esperan que el Mesías haga más señales milagrosas que las que hizo este hombre?».

³²Cuando los fariseos se enteraron de lo que las multitudes andaban murmurando, ellos y los principales sacerdotes enviaron guardias del templo para arrestar a Jesús. ³³Pero Jesús les dijo: «Voy a estar con ustedes sólo un poco más de tiempo, luego volveré al que me envió. ³⁴Ustedes me buscarán pero no me encontrarán; y no pueden ir adonde yo voy».

³⁵Desconcertados por esas palabras, los líderes judíos se preguntaban: «¿Adónde pensará ir? ¿Estará pensando salir del país e ir a los judíos dispersos en otras tierras?* ¡Tal vez hasta les enseñe a los griegos! ³⁶¿A qué se refiere cuando dice: "Me buscarán pero no me encontrarán" y "no pueden ir adonde yo voy"?».

Jesús promete agua viva

³⁷El último día del festival, el más importante, Jesús se puso de pie y gritó a la multitud: «¡Todo el que tenga sed puede venir a mí! ³⁸¡Todo el que crea en mí puede venir y beber! Pues las Escrituras declaran: "De su corazón, brotarán ríos de agua viva"»*. ³⁹(Con la expresión «agua viva», se refería al Espíritu, el cual se le daría a todo el que creyera en él. Pero el Espíritu aún no había sido dado,* porque Jesús todavía no había entrado en su gloria).

División e incredulidad

⁴⁰Algunos de la multitud, al oír lo que Jesús decía, afirmaron: «Seguramente este hombre es

---

7:8 Algunos manuscritos dicen *todavía no iré.*   7:15 En griego *los judíos.*   7:30 En griego *su hora.*   7:35 O *los judíos que viven entre los griegos?*   7:37-38 O *«¡Que todo el que tenga sed venga a mí y beba! ³⁸Pues las Escrituras declaran: "Ríos de agua viva brotarán del corazón de todo el que crea en mí"».*   7:39 Algunos manuscritos dicen *Pero aún no había Espíritu;* incluso otros dicen *Pero aún no había Espíritu Santo.*

el Profeta que estábamos esperando»*. [41] Otros decían: «Es el Mesías». Pero otros expresaban: «¡No puede ser! ¿Acaso el Mesías vendrá de Galilea? [42] Pues las Escrituras dicen claramente que el Mesías nacerá del linaje real de David, en Belén, la aldea donde nació el rey David»*. [43] Así que hubo división entre la multitud a causa de él. [44] Algunos querían que lo arrestaran, pero nadie le puso las manos encima.

[45] Cuando los guardias del templo regresaron sin haber arrestado a Jesús, los principales sacerdotes y los fariseos les preguntaron:

—¿Por qué no lo trajeron?

[46] —¡Jamás hemos oído a nadie hablar como él! —contestaron los guardias.

[47] —¿También ustedes se han dejado engañar? —se burlaron los fariseos—. [48] ¿Habrá siquiera uno de nosotros, gobernantes o fariseos, que crea en él? [49] Esa multitud tonta que lo sigue es ignorante de la ley, ¡está bajo la maldición de Dios!

[50] Entonces tomó la palabra Nicodemo, el líder que había ido a ver a Jesús:

[51] —¿Es legal condenar a un hombre antes de darle la oportunidad de defenderse? —preguntó.

[52] —¿También tú eres de Galilea? —contestaron ellos—. Estudia las Escrituras y compruébalo tú mismo: jamás ha salido un profeta* de Galilea.

[53] Así terminó la reunión, y cada uno se volvió a su casa.*

CAPÍTULO 8

Una mujer sorprendida en adulterio

Jesús regresó al Monte de los Olivos [2] pero, muy temprano a la mañana siguiente, estaba de vuelta en el templo. Pronto se juntó una multitud, y él se sentó a enseñarles. [3] Mientras hablaba, los maestros de la ley religiosa y los fariseos le llevaron a una mujer que había sido sorprendida en el acto de adulterio; la pusieron en medio de la multitud.

[4] «Maestro —le dijeron a Jesús—, esta mujer fue sorprendida en el acto de adulterio. [5] La ley de Moisés manda apedrearla, ¿tú qué dices?».

[6] Intentaban tenderle una trampa para que dijera algo que pudieran usar en su contra, pero Jesús se inclinó y escribió con el dedo en el polvo. [7] Como ellos seguían exigiéndole una respuesta, él se incorporó nuevamente y les dijo: «¡Muy bien, pero el que nunca haya pecado que tire la primera piedra!». [8] Luego volvió a inclinarse y siguió escribiendo en el polvo.

[9] Al oír eso, los acusadores se fueron retirando uno tras otro, comenzando por los de más edad, hasta que quedaron sólo Jesús y la mujer en medio de la multitud. [10] Entonces Jesús se incorporó de nuevo y le dijo a la mujer:

—¿Dónde están los que te acusaban? ¿Ni uno de ellos te condenó?

[11] —Ni uno, Señor —dijo ella.

—Yo tampoco —le dijo Jesús—. Vete y no peques más.

Jesús, la luz del mundo

[12] Jesús habló una vez más al pueblo y dijo: «Yo soy la luz del mundo. Si ustedes me siguen, no tendrán que andar en la oscuridad porque tendrán la luz que lleva a la vida».

[13] Los fariseos respondieron:

—¡Tú haces esas declaraciones acerca de ti mismo! Un testimonio así no es válido.

[14] —Estas afirmaciones sí son válidas, aunque las diga de mí mismo —respondió Jesús—. Pues sé de dónde vengo y adónde voy, pero eso es algo que ustedes no saben de mí. [15] Ustedes me juzgan con criterios humanos, pero yo no juzgo a nadie. [16] Y, si lo hiciera, mi juicio sería correcto en todo sentido, porque no estoy solo. El Padre,* quien me envió, está conmigo. [17] La misma ley de ustedes establece que, si dos personas concuerdan en algo, su testimonio se acepta como un hecho.* [18] Yo soy uno de los testigos, y mi Padre, quien me envió, es el otro.

[19] —¿Dónde está tu padre? —le preguntaron.

Jesús contestó:

—Como ustedes no saben quién soy yo, tampoco saben quién es mi Padre. Si me conocieran a mí, también conocerían a mi Padre.

[20] Jesús dijo todo esto mientras enseñaba en la parte del templo conocida como la tesorería. Pero no lo arrestaron, porque aún no había llegado su momento.*

Advertencia para los incrédulos

[21] Más tarde, Jesús volvió a decirles: «Yo me voy, y ustedes me buscarán, pero morirán en su pecado. Adonde yo voy, ustedes no pueden ir».

[22] Por lo tanto la gente* se preguntaba: «¿Estará pensando suicidarse? ¿Qué quiere decir con "no pueden ir adonde yo voy"?».

[23] Jesús continuó diciendo: «Ustedes son de abajo; yo soy de arriba. Ustedes pertenecen a este mundo; yo no. [24] Por eso dije que morirán en sus pecados; porque, a menos que crean que Yo Soy quien afirmo ser,* morirán en sus pecados».

7:40 Ver Dt 18:15, 18; Mal 4:5-6.   **7:42** Ver Mi 5:2.   **7:52** Algunos manuscritos dicen *el profeta no viene*.   **7:53–8:11** Los manuscritos griegos más antiguos no incluyen Juan 7:53–8:11.   **8:16** Algunos manuscritos dicen *Aquél*.   **8:17** Ver Dt 19:15.   **8:20** En griego *su hora*.   **8:22** En griego *los judíos*; también en 8:31, 48, 52, 57.   **8:24** En griego *a menos que ustedes crean que yo soy*. Ver Éx 3:14.

25 —¿Y quién eres? —preguntaron.

—El que siempre dije que era.* 26 Tengo mucho para decir acerca de ustedes y mucho para condenar, pero no lo haré. Pues digo sólo lo que oí del que me envió, y él es totalmente veraz. 27 Pero ellos seguían sin entender que les hablaba de su Padre.

28 Por eso Jesús dijo: «Cuando hayan levantado al Hijo del Hombre en la cruz, entonces comprenderán que Yo Soy.* Yo no hago nada por mi cuenta, sino que digo únicamente lo que el Padre me enseñó. 29 Y el que me envió está conmigo, no me ha abandonado. Pues siempre hago lo que a él le agrada».

30 Entonces muchos de los que oyeron sus palabras creyeron en él.

Jesús y Abraham

31 Jesús les dijo a los que creyeron en él:

—Ustedes son verdaderamente mis discípulos si se mantienen fieles a mis enseñanzas; 32 y conocerán la verdad, y la verdad los hará libres.

33 —Pero nosotros somos descendientes de Abraham —le respondieron—, nunca hemos sido esclavos de nadie. ¿Qué quieres decir con "los hará libres"?

34 Jesús contestó:

—Les digo la verdad, todo el que comete pecado es esclavo del pecado. 35 Un esclavo no es un miembro permanente de la familia, pero un hijo sí forma parte de la familia para siempre. 36 Así que, si el Hijo los hace libres, ustedes son verdaderamente libres. 37 Claro que me doy cuenta de que son descendientes de Abraham. Aun así, algunos de ustedes procura matarme porque no tienen lugar para mi mensaje en su corazón. 38 Yo les cuento lo que vi cuando estaba con mi Padre, pero ustedes siguen el consejo de su padre.

39 —¡Nuestro padre es Abraham! —declararon.

—No —respondió Jesús— pues, si realmente fueran hijos de Abraham, seguirían su ejemplo.* 40 En cambio, procuran matarme porque les dije la verdad, la cual oí de Dios. Abraham nunca hizo algo así. 41 No, ustedes imitan a su verdadero padre.

—¡Nosotros no somos hijos ilegítimos! —respondieron—, Dios mismo es nuestro verdadero Padre.

42 Jesús les dijo:

—Si Dios fuera su Padre, ustedes me amarían, porque he venido a ustedes de parte de Dios. No estoy aquí por mi propia cuenta, sino que él me envió. 43 ¿Por qué no pueden entender lo que les digo? ¡Es porque ni siquiera toleran oírme! 44 Pues ustedes son hijos de su padre, el diablo, y les encanta hacer las cosas malvadas que él hace. Él ha sido asesino desde el principio y siempre ha odiado la verdad, porque en él no hay verdad. Cuando miente, actúa de acuerdo con su naturaleza porque es mentiroso y el padre de la mentira. 45 Por eso, es natural que no me crean cuando les digo la verdad. 46 ¿Quién de ustedes puede, con toda sinceridad, acusarme de pecado? Y, si es que digo la verdad, ¿por qué, entonces, no me creen? 47 Los que pertenecen a Dios escuchan con gusto las palabras de Dios, pero ustedes no las escuchan porque no pertenecen a Dios.

48 —¡Samaritano endemoniado! —replicaron—. ¿No veníamos diciendo que estabas poseído por un demonio?

49 —No —dijo Jesús—, no tengo ningún demonio. Pues yo honro a mi Padre; en cambio, ustedes me deshonran a mí. 50 Y, aunque no tengo ninguna intención de glorificarme a mí mismo, Dios va a glorificarme y él es el verdadero juez. 51 Les digo la verdad, ¡todo el que obedezca mi enseñanza jamás morirá!

52 —Ahora estamos convencidos de que estás poseído por un demonio —dijeron—. Hasta Abraham y los profetas murieron, pero tú dices: "¡El que obedezca mi enseñanza nunca morirá!". 53 ¿Acaso eres más importante que nuestro padre Abraham? Él murió, igual que los profetas. ¿Tú quién te crees que eres?

54 Jesús contestó:

—Si yo buscara mi propia gloria, esa gloria no tendría ningún valor, pero es mi Padre quien me glorificará. Ustedes dicen: "Él es nuestro Dios"*, 55 pero ni siquiera lo conocen. Yo sí lo conozco; y si dijera lo contrario, ¡sería tan mentiroso como ustedes! Pero lo conozco y lo obedezco. 56 Abraham, el padre de ustedes, se alegró mientras esperaba con ansias mi venida; la vio y se llenó de alegría.

57 Entonces la gente le dijo:

—Ni siquiera tienes cincuenta años. ¿Cómo puedes decir que has visto a Abraham?*

58 Jesús contestó:

—Les digo la verdad, ¡aun antes de que Abraham naciera, Yo Soy!*

59 En ese momento, tomaron piedras para arrojárselas, pero Jesús desapareció de la vista de ellos y salió del templo.

8:25 O ¿Por qué hablo con ustedes?   8:28 En griego Cuando ustedes hayan levantado al Hijo del Hombre, entonces sabrán que yo soy. «Hijo del Hombre» es un título que Jesús empleaba para referirse a sí mismo.   8:39 Algunos manuscritos dicen si ustedes verdaderamente son hijos de Abraham, sigan su ejemplo.   8:54 Algunos manuscritos dicen que él es su Dios.   8:57 Algunos manuscritos dicen ¿Cómo puedes decir que Abraham te ha visto?   8:58 O ¡aun antes de que Abraham naciera, yo siempre he estado vivo!; en griego dice antes de que Abraham fuera, yo soy. Ver Éx 3:14.

CAPÍTULO **9**

Jesús sana a un hombre ciego de nacimiento
Mientras caminaba, Jesús vio a un hombre que
era ciego de nacimiento.

2 —Rabí,* ¿por qué nació ciego este hombre?
—le preguntaron sus discípulos—. ¿Fue por sus
propios pecados o por los de sus padres?

3 —No fue por sus pecados ni tampoco por
los de sus padres —contestó Jesús—, nació
ciego para que todos vieran el poder de Dios en
él. 4 Debemos llevar a cabo cuanto antes las tareas que nos encargó el que nos envió.* Pronto
viene la noche cuando nadie puede trabajar.
5 Pero, mientras estoy aquí en el mundo, yo soy
la luz del mundo.

6 Luego escupió en el suelo, hizo lodo con la
saliva y lo untó en los ojos del ciego. 7 Le dijo:
«Ve a lavarte en el estanque de Siloé», (Siloé
significa «enviado»). Entonces el hombre fue,
se lavó y ¡regresó viendo!

8 Sus vecinos y otros que lo conocían como
un pordiosero ciego se preguntaban: «¿No es
ése el hombre que solía sentarse a mendigar?».
9 Algunos decían que sí, y otros decían: «No, sólo
se le parece».

Pero el mendigo seguía diciendo: «¡Sí, soy yo!».

10 Le preguntaron:

—¿Quién te sanó? ¿Cómo sucedió?

11 Él les dijo:

—El hombre al que llaman Jesús hizo lodo,
me lo untó en los ojos y me dijo: "Ve al estanque
de Siloé y lávate". Entonces fui, me lavé ¡y ahora
puedo ver!

12 —¿Dónde está él ahora? —le preguntaron.

—No lo sé —contestó.

13 Entonces llevaron ante los fariseos al hombre que había sido ciego, 14 porque ese día de descanso cuando Jesús hizo el lodo y lo sanó. 15 Los
fariseos interrogaron al hombre sobre todo lo que
había sucedido y les respondió: «Él puso el lodo
sobre mis ojos y, cuando me lavé, ¡pude ver!».

16 Algunos de los fariseos decían: «Ese tal
Jesús no viene de Dios porque trabaja en el
día de descanso». Otros decían: «Pero ¿cómo
puede un simple pecador hacer semejantes señales milagrosas?». Así que había una profunda
diferencia de opiniones entre ellos.

17 Luego los fariseos volvieron a interrogar al
hombre que había sido ciego:

—¿Qué opinas del hombre que te sanó?

—Creo que debe de ser un profeta —contestó
el hombre.

18 Aún así los líderes judíos se negaban a creer
que el hombre había sido ciego y ahora podía
ver, así que llamaron a sus padres.

19 —¿Es éste su hijo? —les preguntaron—. ¿Es
verdad que nació ciego? Si es cierto, ¿cómo es
que ahora ve?

20 Sus padres contestaron:

—Sabemos que él es nuestro hijo y que nació
ciego, 21 pero no sabemos cómo es que ahora
puede ver ni quién lo sanó. Pregúntenselo a él;
ya tiene edad para hablar por sí mismo.

22 Los padres dijeron eso por miedo a los líderes
judíos, quienes habían anunciado que cualquiera
que dijera que Jesús era el Mesías sería expulsado
de la sinagoga. 23 Por eso dijeron: «Ya tiene edad
suficiente, entonces pregúntenle a él».

24 Por segunda vez llamaron al hombre que
había sido ciego y le dijeron:

—Dios debería recibir la gloria por lo que
ha pasado,* porque sabemos que ese hombre,
Jesús, es un pecador.

25 —Yo no sé si es un pecador —respondió el
hombre—. Pero lo que sé es que yo antes era
ciego ¡y ahora puedo ver!

26 —¿Pero qué fue lo que hizo? —le preguntaron—. ¿Cómo te sanó?

27 —¡Miren! —exclamó el hombre—. Ya les
dije una vez. ¿Acaso no me escucharon? ¿Para
qué quieren oírlo de nuevo? ¿Ustedes también
quieren ser sus discípulos?

28 Entonces ellos lo insultaron y dijeron:

—Tú eres su discípulo, pero ¡nosotros somos
discípulos de Moisés! 29 Sabemos que Dios le
habló a Moisés, pero no sabemos ni siquiera de
dónde proviene este hombre.

30 —¡Qué cosa tan extraña! —respondió el
hombre—. A mí me sanó los ojos, ¿y ustedes ni
siquiera saben de dónde proviene? 31 Sabemos
que Dios no escucha a los pecadores pero está
dispuesto a escuchar a los que lo adoran y hacen
su voluntad. 32 Desde el principio del mundo,
nadie ha podido abrir los ojos de un ciego de
nacimiento. 33 Si este hombre no viniera de
parte de Dios, no habría podido hacerlo.

34 —¡Tú naciste pecador hasta la médula! —le
respondieron—. ¿Acaso tratas de enseñarnos a
nosotros?

Y lo echaron de la sinagoga.

Ceguera espiritual
35 Cuando Jesús supo lo que había pasado, encontró al hombre y le preguntó:

—¿Crees en el Hijo del Hombre?*

36 —¿Quién es, señor? —contestó el hombre—. Quiero creer en él.

37 —Ya lo has visto —le dijo Jesús— ¡y está hablando contigo!

38 —¡Sí, Señor, creo! —dijo el hombre. Y adoró
a Jesús.

9:2 *Rabí*, del arameo, significa «amo», «maestro».   9:4 Otros manuscritos dicen *Debo llevar a cabo cuanto antes las tareas
que me encargó el que me envió*; incluso otros dicen *Debemos llevar a cabo lo cuanto antes las tareas que nos encargó el que
me envió.*   9:24 O *Dale la gloria a Dios, no a Jesús*; en griego dice *Dale la gloria a Dios.*   9:35 Algunos manuscritos dicen
el Hijo de Dios? «Hijo del Hombre» es un título que Jesús empleaba para referirse a sí mismo.

39 Entonces Jesús le dijo:*
—Yo entré en este mundo para hacer juicio, para dar vista a los ciegos y para demostrarles a los que creen que ven* que, en realidad, son ciegos.

40 Algunos fariseos que estaban cerca lo oyeron y le preguntaron:
—¿Estás diciendo que nosotros somos ciegos?

41 —Si fueran ciegos, no serían culpables —contestó Jesús—, pero siguen siendo culpables porque afirman que pueden ver.

CAPÍTULO **10**
El buen pastor y sus ovejas
»Les digo la verdad, el que trepa por la pared de un redil a escondidas en lugar de entrar por la puerta ¡con toda seguridad es un ladrón y un bandido! **2** Pero el que entra por la puerta es el pastor de las ovejas. **3** El portero le abre la puerta, y las ovejas reconocen la voz del pastor y se le acercan. Él llama a cada una de sus ovejas por su nombre y las lleva fuera del redil. **4** Una vez reunido su propio rebaño, camina delante de las ovejas, y ellas lo siguen porque conocen su voz. **5** Nunca seguirán a un desconocido; al contrario, huirán de él porque no conocen su voz.

6 Los que oyeron a Jesús usar este ejemplo no entendieron lo que quiso decir, **7** entonces les dio la explicación: «Les digo la verdad, yo soy la puerta de las ovejas. **8** Todos los que vinieron antes que yo* eran ladrones y bandidos, pero las verdaderas ovejas no los escucharon. **9** Yo soy la puerta; los que entren a través de mí serán salvos.* Entrarán y saldrán libremente y encontrarán buenos pastos. **10** El propósito del ladrón es robar y matar y destruir; mi propósito es darles una vida plena y abundante.

11 »Yo soy el buen pastor. El buen pastor da su vida en sacrificio por las ovejas. **12** El que trabaja a sueldo sale corriendo cuando ve que se acerca un lobo; abandona las ovejas, porque no son suyas y él no es su pastor. Entonces el lobo ataca el rebaño y lo dispersa. **13** El cuidador contratado sale corriendo porque trabaja sólo por el dinero y, en realidad, no le importan las ovejas.

14 »Yo soy el buen pastor; conozco a mis ovejas, y ellas me conocen a mí, **15** como también mi Padre me conoce a mí, y yo conozco al Padre. Así que sacrifico mi vida por las ovejas. **16** Además, tengo otras ovejas que no están en este redil, también las debo traer. Ellas escucharán mi voz, y habrá un solo rebaño con un solo pastor.

17 »El Padre me ama, porque sacrifico mi vida para poder tomarla de nuevo. **18** Nadie puede

Primeros pasos

NO NECESITAS NINGÚN ENTRENAMIENTO PARA COMPARTIR TU FE
Lee JUAN 9:1-41

Quizá una de las principales razones por las que muchos cristianos no comparten su fe, es que no se sienten competentes. Podrías argumentar: «¡No estoy preparado para hablarles a otros de Dios!». En realidad, una vez que invitas a Jesucristo a ser tu Salvador y Señor, puedes comenzar a hablarles a otros acerca de tu nueva fe.

Este pasaje cuenta la historia de un hombre ciego cuya vista fue restaurada cuando Jesús tocó sus ojos. Después que Jesús sanó a este hombre, ciertos dirigentes religiosos conocidos como fariseos, lo atacaron haciéndole preguntas complicadas acerca de Jesús. La respuesta del hombre se hizo famosa: «Yo no sé si es un pecador —respondió el hombre—. Pero lo que sé es que yo antes era ciego ¡y ahora puedo ver!» (versículo 25).

De alguna forma, nosotros como creyentes, nos parecemos al ciego. Nosotros también, una vez estábamos ciegos por el poder y el engaño del pecado. La Biblia dice que: «Satanás, quien es el dios de este mundo, ha cegado la mente de los que no creen. Son incapaces de ver la gloriosa luz de la Buena Noticia» (2 Corintios 4:4). Pero un día, Dios amorosamente «abrió nuestros ojos» para que viéramos nuestra verdadera necesidad espiritual, y nosotros respondimos al mensaje del evangelio.

Aunque todavía no seamos grandes eruditos bíblicos, aun así conocemos mucho más del evangelio que otros y podemos comenzar con eso. Igual que el hombre ciego, podemos decirle a otros: «Yo antes era ciego ¡pero ahora puedo ver!». Cuando estudiamos la Biblia con regularidad, somos capaces de responder a muchas preguntas que la gente hace acerca de nuestra fe.

Para leer la próxima nota de «Comparte tu fe», ve a la pág. A40.

9:38-39a Algunos manuscritos no incluyen las palabras —¡Sí, Señor, creo! —dijo el hombre. Y adoró a Jesús. *Entonces Jesús le dijo.* **9:39b** En griego *los que ven.* **10:8** Algunos manuscritos no incluyen *antes que yo.* **10:9** O *encontrarán seguridad.*

quitarme la vida sino yo la entrego voluntariamente en sacrificio. Pues tengo la autoridad para entregarla cuando quiera y también para volver a tomarla. Esto es lo que ordenó mi Padre».

¹⁹Al oírlo decir esas cosas, la gente* volvió a dividirse en cuanto a su opinión sobre Jesús. ²⁰Algunos decían: «Está loco y endemoniado, ¿para qué escuchar a un hombre así?». ²¹Otros decían: «¡No suena como alguien poseído por un demonio! ¿Acaso un demonio puede abrir los ojos de los ciegos?».

Jesús afirma ser el Hijo de Dios

²²Ya era invierno, y Jesús estaba en Jerusalén durante el tiempo de Januká, el Festival de la Dedicación. ²³Se encontraba en el templo, caminando por la parte conocida como el pórtico de Salomón. ²⁴Algunas personas lo rodearon y le preguntaron:

—¿Hasta cuándo nos tendrás en suspenso? Si tú eres el Mesías, dínoslo sin vueltas.

²⁵Jesús les contestó:

—Yo ya les dije, y ustedes no me creen. La prueba es la obra que hago en nombre de mi Padre, ²⁶pero ustedes no me creen porque no son mis ovejas. ²⁷Mis ovejas escuchan mi voz; yo las conozco, y ellas me siguen. ²⁸Les doy vida eterna, y nunca perecerán. Nadie puede quitármelas, ²⁹porque mi Padre me las ha dado, y él es más poderoso que todos.* Nadie puede quitarlas de la mano del Padre. ³⁰El Padre y yo somos uno.

³¹Una vez más, las personas tomaron piedras para matarlo. ³²Jesús dijo:

—Bajo la dirección de mi Padre, he realizado muchas buenas acciones. ¿Por cuál de todas ellas me van a apedrear?

³³—No te apedreamos por ninguna buena acción ¡sino por blasfemia! —contestaron—. Tú, un hombre común y corriente, afirmas ser Dios.

³⁴Jesús respondió:

—En sus propias Escrituras* está registrado que Dios les dijo a ciertos líderes del pueblo: "Yo digo que ustedes son dioses"*. ³⁵Y ustedes bien saben que las Escrituras no pueden ser modificadas. Así que, si a las personas que recibieron el mensaje de Dios se les llamó "dioses", ³⁶¿por qué ustedes me acusan de blasfemar cuando digo: "Soy el Hijo de Dios"? Después de todo, el Padre me separó y me envió al mundo. ³⁷No me crean a menos que lleve a cabo las obras de mi Padre. ³⁸Pero, si hago su trabajo, entonces crean en las obras milagrosas que he hecho aunque no me crean a mí. Entonces sa-

brán y entenderán que el Padre está en mí y yo estoy en el Padre. ³⁹Una vez más trataron de arrestarlo, pero él se escapó y los dejó. ⁴⁰Se fue al otro lado del río Jordán, cerca del lugar donde Juan bautizaba al principio, y se quedó un tiempo allí. ⁴¹Y muchos lo siguieron. «Juan no hacía señales milagrosas —se comentaban unos a otros—, pero todo lo que dijo acerca de este hombre, resultó ser cierto». ⁴²Y muchos de los que estaban allí creyeron en Jesús.

CAPÍTULO **11**

La resurrección de Lázaro

Un hombre llamado Lázaro estaba enfermo. Vivía en Betania con sus hermanas María y Marta. ²María era la misma mujer que tiempo después derramó el perfume costoso sobre los pies del Señor y los secó con su cabello.* Su hermano, Lázaro, estaba enfermo. ³Así que las dos hermanas le enviaron un mensaje a Jesús que decía: «Señor, tu querido amigo está muy enfermo».

⁴Pero, cuando Jesús oyó la noticia, dijo: «La enfermedad de Lázaro no acabará en muerte. Al contrario, sucedió para la gloria de Dios, a fin de que el Hijo de Dios reciba gloria como resultado». ⁵Y, aunque Jesús amaba a Marta, a María y a Lázaro, ⁶se quedó donde estaba dos días más. ⁷Pasado ese tiempo, les dijo a sus discípulos:

—Volvamos a Judea.

⁸Pero sus discípulos se opusieron diciendo:

—Rabí,* hace sólo unos días, la gente* de Judea trató de apedrearte. ¿Irás allí de nuevo?

⁹Jesús contestó:

—Cada día tiene doce horas de luz. Durante el día, la gente puede andar segura y puede ver porque tiene la luz de este mundo. ¹⁰Pero, de noche, se corre el peligro de tropezar, porque no hay luz. ¹¹Nuestro amigo Lázaro se ha dormido —agregó después—, pero ahora iré a despertarlo.

¹²—Señor —dijeron los discípulos—, si se ha dormido, ¡pronto se pondrá mejor!

¹³Ellos pensaron que Jesús había querido decir que Lázaro sólo estaba dormido, pero Jesús se refería a que Lázaro había muerto.

¹⁴Por eso les dijo claramente:

—Lázaro está muerto. ¹⁵Y, por el bien de ustedes, me alegro de no haber estado allí, porque ahora ustedes van a creer de verdad. Vamos a verlo.

¹⁶Tomás, al que apodaban el Gemelo,* les dijo a los otros discípulos: «Vamos nosotros también y moriremos con Jesús».

10:19 En griego *los judíos;* también en 10:24, 31.   **10:29** Otros manuscritos dicen *porque yo, que por que mi Padre me ha dado, es más poderoso que todo;* incluso otros dicen *porque, en cuanto a lo que mi Padre me ha dado, él es más importante que todos.* **10:34a** En griego *su propia ley.*   **10:34b** Sal 82:6.   **11:2** Este incidente se relata en el capítulo 12.   **11:8a** *Rabí,* del arameo, significa «amo», «maestro».   **11:8b** En griego *los judíos;* también en 11:19, 31, 33, 36, 45, 54.   **11:16** En griego *Tomás, a quien llamaban Dídimo.*

¹⁷Cuando Jesús llegó a Betania, le dijeron que Lázaro ya llevaba cuatro días en la tumba. ¹⁸Betania quedaba sólo a unos pocos kilómetros* de Jerusalén, ¹⁹y muchos se habían acercado para consolar a Marta y a María por la pérdida de su hermano. ²⁰Cuando Marta se enteró de que Jesús estaba por llegar, salió a su encuentro, pero María se quedó en la casa. ²¹Marta le dijo a Jesús:

—Señor, si tan sólo hubieras estado aquí, mi hermano no habría muerto. ²²Pero, aun ahora, yo sé que Dios te dará todo lo que pidas.

²³Jesús le dijo:

—Tu hermano resucitará.

²⁴—Es cierto —respondió Marta—, resucitará cuando resuciten todos, en el día final.

²⁵Jesús le dijo:

—Yo soy la resurrección y la vida.* El que cree en mí vivirá aun después de haber muerto. ²⁶Todo el que vive en mí y cree en mí jamás morirá. ¿Lo crees, Marta?

²⁷—Sí, Señor —le dijo ella—. Siempre he creído que tú eres el Mesías, el Hijo de Dios, el que ha venido de Dios al mundo.

²⁸Luego Marta regresó adonde estaba María y los que se lamentaban. La llamó aparte y le dijo: «El Maestro está aquí y quiere verte». ²⁹Entonces María salió enseguida a su encuentro. ³⁰Jesús todavía estaba fuera de la aldea, en el lugar donde se había encontrado con Marta. ³¹Cuando los que estaban en la casa consolando a María la vieron salir con tanta prisa, creyeron que iba a la tumba de Lázaro a llorar. Así que la siguieron. ³²Cuando María llegó y vio a Jesús, cayó a sus pies y dijo:

—Señor, si tan sólo hubieras estado aquí, mi hermano no habría muerto.

³³Cuando Jesús la vio llorando y vio que los demás se lamentaban con ella, se enojó en su interior* y se conmovió profundamente. ³⁴—¿Dónde lo pusieron? —les preguntó.

Ellos le dijeron:

—Señor, ven a verlo.

³⁵Entonces Jesús lloró. ³⁶Las personas que estaban cerca dijeron: «¡Miren cuánto lo amaba!». ³⁷Pero otros decían: «Este hombre sanó a un ciego. ¿Acaso no podía impedir que Lázaro muriera?».

³⁸Jesús todavía estaba enojado cuando llegó a la tumba, una cueva con una piedra que tapaba la entrada. ³⁹«Corran la piedra a un lado» —les dijo Jesús.

Pero Marta, la hermana del muerto, protestó:

—Señor, hace cuatro días que murió. Debe de haber un olor espantoso.

⁴⁰Jesús respondió:

—¿No te dije que, si crees, verás la gloria de Dios? ⁴¹Así que corrieron la piedra a un lado. Entonces Jesús miró al cielo y dijo: «Padre, gracias por haberme oído. ⁴²Tú siempre me oyes, pero lo dije en voz alta por el bien de toda esta gente que está aquí, para que crean que tú me enviaste». ⁴³Entonces Jesús gritó: «¡Lázaro, sal de ahí!». ⁴⁴Y el muerto salió de la tumba con las manos y los pies envueltos con vendas de entierro y la cabeza enrollada en un lienzo. Jesús les dijo: «¡Quítenle las vendas y déjenlo ir!».

Conspiración para matar a Jesús

⁴⁵Al ver lo que sucedió, muchos de los que estaban con María creyeron en Jesús. ⁴⁶Pero otros fueron a ver a los fariseos para contarles lo que Jesús había hecho. ⁴⁷Entonces, los principales sacerdotes y los fariseos convocaron al Concilio Supremo.* «¿Qué vamos a hacer? —se preguntaron unos a otros—. Sin duda, ese hombre realiza muchas señales milagrosas. ⁴⁸Si lo dejamos seguir así, dentro de poco todos van a creer en él. Entonces, el ejército romano vendrá y destruirá tanto nuestro templo* como nuestra nación».

⁴⁹Caifás, quien era el sumo sacerdote en aquel tiempo,* dijo: «¡No saben de qué están hablando! ⁵⁰No se dan cuenta de que es mejor para ustedes que muera un solo hombre por el pueblo, y no que la nación entera sea destruida».

⁵¹No dijo eso por su propia cuenta; como sumo sacerdote en aquel tiempo, fue guiado a profetizar que Jesús moriría por toda la nación. ⁵²Y no sólo por esa nación, sino que también moriría para congregar y unir a todos los hijos de Dios dispersos por el mundo.

⁵³Así que, a partir de ese momento, los líderes judíos comenzaron a conspirar para matar a Jesús. ⁵⁴Como resultado, Jesús detuvo su ministerio público entre el pueblo y salió de Jerusalén. Fue a un lugar cercano al desierto, a la aldea de Efraín, y se quedó allí con sus discípulos.

⁵⁵Ya faltaba poco para la celebración de la Pascua judía, y mucha gente de todo el país llegó a Jerusalén varios días antes para participar en la ceremonia de purificación previa al comienzo de la Pascua. ⁵⁶Seguían buscando a Jesús pero, mientras estaban en el templo, se decían unos a otros: «¿Qué les parece? No vendrá para la Pascua, ¿verdad?». ⁵⁷Mientras tanto, los principales sacerdotes y los fariseos habían dado órdenes públicamente de que cualquiera que viera a Jesús avisara enseguida, para que ellos pudieran arrestarlo.

11:18 En griego *estaba a unos 15 estadios* [cerca de 1.7 millas].   11:25 Algunos manuscritos no incluyen *y la vida*.   11:33 O *se enojó en su espíritu*.   11:47 En griego *al Sanedrín*.   11:48 O *nuestra posición;* en griego dice *nuestro lugar*.   11:49 En griego *ese año;* también en 11:51.

CAPÍTULO 12

Jesús ungido en Betania

Seis días antes de que comenzara la celebración de la Pascua, Jesús llegó a Betania, a la casa de Lázaro, el hombre a quien él había resucitado. 2 Prepararon una cena en honor de Jesús. Marta servía, y Lázaro estaba entre los que comían* con él. 3 Entonces María tomó un frasco con casi medio litro* de un costoso perfume preparado con esencia de nardo, le ungió los pies a Jesús y los secó con sus propios cabellos. La casa se llenó de la fragancia del perfume.

4 Pero Judas Iscariote, el discípulo que pronto lo traicionaría, dijo: 5 «Ese perfume valía el salario de un año.* Hubiera sido mejor venderlo para dar el dinero a los pobres». 6 No es que a Judas le importaran los pobres; en verdad, era un ladrón y, como estaba a cargo del dinero de los discípulos, a menudo robaba una parte para él.

7 Jesús respondió: «Déjala en paz. Esto lo hizo en preparación para mi entierro. 8 Siempre habrá pobres entre ustedes, pero a mí no siempre me tendrán».

9 Cuando todos los habitantes* de esa región se enteraron de que Jesús había llegado, corrieron en masa para verlo a él y también a Lázaro, el hombre al que Jesús había resucitado de los muertos. 10 Entonces los principales sacerdotes decidieron matar a Lázaro también, 11 ya que, por causa de él, muchos los habían abandonado a ellos* y ahora creían en Jesús.

Entrada triunfal de Jesús

12 Al día siguiente, la noticia de que Jesús iba camino a Jerusalén corrió por toda la ciudad. Una gran multitud de visitantes que habían venido para la Pascua 13 tomaron ramas de palmera y salieron al camino para recibirlo. Gritaban:

«¡Alabado sea Dios!*
¡Bendiciones al que viene en el nombre del SEÑOR!
¡Viva el Rey de Israel!»*.

14 Jesús encontró un burrito y se montó en él; así se cumplió la profecía que dice:

15 «No temas, pueblo de Jerusalén.*
Mira, tu Rey ya viene
montado en la cría de una burra»*.

16 Sus discípulos no entendieron en ese momento que se trataba del cumplimiento de la profecía. Sólo después de que Jesús entró en su gloria, se acordaron de lo sucedido y se dieron cuenta de que esas cosas se habían escrito acerca de él.

17 Muchos de la multitud habían estado presentes cuando Jesús llamó a Lázaro de la tumba y lo resucitó de los muertos, y se lo habían contado a otros.* 18 Por eso tantos salieron a recibir a Jesús, porque habían oído de esa señal milagrosa. 19 Entonces los fariseos se dijeron unos a otros: «Ya no hay nada que podamos hacer. ¡Miren, todo el mundo* se va tras él!».

Jesús anuncia su muerte

20 Algunos griegos que habían ido a Jerusalén para celebrar la Pascua 21 le hicieron una visita a Felipe, que era de Betsaida de Galilea. Le dijeron: «Señor, queremos conocer a Jesús».22 Felipe se lo comentó a Andrés, y juntos fueron a preguntarle a Jesús.

23 Jesús respondió: «Ya ha llegado el momento para que el Hijo del Hombre* entre en su gloria. 24 Les digo la verdad, el grano de trigo, a menos que sea sembrado en la tierra y muera, queda solo. Sin embargo, su muerte producirá muchos granos nuevos, una abundante cosecha de nuevas vidas. 25 Los que aman su vida en este mundo la perderán. Los que no le dan importancia a su vida en este mundo la conservarán por toda la eternidad. 26 Todo el que quiera ser mi discípulo debe seguirme, porque mis siervos tienen que estar donde yo estoy. El Padre honrará a todo el que me sirva.

27 »Ahora mi alma está muy entristecida. ¿Acaso debería orar: "Padre, sálvame de esta hora"? ¡Pero esa es precisamente la razón por la que vine! 28 Padre, glorifica tu nombre».

Entonces habló una voz del cielo: «Ya he glorificado mi nombre y lo haré otra vez». 29 Al oír la voz, algunos de la multitud pensaron que era un trueno, mientras que otros decían que un ángel le había hablado.

30 Entonces Jesús les dijo: «La voz fue para beneficio de ustedes, no mío. 31 Ha llegado el tiempo de juzgar a este mundo, cuando Satanás —quien gobierna este mundo— será expulsado. 32 Y, cuando yo sea levantado de la tierra, atraeré a todos hacia mí». 33 Con eso quería dar a entender de qué forma iba a morir.

34 La multitud respondió:
—Según entendimos de las Escrituras,* el Mesías vivirá para siempre. ¿Cómo puedes decir, entonces, que el Hijo del Hombre va a morir? Además, ¿quién es este Hijo del Hombre?

35 Jesús contestó:
—Mi luz brillará para ustedes sólo un poco más de tiempo. Caminen en la luz mientras puedan, para que la oscuridad no los tome por

sorpresa, porque los que andan en la oscuridad no pueden ver adónde van. ³⁶ Pongan su confianza en la luz mientras aún haya tiempo; entonces se convertirán en hijos de la luz. Después de decir esas cosas, Jesús salió y desapareció de la vista de ellos.

Incredulidad de la gente

³⁷ Pero, a pesar de todas las señales milagrosas que Jesús había hecho, la mayoría de la gente aún no creía en él. ³⁸ Eso era precisamente lo que el profeta Isaías había predicho:

«Señor, ¿quién ha creído nuestro mensaje? ¿A quién ha revelado el Señor su brazo poderoso?»*.

³⁹ Pero la gente no podía creer, porque como también dijo Isaías:

⁴⁰ «El Señor les ha cegado los ojos
y les ha endurecido el corazón,
para que sus ojos no puedan ver
y sus corazones no puedan entender
y ellos no puedan regresar a mí
para que yo los sane»*.

⁴¹ Isaías se refería a Jesús cuando dijo esas palabras, porque vio el futuro y habló de la gloria del Mesías. ⁴² Sin embargo, hubo muchos que sí creyeron en él, entre ellos, algunos líderes judíos; pero no lo admitían por temor a que los fariseos los expulsaran de la sinagoga; ⁴³ porque amaban más la aprobación humana que la aprobación de Dios.

⁴⁴ Jesús le gritó a la multitud: «Si confían en mí, no confían sólo en mí, sino también en Dios, quien me envió. ⁴⁵ Pues, cuando me ven a mí, están viendo al que me envió. ⁴⁶ Yo he venido como una luz para brillar en este mundo de oscuridad, a fin de que todos los que pongan su confianza en mí no queden más en la oscuridad. ⁴⁷ No voy a juzgar a los que me oyen pero no me obedecen, porque he venido para salvar al mundo y no para juzgarlo. ⁴⁸ Pero todos los que me rechazan a mí y rechazan mi mensaje serán juzgados el día del juicio por la verdad que yo he hablado. ⁴⁹ Yo no hablo con autoridad propia; el Padre, quien me envió, me ha ordenado qué decir y cómo decirlo. ⁵⁰ Y sé que sus mandatos llevan a la vida eterna; por eso digo todo lo que el Padre me indica que diga».

CAPÍTULO 13

Jesús lava los pies a sus discípulos

Antes de la celebración de la Pascua, Jesús sabía que había llegado su momento para dejar este mundo y regresar a su Padre. Había amado a sus discípulos durante el ministerio que realizó en la tierra y ahora los amó hasta el final.* ² Era

12:38 Is 53:1.   **12:40** Is 6:10.   **13:1** O *les mostró toda la plenitud de su amor.*

Primeros pasos

DIOS DA ESPERANZA A NUESTROS CORAZONES ATRIBULADOS

Lee JUAN 14:1-7

¿Te has sentido alguna vez atribulado e inseguro acerca de tu futuro? ¿Te has preguntado si Dios sabe que tu mundo se ha trastornado por completo? Los discípulos quizá experimentaban estos sentimientos cuando Jesús les dio este mensaje. Él les había terminado de comunicar que pronto los dejaría, y ellos se quedaron muy preocupados. Pero les dijo que no se atribularan, y enseguida les dio tres razones por las cuales tendrían paz en sus corazones.

1. Podemos confiar en la Palabra de Dios. Cuando Jesús dijo a sus discípulos: «confíen en Dios y confíen también en mí», les estaba recordando que debían confiar en la Palabra de Dios (versículo 1). La Escritura habla no sólo de la inminente crucifixión de Jesús, sino *también* de su resurrección. De algún modo habían pasado por alto esa parte. A veces, cuando nuestras circunstancias parecen demasiado agobiantes, olvidamos mirar el plan completo. Pero debemos recordar que las palabras halladas en estas páginas, «no desaparecerán jamás» (Mateo 24:35). No hay duda, siempre podemos confiar en las promesas de Dios.

2. Nosotros vamos al cielo. La próxima vez que enfrentes alguna dificultad, sea enfermedad, problema familiar o un cambio inesperado en tu vida, recuerda que irás al cielo (versículo 2). Esto te ayudará a mantener todo en la perspectiva correcta. Tus pruebas son sólo temporales. Algún día estarás en la presencia del Señor y allí no habrá temor, muerte, dolor, ni sufrimiento.

3. Jesús regresará por nosotros. Observa que Jesús dice: «volveré para llevarlos» (versículo 3). El Señor no enviará a alguien a buscarnos. Él vendrá personalmente para escoltarnos hasta la casa del Padre. La Biblia nos dice «Así que anímense unos a otros con estas palabras» (1 Tesalonicenses 4:18). En medio de tus pruebas, recuerda que Dios se preocupa tanto por ti, que volverá a buscarte para que estés con él para siempre.

Para comenzar la próxima sección, ve a la pág. A45.

Piedras angulares

¿QUIÉN ENTRARÁ AL CIELO?

Lee JUAN 14:2-6

Hollywood ha presentado a menudo las puertas a la entrada del cielo como el lugar donde tú «discutes tu caso» y los méritos que has hecho para entrar.

Jesús explica claramente que los únicos que entrarán al cielo son aquellos que lo han aceptado como «el camino, la verdad y la vida» y no los que creen tener los mejores argumentos o han hecho las mejores obras.

El cielo no es un tribunal de justicia, sino un lugar preparado para aquellos que creen en Jesús. Si eres cristiano puedes estar seguro de que tu reserva en el cielo fue hecha en el mismo momento que aceptaste a Cristo. Y en cuanto al hospedaje, no debes afligirte, porque el mismo Jesús ha prometido preparar un lugar para ti.

La Biblia dice que debemos prepararnos para el encuentro con Dios. ¿Está hecha tu reserva?

Para leer la próxima nota de «¿Qué es el cielo?», ve a la pág. A26.

---

la hora de cenar, y el diablo ya había incitado a Judas, hijo de Simón Iscariote, para que traicionara* a Jesús. ³Jesús sabía que el Padre le había dado autoridad sobre todas las cosas y que había venido de Dios y regresaría a Dios. ⁴Así que se levantó de la mesa, se quitó el manto, se ató una toalla a la cintura ⁵y echó agua en una palangana. Luego comenzó a lavarles los pies a los discípulos y a secárselos con la toalla que tenía en la cintura.

⁶Cuando se acercó a Simón Pedro, éste le dijo:

—Señor, ¿tú me vas a lavar los pies a mí?

⁷Jesús contestó:

—Ahora no entiendes lo que hago, pero algún día lo entenderás.

⁸—¡No! —protestó Pedro—. ¡Jamás me lavarás los pies!

—Si no te lavo —respondió Jesús—, no vas a pertenecerme.

⁹—¡Entonces, lávame también las manos y la cabeza, Señor, no sólo los pies! —exclamó Simón Pedro.

¹⁰Jesús respondió:

—Una persona que se ha bañado bien no necesita lavarse más que los pies* para estar completamente limpia. Y ustedes, discípulos, están limpios, aunque no todos.

¹¹Pues Jesús sabía quién lo iba a traicionar. A eso se refería cuando dijo: «No todos están limpios».

¹²Después de lavarles los pies, se puso otra vez el manto, se sentó y preguntó:

—¿Entienden lo que acabo de hacer? ¹³Ustedes me llaman "Maestro" y "Señor" y tienen razón, porque lo es lo que soy. ¹⁴Y, dado que yo, su

Señor y Maestro, les he lavado los pies, ustedes deben lavarse los pies unos a otros. ¹⁵Les di mi ejemplo para que lo sigan. Hagan lo mismo que yo he hecho con ustedes. ¹⁶Les digo la verdad, los esclavos no son superiores a su amo ni el mensajero es más importante que quien envía el mensaje. ¹⁷Ahora que saben estas cosas, Dios los bendecirá por hacerlas.

Jesús predice la traición

¹⁸»No les digo estas cosas a todos ustedes; yo conozco a los que he elegido. Pero es para que se cumpla la Escritura que dice: "El que come de mi comida se ha puesto en mi contra"*. ¹⁹Les aviso de antemano, a fin de que, cuando suceda, crean que Yo Soy el Mesías.* ²⁰Les digo la verdad, todo el que recibe a mi mensajero me recibe a mí, y el que me recibe a mí recibe al Padre, quien me envió.

²¹Entonces Jesús, muy angustiado,* exclamó: «Les digo la verdad, ¡uno de ustedes va a traicionarme!».

²²Los discípulos se miraron unos a otros sin saber a cuál se refería Jesús. ²³El discípulo a quien Jesús amaba estaba sentado a la mesa a su lado.* ²⁴Simón Pedro le hizo señas para que le preguntara a quién se refería. ²⁵Entonces, ese discípulo se inclinó hacia Jesús y le preguntó:

—Señor, ¿quién es?

²⁶Jesús le contestó:

—Es aquel a quien le doy el pan que mojo en el plato.

Y, después de mojar el pan, se lo dio a Judas, el hijo de Simón Iscariote. ²⁷Cuando Judas comió el pan, Satanás entró en él. Entonces Jesús le dijo: «Apresúrate a hacer lo que vas a hacer».

13:2 O *el diablo ya se había propuesto que Judas, hijo de Simón Iscariote, traicionara.* **13:10** Algunos manuscritos no incluyen *más que los pies.* **13:18** Sal 41:9. **13:19** O *que el Yo Soy ha venido;* o *que yo soy el Señor;* en griego dice *que yo soy.* Ver Éx 3:14. **13:21** En griego *angustiado en su espíritu.* **13:23** En griego *estaba recostado sobre el pecho de Jesús.* El «discípulo que Jesús amaba» probablemente era Juan.

²⁸Ninguno de los demás que estaban a la mesa entendió lo que Jesús quiso decir. ²⁹Como Judas era el tesorero del grupo, algunos pensaron que Jesús le estaba diciendo que fuera a pagar la comida o que diera algo de dinero a los pobres. ³⁰Así que Judas se fue enseguida y se internó en la noche.

Jesús anuncia la negación de Pedro

³¹En cuanto Judas salió del lugar, Jesús dijo: «Ha llegado el momento para que el Hijo del Hombre* entre en su gloria y, por causa de él, Dios será glorificado. ³²Y dado que Dios recibe gloria a causa del Hijo,* pronto le dará gloria al Hijo. ³³Mis queridos hijos, voy a estar con ustedes sólo un poco más de tiempo. Y, como les dije a los líderes judíos, ustedes me buscarán, pero no pueden ir adonde yo voy. ³⁴Así que ahora les doy un nuevo mandamiento: ámense unos a otros. Tal como yo los he amado, ustedes deben amarse unos a otros. ³⁵El amor que tengan unos por otros será la prueba ante el mundo de que son mis discípulos».

³⁶Simón Pedro le preguntó:

—Señor, ¿adónde vas?

Y Jesús contestó:

—Ahora no puedes venir conmigo, pero me seguirás después.

³⁷—Pero, ¿por qué no puedo ir ahora, Señor? —le preguntó—. Estoy dispuesto a morir por ti.

³⁸—¿Morir por mí? —le contestó Jesús—. Pedro, te digo la verdad, mañana por la mañana, antes de que cante el gallo, negarás tres veces que me conoces.

CAPÍTULO **14**

Jesús, el camino al Padre

»No dejen que el corazón se les llene de angustia; confíen en Dios y confíen también en mí. ²En el hogar de mi Padre, hay lugar más que suficiente.* Si no fuera así, ¿acaso les habría dicho que voy a prepararles un lugar?* ³Cuando todo esté listo, volveré para llevarlos, para que siempre estén conmigo donde yo estoy. ⁴Y ustedes conocen el camino que lleva adonde voy.

⁵—No, Señor, no lo conocemos —dijo Tomás—. No tenemos ni idea de adónde vas, ¿cómo vamos a conocer el camino?

⁶Jesús le contestó:

—Yo soy el camino, la verdad y la vida; nadie puede ir al Padre si no es por medio de mí. ⁷Si ustedes realmente me conocieran, también

13:31 «Hijo del Hombre» era un título que Jesús empleaba para referirse a sí mismo.   13:32 Algunos manuscritos no incluyen *dado que Dios recibe gloria a causa del Hijo.*   14:2a O *Hay muchas habitaciones en la casa de mi Padre.*   14:2b O *Si no fuera así, les habría dicho que voy a prepararles un lugar.* Algunos manuscritos dicen *Si no fuera así, se los habría dicho. Voy a prepararles un lugar.*

Primeros pasos
UN DISCÍPULO PERMANECE EN CRISTO
Lee JUAN 15:1-17

Jesús sabe que sus verdaderos discípulos desean vivir vidas productivas, abundantes y llenas de gozo. En este pasaje menciona cuatro características predominantes de un discípulo en crecimiento.

1. Un discípulo permanece cerca de su Maestro. Jesús nos anima a permanecer en él (versículos 4-5). Esto significa que uno se mantiene firme en una posición. Quiere decir que tu relación con Jesús ha echado raíces profundas, permitiéndole llenar cada parte de tu vida y de tus actividades diarias. Si mantienes esta comunión con Dios, el resultado será un cambio completo en tu estilo de vida.

2. Un discípulo es fructífero. Así como una rama sólo puede tener fruto cuando está unida a la vid, nosotros podemos llevar fruto sólo cuando extraemos nuestra fuerza de Jesús (versículos 6,16). La Biblia describe el fruto del cual habla Jesús, como amor, alegría, paz, gentileza, bondad, fidelidad, humildad, y control propio (lee Gálatas 5:22, pág. 240).

3. Un discípulo obedece a su Maestro. Otra señal muy clara de que eres discípulo de Cristo, es tu obediencia a los principios y las normas hallados en su Palabra, la Biblia (versículo 10). Entonces y sólo entonces, descubrirás lo que significa vivir en el amor de Dios.

4. Un discípulo ama a los demás. Jesús nos dio el mayor ejemplo de amor, al dar su vida por nosotros. Y en esencia nos está pidiendo hacer lo mismo. Aunque no necesariamente significa que muramos por otro, sí significa que debemos poner las necesidades de otros antes que las nuestras.

En el versículo 11 hallamos la razón por la cual Jesús nos enseñó ese principio: él desea que estemos llenos de gozo. Si tratas de hallar la felicidad buscándola por sí misma, te eludirá. El único modo de hallar felicidad es a través de la búsqueda de Dios. Si el orden de prioridades de tu vida es como Jesús lo ha expuesto en estos versículos, entonces «desbordará[s] de gozo».

Para leer la próxima nota de «Vive como un discípulo», ve a la pág. A41.

Piedras angulares

CÓMO TRABAJA EL ESPÍRITU SANTO EN NUESTRA VIDA
Lee JUAN 14:15-17

La Biblia usa tres preposiciones griegas diferentes en el Nuevo Testamento, para describir las diferentes maneras en que el Espíritu Santo obra en nuestra vida. Este pasaje muestra dos de ellas y la tercera puedes encontrarla en otra parte de la Escritura.

1. Él trabaja «con» nosotros antes de ser creyentes (en griego *para*). Antes de nuestra conversión a Jesucristo, el Espíritu Santo nos convence de pecado y nos da a conocer a Cristo como la respuesta (lee Juan 16:8, pág. 128). Alguno puede confundir esa obra como la acusación de la propia conciencia. Pero es el Espíritu Santo que abre nuestros ojos y nos permite ver nuestra condición pecaminosa y nos hace entender nuestra falta de rectitud. Es por eso que vemos nuestra necesidad de volvernos al Señor Jesucristo.

2. Él viene «dentro» de nuestra vida cuando nos volvemos a Cristo (en griego *en*). Una vez que aceptamos a Jesucristo como nuestro Salvador y lo invitamos a venir a nuestra vida, el Espíritu Santo entra y hace allí su residencia, por decirlo así. Primero, él produce el proceso de salvación en nuestro corazón. Como lo dijo Jesús: «Nadie puede entrar en el reino de Dios si no nace de agua y del Espíritu» (Juan 3:5). Segundo, nos asegura que hemos hecho lo correcto. Porque la Escritura nos dice: «Pues su Espíritu se une a nuestro espíritu para confirmar que somos hijos de Dios» (Romanos 8:16). Nos da el íntimo conocimiento de que Cristo vive en nosotros. Ahora él comienza a cambiar nuestra vida desde dentro hacia afuera y desarrolla la nueva naturaleza dentro de nosotros.

3. Él viene «sobre» nosotros para darnos poder como creyentes (en griego *epi*). Este aspecto del Espíritu Santo se describe en Lucas 24:49, donde Jesús dice: «Y ahora enviaré al Espíritu Santo, tal como prometió mi Padre. Pero quédense aquí en la ciudad hasta que el Espíritu Santo venga y los llene con poder del cielo». Aquí Jesús describe el poder dinámico del Espíritu Santo en nuestra vida. Esto fue lo que experimentaron los primeros cristianos en Hechos capítulo 2, y que fortaleció dramáticamente su testimonio para hablar de Jesús. Este poder está disponible para los creyentes de hoy, porque la Escritura habla del don del Espíritu: «Esta promesa es para ustedes, para sus hijos e incluso para los gentiles, es decir, para todos los que han sido llamados por el Señor nuestro Dios» (Hechos 2:39).

Para leer la próxima nota de «¿Quién es el Espíritu Santo?», ve a la pág. A23.

---

sabrían quién es mi Padre.* De ahora en adelante, ya lo conocen y lo han visto.

⁸Felipe le dijo:

—Señor, muéstranos al Padre y quedaremos conformes.

⁹Jesús respondió:

—Felipe, ¿he estado con ustedes todo este tiempo, y todavía no sabes quién soy? ¡Los que me han visto a mí han visto al Padre! Entonces, ¿cómo me pides que les muestre al Padre? ¹⁰¿Acaso no crees que yo estoy en el Padre y el Padre está en mí? Las palabras que yo digo no son mías, sino que mi Padre, quien vive en mí, hace su obra por medio de mí. ¹¹Sólo crean que yo estoy en el Padre y el Padre está en mí; o al menos crean por las obras que me han visto hacer.

¹²»Les digo la verdad, todo el que crea en mí hará las mismas obras que yo he hecho y aún mayores, porque voy a estar con el Padre. ¹³Pueden pedir cualquier cosa en mi nombre, y yo la haré, para que el Hijo le dé gloria al Padre. ¹⁴Es cierto, pídanme cualquier cosa en mi nombre, ¡y yo la haré!

Jesús promete el Espíritu Santo

¹⁵»Si me aman, obedezcan* mis mandamientos. ¹⁶Y yo le pediré al Padre, y él les dará otro Abogado Defensor,* quien estará con ustedes para siempre. ¹⁷Me refiero al Espíritu Santo, quien guía a toda la verdad. El mundo no puede recibirlo porque no lo busca ni lo reconoce. Pero ustedes sí lo conocen, porque ahora él vive con ustedes y después estará en ustedes.* ¹⁸No

14:7 Algunos manuscritos dicen *Si realmente me han conocido, sabrán quién es mi Padre.*   **14:15** Otros manuscritos dicen *obedecerán*; incluso otros dicen *deben obedecer.*   **14:16** O *Consolador*, o *Alentador*, o *Consejero*. En griego dice *Paráclito*; también en 14:26.   **14:17** Algunos manuscritos dicen *y está en ustedes.*

los abandonaré como a huérfanos; vendré a ustedes. ¹⁹Dentro de poco, el mundo no me verá más, pero ustedes sí me verán. Dado que yo vivo, ustedes también vivirán. ²⁰Cuando yo vuelva a la vida, ustedes sabrán que estoy en mi Padre y que ustedes están en mí y yo, en ustedes. ²¹Los que aceptan mis mandamientos y los obedecen son los que me aman. Y, porque me aman a mí, mi Padre los amará a ellos. Y yo los amaré y me daré a conocer a cada uno de ellos.

²²Judas (no Judas Iscariote, sino el otro discípulo con el mismo nombre) le dijo:

—Señor, ¿por qué te darás a conocer sólo a nosotros y no al mundo en general?

²³Jesús contestó:

—Todos los que me aman harán lo que yo diga. Mi Padre los amará, y vendremos para vivir con cada uno de ellos. ²⁴El que no me ama no me obedece. Y recuerden, mis palabras no son mías, lo que les hablo proviene del Padre, quien me envió. ²⁵Les digo estas cosas ahora, mientras todavía estoy con ustedes. ²⁶Pero, cuando el Padre envíe al Abogado Defensor como mi representante —es decir, al Espíritu Santo—, él les enseñará todo y les recordará cada cosa que les he dicho.

²⁷»Les dejo un regalo: paz en la mente y en el corazón. Y la paz que yo doy es un regalo que el mundo no puede dar. Así que no se angustien ni tengan miedo. ²⁸Recuerden lo que les dije: me voy, pero volveré a ustedes. Si de veras me amaran, se alegrarían de que voy al Padre, quien es más importante que yo. ²⁹Les he dicho estas cosas antes de que sucedan para que, cuando sucedan, ustedes crean.

³⁰»No me queda mucho tiempo para hablar con ustedes, porque se acerca el que gobierna este mundo. Él no tiene ningún poder sobre mí, ³¹pero haré lo que el Padre me manda, para que el mundo sepa que amo al Padre. Vamos, salgamos de aquí.

CAPÍTULO **15**
Jesús, la vid verdadera

»Yo soy la vid verdadera, y mi Padre es el labrador. ²Él corta de mí toda rama que no produce fruto y poda las ramas que sí dan fruto, para que den aún más. ³Ustedes ya han sido podados y purificados por el mensaje que les he dado. ⁴Permanezcan en mí, y yo permaneceré en ustedes. Pues una rama no puede producir fruto si la cortan de la vid, y ustedes tampoco pueden ser fructíferos a menos que permanezcan en mí.

⁵»Ciertamente, yo soy la vid; ustedes son las ramas. Los que permanecen en mí y yo en ellos producirán mucho fruto porque, separados de mí, no pueden hacer nada. ⁶El que no permanece en mí es desechado como rama inútil y se seca. Todas esas ramas se juntan en un montón

VIVE EN EL AMOR DE DIOS
Lee JUAN 15:9-11

Este pasaje es una porción del último mensaje de Jesús a sus discípulos antes de morir. Al prepararlos para su partida, deseaba enfatizar su amor por ellos, y cómo ese amor afectaría sus vidas. Quería que comprendieran que podían experimentar gozo verdadero y constante al caminar con Dios, aun si él no estaba personalmente con ellos. Por esta razón este mensaje y mandamiento de Cristo se aplica a nosotros también. En este texto Jesús nos da cuatro puntos sencillos que nos ayudan a vivir en su amor.

1. Comprende que tú tienes el amor de Jesús. Jesús no es sólo una figura autoritaria que demanda nuestro respeto. Es un ser personal, completamente Dios y completamente humano, que nos ama tanto que dio su vida por nosotros. Saber que Jesús te ama, te da la libertad para corresponder a su amor. Al amar a Jesús, obedeceremos sus mandamientos tal como Dios nos requiere.

2. Obedeciendo sus mandamientos vives dentro del amor de Dios. Una de las características de un verdadero discípulo de Cristo es la obediencia. Es fácil hablar de nuestro gran amor por Dios o de la gran devoción y afecto que sentimos por él. Pero la forma de comprobar nuestro amor por Jesús es la obediencia a sus mandamientos. Tratar de obedecer sus mandamientos por obligación, más que por amor, puede producir resentimiento hacia él. La razón es porque no hay gozo en una simple obligación. Pero obedecer a Jesús por amor produce gozo.

3. Sigue el ejemplo de Jesús. Él es nuestro perfecto modelo de obediencia. Pon cuidadosa atención en cómo obedeció Jesús a su Padre celestial a través de los evangelios de Mateo, Marcos, Lucas, y Juan.

4. Experimenta la recompensa de la obediencia: gozo sobreabundante. Un cristiano obediente es un cristiano feliz. Si tú deseas más gozo en tu vida, asegúrate de que estás siguiendo las pautas que Dios te ha dado en su Palabra.

¿Te resulta difícil obedecer a Dios y sus principios? Si es así, entonces es tiempo de examinar tus prioridades y asegurarte que lo más importante en tu vida es conocer mejor a tu Creador. Entonces descubrirás el gozo que viene de vivir en el amor de Dios cada día.

Para leer la próxima nota de «Obedece a Dios», ve a la pág. A38.

para quemarlas en el fuego. ⁷Pero, si ustedes permanecen en mí y mis palabras permanecen en ustedes, pueden pedir lo que quieran ¡y les será concedido! ⁸Cuando producen mucho fruto, demuestran que son mis verdaderos discípulos. Eso le da mucha gloria a mi Padre.
⁹»Yo los he amado a ustedes tanto como el Padre me ha amado a mí. Permanezcan en mi amor. ¹⁰Cuando obedecen mis mandamientos, permanecen en mi amor, así como yo obedezco los mandamientos de mi Padre y permanezco en su amor. ¹¹Les he dicho estas cosas para que se llenen de mi gozo; así es, desbordarán de gozo. ¹²Éste es mi mandamiento: Ámense unos a otros de la misma manera en que yo los he amado. ¹³No hay un amor más grande que el dar la vida por los amigos. ¹⁴Ustedes son mis amigos si hacen lo que yo les mando. ¹⁵Ya no los llamo esclavos, porque el amo no confía sus asuntos a los esclavos. Ustedes ahora son mis amigos, porque les he contado todo lo que el Padre me dijo. ¹⁶Ustedes no me eligieron a mí, yo los elegí a ustedes. Les encargué que vayan y produzcan frutos duraderos, y el Padre les dará todo lo que pidan en mi nombre. ¹⁷Éste es mi mandato: ámense unos a otros.

Odio del mundo
¹⁸Si el mundo los odia, recuerden que a mí me odió primero. ¹⁹Si pertenecieran al mundo, el mundo los amaría como a uno de los suyos, pero ustedes ya no forman parte del mundo. Yo los elegí para que salieran del mundo, por eso el mundo los odia. ²⁰¿Recuerdan lo que les dije? "El esclavo no es superior a su amo". Ya que me persiguieron a mí, también a ustedes los perseguirán. Y, si me hubieran escuchado a mí, también los escucharían a ustedes. ²¹Les harán todo eso a causa de mí, porque han rechazado a aquel que me envió. ²²Ellos no serían culpables si yo no hubiera venido a hablarles. Pero ahora no tienen ninguna excusa por su pecado. ²³Cualquiera que me odia a mí también odia a mi Padre. ²⁴Si yo no hubiera hecho entre ellos esas señales tan milagrosas que nadie más podría hacer, no serían culpables. Pero la verdad es que vieron todo lo que hice; aun así nos siguen odiando a mí y a mi Padre. ²⁵Con eso se cumple lo que está registrado en sus Escrituras:* "Me odiaron sin motivo".
²⁶»Pero a ustedes yo les enviaré al Abogado Defensor,* el Espíritu de verdad. Él vendrá del Padre y dará testimonio acerca de mí. ²⁷Y también ustedes deben dar testimonio de mí porque han estado conmigo desde el principio de mi ministerio.

CAPÍTULO **16**
»Les he dicho estas cosas para que no abandonen su fe. ²Los expulsarán de las sinagogas, y llegará el tiempo en que quienes los maten pensarán que están haciendo un servicio santo para Dios. ³Eso se debe a que nunca han conocido ni al Padre ni a mí. ⁴Les digo estas cosas ahora para que, cuando sucedan, recuerden mi advertencia. No las mencioné antes porque todavía iba a estar un tiempo más con ustedes.

La obra del Espíritu Santo
⁵»Pero ahora voy a aquel que me envió, y ninguno de ustedes me pregunta adónde voy. ⁶En cambio, se entristecen por lo que les he dicho. ⁷Pero, en realidad, es mejor para ustedes que me vaya porque, si no me fuera, el Abogado Defensor* no vendría. En cambio, si me voy, entonces se lo enviaré a ustedes. ⁸Y, cuando él venga, convencerá al mundo de pecado y de la justicia de Dios y del juicio que viene. ⁹El pecado del mundo consiste en que el mundo se niega a creer en mí. ¹⁰La justicia está disponible, porque voy al Padre, y ustedes no me verán más. ¹¹El juicio vendrá, porque quien gobierna este mundo ya ha sido juzgado.
¹²»Me queda aún mucho más que quisiera decirles, pero en este momento no pueden soportarlo. ¹³Cuando venga el Espíritu de verdad, él los guiará a toda la verdad. Él no hablará por su propia cuenta, sino que les dirá lo que él ha oído y les contará lo que sucederá en el futuro. ¹⁴Me glorificará porque les contará todo lo que reciba de mí. ¹⁵Todo lo que pertenece al Padre es mío; por eso dije: "El Espíritu les dirá todo lo que reciba de mí".

La tristeza se convertirá en alegría
¹⁶»Dentro de poco, ya no me verán más. Pero, tiempo después, me verán de nuevo.
¹⁷Algunos de los discípulos se preguntaron unos a otros: «¿A qué se refiere cuando dice: "Dentro de poco, no me verán", pero luego me verán" y "voy al Padre"? ¹⁸Y, ¿qué quiere decir con "dentro de poco"? No lo entendemos».
¹⁹Jesús se dio cuenta de que querían preguntarle sobre eso, así que les dijo:
—¿Se están preguntando qué quise decir? Dije que, dentro de poco, no me verán más pero, tiempo después, volverán a verme. ²⁰Les digo la verdad, ustedes llorarán y se lamentarán por lo que va a sucederme, pero el mundo se alegrará. Ustedes se lamentarán, pero su dolor se convertirá de pronto en una alegría maravillosa. ²¹Será como una mujer que sufre dolores de parto pero, cuando nace su hijo, su angustia se transforma en alegría, porque ha traído una

15:25 En griego *está escrito en su ley.* Sal 35:19; 69:4.   **15:26** O *Consolador,* o *Alentador,* o *Consejero.* En griego dice *Paráclito.*   **16:7** O *Consolador,* o *Alentador,* o *Consejero.* En griego dice *Paráclito.*

nueva vida al mundo. 22Así que ahora ustedes tienen tristeza, pero volveré a verlos; entonces se alegrarán, y nadie podrá robarles esa alegría. 23Ese día, no necesitarán pedirme nada. Les digo la verdad, le pedirán directamente al Padre, y él les concederá la petición, porque piden en mi nombre. 24No lo han hecho antes. Pidan en mi nombre y recibirán y tendrán alegría en abundancia.

25»He hablado de estos asuntos en lenguaje figurativo, pero pronto dejaré de hablar en sentido figurado y les contaré acerca del Padre con toda claridad. 26Ese día pedirán en mi nombre. No digo que pediré al Padre de parte de ustedes, 27ya que el Padre mismo los ama profundamente, porque ustedes me aman a mí y han creído que vine de Dios.* 28Es cierto, vine del Padre al mundo y ahora dejaré el mundo y volveré al Padre.

29Entonces sus discípulos dijeron:

—Por fin hablas con claridad y no en sentido figurado. 30Ahora entendemos que sabes todas las cosas y que no es necesario que nadie te pregunte nada. Por eso creemos que viniste de Dios.

31 —¿Por fin creen? —preguntó Jesús—. 32Pero se acerca el tiempo —de hecho, ya ha llegado— cuando ustedes serán dispersados, cada uno se irá por su lado y me dejarán solo. Sin embargo, no estoy solo, porque el Padre está conmigo. 33Les he dicho todo lo anterior para que en mí tengan paz. Aquí en el mundo tendrán muchas pruebas y tristezas; pero anímense, porque yo he vencido al mundo.

CAPÍTULO 17
Oración de Jesús

Después de decir todas esas cosas, Jesús miró al cielo y dijo: «Padre, ha llegado la hora. Glorifica a tu Hijo para que él, a su vez, te dé la gloria a ti. 2Pues le has dado a tu Hijo autoridad sobre todo ser humano. Él da vida eterna a cada uno de los que tú le has dado. 3Y la manera de tener vida eterna es conocerte a ti, el único Dios verdadero, y a Jesucristo, a quien tú enviaste a la tierra. 4Yo te di la gloria aquí en la tierra, al terminar la obra que me encargaste. 5Ahora, Padre, llévame a la gloria que compartíamos antes de que comenzara el mundo.

6»Te he dado a conocer* a los que me diste de este mundo. Siempre fueron tuyos. Tú me los diste, y ellos han obedecido tu palabra. 7Ahora saben que todo lo que tengo es un regalo que proviene de ti, 8porque les he transmitido el mensaje que me diste. Ellos aceptaron el mensaje y saben que provine de ti y han creído que tú me enviaste.

16:27 Algunos manuscritos dicen del Padre.   17:6 En griego He dado a conocer tu nombre; también en 17:26.

Primeros pasos

EL ESPÍRITU DE DIOS SERÁ TU GUÍA
Lee JUAN 16:13-15

La obra del Espíritu Santo en la vida del cristiano es multidimensional. Se nos dice entre otras cosas que «su Espíritu se une a nuestro espíritu para confirmar que somos hijos de Dios» (Romanos 8:16). En este pasaje vemos que el Espíritu nos sirve de maestro y de guía.

El Espíritu Santo nos ayuda a comprender la Biblia. Antes que tú fueras cristiano, comprender la Biblia era lo mismo que caminar con «anteojeras». Pero esas «anteojeras» fueron quitadas, por así decirlo, cuando el Espíritu Santo hizo su hogar en tu corazón. El Espíritu Santo te enseña la verdad de la Escritura, ayudándote a comprender hasta pasajes difíciles.

El Espíritu Santo te revela más y más acerca de Dios y Jesús. La Biblia muestra con claridad que una de las funciones principales del Espíritu Santo, es glorificar a Cristo. Desde el momento que invitas a Jesús a tu corazón, el Espíritu de Dios empieza a ayudarte a captar las cualidades divinas o atributos de Jesús, los cuales son maravillosos y dignos de alabanza. Aquellos que no tienen una relación personal con Cristo, no pueden ver o comprender, la gloria de Dios completa, porque no tienen la guía del Espíritu Santo.

El Espíritu Santo desea estar involucrado activamente en tu vida, ayudándote a crecer en el conocimiento de Dios y su Palabra, de modo que puedas comprender mejor la voluntad de Dios para tu vida. Cada vez que abras la Biblia, ora para que el Espíritu Santo te muestre cómo puedes aplicar a tu vida los pasajes que lees.

Para leer la próxima nota de «Vive en el poder de Dios», ve a la pág. A39.

⁹»Mi oración no es por el mundo, sino por los que me has dado, porque te pertenecen. ¹⁰Todos los que son míos te pertenecen, y me los has dado, para que me den gloria. ¹¹Ahora me voy del mundo; ellos se quedan en este mundo, pero yo voy a ti. Padre santo, tú me has dado tu nombre;* ahora protégelos con el poder de tu nombre para que estén unidos como lo estamos nosotros. ¹²Durante el tiempo que estuve aquí, los protegí con el poder del nombre que me diste.* Los cuidé para que ni uno solo se perdiera, excepto el que va camino a la destrucción como predijeron las Escrituras.

¹³»Ahora voy a ti. Mientras estuve con ellos en este mundo, les dije muchas cosas para que estuvieran llenos de mi alegría. ¹⁴Les he dado tu palabra, y el mundo los odia, porque ellos no pertenecen al mundo, así como yo tampoco pertenezco al mundo. ¹⁵No te pido que los quites del mundo, sino que los protejas del maligno. ¹⁶Al igual que yo, ellos no pertenecen a este mundo. ¹⁷Hazlos santos con tu verdad; enséñales tu palabra, la cual es verdad. ¹⁸Así como tú me enviaste al mundo, yo los envío al mundo. ¹⁹Y me entrego por ellos como un sacrificio santo, para que tu verdad pueda hacerlos santos.

²⁰»No te pido sólo por estos discípulos, sino también por todos los que creerán en mí por el mensaje de ellos. ²¹Te pido que sean uno, así como tú y yo somos uno, es decir, como tú estás en mí, Padre, y yo estoy en ti. Y que ellos estén en nosotros, para que el mundo crea que tú me enviaste.

²²»Les he dado la gloria que tú me diste, para que sean uno, como nosotros somos uno. ²³Yo estoy en ellos, y tú estás en mí. Que gocen de una unidad tan perfecta que el mundo sepa que tú me enviaste y que los amas tanto como me amas a mí. ²⁴Padre, quiero que los que me diste estén conmigo donde yo estoy. Entonces podrán ver toda la gloria que me diste, porque me amaste aun antes de que comenzara el mundo.

²⁵»Oh Padre justo, el mundo no te conoce, pero yo sí te conozco; y estos discípulos saben que tú me enviaste. ²⁶Yo te he dado a conocer a ellos y seguiré haciéndolo. Entonces tu amor por mí estará en ellos, y yo también estaré en ellos».

CAPÍTULO **18**
Traición y arresto de Jesús
Después de decir esas cosas, Jesús cruzó el valle Cedrón con sus discípulos y entró en un huerto de olivos. ²Judas, el traidor, conocía ese lugar, porque Jesús solía reunirse allí con sus discí-

pulos. ³Los principales sacerdotes y los fariseos le habían dado a Judas un grupo de soldados romanos y guardias del templo para que lo acompañaran. Llegaron al huerto de olivos con antorchas encendidas, linternas y armas.

⁴Jesús ya sabía todo lo que le iba a suceder, así que salió al encuentro de ellos.
—¿A quién buscan? —les preguntó.
⁵—A Jesús de Nazaret* —contestaron.
—Yo Soy* —dijo Jesús.
(Judas, el que lo traicionó, estaba con ellos). ⁶Cuando Jesús dijo «Yo Soy», ¡todos retrocedieron y cayeron al suelo! ⁷Una vez más les preguntó:
—¿A quién buscan?
Y nuevamente ellos contestaron:
—A Jesús de Nazaret.
⁸—Ya les dije que Yo Soy —dijo Jesús—. Y, ya que soy la persona a quien buscan, dejen que los demás se vayan.

⁹Lo hizo para que se cumplieran sus propias palabras: «No perdí ni a uno solo de los que me diste»*.

¹⁰Entonces Simón Pedro sacó una espada y le cortó la oreja derecha a Malco, un esclavo del sumo sacerdote. ¹¹Pero Jesús le dijo a Pedro: «Mete tu espada en la vaina. ¿Acaso no voy a beber de la copa de sufrimiento que me ha dado el Padre?».

Jesús en la casa del sumo sacerdote
¹²Así que los soldados, el oficial que los comandaba y los guardias del templo arrestaron a Jesús y lo ataron. ¹³Primero lo llevaron ante Anás, el suegro de Caifás, quien era sumo sacerdote en ese momento.* ¹⁴Caifás era el que les había dicho a los otros líderes judíos: «Es mejor que muera un solo hombre por el pueblo».

Primera negación de Pedro
¹⁵Simón Pedro y otro discípulo siguieron a Jesús. Ese otro discípulo conocía al sumo sacerdote, así que le permitieron entrar con Jesús al patio del sumo sacerdote. ¹⁶Pedro tuvo que quedarse afuera, junto a la puerta. Entonces el discípulo que conocía al sumo sacerdote habló con la mujer que cuidaba la puerta, y ella dejó entrar a Pedro. ¹⁷La mujer le preguntó a Pedro:
—¿No eres tú también uno de los discípulos de ese hombre?
—No —le contestó Pedro—, no lo soy.
¹⁸Como hacía frío, los sirvientes de la casa y los guardias habían hecho una fogata con carbón. Estaban allí de pie, junto al fuego, calentándose, y Pedro estaba con ellos, también calentándose.

17:11 Algunos manuscritos dicen *tú me has dado a éstos [discípulos]*. 17:12 Algunos manuscritos dicen *yo protegí a los que tú me diste, con el poder de tu nombre*. 18:5a O *Jesús nazareno*; también en 18:7. 18:5b O —*El Yo Soy está aquí*; o —*Yo soy el Señor*; en griego dice *Yo soy*; también en 18:6, 8. Ver Éx 3:14. 18:9 Ver 6:39 y 17:12. 18:13 En griego *ese año*.

El sumo sacerdote interroga a Jesús

[19] Adentro, el sumo sacerdote comenzó a interrogar a Jesús acerca de sus seguidores y de lo que les había estado enseñando. [20] Jesús contestó: «Todos saben lo que enseño. He predicado con frecuencia en las sinagogas y en el templo, donde se reúne el pueblo.* No he hablado en secreto. [21] ¿Por qué me haces a mí esa pregunta? Pregúntales a los que me oyeron, ellos saben lo que dije».

[22] Entonces uno de los guardias del templo que estaba cerca le dio una bofetada a Jesús.

—¿Es ésa la forma de responder al sumo sacerdote? —preguntó.

[23] Jesús contestó:

—Si dije algo indebido, debes demostrarlo. Pero, si digo la verdad, ¿por qué me pegas?

[24] Entonces Anás ató a Jesús y lo envió a Caifás, el sumo sacerdote.

Segunda y tercera negación de Pedro

[25] Mientras tanto, como Simón Pedro seguía de pie junto a la fogata calentándose, volvieron a preguntarle:

—¿No eres tú también uno de sus discípulos?

—No lo soy —negó Pedro.

[26] Pero uno de los esclavos del sumo sacerdote, pariente del hombre al que Pedro le había cortado la oreja, preguntó: «¿No te vi en el huerto de olivos con Jesús?». [27] Una vez más, Pedro lo negó, y enseguida cantó un gallo.

El juicio de Jesús ante Pilato

[28] El juicio de Jesús ante Caifás terminó cerca del amanecer. De allí lo llevaron a la residencia oficial del gobernador romano.* Sus acusadores no entraron porque, de haberlo hecho, se habrían contaminado y no hubieran podido celebrar la Pascua. [29] Por eso Pilato, el gobernador, salió adonde estaban ellos y les preguntó:

—¿Qué cargos tienen contra este hombre?

[30] —¡No te lo habríamos entregado si no fuera un criminal! —replicaron.

[31] —Entonces llévenselo y júzguenlo de acuerdo con la ley de ustedes —les dijo Pilato.

—Sólo los romanos tienen derecho a ejecutar a una persona —respondieron los líderes judíos.

[32] (Con eso se cumplió la predicción de Jesús acerca de la forma en que iba a morir).*

[33] Entonces Pilato volvió a entrar en su residencia y pidió que le trajeran a Jesús.

—¿Eres tú el rey de los judíos? —le preguntó.

[34] Jesús contestó:

—¿Lo preguntas por tu propia cuenta o porque otros te hablaron de mí?

[35] —¿Acaso soy yo judío? —replicó Pilato—.

Tu propio pueblo y sus principales sacerdotes te trajeron a mí para que yo te juzgue. ¿Por qué? ¿Qué has hecho?

[36] Jesús contestó:

—Mi reino no es un reino terrenal. Si lo fuera, mis seguidores lucharían para impedir que yo sea entregado a los líderes judíos. Pero mi reino no es de este mundo.

[37] Pilato le dijo:

—¿Entonces eres un rey?

—Tú dices que soy un rey —contestó Jesús—. En realidad, yo nací y vine al mundo para dar testimonio de la verdad. Todos los que aman la verdad reconocen que lo que digo es cierto.

[38] —¿Qué es la verdad? —preguntó Pilato.

Entonces salió de nuevo adonde estaba el pueblo y dijo:

—Este hombre no es culpable de ningún delito. [39] Pero ustedes tienen la costumbre de pedirme cada año que ponga en libertad a un preso durante la Pascua. ¿Quieren que deje en libertad a ese "Rey de los judíos"?

[40] Pero ellos contestaron a gritos:

—¡No!, a ese hombre, no. ¡Queremos a Barrabás! (Barrabás era un insurgente).

CAPÍTULO **19**

Sentencia de muerte para Jesús

Entonces Pilato mandó azotar a Jesús con un látigo que tenía puntas de plomo. [2] Los soldados armaron una corona de espinas y se la pusieron en la cabeza y lo vistieron con un manto púrpura. [3] «¡Viva el rey de los judíos!» —se burlaban de él mientras lo abofeteaban.

[4] Pilato volvió a salir y le dijo al pueblo: «Ahora lo voy a traer, pero que quede bien claro que yo no lo encuentro culpable de nada». [5] Entonces Jesús salió con la corona de espinas sobre la cabeza y el manto púrpura puesto. Y Pilato dijo: «¡Miren, aquí tienen al hombre!».

[6] Cuando lo vieron, los principales sacerdotes y los guardias del templo comenzaron a gritar: «¡Crucifícalo! ¡Crucifícalo!».

—Llévenselo ustedes y crucifíquenlo —dijo Pilato—. Yo no lo encuentro culpable.

[7] Los líderes judíos respondieron:

—Según nuestra ley, debe morir porque afirmó que era el Hijo de Dios.

[8] Cuando Pilato oyó eso, tuvo más miedo que nunca. [9] Llevó a Jesús de nuevo a la residencia oficial* y le preguntó: «¿De dónde eres?». Pero Jesús no le dio ninguna respuesta.

[10] —¿Por qué no me hablas? —preguntó Pilato—. ¿No te das cuenta de que tengo poder para ponerte en libertad o para crucificarte?

[11] Entonces Jesús le dijo:

—No tendrías ningún poder sobre mí si no

18:20 En griego *pueblo judío;* también en 18:38. **18:28** En griego *al Pretorio;* también en 18:33. **18:32** Ver 12:32-33. **19:9** En griego *al Pretorio.*

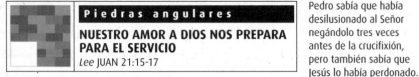

Piedras angulares

NUESTRO AMOR A DIOS NOS PREPARA PARA EL SERVICIO
Lee JUAN 21:15-17

Pedro sabía que había desilusionado al Señor negándolo tres veces antes de la crucifixión, pero también sabía que Jesús lo había perdonado.

Así que Jesús probó a Pedro haciéndole tres veces la inquisitiva pregunta: «¿Pedro, me amas?». Las respuestas de Pedro a las preguntas de Jesús tienen gran significado en el lenguaje original del texto. Cuando Jesús le habló, básicamente le estaba preguntando: «Pedro, ¿tú me amas con amor leal y de sacrificio?» Pedro, sin embargo, contestó con una palabra diferente para el «amor» que Jesús había sugerido. Pedro dijo: «Señor, te quiero. Te amo como a un amigo».

Por lo menos, Pedro era honesto. Dijo la verdad a Jesús acerca de su dedicación. Es interesante, que Jesús todavía lo consideró como uno de sus siervos y le encomendó alimentar y cuidar a sus ovejas. Jesús deseaba que Pedro afirmara su devoción al Señor antes de darle indicaciones para que le sirviera. Como lo implica esta historia, debemos amar a Dios antes que podamos servirle fielmente. ¿Amas tú a Dios?

Aquí hay cinco maneras de comprobar si tú realmente amas a Dios y estás creciendo en ese amor para él. Si amas a Dios:

1. Anhelarás tener comunión con él. ¿Te identificas con las palabras del salmista: «Como el ciervo anhela las corrientes de las aguas, así te anhelo a ti, oh Dios» (Salmo 42:1)? Cuando tú amas realmente a Dios, te deleitarás en adorarlo y alabarlo. Esto es porque tu adoración y alabanza brotan de un corazón lleno de amor a Dios. Y este amor hace que anheles pasar más tiempo con él y alabándole con otros creyentes.

2. Amarás las cosas que él ama. Sabemos cuáles son las cosas que Dios ama porque él las ha declarado en su Palabra, la Biblia. Así que, si tú amas a Dios, amarás su Palabra. El estudio bíblico no te será monótono, sino una delicia.

3. Odiarás lo que él odia. Cuando la naturaleza del Señor se convierte en tu propia naturaleza, sus gustos y disgustos son también los tuyos. Su percepción de las cosas llega a ser la tuya. Sabemos por su Palabra que él odia el pecado. Si nosotros lo amamos, también odiaremos el pecado.

4. Anhelarás su regreso. Jesús se describe a sí mismo como un novio (Marcos 2:19). Su esposa es la iglesia, es decir, el cuerpo de creyentes (Efesios 5:23-29). Cuando Jesús regrese, se unirá a su iglesia. Por lo tanto, si tú amas al Señor, anhelarás su regreso, tanto como un novio y una novia se anhelan el uno al otro.

5. Si amas al Señor, guardarás sus mandamientos. Jesús dice: «Si me aman, obedezcan mis mandamientos» (Juan 14:15). Esto no significa que nunca pecarás. Aunque es imposible para cualquiera de nosotros que amamos a Dios, andar sobre un camino desenfrenado de pecado, es posible caer en algún pecado personal. Pero si amamos a Dios, nos arrepentiremos de ese pecado y buscaremos su perdón, y nuestro estilo de vida será conforme a las verdades halladas en su Palabra.

¿Amas al Señor? Igual que Pedro, puedes ser tentado a pensar que no amas al Señor cuando pecas. Puedes pensar que Dios nunca más te tendrá a su servicio. Sé honesto con Dios; entonces comienza a restablecer esa relación. Cuando reafirmes tu amor por él, Dios te abrirá oportunidades para que le sirvas y compartas ese amor con otros. Un corazón consagrado conduce a un servicio consagrado.

Para leer la próxima nota de «Amor», ve a la pág. A28.

---

te lo hubieran dado desde lo alto. Así que el que me entregó en tus manos es el que tiene el mayor pecado.

¹²Entonces Pilato trató de poner en libertad a Jesús, pero los líderes judíos gritaron: «Si pones en libertad a ese hombre, no eres "amigo del César"*. todo el que se proclama a sí mismo rey está en rebeldía contra el César».

19:12 «Amigo del César» es un término técnico para referirse a un aliado del emperador.

¹³ Cuando dijeron eso, Pilato llevó de nuevo a Jesús ante el pueblo. Entonces Pilato se sentó en el tribunal, en la plataforma llamada el Empedrado (en hebreo, *Gabata*). ¹⁴ Ya era el día de preparación para la Pascua, cerca del mediodía. Y Pilato dijo al pueblo:* «¡Miren, aquí tienen a su rey!».

¹⁵ «¡Llévatelo! ¡Llévatelo! —gritaban—. ¡Crucifícalo!».

—¿Cómo dicen?, ¿qué yo crucifique a su rey? —preguntó Pilato.

—No tenemos otro rey más que el César —le contestaron a gritos los principales sacerdotes.

¹⁶ Entonces Pilato les entregó a Jesús para que lo crucificaran.

La crucifixión

Así que se llevaron a Jesús. ¹⁷ Él, cargando su propia cruz, fue al sitio llamado Lugar de la Calavera (en hebreo, *Gólgota*). ¹⁸ Allí lo clavaron en la cruz. También crucificaron a otros dos con él, uno a cada lado, y a Jesús, en medio. ¹⁹ Y Pilato colocó un letrero sobre la cruz, que decía: «Jesús de Nazaret,* el Rey de los judíos». ²⁰ El lugar donde crucificaron a Jesús estaba cerca de la ciudad, y el letrero estaba escrito en hebreo, en latín y en griego, para que muchos* pudieran leerlo.

²¹ Entonces los principales sacerdotes se opusieron y le dijeron a Pilato:

—Cambia la inscripción "el Rey de los judíos" por una que diga "Él dice: Yo soy el Rey de los judíos".

²² —No —respondió Pilato—. Lo que he escrito, escrito está y así quedará.

²³ Una vez que los soldados terminaron de crucificarlo, tomaron la ropa de Jesús y la dividieron en cuatro partes, una para cada uno de ellos. También tomaron la túnica, la cual no tenía costura y había sido tejida de arriba a abajo en una sola pieza. ²⁴ Así que dijeron: «En lugar de rasgarla, tiremos los dados* para ver quién se la queda». Con eso se cumplió la Escritura que dice: «Se repartieron entre ellos mi vestimenta y tiraron los dados por mi ropa»*. Así que eso fue lo que hicieron.

²⁵ Estaban de pie junto a la cruz la madre de Jesús, la hermana de su madre, María la esposa de Cleofas y María Magdalena. ²⁶ Cuando Jesús vio a su madre al lado del discípulo que él amaba, le dijo: «Apreciada mujer, ahí tienes a tu hijo». ²⁷ Y al discípulo le dijo: «Ahí tienes a tu madre». Y, a partir de entonces, ese discípulo la llevó a vivir a su casa.

Muerte de Jesús

²⁸ Jesús sabía que su misión ya había terminado y, para cumplir las Escrituras, dijo: «Tengo sed»*. ²⁹ Había allí una vasija de vino agrio, así que mojaron una esponja en el vino, la pusieron en una rama de hisopo y la acercaron a los labios de Jesús. ³⁰ Después de probar el vino, Jesús dijo: «¡Todo ha terminado!». Entonces inclinó la cabeza y entregó su espíritu.

³¹ Era el día de preparación, y los líderes judíos no querían que los cuerpos permanecieran allí colgados el día siguiente, que era el día de descanso (y uno muy especial, porque era la Pascua). Entonces le pidieron a Pilato que mandara a quebrarles las piernas a los crucificados para apresurarles la muerte. Así podrían bajar los cuerpos. ³² Entonces los soldados fueron y les quebraron las piernas a los dos hombres crucificados con Jesús. ³³ Pero, cuando llegaron a Jesús, vieron que ya estaba muerto, así que no le quebraron las piernas. ³⁴ Sin embargo, uno de los soldados le atravesó el costado con una lanza y, de inmediato, salió sangre y agua. ³⁵ (La información anterior proviene de un testigo ocular que presenta un relato fiel. Él dice la verdad para que ustedes también crean*). ³⁶ Esas cosas sucedieron para que se cumplieran las Escrituras que dicen: «Ni uno de sus huesos será quebrado»* ³⁷ y «Mirarán al que atravesaron»*.

Sepultura de Jesús

³⁸ Más tarde, José de Arimatea, quien había sido un discípulo secreto de Jesús (por temor a los líderes judíos), pidió permiso a Pilato para bajar el cuerpo de Jesús. Cuando Pilato concedió el permiso, José fue a buscar el cuerpo y se lo llevó. ³⁹ Lo acompañó Nicodemo, el hombre que había ido a ver a Jesús de noche. Llevó consigo unos treinta y tres kilos* de ungüento perfumado, una mezcla de mirra y áloe. ⁴⁰ De acuerdo con la costumbre de los entierros judíos, envolvieron el cuerpo de Jesús untado con las especias en largos lienzos de lino. ⁴¹ El lugar de la crucifixión estaba cerca de un huerto donde había una tumba nueva que nunca se había usado. ⁴² Y, como era el día de preparación para la Pascua* y la tumba estaba cerca, pusieron a Jesús allí.

CAPÍTULO 20
La resurrección

El domingo por la mañana temprano,* mientras aún estaba oscuro, María Magdalena llegó a la tumba y vio que habían rodado la piedra de la

---

19:14 En griego *pueblo judío.* 19:19 O *Jesús nazareno.* 19:20 En griego *muchos judíos.* 19:24a En griego *echemos suertes.* 19:24b Sal 22:18. 19:28 Ver Sal 22:15; 69:21. 19:35 Algunos manuscritos dicen *puedan seguir creyendo.* 19:36 Éx 12:46; Nm 9:12; Sal 34:20. 19:37 Zac 12:10. 19:39 En griego *100 libras* (antiguas) [75 libras]. 19:42 En griego *debido al día de preparación judío.* 20:1 En griego *El primer día de la semana.*

entrada. ²Corrió y se encontró con Simón Pedro y con el otro discípulo, a quien Jesús amaba. Les dijo: «¡Sacaron de la tumba el cuerpo del Señor, y no sabemos dónde lo pusieron!».

³Pedro y el otro discípulo se dirigieron a la tumba. ⁴Ambos iban corriendo, pero el otro discípulo corrió más aprisa que Pedro y llegó primero a la tumba. ⁵Se agachó a mirar adentro y vio los lienzos de lino apoyados ahí, pero no entró. ⁶Luego llegó Simón Pedro y entró en la tumba. Él también notó los lienzos de lino allí, ⁷pero el lienzo que había cubierto la cabeza de Jesús estaba doblado y colocado aparte de las otras tiras. ⁸Entonces el discípulo que había llegado primero a la tumba también entró y vio y creyó, ⁹porque hasta ese momento aún no habían entendido las Escrituras que decían que Jesús tenía que resucitar de los muertos. ¹⁰Después cada uno se fue a su casa.

Jesús se aparece a María Magdalena

¹¹María se encontraba llorando fuera de la tumba y, mientras lloraba, se agachó y miró adentro. ¹²Vio a dos ángeles vestidos con vestiduras blancas, uno sentado a la cabecera y el otro a los pies, en el lugar donde había estado el cuerpo de Jesús.

¹³—Apreciada mujer, ¿por qué lloras? —le preguntaron los ángeles.

—Porque se han llevado a mi Señor —contestó ella—, y no sé dónde lo han puesto.

¹⁴Dio la vuelta para irse y vio a alguien que estaba de pie allí. Era Jesús, pero ella no lo reconoció.

¹⁵—Apreciada mujer, ¿por qué lloras? —le preguntó Jesús—. ¿A quién buscas?

Ella pensó que era el jardinero y le dijo:

—Señor, si usted se lo ha llevado, dígame dónde lo puso, y yo iré a buscarlo.

¹⁶—¡María! —dijo Jesús.

Ella giró hacia él y exclamó:

—¡Raboní! (que en hebreo significa "Maestro").

¹⁷—No te aferres a mí —le dijo Jesús—, porque todavía no he subido al Padre. Pero ve a buscar a mis hermanos y diles: "Voy a subir a mi Padre y al Padre de ustedes, a mi Dios y al Dios de ustedes".

¹⁸María Magdalena encontró a los discípulos y les dijo: «¡He visto al Señor!». Y les dio el mensaje de Jesús.

Jesús se aparece a sus discípulos

¹⁹Ese domingo, al atardecer,* los discípulos estaban reunidos con las puertas bien cerradas porque tenían miedo de los líderes judíos. De pronto, ¡Jesús estaba de pie en medio de ellos!

«La paz sea con ustedes» —dijo. ²⁰Mientras hablaba, les mostró las heridas de sus manos y su costado. ¡Ellos se llenaron de alegría cuando vieron al Señor! ²¹Una vez más les dijo: «La paz sea con ustedes. Como el Padre me envió a mí, así yo los envío a ustedes». ²²Entonces sopló sobre ellos y les dijo: «Reciban al Espíritu Santo. ²³Si ustedes perdonan los pecados de alguien, esos pecados son perdonados; si ustedes no los perdonan, esos pecados no son perdonados».

Jesús se aparece a Tomás

²⁴Tomás, uno de los doce discípulos (al que apodaban el Gemelo),* no estaba con los otros cuando llegó Jesús. ²⁵Ellos le contaron:

—¡Hemos visto al Señor!

Pero él respondió:

—No lo creeré a menos que vea las heridas de los clavos en sus manos, meta mis dedos en ellas y ponga mi mano dentro de la herida de su costado.

²⁶Ocho días después, los discípulos estaban juntos de nuevo, y esa vez Tomás se encontraba con ellos. Las puertas estaban bien cerradas; pero de pronto, igual que antes, Jesús estaba de pie en medio de ellos y dijo: «La paz sea con ustedes». ²⁷Entonces le dijo a Tomás:

—Pon tu dedo aquí y mira mis manos; mete tu mano en la herida de mi costado. Ya no seas incrédulo. ¡Cree!

²⁸—¡Mi Señor y mi Dios! —exclamó Tomás.

²⁹Entonces Jesús le dijo:

—Tú crees porque me has visto, benditos los que creen sin verme.

Propósito del libro

³⁰Los discípulos vieron a Jesús hacer muchas otras señales milagrosas además de las registradas en este libro. ³¹Pero éstas se escribieron para que ustedes sigan creyendo* que Jesús es el Mesías, el Hijo de Dios, y para que, al creer en él, tengan vida por el poder de su nombre.

CAPÍTULO **21**

Epílogo: Jesús se aparece a siete discípulos
Más tarde, Jesús se apareció nuevamente a los discípulos junto al mar de Galilea.* Éste es el relato de lo que sucedió. ²Varios de sus discípulos se encontraban allí: Simón Pedro, Tomás (al que apodaban el Gemelo),* Natanael de Caná de Galilea, los hijos de Zebedeo y otros dos discípulos.

³Simón Pedro dijo:

—Me voy a pescar.

—Nosotros también vamos —dijeron los demás.

20:19 En griego *Al atardecer de ese día, el primer día de la semana.*   **20:24** En griego *Tomás, a quien llamaban Dídimo.*
20:31 Algunos manuscritos dicen *puedan seguir creyendo.*   **21:1** En griego *mar de Tiberias,* otro nombre para el mar de Galilea.   **21:2** En griego *Tomás, a quien llamaban Dídimo.*

Así que salieron en la barca, pero no pescaron nada en toda la noche. [4]Al amanecer, Jesús apareció en la playa, pero los discípulos no podían ver quién era. [5]Les preguntó:

—Amigos,* ¿pescaron algo?

—No —contestaron ellos.

[6]Entonces él dijo:

—¡Echen la red a la derecha de la barca y tendrán pesca!

Ellos lo hicieron y no podían sacar la red por la gran cantidad de peces que contenía.

[7]Entonces el discípulo a quien Jesús amaba le dijo a Pedro: «¡Es el Señor!». Cuando Simón Pedro oyó que era el Señor, se puso la túnica (porque se la había quitado para trabajar), se tiró al agua y se dirigió hacia la orilla. [8]Los otros se quedaron en la barca y arrastraron la pesada red llena de pescados hasta la orilla, porque estaban sólo a unos noventa metros* de la playa. [9]Cuando llegaron, encontraron el desayuno preparado para ellos: pescado a la brasa y pan.

[10]«Traigan algunos de los pescados que acaban de sacar» —dijo Jesús. [11]Así que Simón Pedro subió a la barca y arrastró la red hasta la orilla. Había 153 pescados grandes, y aun así la red no se había roto.

[12]«Ahora acérquense y desayunen!» —dijo Jesús. Ninguno de los discípulos se atrevió a preguntarle: «¿Quién eres?». Todos sabían que era el Señor. [13]Entonces Jesús les sirvió el pan y el pescado. [14]Ésa fue la tercera vez que se apareció a sus discípulos después de haber resucitado de los muertos.

[15]Después del desayuno, Jesús le preguntó a Simón Pedro:

—Simón, hijo de Juan, ¿me amas más que estos?*

—Sí, Señor —contestó Pedro—, tú sabes que te quiero.

—Entonces, alimenta a mis corderos —le dijo Jesús.

[16]Jesús repitió la pregunta:

—Simón, hijo de Juan, ¿me amas?

—Sí, Señor —dijo Pedro—, tú sabes que te quiero.

—Entonces, cuida de mis ovejas —dijo Jesús.

[17]Le preguntó por tercera vez:

—Simón, hijo de Juan, ¿me quieres?

A Pedro le dolió que Jesús le dijera la tercera vez: «¿Me quieres?». Le contestó:

—Señor, tú sabes todo. Tú sabes que yo te quiero.

Jesús dijo:

—Entonces, alimenta a mis ovejas.

[18]»Te digo la verdad, cuando eras joven, podías hacer lo que querías; te vestías tú mismo e ibas adonde querías ir. Pero, cuando seas viejo, extenderás los brazos, y otros te vestirán y te llevarán* adonde no quieras ir.

[19]Jesús dijo eso para darle a conocer el tipo de muerte con la que Pedro glorificaría a Dios. Entonces Jesús le dijo: «Sígueme».

[20]Pedro se dio vuelta y vio que, detrás de ellos, estaba el discípulo a quien Jesús amaba, el que se había inclinado hacia Jesús durante la cena para preguntarle: «Señor, ¿quién va a traicionarte?». [21]Pedro le preguntó a Jesús:

—Señor, ¿qué va a pasar con él?

[22]Jesús contestó:

—Si quiero que él siga vivo hasta que regrese, ¿qué tiene que ver contigo? En cuanto a ti, sígueme.

[23]Así que, entre la comunidad de los creyentes,* corrió el rumor de que ese discípulo no moriría. Pero eso no fue lo que Jesús dijo en absoluto. Él sólo dijo: «Si quiero que él siga vivo hasta que regrese, ¿qué tiene que ver contigo?».

[24]Ese discípulo es el que da testimonio de todos estos sucesos y los ha registrado en este libro. Y sabemos que su relato es fiel.

[25]Jesús también hizo muchas otras cosas. Si todas se pusieran por escrito, supongo que el mundo entero no podría contener los libros que se escribirían.

21:5 En griego *Hijos.*   21:8 En griego *200 codos* [100 yardas].   21:15 O ¿me amas más que ellos? o ¿me amas más que estas [cosas]?   21:18 Algunos manuscritos dicen algún otro te vestirá y te llevará.   21:23 En griego los hermanos.

Hechos

AUTOR: **LUCAS** | FECHA DE ESCRITURA: **63-70 d. de J. C.** | GÉNERO: **HISTORIA**

Hechos describe el principio del desarrollo de la iglesia y también su rápido crecimiento. Revela cómo el dinámico poder del Espíritu Santo transformó un variado grupo de pescadores, cobradores de impuestos, y personas comunes y corrientes en individuos que trastornaron su mundo con el evangelio de Jesucristo.

CAPÍTULO **1**

La promesa del Espíritu Santo

Teófilo, en mi primer libro* te relaté todo lo que Jesús comenzó a hacer y a enseñar ²hasta el día que fue llevado al cielo, después de haberles dado a sus apóstoles escogidos instrucciones adicionales por medio del Espíritu Santo. ³Durante los cuarenta días posteriores a su crucifixión, Cristo se apareció varias veces a los apóstoles y les demostró con muchas pruebas convincentes que él realmente estaba vivo. Y les habló del reino de Dios.

⁴Una vez, mientras comía con ellos, les ordenó: «No se vayan de Jerusalén hasta que el Padre les envíe el regalo que les prometió, tal como les dije antes. ⁵Juan bautizaba con* agua pero, en unos cuantos días ustedes serán bautizados con el Espíritu Santo».

La ascensión de Jesús

⁶Así que, mientras los apóstoles estaban con Jesús, le preguntaron con insistencia:

—Señor, ¿ha llegado ya el tiempo de que liberes a Israel y restaures nuestro reino?

⁷Él les contestó:

—Sólo el Padre tiene la autoridad para fijar esas fechas y tiempos, y a ustedes no les corresponde saberlo. ⁸Pero recibirán poder cuando el Espíritu Santo descienda sobre ustedes. Y serán mis testigos, y le hablarán a la gente acerca de mí en todas partes: en Jerusalén, por toda Judea, en Samaria y hasta los lugares más lejanos de la tierra.

⁹Después de decir esto, Jesús fue levantado en una nube mientras ellos observaban, y hasta que ya no pudieron verlo. ¹⁰Y mientras se esforzaban por verlo ascender al cielo, dos hombres vestidos con túnicas blancas de repente se pusieron en medio de ellos. ¹¹«Hombres de Galilea —les dijeron—, ¿por qué están aquí parados, mirando al cielo? Jesús fue tomado de entre ustedes y llevado al cielo, ¡pero un día volverá del cielo de la misma manera en que lo vieron irse!».

Matías toma el lugar de Judas

¹²Después los apóstoles regresaron del Monte de los Olivos a Jerusalén, a un kilómetro* de distancia. ¹³Cuando llegaron, subieron a la habitación de la planta alta de la casa donde se hospedaban.

Éstos son los nombres de los que estaban presentes: Pedro, Juan, Santiago, Andrés, Felipe, Tomás, Bartolomé, Mateo, Santiago (hijo de Alfeo), Simón (el Zelote) y Judas (hijo de Santiago). ¹⁴Todos se reunían y estaban constantemente unidos en oración junto con María, la madre de Jesús, varias mujeres más y los hermanos de Jesús.

¹⁵Durante aquellos días, cuando aproximadamente ciento veinte creyentes* estaban juntos en un mismo lugar, Pedro se puso de pie y se dirigió a ellos: ¹⁶«Hermanos —les dijo—, las Escrituras tenían que cumplirse con respecto a Judas, quien guió a los que arrestaron a Jesús. Esto lo predijo hace mucho tiempo el Espíritu Santo cuando habló por medio del rey David. ¹⁷Judas era uno de nosotros y participó con nosotros en el ministerio». ¹⁸(Judas había comprado un campo con el dinero que recibió por su traición. Allí cayó de cabeza, se le reventó el cuerpo y se le derramaron todos los intestinos. ¹⁹La noticia de su muerte llegó a todos los habitantes de Jerusalén, y ellos

1:1 Se refiere al Evangelio de Lucas. 1:5 O *en;* también en 1:5b. 1:12 En griego *trayecto de un día de descanso.* 1:15 En griego *hermanos.*

le pusieron a ese lugar el nombre arameo *Acéldama*, que significa «Campo de Sangre»).

20«Esto estaba escrito en el libro de los Salmos —continuó Pedro—, donde dice: "Que su casa quede desolada y que nadie viva en ella". También dice: "Que otro tome su lugar"*.

21»Entonces ahora tenemos que elegir a alguien que tome el lugar de Judas entre los hombres que estaban con nosotros todo el tiempo mientras viajábamos con el Señor Jesús, 22desde el día que Juan lo bautizó hasta el día que fue tomado de entre nosotros. El que salga elegido se unirá a nosotros como testigo de la resurrección de Jesús».

23Así que propusieron a dos hombres: a José —a quien llamaban Barsabás (también conocido como Justo)— y a Matías. 24Después todos ellos oraron: «Oh Señor, tú conoces cada corazón. Muéstranos a cuál de estos hombres has elegido 25como apóstol para que tome el lugar de Judas en este ministerio, porque él nos ha abandonado y se ha ido al lugar que le corresponde». 26Entonces echaron suertes, y Matías fue elegido para ser apóstol con los otros once.

CAPÍTULO 2
La llegada del Espíritu Santo

El día de Pentecostés,* todos los creyentes estaban reunidos en un mismo lugar. 2De repente, se oyó un ruido desde el cielo parecido al estruendo de un viento fuerte e impetuoso que llenó la casa donde estaban sentados. 3Luego, algo parecido a unas llamas o lenguas de fuego aparecieron y se posaron sobre cada uno de ellos. 4Y todos los presentes fueron llenos del Espíritu Santo y comenzaron a hablar en otros idiomas,* conforme el Espíritu Santo les daba esa capacidad.

5En esa ocasión, había judíos devotos de todas las naciones, que vivían en Jerusalén. 6Cuando oyeron el fuerte ruido, todos llegaron corriendo y quedaron desconcertados al escuchar sus propios idiomas hablados por los creyentes. 7Estaban totalmente asombrados. «¿Cómo puede ser? —exclamaban—. Todas estas personas son de Galilea, 8¡y aún así las oímos hablar en nuestra lengua materna! 9Aquí estamos nosotros: partos, medos, elamitas, gente de Mesopotamia, Judea, Capadocia, Ponto, de la provincia de Asia, 10de Frigia, Panfilia, Egipto y de las áreas de Libia alrededor de Cirene, visitantes de Roma 11(tanto judíos como convertidos al judaísmo), cretenses y árabes. ¡Y todos oímos a esta gente hablar en nuestro propio idioma acerca de las cosas maravillosas que

Dios ha hecho!». 12Quedaron allí, maravillados y perplejos. «¿Qué querrá decir esto?», se preguntaban unos a otros.

13Pero otros entre la multitud se burlaban de ellos diciendo: «Sólo están borrachos, eso es todo».

Pedro predica a la multitud

14Entonces Pedro dio un paso adelante junto con los otros once apóstoles y gritó a la multitud: «¡Escuchen con atención, todos ustedes, compatriotas judíos y residentes de Jerusalén! No se equivoquen. 15Estas personas no están borrachas, como algunos de ustedes suponen. Las nueve de la mañana es demasiado temprano para emborracharse. 16No, lo que ustedes ven es lo que el profeta Joel predijo hace mucho tiempo:

17 "En los últimos días —dice Dios—,
    derramaré mi Espíritu sobre toda la
        gente.
    Sus hijos e hijas profetizarán.
    Sus jóvenes tendrán visiones,
        y sus ancianos tendrán sueños.
18 En esos días derramaré mi Espíritu
    aun sobre mis siervos —hombres y
        mujeres por igual—
    y profetizarán.
19 Y haré maravillas arriba en los cielos
    y señales abajo en la tierra:
        sangre, fuego y nubes de humo.
20 El sol se oscurecerá,
    y la luna se pondrá roja como la sangre
    antes de que llegue el grande y glorioso
        día del SEÑOR.
21 Pero todo el que invoque el nombre del
        SEÑOR
    será salvo"*.

22»Pueblo de Israel, ¡escucha! Dios públicamente aprobó a Jesús de Nazaret* al hacer milagros poderosos, maravillas y señales por medio de él, como ustedes bien saben. 23Pero Dios sabía lo que iba a suceder y su plan predeterminado se llevó a cabo cuando Jesús fue traicionado. Con la ayuda de gentiles* sin ley, ustedes lo clavaron en la cruz y lo mataron. 24Pero Dios lo liberó de los terrores de la muerte y lo volvió a la vida, pues la muerte no pudo retenerlo bajo su dominio. 25El rey David dijo lo siguiente acerca de él:

"Veo que el SEÑOR siempre está conmigo.
    No seré sacudido, porque él está aquí a
        mi lado.
26 ¡Con razón mi corazón está contento,
    y mi lengua grita sus alabanzas!
    Mi cuerpo descansa en esperanza.

1:20 Sal 69:25; 109:8.   2:1 El festival de Pentecostés se celebra 50 días después de la Pascua (cuando Jesús fue crucificado).   2:4 O *en otras lenguas.*   2:17-21 Jl 2:28-32.   2:22 O *Jesús nazareno.*   2:23 *Gentil[es],* que no es judío.

²⁷ Pues tú no dejarás mi alma entre los
    muertos*
    ni permitirás que tu Santo se pudra en la
    tumba.
²⁸ Me has mostrado el camino de la vida
    y me llenarás con la alegría de tu
    presencia"*.

²⁹»Queridos hermanos, ¡piensen en esto!
Pueden estar seguros de que el patriarca David
no se refería a sí mismo, porque él murió, fue
enterrado y su tumba está todavía aquí entre
nosotros. ³⁰Pero él era un profeta y sabía que
Dios había prometido mediante un juramento
que uno de los propios descendientes de David
se sentaría en su trono. ³¹David estaba mirando
hacia el futuro y hablaba de la resurrección del
Mesías. Él decía que Dios no lo dejaría entre
los muertos ni permitiría que su cuerpo se pudriera en la tumba.

³²»Dios levantó a Jesús de los muertos y de
esto todos nosotros somos testigos. ³³Ahora él
ha sido exaltado al lugar de más alto honor en
el cielo, a la derecha de Dios. Y el Padre, según
lo había prometido, le dio el Espíritu Santo para
que lo derramara sobre nosotros, tal como ustedes lo ven y lo oyen hoy. ³⁴Pues David nunca
ascendió al cielo, sin embargo, dijo:

"El SEÑOR dijo a mi Señor:
    'Siéntate en el lugar de honor a mi
        derecha,
³⁵ hasta que humille a tus enemigos
    y los ponga por debajo de tus pies'"*.

³⁶»Por lo tanto, que todos en Israel sepan sin
lugar a dudas, que a este Jesús, a quien ustedes
crucificaron, ¡Dios lo ha hecho tanto Señor
como Mesías!».

³⁷Las palabras de Pedro traspasaron el corazón de ellos, quienes le dijeron a él y a los
demás apóstoles:

—Hermanos, ¿qué debemos hacer?

³⁸Pedro contestó:

—Cada uno de ustedes debe arrepentirse de
sus pecados y volver a Dios, y ser bautizado en el
nombre de Jesucristo para el perdón de sus pecados. Entonces recibirán el regalo del Espíritu
Santo. ³⁹Esta promesa es para ustedes, para sus
hijos e incluso para los gentiles,* es decir, para
todos los que han sido llamados por el Señor
nuestro Dios. ⁴⁰Entonces Pedro siguió predicando por largo rato, les rogaba con insistencia
a todos sus oyentes: «¡Sálvense de esta generación perversa!».

⁴¹Los que creyeron lo que Pedro dijo fueron
bautizados y sumados a la iglesia en ese mismo
día, como tres mil en total.

EL ESPÍRITU DE DIOS DARÁ PODER A TU TESTIMONIO
Lee HECHOS 1:8

Una de las grandes cosas que el Espíritu Santo
desea hacer en la vida del creyente es darle
poder para testificar. La palabra *poder* en este
versículo viene de la palabra griega *dunamis*,
de la cual obtenemos también las palabras
dinamita, *dinámico* y *dínamo*. Dios no nos da
el poder del Espíritu Santo para sentir algo,
sino para *hacer* algo.

A veces, el poder del Espíritu Santo actúa
en nuestra vida como dinamita, estallando en
nosotros con vigor, sacudiéndonos de nuestra
complacencia, y motivándonos a crecer espiritualmente. Otras veces, el Espíritu de Dios
es como un generador que produce fuerza
eléctrica que nos ayuda a vivir cada día en
un nivel que nunca hubiéramos alcanzado
antes con nuestras propias fuerzas. Debemos
recordar las estimulantes palabras que el
apóstol Pablo dijo al joven Timoteo: «Pues
Dios no nos ha dado un espíritu de temor y
timidez sino de poder, amor y autodisciplina»
(2 Timoteo 1:7).

¿Eres tímido en tu testimonio de Cristo? ¿Te
es difícil hablar de lo que crees? Entonces necesitas conectarte al poder que el Señor pone
a tu alcance a través de su Espíritu. El Espíritu
Santo de Dios te dará una amplia provisión de
valentía, poder y persuasión en tu testimonio
que nunca antes has experimentado.

*Para leer la próxima nota de «Vive en el
poder de Dios», ve a la pág. A39.*

Los creyentes forman una comunidad
⁴²Todos los creyentes se dedicaban a las enseñanzas de los apóstoles, a la comunión fraternal, a participar juntos en las comidas (entre
ellas la Cena del Señor*), y a la oración.

⁴³Un profundo temor reverente vino sobre
todos ellos, y los apóstoles realizaban muchas señales milagrosas y maravillas. ⁴⁴Todos
los creyentes se reunían en un mismo lugar y
compartían todo lo que tenían. ⁴⁵Vendían sus
propiedades y posesiones y compartían el dinero con aquéllos en necesidad. ⁴⁶Adoraban
juntos en el templo cada día, se reunían en

2:27 En griego *en el Hades;* también en 2:31. **2:25-28** Sal 16:8-11 (versión griega). **2:34-35** Sal 110:1. **2:39** O *y para la
gente en el futuro lejano;* en griego dice *y para los que están lejos.* **2:42** En griego *partiendo el pan;* también en 2:46.

Piedras angulares
A QUIÉNES AYUDA EL ESPÍRITU SANTO
Lee HECHOS 2:1-41

¿A quiénes ayuda el Espíritu Santo? El Espíritu Santo ha sido dado a todos los creyentes para que profundicen su vida espiritual, y además capacitarlos para que hagan un impacto en el mundo en favor de Jesucristo. Este pasaje ilustra tres aspectos de la obra extraordinaria del Espíritu Santo en la vida de los creyentes.

1. El Espíritu Santo llena a todos los creyentes. En el Antiguo Testamento, el Espíritu Santo fue dado a ciertas personas para que hicieran alguna obra específica. Este capítulo indica un cambio en el plan. El Espíritu Santo fue derramado sobre todos los creyentes que estaban ese día en la casa (versículo 4), y estuvo presente en cada uno de ellos desde ese día en adelante. Dios utilizó este derramamiento del Espíritu para establecer la iglesia y proclamar el mensaje del evangelio alrededor del mundo (lee el versículo 39).

2. El Espíritu Santo dirige la atención al Salvador. Observemos que Pedro no hace mención del extraordinario hecho que acababa de suceder, sino que lleva la atención de la multitud al mensaje de Jesucristo y la necesidad del arrepentimiento. Igualmente, el Espíritu Santo no llama la atención sobre sí mismo, sino sobre el Salvador. Cuando él llena por completo tu vida, aumenta de forma radical tu habilidad para compartir el evangelio con otros.

3. El Espíritu Santo inspiró el mensaje de Pedro. El sermón de Pedro, inspirado por el Espíritu Santo, llevó a la gente a una decisión: «¿Qué debemos hacer?» (versículo 37). La gente no fue atraída a Pedro, sino a su mensaje. El Espíritu Santo trabajó poderosamente ese día, y tres mil personas respondieron al mensaje.

El Espíritu Santo ha sido prometido a todos aquellos que se arrepienten y reciben a Jesús. Mucha gente no comprende bien quién es el Espíritu Santo ni la dimensión de poder que es posible obtener por medio de él. Será de ayuda examinar lo que pasó después que los discípulos recibieron la llenura del Espíritu que Jesús les había prometido (lee Hechos 1:8, pág. 137).

Para leer la próxima nota de «¿Quién es el Espíritu Santo?», ve a la pág. A23.

---

casas para la Cena del Señor y compartían sus comidas con gran gozo y generosidad,* [47] todo el tiempo alabando a Dios y disfrutando de la buena voluntad de toda la gente. Y cada día el Señor agregaba a esa comunidad cristiana los que iban siendo salvos.

CAPÍTULO **3**

Pedro sana a un mendigo inválido
Cierta tarde, Pedro y Juan fueron al templo para participar en el servicio de oración de las tres de la tarde. [2] Mientras se acercaban al templo, entraba siendo cargado un hombre cojo de nacimiento. Todos los días lo ponían junto a la puerta del templo, la que se llama Puerta Hermosa, para que pudiera pedir limosna a la gente que entraba. [3] Cuando el hombre vio que Pedro y Juan estaban por entrar, les pidió dinero. [4] Pedro y Juan lo miraron fijamente, y Pedro le dijo: «¡Míranos!». [5] El hombre lisiado los miró ansiosamente, esperando recibir un poco de dinero, [6] pero Pedro le dijo: «Yo no tengo plata ni oro para ti. Pero te daré lo que tengo. En el nombre de Jesucristo de Nazaret,* ¡levántate y* camina!».

[7] Entonces Pedro tomó al hombre lisiado de la mano derecha y lo ayudó a levantarse. Y, mientras lo hacía, al instante los pies y los tobillos del hombre fueron sanados y fortalecidos. [8] ¡Se levantó de un salto, se puso de pie y comenzó a caminar! Luego entró en el templo con ellos caminando, saltando y alabando a Dios. [9] Toda la gente lo vio caminar y lo oyó adorar a Dios. [10] Cuando se dieron cuenta de que él era el mendigo cojo que muchas veces habían visto junto a la Puerta Hermosa, ¡quedaron totalmente sorprendidos! [11] Llenos de asombro, salieron todos corriendo hacia el Pórtico de Salomón, donde estaba el hombre sujetando fuertemente a Pedro y a Juan.

Pedro predica en el templo
[12] Pedro vio esto como una oportunidad y se dirigió a la multitud: «Pueblo de Israel —dijo—, ¿qué hay de sorprendente en esto? ¿Y por qué se nos quedan viendo como si nosotros hubiéramos hecho caminar a este hombre con nuestro propio poder o nuestra propia recti-

2:46 O *y corazones sinceros.* **3:6a** O *Jesucristo nazareno.* **3:6b** Algunos manuscritos no incluyen *levántate y.*

tud? [13] Pues es el Dios de Abraham, de Isaac y de Jacob —el Dios de todos nuestros antepasados— quien dio gloria a su siervo Jesús al hacer este milagro. Es el mismo Jesús a quien ustedes rechazaron y entregaron a Pilato, a pesar de que Pilato había decidido ponerlo en libertad. [14] Ustedes rechazaron a ese santo y justo y, en su lugar, exigieron que soltaran a un asesino. [15] Ustedes mataron al autor de la vida, pero Dios lo levantó de los muertos. ¡Y nosotros somos testigos de ese hecho!

[16] »Por la fe en el nombre de Jesús, este hombre fue sanado, y ustedes saben que él antes era un inválido. La fe en el nombre de Jesús lo ha sanado delante de sus propios ojos.

[17] »Amigos,* yo entiendo que lo que ustedes y sus líderes le hicieron a Jesús fue hecho en ignorancia. [18] Pero Dios estaba cumpliendo lo que los profetas predijeron acerca del Mesías, que él tenía que sufrir estas cosas. [19] Ahora pues, arrepiéntanse de sus pecados y vuelvan a Dios para que sus pecados sean borrados. [20] Entonces, de la presencia del Señor vendrán tiempos de refrigerio y él les enviará nuevamente a Jesús, el Mesías designado para ustedes. [21] Pues él debe permanecer en el cielo hasta el tiempo de la restauración final de todas las cosas, así como Dios lo prometió desde hace mucho mediante sus santos profetas. [22] Moisés dijo: "El Señor, Dios de ustedes, les levantará un Profeta como yo de entre su propio pueblo. Escuchen con atención todo lo que él les diga"*. [23] Luego Moisés dijo: "Cualquiera que no escuche a ese Profeta será totalmente excluido del pueblo de Dios"*. [24] »Comenzando con Samuel, cada profeta habló acerca de lo que sucede hoy en día. [25] Ustedes son los hijos de esos profetas y están incluidos en el pacto que Dios les prometió a sus antepasados. Pues Dios le dijo a Abraham: "Todas las familias de la tierra serán bendecidas por medio de tus descendientes*". [26] Cuando Dios resucitó a su siervo, Jesús, lo envió primero a ustedes, pueblo de Israel, para bendecirlos al hacer que cada uno se aparte de sus caminos pecaminosos».

CAPÍTULO **4**

Pedro y Juan ante el Concilio

Mientras Pedro y Juan le hablaban a la gente, se vieron enfrentados por los sacerdotes, el capitán de la guardia del templo y algunos de los saduceos. [2] Estos líderes estaban sumamente molestos porque Pedro y Juan enseñaban a la gente que hay resurrección de los muertos por medio de Jesús. [3] Los arrestaron y, como ya era de noche, los metieron en la cárcel hasta la mañana siguiente. [4] Pero muchos de los que habían oído el mensaje

3:17 En griego *Hermanos.* 3:22 Dt 18:15. 3:23 Dt 18:19; Lev 23:29. 3:25 En griego *tu semilla;* Gn 12:3; 22:18.

Primeros pasos

QUÉ IGLESIA ELEGIR

Lee HECHOS 2:42; 44-47

La iglesia del primer siglo trastornó al mundo con su mensaje (lee Hechos 17:6, pág. 162). Lo que hizo a la iglesia primitiva tan dinámica fue la decisión de cada miembro de seguir a Cristo de todo corazón. Cuando busques alguna iglesia a la cual asistir, mira si hay en ella estas cinco características de una iglesia saludable:

1. Busca una iglesia donde se reúnen regularmente todos los creyentes. Los cristianos primitivos no consideraban a la iglesia como un club social, sino como un lugar de devoto compañerismo y valiosa instrucción. Cuando somos negligentes en reunirnos con el pueblo de Dios nos perdemos una tremenda bendición. Si estamos débiles espiritualmente, no debemos huir de la iglesia, sino ¡ir a la iglesia!

2. Busca una iglesia cuya prioridad sea el estudio bíblico. Los cristianos del primer siglo «se dedicaban a las enseñanzas de los apóstoles». Las enseñanzas de los apóstoles sobre la vida y el ministerio de Jesús finalmente llegaron a convertirse en los cuatro evangelios que tenemos en el Nuevo Testamento. Estudiar la Biblia es fundamental para el crecimiento espiritual de cada cristiano. Sin conocer la Biblia, los cristianos no pueden saber ni comprender los mandamientos y la verdad de Dios.

3. Busca una iglesia donde el cuerpo de Cristo (los creyentes) ore y adore al Señor. La iglesia primitiva reconoció el valor y la importancia de la adoración y la oración de todo el cuerpo de Cristo. La adoración de la iglesia centró la atención en el carácter de Dios que es digno de toda alabanza y tuvieron la oportunidad de expresarle su agradecimiento. La oración unida permitió a los creyentes manifestar su gratitud a Dios, pero también fue una oportunidad de buscar a Dios en unanimidad y presentarle sus peticiones como un cuerpo.

4. Busca una iglesia que se ocupe de sus miembros. Los cristianos primitivos compartían unos con otros la comida, la ropa y la casa. La Biblia nos recuerda cuidar de los hermanos en Cristo que están en necesidad (lee 2 Corintios 9:1-15, págs. 229-230).

5. Busca una iglesia que esté creciendo. El crecimiento de la iglesia no es responsabilidad nuestra, sino de Dios. Si nosotros hacemos nuestra parte como iglesia, Dios hará lo suyo. Tenemos prueba de esto en el versículo 47.

Para leer la próxima nota de «Busca y asiste a la iglesia adecuada», ve a la pág. A37.

Piedras angulares

JESÚS TIENE GRAN PODER PARA TRANSFORMAR A LAS PERSONAS
Lee HECHOS 4:1-13

Todo el libro de Hechos es un testimonio de la transformación que sucede en la vida de un verdadero seguidor de Jesús. Consideremos el caso de Pedro y Juan. Inmediatamente después de la crucifixión de Jesús, Pedro y Juan se escondieron. Es más, ¡Pedro negó tres veces que conocía a Jesús, antes de la crucifixión! Estos varones estaban lejos de ser hombres valientes. Pero cuando Jesús resucitó y se reunió con ellos y les dijo que esperaran al Espíritu Santo prometido por Dios cuando regresara al cielo, todo cambió. ¿Por qué Pedro y Juan se volvieron tan valientes? ¿Cómo puede nuestra vida ser transformada de esa manera tan impresionante?

Pedro y Juan habían estado con Jesús. Durante tres años, Pedro y Juan siguieron a Jesús por todo Israel. Durante ese tiempo lo vieron realizar numerosos milagros. También escucharon sus enseñanzas y observaron su estilo de vida. Pero no fueron meros observadores casuales: hablaron con Jesús y compartieron la vida con él, y por esa razón, Jesús llegó a ser una parte importante de sus vidas. Aunque nosotros no caminamos con Jesús por esta tierra, podemos invitarlo a que venga a nuestro corazón. Además, tenemos sus enseñanzas para estudiarlas, así como el privilegio de estar con él en oración. En otras palabras, no necesitamos vivir en los tiempos bíblicos para tener una relación con Jesús.

Pedro y Juan moldearon sus vidas según la vida y las enseñanzas de Jesús. La vida, la muerte y la resurrección de Cristo hicieron tal impacto en Pedro y Juan, que empezaron a imitar a Jesús en su conducta. En los primeros capítulos de Hechos podemos ver el impacto que Jesús hizo en estos discípulos. Pedro y Juan hablan de Jesús con valentía en público, sanan a un mendigo paralítico y soportan cualquier persecución por Jesús. Sus acciones demuestran un punto muy importante: necesitamos poner en práctica lo que hemos aprendido durante el tiempo que pasamos con Jesús.

Pedro y Juan pusieron su confianza en Cristo, no en sus propias habilidades. Recuerda, Pedro y Juan eran simples pescadores. No tenían credenciales importantes para desplegar delante de la gente. Ellos sólo confiaron en que Jesús los guiaría y los ayudaría a pasar todos los obstáculos, y eso les dio la confianza que necesitaban. Nosotros debemos hacer lo mismo.

Si quieres ver el poder de Jesucristo en acción hoy, fíjate en algunas de las vidas que él ha cambiado. Gran parte de la evidencia del poder de Jesucristo en la actualidad está basada en las innumerables vidas que han sido cambiadas por su intervención.

Para leer la próxima nota de «¿Quién es Jesús?», ve a la pág. A22.

---

lo creyeron, así que el número de creyentes ascendió a un total aproximado de cinco mil hombres, sin contar a las mujeres y a los niños.* ⁵Al día siguiente, el Concilio —integrado por todos los gobernantes, ancianos y maestros de la ley religiosa— se reunió en Jerusalén. ⁶El sumo sacerdote, Anás, estaba presente junto con Caifás, Juan, Alejandro y otros parientes del sumo sacerdote. ⁷Hicieron entrar a los dos discípulos y les preguntaron:

—¿Con qué poder o en nombre de quién han hecho esto?

⁸Entonces Pedro, lleno del Espíritu Santo, les dijo:

—Gobernantes y ancianos de nuestro pueblo, ⁹¿nos interrogan hoy por haber hecho una buena obra a un inválido? ¿Quieren saber cómo fue sanado? ¹⁰Déjenme decirles claramente tanto a ustedes como a todo el pueblo de Israel que fue sanado por el poderoso nombre de Jesucristo de Nazaret,* el hombre a quien ustedes crucificaron pero a quien Dios levantó de los muertos. ¹¹Pues es Jesús a quien se refieren las Escrituras cuando dicen:

"La piedra que ustedes, los constructores, rechazaron
ahora se ha convertido en la piedra principal"*.

¹²»¡En ningún otro hay salvación! Dios no ha dado ningún otro nombre bajo el cielo, mediante el cual podamos ser salvos».

4:4 En griego *5000 hombres adultos.* **4:10** O *Jesucristo nazareno.* **4:11** Sal 118:22.

GRANDES PREGUNTAS

¿Por qué es Jesucristo el único camino hacia Dios?

Lee HECHOS 4:12

Una crítica común hacia el cristianismo lo considera demasiado reducido. Mucha gente no puede creer que haya un solo camino al cielo. Debido a que los cristianos siempre han proclamado esta verdad, han sido criticados por insinuar que ellos son mejores que aquellos que no creen en Jesucristo. Pero es importante notar que la razón por la que los cristianos creen que Jesús es el único camino al cielo, es porque él mismo lo dijo: «Yo soy el camino, la verdad y la vida; nadie puede ir al Padre si no es por medio de mí» (Juan 14:6).

Si la humanidad pudiera alcanzar a Dios por otro camino, Jesús no habría venido a morir. Su muerte voluntaria en la cruz ilustra claramente que no hay otro camino posible. Aquellos que rechazan su amorosa oferta de salvación, la cual se extiende a toda la humanidad, lo hacen a su propio riesgo.

Para leer la próxima nota de «Grandes preguntas», ve a la pág. 145.

---

[13] Los miembros del Concilio quedaron asombrados cuando vieron el valor de Pedro y Juan, porque veían que eran hombres comunes sin ninguna preparación especial en las Escrituras. También los identificaron como hombres que habían estado con Jesús. [14] Pero, dado que podían ver allí de pie entre ellos al hombre que había sido sanado, no hubo nada que el Concilio pudiera decir. [15] Así que les ordenaron a Pedro y a Juan que salieran de la sala del Concilio,* y consultaron entre ellos.

[16] «¿Qué debemos hacer con estos hombres? —se preguntaban unos a otros—. No podemos negar que han hecho una señal milagrosa, y todos en Jerusalén ya lo saben. [17] Pero, para evitar que sigan divulgando su propaganda aún más, tenemos que advertirles que no vuelvan a hablar con nadie en el nombre de Jesús». [18] Así que llamaron nuevamente a los apóstoles y les ordenaron que nunca más hablaran ni enseñaran en el nombre de Jesús.

[19] Pero Pedro y Juan respondieron: «¿Acaso piensan que Dios quiere que los obedezcamos a ustedes en lugar de a él? [20] Nosotros no podemos dejar de hablar acerca de todo lo que hemos visto y oído». [21] Entonces el Concilio los amenazó aún más, pero finalmente los dejaron ir porque no sabían cómo castigarlos sin desatar un disturbio. Pues todos alababan a Dios [22] por esa señal milagrosa, la sanidad de un hombre que había estado lisiado por más de cuarenta años.

Los creyentes oran por valentía

[23] Tan pronto como quedaron libres, Pedro y Juan volvieron adonde estaban los demás creyentes y les contaron lo que los sacerdotes principales y los ancianos les habían dicho. [24] Cuando los creyentes oyeron las noticias, todos juntos alzaron sus voces en oración a Dios: «Oh Soberano Señor, Creador del cielo y de la tierra, del mar y de todo lo que hay en ellos, [25] hace mucho tiempo tú hablaste por el Espíritu Santo mediante nuestro antepasado David, tu siervo, y dijiste:

"¿Por qué estaban tan enojadas las naciones?
    ¿Por qué perdieron el tiempo en planes inútiles?
[26] Los reyes de la tierra se prepararon para la batalla,
    los gobernantes se reunieron
    en contra del Señor
    y en contra de su Mesías*".

[27] »De hecho, ¡eso ha ocurrido aquí en esta misma ciudad! Pues Herodes Antipas, el gobernador Poncio Pilato, los gentiles* y el pueblo de Israel estaban todos unidos en contra de Jesús, tu santo siervo, a quien tú ungiste. [28] Sin embargo, todo lo que hicieron ya estaba

---

4:15 En griego *del Sanedrín.*   4:25-26 O *su Ungido;* o *su Cristo.* Sal 2:1-2.   4:27 *Gentil(es),* que no es judío.

determinado de antemano de acuerdo con tu voluntad. ²⁹Y ahora, oh Señor, escucha sus amenazas y danos a nosotros, tus siervos, mucho valor al predicar tu palabra. ³⁰Extiende tu mano con poder sanador; que se hagan señales milagrosas y maravillas por medio del nombre de tu santo siervo Jesús».

³¹Después de esta oración, el lugar donde estaban reunidos tembló y todos fueron llenos del Espíritu Santo. Y predicaban con valentía la palabra de Dios.

Los creyentes comparten sus bienes

³²Todos los creyentes estaban unidos de corazón y en espíritu. Consideraban que sus posesiones no eran propias, así que compartían todo lo que tenían. ³³Los apóstoles daban testimonio con poder de la resurrección del Señor Jesús y la gran bendición de Dios estaba sobre todos ellos. ³⁴No había necesitados entre ellos, porque los que tenían terrenos o casas los vendían ³⁵y llevaban el dinero a los apóstoles para que ellos lo dieran a los que pasaban necesidad.

³⁶Por ejemplo, había un tal José, a quien los apóstoles le pusieron el sobrenombre Bernabé (que quiere decir «hijo de ánimo»). Él pertenecía a la tribu de Leví y era oriundo de la isla de Chipre. ³⁷Vendió un campo que tenía y llevó el dinero a los apóstoles.

CAPÍTULO 5

Ananías y Safira

Pero había cierto hombre llamado Ananías quien, junto con su esposa, Safira, vendió una propiedad. ²Y llevó sólo una parte del dinero a los apóstoles pero afirmó que era la suma total de la venta. Con el consentimiento de su esposa, se quedó con el resto.

³Entonces Pedro le dijo: «Ananías, ¿por qué has permitido que Satanás llenara tu corazón? Le mentiste al Espíritu Santo y te quedaste con una parte del dinero. ⁴La decisión de vender o no la propiedad fue tuya. Y, después de venderla, el dinero también era tuyo para regalarlo o no. ¿Cómo pudiste hacer algo así? ¡No nos mentiste a nosotros sino a Dios!».

⁵En cuanto Ananías oyó estas palabras, cayó al suelo y murió. Todos los que se enteraron de lo que sucedió quedaron aterrados. ⁶Después unos muchachos se levantaron, lo envolvieron en una sábana, lo sacaron y lo enterraron.

⁷Como tres horas más tarde, entró su esposa sin saber lo que había pasado. ⁸Pedro le preguntó:

—¿Fue éste todo el dinero que tú y tu esposo recibieron por la venta de su terreno?

—Sí —contestó ella—, ése fue el precio.

⁹Y Pedro le dijo:

—¿Cómo pudieron ustedes dos siquiera pensar en conspirar para poner a prueba al Espíritu del Señor de esta manera? Los jóvenes que enterraron a tu esposo están justo afuera de la puerta, ellos también te sacarán cargando a ti.

¹⁰Al instante, ella cayó al suelo y murió. Cuando los jóvenes entraron y vieron que estaba muerta, la sacaron y la enterraron al lado de su esposo. ¹¹Gran temor se apoderó de toda la iglesia y de todos los que oyeron lo que había sucedido.

Los apóstoles sanan a muchos

¹²Los apóstoles hacían muchas señales milagrosas y maravillas entre la gente. Y todos los creyentes se reunían con frecuencia en el templo, en el área conocida como el Pórtico de Salomón. ¹³Pero nadie más se atrevía a unirse a ellos, aunque toda la gente los tenía en alta estima. ¹⁴Sin embargo, cada vez más personas —multitudes de hombres y mujeres— creían y se acercaban al Señor. ¹⁵Como resultado del trabajo de los apóstoles, la gente sacaba a los enfermos a las calles en camas y camillas para que la sombra de Pedro cayera sobre algunos de ellos cuando él pasaba. ¹⁶Multitudes llegaban desde las aldeas que rodeaban Jerusalén y llevaban a sus enfermos y a los que estaban poseídos por espíritus malignos,* y todos eran sanados.

Los apóstoles enfrentan oposición

¹⁷El sumo sacerdote y sus funcionarios, que eran saduceos, se llenaron de envidia. ¹⁸Arrestaron a los apóstoles y los metieron en la cárcel pública. ¹⁹Pero un ángel del Señor llegó de noche, abrió las puertas de la cárcel y los sacó. Luego les dijo: ²⁰«¡Vayan al templo y denle a la gente este mensaje de vida!».

²¹Así que, al amanecer, los apóstoles entraron en el templo como se les había dicho, y comenzaron a enseñar de inmediato.

Cuando llegaron el sumo sacerdote y sus funcionarios, convocaron al Concilio Supremo,* es decir, a toda la asamblea de los ancianos de Israel. Luego mandaron a sacar a los apóstoles de la cárcel para llevarlos a juicio. ²²Pero, cuando los guardias del templo llegaron a la cárcel, los hombres ya no estaban. Entonces regresaron al Concilio y dieron el siguiente informe: ²³«La cárcel estaba bien cerrada, los guardias estaban afuera en sus puestos pero, cuando abrimos las puertas, ¡no había nadie!».

²⁴Cuando el capitán de la guardia del templo y los sacerdotes principales oyeron esto, quedaron perplejos y se preguntaban en qué iba a ter-

---

5:16 En griego *inmundos.* **5:21** En griego *Sanedrín*; también en 5:27, 41.

¿Son otras religiones tan buenas como el cristianismo?

Lee HECHOS 4:12

Algunos sostienen que básicamente todas las religiones dicen y enseñan lo mismo. Así que, todas deben ser «verdaderas». Como expresa una frase muy común pero equivocada: «Si una persona es sincera en lo que cree, irá al cielo».

En realidad, los sistemas de creencias no pueden ser todos verdaderos, porque se contradicen unos a otros. A muchos les gustaría pensar que todas las religiones pueden mezclarse, pero no es así. Observemos las diferencias entre lo que creen los seguidores de tres de las religiones mayores del mundo, comparado con lo que creen los cristianos.

La existencia de un Dios personal
- Los budistas niegan la existencia de un Dios personal.
- Los hindúes creen en dos dioses mayores, Siva y Visnú, así como en millones de dioses menores.

- Los musulmanes creen en un dios llamado Alá.
- Los cristianos creen que Dios es un ser que creó a los humanos a su propia imagen, que los ama y desea tener una relación personal con ellos.

El tema de la salvación
- Los budistas creen que la salvación se alcanza sólo por esfuerzo personal.
- Los hindúes creen que la salvación se obtiene por devoción, obras y dominio propio.
- Los musulmanes creen que la gente gana su propia salvación y paga por sus propios pecados.
- Los cristianos creen que Jesucristo murió por sus pecados. Si la gente abandona el pecado y sigue a Jesús, pueden ser perdonados y tener la esperanza de estar con Jesús en el cielo.

La persona de Jesucristo
- Los budistas creen que Jesús fue un buen maestro, pero menos importante que Buda.
- Los hindúes creen que Jesús fue una de las muchas encarnaciones o hijos de Dios. También afirman que Cristo no fue el único Hijo de Dios. Dicen que Jesús no fue más divino que cualquier otro hombre y no murió por los pecados de la gente.
- Los musulmanes creen que Jesús fue el mayor de los profetas anteriores a Mahoma. Además, no creen que Jesús murió por los pecados de los hombres.
- Los cristianos creen que Jesús es Dios y también hombre. Que no cometió pecado y que murió para redimir a la humanidad.

Como ves, no se puede estar de acuerdo con las creencias de las otras religiones. Esto es porque cada religión contradice las creencias del cristianismo (Fritz Ridenour, *So, What's the Difference?* [*Entonces, ¿Cuál es la diferencia?*], Glendale: Gospel Light Publications, 1967).

Para leer la próxima nota de «Grandes preguntas», ve a la pág. 179.

---

minar todo el asunto. [25] Entonces alguien llegó con noticias sorprendentes: «¡Los hombres que ustedes metieron en la cárcel están en el templo enseñando a la gente!».

[26] El capitán fue con los guardias del templo y arrestó a los apóstoles, pero sin violencia, porque tenían miedo de que la gente los apedreara. [27] Después llevaron a los apóstoles ante el Concilio Supremo, donde los confrontó el sumo sacerdote.

[28] —¿Acaso no les dijimos que no enseñaran nunca más en nombre de ese hombre? —les reclamó—. En lugar de eso, ustedes han llenado a toda Jerusalén con la enseñanza acerca de él ¡y quieren hacernos responsables de su muerte!

[29] Pero Pedro y los apóstoles respondieron:

Piedras angulares

CUANDO SE PECA CONTRA EL ESPÍRITU SANTO
Lee HECHOS 5:1-10

Una de las maneras en que la Biblia sostiene el concepto de que el Espíritu Santo es una persona de la Trinidad, y no solamente una fuerza, es mostrando cómo se puede pecar contra él. Es importante comprender que el Espíritu Santo es, en realidad, *Dios* en acción, y que pecar contra él es pecar contra Dios. En este pasaje podemos ver en qué consiste pecar contra el Espíritu Santo. Pero otros pasajes nos enseñan que hay por lo menos cinco maneras más de pecar contra el Espíritu Santo.

1. Mentirle al Espíritu Santo. Ananías y Safira le mintieron al Espíritu Santo, pues fingían estar dedicados a Dios cuando no era así. Hoy la gente continúa haciéndolo, actuando de una manera «espiritual» pero sin sentirlo realmente en su corazón.

2. Entristecer al Espíritu Santo. Sólo los creyentes pueden entristecer al Espíritu Santo (lee Efesios 4:30, pág. 248). Entristecemos al Espíritu cuando albergamos ira en el corazón, ofendemos a otros, o hacemos cosas que sabemos están en contra de la nueva naturaleza que ya está en nosotros.

3. Apagar al Espíritu Santo. Cuando el Espíritu Santo nos convence de algo que debemos cambiar en nuestra vida y no hacemos caso de su solicitud, apagamos su poder dentro de nosotros (1 Tesalonicenses 5:19). Está todavía en nuestro interior, pero no le damos completo control.

4. Resistir al Espíritu Santo. Cuando Esteban, el primer mártir cristiano de la historia, habló a sus perseguidores, compartió el mensaje de Jesucristo y terminó con estas palabras: «¡Pueblo terco! Ustedes son paganos de corazón y sordos a la verdad. ¿Se resistirán para siempre al Espíritu Santo?» (Hechos 7:51). La gente que comete este pecado sabe que el Espíritu Santo está tratando de conducirlos a Jesús, pero su orgullo les impide reconocer a Cristo como Señor y Salvador. El peligro con este pecado es que cada vez que una persona resiste al Espíritu de Dios, se le hace cada vez más difícil conocer a Cristo.

5. Insultar al Espíritu Santo. Insultar al Espíritu Santo significa considerar «la sangre del pacto —la cual nos hizo santos— como si fuera algo vulgar e inmundo» (Hebreos 10:29). Quien comete este pecado desprecia el gran precio que Jesús pagó en la cruz del calvario. Esta persona ha rechazado aceptar el inmenso don de la salvación que Dios le ha ofrecido.

6. Blasfemar contra el Espíritu Santo. Los dos pecados mencionados anteriormente, resistir e insultar al Espíritu Santo, pueden llevar a lo que se llama «el pecado imperdonable», es decir la blasfemia contra el Espíritu Santo (lee Mateo 12:31-32, pág. 17). Debido a que la Biblia dice que Jesús es el único camino de salvación y que la obra inicial del Espíritu Santo sobre nosotros como no creyentes es atraernos a Cristo, blasfemar contra el Espíritu Santo es rechazar a Jesús como Señor y Salvador. Este es el punto sin retorno. Cada vez que una persona resiste al Espíritu y lo insulta, se acerca más a cometer este pecado.

Para leer la próxima nota de «¿Quién es el Espíritu Santo?», ve a la pág. A23.

—Nosotros tenemos que obedecer a Dios antes que a cualquier autoridad humana. [30] El Dios de nuestros antepasados levantó a Jesús de los muertos después de que ustedes lo mataron colgándolo en una cruz.* [31] Luego Dios lo puso en el lugar de honor, a su derecha, como Príncipe y Salvador. Lo hizo para que el pueblo de Israel se arrepintiera de sus pecados y fuera perdonado. [32] Nosotros somos testigos de estas cosas y también lo es el Espíritu Santo, dado por Dios a todos los que lo obedecen.

5:30 En griego *en un madero.*

[33] Al oír esto, el Concilio Supremo se enfureció y decidió matarlos. [34] Pero uno de los miembros, un fariseo llamado Gamaliel, experto en la ley religiosa y respetado por toda la gente, se puso de pie y ordenó que sacaran de la sala del Concilio a los hombres por un momento. [35] Entonces les dijo a sus colegas: «Hombres de Israel, ¡tengan cuidado con lo que piensan hacerles a estos hombres! [36] Hace algún tiempo, hubo un tal Teudas, quien fingía ser alguien importante. Unas cuatrocientas personas se le

unieron, pero a él lo mataron y todos sus seguidores se fueron cada cual por su camino. Todo el movimiento se redujo a nada. ³⁷ Después de él, en el tiempo en que se llevó a cabo el censo, apareció un tal Judas de Galilea. Logró que gente lo siguiera, pero a él también lo mataron, y todos sus seguidores se dispersaron.

³⁸»Así que mi consejo es que dejen a esos hombres en paz. Pónganlos en libertad. Si ellos están planeando y actuando por sí solos, pronto su movimiento caerá. ³⁹ Pero, si es de Dios, ustedes no podrán detenerlos. ¡Tal vez hasta se encuentren peleando contra Dios!».

⁴⁰ Los otros miembros aceptaron su consejo. Llamaron a los apóstoles y mandaron que los azotaran. Luego les ordenaron que nunca más hablaran en el nombre de Jesús y los pusieron en libertad.

⁴¹ Los apóstoles salieron del Concilio Supremo con alegría, porque Dios los había considerado dignos de sufrir deshonra por el nombre de Jesús.* ⁴² Y cada día, en el templo y casa por casa, seguían enseñando y predicando este mensaje: «Jesús es el Mesías».

CAPÍTULO 6
Siete hombres escogidos para servir
Pero, al multiplicarse los creyentes* rápidamente, hubo muestras de descontento. Los creyentes que hablaban griego se quejaban de los que hablaban hebreo diciendo que sus viudas eran discriminadas en la distribución diaria de los alimentos.

² De manera que los Doce convocaron a todos los creyentes a una reunión. Dijeron: «Nosotros, los apóstoles, deberíamos ocupar nuestro tiempo en enseñar la palabra de Dios, y no en dirigir la distribución de alimento. ³ Por lo tanto, hermanos, escojan a siete hombres que sean muy respetados, que estén llenos del Espíritu y de sabiduría. A ellos les daremos esa responsabilidad. ⁴ Entonces nosotros, los apóstoles, podremos dedicar nuestro tiempo a la oración y a enseñar la palabra».

⁵ A todos les gustó la idea y eligieron a Esteban (un hombre lleno de fe y del Espíritu Santo), a Felipe, a Prócoro, a Nicanor, a Timón, a Parmenas y a Nicolás de Antioquía (quien anteriormente se había convertido a la fe judía). ⁶ Estos siete hombres fueron presentados ante los apóstoles, quienes oraron por ellos y les impusieron las manos.

⁷ Así que el mensaje de Dios siguió extendiéndose. El número de creyentes aumentó en gran manera en Jerusalén, y muchos de los sacerdotes judíos también se convirtieron.

Arresto de Esteban
⁸ Esteban, un hombre lleno de la gracia y del poder de Dios, hacía señales y milagros asombrosos entre la gente. ⁹ Pero cierto día, unos hombres de la sinagoga de los Esclavos Liberados —así la llamaban— comenzaron a debatir con él. Eran judíos de Cirene, Alejandría, Cilicia y de la provincia de Asia. ¹⁰ Ninguno de ellos podía hacerle frente a la sabiduría y al Espíritu con que hablaba Esteban.

¹¹ Entonces persuadieron a unos hombres para que dijeran mentiras acerca de Esteban. Ellos declararon: «Nosotros lo oímos blasfemar contra Moisés y hasta contra Dios». ¹² Esto provocó a la gente, a los ancianos y a los maestros de ley religiosa. Así que arrestaron a Esteban y lo llevaron ante el Concilio Supremo.*

¹³ Los testigos mentirosos dijeron: —Este hombre siempre habla contra el santo templo y contra la ley de Moisés. ¹⁴ Lo hemos oído decir que ese tal Jesús de Nazaret* destruirá el templo y cambiará las costumbres que Moisés nos transmitió.

¹⁵ En ese momento, todos los del Concilio Supremo fijaron la mirada en Esteban, porque su cara comenzó a brillar como la de un ángel.

CAPÍTULO 7
Discurso de Esteban ante el Concilio
Entonces el sumo sacerdote le preguntó a Esteban:
—¿Son ciertas estas acusaciones?
² Y Esteban dio la siguiente respuesta:
—Hermanos y padres, escúchenme. Nuestro glorioso Dios se le apareció a nuestro antepasado Abraham en Mesopotamia antes de que él se estableciera en Harán.* ³ Dios le dijo: "Deja tu patria y a tus parientes y entra en la tierra que yo te mostraré"*. ⁴ Entonces Abraham salió del territorio de los caldeos y vivió en Harán hasta que su padre murió. Después Dios lo trajo hasta aquí, a la tierra donde ustedes viven ahora.

⁵ »Pero Dios no le dio ninguna herencia aquí, ni siquiera un metro cuadrado de tierra. Pero, Dios sí le prometió que algún día toda la tierra les pertenecería a Abraham y a sus descendientes, aun cuando él todavía no tenía hijos. ⁶ Dios también le dijo que sus descendientes vivirían en una tierra extranjera, donde serían oprimidos como esclavos durante cuatrocientos años. ⁷ "Pero yo castigaré a la nación que los esclavice —dijo Dios—, y al final saldrán de allí y me adorarán en este lugar"*. ⁸ »En aquel entonces, Dios también le dio a Abraham el pacto de la circuncisión. Así que, cuando nació su hijo Isaac, Abraham lo

circuncidó al octavo día. Y esa práctica continuó cuando Isaac fue padre de Jacob y cuando Jacob fue padre de los doce patriarcas de la nación israelita.

9»Estos patriarcas tuvieron envidia de su hermano José y lo vendieron para que fuera esclavo en Egipto. Pero Dios estaba con él 10y lo rescató de todas sus dificultades. Y Dios le mostró su favor ante el faraón, el rey de Egipto. Dios también le dio a José una sabiduría fuera de lo común, de manera que el faraón lo nombró gobernador de todo Egipto y lo puso a cargo del palacio. 11»Pero un hambre azotó Egipto y Canaán. Hubo mucho sufrimiento, y nuestros antepasados se quedaron sin alimento. 12Jacob oyó que aún había grano en Egipto, por lo que envió a sus hijos —nuestros antepasados— a comprar un poco. 13La segunda vez que fueron, José reveló su identidad a sus hermanos* y se los presentó al faraón. 14Después José mandó a buscar a su padre, Jacob, y a todos sus parientes para que los llevaran a Egipto, setenta y cinco personas en total. 15De modo que Jacob fue a Egipto. Murió allí, al igual que nuestros antepasados. 16Sus cuerpos fueron llevados a Siquem, donde fueron enterrados en la tumba que Abraham les había comprado a los hijos de Hamor en Siquem a un determinado precio.

17»A medida que se acercaba el tiempo en que Dios cumpliría su promesa a Abraham, el número de nuestro pueblo en Egipto aumentó considerablemente. 18Pero luego ascendió un nuevo rey al trono de Egipto, quien no sabía nada de José. 19Este rey explotó a nuestro pueblo y lo oprimió, forzó a los padres a que abandonaran a sus recién nacidos para que murieran. 20»En esos días nació Moisés, un hermoso niño a los ojos de Dios. Sus padres lo cuidaron en casa durante tres meses. 21Cuando tuvieron que abandonarlo, la hija del faraón lo adoptó y lo crió como su propio hijo. 22A Moisés le enseñaron toda la sabiduría de los egipcios, y era poderoso tanto en palabras como en acciones.

23»Cierto día, cuando Moisés tenía cuarenta años, decidió visitar a sus parientes, el pueblo de Israel. 24Vio que un egipcio maltrataba a un israelita. Entonces Moisés salió en defensa del hombre y mató al egipcio para vengarlo. 25Moisés supuso que sus compatriotas israelitas se darían cuenta de que Dios lo había enviado para rescatarlos, pero no fue así. 26»Al día siguiente, los visitó de nuevo y vio que dos hombres de Israel estaban peleando. Trató de ser un pacificador y les dijo: "Señores, ustedes son hermanos. ¿Por qué se están peleando?". 27»Pero el hombre que era culpable empujó

a Moisés. "¿Quién te puso como gobernante y juez sobre nosotros?" —le preguntó—. 28"¿Me vas a matar como mataste ayer al egipcio?". 29Cuando Moisés oyó eso, huyó del país y vivió como extranjero en la tierra de Madián. Allí nacieron sus dos hijos.

30»Cuarenta años después, en el desierto que está cerca del monte Sinaí, un ángel se le apareció a Moisés en la llama de una zarza que ardía. 31Moisés quedó asombrado al verla. Y, cuando se estaba acercando para ver mejor, la voz del SEÑOR le dijo: 32"Yo soy el Dios de tus antepasados: el Dios de Abraham, de Isaac y de Jacob". Moisés tembló aterrorizado y no se atrevía a mirar.

33»Entonces el SEÑOR le dijo: "Quítate las sandalias, porque estás parado sobre tierra santa. 34Ciertamente he visto la opresión de mi pueblo en Egipto. He escuchado sus gemidos y he descendido para rescatarlos. Ahora ve, porque te envío de regreso a Egipto"*.

35»Así que Dios envió de vuelta al mismo hombre que su pueblo había rechazado anteriormente cuando le preguntaron: "¿Quién te puso como gobernante y juez sobre nosotros?". Mediante el ángel que se le apareció en la zarza que ardía, Dios envió a Moisés para que fuera gobernante y salvador. 36Y, por medio de muchas maravillas y señales milagrosas, él los sacó de Egipto, los guió a través del Mar Rojo y por el desierto durante cuarenta años.

37»Moisés mismo le dijo al pueblo de Israel: "Dios les levantará un Profeta como yo de entre su propio pueblo"*. 38Moisés estuvo con nuestros antepasados —la asamblea del pueblo de Dios en el desierto— cuando el ángel le habló en el monte Sinaí. Y allí Moisés recibió palabras que dan vida para transmitirlas a nosotros*.

39»Pero nuestros antepasados se negaron a escuchar a Moisés. Lo rechazaron y quisieron volver a Egipto. 40Le dijeron a Aarón: "Haznos unos dioses que puedan guiarnos, porque no sabemos qué le ha pasado a este Moisés, quien nos sacó de Egipto". 41De manera que, hicieron un ídolo en forma de becerro, le ofrecieron sacrificios y festejaron ese objeto que habían hecho. 42Entonces Dios se apartó de ellos y los abandonó ¡para que sirvieran a las estrellas del cielo como sus dioses! En el libro de los profetas está escrito:

"Israel, ¿acaso era a mí a quien traías
    sacrificios y ofrendas
    durante esos cuarenta años en el
    desierto?
43 No, tú llevaste a tus propios dioses paganos,
    el santuario de Moloc,

7:13 Otros manuscritos dicen *José fue reconocido por sus hermanos.* 7:31-34 Éx 3:5-10. 7:37 Dt 18:15. 7:38 Algunos manuscritos dicen *a ustedes.*

la estrella de tu dios Refán
y las imágenes que hiciste a fin de
rendirles culto.
Por eso te mandaré al destierro,
tan lejos como Babilonia"*.

⁴⁴»Nuestros antepasados llevaron el tabernáculo* con ellos a través del desierto. Lo construyeron según el plan que Dios le había mostrado a Moisés. ⁴⁵Años después, cuando Josué dirigió a nuestros antepasados en las batallas contra las naciones que Dios expulsó de esta tierra, el tabernáculo fue llevado con ellos al nuevo territorio. Y permaneció allí hasta los tiempos del rey David.

⁴⁶»David obtuvo el favor de Dios y pidió tener el privilegio de construir un templo permanente para el Dios de Jacob.* ⁴⁷Pero, en realidad, fue Salomón quien lo construyó. ⁴⁸Sin embargo, el Altísimo no vive en templos hechos por manos humanas. Como dice el profeta:

⁴⁹ "El cielo es mi trono
y la tierra es el estrado de mis pies.
¿Podrían acaso construirme un templo tan
bueno como ése?
—pregunta el SEÑOR—.
¿Podrían construirme un lugar de descanso
así?
⁵⁰   ¿Acaso no fueron mis manos las que
hicieron el cielo y la tierra?"*.

⁵¹»¡Pueblo terco! Ustedes son paganos* de corazón y sordos a la verdad. ¿Se resistirán para siempre al Espíritu Santo? Eso es lo que hicieron sus antepasados, ¡y ustedes también! ⁵²¡Mencionen a un profeta a quien sus antepasados no hayan perseguido! Hasta mataron a los que predijeron la venida del Justo, el Mesías a quien ustedes traicionaron y asesinaron. ⁵³Deliberadamente desobedecieron la ley de Dios, a pesar de que la recibieron de manos de ángeles.

⁵⁴Los líderes judíos se enfurecieron por la acusación de Esteban y con rabia le mostraban los puños.* ⁵⁵Pero Esteban, lleno del Espíritu Santo, fijó la mirada en el cielo, y vio la gloria de Dios y vio a Jesús de pie en el lugar de honor, a la derecha de Dios. ⁵⁶Y les dijo: «¡Miren, veo los cielos abiertos y al Hijo del Hombre de pie en el lugar de honor, a la derecha de Dios!».

⁵⁷Entonces ellos se taparon los oídos con las manos y empezaron a gritar. Se lanzaron sobre él, ⁵⁸lo arrastraron fuera de la ciudad y comenzaron a apedrearlo. Sus acusadores se quitaron las túnicas y las pusieron a los pies de un joven que se llamaba Saulo.*

⁵⁹Mientras lo apedreaban, Esteban oró:

«Señor Jesús, recibe mi espíritu». ⁶⁰Cayó de rodillas gritando: «¡Señor, no los culpes por este pecado!». Dicho eso, murió.

CAPÍTULO **8**

Saulo fue uno de los testigos y estuvo totalmente de acuerdo con el asesinato de Esteban.

La persecución dispersa a los creyentes

Ese día comenzó una gran ola de persecución que se extendió por toda la iglesia de Jerusalén; y todos los creyentes excepto los apóstoles fueron dispersados por las regiones de Judea y Samaria. ²(Con profundo dolor, unos hombres consagrados enterraron a Esteban). ³Y Saulo iba por todas partes con la intención de acabar con la iglesia. Iba de casa en casa y sacaba a rastras tanto a hombres como a mujeres y los metía en la cárcel.

Felipe predica en Samaria

⁴Pero los creyentes que se esparcieron predicaban la Buena Noticia acerca de Jesús adondequiera que iban. ⁵Felipe, por ejemplo, se dirigió a la ciudad de Samaria y allí le contó a la gente acerca del Mesías. ⁶Multitudes escucharon atentamente a Felipe, porque estaban deseosas de oír el mensaje y ver las señales milagrosas que él hacía. ⁷Muchos espíritus malignos* fueron expulsados, los cuales gritaban cuando salían de sus víctimas. Y muchos que habían sido paralíticos o cojos sanaron. ⁸Así que hubo mucha alegría en esa ciudad.

⁹Un hombre llamado Simón, quien por muchos años había sido hechicero allí, asombraba a la gente de Samaria y decía ser alguien importante. ¹⁰Todos, desde el más pequeño hasta el más grande, a menudo se referían a él como «el Grande, el Poder de Dios». ¹¹Lo escuchaban con atención porque, por mucho tiempo, él los había maravillado con su magia.

¹²Pero ahora la gente creyó el mensaje de Felipe sobre la Buena Noticia acerca del reino de Dios y del nombre de Jesucristo. Como resultado, se bautizaron muchos hombres y mujeres. ¹³Luego el mismo Simón creyó y fue bautizado. Comenzó a seguir a Felipe a todos los lugares adonde él iba y estaba asombrado por las señales y los grandes milagros que Felipe hacía.

¹⁴Cuando los apóstoles de Jerusalén oyeron que la gente de Samaria había aceptado el mensaje de Dios, enviaron a Pedro y Juan allá. ¹⁵En cuanto ellos llegaron, oraron por los nuevos creyentes para que recibieran el Espíritu Santo. ¹⁶El Espíritu Santo todavía no había venido sobre ninguno de ellos porque sólo habían

7:42-43 Am 5:25-27 (versión griega). **7:44** En griego *la tienda del testimonio.* **7:46** Algunos manuscritos dicen *la casa de Jacob.* **7:49-50** Is 66:1-2. **7:51** En griego *incircuncisos.* **7:54** En griego *crujían los dientes contra él.* **7:58** *Saulo* es posteriormente llamado Pablo; ver 13:9. **8:7** En griego *inmundos.*

sido bautizados en el nombre del Señor Jesús.
17 Entonces Pedro y Juan impusieron sus manos sobre esos creyentes, y recibieron el Espíritu Santo.

18 Cuando Simón vio que el Espíritu se recibía cuando los apóstoles imponían sus manos sobre la gente, les ofreció dinero para comprar ese poder.

19 —Déjenme tener este poder también —exclamó—, para que, cuando yo imponga mis manos sobre las personas, ¡reciban el Espíritu Santo!

20 Pero Pedro le respondió:
—¡Que tu dinero se destruya junto contigo por pensar que es posible comprar el don de Dios! 21 Tú no tienes parte ni derecho en esto porque tu corazón no es recto delante de Dios. 22 Arrepiéntete de tu maldad y ora al Señor. Tal vez él perdone tus malos pensamientos, 23 porque puedo ver que estás lleno de una profunda envidia y que el pecado te tiene cautivo.

24 —¡Oren al Señor por mí! —exclamó Simón—. ¡Qué no me sucedan estas cosas terribles que has dicho!

25 Después de dar testimonio y predicar la palabra del Señor en Samaria, Pedro y Juan regresaron a Jerusalén. Por el camino, se detuvieron en muchas aldeas samaritanas para predicar la Buena Noticia.

Felipe y el eunuco etíope

26 En cuanto a Felipe, un ángel del Señor le dijo: «Ve al sur* por el camino del desierto que va de Jerusalén a Gaza». 27 Entonces él emprendió su viaje y se encontró con el tesorero de Etiopía, un eunuco de mucha autoridad bajo el mando de Candace, la reina de Etiopía. El eunuco había ido a Jerusalén a adorar 28 y ahora venía de regreso. Sentado en su carruaje, leía en voz alta el libro del profeta Isaías.

29 El Espíritu Santo le dijo a Felipe: «Acércate y camina junto al carruaje».

30 Felipe se acercó corriendo y oyó que el hombre leía al profeta Isaías. Felipe le preguntó:
—¿Entiendes lo que estás leyendo?

31 El hombre contestó:
—¿Y cómo puedo entenderlo, a menos que alguien me explique?

Y le rogó a Felipe que subiera al carruaje y se sentara junto a él.

32 El pasaje de la Escritura que leía era el siguiente:

«Como oveja fue llevado al matadero.
Y, como cordero en silencio ante sus
        trasquiladores,
no abrió su boca.

33 Fue humillado y no le hicieron justicia.
¿Quién puede hablar de sus
        descendientes?
Pues su vida fue quitada de la tierra»*.

34 El eunuco le preguntó a Felipe: «Dime, ¿hablaba el profeta acerca de sí mismo o de alguien más?». 35 Entonces, comenzando con esa misma porción de la Escritura, Felipe le habló de la Buena Noticia acerca de Jesús.

36 Mientras iban juntos, llegaron a un lugar donde había agua, y el eunuco dijo: «¡Mira, allí hay agua! ¿Qué impide que yo sea bautizado?»*. 38 Ordenó que detuvieran el carruaje, descendieron al agua, y Felipe lo bautizó.

39 Cuando salieron del agua, el Espíritu del Señor arrebató a Felipe. El eunuco nunca más volvió a verlo, pero siguió su camino con mucha alegría. 40 Entre tanto, Felipe se encontró más al norte, en la ciudad de Azoto. Predicó la Buena Noticia allí y en cada pueblo a lo largo del camino, hasta que llegó a Cesarea.

CAPÍTULO 9

Conversión de Saulo

Mientras tanto, Saulo pronunciaba amenazas en cada palabra y estaba ansioso por matar a los seguidores* del Señor. Así que acudió al sumo sacerdote. 2 Le pidió cartas dirigidas a las sinagogas de Damasco para solicitarles su cooperación en el arresto de los seguidores del Camino que se encontraran ahí. Su intención era llevarlos —a hombres y mujeres por igual— de regreso a Jerusalén encadenados.

3 Al acercarse a Damasco para cumplir esa misión, una luz del cielo de repente brilló alrededor de él. 4 Saulo cayó al suelo y oyó una voz que le decía:
—¡Saulo, Saulo! ¿Por qué me persigues?

5 —¿Quién eres, señor? —preguntó Saulo.
—Yo soy Jesús, ¡a quien tú persigues! —contestó la voz—. 6 Ahora levántate, entra en la ciudad y se te dirá lo que debes hacer.

7 Los hombres que estaban con Saulo se quedaron mudos, porque oían el sonido de una voz, ¡pero no veían a nadie! 8 Saulo se levantó del suelo pero, cuando abrió los ojos, estaba ciego. Entonces sus acompañantes lo llevaron de la mano hasta Damasco. 9 Permaneció allí, ciego, durante tres días sin comer ni beber.

10 Ahora bien, había un creyente* en Damasco llamado Ananías. El Señor le habló en una visión, lo llamó:
—¡Ananías!
—¡Sí, Señor! —respondió.

11 El Señor le dijo:
—Ve a la calle llamada Derecha, a la casa de

8:26 O ve al mediodía. 8:32-33 Is 53:7-8 (versión griega). 8:36 Algunos manuscritos incluyen el versículo 37: —Puedes —respondió Felipe—, si crees con todo tu corazón. Y el eunuco respondió: —Creo que Jesucristo es el Hijo de Dios. 9:1 En griego discípulos. 9:10 En griego discípulo; también en 9:26, 36.

Judas. Cuando llegues, pregunta por un hombre de Tarso que se llama Saulo. En este momento, él está orando. [12] Le he mostrado en visión a un hombre llamado Ananías que entra y pone las manos sobre él para que recobre la vista.

[13] —¡Pero Señor! —exclamó Ananías—, ¡he oído a mucha gente hablar de las cosas terribles que ese hombre les ha hecho a los creyentes* de Jerusalén! [14] Además, tiene la autorización de los sacerdotes principales para arrestar a todos los que invocan tu nombre.

[15] Pero el Señor le dijo:

—Ve, porque él es mi instrumento elegido para llevar mi mensaje a los gentiles* y a reyes, como también al pueblo de Israel. [16] Y le voy a mostrar cuánto debe sufrir por mi nombre.

[17] Así que Ananías fue y encontró a Saulo, puso sus manos sobre él y dijo: «Hermano Saulo, el Señor Jesús, quien se te apareció en el camino, me ha enviado para que recobres la vista y seas lleno del Espíritu Santo». [18] Al instante, algo como escamas cayó de los ojos de Saulo y recobró la vista. Luego se levantó y fue bautizado. [19] Después comió algo y recuperó las fuerzas.

Saulo en Damasco y Jerusalén

Saulo se quedó unos días con los creyentes* en Damasco. [20] Y enseguida comenzó a predicar acerca de Jesús en las sinagogas, diciendo: «¡Él es verdaderamente el Hijo de Dios!».

[21] Todos los que lo oían quedaban asombrados. «¿No es éste el mismo hombre que causó tantos estragos entre los seguidores de Jesús en Jerusalén? —se preguntaban—. ¿Y no llegó aquí para arrestarlos y llevarlos encadenados ante los sacerdotes principales?».

[22] La predicación de Saulo se hacía cada vez más poderosa, y los judíos de Damasco no podían refutar las pruebas de que Jesús de verdad era el Mesías. [23] Poco tiempo después, unos judíos conspiraron para matarlo. [24] Día y noche vigilaban la puerta de la ciudad para poder asesinarlo, pero a Saulo se le informó acerca del complot. [25] De modo que, durante la noche, algunos de los creyentes* lo bajaron en un canasto grande por una abertura que había en la muralla de la ciudad.

[26] Cuando Saulo llegó a Jerusalén, trató de reunirse con los creyentes, pero todos le tenían miedo. ¡No creían que de verdad se había convertido en un creyente! [27] Entonces Bernabé se lo llevó a los apóstoles y les contó cómo Saulo había visto al Señor en el camino a Damasco y cómo el Señor le había hablado a Saulo. También les dijo que, en Damasco, Saulo había predicado con valentía en el nombre de Jesús.

9:13 En griego *pueblo santo de Dios;* también en 9:32, 41. **9:15** *Gentil(es),* que no es judío. **9:19** En griego *discípulos;* también en 9:26, 38. **9:25** En griego *sus discípulos.*

Primeros pasos

SÉ RECEPTIVO A LA DIRECCIÓN DE DIOS
Lee HECHOS 8:4-8, 26-38

Este texto muestra dos formas de evangelización. Al principio del pasaje vemos a Felipe involucrado en «evangelismo en masa» (versículos 4-8). Hacia el final del capítulo, Felipe está tomando parte en «evangelismo persona a persona» con el etíope (versículos 26-38). El texto nos da tres principios que debemos seguir para una evangelización efectiva.

1. Felipe era guiado por el Espíritu de Dios. Este principio (versículo 29) puede hacer toda la diferencia al compartir nuestra fe. Esta guía se presenta a veces en la forma de una «impresión» o una carga, tal como el impulsivo deseo de hablar con alguien acerca de tu fe (lee Hechos 17:16-31, págs. 162-163). Al igual que Felipe, siempre tenemos que estar dispuestos a hacer lo que Dios nos ordene.

2. Felipe obedeció la dirección de Dios. Felipe hizo lo que Dios le dijo que hiciera, y sin demoras (versículo 27). Jesús dice: «Mis ovejas escuchan mi voz; yo las conozco, y ellas me siguen» (Juan 10:27). De modo que, cuando Dios dijo: «Ve», ¡Felipe fue! De la misma manera siempre debemos estar de servicio, listos a «predica[r] la Palabra de Dios» (2 Timoteo 4:2).

3. Felipe conocía la Escritura. Utilizó la Escritura que el hombre iba leyendo como un punto de partida. Luego usó otros pasajes para hablarle al etíope acerca de Jesús (versículo 35). Conocer la Palabra de Dios es esencial para toda persona que quiere guiar a otros a Jesucristo. Cuando compartimos nuestra fe con otros, los argumentos no tienen el gran impacto que tiene la Palabra de Dios.

El mismo Dios que guió a Felipe en su trabajo evangelístico desea dirigir nuestros pasos. Debes empezar cada día con una oración semejante a la del profeta Isaías: «Aquí estoy; envíame a mí» (Isaías 6:8). Recuerda, Dios no mira tanto la habilidad de una persona, sino su disponibilidad. Él no está buscando gente «fuerte» para que sean sus testigos, sino gente a través de la cual pueda mostrar su fortaleza.

Para leer la próxima nota de «Comparte tu fe», ve a la pág. A40.

²⁸Así que Saulo se quedó con los apóstoles y los acompañó por toda Jerusalén, predicando con valor en el nombre del Señor. ²⁹Debatió con algunos judíos que hablaban griego, pero ellos trataron de matarlo. ³⁰Cuando los creyentes* se enteraron, lo llevaron a Cesarea y lo enviaron a Tarso, su ciudad natal.

³¹La iglesia, entonces, tuvo paz por toda Judea, Galilea y Samaria; se fortalecía y los creyentes vivían en el temor del Señor. Y, con la ayuda del Espíritu Santo, también creció en número.

Pedro sana a Eneas y resucita a Dorcas

³²Mientras tanto, Pedro viajaba de un lugar a otro, y descendió a visitar a los creyentes de la ciudad de Lida. ³³Allí conoció a un hombre llamado Eneas, quien estaba paralizado y postrado en cama hacía ocho años. ³⁴Pedro le dijo: «Eneas, ¡Jesucristo te sana! ¡Levántate y enrolla tu camilla!». Al instante, fue sanado. ³⁵Entonces todos los habitantes de Lida y Sarón vieron a Eneas caminando, y se convirtieron al Señor.

³⁶Había una creyente en Jope que se llamaba Tabita (que en griego significa Dorcas*). Ella siempre hacía buenas acciones a los demás y ayudaba a los pobres. ³⁷En esos días, se enfermó y murió. Lavaron el cuerpo para el entierro y lo pusieron en un cuarto de la planta alta. ³⁸Pero los creyentes habían oído que Pedro estaba cerca, en Lida, entonces mandaron a dos hombres a suplicarle: «Por favor, ¡ven tan pronto como puedas!».

³⁹Así que Pedro regresó con ellos y, tan pronto como llegó, lo llevaron al cuarto de la planta alta. El cuarto estaba lleno de viudas que lloraban y le mostraban a Pedro las túnicas y demás ropa que Dorcas les había hecho. ⁴⁰Pero Pedro les pidió a todos que salieran del cuarto; luego se arrodilló y oró. Volviéndose hacia el cuerpo, dijo: «¡Tabita, levántate!». ¡Y ella abrió los ojos! Cuando vio a Pedro, ¡se sentó! ⁴¹Él le dio la mano y la ayudó a levantarse. Después llamó a las viudas y a todos los creyentes, y la presentó viva.

⁴²Las noticias corrieron por toda la ciudad y muchos creyeron en el Señor. ⁴³Y Pedro se quedó mucho tiempo en Jope, viviendo con Simón, un curtidor de pieles.

CAPÍTULO **10**

Cornelio manda a buscar a Pedro

En Cesarea vivía un oficial del ejército romano* llamado Cornelio, quien era un capitán del regimiento italiano. ²Era un hombre devoto, temeroso de Dios, igual que todos los de su casa. Daba generosamente a los pobres y oraba a Dios con frecuencia. ³Una tarde, como a las

tres, tuvo una visión en la cual vio que un ángel de Dios se le acercaba.

—¡Cornelio! —dijo el ángel.

⁴Cornelio lo miró fijamente, aterrorizado.

—¿Qué quieres, señor? —le preguntó al ángel.

Y el ángel contestó:

—¡Dios ha recibido tus oraciones y tus donativos a los pobres como una ofrenda! ⁵Ahora pues, envía a algunos hombres a Jope y manda llamar a un hombre llamado Simón Pedro. ⁶Él está hospedado con Simón, un curtidor que vive cerca de la orilla del mar.

⁷En cuanto el ángel se fue, Cornelio llamó a dos de los sirvientes de su casa y a un soldado devoto, que era uno de sus asistentes personales. ⁸Les contó lo que había ocurrido y los envió a Jope.

Pedro visita a Cornelio

⁹Al día siguiente, mientras los mensajeros de Cornelio se acercaban a la ciudad, Pedro subió a la azotea a orar. Era alrededor del mediodía, ¹⁰y tuvo hambre. Pero, mientras preparaban la comida, cayó en un estado de éxtasis. ¹¹Vio los cielos abiertos y algo parecido a una sábana grande que bajaba por sus cuatro puntas. ¹²En la sábana había toda clase de animales, reptiles y aves. ¹³Luego una voz le dijo:

—Levántate, Pedro; mátalos y come de ellos.

¹⁴—No, Señor —dijo Pedro—. Jamás he comido algo que nuestras leyes judías declaren impuro e inmundo.*

¹⁵Pero la voz habló de nuevo:

—No llames a algo impuro si Dios lo ha hecho limpio.

¹⁶La misma visión se repitió tres veces, y repentinamente la sábana fue subida al cielo.

¹⁷Pedro quedó muy desconcertado. ¿Qué podría significar la visión? Justo en ese momento, los hombres enviados por Cornelio encontraron la casa de Simón. De pie, frente a la puerta, ¹⁸preguntaron si se hospedaba allí un hombre llamado Simón Pedro.

¹⁹Entre tanto, mientras Pedro trataba de descifrar la visión, el Espíritu Santo le dijo: «Tres hombres han venido a buscarte. ²⁰Levántate, baja y vete con ellos sin titubear. No te preocupes, porque yo los he enviado».

²¹Entonces Pedro bajó y dijo:

—Yo soy el hombre que ustedes buscan. ¿Por qué han venido?

²²Ellos dijeron:

—Nos envió Cornelio, un oficial romano. Es un hombre devoto y temeroso de Dios, muy respetado por todos los judíos. Un ángel santo le dio instrucciones para que vayas a su casa a fin de que él pueda escuchar tu mensaje.

9:30 En griego *hermanos.* **9:36** Ambos nombres, *Tabita* (en arameo) y *Dorcas* (en griego), significan «gacela». **10:1** En griego *un centurión;* similar en 10:22. **10:14** En griego *nada común e impuro.*

²³Entonces Pedro invitó a los hombres a quedarse para pasar la noche. Al siguiente día, fue con ellos, acompañado por algunos hermanos de Jope. ²⁴Llegaron a Cesarea al día siguiente. Cornelio los estaba esperando y había reunido a sus parientes y amigos cercanos. ²⁵Cuando Pedro entró en la casa, Cornelio cayó a sus pies y lo adoró. ²⁶Pero Pedro lo levantó y le dijo: «¡Ponte de pie, yo soy un ser humano como tú!». ²⁷Entonces conversaron y entraron en donde muchos otros estaban reunidos.

²⁸Pedro les dijo:

—Ustedes saben que va en contra de nuestras leyes que un hombre judío se relacione con gentiles* o que entre en su casa. Pero Dios me ha mostrado que ya no debo pensar que alguien es impuro o inmundo. ²⁹Por eso, sin oponerme, vine aquí tan pronto como me llamaron. Ahora díganme por qué enviaron por mí.

³⁰Cornelio contestó:

—Hace cuatro días, yo estaba orando en mi casa como a esta misma hora, las tres de la tarde. De repente, un hombre con ropa resplandeciente se paró delante de mí. ³¹Me dijo: "Cornelio, ¡tu oración ha sido escuchada, y Dios ha tomado en cuenta tus donativos para los pobres! ³²Ahora, envía mensajeros a Jope y manda llamar a un hombre llamado Simón Pedro. Está hospedado en la casa de Simón, un curtidor que vive cerca de la orilla del mar". ³³Así que te mandé a llamar de inmediato, y te agradezco que hayas venido. Ahora, estamos todos aquí, delante de Dios, esperando escuchar el mensaje que el Señor te ha dado.

Los gentiles oyen la Buena Noticia

³⁴Entonces Pedro respondió:

—Veo con claridad que Dios no muestra favoritismo. ³⁵En cada nación, él acepta a los que lo temen y hacen lo correcto. ³⁶Éste es el mensaje de la Buena Noticia para el pueblo de Israel: que hay paz con Dios por medio de Jesucristo, quien es Señor de todo. ³⁷Ustedes saben lo que pasó en toda Judea, comenzando en Galilea, después de que Juan empezó a predicar su mensaje de bautismo. ³⁸Y saben que Dios ungió a Jesús de Nazaret con el Espíritu Santo y con poder. Después Jesús anduvo haciendo el bien y sanando a todos los que eran oprimidos por el diablo, porque Dios estaba con él. ³⁹»Y nosotros, los apóstoles, somos testigos de todo lo que él hizo por toda Judea y en Jerusalén. Lo mataron, colgándolo en una cruz,* ⁴⁰pero Dios lo resucitó al tercer día. Después Dios permitió que se apareciera, ⁴¹no al público

en general,* sino a nosotros, a quienes Dios había elegido de antemano para que fuéramos sus testigos. Nosotros fuimos los que comimos y bebimos con él después de que se levantó de los muertos. ⁴²Y él nos ordenó que predicáramos en todas partes y diéramos testimonio de que Jesús es a quien Dios designó para ser el juez de todos, de los que están vivos y de los muertos. ⁴³De él dan testimonio todos los profetas cuando dicen que a todo el que cree en él se le perdonarán los pecados por medio de su nombre.

Los gentiles reciben el Espíritu Santo

⁴⁴Mientras Pedro aún estaba diciendo estas cosas, el Espíritu Santo descendió sobre todos los que escuchaban el mensaje. ⁴⁵Los creyentes judíos* que habían llegado con Pedro quedaron asombrados al ver que el don del Espíritu Santo también era derramado sobre los gentiles. ⁴⁶Pues los oyeron hablar en otras lenguas* y alabar a Dios.

Entonces Pedro preguntó: ⁴⁷«¿Puede alguien oponerse a que ellos sean bautizados ahora que han recibido el Espíritu Santo, tal como nosotros lo recibimos?». ⁴⁸Por lo tanto, dio órdenes de que fueran bautizados en el nombre de Jesucristo. Después Cornelio le pidió que se quedara varios días con ellos.

CAPÍTULO 11

Pedro explica sus acciones

La noticia de que los gentiles* habían recibido la palabra de Dios pronto llegó a los apóstoles y a los demás creyentes* de Judea. ²Pero, cuando Pedro regresó a Jerusalén, los creyentes judíos* lo criticaron.

³—Entraste en una casa de gentiles* ¡y hasta comiste con ellos!—le dijeron.

⁴Entonces Pedro les contó todo tal como había sucedido.

⁵—Yo estaba en la ciudad de Jope —les dijo—, y, mientras oraba, caí en un estado de éxtasis y tuve una visión. Algo parecido a una sábana grande descendía por sus cuatro puntas desde el cielo y bajó justo hasta donde yo estaba. ⁶Cuando me fijé en el contenido de la sábana, vi toda clase de animales domésticos y salvajes, reptiles y aves. ⁷Y oí una voz que decía: "Levántate, Pedro, mátalos y come de ellos".

⁸»"No, Señor —respondí—. Jamás he comido algo que nuestras leyes judías declaren impuro o inmundo".*

⁹»Pero la voz del cielo habló de nuevo: "No llames a algo impuro si Dios lo ha hecho limpio". ¹⁰Eso sucedió tres veces antes de que la

10:28 Gentil(es), que no es judío. 10:39 En griego en un madero. 10:41 En griego la gente. 10:45 En griego Los fieles de la circuncisión. 10:46 O en otros idiomas. 11:1a Gentil(es), que no es judío. 11:1b En griego hermanos. 11:2 En griego los de la circuncisión. 11:3 En griego de hombres incircuncisos. 11:8 En griego nada común o impuro.

sábana, con todo lo que había dentro, fuera subida al cielo otra vez. [11]»Justo en ese momento, tres hombres que habían sido enviados desde Cesarea llegaron a la casa donde estábamos hospedados. [12] El Espíritu Santo me dijo que los acompañara y que no me preocupara que fueran gentiles. Estos seis hermanos aquí presentes me acompañaron, y pronto entramos en la casa del hombre que había mandado a buscarnos. [13] Él nos contó cómo un ángel se le había aparecido en su casa y le había dicho: "Envía mensajeros a Jope y manda a llamar a un hombre llamado Simón Pedro. [14] ¡Él te dirá cómo tú y todos los de tu casa pueden ser salvos!".

[15]»Cuando comencé a hablar —continuó Pedro—, el Espíritu Santo descendió sobre ellos tal como descendió sobre nosotros al principio. [16] Entonces pensé en las palabras del Señor cuando dijo: "Juan bautizó con* agua, pero ustedes serán bautizados con el Espíritu Santo". [17] Y, como Dios les dio a esos gentiles el mismo don que nos dio a nosotros cuando creímos en el Señor Jesucristo, ¿quién era yo para estorbar a Dios?

[18] Cuando los demás oyeron esto, dejaron de oponerse y comenzaron a alabar a Dios. Dijeron:

—Podemos ver que Dios también les ha dado a los gentiles el privilegio de arrepentirse de sus pecados y de recibir vida eterna.

La iglesia en Antioquía de Siria

[19] Mientras tanto, los creyentes que fueron dispersados durante la persecución que hubo después de la muerte de Esteban, viajaron tan lejos como Fenicia, Chipre y Antioquía de Siria. Predicaban la palabra de Dios, pero sólo a judíos. [20] Sin embargo, algunos de los creyentes que fueron a Antioquía desde Chipre y Cirene les comenzaron a predicar a los gentiles* acerca del Señor Jesús. [21] El poder del Señor estaba con ellos, y un gran número de estos gentiles creyó y se convirtió al Señor.

[22] Cuando la iglesia de Jerusalén se enteró de lo que había pasado, enviaron a Bernabé a Antioquía. [23] Cuando él llegó y vio las pruebas de la bendición de Dios, se llenó de alegría y alentó a los creyentes a que permanecieran fieles al Señor. [24] Bernabé era un hombre bueno, lleno del Espíritu Santo y firme en la fe. Y mucha gente llegó al Señor.

[25] Después Bernabé siguió hasta Tarso para buscar a Saulo. [26] Cuando lo encontró, lo llevó de regreso a Antioquía. Los dos se quedaron allí con la iglesia durante todo un año, enseñando a grandes multitudes. (Fue en Antioquía donde, por primera vez, a los creyentes* los llamaron «cristianos»).

[27] Durante aquellos días, unos profetas viajaron de Jerusalén a Antioquía. [28] Uno de ellos, llamado Ágabo, se puso de pie en una de las reuniones y predijo por medio del Espíritu que iba a haber una gran hambre en todo el mundo romano. (Esto se cumplió durante el reinado de Claudio). [29] Así que los creyentes de Antioquía decidieron enviar una ayuda a los hermanos de Judea, y cada uno dio lo que podía. [30] Así lo

11:16 O en; también en 11:16b. 11:20 En griego *los helenistas* (es decir, los que hablan griego); otros manuscritos dicen *los griegos.* 11:26 En griego *discípulos;* también en 11:29.

En marcha

ORA CON EFICACIA
Lee HECHOS 12:1-17

Esta historia ilustra vívidamente cómo Dios actúa en respuesta a las oraciones de su pueblo. Aunque parecía que no había ninguna esperanza para Pedro, el cuerpo de creyentes hizo todo lo que estaba a su alcance para ayudarlo: clamaron a Dios. ¿Por qué fueron tan efectivas esas oraciones? El secreto se encuentra en el versículo 5. Allí vemos tres pasos básicos que esos cristianos siguieron, en respuesta a lo que parecía ser una situación desesperada.

1. Dirigieron sus oraciones a Dios. Es irónico, pero nuestras oraciones a menudo contienen pocos pensamientos acerca de Dios mismo. Llenamos nuestra mente con pensamientos acerca de nuestras necesidades en vez de concentrarnos en el Padre celestial. Cuando nos dio la oración del padrenuestro, Jesús nos animó a considerar con respeto a quién le estamos orando (lee Mateo 6:9-13, págs. 7-8). Esta actitud te permitirá quitar los ojos de tu dilema para ponerlos en Jesús y te ayudará a adaptar tu voluntad a la de él.

2. Oraron con fervor. Estos creyentes elevaron constantes y fervientes

hicieron, y confiaron sus ofrendas a Bernabé y a Saulo para que las llevaran a los ancianos de la iglesia de Jerusalén.

CAPÍTULO **12**
Asesinato de Santiago y encarcelamiento de Pedro
Por ese tiempo, el rey Herodes Agripa* comenzó a perseguir a algunos creyentes de la iglesia. ²Mandó matar a espada al apóstol Santiago (hermano de Juan). ³Cuando Herodes vio cuánto esto le agradó al pueblo judío, también arrestó a Pedro. (Eso sucedió durante la celebración de la Pascua).* ⁴Después lo metió en la cárcel y lo puso bajo la vigilancia de cuatro escuadrones de cuatro soldados cada uno. Herodes tenía pensado llevar a Pedro a juicio público después de la Pascua. ⁵Pero, mientras Pedro estaba en la cárcel, la iglesia oraba fervientemente por él.

Pedro escapa milagrosamente de la cárcel
⁶La noche antes de ser sometido a juicio, Pedro dormía sujetado con dos cadenas entre dos soldados. Otros hacían guardia junto a la puerta de la prisión. ⁷De repente, una luz intensa iluminó la celda y un ángel del Señor se puso frente a Pedro. El ángel lo golpeó en el costado para despertarlo y le dijo: «¡Rápido! ¡Levántate!». Y las cadenas cayeron de sus muñecas. ⁸Después, el ángel le dijo: «Vístete y ponte tus sandalias». Pedro lo hizo, y el ángel le ordenó: «Ahora ponte tu abrigo y sígueme».

⁹Así que Pedro salió de la celda y siguió al ángel. Pero todo el tiempo pensaba que era una visión; no se daba cuenta de que en verdad eso estaba sucediendo. ¹⁰Pasaron el primer puesto de guardia y luego el segundo y llegaron a la puerta de hierro que lleva a la ciudad, y esta puerta se abrió por sí sola frente a ellos. De esta manera cruzaron la puerta y empezaron a caminar por la calle, y de pronto el ángel lo dejó. ¹¹Finalmente Pedro volvió en sí. «¡De veras es cierto! —dijo—. ¡El Señor envió a su ángel y me salvó de Herodes y de lo que los líderes judíos* tenían pensado hacerme!».

¹²Cuando se dio cuenta de esto, fue a la casa de María, la madre de Juan Marcos, donde muchos se habían reunido para orar. ¹³Tocó a la puerta de entrada, y una sirvienta llamada Rode fue a abrir. ¹⁴Cuando ella reconoció la voz de Pedro, se alegró tanto que, en lugar de abrir la puerta, corrió hacia adentro y les dijo a todos:
—¡Pedro está a la puerta!
¹⁵—¡Estás loca!—le dijeron.
Como ella insistía, llegaron a la conclusión: «Debe ser su ángel».

¹⁶Mientras tanto, Pedro seguía tocando. Cuando por fin abrieron la puerta y lo vieron, quedaron asombrados. ¹⁷Él les hizo señas para que se callaran y les contó cómo el Señor lo había sacado de la cárcel. «Díganles a Santiago y a los demás hermanos lo que pasó»—dijo. Y después se fue a otro lugar.

¹⁸Al amanecer, hubo un gran alboroto entre los soldados por lo que había sucedido con

12:1 En griego *Herodes el rey*. Era sobrino de Herodes Antipas y nieto de Herodes el Grande. 12:3 En griego *los días de los panes sin levadura*. 12:11 O *los judíos*.

---

oraciones por Pedro. Otra traducción de este versículo es: «Oraron con agonía». Es la misma frase que se usa para describir la oración de Jesús en el jardín de Getsemaní. Sus oraciones tenían intensidad. Muchas de nuestras oraciones carecen de poder porque no ponemos todo el corazón en ellas. Si ponemos poca intensidad en nuestras oraciones, no podemos esperar que Dios ponga mucha intensidad en contestarlas.

3. Oraron como un cuerpo. Hay poder en la oración unida. Jesús dice en Mateo 18:19: «También les digo lo siguiente: si dos de ustedes se ponen de acuerdo aquí en la tierra con respecto a cualquier cosa que pidan, mi Padre que está en el cielo lo hará». Lo que Jesús quería decir es, si dos o más personas que comparten la misma carga dada por Dios están seguros de la voluntad de Dios y están de acuerdo con el Espíritu Santo y unos con otros cuando oran, verán resultados extraordinarios.

Alguien dijo una vez: «Satanás tiembla cuando ve al más débil de los santos sobre sus rodillas». Si tú estás en una mala situación hoy, considera cómo Dios obró a través de las oraciones de aquellos primeros cristianos. No te des por vencido. Si sigues estos principios, verás los resultados a la manera de Dios y en el tiempo de Dios.

Para leer la próxima nota de «Tiempo de oración», ve a la pág. A48.

Pedro. [19] Herodes Agripa ordenó que se hiciera una búsqueda exhaustiva para encontrar a Pedro. Como no pudieron encontrarlo, Herodes interrogó a los guardias y luego los condenó a muerte. Después Herodes se fue de Judea para quedarse en Cesarea por un tiempo.

Muerte de Herodes Agripa

[20] Ahora bien, Herodes estaba muy enojado con los habitantes de Tiro y de Sidón. Entonces ellos enviaron una delegación para que hiciera las paces con él, porque sus ciudades dependían del país de Herodes para obtener alimento. Los delegados se ganaron el apoyo de Blasto, el asistente personal de Herodes, [21] y así se les concedió una cita con Herodes. Cuando llegó el día, Herodes se puso sus vestiduras reales, se sentó en su trono y les dio un discurso. [22] El pueblo le dio una gran ovación, gritando: «¡Es la voz de un dios, no la de un hombre!».

[23] Al instante, un ángel del Señor hirió a Herodes con una enfermedad, porque él aceptó la adoración de la gente en lugar de darle la gloria a Dios. Así que murió carcomido por gusanos.

[24] Mientras tanto, la palabra de Dios seguía extendiéndose, y hubo muchos nuevos creyentes.

[25] Cuando Bernabé y Saulo terminaron su misión en Jerusalén, regresaron* llevándose con ellos a Juan Marcos.

CAPÍTULO 13

Bernabé y Saulo son encomendados

Entre los profetas y maestros de la iglesia de Antioquía de Siria se encontraban Bernabé, Simeón (llamado «el Negro»*), Lucio (de Cirene), Manaén (compañero de infancia del rey Herodes Antipas*) y Saulo. [2] Cierto día, mientras estos hombres adoraban al Señor y ayunaban, el Espíritu Santo dijo: «Consagren a Bernabé y a Saulo para el trabajo especial al cual los he llamado». [3] Así que, después de pasar más tiempo en ayuno y oración, les impusieron las manos y los enviaron.

Primer viaje misionero de Pablo

[4] Entonces Bernabé y Saulo fueron enviados por el Espíritu Santo. Descendieron hasta el puerto de Seleucia y después navegaron hacia la isla de Chipre. [5] Allí, en la ciudad de Salamina, fueron a las sinagogas judías y predicaron la palabra de Dios. Juan Marcos fue con ellos como su asistente.

[6] Después viajaron de ciudad en ciudad por toda la isla hasta que finalmente llegaron a Pafos, donde conocieron a un hechicero judío, un falso profeta llamado Barjesús. [7] El tal se había apegado al gobernador, Sergio Paulo, quien era un hombre inteligente. El gobernador invitó a Bernabé y a Saulo para que fueran a verlo, porque quería oír la palabra de Dios. [8] Pero Elimas, el hechicero (eso es lo que significa su nombre en griego), se entrometió e instó al gobernador a que no prestara atención a lo que Bernabé y Saulo decían. Trataba de impedir que el gobernador creyera.

[9] Saulo, también conocido como Pablo, fue lleno del Espíritu Santo y miró al hechicero a los ojos. [10] Luego dijo: «¡Tú, hijo del diablo, lleno de toda clase de engaño y fraude, y enemigo de todo lo bueno! ¿Nunca dejarás de distorsionar los caminos verdaderos del Señor? [11] Ahora mira, el Señor ha puesto su mano de castigo sobre ti, y quedarás ciego. No verás la luz del sol por un tiempo». Al instante, neblina y oscuridad cubrieron los ojos del hombre, y comenzó a andar a tientas, mientras suplicaba que alguien lo tomara de la mano y lo guiara.

[12] Cuando el gobernador vio lo que había sucedido, se convirtió, pues quedó asombrado de la enseñanza acerca del Señor.

Pablo predica en Antioquía de Pisidia

[13] Luego Pablo y sus compañeros salieron de Pafos en barco rumbo a Panfilia y desembarcaron en la ciudad portuaria de Perge. Allí Juan Marcos los dejó y regresó a Jerusalén. [14] Pero Pablo y Bernabé siguieron su viaje por tierra adentro hasta Antioquía de Pisidia.*

El día de descanso fueron a las reuniones de la sinagoga. [15] Después de las lecturas acostumbradas de los libros de Moisés* y de los profetas, los que estaban a cargo del servicio les mandaron el siguiente mensaje: «Hermanos, si tienen alguna palabra de aliento para el pueblo, ¡pasen a decirla!».

[16] Entonces Pablo se puso de pie, levantó la mano para hacerlos que se callaran y comenzó a hablar: «Hombres de Israel —dijo— y ustedes, gentiles* temerosos de Dios, escúchenme. [17] »El Dios de esta nación de Israel eligió a nuestros antepasados e hizo que se multiplicaran y se hicieran fuertes durante el tiempo que pasaron en Egipto. Luego, con brazo poderoso los sacó de la esclavitud. [18] Tuvo que soportarlos* durante los cuarenta años que anduvieron vagando por el desierto. [19] Luego destruyó a siete naciones en Canaán y le dio su tierra a Israel como herencia. [20] Todo esto llevó cerca de cuatrocientos cincuenta años.

12:25 O misión, regresaron a Jerusalén. Otros manuscritos dicen misión, regresaron de Jerusalén; incluso otros dicen misión, regresaron de Jerusalén a Antioquía. 13:1a En griego llamado Niger. 13:1b En griego Herodes el tetrarca. 13:13-14 Panfilia y Pisidia eran distritos de lo que ahora es Turquía. 13:15 En griego de la ley. 13:16 Gentil[es], que no es judío. 13:18 Algunos manuscritos dicen Él los cuidó; comparar Dt 1:31.

»Después de eso, Dios les dio jueces para que gobernaran hasta los días del profeta Samuel. ²¹ Luego el pueblo suplicó por un rey, y Dios les dio a Saúl, hijo de Quis, un hombre de la tribu de Benjamín que reinó durante cuarenta años. ²² Pero Dios quitó a Saúl y lo reemplazó con David, un hombre de quien Dios dijo: "He encontrado en David, hijo de Isaí, a un hombre conforme a mi propio corazón; él hará todo lo que yo quiero que haga"*.

²³»Y es precisamente uno de los descendientes del rey David, Jesús, ¡el Salvador de Israel prometido por Dios! ²⁴Antes de que él viniera, Juan el Bautista predicaba que todo el pueblo de Israel tenía que arrepentirse de sus pecados, convertirse a Dios y bautizarse. ²⁵Cuando estaba en los últimos días de su ministerio, Juan preguntó: "¿Creen ustedes que yo soy el Mesías? No, ¡no lo soy! Pero él pronto viene, y yo ni siquiera soy digno de ser su esclavo ni de desatarle las sandalias de sus pies".

²⁶»Hermanos —ustedes, hijos de Abraham, y también ustedes, gentiles temerosos de Dios—, ¡este mensaje de salvación ha sido enviado a nosotros! ²⁷ La gente de Jerusalén y sus líderes no reconocieron a Jesús como la persona de quien hablaron los profetas. En cambio, lo condenaron y, al hacerlo, cumplieron las palabras de los profetas que se leen todos los días de descanso. ²⁸No encontraron ninguna razón legal para ejecutarlo, pero de cualquier forma le pidieron a Pilato que lo matara. ²⁹»Una vez que llevaron a cabo todo lo que las profecías decían acerca de él, lo bajaron de la cruz* y lo pusieron en una tumba. ³⁰ ¡Pero Dios lo levantó de los muertos! ³¹ Y, durante varios días, se apareció a los que habían ido con él de Galilea a Jerusalén. Actualmente ellos son sus testigos al pueblo de Israel.

³²»Y ahora nosotros estamos aquí para traerles la Buena Noticia. La promesa fue dirigida a nuestros antepasados. ³³ Y ahora Dios nos la cumplió a nosotros, los descendientes, al resucitar a Jesús. Esto es lo que el segundo salmo dice sobre Jesús:

"Tú eres mi Hijo.
     El día de hoy he llegado a ser tu Padre"*.

³⁴»Pues Dios había prometido levantarlo de los muertos, no dejarlo que se pudriera en la tumba. Dijo: "Yo te daré las bendiciones sagradas que le prometí a David"*. ³⁵Otro salmo lo explica con más detalle: "No permitirás que tu Santo se pudra en la tumba"*. ³⁶Este salmo no hace referencia a David, pues, después de haber hecho la voluntad de Dios en su propia generación, David murió, fue enterrado con sus antepasados y su cuerpo se descompuso. ³⁷No, el salmo se refería a otra persona, a alguien a quien Dios resucitó y cuyo cuerpo no se descompuso.

³⁸»Hermanos, ¡escuchen! Estamos aquí para proclamar que, por medio de este hombre Jesús, ustedes tienen el perdón de sus pecados. ³⁹Todo el que cree en él es declarado justo ante Dios, algo que la ley de Moisés nunca pudo hacer. ⁴⁰¡Tengan cuidado! No dejen que las palabras de los profetas se apliquen a ustedes. Pues ellos dijeron:

⁴¹ "Miren, ustedes burlones,
     ¡asómbrense y mueran!
Pues estoy haciendo algo en sus días,
     algo que no creerían
     aun si alguien les dijera"*».

⁴² Cuando Pablo y Bernabé salieron de la sinagoga ese día, la gente les suplicó que volvieran a hablar sobre esas cosas la semana siguiente. ⁴³Muchos judíos y devotos convertidos al judaísmo siguieron a Pablo y a Bernabé, y ambos hombres los instaban a que continuaran confiando en la gracia de Dios.

Pablo se dirige a los gentiles

⁴⁴A la semana siguiente, casi toda la ciudad fue a oírlos predicar la palabra del Señor. ⁴⁵ Pero, cuando algunos judíos vieron las multitudes tuvieron envidia; entonces calumniaban a Pablo y debatían contra todo lo que él decía.

⁴⁶Entonces Pablo y Bernabé hablaron con valentía y declararon: «Era necesario que primero les predicáramos la palabra de Dios a ustedes, los judíos. Pero, ya que ustedes la han rechazado y se consideran indignos de la vida eterna, se la ofreceremos a los gentiles. ⁴⁷ Pues el Señor nos dio este mandato cuando dijo:

"Yo te he hecho luz para los gentiles,
     a fin de llevar salvación a los rincones
     más lejanos de la tierra"*».

⁴⁸Cuando los gentiles oyeron esto, se alegraron y le dieron las gracias al Señor por su mensaje, y todos los que fueron elegidos para la vida eterna se convirtieron en creyentes. ⁴⁹Así que el mensaje del Señor se extendió por toda esa región.

⁵⁰Luego los judíos provocaron a las mujeres religiosas influyentes y a los líderes de la ciudad, e incitaron a una turba contra Pablo y Bernabé, y los echaron de la ciudad. ⁵¹Así que ellos se sacudieron el polvo de sus pies en señal de rechazo y se dirigieron a la ciudad de Iconio. ⁵²Y los creyentes* se llenaron de alegría y del Espíritu Santo.

13:22 1S 13:14. **13:29** En griego *del madero*. **13:33** O *El día de hoy te revelo como mi Hijo.* Sal 2:7. **13:34** Is 55:3. **13:35** Sal 16:10. **13:41** Hab 1:5 (versión griega). **13:47** Is 49:6. **13:52** En griego *los discípulos*.

CAPÍTULO 14

Pablo y Bernabé en Iconio

Lo mismo sucedió en Iconio.* Pablo y Bernabé fueron a la sinagoga judía y predicaron con tanto poder que un gran número de judíos y griegos se hicieron creyentes. ²Sin embargo, algunos de los judíos rechazaron el mensaje de Dios y envenenaron la mente de los gentiles* en contra de Pablo y Bernabé. ³Pero los apóstoles se quedaron allí por mucho tiempo, predicando con valentía acerca de la gracia del Señor. Y el Señor demostraba que el mensaje era verdadero al darles poder para hacer señales milagrosas y maravillas. ⁴Pero la gente de la ciudad estaba dividida en cuanto a su opinión sobre ellos. Algunos estaban del lado de los judíos, y otros apoyaban a los apóstoles. ⁵Entonces una turba de gentiles y judíos, junto con sus líderes, decidieron atacarlos y apedrearlos. ⁶Cuando los apóstoles se enteraron, huyeron a la región de Licaonia, a las ciudades de Listra y Derbe y sus alrededores. ⁷Y allí predicaron la Buena Noticia.

Pablo y Bernabé en Listra y Derbe

⁸Mientras estaban en Listra, Pablo y Bernabé se toparon con un hombre lisiado de los pies. Como había nacido así, jamás había caminado. Estaba sentado, ⁹escuchando mientras Pablo predicaba. Pablo lo miró fijamente y se dio cuenta de que el hombre tenía fe para ser sanado. ¹⁰Así que Pablo lo llamó con voz alta: «¡Levántate!». Y el hombre se puso de pie de un salto y comenzó a caminar.

¹¹Cuando la multitud vio lo que Pablo había hecho, gritó en su dialecto local: «¡Estos hombres son dioses en forma humana!». ¹²Decidieron que Bernabé era el dios griego Zeus y que Pablo era Hermes por ser el orador principal. ¹³El templo de Zeus estaba situado justo fuera de la ciudad. Así que el sacerdote del templo y la multitud llevaron toros y coronas de flores a las puertas de la ciudad, y se prepararon para ofrecerles sacrificios a los apóstoles.

¹⁴Pero, cuando los apóstoles Bernabé y Pablo oyeron lo que pasaba, horrorizados se rasgaron la ropa y salieron corriendo entre la gente, mientras gritaban: ¹⁵«Amigos,* ¿por qué hacen esto? ¡Nosotros somos simples seres humanos, tal como ustedes! Hemos venido a traerles la Buena Noticia de que deben apartarse de estas cosas inútiles y volverse al Dios viviente, quien hizo el cielo y la tierra, el mar y todo lo que hay en ellos. ¹⁶En el pasado, él permitió que todas las naciones siguieran su propio camino, ¹⁷pero nunca las dejó sin pruebas de sí mismo y de su

bondad. Por ejemplo, les envía lluvia y buenas cosechas, y les da alimento y corazones alegres». ¹⁸Pero, aun con estas palabras, a duras penas Pablo y Bernabé pudieron contener a la gente para que no les ofreciera sacrificios.

¹⁹Luego unos judíos llegaron de Antioquía e Iconio, y lograron poner a la multitud de su lado. Apedrearon a Pablo y lo arrastraron fuera de la ciudad, pensando que estaba muerto. ²⁰Pero los creyentes* lo rodearon, y él se levantó y regresó a la ciudad. Al día siguiente, salió junto con Bernabé hacia Derbe.

Pablo y Bernabé regresan a Antioquía de Siria

²¹Después de predicar la Buena Noticia en Derbe y de hacer muchos discípulos, Pablo y Bernabé regresaron a Listra, Iconio y Antioquía de Pisidia, ²²donde fortalecieron a los creyentes. Los animaron a continuar en la fe, y les recordaron que debemos sufrir muchas privaciones para entrar en el reino de Dios. ²³Pablo y Bernabé también nombraron ancianos en cada iglesia. Con oración y ayuno, encomendaron a los ancianos al cuidado del Señor, en quien habían puesto su confianza. ²⁴Luego atravesaron nuevamente Pisidia y llegaron a Panfilia. ²⁵Predicaron la palabra en Perge y después descendieron hasta Atalia.

²⁶Por último, regresaron en barco a Antioquía de Siria, donde habían iniciado su viaje. Los creyentes de allí los habían encomendado a la gracia de Dios para que hicieran el trabajo que ahora habían terminado. ²⁷Una vez que llegaron a Antioquía, reunieron a la iglesia y le informaron todo lo que Dios había hecho por medio de ellos y cómo él también había abierto la puerta de la fe a los gentiles. ²⁸Y se quedaron allí con los creyentes por mucho tiempo.

CAPÍTULO 15

El concilio de Jerusalén

Cuando Pablo y Bernabé estaban en Antioquía de Siria, llegaron unos hombres de Judea y comenzaron a enseñarles a los creyentes:* «A menos que se circunciden como exige la ley de Moisés, no podrán ser salvos». ²Pablo y Bernabé no estaban de acuerdo con ellos y discutieron con vehemencia. Finalmente, la iglesia decidió enviar a Pablo y a Bernabé a Jerusalén, junto con algunos creyentes del lugar, para que hablaran con los apóstoles y con los ancianos sobre esta cuestión. ³La iglesia envió a los delegados a Jerusalén, quienes de camino se detuvieron en Fenicia y Samaria para visitar a los creyentes. Les contaron —para alegría de todos— que los gentiles* también se convertían. ⁴Cuando llegaron a Jerusalén, toda la iglesia

---

14:1 *Iconio*, así como *Listra y Derbe* (14:6), eran ciudades en lo que ahora es Turquía.   **14:2** *Gentil[es]*, que no es judío.
14:15 En griego *Hombres*.   **14:20** En griego *discípulos*; también en 14:22, 28.   **15:1** En griego *hermanos*; también en 15:3, 23, 32, 33, 36, 40.   **15:3** *Gentil[es]*, que no es judío.

—incluidos los apóstoles y los ancianos— dio la bienvenida a Pablo y a Bernabé, quienes les informaron acerca de todo lo que Dios había hecho por medio de ellos. ⁵Pero después algunos creyentes que pertenecían a la secta de los fariseos se pusieron de pie e insistieron: «Los convertidos gentiles deben ser circuncidados y exigirles que sigan la ley de Moisés».

⁶Así que los apóstoles y los ancianos se reunieron para resolver este asunto. ⁷En la reunión, después de una larga discusión, Pedro se puso de pie y se dirigió a ellos de la siguiente manera: «Hermanos, todos ustedes saben que hace tiempo Dios me eligió de entre ustedes para que predicara a los gentiles a fin de que pudieran oír la Buena Noticia y creer. ⁸Dios conoce el corazón humano y él confirmó que acepta a los gentiles al darles el Espíritu Santo, tal como lo hizo con nosotros. ⁹Él no hizo ninguna distinción entre nosotros y ellos, pues les limpió el corazón por medio de la fe. ¹⁰Entonces, ¿por qué ahora desafían a Dios al poner cargas sobre los creyentes* gentiles con un yugo que ni nosotros ni nuestros antepasados pudimos llevar? ¹¹Nosotros creemos que todos somos salvos de la misma manera, por la gracia no merecida que proviene del Señor Jesús».

¹²Todos escucharon en silencio mientras Bernabé y Pablo les contaron de las señales milagrosas y maravillas que Dios había hecho por medio de ellos entre los gentiles.

¹³Cuando terminaron, Santiago se puso de pie y dijo: «Hermanos, escúchenme. ¹⁴Pedro* les ha contado de cuando Dios visitó por primera vez a los gentiles para tomar de entre ellos un pueblo para sí mismo. ¹⁵Y la conversión de los gentiles es precisamente lo que los profetas predijeron. Como está escrito:

¹⁶ "Después yo volveré
    y restauraré la casa* caída de David.
Reconstruiré sus ruinas
    y la restauraré,
¹⁷ para que el resto de la humanidad busque al
    Señor,
    incluidos todos los gentiles,
    todos los que he llamado para que sean
    míos.
El Señor ha hablado,
¹⁸   Aquel que hizo que estas cosas se dieran
        a conocer desde hace mucho"*.

¹⁹»Y mi opinión entonces es que no debemos ponerles obstáculos a los gentiles que se convierten a Dios. ²⁰Al contrario, deberíamos escribirles y decirles que se abstengan de comer alimentos ofrecidos a ídolos, de inmoralidad sexual, de comer carne de animales estrangulados y de consumir sangre. ²¹Pues esas leyes de Moisés se han predicado todos los días de descanso en las sinagogas judías de cada ciudad durante muchas generaciones».

Carta para los creyentes gentiles
²²Entonces los apóstoles y los ancianos, junto con toda la iglesia de Jerusalén, escogieron delegados y los enviaron a Antioquía de Siria con Pablo y Bernabé para que informaran acerca de esta decisión. Los delegados escogidos eran dos de los líderes de la iglesia:* Judas (también llamado Barsabás) y Silas. ²³La carta que llevaron decía lo siguiente:

«Nosotros, los apóstoles y los ancianos, sus hermanos de Jerusalén, escribimos esta carta a los creyentes gentiles de Antioquía, Siria y Cilicia. ¡Saludos!

²⁴»Tenemos entendido que unos hombres de aquí los han perturbado e inquietado con su enseñanza, ¡pero nosotros no los enviamos! ²⁵Así que decidimos, después de llegar a un acuerdo unánime, enviarles representantes oficiales junto con nuestros amados Bernabé y Pablo, ²⁶quienes han arriesgado la vida por el nombre de nuestro Señor Jesucristo. ²⁷Les enviamos a Judas y a Silas para confirmar lo que hemos decidido con relación a la pregunta de ustedes.

²⁸»Pues nos pareció bien al Espíritu Santo y a nosotros no imponer sobre ustedes una carga mayor que estos pocos requisitos: ²⁹deben abstenerse de comer alimentos ofrecidos a ídolos, de consumir sangre o la carne de animales estrangulados y de inmoralidad sexual. Si hacen esto, harán bien. Adiós».

³⁰Los mensajeros salieron de inmediato para Antioquía, donde convocaron a una reunión general de los creyentes y entregaron la carta. ³¹Y hubo mucha alegría en toda la iglesia ese día cuando leyeron este mensaje alentador. ³²Entonces Judas y Silas, ambos profetas, hablaron largo y tendido con los creyentes para animarlos y fortalecerlos en su fe. ³³Se quedaron allí un tiempo, y luego los creyentes los enviaron de regreso a la iglesia de Jerusalén con una bendición de paz.* ³⁵Pablo y Bernabé se quedaron en Antioquía. Ellos y muchos otros enseñaban y predicaban la palabra del Señor en esa ciudad.

Pablo y Bernabé se separan
³⁶Después de un tiempo Pablo le dijo a Bernabé: «Volvamos a visitar cada una de las ciudades

---

15:10 En griego *discípulos*. 15:14 En griego *Simeón*. 15:16 O *reino;* en griego dice *tienda*. 15:16-18 Am 9:11-12 (versión griega); Is 45:21. 15:22 En griego *eran líderes entre los hermanos*. 15:33 Algunos manuscritos incluyen el versículo 34: *Pero Silas decidió quedarse allí.*

donde ya antes predicamos la palabra del Señor para ver cómo andan los nuevos creyentes. [37] Bernabé estuvo de acuerdo y quería llevar con ellos a Juan Marcos. [38] Pero Pablo se opuso terminantemente ya que Juan Marcos los había abandonado en Panfilia y no había continuado con ellos en el trabajo. [39] Su desacuerdo fue tan intenso que se separaron. Bernabé tomó a Juan Marcos consigo y navegó hacia Chipre. [40] Pablo escogió a Silas y, al salir, los creyentes lo encomendaron al cuidado misericordioso del Señor. [41] Luego viajó por toda Siria y Cilicia, forteleciendo a las iglesias.

CAPÍTULO **16**

Segundo viaje misionero de Pablo

Pablo fue primero a Derbe y luego a Listra, donde había un discípulo joven llamado Timoteo. Su madre era una creyente judía, pero su padre era griego. [2] Los creyentes* de Listra e Iconio tenían un buen concepto de Timoteo, [3] de modo que Pablo quiso que él los acompañara en el viaje. Por respeto a los judíos de la región, dispuso que Timoteo se circuncidara antes de salir, ya que todos sabían que su padre era griego. [4] Luego fueron de ciudad en ciudad enseñando a los creyentes a que siguieran las decisiones tomadas por los apóstoles y los ancianos de Jerusalén. [5] Así que las iglesias se fortalecían en su fe y el número de creyentes crecía cada día.

Un llamado de Macedonia

[6] Luego, Pablo y Silas viajaron por la región de Frigia y Galacia, porque el Espíritu Santo les había impedido que predicaran la palabra en la provincia de Asia en ese tiempo. [7] Luego, al llegar a los límites con Misia, se dirigieron al norte, hacia la provincia de Bitinia,* pero de nuevo el Espíritu de Jesús no les permitió ir allí. [8] Así que siguieron su viaje por Misia hasta el puerto de Troas.

[9] Esa noche Pablo tuvo una visión: Puesto de pie, un hombre de Macedonia —al norte de Grecia— le rogaba: «¡Ven aquí a Macedonia y ayúdanos!». [10] Entonces decidimos* salir de inmediato hacia Macedonia, después de haber llegado a la conclusión de que Dios nos llamaba a predicar la Buena Noticia allí.

En Filipos, Lidia cree en Jesús

[11] Subimos a bordo de un barco en Troas, navegamos directo a la isla de Samotracia y, al día siguiente, desembarcamos en Neápolis. [12] De allí llegamos a Filipos, una ciudad principal de ese distrito de Macedonia y una colonia romana. Y nos quedamos allí varios días. [13] El día de descanso nos alejamos un poco de la ciudad y fuimos a la orilla de un río, donde pensamos que la gente se reuniría para orar, y nos sentamos a hablar con unas mujeres que se habían congregado allí. [14] Una de ellas era Lidia, de la ciudad de Tiatira, una comerciante de tela púrpura muy costosa, quien adoraba a Dios. Mientras nos escuchaba, el Señor abrió su corazón y ella aceptó lo que Pablo decía. [15] Fue bautizada junto con otros miembros de su casa y nos invitó a que fuéramos sus huéspedes. «Si ustedes reconocen que soy una verdadera creyente en el Señor —dijo ella—, vengan a quedarse en mi casa». Y nos insistió hasta que aceptamos.

Pablo y Silas en la cárcel

[16] Cierto día, cuando íbamos al lugar de oración, nos encontramos con una joven esclava que es-

---

16:2 En griego *hermanos;* también en 16:40.   **16:6-7** *Frigia, Galacia, Asia, Misia* y *Bitinia* eran distritos en lo que ahora es Turquía.   **16:10** Lucas, el escritor de este libro, aquí se unió a Pablo y lo acompañó en su viaje.

En marcha

ASEGÚRATE DE QUE TUS HIJOS OIGAN EL MENSAJE DEL EVANGELIO
Lee HECHOS 16:29-34

En esta maravillosa historia vemos cómo un hombre buscó el bienestar espiritual de toda su familia. Aprovechó la oportunidad para que escucharan el mensaje de Cristo a través del testimonio de Pablo y Silas.

Nosotros también debemos aprovechar toda oportunidad que se nos presente para que nuestra familia pueda escuchar el evangelio, principalmente nuestros hijos. Nunca se es demasiado joven o viejo para ser enseñado acerca de las cosas de Dios. Aquí hay cuatro sugerencias para ayudarte a compartir el evangelio con tu familia.

1. Aparta un tiempo para las devociones familiares. Estudien la Biblia, oren juntos, y háblales de cómo Dios está actuando en tu vida.

taba poseída por un demonio. Era una adivina que ganaba mucho dinero para sus amos. [17] Ella seguía a Pablo y también al resto de nosotros, gritando: «Estos hombres son siervos del Dios Altísimo y han venido para decirles cómo ser salvos».

[18] Esto mismo sucedió día tras día hasta que Pablo se exasperó de tal manera que se dio la vuelta y le dijo al demonio que estaba dentro de la joven: «Te ordeno, en el nombre de Jesucristo, que salgas de ella». Y al instante el demonio la dejó.

[19] Las esperanzas de sus amos de hacerse ricos ahora quedaron destruidas, así que, agarraron a Pablo y a Silas y los arrastraron hasta la plaza del mercado ante las autoridades. [20] «¡Toda la ciudad está alborotada a causa de estos judíos! —les gritaron a los funcionarios de la ciudad—. [21] Enseñan costumbres que nosotros, los romanos, no podemos practicar porque son ilegales».

[22] Enseguida se formó una turba contra Pablo y Silas, y los funcionarios de la ciudad ordenaron que les quitaran la ropa y los golpearan con varas de madera. [23] Los golpearon severamente y después los metieron en la cárcel. Le ordenaron al carcelero que se asegurara de que no escaparan. [24] Así que el carcelero los puso en el calabozo de más adentro y les sujetó los pies en el cepo.

[25] Alrededor de la medianoche, Pablo y Silas estaban orando y cantando himnos a Dios, y los demás prisioneros escuchaban. [26] De repente, hubo un gran terremoto y la cárcel se sacudió hasta sus cimientos. Al instante, todas las puertas se abrieron de golpe, ¡y a todos los prisioneros se les cayeron las cadenas! [27] El carcelero se despertó y vio las puertas abiertas de par en par. Dio por sentado que los prisioneros se habían escapado, por lo que sacó su espada para matarse. [28] Pero Pablo le gritó: «¡Detente! ¡No te mates! ¡Estamos todos aquí!».

[29] El carcelero pidió una luz y corrió al calabozo y cayó temblando ante Pablo y Silas. [30] Despúes los sacó y les preguntó:

—Señores, ¿qué debo hacer para ser salvo?

[31] Ellos le contestaron.

—Cree en el Señor Jesús y serás salvo, junto con todos los de tu casa.

[32] Y le presentaron la palabra del Señor tanto a él como a todos los que vivían en su casa. [33] Aun a esa hora de la noche, el carcelero los atendió y les lavó las heridas. Enseguida ellos lo bautizaron a él y a todos los de su casa. [34] El carcelero los llevó adentro de su casa y les dio de comer, y tanto él como los de su casa se alegraron porque todos habían creído en Dios.

[35] A la mañana siguiente, los funcionarios de la ciudad mandaron a la policía para que le dijera al carcelero: «¡Suelta a esos hombres!». [36] Entonces el carcelero le dijo a Pablo:

—Los funcionarios de la ciudad han dicho que tú y Silas quedan en libertad. Vayan en paz.

[37] Pero Pablo respondió:

—Ellos nos golpearon en público sin llevarnos a juicio y nos metieron en la cárcel, y nosotros somos ciudadanos romanos. ¿Ahora quieren que nos vayamos a escondidas? ¡De ninguna manera! ¡Que vengan ellos mismos a ponernos en libertad!

[38] Cuando la policía dio su informe, los funcionarios de la ciudad se alarmaron al enterarse de que Pablo y Silas eran ciudadanos romanos. [39] Entonces fueron a la cárcel y se disculparon con ellos. Luego los sacaron de allí y les suplicaron que se fueran de la ciudad. [40] Una vez que salieron de la cárcel, Pablo y Silas regresaron a la casa de Lidia. Allí se reunieron con los creyentes y los animaron una vez más. Después se fueron de la ciudad.

---

2. Invita a otros creyentes a tu hogar. Este carcelero invitó a Pablo y a Silas a comer en su casa, y leemos que todos se regocijaron cuando se hicieron creyentes. Este tipo de comunión puede ser un tiempo enriquecedor para tu familia.

3. Trae a tus hijos a la iglesia contigo. Probablemente tus hijos aprenderán lecciones que permanecerán con ellos por el resto de sus vidas. Si todavía son pequeños, tráelos. Si ya son mayores, anímalos a que te acompañen.

4. Ora por tus hijos a diario. Como padre, no puedes «hacer» cristianos a tus hijos, pero puedes orar para que sus corazones sean sensibles y estén abiertos al mensaje del evangelio.

Para leer la próxima nota de «Hijos», ve a la pág. A46.

Piedras angulares

USA LA PALABRA DE DIOS PARA EVALUAR LA ENSEÑANZA DE OTRA PERSONA
Lee HECHOS 17:11

En este pasaje vemos que las personas de la ciudad de Berea examinaron las Escrituras para saber si las palabras de Pablo eran ciertas. En los textos originales de la Biblia, escritos en griego, la palabra «examinar» podría ser traducida también como «escudriñar». Lo hicieron porque sabían que podían confiar en la Palabra de Dios y que podían usarla como una regla para evaluar las enseñanzas de otros.

Lo mismo se aplica para nosotros hoy en día. Todo lo que necesitamos conocer acerca de Dios se encuentra en las páginas de la Escritura. Estudiar la Biblia con dedicación nos ayuda a determinar cuáles enseñanzas son verdaderas y cuáles son falsas. Si fallamos en estudiar la Biblia, podemos ser engañados a creer enseñanzas falsas. Pero si estudiamos la Palabra de Dios con constancia, bajo la iluminación del Espíritu Santo, nos capacitamos para distinguir entre la verdad y el error.

Hay un dicho muy bueno y confiable para tenerlo en mente: «Si alguien dice que "tiene una nueva palabra" o una "nueva revelación del Señor", pues podemos estar seguros de que no es cierta. ¡Si es cierta no es nueva! ¡Si es nueva no es cierta! Y si no está en la Palabra, no es del Señor».

Para comenzar el próximo tema, ve a la pág. A32.

CAPÍTULO **17**

Pablo predica en Tesalónica

Más tarde, Pablo y Silas pasaron por las ciudades de Anfípolis y Apolonia y llegaron a Tesalónica donde había una sinagoga judía. ²Como era su costumbre, Pablo fue al servicio de la sinagoga y, durante tres días de descanso seguidos, usó las Escrituras para razonar con la gente. ³Explicó las profecías y demostró que el Mesías tenía que sufrir y resucitar de los muertos. Decía: «Este Jesús, de quien les hablo, es el Mesías». ⁴Algunos judíos que escuchaban fueron persuadidos y se unieron a Pablo y Silas, junto con muchos hombres griegos temerosos de Dios y un gran número de mujeres prominentes.*

⁵Pero ciertos judíos tuvieron envidia, entonces reunieron a unos alborotadores de la plaza del mercado para que formaran una turba e iniciaran un disturbio. Atacaron la casa de Jasón en busca de Pablo y Silas a fin de sacarlos a rastras y entregarlos a la multitud.* ⁶Como no los encontraron allí, en su lugar sacaron arrastrando a Jasón y a algunos de los otros creyentes* y los llevaron al concejo de la ciudad. «Pablo y Silas han causado problemas por todo el mundo —gritaban—, y ahora están aquí perturbando también nuestra ciudad. ⁷Y Jasón los ha recibido en su casa. Todos ellos son culpables de traición contra el César porque profesan lealtad a otro rey, llamado Jesús».

⁸La gente de la ciudad y también los del concejo de la ciudad quedaron totalmente confundidos por esas palabras. ⁹Así que los funcionarios obligaron a Jasón y a los otros creyentes a pagar una fianza y luego los soltaron.

Pablo y Silas en Berea

¹⁰Esa misma noche, los creyentes enviaron a Pablo y a Silas a Berea. Cuando llegaron allí, fueron a la sinagoga judía. ¹¹Y los de Berea tenían una mentalidad más abierta que los de Tesalónica y escucharon con entusiasmo el mensaje de Pablo. Día tras día examinaban las Escrituras para ver si Pablo y Silas enseñaban la verdad. ¹²Como resultado, muchos judíos creyeron como también lo hicieron muchos griegos prominentes, tanto hombres como mujeres.

¹³Pero, cuando unos judíos de Tesalónica se enteraron de que Pablo predicaba la palabra de Dios en Berea, fueron allá y armaron un alboroto. ¹⁴Los creyentes enseguida tomaron medidas y enviaron a Pablo a la costa, mientras que Silas y Timoteo permanecieron allí. ¹⁵Los que acompañaban a Pablo fueron con él hasta Atenas; luego regresaron a Berea con instrucciones para Silas y Timoteo de que se apresuraran a unirse a él.

Pablo predica en Atenas

¹⁶Mientras Pablo los esperaba en Atenas, se indignó profundamente al ver la gran cantidad de ídolos que había por toda la ciudad. ¹⁷Iba a la

---

17:4 Algunos manuscritos dicen *muchas de las esposas de hombres prominentes.* **17:5** O *al concejo municipal.* **17:6** En griego *hermanos;* también en 17:10, 14.

sinagoga para razonar con los judíos y con los gentiles* temerosos de Dios y hablaba a diario en la plaza pública con todos los que estuvieran allí. ¹⁸ También debatió con algunos filósofos epicúreos y estoicos. Cuando les habló acerca de Jesús y de su resurrección, ellos dijeron: «¿Qué trata de decir este charlatán con esas ideas raras?». Otros decían: «Parece que predica de unos dioses extranjeros». ¹⁹ Entonces lo llevaron al Concilio Supremo de la ciudad.* «Ven y háblanos sobre esta nueva enseñanza —dijeron—. ²⁰ Dices cosas bastante extrañas y queremos saber de qué se trata». ²¹ (Cabe explicar que todos los atenienses, al igual que los extranjeros que están en Atenas, al parecer pasan todo el tiempo discutiendo las ideas más recientes).

²² Entonces Pablo, de pie ante el Concilio,* les dirigió las siguientes palabras: «Hombres de Atenas, veo que ustedes son muy religiosos en todo sentido ²³ porque, mientras caminaba observé la gran cantidad de lugares sagrados. Y uno de sus altares tenía la siguiente inscripción: "A un Dios Desconocido". Este Dios, a quien ustedes rinden culto sin conocer, es de quien yo les hablo.

²⁴ »Él es el Dios que hizo el mundo y todo lo que hay en él. Ya que es el Señor del cielo y de la tierra, no vive en templos hechos por hombres, ²⁵ y las manos humanas no pueden servirlo, porque él no tiene ninguna necesidad. Él es quien da vida y aliento a todo y satisface cada necesidad. ²⁶ De un solo hombre* creó todas las naciones de toda la tierra. De antemano decidió cuándo se levantarían y cuándo caerían, y determinó los límites de cada una. ²⁷ »Su propósito era que las naciones buscaran a Dios y, quizá acercándose a tientas, lo encontraran; aunque él no está lejos de ninguno de nosotros. ²⁸ Pues en él vivimos, nos movemos y existimos. Como dijeron algunos de sus* propios poetas: "Nosotros somos su descendencia". ²⁹ Y, como esto es cierto, no debemos pensar en Dios como un ídolo diseñado por artesanos y hecho de oro, plata o piedra.

³⁰ »En la antigüedad Dios pasó por alto la ignorancia de la gente acerca de estas cosas, pero ahora él manda que todo el mundo en todas partes se arrepienta de sus pecados y vuelva a él. ³¹ Pues él ha fijado un día para juzgar al mundo con justicia por el hombre que él ha designado, y les demostró a todos quién es ese hombre al levantarlo de los muertos».

³² Cuando oyeron a Pablo hablar acerca de la resurrección de los muertos, algunos se rieron con desprecio, pero otros dijeron: «Queremos oír más sobre este tema más tarde». ³³ Con esto terminó el diálogo de Pablo con ellos, ³⁴ pero algunos se unieron a él y se convirtieron en creyentes. Entre ellos estaban Dionisio —un miembro del Concilio*—, una mujer llamada Dámaris y varios más.

CAPÍTULO **18**

Pablo conoce a Priscila y a Aquila en Corinto

Después Pablo salió de Atenas y fue a Corinto.* ² Allí conoció a un judío llamado Aquila, nacido en la región del Ponto, quien estaba recién llegado de Italia junto con su esposa, Priscila. Habían salido de Italia cuando Claudio César deportó de Roma a todos los judíos. ³ Pablo se quedó a vivir y a trabajar con ellos, porque eran fabricantes de tiendas de campaña* al igual que él.

⁴ Cada día de descanso, Pablo se encontraba en la sinagoga tratando de persuadir tanto a judíos como a griegos. ⁵ Y, después de que Silas y Timoteo llegaron de Macedonia, Pablo pasó todo el tiempo predicando la palabra. Testificaba a los judíos que Jesús era el Mesías. ⁶ Pero, cuando ellos se opusieron y lo insultaron, Pablo se sacudió el polvo de su ropa y dijo: «La sangre de ustedes está sobre sus propias cabezas; yo soy inocente. De ahora en adelante iré a predicar a los gentiles*».

⁷ Entonces salió de allí y fue a la casa de Ticio Justo, un gentil que adoraba a Dios y que vivía al lado de la sinagoga. ⁸ Crispo, el líder de la sinagoga, y todos los de su casa creyeron en el Señor. Muchos otros en Corinto también escucharon a Pablo, se convirtieron en creyentes y fueron bautizados.

⁹ Una noche, el Señor le habló a Pablo en una visión y le dijo: «¡No tengas miedo! ¡Habla con libertad! ¡No te quedes callado! ¹⁰ Pues yo estoy contigo, y nadie te atacará ni te hará daño, porque mucha gente de esta ciudad me pertenece». ¹¹ Así que Pablo se quedó allí un año y medio enseñando la palabra de Dios.

¹² Pero, cuando Galión llegó a ser gobernador de Acaya, unos judíos se levantaron contra Pablo y lo llevaron ante el gobernador para juzgarlo. ¹³ Acusaron a Pablo de «persuadir a la gente a adorar a Dios en formas contrarias a nuestra ley».

¹⁴ Pero, justo cuando Pablo comenzó a defenderse, Galión se dirigió a los acusadores de Pablo y dijo: «Escuchen*, ustedes judíos, si aquí hubiera alguna fechoría o un delito grave, yo

---

17:17 *Gentil[es]*, que no es judío. 17:19 O *a la sociedad de los filósofos más educados de la ciudad*. En griego dice *al Areópago*. 17:22 En griego *de pie en medio del Areópago*. 17:26 En griego *De uno*; otros manuscritos dicen *De una sangre*. 17:28 Algunos manuscritos dicen *nuestros*. 17:34 En griego *un areopagita*. 18:1 *Atenas* y *Corinto* eran ciudades importantes de Acaya, la región en la parte sur de la península griega. 18:3 O *curtidores de pieles*. 18:6 *Gentil[es]*, que no es judío.

Piedras angulares

DIOS ES PERSONAL
Lee HECHOS 17:22-31

Los oyentes de Pablo en
este pasaje eran personas
de dos creencias diferèn-
tes. Estaban aquellos que
no creían en una vida
después de la muerte, y
vivían sólo para el placer. Eran conocidos como los epicúreos. Y estaban aquellos que creían que
Dios está presente en cada objeto material y procuraban estar en paz con el mundo. Eran conocidos como los estoicos. A estos dos grupos de corrientes filosóficas distintas, Pablo les demostró que estaban lejos de percibir la verdadera naturaleza de Dios, presentándoles las siguientes
verdades acerca de quién es Dios:

Dios es el Creador Todopoderoso
- Dios hizo los cielos y la tierra y toda criatura viviente.
- Dios es demasiado grande para habitar en templos hechos por manos humanas.
- Dios creó a la humanidad a partir de un solo hombre.
- Dios es el arquitecto detrás del escenario del mundo.

Dios es el Ser supremo y personal
- Su propósito con la creación es atraer a todas las personas a él.
- Él se preocupa por las necesidades de las personas.
- Él no está lejos de ninguno de nosotros.
- Él nos ha facilitado conocerlo personalmente (la salvación por medio de Cristo).
- Él puede, y así lo hará, juzgar cada pensamiento y motivo en el día del juicio.

La gente que oyó a Pablo respondió de una de estas tres maneras: (1) algunos se burlaron
de él; (2) otros lo dejaron para mañana, diciendo que tomarían una decisión después de oírlo
hablar otra vez; y (3) algunos le creyeron y aceptaron a Jesús como su Salvador. Hoy en día la
gente reacciona al mensaje del evangelio de la misma manera. Sin embargo, quien desee conocer al Dios poderoso, el Creador que está personalmente interesado en su vida, le servirá sólo la
última respuesta.

Para leer la próxima nota de «¿Quién es Dios?», ve a la pág. A21.

---

tendría una razón para aceptar el caso. [15]Pero,
dado que es sólo un asunto de palabras y nombres, y de su ley judía, resuélvanlo ustedes mismos. Me niego a juzgar tales asuntos». [16]Y los
expulsó de la corte.

[17]Entonces la multitud* agarró a Sóstenes,
el líder de la sinagoga, y lo golpeó allí mismo
en la corte. Pero Galión no le dio a eso ninguna
importancia.

Pablo regresa a Antioquía de Siria
[18]Después Pablo se quedó en Corinto un
tiempo más, luego se despidió de los hermanos
y fue a Cencrea, que quedaba cerca. Allí se rapó
la cabeza según la costumbre judía en señal de
haber cumplido un voto. Después se embarcó
hacia Siria y llevó a Priscila y a Aquila con él.

[19]Primero se detuvieron en el puerto de Éfeso,
donde Pablo dejó a los demás. Mientras estuvo
en Éfeso, fue a la sinagoga para razonar con

los judíos. [20]Le pidieron que se quedara más
tiempo, pero él se negó. [21]Al irse, sin embargo,
dijo: «Si Dios quiere, regresaré»*. Entonces
zarpó de Éfeso. [22]La siguiente parada fue en el
puerto de Cesarea. De allí subió y visitó a la iglesia de Jerusalén,* y luego regresó a Antioquía.

[23]Después de pasar un tiempo en Antioquía,
Pablo regresó por Galacia y Frigia, donde visitó
y fortaleció a todos los creyentes.*

Apolos recibe instrucción en Éfeso
[24]Mientras tanto, un judío llamado Apolos —un
orador elocuente que conocía bien las Escrituras— llegó a Éfeso desde la ciudad de Alejandría,
en Egipto. [25]Había recibido enseñanza en el camino del Señor y les enseñó a otros acerca de
Jesús con espíritu entusiasta* y con precisión.
Sin embargo, él sólo sabía acerca del bautismo
de Juan. [26]Cuando Priscila y Aquila lo escucharon predicar con valentía en la sinagoga, lo lle-

18:17 En griego *todos;* otros manuscritos dicen *todos los griegos.* 18:21 Algunos manuscritos dicen «*Debo estar sin falta
en Jerusalén para la fiesta que se acerca, pero después regresaré».* 18:22 En griego *la iglesia.* 18:23 En griego *discípulos;*
también en 18:27. 18:25 O *con entusiasmo en el Espíritu.*

varon aparte y le explicaron el camino de Dios con aún más precisión. [27] Apolos pensaba ir a Acaya, y los hermanos de Éfeso lo animaron para que fuera. Les escribieron a los creyentes de Acaya para pedirles que lo recibieran. Cuando Apolos llegó, resultó ser de gran beneficio para los que, por la gracia de Dios, habían creído. [28] Refutaba a los judíos en debates públicos con argumentos poderosos. Usando las Escrituras, les explicaba que Jesús es el Mesías.

CAPÍTULO 19

Tercer viaje misionero de Pablo

Mientras Apolos estaba en Corinto, Pablo viajó por las regiones del interior hasta que llegó a Éfeso, en la costa, donde encontró a varios creyentes.* [2] —¿Recibieron el Espíritu Santo cuando creyeron? —les preguntó.

—No —contestaron—, ni siquiera hemos oído que hay un Espíritu Santo.

[3] —Entonces ¿qué bautismo recibieron? —preguntó.

Y ellos contestaron:

—El bautismo de Juan.

[4] Pablo dijo:

—El bautismo de Juan exigía arrepentirse del pecado. Pero Juan mismo le dijo a la gente que creyera en el que vendría después, es decir, en Jesús.

[5] En cuanto oyeron esto, fueron bautizados en el nombre del Señor Jesús. [6] Después, cuando Pablo les impuso las manos, el Espíritu Santo descendió sobre ellos, y hablaron en otras lenguas* y profetizaron. [7] Había unos doce hombres en total.

Pablo ministra en Éfeso

[8] Luego Pablo fue a la sinagoga y predicó con valentía durante los siguientes tres meses, discutiendo persuasivamente sobre el reino de Dios. [9] Pero algunos se pusieron tercos, rechazaron el mensaje y hablaron públicamente en contra del Camino. Así que Pablo salió de la sinagoga y se llevó a los creyentes con él. Entonces asistía diariamente a la sala de conferencias de Tirano, donde exponía sus ideas y debatía. [10] Y esto continuó los siguientes dos años, de modo que gente de toda la provincia de Asia —tanto judíos como griegos— oyó la palabra del Señor.

[11] Dios le dio a Pablo el poder para realizar milagros excepcionales. [12] Cuando ponían sobre los enfermos pañuelos o delantales que apenas habían tocado la piel de Pablo, quedaban sanos de sus enfermedades y los espíritus malignos salían de ellos.

[13] Un grupo de judíos viajaba de ciudad en ciudad expulsando espíritus malignos. Trataban de usar el nombre del Señor Jesús en sus conjuros y decían: «¡Te ordeno en el nombre de Jesús, de quien Pablo predica, que salgas!». [14] Siete de los hijos de Esceva, un sacerdote principal, hacían esto. [15] Pero, en una ocasión que lo intentaron, el espíritu maligno respondió: «Conozco a Jesús y conozco a Pablo, pero ¿quiénes son ustedes?». [16] Entonces el hombre con el espíritu maligno se lanzó sobre ellos, logró dominarlos y los atacó con tal violencia que ellos huyeron de la casa, desnudos y golpeados.

[17] Esta historia corrió velozmente por toda Éfeso, entre judíos y griegos por igual. Un temor solemne descendió sobre la ciudad, y el nombre del Señor Jesús fue honrado en gran manera. [18] Muchos de los que llegaron a ser creyentes confesaron sus prácticas pecaminosas. [19] Varios de ellos, que practicaban la hechicería, trajeron sus libros de conjuros y los quemaron en una hoguera pública. El valor total de los libros fue de cincuenta mil monedas de plata.* [20] Y el mensaje acerca del Señor se extendió por muchas partes y tuvo un poderoso efecto.

[21] Tiempo después Pablo se vio obligado por el Espíritu* a pasar por Macedonia y Acaya antes de ir a Jerusalén. «Y, después de eso —dijo—, ¡tengo que ir a Roma!». [22] Envió a sus dos asistentes, Timoteo y Erasto, a que se adelantaran a Macedonia mientras que él se quedó un poco más de tiempo en la provincia de Asia.

Disturbio en Éfeso

[23] Por ese tiempo, se generó un grave problema en Éfeso con respecto al Camino. [24] Comenzó con Demetrio, un platero que tenía un importante negocio de fabricación de templos de plata en miniatura de la diosa griega Artemisa.* Él les daba trabajo a muchos artesanos. [25] Los reunió a todos, junto con otros que trabajaban en oficios similares, y les dirigió las siguientes palabras:

«Caballeros, ustedes saben que nuestra riqueza proviene de este negocio. [26] Pero, como han visto y oído, este tal Pablo ha convencido a mucha gente al decirles que los dioses hechos a mano no son realmente dioses. Y no sólo lo ha hecho en Éfeso ¡sino por toda la provincia! [27] Por supuesto que no sólo hablo de la pérdida del respeto público para nuestro negocio. También me preocupa que el templo de la gran diosa Artemisa pierda su influencia y que a Artemisa —esta magnífica diosa adorada en toda la provincia de Asia y en todo el mundo— ¡se le despoje de su gran prestigio!».

19:1 En griego *discípulos*; también en 19:9, 30. 19:6 O *en otros idiomas.* 19:19 En griego *50.000 piezas de plata*, cada pieza equivalía al salario de una jornada de trabajo. 19:21 O *decidió en su espíritu.* 19:24 *Artemisa* también es conocida como Diana.

Piedras angulares

¿PUEDEN LOS DEMONIOS DAÑARTE?

Lee HECHOS 19:13-20

Mientras los cristianos tienen la promesa de la protección angélica sobre sus vidas, los no cristianos son blanco propicio para el diablo y sus fuerzas satánicas. Como lo relata este pasaje, los demonios sólo responderán o evitarán a los creyentes genuinos. Ellos no responden a una persona que usa el nombre de Jesús sin que ésta conozca realmente quién es Jesús. Ni la religión ni los símbolos tales como el crucifijo mantendrán lejos a los demonios. Satanás odia la obra que Jesús hizo en la cruz, pero usar un crucifijo no libra de demonios. Lo único que nos libra del dominio del diablo y hasta de la posesión del alma, es la presencia de Jesucristo en nuestra vida. Una vez que confías en él, pasas a estar bajo la protección divina y te conviertes en su propiedad. Él dice que tú eres su oveja y que nadie puede quitarte de sus manos (lee Juan 10:27-29, pág. 120). Pero si no eres cristiano, eres una presa fácil que el diablo puede tomar a su voluntad.

Para leer la próxima nota de «¿Qué son los demonios?», ve a la pág. A25.

---

²⁸Al oír esto, montaron en cólera y comenzaron a gritar: «¡Grande es Artemisa de los efesios!». ²⁹Pronto toda la ciudad se llenó de confusión. Todos corrieron al anfiteatro, arrastrando a Gayo y Aristarco, los compañeros de viaje de Pablo, que eran macedonios. ³⁰Pablo también quiso entrar, pero los creyentes no lo dejaron. ³¹Algunos de los funcionarios de la provincia, amigos de Pablo, también le enviaron un mensaje para suplicarle que no arriesgara su vida por entrar en el anfiteatro. ³²Adentro era un griterío; algunos gritaban una cosa, y otros otra. Todo era confusión. De hecho, la mayoría ni siquiera sabía por qué estaba allí. ³³Los judíos de la multitud empujaron a Alejandro hacia adelante y le dijeron que explicara la situación. Él hizo señas para pedir silencio e intentó hablar. ³⁴Pero, cuando la multitud se dio cuenta de que era judío, empezaron a gritar de nuevo y siguieron sin parar como por dos horas: «¡Grande es Artemisa de los efesios! ¡Grande es Artemisa de los efesios!».

³⁵Por fin, el alcalde logró callarlos lo suficiente para poder hablar. «Ciudadanos de Éfeso —les dijo—, todos saben que la ciudad de Éfeso es la guardiana oficial del templo de la gran Artemisa, cuya imagen nos cayó del cielo. ³⁶Dado que esto es un hecho innegable, no deberían perder la calma ni hacer algo precipitado. ³⁷Ustedes han traído a estos hombres aquí, pero ellos no han robado nada del templo ni tampoco han hablado en contra de nuestra diosa. ³⁸»Si Demetrio y los artesanos tienen algún caso contra ellos, las cortes están en sesión y los funcionarios pueden escuchar el caso de inmediato. Dejen que ellos presenten cargos formales. ³⁹Y, si hubiera quejas sobre otros asuntos, podrían resolverse en una asamblea legal. ⁴⁰Me temo que corremos peligro de que el gobierno romano nos acuse de generar disturbios, ya que no hay razón para todo este alboroto. Y, si Roma exige una explicación, no sabremos qué decir». ⁴¹*Entonces los despidió y ellos se dispersaron.

CAPÍTULO **20**

Pablo viaja a Macedonia y a Grecia

Cuando se acabó el alboroto, Pablo mandó llamar a los creyentes* y los alentó. Después se despidió y viajó a Macedonia. ²Mientras estuvo allí, animó a los creyentes en cada pueblo que atravesó. Luego descendió a Grecia, ³donde se quedó tres meses. Se preparaba para regresar en barco a Siria cuando descubrió que unos judíos tramaban una conspiración contra su vida, entonces decidió regresar por Macedonia.

⁴Varios hombres viajaban con él. Sus nombres eran Sópater, hijo de Pirro, de Berea; Aristarco y Segundo, de Tesalónica; Gayo, de Derbe; Timoteo; también Tíquico y Trófimo, de la provincia de Asia. ⁵Ellos se adelantaron y nos esperaron en Troas. ⁶Finalizada la Pascua,* subimos a un barco en Filipos de Macedonia y, cinco días después, nos reencontramos con ellos en Troas, donde nos quedamos una semana.

Última visita de Pablo a Troas

⁷El primer día de la semana, nos reunimos con los creyentes locales para participar de la Cena del Señor.* Pablo les estaba predicando y, como iba a viajar el día siguiente, siguió hablando hasta la medianoche. ⁸El cuarto de la planta alta, donde nos reuníamos, estaba iluminado con muchas lámparas que titilaban.

19:41 Algunas traducciones incluyen el versículo 41 como parte del versículo 40. **20:1** En griego *discípulos.* **20:6** En griego *los días de los panes sin levadura.* **20:7** En griego *para partir el pan.*

⁹Como Pablo hablaba y hablaba, a un joven llamado Eutico, que estaba sentado en el borde de la ventana, le dio mucho sueño. Finalmente se quedó profundamente dormido y se cayó desde el tercer piso y murió. ¹⁰Pablo bajó, se inclinó sobre él y lo tomó en sus brazos. «No se preocupen —les dijo—, ¡está vivo!». ¹¹Entonces todos regresaron al cuarto de arriba, participaron de la Cena del Señor* y comieron juntos. Pablo siguió hablándoles hasta el amanecer y luego se fue. ¹²Mientras tanto, llevaron al joven a su casa ileso y todos sintieron un gran alivio.

Pablo se reúne con los ancianos de Éfeso

¹³Pablo viajó por tierra hasta Asón, donde había arreglado que nos encontráramos con él, y nosotros viajamos por barco. ¹⁴Allí él se unió a nosotros, y juntos navegamos a Mitilene. ¹⁵Al otro día, navegamos frente a la isla de Quío. Al día siguiente, cruzamos hasta la isla de Samos y,* un día después, llegamos a Mileto.

¹⁶Pablo había decidido navegar sin detenerse en Éfeso porque no quería pasar más tiempo en la provincia de Asia. Se apresuraba a llegar a Jerusalén, de ser posible, para el Festival de Pentecostés. ¹⁷Pero, cuando llegamos a Mileto, Pablo envió un mensaje a los ancianos de la iglesia de Éfeso para pedirles que vinieran a su encuentro.

¹⁸Cuando llegaron, Pablo declaró: «Ustedes saben que desde el día que pisé la provincia de Asia hasta ahora, ¹⁹he hecho el trabajo del Señor con humildad y con muchas lágrimas. He soportado las pruebas que me vinieron como consecuencia de las conspiraciones de los judíos. ²⁰Nunca me eché para atrás a la hora de decirles lo que necesitaban oír, ya fuera en público o en sus casas. ²¹He tenido un solo mensaje para los judíos y los griegos por igual: la necesidad de arrepentirse del pecado, de volver a Dios y de tener fe en nuestro Señor Jesucristo.

²²»Y ahora estoy obligado por el Espíritu* a ir a Jerusalén. No sé lo que me espera allí, ²³sólo que el Espíritu Santo me dice que en ciudad tras ciudad, me esperan cárcel y sufrimiento. ²⁴Pero mi vida no vale nada para mí a menos que la use para terminar la tarea que me asignó el Señor Jesús, la tarea de contarles a otros la Buena Noticia acerca de la maravillosa gracia de Dios.

²⁵»Y ahora sé que ninguno de ustedes, a quienes les he predicado del reino, volverá a verme. ²⁶Declaro hoy que he sido fiel. Si alguien sufre la muerte eterna, no será mi culpa,* ²⁷porque no me eché para atrás a la hora de declarar todo lo que Dios quiere que ustedes sepan.

²⁸»Entonces cuídense a sí mismos y cuiden al pueblo de Dios. Alimenten y pastoreen al rebaño de Dios —su iglesia, comprada con su propia sangre*— sobre quien el Espíritu Santo los ha designado ancianos.* ²⁹Sé que, después de mi salida, vendrán en medio de ustedes falsos maestros como lobos rapaces y no perdonarán al rebaño. ³⁰Incluso algunos hombres de su propio grupo se levantarán y distorsionarán la verdad para poder juntar seguidores. ³¹¡Cuidado! Recuerden los tres años que pasé con ustedes —de día y de noche mi constante atención y cuidado— así como mis muchas lágrimas por cada uno de ustedes.

³²»Y ahora los encomiendo a Dios y al mensaje de su gracia, que tiene poder para edificarlos y darles una herencia junto con todos los que él ha consagrado para sí mismo.

³³»Yo nunca he codiciado la plata ni el oro ni la ropa de nadie. ³⁴Ustedes saben que mis dos manos han trabajado para satisfacer mis propias necesidades e incluso las necesidades de los que estuvieron conmigo. ³⁵Y he sido un ejemplo constante de cómo pueden ayudar con trabajo y esfuerzo a los que están en necesidad. Deben recordar las palabras del Señor Jesús: "Hay más bendición en dar que en recibir"».

³⁶Cuando Pablo terminó de hablar, se arrodilló y oró con ellos. ³⁷Todos lloraban mientras lo abrazaban y le daban besos de despedida. ³⁸Estaban tristes principalmente porque les había dicho que nunca más volverían a verlo. Luego lo acompañaron hasta el barco.

CAPÍTULO 21

Viaje de Pablo a Jerusalén

Después de despedirnos de los ancianos de Éfeso, navegamos directamente a la isla de Cos. Al día siguiente, llegamos a Rodas y luego fuimos a Pátara. ²Allí abordamos un barco que iba a Fenicia. ³Divisamos la isla de Chipre, la pasamos por nuestra izquierda y llegamos al puerto de Tiro, en Siria, donde el barco tenía que descargar.

⁴Desembarcamos, encontramos a los creyentes* del lugar y nos quedamos con ellos una semana. Estos creyentes profetizaron por medio del Espíritu Santo, que Pablo no debía seguir a Jerusalén. ⁵Cuando regresamos al barco al final de esa semana, toda la congregación, incluidos las mujeres* y los niños, salieron de la ciudad y nos acompañaron a la orilla del mar. Allí nos arrodillamos, oramos ⁶y nos despedimos. Luego abordamos el barco y ellos volvieron a casa.

⁷Después de dejar Tiro, la siguiente parada

20:11 En griego *partieron el pan*.   20:15 Algunos manuscritos dicen *y, habiéndonos quedado en Trogilio*.   20:22 O *por mi espíritu*, o *por una convicción interna*; en griego dice *por el espíritu*.   20:26 En griego *soy inocente de la sangre de todos*. 20:28a O *con la sangre su propio [Hijo]*.   20:28b En griego *supervisores*.   21:4 En griego *discípulos*; también en 21:16. 21:5 O *esposas*.

fue Tolemaida, donde saludamos a los hermanos y nos quedamos un día. 8Al día siguiente, continuamos hasta Cesarea y nos quedamos en la casa de Felipe el evangelista, uno de los siete hombres que habían sido elegidos para distribuir los alimentos. 9Tenía cuatro hijas solteras, que habían recibido el don de profecía.

10Varios días después, llegó de Judea un hombre llamado Ágabo, quien también tenía el don de profecía. 11Se acercó, tomó el cinturón de Pablo y se ató los pies y las manos. Luego dijo: «El Espíritu Santo declara: "De esta forma será atado el dueño de este cinturón por los líderes judíos en Jerusalén y entregado a los gentiles*"». 12Cuando lo oímos, tanto nosotros como los creyentes del lugar le suplicamos a Pablo que no fuera a Jerusalén.

13Pero él dijo: «¿Por qué todo este llanto? ¡Me parten el corazón! Yo estoy dispuesto no sólo a ser encarcelado en Jerusalén, sino incluso a morir por el Señor Jesús». 14Al ver que era imposible convencerlo, nos dimos por vencidos y dijimos: «Que se haga la voluntad del Señor».

Pablo llega a Jerusalén

15Después de esto, empacamos nuestras cosas y salimos hacia Jerusalén. 16Algunos creyentes de Cesarea nos acompañaron y nos llevaron a la casa de Mnasón, un hombre originario de Chipre y uno de los primeros creyentes. 17Cuando llegamos, los hermanos de Jerusalén nos dieron una calurosa bienvenida.

18Al día siguiente, Pablo fue con nosotros para encontrarnos con Santiago, y todos los ancianos de la iglesia de Jerusalén estaban presentes. 19Después de saludarlos, Pablo dio un informe detallado de las cosas que Dios había realizado entre los gentiles mediante su ministerio.

20Después de oírlo, alabaron a Dios. Y luego dijeron: «Tú sabes, querido hermano, cuántos miles de judíos también han creído, y todos ellos siguen muy en serio la ley de Moisés. 21Pero se les ha dicho a los creyentes judíos de aquí, de Jerusalén, que tú enseñas a todos los judíos que viven entre los gentiles que abandonen la ley de Moisés. Ellos han oído que les enseñas que no circunciden a sus hijos ni que practiquen otras costumbres judías. 22¿Qué debemos hacer? Seguramente se van a enterar de tu llegada.

23»Queremos que hagas lo siguiente: Hay entre nosotros cuatro hombres que han cumplido su voto; 24acompáñalos al templo y participa con ellos en la ceremonia de purificación, y paga tú los gastos para que se rapen la cabeza según el ritual judío. Entonces todos sabrán que los rumores son falsos y que tú mismo cumples las leyes judías.

25»En cuanto a los creyentes gentiles, ellos deben hacer lo que ya les dijimos en una carta: abstenerse de comer alimentos ofrecidos a ídolos, de consumir sangre o la carne de animales estrangulados, y de la inmoralidad sexual».

Arresto de Pablo

26Así que, al día siguiente, Pablo fue al templo con los otros hombres. Ya comenzado el ritual de purificación, anunció públicamente la fecha en que se cumpliría el tiempo de los votos y se ofrecerían sacrificios por cada uno de los hombres.

27Cuando estaban por cumplirse los siete días del voto, unos judíos de la provincia de Asia vieron a Pablo en el templo e incitaron a una turba en su contra. Lo agarraron 28mientras gritaban: «¡Hombres de Israel, ayúdennos! Éste es el hombre que predica en contra de nuestro pueblo en todas partes y les dice a todos que desobedezcan las leyes judías. Habla en contra del templo ¡y hasta profana este lugar santo llevando gentiles* adentro!». 29(Pues más temprano ese mismo día lo habían visto en la ciudad con Trófimo, un gentil de Éfeso,* y supusieron que Pablo lo había llevado al templo).

30Toda la ciudad fue estremecida por estas acusaciones y se desencadenó un gran disturbio. Agarraron a Pablo y lo arrastraron fuera del templo e inmediatamente cerraron las puertas detrás de él. 31Cuando estaban a punto de matarlo, le llegó al comandante del regimiento romano la noticia que toda Jerusalén estaba alborotada. 32De inmediato el comandante llamó a sus soldados y oficiales* y corrió entre la multitud. Cuando la turba vio que venían el comandante y las tropas, dejaron de golpear a Pablo.

33Luego el comandante lo arrestó y ordenó que lo sujetaran con dos cadenas. Le preguntó a la multitud quién era él y qué había hecho. 34Unos gritaban una cosa, y otros otra. Como no pudo averiguar la verdad entre todo el alboroto y la confusión, ordenó que llevaran a Pablo a la fortaleza. 35Cuando Pablo llegó a las escaleras, la turba se puso tan violenta que los soldados tuvieron que levantarlo sobre sus hombros para protegerlo. 36Y la multitud seguía gritando desde atrás: «¡Mátenlo! ¡Mátenlo!».

Pablo habla a la multitud

37Cuando estaban por llevarlo adentro, Pablo le dijo al comandante:

—¿Puedo hablar con usted?

—¿¡Hablas griego!? —le preguntó el comandante, sorprendido—. 38¿No eres tú el egipcio que encabezó una rebelión hace un tiempo y llevó al desierto a cuatro mil miembros del grupo llamado "Los asesinos"?

21:11 Gentil[es], que no es judío. 21:28 En griego griegos. 21:29 En griego Trófimo el efesio. 21:32 En griego centuriones.

³⁹—No —contestó Pablo—, soy judío y ciudadano de Tarso de Cilicia, que es una ciudad importante. Por favor permítame hablar con esta gente. ⁴⁰El comandante estuvo de acuerdo, entonces Pablo se puso de pie en las escaleras e hizo señas para pedir silencio. Pronto un gran silencio envolvió a la multitud, y Pablo se dirigió a la gente en su propia lengua, en arameo.*

CAPÍTULO 22

«Hermanos y estimados padres —dijo Pablo—, escuchen mientras presento mi defensa». ²Cuando lo oyeron hablar en el idioma* de ellos, el silencio fue aún mayor.

³Entonces Pablo dijo: «Soy judío, nacido en Tarso, una ciudad de Cilicia, y fui criado y educado aquí en Jerusalén bajo el maestro Gamaliel. Como estudiante de él, fui cuidadosamente entrenado en nuestras leyes y costumbres judías. Llegué a tener un gran celo por honrar a Dios en todo lo que hacía, tal como todos ustedes hoy. ⁴Perseguí a los seguidores de El Camino, acosando a algunos hasta la muerte, y arresté tanto a hombres como a mujeres para arrojarlos en la cárcel. ⁵El sumo sacerdote y todo el consejo de ancianos pueden dar fe de que esto es cierto. Pues recibí cartas de ellos, dirigidas a nuestros hermanos judíos en Damasco, las cuales me autorizaban a encadenar a los cristianos de esa ciudad y traerlos a Jerusalén para que fueran castigados.

⁶»Cuando iba de camino, ya cerca de Damasco, como al mediodía, de repente una intensa luz del cielo brilló alrededor de mí. ⁷Caí al suelo y oí una voz que me decía: "Saulo, Saulo, ¿por qué me persigues?".

⁸»"¿Quién eres, señor?" —pregunté.

»Y la voz contestó: "Yo soy Jesús de Nazaret,* a quien tú persigues". ⁹La gente que iba conmigo vio la luz pero no entendió la voz que me hablaba.

¹⁰Yo pregunté: "¿Qué debo hacer, Señor?". Y el Señor me dijo: "Levántate y entra en Damasco, allí se te dirá todo lo que debes hacer".

¹¹»Quedé ciego por la intensa luz y mis compañeros tuvieron que llevarme de la mano hasta Damasco. ¹²Allí vivía un hombre llamado Ananías. Era un hombre recto, muy devoto de la ley y muy respetado por todos los judíos de Damasco. ¹³Él llegó y se puso a mi lado y me dijo: "Hermano Saulo, recobra la vista". Y, en ese mismo instante, ¡pude verlo!

¹⁴»Después me dijo: "El Dios de nuestros antepasados te ha escogido para que conozcas su voluntad y para que veas al Justo y lo oigas hablar. ¹⁵Pues tú serás su testigo; les contarás

a todos lo que has visto y oído. ¹⁶¿Qué esperas? Levántate y bautízate. Queda limpio de tus pecados al invocar el nombre del Señor".

¹⁷Después de regresar a Jerusalén y, mientras oraba en el templo, caí en un estado de éxtasis. ¹⁸Tuve una visión de Jesús,* quien me decía: "¡Date prisa! Sal de Jerusalén, porque la gente de aquí no aceptará tu testimonio acerca de mí".

¹⁹»"Pero Señor —argumenté—, seguramente ellos saben que, en cada sinagoga, yo encarcelé y golpeé a los que creían en ti. ²⁰Y estuve totalmente de acuerdo cuando mataron a tu testigo Esteban. Estuve allí cuidando los abrigos que se quitaron cuando lo apedrearon".

²¹»Pero el Señor me dijo: "¡Ve, porque yo te enviaré lejos, a los gentiles!*"».

²²La multitud escuchó hasta que Pablo dijo esta palabra. Entonces todos comenzaron a gritar: «¡Llévense a ese tipo! ¡No es digno de vivir!». ²³Gritaron, arrojaron sus abrigos y lanzaron puñados de polvo al aire.

Pablo revela su ciudadanía romana

²⁴El comandante llevó a Pablo adentro y ordenó que lo azotaran con látigos para hacerlo confesar su delito. Quería averiguar por qué la multitud se había enfurecido. ²⁵Cuando ataron a Pablo para azotarlo, Pablo le preguntó al oficial* que estaba allí:

—¿Es legal que azoten a un ciudadano romano que todavía no ha sido juzgado?

²⁶Cuando el oficial oyó esto, fue al comandante y le preguntó: «¿Qué está haciendo? ¡Este hombre es un ciudadano romano!».

²⁷Entonces el comandante se acercó a Pablo y le preguntó:

—Dime, ¿eres ciudadano romano?

—Sí, por supuesto que lo soy —respondió Pablo.

²⁸—Yo también lo soy —dijo el comandante entre dientes—, ¡y me costó mucho dinero!

Pablo respondió:

—¡Pero yo soy ciudadano de nacimiento!

²⁹Los soldados que estaban a punto de interrogar a Pablo se retiraron velozmente cuando se enteraron de que era ciudadano romano, y el comandante quedó asustado porque había ordenado que lo amarran y lo azotaran.

Pablo ante el Concilio Supremo

³⁰Al día siguiente, el comandante ordenó que los sacerdotes principales se reunieran en sesión con el Concilio Supremo judío.* Quería averiguar de qué se trataba el problema, así que soltó a Pablo para presentarlo delante de ellos.

21:40 O *hebreo.* 22:2 En griego *en arameo, o en hebreo.* 22:8 O *Jesús nazareno.* 22:18 En griego *de él.* 22:21 *Gentil(es),* que no es judío. 22:25 En griego *centurión;* también en 22:26. 22:30 En griego *Sanedrín.*

CAPÍTULO **23**

Mirando fijamente al Concilio Supremo,* Pablo comenzó: «Hermanos, ¡siempre he vivido ante Dios con la conciencia limpia!».

2 Al instante, Ananías, el sumo sacerdote, ordenó a los que estaban cerca de Pablo que lo golpearan en la boca. 3 Pero Pablo le dijo: «¡Dios te golpeará a ti, hipócrita corrupto!* ¿Qué clase de juez eres si tú mismo infringes la ley al ordenar que me golpeen así?».

4 Los que estaban cerca de Pablo, le dijeron:

—¿Te atreves a insultar al sumo sacerdote de Dios?

5 —Lo siento, hermanos. No me había dado cuenta de que él es el sumo sacerdote —contestó Pablo—, porque las Escrituras dicen: "No hablarás mal de ninguno de tus gobernantes"*.

6 Pablo se dio cuenta de que algunos miembros del Concilio Supremo eran saduceos y que otros eran fariseos, por lo tanto gritó: «Hermanos, ¡yo soy fariseo, al igual que mis antepasados! ¡Y estoy en juicio porque mi esperanza está en la resurrección de los muertos!».

7 Esto dividió al Concilio —puso a los fariseos contra los saduceos—, 8 porque los saduceos dicen que no hay resurrección, ni ángeles, ni espíritus, pero los fariseos sí creen en todo esto. 9 Así que hubo un gran alboroto. Algunos de los maestros de ley religiosa que eran fariseos se levantaron de un salto y comenzaron a discutir enérgicamente. «Nosotros no encontramos nada malo en él —gritaban—. Tal vez algún espíritu o ángel le habló». 10 Como el conflicto se tornó más violento, el comandante tenía temor de que descuartizaran a Pablo. De modo que les ordenó a sus soldados que fueran a rescatarlo por la fuerza y lo regresaran a la fortaleza.

11 Esa noche el Señor se le apareció a Pablo y le dijo: «Ten ánimo, Pablo. Así como has sido mi testigo aquí en Jerusalén, también debes predicar la Buena Noticia en Roma».

Plan para matar a Pablo

12 A la mañana siguiente, un grupo de judíos* se reunió y se comprometió mediante un juramento a no comer ni beber hasta matar a Pablo. 13 Eran más de cuarenta los cómplices en la conspiración. 14 Fueron a los sacerdotes principales y a los ancianos y les dijeron: «Nos hemos comprometido mediante un juramento a no comer nada hasta que hayamos matado a Pablo. 15 Así que ustedes y el Concilio Supremo deberían pedirle al comandante que lleve otra vez a Pablo ante el Concilio. Aparenten que quieren examinar su caso más a fondo. Nosotros lo mataremos en el camino».

16 Pero el sobrino de Pablo —el hijo de su hermana— se enteró del plan y fue a la fortaleza y se lo contó a Pablo. 17 Pablo mandó llamar a uno de los oficiales romanos* y le dijo: «Lleva a este joven al comandante; tiene algo importante que decirle».

18 Entonces el oficial lo hizo y explicó: «El prisionero Pablo me llamó y me pidió que le trajera a este joven porque tiene algo que decirle».

19 El comandante lo tomó de la mano, lo llevó a un lado y le preguntó:

—¿Qué es lo que quieres decirme?

20 El sobrino de Pablo le dijo:

—Unos judíos van a pedirle que usted lleve mañana a Pablo ante el Concilio Supremo, fingiendo que quieren obtener más información. 21 Pero ¡no lo haga! Hay más de cuarenta hombres escondidos por todo el camino, listos para tenderle una emboscada. Ellos han jurado no comer ni beber nada hasta que lo hayan matado. Ya están listos, sólo esperan su consentimiento.

22 —Que nadie sepa que me has contado esto —le advirtió el comandante al joven.

Pablo es enviado a Cesarea

23 Entonces el comandante llamó a dos de sus oficiales y les dio la siguiente orden: «Preparen a doscientos soldados para que vayan a Cesarea esta noche a las nueve. Lleven también doscientos lanceros y setenta hombres a caballo. 24 Denle caballos a Pablo para el viaje y llévenlo a salvo al gobernador Félix. 25 Después escribió la siguiente carta al gobernador:

26 «De Claudio Lisias. A su excelencia, el gobernador Félix. ¡Saludos!

27 »Unos judíos detuvieron a este hombre y estaban a punto de matarlo cuando llegué con mis tropas. Luego me enteré de que él era ciudadano romano, entonces lo trasladé a un lugar seguro. 28 Después lo llevé al Concilio Supremo judío para tratar de averiguar la razón de las acusaciones en su contra. 29 Pronto descubrí que el cargo tenía que ver con su ley religiosa, nada que merezca prisión o muerte en absoluto. 30 Pero cuando se me informó de un complot para matarlo, se lo envié a usted de inmediato. Les he dicho a sus acusadores que presenten los cargos ante usted».

31 Así que, esa noche, tal como se les había ordenado, los soldados llevaron a Pablo tan lejos como Antípatris. 32 A la mañana siguiente, ellos regresaron a la fortaleza mientras que las tropas a caballo trasladaron a Pablo hasta Cesarea. 33 Cuando llegaron a Cesarea, lo presen-

23:1 En griego *Sanedrín;* también en 23:6, 15, 20, 28.   23:3 En griego *a ti, pared blanqueada.*   23:5 Éx 22:28.   23:12 En griego *los judíos.*   23:17 En griego *centuriones;* también en 23:23.

taron ante el gobernador Félix y le entregaron la carta. ³⁴El gobernador la leyó y después le preguntó a Pablo de qué provincia era.

—De Cilicia —contestó Pablo.

³⁵—Yo mismo oiré tu caso cuando lleguen los que te acusan —le dijo el gobernador.

Luego el gobernador ordenó que lo pusieran en la prisión del cuartel general de Herodes.*

CAPÍTULO **24**

Pablo ante Félix

Cinco días después, Ananías, el sumo sacerdote, llegó con algunos de los ancianos judíos y con el abogado* Tértulo, para presentar su caso contra Pablo ante el gobernador. ²Una vez que hicieron entrar a Pablo, Tértulo presentó los cargos en su contra ante el gobernador con el siguiente discurso:

«Usted ha dado un largo período de paz a nosotros, los judíos y, con previsión, nos ha promulgado reformas. ³Por todo esto, su excelencia, le estamos muy agradecidos. ⁴Pero no quiero aburrirlo, así que le ruego que me preste atención sólo por un momento. ⁵Hemos descubierto que este hombre es un alborotador que constantemente provoca disturbios entre los judíos por todo el mundo. Es un cabecilla de la secta conocida como "los nazarenos". ⁶Además, trataba de profanar el templo cuando lo arrestamos.* ⁸Puede averiguar la veracidad de nuestras acusaciones si lo interroga, usted mismo». ⁹Entonces los demás judíos intervinieron, declarando que todo lo que Tértulo había dicho era cierto.

¹⁰Entonces el gobernador le hizo una seña a Pablo para que hablara. Y Pablo dijo: «Yo sé, señor, que usted ha sido juez de asuntos judíos durante muchos años, por lo tanto, presento con gusto mi defensa ante usted. ¹¹Con facilidad puede averiguar de que llegué a Jerusalén hace no más de doce días para adorar en el templo. ¹²Los que me acusan nunca me encontraron discutiendo con nadie en el templo ni provocando disturbios en ninguna sinagoga o en las calles de la ciudad. ¹³Estos hombres no pueden probar las cosas por las cuales me acusan.

¹⁴»Pero admito que soy seguidor de El Camino, al cual ellos llaman secta. Adoro al Dios de nuestros antepasados y firmemente creo en la ley judía y en todo lo que escribieron los profetas. ¹⁵Tengo la misma esperanza en Dios que la que tienen estos hombres, la esperanza de que él resucitará tanto a los justos como a los injustos. ¹⁶Por esto, siempre trato de mantener una conciencia limpia delante de Dios y de toda la gente.

Primeros pasos

COMPARTE TU PROPIA HISTORIA

Lee HECHOS 26:1-23

Otro recurso útil en tu «caja de herramientas para evangelizar», es la historia o testimonio de cómo has llegado a conocer personalmente a Jesucristo. Pablo usó este efectivo método cuando se presentó ante el rey Agripa. Como era su estilo, comenzó la presentación del evangelio explicando como él llegó a tener una relación personal con Cristo. Entonces continuó con la presentación del mensaje del evangelio (versículos 19-23).

Cada creyente tiene un testimonio. Algunos pueden ser más conmovedores que otros. Tal era el caso de Pablo, el anteriormente famoso Saulo de Tarso, agresivo perseguidor de la iglesia. No importa cuál sea tu testimonio, la historia de tu salvación personal tendrá un punto en común con alguien que no cree. Puedes compartir cómo eran tu vida y tus actitudes antes de conocer a Cristo, y entonces explicar los cambios que se han producido en ti. Cuando el no creyente ve que tu vida coincide con la de él, estará más dispuesto a escuchar lo que tienes para decir.

¿Por qué no tomas un momento para pensar en los cambios que se han producido en tu vida desde que eres cristiano? Tal vez desees escribir tu testimonio, para poder compartirlo mejor en la próxima oportunidad.

Para comenzar el próximo tema, ve a la pág. A40.

¹⁷»Después de estar ausente durante varios años, regresé a Jerusalén con dinero para ayudar a mi pueblo y para ofrecer sacrificios a Dios. ¹⁸Los que me acusan me vieron en el templo mientras yo terminaba una ceremonia de purificación. No había ninguna multitud a mi alrededor ni ningún disturbio. ¹⁹Pero algunos judíos de la provincia de Asia estaban allí, ¡y ellos deberían estar aquí para presentar cargos si es que tienen algo en mi contra! ²⁰Pregúnteles a estos hombres que están aquí de qué crimen me encontró culpable el Concilio Supremo

23:35 En griego *pretorio de Herodes.* 24:1 En griego *algunos ancianos y un orador.* 24:6 Algunos manuscritos amplían el versículo 6, incluyen el versículo 7 y una frase adicional en el versículo 8: *Nosotros lo habríamos juzgado de acuerdo con nuestra ley, ⁷pero Lisias, el comandante de la guarnición, llegó y se lo llevó por la fuerza, ⁸ y ordenó a sus acusadores que se presentaran ante ti.*

judío,* ²¹excepto por una sola vez que grité: "¡Hoy se me juzga ante ustedes porque creo en la resurrección de los muertos!"».

²²En ese momento, Félix, quien estaba bastante familiarizado con El Camino, levantó la sesión y dijo: «Esperen hasta que llegue Lisias, el comandante de la guarnición». Entonces tomaré una decisión sobre el caso. ²³Le ordenó a un oficial* que mantuviera a Pablo bajo custodia pero le diera ciertas libertades y permitiera que sus amigos lo visitaran y se encargaran de sus necesidades.

²⁴Unos días después, Félix regresó con su esposa, Drusila, quien era judía. Mandó llamar a Pablo, y lo escucharon mientras les habló acerca de la fe en Cristo Jesús. ²⁵Al razonar Pablo con ellos acerca de la justicia, el control propio y el día de juicio que vendrá, Félix se llenó de miedo. «Vete por ahora —le dijo—. Cuando sea más conveniente, volveré a llamarte». ²⁶También esperaba que Pablo lo sobornara, de modo que lo mandaba a llamar muy a menudo y hablaba con él.

²⁷Pasaron dos años así, y Félix fue sucedido por Porcio Festo. Y, como Félix quería ganarse la aceptación del pueblo judío, dejó a Pablo en prisión.

CAPÍTULO **25**

Pablo ante Festo

Tres días después de que Festo llegó a Cesarea para asumir sus nuevas funciones, partió hacia Jerusalén, ²donde los sacerdotes principales y otros líderes judíos se reunieron con él y le presentaron sus acusaciones contra Pablo. ³Le pidieron a Festo que les hiciera el favor de trasladar a Pablo a Jerusalén (ya que tenían pensado tenderle una emboscada y matarlo en el camino). ⁴Pero Festo respondió que Pablo estaba en Cesarea y que pronto él mismo iba a regresar allí. ⁵Así que les dijo: «Algunos de ustedes que tengan autoridad pueden volver conmigo. Si Pablo ha hecho algo malo, entonces podrán presentar sus acusaciones».

⁶Unos ocho o diez días después, Festo regresó a Cesarea y, al día siguiente, tomó su lugar en la corte y ordenó que trajeran a Pablo. ⁷Cuando Pablo llegó, los líderes judíos de Jerusalén lo rodearon e hicieron muchas acusaciones graves que no podían probar.

⁸Pablo negó los cargos. «No soy culpable de ningún delito contra las leyes judías, ni contra el templo, ni contra el gobierno romano —dijo».

⁹Entonces Festo, queriendo complacer a los judíos, le preguntó:

—¿Estás dispuesto a ir a Jerusalén y ser juzgado ante mí allá?

¹⁰Pero Pablo contestó:

—¡No! Ésta es la corte oficial romana, por lo tanto, debo ser juzgado aquí mismo. Usted sabe muy bien que no soy culpable de hacer daño a los judíos. ¹¹Si he hecho algo digno de muerte, no me niego a morir. Pero, si soy inocente, nadie tiene el derecho de entregarme a estos hombres para que me maten. ¡Apelo al César!

¹²Festo consultó con sus consejeros y después respondió:

—¡Muy bien! Has apelado al César, ¡y al César irás!

¹³Unos días más tarde el rey Agripa llegó con su hermana, Berenice,* a presentar sus respetos a Festo. ¹⁴Durante su visita de varios días, Festo conversó con el rey acerca del caso de Pablo.

—Aquí hay un prisionero —le dijo— cuyo caso me dejó Félix. ¹⁵Cuando yo estaba en Jerusalén, los sacerdotes principales y los ancianos judíos presentaron cargos en su contra y me pidieron que yo lo condenara. ¹⁶Les hice ver que la ley romana no declara culpable a nadie sin antes tener un juicio. El acusado debe tener una oportunidad para que confronte a sus acusadores y se defienda.

¹⁷»Cuando los acusadores de Pablo llegaron aquí para el juicio, yo no me demoré. Convoqué al tribunal al día siguiente y di órdenes para que trajeran a Pablo. ¹⁸Pero las acusaciones que hicieron en su contra no correspondían a ninguno de los delitos que yo esperaba. ¹⁹En cambio, tenían algo que ver con su religión y con un hombre muerto llamado Jesús, quien —según Pablo— está vivo. ²⁰No sabía cómo investigar estas cuestiones, así que le pregunté si él estaba dispuesto a ser juzgado por estos cargos en Jerusalén. ²¹Pero Pablo apeló al emperador para que resuelva su caso. Así que di órdenes de que lo mantuvieran bajo custodia hasta que yo pudiera hacer los arreglos necesarios para enviarlo al César.

²²—Me gustaría oír personalmente a ese hombre —dijo Agripa.

Y Festo respondió:

—¡Mañana lo oirá!

Pablo habla con Agripa

²³Así que, al día siguiente, Agripa y Berenice llegaron al auditorio con gran pompa, acompañados por oficiales militares y hombres prominentes de la ciudad. Festo dio órdenes de que trajeran a Pablo. ²⁴Después Festo dijo: «Rey Agripa y los demás presentes, éste es a quien todos los judíos tanto aquí como en Jerusalén quieren ver muerto. ²⁵Pero, en mi opinión, él no ha hecho nada que merezca la muerte. Sin embargo, como apeló al emperador, decidí enviarlo a Roma.

24:20 En griego *Sanedrín*.   24:23 En griego *centurión*.   25:13 En griego *el rey Agripa y Berenice llegaron*.

²⁶»Pero ¿qué debo escribirle al emperador?, pues no hay ningún cargo concreto en su contra. Así que lo he traído ante todos ustedes —especialmente ante ti, rey Agripa— para tener algo que escribir después de que lo interroguemos. ²⁷¡Pues no tiene sentido enviarle un prisionero al emperador sin especificar los cargos que hay en su contra!

CAPÍTULO 26

Entonces Agripa le dijo a Pablo: «Tienes permiso para hablar en tu defensa».

Así que Pablo, haciendo una seña con la mano, comenzó su defensa: ²«Me considero afortunado, rey Agripa, de que sea usted quien oye hoy mi defensa en contra de todas estas acusaciones que han hecho los líderes judíos, ³porque sé que usted es un experto en costumbres y controversias judías. Ahora, por favor, escúcheme con paciencia.

⁴»Como bien saben los líderes judíos, desde mi temprana infancia recibí una completa capacitación judía entre mi propia gente y también en Jerusalén. ⁵Ellos saben, si quisieran admitirlo, que he sido miembro de los fariseos, la secta más estricta de nuestra religión. ⁶Ahora se me juzga por la esperanza en el cumplimiento de la promesa que Dios les hizo a nuestros antepasados. ⁷De hecho, ésta es la razón por la cual las doce tribus de Israel adoran a Dios con celo día y noche, y participan de la misma esperanza que yo tengo. Aun así, Su Majestad, ¡ellos me acusan por tener esta esperanza! ⁸¿Por qué les parece increíble a todos ustedes que Dios pueda resucitar a los muertos?

⁹»Yo solía creer que mi obligación era hacer todo lo posible para oponerme al nombre de Jesús de Nazaret.* ¹⁰Por cierto, eso fue justo lo que hice en Jerusalén. Con la autorización de los sacerdotes principales, hice que muchos creyentes* de allí fueran enviados a la cárcel. Di mi voto en contra de ellos cuando los condenaban a muerte. ¹¹Muchas veces hice que los castigaran en las sinagogas para que maldijeran* a Jesús. Estaba tan violentamente en contra de ellos que los perseguí hasta en ciudades extranjeras.

¹²»Cierto día, yo me dirigía a Damasco para cumplir esa misión respaldado por la autoridad y el encargo de los sacerdotes principales. ¹³Cerca del mediodía, Su Majestad, mientras iba de camino, una luz del cielo, más intensa que el sol, brilló sobre mí y mis compañeros. ¹⁴Todos caímos al suelo y escuché una voz que me decía en arameo*: "Saulo, Saulo, ¿por qué me persigues? Es inútil que luches contra mi voluntad"*.

¹⁵»"¿Quién eres, señor?" —pregunté. Y el Señor contestó: "Yo soy Jesús, a quien tú persigues. ¹⁶Ahora, ¡levántate! Pues me aparecí ante ti para designarte como mi siervo y testigo. Deberás contarle al mundo lo que has visto y lo que te mostraré en el futuro. ¹⁷Y yo te rescataré de tu propia gente y de los gentiles.* Sí, te envío a los gentiles, ¹⁸para que les abras los ojos, a fin de que pasen de la oscuridad a la luz, y del poder de Satanás a Dios. Entonces recibirán el perdón de sus pecados y se les dará un lugar entre el pueblo de Dios, el cual es apartado por la fe en mí".

¹⁹»Por lo tanto, rey Agripa, obedecí esa visión del cielo. ²⁰Primero les prediqué a los de Damasco, luego en Jerusalén y por toda Judea, y también a los gentiles: que todos tienen que arrepentirse de sus pecados y volver a Dios, y demostrar que han cambiado por medio de las cosas buenas que hacen. ²¹Unos judíos me arrestaron en el templo por predicar esto y trataron de matarme. ²²Pero Dios me ha protegido hasta este mismo momento para que yo pueda dar testimonio a todos, desde el menos importante hasta el más importante. Yo no enseño nada fuera de lo que los profetas y Moisés dijeron que sucedería: ²³que el Mesías sufriría y que sería el primero en resucitar de los muertos, y de esta forma anunciaría la luz de Dios tanto a judíos como a gentiles por igual».

²⁴De repente Festo gritó:

—Pablo, estás loco. ¡Tanto estudio te ha llevado a la locura!

²⁵Pero Pablo respondió:

—No estoy loco, excelentísimo Festo. Lo que digo es la pura verdad. ²⁶Y el rey Agripa sabe de estas cosas. Yo hablo con atrevimiento, porque estoy seguro de que todos estos acontecimientos le son familiares, ¡pues no se hicieron en un rincón! ²⁷Rey Agripa, ¿usted les cree a los profetas? Yo sé que sí.

²⁸Agripa lo interrumpió:

—¿Acaso piensas que puedes persuadirme para que me convierta en cristiano en tan poco tiempo?*

²⁹Pablo contestó:

—Sea en poco tiempo o mucho, le pido a Dios en oración que tanto usted como todos los presentes en este lugar lleguen a ser como yo, excepto por estas cadenas.

³⁰Entonces el rey, el gobernador, Berenice y todos los demás se pusieron de pie y se retiraron. ³¹Mientras salían, hablaron del tema y acordaron: «Este hombre no ha hecho nada que merezca la muerte o la cárcel».

³²Y Agripa le dijo a Festo: «Podría ser puesto en libertad si no hubiera apelado al César».

26:9 O *Jesús nazareno.*   **26:10** En griego *muchos del pueblo santo de Dios.*   **26:11** En griego *blasfemaran.*   **26:14a** O *hebreo.*
26:14b En griego *Te es difícil dar patadas contra el aguijón.*   **26:17** *Gentil(es),* que no es judío.   **26:28** O *—Un poco más y tus argumentos me convierten en cristiano.*

CAPÍTULO **27**
Pablo navega a Roma
Cuando llegó el tiempo, zarpamos hacia Italia. A Pablo y a varios prisioneros más los pusieron bajo la custodia de un oficial romano* llamado Julio, un capitán del regimiento imperial. ²También nos acompañó Aristarco, un macedonio de Tesalónica. Salimos en un barco matriculado en el puerto de Adramitio, situado en la costa noroeste de la provincia de Asia.* El barco tenía previsto hacer varias paradas en distintos puertos a lo largo de la costa de la provincia.

³Al día siguiente, cuando atracamos en Sidón, Julio fue muy amable con Pablo y le permitió desembarcar para visitar a sus amigos, a fin de que ellos pudieran proveer sus necesidades. ⁴Desde allí nos hicimos a la mar y nos topamos con fuertes vientos de frente que hacían difícil mantener el barco en curso, así que navegamos hacia el norte de Chipre, entre la isla y el continente. ⁵Navegando en mar abierto, pasamos por la costa de Cilicia y Panfilia, y desembarcamos en Mira, en la provincia de Licia. ⁶Allí, el oficial al mando encontró un barco egipcio, de Alejandría, con destino a Italia, y nos hizo subir a bordo.

⁷Tuvimos que navegar despacio por varios días y, después de serias dificultades, por fin nos acercamos a Gnido. Pero teníamos viento en contra, así que cruzamos a la isla de Creta, navegando al resguardo de la costa de la isla con menos viento, frente al cabo de Salmón. ⁸Seguimos por la costa con mucha dificultad y finalmente llegamos a Buenos Puertos, cerca de la ciudad de Lasea. ⁹Habíamos perdido bastante tiempo. El clima se ponía cada vez más peligroso para viajar por mar, porque el otoño estaba muy avanzado,* y Pablo comentó eso con los oficiales del barco.

¹⁰Les dijo: «Señores, creo que tendremos problemas más adelante si seguimos avanzando: naufragio, pérdida de la carga y también riesgo para nuestras vidas». ¹¹Pero el oficial a cargo de los prisioneros les hizo más caso al capitán y al dueño del barco que a Pablo. ¹²Y, como Buenos Puertos era un puerto desprotegido —un mal lugar para pasar el invierno—, la mayoría de la tripulación quería seguir hasta Fenice, que se encuentra más adelante en la costa de Creta, y pasar el invierno allí. Fenice era un buen puerto, con orientación al suroeste y al noroeste solamente.

Tormenta en el mar
¹³Cuando un viento suave comenzó a soplar desde el sur, los marineros pensaron que po-

drían llegar a salvo. Entonces levaron anclas y navegaron cerca de la costa de Creta. ¹⁴Pero el clima cambió abruptamente, y un viento huracanado (llamado «Noreste») sopló sobre la isla y nos empujó a mar abierto. ¹⁵Los marineros no pudieron girar el barco para hacerle frente al viento, así que se dieron por vencidos y se dejaron llevar por la tormenta.

¹⁶Navegamos al resguardo del lado con menos viento de una pequeña isla llamada Cauda,* donde con gran dificultad subimos a bordo el bote salvavidas que era remolcado por el barco. ¹⁷Después los marineros ataron cuerdas alrededor del casco del barco para reforzarlo. Tenían miedo de que el barco fuera llevado a los bancos de arena de Sirte, frente a la costa africana, así que bajaron el ancla flotante para disminuir la velocidad del barco y se dejaron llevar por el viento.

¹⁸Al día siguiente, como la fuerza del vendaval seguía azotando el barco, la tripulación comenzó a echar la carga por la borda. ¹⁹Y luego, al día siguiente, hasta arrojaron al agua parte del equipo del barco. ²⁰La gran tempestad rugió durante muchos días, ocultó el sol y las estrellas, hasta que al final se perdió toda esperanza.

²¹Nadie había comido en mucho tiempo. Finalmente, Pablo reunió a la tripulación y le dijo: «Señores, ustedes debieran haberme escuchado al principio y no haber salido de Creta. Así se hubieran evitado todos estos daños y pérdidas. ²²¡Pero anímense! Ninguno de ustedes perderá la vida, aunque el barco se hundirá. ²³Pues anoche un ángel del Dios a quien pertenezco y a quien sirvo estuvo a mi lado ²⁴y dijo: "¡Pablo, no temas, porque ciertamente serás juzgado ante el César!. Además, Dios, en su bondad, ha concedido protección a todos los que navegan contigo". ²⁵Así que, ¡anímense! Pues yo le creo a Dios. Sucederá tal como él lo dijo. ²⁶Pero seremos náufragos en una isla».

El naufragio
²⁷Como a la medianoche de la decimocuarta noche de la tormenta, mientras los vientos nos empujaban por el mar Adriático,* los marineros presintieron que había tierra cerca. ²⁸Arrojaron una cuerda con una pesa y descubrieron que el agua tenía treinta y siete metros de profundidad. Pero, un poco después, volvieron a medir y vieron que sólo había veintisiete metros de profundidad.* ²⁹A la velocidad que íbamos, ellos tenían miedo de que pronto fuéramos

---

27:1 En griego *centurión*; similar en 27:6, 11, 31, 43.   27:2 *Asia* era una provincia romana en lo que ahora es la parte oeste de Turquía.   27:9 En griego *porque el ayuno ya había pasado.* Ese ayuno estaba relacionado con el Día de la Expiación (*Yom Kippur*), que caía a fines de septiembre o a principios de octubre.   27:16 Algunos manuscritos dicen *Clauda.*   27:27 El *mar Adriático:* a diferencia de la denominación de este mar en tiempos modernos, en el siglo primero las aguas con este nombre incluían las de la parte central del Mediterráneo.   27:28 En griego *20 brazas [...] 15 brazas* [120 pies [...] 90 pies].

arrojados contra las rocas que estaban a lo largo de la costa; así que echaron cuatro anclas desde la parte trasera del barco y rezaron que amaneciera.

30 Luego los marineros trataron de abandonar el barco; bajaron el bote salvavidas como si estuvieran echando anclas desde la parte delantera del barco. 31 Pero Pablo les dijo al oficial al mando y a los soldados: «Todos ustedes morirán a menos que los marineros se queden a bordo». 32 Entonces los soldados cortaron las cuerdas del bote salvavidas y lo dejaron a la deriva.

33 Cuando empezó a amanecer, Pablo animó a todos a que comieran. «Ustedes han estado tan preocupados que no han comido nada en dos semanas —les dijo—. 34 Por favor, por su propio bien, coman algo ahora. Pues no perderán ni un solo cabello de la cabeza». 35 Así que tomó un poco de pan, dio gracias a Dios delante de todos, partió un pedazo y se lo comió. 36 Entonces todos se animaron y empezaron a comer, 37 los doscientos setenta y seis que estábamos a bordo. 38 Después de comer, la tripulación redujo aún más el peso del barco echando al mar la carga de trigo.

39 Cuando amaneció, no reconocieron la costa, pero vieron una bahía con una playa y se preguntaban si podrían llegar a la costa haciendo encallar el barco. 40 Entonces cortaron las anclas y las dejaron en el mar. Luego soltaron los timones, izaron las velas de proa y se dirigieron a la costa. 41 Pero chocaron contra un banco de arena y el barco encalló demasiado rápido. La proa del barco se clavó en la arena, mientras que la popa fue golpeada repetidas veces por la fuerza de las olas y comenzó a hacerse pedazos.

42 Los soldados querían matar a los prisioneros para asegurarse de que no nadaran hasta la costa y escaparan. 43 Pero el oficial al mando quería salvar a Pablo, así que no los dejó llevar a cabo su plan. Luego les ordenó a todos los que sabían nadar que saltaran por la borda primero y se dirigieran a tierra firme. 44 Los demás se sujetaron a tablas o a restos del barco destruido.* Así que todos escaparon a salvo hasta la costa.

CAPÍTULO 28
Pablo en la isla de Malta

Una vez a salvo en la costa, nos enteramos de que estábamos en la isla de Malta. 2 La gente de la isla fue muy amable con nosotros. Hacía frío y llovía, entonces encendieron una fogata en la orilla para recibirnos.

3 Mientras Pablo juntaba una brazada de leña

y la echaba en el fuego, una serpiente venenosa que huía del calor lo mordió en la mano. 4 Los habitantes de la isla, al ver la serpiente colgando de su mano, se decían unos a otros: «¡Sin duda éste es un asesino! Aunque se salvó del mar, la justicia no le permitirá vivir». 5 Pero Pablo se sacudió la serpiente en el fuego y no sufrió ningún daño. 6 La gente esperaba que él se hinchara o que cayera muerto de repente. Pero, después de esperar y esperar y ver que estaba ileso, cambiaron de opinión y llegaron a la conclusión de que Pablo era un dios.

7 Cerca de la costa adonde llegamos, había una propiedad que pertenecía a Publio, el funcionario principal de la isla. Él nos recibió y nos atendió con amabilidad por tres días. 8 Dio la casualidad de que el padre de Publio estaba enfermo con fiebre y disentería. Pablo entró a verlo, oró por él, puso sus manos sobre él y lo sanó. 9 Entonces todos los demás enfermos de la isla también vinieron y fueron sanados. 10 Como resultado, nos colmaron de honores y, cuando llegó el tiempo de partir, la gente nos proveyó de todo lo que necesitaríamos para el viaje.

Pablo llega a Roma

11 Tres meses después del naufragio, zarpamos en otro barco, que había pasado el invierno en la isla; era un barco de Alejandría que tenía como figura de proa a los dioses gemelos.* 12 Hicimos la primera parada en Siracusa,* donde nos quedamos tres días. 13 De allí navegamos hasta Regio.* Un día después, un viento del sur empezó a soplar, de manera que, al día siguiente, navegamos por la costa hasta Poteoli. 14 Allí encontramos a algunos creyentes,* quienes nos invitaron a pasar una semana con ellos. Y así llegamos a Roma.

15 Los hermanos de Roma se habían enterado de nuestra inminente llegada, y salieron hasta el Foro* por el Camino Apio para recibirnos. En Las Tres Tabernas* nos esperaba otro grupo. Cuando Pablo los vio, se animó y dio gracias a Dios.

16 Una vez que llegamos a Roma, a Pablo se le permitió hospedarse en un alojamiento privado, aunque estaba bajo la custodia de un soldado.

Pablo predica en Roma bajo custodia

17 Tres días después de haber llegado, Pablo mandó reunir a los líderes judíos locales. Les dijo:

—Hermanos, fui arrestado en Jerusalén y entregado al gobierno romano, a pesar de no haber hecho nada en contra de nuestro pueblo

---

27:44 O o fueron ayudados por miembros de la tripulación del barco. 28:11 Los dioses gemelos eran los dioses romanos Cástor y Pólux. 28:12 Siracusa estaba en la isla de Sicilia. 28:13 Regio estaba en la punta del sur de Italia. 28:14 En griego hermanos. 28:15a El Foro estaba como a 70 kilómetros (43 millas) de Roma. 28:15b Las Tres Tabernas estaba como a 57 kilómetros (35 millas) de Roma.

ni de las costumbres de nuestros antepasados. [18] Los romanos me llevaron a juicio y querían ponerme en libertad, porque no encontraron ninguna causa para condenarme a muerte. [19] Pero, cuando los líderes judíos protestaron por la decisión, creí necesario apelar al César, aunque no tenía deseos de presentar cargos contra mi propia gente. [20] Les pedí a ustedes que vinieran hoy aquí para que nos conociéramos y para que yo pudiera explicarles que estoy atado con esta cadena porque creo que la esperanza de Israel —el Mesías— ya ha venido.

[21] Ellos respondieron:

—No hemos recibido ninguna carta de Judea ni ningún informe en tu contra de nadie que haya venido por aquí. [22] Pero queremos escuchar lo que tú crees, pues lo único que sabemos de este movimiento es que se le ataca por todas partes.

[23] Entonces fijaron una fecha, y ese día mucha gente llegó al lugar donde Pablo estaba alojado. Él explicó y dio testimonio acerca del reino de Dios y trató de convencerlos acerca de Jesús con las Escrituras. Usando la ley de Moisés y los libros de los profetas, les habló desde la mañana hasta la noche. [24] Algunos se convencieron por las cosas que dijo, pero otros no creyeron. [25] Y, después de discutir entre unos y otros, se fueron con las siguientes palabras finales de Pablo: «El Espíritu Santo tenía razón cuando les dijo a sus antepasados por medio del profeta Isaías:

[26] "Ve y dile a este pueblo:
    Cuando oigan lo que digo,
        no entenderán.
    Cuando vean lo que hago
        no comprenderán.
[27] Pues el corazón de este pueblo está
        endurecido,
    y sus oídos no pueden oír,
    y han cerrado los ojos;
    así que sus ojos no pueden ver,
    y sus oídos no pueden oír,
    y sus corazones no pueden entender,
    y no pueden volver a mí
    para que yo los sane"*.

[28] »Así que quiero que sepan que esta salvación de Dios también se ha ofrecido a los gentiles,* y ellos la aceptarán».*

[30] Durante los dos años siguientes Pablo vivió en Roma pagando sus gastos él mismo.* Recibía a todos los que lo visitaban, [31] y proclamaba con valentía el reino de Dios y enseñaba acerca del Señor Jesucristo. Y nadie intentó detenerlo.

28:26-27 Is 6:9-10 (versión griega). 28:28a Gentil[es], que no es judío. 28:28b Algunos manuscritos incluyen el versículo 29: Y después de que dijo estas palabras, los judíos se fueron, muy en desacuerdo unos con otros. 28:30 O en una habitación rentada por él.

Romanos

AUTOR: PABLO | FECHA DE ESCRITURA: 58 d. de J. C. | GÉNERO: EPÍSTOLA

Esta epístola contiene algunos de los secretos más importantes de la vida cristiana. Es un diagnóstico contundente de la fuente principal de los problemas de la humanidad: el pecado. También demuestra la inutilidad de pensar que la solución a nuestros problemas se encuentra dentro de nosotros mismos.

CAPÍTULO **1**

Saludos de Pablo

Yo, Pablo, esclavo de Cristo Jesús y elegido por Dios para ser apóstol y enviado a predicar su Buena Noticia, escribo esta carta. ² Dios prometió esa Buena Noticia hace tiempo por medio de sus profetas en las Sagradas Escrituras. ³ La Buena Noticia trata de su Hijo. En su vida terrenal, él fue descendiente del rey David, ⁴ y quedó demostrado que era* el Hijo de Dios cuando fue resucitado de los muertos mediante el poder del Espíritu Santo.* Él es Jesucristo nuestro Señor. ⁵ Por medio de Cristo, Dios nos ha dado a nosotros, como apóstoles, el privilegio* y la autoridad de anunciar por todas partes a los gentiles* lo que Dios ha hecho por ellos, a fin de que crean en él y lo obedezcan, lo cual dará gloria a su nombre.

⁶ Ustedes están incluidos entre los gentiles que fueron llamados a pertenecer a Jesucristo. ⁷ Les escribo a todos ustedes, los amados de Dios que están en Roma y son llamados a ser su pueblo santo.

Que Dios nuestro Padre y el Señor Jesucristo les den gracia y paz.

La Buena Noticia de Dios

⁸ Ante todo les digo que, mediante Jesucristo, le doy gracias a mi Dios por todos ustedes, porque en todas partes del mundo se habla de la fe que tienen en él. ⁹ Dios sabe cuántas veces los recuerdo en mis oraciones. Día y noche, hago mención de ustedes y sus necesidades delante de Dios, a quien sirvo con todo mi corazón* anunciando la Buena Noticia acerca de su Hijo. ¹⁰ Algo que siempre pido en oración es que, Dios mediante, se presente la oportunidad de ir por fin a verlos. ¹¹ Pues tengo muchos deseos de visitarlos para llevarles algún don espiritual que los ayude a crecer firmes en el Señor. ¹² Cuando nos encontremos, quiero alentarlos en la fe pero también me gustaría recibir aliento de la fe de ustedes.

¹³ Quiero que sepan, amados hermanos, que me propuse muchas veces ir a visitarlos pero, hasta el momento, me vi impedido. Mi deseo es trabajar entre ustedes y ver frutos espirituales tal como he visto entre otros gentiles. ¹⁴ Pues siento una gran obligación tanto con los habitantes del mundo civilizado como con los del resto del mundo,* con los instruidos y los incultos por igual. ¹⁵ Así que estoy ansioso por visitarlos también a ustedes, que están en Roma, para predicarles la Buena Noticia.

¹⁶ Pues no me avergüenzo de la Buena Noticia acerca de Cristo, porque es poder de Dios en acción para salvar a todos los que creen, a los judíos primero y también a los gentiles.* ¹⁷ Esa Buena Noticia nos revela cómo Dios nos hace justos ante sus ojos, lo cual se logra del principio al fin por medio de la fe. Como dicen las Escrituras: «Es por medio de la fe que el justo tiene vida»*.

La ira de Dios contra el pecado

¹⁸ Pero Dios muestra su ira desde el cielo contra todos los que son pecadores y perversos, que detienen la verdad con su perversión.* ¹⁹ Ellos conocen la verdad acerca de Dios, porque él se la ha hecho evidente. ²⁰ Pues, desde la creación del mundo, todos han visto los cielos y la tierra. Por medio de todo lo que Dios hizo, ellos

1:4a O y fue designado. 1:4b O por el Espíritu de santidad; o en el nuevo dominio del Espíritu. 1:5a O la gracia. 1:5b Gentil[es], que no es judío. 1:9 O en mi espíritu. 1:14 En griego con los griegos y los bárbaros. 1:16 En griego al judío primero y también al griego. 1:17 O «El justo vivirá por la fe». Hab 2:4. 1:18 O que, con su perversión, impiden que la verdad sea conocida.

pueden ver a simple vista las cualidades invisibles de Dios: su poder eterno y su naturaleza divina. Así que no tienen ninguna excusa para no conocer a Dios. ²¹Es cierto, ellos conocieron a Dios pero no quisieron adorarlo como Dios ni siquiera darle gracias. En cambio, comenzaron a inventar ideas necias sobre Dios. Como resultado, la mente les quedó en oscuridad y confusión. ²²Afirmaban ser sabios pero se convirtieron en completos necios. ²³Y, en lugar de adorar al Dios inmortal y glorioso, rindieron culto a ídolos que ellos mismos se hicieron con forma de simples mortales, de aves, de animales de cuatro patas y de reptiles.

²⁴Entonces Dios los abandonó para que hicieran todas las cosas vergonzosas que deseaban en su corazón. Como resultado, usaron sus cuerpos para hacerse cosas viles y degradantes entre sí. ²⁵Cambiaron la verdad acerca de Dios por una mentira. Y así rindieron culto y sirvieron a las cosas que Dios creó pero no al Creador mismo, ¡quien es digno de eterna alabanza! Amén. ²⁶Por esa razón, Dios los abandonó a sus pasiones vergonzosas. Aun las mujeres se rebelaron contra la forma natural de tener relaciones sexuales y, en cambio, dieron rienda suelta al sexo unas con otras. ²⁷Los hombres, por su parte, en lugar de tener relaciones sexuales normales, con la mujer, ardieron en pasiones unos con otros. Los hombres hicieron cosas vergonzosas con otros hombres y, como consecuencia de ese pecado, sufrieron dentro de sí el castigo que merecían.

²⁸Por pensar que era una tontería reconocer a Dios, él los abandonó a sus tontos razonamientos y dejó que hicieran cosas que jamás deberían hacerse. ²⁹Se llenaron de toda clase de perversiones, pecados, avaricia, odio, envidia, homicidios, peleas, engaños, conductas maliciosas y chismes. ³⁰Son traidores, insolentes, arrogantes, fanfarrones y gente que odia a Dios. Inventan nuevas formas de pecar y desobedecen a sus padres. ³¹No quieren entrar en razón, no cumplen lo que prometen, son crueles y no tienen compasión. ³²Saben bien que la justicia de Dios exige que los que hacen esas cosas merecen morir; pero ellos igual las hacen. Peor aún, incitan a otros a que también las hagan.

CAPÍTULO 2

Juicio de Dios contra el pecado
Tal vez crees que puedes condenar a tales individuos, pero tu maldad es igual que la de ellos ¡y no tienes ninguna excusa! Cuando dices que son perversos y merecen ser castigados, te condenas a ti mismo porque tú, que juzgas a otros, también practicas las mismas cosas. ²Y

sabemos que Dios, en su justicia, castigará a todos los que hacen tales cosas. ³Y tú, que juzgas a otros por hacer esas cosas, ¿cómo crees que podrás evitar el juicio de Dios cuando tú haces lo mismo? ⁴¿No te das cuenta de lo bondadoso, tolerante y paciente que es Dios contigo? ¿Acaso eso no significa nada para ti? ¿No ves que la bondad de Dios es para guiarte a que te arrepientas y abandones tu pecado?

⁵Pero eres terco y te niegas a arrepentirte y abandonar tu pecado, por eso vas acumulando un castigo terrible para ti mismo. Pues se acerca el día de la ira, en el cual se manifestará el justo juicio de Dios. ⁶Él juzgará a cada uno según lo que haya hecho. ⁷Dará vida eterna a los que siguen haciendo el bien, pues de esa manera demuestran que buscan la gloria, el honor y la inmortalidad que Dios ofrece. ⁸Pero derramará su ira y enojo sobre los que viven para sí mismos, los que se niegan a obedecer la verdad y, en cambio, viven entregados a la maldad. ⁹Habrá aflicción y angustia para todos los que siguen haciendo lo malo, para los judíos primero y también para los gentiles.* ¹⁰Pero habrá gloria, honra y paz de parte de Dios para todos los que hacen lo bueno, para los judíos primero y también para los gentiles. ¹¹Pues Dios no muestra favoritismo.

¹²Los gentiles serán destruidos por el hecho de pecar, aunque nunca tuvieron la ley escrita de Dios. Y los judíos, quienes sí tienen la ley de Dios, serán juzgados por esa ley porque no la obedecen. ¹³Pues el simple acto de escuchar la ley no nos hace justos ante Dios. Es obedecer la ley lo que nos hace justos ante sus ojos. ¹⁴Aun los gentiles, quienes no cuentan con la ley escrita de Dios, muestran que conocen esa ley cuando, por instinto, la obedecen aunque nunca la hayan oído. ¹⁵Ellos demuestran que tienen la ley de Dios escrita en el corazón, porque su propia conciencia y sus propios pensamientos o los acusan o les indican que están haciendo lo correcto. ¹⁶Y el mensaje que proclamo es que se acerca el día en que Dios juzgará, por medio de Cristo Jesús, la vida secreta de cada uno.

Los judíos y la ley
¹⁷Tú, que te llamas judío, confías en la ley de Dios y te jactas de tu relación especial con él. ¹⁸Tú sabes lo que a él le agrada, sabes bien qué es lo correcto, porque se te ha enseñado su ley. ¹⁹Estás convencido de que eres guía para los ciegos y luz para los que andan perdidos en la oscuridad. ²⁰Piensas que puedes instruir al ignorante y enseñar a los niños los caminos de Dios. Pues estás seguro de que la ley de Dios te da pleno conocimiento y toda la verdad. ²¹Ahora bien, si tú enseñas a otros, ¿por qué

2:9 En griego *para el judío y también para el griego*; también en 2:10. *Gentil[es]*, que no es judío.

¿Qué pasa con aquellos que nunca han oído el evangelio?

Lee ROMANOS 1:18-20

Algunas veces, las personas que hacen esta pregunta no tienen verdadero interés en aquellos que nunca han oído el evangelio, sino que quieren echar una «cortina de humo» para impedirte a ti —como cristiano— que les muestres su necesidad de Dios. Podemos decirles a esas personas que Dios es bueno y compasivo, y que tratará justa e imparcialmente a todos aquellos que nunca escucharon el evangelio. Pero la persona que hace esta pregunta debe reconocer que el conocimiento supone responsabilidad. Por lo tanto, aquellos que conocen la verdad del evangelio darán cuenta de lo que saben.

La Biblia nos hace saber que Dios juzgará a cada uno conforme a lo que la persona conoce de él (lee Lucas 12:48, pág. 89). No seremos responsables por lo que no sabemos. Pero, aún así, esto no nos exime de toda responsabilidad, de otro modo podríamos decir: «La ignorancia es una bendición». Tampoco se puede asegurar que la persona que no ha escuchado de Jesús, nunca sabrá de él.

Los seres humanos, no importa dónde vivamos en esta tierra de Dios, hemos nacido con un alma, un vacío, un sentido de que la vida tiene que tener significado y propósito. A pesar de ese profundo anhelo espiritual, hemos menospreciado a Dios y su Palabra. Pero si buscamos realmente a Dios, él se manifestará a nosotros. Tenemos prueba de esto en Hechos 10:1-48 (págs. 152-153). Allí, un hombre llamado Cornelio —un religioso que oraba constantemente— le pidió a Dios que se manifestara a él. Quizá había oído de Jesús, pero todavía no conocía el plan de salvación. Sin embargo, eso no evitó que Dios contestara sus oraciones y enviara al apóstol Pedro a predicarle a su casa. Cuando Cornelio escuchó el maravilloso mensaje, ¡creyó!

La Biblia dice que Dios nunca cambia (Malaquías 3:6; lee Santiago 1:17, pág. 309). Él es el mismo ayer, hoy y mañana. Si Dios oyó las oraciones de Cornelio, también oirá las oraciones de aquellos que todavía no lo conocen, pero desean hacerlo.

Para leer la próxima nota de «Grandes preguntas», ve a la pág. 181.

---

no te enseñas a ti mismo? Predicas a otros que no se debe robar ¿pero tú robas? 22 Dices que está mal cometer adulterio ¿pero tú cometes adulterio? Condenas la idolatría ¿pero tú usas objetos robados de los templos paganos?* 23 Te sientes muy orgulloso de conocer la ley pero deshonras a Dios al quebrantarla. 24 No es extraño que las Escrituras digan: «Los gentiles blasfeman el nombre de Dios por causa de ustedes»*.

25 La ceremonia judía de la circuncisión sólo tiene valor si obedeces la ley de Dios. Pero, si no obedeces la ley de Dios, no estás en mejor condición que un gentil incircunciso. 26 Y, si los gentiles obedecen la ley de Dios, ¿acaso él no los considerará su propio pueblo? 27 De hecho, los gentiles incircuncisos que cumplen la ley de Dios los condenarán a ustedes, judíos, que están circuncidados y tienen la ley de Dios pero no la obedecen.

28 Pues no se es un verdadero judío sólo por haber nacido de padres judíos ni por haber pasado por la ceremonia de la circuncisión. 29 No, un verdadero judío es aquel que tiene el corazón recto a los ojos de Dios. La verdadera circuncisión no consiste meramente en obedecer la letra de la ley, sino que es un cambio en el corazón, producido por el Espíritu de Dios. Y una persona con un corazón transformado busca* la aprobación de Dios, no la de la gente.

2:22 En griego ¿robas de los templos? 2:24 Is 52:5 (versión griega). 2:29 O recibe.

CAPÍTULO **3**

Dios permanece fiel

Entonces ¿cuál es la ventaja de ser judío? ¿Tiene algún valor la ceremonia de la circuncisión? ²Claro que sí, ¡tiene muchos beneficios! En primer lugar, a los judíos se les confió toda la revelación de Dios.*

³Es cierto, algunos de ellos fueron infieles; pero ¿acaso eso significa que, porque ellos fueron infieles, Dios también será infiel? ⁴¡Por supuesto que no! Aun cuando todos los demás sean mentirosos, Dios es veraz. Como dicen las Escrituras acerca de él:

«Quedará demostrado que tienes razón en
lo que dices,
y ganarás tu caso en los tribunales»*.

⁵«Sin embargo —algunos podrían decir—, nuestro pecado cumple un buen propósito porque muestra a otros lo justo que es Dios. ¿No es injusto, entonces, que Dios nos castigue?». (Éste no es más que un punto de vista humano). ⁶¡De ninguna manera! Si Dios no fuera completamente justo, ¿cómo tendría autoridad para juzgar al mundo? ⁷«Sin embargo —alguien podría seguir argumentando—, ¿por qué Dios me juzga como pecador si mi mentira realza su veracidad y le da más gloria a él?». ⁸Algunos incluso nos difaman asegurando que nosotros decimos: «¡Cuanto más pecamos, mejor!». Los que dicen tales cosas merecen ser condenados.

Todos somos pecadores

⁹Ahora bien, ¿llegamos a la conclusión de que los judíos somos mejores que los demás? ¡Para nada! Tal como acabamos de demostrar, todos —sean judíos o gentiles*— están bajo el poder del pecado. ¹⁰Como dicen las Escrituras:

«No hay ni un solo justo,
ni siquiera uno.
¹¹ Nadie es realmente sabio,
nadie busca a Dios.
¹² Todos se desviaron,
todos se volvieron inútiles.
No hay ni uno que haga lo bueno,
ni uno solo»*.
¹³ «Lo que hablan es repugnante como el olor
que sale de una tumba abierta.
Su lengua está llena de mentiras».
«Veneno de serpientes gotea de sus labios»*.
¹⁴ «Su boca está llena de maldición y
amargura»*.
¹⁵ «Se apresuran a matar.
¹⁶ Siempre hay sufrimiento y destrucción
en sus caminos.
¹⁷ No saben dónde encontrar paz»*.

¹⁸ «No tienen temor de Dios en absoluto»*.

¹⁹Obviamente, la ley se aplica a quienes fue entregada, porque su propósito es evitar que la gente tenga excusas y demostrar que todo el mundo es culpable delante de Dios. ²⁰Pues nadie llegará jamás a ser justo ante Dios por hacer lo que la ley manda. La ley sencillamente nos muestra lo pecadores que somos.

Cristo sufrió nuestro castigo

²¹ Pero ahora, tal como se prometió tiempo atrás en los escritos de Moisés* y de los profetas, Dios nos ha mostrado cómo podemos ser justos ante él sin cumplir con las exigencias de la ley. ²²Dios nos hace justos a sus ojos cuando ponemos nuestra fe en Jesucristo. Y eso es verdad para todo el que cree, sea quien fuere.

²³Pues todos hemos pecado; nadie puede alcanzar la meta gloriosa establecida por Dios. ²⁴Sin embargo, con una bondad que no merecemos, Dios nos declara justos por medio de Cristo Jesús, quien nos liberó del castigo de nuestros pecados. ²⁵Pues Dios ofreció a Jesús como el sacrificio por el pecado. Las personas son declaradas justas a los ojos de Dios cuando creen que Jesús sacrificó su vida al derramar su sangre. Ese sacrificio muestra que Dios actuó con justicia cuando se contuvo y no castigó a los que pecaron en el pasado, ²⁶porque miraba hacia el futuro y de ese modo los incluiría en lo que llevaría a cabo en el tiempo presente. Dios hizo todo eso para demostrar su justicia, porque él mismo es justo e imparcial, y declara a los pecadores justos a sus ojos cuando ellos creen en Jesús.

²⁷¿Podemos, entonces, jactarnos de haber hecho algo para que Dios nos acepte? No, porque nuestra libertad de culpa y cargo no se basa en la obediencia a la ley. Está basada en la fe. ²⁸Así que somos declarados justos a los ojos de Dios por medio de la fe y no por obedecer la ley.

²⁹Después de todo, ¿acaso Dios es sólo el Dios de los judíos? ¿No es también el Dios de los gentiles? Claro que sí. ³⁰Hay sólo un Dios, y él declara justos a judíos y gentiles* únicamente por medio de la fe. ³¹Entonces, si hacemos énfasis en la fe, ¿eso significa que podemos olvidarnos de la ley? ¡Por supuesto que no! De hecho, sólo cuando tenemos fe cumplimos verdaderamente la ley.

CAPÍTULO **4**

La fe de Abraham

Humanamente hablando, Abraham fue el fundador de nuestra nación judía. ¿Qué descubrió él acerca de llegar a ser justos ante Dios? ²Que,

---

3:2 En griego *confiaron todos los oráculos de Dios.* **3:4** Sal 51:4 (versión griega). **3:9** En griego *o griegos. [Gentil(es)], que no es judío.* **3:10-12** Sal 14:1-3; 53:1-3 (versión griega). **3:13** Sal 5:9 (versión griega); Sal 140:3. **3:14** Sal 10:7 (versión griega). **3:15-17** Is 59:7-8. **3:18** Sal 36:1. **3:21** En griego *en la ley.* **3:30** En griego *a los circuncisos y a los incircuncisos.*

GRANDES PREGUNTAS

Si Dios es tan bueno, ¿por qué le suceden cosas malas a su pueblo?

Lee ROMANOS 5:1-5

Enfermedades, guerras, accidentes, desastres naturales, les ocurren tanto a justos como a injustos; a los cristianos y a los que no lo son; a los decentes y a los inmorales. Entonces, si Dios es tan bueno y todopoderoso, ¿por qué no acaba con todas las cosas malas que hay en este mundo? Esta pregunta surge a menudo después de una tragedia, pero especialmente cuando afecta a personas que uno piensa deberían ser «inmunes» a tales cosas.

Al hacer esta pregunta, es importante recordar que Dios, en el principio, creó al mundo perfecto. Pero también dio al hombre la libertad de obedecer o desobedecer. Cuando Adán pecó, la muerte y el sufrimiento llegaron a ser parte inevitable de la vida (Romanos 5:12). Como dijo el pensador cristiano C. S. Lewis, especular acerca del *origen* del mal es perder el tiempo. El problema que todos afrontamos es la *realidad* del mal. La única *solución* a la realidad del mal es la que da Dios: Jesucristo (Paul Little, *How to Give Away Your Faith* [Cómo explicar tu fe], Downers Grove, IL: InterVarsity Press, 1966: 72).

¿En que sentido es Jesucristo la solución a la realidad del mal? Desde el momento que rendiste tu vida a Jesucristo, entraste en el plan maestro de Dios para ti. Aunque es cierto que no conoces lo que te depara el futuro, sabes a quién le pertenece. Y él ha prometido que todas las cosas cooperan para el bien de los que lo aman (lee Romanos 8:28, pág. 188). No sólo las buenas, sino todas las cosas. Como dice la Escritura: «Todo está al servicio de tus planes» (Salmo 119:91).

Es fácil decirlo cuando todo marcha bien. Pero cuando ocurre algo inesperado, nos preguntamos si Dios no está atento a nuestra situación.

Entonces debemos pensar en nuestra historia como un gran lienzo que Dios está pintando. Él está mirando todo el cuadro. Lo que nosotros vemos es sólo la porción que vivimos en ese instante.

En algún momento, Dios permite que ocurran muchas cosas en nuestra vida, tanto buenas como malas. Algunas tienen sentido, otras no lo tienen. Pero cada uno de esos incidentes forma parte de un gran plan para nuestra vida. La tragedia, en sí misma, no es buena. Pero Dios puede tomar la tragedia y usarla para su gloria. Como hijos de Dios, sabemos que todas las cosas que suceden pasan primero por su control de protección. Y él nunca nos da más de lo que podemos soportar (lee 1 Corintios 10:13, pág. 212). Por esta razón podemos seguir el consejo del versículo 3 y regocijarnos. Tenemos la seguridad de que Dios está trabajando en nosotros para fortalecernos y desarrollar nuestro carácter. Pero algo aún más importante, él nunca nos abandonará (lee Hebreos 13:5, pág. 306).

Para leer la próxima nota de «Grandes preguntas», ve a la pág. 191.

---

si sus buenas acciones le hubieran servido para que Dios lo aceptara, habría tenido de qué jactarse. Pero ésa no era la forma de actuar de Dios. [3] Pues las Escrituras nos dicen: «Abraham le creyó a Dios, y Dios consideró a Abraham justo debido a su fe»*. [4] Cuando la gente trabaja, el salario que re-cibe no es un regalo sino algo que se ha ganado. [5] Pero la gente no es considerada justa por sus acciones sino por su fe en Dios, quien perdona a los pecadores. [6] David también habló de lo mismo cuando describió la felicidad de los que son declarados justos sin hacer esfuerzos para lograrlo:

4:3 Gn 15:6.

Piedras angulares

NUESTRA VIDA DEBE MOSTRAR QUE DIOS ESTÁ TRABAJANDO EN NUESTRO CORAZÓN

Lee ROMANOS 7:4

Mientras vivamos de este lado del cielo, estaremos siempre luchando entre el deseo de obedecer a Dios y el deseo de seguir nuestros instintos pecaminosos. Hasta el apóstol Pablo sabía lo que era luchar contra el pecado. En los versículos que acompañan a este texto, él describe seis claves para ganar esta batalla y vivir una vida que no sólo agrada a Dios, sino que muestra que Dios está trabajando en nuestro corazón:

1. **Admite el poder del pecado en tu vida (lee Romanos 7:14, pág. 186).** Reconoce que tienes una «naturaleza impetuosa» dentro de ti; una vulnerabilidad a las tentaciones del pecado. Si fallamos en percibir nuestra debilidad potencial, seremos más vulnerables para ceder a ella. La Biblia nos advierte contra tal actitud, diciendo: «Si ustedes piensan que están firmes, tengan cuidado de no caer» (1 Corintios 10:12).

2. **Reconoce que no tienes poder para cambiar tu propio ser (lee Romanos 7:18, pág. 186).** Tu naturaleza pecaminosa es la fuente del problema. Nunca vas a «dominar» al pecado ni vivir una vida agradable a Dios por tus propias fuerzas. Separado de Dios, no puedes hacer nada.

3. **No soportes más tu condición y clama por ayuda (lee Romanos 7:24, pág. 186).** No puedes controlar el mal que hay en ti simplemente por determinación. Cuando llegues a lo más bajo de tu ser, pide la ayuda de Dios en tus luchas.

4. **Acepta tu libertad (lee Romanos 7:25, pág. 186).** Toma la mano de ayuda que Jesús te está ofreciendo.

5. **Acepta el perdón de Dios y que eres libre de condenación (lee Romanos 8:1-2, pág. 187).** A causa de tu unión especial con Cristo, Dios te perdona y no te condena si reconoces tus fallas, luchas y promesas no cumplidas.

6. **Corta las acciones instintivas de tu naturaleza pecaminosa (lee Romanos 8:3-8, pág. 187).** La única manera de no cometer acciones pecaminosas instintivas es dejar de vivir dominado por esa naturaleza pecaminosa y empezar a vivir por el poder del Espíritu Santo. ¿Cómo puedes hacerlo? El versículo 6 indica que debes ceder el control de tu mente al Espíritu. Cuando lo haces eres controlado por el Espíritu Santo y piensas en las cosas que agradan al Espíritu (lee Romanos 8:5, pág. 187).

Siempre corres el riesgo de pecar, pero Dios te ha dado el poder para vencer al pecado a través del Espíritu Santo. La clave para tener este poder es obedecer al Espíritu Santo.

Para leer la próxima nota de «Fe y obras», ve a la pág. A31.

---

7 «Oh, qué alegría para aquellos
  a quienes se les perdona la
      desobediencia,
  a quienes se les cubren los pecados.
8 Sí, qué alegría para aquellos
  a quienes el Señor les borró el pecado de
      su cuenta»*.

9 Ahora bien, ¿es esta bendición solamente para los judíos o es también para los gentiles* incircuncisos?* Como venimos diciendo, Dios consideró a Abraham justo debido a su fe. 10 Pero ¿cómo sucedió esto? ¿Se le consideró justo sólo después de ser circuncidado o fue

antes? Es evidente que Dios aceptó a Abraham ¡antes de que fuera circuncidado! 11 La circuncisión era una señal de que Abraham ya tenía fe y de que Dios ya lo había aceptado y declarado justo aun antes de que fuera circuncidado. Por lo tanto, Abraham es el padre espiritual de los que tienen fe pero no han sido circuncidados. A ellos se los considera justos debido a su fe. 12 Y Abraham también es el padre espiritual de los que han sido circuncidados, pero sólo si tienen la misma clase de fe que tenía Abraham antes de ser circuncidado.

13 Obviamente, la promesa que Dios hizo de dar toda la tierra a Abraham y a sus descendien-

4:7-8 Sal 32:1-2 (versión griega). **4:9a** *Gentil(es)*, que no es judío. **4:9b** En griego ¿*es esa bendición solamente para los circuncisos o es también para los incircuncisos?*

tes no se basaba en la obediencia de Abraham a la ley sino en una relación correcta con Dios, la cual viene por la fe. ¹⁴Si la promesa de Dios es sólo para los que obedecen la ley, entonces la fe no hace falta y la promesa no tiene sentido. ¹⁵Pues la ley siempre trae castigo para los que tratan de obedecerla. (¡La única forma de no violar la ley es no tener ninguna ley para violar!).

¹⁶Así que la promesa se recibe por medio de la fe. Es un regalo inmerecido. Y, vivamos o no de acuerdo con la ley de Moisés, todos estamos seguros de recibir esta promesa si tenemos una fe como la de Abraham, quien es el padre de todos los que creen. ¹⁷A eso se refieren las Escrituras cuando citan lo que Dios le dijo: «Te hice padre de muchas naciones»*. Eso sucedió porque Abraham creyó en el Dios que da vida a los muertos y crea cosas nuevas de la nada.

¹⁸Aun cuando no había motivos para tener esperanza, Abraham siguió teniendo esperanza porque había creído en que llegaría a ser el padre de muchas naciones. Pues Dios le había dicho: «Ésa será la cantidad de descendientes que tendrás»*. ¹⁹Y la fe de Abraham no se debilitó a pesar de que él reconocía que, por tener unos cien años de edad, su cuerpo ya estaba muy anciano para tener hijos, igual que el vientre de Sara.

²⁰Abraham siempre creyó la promesa de Dios sin vacilar. De hecho, su fe se fortaleció aún más y así le dio gloria a Dios. ²¹Abraham estaba plenamente convencido de que Dios es poderoso para cumplir todo lo que promete. ²²Y, debido a su fe, Dios lo consideró justo. ²³Y el hecho de que Dios lo considerara justo no fue sólo para beneficio de Abraham, sino que quedó escrito ²⁴también para nuestro beneficio, porque nos asegura que Dios nos considerará justos a nosotros también si creemos en él, quien levantó de los muertos a Jesús nuestro Señor. ²⁵Él fue entregado a la muerte por causa de nuestros pecados, y resucitado para hacernos justos a los ojos de Dios.

CAPÍTULO **5**

La fe produce alegría

Por lo tanto, ya que fuimos declarados justos a los ojos de Dios por medio de la fe, tenemos paz con Dios gracias a lo que Jesucristo nuestro Señor hizo por nosotros. ²Debido a nuestra fe, Cristo nos hizo entrar en este lugar de privilegio inmerecido en el cual ahora permanecemos, y esperamos con confianza y alegría participar de la gloria de Dios.

³También nos alegramos al enfrentar pruebas y dificultades porque sabemos que nos ayudan a desarrollar resistencia. ⁴Y la resistencia

4:17 Gn 17:5. **4:18** Gn 15:5.

Primeros pasos

EL ESPÍRITU DE DIOS TE AYUDARÁ A VENCER AL PECADO

Lee ROMANOS 8:9-14

Este poderoso pasaje de la Escritura contiene algunas verdades importantes que necesitamos saber sobre cómo permitir que el Espíritu Santo guíe nuestra vida. Recuerda, cuando ya eres cristiano, Dios te da su Espíritu Santo para ayudarte a vivir tu fe, guiar tus pasos, fortalecer tu testimonio, y como lo atestigua este pasaje, vencer al pecado. Mira estos cuatro puntos que el apóstol Pablo destaca:

1. Eres controlado por una nueva naturaleza. Tu vieja y pecaminosa naturaleza todavía está tratando de mantener su mano en el volante. Pero ahora tu nueva naturaleza está sentada en el asiento del conductor y tu vieja naturaleza está como un molesto compañero de viaje. Puedes dejar que tu vieja naturaleza te de malas direcciones o puedes no hacerle caso y dejar que el Espíritu Santo te dirija.

2. Aun cuando enfrentes la muerte física, no enfrentarás la muerte espiritual. Como creyente, la muerte física es una simple transición a la vida eterna en el cielo. Has sido librado de la muerte espiritual, que te llevaría al eterno tormento del infierno (lee Apocalipsis 21:8, pág. 358). Este importante hecho debe darte seguridad cuando el diablo trate de arrojar dudas en tu camino.

3. El mismo Espíritu de Dios que levantó a Jesús de la muerte, vive en ti. ¿Has captado eso? El Espíritu Santo, que tuvo poder para levantar a Jesús de entre los muertos, ¡ahora vive en ti! Si esto es cierto —y la Palabra de Dios así lo dice— ¡piensa en el poder sobrenatural que tienes en tu vida para resistir al pecado!

4. No tienes que dar lugar a tu vieja naturaleza y sus sugerencias. Pablo no estaba hablando acerca de las metas que nos proponemos para el año nuevo. Si tratamos de vivir una vida moral y justa, con nuestras propias fuerzas, fallaremos. Pero si confiamos en el poder del Espíritu Santo para ayudarnos, seremos vencedores.

Para comenzar el próximo tema, ve a la pág. A39.

Piedras angulares

VIVE PARA AGRADAR A DIOS
Lee ROMANOS 8:5-8

Vivir para agradar a Dios puede parecer una tarea temible. Y para algunos, así lo es. Buscando satisfacer una lista de reglas, la vida se vuelve una lucha. Tratan de obtener el favor de Dios a través de actos de bondad y compasión. Intentan «apaciguar» a Dios por su conducta pecaminosa yendo a la iglesia o haciendo una «confesión». Pero este pasaje, en realidad todo este capítulo de Romanos, enseña que es posible vivir una vida pura y agradable a Dios.

Los primeros versículos de este capítulo explican que una vez que has entrado en una relación con Jesucristo, Dios te libera del «círculo vicioso» del pecado y la muerte por medio del poder de su Espíritu Santo. Esta terminología describe la base de nuestra libertad: en esencia, el Espíritu Santo que recibiste al aceptar a Jesucristo en tu vida te ha hecho un «esclavo» de Jesucristo, ya no un «esclavo» de tu naturaleza pecaminosa.

El apóstol Pablo se identifica a menudo en sus escritos como un esclavo de Jesucristo. Usa la palabra *doulos*, que significa «siervo por voluntad». Esta palabra era muy común y de uso frecuente en la cultura romana. Un *doulos* era una persona que había recibido su libertad, pero que por un profundo amor a su señor o amo, decidía voluntariamente seguir sirviendo como esclavo. Pablo no era esclavo de Jesucristo por obligación; era esclavo de Jesucristo porque deseaba serlo. Se había entregado por completo a su Maestro.

La única manera de estar libre del poder del pecado es estar en «sumisión» a Jesús. A menos que te rindas completamente a Jesús, todos tus esfuerzos por llevar una vida pura serán inútiles. Esa vieja naturaleza levantará continuamente su fea cabeza e influirá en tus pensamientos y acciones. Pero si eres un siervo fiel de Jesús, que sigue la guía del Espíritu Santo (versículo 5), no servirás a Dios por temor ni por obligación, sino por amor y gratitud. Tu servicio no estará motivado por el deseo de ganar la aprobación de Dios, sino por el deseo de estar más cerca de Jesús, reconociendo que ya estás aprobado por lo que él hizo por ti. Esta «bendita» servidumbre te dará la voluntad, el poder y la motivación para vivir una vida que sea agradable a Dios.

Para comenzar el próximo tema, ve a la pág. A29.

---

desarrolla firmeza de carácter, y el carácter fortalece nuestra esperanza segura de salvación. [5] Y esa esperanza no acabará en desilusión. Pues sabemos con cuánta ternura nos ama Dios, porque nos ha dado el Espíritu Santo para llenar nuestro corazón con su amor.

[6] Cuando éramos totalmente incapaces de salvarnos, Cristo vino en el momento preciso y murió por nosotros, pecadores. [7] Ahora bien, casi nadie se ofrecería a morir por una persona honrada, aunque tal vez alguien podría estar dispuesto a dar su vida por una persona extraordinariamente buena. [8] Pero Dios mostró el gran amor que nos tiene al enviar a Cristo a morir por nosotros cuando todavía éramos pecadores. [9] Y, como se nos declaró justos a los ojos de Dios por la sangre de Cristo, con toda seguridad él nos salvará de la condenación de Dios. [10] Pues, como nuestra amistad con Dios quedó reestablecida por la muerte de su Hijo cuando todavía éramos sus enemigos, con toda seguridad seremos salvos por la vida de su Hijo. [11] Así que ahora podemos alegrarnos por nuestra nueva y maravillosa relación con Dios gracias a que nuestro Señor Jesucristo nos hizo amigos de Dios.

Comparación entre Adán y Cristo
[12] Cuando Adán pecó, el pecado entró en el mundo. El pecado de Adán introdujo la muerte, de modo que la muerte se extendió a todos, porque todos pecaron. [13] Es cierto, la gente ya pecaba aun antes de que se entregara la ley. Pero no se le tomaba en cuenta como pecado, porque todavía no existía ninguna ley para violar. [14] Sin embargo, desde los tiempos de Adán hasta los de Moisés, todos murieron, incluso los que no desobedecieron un mandamiento explícito de Dios como sí lo hizo Adán. Ahora bien, Adán es un símbolo, una representación de Cristo, quien aún tenía que venir. [15] Pero hay una gran diferencia entre el pecado de Adán y el regalo del favor inmerecido de Dios. Pues el pecado de un solo hombre, Adán, trajo muerte a muchos. Pero aún más grande es la gracia maravillosa de Dios y el regalo de su perdón para

muchos por medio de otro hombre, Jesucristo. [16] Y el resultado del regalo del favor inmerecido de Dios es muy diferente de la consecuencia del pecado de ese primer hombre. Pues el pecado de Adán llevó a la condenación, pero el regalo de Dios nos lleva a ser declarados justos a los ojos de Dios, a pesar de que somos culpables de muchos pecados. [17] Pues el pecado de un solo hombre, Adán, hizo que la muerte reinara sobre muchos. Pero aún más grande es la gracia maravillosa de Dios y el regalo de su justicia, porque todos los que lo reciben vivirán en victoria sobre el pecado y la muerte por medio de un solo hombre, Jesucristo.

[18] Así es, un solo pecado de Adán trae condenación para todos, pero un solo acto de justicia de Cristo trae una relación correcta con Dios y vida nueva para todos. [19] Por uno solo que desobedeció a Dios, muchos pasaron a ser pecadores. Pero, por uno solo que obedeció a Dios, muchos serán declarados justos.

[20] La ley de Dios fue entregada para que toda la gente se diera cuenta de la magnitud de su pecado. Pero, mientras más pecaba la gente, más abundaba la gracia maravillosa de Dios. [21] Entonces, así como el pecado reinó sobre todos y los llevó a la muerte, ahora reina en cambio la gracia maravillosa de Dios, la cual nos pone en la relación correcta con él y nos da como resultado la vida eterna por medio de Jesucristo nuestro Señor.

CAPÍTULO 6

Cristo quebró el poder del pecado

Ahora bien, ¿deberíamos seguir pecando para que Dios nos muestre más y más su gracia maravillosa? [2] ¡Por supuesto que no! Nosotros hemos muerto al pecado, entonces ¿cómo es posible que sigamos viviendo en pecado? [3] ¿O acaso olvidaron que, cuando fuimos unidos a Cristo en el bautismo, nos unimos a él en su muerte? [4] Pues hemos muerto y fuimos sepultados con Cristo mediante el bautismo. Y, tal como Cristo fue levantado de los muertos por el poder glorioso del Padre, ahora nosotros también podemos vivir una vida nueva.

[5] Dado que fuimos unidos a él en su muerte, también seremos resucitados como él. [6] Sabemos que nuestro antiguo ser pecaminoso fue crucificado con Cristo para que el pecado perdiera su poder en nuestra vida. Ya no somos esclavos del pecado. [7] Pues, cuando morimos con Cristo, fuimos liberados del poder del pecado. [8] Y, dado que morimos con Cristo, sabemos que también viviremos con él. [9] Estamos seguros de eso, porque Cristo fue levantado de los muertos y nunca más volverá a morir. La muerte ya no tiene ningún poder sobre él. [10] Cuando él mu-

Primeros pasos

LA ORACIÓN NO ES UNA EXPERIENCIA SOLITARIA

Lee ROMANOS 8:26-27

¿Has pensado qué decirle a Dios? Quizá tienes un amigo enfermo y no sabes cómo orar por él. O quizá tú mismo estás inseguro sobre cómo orar por tus propias necesidades espirituales. Esta porción de la Escritura te animará.

Desde el momento que pediste a Jesús que fuera tu Salvador personal, recibiste a un huésped que vive en tu corazón: el Espíritu Santo.

Una de las muchas cosas que él hace es ayudarte en la oración —especialmente en esos momentos cuando no sabes cómo orar—. Cuando comprendas de qué manera tan íntima se relaciona Dios con tus oraciones, empezarás a sentir una estrecha proximidad con tu Padre en los cielos. Y comenzarás a sentir una frescura en tu vida de oración como nunca antes.

La próxima vez que no sepas cómo orar, pídele al Espíritu Santo que te ayude a presentarle a Dios tus preocupaciones y necesidades.

Para leer la próxima nota de «Ora», ve a la pág. A36.

rió, murió una sola vez, a fin de quebrar el poder del pecado. Pero, ahora que él vive, vive para la gloria de Dios. [11] Así también ustedes deberían considerarse muertos al poder del pecado y vivos para Dios por medio de Cristo Jesús.

[12] No permitan que el pecado controle la manera en que viven;* no caigan ante los deseos pecaminosos. [13] No dejen que ninguna parte de su cuerpo se convierta en un instrumento del mal para servir al pecado. En cambio, entréguense completamente a Dios, porque antes estaban muertos pero ahora tienen una vida nueva. Así que usen todo su cuerpo como un instrumento para hacer lo que es correcto para la gloria de Dios. [14] El pecado ya no es más su amo, porque ustedes ya no viven bajo las exigencias de la ley. En cambio, viven en la libertad de la gracia de Dios.

[15] Ahora bien, ¿eso significa que podemos seguir pecando porque la gracia de Dios nos ha liberado de la ley? ¡Claro que no! [16] ¿No se dan cuenta de que uno se convierte en esclavo de

6:12 O *No permitan que el pecado reine en su cuerpo, el cual está sujeto a la muerte.*

todo lo que decide obedecer? Uno puede ser esclavo del pecado, lo cual lleva a la muerte, o puede decidir obedecer a Dios, lo cual lleva a una vida recta. [17]Antes ustedes eran esclavos del pecado pero, gracias a Dios, ahora obedecen de todo corazón la enseñanza que les hemos dado. [18]Ahora son libres de la esclavitud del pecado y se han hecho esclavos de la vida recta.

[19]Uso la ilustración de la esclavitud para ayudarlos a entender todo esto, porque la naturaleza humana de ustedes es débil. En el pasado, se dejaron esclavizar por la impureza y el desenfreno, lo cual los hundió aún más en el pecado. Ahora deben entregarse como esclavos a la vida recta para llegar a ser santos. [20]Cuando eran esclavos del pecado, estaban libres de la obligación de hacer lo correcto. [21]¿Y cuál fue la consecuencia? Que ahora están avergonzados de las cosas que solían hacer, cosas que terminan en la condenación eterna. [22]Pero ahora quedaron libres del poder del pecado y se han hecho esclavos de Dios. Ahora hacen las cosas que llevan a la santidad y que dan como resultado la vida eterna. [23]Pues la paga que deja el pecado es la muerte, pero el regalo que Dios da es la vida eterna por medio de Cristo Jesús nuestro Señor.

CAPÍTULO **7**
No más atados a la ley
Ahora bien, amados hermanos, ustedes que conocen la ley, ¿no saben que la ley se aplica sólo mientras una persona está viva? [2]Por ejemplo, cuando una mujer se casa, la ley la une a su marido mientras él viva. Pero, si él muere, las leyes del matrimonio ya no se aplican a ella. [3]Así que, mientras su marido viva, ella cometería adulterio si se casara con otro hombre. Pero, si el esposo muere, ella queda libre de esa ley y no comete adulterio cuando se casa de nuevo.

[4]Por lo tanto, mis amados hermanos, la cuestión es la siguiente: ustedes murieron al poder de la ley cuando murieron con Cristo y ahora están unidos a aquel que fue levantado de los muertos. Como resultado, podemos producir una cosecha de buenas acciones para Dios. [5]Cuando vivíamos controlados por nuestra vieja naturaleza,* los deseos pecaminosos actuaban dentro de nosotros y la ley despertaba esos malos deseos que producían una cosecha de acciones pecaminosas, las cuales nos llevaban a la muerte. [6]Pero ahora fuimos liberados de la ley, porque morimos a ella y ya no estamos presos de su poder. Ahora podemos servir a Dios, no según el antiguo modo —que consistía en obedecer la letra de la ley— sino mediante uno nuevo, el de vivir en el Espíritu.

La ley de Dios revela nuestro pecado
[7]Ahora bien, ¿acaso sugiero que la ley de Dios es pecaminosa? ¡De ninguna manera! De hecho, fue la ley la que me mostró mi pecado. Yo nunca hubiera sabido que codiciar es malo si la ley no dijera: «No codicies»*. [8]¡Pero el pecado usó ese mandamiento para despertar toda clase de deseos codiciosos dentro de mí! Si no existiera la ley, el pecado no tendría ese poder. [9]Hubo un tiempo en que viví sin entender la ley. Pero, por ejemplo, cuando aprendí el mandamiento de no codiciar, el poder del pecado cobró vida [10]y yo morí. Entonces me di cuenta de que los mandatos de la ley —que supuestamente traían vida— trajeron, en cambio, muerte espiritual. [11]El pecado se aprovechó de esos mandatos y me engañó; usó los mandatos para matarme. [12]Sin embargo, la ley en sí misma es santa, y sus mandatos son santos, rectos y buenos.

[13]Pero ¿cómo puede ser? ¿Acaso la ley, que es buena, provocó mi muerte? ¡Por supuesto que no! El pecado usó lo que era bueno a fin de lograr mi condena de muerte. Por eso, podemos ver qué terrible es el pecado. Se vale de los buenos mandatos de Dios para lograr sus propios fines malvados.

La lucha contra el pecado
[14]Por lo tanto, el problema no es con la ley, porque la ley es buena y espiritual. El problema está en mí, porque soy demasiado humano, un esclavo del pecado. [15]Realmente no me entiendo a mí mismo, porque quiero hacer lo que es correcto pero no lo hago. En cambio, hago lo que odio. [16]Pero, si yo sé que lo que hago está mal, eso demuestra que estoy de acuerdo con que la ley es buena. [17]Entonces no soy yo el que hace lo que está mal, sino el pecado que vive en mí.

[18]Yo sé que en mí, es decir, en mi naturaleza pecaminosa* no existe nada bueno. Quiero hacer lo que es correcto, pero no puedo. [19]Quiero hacer lo que es bueno, pero no lo hago. No quiero hacer lo que está mal, pero igual lo hago. [20]Ahora, si hago lo que no quiero hacer, realmente no soy yo el que hace lo que está mal, sino el pecado que vive en mí.

[21]He descubierto el siguiente principio de vida: que cuando quiero hacer lo que es correcto, no puedo evitar hacer lo que está mal. [22]Amo la ley de Dios con todo mi corazón. [23]Pero hay otro poder* dentro de mí que está en guerra con mi mente. Ese poder me esclaviza al pecado que todavía está dentro de mí. [24]¡Soy un pobre desgraciado! ¿Quién me libertará de esta vida dominada por el pecado y la muerte? [25]¡Gracias a Dios! La respuesta está en Jesucristo nuestro Señor. Así que ya ven: en mi

---

7:5 En griego *Cuando estábamos en la carne.*   **7:7** Éx 20:17; Dt 5:21.   **7:18** En griego *mi carne;* también en 7:25.   **7:23** En griego *otra ley;* también en 7:23b.

mente, de verdad quiero obedecer la ley de Dios pero, a causa de mi naturaleza pecaminosa, soy esclavo del pecado.

CAPÍTULO **8**

La vida en el Espíritu

Por lo tanto, ya no hay condenación para los que pertenecen a Cristo Jesús. ²Y, porque ustedes pertenecen a él, el poder* del Espíritu que da vida los* ha libertado del poder del pecado, que lleva a la muerte. ³La ley de Moisés no podía salvarnos, porque nuestra naturaleza pecaminosa* es débil. Así que Dios hizo lo que la ley no podía hacer. Él envió a su propio Hijo en un cuerpo como el que tenemos nosotros, pecadores. Y, en ese cuerpo, Dios declaró el fin del dominio que el pecado tenía sobre nosotros mediante la entrega de su Hijo como sacrificio por nuestros pecados. ⁴Lo hizo para que se cumpliera totalmente la exigencia justa de la ley a favor de nosotros, que ya no seguimos a nuestra naturaleza pecaminosa sino que seguimos al Espíritu.

⁵Los que están dominados por la naturaleza pecaminosa piensan en cosas pecaminosas, pero los que son controlados por el Espíritu Santo piensan en las cosas que agradan al Espíritu. ⁶Por lo tanto, permitir que la naturaleza pecaminosa les controle la mente lleva a la muerte. Pero permitir que el Espíritu les controle la mente lleva a la vida y a la paz. ⁷Pues la naturaleza pecaminosa es enemiga de Dios siempre. Nunca obedeció las leyes de Dios y jamás lo hará. ⁸Por eso, los que todavía viven bajo el dominio de la naturaleza pecaminosa nunca pueden agradar a Dios.

⁹Pero ustedes no están dominados por su naturaleza pecaminosa. Son controlados por el Espíritu si es que el Espíritu de Dios vive en ustedes. (Y recuerden que los que no tienen al Espíritu de Cristo en ellos, de ninguna manera pertenecen a él). ¹⁰Y Cristo vive en ustedes; entonces, aunque el cuerpo morirá por causa del pecado, el Espíritu les da vida,* porque ustedes ya fueron declarados justos a los ojos de Dios. ¹¹El Espíritu de Dios, quien levantó a Jesús de los muertos, vive en ustedes. Y, así como Dios levantó a Cristo Jesús de los muertos, él dará vida a sus cuerpos mortales mediante el mismo Espíritu, quien vive en ustedes.

¹²Por lo tanto, amados hermanos, no están obligados a hacer lo que su naturaleza pecaminosa los incita a hacer; ¹³pues, si viven obedeciéndola, morirán. Pero, si mediante el poder del Espíritu hacen morir las acciones de la naturaleza pecaminosa,* vivirán. ¹⁴Pues todos

8:2a En griego *la ley;* también en 8:2b.   8:2b Algunos manuscritos dicen *me.*   8:3 En griego *nuestra carne;* similar en 8:4, 5, 6, 7, 8, 9, 12.   8:10 O *el espíritu de ustedes está vivo.*   8:13 En griego *las acciones del cuerpo.*

Primeros pasos

RINDE TU VIDA INCONDICIONALMENTE

Lee ROMANOS 12:1-2

Este pasaje de la Escritura es lo que podemos llamar una promesa condicional. La última parte del versículo 2 contiene esa promesa. Si deseamos descubrir la perfecta voluntad de Dios para nuestra vida, debemos reunir las tres condiciones mencionadas al principio de estos versículos.

1. Debemos presentarnos nosotros mismos a Dios como sacrificio vivo. Necesitamos reconocer que, como cristianos, pertenecemos a Dios. La Biblia nos dice que ya no somos dueños de nuestro cuerpo porque Cristo pagó por él cuando murió en la cruz (lee 1 Corintios 6:19b-20, pág. 208). Debido a que nuestros cuerpos le pertenecen, debemos abstenernos del pecado. Esto es lo que significa un sacrificio vivo: dejar a un lado nuestra propia voluntad y hacer la voluntad de Dios.

2. No debemos conformarnos a este mundo. El próximo paso en preparar nuestro corazón para conocer la voluntad de Dios es no imitar «las conductas ni las costumbres de este mundo» (12:2). Cuando la Biblia habla de «el mundo» no se está refiriendo a la tierra; más bien, está hablando de la mentalidad y la forma de pensar de la época, del derrumbe espiritual que es hostil a las cosas de Dios y que se enfoca principalmente en los deseos egoístas de la humanidad.

3. Debemos ser transformados por la renovación de nuestra mente. Una de las mejores maneras de llegar a ser «una persona nueva» (12:2) es saturar tu mente y corazón de aquellas cosas que edifican tu espíritu. Puedes lograrlo estudiando la Palabra de Dios, cantando himnos y alabanzas, pasando tiempo en oración y en el compañerismo con otros creyentes. Como dice el apóstol Pablo: «Concéntrense en todo lo que es verdadero, todo lo honorable, todo lo justo, todo lo puro, todo lo bello y todo lo admirable. Piensen en cosas excelentes y dignas de alabanza» (Filipenses 4:8).

Cuando tomemos estos pasos preliminares seremos más capaces de discernir con seguridad la voluntad de Dios para nuestra vida.

Para leer la próxima nota de «Busca la voluntad de Dios», ve a la pág. A40.

los que son guiados por el Espíritu de Dios son hijos de Dios. [15] Y ustedes no han recibido un espíritu que los esclavice al miedo. En cambio, recibieron el Espíritu de Dios cuando él los adoptó como sus propios hijos.* Ahora lo llamamos «Abba, Padre»*. [16] Pues su Espíritu se une a nuestro espíritu para confirmar que somos hijos de Dios. [17] Y, como somos sus hijos, también somos sus herederos. De hecho, somos herederos junto con Cristo de la gloria de Dios. Pero, si vamos a participar de su gloria, también debemos participar de su sufrimiento.

La gloria futura

[18] Sin embargo, lo que ahora sufrimos no es nada comparado con la gloria que él nos revelará más adelante. [19] Pues toda la creación espera con anhelo el día futuro en que Dios revelará quiénes son verdaderamente sus hijos. [20] Contra su propia voluntad, toda la creación quedó sujeta a la maldición de Dios. Pero, con gran esperanza, [21] la creación espera el día en que se unirá junto con los hijos de Dios a la gloriosa libertad de la muerte y la descomposición. [22] Pues sabemos que, hasta el día de hoy, toda la creación gime de angustia como si tuviera dolores de parto. [23] Y los creyentes también gemimos —aunque tenemos al Espíritu de Dios en nosotros como una muestra anticipada de la gloria futura— porque anhelamos que nuestro cuerpo sea liberado del pecado y el sufrimiento. Nosotros también deseamos con una esperanza ferviente que llegue el día en que Dios nos dé todos nuestros derechos como sus hijos adoptivos,* incluido el nuevo cuerpo que nos prometió. [24] Recibimos esa esperanza cuando fuimos salvos. (Si uno ya tiene algo, no necesita esperarlo. [25] Pero, si deseamos algo que todavía no tenemos, debemos esperar con paciencia y confianza).

[26] Y el Espíritu Santo nos ayuda en nuestra debilidad. Por ejemplo, nosotros no sabemos qué quiere Dios que le pidamos en oración, pero el Espíritu Santo ora por nosotros con gemidos que no pueden expresarse con palabras. [27] Y el Padre, quien conoce cada corazón, sabe lo que el Espíritu dice, porque el Espíritu intercede por nosotros, los creyentes,* en armonía con la voluntad de Dios. [28] Y sabemos que Dios hace que todas las cosas cooperen* para el bien de los que lo aman y son llamados según el propósito que él tiene para ellos. [29] Pues Dios conoció a los suyos de antemano y los eligió para que llegaran a ser como su Hijo, a fin de que su Hijo fuera el hijo mayor* de muchos hermanos. [30] Y, después de haberlos elegido, Dios los llamó para que se acercaran a él. Y, una vez que los llamó, los puso en la relación correcta con él. Y, luego de ponerlos en la relación correcta con él, les dio su gloria.

Nada puede separarnos del amor de Dios

[31] ¿Qué podemos decir acerca de cosas tan maravillosas como éstas? Si Dios está a favor de nosotros, ¿quién podrá ponerse en nuestra contra? [32] Si Dios no se guardó ni a su propio Hijo, sino que lo entregó por todos nosotros, ¿no nos dará también todo lo demás? [33] ¿Quién se atreve a acusarnos a nosotros, a quienes Dios ha elegido para sí? Nadie, porque Dios mismo nos puso en la relación correcta con él. [34] Entonces ¿quién nos condenará? Nadie, porque Cristo Jesús murió por nosotros y

8:15a En griego *recibieron un espíritu de adopción como hijos.* **8:15b** *Abba* es un término arameo para la palabra «padre». **8:23** En griego *esperamos ansiosamente la adopción como hijos.* **8:27** En griego *el pueblo santo de Dios.* **8:28** Algunos manuscritos dicen *Y sabemos que todo coopera.* **8:29** O *fuera el supremo.*

En marcha

MANTÉN VIVO TU CELO ESPIRITUAL
Lee ROMANOS 12:11

Este versículo no sólo nos anima a mantener vivo nuestro celo por el Señor, sino que nos ordena hacerlo. Otro significado de la frase «sirvan al Señor con entusiasmo», es tener un corazón que arde por Dios. La importancia de esto se ve en el libro de Apocalipsis. Allí Jesús advierte a la iglesia de Laodicea que esas personas estaban en peligro de ser arrojadas de su boca, debido a que eran tibias (Apocalipsis 3:15-16). En esencia, habían perdido el fuego de su celo espiritual y eran una ofensa para Cristo. Jesús les dijo que se arrepintieran, porque si no, él los rechazaría.

¿Qué podemos hacer para conservar vivo nuestro celo por el Señor? Debemos mantener nuestro fuego espiritual bien alimentado, pasando tiempo con el

resucitó por nosotros, y está sentado en el lugar de honor, a la derecha de Dios, e intercede por nosotros. [35]¿Acaso hay algo que pueda separarnos del amor de Cristo? ¿Será que él ya no nos ama si tenemos problemas o aflicciones, si somos perseguidos o pasamos hambre o estamos en la miseria o en peligro o bajo amenaza de muerte? [36](Como dicen las Escrituras: «Por tu causa nos matan cada día; nos tratan como a ovejas en el matadero»*). [37]Claro que no, a pesar de todas estas cosas, nuestra victoria es absoluta por medio de Cristo, quien nos amó. [38]Y estoy convencido de que nada podrá jamás separarnos del amor de Dios. Ni la muerte ni la vida, ni ángeles ni demonios,* ni nuestros temores de hoy ni nuestras preocupaciones de mañana. Ni siquiera los poderes del infierno pueden separarnos del amor de Dios. [39]Ningún poder en las alturas ni en las profundidades, de hecho, nada en toda la creación podrá jamás separarnos del amor de Dios, que está revelado en Cristo Jesús nuestro Señor.

CAPÍTULO **9**
Dios elige a Israel
Con Cristo de testigo hablo con toda veracidad. Mi conciencia y el Espíritu Santo lo confirman. [2]Tengo el corazón lleno de amarga tristeza e infinito dolor [3]por mi pueblo, mis hermanos judíos.* Yo estaría dispuesto a vivir bajo maldición para siempre —¡separado de Cristo!— si eso pudiera salvarlos. [4]Ellos son el pueblo de Israel, elegidos para ser los hijos adoptivos* de Dios. Él les reveló su gloria, hizo pactos con ellos y les entregó su ley. Les dio el privilegio de adorarlo y de recibir sus promesas maravillo-sas. [5]Abraham, Isaac y Jacob son los antepasados de los israelitas, y Cristo mismo era israelita en cuanto a su naturaleza humana. Y él es Dios, el que reina sobre todas las cosas ¡y es digno de eterna alabanza! Amén.*

[6]Ahora bien, ¿acaso Dios no cumplió su promesa a Israel? ¡No, porque no todos los que nacen en la nación de Israel son en verdad miembros del pueblo de Dios! [7]Ser descendientes de Abraham no los hace verdaderos hijos de Abraham, pues las Escrituras dicen: «Isaac es el hijo mediante el cual procederán tus descendientes»*, aunque Abraham también tuvo otros hijos. [8]Eso significa que no todos los descendientes naturales de Abraham son necesariamente hijos de Dios. Sólo los hijos de la promesa son considerados hijos de Abraham; [9]pues Dios había prometido: «Volveré dentro de un año, y Sara tendrá un hijo»*.

[10]Ese hijo fue nuestro antepasado Isaac. Cuando se casó con Rebeca, ella dio a luz mellizos.* [11]Pero, antes de que nacieran, antes de que pudieran hacer algo bueno o malo, ella recibió un mensaje de Dios. (Este mensaje demuestra que Dios elige a la gente según sus propósitos; [12]él llama a las personas, pero no según las buenas o malas acciones que hayan hecho). Se le dijo: «Tu hijo mayor servirá a tu hijo menor»*. [13]Como dicen las Escrituras: «Amé a Jacob, pero rechacé a Esaú»*.

[14]¿Estamos diciendo, entonces, que Dios fue injusto? ¡Por supuesto que no! [15]Pues Dios le dijo a Moisés:

«Tendré misericordia de quien yo quiera
    y mostraré compasión con quien yo
    quiera»*.

8:36 Sal 44:22.   8:38 En griego *ni gobernantes*.   9:3 En griego *pueblo, mis hermanos*.   9:4 En griego *elegidos para la adopción como hijos*.   9:5 O *Que Dios, el que reina sobre todas las cosas, sea alabado por siempre. Amén*.   9:7 Gn 21:12.   9:9 Gn 18:10, 14.   9:10 En griego *ella concibió hijos de ese hombre solamente*.   9:12 Gn 25:23.   9:13 Mal 1:2-3.   9:15 Éx 33:19.

---

pueblo de Dios, en oración y compañerismo. Debemos sustentar ese fuego con el constante alimento de la Palabra de Dios. Como lo experimentaron dos discípulos que estaban desanimados, el oír las palabras de Jesús puede reanimar el celo de una persona por Dios: «Entonces se dijeron el uno al otro: "¿No ardía nuestro corazón cuando nos hablaba en el camino y nos explicaba las Escrituras?"» (Lucas 24:32).

¿Cómo está tu temperatura espiritual? ¿Sientes pasión por el Señor al cual sirves? ¿Aprovechas al máximo cualquier oportunidad que se te presenta de hablar a otros de Cristo? El evangelista Juan Wesley dijo una vez: «Dadme cien hombres que amen a Dios con todo su corazón y que no teman a nada sino al pecado y moveré al mundo». Si estás encendido con el Espíritu, sirviendo al Señor con celo y entusiasmo, tu vida *haró* una diferencia.

Para comenzar el próximo tema, ve a la pág. A47.

Piedras angulares

NUESTRA PAZ CONTINÚA MIENTRAS SEGUIMOS AL ESPÍRITU SANTO
Lee ROMANOS 8:5-8

Aunque eres cristiano, todavía luchas con tu antigua naturaleza. Sin embargo, si permites al Espíritu Santo de Dios controlar tu vida, esa lucha será mucho menos intensa. Porque como dice este pasaje, desearás agradar a Dios. Si sigues tu vieja naturaleza con sus malos deseos, nunca podrás agradar a Dios (Romanos 8:8). Tu vida, sea que lo comprendas o no, estará vacía. Pero si vives una vida controlada por el Espíritu, experimentarás vida y paz (Romanos 8:6). Para vivir una vida controlada por el Espíritu, sigue el consejo del apóstol Pablo: «Piensen en las cosas del cielo, no en las de la tierra. Pues ustedes han muerto a esta vida, y su verdadera vida está escondida con Cristo en Dios» (Colosenses 3:2-3).

Para leer la próxima nota de «Paz», ve a la pág. A32.

---

¹⁶ Por lo tanto, es Dios quien decide tener misericordia. No depende de nuestro deseo ni de nuestro esfuerzo.

¹⁷ Pues las Escrituras cuentan que Dios le dijo a Faraón: «Te he designado con el propósito específico de exhibir mi poder en ti y dar a conocer mi fama por toda la tierra»*. ¹⁸ Así que, como ven, Dios decide tener misericordia de algunos y decide endurecer el corazón de otros para que se nieguen a escuchar.

¹⁹ Ahora bien, ustedes podrían decir: «¿Por qué Dios culpa a las personas por no responder? ¿Acaso no hicieron sencillamente lo que él les exige que hagan?».

²⁰ No, no digan eso. ¿Quién eres tú, simple ser humano, para discutir con Dios? ¿Acaso el objeto creado puede decirle a su creador: «por qué me has hecho así»? ²¹ Cuando un alfarero hace vasijas de barro, ¿no tiene derecho a usar del mismo trozo de barro para hacer una vasija de adorno y otra para arrojar basura? ²² De la misma manera, aunque Dios tiene el derecho de mostrar su enojo y su poder, él es muy paciente con aquellos que son objeto de su enojo, los que están destinados para destrucción. ²³ Lo hace para que las riquezas de su gloria brillen con mucha más intensidad sobre aquellos a quienes les tiene misericordia, los que preparó de antemano para gloria. ²⁴ Y nosotros estamos entre los que él eligió, ya sea del grupo de los judíos o de los gentiles.

²⁵ Con respecto a los gentiles, Dios dice en la profecía de Oseas:

«A los que no eran mi pueblo,
    ahora los llamaré mi pueblo.
Y amaré a los que
    antes no amaba»*.

²⁶ Y también dice:

«En el lugar donde se les dijo:
"Ustedes no son mi pueblo",
allí serán llamados
"hijos del Dios viviente"»*.

²⁷ Con respecto a Israel, el profeta Isaías clamó:

«Aunque los hijos de Israel son tan
    numerosos como la arena de la playa,
sólo un remanente se salvará.
²⁸ Pues el SEÑOR ejecutará
    su sentencia sobre la tierra sin demora y
    de manera terminante»*.

²⁹ Y lo mismo dijo Isaías en otro lugar:

«Si el SEÑOR de los ejércitos celestiales
    no hubiera perdonado la vida a unos
    cuantos de nuestros hijos,
habríamos sido exterminados como
    Sodoma y
destruidos como Gomorra»*.

Incredulidad de Israel

³⁰ ¿Qué significa todo esto? Aunque los gentiles no trataban de seguir las normas de Dios, fueron declarados justos a los ojos de Dios. Y eso sucedió por medio de la fe. ³¹ Pero los hijos de Israel, que se esforzaron tanto en cumplir la ley para llegar a ser justos ante Dios, nunca lo lograron. ³² ¿Por qué no? Porque trataban de hacerse justos ante Dios por cumplir la ley* en lugar de confiar en él. Tropezaron con la gran piedra en su camino. ³³ Dios se lo advirtió en las Escrituras cuando dijo:

«Pongo en Jerusalén* una piedra que hace
    tropezar a muchos,
una roca que los hace caer.
Pero todo el que confíe en él
    jamás será avergonzado»*.

9:17 Éx 9:16 (versión griega).   **9:25** Os 2:23.   **9:26** Os 1:10.   **9:27-28** Is 10:22-23 (versión griega).   **9:29** Is 1:9.   **9:32** En griego *por medio de acciones*.   **9:33a** En griego *en Sión*.   **9:33b** Is 8:14; 28:16 (versión griega).

GRANDES PREGUNTAS

¿Cómo debemos considerar a las autoridades?

Lee ROMANOS 13:1-2

Cuando tratamos con el asunto de la autoridad, en particular cómo actuar ante el gobierno de nuestro país, la Biblia nos da algunos asuntos importantes para considerar.

Dios establece a los gobernantes. Es cierto que no todo gobierno oficial es obediente a Dios. Muchos gobiernos violan la Palabra de Dios. Pero Dios ha permitido ciertos gobiernos con un propósito divino. En el Antiguo Testamento, muchas veces Dios permitió que algunos «malos» países fueran poderosos, para castigar a Israel por su mal proceder y recordarles que debían retornar a Dios. Por lo tanto, debemos respetar a las autoridades, ya que Dios tiene propósitos específicos al permitir ciertos gobiernos.

Dios usa a los gobernantes que tienen temor de Dios. Aunque Dios, en definitiva, tiene control de todo lo que ocurre y de cada suceso que hay en el mundo, él usa a sus seguidores en posiciones estratégicas de poder. Cuando la reina Ester, una judía, vio la posibilidad de que su pueblo fuera destruido, su tío Mar-

doqueo la desafió con estas palabras: «Si callas en este tiempo, de otra parte vendrá auxilio y alivio para los judíos, pero tú y tus parientes morirán. ¿Y quién sabe si quizás has llegado a ser reina precisamente para este tiempo?» (Ester 4:14). Ciertamente, Dios no nos prohíbe ser parte de los procesos políticos y aun usa a cristianos en el gobierno para cumplir sus propósitos.

Tenemos que ser testigos para los que están en autoridad. Tu obediencia a las leyes del país es usada como un testimonio que exalta al Dios que sirves. Pedro, dirigiéndose a los primeros cristianos que estaban sufriendo crueles persecuciones bajo la tiranía de Nerón, los desafió a ser buenos ciudadanos (lee 1 Pedro 2:13-15, pág. 317).

Nuestra fidelidad a Dios siempre debe estar primero. ¿Qué hacer cuando la ley o el gobierno contradicen directamente la ley de Dios? Nosotros somos responsables ante una autoridad mayor. En el Antiguo Testamento leemos que Daniel desafió el decreto del rey que prohibía

a la gente orar a otro dios que no fuera él (Daniel 6:1-28). Daniel sabía que Dios había dicho que sólo lo adoraran a él, así que obedeció la ley de Dios antes que a la ley de los hombres. Como recordarás, Daniel fue echado al foso de los leones, pero Dios preservó su vida cerrando la boca de las bestias. En el Nuevo Testamento, cuando el sumo sacerdote les ordenó que no hablaran en el nombre de Jesús, Pedro respondió: «Nosotros tenemos que obedecer a Dios antes que a cualquier autoridad humana» (Hechos 5:29). En tiempos más recientes, los cristianos que viven en países comunistas o musulmanes, continúan hablando de Cristo y repartiendo Biblias, a pesar de las leyes que lo prohíben.

Quizá lo mejor que podemos hacer respecto a las autoridades es seguir el consejo de 1 Pedro 2:17: «Teman a Dios y respeten al rey». Aquí tenemos un perfecto equilibrio, porque si tememos a Dios, viviremos por encima de cualquier crítica y seremos ejemplo para aquellos que están en autoridad. Al mismo tiempo, seremos capaces de discernir cuándo las leyes humanas contradicen a las leyes divinas establecidas por Dios.

Para leer la próxima nota de «Grandes preguntas», ve a la pág. 205.

CAPÍTULO **10**

Amados hermanos, el profundo deseo de mi corazón y mi oración a Dios es que los israelitas lleguen a ser salvos. ²Yo sé que ellos tienen un gran entusiasmo por Dios, pero es un fervor mal encausado. ³Pues no entienden la forma en que Dios hace justas a las personas con él. Se niegan a aceptar el modo de Dios y, en cambio, se aferran a su propio modo de hacerse justos ante él tratando de cumplir la ley. ⁴Pero Cristo ya cumplió el propósito por el cual se entregó la ley.* Como resultado, a todos los que creen en él se les declara justos a los ojos de Dios.

La salvación es para todos

⁵Pues Moisés escribe que la ley exige obediencia a todos sus mandatos* para que una persona llegue a ser justa ante Dios. ⁶Pero el modo de la fe para hacernos justos ante Dios dice: «No digas en tu corazón: "¿Quién subirá al cielo?" (para hacer bajar a Cristo a la tierra). ⁷Ni tampoco digas: "¿Quién descenderá al lugar de los muertos?" (para volver a Cristo de nuevo a la vida)». ⁸En realidad, dice:

«El mensaje está muy cerca de ti,
    está en tus labios y en tu corazón»*.

Y ese mensaje es el mismo mensaje que nosotros predicamos acerca de la fe: ⁹Si confiesas con tu boca que Jesús es el Señor y crees en tu corazón que Dios lo levantó de los muertos, serás salvo. ¹⁰Pues es por creer en tu corazón que eres declarado justo a los ojos de Dios y es por confesarlo con tu boca que eres salvo. ¹¹Como nos dicen las Escrituras: «Todo el que confíe en él jamás será deshonrado»*. ¹²No hay diferencia entre los judíos y los gentiles* en ese sentido. Ambos tienen al mismo Señor, quien da con generosidad a todos los que lo invocan. ¹³Pues «todo el que invoque el nombre del Señor será salvo»*.

¹⁴Pero ¿cómo pueden ellos invocarlo para que él los salve si no creen en él? ¿Y cómo pueden creer en él si nunca han oído de él? ¿Y cómo pueden oír de él a menos que alguien les cuente? ¹⁵¿Y cómo irá alguien a contarles sin ser enviado? Por eso, las Escrituras dicen: «¡Qué hermosos son los pies de los mensajeros que traen buenas noticias!»*. ¹⁶Sin embargo, no todos aceptan la Buena Noticia, porque el profeta Isaías dijo: «Señor, ¿quién ha creído nuestro mensaje?»*. ¹⁷Así que la fe viene por oír, es decir, por oír la Buena Noticia acerca de Cristo. ¹⁸Pero pregunto: ¿de verdad el pueblo de Israel oyó el mensaje? Claro que sí.

«El mensaje se ha difundido por toda la tierra,
    y sus palabras, por todo el mundo»*.

¹⁹Vuelvo a preguntar: ¿entendió realmente el pueblo de Israel? Por supuesto que sí. Pues, incluso en el tiempo de Moisés, Dios dijo:

«Despertaré sus celos con un pueblo que ni
    siquiera es una nación.
Provocaré su enojo por medio de gentiles
    insensatos»*.

²⁰Luego Isaías habló audazmente de parte de Dios y dijo:

«Me encontraron personas que no me
    buscaban.
Me mostré a los que no preguntaban por
    mí»*.

²¹Pero, con respecto a Israel, Dios dijo:

«Todo el día les abrí mis brazos,
    pero ellos fueron desobedientes y
    rebeldes»*.

CAPÍTULO **11**

Misericordia de Dios con Israel

Entonces pregunto: ¿acaso Dios ha rechazado a su propio pueblo, la nación de Israel? ¡Por supuesto que no! Yo mismo soy israelita, descendiente de Abraham y miembro de la tribu de Benjamín. ²Dios no ha rechazado a su propio pueblo, al cual eligió desde el principio. ¿Se dan cuenta de lo que dicen las Escrituras sobre el tema? El profeta Elías se quejó del pueblo de Israel ante Dios y dijo: ³«Señor, han matado a tus profetas y derribaron tus altares. Soy el único que queda con vida y ahora me buscan para matarme a mí también»*. ⁴¿Y recuerdan la respuesta de Dios? Él dijo: «¡No, tengo a siete mil más que nunca se han inclinado ante Baal!»*. ⁵Lo mismo sucede hoy, porque unos cuantos del pueblo de Israel* han permanecido fieles por la gracia de Dios, es decir, por su bondad inmerecida al elegirlos. ⁶Y, como es mediante la bondad de Dios, entonces no es por obras de buenas acciones. Pues, en ese caso, la gracia de Dios no sería lo que realmente es: gratuita e inmerecida.

⁷Así que la situación es la siguiente: la mayoría del pueblo de Israel no ha encontrado el favor de Dios que tanto busca. Unos cuantos sí lo han encontrado —los que Dios ha elegido—, pero el corazón de los demás fue endurecido. ⁸Como dicen las Escrituras:

10:4 O *Pues Cristo es el fin de la ley.* **10:5** Ver Lv 18:5. **10:6-8** Dt 30:12-14. **10:11** Is 28:16 (versión griega). **10:12** En griego *y los griegos.* [*Gentil(es),* que no es judío]. **10:13** Jl 2:32. **10:15** Is 52:7. **10:16** Is 53:1. **10:18** Sal 19:4. **10:19** Dt 32:21. **10:20** Is 65:1 (versión griega). **10:21** Is 65:2 (versión griega). **11:3** 1R 19:10, 14. **11:4** 1R 19:18. **11:5** En griego *porque un remanente.*

«Dios los hizo caer en un sueño profundo.
Hasta el día de hoy, les ha cerrado los ojos
    para que no vean
    y les ha tapado los oídos para que no
    oigan»*.

[9] También David dijo:

«Que su mesa de abundancia se convierta
    en una red,
en una trampa que los lleve a pensar que
    todo está bien.
Que sus bendiciones los hagan tropezar
    y que reciban su merecido.
[10] Que sus ojos queden ciegos para que no
    puedan ver,
    y la espalda se les encorve para
    siempre»*.

[11] ¿Acaso el pueblo de Dios tropezó y cayó sin
posibilidad de recuperarse? ¡De ninguna manera! El pueblo fue desobediente, por eso Dios
puso la salvación al alcance de los gentiles.* Sin
embargo, él quería que su propio pueblo sin-
tiera celos y la reclamara para sí. [12] Ahora bien,
si los gentiles fueron enriquecidos porque los
israelitas rechazaron la oferta de salvación de
Dios, imagínense cuánto más grande será la
bendición para el mundo cuando ellos por fin
la acepten.

[13] Menciono todo lo anterior especialmente
para ustedes, los gentiles. Dios me designó
apóstol a los gentiles. Pongo énfasis en esto
[14] porque, de alguna manera, quiero hacer que
los hijos de Israel sientan celos de lo que tienen
ustedes, los gentiles, y entonces yo pueda salvar a algunos de ellos. [15] Pues, si el rechazo de
ellos hizo que Dios ofreciera la salvación al resto
del mundo, la aceptación de ellos será algo aún
más maravilloso. ¡Será vida para los que estaban
muertos! [16] Y, dado que Abraham y los otros patriarcas fueron santos, sus descendientes también serán santos, del mismo modo que toda la
masa de pan es santa porque la porción que se
da como ofrenda es santa. Pues, si las raíces del
árbol son santas, las ramas también lo serán.

[17] Pero algunas ramas del árbol de Abraham
—algunos del pueblo de Israel— han sido arrancadas. Y ustedes, los gentiles, que eran ramas
de un olivo silvestre, fueron injertados. Así que
ahora ustedes también reciben la bendición que
Dios prometió a Abraham y a sus hijos, con lo
cual comparten con ellos el alimento nutritivo
que proviene de la raíz del olivo especial de Dios.
[18] Pero no se jacten de haber sido injertados para
reemplazar a las ramas que fueron arrancadas.
Ustedes son sólo una rama, no son la raíz.
[19] Tal vez digas: «Bueno, esas ramas fueron

Primeros pasos

PONTE LA ARMADURA DE DIOS
Lee ROMANOS 13:11-14

Otro modo de leer el último versículo de
este capítulo es: «Sean hombres y mujeres
de Cristo, de la cabeza hasta los pies y no le
den oportunidad a la carne». En otras palabras, necesitamos «vestirnos» de Cristo. Para
hacerlo, deja que Cristo forme parte de todo
lo que haces e invítalo a ir a todas partes contigo. Permítele actuar en cada decisión que
tomes. Cuando te esfuerces por obedecer a
Cristo, recuerda estas tres verdades sencillas:

1. El tiempo es corto. Jesucristo volverá
pronto y debemos ser los mejores testigos de
él que podamos ser.

2. Vivir en la luz. Como dice Efesios 5:8:
«Pues antes ustedes estaban llenos de oscuridad, pero ahora tienen la luz que proviene del
Señor». Cuanto más vives en la luz de Dios,
menos deseas ser influido por las tinieblas del
mundo que te rodea.

**3. Confía en Cristo para permanecer
firme.** Por ti mismo no serás capaz de permanecer firme ante las tentaciones. Mientras
sigas a Cristo y su ejemplo, hallarás que es
mucho más fácil evitar caídas espirituales.
Como se dice: «La mejor defensa es un buen
ataque».

Algunos desean poner a Dios en un pequeño
compartimiento. Quieren adorarlo de nueve
a once de la mañana el día domingo, pero el
resto del tiempo lo guardan para sí mismos.
La vida cristiana no es así. Como verdaderos
seguidores de Jesucristo, debemos identificar-
nos con nuestro Maestro las veinticuatro horas
del día, los siete días de la semana y por el
resto de nuestra vida.

*Para leer la próxima nota de «Obedece a
Dios», ve a la pág. A38.*

arrancadas para darme lugar a mí». [20] Es cierto,
pero recuerda: esas ramas fueron arrancadas
porque no creyeron en Cristo, y tú estás allí
porque tú sí crees. Así que no te consideres tan
importante, más bien teme lo que podría suceder. [21] Pues, si Dios no perdonó a las ramas
originales, tampoco te perdonará* a ti.

11:8 Is 29:10; Dt 29:4.   **11:9-10** Sal 69:22-23 (versión griega).   **11:11** Gentil[es], que no es judío.   **11:21** Algunos
manuscritos dicen *quizá tampoco te perdonará.*

²²Fíjate en que Dios es bondadoso pero también es severo. Es severo con los que desobedecen, pero será bondadoso contigo si sigues confiando en su bondad. En cambio, si dejas de confiar, tú también serás arrancado por completo. ²³Y, si el pueblo de Israel abandona su incredulidad, volverá a ser injertado, pues Dios tiene poder para volver a injertarlo en el árbol. ²⁴Tú, por naturaleza, eras una rama cortada de un olivo silvestre. Por lo tanto, si Dios estuvo dispuesto a ir en contra de la naturaleza al injertarte en un árbol cultivado, él estará mucho más dispuesto a injertar las ramas originales en el árbol al que pertenecen.

La misericordia de Dios es para todos

²⁵Mis amados hermanos, quiero que entiendan este misterio para que no se vuelvan orgullosos de ustedes mismos. Parte del pueblo de Israel tiene el corazón endurecido, pero eso sólo durará hasta que se complete el número de gentiles que aceptarán a Cristo. ²⁶Y entonces todo Israel será salvo. Como dicen las Escrituras:

«El que rescata vendrá de Jerusalén*
    y apartará a Israel* de la maldad.
²⁷Y mi pacto con ellos es
    que quitaré sus pecados»*.

²⁸Muchos del pueblo de Israel ahora son enemigos de la Buena Noticia, y eso los beneficia a ustedes, los gentiles. Sin embargo, ellos todavía son el pueblo que Dios ama, porque él eligió a los antepasados Abraham, Isaac y Jacob. ²⁹Pues los dones de Dios y su llamado son irrevocables. ³⁰Ustedes, los gentiles, antes eran rebeldes con Dios pero, cuando el pueblo de Israel se rebeló contra él, Dios tuvo misericordia de ustedes y no de ellos. ³¹Ahora ellos son los rebeldes y a ustedes Dios les mostró su misericordia para que ellos también participen* de la misericordia de Dios. ³²Pues Dios encarceló a todos en la desobediencia para poder tener misericordia de todos.

³³¡Qué grande es la riqueza, la sabiduría y el conocimiento de Dios! ¡Es realmente imposible para nosotros entender sus decisiones y sus caminos!

³⁴Pues ¿quién puede conocer los
    pensamientos del Señor?
¿Quién sabe lo suficiente para
    aconsejarlo?*
³⁵Y ¿quién le ha entregado tanto
    para que él tenga que devolvérselo?*

³⁶Pues todas las cosas provienen de él y existen por su poder y son para su gloria. ¡A él sea toda la gloria por siempre! Amén.

CAPÍTULO **12**
Sacrificio vivo para Dios

Por lo tanto, amados hermanos, les ruego que entreguen su cuerpo a Dios por todo lo que él ha hecho a favor de ustedes. Que sea un sacrificio vivo y santo, la clase de sacrificio que a él le agrada. Ésa es la verdadera forma de adorarlo.* ²No imiten las conductas ni las costumbres de este mundo, más bien dejen que Dios los transforme en personas nuevas al cambiarles la manera de pensar. Entonces aprenderán a conocer la voluntad de Dios para ustedes, la cual es buena, agradable y perfecta.

³Basado en el privilegio y la autoridad* que Dios me ha dado, le advierto a cada uno de ustedes lo siguiente: ninguno se crea mejor de lo que realmente es. Sean realistas al evaluarse a ustedes mismos, háganlo según la medida de fe que Dios les haya dado.* ⁴Así como nuestro cuerpo tiene muchas partes y cada parte tiene una función específica, ⁵el cuerpo de Cristo también. Nosotros somos las diversas partes de un solo cuerpo y nos pertenecemos unos a otros.

⁶Dios, en su gracia, nos ha dado dones diferentes para hacer bien determinadas cosas. Por lo tanto, si Dios te dio la capacidad de profetizar, habla con toda la fe que Dios te haya concedido. ⁷Si tu don es servir a otros, sírvelos bien.

11:26a En griego *de Sión.* 11:26b En griego *Jacob.* 11:26-27 Is 59:20-21; 27:9 (versión griega). 11:31 Otros manuscritos dicen *ahora participen;* incluso otros dicen *algún día participen.* 11:34 Is 40:13 (versión griega). 11:35 Ver Job 41:11. 12:1 O *Ésa es la adoración espiritual de ustedes;* o *Ése es el servicio que se espera de ustedes.* 12:3a O *Basado en la gracia;* comparar 1:5. 12:3b O *fe que Dios nos haya dado;* o *según la medida de nuestra fe dada por Dios.*

En marcha

ESTO QUE HAGO, ¿PODRÍA SER UN TROPIEZO PARA LA FE DE OTROS CRISTIANOS?
Lee ROMANOS 14:3-21

No hagas nada por lo que puedan reprocharte, aun si estás convencido de que esa actividad es correcta. Lo que somos y hacemos tiene un efecto directo en otras personas,

Si eres maestro, enseña bien. ⁸Si tu don consiste en animar a otros, anímalos. Si tu don es dar, hazlo con generosidad. Si Dios te ha dado la capacidad de liderar, toma la responsabilidad en serio. Y, si tienes el don de mostrar bondad a otros, hazlo con gusto. ⁹No finjan amar a los demás; ámenlos de verdad. Aborrezcan lo malo. Aférrense a lo bueno. ¹⁰Ámense unos a otros con un afecto genuino* y deléitense al honrarse mutuamente. ¹¹No sean nunca perezosos, más bien trabajen con esmero y sirvan al Señor con entusiasmo.* ¹²Alégrense por la esperanza segura que tenemos. Tengan paciencia en las dificultades y sigan orando. ¹³Estén listos para ayudar a los hijos de Dios cuando pasen necesidad. Estén siempre dispuestos a brindar hospitalidad. ¹⁴Bendigan a quienes los persiguen. No los maldigan, sino pídanle a Dios en oración que los bendiga. ¹⁵Alégrense con los que están alegres y lloren con los que lloran. ¹⁶Vivan en armonía unos con otros. No sean tan orgullosos como para no disfrutar de la compañía de la gente común. ¡Y no piensen que lo saben todo!

¹⁷Nunca devuelvan a nadie mal por mal. Compórtense de tal manera que todo el mundo vea que ustedes son personas honradas. ¹⁸Hagan todo lo posible por vivir en paz con todos.

¹⁹Queridos amigos, nunca tomen venganza. Dejen que se encargue la justa ira de Dios. Pues dicen las Escrituras:

«Yo tomaré venganza;
  Yo les pagaré lo que se merecen»*,
dice el Señor.

²⁰En cambio,

«Si tus enemigos tienen hambre, dales de
    comer.
Si tienen sed, dales de beber.
Al hacer eso, amontonarás
    carbones encendidos de vergüenza sobre
    su cabeza»*.

²¹No dejen que el mal los conquiste, conquisten el mal haciendo el bien.

CAPÍTULO 13

Respeto por las autoridades

Toda persona debe someterse a las autoridades de gobierno, pues toda autoridad proviene de Dios, y los que ocupan puestos de autoridad están allí colocados por Dios. ²Por lo tanto, cualquiera que se rebele contra la autoridad se rebela contra lo que Dios ha instituido, y será castigado. ³Pues las autoridades no infunden temor a los que hacen lo que está bien, sino en los que hacen lo que está mal. ¿Quieres vivir sin temor a las autoridades? Haz lo correcto, y ellas te honrarán. ⁴Las autoridades están al servicio de Dios para tu bien. Pero, si estás haciendo algo malo, por supuesto que deberías tener miedo, porque ellas tienen poder para castigarte. Están al servicio de Dios para cumplir el propósito específico de castigar a los que hacen lo malo. ⁵Por eso tienes que someterte a ellas, no sólo para evitar el castigo, sino para mantener tu conciencia limpia.

⁶Por esas mismas razones, también paguen sus impuestos, pues los funcionarios de gobierno necesitan cobrar su sueldo. Ellos sirven a Dios con lo que hacen. ⁷Ustedes den a cada uno lo que le deben: paguen los impuestos y demás aranceles a quien corresponda, y den respeto y honra a los que están en autoridad.

El amor cumple con los requisitos de Dios

⁸No deban nada a nadie, excepto el deber de amarse unos a otros. Si aman a su prójimo, cumplen con las exigencias de la ley de Dios. ⁹Pues los mandamientos dicen: «No cometas adulterio. No mates. No robes. No codicies»*. Estos y otros mandamientos semejantes se resumen en uno solo: «Ama a tu prójimo como a ti mismo»*. ¹⁰El amor no hace mal a otros, por eso el amor cumple con las exigencias de la ley de Dios.

¹¹Esto es aún más urgente, porque ustedes saben que es muy tarde; el tiempo se acaba. Despierten, porque nuestra salvación ahora está más cerca que cuando recién creímos. ¹²La noche ya casi llega a su fin; el día de la salvación amanecerá pronto. Por eso, dejen de lado sus

12:10 En griego *con amor fraternal.* 12:11 O *sirvan al Señor con un espíritu ferviente; o dejen que el Espíritu los entusiasme siempre que sirvan al Señor.* 12:19 Dt 32:35. 12:20 Pr 25:21-22. 13:9a Éx 20:13-15, 17. 13:9b Lv 19:18.

no sólo durante nuestra vida aquí en la tierra, sino también en la eternidad. No sólo debemos vivir conscientes de la opinión de Dios, sino que también debemos considerar a los demás. No hagamos nada que promueva que otro hermano o hermana en la fe tropiece y caiga. Sé considerado hacia aquellos que están a tu alrededor. No permitas que tu testimonio cristiano se entorpezca por lo que dices o haces.

Para comenzar el próximo tema, ve a la pág. A50.

actos oscuros como si se quitaran ropa sucia y pónganse la armadura resplandeciente de la vida recta. [13] Ya que nosotros pertenecemos al día, vivamos con decencia a la vista de todos. No participen en la oscuridad de las fiestas desenfrenadas y las borracheras, ni vivan en promiscuidad sexual e inmoralidad, ni se metan en peleas, ni tengan envidia. [14] Más bien, vístanse con la presencia del Señor Jesucristo. Y no se permitan pensar en formas de complacer los malos deseos.

CAPÍTULO **14**

El peligro de juzgar

Acepten a los creyentes que son débiles en la fe y no discutan acerca de lo que ellos consideran bueno o malo. [2] Por ejemplo, un creyente piensa que está bien comer de todo; pero otro creyente, con una conciencia sensible, come sólo verduras. [3] Los que se sienten libres para comer de todo no deben menospreciar a los que no sienten la misma libertad. Y los que no comen determinados alimentos no deben juzgar a los que sí los comen, porque a esos hermanos Dios los ha aceptado. [4] ¿Quién eres tú para juzgar a los sirvientes de otro? Su amo dirá si quedan en pie o caen. Y, con la ayuda del Señor, quedarán en pie y recibirán la aprobación de él.

[5] Del mismo modo, algunos piensan que un día es más sagrado que otro, mientras que otros creen que todos los días son iguales. Cada uno debería estar plenamente convencido de que el día que elija es aceptable. [6] Los que adoran al Señor un día en particular lo hacen para honrarlo a él. Los que comen toda clase de alimentos lo hacen para honrar al Señor, ya que le dan gracias a Dios antes de comer. Y los que se niegan a comer ciertos alimentos también quieren agradar al Señor y le dan gracias a Dios. [7] Pues no vivimos para nosotros mismos ni morimos para nosotros mismos. [8] Si vivimos, es para honrar al Señor y, si morimos, es para honrar al Señor. Entonces, tanto si vivimos como si mo-

rimos, pertenecemos al Señor. [9] Cristo murió y resucitó con este propósito: ser Señor de los vivos y de los muertos. [10] ¿Por qué, entonces, juzgas a otro creyente?* ¿Por qué menosprecias a otro creyente? Recuerda que todos estaremos delante del tribunal de Dios. [11] Pues dicen las Escrituras:

«Tan cierto como que yo vivo, dice el
    SEÑOR,*
toda rodilla se doblará ante mí,
    y toda lengua confesará a Dios y le dará
    alabanza*».

[12] Es cierto, cada uno de nosotros tendrá que responder por sí mismo ante Dios. [13] Así que dejemos de juzgarnos unos a otros. Por el contrario, propónganse vivir de tal manera que no causen tropiezo ni caída a otro creyente.

[14] Yo sé —y estoy convencido por la autoridad del Señor Jesús— que ningún alimento en sí mismo está mal. Pero, si alguien piensa que está mal comerlo, entonces, para esa persona, está mal. [15] Y, si otro creyente se angustia por lo que tú comes, entonces no actúas con amor si lo comes. No permitas que lo que tú comes destruya a alguien por quien Cristo murió. [16] Entonces no serás criticado por hacer algo que tú crees que es bueno. [17] Pues el reino de Dios no se trata de lo que comemos o bebemos, sino de llevar una vida de bondad, paz y alegría en el Espíritu Santo. [18] Si tú sirves a Cristo con esa actitud, agradarás a Dios y también tendrás la aprobación de los demás. [19] Por lo tanto, procuremos que haya armonía en la iglesia y tratemos de edificarnos unos a otros.

[20] No destruyas la obra de Dios a causa de lo que comes. Recuerda que todos los alimentos están permitidos; lo malo es comer algo que haga tropezar a otro. [21] Es mejor no comer carne ni beber vino ni hacer ninguna otra cosa que pudiera causar tropiezo a otro creyente. [22] Tal vez crees que no hay nada malo en lo que haces, pero manténlo entre tú y Dios. Benditos

14:10 En griego *tu hermano;* también en 14:10b, 13, 15, 21.   14:11a Is 49:18.   14:11b O *confesará lealtad a Dios.* Is 45:23 (versión griega).

En marcha

ESTO QUE HAGO, ¿ME PROVOCA INQUIETUD?

Lee ROMANOS 14:23

Cuando participamos en actividades cuestionables, es fácil justificarnos y decir que también otros lo están haciendo. Este versículo pone toda la responsabilidad sobre tus hombros. Puedes protestar y decir: «Bueno, ¡este y aquel lo están haciendo también!». Pero tú no eres esa persona. Tú debes ser obediente a lo que Dios te dice a *ti.*

son los que no se sienten culpables por hacer algo que han decidido que es correcto. ²³Pero, si tienes dudas acerca de si debes o no comer algo en particular, entonces es pecado comerlo. Pues no eres fiel a tus convicciones. Si haces algo que crees que está mal, pecas.

CAPÍTULO **15**

Vivir para ayudar y edificar a otros

Los que somos fuertes debemos tener consideración de los que son sensibles a este tipo de cosas. No debemos agradarnos solamente a nosotros mismos. ²Deberíamos ayudar a otros a hacer lo que es correcto y edificarlos en el Señor. ³Pues ni siquiera Cristo vivió para agradarse a sí mismo. Como dicen las Escrituras: «Los insultos de aquellos que te insultan, oh Dios, han caído sobre mí»*. ⁴Tales cosas se escribieron hace tiempo en las Escrituras para que nos sirvan de enseñanza. Y las Escrituras nos dan esperanza y ánimo mientras esperamos con paciencia hasta que se cumplan las promesas de Dios.

⁵Que Dios, quien da esa paciencia y ese ánimo, los ayude a vivir en plena armonía unos con otros, como corresponde a los seguidores de Cristo Jesús. ⁶Entonces todos ustedes podrán unirse en una sola voz para dar alabanza y gloria a Dios, el Padre de nuestro Señor Jesucristo.

⁷Por lo tanto, acéptense unos a otros, tal como Cristo los aceptó a ustedes, para que Dios reciba la gloria. ⁸Recuerden que Cristo vino a servir a los judíos* para demostrar que Dios es fiel a las promesas que les hizo a los antepasados de ellos. ⁹También vino para que los gentiles* le dieran la gloria a Dios por la misericordia que él tuvo con ellos. A eso se refería el salmista cuando escribió:

«Por eso, te alabaré entre los gentiles, cantaré alabanzas a tu nombre»*.

¹⁰Y, en otro lugar, está escrito:

«Alégrense con el pueblo de Dios, ustedes, los gentiles»*.

¹¹Y además:

«Alaben al Señor, todos ustedes, los gentiles. Todos los pueblos de la tierra, alábenlo»*.

¹²Y, en otro lugar, Isaías dijo:

«El heredero del trono de David* vendrá y reinará sobre los gentiles. Ellos pondrán su esperanza en él»*.

¹³Le pido a Dios, fuente de esperanza, que los llene completamente de alegría y paz, porque confían en él. Entonces rebosarán de una esperanza segura mediante el poder del Espíritu Santo.

Propósito de la carta

¹⁴Mis amados hermanos, estoy plenamente convencido de que ustedes están llenos de bondad. Conocen estas cosas tan bien que pueden enseñárselas unos a otros. ¹⁵Aun así, me atreví a escribirles sobre algunos de estos temas porque sé que lo único que necesitan es recordarlos. Pues, por la gracia de Dios, ¹⁶soy un mensajero especial de Cristo Jesús enviado a ustedes, los gentiles. Les transmito la Buena Noticia para presentarlos como una ofrenda aceptable a Dios, hecha santa por el Espíritu Santo. ¹⁷Así que tengo razón de estar entusiasmado por todo lo que Cristo Jesús ha hecho por medio de mí en mi servicio a Dios. ¹⁸Sin embargo, no me atrevo a jactarme de nada, salvo de lo que Cristo ha hecho por medio de mí al llevar a los gentiles a Dios a través de mi mensaje y de la manera en que he trabajado entre ellos. ¹⁹Los gentiles se convencieron por el poder de señales milagrosas y maravillas, y por el poder del Espíritu de Dios.* De esa

15:3 En griego *te insultan han caído sobre mí*. Sal. 69:9.   15:8 En griego *como siervo de la circuncisión*.   15:9a *Gentil(es)*, que no es judío.   15:9b Sal 18:49.   15:10 Dt 32:43..   15:11 Sal 117:1.   15:12a En griego *La raíz de Isaí*. David era hijo de Isaí.   15:12b Is 11:10 (versión griega).   15:19a Otros manuscritos dicen *el Espíritu*; incluso otros dicen *el Espíritu Santo*.

¿Cómo sabes que no deberías participar en tal actividad? A menudo, el Espíritu Santo de Dios pondrá inquietud en tu conciencia acerca de algo que no deberías hacer. Por ejemplo, puedes tener la sensación de estar en el lugar equivocado, con la gente equivocada, a punto de hacer algo equivocado. O puedes sentir falta de paz en tu corazón acerca de una actividad en la cual estás participando. Cuando esto sucede, es bueno prestar atención a tu conciencia y ser obediente a Dios.

Para leer la próxima nota de «Responsabilidad», ve a la pág. A50.

Piedras angulares

SABER A QUIÉN PERTENECES Y LO QUÉ DEPARA EL FUTURO PRODUCE VERDADERO GOZO

Lee ROMANOS 15:13

Este versículo toca tres facetas de la vida cristiana que producen gran gozo:

1. Tienes una nueva identidad. Cuando aceptas a Cristo en tu vida, Dios te da una nueva identidad. Descubres que no eres un producto del azar o la casualidad. No eres un simple punto en el universo. Tú eres un hijo de Dios, y como su hijo puedes descansar tranquilo, seguro de que serás amado y cuidado por tu Padre celestial.

2. Tienes poder para hacerle frente a la vida. Con esa nueva identidad y esperanza en Cristo, también tienes la promesa de la presencia y el poder del Espíritu Santo en tu vida. El Espíritu Santo trabaja constantemente en tu corazón, ayudándote a comprender la Palabra de Dios y transformando tus actitudes y tu comportamiento (lee «¿Quién es el Espíritu Santo?», pág. A22). Una traducción ampliada de este versículo dice que por el poder del Espíritu Santo, toda tu vida y tu perspectiva estarán «radiantes de esperanza». Dios no te deja enfrentar la vida solo. Él ha prometido guiarte y fortalecerte con su Espíritu.

3. Tienes esperanza para el futuro. Como cristiano tienes el conocimiento y la esperanza de que hay vida después de la muerte. Tu último suspiro en la tierra será seguido por tu primer suspiro en el cielo. Sabemos que esto es cierto porque Dios lo ha prometido en su Palabra (lee «¿Qué es el cielo?», pág. A26). Este versículo asegura que tu creencia en Jesús y en las promesas a sus seguidores, te llenarán de gozo y de paz.

El mundo ofrece muchos caminos a la felicidad: sexo, dinero, poder y éxito personal. Pero son inferiores e indignos sustitutos en comparación con el conocimiento de que tú eres hijo de Dios y que tienes la esperanza del cielo. Éste es el único camino a un constante y eterno gozo.

Para comenzar el próximo tema, ve a la pág. A33.

---

manera, presenté con toda plenitud la Buena Noticia de Cristo desde Jerusalén hasta llegar a la región del Ilírico.*

²⁰Mi gran aspiración siempre ha sido predicar la Buena Noticia donde nunca antes se ha oído el nombre de Cristo, y no donde otro ya ha comenzado una iglesia. ²¹He seguido el plan que mencionan las Escrituras ahí donde dicen:

«Los que nunca se enteraron de él verán,
 y los que nunca oyeron de él
     entenderán»*.

²²De hecho, mi visita a ustedes se demoró tanto precisamente porque estuve predicando en esos lugares.

Planes de viaje de Pablo

²³Pero, ahora que terminé mi trabajo en estas regiones y después de todos estos largos años de espera, tengo muchos deseos de ir a verlos. ²⁴Estoy pensando viajar a España y, cuando lo haga, me detendré en Roma. Y, luego de disfrutar de la compañía de ustedes por un breve

tiempo, podrán ayudarme con lo necesario para mi viaje.

²⁵Pero, antes de visitarlos, debo ir a Jerusalén para llevar una ofrenda a los creyentes* de allí. ²⁶Pues, les cuento, los creyentes de Macedonia y Acaya* con entusiasmo juntaron una ofrenda para los creyentes de Jerusalén que son pobres. ²⁷Lo hicieron con gusto porque se sienten en deuda con ellos. Dado que los gentiles recibieron las bendiciones espirituales de la Buena Noticia por parte de los creyentes de Jerusalén, sienten que lo menos que pueden hacer por ellos a cambio es ayudarlos económicamente. ²⁸En cuanto yo entregue ese dinero y termine esa buena acción de los gentiles, iré a visitarlos a ustedes de camino a España. ²⁹Y, cuando vaya, estoy seguro de que Cristo bendecirá en abundancia el tiempo que pasemos juntos.

³⁰Mis amados hermanos, les pido encarecidamente en el nombre de nuestro Señor Jesucristo que se unan a mi lucha orando a Dios por mí. Háganlo por el amor que me tienen, ese amor que el Espíritu Santo les ha dado. ³¹Pídanle que me libre de los que están en Ju-

15:19b *Ilírico,* una región situada al noreste de Italia.   15:21 Is 52:15 (versión griega).   15:25 En griego *pueblo santo de Dios;* también en 15:26, 31.   15:26 *Macedonia* y *Acaya* eran las regiones norte y sur de Grecia respectivamente.

dea que se niegan a obedecer a Dios. Pídanle también que los creyentes de allí estén dispuestos a aceptar la ofrenda* que llevo a Jerusalén. ³²Entonces, por la voluntad de Dios, podré ir a verlos con un corazón alegre, y nos alentaremos unos a otros. ³³Y que Dios, quien nos da su paz, esté con todos ustedes. Amén.*

CAPÍTULO 16
Pablo saluda a sus amigos

Les encomiendo a nuestra hermana Febe, quien es diaconisa de la iglesia en Cencrea. ²Recíbanla en el Señor como digna de honra en el pueblo de Dios. Ayúdenla en todo lo que necesite, porque ella ha sido de ayuda para muchos, especialmente para mí.

³Den mis saludos a Priscila y Aquila, mis colaboradores en el ministerio de Cristo Jesús. ⁴De hecho, ellos una vez arriesgaron la vida por mí. Yo les estoy agradecido, igual que todas las iglesias de los gentiles.* ⁵Den también mis saludos a la iglesia que se reúne en el hogar de ellos.

Saluden a mi querido amigo Epeneto. Él fue el primero de toda la provincia de Asia que se convirtió en seguidor de Cristo. ⁶Denle mis saludos a María, quien ha trabajado tanto por ustedes. ⁷Saluden a Andrónico y a Junias,* judíos como yo,* quienes estuvieron en la cárcel conmigo. Ellos son muy respetados entre los apóstoles y se hicieron seguidores de Cristo antes que yo. ⁸Saluden a Amplias, mi querido amigo en el Señor. ⁹Saludos también a Urbano, nuestro colaborador en Cristo, y a mi querido amigo Estaquis.

¹⁰Saluden a Apeles, un buen hombre aprobado por Cristo. Y den mis saludos a los creyentes de la familia de Aristóbulo. ¹¹Saluden a Herodión, judío como yo.* Saluden a los de la familia de Narciso que son del Señor. ¹²Den mis saludos a Trifena y Trifosa, obreras del Señor, y a la amada Pérsida, quien ha trabajado tanto para el Señor. ¹³Saluden a Rufo, a quien el Señor eligió para hacerlo suyo; y también a su querida madre, quien ha sido como una madre para mí.

¹⁴Den mis saludos a Asíncrito, Flegonte, Hermas, Patrobas, Hermes y a los hermanos que se reúnen con ellos. ¹⁵Saluden también a Filólogo, Julia, Nereo y su hermana, y a Olimpas y a todos los creyentes* que se reúnen con ellos. ¹⁶Salúdense unos a otros con amor cristiano.* Todas las iglesias de Cristo les envían saludos.

Instrucciones finales de Pablo

¹⁷Y ahora, mis amados hermanos, les pido algo más. Tengan cuidado con los que causan divisiones y trastornan la fe de los creyentes al enseñar cosas que van en contra de las que a ustedes se les enseñaron. Manténganse lejos de ellos. ¹⁸Tales personas no sirven a Cristo nuestro Señor; sirven a sus propios intereses. Con palabras suaves y halagos, engañan a la gente inocente. ¹⁹Pero todos saben que ustedes son obedientes al Señor. Eso me llena de alegría. Quiero que sean sabios para hacer lo que está bien y sigan siendo inocentes en cuanto a toda clase de mal. ²⁰El Dios de paz pronto aplastará a Satanás bajo los pies de ustedes. Que la gracia de nuestro Señor Jesús* sea con ustedes.

²¹Timoteo, mi compañero de trabajo, les manda saludos, igual que Lucio, Jasón y Sosípater, judíos como yo.

²²Yo, Tercio, quien escribo esta carta de parte de Pablo, también les envío mis saludos como uno de los seguidores del Señor.

²³Los saluda Gayo. Él es quien me hospeda y también recibe en su casa a toda la iglesia. Les envía saludos Erasto, el tesorero de la ciudad, y también el hermano Cuarto.*

²⁵Que toda la gloria sea para Dios, quien puede fortalecerlos tal como expresa la Buena Noticia. En ese mensaje acerca de Jesucristo se ha revelado su plan para ustedes, los gentiles, un plan que estuvo guardado en secreto desde el principio del tiempo. ²⁶Pero ahora, tal como lo predijeron los profetas* y el Dios eterno lo ha ordenado, ese mensaje se da a conocer a todos los gentiles en todas partes, para que ellos también puedan creer y obedecerlo a él. ²⁷Toda la gloria sea para el único sabio Dios eternamente por medio de Jesucristo. Amén.

15:31 En griego *el ministerio;* otros manuscritos dicen *el regalo.*   **15:33** Algunos manuscritos no incluyen *Amén.* Un manuscrito muy antiguo ubica aquí los versículos 16:25-27.   **16:4** *Gentil(es),* que no es judío.   **16:7a** *Junias* es un nombre femenino. Algunos manuscritos antiguos ponen tilde a la palabra de modo que se lee *Junías,* un nombre masculino; incluso otros manuscritos, dicen *Julia* (nombre femenino).   **16:7b** O *compatriotas;* también en 16:21.   **16:11** O *compatriota.*   **16:15** En griego *todo el pueblo santo de Dios.*   **16:16** En griego *con un beso santo.*   **16:20** Algunos manuscritos dicen *Señor Jesucristo.*   **16:23** Algunos manuscritos incluyen el versículo 24: *Que la gracia de nuestro Señor Jesucristo sea con todos ustedes. Amén.* Incluso otros incluyen este versículo después del versículo 27.   **16:26** En griego *los escritos proféticos.*

1 Corintios

AUTOR: PABLO | FECHA DE ESCRITURA: 55 d. de J. C. | GÉNERO: EPÍSTOLA

Pablo escribió esta epístola como respuesta a diferentes situaciones que sucedieron en la iglesia en Corinto. *De forma directa, corrigió muchos de los errores que las personas de esta iglesia creían y practicaban. Entre esos peligros había pecados de inmoralidad, falsas enseñanzas, problemas de matrimonio, y demandas legales.*

CAPÍTULO 1

Saludos de Pablo

Yo, Pablo, elegido por la voluntad de Dios para ser un apóstol de Cristo Jesús, escribo esta carta junto con nuestro hermano Sóstenes.

2 Va dirigida a la iglesia de Dios en Corinto,* a ustedes que han sido llamados por Dios para ser su pueblo santo. Él los hizo santos por medio de Cristo Jesús,* tal como lo hizo con todos los que en todas partes invocan el nombre de nuestro Señor Jesucristo, Señor de ellos y de nosotros.

3 Que Dios nuestro Padre y el Señor Jesucristo les den gracia y paz.

Pablo da gracias a Dios

4 Siempre doy gracias a mi Dios por ustedes y por los dones inmerecidos que les dio ahora que pertenecen a Cristo Jesús. 5 Por medio de él, Dios ha enriquecido la iglesia de ustedes en todo sentido, con toda la elocuencia y todo el conocimiento que tienen. 6 Eso confirma que es verdad lo que les dije acerca de Cristo. 7 Ahora tienen todos los dones espirituales que necesitan mientras esperan con anhelo el regreso de nuestro Señor Jesucristo. 8 Él los mantendrá firmes hasta el final, para que estén libres de toda culpa el día que nuestro Señor Jesucristo vuelva. 9 Dios lo hará porque él es fiel para hacer lo que dice y los ha invitado a que tengan comunión con su Hijo, Jesucristo nuestro Señor.

Divisiones en la iglesia

10 Amados hermanos, les ruego por la autoridad de nuestro Señor Jesucristo que vivan en armonía los unos con los otros. Que no haya divisiones en la iglesia. Por el contrario, sean todos de un mismo parecer, unidos en pensamiento y propósito. 11 Pues algunos de la casa de Cloé me contaron de las peleas entre ustedes, mis amados hermanos. 12 Algunos de ustedes dicen: «Yo soy seguidor de Pablo». Otros dicen: «Yo sigo a Apolos» o «Yo sigo a Pedro»,* o «Yo sigo únicamente a Cristo».

13 ¿Acaso Cristo está dividido en facciones? ¿Fui yo, Pablo, crucificado por ustedes? ¿Fue alguno de ustedes bautizado en el nombre de Pablo? ¡Por supuesto que no! 14 Agradezco a Dios que no bauticé a ninguno de ustedes excepto a Crispo y a Gayo, 15 porque ahora nadie puede decir que fue bautizado en mi nombre. 16 (Ah, sí, también bauticé a los de la casa de Estéfanas, pero no recuerdo haber bautizado a nadie más). 17 Pues Cristo no me envió a bautizar sino a predicar la Buena Noticia, y no con palabras ingeniosas, por temor a que la cruz de Cristo perdiera su poder.

La sabiduría de Dios

18 ¡El mensaje de la cruz es una ridiculez para los que van rumbo a la destrucción! Pero nosotros, que vamos en camino a la salvación, sabemos que es el mismo poder de Dios. 19 Como dicen las Escrituras:

> «Destruiré la sabiduría de los sabios
> y desecharé la inteligencia de los
> inteligentes»*.

20 Así que, ¿dónde deja eso a los filósofos, a los estudiosos y a los especialistas en debates de este mundo? Dios ha hecho que la sabiduría de este mundo parezca una ridiculez. 21 Ya que Dios, en su sabiduría se aseguró de que el mundo nunca lo conociera por medio de la sabiduría humana, usó nuestra predicación

1:2a *Corinto* era la capital de Acaya, la región sur de la península griega.   1:2b O *porque ustedes pertenecen a Cristo Jesús.*
1:12 En griego *Cefas.*   1:19 Is 29:14.

PASAR POR ALTO ASUNTOS INSIGNIFICANTES NOS PERMITE EXPERIMENTAR GOZO
Lee 1 CORINTIOS 1:10-17

En su primera carta a los corintios, Pablo señala varios problemas que la iglesia en Corinto estaba experimentando. Uno de los más grandes era que los creyentes esta-ban dividiendo a la iglesia al alinearse con las enseñanzas de uno u otro apóstol, en lugar de concentrarse en el gozo de su salvación. Pablo amonesta a la iglesia por dividirse por tan mezquinos asuntos, recordándoles que es a Cristo a quien deben seguir, no a Apolos o a Pedro o a Pablo.

Igual que los corintios, nosotros podríamos estancarnos en asuntos que no sólo dividen a la iglesia sino que además carecen de importancia. Cuando participamos en cuestiones intrascendentes, nos robamos a nosotros mismos la experiencia del gozo que Cristo nos ha dado. Esto se debe a que el sumergirnos en asuntos no esenciales llega a ser más importante que la salvación misma. Nos obsesionamos por ganar gente que apoye nuestro punto de vista más que por conducirlos a la fe en Cristo. Olvidar y dejar de lado minúsculos detalles, nos da la libertad de enfocarnos en nuestra propia salvación y experimentar el gozo del perdón cristiano.

¿Cómo podemos hacer esto? Aquí hay cuatro maneras de pasar por alto pequeños asuntos y experimentar gozo en Cristo:

1. Concéntrate en un solo propósito. La meta de nuestra vida es servir a Cristo (lee Filipenses 1:21, pág. 253).

2. Adopta las prioridades de Dios como tuyas. Pon a Dios primero, a los demás en segundo lugar, y a ti mismo en tercero (lee Filipenses 2:5-6, págs. 254-255).

3. Mantente en constante progreso espiritual. Reconoce que todavía no has «llegado» espiritualmente y procura siempre conocer más de Dios (lee Filipenses 3:13-14, pág. 256).

4. Ten una mente que se regocija. No te regocijes en las circunstancias, sino en Dios y en su fidelidad (lee Filipenses 4:4-5, pág. 257).

No mantener el gozo del Señor en nuestra vida personal nos lleva al fracaso espiritual; no mantenerlo en nuestras iglesias, debilita la causa de Cristo. Permite que su gozo fluya en tu vida.

Para leer la próxima nota de «Gozo», ve a la pág. A33.

«ridícula» para salvar a los que creen. [22] Es ridícula para los judíos, que piden señales del cielo. Y es ridícula para los griegos, que buscan la sabiduría humana. [23] Entonces cuando predicamos que Cristo fue crucificado, los judíos se ofenden y los gentiles* dicen que son puras tonterías.

[24] Sin embargo, para los que Dios llamó a la salvación, tanto judíos como gentiles,* Cristo es el poder de Dios y la sabiduría de Dios. [25] Ese plan «ridículo» de Dios es más sabio que el más sabio de los planes humanos, y la debilidad de Dios es más fuerte que la mayor fuerza humana.

[26] Recuerden, amados hermanos, que pocos de ustedes eran sabios a los ojos del mundo o poderosos o ricos* cuando Dios los llamó. [27] En cambio, Dios eligió lo que el mundo considera ridículo para avergonzar a los que se creen sabios. Y escogió cosas que no tienen poder para avergonzar a los poderosos. [28] Dios escogió lo despreciado por el mundo* —lo que se con-sidera como nada— y lo usó para convertir en nada lo que el mundo considera importante. [29] Como resultado, nadie puede jamás jactarse en presencia de Dios.

[30] Dios los ha unido a ustedes con Cristo Jesús. Dios hizo que él fuera la sabiduría misma para nuestro beneficio. Cristo nos hizo justos ante Dios; nos hizo puros y santos y nos liberó del pecado. [31] Por lo tanto, como dicen las Escrituras: «Si alguien quiere jactarse, que se jacte solamente del Señor»*.

CAPÍTULO **2**
Pablo y su mensaje de sabiduría
Amados hermanos, la primera vez que los visité, no me valí de palabras elevadas ni de una sabiduría impresionante para contarles acerca del plan secreto de Dios.* [2] Pues decidí que, mientras estuviera con ustedes, olvidaría todo excepto a Jesucristo, el que fue crucificado.

1:23 *Gentil(es),* que no es judío.   **1:24** En griego *griegos.*   **1:26** O *de ilustre cuna.*   **1:28** O *Dios eligió a los de cuna humilde.*
1:31 Jer 9:24.   **2:1** En griego *el misterio de Dios;* otros manuscritos dicen *el testimonio de Dios.*

³Me acerqué a ustedes en debilidad: con timidez y temblor. ⁴Y mi mensaje y mi predicación fueron muy sencillos. En lugar de usar discursos ingeniosos y persuasivos, confié solamente en el poder del Espíritu Santo. ⁵Lo hice así para que ustedes no confiaran en la sabiduría humana sino en el poder de Dios.

⁶Sin embargo, cuando estoy con creyentes maduros, sí hablo con palabras de sabiduría, pero no la clase de sabiduría que pertenece a este mundo o a los gobernantes de este mundo, quienes pronto son olvidados. ⁷No, la sabiduría de la que hablamos es el misterio de Dios,* su plan que antes estaba escondido, aunque él lo hizo para nuestra gloria final aún antes que comenzara el mundo. ⁸Pero los gobernantes de este mundo no lo entendieron; si lo hubieran hecho, no habrían crucificado a nuestro glorioso Señor. ⁹A eso se refieren las Escrituras cuando dicen:

«Ningún ojo ha visto, ningún oído ha
    escuchado,
ninguna mente ha imaginado,
lo que Dios tiene preparado
    para quienes lo aman»*.

¹⁰Pero* fue a nosotros a quienes Dios reveló esas cosas por medio de su Espíritu. Pues su Espíritu investiga todo a fondo y nos muestra los secretos profundos de Dios. ¹¹Nadie puede conocer los pensamientos de una persona excepto el propio espíritu de esa persona y nadie puede conocer los pensamientos de Dios excepto el propio Espíritu de Dios. ¹²Y nosotros hemos recibido el Espíritu de Dios (no el espíritu del mundo), de manera que podemos conocer las cosas maravillosas que Dios nos ha regalado.

¹³Les decimos estas cosas sin emplear palabras que provienen de la sabiduría humana. En cambio, hablamos con palabras que el Espíritu nos da, usamos las palabras del Espíritu para explicar las verdades espirituales.* ¹⁴Pero los que no son espirituales* no pueden recibir esas verdades de parte del Espíritu de Dios. Todo les suena ridículo y no pueden entenderlo, porque sólo los que son espirituales pueden entender lo que el Espíritu quiere decir. ¹⁵Los que son espirituales pueden evaluar todas las cosas, pero ellos mismos no pueden ser evaluados por otros. ¹⁶Pues,

«¿Quién puede conocer los pensamientos
    del Señor? ·
¿Quién sabe lo suficiente para enseñarle
    a él?"*.

2:7 En griego *Pero nosotros hablamos la sabiduría de Dios en misterio.* 2:9 Is 64:4. 2:10 Algunos manuscritos dicen *Pues.* 2:13 O *explicamos las verdades espirituales en lenguaje espiritual,* o *explicamos las verdades espirituales a personas espirituales.* 2:14 O *los que no tienen el Espíritu;* o *los que sólo tienen vida física.* 2:16 Is 40:13 (versión griega).

COMPRENDE LA SENCILLEZ DEL EVANGELIO
Lee 1 CORINTIOS 2:1-5

Pablo nos recuerda en este texto que lo más importante del mensaje del evangelio es la historia de la vida, la muerte y la resurrección de Jesucristo. Los apóstoles enfatizaron este mensaje en su predicación a través del Nuevo Testamento, especialmente en el libro de Hechos, que es la crónica de los primeros años de la iglesia. Cuando compartas tu fe con otros, ten en mente estos dos puntos que mencionan los apóstoles en sus esfuerzos por difundir el evangelio:

1. Recuerda la sencillez del evangelio. La gente necesita saber que son pecadores y que su pecado los separa de Dios. Pero Jesús vino para unir a la humanidad con Dios. Cuando murió en la cruz, todos los pecados de la humanidad fueron puestos sobre él, y pagó totalmente la pena por esos pecados. Tres días después de su crucifixión, se levantó de los muertos, demostrando que era el verdadero Hijo de Dios, el único que podía pagar por nuestros pecados.

2. Reconoce el poder del evangelio. Aunque el mensaje es sencillo, es increíblemente poderoso. Pablo escribió: «Pues no me avergüenzo de la Buena Noticia acerca de Cristo, porque es poder de Dios en acción para salvar a todos los que creen» (Romanos 1:16). La palabra que Pablo usa para describir el poder del evangelio, es la palabra griega de la cual se derivan *dinamita* y *dinámico.*

Recuerda que hay poder en el sencillo mensaje de la vida, la muerte y la resurrección de Jesucristo. No debemos avergonzarnos de ello sino proclamarlo firmemente.

Para leer la próxima nota de «Comparte tu fe», ve a la pág. A40.

Piedras angulares

EL VALOR DE NUESTRA OBRA EN LA TIERRA SERÁ PUESTO A PRUEBA
Lee 1 CORINTIOS 3:10-15

El predicador inglés Alan Redpath dijo una vez: «Es posible tener un alma salvada y una vida perdida». En otras palabras, se puede ser salvo y perdonado del pecado pero también desperdiciar la vida por no servir al Señor. De esto está advirtiendo Pablo a los corintios en este pasaje. Pablo describe aquí otro juicio específicamente para creyentes (aparte del Juicio del Gran Trono Blanco). Podríamos llamarlo la ceremonia de entrega de las recompensas del cristiano. Pero no será como las ceremonias de entrega de premios de la tierra. En ese día se probará la calidad de nuestra obra para el Señor, tanto como los motivos que tuvimos para hacerla. Nuestra recompensa reflejará lo que hemos hecho o no, con los talentos y las habilidades que el Señor nos dio.

Un día tú estarás ante Jesús. Cuando ese día llegue, te gustará ser bienvenido a los brazos del Señor y oírle decir: «Bien hecho, mi buen siervo fiel» (Mateo 25:21).

Sé un «constructor experto». Toma los dones y las habilidades que Dios te dio, aunque te parezcan insignificantes, y úsalos para su gloria. Entonces tendrás un alma salvada y una vida abundante.

Para comenzar la próxima sección, ve a la pág. A35.

Pero nosotros entendemos estas cosas porque tenemos la mente de Cristo.

CAPÍTULO **3**

Pablo y Apolos, siervos de Cristo

Amados hermanos, cuando estuve con ustedes, no pude hablarles como lo haría con personas espirituales.* Tuve que hablarles como si pertenecieran a este mundo o como si fueran niños en la vida cristiana.* ²Tuve que alimentarlos con leche, no con alimento sólido, porque no estaban preparados para algo más sustancioso. Y aún no están preparados, ³porque todavía están bajo el control de su naturaleza pecaminosa. Tienen celos unos de otros y se pelean entre sí. ¿Acaso eso no demuestra que los controla su naturaleza pecaminosa? ¿No viven como la gente del mundo? ⁴Cuando uno de ustedes dice: «Yo soy seguidor de Pablo» y otro dice: «Yo sigo a Apolos», ¿no actúan igual que la gente del mundo?

⁵Después de todo, ¿quién es Apolos?, ¿quién es Pablo? Nosotros sólo somos siervos de Dios mediante los cuales ustedes creyeron la Buena Noticia. Cada uno de nosotros hizo el trabajo que el Señor nos encargó. ⁶Yo planté la semilla en sus corazones, y Apolos la regó, pero fue Dios quien la hizo crecer. ⁷No importa quién planta o quién riega, lo importante es que Dios hace crecer la semilla. ⁸El que planta y el que riega trabajan en conjunto con el mismo propósito. Y cada uno será recompensado por su propio arduo trabajo. ⁹Pues ambos somos trabajadores de Dios; y ustedes son el campo de cultivo de Dios, son el edificio de Dios.

¹⁰Por la gracia que Dios me dio, yo eché los cimientos como un experto en construcción. Ahora otros edifican encima. Pero cualquiera que edifique sobre este fundamento tiene que tener mucho cuidado. ¹¹Pues nadie puede poner un fundamento distinto del que ya tenemos, que es Jesucristo.

¹²El que edifique sobre este fundamento podrá usar una variedad de materiales: oro, plata, joyas, madera, heno u hojarasca. ¹³Pero el día del juicio, el fuego revelará la clase de obra que cada constructor ha hecho. El fuego mostrará si la obra de alguien tiene algún valor. ¹⁴Si la obra permanece, ese constructor recibirá una recompensa. ¹⁵Pero, si la obra se consume, el constructor sufrirá una gran pérdida. El constructor se salvará, pero como quien apenas se escapa atravesando un muro de llamas.

¹⁶¿No se dan cuenta de que todos ustedes juntos son el templo de Dios y que el Espíritu de Dios vive en* ustedes? ¹⁷Dios destruirá a cualquiera que destruya este templo. Pues el templo de Dios es santo, y ustedes son este templo.

¹⁸Dejen de engañarse a sí mismos. Si piensan que son sabios de acuerdo con los criterios de este mundo, necesitan volverse necios para ser verdaderamente sabios. ¹⁹Pues la sabiduría de este mundo es necedad para Dios. Como dicen las Escrituras:

«Él atrapa a los sabios
en la trampa de su propia astucia»*.

3:1a O *a personas que tienen el Espíritu.*   3:1b En griego *en Cristo.*   3:16 O *entre.*   3:19 Job 5:13.

GRANDES PREGUNTAS

¿Aprueba Dios estilos de vida alternativos?

Lee 1 CORINTIOS 6:9-10, 15-20

En estos tiempos oímos hablar mucho de «estilos de vida alternativos». Pero, ¿qué tiene Dios para decir acerca de la homosexualidad, de vivir juntos sin estar casados o de ser promiscuos? Mientras algunos dicen que Dios acepta cualquier clase de relación, la Biblia pinta un cuadro muy diferente. Que esas relaciones existan no quiere decir que sean correctas. Dios las califica claramente como pecados.

Acerca de la homosexualidad. Decir que la homosexualidad es mala no es popular en nuestra cultura. Pero a Dios no le importa si una cosa es popular o no. A él le interesa la salvación de la gente y la obediencia a su Palabra. Sólo porque la homosexualidad sea vista hoy en día como un estilo de vida alternativo no significa que no sea pecado. Dios la declaró pecado cuando dio su ley a los israelitas (lee Levítico 18:22). Pablo reitera el mandamiento de Dios de abstenerse del pecado de la homosexualidad, en su carta a los romanos (lee Romanos 1:26-27, pág. 178), así como en otras cartas suyas a la iglesia primitiva.

Acerca de vivir juntos antes de estar casados y el sexo prematrimonial. ¿Has pensado que algo es correcto sólo «porque todos lo hacen»? Hoy en día es muy aceptable que las parejas vivan juntas sin estar casadas. Además, tal parece que el sexo extramatrimonial es la norma y no la excepción. Pero Dios no ha dado su aprobación a esta clase de relaciones (lee Hebreos 13:4, pág. 306). Aunque él creó las relaciones sexuales, no las dispuso para antes del matrimonio. Dios creó la relación sexual como un medio para que marido y mujer profundicen su relación y crezcan juntos en ella. No para que sea una diversión barata que se disfruta antes del matrimonio, fuera de los vínculos sagrados, tal como lo hacen quienes practican el sexo prematrimonial y viven juntos sin estar casados.

Acerca de la promiscuidad. *Promiscuidad* es una palabra que hoy en día no oímos tanto como en tiempos pasados. El problema con la promiscuidad es que se tiene relaciones sexuales con diferentes personas. La Escritura dice que la voluntad de Dios es que cada uno tenga un solo amante: su esposa o su esposo. Cuando una persona tiene más de un compañero (con la excepción de un nuevo casamiento después de la viudez o de un divorcio realizado sobre una sana base bíblica), la persona se involucra en inmoralidad sexual si es soltera, y en adulterio si es casada (lee Efesios 5:3, pág. 249 y Mateo 5:27-28, pág. 6).

Algunos se preguntan si lo que dice la Palabra de Dios acerca de estos asuntos tiene validez hoy en día, o si era solamente para la cultura particular de aquellos tiempos. Dios nos instruye a obedecer todos sus mandamientos sin agregar ni quitar de ninguno de ellos (Deuteronomio 12:32). Además, se nos dice que la Palabra del Señor permanece para siempre (lee 1 Pedro 1:25, pág. 316). En consecuencia, estas instrucciones se aplican a nosotros hoy en día, tanto como se aplicaron siglos atrás.

Dios nos ha dado el deseo sexual para disfrutarlo dentro del matrimonio (lee 1 Corintios 7:1-5, pág. 208). Si uno se opone al plan divinamente instituido y no se arrepiente, pagará las consecuencias, no sólo en esta vida, sino también en la eternidad. No puedes estar cerca de Dios si estás involucrado en algún tipo de comportamiento inmoral. De la misma manera, no estarás involucrado en este tipo de comportamiento si estás verdaderamente cerca de Dios.

Para leer la próxima nota de «Grandes preguntas», ve a la pág. 247.

²⁰Y también:

«El Señor conoce los pensamientos de los
  sabios,
sabe que no valen nada»*.

²¹Así que no se jacten de seguir a un líder
humano en particular. Pues a ustedes les pertenece todo: ²²ya sea Pablo o Apolos o Pedro,* o
el mundo, o la vida y la muerte, o el presente y el
futuro. Todo les pertenece a ustedes, ²³y ustedes
pertenecen a Cristo, y Cristo pertenece a Dios.

CAPÍTULO **4**

La relación de Pablo con los corintios

Así que, a Apolos y a mí, considérennos como
simples siervos de Cristo, a quienes se nos encargó la tarea de explicar los misterios de Dios.
²Ahora bien, alguien que recibe el cargo de administrador, debe ser fiel. ³En cuanto a mí, me
importa muy poco cómo me califiquen ustedes
o cualquier autoridad humana. Ni siquiera confío en mi propio juicio en este sentido. ⁴Tengo
la conciencia limpia, pero eso no demuestra
que yo tenga razón. Es el Señor mismo quien
me evaluará y tomará la decisión.

⁵Así que no juzguen a nadie antes de tiempo,
es decir, antes de que el Señor vuelva. Pues él
sacará a la luz nuestros secretos más oscuros
y revelará nuestras intenciones más íntimas.
Entonces Dios le dará a cada uno el reconocimiento que le corresponda.

⁶Amados hermanos, puse el caso de Apolos
y el mío propio como ilustración de lo que les
vengo diciendo. Si prestan atención a lo que les
cité de las Escrituras,* no estarán orgullosos de
uno de sus líderes a costa de otro. ⁷Pues, ¿qué
derecho tienen a juzgar así? ¿Qué tienen que
Dios no les haya dado? Y si todo lo que tienen
proviene de Dios, ¿por qué se jactan como si no
fuera un regalo?

⁸Ustedes piensan que ya tienen todo lo que
necesitan. Creen que ya son ricos. ¡Hasta han
comenzado a reinar sin nosotros en el reino de
Dios! Yo desearía que en verdad ya estuvieran

reinando, porque entonces nosotros estaríamos
reinando con ustedes. ⁹Pero, a veces pienso que
a nosotros, los apóstoles, Dios nos puso en ex-
hibición, como prisioneros de guerra al final
del desfile del vencedor, condenados a muerte.
Nos hemos convertido en un espectáculo para
el mundo entero, tanto para la gente como para
los ángeles.

¹⁰Nuestra entrega a Cristo nos hace parecer
tontos, en cambio ¡ustedes afirman ser tan sabios en Cristo! Nosotros somos débiles, pero ¡ustedes son tan poderosos! A ustedes los estiman,
¡a nosotros nos ridiculizan! ¹¹Incluso ahora
mismo pasamos hambre y tenemos sed y nos
falta ropa para abrigarnos. A menudo somos
golpeados y no tenemos casa. ¹²Nos cansamos
trabajando con nuestras manos para ganarnos
la vida. Bendecimos a los que nos maldicen.
Somos pacientes con los que nos maltratan.
¹³Respondemos con gentileza cuando dicen
cosas malas de nosotros. Aun así se nos trata
como la basura del mundo, como el desperdicio
de todos, hasta este preciso momento.

¹⁴No les escribo estas cosas para avergonzar-
los, sino para advertirles como mis amados hijos. ¹⁵Pues, aunque tuvieran diez mil maestros
que les enseñaran acerca de Cristo, tienen sólo
un padre espiritual. Pues me convertí en su padre en Cristo Jesús cuando les prediqué la Buena
Noticia. ¹⁶Así que los insto a que me imiten.

¹⁷Por esa razón les envié a Timoteo, mi fiel
y amado hijo en el Señor. Él les recordará la
manera en que sigo a Cristo Jesús, así como lo
enseño en todas las iglesias en todas partes.
¹⁸Algunos de ustedes se han vuelto arrogantes al pensar que no volveré a visitarlos. ¹⁹Pero
iré —y pronto— si el Señor me lo permite, y
entonces comprobaré si esos arrogantes sólo
dan discursos pretenciosos o de verdad tienen
el poder de Dios. ²⁰Pues el reino de Dios no
consiste en las muchas palabras sino en vivir
por el poder de Dios. ²¹¿Qué prefieren? ¿Que
llegue con una vara para castigarlos o que vaya
con amor y un espíritu amable?

3:20 Sal 94:11. 3:22 En griego *Cefas*. 4:6 O *Si ustedes aprenden a no ir más allá de «lo que está escrito».*

En marcha

ESTO QUE HAGO, ¿ME CONTROLA?

Lee 1 CORINTIOS 6:12

Algunos suponen erró-
neamente que seguir a
Cristo significa obedecer
una lista de reglas. En
realidad, la vida cristiana,
si se vive de acuerdo con
las Escrituras, es una vida de gozo y de satisfacción. Este versículo aclara las
cosas. ¡Seguir el principio establecido aquí, no es restrictivo sino liberador!

Algunas personas están controladas por el placer. Por ejemplo, la dedicación de alguien hacia un deporte puede transformarse en una obsesión. Otras

CAPÍTULO **5**

Pablo condena el orgullo espiritual

Me cuesta creer lo que me informan acerca de la inmoralidad sexual que hay entre ustedes, algo que ni siquiera los paganos hacen. Me dicen que un hombre de su iglesia vive en pecado con su madrastra.* ²Ustedes están muy orgullosos de sí mismos, en cambio deberían estar llorando de dolor y vergüenza y echar a ese hombre de la congregación. ³Aunque no estoy con ustedes en persona, sí lo estoy en el Espíritu.* Y, como si estuviera ahí, ya emití mi juicio sobre ese hombre ⁴en el nombre del Señor Jesús. Ustedes deben convocar a una reunión de la iglesia.* Yo estaré presente en espíritu, igual que el poder de nuestro Señor Jesús. ⁵Entonces deben expulsar a ese hombre y entregárselo a Satanás, para que su naturaleza pecaminosa sea destruida* y él mismo* sea salvo el día que el Señor vuelva.*

⁶Es terrible que se jacten sobre dicho asunto. ¿No se dan cuenta de que ese pecado es como un poco de levadura que impregna toda la masa? ⁷Deshágase de la vieja «levadura» quitando a ese perverso de entre ustedes. Entonces serán como una nueva masa preparada sin levadura, que es lo que realmente son. Cristo, nuestro Cordero Pascual, ha sido sacrificado por nosotros.* ⁸Por lo tanto, celebremos el festival, no con el viejo pan* de perversidad y maldad, sino con el nuevo pan* de sinceridad y verdad.

⁹Cuando les escribí anteriormente, les dije que no se relacionaran con personas que se entregan al pecado sexual. ¹⁰Pero no me refería a los incrédulos que se entregan al pecado sexual o son avaros o estafadores o rinden culto a ídolos. Uno tendría que salir de este mundo para evitar gente como esa. ¹¹Lo que quise decir es: no se relacionen con ninguno que afirma ser creyente* y aun así se entrega al pecado sexual o es avaro o rinde culto a ídolos o insulta o es borracho o estafador. Ni siquiera coman con esa gente.

¹²No es mi deber juzgar a los de afuera, pero sí es responsabilidad de ustedes juzgar a los que son de la iglesia y están en pecado. ¹³Dios juzgará a los de afuera; pero, como dicen las Escrituras: «Quiten al malvado de entre ustedes»*.

CAPÍTULO **6**

Evitar demandas legales con los cristianos

Cuando uno de ustedes tiene un conflicto con otro creyente, ¡cómo se atreve a presentar una demanda y pedirle a un tribunal secular que decida sobre el asunto, en lugar de llevarlo ante otros creyentes*! ²¿No se dan cuenta de que algún día nosotros, los creyentes, juzgaremos al mundo? Y, dado que ustedes van a juzgar al mundo, ¿no son capaces de resolver esas pequeñas cuestiones entre ustedes? ³¿No se dan cuenta de que juzgaremos a los ángeles? Así que, deberían ser capaces de resolver los conflictos comunes y corrientes que pasan en esta vida. ⁴Si tienen conflictos legales acerca de tales asuntos, ¿por qué acuden a jueces que son de afuera y no son respetados por la iglesia? ⁵Digo esto para que se avergüencen. ¿No hay nadie en toda la iglesia con suficiente sabiduría para decidir sobre esos temas? ⁶Pero, en cambio, un creyente* demanda a otro ¡justo frente a los incrédulos!

⁷El hecho de que tengan semejantes demandas legales unos contra otros es en sí una derrota para ustedes. ¿Por qué mejor no aceptar la injusticia y dejar el asunto como está? ¿Por qué no se dejan estafar? ⁸En cambio, son ustedes mismos los que hacen lo malo y estafan aun a sus propios hermanos en Cristo.*

⁹¿No se dan cuenta de que los que hacen lo

5:1 En griego *la esposa de su padre.* 5:3 O *en espíritu.* 5:4 O *En el nombre del Señor Jesús, ustedes deben convocar a una reunión de la iglesia.* 5:5a O *para que su cuerpo sea destruido;* en griego dice *para la destrucción de la carne.* 5:5b En griego *y el espíritu.* 5:5c Otros manuscritos dicen *el Señor Jesús;* incluso otros dicen *nuestro Señor Jesucristo.* 5:7 En griego *ha sido sacrificado.* 5:8a En griego *no con levadura vieja.* 5:8b En griego *sino con (pan) sin levadura.* 5:11 En griego *un hermano.* 5:13 Dt 17:7. 6:1 En griego *pueblo santo de Dios;* también en 6:2. 6:6 En griego *un hermano.* 6:8 En griego *aun a los hermanos.*

---

pueden estar obsesionadas por las telenovelas, la comida o algún otro hábito particular que las tiene bajo su poder. Pero tú, como cristiano, debes desear ser controlado solamente por el poder de Jesucristo.

Debemos valorar tanto nuestra relación con Dios —y la libertad del pecado que ella nos da—, de modo que guardemos celosamente esa relación, deseando que ninguna cosa o persona se interponga entre nosotros. Debemos orar como el salmista: «Examíname, oh Dios, y conoce mi corazón; pruébame y conoce los pensamientos que me inquietan. Señálame cualquier cosa en mí que te ofenda y guíame por el camino de la vida eterna.» (Salmo 139:23-24).

Para leer la próxima nota de «Responsabilidad», ve a la pág. A50.

malo no heredarán el reino de Dios? No se engañen a sí mismos. Los que se entregan al pecado sexual o rinden culto a ídolos o cometen adulterio o son prostitutos o practican la homosexualidad [10]o son ladrones o avaros o borrachos o insultan o estafan a la gente: ninguno de ésos heredará el reino de Dios. [11]Algunos de ustedes antes eran así. Pero fueron limpiados; fueron hechos santos; fueron hechos justos ante Dios al invocar el nombre del Señor Jesucristo y por el Espíritu de nuestro Dios.

Evitar el pecado sexual

[12]Ustedes dicen: «Se me permite hacer cualquier cosa», pero no todo les conviene. Y, aunque: «Se me permite hacer cualquier cosa», no debo volverme esclavo de nada. [13]Ustedes dicen: «La comida se hizo para el estómago, y el estómago, para la comida». (Eso es cierto, aunque un día Dios acabará con ambas cosas). Pero ustedes no pueden decir que nuestro cuerpo fue creado para la inmoralidad sexual. Fue creado para el Señor, y al Señor le importa nuestro cuerpo. [14]Y Dios nos levantará de los muertos con su poder, tal como levantó de los muertos a nuestro Señor.

[15]¿No se dan cuenta de que sus cuerpos en realidad son miembros de Cristo? ¿Acaso un hombre debería tomar su cuerpo, que es parte de Cristo, y unirlo a una prostituta? ¡Jamás! [16]¿Y no se dan cuenta de que, si un hombre se une a una prostituta, se hace un solo cuerpo con ella? Pues las Escrituras dicen: «Los dos se convierten en uno solo»*. [17]Pero la persona que se une al Señor es un solo espíritu con él.

[18]¡Huyan del pecado sexual! Ningún otro pecado afecta tanto el cuerpo como éste, porque la inmoralidad sexual es un pecado contra el propio cuerpo. [19]¿No se dan cuenta de que su cuerpo es el templo del Espíritu Santo, quien vive en ustedes y les fue dado por Dios? Ustedes no se pertenecen a sí mismos, [20]porque Dios los compró a un alto precio. Por lo tanto, honren a Dios con su cuerpo.

CAPÍTULO 7
Instrucciones sobre el matrimonio

Ahora, en cuanto a las preguntas que me hicieron en su carta: Es cierto que es bueno abstenerse de tener relaciones sexuales.* [2]Pero, dado que hay tanta inmoralidad sexual, cada hombre debería tener su propia esposa, y cada mujer, su propio marido. [3]El esposo debe satisfacer las necesidades sexuales de su esposa, y la esposa debe satisfacer las necesidades sexuales de su marido. [4]La esposa le da la autoridad sobre su cuerpo a su marido, y el esposo le da la autoridad sobre su cuerpo a su esposa. [5]No se priven el uno al otro de tener relaciones sexuales, a menos que los dos estén de acuerdo en abstenerse de la intimidad sexual por un tiempo limitado para entregarse más de lleno a la oración. Después deberán volverse a juntar, a fin de que Satanás no pueda tentarlos por la falta de control propio. [6]Eso les digo a modo de concesión, no como un mandato. [7]Sin embargo, quisiera que todos fueran solteros, igual que yo. Pero cada uno tiene su don específico de Dios, unos de una clase y otros de otra.

6:16 Gn 2:24. 7:1 O *llevar una vida célibe;* en griego *Es bueno que un hombre no toque mujer.*

En marcha
EL MATRIMONIO NO ES PARA TODOS
Lee 1 CORINTIOS 7:1-40

Contrario a la opinión popular, Dios les ha dado a algunos la capacidad de permanecer «felizmente solteros». El versículo 35 de este pasaje nos recuerda que cuando uno quiere casarse es de vital importancia asegurarse de que la decisión nos ayudará a «servir mejor al Señor». Si estás considerando casarte, aquí tienes cuatro importantes asuntos para reflexionar:

1. Tomen tiempo para conocerse. No te apresures. Si estás realmente enamorado de una persona, desearás edificar una amistad con ella. Este es el fundamento de tu matrimonio. Como dijo con humor Benjamín Franklin: «Abre bien los ojos antes de casarte, y tenlos medio cerrados después de casarte». ¡Y no al revés!

2. Prueba la profundidad de tu amor. El amor es algo más que una emoción «almibarada». Es un compromiso. En el idioma griego, el amor se describía con tres palabras: *eros* (atracción física), *philos* (amor entre amigos) y *agape* (amor incondicional). Los matrimonios basados solamente en *eros* o en *philos,*

⁸Así que les digo a los solteros y a las viudas: es mejor quedarse sin casar, tal como yo. ⁹Pero, si no pueden controlarse, entonces deberían casarse. Es mejor casarse que arder de pasión sexual.

¹⁰No obstante, para los que ya están casados, tengo un mandato que no proviene de mí sino del Señor.* La esposa no debe dejar a su marido. ¹¹Pero, si lo deja, que no se case de nuevo o bien que se reconcilie con él. Y el marido no debe dejar a su esposa.

¹²Ahora, me dirigiré al resto de ustedes, aunque no tengo un mandato directo del Señor. Si un hombre cristiano* está casado con una mujer que no es creyente y ella está dispuesta a seguir viviendo con él, no debe abandonarla. ¹³Y, si una mujer cristiana tiene un esposo que no es creyente y él está dispuesto a seguir viviendo con ella, no debe abandonarlo. ¹⁴Pues la esposa cristiana da santidad a su matrimonio, y el esposo cristiano* da santidad al suyo. De otro modo, sus hijos no serían santos, pero ahora son santos. ¹⁵(En cambio, si el esposo o la esposa que no es creyente insiste en irse, dejen que se vaya. En esos casos, el cónyuge cristiano* ya no está ligado al otro, porque Dios los ha llamado a ustedes* a vivir en paz.) ¹⁶¿Acaso ustedes, esposas, no se dan cuenta de que sus maridos podrían ser salvos a causa de ustedes? Y ustedes, esposos, ¿no se dan cuenta de que sus esposas podrían ser salvas a causa de ustedes?

¹⁷Cada uno debería seguir viviendo en la situación que el Señor lo haya puesto, y perma-

necer tal como estaba cuando Dios lo llamó por primera vez. Esa es mi regla para todas las iglesias. ¹⁸Por ejemplo, un hombre que se circuncidó antes de llegar a ser creyente no debería tratar de revertir su condición. Y el hombre que no estaba circuncidado cuando llegó a ser creyente no debería circuncidarse ahora. ¹⁹Pues no tiene importancia si un hombre ha sido o no circuncidado. Lo importante es cumplir los mandamientos de Dios.

²⁰Cada uno debería permanecer tal como estaba cuando Dios lo llamó. ²¹¿Eres un esclavo? No dejes que eso te preocupe sin embargo, si tienes la oportunidad de ser libre, aprovéchala. ²²Y recuerda: si eras un esclavo cuando el Señor te llamó, ahora eres libre en el Señor; y si eras libre cuando el Señor te llamó, ahora eres un esclavo de Cristo. ²³Dios pagó un alto precio por ustedes, así que no se dejen esclavizar por el mundo.* ²⁴Amados hermanos, cada uno debería permanecer tal como estaba cuando Dios lo llamó por primera vez.

²⁵Ahora, con respeto a la pregunta acerca de las jóvenes que todavía no se han casado, para ellas no tengo ningún mandato del Señor. Pero el Señor, en su misericordia, me ha dado sabiduría digna de confianza, que les transmitiré a ustedes. ²⁶Debido a la crisis actual,* pienso que es mejor que cada uno se quede como está. ²⁷Si tienes esposa, no procures terminar tu matrimonio. Si no tienes esposa, no busques casarte. ²⁸Pero, si te casas, no es pecado. Y, si una joven se casa, tampoco es pecado. Sin embargo, los

7:10 Ver Mt 5:32; 19:9; Mr 10:11-12; Lc 16:18.   **7:12** En griego *un hermano*.   **7:14** En griego *el hermano*.   **7:15a** En griego *el hermano o la hermana*.   **7:15b** Algunos manuscritos dicen *nos ha llamado a nosotros*.   **7:23** En griego *no se conviertan en esclavos de la gente*.   **7:26** O *las presiones de la vida*.

corren el riesgo de tener problemas, pero los edificados en el amor *agape* que Cristo mostró, durarán hasta el fin. Las emociones vienen y van, pero el verdadero amor es más que eso. La Biblia dice: «Las muchas aguas no pueden apagar el amor, ni los ríos ahogarlo» (Cantares 8:7).

3. Asegúrate de tu compromiso. Hazte las siguientes preguntas: ¿Estás preparado para pasar el resto de tu vida con esa persona? ¿Puedes verte con esa persona siendo padres? ¿Estás dispuesto a hacer sacrificios en tus relaciones, aficiones y hasta en tu carrera, por el bien de tu matrimonio?

4. Considera tu testimonio en cuanto a Cristo. Si tu novio o novia no es creyente, ni siquiera consideres casarte. La Escritura nos advierte seriamente a no unirnos con personas que no son cristianas (2 Corintios 6:14). Necesitas también considerar las implicaciones espirituales de esta relación. ¿Serán los dos, ya casados, mejores y más fuertes testigos de Cristo, que estando separados?

Sea que te cases o que permanezcas soltero, aprende a contentarte cualquiera sea la situación en que el Señor te ponga. Entonces poseerás una de las claves de la verdadera felicidad.

Para leer la próxima nota de «Matrimonio», ve a la pág. A46.

que se casen en este tiempo tendrán problemas, y estoy tratando de evitárselos. [29]Pero déjenme decirles lo siguiente, amados hermanos: el tiempo que queda es muy breve. Así que, de ahora en adelante, los que estén casados no deberían concentrarse únicamente en su matrimonio. [30]Los que lloran o los que se alegran o los que compran cosas, no deberían ser absorbidos por sus lágrimas ni su alegría ni sus posesiones. [31]Los que usan las cosas del mundo no deberían apegarse a ellas. Pues este mundo, tal como lo conocemos, pronto desaparecerá. [32]Quisiera que estén libres de las preocupaciones de esta vida. Un soltero puede invertir su tiempo en hacer la obra del Señor y en pensar cómo agradarlo a él. [33]Pero el casado tiene que pensar en sus responsabilidades terrenales y en cómo agradar a su esposa; [34]sus intereses están divididos. De la misma manera, una mujer que ya no está casada o que nunca se ha casado, puede dedicarse al Señor y ser santa en cuerpo y en espíritu. Pero una mujer casada tiene que pensar en sus responsabilidades terrenales y en cómo agradar a su esposo. [35]Les digo esto para su propio beneficio, no para imponerles restricciones. Mi deseo es que hagan todo lo que les ayude a servir mejor al Señor, con la menor cantidad de distracciones posibles.

[36]No obstante, si un hombre piensa que está tratando a su prometida en forma impropia y que inevitablemente cederá a sus pasiones, que se case con ella como él desea. No es pecado. [37]Pero, si ha decidido con toda firmeza no casarse y no hay urgencia y puede controlar sus pasiones, hace bien en no casarse. [38]Así que el que se casa con su prometida hace bien, y el que no se casa hace aún mejor.

[39]Una esposa está ligada a su esposo mientras él esté vive. Si su esposo muere, ella queda libre para casarse con quien quiera,

pero solamente si ese hombre ama al Señor.* [40]Sin embargo, en mi opinión, sería mejor para ella no volver a casarse, y pienso que, al decirles esto, les doy consejo del Espíritu de Dios.

CAPÍTULO **8**

Comida sacrificada a ídolos

Ahora, con respecto a la pregunta acerca de la comida que ha sido ofrecida a ídolos, es cierto, sabemos que «todos tenemos conocimiento» sobre este tema. Sin embargo, mientras que el conocimiento nos hace sentir importantes, es el amor lo que fortalece a la iglesia. [2]El que afirma que lo sabe todo, en realidad, no es que sepa mucho. [3]Pero la persona que ama a Dios es a quien Dios reconoce.*

[4]Entonces, ¿qué acerca de comer carne ofrecida a ídolos? Pues sabemos que un ídolo no es en verdad un dios y que hay sólo un Dios. [5]Puede que existan esos llamados «dioses» tanto en el cielo como en la tierra, y algunas personas de hecho rinden culto a muchos dioses y muchos señores. [6]Pero nosotros sabemos que hay sólo un Dios, el Padre, quien creó todo, y vivimos para él. Y hay sólo un Señor, Jesucristo, mediante el cual Dios hizo todas las cosas y mediante el cual nos ha dado vida.

[7]Sin embargo, no todos los creyentes saben esto. Algunos están acostumbrados a pensar que los ídolos son reales, entonces, cuando comen un alimento que fue ofrecido a ídolos, lo consideran adoración a dioses verdaderos, y violan su débil conciencia. [8]Es cierto que no podemos obtener la aprobación de Dios por lo que comemos. No perdemos nada si no lo comemos, y no ganamos nada si lo comemos.

[9]Pero ustedes deben tener cuidado de que su libertad no haga tropezar a los que tienen una conciencia más débil. [10]Pues, si otros te ven —con tu «conocimiento superior»— comiendo

7:39 En griego *pero únicamente en el Señor.* 8:3 Algunos manuscritos dicen *la persona que ama tiene pleno conocimiento.*

En marcha

UN CRISTIANO NO DEBERÍA DIVORCIARSE DE UN CÓNYUGE NO CRISTIANO

Lee 1 CORINTIOS 7:12-16

Aunque pareciera una decisión razonable, dejar a un cónyuge que no es creyente y que no apoya tu fe, no es bíblico. Como Pablo lo reitera aquí, Dios no aprueba el divorcio. En el caso de un matrimonio entre un creyente y un no creyente, hay dos razones adicionales para permanecer casados:

1. Un cónyuge cristiano sirve de testigo al cónyuge no cristiano. Un cristiano es un factor clave para ganar a su cónyuge para el Señor. La Escritura dice que una esposa cristiana puede tener una poderosa influencia sobre su marido inconverso a través de sus buenas acciones y ejemplo, y animarlo así a que

en el templo de un ídolo, ¿acaso no se sentirán alentados a violar su conciencia al comer un alimento que se ofreció a un ídolo? [11]Así que, a causa de tu conocimiento superior, se destruirá un creyente débil* por quien Cristo murió. [12]Y, cuando ustedes pecan contra otros creyentes* al alentarlos a hacer algo que para ellos está mal, pecan contra Cristo. [13]Por lo tanto, si lo que como hace que otro creyente peque, nunca más comeré carne mientras viva, porque no quiero hacer que otro creyente tropiece.

CAPÍTULO **9**

Pablo renuncia a sus derechos

¿Acaso no soy tan libre como cualquier otro? ¿No soy apóstol? ¿No he visto a Jesús nuestro Señor con mis propios ojos? ¿No es gracias a mi trabajo que ustedes pertenecen al Señor? [2]Aunque otros piensen que no soy apóstol, ciertamente para ustedes lo soy. Ustedes mismos son la prueba de que soy apóstol del Señor.

[3]Ésta es mi respuesta a los que cuestionan mi autoridad.* [4]¿Acaso no tenemos derecho de hospedarnos con ustedes y compartir sus comidas? [5]¿No tenemos derecho a llevar con nosotros a una esposa cristiana como lo hacen los demás apóstoles y los hermanos del Señor y como lo hace Pedro?* [6]¿O Bernabé y yo somos los únicos que tenemos que trabajar para sostenernos?

[7]¿Qué soldado tiene que pagar sus propios gastos? ¿Qué agricultor planta un viñedo y no tiene derecho a comer de su fruto? ¿A qué pastor que cuida de su rebaño de ovejas no se le permite beber un poco de la leche? [8]¿Expreso meramente una opinión humana o dice la ley lo mismo? [9]Porque la ley de Moisés dice: «No le pongas bozal al buey para impedirle que coma mientras trilla el grano»*. ¿Acaso pensaba Dios

únicamente en bueyes cuando dijo eso? [10]¿No nos hablaba a nosotros en realidad? Claro que sí, se escribió para nosotros, a fin de que tanto el que ara como el que trilla el grano puedan esperar una porción de la cosecha.

[11]Ya que hemos plantado la semilla espiritual entre ustedes, ¿no tenemos derecho a cosechar el alimento y la bebida material? [12]Si ustedes sostienen a otros que les predican, ¿no deberíamos tener nosotros aún mayor derecho a que nos sostengan? Pero nunca nos hemos valido de ese derecho. Preferiríamos soportar cualquier cosa antes que ser un obstáculo a la Buena Noticia acerca de Cristo.

[13]¿No se dan cuenta de que los que trabajan en el templo obtienen sus alimentos de las ofrendas que se llevan al templo? Y los que sirven en el altar reciben una porción de lo que se ofrece como sacrificio. [14]Del mismo modo, el Señor ordenó que los que predican la Buena Noticia sean sostenidos por los que reciben el beneficio del mensaje. [15]Sin embargo, yo jamás me he valido de ninguno de esos derechos. Y no escribo esto para sugerir que es mi deseo comenzar a hacerlo ahora. De hecho, preferiría morir antes que perder mi derecho a jactarme de predicar sin cobrar. [16]Sin embargo, predicar la Buena Noticia no es algo de lo que pueda jactarme. Estoy obligado por Dios a hacerlo. ¡Qué terrible sería para mí si no predicara la Buena Noticia!

[17]Si lo hiciera por mi propia iniciativa, merecería que me paguen. Pero no tengo opción, porque Dios me ha encomendado este deber sagrado. [18]¿Cuál es, entonces, mi paga? Es la oportunidad de predicar la Buena Noticia sin cobrarle a nadie. Por esa razón, nunca reclamo mis derechos cuando predico la Buena Noticia.

[19]A pesar de que soy un hombre libre y sin amo, me he hecho esclavo de todos para llevar

8:11 En griego *hermano*, también en 8:13.   8:12 En griego *hermanos*.   9:3 En griego *a los que me evalúan*.   9:5 En griego *Cefas*.   9:9 Dt 25:4.

---

acepte la fe en Cristo (lee 1 Pedro 3:1-2, pág. 318). Lo mismo es cierto en cuanto a un marido cristiano.

2. Un cónyuge cristiano puede llevar a Cristo a los hijos del matrimonio. Si se separan, como dice Pablo, hay una alta probabilidad de que los hijos se desvíen de la fe. Pero los ayudará mucho si ven la fe en el contexto de una familia unida.

En cambio, si la persona no cristiana abandona a su cónyuge cristiano, a pesar de que el creyente haya hecho todo lo posible para conservar el matrimonio unido, en ese caso, Dios no obliga a mantener esa relación. Esta es una de las pocas causas de divorcio que aparecen en la Escritura. Dios no exige a un creyente a permanecer casado con un no creyente que no tiene ningún deseo de mantener la unión.

Para leer la próxima nota de «Matrimonio», ve a la pág. A46.

a muchos a Cristo. ²⁰ Cuando estaba con los judíos, vivía como un judío para llevar a los judíos a Cristo. Cuando estaba con los que siguen la ley judía, yo también vivía bajo esa ley. A pesar de que no estoy sujeto a la ley, me sujetaba a ella para poder llevar a Cristo a los que están bajo la ley. ²¹ Cuando estoy con los gentiles,* quienes no siguen la ley judía,* yo también vivo independiente de esa ley para poder llevarlos a Cristo. Pero no ignoro la ley de Dios; obedezco la ley de Cristo.

²² Cuando estoy con los que son débiles, me hago débil con ellos, porque deseo llevar a los débiles a Cristo. Sí, con todos trato de encontrar algo que tengamos en común, y hago todo lo posible para salvar a algunos. ²³ Hago lo que sea para difundir la Buena Noticia y participar de sus bendiciones.

²⁴ ¿No se dan cuenta de que en una carrera todos corren, pero sólo una persona se lleva el premio? Así que ¡corran para ganar! ²⁵ Todos los atletas se entrenan con disciplina. Lo hacen para ganar un premio que se desvanecerá, pero nosotros lo hacemos por un premio eterno. ²⁶ Por eso yo corro cada paso con propósito. No sólo doy golpes al aire. ²⁷ Disciplino mi cuerpo como lo hace un atleta, lo entreno para que haga lo que debe hacer. De lo contrario, temo que, después de predicarles a otros, yo mismo quede descalificado.

CAPÍTULO 10
Lecciones de la idolatría de Israel

Amados hermanos, no quiero que se olviden de lo que les sucedió a nuestros antepasados hace mucho tiempo en el desierto. Todos fueron guiados por una nube que iba delante de ellos y todos caminaron a través del mar sobre tierra seca. ² Todos ellos fueron bautizados en la nube y en el mar como seguidores de Moisés. ³ Todos comieron el mismo alimento espiritual ⁴ y todos bebieron la misma agua espiritual. Pues bebieron de la roca espiritual que viajaba con ellos, y esa roca era Cristo. ⁵ Sin embargo, Dios no se agradó con la mayoría de ellos, y sus cuerpos fueron dispersados por el desierto.

⁶ Esas cosas sucedieron como una advertencia para nosotros, a fin de que no codiciemos lo malo como hicieron ellos, ⁷ ni rindamos culto a ídolos como hicieron algunos de ellos. Como dicen las Escrituras: «El pueblo celebró con abundante comida y bebida, y se entregó a diversiones paganas»*. ⁸ Y no debemos cometer inmoralidad sexual como hicieron algunos de ellos, lo cual causó la muerte de veintitrés mil personas en un solo día.

⁹ Tampoco deberíamos poner a prueba a Cristo* como hicieron algunos de ellos, y luego murieron mordidos por serpientes. ¹⁰ Y no murmuren como lo hicieron algunos de ellos, y luego el ángel de la muerte los destruyó. ¹¹ Esas cosas les sucedieron a ellos como ejemplo para nosotros. Se pusieron por escrito para que nos sirvieran de advertencia a los que vivimos en el fin de los tiempos.

¹² Si ustedes piensan que están firmes, tengan cuidado de no caer. ¹³ Las tentaciones que enfrentan en su vida no son distintas de las que otros atraviesan. Y Dios es fiel; no permitirá que la tentación sea mayor de lo que puedan soportar. Cuando sean tentados, él les mostrará una salida, para que puedan resistir.

¹⁴ Por lo tanto, mis queridos amigos, huyan de la adoración a los ídolos. ¹⁵ Ustedes son personas razonables. Juzguen por sí mismos si lo que digo es cierto. ¹⁶ Cuando bendecimos la copa en la Mesa del Señor, ¿no participamos en la sangre de Cristo? Y, cuando partimos el pan, ¿no participamos en el cuerpo de Cristo? ¹⁷ Y, aunque somos muchos, todos comemos de un mismo pan, con lo cual demostramos que somos un solo cuerpo. ¹⁸ Piensen en el pueblo de Israel. ¿No estaban unidos al comer de los sacrificios del altar?

¹⁹ ¿Qué es lo que trato de decir? ¿Que la comida ofrecida a ídolos tiene alguna importancia o que los ídolos son dioses verdaderos? ²⁰ No, de ninguna manera. Lo que digo es que esos sacrificios se ofrecen a los demonios, no a Dios. Y no quiero que ustedes tengan parte con los demonios. ²¹ Ustedes no pueden beber de la copa del Señor y también de la copa de los demonios. No pueden comer de la Mesa del Señor y también de la mesa de los demonios. ²² ¿Qué? ¿Acaso nos atreveremos a despertar los celos del Señor? ¿Piensan que somos más fuertes que él?

²³ Ustedes dicen: «Se me permite hacer cualquier cosa»*, pero no todo les conviene. Dicen: «Se me permite hacer cualquier cosa», pero no todo trae beneficio. ²⁴ No se preocupen por su propio bien, sino por el bien de los demás.

²⁵ Así que pueden comer cualquier carne que se venda en el mercado sin preguntar nada por motivos de conciencia. ²⁶ Pues «la tierra es del Señor y todo lo que hay en ella»*.

²⁷ Si alguien que no es creyente los invita a cenar a su casa, acepten la invitación si desean. Coman todo lo que les ofrezcan sin preguntar nada por motivos de conciencia. ²⁸ (Pero supongamos que alguien les dice: «Esta carne se ofreció a un ídolo». No la coman, por respeto a la conciencia del que lo dijo. ²⁹ Tal vez no sea una cuestión de conciencia para ustedes, pero lo es para la otra persona). Pues ¿por qué tendría que ser restringida mi libertad por lo que

---

9:21a Gentil(es), que no es judío.   **9:21b** En griego quienes no tienen la ley.   **10:7** Éx 32:6.   **10:9** Algunos manuscritos dicen al Señor.   **10:23** En griego Todas las cosas son lícitas; también en 10:23b.   **10:26** Sal 24:1.

piense otra persona? ³⁰Si puedo darle gracias a Dios por la comida y disfrutarla, ¿por qué debería ser condenado por comerla? ³¹Así que, sea que coman o beban o cualquier otra cosa que hagan, háganlo todo para la gloria de Dios. ³²No ofendan a los judíos ni a los gentiles* ni a la iglesia de Dios. ³³Yo también trato de complacer a todos en todo lo que hago. No hago sólo lo que es mejor para mí; hago lo que es mejor para otros a fin de que muchos sean salvos. ¹¹:¹Y ustedes deberían imitarme a mí, así como yo imito a Cristo.

CAPÍTULO 11

Instrucciones para la adoración en público
²Cuánto me alegro de que ustedes siempre me tienen en sus pensamientos y de que siguen las enseñanzas que les transmití. ³Pero hay algo que quiero que sepan: la cabeza de todo hombre es Cristo, la cabeza de la mujer es el hombre, y la cabeza de Cristo es Dios.* ⁴El hombre deshonra a su cabeza si se cubre la cabeza* mientras ora o profetiza. ⁵En cambio, la mujer deshonra a su cabeza* si ora o profetiza sin cubrirse la cabeza, porque es como si se la rapara. ⁶Efectivamente, si ella se niega a ponerse algo para cubrirse la cabeza, ¡debería cortarse todo el cabello! Pero, ya que es vergonzoso que la mujer se corte el cabello o se rape la cabeza, debería cubrírsela con algo.*

⁷El hombre no debería ponerse nada sobre la cabeza cuando adora a Dios, porque el hombre fue hecho a la imagen de Dios y refleja la gloria de Dios. Y la mujer refleja la gloria del hombre. ⁸Pues el primer hombre no provino de ninguna mujer, sino que la primera mujer provino de un hombre. ⁹Y el hombre no fue hecho para la mujer, sino que la mujer fue hecha para el hombre. ¹⁰Por esta razón y debido a que los ángeles observan, la mujer debería cubrirse la cabeza para mostrar que está bajo autoridad.* ¹¹Sin embargo, entre el pueblo del Señor, las mujeres no son independientes de los hombres, y los hombres no son independientes de las mujeres. ¹²Pues, aunque la primera mujer provino de un hombre, todos los demás hombres nacieron de una mujer, y todo proviene de Dios.

¹³Juzguen por sí mismos: ¿Es correcto que una mujer ore a Dios en público sin cubrirse la cabeza? ¹⁴¿No es obvio que es vergonzoso que un hombre tenga el cabello largo? ¹⁵¿Acaso el cabello largo no es el orgullo y la alegría de la mujer? Pues se le dio para que se cubra. ¹⁶Pero, si alguien quiere discutir este tema, simplemente digo que no tenemos otra costumbre

REGOCÍJATE PORQUE LA VICTORIA ES TUYA EN CRISTO JESÚS
Lee 1 CORINTIOS 10:13

Dios comprende que nosotros, como humanos, somos tentados por las atracciones de este mundo. Afortunadamente, Dios se preocupa tanto por nosotros, que de antemano ha dispuesto la manera de ayudarnos en tiempos de tentación. En este versículo vemos dos rayos de esperanza cuando somos tentados:

1. Jesús comprende tu situación. Cualquier tentación que estés enfrentando o que enfrentarás no es nueva. Jesús entiende lo que es ser tentado, pues la Biblia enseña que él se compadece de nosotros porque «enfrentó todas y cada una de las pruebas que enfrentamos nosotros, sin embargo él nunca pecó» (Hebreos 4:15).

2. Dios siempre te dará la fortaleza para que venzas en toda tentación. Cuando enfrentas una tentación, Dios siempre te da la fortaleza para resistirla o te da una vía de escape. A veces, la manera de salir de una tentación es literal. Por ejemplo, si estás en el cine y en la pantalla aparece una escena sexual explícita, el modo de escapar es salir del cine. Otras veces puede significar confiar en el Espíritu Santo de Dios, que te dará el poder para resistir.

La próxima vez que seas tentado o probado, recuerda: Dios puede permitir momentos difíciles en la vida del cristiano, pero siempre serán filtrados a través de la red de su amor. Él nunca te dará más de lo que puedes resistir.

Para comenzar el próximo tema, ve a la pág. A39.

más que ésa, y tampoco la tienen las demás iglesias de Dios.

Orden en la Cena del Señor
¹⁷Pero, en las siguientes instrucciones, no puedo elogiarlos. Pues parece que hacen más daño que bien cuando se juntan. ¹⁸Primero, oigo que hay divisiones entre ustedes cuando

---

10:32 En griego *ni a los griegos. [Gentil(es)], que no es judío.* 11:3 O *que sepan: el origen de todo hombre es Cristo, el origen de la mujer es el hombre, y el origen de Cristo es Dios.* O *que sepan: cada hombre es responsable ante Cristo, la mujer es responsable ante su marido, y Cristo es responsable ante Dios.* 11:4 O *deshonra a Cristo.* 11:5 O *deshonra a su marido.* 11:6 O *debería tener el cabello largo.* 11:10 En griego *debería tener una autoridad sobre su cabeza.*

se reúnen como iglesia y, hasta cierto punto, lo creo. [19]Pero, ¡por supuesto que tiene que haber divisiones entre ustedes, para que los que tienen la aprobación de Dios sean reconocidos! [20]Cuando ustedes se reúnen, la verdad es que no les interesa la Cena del Señor. [21]Pues algunos se apresuran a comer su propia comida y no la comparten con los demás. Como resultado, algunos se quedan con hambre mientras que otros se emborrachan. [22]¿Qué? ¿Acaso no tienen sus propias casas para comer y beber? ¿O de veras quieren deshonrar a la iglesia de Dios y avergonzar a los pobres? ¿Qué se supone que debo decir? ¿Quieren que los elogie? Pues bien, ¡de ninguna manera los elogiaré por esto!

[23]Pues yo les transmito lo que recibí del Señor mismo. La noche en que fue traicionado, el Señor Jesús tomó pan [24]y dio gracias a Dios por ese pan. Luego lo partió en trozos y dijo: «Esto es mi cuerpo, el cual es entregado por ustedes.* Hagan esto en memoria de mí». [25]De la misma manera, tomó en sus manos la copa de vino después de la cena, y dijo: «Esta copa es el nuevo pacto entre Dios y su pueblo, un acuerdo confirmado con mi sangre. Hagan esto en memoria de mí todas las veces que la beban». [26]Pues, cada vez que coman este pan y beban de esta copa, anuncian la muerte del Señor hasta que él vuelva.

[27]Por lo tanto, cualquiera que coma este pan o beba de esta copa del Señor en forma indigna es culpable de pecar contra* el cuerpo y la sangre del Señor. [28]Por esta razón, cada uno debería examinarse a sí mismo antes de comer el pan y beber de la copa. [29]Pues, si alguno come el pan y bebe de la copa sin honrar el cuerpo de Cristo,* come y bebe el juicio de Dios sobre sí mismo. [30]Esa es la razón por la que muchos de ustedes son débiles y están enfermos y algunos incluso han muerto. [31]Pero, si nos examináramos a nosotros mismos, Dios no nos juzgaría de esa manera. [32]Sin embargo, cuando el Señor nos juzga, nos está disciplinando para que no seamos condenados junto con el mundo.

[33]Así que, mis amados hermanos, cuando se reúnan para la Cena del Señor, espérense unos a otros. [34]Si de veras tienen hambre, que cada uno coma en su casa, a fin de no traer juicio sobre ustedes mismos cuando se reúnan. Les daré instrucciones sobre los demás asuntos después de mi llegada.

CAPÍTULO **12**
Dones espirituales
Ahora, amados hermanos, con respeto a la pregunta acerca de las capacidades especiales que el Espíritu nos da, no quiero que lo malentiendan. [2]Ustedes saben que, cuando todavía eran paganos, fueron llevados por mal camino y arrastrados a rendir culto a ídolos mudos. [3]Por lo tanto, quiero que sepan que nadie que habla por el Espíritu de Dios maldice a Jesús, y nadie puede decir que Jesús es el Señor excepto por el Espíritu Santo.

[4]Hay distintas clases de dones espirituales, pero el mismo Espíritu es la fuente de todos ellos. [5]Hay distintas formas de servir, pero todos servimos al mismo Señor. [6]Dios trabaja de maneras diferentes, pero es el mismo Dios quien hace la obra en todos nosotros.

[7]A cada uno de nosotros se nos da un don espiritual para que nos ayudemos mutuamente. [8]A uno el Espíritu le da la capacidad de dar consejos sabios;* a otro el mismo Espíritu le da un mensaje de conocimiento especial.* [9]A otro el mismo Espíritu le da gran fe y a alguien más ese único Espíritu le da el don de sanidad. [10]A uno le da el poder para hacer milagros y a otro, la capacidad de profetizar. A alguien más le da la capacidad de discernir si un mensaje es del Espíritu de Dios o de otro espíritu. Todavía a otro se le da la capacidad de hablar en idiomas desconocidos,* mientras que a otro se

---

11:24 En griego *que es para ustedes;* otros manuscritos dicen *que es partido para ustedes.*   **11:27** O *es responsable de.*
11:29 En griego *el cuerpo;* otros manuscritos dicen *el cuerpo del Señor.*   **12:8a** O *le da una palabra de sabiduría.*   **12:8b** O *le da una palabra de conocimiento.*   **12:10** O *en diversas lenguas,* también en 12:28, 30.

En marcha

ESTO QUE HAGO, ¿ME EDIFICA ESPIRITUALMENTE?
Lee 1 CORINTIOS 10:23

Este versículo trata el tema de si ciertas actividades son edificantes para tu vida; incluso si no están bien definidas. Una traducción más literal de este versículo es «todas las cosas me son permitidas, pero no todas estimulan el desarrollo del carácter cristiano». La próxima vez que te cuestiones si debes estar viendo cierta película, participando de alguna actividad específica, o incurriendo en algún hábito, puedes hacerte las siguientes preguntas:

le da la capacidad de interpretar lo que se está diciendo. [11] Es el mismo y único Espíritu quien distribuye todos esos dones. Sólo él decide qué don cada uno debe tener.

Un cuerpo con muchas partes

[12] El cuerpo humano tiene muchas partes, pero las muchas partes forman un cuerpo entero. Lo mismo sucede con el cuerpo de Cristo. [13] Entre nosotros hay algunos que son judíos y otros que son gentiles;* algunos son esclavos, y otros son libres. Pero todos fuimos bautizados en un solo cuerpo por un mismo Espíritu, y todos compartimos el mismo Espíritu.*

[14] Así es, el cuerpo consta de muchas partes diferentes, no de una sola parte. [15] Si el pie dijera: «No formo parte del cuerpo porque no soy mano», no por eso dejaría de ser parte del cuerpo. [16] Y, si la oreja dijera: «No formo parte del cuerpo porque no soy ojo», ¿dejaría por eso de ser parte del cuerpo? [17] Si todo el cuerpo fuera ojo, ¿cómo podríamos oír? O, si todo el cuerpo fuera oreja, ¿cómo podríamos oler?

[18] Pero nuestro cuerpo tiene muchas partes, y Dios ha puesto cada parte justo donde él quiere. [19] ¡Qué extraño sería el cuerpo si tuviera sólo una parte! [20] Efectivamente, hay muchas partes, pero un solo cuerpo. [21] El ojo nunca puede decirle a la mano: «No te necesito». La cabeza tampoco puede decirle al pie: «No te necesito».

[22] De hecho, algunas partes del cuerpo que parecieran las más débiles y menos importantes, en realidad, son las más necesarias. [23] Y las partes que consideramos menos honorables son las que vestimos con más esmero. Así que protegemos con mucho cuidado esas partes que no deberían verse, [24] mientras que las partes más honorables no precisan esa atención especial. Por eso Dios ha formado el cuerpo de tal manera que se les dé más honor y cuidado a esas partes que tienen menos dignidad. [25] Esto hace que haya armonía entre los miembros a

fin de que los miembros se preocupen los unos por los otros. [26] Si una parte sufre, las demás partes sufren con ella y, si a una parte se le da honra, todas las partes se alegran.

[27] Todos ustedes en conjunto son el cuerpo de Cristo, y cada uno de ustedes es parte de ese cuerpo. [28] A continuación hay algunas de las partes que Dios ha designado para la iglesia:

en primer lugar, los apóstoles,
en segundo lugar, los profetas,
en tercer lugar, los maestros,
luego los que hacen milagros,
los que tienen el don de sanidad,
los que pueden ayudar a otros,
los que tienen el don de liderazgo,
los que hablan en idiomas desconocidos.

[29] ¿Acaso somos todos apóstoles? ¿Somos todos profetas? ¿Somos todos maestros? ¿Tenemos todos el poder de hacer milagros? [30] ¿Tenemos todos el don de sanidad? ¿Tenemos todos la capacidad de hablar en idiomas desconocidos? ¿Tenemos todos la capacidad de interpretar idiomas desconocidos? ¡Por supuesto que no! [31] Por lo tanto, ustedes deberían desear encarecidamente los dones que son de más ayuda. Pero ahora déjenme mostrarles una manera de vida que supera a todas las demás.

CAPÍTULO **13**

La mayor es el amor

Si yo pudiera hablar todos los idiomas del mundo y de los ángeles pero no amara a los demás, yo sólo sería un metal ruidoso o un címbalo que resuena. [2] Si tuviera el don de profecía y entendiera todos los planes secretos de Dios y contara con todo el conocimiento, y si tuviera una fe que me hiciera capaz de mover montañas, pero no amara a otros, yo no sería nada. [3] Si diera todo lo que tengo a los pobres y hasta sacrificara mi cuerpo,* podría jactarme de eso; pero, si no amara a los demás, no habría logrado nada.

12:13a En griego *otros que son griegos*. [*Gentil(es)*, que no es judío]. 12:13b En griego *a todos se nos dio a beber de un mismo Espíritu*. 13:3 Algunos manuscritos dicen *sacrificara mi cuerpo para ser quemado*.

- ¿Hará esta actividad que las cosas de este mundo sean más atractivas que las cosas de Dios?
- ¿Me alejará de la oración?
- ¿Disminuirá mi hambre por la Palabra de Dios?
- ¿Me debilitará espiritualmente, alejándome de otros cristianos?

No tienes tiempo para las cosas que hacen más atractivo este mundo, que te alejan de la oración, que disminuyen tu ansia por el estudio de la Palabra o que te mantienen lejos de la comunión con otros cristianos. Busca todo lo que te ayude a edificar tu carácter cristiano.

Para leer la próxima nota de «Responsabilidad», ve a la pág. A50.

⁴El amor es paciente y bondadoso. El amor no es celoso ni fanfarrón ni orgulloso ⁵ni ofensivo. No exige que las cosas se hagan a su manera. No se irrita ni lleva un registro de las ofensas recibidas. ⁶No se alegra de la injusticia sino que se alegra cuando la verdad triunfa. ⁷El amor nunca se da por vencido, jamás pierde la fe, siempre tiene esperanzas y se mantiene firme en toda circunstancia.

⁸La profecía, el hablar en idiomas desconocidos*, y el conocimiento especial se volverán inútiles. ¡Pero el amor durará para siempre! ⁹Ahora nuestro conocimiento es parcial e incompleto, ¡y aun el don de profecía revela sólo una parte de todo el panorama! ¹⁰Pero, cuando llegue el tiempo de la perfección, esas cosas parciales se volverán inútiles.

¹¹Cuando yo era niño, hablaba, pensaba y razonaba como un niño. Pero, cuando crecí, dejé atrás las cosas de niño. ¹²Ahora vemos todo de manera imperfecta, como reflejos desconcertantes, pero luego veremos todo con perfecta claridad.* Todo lo que ahora conozco es parcial e incompleto, pero luego conoceré todo por completo, tal como Dios ya me conoce a mí completamente.

¹³Tres cosas durarán para siempre: la fe, la esperanza y el amor; y la mayor de las tres es el amor.

CAPÍTULO **14**

Lenguas y profecía

¡Que el amor sea su meta más alta! Pero también deberían desear las capacidades especiales que da el Espíritu, sobre todo la capacidad de profetizar. ²Pues, si alguien tiene la capacidad de hablar en lenguas,* le hablará sólo a Dios, dado que la gente no podrá entenderle. Hablará por el poder del Espíritu,* pero todo será un misterio. ³En cambio el que profetiza fortalece a otros, los anima y los consuela. ⁴La persona que habla en lenguas se fortalece a sí misma, pero el que dice una palabra de profecía fortalece a toda la iglesia.

⁵Yo desearía que todos pudieran hablar en lenguas, pero más aún me gustaría que todos pudieran profetizar. Pues la profecía es superior que hablar en lenguas, a menos que alguien interprete lo que se dice, para que toda la iglesia se fortalezca.

⁶Amados hermanos, si yo fuera a visitarlos y les hablara en un idioma desconocido,* ¿de qué les serviría a ustedes? Pero, si les llevo una revelación o un conocimiento especial o una profecía o una enseñanza, eso sí les sería de ayuda. ⁷Aun los instrumentos inanimados como la flauta

y el arpa, tienen que emitir sonidos nítidos, o nadie reconocerá la melodía. ⁸Y si el toque de trompeta no es entendible, ¿cómo sabrán los soldados que se les llama a la batalla? ⁹Lo mismo ocurre con ustedes. Si hablan a la gente con palabras que no entienden, ¿cómo podrían saber lo que ustedes dicen? Igual estarían hablando al viento.

¹⁰Hay muchos idiomas diferentes en el mundo, y cada uno tiene significado. ¹¹Pero, si no entiendo un idioma, soy un extranjero para el que lo habla, y el que lo habla es un extranjero para mí. ¹²Y lo mismo ocurre con ustedes. Ya que están tan deseosos de tener las capacidades especiales que da el Espíritu, procuren las que fortalecerán a toda la iglesia.

¹³Por lo tanto, el que habla en lenguas también debería pedir en oración la capacidad de interpretar lo que se ha dicho. ¹⁴Pues, si oro en lenguas, mi espíritu ora, pero yo no entiendo lo que digo. ¹⁵¿Qué debo hacer entonces? Oraré en el espíritu* y también oraré con palabras que entiendo. Cantaré en el espíritu y también cantaré con palabras que entiendo. ¹⁶Pues, si alabas a Dios sólo en el espíritu, ¿cómo podrán los que no te entienden alabar a Dios contigo? ¿Cómo podrán unirse a tus agradecimientos cuando no entienden lo que dices? ¹⁷Tú darás gracias muy bien, pero eso no fortalecerá a la gente que te oye.

¹⁸Yo le agradezco a Dios que hablo en lenguas más que cualquiera de ustedes. ¹⁹Pero, en una reunión de la iglesia, para ayudar a otros preferiría hablar cinco palabras comprensibles que diez mil palabras en un idioma desconocido.

²⁰Amados hermanos, no sean infantiles en su comprensión de estas cosas. Sean inocentes como bebés en cuanto a la maldad pero maduros en la comprensión de asuntos como éstos. ²¹En las Escrituras* está escrito:

«Hablaré a mi propio pueblo
en idiomas extraños
y mediante labios de extranjeros.
Pero aun así, no me escucharán»*,
dice el SEÑOR.

²²Así que, como ven, el hablar en lenguas es una señal no para los creyentes sino para los incrédulos. La profecía, sin embargo, es para el beneficio de los creyentes, no de los incrédulos. ²³Aun así, si los incrédulos o la gente que no entiende esas cosas entran en la reunión de la iglesia y oyen a todos hablando en un idioma desconocido, pensarán que ustedes están locos. ²⁴Pero, si todos ustedes están profetizando, y los incrédulos o la gente que no entiende esas cosas entran en la reunión, serán convencidos de pecado y juzga-

---

13:8 O *en lenguas.* **13:12** En griego *veremos cara a cara.* **14:2a** O *en idiomas desconocidos;* también en 14:4, 5, 13, 14, 18, 22, 26, 27, 28, 39. **14:2b** O *Hablará en su espíritu.* **14:6** O *en lenguas;* también en 14:19, 23. **14:15** O *en el Espíritu;* también en 14:15b, 16. **14:21a** En griego *En la ley.* **14:21b** Is 28:11-12.

dos por lo que ustedes dicen. ²⁵Al escuchar, sus pensamientos secretos quedarán al descubierto y caerán de rodillas y adorarán a Dios declarando: «En verdad, Dios está aquí, entre ustedes».

Un llamado a adorar con orden
²⁶Ahora bien, mis hermanos, hagamos un resumen. Cuando se reúnan, uno de ustedes cantará, otro enseñará, otro contará alguna revelación especial que Dios le haya dado, otro hablará en lenguas y otro interpretará lo que se dice. Pero cada cosa que se haga debe fortalecer a cada uno de ustedes. ²⁷No más de dos o tres deberían hablar en lenguas. Deben hablar uno a la vez y que alguien interprete lo que ellos digan. ²⁸Pero, si no hay nadie presente que pueda interpretar, ellos deberán guardar silencio en la reunión de la iglesia y hablar en lenguas a Dios en forma privada. ²⁹Que dos o tres personas profeticen y que los demás evalúen lo que se dice. ³⁰Pero, si alguien está profetizando y otra persona recibe una revelación del Señor, el que está hablando debe callarse. ³¹De esa manera, todos los que profeticen tendrán su turno para hablar, uno después de otro, para que todos aprendan y sean alentados. ³²Recuerden que la gente que profetiza está en control de su espíritu y puede turnarse con otros. ³³Pues Dios no es Dios de desorden sino de paz, como en todas las reuniones del pueblo santo de Dios.*

³⁴Las mujeres deben guardar silencio durante las reuniones de la iglesia. No es apropiado que hablen. Deben ser sumisas, tal como dice la ley. ³⁵Si tienen preguntas, que le pregunten a su marido en casa, porque no es apropiado que las mujeres hablen en las reuniones de la iglesia.*

³⁶¿O acaso piensan, corintios, que la palabra de Dios se originó con ustedes? ¿Son ustedes los únicos a quienes fue entregada? ³⁷Si alguien afirma ser profeta o piensa que es espiritual, debería reconocer que lo que digo es un mandato del Señor mismo. ³⁸Pero, si no lo reconoce, tampoco él será reconocido.*

³⁹Por lo tanto, mis amados hermanos, con todo corazón deseen profetizar y no prohíban que se hable en lenguas. ⁴⁰Pero asegúrense de que todo se haga de forma apropiada y con orden.

CAPÍTULO **15**
La resurrección de Cristo
Ahora, amados hermanos, permítanme recordarles la Buena Noticia que ya les prediqué. En ese entonces, la recibieron con gusto y todavía permanecen firmes en ella. ²Esa es la Buena

14:33 La frase *como en todas las reuniones del pueblo santo de Dios* podría, en cambio, unirse al comienzo de 14:34. 14:35 Algunos manuscritos ubican los versículos 34-35 después de 14:40. 14:38 Algunos manuscritos dicen *Si ignora esto, permanece en su ignorancia.*

Primeros pasos

TÚ TIENES UN LUGAR EN LA IGLESIA
Lee 1 CORINTIOS 12:12-31

El apóstol Pablo usa esta ilustración del cuerpo físico para señalar un punto importante: cada persona tiene una función que desempeñar en el cuerpo de Cristo. Esto significa que Dios tiene para ti un lugar especial y un propósito específico en tu iglesia local, y tú tienes que cumplir ese propósito con la ayuda de Dios. Este pasaje explica por qué esto es tan importante.

La iglesia está compuesta por diferentes personas con diferentes funciones. Cuando Dios diseñó la iglesia, no quiso que sus miembros fuéramos «clones cristianos». Eligió usar los diversos grupos y dones espirituales que hay en la iglesia, para enfocar la atención hacia la persona que nos unifica a todos: Jesucristo (lee Efesios 3:10-11, pág. 245). Cuando la iglesia opera tal como Dios planificó, se convierte en un testigo poderoso para un mundo que observa.

Ninguna persona es más valiosa que otra. Ningún don del Espíritu es «mejor» que otro. Por lo tanto, cada individuo tiene un lugar significativo dentro del cuerpo de Cristo, aun cuando su función no parezca tan destacada como la de otros. Por ejemplo, Dios puede usarte a ti para visitar a los enfermos, y a otro para impartir un estudio bíblico, pero ambas funciones son igualmente importantes.

Nos necesitamos unos a otros para funcionar como Dios lo designó. Si dejas de usar los dones y las habilidades especiales que Dios te ha dado, prestas un débil servicio a la iglesia. Dios desea que comprendas la importancia de que los cristianos trabajen juntos y se edifiquen en el compañerismo con otros creyentes comprometidos. La iglesia es comparable a las brasas de carbón cuando están ardiendo juntas y producen un fuego brillante. Cada brasa no sólo emana su propio calor, sino que también ayuda a las otras a mantener el suyo, beneficiándose unas a otras. Si aíslas una de esas brasas, en breve, su calor se disipa. Lo mismo ocurre con los creyentes. Nos necesitamos unos a otros para funcionar como individuos y como el cuerpo de Cristo.

Para comenzar el próximo tema, ve a la pág. A37.

Piedras angulares

EL AMOR SUPERA A TODOS LOS DONES ESPIRITUALES

Lee 1 CORINTIOS 13:1-13

Este pasaje contiene la descripción más completa que hay sobre el amor en la Biblia. Hace énfasis en el amor como lo más importante que debemos buscar en la vida, porque sin él cualquier cosa que hacemos o decimos carece de valor. Compara el amor descrito aquí con el amor superficial que practica el mundo:

- Dios dice que el amor debe estar dirigido a otros (versículos 1-3). El mundo dice que el amor debe estar dirigido a nosotros mismos.
- Dios dice que el amor es paciente y bondadoso (versículo 4). El mundo dice que el amor debe satisfacer tus necesidades de inmediato.
- Dios dice que el amor nunca es celoso o envidioso (versículo 4). El mundo dice que el amor significa que tú mereces «lo mejor».
- Dios dice que el amor nunca es ni fanfarrón ni orgulloso (versículo 4). El mundo dice que el amor no es necesario para lograr que te respeten.
- Dios dice que el amor no es ofensivo (versículo 5). El mundo dice que el amor te permite actuar como quieras.
- Dios dice que el amor no exige que las cosas se hagan a su manera (versículo 5). El mundo dice que el amor es un obstáculo para obtener lo que me beneficia.
- Dios dice que el amor no se irrita ni lleva un registro de las ofensas recibidas (versículo 5). El mundo dice que si necesitamos vengarnos, hagamos a un lado el amor.
- Dios dice que el amor no se alegra de la injusticia sino que se alegra cuando la verdad triunfa (versículo 6). El mundo dice que el amor «comprende» y hasta ignora el mal.
- Dios dice que el amor se mantiene firme en toda circunstancia (versículo 7). El mundo dice que el amor es para satisfacernos como sea.

Es imposible que tú mismo «fabriques» el amor que Dios desea que des a otros. Se puede afirmar que es un amor «sobrenatural». Es un fluir espontáneo de la presencia de Dios en nuestra vida. La Biblia dice: «Sabemos con cuánta ternura nos ama Dios, porque nos ha dado al Espíritu Santo para llenar nuestro corazón con su amor» (Romanos 5:5).

Si sientes que tu amor por otros no es tan bueno como debiera ser, pídele al Espíritu Santo que te fortalezca en ese aspecto. Tu relación con los demás nunca será la misma.

Para leer la próxima nota de «Amor», ve a la pág. A28.

Noticia que los salva si ustedes siguen creyendo el mensaje que les prediqué, a menos que hayan creído algo que a principio de cuentas nunca fue cierto.*

³ Yo les transmití a ustedes lo más importante y lo que se me había transmitido a mí también. Cristo murió por nuestros pecados tal como dicen las Escrituras. ⁴ Fue enterrado y, al tercer día, fue levantado de los muertos, tal como dicen las Escrituras. ⁵ Lo vio Pedro* y luego lo vieron los Doce. ⁶ Más tarde, lo vieron más de quinientos de sus seguidores* a la vez, la mayoría de los cuales todavía viven, aunque algunos ya han muerto. ⁷ Luego lo vio Santiago, y después lo vieron todos los apóstoles. ⁸ Por último, como si hubiera nacido en un tiempo que no me correspondía, también lo vi yo. ⁹ Pues soy el más insignificante de todos los apóstoles. De hecho, ni siquiera soy digno de ser llamado apóstol después de haber perseguido la iglesia de Dios, como lo hice.

¹⁰ Sin embargo, lo que ahora soy, todo se debe a que Dios derramó su favor especial sobre mí, y no sin resultados. Pues he trabajado mucho más que cualquiera de los otros apóstoles; pero no fui yo sino Dios quien obraba a través de mí por su gracia. ¹¹ Así que no importa si predico yo o predican ellos, porque todos predicamos el mismo mensaje que ustedes ya han creído.

La resurrección de los muertos

¹² Pero díganme lo siguiente: dado que nosotros predicamos que Cristo se levantó de los muertos, ¿por qué algunos de ustedes dicen que no

habrá resurrección de los muertos? ¹³Pues, si no hay resurrección de los muertos, entonces Cristo tampoco ha resucitado. ¹⁴Y, si Cristo no ha resucitado, entonces toda nuestra predicación es inútil, y la fe de ustedes también es inútil. ¹⁵Y nosotros, los apóstoles, estaríamos todos mintiendo acerca de Dios, porque hemos dicho que Dios levantó a Cristo de la tumba. Pero eso no puede ser cierto si no hay resurrección de los muertos. ¹⁶Y, si no hay resurrección de los muertos, entonces Cristo no ha resucitado. ¹⁷Y, si Cristo no ha resucitado, entonces la fe de ustedes es inútil, y todavía son culpables de sus pecados. ¹⁸En ese caso, ¡todos los que murieron creyendo en Cristo están perdidos! ¹⁹Y, si nuestra esperanza en Cristo es sólo para esta vida, somos los más dignos de lástima de todo el mundo.

²⁰Pero lo cierto es que Cristo sí resucitó de los muertos. Él es el primer fruto de una gran cosecha, el primero de todos los que murieron.

²¹Así que, ya ven, tal como la muerte entró en el mundo por medio de un hombre, ahora la resurrección de los muertos ha comenzado por medio de otro hombre. ²²Así como todos mueren porque todos pertenecemos a Adán, todos los que pertenecen a Cristo recibirán vida nueva. ²³Pero esta resurrección tiene un orden: Cristo fue resucitado como el primero de la cosecha, luego todos los que pertenecen a Cristo serán resucitados cuando él regrese.

²⁴Después de eso, vendrá el fin, cuando él le entregará el reino a Dios el Padre, luego de destruir a todo gobernante y poder y toda autoridad. ²⁵Pues Cristo tiene que reinar hasta que humille a todos sus enemigos debajo de sus pies. ²⁶Y el último enemigo que será destruido es la muerte. ²⁷Pues las Escrituras dicen: «Dios ha puesto todas las cosas bajo su autoridad»*. (Claro que, cuando dice «todas las cosas están bajo su autoridad», no incluye a Dios mismo, quien le dio a Cristo su autoridad). ²⁸Entonces, cuando todas las cosas estén bajo su autoridad, el Hijo se pondrá a sí mismo bajo la autoridad de Dios, para que Dios, quien le dio a su Hijo la autoridad sobre todas las cosas, sea completamente supremo sobre todas las cosas en todas partes.

²⁹Si los muertos no serán resucitados, ¿para qué se bautiza la gente por los que están muertos? ¿Para qué hacerlo a menos que los muertos algún día resuciten?

³⁰¿Y para qué nosotros a todas horas pondríamos en peligro nuestra vida? ³¹Pues juro, amados hermanos, que todos los días enfrento la muerte. Esto es tan cierto como el orgullo que siento por lo que Cristo Jesús nuestro Señor ha hecho en ustedes. ³²¿Y qué valor hubo en luchar contra las fieras salvajes —esa gente de Éfeso—* si no habrá resurrección de los muertos? Y, si no hay resurrección, «¡comamos y bebamos, que mañana moriremos!»*. ³³No se dejen engañar por los que dicen semejantes cosas, porque «las malas compañías corrompen el buen carácter». ³⁴Piensen bien sobre lo que es correcto y dejen de pecar. Pues para su vergüenza les digo que algunos de ustedes no conocen a Dios en absoluto.

El cuerpo resucitado

³⁵Pero alguien podría preguntar: «¿Cómo resucitarán los muertos? ¿Qué clase de cuerpos tendrán?». ³⁶¡Qué pregunta tan tonta! Cuando pones una semilla en la tierra, no crece y llega a ser una planta a menos que muera primero. ³⁷Y lo que pones en el suelo no es la planta que crecerá sino tan sólo una simple semilla de trigo o de lo que estés sembrando. ³⁸Luego Dios le da el cuerpo nuevo que él quiere que tenga. De cada clase de semilla crece una planta diferente. ³⁹De modo parecido, hay diferentes clases de carne: una para los humanos, otra para los animales, otra para las aves y otra para los peces.

⁴⁰También hay cuerpos en los cielos y cuerpos sobre la tierra. La gloria de los cuerpos celestiales es diferente de la gloria de los cuerpos terrenales. ⁴¹El sol tiene una clase de gloria, mientras que la luna tiene otra y las estrellas tienen otra. Y hasta las estrellas se diferencian unas de otras por la gloria de cada una.

⁴²Lo mismo sucede con la resurrección de los muertos. Cuando morimos, nuestros cuerpos terrenales son plantados en la tierra, pero serán resucitados para que vivan por siempre. ⁴³Nuestros cuerpos son enterrados en deshonra, pero serán resucitados en gloria. Son enterrados en debilidad, pero serán resucitados en fuerza. ⁴⁴Son enterrados como cuerpos humanos naturales, pero serán resucitados como cuerpos espirituales. Pues, así como hay cuerpos naturales, también hay cuerpos espirituales.

⁴⁵Las Escrituras nos dicen: «El primer hombre, Adán, se convirtió en ser viviente»*. Pero el último Adán —es decir, Cristo— es un Espíritu que da vida. ⁴⁶Lo que primero viene es el cuerpo natural, y más tarde viene el cuerpo espiritual. ⁴⁷Adán, el primer hombre, fue formado del polvo de la tierra, mientras que Cristo, el segundo hombre, vino del cielo. ⁴⁸Los que son terrenales son como el hombre terrenal, y los que son celestiales son como el hombre celestial. ⁴⁹Al igual que ahora somos como el hombre terrenal, algún día seremos como* el hombre celestial.

15:27 Sal 8:6.   15:32a En griego *luchar contra las fieras salvajes en Éfeso.*   15:32b Is 22:13.   15:45 Gn 2:7.   15:49 Algunos manuscritos dicen *seamos como.*

⁵⁰Lo que les digo, amados hermanos, es que nuestros cuerpos físicos no pueden heredar el reino de Dios. Estos cuerpos que mueren no pueden heredar lo que durará para siempre. ⁵¹Pero permítanme revelarles un secreto maravilloso. ¡No todos moriremos, pero todos seremos transformados! ⁵²Sucederá en un instante, en un abrir y cerrar de ojos, cuando se toque la trompeta final. Pues, cuando suene la trompeta, los que hayan muerto resucitarán para vivir por siempre. Y nosotros, los que estemos vivos también seremos transformados. ⁵³Pues nuestros cuerpos mortales tienen que ser transformados en cuerpos que nunca morirán; nuestros cuerpos mortales deben ser transformados en cuerpos inmortales.

⁵⁴Entonces, cuando nuestros cuerpos mortales hayan sido transformados en cuerpos que nunca morirán,* se cumplirá la siguiente Escritura:

«La muerte es devorada en victoria.*
⁵⁵Oh muerte, ¿dónde está tu victoria?
Oh muerte, ¿dónde está tu aguijón?»*.

⁵⁶Pues el pecado es el aguijón que termina en muerte, y la ley le da al pecado su poder. ⁵⁷¡Pero gracias a Dios! Él nos da la victoria sobre el pecado y la muerte por medio de nuestro Señor Jesucristo.

⁵⁸Por lo tanto, mis amados hermanos, permanezcan fuertes y constantes. Trabajen siempre para el Señor con entusiasmo, porque ustedes saben que nada de lo que hacen para el Señor es inútil.

CAPÍTULO 16

La colecta para Jerusalén

Ahora bien, consideremos la pregunta acerca del dinero que se está juntando para el pueblo de Dios en Jerusalén. Deberían seguir el mismo procedimiento que les di a las iglesias de Galacia. ²El primer día de cada semana, cada uno debería separar una parte del dinero que ha ganado. No esperen hasta que yo llegue para luego tratar de reunirlo todo de golpe. ³Cuando yo vaya, escribiré cartas de recomendación para los mensajeros que ustedes escojan como encargados de entregar su ofrenda en Jerusalén. ⁴Y, si parece oportuno que yo también vaya, ellos pueden viajar conmigo.

Instrucciones finales de Pablo

⁵Los visitaré después de haber ido a Macedonia,* pues estoy pensando pasar por Macedonia. ⁶Tal vez me quede un tiempo con ustedes, quizá todo el invierno, y después podrán enviarme a mi próximo destino. ⁷Esta vez no quiero hacerles una visita corta nada más y luego seguir mi viaje. Deseo ir y quedarme un tiempo si el Señor me lo permite. ⁸Mientras tanto, seguiré aquí, en Éfeso, hasta el Festival de Pentecostés. ⁹Se ha abierto una puerta de par en par para hacer un gran trabajo en este lugar, aunque muchos se me oponen.

¹⁰Cuando llegue Timoteo, no lo intimiden. Él hace la obra del Señor igual que yo. ¹¹No permitan que nadie lo trate con desprecio. Despídanlo con su bendición cuando regrese para estar conmigo. Espero que venga, junto con los demás creyentes.*

¹²Ahora, en cuanto a nuestro hermano Apolos, yo le rogué que fuera a visitarlos en compañía de los otros creyentes, pero él no estaba dispuesto a ir por el momento. Los verá después, cuando tenga la oportunidad.

¹³Estén alerta. Permanezcan firmes en la fe. Sean valientes.* Sean fuertes. ¹⁴Y hagan todo con amor.

¹⁵Ustedes ya saben que Estéfanas y los de su casa fueron los primeros frutos de la cosecha de creyentes en Grecia,* y ellos tienen su vida puesta al servicio del pueblo de Dios. Les ruego, amados hermanos, ¹⁶que se sometan a ellos y a otros como ellos, que sirven con tanta devoción. ¹⁷Estoy muy contento de que Estéfanas, Fortunato y Acaico hayan llegado. Ellos me han dado la ayuda que ustedes no pudieron darme al no estar aquí. ¹⁸Ellos también han sido de mucho aliento para mí como lo fueron para ustedes. Muéstrenles agradecimiento a todos los que sirven así de bien.

Saludos finales de Pablo

¹⁹Las iglesias de aquí, en la provincia de Asia,* les mandan saludos en el Señor, igual que Aquila y Priscila* y todos los demás que se congregan en la casa de ellos para las reuniones de la iglesia. ²⁰Todos los hermanos de aquí les envían saludos. Salúdense unos a otros con amor cristiano.*

²¹ESTE ES MI SALUDO DE PUÑO Y LETRA: PABLO.

²²Si alguien no ama al Señor, tal persona es maldita. Señor nuestro, ¡ven!*

²³Que la gracia del Señor Jesús sea con ustedes.

²⁴Mi amor a todos ustedes en Cristo Jesús.*

15:54a Algunos manuscritos incluyen y nuestros cuerpos mortales hayan sido transformados en cuerpos inmortales. 15:54b Is 25:8. 15:55 Os 13:14 (versión griega). 16:5 Macedonia estaba situada en la región del norte de Grecia. 16:11 En griego con los hermanos; también en 16:12. 16:13 En griego Sean hombres. 16:15 En griego en Acaya, la región sur de la península griega. 16:19a Asia era una provincia romana en lo que ahora es la parte occidental de Turquía. 16:19b En griego Prisca. 16:20 En griego con un beso santo. 16:22 Del arameo, Marana ta. Algunos manuscritos dicen Maran ata, «Nuestro Señor ha venido». 16:24 Algunos manuscritos incluyen Amén.

2 Corintios

AUTOR: PABLO | FECHA DE ESCRITURA: 55-57 d. de J. C. | GÉNERO: EPÍSTOLA

Algunos de los corintios que continuaban viviendo en pecado después de la primera carta de Pablo, negaban su autoridad. Pablo escribió esta segunda carta para confrontar los problemas que persistían dentro de la iglesia en Corinto.

CAPÍTULO **1**

Saludos de Pablo

Yo, Pablo, elegido por la voluntad de Dios para ser un apóstol de Cristo Jesús, escribo esta carta junto con nuestro hermano Timoteo.

Va dirigida a la iglesia de Dios en Corinto y a todo su pueblo santo que está en toda Grecia.* ²Que Dios nuestro Padre y el Señor Jesucristo les den gracia y paz.

Dios ofrece consuelo a todos

³Toda la alabanza sea para Dios, el Padre de nuestro Señor Jesucristo. Dios es nuestro Padre misericordioso y la fuente de todo consuelo. ⁴Él nos consuela en todas nuestras dificultades para que nosotros podamos consolar a otros. Cuando otros pasen por dificultades, podremos ofrecerles el mismo consuelo que Dios nos ha dado a nosotros. ⁵Pues, cuanto más sufrimos por Cristo, tanto más Dios nos colmará de su consuelo por medio de Cristo. ⁶Aun cuando estamos abrumados por dificultades, ¡es para el consuelo y la salvación de ustedes! Pues, cuando nosotros somos consolados, ciertamente los consolaremos a ustedes. Entonces pueden soportar con paciencia los mismos sufrimientos que nosotros. ⁷Tenemos la plena confianza de que, al participar ustedes de nuestros sufrimientos, también tendrán parte del consuelo que Dios nos da.

⁸Amados hermanos, pensamos que tienen que estar al tanto de las dificultades que hemos atravesado en la provincia de Asia. Fuimos oprimidos y agobiados más allá de nuestra capacidad de aguantar y hasta pensamos que no saldríamos con vida. ⁹De hecho, esperábamos morir. Pero, como resultado, dejamos de confiar en nosotros mismos y aprendimos a confiar sólo en Dios, quien resucita a los muertos. ¹⁰Y efectivamente él nos rescató del peligro mortal y volverá a hacerlo de nuevo. Hemos depositado nuestra confianza en Dios, y él seguirá rescatándonos. ¹¹Y ustedes nos están ayudando al orar por nosotros. Entonces mucha gente dará gracias porque Dios contestó bondadosamente tantas oraciones por nuestra seguridad.

Cambio de planes de Pablo

¹²Podemos decir con confianza y con una conciencia limpia que, en todos nuestros asuntos, hemos vivido en santidad* y con una sinceridad dadas por Dios. Hemos dependido de la gracia de Dios y no de nuestra propia sabiduría humana. Ésa es la forma en que nos hemos comportado ante el mundo y en especial con ustedes. ¹³Nuestras cartas fueron transparentes, y no hay nada escrito entre líneas ni nada que no puedan entender. Espero que algún día nos entiendan plenamente, ¹⁴aunque por ahora no nos entiendan. Entonces, en el día que el Señor Jesús* regrese, estarán orgullosos de nosotros de la misma manera que nosotros estamos orgullosos de ustedes.

¹⁵Como estaba tan seguro de su comprensión y confianza, quise darles una doble bendición al visitarlos dos veces: ¹⁶primero, de camino a Macedonia, y otra vez al regresar de Macedonia.* Luego podrían ayudarme a seguir mi viaje a Judea.

¹⁷Tal vez se pregunten por qué cambié de planes. ¿Acaso piensan que hago mis planes a la ligera? ¿Piensan que soy como la gente del mundo que dice «sí» cuando en realidad quiere decir «no»? ¹⁸Tan cierto como que Dios es fiel,

---

1:1 En griego *Acaya*, la región sur de la península griega. 1:12 Algunos manuscritos dicen *honestidad*. 1:14 Algunos manuscritos dicen *nuestro Señor Jesús*. 1:16 *Macedonia* estaba situada en la región del norte de Grecia.

nuestra palabra a ustedes no oscila entre el «sí» y el «no». ¹⁹Pues Jesucristo, el Hijo de Dios, no titubea entre el «sí» y el «no». Él es aquél de quien Silas,* Timoteo y yo les predicamos, y siendo el «sí» definitivo de Dios, él siempre hace lo que dice. ²⁰Pues todas las promesas de Dios se cumplieron en Cristo con un resonante «¡sí!». Y, por medio de Cristo, nuestro «amén» (que significa «sí») se eleva a Dios para su gloria. ²¹Es Dios quien nos capacita, junto con ustedes, para estar firmes por Cristo. Él nos comisionó ²²y nos identificó como suyos al poner al Espíritu Santo en nuestro corazón como un anticipo que garantiza todo lo que él nos prometió. ²³Ahora pongo a Dios por testigo de que les digo la verdad. La razón por la cual no regresé a Corinto fue para ahorrarles una severa reprimenda. ²⁴Pero eso no significa que queramos dominarlos al decirles cómo poner en práctica su fe. Queremos trabajar junto con ustedes para que estén llenos de alegría, porque es por medio de su propia fe que se mantienen firmes.

CAPÍTULO 2

Así que decidí que no les causaría tristeza con otra visita dolorosa. ²Pues, si yo les causo tristeza, ¿quién me alegrará a mí? Por cierto, no será alguien a quien yo haya entristecido. ³Por eso les escribí como lo hice, para que, cuando llegue, no me causen tristeza los mismos que deberían darme la más grande alegría. Seguramente, todos ustedes saben que mi alegría proviene de que estén alegres. ⁴Escribí aquella carta con gran angustia, un corazón afligido y muchas lágrimas. No quise causarles tristeza, más bien quería que supieran cuánto amor tengo por ustedes.

Perdón para el pecador

⁵No exagero cuando digo que el hombre que causó todos los problemas los lastimó más a mí. ⁶La mayoría de ustedes se le opusieron, y eso ya fue suficiente castigo. ⁷No obstante, ahora es tiempo de perdonarlo y consolarlo; de otro modo, podría ser vencido por el desaliento. ⁸Así que ahora los insto a que reafirmen su amor por él.

⁹Les escribí como lo hice para probarlos y ver si cumplirían mis instrucciones al pie de la letra. ¹⁰Si ustedes perdonan a este hombre, yo también lo perdono. Y, cuando yo perdono lo que necesita ser perdonado, lo hago con la autoridad de Cristo en beneficio de ustedes, ¹¹para que Satanás no se aproveche de nosotros. Pues ya conocemos sus maquinaciones malignas.

¹²Cuando llegué a la ciudad de Troas para predicar la Buena Noticia de Cristo, el Señor

me abrió una puerta de oportunidad. ¹³Pero no sentía paz, porque mi querido hermano Tito todavía no había llegado con un informe de ustedes. Así que me despedí y seguí hacia Macedonia para buscarlo.

Ministros del nuevo pacto

¹⁴Pero, ¡gracias a Dios!, él nos ha hecho sus cautivos y siempre nos lleva en triunfo en el desfile victorioso de Cristo. Ahora nos usa para difundir el conocimiento de Cristo por todas partes como un fragante perfume. ¹⁵Nuestras vidas son la fragancia de Cristo que sube hasta Dios. Pero esta fragancia se percibe de una manera diferente por los que se salvan y los que se pierden. ¹⁶Para los que se pierden, somos un espantoso olor de muerte y condenación. Pero, para aquellos que se salvan, somos un perfume que da vida. ¿Y quién es la persona adecuada para semejante tarea? ¹⁷Ya ven, no somos como tantos charlatanes* que predican para provecho personal. Nosotros predicamos la palabra de Dios con sinceridad y con la autoridad de Cristo, sabiendo que Dios nos observa.

CAPÍTULO 3

¿Otra vez comenzamos a elogiarnos a nosotros mismos? ¿Acaso somos como otros, que necesitan llevarles cartas de recomendación o que les piden que se escriban tales cartas en nombre de ellos? ¡Por supuesto que no! ²La única carta de recomendación que necesitamos son ustedes mismos. Sus vidas son una carta escrita en nuestro* corazón; todos pueden leerla y reconocer el buen trabajo que hicimos entre ustedes. ³Es evidente que son una carta de Cristo que muestra el resultado de nuestro ministerio entre ustedes. Esta «carta» no está escrita con pluma y tinta, sino con el Espíritu del Dios viviente. No está tallada en tablas de piedra, sino en corazones humanos.

⁴Estamos seguros de todo esto debido a la gran confianza que tenemos en Dios por medio de Cristo. ⁵No es que pensemos que estamos capacitados para hacer algo por nuestra propia cuenta. Nuestra aptitud proviene de Dios. ⁶Él nos capacitó para que seamos ministros de su nuevo pacto. Éste no es un pacto de leyes escritas, sino del Espíritu. El antiguo pacto termina en muerte; pero, de acuerdo con el nuevo pacto, el Espíritu da vida.

La gloria del nuevo pacto

⁷El camino* antiguo, con leyes grabadas en piedra, conducía a la muerte, aunque comenzó con tanta gloria que el pueblo de Israel no po-

1:19 En griego *Silvano.*   2:17 Algunos manuscritos dicen *el resto de los charlatanes.*   3:2 Algunos manuscritos dicen *su.* 3:7 O *ministerio;* también en 3:8, 9, 10, 11, 12.

día mirar la cara de Moisés. Pues su rostro brillaba con la gloria de Dios, aun cuando el brillo ya estaba desvaneciéndose. ⁸¿No deberíamos esperar mayor gloria dentro del nuevo camino, ahora que el Espíritu Santo da vida? ⁹Si el antiguo camino, que trae condenación, era glorioso, ¡cuánto más glorioso es el nuevo camino, que nos hace justos ante Dios! ¹⁰De hecho, aquella primera gloria no era para nada gloriosa comparada con la gloria sobreabundante del nuevo camino. ¹¹Así que, si el antiguo camino, que ha sido reemplazado, era glorioso, ¡cuánto más glorioso es el nuevo, que permanece para siempre!

¹²Ya que este nuevo camino nos da tal confianza, podemos ser muy valientes. ¹³No somos como Moisés, quien se cubría la cara con un velo para que el pueblo de Israel no pudiera ver la gloria, aun cuando esa gloria estaba destinada a desvanecerse. ¹⁴Pero la mente de ellos se endureció y, hasta el día de hoy, cada vez que se lee el antiguo pacto, el mismo velo les cubre la mente para que no puedan entender la verdad. Y este velo puede quitarse solamente al creer en Cristo. ¹⁵Efectivamente, incluso hoy en día, cuando leen los escritos de Moisés, tienen el corazón cubierto con ese velo y no comprenden. ¹⁶Pero, cuando alguien se vuelve al Señor, el velo es quitado. ¹⁷Pues el Señor es el Espíritu y, donde está el Espíritu del Señor, allí hay libertad. ¹⁸Así que, todos nosotros, a quienes nos ha sido quitado el velo, podemos ver y reflejar la gloria del Señor. Y el Señor, quien es el Espíritu, nos hace más y más parecidos a él a medida que somos transformados a su gloriosa imagen.

CAPÍTULO **4**
Tesoros en frágiles vasijas de barro
Por lo tanto, ya que Dios, en su misericordia, nos ha dado este nuevo camino,* nunca nos damos por vencidos. ²Rechazamos todas las acciones vergonzosas y los métodos turbios. No tratamos de engañar a nadie ni de distorsionar la palabra de Dios. Decimos la verdad delante de Dios, y todos los que son sinceros lo saben bien.

³Si la Buena Noticia que predicamos está escondida detrás de un velo, sólo está oculta de la gente que se pierde. ⁴Satanás, quien es el dios de este mundo, ha cegado la mente de los que no creen. Son incapaces de ver la gloriosa luz de la Buena Noticia. No entienden este mensaje acerca de la gloria de Cristo, quien es la imagen exacta de Dios. ⁵Como ven, no andamos predicando acerca de nosotros mismos. Predicamos que Jesucristo es Señor, y nosotros somos siervos de ustedes por causa de Jesús. ⁶Pues Dios, quien dijo: «Que

Primeros pasos
LAS PRUEBAS NOS AYUDAN PARA CONSOLAR A OTROS
Lee 2 CORINTIOS 1:3-7

El apóstol Pablo escribió estas palabras a partir de una experiencia personal. Había experimentado el sufrimiento a través de los años, particularmente por causa del evangelio de Jesús. Fue puesto en prisión más de una vez, pero continuó alabando a Dios y compartiendo su fe en Cristo. Naufragó, fue abandonado por viejos amigos, apedreado y dado por muerto. Sin embargo, su fe permaneció firme. ¿Por qué? Porque había aprendido a recibir su consuelo del Señor. Esto lo capacitó para ser una gran fuente de consuelo para todos aquellos que lo rodeaban.

La próxima vez que alguien te ridiculice o te rechace a causa de tu entrega a Cristo, recuerda las palabras de Pablo. No tienes por qué temer a las pruebas en tu vida. No importa cuán grande sea la dificultad que enfrentes, comprende que Jesús te consolará y fortalecerá. Por lo tanto, estarás mejor preparado para consolar a aquellos que sufren las mismas dificultades.

Para leer la próxima nota de «Sé fuerte en las pruebas», ve a la pág. A43.

haya luz en la oscuridad», hizo que esta luz brille en nuestro corazón para que podamos conocer la gloria de Dios que se ve en el rostro de Jesucristo.

⁷Ahora tenemos esta luz que brilla en nuestro corazón, pero nosotros mismos somos como frágiles vasijas de barro que contienen este gran tesoro.* Esto deja bien claro que nuestro gran poder proviene de Dios, no de nosotros mismos.

⁸Por todos lados nos presionan las dificultades, pero no nos aplastan. Estamos perplejos pero no caemos en la desesperación. ⁹Somos perseguidos pero nunca abandonados por Dios. Somos derribados, pero no destruidos. ¹⁰Mediante el sufrimiento, nuestro cuerpo sigue participando de la muerte de Jesús, para que la vida de Jesús también pueda verse en nuestro cuerpo. ¹¹Es cierto, vivimos en constante peligro de muerte porque servimos a Jesús, para que la

4:1 O *ministerio.*   **4:7** En griego *Ahora tenemos este tesoro en vasijas de barro.*

Piedras angulares

¿CUÁLES SON LAS HABILIDADES DE SATANÁS?
Lee 2 CORINTIOS 4:3-4

Desde que Satanás perdió sus privilegios y fue arrojado a esta tierra, se ha opuesto con todas sus armas a la obra que Dios desea cumplir aquí. La segunda carta de Pablo a los corintios revela tres de esas habilidades de Satanás:

1. Él es el dios de este mundo. Esto se hace más y más evidente a medida que examinas la creciente maldad a tu alrededor. Aunque Cristo derrotó al pecado y a la muerte en la cruz, este mundo sigue siendo débil y malo. Pero Satanás perderá su reino de este mundo cuando Cristo venga para establecer el suyo.

2. Él ciega el entendimiento de los incrédulos. De acuerdo con este texto, Satanás desea impedir que vengan al Señor todos aquellos que no tienen una relación con Dios. La mente del incrédulo tiene dificultad para comprender el mensaje del evangelio porque Satanás ha oscurecido el entendimiento de esa persona. Pero Cristo puede romper esa barrera (lee 2 Timoteo 2:24-26, pág. 285).

3. Él es maestro del engaño. Una de las grandes habilidades de Satanás es el engaño. Hace que la mentira parezca verdad. Pablo describe a Satanás como uno que se disfraza de ángel de luz (lee 2 Corintios 11:14, pág. 230). Engaña a la gente y le hace creer que las mentiras que dice son verdad. Su engaño toma varias formas, como las falsas doctrinas y las innumerables sectas. Podemos discernir la diferencia entre la mentira y la verdad cuando examinamos todo a la luz de la Palabra de Dios.

Para leer la próxima nota de «¿Quién es el diablo?», ve a la pág. A24.

vida de Jesús sea evidente en nuestro cuerpo que muere. [12]Así que vivimos de cara a la muerte, pero esto ha dado como resultado vida eterna para ustedes.

[13]Sin embargo, seguimos predicando porque tenemos la misma clase de fe que tenía el salmista cuando dijo: «Creí en Dios, por tanto hablé»*. [14]Sabemos que Dios, quien resucitó al Señor Jesús,* también nos resucitará a nosotros con Jesús y nos presentará ante él mismo junto con ustedes. [15]Todo esto es para beneficio de ustedes. Y, a medida que la gracia de Dios alcance a más y más personas, habrá abundante acción de gracias, y Dios recibirá más y más gloria.

[16]Es por esto que nunca nos damos por vencidos. Aunque nuestro cuerpo está muriéndose, nuestro espíritu* va renovándose cada día. [17]Pues nuestras dificultades actuales son pequeñas y no durarán mucho tiempo. Sin embargo, ¡nos producen una gloria que durará para siempre y que es de mucho más peso que las dificultades! [18]Así que no miramos las dificultades que ahora vemos; en cambio, fijamos nuestra vista en cosas que no pueden verse. Pues las cosas que ahora podemos ver pronto se habrán ido, pero las cosas que no podemos ver permanecerán para siempre.

CAPÍTULO **5**
Nuevos cuerpos

Pues sabemos que, cuando se desarme esta tienda de campaña terrenal en la cual vivimos (es decir, cuando muramos y dejemos este cuerpo terrenal), tendremos una casa en el cielo, un cuerpo eterno hecho para nosotros por Dios mismo y no por manos humanas. [2]Nos fatigamos en nuestro cuerpo actual y anhelamos ponernos nuestro cuerpo celestial como si fuera ropa nueva. [3]Pues nos vestiremos con un cuerpo celestial; no seremos espíritus sin cuerpo.* [4]Mientras vivimos en este cuerpo terrenal, gemimos y suspiramos, pero no es que queramos morir y deshacernos de este cuerpo que nos viste. Más bien, queremos ponernos nuestro cuerpo nuevo para que este cuerpo que muere sea consumido por la vida. [5]Dios mismo nos ha preparado para esto y, como garantía, nos ha dado su Espíritu Santo.

[6]Así que siempre vivimos en plena confianza, aunque sabemos que mientras vivamos en este cuerpo no estamos en el hogar celestial con el Señor. [7]Pues vivimos por lo que creemos y no por lo que vemos. [8]Sí, estamos plenamente confiados, y preferiríamos estar fuera de este cuerpo terrenal porque entonces estaríamos en el hogar celestial con el Señor. [9]Así que, ya sea que estemos

4:13 Sal 116:10. **4:14** Algunos manuscritos dicen *quien resucitó a Jesús.* **4:16** En griego *nuestro ser interior.* **5:3** En griego *no estaremos desnudos.*

aquí en este cuerpo o ausentes de este cuerpo, nuestro objetivo es agradarlo a él. ¹⁰Pues todos tendremos que estar delante de Cristo para ser juzgados. Cada uno de nosotros recibirá lo que merezca por lo bueno o lo malo que haya hecho mientras estaba en este cuerpo terrenal.

Somos embajadores de Dios
¹¹Dado que entendemos nuestra temible responsabilidad ante el Señor, trabajamos con esmero para persuadir a otros. Dios sabe que somos sinceros, y espero que ustedes también lo sepan. ¹²¿Estamos de nuevo recomendándonos a ustedes? No, estamos dándoles un motivo para que estén orgullosos de nosotros,* para que puedan responder a los que se jactan de tener ministerios espectaculares en vez de tener un corazón sincero. ¹³Si parecemos estar locos es para darle gloria a Dios. Y, si estamos en nuestro sano juicio, es para beneficio de ustedes. ¹⁴Sea de una forma u otra, el amor de Cristo nos controla.* Ya que creemos que Cristo murió por todos, también creemos que todos hemos muerto a nuestra vida antigua.* ¹⁵Él murió por todos para que los que reciben la nueva vida de Cristo ya no vivan más para sí mismos. Más bien, vivirán para Cristo, quien murió y resucitó por ellos.

¹⁶Así que hemos dejado de evaluar a otros desde el punto de vista humano. En un tiempo, pensábamos de Cristo sólo desde un punto de vista humano. ¡Qué tan diferente lo conocemos ahora! ¹⁷Esto significa que todo el que pertenece a Cristo se ha convertido en una persona nueva. La vida antigua ha pasado, ¡una nueva vida ha comenzado!

¹⁸Y todo esto es un regalo de Dios, quien nos trajo de vuelta a él mismo por medio de Cristo. Y Dios nos ha dado la tarea de reconciliar a la gente con él. ¹⁹Pues Dios estaba en Cristo reconciliando al mundo consigo mismo, no tomando más en cuenta el pecado de la gente. Y nos dio a nosotros este maravilloso mensaje de reconciliación. ²⁰Así que somos embajadores de Cristo; Dios hace su llamado por medio de nosotros. Hablamos en nombre de Cristo cuando les rogamos: «¡Vuelvan a Dios!». ²¹Pues Dios hizo que Cristo, quien nunca pecó, fuera la ofrenda por nuestro pecado,* para que nosotros pudiéramos estar en una relación correcta con Dios por medio de Cristo.

CAPÍTULO **6**
Como colaboradores de Dios,* les suplicamos que no reciban ese maravilloso regalo de la

5:12 Algunos manuscritos dicen *orgullosos de ustedes mismos.* 5:14a O *nos insta.* 5:14b En griego *Ya que uno murió por todos, entonces todos murieron.* 5:21 O *fuera hecho pecado.* 6:1 O *Mientras trabajamos juntos.*

Primeros pasos
LAS PRUEBAS SON SOPORTABLES
Lee 2 CORINTIOS 4:7-18

Cuando enfrentamos pruebas en nuestra vida podemos hacer una de dos cosas: concentrarnos en nuestros problemas y decir: «¡Qué difíciles son!». O mirar a Jesús, y decir: «Esto es pasajero». El apóstol Pablo era capaz de comprender el aspecto temporal de sus pruebas porque aceptaba cinco hechos importantes:

1. Nuestro cuerpo es débil y mortal. Pablo no se avergonzaba de sus dolores y sufrimientos corporales. No pretendía tener un cuerpo perfecto, porque sabía que su cuerpo era una «frágil vasija de barro». La Biblia no enseña que tenemos que despreciar nuestro cuerpo, pero dice que el ejercicio espiritual es más importante y beneficioso (lee 1 Timoteo 4:8 pág. 280).

2. El poder de Dios se perfecciona en nuestra debilidad. Si estamos demasiado obsesionados con nosotros mismos, no le daremos oportunidad a Dios de trabajar en nuestra vida. Pablo reconoce que la gloria de Dios brilla a través de nuestra debilidad.

3. Dios nunca nos abandona. Aun cuando estemos «oprimidos» y «perplejos», tenemos la esperanza que Dios nos protegerá y fortalecerá a través de nuestras pruebas.

4. Las pruebas son oportunidades para testificar. Cuando la gente vea la fortaleza interior que tenemos en Cristo, se asombrará. Esto se ilustra bien en la historia de Pablo y Silas, cuando fueron puestos en prisión por predicar el evangelio (lee Hechos 16:16-36, págs. 160-161). Aunque habían sido azotados y tenían los pies aprisionados en el cepo, en una celda húmeda y oscura, empezaron a orar y alabar al Señor. En una singular cadena de sucesos, estos dos hombres fueron capaces de guiar al carcelero y a toda su familia a los pies del Señor. La piadosa actitud de Pablo y Silas les dio el poder para regocijarse en tiempos de prueba y preparó el corazón de este hombre para que recibiera el evangelio que ellos predicaban.

5. Tenemos la esperanza del cielo. Estas pruebas son sólo un momento en comparación con el eterno gozo y las bendiciones del cielo.

Para leer la próxima nota de «Sé fuerte en las pruebas», ve a la pág. A43.

Piedras angulares

¿CUÁNDO ENTRA UN CRISTIANO AL CIELO?

Lee 2 CORINTIOS 5:6-9

Algunas personas enseñan que cuando uno muere entra en un estado de animación suspendida y que posteriormente somos llamados a la presencia de Dios. Pero este pasaje enseña claramente que cuando un creyente muere, va directamente al cielo para estar «en el hogar celestial con el Señor». Esto se ilustra en por lo menos dos lugares más en la Escritura:

1. **El ladrón en la cruz.** Cuando Jesús estaba en la cruz, un ladrón, crucificado también, le dijo que se acordara de él cuando viniera en su reino. Jesús le dijo inmediatamente: «*Hoy* estarás conmigo en el paraíso» (Lucas 23:40-43).

2. **El apóstol Pablo.** El apóstol Pablo escribe: «Quisiera partir y estar con Cristo» (Filipenses 1:23). Él no dice: «Deseo partir y estar suspendido en un sueño del alma por miles de años». Pablo comprendía esta verdad mejor que la mayoría, porque ya había tenido una visión del cielo. Es probable que cuando Pablo fue apedreado, haya muerto y entrado en la presencia del Señor. Pero Dios todavía tenía trabajo para Pablo en esta tierra. Así que lo envió de vuelta a este mundo para que continuara haciendo la obra de Dios (lee 2 Corintios 12:2-4, pág. 232).

En el momento que exhales el último suspiro en la tierra, tendrás el primero en los cielos. Por eso, no le tengas temor a la muerte. Más bien, disfruta de tu vida con Cristo y pasa el resto de tu vida aquí encaminando a otros hacia el Salvador, con quien pasarás la eternidad.

Para leer la próxima nota de «¿Qué es el cielo?», ve a la pág. A26.

---

bondad de Dios y luego no le den importancia. ²Pues Dios dice:

«En el momento preciso, te oí.
En el día de salvación te ayudé»*.

Efectivamente, el «momento preciso» es ahora. Hoy es el día de salvación.

Dificultades y privaciones de Pablo

³Vivimos de tal manera que nadie tropezará a causa de nosotros, y nadie encontrará ninguna falta en nuestro ministerio. ⁴En todo lo que hacemos, demostramos que somos verdaderos ministros de Dios. Con paciencia soportamos dificultades y privaciones y calamidades de toda índole. ⁵Fuimos golpeados, encarcelados, enfrentamos a turbas enfurecidas, trabajamos hasta quedar exhaustos, aguantamos noches sin dormir y pasamos hambre. ⁶Probamos lo que somos por nuestra pureza, nuestro entendimiento, nuestra paciencia, nuestra bondad, por el Espíritu Santo que está dentro de nosotros* y por nuestro amor sincero. ⁷Con fidelidad predicamos la verdad. El poder de Dios actúa en nosotros. Usamos las armas de la justicia con la mano derecha para atacar y con la izquierda para defender. ⁸Servimos a Dios, ya sea que la gente nos honre o nos desprecie, sea

que nos calumnie o nos elogie. Somos sinceros, pero nos llaman impostores. ⁹Nos ignoran aun cuando somos bien conocidos. Vivimos al borde de la muerte, pero aún seguimos con vida. Nos han golpeado, pero no matado. ¹⁰Hay dolor en nuestro corazón, pero siempre tenemos alegría. Somos pobres, pero damos riquezas espirituales a otros. No poseemos nada y, sin embargo, lo tenemos todo.

¹¹¡Oh, queridos amigos corintios!, les hemos hablado con toda sinceridad y nuestro corazón está abierto a ustedes. ¹²No hay falta de amor de nuestra parte, pero ustedes nos han negado su amor. ¹³Les pido que respondan como si fueran mis propios hijos. ¡Ábrannos su corazón!

El templo del Dios viviente

¹⁴No se asocien íntimamente con los que son incrédulos. ¿Cómo puede la justicia asociarse con la maldad? ¿Cómo puede la luz vivir con las tinieblas? ¹⁵¿Qué armonía puede haber entre Cristo y el diablo?* ¿Cómo puede un creyente asociarse con un incrédulo? ¹⁶Y ¿qué clase de unión puede haber entre el templo de Dios y los ídolos? Pues nosotros somos el templo del Dios viviente. Como dijo Dios:

«Viviré en ellos
y caminaré entre ellos.

6:2 Is 49:8 (versión griega).   6:6 O *por nuestra santidad de espíritu.*   6:15 En griego *Beliar;* varios manuscritos traducen este nombre del diablo como *Belian, Beliab* o *Belial.*

Yo seré su Dios,
y ellos serán mi pueblo.*
17 Por lo tanto, salgan de entre los incrédulos
y apártense de ellos, dice el Señor.
No toquen sus cosas inmundas,
y yo los recibiré a ustedes.*
18 Y yo seré su Padre,
y ustedes serán mis hijos e hijas,
dice el Señor Todopoderoso»*.

CAPÍTULO 7

Queridos amigos, dado que tenemos estas promesas, limpiémonos de todo lo que pueda contaminar nuestro cuerpo o espíritu. Y procuremos alcanzar una completa santidad porque tememos a Dios.

2 Por favor, ábrannos su corazón. No le hemos hecho mal a nadie ni hemos llevado a nadie por mal camino ni nos hemos aprovechado de nadie. 3 No les digo esto para condenarlos. Ya les dije antes que ustedes están en nuestro corazón y que vivimos o morimos junto con ustedes. 4 Tienen toda mi confianza, y estoy muy orgulloso de ustedes. Me han alentado en gran manera y me han hecho feliz a pesar de todas nuestras dificultades.

Alegría de Pablo por el arrepentimiento de la iglesia

5 Cuando llegamos a Macedonia, no hubo descanso para nosotros. Enfrentamos conflictos de todos lados, con batallas por fuera y temores por dentro. 6 Pero Dios, quien alienta a los desanimados, nos alentó con la llegada de Tito. 7 Su presencia fue una alegría, igual que la noticia que nos trajo del ánimo que él recibió de ustedes. Cuando nos dijo cuánto anhelan verme y cuánto sienten lo que sucedió y lo leales que me son, ¡me llené de alegría!

8 No lamento haberles enviado esa carta tan severa, aunque al principio sí me lamenté porque sé que les causó dolor durante un tiempo. 9 Ahora me alegro de haberla enviado, no porque los haya lastimado, sino porque el dolor hizo que se arrepintieran y cambiaran su conducta. Fue la clase de tristeza que Dios quiere que su pueblo tenga, de modo que no les hicimos daño de ninguna manera. 10 Pues la clase de tristeza que Dios desea que suframos nos aleja del pecado y trae como resultado salvación. No hay que lamentarse por esa clase de tristeza. Pero la tristeza del mundo, al cual le falta arrepentimiento, resulta en muerte espiritual.

11 ¡Tan sólo miren lo que produjo en ustedes esa tristeza que proviene de Dios! Tal fervor, tal ansiedad por limpiar su nombre, tal indignación, tal preocupación, tal deseo de verme, tal

6:16 Lv 26:12; Ez 37:27. 6:17 Is 52:11; Ez 20:34 (versión griega). 6:18 2S 7:14.

Primeros pasos

RECONOCE QUE ERES UNA NUEVA CREACIÓN

Lee 2 CORINTIOS 5:14-17

Aunque exteriormente pareces todavía la misma persona, cuando recibes a Cristo pasas por un radical trasplante de corazón. Eres por dentro una «nueva persona» (o «creación»). Este corto pasaje de la Escritura destaca algunos puntos alentadores cuando te dispones a obedecer a Dios.

- Como «nueva creación» el amor de Cristo nos compromete a agradar a Dios antes que a nosotros mismos.
- Como «nueva creación» podemos mirar más allá del exterior de una persona para ver lo que tiene en el fondo del corazón.
- Como «nueva creación» somos personas totalmente diferentes.
- Como «nueva creación» hemos recibido una nueva cuenta, un nuevo comienzo y una nueva naturaleza.

La nueva naturaleza que has recibido es como una tierna flor. Lleva tiempo y esfuerzo cultivarla. A veces hallarás que es difícil obedecer a Dios y abandonar ciertos viejos hábitos. Pero cuando cultives esa nueva naturaleza, mientras pases más tiempo con Dios a través de la oración y el estudio de la Biblia, notarás cambios a medida que pasen las semanas, los meses y los años.

Un hombre de la India dijo que se podía comparar nuestra nueva naturaleza espiritual y nuestra vieja naturaleza egoísta con dos perros que se pelean continuamente. Él podía decir cuál de los dos perros ganaría. Cuando le preguntaron por qué lo sabía, dijo: «Ganará el perro al cual yo alimente más, por supuesto». Cuando tomes tiempo para «alimentar» tu nueva naturaleza espiritual (tal como lo estás haciendo ahora) empezarás a ganar el conflicto entre el bien y el mal.

Para leer la próxima nota de «Obedece a Dios», ve a la pág. A38.

celo y tal disposición para castigar lo malo. Ustedes demostraron haber hecho todo lo necesario para corregir la situación. ¹²Mi propósito, entonces, no fue escribir acerca de quién causó el daño o quién resultó dañado. Les escribí para que, a los ojos de Dios, pudieran comprobar por sí mismos qué tan leales son a nosotros. ¹³Esto nos ha alentado en gran manera.

Además de nuestro propio aliento, nos deleitamos particularmente al ver lo feliz que estaba Tito por la manera en que todos ustedes lo recibieron y lo tranquilizaron.* ¹⁴Le dije lo orgulloso que estaba de ustedes, y no me decepcionaron. Siempre les he dicho la verdad, ¡y ahora mi jactancia ante Tito también resultó ser cierta! ¹⁵Ahora él se preocupa por ustedes más que nunca cuando recuerda cómo todos lo obedecieron y cómo lo recibieron con tanto temor y profundo respeto. ¹⁶Ahora estoy muy feliz porque tengo plena confianza en ustedes.

CAPÍTULO 8

Un llamado a dar con generosidad

Ahora quiero que sepan, amados hermanos, lo que Dios, en su bondad, ha hecho por medio de las iglesias de Macedonia. ²Estas iglesias están siendo probadas con muchas aflicciones y además son muy pobres. Pero a la vez rebosan de abundante alegría, la cual se desbordó en gran generosidad.

³Pues puedo dar fe de que dieron no sólo lo que podían, sino aún mucho más. Y lo hicieron por voluntad propia. ⁴Nos suplicaron una y otra vez poder tener el privilegio de participar en la ofrenda para los creyentes de Jerusalén.* ⁵Incluso hicieron más de lo que esperábamos, porque su primer paso fue entregarse ellos mismos al Señor y a nosotros, tal como Dios quería.

⁶Así que hemos instado a Tito —quien los alentó a que comenzaran a dar— a que regrese a ustedes y los anime a completar este ministerio de ofrendar. ⁷Dado que ustedes sobresalen en tantas maneras —en su fe, sus oradores talentosos, su conocimiento, su entusiasmo y el amor que reciben de nosotros*— quiero que también sobresalgan en este acto bondadoso de ofrendar.

⁸No estoy ordenándoles que lo hagan, pero pongo a prueba qué tan genuino es su amor al compararlo con el anhelo de las otras iglesias. ⁹Ustedes conocen la gracia generosa de nuestro Señor Jesucristo. Aunque era rico, por amor a ustedes se hizo pobre para que mediante su pobreza pudiera hacerlos ricos.

¹⁰Éste es mi consejo: sería bueno que completaran lo que comenzaron hace un año. El año pasado, ustedes fueron los primeros en querer dar y fueron los primeros en comenzar a hacerlo. ¹¹Ahora deberían terminar lo que comenzaron. Que el anhelo que mostraron al principio corresponda ahora con lo que den. Den en proporción a lo que tienen. ¹²Todo lo que den es bien recibido si lo dan con entusiasmo. Y den según lo que tienen, no según lo que no tienen. ¹³Claro, con eso no quiero decir que lo que ustedes den deba hacerles fácil la vida a otros y difícil a ustedes. Sólo quiero decir que debería haber cierta igualdad. ¹⁴Ahora mismo ustedes tienen en abundancia y pueden ayudar a los necesitados. Más adelante, ellos tendrán en abundancia y podrán compartir con ustedes cuando pasen necesidad. De esta manera, habrá igualdad. ¹⁵Como dicen las Escrituras:

«A los que recogieron mucho, nada les sobró, y, a los que recogieron sólo un poco, nada les faltó»*.

Tito y sus compañeros

¹⁶Pero, ¡gracias a Dios!, él ha dado a Tito el mismo entusiasmo que yo tengo por ustedes. ¹⁷Tito recibió con agrado nuestra petición de que él volviera a visitarlos. De hecho, él mismo estaba deseoso por ir a verlos. ¹⁸También les enviamos junto con Tito a otro hermano, a quien todas las iglesias elogian como predicador de

7:13 En griego *tranquilizaron su espíritu.* 8:4 En griego *pueblo santo de Dios.* 8:7 Algunos manuscritos dicen *el amor por nosotros.* 8:15 Éx 16:18.

En marcha

EVITA LAS RELACIONES QUE PUEDAN INDUCIRTE A PECAR

Lee 2 CORINTIOS 6:14–7:1

Como cristiano, debes evitar cualquier cosa que comprometa tu relación con Jesús. Esto incluye cualquier clase de relación, negocio o actividad que te tiente a rebajar tus niveles morales o que desacredite tu integridad. Cuando te asocias con alguien que no ama ni teme al Señor, esa relación puede debilitar tu espiritualidad.

la Buena Noticia. ¹⁹Las iglesias lo nombraron para que nos acompañara a llevar la ofrenda a Jerusalén,* un servicio que glorifica al Señor y que demuestra nuestro anhelo de ayudar.

²⁰Viajamos juntos para evitar cualquier crítica por la manera en que administramos esta generosa ofrenda. ²¹Tenemos cuidado de ser honorables ante el Señor, pero también queremos que todos los demás vean que somos honorables.

²²También les enviamos junto con ellos a otro de nuestros hermanos, que muchas veces ha probado lo que es y en varias ocasiones ha manifestado su gran fervor. Ahora está aún más entusiasmado debido a la gran confianza que tiene en ustedes. ²³Si alguien pregunta por Tito, díganle que él es mi colaborador, quien trabaja conmigo para ayudarlos. Y los hermanos que lo acompañan fueron enviados por las iglesias,* y le dan honor a Cristo. ²⁴Así que demuéstrenles su amor y pruébenles a todas las iglesias que está justificada nuestra jactancia por ustedes.

CAPÍTULO **9**
Ofrenda para los cristianos de Jerusalén
En realidad, no necesito escribirles acerca del ministerio de ofrendar para los creyentes de Jerusalén.* ²Pues sé lo deseosos que están de ayudar, y me estuve jactando en las iglesias de Macedonia de ustedes, los de Grecia,* hace un año estuvieron dispuestos a enviar una ofrenda. De hecho, fue su entusiasmo lo que fomentó que muchos de los creyentes macedonios comenzaran a dar.

³Pero les envío a estos hermanos para estar seguro de que ustedes realmente están listos —como les he estado diciendo a ellos— que ya tienen todo el dinero reunido. No quiero estar equivocado al jactarme de ustedes. ⁴Sería vergonzoso para nosotros —ni hablar de la vergüenza que significaría para ustedes— si algunos creyentes macedonios llegaran conmigo ¡y encontraran que ustedes no están preparados

después de todo lo que les hablé de ustedes! ⁵Así que pensé que debería enviarles a estos hermanos primero, a fin de estar seguro de que tienen lista la ofrenda que prometieron. Pero quiero que sea una ofrenda voluntaria, no una ofrenda dada de mala gana.

⁶Recuerden lo siguiente: un agricultor que siembra sólo unas cuantas semillas obtendrá una cosecha pequeña. Pero el que siembra abundantemente obtendrá una cosecha abundante. ⁷Cada uno debe decidir en su corazón cuánto dar. Y no den de mala gana ni bajo presión, «porque Dios ama a la persona que da con alegría»*. ⁸Y Dios proveerá con generosidad todo lo que necesiten. Entonces siempre tendrán todo lo necesario y habrá bastante de sobra que compartir con otros. ⁹Como dicen las Escrituras:

«Ellos comparten con libertad y dan
    generosamente a los pobres.
Sus buenas acciones serán recordadas
    para siempre»*.

¹⁰Pues es Dios quien provee la semilla al agricultor y luego el pan para comer. De la misma manera, él proveerá y aumentará los recursos de ustedes y luego producirá una gran cosecha de generosidad* en ustedes. ¹¹Efectivamente, serán enriquecidos en todo sentido para que siempre puedan ser generosos. Y, cuando llevemos sus ofrendas a los que las necesitan, ellos darán gracias a Dios. ¹²Entonces dos cosas buenas resultarán del ministerio de dar: se satisfarán las necesidades de los creyentes de Jerusalén* y ellos expresarán con alegría su agradecimiento a Dios. ¹³Como resultado del ministerio de ustedes, ellos darán la gloria a Dios. Pues la generosidad de ustedes tanto hacia ellos como a todos los creyentes demostrará que son obedientes a la Buena Noticia de Cristo. ¹⁴Y ellos orarán por ustedes con un profundo cariño debido a la desbordante gracia que Dios les ha dado a ustedes.

8:19 Ver 1Co 16:3-4.   **8:23** En griego *son apóstoles de las iglesias.*   **9:1** En griego *acerca de la ofrenda para el pueblo santo de Dios.*   **9:2** En griego *de Acaya.* La región sur de la península griega. *Macedonia* estaba situada en la región del norte de Grecia.   **9:7** Ver la nota al pie de página en Pr 22:8.   **9:9** Sal 112:9.   **9:10** En griego *justicia.*   **9:12** En griego *del pueblo santo de Dios.*

Dios no desea que cortes completamente tu relación con los no creyentes. Jesús pasó mucho tiempo con los «pecadores» y marginados sociales de su tiempo, con el fin de compartir con ellos el mensaje de salvación. Dios sólo desea que no nos relacionemos intensamente con gente pecadora, porque a la larga, eso afectará nuestra fe y comportamiento, y comprometerá nuestro testimonio y obediencia a Dios.
Para leer la próxima nota de «Relaciones», ve a la pág. A49.

15 ¡Gracias a Dios por este don* que es tan maravilloso que no puede describirse con palabras!

CAPÍTULO 10

Pablo defiende su autoridad

Ahora yo, Pablo, les ruego con la ternura y bondad de Cristo, aunque me doy cuenta de que piensan que soy tímido en persona y valiente sólo cuando escribo desde lejos. ² Pues bien, les suplico ahora, para que cuando vaya, no tenga que ser atrevido con los que piensan que actuamos con intenciones humanas.

³ Somos humanos, pero no luchamos como lo hacen los humanos. ⁴*Usamos las armas poderosas de Dios, no las del mundo, para derribar las fortalezas del razonamiento humano y para destruir argumentos falsos. ⁵ Destruimos todo obstáculo de arrogancia que impide que la gente conozca a Dios. Capturamos los pensamientos rebeldes y enseñamos a las personas a obedecer a Cristo. ⁶ Y, una vez que ustedes lleguen a ser totalmente obedientes, castigaremos a todo el que siga en desobediencia.

⁷ Fíjense en los hechos evidentes.* Los que afirman que pertenecen a Cristo deben reconocer que nosotros pertenecemos a Cristo tanto como ellos. ⁸ Pareciera que estoy jactándome demasiado de la autoridad que nos dio el Señor. Pero nuestra autoridad los edifica a ustedes, no los destruye. Así que no me avergonzaré de usar mi autoridad.

⁹ No es mi intención asustarlos con mis cartas. ¹⁰ Pues algunos dicen: «Las cartas de Pablo son exigentes y fuertes, ¡pero él en persona es débil y sus discursos no valen nada!». ¹¹ Esas personas deberían darse cuenta de que nuestras acciones, cuando lleguemos en persona, serán tan enérgicas como lo que decimos en nuestras cartas, que llegan desde lejos.

¹² Ah, no se preocupen; no nos atreveríamos a decir que somos tan maravillosos como esos hombres ¡que les dicen qué importantes son ellos! Pero sólo se comparan el uno con el otro, empleándose a sí mismos como estándar de medición. ¡Qué ignorantes!

¹³ Nosotros no nos jactaremos de cosas hechas fuera de nuestro campo de autoridad. Nos jactaremos sólo de lo que haya sucedido dentro de los límites del trabajo que Dios nos ha dado, los cuales incluyen nuestro trabajo con ustedes. ¹⁴ No traspasamos esos límites cuando afirmamos tener autoridad sobre ustedes, como si nunca hubiéramos ido a visitarlos. Pues fuimos los primeros en viajar hasta Corinto con la Buena Noticia de Cristo. ¹⁵ Tampoco nos jactamos ni nos atribuimos

el mérito por el trabajo que otro haya hecho. En cambio, esperamos que la fe de ustedes crezca, a fin de que se extiendan los límites de nuestro trabajo entre ustedes. ¹⁶ Entonces podremos ir a predicar la Buena Noticia en otros lugares más allá de ustedes, donde ningún otro esté trabajando. Así nadie pensará que nos jactamos de trabajar en el territorio de otro. ¹⁷ Como dicen las Escrituras: «Si quieres jactarte, jáctate sólo del Señor»*. ¹⁸ Cuando la gente se alaba a sí misma, ese elogio no sirve de mucho. Lo importante es que los elogios provengan del Señor.

CAPÍTULO 11

Pablo y los falsos apóstoles

Espero que toleren un poco más de mis «tonterías». Por favor, ténganme paciencia; ² pues los celo, con el celo de Dios mismo. Los prometí como una novia pura* a su único esposo: Cristo. ³ Pero temo que, de alguna manera, su pura y completa devoción a Cristo se corrompa, tal como Eva fue engañada por la astucia de la serpiente. ⁴ Ustedes soportan de buena gana todo lo que cualquiera les dice, aun si les predican a un Jesús diferente del que nosotros predicamos o a un Espíritu diferente del que ustedes recibieron o un evangelio diferente del que creyeron.

⁵ Pero de ninguna manera me considero inferior a esos «superapóstoles» que enseñan tales cosas. ⁶ Podré ser un orador inexperto, pero no me falta conocimiento. Eso es algo que les hemos dejado bien claro a ustedes de todas las maneras posibles.

⁷ ¿Estaba equivocado cuando me humillé y los honré al predicarles la Buena Noticia de Dios sin esperar nada a cambio? ⁸ Les «robé» a otras iglesias al aceptar sus contribuciones para poder servirlos a ustedes sin ningún costo. ⁹ Y, cuando estuve con ustedes y no tenía lo suficiente para vivir, no llegué a ser una carga financiera para nadie. Pues los hermanos que llegaron de Macedonia me trajeron todo lo que necesitaba. Nunca he sido una carga para ustedes y jamás lo seré. ¹⁰ Tan cierto como que la verdad de Cristo está en mí, nadie en toda Grecia* me impedirá que me jacte de esto. ¹¹ ¿Por qué? ¿Porque no los amo? Dios sabe que sí.

¹² Pero seguiré haciendo lo que siempre he hecho. Esto debilitará los argumentos de aquellos que andan buscando la oportunidad para jactarse de que su trabajo es igual al nuestro. ¹³ Estos individuos son falsos apóstoles. Son obreros engañosos que se disfrazan de apóstoles de Cristo. ¹⁴ ¡Pero no me sorprende para

---

9:15 En griego *su don.*   10:4 Diferentes traducciones al español dividen los versículos 4 y 5 de maneras distintas.   10:7 O *Ustedes ven las cosas sólo con base en las apariencias.*   10:17 Jer 9:24.   11:2 En griego *una virgen.*   11:10 En griego *Acaya,* la región sur de la península griega.

nada! Aun Satanás se disfraza de ángel de luz. ¹⁵Así que no es de sorprenderse que los que lo sirven también se disfracen de siervos de la justicia. Al final, recibirán el castigo que sus acciones perversas merecen.

Las muchas pruebas de Pablo

¹⁶Otra vez lo digo, no piensen que soy un necio por hablar así. Pero, aun si lo piensan, escúchenme, tal como lo harían con una persona necia, mientras que yo también me jacto un poco. ¹⁷Dicha jactancia no proviene del Señor, pero actúo como un necio. ¹⁸Y, ya que otros se jactan de sus logros humanos, yo también lo haré. ¹⁹Después de todo, ustedes se creen muy sabios ¡pero con gusto soportan a los necios! ²⁰Aguantan cuando alguien los esclaviza, les quita todo lo que tienen, se aprovecha de ustedes, toma control de todo y les da una bofetada. ²¹¡Me da vergüenza decir que nosotros fuimos demasiado «débiles» para hacer lo mismo!

Pero sea lo que sea de lo que ellos se atrevan a jactarse —otra vez hablo como un necio— yo también me atrevo a jactarme de lo mismo. ²²¿Son ellos hebreos? Yo también lo soy. ¿Son israelitas? También lo soy yo. ¿Son descendientes de Abraham? También yo. ²³¿Son siervos de Cristo? Sé que sueno como un loco, ¡pero yo lo he servido mucho más! He trabajado con más esfuerzo, me han encarcelado más seguido, fui azotado innumerables veces y enfrenté la muerte repetidas veces. ²⁴En cinco ocasiones distintas, los líderes judíos me dieron treinta y nueve latigazos. ²⁵Tres veces me azotaron con varas. Una vez fui apedreado. Tres veces sufrí naufragios. Una vez pasé toda una noche y el día siguiente a la deriva en el mar. ²⁶He estado en muchos viajes muy largos. Enfrenté peligros de ríos y de ladrones. Enfrenté peligros de parte de mi propio pueblo, los judíos, y también de los gentiles.* Enfrenté peligros en ciudades, en desiertos y en mares. Y enfrenté peligros de hombres que afirman ser creyentes, pero no lo son.* ²⁷He trabajado con esfuerzo y por largas horas y soporté muchas noches sin dormir. He tenido hambre y sed, y a menudo me he quedado sin nada que comer. He temblado de frío, sin tener ropa suficiente para mantenerme abrigado. ²⁸Y, además de todo eso, a diario llevo la carga de mi preocupación por todas las iglesias. ²⁹¿Quién está débil sin que yo no sienta esa misma debilidad? ¿Quién se ha dejado llevar por mal camino y sin que yo no arda de enojo?

³⁰Si debo jactarme, preferiría jactarme de las cosas que muestran lo débil que soy. ³¹Dios, el Padre de nuestro Señor Jesús, quien es digno

11:26a Gentil(es), que no es judío. 11:26b En griego de falsos hermanos.

¿QUÉ SUCEDE CUANDO OFRENDAS?
Lee 2 CORINTIOS 9:6-14

Una de las metas del ministerio de Pablo fue corregir la división que existía entre los creyentes judíos y los gentiles. Para hacer esto, Pablo recaudó una ofrenda entre las iglesias gentiles para llevarla a los creyentes judíos con necesidad de Jerusalén. Aparentemente, los creyentes de Corinto eran remisos para dar. Así que Pablo, en esta porción de 2 Corintios, escribió acerca de los beneficios de dar generosamente a Dios y a la obra de su iglesia. Estas son tres importantes verdades acerca de nuestro ofrendar como creyentes:

1. Nuestros motivos son importantes. El pasaje dice que «Dios ama a la persona que da con alegría» (versículo 7). La palabra alegría también podría traducirse «con hilaridad». Debemos ofrendar con gozo, no como una obligación o deber. Como lo dijo Jesús, «Hay más bendición en dar que en recibir» (Hechos 20:35).

2. Cuando damos, Dios nos da a nosotros. Tú no puedes superar a Dios (2 Corintios 9: 8, 10). Así dijo Jesús: «Den, y recibirán. Lo que den a otros les será devuelto por completo: apretado, sacudido para que haya lugar para más, desbordante y derramado sobre el regazo. La cantidad que den determinará la cantidad que recibirán a cambio» (Lucas 6:38). Volviendo a nuestro motivo para dar, no debemos caer en la trampa de «dar para recibir». Debemos dar porque Dios nos ha dado a nosotros generosamente.

3. Otros reciben ayuda por nuestro apoyo financiero. Siempre debemos considerar a los hermanos y hermanas en Cristo que tienen necesidad. Pablo no está hablando del diezmo, sino de una ofrenda por encima y más allá del diezmo (2 Corintios 9:11-14). Nuestro diezmo va a la iglesia. Las ofrendas van a otras situaciones, como ayuda para los necesitados. Cuando esa gente recibe ayuda, ven que nuestra fe es más que meras palabras.

Cuando tú das a la obra del Señor, ese dinero que antes no tenía ningún efecto espiritual será usado para tocar las vidas de otros para la gloria de Dios. Él está buscando gente de mano generosa sobre la cual pueda derramar sus bendiciones y quienes, a su vez, darán a otros.

Para leer la próxima nota de «Da a Dios», ve a la pág. A42.

de eterna alabanza, sabe que no miento. ³²Cuando estuve en Damasco, el gobernador bajo el mando del rey Aretas puso guardias en las puertas de la ciudad para atraparme. ³³Tuvieron que descolgarme en una canasta por una ventana en el muro de la ciudad para que escapara de él.

CAPÍTULO 12

La visión de Pablo y la espina en su carne
Mi jactancia no servirá de nada, sin embargo, debo seguir adelante. A mi pesar contaré acerca de visiones y revelaciones que provienen del Señor. ²Hace catorce años fui* llevado hasta el tercer cielo. Si fue en mi cuerpo o fuera de mi cuerpo no lo sé; sólo Dios lo sabe. ³Es cierto, sólo Dios sabe si estaba yo en mi cuerpo o fuera del cuerpo. Pero sí sé ⁴que fui llevado al paraíso y oí* cosas tan increíbles que no pueden expresarse con palabras, cosas que a ningún humano se le permite contar.

⁵De esa experiencia vale la pena jactarse, pero no voy a hacerlo. Sólo me jactaré de mis debilidades. ⁶Si quisiera jactarme, no sería ningún necio al hacerlo porque estaría diciendo la verdad. Pero no lo haré, porque no quiero que nadie me atribuya méritos más allá de lo que pueda verse en mi vida u oírse en mi mensaje, ⁷aun cuando he recibido de Dios revelaciones tan maravillosas. Así que, para impedir que me volviera orgulloso, se me dio una espina en mi carne, un mensajero de Satanás para atormentarme e impedir que me volviera orgulloso. ⁸En tres ocasiones distintas, le supliqué al Señor que me la quitara. ⁹Cada vez él me dijo: «Mi gracia es todo lo que necesitas; mi poder actúa mejor en la debilidad». Así que ahora me alegra jactarme de mis debilidades, para que el poder de Cristo pueda actuar a través de mí. ¹⁰Es por esto que me deleito en mis debilidades, y en los insultos, en privaciones, persecuciones y dificultades que sufro por Cristo. Pues, cuando soy débil, entonces soy fuerte.

Preocupación de Pablo por los corintios

¹¹Ustedes hicieron que me comportara como un necio al jactarme como lo hice.* Deberían estar escribiendo elogios acerca de mí, porque no soy de ninguna manera inferior a esos «superapóstoles», aun cuando no soy nada en absoluto. ¹²Cuando estuve con ustedes les di pruebas de que soy un apóstol. Pues con paciencia hice muchas señales, maravillas y milagros entre ustedes. ¹³Lo único que no hice, y que sí hago en las demás iglesias, fue convertirme en una carga financiera para ustedes. Por favor, ¡perdónenme por esta falta!

¹⁴Ahora voy a visitarlos por tercera vez y no les seré una carga. No busco lo que tienen, los busco a ustedes mismos. Después de todo, los hijos no mantienen a los padres. Al contrario, son los padres quienes mantienen a sus hijos. ¹⁵Con gusto me desgastaré por ustedes y también gastaré todo lo que tengo, aunque parece que cuanto más los amo, menos me aman ustedes a mí.

¹⁶Algunos de ustedes admiten que no les fui una carga. Pero otros todavía piensan que fui muy astuto y que me aproveché de ustedes con engaños. ¹⁷¿Pero cómo? ¿Acaso alguno de los hombres que les envié se aprovechó de ustedes? ¹⁸Cuando insté a Tito a que los visitara y envié con él al otro hermano, ¿acaso Tito se aprovechó de ustedes? ¡No!, porque ambos tenemos el mismo espíritu y caminamos sobre las pisadas del otro y hacemos las cosas de la misma manera.

¹⁹Tal vez piensen que decimos estas cosas sólo para defendernos. No, les decimos esto como siervos de Cristo y con Dios como testigo. Todo lo que hacemos, queridos amigos, es para fortalecerlos. ²⁰Pues temo que, cuando vaya, no me gustará lo que encuentre, y que a ustedes no les gustará mi reacción. Temo que encontraré peleas, celos, enojo, egoísmo, calumnias, chismes, arrogancia y conducta desordenada. ²¹Así es, tengo miedo de que, cuando vaya de nuevo, Dios me humille ante ustedes. Y quedaré entristecido porque varios de ustedes no han abandonado sus viejos pecados. No se han arrepentido de su impureza, de su inmoralidad sexual ni del intenso deseo por los placeres sensuales.

CAPÍTULO 13

Consejos finales de Pablo
Ésta es la tercera vez que los visito (y, como dicen las Escrituras: «Los hechos de cada caso deben ser establecidos por el testimonio de dos o tres testigos»*). ²Ya puse sobre aviso a los que andaban en pecado cuando estuve ahí durante mi segunda visita. Ahora les advierto de nuevo a ellos y a todos los demás, tal como lo hice antes, que la próxima vez no tendré compasión de ellos. ³Les daré todas las pruebas que quieran de que Cristo habla por medio de mí. Cristo no es débil cuando trata con ustedes; es poderoso entre ustedes. ⁴Aunque fue crucificado en debilidad, ahora vive por el poder de Dios. Nosotros también somos débiles, al igual que Cristo lo fue, pero, cuando tratemos con ustedes, estaremos vivos con él y tendremos el poder de Dios.

⁵Examínense para saber si su fe es genuina.

12:2 En griego *Conozco a un hombre en Cristo que fue.*   12:3-4 En griego *Pero conozco a tal hombre, ⁴que fue llevado al paraíso y oyó.*   12:11 Algunos manuscritos no incluyen *al jactarme como lo hice.*   13:1 Dt 19:15.

Pruébense a sí mismos. Sin duda saben que Jesucristo está entre ustedes;* de no ser así, ustedes han reprobado el examen de la fe genuina. ⁶Al ponerse a prueba, espero que reconozcan que nosotros no hemos reprobado el examen de la autoridad apostólica. ⁷Pedimos a Dios en oración que ustedes no hagan lo malo al rechazar nuestra corrección. Espero que no sea necesario demostrar nuestra autoridad cuando lleguemos. Hagan lo correcto antes de nuestra llegada, aun si eso hace que parezca que no hemos demostrado nuestra autoridad. ⁸Pues no podemos oponernos a la verdad, más bien siempre debemos defender la verdad. ⁹Nos alegramos de parecer débiles si esto ayuda a mostrar que ustedes en realidad son fuertes. Nuestra oración es que lleguen a ser maduros.

¹⁰Les escribo todo esto antes de ir a verlos, con la esperanza de no tener que tratarlos con severidad cuando finalmente llegue. Pues mi deseo es usar la autoridad que el Señor me ha dado para fortalecerlos, no para destruirlos.

Saludos finales de Pablo

¹¹Amados hermanos, termino mi carta con estas últimas palabras: estén alegres. Crezcan hasta alcanzar la madurez. Anímense unos a otros. Vivan en paz y armonía. Entonces el Dios de amor y paz estará con ustedes.

¹²Salúdense unos a otros con amor cristiano.* ¹³Todo el pueblo de Dios que está aquí les envía sus saludos.

¹⁴*Que la gracia del Señor Jesucristo, el amor de Dios y la comunión del Espíritu Santo sean con todos ustedes.

13:5 O *en ustedes.* 13:12 En griego *con un beso santo.* 13:14 Algunas traducciones al español tienen el versículo 13 como parte del 12 y, entonces, el versículo 14 se convierte en el 13.

Gálatas

AUTOR: PABLO | FECHA DE ESCRITURA: 49 d. de J. C. | GÉNERO: EPÍSTOLA

Gálatas es un estudio fundamental que demuestra la plenitud de la obra hecha por la muerte de Jesús en la cruz para nuestra salvación. Esa obra no necesita que se le agregue nada, ni necesita ser mejorada, porque esa obra fue perfecta.

CAPÍTULO 1

Saludos de Pablo

Les escribo, yo, el apóstol Pablo. No fui nombrado apóstol por ningún grupo de personas ni por ninguna autoridad humana, sino por Jesucristo mismo y por Dios Padre, quien levantó a Jesús de los muertos. ²Todos los hermanos de este lugar se unen a mí para enviar esta carta que escribo, a las iglesias de Galacia.

³Que Dios nuestro Padre y el Señor Jesucristo* les concedan gracia y paz. ⁴Tal como Dios nuestro Padre lo planeó, Jesús entregó su vida por nuestros pecados para rescatarnos de este mundo de maldad en el que vivimos. ⁵¡A Dios sea toda la gloria por siempre y para siempre! Amén.

Un solo camino verdadero

⁶Estoy horrorizado de que ustedes estén apartándose tan pronto de Dios, quien los llamó a sí mismo por medio de la amorosa misericordia de Cristo.* Están siguiendo un evangelio diferente, que aparenta ser la Buena Noticia, ⁷pero no lo es en absoluto. Están siendo engañados por los que a propósito distorsionan la verdad acerca de Cristo.

⁸Si alguien —ya sea nosotros o incluso un ángel del cielo— les predica otra Buena Noticia diferente de la que nosotros les hemos predicado, que le caiga la maldición de Dios. ⁹Repito lo que ya hemos dicho: si alguien predica otra Buena Noticia distinta de la que ustedes han recibido, que esa persona sea maldita.

¹⁰Queda claro que no es mi intención ganarme el favor de la gente, sino el de Dios. Si mi objetivo fuera agradar a la gente, no sería un siervo de Cristo.

El mensaje de Pablo procede de Cristo

¹¹Amados hermanos, quiero que entiendan que el mensaje del evangelio que predico no se basa en un simple razonamiento humano. ¹²No recibí mi mensaje de ninguna fuente humana ni nadie me lo enseñó. En cambio, lo recibí por revelación directa de Jesucristo.*

¹³Ustedes saben cómo me comportaba cuando pertenecía a la religión judía y cómo perseguí con violencia a la Iglesia de Dios. Hice todo lo posible por destruirla. ¹⁴Yo superaba ampliamente a mis compatriotas judíos en mi celo por las tradiciones de mis antepasados.

¹⁵Pero aun antes de que yo naciera, Dios me eligió y me llamó por su gracia maravillosa. Luego le agradó ¹⁶revelarme* a su Hijo para que yo proclamara a los gentiles* la Buena Noticia acerca de Jesús.

Cuando esto sucedió, no me apresuré a consultar con ningún ser humano.* ¹⁷Tampoco subí a Jerusalén para pedir consejo de los que eran apóstoles antes que yo. En cambio, me fui a la región de Arabia y después regresé a la ciudad de Damasco.

¹⁸Luego, tres años más tarde, fui a Jerusalén para conocer a Pedro* y me quedé quince días con él. ¹⁹El único otro apóstol que conocí en esos días fue Santiago, el hermano del Señor. ²⁰Declaro delante de Dios que no es mentira lo que les escribo.

²¹Después de esa visita, me dirigí al norte, a las provincias de Siria y Cilicia. ²²Y aun así, las congregaciones cristianas de Judea todavía

---

1:3 Algunos manuscritos dicen *Dios Padre y nuestro Señor Jesucristo.* 1:6 Algunos manuscritos dicen *por medio de amorosa misericordia.* 1:12 O *por la revelación de Jesucristo.* 1:16a O *revelar en mí.* 1:16b *Gentil(es),* que no es judío. 1:16c En griego *con carne y sangre.* 1:18 En griego *Cefas.*

Piedras angulares

POR QUÉ LOS CRISTIANOS NECESITAN AL ESPÍRITU SANTO
Lee GÁLATAS 5:16-26

Este texto habla de cuatro razones por las cuales necesitamos que el Espíritu Santo tome completo control de nuestra vida como creyentes:

1. El Espíritu Santo nos ayuda a dominar nuestra naturaleza pecaminosa. El Espíritu Santo nos ayudará a tomar las decisiones correctas si escuchamos su consejo.

2. El Espíritu Santo nos habilita para seguir las ordenanzas de Dios. El Espíritu Santo nos da poder para vivir dentro de las ordenanzas de Dios. Si escuchamos y seguimos sus consejos, no tendremos que forzarnos a obedecer al Señor, porque desearemos obedecerle.

3. El Espíritu Santo produce cualidades santas en nuestra vida. Cuando vivimos por el Espíritu Santo, él desarrolla en nosotros cualidades santas (conocidas como el fruto del Espíritu).

4. El Espíritu Santo nos anima a buscar la aprobación de Dios por encima de la del hombre. Cuando nos dejamos guiar por el Espíritu Santo buscaremos la gloria de Dios en lugar de la nuestra.

En esencia, el Espíritu Santo capacita a los cristianos a vivir de manera agradable a Dios, algo que es imposible hacer por nosotros mismos. Él hace que el seguir a Cristo sea más un gozo que un deber.

Para comenzar el próximo tema, ve a la pág. A23.

---

no me conocían personalmente. [23] Todo lo que sabían de mí era lo que la gente decía: «¡El que antes nos perseguía ahora predica la misma fe que trataba de destruir!». [24] Y alababan a Dios por causa de mí.

CAPÍTULO **2**

Los apóstoles aceptan a Pablo

Luego, catorce años más tarde, regresé a Jerusalén, esta vez con Bernabé; y Tito también vino. [2] Fui a Jerusalén, porque Dios me reveló que debía hacerlo. Durante mi tiempo allí, me reuní en privado con los que eran reconocidos como los dirigentes de la iglesia y les presenté el mensaje que predico a los gentiles.* Quería asegurarme de que estábamos de acuerdo, porque temía que todos mis esfuerzos hubieran sido inútiles y que estaba corriendo la carrera en vano. [3] Sin embargo ellos me respaldaron y ni siquiera exigieron que mi compañero Tito se circuncidara, a pesar de que era griego.*

[4] Incluso esa cuestión surgió sólo a causa de algunos que se dicen cristianos —falsos cristianos en realidad*—, que se habían infiltrado entre nosotros. Se metieron en secreto para espiarnos y privarnos de la libertad que tenemos en Cristo Jesús. Pues querían esclavizarnos y obligarnos a seguir los reglamentos judíos. [5] Pero no nos doblegamos ante ellos ni por un solo instante. Queríamos preservar la verdad del mensaje del evangelio para ustedes.

[6] Los líderes de la iglesia no tenían nada que agregar a lo que yo predicaba. (Dicho sea de paso, su fama de grandes líderes a mí no me afectó para nada, porque Dios no tiene favoritos). [7] Al contrario, ellos comprendieron que Dios me había dado la responsabilidad de predicar el evangelio a los gentiles tal como le había dado a Pedro la responsabilidad de predicar a los judíos. [8] Pues el mismo Dios que actuaba por medio de Pedro, apóstol a los judíos, también actuaba por medio de mí, apóstol a los gentiles.

[9] De hecho, Santiago, Pedro* y Juan —quienes eran considerados pilares de la iglesia— reconocieron el don que Dios me había dado y nos aceptaron a Bernabé y a mí como sus colegas. Nos animaron a seguir predicando a los gentiles mientras ellos continuaban su tarea con los judíos. [10] La única sugerencia que hicieron fue que siguiéramos ayudando a los pobres, algo que yo siempre tengo deseos de hacer.

Pablo enfrenta a Pedro

[11] Pero, cuando Pedro llegó a Antioquía, tuve que enfrentarlo cara a cara, porque él estaba muy equivocado en lo que hacía. [12] Cuando llegó por primera vez, Pedro comía con los gentiles que son cristianos, quienes no estaban circuncidados. Pero después, cuando llegaron algunos amigos de Santiago, Pedro no quiso comer más con esos gentiles. Tenía miedo de la crítica de los que insistían en la necesidad de la circuncisión. [13] Como resultado, otros cristianos judíos imita-

2:2 *Gentil(es)*, que no es judío.   2:3 O *gentil*.   2:4 En griego *unos falsos hermanos*.   2:9 En griego *Cefas*; también en 2:11, 14.

ron la hipocresía de Pedro, e incluso Bernabé se dejó llevar por esa hipocresía.

14 Cuando vi que ellos no seguían la verdad del mensaje del evangelio, le dije a Pedro delante de todos los demás: «Si tú, que eres judío de nacimiento, dejaste a un lado las leyes judías y vives como un gentil, ¿por qué ahora tratas de obligar a estos gentiles a seguir las tradiciones judías?

15 »Tú y yo somos judíos de nacimiento, no somos "pecadores" como los gentiles. 16 Sin embargo, sabemos que una persona es declarada justa ante Dios por la fe en Jesucristo y no por la obediencia a la ley. Y nosotros hemos creído en Cristo Jesús para poder ser declarados justos ante Dios por causa de nuestra fe en Cristo y no porque hayamos obedecido la ley. Pues nadie jamás será declarado justo ante Dios mediante la obediencia a la ley»*.

17 Pero supongamos que intentamos ser declarados justos ante Dios por medio de la fe en Cristo y luego se nos declara culpables por haber abandonado la ley. ¿Acaso esto quiere decir que Cristo nos ha llevado al pecado? ¡Por supuesto que no! 18 Más bien, soy un pecador si vuelvo a construir el viejo sistema de la ley que ya eché abajo. 19 Pues, cuando intenté obedecer la ley, la ley misma me condenó. Así que morí a la ley —es decir, dejé de intentar cumplir todas sus exigencias— a fin de vivir para Dios. 20 Mi antiguo yo ha sido crucificado con Cristo. Ya no vivo yo, sino que Cristo vive en mí. Así que vivo en este cuerpo terrenal confiando en el Hijo de Dios, quien me amó y se entregó a sí mismo por mí. 21 Yo no tomo la gracia de Dios como algo sin sentido. Pues, si cumplir la ley pudiera hacernos justos ante Dios, entonces no habría sido necesario que Cristo muriera.

CAPÍTULO 3
La ley y la fe en Cristo

¡Ay gálatas tontos! ¿Quién los ha hechizado? Pues el significado de la muerte de Jesucristo se les explicó con tanta claridad como si lo hubieran visto morir en la cruz. 2 Déjenme hacerles una pregunta: ¿recibieron el Espíritu Santo por obedecer la ley de Moisés? ¡Claro que no! Recibieron al Espíritu porque creyeron el mensaje que escucharon acerca de Cristo. 3 ¿Será posible que sean tan tontos? Después de haber comenzado a vivir la vida cristiana en el Espíritu, ¿por qué ahora tratan de ser perfectos mediante sus propios esfuerzos? 4 ¿Acaso han pasado por tantas experiencias* en vano? ¡No puede ser que no les hayan servido para nada!

5 Vuelvo a preguntarles: ¿acaso Dios les da al Espíritu Santo y hace milagros entre ustedes porque obedecen la ley? ¡Por supuesto que no! Es porque creen el mensaje que oyeron acerca de Cristo.

6 Del mismo modo, «Abraham le creyó a Dios, y Dios lo consideró justo debido a su fe»*. 7 Así que los verdaderos hijos de Abraham son los que ponen su fe en Dios.

8 Es más, las Escrituras previeron este tiempo en el que Dios declararía justos a los gentiles* por causa de su fe. Dios anunció esa Buena Noticia a Abraham hace tiempo, cuando le dijo: «Todas las naciones serán bendecidas por medio de ti»*. 9 Así que todos los que ponen su fe en Cristo participan de la misma bendición que recibió Abraham por causa de su fe.

10 Pero los que dependen de la ley para hacerse justos ante Dios están bajo la maldición de Dios, porque las Escrituras dicen: «Maldito es todo el que no cumple ni obedece cada uno de los mandatos que están escritos en el libro de la Ley de Dios»*. 11 Queda claro, entonces, que nadie puede hacerse justo ante Dios por tratar de cumplir la ley, ya que las Escrituras dicen: «Es por medio de la fe que el justo tiene vida»*. 12 El camino de la fe es muy diferente del camino de la ley, que dice: «Es mediante la obediencia a la ley que una persona tiene vida»*.

13 Pero Cristo nos ha rescatado de la maldición dictada en la ley. Cuando fue colgado en la cruz, cargó sobre sí la maldición de nuestras fechorías. Pues está escrito: «Maldito todo el que es colgado en un madero»*. 14 Mediante Cristo Jesús, Dios bendijo a los gentiles con la misma bendición que le prometió a Abraham, a fin de que los creyentes pudiéramos recibir por medio de la fe al Espíritu Santo prometido.*

La ley y la promesa de Dios

15 Amados hermanos, el siguiente es un ejemplo de la vida diaria: así como nadie puede anular ni modificar un acuerdo irrevocable, tampoco en este caso. 16 Dios ha dado las promesas a Abraham y a su hijo.* Y noten que la Escritura no dice «a sus hijos»*, como si significara muchos descendientes. Más bien, dice «a su hijo», y eso sin duda se refiere a Cristo. 17 Lo que trato de decir es lo siguiente: el acuerdo que Dios hizo con Abraham no podía anularse cuatrocientos treinta años más tarde —cuando Dios le dio la ley a Moisés—, porque Dios estaría rompiendo su promesa. 18 Pues, si fuera posible recibir la

2:16 Algunos traductores sostienen que la cita se extiende hasta el versículo 14; otros, hasta el versículo 16; e incluso otros, hasta el versículo 21. 3:4 O *han sufrido tantas cosas.* 3:6 Gn 15:6. 3:8a *Gentil[es],* que no es judío. 3:8b Gn 12:3; 18:18; 22:18. 3:10 Dt 27:26. 3:11 Hab 2:4. 3:12 Lv 18:5. 3:13 Dt 21:23 (versión griega). 3:14 Algunos manuscritos dicen *la bendición del Espíritu Santo.* 3:16a En griego *simiente;* también en 3:16c, 19. Ver notas en Gn 12:7 y 13:15. 3:16b En griego *simientes.*

herencia por cumplir la ley, entonces esa herencia ya no sería el resultado de aceptar la promesa de Dios. Pero Dios, por su gracia, se la concedió a Abraham mediante una promesa. [19] Entonces ¿para qué se entregó la ley? Fue añadida a la promesa para mostrarle a la gente sus pecados. Pero la intención era que la ley durara sólo hasta la llegada del Hijo prometido. Por medio de ángeles, Dios entregó su ley a Moisés, quien hizo de mediador entre Dios y el pueblo. [20] Ahora bien, un mediador es de ayuda si dos o más partes tienen que llegar a un acuerdo. Pero Dios —quien es uno solo— no usó ningún mediador cuando le dio la promesa a Abraham.

[21] ¿Hay algún conflicto, entonces, entre la ley de Dios y las promesas de Dios?* ¡De ninguna manera! Si la ley pudiera darnos vida nueva, nosotros podríamos hacernos justos ante Dios por obedecerla. [22] Pero las Escrituras declaran que todos somos prisioneros del pecado, así que recibimos la promesa de libertad que Dios hizo únicamente por creer en Jesucristo.

Hijos de Dios por medio de la fe

[23] Antes de que se nos abriera el camino de la fe en Cristo, estábamos vigilados por la ley. Nos mantuvo en custodia protectora, por así decirlo, hasta que fuera revelado el camino de la fe. [24] Dicho de otra manera, la ley fue nuestra tutora hasta que vino Cristo; nos protegió hasta que se nos declarara justos ante Dios por medio de la fe. [25] Y ahora que ha llegado el camino de la fe, ya no necesitamos que la ley sea nuestra tutora. [26] Pues todos ustedes son hijos de Dios por la fe en Cristo Jesús. [27] Y todos los que fueron unidos a Cristo en el bautismo se han puesto a

Cristo como si se pusieran ropa nueva.* [28] Ya no hay judío ni gentil,* esclavo ni libre, hombre ni mujer, porque todos ustedes son uno en Cristo Jesús. [29] Y, ahora que pertenecen a Cristo, son verdaderos hijos* de Abraham. Son sus herederos, y la promesa de Dios a Abraham les pertenece a ustedes.

CAPÍTULO **4**

Piénsenlo de la siguiente manera: si un padre muere y deja una herencia a sus hijos pequeños, esos niños no están en mejor situación que los esclavos hasta que se hagan mayores de edad, a pesar de que en verdad son dueños de todas las posesiones de su padre. [2] Tienen que obedecer a sus tutores hasta que cumplan la edad establecida por su padre. [3] Eso mismo sucedía con nosotros antes de que viniera Cristo. Éramos como niños; éramos esclavos de los principios* espirituales básicos de este mundo.

[4] Pero, cuando se cumplió el tiempo establecido, Dios envió a su Hijo, nacido de una mujer y sujeto a la ley. [5] Dios lo envió para que comprara la libertad de los que éramos esclavos de la ley, a fin de poder adoptarnos como sus propios hijos. [6] Y, debido a que somos* sus hijos, Dios envió al Espíritu de su Hijo a nuestro corazón, el cual nos impulsa a exclamar «Abba, Padre».* [7] Ahora ya no eres un esclavo sino un hijo propio de Dios. Y, como eres su hijo, Dios te ha hecho su heredero.

Preocupación de Pablo por los gálatas

[8] Antes de conocer a Dios, ustedes, los gentiles,* eran esclavos de los llamados dioses, que ni siquiera existen. [9] Así que, ahora que conocen a Dios (o mejor dicho, ahora que Dios los conoce a ustedes), ¿por qué quieren retroceder

3:21 Algunos manuscritos dicen *y las promesas?* 3:27 En griego *se han puesto a Cristo.* 3:28 En griego *judío ni griego.* 3:29 En griego *simiente.* 4:3 O *poderes;* también en 4:9. 4:6a En griego *ustedes son.* 4:6b *Abba* es un término arameo para la palabra «padre». 4:8 *Gentil(es),* que no es judío.

En marcha

BUSCA UN VERDADERO AMIGO CRISTIANO

Lee GÁLATAS 6:1-3

Dios nunca tuvo la intención de que fuéramos cristianos «a la solitaria». Es por eso que una de las primeras medidas que debes tomar después de recibir a Cristo, es procurar hacerte de amigos cristianos buenos y sólidos. Aunque Dios quiere que en tiempos de dificultad acudamos a él en primer lugar, también sabe que necesitamos hermanos y hermanas en Cristo aquí en esta tierra, para ayudarnos en las pruebas y los problemas, y que ellos también nos necesitan a nosotros. Estas son tres características que debemos buscar en un amigo cristiano:

1. Un verdadero amigo cristiano te hará saber cuando has pecado. Un verdadero amigo se preocupará por tu condición espiritual y te dirá la verdad.

y convertirse otra vez en esclavos de los débiles e inútiles principios espirituales de este mundo? [10] Pretenden ganarse el favor de Dios al cumplir con ciertos días o meses, estaciones o años. [11] Temo por ustedes. Quizá todo el arduo trabajo que hice entre ustedes fue en vano.

[12] Amados hermanos, les ruego que vivan como yo, libres de esas cosas, pues yo llegué a ser como ustedes, los gentiles, libre de esas leyes. Ustedes no me trataron mal cuando les prediqué por primera vez. [13] Sin duda, recordarán que yo estaba enfermo la primera vez que les llevé la Buena Noticia. [14] Pero, aunque mi condición los tentaba a no aceptarme, ustedes no me despreciaron ni me rechazaron. Todo lo contrario, me recibieron y me cuidaron como si yo fuera un ángel de Dios o incluso el mismo Cristo Jesús. [15] ¿Dónde ha ido a parar el espíritu de alegría y de gratitud que antes tenían? Estoy seguro de que ustedes se hubieran arrancado los propios ojos para dármelos de haber sido posible. [16] ¿Acaso ahora me volví su enemigo porque les digo la verdad?

[17] Esos falsos maestros están muy ansiosos de ganarse el favor de ustedes, pero sus intenciones no son nada buenas. Lo que quieren es aislarlos de mí para que ustedes sólo les presten atención a ellos. [18] Si alguien quiere hacer cosas buenas por ustedes, no hay ningún problema; pero que lo haga en todo tiempo, no sólo cuando estoy con ustedes.

[19] ¡Oh mis hijos queridos! Siento como si volviera a sufrir dolores de parto por ustedes, y seguirán hasta que Cristo se forme por completo en sus vidas. [20] Desearía estar con ustedes en este momento para poder hablarles en otro tono. Pero, estando tan lejos, no sé qué más puedo hacer para ayudarlos.

Los dos hijos de Abraham

[21] Díganme ustedes, los que quieren vivir bajo la ley, ¿saben lo que en realidad dice la ley? [22] Las Escrituras dicen que Abraham tuvo dos hijos, uno de la mujer esclava y el otro de su esposa, quien había nacido libre.* [23] El nacimiento del hijo de la esclava fue el resultado de un intento humano por lograr que se cumpliera la promesa de Dios; pero el nacimiento del hijo de la libre fue la manera en que Dios cumplió su promesa.

[24] Esas dos mujeres son una ilustración de los dos pactos de Dios. La primera mujer, Agar, representa el monte Sinaí, donde el pueblo recibió la ley que los hizo esclavos. [25] Y ahora Jerusalén es igual que el monte Sinaí, en Arabia,* porque la ciudad y sus hijos viven bajo la esclavitud de la ley. [26] Pero la otra mujer, Sara, representa la Jerusalén celestial. Ella es la mujer libre y es nuestra madre. [27] Como dijo Isaías:

«¡Alégrate, oh mujer sin hijos,
tú que nunca diste a luz!
¡Ponte a gritar de alegría,
tú que nunca tuviste dolores de parto!
¡Pues la mujer desolada ahora tiene más hijos
que la que vive con su esposo!»*.

[28] Y ustedes, amados hermanos, son hijos de la promesa igual que Isaac. [29] Pero ahora son perseguidos por los que quieren que cumplan la ley, tal como Ismael —el hijo que nació del esfuerzo humano— persiguió a Isaac, el hijo que nació por el poder del Espíritu. [30] ¿Pero qué dicen las Escrituras al respecto? «Echa fuera a la esclava y a su hijo, porque el hijo de la mujer esclava no compartirá la herencia del hijo de la mujer libre»*. [31] Así que,

4:22 Ver Gn 16:15; 21:2-3. 4:25 En griego *Y Agar es el monte Sinaí, en Arabia, y ahora es como Jerusalén;* otros manuscritos dicen *Y el monte Sinaí, en Arabia, ahora es como Jerusalén.* 4:27 Is 54:1. 4:30 Gn 21:10.

La Biblia dice: «Las heridas de un amigo sincero son mejores que muchos besos de un enemigo» (Proverbios 27:6).

2. Un verdadero amigo cristiano es humilde. Si tú caes, un amigo que es un cristiano fuerte te ayudará a restaurarte sin difundir rumores. Este amigo sabe que es tan susceptible de pecar como tú.

3. Un verdadero amigo cristiano te ayudará a llevar tus cargas. Llorará cuando tú llores y se alegrará cuando te alegres (lee Romanos 12:15, pág. 195).

Tener un amigo que es un cristiano firme no es sólo un beneficio, ¡es una necesidad! Y es lo que Jesús desea. Por lo tanto, cultiva buenas amistades cristianas porque te ayudarán a fortalecerte a ti mismo y al cuerpo de Cristo.

Para leer la próxima nota de «Relaciones», ve a la pág. A49.

amados hermanos, no somos hijos de la mujer esclava; somos hijos de la mujer libre.

CAPÍTULO 5

Libertad en Cristo

Por lo tanto, Cristo en verdad nos ha liberado. Ahora asegúrense de permanecer libres y no se esclavicen de nuevo a la ley. ² ¡Presten atención! Yo, Pablo, les digo lo siguiente: si dependen de la circuncisión para hacerse justos ante Dios, entonces Cristo no les servirá de nada. ³ Lo repito: si pretenden lograr el favor de Dios mediante la circuncisión, entonces están obligados a obedecer cada una de las ordenanzas de la ley de Moisés. ⁴ Pues, si ustedes pretenden hacerse justos ante Dios por cumplir la ley, ¡han quedado separados de Cristo! Han caído de la gracia de Dios.

⁵ Pero los que vivimos por el Espíritu esperamos con anhelo recibir por la fe la justicia que Dios nos ha prometido. ⁶ Pues, una vez que depositamos nuestra fe en Cristo Jesús, de nada sirve estar o no circuncidado. Lo importante es la fe que se expresa por medio del amor.

⁷ Ustedes corrían muy bien la carrera. ¿Quién les impidió seguir la verdad? ⁸ Seguro que no fue Dios, porque él es quien los llamó a ser libres. ⁹ ¡Esa falsa enseñanza es como un poquito de levadura que impregna toda la masa! ¹⁰ Confío en que el Señor los guardará de creer falsas enseñanzas. Dios juzgará a la persona que los está confundiendo, sea quien fuere.

¹¹ Amados hermanos, si yo todavía predicara que ustedes deben circuncidarse —como algunos dicen que hago—, ¿por qué, entonces, aún se me persigue? Si ya no predicara que la salvación es por medio de la cruz de Cristo, nadie se ofendería. ¹² Cómo me gustaría que esos perturbadores que quieren mutilarlos a ustedes mediante la circuncisión se mutilaran ellos mismos.*

¹³ Pues ustedes, mis hermanos, han sido llamados a vivir en libertad. Pero no usen esa libertad para satisfacer los deseos de la naturaleza pecaminosa. Al contrario, usen la libertad para servirse unos a otros por amor. ¹⁴ Pues toda la ley puede resumirse en un solo mandato: «Ama a tu prójimo como a ti mismo»*. ¹⁵ Pero, si están siempre mordiéndose y devorándose unos a otros, ¡tengan cuidado! Corren peligro de destruirse unos a otros.

Vivir por el poder del Espíritu

¹⁶ Por eso les digo: dejen que el Espíritu Santo los guíe en la vida. Entonces no se dejarán llevar por los impulsos de la naturaleza pecaminosa. ¹⁷ La naturaleza pecaminosa desea hacer el mal, que es precisamente lo contrario de lo que quiere el Espíritu. Y el Espíritu nos da deseos que se oponen a lo que desea la naturaleza pecaminosa. Estas dos fuerzas luchan constantemente entre sí, entonces ustedes no son libres para llevar a cabo sus buenas intenciones. ¹⁸ Pero, cuando los guía el Espíritu, ya no están obligados a cumplir la ley de Moisés.

¹⁹ Cuando ustedes siguen los deseos de la naturaleza pecaminosa, los resultados son más que claros: inmoralidad sexual, impureza, pasiones sensuales, ²⁰ idolatría, hechicería, hostilidad, peleas, celos, arrebatos de furia, ambición egoísta, discordias, divisiones, ²¹ envidia, borracheras, fiestas desenfrenadas y otros pecados parecidos. Permítanme repetirles lo que les dije antes: cualquiera que lleve esa clase de vida no heredará el reino de Dios.

²² Pero la clase de fruto que el Espíritu Santo produce en nuestra vida es: amor, alegría, paz, paciencia, gentileza, bondad, fidelidad, ²³ humildad y control propio. ¡No existen leyes contra esas cosas!

²⁴ Los que pertenecen a Cristo Jesús han clavado en la cruz las pasiones y los deseos de la naturaleza pecaminosa y los han crucificado allí. ²⁵ Ya que vivimos por el Espíritu, sigamos la guía del Espíritu en cada aspecto de nuestra vida. ²⁶ No nos hagamos vanidosos ni nos provoquemos unos a otros ni tengamos envidia unos de otros.

CAPÍTULO 6

Siempre cosechamos lo que sembramos

Amados hermanos, si otro creyente* está dominado por algún pecado, ustedes, que son espirituales, deberían ayudarlo a volver al camino recto con ternura y humildad. Y tengan mucho cuidado de no caer ustedes en la misma tentación. ² Ayúdense a llevar los unos las cargas de los otros, y obedezcan de esa manera la ley de Cristo. ³ Si te crees demasiado importante para ayudar a alguien, sólo te engañas a ti mismo. No eres tan importante.

⁴ Presta mucha atención a tu propio trabajo, porque entonces obtendrás la satisfacción de haber hecho bien tu labor y no tendrás que compararte con nadie. ⁵ Pues cada uno es responsable de su propia conducta.

⁶ Los que reciben enseñanza de la palabra de Dios deberían proveer a las necesidades de sus maestros, compartiendo todas las cosas buenas con ellos.

⁷ No se dejen engañar: nadie puede burlarse de la justicia de Dios. Siempre se cosecha lo que se siembra. ⁸ Los que viven sólo para satisfacer

---

5:12 O *se castraran a sí mismos, o se amputaran de ustedes;* en griego dice *se amputaran a sí mismos.* 5:14 Lv 19:18.
6:1 En griego *Hermanos, si un hombre.*

los deseos de su propia naturaleza pecaminosa cosecharán, de esa naturaleza, destrucción y muerte. Pero los que viven para agradar al Espíritu, del Espíritu, cosecharán vida eterna. ⁹Así que no nos cansemos de hacer el bien. A su debido tiempo, cosecharemos numerosas bendiciones si no nos damos por vencidos. ¹⁰Por lo tanto, siempre que tengamos la oportunidad, hagamos el bien a todos, en especial a los de la familia de la fe.

Último consejo de Pablo

¹¹ Fíjense que uso letras grandes para escribirles de mi propio puño y letra estas últimas palabras. ¹²Los que tratan de obligarlos a circuncidarse lo hacen para quedar bien con otros. No quieren ser perseguidos por enseñar que sólo la cruz de Cristo salva. ¹³Ni siquiera los que luchan a favor de la circuncisión cumplen toda la ley. Sólo quieren que ustedes se circunciden para poder jactarse de ello y decir a todos que ustedes son sus discípulos.

¹⁴En cuanto a mí, que nunca me jacte de otra cosa que no sea la cruz de nuestro Señor Jesucristo. Debido a esa cruz*, mi interés por este mundo fue crucificado y el interés del mundo por mí también ha muerto. ¹⁵No importa si fuimos o no circuncidados. Lo que importa es que hayamos sido transformados en una creación nueva. ¹⁶Que la paz y la misericordia de Dios sean con todos los que viven según ese principio; ellos son el nuevo pueblo de Dios.*

¹⁷De ahora en adelante, que nadie me cause problemas con esas cosas. Pues yo llevo, en mi cuerpo, cicatrices que muestran que pertenezco a Jesús.

¹⁸Amados hermanos, que la gracia de nuestro Señor Jesucristo sea con el espíritu de cada uno de ustedes. Amén.

6:14 O *Debido a él.*   6:16 En griego *ese principio y (sean) con el Israel de Dios.*

Efesios

AUTOR: PABLO | FECHA DE ESCRITURA: 60 d. de J. C. | GÉNERO: EPÍSTOLA

La epístola a los Efesios nos enseña acerca de nuestra legítima posición como hijos de Dios «en los lugares celestiales» con Jesucristo. *Nos dice acerca de todo lo que Dios ha hecho por nosotros, y también de cómo podemos apreciarlo por completo y aplicarlo a nuestra vida.*

CAPÍTULO **1**

Saludos de Pablo

Yo, Pablo, elegido por la voluntad de Dios para ser apóstol de Cristo Jesús, escribo esta carta al pueblo santo de Dios en Éfeso,* fieles seguidores de Cristo Jesús. ²Que Dios nuestro Padre y el Señor Jesucristo les den gracia y paz.

Bendiciones espirituales

³Toda la alabanza sea para Dios, el Padre de nuestro Señor Jesucristo, quien nos ha bendecido con toda clase de bendiciones espirituales en los lugares celestiales, porque estamos unidos a Cristo. ⁴Incluso antes de haber hecho el mundo, Dios nos amó y nos eligió en Cristo para que seamos santos e intachables a sus ojos. ⁵Dios decidió de antemano adoptarnos como miembros de su familia al acercarnos a sí mismo por medio de Jesucristo. Eso es precisamente lo que él quería hacer, y le dio gran gusto hacerlo. ⁶De manera que alabamos a Dios por la abundante gracia que derramó sobre nosotros, los que pertenecemos a su Hijo amado.* ⁷Dios es tan rico en gracia y bondad que compró nuestra libertad con la sangre de su Hijo y perdonó nuestros pecados. ⁸Él desbordó su bondad sobre nosotros junto con toda la sabiduría y el entendimiento.

⁹Ahora Dios nos ha dado a conocer su misterioso plan acerca de Cristo, un plan ideado para cumplir el buen propósito de Dios. ¹⁰Y el plan es el siguiente: a su debido tiempo, Dios reunirá todas las cosas y las pondrá bajo la autoridad de Cristo, todas las cosas que están en el cielo y también las que están en la tierra. ¹¹Es más, dado que estamos unidos a Cristo, hemos recibido una herencia de parte de Dios,* porque él nos eligió de antemano y hace que todas las cosas resulten de acuerdo con su plan. ¹²El propósito de Dios fue que nosotros, los judíos —que fuimos los primeros en confiar en Cristo—, diéramos gloria y alabanza a Dios. ¹³Y ahora ustedes, los gentiles,* también han oído la verdad, la Buena Noticia de que Dios los salva. Además, cuando creyeron en Cristo, Dios los identificó como suyos* al darles el Espíritu Santo, el cual había prometido tiempo atrás. ¹⁴El Espíritu es la garantía que tenemos de parte de Dios de que nos dará la herencia que nos prometió y de que nos ha comprado para que seamos su pueblo. Dios hizo todo esto para que nosotros le diéramos gloria y alabanza.

Pablo ora por sabiduría espiritual

¹⁵Desde que me enteré de su profunda fe en el Señor Jesús y del amor que tienen por el pueblo de Dios en todas partes,* ¹⁶no he dejado de dar gracias a Dios por ustedes. Los recuerdo constantemente en mis oraciones ¹⁷y le pido a Dios, el glorioso Padre de nuestro Señor Jesucristo, que les dé sabiduría espiritual* y percepción, para que crezcan en el conocimiento de Dios. ¹⁸Pido que les inunde de luz el corazón, para que puedan entender la esperanza segura que él ha dado a los que llamó —es decir, su pueblo santo—, quienes son su rica y gloriosa herencia.* ¹⁹También pido en oración que entiendan la increíble grandeza del poder de Dios para nosotros, los que creemos en él. Es el mismo gran

---

1:1 Los manuscritos más antiguos no incluyen la frase *en Éfeso*. 1:6 En griego *sobre nosotros en el Amado*. 1:11 O *nos hemos convertido en herencia de Dios*. 1:13a *Gentil(es)*, que no es judío. 1:13b O *puso su sello en ustedes*. 1:15 Algunos manuscritos dicen *la fidelidad de ustedes para con el Señor Jesús y al pueblo de Dios en todas partes*. 1:17 O *que les dé el Espíritu de sabiduría*. 1:18 O *llamó y la rica y gloriosa herencia que ha dado a su pueblo santo*.

Piedras angulares

POR QUÉ DIOS NOS DA EL ESPÍRITU SANTO
Lee EFESIOS 1:13-14

Se podría decir que el Espíritu Santo es nuestra «marca de fábrica» como cristianos. En este texto vemos tres razones específicas por las cuales Dios nos da el Espíritu Santo:

1. El Espíritu Santo es una promesa. La Escritura nos recuerda que Dios ha prometido enviar al Espíritu Santo a todos aquellos que oyen las buenas nuevas del evangelio y reciben a Cristo como Salvador.

2. El Espíritu Santo es un sello. El Espíritu Santo sirve como una marca de propiedad, que demuestra que pertenecemos a Dios.

3. El Espíritu Santo es una garantía. El Espíritu Santo representa también la «prenda» de Dios que nos conducirá a nuestra herencia espiritual final. Esta palabra podría traducirse también como «primera cuota» o «depósito» y significa que su sello en nuestra vida ¡es un anticipo de mucho más que está por venir!

Dios nos da el Espíritu Santo no sólo para capacitarnos para vivir la vida cristiana, sino para mostrarnos que somos valiosos para él.

Para leer la próxima nota de «¿Quién es el Espíritu Santo?», ve a la pág. A23.

---

poder [20]que levantó a Cristo de los muertos y lo sentó en el lugar de honor, a la derecha de Dios, en los lugares celestiales. [21]Ahora Cristo está muy por encima de todo, sean gobernantes o autoridades o poderes o dominios o cualquier otra cosa, no sólo en este mundo sino también en el mundo que vendrá. [22]Dios ha puesto todo bajo la autoridad de Cristo, a quien hizo cabeza de todas las cosas para beneficio de la iglesia. [23]Y la Iglesia es el cuerpo de Cristo; él la completa y la llena, y también es quien da plenitud a todas las cosas en todas partes con su presencia.

CAPÍTULO **2**
Vida nueva con Cristo
Antes ustedes estaban muertos a causa de su desobediencia y sus muchos pecados. [2]Vivían en pecado, igual que el resto de la gente, obedeciendo al diablo —el líder de los poderes del mundo invisible*—, quien es el espíritu que actúa en el corazón de los que se niegan a obedecer a Dios. [3]Todos vivíamos así en el pasado, siguiendo los deseos de nuestras pasiones y la inclinación de nuestra naturaleza pecaminosa. Por nuestra propia naturaleza, éramos objeto del enojo de Dios igual que todos los demás.

[4]Pero Dios es tan rico en misericordia y nos amó tanto [5]que, a pesar de que estábamos muertos por causa de nuestros pecados, nos dio vida cuando levantó a Cristo de los muertos. (¡Es sólo por la gracia de Dios que ustedes han sido salvados!) [6]Pues nos levantó de los muertos junto con Cristo y nos sentó con él en los lugares celestiales, porque estamos unidos a Cristo Jesús. [7]De modo que, en los tiempos futuros, Dios puede ponernos como ejemplos de la increíble riqueza de la gracia y la bondad que nos tuvo, como se ve en todo lo que ha hecho por nosotros, que estamos unidos a Cristo Jesús.

[8]Dios los salvó por su gracia cuando creyeron. Ustedes no tienen ningún mérito en eso; es un regalo de Dios. [9]La salvación no es un premio por las cosas buenas que hayamos hecho, así que ninguno de nosotros puede jactarse de ser salvo. [10]Pues somos la obra maestra de Dios. Él nos creó de nuevo en Cristo Jesús, a fin de que hagamos las cosas buenas que preparó para nosotros tiempo atrás.

Unidad y paz por medio de Cristo
[11]No olviden que ustedes, los gentiles,* antes estaban excluidos. Eran llamados «paganos incircuncisos» por los judíos, quienes estaban orgullosos de la circuncisión, aun cuando esa práctica sólo afectaba su cuerpo, no su corazón. [12]En esos tiempos, ustedes vivían apartados de Cristo. No se les permitía ser ciudadanos de Israel, y no conocían las promesas del pacto que Dios había hecho con ellos. Ustedes vivían en este mundo sin Dios y sin esperanza. [13]Pero ahora han sido unidos a Cristo Jesús. Antes estaban muy lejos de Dios, pero ahora fueron acercados por medio de la sangre de Cristo. [14]Pues Cristo mismo nos ha traído la paz. Él unió a judíos y a gentiles en un solo pueblo cuando, por medio de su cuerpo en la cruz, derribó el muro de hostilidad que nos separaba. [15]Lo logró al poner fin al sistema de leyes

2:2 En griego *obedeciendo al líder del poder del aire.* 2:11 *Gentil(es),* que no es judío.

de mandamientos y ordenanzas. Hizo la paz entre judíos y gentiles al crear de los dos grupos un nuevo pueblo en él. ¹⁶Cristo reconcilió a ambos grupos con Dios en un solo cuerpo por medio de su muerte en la cruz, y la hostilidad que había entre nosotros quedó destruida.

¹⁷Cristo les trajo la Buena Noticia de paz tanto a ustedes, los gentiles, que estaban lejos de él, como a los judíos, que estaban cerca. ¹⁸Ahora todos podemos tener acceso al Padre por medio del mismo Espíritu Santo gracias a lo que Cristo hizo por nosotros.

Un templo para el Señor
¹⁹Así que ahora ustedes, los gentiles, ya no son unos desconocidos ni extranjeros. Son ciudadanos junto con todo el pueblo santo de Dios. Son miembros de la familia de Dios. ²⁰Juntos constituimos su casa, la cual está edificada sobre el fundamento de los apóstoles y los profetas. Y la piedra principal es Cristo Jesús mismo. ²¹Estamos cuidadosamente unidos en él y vamos formando un templo santo para el Señor. ²²Por medio de él, ustedes, los gentiles, también llegan a formar parte de esa morada donde Dios vive mediante su Espíritu.

CAPÍTULO **3**
El plan secreto de Dios
Cuando pienso en todo esto, yo, Pablo, prisionero de Cristo Jesús por el bien de ustedes, los gentiles...* ²A propósito, doy por sentado que ustedes saben que Dios me encargó de manera especial extenderles su gracia a ustedes, los gentiles. ³Tal como antes les escribí brevemente, Dios mismo me reveló su misterioso plan. ⁴Cuando lean esto que les escribo, entenderán la percepción que tengo de este plan acerca de Cristo. ⁵Dios no se lo reveló a las generaciones anteriores, pero ahora, por medio de su Espíritu, lo ha revelado a sus santos apóstoles y profetas.

⁶Y el plan de Dios consiste en lo siguiente: tanto los judíos como los gentiles que creen la Buena Noticia gozan por igual de las riquezas heredadas por los hijos de Dios. Ambos pueblos forman parte del mismo cuerpo y ambos disfrutan de la promesa de las bendiciones porque pertenecen a Cristo Jesús.* ⁷Por la gracia y el gran poder de Dios, se me ha dado el privilegio de servirlo anunciando esta Buena Noticia.

⁸Aunque soy el menos digno de todo el pueblo de Dios, por su gracia él me concedió el privilegio de contarles a los gentiles acerca de los tesoros inagotables que tienen a disposición por medio de Cristo. ⁹Fui elegido para explicarles a todos* el misterioso plan que Dios,

Primeros pasos

POR QUÉ TE NECESITA LA IGLESIA
Lee EFESIOS 4:11-16

No solamente tú necesitas a la iglesia sino que, ¡la iglesia te necesita a ti! Como hijo de Dios has sido bendecido con talentos y habilidades santas y únicas que el Espíritu Santo te ha dado y que pueden ser utilizados en beneficio del cuerpo de Cristo. Puedes usar esos dones por lo menos de dos maneras, para beneficiar a tus hermanos creyentes:

1. Los dones que Dios te da promueven la madurez espiritual. Dios desea que crezcas espiritualmente. Para lograrlo ha colocado en la iglesia personas dotadas de talentos para complementar diferentes aspectos del ministerio. Si los pastores, maestros, evangelistas y otros cumplen sus obligaciones, esto no sólo promueve tu crecimiento espiritual, sino que también te capacita para hacer mejor trabajo para él. Sin embargo, para que esto suceda, tienes que «enca[jar] perfectamente» y así «cada parte, al cumplir con su función específica, ayuda a que las demás se desarrollen, y entonces todo el cuerpo crece y está sano y lleno de amor» (versículo 16).

2. Los dones que Dios te da bendicen a otros. Aunque no tengas todavía una posición prominente en la iglesia, tú puedes animar a otros, cuidar de los enfermos o de los que tienen necesidades, ayudar financieramente a misioneros o limpiar los baños. Si fallas en el compañerismo con los demás miembros de la iglesia, estás desperdiciando una tremenda oportunidad para usar las habilidades que Dios te ha dado.

Para leer la próxima nota de «Busca y asiste a la iglesia adecuada», ve a la pág. A37.

---

el Creador de todas las cosas, mantuvo oculto desde el comienzo. ¹⁰El propósito de Dios con todo esto fue utilizar a la Iglesia para mostrar la amplia variedad de su sabiduría a todos los gobernantes y autoridades invisibles que están en los lugares celestiales. ¹¹Ése era su plan eterno, que él llevó a cabo por medio de Cristo Jesús nuestro Señor. ¹²Gracias a Cristo y a nuestra fe en él,* podemos entrar en la presencia de Dios con toda

3:1 Pablo completa este pensamiento en el versículo 14: *caigo de rodillas y oro al Padre.* [*Gentil[es], que no es judíos].* **3:6** O *porque están unidos a Cristo Jesús.* **3:9** Algunos manuscritos no incluyen *a todos.* **3:12** O *Debido a la fidelidad de Cristo.*

Piedras angulares

DIOS NOS HA SALVADO CON UN PROPÓSITO
Lee EFESIOS 2:10

Cuando no eras cristiano, nada te motivaba a vivir con rectitud. Quizá trataste de hallar propósito y significado a la vida, pero no lo lograste. Como creyente, sin embargo, tú eres «la obra maestra de Dios», lo cual significa que su Espíritu está trabajando en tu vida para hacerte más parecido a Cristo y darte un propósito para vivir. Este versículo describe parte del propósito que Dios tiene para tu vida como su hijo: hacer buenas obras ayudando a otros. La asombrosa y maravillosa verdad acerca del propósito de Dios para tu vida, es que mucho tiempo antes que existieras, él tenía planes para que hicieras buenas obras. Él ha programado los días y los sucesos de tu vida para que compartas su amor con otros de manera concreta (Salmo 139:16; Jeremías 29:11).

La próxima vez que veas angustiado a tu prójimo o escuches que un amigo está batallando con un problema o notes que un compañero de trabajo está afligido o veas a un desconocido que necesita que le tiendas la mano, aprovecha esa oportunidad que Dios ha preparado en tu camino. Deja que «tus buenas acciones brillen» (lee Mateo 5:16, pág. 5) porque tú eres su hijo.

Para leer la próxima nota de «Fe y obras», ve a la pág. A31.

---

libertad y confianza. [13] Por eso les ruego que no se desanimen a causa de mis pruebas en este lugar. Mi sufrimiento es por ustedes, así que deberían sentirse honrados.

Pablo ora por crecimiento espiritual
[14] Cuando pienso en todo esto, caigo de rodillas y elevo una oración al Padre,* [15] el Creador de todo lo que existe en el cielo y en la tierra.* [16] Pido en oración que, de sus gloriosos e inagotables recursos, los fortalezca con poder en el ser interior por medio de su Espíritu. [17] Entonces Cristo habitará en el corazón de ustedes a medida que confíen en él. Echarán raíces profundas en el amor de Dios, y ellas los mantendrán fuertes. [18] Espero que puedan comprender, como corresponde a todo el pueblo de Dios, cuán ancho, cuán largo, cuán alto y cuán profundo es su amor. [19] Es mi deseo que experimenten el amor de Cristo, aun cuando es demasiado grande para comprenderlo todo. Entonces serán completos con toda la plenitud de la vida y el poder que proviene de Dios.

[20] Y ahora, que toda la gloria sea para Dios, quien puede lograr mucho más de lo que pudiéramos pedir o incluso imaginar mediante su gran poder, que actúa en nosotros. [21] ¡Gloria a él en la Iglesia y en Cristo Jesús por todas las generaciones desde hoy y para siempre! Amén.

CAPÍTULO **4**
Unidad en el cuerpo
Por lo tanto, yo, prisionero por servir al Señor, les suplico que lleven una vida digna del llamado que han recibido de Dios, porque en verdad han sido llamados. [2] Sean siempre humildes y amables. Sean pacientes unos con otros y tolérense las faltas por amor. [3] Hagan todo lo posible por mantenerse unidos en el Espíritu y enlazados mediante la paz. [4] Pues hay un solo cuerpo y un solo Espíritu, tal como ustedes fueron llamados a una misma esperanza gloriosa para el futuro. [5] Hay un solo Señor, una sola fe, un solo bautismo, [6] y un solo Dios y Padre de todos, quien está sobre todos y en todos, y vive por medio de todos.

[7] No obstante, él nos ha dado a cada uno de nosotros un don* especial mediante la generosidad de Cristo. [8] Por eso las Escrituras dicen:

«Cuando ascendió a las alturas,
    se llevó a una multitud de cautivos
    y dio dones a su pueblo»*.

[9] Fíjense que dice «ascendió». Sin duda, eso significa que Cristo también descendió a este mundo inferior.* [10] Y el que descendió es el mismo que ascendió por encima de todos los cielos, a fin de llenar la totalidad del universo con su presencia.

[11] Ahora bien, Cristo dio los siguientes dones a la Iglesia: los apóstoles, los profetas, los evangelistas, y los pastores y maestros. [12] Ellos tienen la responsabilidad de preparar al pueblo de Dios para que lleve a cabo la obra de Dios y edifique la Iglesia, es decir, el cuerpo de Cristo. [13] Ese proceso continuará hasta que todos alcancemos tal unidad en nuestra fe y conocimiento del Hijo de Dios que seamos maduros en el Señor, es decir, hasta que lleguemos a la plena y completa medida de Cristo.

3:14 Algunos manuscritos dicen *el Padre de nuestro Señor Jesucristo.*   **3:15** O *de quien toda familia en el cielo y en la tierra toma su nombre.*   **4:7** En griego *una gracia.*   **4:8** Sal 68:18.   **4:9** O *a las partes más bajas de la tierra.*

¿Qué son los dones espirituales?

Lee EFESIOS 4:11-16

Dios ha elegido a personas para que lleven a cabo su obra. Escogió este curso de acción por razones que sólo él conoce y comprende. Desde una perspectiva humana, podemos preguntarnos si esta fue la mejor decisión. Después de todo, «el cielo es el límite» con respecto a lo que Dios podría haber hecho. Pudo haber escogido ángeles para que hablaran a la humanidad perdida. Es cierto que, Dios usó ángeles en muchas ocasiones a través de toda la Escritura. O pudo también haber creado una clase especial de mensajeros que nunca le fallaran, es decir, instrumentos «a prueba de pecado» que fielmente proclamaran su Palabra. De hecho, Dios mismo pudo haberse asomado desde el cielo y decir: «¡Hola mundo, yo soy Dios y ustedes no!». Pero Dios ha escogido a hombres y a mujeres para hacer su obra con los humanos.

Mientras seguimos a Jesús y buscamos ser usados por él, necesitamos utilizar todo lo que él ha provisto para nosotros. Una de las grandes bendiciones que Jesús ha dado a la iglesia y, por consiguiente, a nosotros como individuos, son los dones del Espíritu Santo. ¿Por qué nos ha dado esos dones? La Biblia dice lo siguiente acerca del papel vital que desempeñan las cualidades santas en la vida de los creyentes:

Los dones espirituales nos ayudan a crecer en el conocimiento de Cristo. Algunas personas se obsesionan más con los dones espirituales que con Jesús mismo. Los creyentes empiezan a seguir señales y maravillas en vez de que las señales y maravillas sigan a los creyentes. Esto es un signo de inmadurez espiritual. El escritor y predicador A. B. Simpson escribió estas notables palabras:

Una vez fue la bendición, ahora es el Señor.

Una vez fue el sentimiento, ahora es su Palabra.

Una vez fueron sus dones lo que deseaba, ahora es al Dador.

Una vez busqué sanidad, ahora sólo lo busco a él.

Obtener dones espirituales no es la meta sino el medio. No son algo para entretenerse jugando, sino herramientas para edificar, armas para combatir. Seremos mucho más efectivos cuando los usemos para la gloria de Dios y no para la nuestra.

Los dones espirituales son para ser usados. Es posible poseer un don y no usarlo. Cuando no lo usas, desobedeces a Dios y privas a la iglesia de una bendición. Es por esta razón que debemos usar todos los dones que Dios nos da. Sería un insulto a Dios despreciar algún don que nos diera su Espíritu Santo, si dijéramos que no es tan importante como para usarlo.

Cada don espiritual tiene un lugar especial en el cuerpo de Cristo. Cada don que Dios ha puesto en la iglesia, que es el cuerpo de Cristo, es importante. Algunos dones tales como el de la predicación, la enseñanza y la profecía pueden parecer más importantes que otros, tales como los de la hospitalidad o el servicio. Pero todos esos dones los ha dado Dios para edificar a la iglesia. Ninguno debiera ser menospreciado o tomado a la ligera.

Para leer la próxima nota de «Grandes preguntas», ve a la pág. 295.

---

[14] Entonces ya no seremos inmaduros como los niños. No seremos arrastrados de un lado a otro ni empujados por cualquier corriente de nuevas enseñanzas. No nos dejaremos llevar por personas que intenten engañarnos con mentiras tan hábiles que parezcan la verdad. [15] En cambio, hablaremos la verdad con amor y así creceremos en todo sentido hasta parecernos más y más a Cristo, quien es la cabeza de su cuerpo, que es la Iglesia. [16] Él hace que todo

el cuerpo encaje perfectamente. Y cada parte, al cumplir con su función específica, ayuda a que las demás se desarrollen, y entonces todo el cuerpo crece y está sano y lleno de amor.

Vivir como hijos de luz
[17] Con la autoridad del Señor digo lo siguiente: ya no vivan como los que no conocen a Dios,* porque ellos están irremediablemente confundidos. [18] Tienen la mente llena de oscuridad; vagan lejos de la vida que Dios ofrece, porque cerraron la mente y endurecieron el corazón hacia él. [19] Han perdido la vergüenza. Viven para los placeres sensuales y practican con gusto toda clase de impureza. [20] Pero eso no es lo que ustedes aprendieron acerca de Cristo. [21] Ya que han oído sobre Jesús y han conocido la verdad que procede de él, [22] deshágánse de su vieja naturaleza pecaminosa y de su antigua manera de vivir, que está corrompida por la sensualidad y el engaño. [23] Y, en cambio, dejen que el Espíritu les renueve los pensamientos y las actitudes. [24] Pónganse la nueva naturaleza, creada para ser a la semejanza de Dios, quien es verdaderamente justo y santo.

[25] Así que dejen de decir mentiras. Digamos siempre la verdad a todos porque nosotros somos miembros de un mismo cuerpo. [26] Además, «no pequen al dejar que el enojo los controle»*. No permitan que el sol se ponga mientras siguen enojados, [27] porque el enojo da lugar al diablo.

[28] Si eres ladrón, deja de robar. En cambio, usa tus manos en un buen trabajo digno y luego comparte generosamente con los que tienen necesidad. [29] No empleen un lenguaje grosero ni ofensivo. Que todo lo que digan sea bueno y útil, a fin de que sus palabras resulten de estímulo para quienes las oigan.

[30] No entristezcan al Espíritu Santo de Dios con la forma en que viven. Recuerden que él los identificó como suyos,* y así les ha garantizado que serán salvos el día de la redención.

[31] Líbrense de toda amargura, furia, enojo, palabras ásperas, calumnias y toda clase de mala conducta. [32] Por el contrario, sean amables unos con otros, sean de buen corazón, y perdónense unos a otros, tal como Dios los ha perdonado a ustedes por medio de Cristo.

C A P Í T U L O **5**
Vivir en la luz
Por lo tanto, imiten a Dios en todo lo que hagan porque ustedes son sus hijos queridos. [2] Vivan una vida llena de amor, siguiendo el ejemplo

4:17 En griego *los gentiles.* [Gentil(es)], que no es judío]. **4:26** Sal 4:4. **4:30** O *ha puesto su sello en ustedes.*

En marcha

MARIDO Y MUJER TIENEN DISTINTAS FUNCIONES EN EL MATRIMONIO
Lee EFESIOS 5:21-33

La razón por la que muchos matrimonios fracasan es porque él o ella, o ambos, no obedecen las normas que Dios ha establecido en la Escritura. En este texto hallamos las funciones específicas que Dios ha dado al marido y a la esposa.

El plan de Dios para el esposo
• Debe ser cabeza de su esposa así como Cristo es cabeza de la iglesia
La verdadera autoridad dentro del matrimonio se la ha dado Dios al marido. Desde el principio, Dios designó al hombre como el líder del matrimonio (Efesios 5:23). Igual que Cristo, el esposo tiene que ser firme y decidido, pero también debe ser humilde y sin egoísmo. Antes que un esposo espere que su mujer se someta a él, debe someterse él a Cristo.

• Debe amar a su esposa así como Cristo amó a la iglesia
Jesús dijo: «Pues ni aun el Hijo del Hombre vino para que le sirvan, sino para servir a otros y para dar su vida en rescate por muchos» (Mateo 20:28). Amar como Jesús ama, significa que el marido debe mirar primero las necesidades de su esposa, no las suyas (Efesios 5:25). La sumisión de la esposa se basa en que el marido cumpla esto. Y así como la iglesia ama a Jesús por su extraordinario despliegue de amor hacia ella, la esposa amará y se someterá a su marido cuando vea esta demostración de amor por ella. Un corazón que arde de amor enciende al otro.

de Cristo. Él nos amó* y se ofreció a sí mismo como sacrificio por nosotros, como aroma agradable a Dios. [3] Que no haya ninguna inmoralidad sexual, impureza ni avaricia entre ustedes. Tales pecados no tienen lugar en el pueblo de Dios. [4] Los cuentos obscenos, las conversaciones necias y los chistes groseros no son para ustedes. En cambio, que haya una actitud de agradecimiento a Dios. [5] Pueden estar seguros de que ninguna persona inmoral, impura o avara heredará el reino de Cristo y de Dios. Pues el avaro es un idólatra, que adora las cosas de este mundo.

[6] No se dejen engañar por los que tratan de justificar esos pecados, porque el enojo de Dios caerá sobre todos los que lo desobedecen. [7] No participen en las cosas que hace esa gente. [8] Pues antes ustedes estaban llenos de oscuridad, pero ahora tienen la luz que proviene del Señor. Por lo tanto, ¡vivan como gente de luz! [9] Pues esa luz que está dentro de ustedes produce sólo cosas buenas, rectas y verdaderas. [10] Averigüen bien lo que agrada al Señor. [11] No participen en las obras inútiles de la maldad y la oscuridad; al contrario, sáquenlas a la luz. [12] Es vergonzoso siquiera hablar de las cosas que la gente malvada hace en secreto. [13] No obstante,

5:2 Algunos manuscritos dicen *los amó.*

sus malas intenciones se descubrirán cuando la luz las ilumine, [14] porque la luz hace todo visible. Por eso se dice:

«Despiértate tú que duermes,
levántate de los muertos,
y Cristo te dará luz».

Vivir por el poder del Espíritu
[15] Así que tengan cuidado de cómo viven. No vivan como necios sino como sabios. [16] Saquen el mayor provecho de cada oportunidad en estos días malos. [17] No actúen sin pensar, más bien procuren entender lo que el Señor quiere que hagan. [18] No se emborrachen con vino, porque eso les arruinará la vida. En cambio, sean llenos del Espíritu Santo [19] cantando salmos e himnos y canciones espirituales entre ustedes, y haciendo música al Señor en el corazón. [20] Y den gracias por todo a Dios el Padre en el nombre de nuestro Señor Jesucristo.

Relaciones guiadas por el Espíritu:
El matrimonio
[21] Es más, sométanse unos a otros por reverencia a Cristo.
[22] Para las esposas, eso significa: sométase cada una a su marido como al Señor, [23] porque

---

• Debe animar a su esposa a crecer espiritualmente
Una de las prioridades del marido es asegurarse de que su esposa tenga una buena relación con Dios (Efesios 5:26). Él puede animar a su esposa a crecer espiritualmente, reconociendo que ello afecta su felicidad personal como mujer, esposa, y madre.
• Debe amar a su esposa como se ama a sí mismo
Un marido debe reconocer que él y su esposa son «uno». Por lo tanto, debe hacer por su esposa lo que haría por sí mismo. Debe prestar atención a las necesidades de su esposa, como lo hace con las propias (Efesios 5:28-29).
El plan de Dios para la esposa
• Debe someterse al liderazgo de su esposo
Así como una esposa se somete a Dios buscando hacer su voluntad más que la propia, así también debe someterse al marido y a sus decisiones (Efesios 5: 21, 24).

Estas normas para el esposo y la esposa son mucho más fáciles de seguir si los dos respetan la primera norma de conducta que aparece en la lista: «Sométanse unos a otros por reverencia a Cristo» (Efesios 5:21). La palabra *sométanse* es un término que significa: «asumir un rango menor». En otras palabras, se deben considerar las necesidades del cónyuge antes que las propias, en el temor de Dios. Cuando esto se lleva a cabo el matrimonio florece, como es el deseo de Dios, y ambos llegan a ser una vívida ilustración del amor de Cristo por la iglesia ante un mundo incrédulo. Porque el matrimonio no es tanto *hallar* a la persona apropiada sino *ser* la persona adecuada para el otro.
Para leer la próxima nota de «Matrimonio», ve a la pág. A45.

Piedras angulares

EL AMOR DE CRISTO ES EL EJEMPLO

Lee EFESIOS 5:1-2

Recuerda por un momento cuando eras pequeño. ¿Qué tal si tus padres nunca te hubieran enseñado a usar el tenedor y la cuchara? Y luego de pronto te sentaran a la mesa con los utensilios y te dijeran: «¡Come!». Seguro que no hubieras tenido idea de cómo llevarte el alimento a la boca, y en consecuencia hubiera sido un desastre.

Afortunadamente, cuando se trata de amar a los demás, Dios nos ha dado el gran ejemplo: Jesucristo. Él sabía que la mejor manera de enseñarnos a amar, era amándonos. Y a través de los evangelios vemos el amor de Jesús en acción. Por supuesto, la mayor prueba del amor de Jesús por nosotros fue tomar el castigo que nos correspondía y morir en la cruz. A causa de ese inmenso sacrificio estamos obligados a amar a los demás. La Escritura dice: «No deban nada a nadie, excepto el deber de amarse unos a otros» (Romanos 13:8). Nunca podremos amar con la profundidad que Jesús nos amó; siempre vamos a estar en deuda con él. Por esto, debemos amar a los demás con esa misma intensidad.

Tal vez creciste en un hogar donde no se expresaba el amor con frecuencia o has tenido una imagen distorsionada del amor, y crees que eres incapaz de amar verdaderamente a los demás. Anímate por lo que dice este pasaje, porque puedes tomar a Jesús como tu ejemplo.

Si Cristo es el modelo de tu amor, comprenderás por qué el apóstol Pablo dice que el amor de Cristo nos controla (lee 2 Corintios 5:14, pág. 225).

Para leer la próxima nota de «Amor», ve a la pág. A28.

el marido es la cabeza de su esposa como Cristo es cabeza de la Iglesia. Él es el Salvador de su cuerpo, que es la Iglesia. ²⁴Así como la Iglesia se somete a Cristo, de igual manera la esposa debe someterse en todo a su marido.

²⁵Para los maridos, eso significa: ame cada uno a su esposa tal como Cristo amó a la Iglesia. Él entregó su vida por ella ²⁶a fin de hacerla santa y limpia al lavarla mediante la purificación de la Palabra de Dios.* ²⁷Lo llevó a cabo para presentársela a sí mismo como una Iglesia gloriosa, sin mancha ni arruga ni ningún otro defecto. Será, en cambio, santa e intachable. ²⁸De la misma manera, el marido debe amar a su esposa como ama su propio cuerpo. Pues un hombre que ama a su esposa en realidad demuestra que se ama a sí mismo. ²⁹Nadie odia su propio cuerpo, sino que lo alimenta y lo cuida tal como Cristo lo hace por la Iglesia. ³⁰Y nosotros somos miembros de su cuerpo. ³¹Como dicen las Escrituras: «El hombre deja a su padre y a su madre, y se une a su esposa, y los dos se convierten en uno solo»*. ³²Eso es un gran misterio, pero ilustra la manera en que Cristo y la Iglesia son uno. ³³Por eso les repito: cada hombre debe amar a su esposa como se ama a sí mismo, y la esposa debe respetar a su marido.

CAPÍTULO **6**

Padres e hijos

Hijos, obedezcan a sus padres porque ustedes pertenecen al Señor,* pues esto es lo correcto. ²«Honra a tu padre y a tu madre». Ése es el primer mandamiento que contiene una promesa: ³si honras a tu padre y a tu madre, «te irá bien y tendrás una larga vida en la tierra»*.

⁴Padres,* no hagan enojar a sus hijos con la forma en que los tratan. Más bien, críenlos con la disciplina e instrucción que proviene del Señor.

Esclavos y amos

⁵Esclavos, obedezcan a sus amos terrenales con profundo respeto y temor. Sírvanlos con sinceridad, tal como servirían a Cristo. ⁶Traten de agradarlos todo el tiempo, no sólo cuando ellos los observan. Como esclavos de Cristo, hagan la voluntad de Dios con todo el corazón. ⁷Trabajen con entusiasmo, como si lo hicieran para el Señor y no para la gente. ⁸Recuerden que el Señor recompensará a cada uno de nosotros por el bien que hagamos, seamos esclavos o libres.

⁹Y ustedes, amos, traten a sus esclavos de la misma manera. No los amenacen; recuerden que ambos tienen el mismo Amo en el cielo, y él no tiene favoritos.

5:26 En griego *al lavarla con agua mediante la palabra.* 5:31 Gn 2:24. 6:1 O *Hijos, obedezcan a sus padres que pertenecen al Señor;* algunos manuscritos dicen simplemente *Hijos, obedezcan a sus padres.* 6:2-3 Éx 20:12; Dt 5:16. 6:4 En griego esta palabra se refiere sólo a los hombres.

Toda la armadura de Dios

¹⁰Una palabra final: sean fuertes en el Señor y en su gran poder. ¹¹Pónganse toda la armadura de Dios para poder mantenerse firmes contra todas las estrategias del diablo. ¹²Pues no luchamos* contra enemigos de carne y hueso, sino contra gobernadores malignos y autoridades del mundo invisible, contra fuerzas poderosas de este mundo tenebroso y contra espíritus malignos de los lugares celestiales.

¹³Por lo tanto, pónganse todas las piezas de la armadura de Dios para poder resistir al enemigo en el tiempo del mal. Así, después de la batalla, todavía seguirán de pie, firmes. ¹⁴Defiendan su posición, poniéndose el cinturón de la verdad y la coraza de la justicia de Dios. ¹⁵Pónganse como calzado la paz que proviene de la Buena Noticia a fin de estar completamente preparados.* ¹⁶Además de todo eso, levanten el escudo de la fe para detener las flechas encendidas del diablo.* ¹⁷Pónganse la salvación como casco y tomen la espada del Espíritu, la cual es la palabra de Dios.

¹⁸Oren en el Espíritu en todo momento y en toda ocasión. Manténganse alerta y sean persistentes en sus oraciones por todos los creyentes en todas partes.* ¹⁹Y oren también por mí. Pídanle a Dios que me dé las palabras adecuadas para poder explicar con valor su misterioso plan: que la Buena Noticia es para judíos y gentiles* por igual.* ²⁰Ahora estoy encadenado, pero sigo predicando este mensaje como embajador de Dios. Así que pidan en oración que yo siga hablando de él con valentía, como debo hacerlo.

Saludos finales

²¹Para tenerlos al tanto, Tíquico les dará un informe completo de lo que estoy haciendo y de cómo me va. Él es un amado hermano y un fiel colaborador en la obra del Señor. ²²Lo envié a ustedes con un propósito específico: que sepan cómo estamos y reciban ánimo.

²³La paz sea con ustedes, queridos hermanos, y que Dios el Padre y el Señor Jesucristo les den amor junto con fidelidad. ²⁴Que la gracia de Dios sea eternamente con todos los que aman a nuestro Señor Jesucristo.

6:12 Algunos manuscritos dicen *luchan*. 6:15 O *A modo de calzado, alístense para predicar la Buena Noticia de la paz con Dios*. 6:16 En griego *del maligno*. 6:18 En griego *todo el pueblo santo de Dios*. 6:19a *Gentil(es)*, que no es judío. 6:19b En griego *explicar el misterio de la Buena Noticia*; algunos manuscritos dicen simplemente *explicar el misterio*.

Primeros pasos

RECONOCE DE QUIÉN VIENE LA TENTACIÓN
Lee EFESIOS 6:10-12

En la Biblia, la vida cristiana no sólo se compara a una guerra, ¡es realmente una guerra! Como en toda batalla, es bueno conocer al enemigo. En este caso, nuestro enemigo es el mismo que tentó a Jesús en el desierto: el diablo. Él está enfurecido porque has rendido tu vida a Cristo, y también te ve como una amenaza potencial para su reino. Pero la noticia alentadora es que el diablo no es tan poderoso como a él le gustaría que pensaras. Aquí hay dos cosas que el diablo no quiere que sepas:

1. El diablo fue vencido por Jesús. Cuando Jesús murió en la cruz, desarmó al diablo y a sus potencias demoníacas. Ellos ya no pueden tener control sobre la gente ni acusarla por su pecado ni tampoco atormentarlas con la amenaza de la pena de muerte (lee Colosenses 2:13-15, pág. 261; Hebreos 2:14, pág. 295; 1 Juan 3:8-9, págs. 331-332). Pero el hecho de que Jesús venció al diablo no significa que éste no tenga poder hoy en día, sino que no tiene el control.

2. El diablo tiene limitaciones definidas. A Satanás le gustaría que pensáramos que él es igual a Dios, pero tiene limitaciones claras y definidas sobre lo que puede hacer (Job 1:1-12). Lo más importante es que antes que él pueda tentarnos o poner una dificultad en nuestro camino, debe pasar por el muro de protección de Jesucristo.

La tentación llegará a tu vida. Sé sabio y somete tu vida al Señor firmemente para cuando el enemigo venga con sus provocaciones. Entonces, una vez que hayas vencido la tentación, te sentirás más fuerte. Como dijo una vez Martín Lutero: «Un cristiano que ha sido tentado vale más que mil que no lo han sido».

Para leer la próxima nota de «Resiste la tentación», ve a la pág. A38.

Filipenses

AUTOR: PABLO | FECHA DE ESCRITURA: 61 d. de J. C. | GÉNERO: EPÍSTOLA

Este libro explica la forma de pensar, la actitud, y la perspectiva que un creyente debe tener para experimentar el gozo del Señor en un mundo turbulento.

CAPÍTULO **1**

Saludos de Pablo

Saludos de Pablo y de Timoteo, esclavos de Cristo Jesús.

Yo, Pablo, escribo esta carta a todo el pueblo santo de Dios en Filipos que pertenece a Cristo Jesús, incluidos los ancianos gobernantes* y los diáconos. ²Que Dios nuestro Padre y el Señor Jesucristo les den gracia y paz.

Oración y agradecimiento de Pablo

³Cada vez que pienso en ustedes, le doy gracias a mi Dios. ⁴Siempre que oro, pido por todos ustedes con alegría, ⁵porque han colaborado conmigo en dar a conocer la Buena Noticia acerca de Cristo desde el momento que la escucharon por primera vez hasta ahora. ⁶Y estoy seguro de que Dios, quien comenzó la buena obra en ustedes, la continuará hasta que quede completamente terminada el día que Cristo Jesús vuelva.

⁷Está bien que sienta estas cosas por todos ustedes, porque ocupan un lugar especial en mi corazón. Participan conmigo del favor especial de Dios, tanto en mi prisión como al defender y confirmar la verdad de la Buena Noticia. ⁸Dios sabe cuánto los amo y los extraño con la tierna compasión de Cristo Jesús.

⁹Le pido a Dios que el amor de ustedes desborde cada vez más y que sigan creciendo en conocimiento y entendimiento. ¹⁰Quiero que entiendan lo que realmente importa, a fin de que lleven una vida pura e intachable hasta el día que Cristo vuelva. ¹¹Que estén siempre llenos del fruto de la salvación —es decir el

carácter justo que Jesucristo produce en su vida*— porque esto traerá mucha gloria y alabanza a Dios.

Alegría de Pablo porque se predica a Cristo

¹²Además, mis amados hermanos, quiero que sepan que todo lo que me ha sucedido en este lugar ha servido para difundir la Buena Noticia. ¹³Pues cada persona de aquí —incluida toda la guardia del palacio*— sabe que estoy encadenado por causa de Cristo. ¹⁴Y, dado que estoy preso, la mayoría de los creyentes* de este lugar ha aumentado su confianza y anuncia con valentía el mensaje de Dios* sin temor.

¹⁵Es cierto que algunos predican acerca de Cristo por celos y rivalidad, pero otros lo hacen con intenciones puras. ¹⁶Estos últimos predican porque me aman, pues saben que fui designado para defender la Buena Noticia. ¹⁷Los otros no tienen intenciones puras cuando predican de Cristo. Lo hacen con ambición egoísta, no con sinceridad sino con el propósito de que las cadenas me resulten más dolorosas. ¹⁸Pero eso no importa; sean falsas o genuinas sus intenciones, el mensaje acerca de Cristo se predica de todas maneras, de modo que me gozo. Y seguiré gozándome ¹⁹porque sé que la oración de ustedes y la ayuda del Espíritu de Jesucristo, darán como resultado mi libertad.

Pablo vive para Cristo

²⁰Tengo la plena seguridad y la esperanza que jamás seré avergonzado, sino que seguiré actuando con valor por Cristo, como lo he hecho en el pasado. Y confío en que mi vida dará honor a Cristo, sea que yo viva o muera. ²¹Pues,

---

1:1 O *supervisores;* u *obispos.*   1:11 En griego *con el fruto de la rectitud por medio de Jesucristo.*   1:13 En griego *incluido todo el pretorio.*   1:14a En griego *hermanos en el Señor.*   1:14b Algunos manuscritos no incluyen *de Dios.*

Piedras angulares

JESÚS ES HUMANO
Lee FILIPENSES 2:5-11

Este pasaje de la Escritura muestra una impresionante descripción del Salvador a la vez que aporta algunas verdades fundamentales concernientes a la deidad y a la humanidad de Jesús. En esencia, nos muestra por qué debemos imitar y adorar a Jesús en nuestra vida.

Jesús cubrió su deidad sin despojarse de ella. Jesús, en ningún momento de su vida humana, «se hizo» Dios en forma repentina. Él era Dios antes de nacer como un bebé. Y siguió siendo Dios después de haberse hecho hombre. Cuando la Escritura dice que «renunció a sus privilegios divinos» no significa que dejó de ser Dios. Simplemente cubrió su deidad. Pero nunca se despojó de ella. Él siempre fue y siempre será Dios.

Jesús experimentó la humanidad. Otra manera de decir que Jesús «adoptó la humilde posición de un esclavo» es la expresión «se despojó de sí mismo». No significa que se despojó de su deidad, sino que, sin dejar de ser Dios, experimentó en su totalidad lo que es ser humano, privándose a sí mismo de los privilegios de su deidad. Por ejemplo, nunca hizo un milagro para su propio beneficio. Caminó sobre esta tierra como un ser humano, no como un espíritu. Experimentó todas las limitaciones humanas. Jesús —Dios en forma humana— experimentó hambre y tristeza, y a veces se cansó. Sintió el dolor de la soledad. Fue presionado por la tentación. Por estas razones podemos estar seguros de que Dios comprende lo que somos y todas las cosas por las cuales estamos pasando (lee Hebreos 2:17-18, pág. 295).

El señorío de Jesús será reconocido por todos. No importa lo que cada ser humano piense hoy de Jesús, al final toda rodilla se doblará y toda lengua confesará que él es el Señor. La autoridad de la Biblia respalda esta afirmación. La naturaleza divina de Cristo qué él cubrió por un tiempo mientras anduvo en la tierra, será entonces claramente, visible y reconocida por todos.

Para leer la próxima nota de «¿Quién es Jesús?», ve a la pág. A22.

---

para mí, vivir significa vivir para Cristo y morir es aún mejor. [22] Pero, si vivo, puedo realizar más labor fructífera para Cristo. Así que realmente no sé qué es mejor. [23] Estoy dividido entre dos deseos: quisiera partir y estar con Cristo, lo cual sería mucho mejor para mí; [24] pero, por el bien de ustedes, es mejor que siga viviendo.

[25] Al estar consciente de esto, estoy convencido de que seguiré con vida para continuar ayudándolos a todos ustedes a crecer y a experimentar la alegría de su fe. [26] Y, cuando vuelva, tendrán más razones todavía para sentirse orgullosos en Cristo Jesús de lo que él está haciendo por medio de mí.

Vivan como ciudadanos del cielo
[27] Sobre todo, deben vivir como ciudadanos del cielo, comportándose de un modo digno de la Buena Noticia acerca de Cristo. Entonces, sea que vuelva a verlos o solamente tenga noticias de ustedes, sabré que están firmes y unidos en un mismo espíritu y propósito, luchando juntos por la fe, es decir la Buena Noticia. [28] No se dejen intimidar por sus enemigos de ninguna manera. Eso les será por señal a ellos de que serán destruidos, mientras que ustedes serán salvos, aun por Dios mismo. [29] Pues a ustedes se les dio no sólo el privilegio de confiar en Cristo sino también el privilegio de sufrir por él. [30] Estamos juntos en esta lucha. Ustedes han visto mi lucha en el pasado y saben que aún no ha terminado.

CAPÍTULO 2
Tengan la actitud de Cristo
¿Hay algún estímulo en pertenecer a Cristo? ¿Existe algún consuelo en su amor? ¿Tenemos en conjunto alguna comunión en el Espíritu? ¿Tienen ustedes un corazón tierno y compasivo? [2] Entonces, háganme verdaderamente feliz poniéndose de acuerdo de todo corazón entre ustedes, amándose unos a otros y trabajando juntos con un mismo pensamiento y un mismo propósito.

[3] No sean egoístas; no traten de impresionar a nadie. Sean humildes, es decir, considerando a los demás como mejores que ustedes. [4] No se ocupen sólo de sus propios intereses, sino también procuren interesarse en los demás.

[5] Tengan la misma actitud que tuvo Cristo Jesús.

⁶ Aunque era Dios,*
no consideró que el ser igual a Dios
fuera algo a lo cual aferrarse.
⁷ En cambio, renunció a sus privilegios
divinos;*
adoptó la humilde posición de un esclavo*
y nació como un ser humano.
Cuando apareció en forma de hombre,*
⁸ se humilló a sí mismo en obediencia a
Dios
y murió en una cruz como morían los
criminales.

⁹ Por lo tanto, Dios lo elevó al lugar de
máximo honor
y le dio el nombre que está por encima de
todos los demás nombres
¹⁰ para que, ante el nombre de Jesús, se doble
toda rodilla
en el cielo y en la tierra y debajo de la
tierra,
¹¹ y toda lengua confiese que Jesucristo es el
Señor
para la gloria de Dios Padre.

Brillen intensamente por Cristo
¹² Queridos amigos, siempre siguieron mis
instrucciones cuando estaba con ustedes. Y,
ahora que estoy lejos, es aún más importante
que lo hagan. Esfuércense por demostrar los
resultados de su salvación obedeciendo a Dios
con profunda reverencia y temor. ¹³ Pues Dios
trabaja en ustedes y les da el deseo y el poder
para que hagan lo que a él le agrada.
¹⁴ Hagan todo sin quejarse y sin discutir,
¹⁵ para que nadie pueda criticarlos. Lleven una
vida limpia e inocente como corresponde a hijos de Dios y brillen como luces radiantes en
un mundo lleno de gente perversa y corrupta.
¹⁶ Aférrense a la palabra de vida; entonces, el día
que Cristo vuelva, me sentiré orgulloso de no
haber corrido la carrera en vano y de que mi trabajo no fue inútil. ¹⁷ Sin embargo, me alegraré
aun si tengo que perder la vida derramándola
como ofrenda líquida a Dios,* así como el fiel
servicio de ustedes también es una ofrenda a
Dios. Y quiero que todos ustedes participen de
esta alegría. ¹⁸ Claro que sí, deberían alegrarse,
y yo me gozaré con ustedes.

Pablo encomienda a Timoteo
¹⁹ Si el Señor Jesús quiere, espero enviarles
pronto a Timoteo para que los visite. Así él
puede animarme al traerme noticias de cómo
están. ²⁰ No cuento con nadie como Timoteo, quien se preocupa genuinamente por el
bienestar de ustedes. ²¹ Todos los demás sólo
se ocupan de sí mismos y no de lo que es importante para Jesucristo. ²² Pero ustedes saben
cómo Timoteo ha dado muestras de lo que es.
Como un hijo con su padre, él ha servido a mi
lado en la predicación de la Buena Noticia.
²³ Espero enviarlo a ustedes en cuanto sepa lo
que me sucederá aquí. ²⁴ Y el Señor me ha dado
la confianza que yo mismo iré pronto a verlos.

Pablo encomienda a Epafrodito
²⁵ Mientras tanto, pensé que debería enviarles de vuelta a Epafrodito. Él es un verdadero
hermano, colaborador y compañero de lucha.
Además, fue el mensajero de ustedes para ayudarme en mi necesidad. ²⁶ Lo envío porque,
desde hace tiempo, tiene deseos de verlos y se
afligió mucho cuando ustedes se enteraron de
que estaba enfermo. ²⁷ Es cierto que estuvo enfermo e incluso a punto de morir. Pero Dios tuvo
misericordia de él, como también la tuvo de mí,
para que yo no tuviera una tristeza tras otra.
²⁸ Así que estoy aún más ansioso por enviarlo
de regreso a ustedes, porque sé que se pondrán
contentos al verlo, y entonces ya no estaré tan
preocupado por ustedes. ²⁹ Recíbanlo con amor
cristiano* y mucha alegría, y denle el honor que
una persona como él merece. ³⁰ Pues arriesgó
su vida por la obra de Cristo y estuvo al borde
de la muerte mientras hacía por mí lo que ustedes no podían desde tan lejos.

CAPÍTULO **3**
El valor incalculable de conocer a Cristo
Mis amados hermanos, pase lo que pase, alégrense en el Señor. Nunca me canso de decirles
estas cosas y lo hago para proteger su fe.
²Cuídense de esos «perros», de esa gente que
hace lo malo, esos mutiladores que les dicen que
deben circuncidarse para ser salvos. ³ Pues los
que adoramos por medio del Espíritu de Dios*
somos los verdaderos circuncisos. Confiamos
en lo que Cristo Jesús hizo por nosotros. No
depositamos ninguna confianza en esfuerzos
humanos ⁴ aunque, si alguien pudiera confiar
en sus propios esfuerzos, ése sería yo. De hecho,
si otros tienen razones para confiar en sus propios esfuerzos, ¡yo las tengo aún más!
⁵ Fui circuncidado cuando tenía ocho días
de vida. Soy un ciudadano de Israel de pura
cepa y miembro de la tribu de Benjamín, ¡un
verdadero hebreo como no ha habido otro!
Fui miembro de los fariseos, quienes exigen
la obediencia más estricta a la ley judía. ⁶ Era
tan fanático que perseguía con crueldad a la

2:6 O *Siendo en la forma de Dios.*   **2:7a** En griego *se vació a sí mismo.*   **2:7b** O *la forma de un esclavo.*   **2:7c** Algunas
versiones colocan esta frase en el versículo 8.   **2:17** En griego *me regocijaré aun si tengo que ser derramado como ofrenda
líquida.*   **2:29** En griego *en el Señor.*   **3:3** Algunos manuscritos dicen *adoramos a Dios en espíritu;* uno de los manuscritos
más antiguos dice *adoramos en espíritu.*

Iglesia. Y, en cuanto a la justicia, obedecía la ley al pie de la letra. [7] Antes creía que esas cosas eran valiosas, pero ahora considero que no tienen ningún valor debido a lo que Cristo ha hecho. [8] Así es, todo lo demás no vale nada cuando se le compara con el infinito valor de conocer a Cristo Jesús, mi Señor. Por amor a él, he desechado todo lo demás y lo considero basura a fin de ganar a Cristo [9] y llegar a ser uno con él. Ya no me apoyo en mi propia justicia, por medio de obedecer la ley; más bien, llego a ser justo por medio de la fe en Cristo.* Pues la forma en que Dios nos hace justos delante de él se basa en la fe. [10] Quiero conocer a Cristo y experimentar el gran poder que lo levantó de los muertos. ¡Quiero sufrir con él y participar de su muerte, [11] para poder experimentar, de una u otra manera, la resurrección de los muertos!

Avanzar hacia la meta
[12] No quiero decir que ya haya logrado estas cosas ni que ya haya alcanzado la perfección. Pero sigo adelante a fin de hacer mía esa perfección para la cual Cristo Jesús primeramente me hizo suyo. [13] No, amados hermanos, no lo he logrado,* pero me concentro sólo en esto: olvido el pasado y fijo la mirada en lo que tengo por delante, y así [14] avanzo hasta llegar al final de la carrera para recibir el premio celestial al cual Dios nos llama por medio de Cristo Jesús.

[15] Que todos los que son espiritualmente maduros estén de acuerdo en estas cosas. Si ustedes difieren en algún punto, estoy seguro que Dios se lo hará entender. [16] Pero debemos aferrarnos al avance que ya hemos logrado.

[17] Amados hermanos, tomen mi vida como modelo y aprendan de los que siguen nuestro ejemplo. [18] Pues ya les dije varias veces y ahora se los repito de nuevo con lágrimas en los ojos: hay muchos cuya conducta demuestra que son verdaderos enemigos de la cruz de Cristo. [19] Van camino a la destrucción. Su dios son sus propios apetitos, se jactan de cosas vergonzosas y sólo piensan en esta vida terrenal. [20] En cambio, nosotros somos ciudadanos del cielo, donde vive el Señor Jesucristo. Y esperamos con mucho anhelo que él regrese como nuestro Salvador. [21] Él tomará nuestro débil cuerpo mortal y lo transformará en un cuerpo glorioso, igual al de él. Lo hará valiéndose del mismo poder con el que pondrá todas las cosas bajo su dominio.

CAPÍTULO **4**
Por lo tanto, mis amados hermanos, manténganse fieles al Señor. Los amo y anhelo verlos, mis queridos amigos, porque ustedes son mi alegría y la corona que recibo por mi trabajo.

Palabras de aliento
[2] Ahora les ruego a Evodia y a Síntique, dado que pertenecen al Señor, que arreglen su des-

3:9 O *mediante la fidelidad de Cristo.* 3:13 Algunos manuscritos dicen *aún no lo he logrado.*

En marcha
QUE CRISTO ESTÉ POR ENCIMA DE TODO
Lee FILIPENSES 3:4-11

Como afirman los versículos 4-6, el apóstol Pablo fue un ejemplo de lo que es ser un buen judío. Había nacido como miembro del pueblo elegido de Dios y siempre guardó las leyes de Dios sin desviarse de ellas. Pero cuando Pablo se encontró con Jesús en el camino a Damasco (lee Hechos 9:1-19, págs. 150-151), comprendió que esa forma de vida lo llevaba por el camino equivocado. Por eso consideró todo como «basura»: la reputación, las conquistas, los anhelos, las metas y las posesiones. Así que su único anhelo de ahí en adelante fue conocer y servir a Jesús.

Tú también, al igual que Pablo, ¿has puesto a Jesús por encima de todo en tu vida? Si no estás seguro todavía, hazte las siguientes preguntas: ¿Cómo estoy empleando mi tiempo? ¿Qué domina mis pensamientos? ¿Cuáles son mis prioridades? ¿Cuál es mi motivación más intensa? Si lo más importante de tu vida es Jesús, entonces te encaminarás más y más a conocerlo profundamente. Pasarás el tiempo aprendiendo acerca de quién es él, y de su voluntad y propósitos para ti, según su Palabra. Y serás capaz de decir que has descubierto «el infinito valor de conocer a Cristo Jesús».

Para leer la próxima nota de «Prioridades», ve a la pág. A47.

acuerdo. ³Y te pido a ti, mi fiel colaborador,* que ayudes a esas dos mujeres, porque trabajaron mucho a mi lado para dar a conocer a otros la Buena Noticia. Trabajaron junto con Clemente y mis demás colaboradores, cuyos nombres están escritos en el Libro de la Vida. ⁴Estén siempre llenos de alegría en el Señor. Lo repito, ¡alégrense! ⁵Que todo el mundo vea que son considerados en todo lo que hacen. Recuerden que el Señor vuelve pronto. ⁶No se preocupen por nada; en cambio, oren por todo. Díganle a Dios lo que necesitan y denle gracias por todo lo que él ha hecho. ⁷Así experimentarán la paz de Dios, que supera todo lo que podemos entender. La paz de Dios cuidará su corazón y su mente mientras vivan en Cristo Jesús.

⁸Y ahora, amados hermanos, una cosa más para terminar. Concéntrense en todo lo que es verdadero, todo lo honorable, todo lo justo, todo lo puro, todo lo bello y todo lo admirable. Piensen en cosas excelentes y dignas de alabanza. ⁹No dejen de poner en práctica todo lo que aprendieron y recibieron de mí, todo lo que oyeron de mis labios y vieron que hice. Entonces el Dios de paz estará con ustedes.

Pablo agradece las ofrendas
¹⁰¡Cuánto alabo al Señor de que hayan vuelto a preocuparse por mí! Sé que siempre se han preocupado por mí, pero no tenían la oportunidad de ayudarme. ¹¹No que haya pasado necesidad alguna vez, porque he aprendido a estar contento con lo que tengo. ¹²Sé vivir con casi nada o con todo lo necesario. He aprendido el secreto de vivir en cualquier situación, sea con el estómago lleno o vacío, con mucho o con poco. ¹³Pues todo lo puedo hacer por medio de Cristo,* quien me da las fuerzas. ¹⁴De todos modos, han hecho bien al compartir conmigo en la dificultad por la que ahora atravieso.

¹⁵Como saben, filipenses, ustedes fueron los únicos que me ayudaron económicamente cuando les llevé la Buena Noticia por primera vez y luego seguí mi viaje desde Macedonia. Ninguna otra iglesia hizo lo mismo. ¹⁶Incluso cuando estuve en Tesalónica, ustedes me mandaron ayuda más de una vez. ¹⁷No digo esto esperando que me envíen una ofrenda. Más bien, quiero que ustedes reciban una recompensa por su bondad. ¹⁸Por el momento, tengo todo lo que necesito ¡y aún más! Estoy bien abastecido con las ofrendas que ustedes me enviaron por medio de Epafrodito. Son un sacrificio de olor fragante aceptable y agradable a Dios. ¹⁹Y este mismo Dios quien me cuida suplirá todo lo que

4:3 O *leal Sícigo.*   4:13 En griego *por medio de aquél.*

Primeros pasos

LA ORACIÓN NOS AYUDA A VENCER LA PREOCUPACIÓN
Lee FILIPENSES 4:6-7

¿Te has sentido a veces dominado por la preocupación o el temor? La preocupación es una emoción completamente improductiva. Es como pagar intereses por adelantado por dificultades que raramente suceden. Estos versículos nos dan el mejor antídoto para la preocupación: la oración. Dios desea ser el primero a quien acudamos en tiempos de aflicción o de crisis. Cuando lo buscamos, él nos promete una bendición especial si hacemos lo siguiente:

1. Deja de preocuparte y comienza a orar. Nunca pienses que tu necesidad es tan insignificante que no merece la atención de Dios. Él desea que oremos por todo.

2. Dile a Dios tus necesidades. Aun cuando Dios lo sabe todo y conoce bien tu situación, desea que le hables de tus necesidades y las pongas en sus manos.

3. Presenta tus peticiones con acción de gracias. En vez de orar con sentimientos de duda, debes agradecer a Dios de antemano por sus respuestas, confiando en las promesas que él nos ha dado en su Palabra.

4. Recibe la paz de Dios. Una vez que hayas hecho esto, el versículo 7 dice que experimentarás la paz de Dios. En el texto griego original, este versículo significa literalmente que la paz de Dios «montará guardia» alrededor de tu corazón y de tu mente, para cuidarte y protegerte durante esos tiempos difíciles de la vida.

La próxima vez que te sientas tentado a preocuparte por alguna cosa, canaliza en oración toda la energía que gastarías en afligirte. Di algo como esto: «Señor, este es mi problema. Me parece demasiado grande, por eso lo pongo en tus manos. No voy a preocuparme, Señor. En lugar de eso, voy a confiar en ti. Y te doy gracias por lo que harás y porque sabes lo que haces». Esto no es siempre fácil de hacer, pero si deseas vencer la preocupación y experimentar la paz de Dios, es algo que debes poner en práctica.

Para leer la próxima nota de «Ora», ve a la pág. A36.

necesiten, de las gloriosas riquezas que nos ha dado por medio de Cristo Jesús.

²⁰ ¡Toda la gloria sea a Dios nuestro Padre por siempre y para siempre! Amén.

Saludos finales de Pablo

²¹ Denle saludos de mi parte a cada persona del pueblo santo de Dios, a todos los que pertenecen a Cristo Jesús. Los hermanos que están conmigo envían saludos. ²² Los demás del pueblo de Dios también les envían saludos, en particular los de la casa de César.

²³ Que la gracia del Señor Jesucristo sea con el espíritu de cada uno de ustedes.

Colosenses

AUTOR: PABLO | FECHA DE ESCRITURA: 60 d. de J. C. | GÉNERO: EPÍSTOLA

Pablo escribió esta epístola para refutar falsas enseñanzas que se habían infiltrado en la iglesia. Un tema familiar en este libro es la superioridad de Jesucristo.

CAPÍTULO **1**

Saludos de Pablo

Yo, Pablo, elegido por la voluntad de Dios para ser apóstol de Cristo Jesús, y nuestro hermano Timoteo ²les escribimos esta carta a los fieles hermanos en Cristo que conforman el pueblo santo de Dios en la ciudad de Colosas.

Que Dios nuestro Padre les dé gracia y paz.

Oración y agradecimiento de Pablo

³Siempre oramos por ustedes y le damos gracias a Dios, el Padre de nuestro Señor Jesucristo, ⁴porque hemos oído de su fe en Cristo Jesús y del amor que tienen por todo el pueblo de Dios. ⁵Ambas cosas provienen de la firme esperanza puesta en lo que Dios les ha reservado en el cielo. Ustedes han tenido esa esperanza desde la primera vez que escucharon la verdad de la Buena Noticia.

⁶Esa misma Buena Noticia que llegó a ustedes ahora corre por todo el mundo. Da fruto en todas partes mediante el cambio de vida que produce, así como les cambió la vida a ustedes desde el día que oyeron y entendieron por primera vez la verdad de la maravillosa gracia de Dios.

⁷Ustedes se enteraron de la Buena Noticia por medio de Epafras, nuestro amado colaborador; él es un fiel servidor de Cristo y nos ayuda en nombre de ustedes.* ⁸Nos contó del amor por los demás que el Espíritu Santo les ha dado.

⁹Así que, desde que supimos de ustedes, no dejamos de tenerlos presentes en nuestras oraciones. Le pedimos a Dios que les dé pleno conocimiento de su voluntad y que les conceda sabiduría y comprensión espiritual. ¹⁰Entonces la forma en que vivan siempre honrará y agradará al Señor, y sus vidas producirán toda clase de buenos frutos. Mientras tanto, irán creciendo a medida que aprendan a conocer a Dios más y más.

¹¹También pedimos que se fortalezcan con todo el glorioso poder de Dios para que tengan toda la constancia y la paciencia que necesitan. Mi deseo es que estén llenos de alegría* ¹²y den siempre gracias al Padre. Él los hizo aptos para que participen de la herencia que pertenece a su pueblo, el cual vive en la luz. ¹³Pues él nos rescató del reino de la oscuridad y nos trasladó al reino de su Hijo amado, ¹⁴quien compró nuestra libertad* y perdonó nuestros pecados.

Cristo es supremo

¹⁵ Cristo es la imagen visible del Dios invisible.
Él ya existía antes de que las cosas fueran creadas y es supremo sobre toda la creación*
¹⁶ porque, por medio de él, Dios creó todo lo que existe
en los lugares celestiales y en la tierra.
Hizo las cosas que podemos ver
y las que no podemos ver,
tales como tronos, reinos, gobernantes y autoridades del mundo invisible.
Todo fue creado por medio de él y para él.
¹⁷ Él ya existía antes de todas las cosas
y mantiene unida toda la creación.
¹⁸ Cristo también es la cabeza de la iglesia,
la cual es su cuerpo.
Él es el principio,

1:7 O *ministra en nombre de ustedes;* algunos manuscritos dicen *ministra en nombre de nosotros.*   1:11 O *toda la paciencia y constancia que necesitan con alegría.*   1:14 Algunos manuscritos incluyen *con su sangre.*   1:15 O *Él es el primogénito de toda la creación.*

Piedras angulares

JESÚS ES DIVINO
Lee COLOSENSES 1:15-20

La verdad fundamental más importante de la fe cristiana es que Jesucristo, aunque vino a la tierra y se hizo hombre, es Dios. Este pasaje establece seis detalles importantes acerca de la divinidad de Jesús y de su obra en los cielos y en la tierra:

1. Jesús es eterno. Siendo Dios, Jesús nunca tuvo un principio, ni tendrá fin (versículo 15). El apóstol Juan lo sabía. En Juan 1:1 se refiere a Jesús como la Palabra y dice: «En el principio la Palabra ya existía».

2. Jesús es el creador de todas las cosas. Este concepto hace más asombrosa la venida de Jesús a esta tierra como Salvador. Él comprende la manera en que la gente actúa y la dureza de los corazones humanos porque él los creó (versículo 16). A pesar de ello, nos ama tanto que estuvo deseoso de venir a la tierra y morir para redimir a la humanidad.

3. Jesús mantiene todas las cosas unidas. Jesús tiene y siempre ha tenido el control de todas las cosas (versículos 16-17). Nuestro mundo no está sin control, ha sido creado con un propósito: glorificar a Cristo.

4. Jesús es la cabeza de la iglesia. La iglesia no fue fundada por un grupo de personas, sino por Dios mismo. Aunque algunos líderes de la iglesia nos fallen, debemos recordar que Cristo es la verdadera cabeza de su cuerpo de creyentes (versículo 18), y él nunca falla.

5. Jesús es el primero de todos los que resucitarán de los muertos. Cristo fue el primero en vencer la muerte y retornar a la vida con un cuerpo resucitado (versículo 18). Por esta razón, nosotros, los que lo seguimos, tenemos la esperanza y la evidencia de que también resucitaremos después de la muerte, para pasar la eternidad con él.

6. Jesús es el único camino para tener paz con Dios. Dios no se sorprendió de que el hombre pecara en el jardín del Edén. La Biblia dice que el sacrificio de Jesús en la cruz fue conocido «antes de la creación del mundo» (Apocalipsis 13:8). Esto significa que, desde antes que Adán comiera el fruto prohibido, Dios ya había preparado la provisión para el perdón de nuestros pecados (versículo 20).

Jesús fue mucho más que un profeta, un maestro o un mensajero. En realidad, Jesús fue nada menos que Dios mismo viniendo a la tierra. Negar esta verdad es negar la base de la fe cristiana. Recuerda, fue esta verdad la que motivó a los cristianos del primer siglo a «causar problemas por todo el mundo» por causa del evangelio (lee Hechos 17:6, pág. 162).

Para leer la próxima nota de «¿Quién es Jesús?», ve a la pág. A22.

---

es supremo sobre todos los que se levantan de los muertos.*
Así que él es el primero en todo.
¹⁹ Pues a Dios, en toda su plenitud, le agradó vivir en Cristo
²⁰ y, por medio de él, Dios reconcilió consigo todas las cosas.
Hizo la paz con todo lo que existe en el cielo y en la tierra
por medio de la sangre de Cristo en la cruz.

²¹ Eso los incluye a ustedes, que antes estaban lejos de Dios. Eran sus enemigos, estaban separados de él por sus malos pensamientos y acciones. ²² Pero ahora él los reconcilió consigo mediante la muerte de Cristo en su cuerpo

físico. Como resultado, los ha trasladado a su propia presencia, y ahora ustedes son santos, libres de culpa y pueden presentarse delante de él sin ninguna falta.

²³ Pero deben seguir creyendo esa verdad y mantenerse firmes en ella. No se alejen de la seguridad que recibieron cuando oyeron la Buena Noticia. Esa Buena Noticia ha sido predicada por todo el mundo, y yo, Pablo, fui designado servidor de Dios para proclamarla.

Trabajo de Pablo por la iglesia
²⁴ Me alegro cuando sufro en carne propia por ustedes, porque así participo de los sufrimientos de Cristo, que continúan a favor de su cuerpo, que es la iglesia. ²⁵ Dios me ha dado la responsabilidad de servir a su iglesia mediante

1:18 O *el primogénito de los muertos.*

la proclamación de todo su mensaje a ustedes. ²⁶ Este mensaje se mantuvo en secreto durante siglos y generaciones, pero ahora se dio a conocer al pueblo de Dios. ²⁷ Pues él quería que su pueblo supiera que las riquezas y la gloria de Cristo también son para ustedes, los gentiles.* Y el secreto es: Cristo vive en ustedes. Eso les da la seguridad de que participarán de su gloria.

²⁸ Por lo tanto, hablamos a otros de Cristo, advertimos a todos y enseñamos a todos con toda la sabiduría que Dios nos ha dado. Queremos presentarlos a Dios perfectos* en su relación con Cristo. ²⁹ Es por eso que trabajo y lucho con tanto empeño, apoyado en el gran poder de Cristo que actúa dentro de mí.

CAPÍTULO **2**

Quiero que sepan cuánta angustia he sufrido por ustedes y por la iglesia en Laodicea y por muchos otros creyentes que nunca me conocieron personalmente. ² Quiero que ellos cobren ánimo y estén bien unidos con fuertes lazos de amor. Quiero que tengan la plena confianza de que entienden el misterioso plan de Dios, que es Cristo mismo. ³ En él están escondidos todos los tesoros de la sabiduría y el conocimiento.

⁴ Les digo esto a ustedes para que nadie los engañe con argumentos ingeniosos. ⁵ Pues, si bien estoy lejos, mi corazón está con ustedes. Y me alegro de que viven como deben hacerlo y de que su fe en Cristo se mantiene firme.

Libertad y vida nueva en Cristo

⁶ Por lo tanto, de la manera que recibieron a Cristo Jesús como Señor, ahora deben seguir sus pasos. ⁷ Arráiguense profundamente en él y edifiquen toda la vida sobre él. Entonces la fe de ustedes se fortalecerá en la verdad que se les enseñó, y rebosarán de gratitud.

⁸ No permitan que nadie los atrape con filosofías huecas y disparates elocuentes, que nacen del pensamiento humano y de los poderes espirituales* de este mundo y no de Cristo. ⁹ Pues en Cristo habita toda la plenitud de Dios en un cuerpo humano.* ¹⁰ De modo que ustedes también están completos mediante la unión con Cristo, quien es la cabeza de todo gobernante y toda autoridad.

¹¹ Cuando ustedes llegaron a Cristo, fueron «circuncidados», pero no mediante un procedimiento corporal. Cristo llevó a cabo una circuncisión espiritual, es decir, les quitó la naturaleza pecaminosa.* ¹² Pues ustedes fueron sepultados con Cristo cuando se bautizaron. Y con él también fueron resucitados para vivir una vida nueva, debido a que confiaron en el

Primeros pasos

DEJA QUE DIOS OCUPE TUS PENSAMIENTOS

Lee COLOSENSES 3:2-4

Una canción cristiana dice: «Pon tus ojos en Cristo, tan lleno de gracia y amor; y lo terrenal sin valor será, a la luz del glorioso Señor». Es una valiosa manera de vivir, porque una de las más fuertes protecciones para evitar que vuelvas a la antigua forma de vida, es enfocar tu vista en tu Salvador y en el futuro. Como creyente, tienes la promesa de la vida eterna, la esperanza del cielo y la seguridad de pasar la eternidad en la presencia de Dios. Cuando piensas en esto, las trampas de este mundo empiezan a perder su fuerza.

La próxima vez que te sientas inclinado a volver a tu vieja forma de vida o a sentirte cargado con los problemas de este mundo o tengas temor de no triunfar como cristiano, recuerda lo siguiente:

- Mantén la mirada en tu destino final.
- Comprende que estar preocupado no debería ser parte de tu vida.
- Considérate como muerto para este mundo y vivo para Cristo.
- Recuerda que tu Redentor viene pronto por ti.

Si permites que estas verdades ocupen tus pensamientos, hallarás que te es mucho más fácil obedecer a Dios y decir no a todas las tentaciones y cosas dañinas de este mundo.

Para comenzar el próximo tema, ve a la pág. A38.

gran poder de Dios, quien levantó a Cristo de los muertos.

¹³ Ustedes estaban muertos a causa de sus pecados y porque aún no les habían quitado la naturaleza pecaminosa. Entonces Dios les dio vida con Cristo al perdonar todos nuestros pecados. ¹⁴ Él anuló el acta con los cargos que había contra nosotros y la eliminó clavándola en la cruz. ¹⁵ De esa manera, desarmó* a los gobernantes y a las autoridades espirituales. Los avergonzó públicamente con su victoria sobre ellos en la cruz.

¹⁶ Por lo tanto, no permitan que nadie los condene por lo que comen o beben, o porque

---

1:27 Gentil(es), que no es judío. **1:28** O maduros. **2:8** O los principios espirituales; también en 2:20. **2:9** O en él habita toda la plenitud de la deidad en forma corporal. **2:11** En griego les cortó el cuerpo de carne. **2:15** O despojó.

Piedras angulares

LA PAZ DE DIOS DEBE GOBERNAR NUESTRO CORAZÓN
Lee COLOSENSES 3:15

Una de las marcas más obvias que identifican a un cristiano es la paz. Como Pablo lo señala en este versículo, la paz que tiene un cristiano, viene de Cristo, y gobierna en su corazón. El verbo griego que usa Pablo para *gobierne* sugiere que la paz de Cristo actúa como un «árbitro» o un juez en nuestra vida, decidiendo nuestras perspectivas y nuestro modo de actuar en medio de las circunstancias. ¿Qué caracteriza a la paz de Cristo? Aquí hay algunas descripciones bíblicas:

- No sufre ansiedad por nada sino que confía en Dios (lee Filipenses 4:6-7, pág. 257).
- No duda de que Dios tiene el control (lee Marcos 4:35-41, págs. 45-46).
- No olvida las bendiciones de Dios y las respuestas a nuestras oraciones (lee Filipenses 4:6, pág. 257).
- Debería estar presente en todas nuestras relaciones (Salmo 34:14; lee Romanos 12:18, pág. 195).
- Viene sólo de Cristo (lee Juan 16:33, pág. 129).
- Es producida por el Espíritu Santo (lee Gálatas 5:22, pág. 240).
- Promueve la paz con otros (lee Santiago 3:18, pág. 312).

¿Gobierna en tu vida la paz de Cristo? Si no es así, no estás viviendo como Jesús desea que vivas. Entrégale a Dios todos tus problemas y tus ansiedades y pídele que los reemplace con su paz. Esta paz no sólo calmará tu corazón, sino que te ayudará a tener armonía con tus hermanos y hermanas en Cristo.

Para comenzar el próximo tema, ve a la pág. A33.

---

no celebran ciertos días santos ni ceremonias por la luna nueva ni los días de reposo. [17]Pues esas reglas son sólo sombras de la realidad que vendrá. Y Cristo mismo es esa realidad. [18]No dejen que los condene ninguno de aquellos que insisten en una religiosa abnegación de uno mismo o en el culto a los ángeles,* al afirmar que han tenido visiones sobre estas cosas. La mente pecaminosa de ellos los ha llenado de arrogancia [19]y no están unidos a Cristo, la cabeza del cuerpo. Pues él mantiene todo el cuerpo unido con las articulaciones y los liga-

2:18 O *la adoración con ángeles.*

mentos, el cual va creciendo a medida que Dios lo nutre.

[20]Ustedes han muerto con Cristo, y él los ha rescatado de los poderes espirituales de este mundo. Entonces ¿por qué siguen cumpliendo las reglas del mundo, tales como: [21]«¡No toques esto! ¡No pruebes eso! ¡No te acerques a aquello!»? [22]Esas reglas son simples enseñanzas humanas acerca de cosas que se deterioran con el uso. [23]Podrán parecer sabias porque exigen una gran devoción, una religiosa abnegación de uno mismo y una severa disciplina corporal; pero a

---

En marcha

EVITA EXASPERAR A TUS HIJOS
Lee COLOSENSES 3:20-21

Aunque la disciplina es necesaria en la vida de los hijos, es igualmente necesario suavizarla con amor. Esto significa que los padres no deben ofender ni humillar a sus hijos, en especial cuando los disciplinan. Otros términos que se emplean para describir la actitud inadecuada de los padres son *exasperación* y *agravio*. La palabra *agraviar* significa irritar, enfurecer, enojar y agregar combustible al fuego.

una persona no le ofrecen ninguna ayuda para vencer sus malos deseos.

CAPÍTULO **3**

Vida nueva con Cristo

Ya que han sido resucitados a una vida nueva con Cristo, pongan la mira en las verdades del cielo, donde Cristo está sentado en el lugar de honor, a la derecha de Dios. ²Piensen en las cosas del cielo, no en las de la tierra. ³Pues ustedes han muerto a esta vida, y su verdadera vida está escondida con Cristo en Dios. ⁴Y, cuando Cristo —quien es la vida de ustedes*— sea revelado a todo el mundo, ustedes participarán de toda su gloria.

⁵Así que hagan morir las cosas pecaminosas y terrenales que acechan dentro de ustedes. No tengan nada que ver con la inmoralidad sexual, la impureza, las bajas pasiones y los malos deseos. No sean avaros, pues la persona avara es idólatra porque adora las cosas de este mundo. ⁶A causa de esos pecados, viene la furia de Dios.* ⁷Ustedes solían hacer esas cosas cuando su vida aún formaba parte de este mundo. ⁸Pero ahora es el momento de eliminar el enojo, la furia, el comportamiento malicioso, la calumnia y el lenguaje sucio. ⁹No se mientan unos a otros, porque ustedes ya se han quitado la vieja naturaleza pecaminosa y todos sus actos perversos. ¹⁰Vístanse con la nueva naturaleza y se renovarán a medida que aprendan a conocer a su Creador y se parezcan más a él. ¹¹En esta vida nueva, no importa si uno es judío o gentil,* si está o no circuncidado, si es inculto, incivilizado,* esclavo o libre. Cristo es lo único que importa, y él vive en todos nosotros.

¹²Dado que Dios los eligió para que sean su pueblo santo y amado por él, ustedes tienen que vestirse de tierna compasión, bondad, humildad, gentileza y paciencia. ¹³Sean comprensivos con las faltas de los demás y perdonen a todo el que los ofenda. Recuerden que el Señor los perdonó a ustedes, así que ustedes deben perdonar a otros. ¹⁴Sobre todo, vístanse de amor, lo cual nos une a todos en perfecta armonía. ¹⁵Y que la paz que viene de Cristo gobierne en sus corazones. Pues, como miembros de un mismo cuerpo, ustedes son llamados a vivir en paz. Y sean siempre agradecidos.

¹⁶Que el mensaje de Cristo, con toda su riqueza, llene sus vidas. Enséñense y aconséjense unos a otros con toda la sabiduría que él da. Canten salmos e himnos y canciones espirituales a Dios con un corazón agradecido. ¹⁷Y todo lo que hagan o digan, háganlo como representantes del Señor Jesús y den gracias a Dios Padre por medio de él.

Instrucciones para las familias cristianas

¹⁸Esposas, sujétese cada una a su esposo como corresponde a quienes pertenecen al Señor. ¹⁹Maridos, ame cada uno a su esposa y nunca la trate con aspereza.

²⁰Hijos, obedezcan siempre a sus padres, porque eso agrada al Señor. ²¹Padres,* no exasperen a sus hijos, para que no se desanimen.

²²Esclavos, obedezcan en todo a sus amos terrenales. Traten de agradarlos todo el tiempo, no sólo cuando ellos los observan. Sírvanlos con sinceridad debido al temor reverente que ustedes tienen al Señor. ²³Trabajen de buena gana en todo lo que hagan, como si fuera para el Señor y no para la gente. ²⁴Recuerden que el Señor los recompensará con una herencia y que el Amo a quien sirven es Cristo.* ²⁵Pero, si hacen lo que está mal, recibirán el pago por el mal que hayan hecho, porque Dios no tiene favoritos.

CAPÍTULO **4**

Amos, sean justos e imparciales con sus esclavos. Recuerden que ustedes también tienen un Amo en el cielo.

3:4 Algunos manuscritos dicen *nuestra vida*.   3:6 Algunos manuscritos dicen *la furia de Dios viene sobre todos los que lo desobedecen*.   3:11a En griego *o griego*. [*Gentil*, que no es judío].   3:11b En griego *bárbaro, escita*.   3:21 En griego esta palabra se refiere sólo a los hombres.   3:24 O *sirvan a Cristo como su Amo*.

Cuando la disciplina se aplica de una manera ofensiva, las consecuencias pueden ser devastadoras. Los hijos no sólo podrían resentirse y enojarse con los padres, sino también faltarles el respeto y deshonrarlos. Lo peor es que un día los hijos tal vez terminen su relación con los padres y actúen violentamente contra ellos.

Si deseas que tus hijos te honren como padre, debes disciplinarlos con amor, felicitarlos cuando obedecen e instruirlos en las cosas del Señor.

Para comenzar el próximo tema, ve a la pág. A47.

En marcha

TRABAJA COMO SI LO HICIERAS PARA EL SEÑOR
Lee COLOSENSES 3:22-24

Mientras el mundo dice que debes trabajar para tu propio beneficio, Jesús dice que debes trabajar para agradarle a él. Mientras el mundo dice que hay que trabajar duro para salir adelante, Jesús dice que hay que hacerlo a fin de mostrarle al mundo para quién estás trabajando. Cuando trabajas como si lo hicieras para el Señor, toda tu perspectiva cambia. ¿Deseas revolucionar tu actitud hacia el trabajo? Entonces guarda este versículo en tu corazón. Si eres una madre y trabajas en el hogar: lava los platos, plancha la ropa y cocina como si lo hicieras para el Señor, no solamente para tu familia. Si estás trabajando en una oficina, cumple tus labores y trata a tus compañeros como si fueran el Señor mismo. Quizá tu trabajo sea poco apreciado y mal pagado, pero Dios promete darte plena recompensa en los cielos (versículo 24).

Para leer la próxima nota de «Trabajo», ve a la pág. A50.

Aliento para orar
² Dedíquense a la oración con una mente alerta y un corazón agradecido. ³ Oren también por nosotros, para que Dios nos dé muchas oportunidades para hablar de su misterioso plan acerca de Cristo. Por eso estoy aquí en cadenas. ⁴ Oren para que pueda proclamar ese mensaje con la claridad que debo hacerlo.

⁵ Vivan sabiamente entre los que no creen en Cristo y aprovechen al máximo cada oportunidad. ⁶ Que sus conversaciones sean cordiales y agradables,* a fin de que ustedes tengan la respuesta adecuada para cada persona.

Instrucciones finales y saludos de Pablo
⁷ Tíquico les contará con detalles cómo me va. Él es un amado hermano y un fiel colaborador que sirve conmigo en la obra del Señor. ⁸ Precisamente lo envié para que les cuente cómo estamos y los anime. ⁹ También les envío a Onésimo, un fiel y amado hermano, quien es uno de ustedes. Él y Tíquico les contarán todo lo que sucede aquí.

¹⁰ Aristarco, quien está en la cárcel conmigo, les manda saludos; y también los saluda Marcos, el primo de Bernabé. Tal como ya se les indicó, si Marcos pasa por allí, hagan que se sienta bienvenido. ¹¹ Jesús (al que llamamos

4:6 En griego *y condimentadas con sal.*

Justo) también envía saludos. Ellos son los únicos creyentes judíos entre mis colaboradores; trabajan aquí conmigo para el reino de Dios. ¡Y qué consuelo han sido para mí!

¹² Les manda saludos Epafras, un miembro de la misma comunidad de fe que ustedes y siervo de Cristo Jesús. Siempre ora con fervor por ustedes y le pide a Dios que los fortalezca y perfeccione, y les dé la plena confianza de que están cumpliendo toda la voluntad de Dios. ¹³ Puedo asegurarles que él ora intensamente por ustedes y también por los creyentes en Laodicea y Hierápolis.

¹⁴ Les manda saludos Lucas, el médico amado, y también Demas. ¹⁵ Les ruego que saluden de mi parte a nuestros hermanos en Laodicea, y también a Ninfas y a la iglesia que se reúne en su casa.

¹⁶ Una vez que hayan leído esta carta, pásenla a la iglesia en Laodicea para que ellos también puedan leerla. Y ustedes deberían leer la carta que les escribí a ellos.

¹⁷ Además, dígale a Arquipo: «Asegúrate de llevar a cabo el ministerio que el Señor te dio».

¹⁸ FIRMO MI PROPIO SALUDO DE PUÑO Y LETRA: PABLO.

Recuerden que estoy en cadenas.

Que la gracia de Dios sea con ustedes.

En marcha

MANTÉN TU CONVERSACIÓN AFABLE
Lee COLOSENSES 4:6

Testificar a otros acerca del Señor al principio puede resultarnos incómodo. Nunca sabemos qué clase de respuesta vamos a recibir. Pero si sigues los tres pasos dados en este pasaje, serás mucho más efectivo al compartir tu fe:

1. Da la buena noticia. Concentra tu conversación en el sencillo mensaje del evangelio: (1) La humanidad está separada de Dios a causa del pecado; (2) Dios envió a su Hijo, Jesucristo, a morir en la cruz y pagar el precio por nuestros pecados; y (3) debemos apartarnos del pecado, recibir a Cristo como nuestro Salvador y Señor, y seguirlo. Así seremos perdonados y podremos tener una buena relación con Dios.

2. Sé sabio cuando compartas tu fe. Usa discernimiento. No hables de Cristo si te das cuenta que la otra persona no tiene interés, pero no cortes la conversación si ves que está sinceramente interesada. Recuerda que es Dios quien suaviza el corazón de una persona. Tú sólo presentas el mensaje.

3. Procura que tu conversación sea agradable y sensible. No confíes en argumentos rebuscados para demostrar lo que dices. Deja que el amor de Cristo brille en ti cuando hablas. Una traducción de este versículo dice que tu hablar «sea sazonado con sal». En otras palabras, haz que la otra persona sienta sed de saber más acerca de Jesucristo.

Jesús comunicó su mensaje de una manera única a cada individuo. Nosotros debemos hacer lo mismo. Cuanto más compartimos nuestra fe, más fácil nos resulta hacerlo.

Para leer la próxima nota de «Conversación», ve a la pág. A49.

1 Tesalonicenses

AUTOR: PABLO | FECHA DE ESCRITURA: 51 d. de J. C. | GÉNERO: EPÍSTOLA

El tema de este libro hace énfasis en la vida piadosa y santa mientras esperamos el regreso de Jesucristo. Pablo también dio palabras consoladoras acerca de los cristianos que ya habían muerto.

CAPÍTULO 1

Saludos de Pablo

Nosotros, Pablo, Silas* y Timoteo, escribimos esta carta a la iglesia en Tesalónica, a ustedes que pertenecen a Dios Padre y al Señor Jesucristo.

Que Dios les dé gracia y paz.

La fe de los creyentes de Tesalónica

²Siempre damos gracias a Dios por todos ustedes y continuamente los tenemos presentes en nuestras oraciones. ³Al orar a nuestro Dios y Padre por ustedes, pensamos en el fiel trabajo que hacen, las acciones de amor que realizan y la constante esperanza que tienen a causa de nuestro Señor Jesucristo.

⁴Sabemos, amados hermanos, que Dios los ama y los ha elegido para que sean su pueblo propio. ⁵Pues, cuando les llevamos la Buena Noticia, no fue sólo con palabras sino también con poder, porque el Espíritu Santo les dio plena certeza* de que lo que decíamos era verdad. Y ya saben de nuestra preocupación por ustedes por la forma en que nos comportamos entre ustedes. ⁶Así que recibieron el mensaje con la alegría del Espíritu Santo, a pesar del gran sufrimiento que les trajo. De este modo nos imitaron a nosotros y también al Señor. ⁷Como resultado, han llegado a ser un ejemplo para todos los creyentes de Grecia, es decir, por toda Macedonia y Acaya.*

⁸Y ahora, la palabra del Señor está siendo anunciada, saliendo de ustedes a gente de todas partes, aun más allá de Macedonia y Acaya, pues adondequiera que vamos, encontramos personas que nos hablan de la fe que ustedes tienen en Dios. No hace falta que se la mencionemos, ⁹pues no dejan de hablar de la maravillosa bienvenida que ustedes nos dieron y de cómo se apartaron de los ídolos para servir al Dios vivo y verdadero. ¹⁰También comentan cómo ustedes esperan con ansias la venida, desde el cielo, del Hijo de Dios, Jesús, a quien Dios levantó de los muertos. Él es quien nos rescató de los horrores del juicio venidero.

CAPÍTULO 2

Pablo recuerda su visita

Ustedes bien saben, amados hermanos, que nuestra visita a ustedes no fue un fracaso. ²Saben lo mal que nos trataron en Filipos y cuánto sufrimos allí justo antes de verlos a ustedes. Aun así, nuestro Dios nos dio el valor de anunciarles la Buena Noticia con valentía, a pesar de gran oposición. ³Como ven, no predicamos con engaño ni con intenciones impuras o artimañas.

⁴Pues hablamos como mensajeros aprobados por Dios, a quienes se les confió la Buena Noticia. Nuestro propósito es agradar a Dios, no a las personas. Solamente él examina las intenciones de nuestro corazón. ⁵Como bien saben, ni una sola vez tratamos de ganarlos adulándolos. ¡Y Dios es nuestro testigo de que nunca aparentamos ser amigos de ustedes con el fin de sacarles dinero! ⁶En cuanto a elogios humanos, nunca los hemos buscado ni de ustedes ni de nadie.

⁷Como apóstoles de Cristo, sin duda teníamos el derecho de hacerles ciertas exigencias; sin embargo, fuimos como niños* entre ustedes. O bien, fuimos como una madre que

---

1:1 En griego *Silvano,* la forma griega de este nombre.   1:5 O *con el poder del Espíritu Santo, para que pudieran tener plena certeza.*   1:7 *Macedonia* y *Acaya* eran la región del norte y la región del sur de Grecia respectivamente.   2:7 Algunos manuscritos dicen *fuimos tiernos.*

Piedras angulares
NUESTRO AMOR DEBE CRECER
Lee 1 TESALONICENSES 3:12-13

Muchos de nosotros pensamos que el amor es un sentimiento que va y viene. Sin embargo, este pasaje sugiere que nuestro amor no sólo debe permanecer estable sino que también debe crecer. Parece una tarea imposible de lograr por nuestra cuenta, y lo es. Por esta razón el apóstol Pablo dice: «Que el *Señor* haga crecer y sobreabundar el amor que tienen unos por otros y por toda la gente». No puedes fabricar el amor sincero. El amor de Cristo debe controlarte (lee 2 Corintios 5:14, pág. 225). Este amor te ayudará a fortalecer tu corazón, te guardará del pecado y te santificará para que puedas estar libre de culpa hasta la venida de Cristo.

Si tu amor a Dios y a otros parece estar estancado, es posible que te hayas apartado de la Fuente de ese amor. Regresa al Señor y pídele que te llene y renueve tu amor hacia él. Luego busca maneras de compartir ese amor con otros.

Para comenzar el próximo tema, ve a la pág. A28.

---

alimenta y cuida a sus propios hijos. [8] Los amamos tanto que no sólo les presentamos la Buena Noticia de Dios, sino que también les abrimos nuestra propia vida.

[9] ¿Acaso no se acuerdan, amados hermanos, cuánto trabajamos entre ustedes? Día y noche nos esforzamos por ganarnos la vida, a fin de no ser una carga para ninguno de ustedes mientras les predicábamos la Buena Noticia de Dios. [10] Ustedes mismos son nuestros testigos —al igual que Dios— de que fuimos consagrados, sinceros e intachables con todos ustedes, los creyentes.

[11] Y saben que tratamos a cada uno como un padre trata a sus propios hijos. [12] Les rogamos, los alentamos y los instamos a llevar una vida que Dios considere digna. Pues él los llamó para que tengan parte en su reino y gloria.

[13] Por lo tanto, nunca dejamos de darle gracias a Dios de que cuando recibieron su mensaje de parte nuestra, ustedes no consideraron nuestras palabras como sólo ideas humanas. Tomaron lo que dijimos como la misma palabra de Dios, la cual, por supuesto, lo es. Y esta palabra sigue actuando en ustedes los que creen.

En marcha
ALIENTA EL CRECIMIENTO ESPIRITUAL DE TUS HIJOS
Lee 1 TESALONICENSES 2:11-12

El apóstol Pablo comparó su relación con los tesalonicenses a la de un padre con sus hijos. Aunque este pasaje no trata necesariamente de la relación entre padre e hijo, nos muestra cómo un padre representa un papel importante en el desarrollo de la fe de sus hijos:

1. Padres, alienten a sus hijos en la fe. Una manera en que los padres pueden hacerlo es viviendo su fe delante de sus hijos. De esa manera les mostrarán cómo la fe afecta la manera en que vive una persona.

2. Padres, afirmen a sus hijos en la fe. Deben estar disponibles cuando sus hijos enfrenten pruebas en su fe.

3. Padres, animen a sus hijos a crecer en la fe. Establezcan reglas y límites que ayuden a construir el fundamento moral que los hijos necesitan para vivir una vida agradable a Dios.

Los padres no pueden estar con sus hijos veinticuatro horas al día, pero sí pueden ayudarlos a establecer convicciones para que ellos tomen decisiones correctas. Esta es una de las inversiones más trascendentales de la labor de un padre.

Para leer la próxima nota de «Hijos», ve a la pág. A47.

¹⁴Y luego, amados hermanos, sufrieron persecución por parte de sus propios compatriotas. De esta manera imitaron a los creyentes de las iglesias de Dios en Judea, quienes por su fe en Cristo Jesús sufrieron a manos de su propio pueblo, los judíos. ¹⁵Pues algunos de los judíos mataron a los profetas, y otros incluso mataron al Señor Jesús. Ahora también nos han perseguido a nosotros. Ellos no agradan a Dios y actúan en contra de toda la humanidad ¹⁶al tratar de impedir que prediquemos la Buena Noticia de salvación a los gentiles.* Cuando hacen esto siguen amontonando sus pecados. Pero la ira de Dios por fin los ha alcanzado.

El buen informe de Timoteo sobre la iglesia
¹⁷Amados hermanos, después de estar separados de ustedes por un breve tiempo (aunque nuestro corazón nunca los dejó), hicimos todo lo posible por regresar, debido a nuestro intenso anhelo de volver a verlos. ¹⁸Teníamos muchas ganas de visitarlos de nuevo, y yo, Pablo, lo intenté una y otra vez, pero Satanás nos lo impidió. ¹⁹Después de todo, ¿qué es lo que nos da esperanza y alegría?, ¿y cuál será nuestra orgullosa recompensa y corona al estar delante del Señor Jesús cuando él regrese? ¡Son ustedes! ²⁰Sí, ustedes son nuestro orgullo y nuestra alegría.

CAPÍTULO **3**
Por último, cuando ya no pudimos soportarlo más, decidimos quedarnos solos en Atenas ²y enviamos a Timoteo para que los visitara. Él es hermano nuestro y colaborador de Dios* en la proclamación de la Buena Noticia de Cristo. Lo enviamos a ustedes para que los fortaleciera, los alentara en su fe ³y los ayudara a no ser perturbados por las dificultades que atravesaban. Pero ustedes saben que estamos destinados a pasar por tales dificultades. ⁴Aun cuando estábamos con ustedes, les advertimos que las dificultades pronto llegarían, y así sucedió, como bien saben. ⁵Por esta razón, cuando ya no pude más, envié a Timoteo para averiguar si la fe de ustedes seguía firme. Tenía miedo de que el tentador los hubiera vencido y que nuestro trabajo hubiera sido en vano.
⁶Pero ahora Timoteo acaba de regresar y nos trajo buenas noticias acerca de la fe y el amor de ustedes. Nos contó que siempre recuerdan nuestra visita con alegría y que desean vernos tanto como nosotros deseamos verlos a ustedes. ⁷Así que, amados hermanos, en medio de nuestras dificultades y sufrimientos hemos sido muy animados porque han permanecido firmes en su fe. ⁸Nos reaviva saber que están firmes en el Señor.

2:16 *Gentil(es)*, que no es judío.   3:2 Otros manuscritos dicen *y siervo de Dios;* incluso otros dicen *y un colaborador,* o *y siervo o colaborador de Dios,* o *y siervo de Dios y colaborador nuestro.*

Primeros pasos

ACTÚA DE ACUERDO CON LO QUE DIOS HA REVELADO EN LA ESCRITURA
Lee 1 TESALONICENSES 4:1-8

Muchas veces nos preguntamos cuál es la voluntad de Dios con referencia a alguna situación en particular. Sin embargo, la Escritura nos revela ciertas cosas que son la voluntad de Dios para todos los creyentes, sin excepción. Aquí hay cuatro aspectos que la Escritura enseña acerca de la voluntad de Dios.

1. Dios quiere que vivamos bajo el control del Espíritu Santo. Dios no desea que llenemos nuestra vida con sustitutos baratos, como el alcohol, las posesiones o cosas mundanas. Él desea que busquemos vivir bajo el control del Espíritu Santo (lee Efesios 5:18, pág. 249), el cual produce en nuestra vida cualidades santas tales como: amor, alegría, paz, paciencia, gentileza, bondad, fidelidad, humildad y control propio. Estar controlado por cualquier otra cosa o persona, está fuera de la voluntad de Dios.

2. Dios quiere que vivamos una vida pura y santa. La voluntad específica de Dios es que como cristianos tengamos una vida sexual pura (versículos 4-5). La única relación sexual que Dios bendice es la de un hombre y una mujer comprometidos en el matrimonio. Las relaciones prematrimoniales y extramatrimoniales no son la voluntad de Dios para el cristiano, bajo ninguna circunstancia.

3. Dios quiere que seamos agradecidos. No importa lo que pase, Dios quiere que demos gracias, reconociendo que él tiene control de todas las circunstancias que rodean nuestra vida (lee 1 Tesalonicenses 5:18, pág. 272). Él ha prometido hacer que todas las cosas cooperen para el bien del creyente. Podemos regocijarnos porque él tiene un propósito en mente para todo lo que nos sucede.

4. Dios quiere que todos lleguen al arrepentimiento. Es evidente que Dios desea que toda la gente llegue a tener una relación personal con él (lee 2 Pedro 3:9, pág. 325). Por esta razón debes aprovechar cada oportunidad para orar y testificar a quienes necesitan a Cristo.

Para leer la próxima nota de «Busca la voluntad de Dios», ve a la pág. A41.

Piedras angulares

EVITA LAS RELACIONES ADÚLTERAS

Lee 1 TESALONICENSES 4:1-8

Este pasaje nos da algunas razones contundentes de por qué debemos evitar a toda costa la inmoralidad sexual. Más aún, el pecado del adulterio causa por lo menos seis consecuencias dañinas:

1. El adulterio produce grave daño al cónyuge del adúltero. Una persona adúltera viola el vínculo con su cónyuge al tener relaciones con otra persona. Este pecado es tan serio que Jesús lo considera un motivo válido para el divorcio (lee Mateo 19:9, pág. 26). Aunque un matrimonio puede sobrevivir al dolor del adulterio con la ayuda de Dios, la confianza nunca será la misma.

2. El adulterio daña irreparablemente al adúltero. Aunque Dios puede perdonar a la persona que comete este pecado, no todos la perdonarán tan fácilmente. La reputación de esa persona quedará dañada y Satanás, sin duda, lo acosará con sentimientos de culpa.

3. El adulterio causa grandes heridas a los hijos del adúltero. Puede suceder que la persona que comete este pecado nunca recupere completamente la confianza de sus hijos. Pero lo peor es que los hijos de la persona adúltera podrían seguir sus pasos y cometer el mismo pecado más tarde en sus vidas.

4. Los creyentes que cometen adulterio traen mala reputación a la iglesia. La Escritura enseña que cuando una parte del cuerpo de Cristo sufre, todos sufren (lee 1 Corintios 12:26, pág. 215). Todos los cristianos son representantes de la iglesia y cuando se descubre el pecado de uno de los miembros, esa persona dañará la reputación de la iglesia, especialmente si tiene una posición de liderazgo.

5. El adulterio daña la causa de Cristo. Esta conducta hiere el testimonio del cristiano y daña su credibilidad. Los que dicen seguir a Cristo y cometen adulterio, no sólo hieren su propia reputación, sino también la reputación de Cristo.

6. El adulterio es un pecado contra Dios. Este debe ser el motivo principal para llevar una vida santa. Como lo afirma Pablo en este texto, Dios nos ha dado su Espíritu *Santo* para que viva en nosotros. Cuanto más llene y controle el Espíritu Santo nuestra vida, menos probabilidad habrá de caer en la tentación del adulterio.

Para leer la próxima nota de «Pureza», ve a la pág. A29.

---

[9] ¡Cuánto le agradecemos a Dios por ustedes! Gracias a ustedes tenemos gran alegría cuando entramos en la presencia de Dios. [10] Día y noche oramos con fervor por ustedes, pidiéndole a Dios que nos permita volver a verlos y completar lo que falte en su fe.

[11] Que Dios nuestro Padre y nuestro Señor Jesús nos lleven muy pronto a verlos a ustedes.

[12] Y que el Señor haga crecer y sobreabundar el amor que tienen unos por otros y por toda la gente, tanto como sobreabunda nuestro amor por ustedes. [13] Que él, como resultado, fortalezca su corazón para que esté sin culpa y sea santo al estar ustedes delante de Dios nuestro Padre cuando nuestro Señor Jesús regrese con todo su pueblo santo. Amén.

En marcha

ESFUÉRZATE POR SER RESPONSABLE

Lee 1 TESALONICENSES 4:11-12

Como cristiano, debes esforzarte por ser el mejor trabajador que puedas. Si no lo haces y realizas un trabajo de menor calidad, entonces le quitas honor al Señor a quien sirves. Por el contrario, si eres aplicado en tu trabajo y llevas una vida responsable, tendrás muchas oportunidades de compartir tu fe, porque la gente te respetará.

Considera la vida de José, que se relata en el Antiguo Testamento. Aunque

CAPÍTULO **4**

Vivir para agradar a Dios

Finalmente, amados hermanos, los instamos en el nombre del Señor Jesús a que vivan de una manera que le agrada a Dios, tal como les enseñamos. Ustedes ya viven de esta manera, y los animamos a que lo sigan haciendo aún más. ²Pues recuerdan lo que les enseñamos por la autoridad del Señor Jesús.

³La voluntad de Dios es que sean santos, entonces aléjense de todo pecado sexual. ⁴Como resultado cada uno controlará su propio cuerpo* y vivirá en santidad y honor, ⁵no en pasiones sensuales como viven los paganos, que no conocen a Dios ni sus caminos. ⁶Nunca hagan daño ni engañen a un hermano cristiano en este asunto teniendo relaciones sexuales con su esposa,* porque el Señor toma venganza de todos esos pecados, como ya les hemos advertido solemnemente. ⁷Dios nos ha llamado a vivir vidas santas, no impuras. ⁸Por lo tanto, todo el que se niega a vivir de acuerdo con estas reglas no desobedece enseñanzas humanas sino que rechaza a Dios, quien les da el Espíritu Santo.

⁹Pero no hace falta que les escribamos sobre la importancia de amarse mutuamente,* pues Dios mismo les ha enseñado a amarse unos a otros. ¹⁰Es más, ustedes ya muestran amor por todos los creyentes* en toda Macedonia. Aun así, amados hermanos, los instamos a que los amen todavía más.

¹¹Pónganse como objetivo vivir una vida tranquila, ocúpense de sus propios asuntos y trabajen con sus manos, tal como los instruimos anteriormente. ¹²Entonces la gente que no es cristiana respetará la manera en que ustedes viven, y no tendrán que depender de otros.

La esperanza de la resurrección

¹³Y ahora, amados hermanos, queremos que sepan lo que sucederá con los creyentes que han muerto,* para que no se entristezcan como los que no tienen esperanza. ¹⁴Pues, ya que creemos que Jesús murió y resucitó, también creemos que cuando Jesús vuelva, Dios traerá junto con él a los creyentes que hayan muerto.

¹⁵Les decimos lo siguiente de parte del Señor: nosotros, los que todavía estemos vivos cuando el Señor regrese, no nos encontraremos con él antes de los que ya hayan muerto. ¹⁶Pues el Señor mismo descenderá del cielo con un grito de mando, con voz de arcángel y con el llamado de trompeta de Dios. Primero, los cristianos que hayan muerto* se levantarán de sus tumbas. ¹⁷Luego, junto con ellos, nosotros los que aún sigamos vivos sobre la tierra, seremos arrebatados en las nubes para encontrarnos con el Señor en el aire. Entonces estaremos con el Señor para siempre. ¹⁸Así que anímense unos a otros con estas palabras.

CAPÍTULO **5**

Ahora bien, amados hermanos, con respecto a cómo y cuándo sucederá todo esto, en realidad no es necesario que les escribamos. ²Pues ustedes saben muy bien que el día del regreso del Señor llegará inesperadamente, como un ladrón en la noche. ³Cuando la gente esté diciendo: «Todo está tranquilo y seguro», entonces le caerá encima la catástrofe tan repentinamente como le vienen los dolores de parto a una mujer embarazada. Y no habrá escapatoria posible.

⁴Pero ustedes, amados hermanos, no están a oscuras acerca de estos temas, y no serán sorprendidos cuando el día del Señor venga como un ladrón.* ⁵Pues todos ustedes son hijos de la luz y del día; no pertenecemos a la oscuridad y a la noche. ⁶Así que manténganse en guardia, no dormidos como los demás. Estén alerta y lúcidos. ⁷Es en la noche cuando la gente duerme y los bebedores se emborrachan. ⁸Pero los que vivimos en la luz estemos lúcidos, protegidos por la armadura de la fe y el amor, y usemos, por casco, la confianza de nuestra salvación. ⁹Pues Dios escogió salvarnos por medio

---

4:4 O *sabrá cómo tomar a una esposa para sí mismo;* o *aprenderá a vivir con su propia esposa;* en griego dice *sabrá cómo poseer su propia vasija.* **4:6** En griego *Nunca hagan daño ni engañen a un hermano.* **4:9** En griego *sobre el amor fraternal.* **4:10** En griego *los hermanos.* **4:13** En griego *los que han dormido;* también en 4:14, 15. **4:16** En griego *los muertos en Cristo.* **5:4** Algunos manuscritos dicen *les sobrevenga como si ustedes fueran ladrones.*

---

había sido vendido como esclavo por sus propios hermanos, realizaba con esmero cada trabajo que se le asignaba. Ese arduo esfuerzo hizo la diferencia. La Biblia dice: «El Señor estaba con José, por eso él tenía éxito en todo mientras servía en la casa de su amo egipcio. Potifar lo notó y se dio cuenta de que el Señor estaba con José, y le daba éxito en todo lo que hacía» (Génesis 39:2-3).

No puedes esperar que otros tomen tu mensaje seriamente si no ven que eres serio en lo que haces. No llames la atención por tu pereza u holgazanería, sino atrae la atención de otros al Señor por tu diligencia. Tu modo de vida, fiel y responsable, será tu mejor mensaje.

Para leer la próxima nota de «Trabajo», ve a la pág. A51.

de nuestro Señor Jesucristo y no derramar su enojo sobre nosotros. [10]Cristo murió por nosotros para que —estemos vivos o muertos cuando regrese— podamos vivir con él para siempre. [11]Así que aliéntense y edifíquense unos a otros, tal como ya lo hacen.

Consejos finales de Pablo

[12]Amados hermanos, honren a sus líderes en la obra del Señor. Ellos trabajan arduamente entre ustedes y les dan orientación espiritual. [13]Ténganles mucho respeto y de todo corazón demuéstrenles amor por la obra que realizan. Y vivan en paz unos con otros.

[14]Hermanos, los instamos a que amonesten a los perezosos. Alienten a los tímidos. Cuiden con ternura a los débiles. Sean pacientes con todos.

[15]Asegúrense de que ninguno pague mal por mal, más bien siempre traten de hacer el bien entre ustedes y a todos los demás.

[16]Estén siempre alegres. [17]Nunca dejen de

5:26 En griego con un beso santo.

orar. [18]Sean agradecidos en toda circunstancia, pues ésta es la voluntad de Dios para ustedes, los que pertenecen a Cristo Jesús.

[19]No apaguen al Espíritu Santo. [20]No se burlen de las profecías, [21]sino pongan a prueba todo lo que se dice. Retengan lo que es bueno. [22]Aléjense de toda clase de mal.

Saludos finales de Pablo

[23]Ahora, que el Dios de paz los haga santos en todos los aspectos, y que todo su espíritu, alma y cuerpo se mantenga sin culpa hasta que nuestro Señor Jesucristo vuelva. [24]Dios hará que esto suceda, porque aquél que los llama es fiel.

[25]Amados hermanos, oren por nosotros. [26]Saluden a todos los hermanos con amor cristiano.* [27]Les ordeno, en el nombre del Señor, que les lean esta carta a todos los demás hermanos. [28]Que la gracia de nuestro Señor Jesucristo sea con ustedes.

En marcha
PIENSA EN CÓMO ALENTAR, ELOGIAR Y EDIFICAR A OTROS
Lee 1 TESALONICENSES 5:11

Las palabras que diriges a otros, ¿benefician y dejan una impresión positiva en aquellos a quienes hablas? En este pasaje, Pablo insiste en la importancia de hablar con integridad. Las siguientes son tres ideas de este pasaje que te ayudarán a hacer tu conversación más significativa:

1. No digas malas palabras. Como cristiano, tu hablar debe ser positivo y edificante, no vulgar y obsceno. Esta manera de hablar aleja la atención de Cristo y no edifica a otros.

2. Escucha antes de hablar. No simules estar interesado, escucha realmente. No sabrás qué decirle a una persona a menos que entiendas bien sus necesidades, sus preguntas y sentimientos. Santiago nos instruye a ser rápidos para escuchar y lentos para hablar (lee Santiago 1:19, pág. 309).

3. Esfuérzate en honrar a Cristo en todo lo que digas. La mejor manera de bendecir o alentar a otros con nuestra conversación es dirigirlos a nuestro Salvador. Este versículo se ha traducido como «usar las palabras apropiadas para cada ocasión y que puedan ser instrumentos para que Dios traiga bendición a otros». Por ejemplo, cuando alguien te comparte alguna preocupación que está enfrentando, aprovecha la oportunidad para darle, de alguna manera, la esperanza que Jesucristo le ofrece.

Desgraciadamente, debido a nuestra vida ocupada y agitada, la calidad de la conversación se ve afectada. Nuestras conversaciones giran sobre temas «superficiales», tales como el tiempo, las actividades deportivas, los asuntos del trabajo o las noticias del día. Pero como cristianos tenemos que hacer un esfuerzo adicional para que sean más significativas, de modo que aquellos que nos oyen sean alentados y edificados por lo que decimos. Los que sigan este consejo de Pablo, no sólo desarrollarán amistades más profundas, sino que también serán testigos eficaces para el Señor.

Para comenzar el próximo tema, ve a la pág. A49.

2 Tesalonicenses

AUTOR: PABLO | FECHA DE ESCRITURA: 51 d. de J. C. | GÉNERO: EPÍSTOLA

Esta carta fue escrita para animar a los creyentes que sufrían persecución. También provee la correcta enseñanza acerca del «día del Señor», un asunto confuso para algunos de los creyentes de Tesalónica. Además, otros no vivían de la manera en que debían hacerlo en vista del regreso del Señor, así que Pablo también cubrió ese asunto.

CAPÍTULO **1**
Saludos de Pablo
Nosotros, Pablo, Silas* y Timoteo, escribimos esta carta a la iglesia en Tesalónica, a ustedes que pertenecen a Dios nuestro Padre y al Señor Jesucristo. ²Que Dios nuestro Padre* y el Señor Jesucristo les den gracia y paz.

Ánimo durante la persecución
³Amados hermanos, no podemos más que agradecerle a Dios por ustedes, porque su fe está floreciendo, y el amor de unos por otros, creciendo. ⁴Con orgullo les contamos a las demás iglesias de Dios acerca de la constancia y la fidelidad de ustedes en todas las persecuciones y privaciones que están sufriendo. ⁵Y Dios usará esa persecución para mostrar su justicia y para hacerlos dignos de su reino, por el cual sufren. ⁶En su justicia él les dará su merecido a quienes los persiguen.

⁷Y Dios les brindará descanso a ustedes que están siendo perseguidos y también a nosotros cuando el Señor Jesús aparezca desde el cielo. Él vendrá con sus ángeles poderosos, ⁸en llamas de fuego, y traerá juicio sobre los que no conocen a Dios y sobre los que se niegan a obedecer la Buena Noticia de nuestro Señor Jesús. ⁹Serán castigados con destrucción eterna, separados para siempre del Señor y de su glorioso poder. ¹⁰Aquel día cuando él venga, recibirá gloria de su pueblo santo y alabanza de todos los que creen. Esto también los incluye a ustedes, porque creyeron lo que les dijimos acerca de él.

¹¹Así que seguimos orando por ustedes, pidiéndole a nuestro Dios que los ayude para que vivan una vida digna de su llamado. Que él les dé el poder para llevar a cabo todas las cosas buenas que la fe los mueve a hacer. ¹²Entonces el nombre de nuestro Señor Jesús será honrado por la vida que llevan ustedes, y serán honrados junto con él. Todo esto se hace posible por la gracia de nuestro Dios y Señor, Jesucristo.*

CAPÍTULO **2**
Acontecimientos previos a la segunda venida del Señor
Ahora, amados hermanos, aclaremos algunos aspectos sobre la venida de nuestro Señor Jesucristo y cómo seremos reunidos para encontrarnos con él. ²No se dejen perturbar ni se alarmen tan fácilmente por los que dicen que el día del Señor ya ha comenzado. No les crean, ni siquiera si afirman haber tenido una visión espiritual, una revelación o haber recibido una carta supuestamente de nosotros. ³No se dejen engañar por lo que dicen. Pues aquel día no vendrá hasta que haya una gran rebelión contra Dios y se dé a conocer el hombre de anarquía,* aquél que trae destrucción.* ⁴Se exaltará a sí mismo y se opondrá a todo lo que la gente llame «dios» y a cada objeto de culto. Incluso se sentará en el templo de Dios y afirmará que él mismo es Dios.

⁵¿No se acuerdan de que les mencioné todo esto cuando estuve con ustedes? ⁶Y ustedes saben qué es lo que lo detiene, porque sólo puede darse a conocer cuando le llegue su momento. ⁷Pues esa anarquía ya está en marcha en forma secreta, y permanecerá secreta hasta que el que la detiene se quite de en medio. ⁸Entonces el hombre de anarquía será dado a conocer, pero

---

1:1 En griego *Silvano*, la forma griega de este nombre.   1:2 Algunos manuscritos dicen *Dios el Padre*.   1:12 O *de nuestro Dios y de nuestro Señor Jesucristo*.   2:3a Algunos manuscritos dicen *el hombre de pecado*.   2:3b En griego *el hijo de destrucción*.

Piedras angulares

¿CUÁL ES EL PEOR CASTIGO DEL INFIERNO?

Lee 2 TESALONICENSES 1:7-10

Como lo establece este pasaje, la verdadera agonía de aquellos que van al infierno es que estarán separados eternamente de Dios. Para comprender cuán terrible es este castigo, examinemos las consecuencias de estar separados de la presencia de Dios.

Juicio. Cuando Cristo vuelva, los que no son creyentes enfrentarán un juicio; no así los creyentes. En este juicio, serán revelados públicamente todos sus actos y entonces serán sentenciados a pasar la eternidad en el lago de fuego (lee Apocalipsis 20:11-15, pág. 357).

Destrucción eterna. En el infierno, los que no son creyentes serán destinados a sufrir un tormento eterno junto con el diablo y sus demonios. El tormento que soportarán está descrito por Jesús como un fuego eterno (lee Mateo 18:8, pág. 25 y Mateo 25:41, pág. 35). Los que no son creyentes pasarán la eternidad en agonía.

Remordimiento. Jesús empleó muchas parábolas para describir el reino del cielo y definir quiénes entrarán y quiénes no. Los que no entrarán a su reino estarán en un lugar donde habrá «llanto y rechinar de dientes» (Mateo 13:42). Llorar y rechinar los dientes es una de las experiencias del remordimiento que sufrirán cuando comprendan que están perdidos por la eternidad.

Desesperación. Debido a que su castigo es eterno, los no creyentes no tendrán esperanza de que su situación mejore. Su existencia será no sólo de agonía, sino también de desesperación.

Aquellos que conocen a Cristo tienen mucho que ganar. Los que no lo conocen tienen mucho que perder.

Para comenzar el próximo tema, ve a la pág. A27.

---

el Señor Jesús lo matará con el soplo de su boca y lo destruirá con el esplendor de su venida. ⁹Ese hombre vendrá a hacer la obra de Satanás con poder, señales y milagros falsos. ¹⁰Se valdrá de toda clase de mentiras malignas para engañar a los que van rumbo a la destrucción, porque se niegan a amar y a aceptar la verdad que los salvaría. ¹¹Por lo tanto, Dios hará que ellos sean engañados en gran manera y creerán esas mentiras. ¹²Entonces serán condenados por deleitarse en la maldad en lugar de creer en la verdad.

Los creyentes deben permanecer firmes

¹³En cuanto a nosotros, no podemos más que agradecerle a Dios por ustedes, queridos hermanos, amados por el Señor. Siempre estamos agradecidos de que Dios los eligió para que estén entre los primeros* en experimentar la salvación, una salvación que vino mediante el Espíritu —quien los hace santos— y por creer en la verdad. ¹⁴Él los llamó a la salvación cuando les anunciamos la Buena Noticia; ahora pueden participar de la gloria de nuestro Señor Jesucristo. ¹⁵Con todo esto en mente, amados herma-

nos, permanezcan firmes y sigan bien aferrados a las enseñanzas que les transmitimos tanto en persona como por carta. ¹⁶Que nuestro Señor Jesucristo mismo y Dios nuestro Padre, quien nos amó y por su gracia nos dio consuelo eterno y una esperanza maravillosa, ¹⁷los conforten y fortalezcan en todo lo bueno que ustedes hagan y digan.

CAPÍTULO 3

Pablo pide oración

Finalmente, amados hermanos, les pedimos que oren por nosotros. Oren para que el mensaje del Señor se difunda rápidamente y sea honrado en todo lugar adonde llegue, así como cuando les llegó a ustedes. ²Oren, también, para que seamos rescatados de gente perversa y mala, porque no todos son creyentes. ³Pero el Señor es fiel; él los fortalecerá y los protegerá del maligno.* ⁴Y confiamos en el Señor que ustedes hacen y seguirán haciendo lo que les ordenamos. ⁵Que el Señor les guíe el corazón a un entendimiento total y a una expresión plena del amor de Dios, y a la perseverancia con paciencia que proviene de Cristo.

2:13 Algunos manuscritos dicen *los eligió desde el principio para experimentar.*   3:3 O *del mal.*

Exhortación a vivir correctamente

⁶ Y ahora, amados hermanos, les damos el siguiente mandato en el nombre de nuestro Señor Jesucristo: aléjense de todos los creyentes* que llevan vidas ociosas y que no siguen la tradición que recibieron* de nosotros. ⁷ Pues ustedes saben que deben imitarnos. No estuvimos sin hacer nada cuando los visitamos a ustedes. ⁸ En ningún momento aceptamos comida de nadie sin pagarla. Trabajamos mucho de día y de noche a fin de no ser una carga para ninguno de ustedes. ⁹ Por cierto, teníamos el derecho de pedirles que nos alimentaran, pero quisimos dejarles un ejemplo que seguir. ¹⁰ Incluso mientras estábamos con ustedes les dimos la siguiente orden: «Los que no están dispuestos a trabajar que tampoco coman».

¹¹ Sin embargo, oímos que algunos de ustedes llevan vidas de ocio, se niegan a trabajar y se entrometen en los asuntos de los demás. ¹² Les ordenamos a tales personas y las instamos en el nombre del Señor Jesucristo a que se tranquilicen y a que trabajen para ganarse la vida. ¹³ En cuanto al resto de ustedes, amados hermanos, nunca se cansen de hacer el bien.

¹⁴ Tomen nota de quienes rehúsan obedecer lo que decimos en esta carta. Aléjense de ellos, para que se avergüencen. ¹⁵ No los vean como enemigos, sino que llámenles la atención como lo harían con un hermano.*

Saludos finales de Pablo

¹⁶ Ahora, que el mismo Señor de paz les dé su paz en todo momento y en cada situación. El Señor sea con todos ustedes.

¹⁷ AQUÍ ESTÁ MI SALUDO DE MI PROPIO PUÑO Y LETRA: PABLO.

HAGO ESTO EN TODAS MIS CARTAS PARA PROBAR QUE SON MÍAS. ¹⁸ Que la gracia de nuestro Señor Jesucristo sea con todos ustedes.

3:6a En griego *de todo hermano.*   **3:6b** Algunos manuscritos dicen *ustedes recibieron.*   **3:15** En griego *como a un hermano.*

1 Timoteo

AUTOR: PABLO | FECHA DE ESCRITURA: 64 d. de J. C. | GÉNERO: EPÍSTOLA

Pablo, bajo la inspiración del Espíritu Santo, estableció cuál sería la conducta de la iglesia y la de sus líderes. Aunque Timoteo era un pastor, estas palabras aplican a todos aquellos que quieren ser usados por Dios y que sus vidas hagan una diferencia.

CAPÍTULO 1

Saludos de Pablo

Yo, Pablo, apóstol de Cristo Jesús, nombrado por mandato de Dios nuestro Salvador y de Cristo Jesús, quien nos da esperanza, ²le escribo esta carta a Timoteo, mi verdadero hijo en la fe.

Que Dios Padre y Cristo Jesús nuestro Señor te den gracia, misericordia y paz.

Advertencia contra las falsas enseñanzas

³Cuando partí hacia Macedonia, te rogué que te quedaras ahí en Éfeso y que pararas a esas personas cuyas enseñanzas son contrarias a la verdad. ⁴No dejes que pierdan el tiempo en debates interminables sobre mitos y linajes espirituales. Esto sólo conduce a especulaciones sin sentido alguno,* que no ayudan a que la gente viva una vida de fe en Dios.* ⁵El propósito de mi instrucción es que todos los creyentes sean llenos del amor que brota de un corazón puro, de una conciencia limpia y de una fe genuina. ⁶Pero algunos no lo entendieron. Se desviaron de estas cosas y pasan el tiempo en debates sin sentido. ⁷Quieren ser reconocidos como maestros de la ley de Moisés, pero no tienen ni idea de lo que están diciendo a pesar de que hablan con mucha seguridad.

⁸Nosotros sabemos que la ley es buena cuando se usa correctamente. ⁹Pues la ley no fue diseñada para la gente que hace lo correcto. Es para los transgresores y rebeldes, para los desobedientes a Dios y los pecadores, para quienes no consideran nada sagrado y que profanan lo que es santo, para quienes matan a su padre o a su madre, o cometen otros homicidios. ¹⁰La ley es para los que cometen inmoralidades sexuales o los que practican la homosexualidad o los traficantes de esclavos,* los mentirosos, los que no cumplen sus promesas o los que hacen cualquier otra cosa que contradiga la sana enseñanza ¹¹que proviene de la gloriosa Buena Noticia, que me confió nuestro bendito Dios.

Gratitud de Pablo por la misericordia de Dios

¹²Le doy gracias a Cristo Jesús nuestro Señor, quien me ha dado fuerzas para llevar a cabo su obra. Él me consideró digno de confianza y me designó para servirlo, ¹³a pesar de que yo antes blasfemaba el nombre de Cristo. En mi insolencia, yo perseguía a su pueblo. Pero Dios tuvo misericordia de mí, porque lo hacía por ignorancia y porque era un incrédulo. ¹⁴¡Oh, qué tan generoso y lleno de gracia fue el Señor! Me llenó de la fe y el amor que provienen de Cristo Jesús.

¹⁵La siguiente declaración es digna de confianza, y todos deberían aceptarla: «Cristo Jesús vino al mundo para salvar a los pecadores», de los cuales yo soy el peor de todos. ¹⁶Pero Dios tuvo misericordia de mí, para que Cristo Jesús me usara como principal ejemplo de su gran paciencia con aun los peores pecadores. De esa manera, otros se darán cuenta de que también pueden creer en él y recibir la vida eterna. ¹⁷¡Qué todo el honor y toda la gloria sean para Dios por siempre y para siempre! Él es el Rey eterno, el invisible que nunca muere; solamente él es Dios. Amén.

La responsabilidad de Timoteo

¹⁸Timoteo, hijo mío, te doy estas instrucciones, basadas en las palabras proféticas que se

1:4a En griego *en mitos y genealogías interminables, que generan especulaciones.* 1:4b En griego *una mayordomía de Dios en la fe.* 1:10 O *secuestradores.*

Piedras angulares

RECONOCE LAS ESTRATEGIAS DE SATANÁS
Lee 1 TIMOTEO 4:1-2

Debemos estar en guardia contra las astutas trampas de Satanás; como lo dice este pasaje, él estará activo en los últimos días (que ya estamos viviendo). Se nos advierte que algunos de la iglesia caerán presa de ideas y enseñanzas aberrantes. Por lo tanto, cuando escuches a maestros, a pastores y a todos los que enseñan la Palabra, recuerda que:

- Cualquier «evangelio» que distorsiona el mensaje de Jesús como se encuentra en la Biblia, sea agregándole o quitándole algo...
- Cualquier «evangelio» que ofrece un cristianismo sin Cristo o sin la cruz...
- Cualquier «evangelio» que promete perdón sin arrepentimiento...
- Cualquier «evangelio» que presenta la esperanza del cielo sin la realidad del infierno...

... no es el evangelio, sino una «versión diluida» que da falsas esperanzas y aparente seguridad. Tales enseñanzas son extremadamente peligrosas para tu beneficio espiritual. Permanece lejos de ellas.

Para leer la próxima nota de «Discernimiento», ve a la pág. A32.

---

dijeron tiempo atrás acerca de ti. Espero que te ayuden a pelear bien en las batallas del Señor. [19]Aférrate a tu fe en Cristo y mantén limpia tu conciencia. Pues algunas personas desobedecieron a propósito lo que les dictaba su conciencia y, como resultado, su fe naufragó. [20]Himeneo y Alejandro son dos ejemplos. Yo los expulsé y se los entregué a Satanás, para que aprendieran a no blasfemar contra Dios.

CAPÍTULO **2**
Instrucciones sobre la adoración
En primer lugar, te insto a que ores por todos los seres humanos. Pídele a Dios que los ayude; intercede en su favor, y da gracias por ellos. [2]Ora de ese modo por los reyes y por todos los que están en autoridad, para que podamos tener una vida pacífica y tranquila, caracterizada por la devoción a Dios y la dignidad. [3]Esto es bueno y le agrada a Dios nuestro Salvador, [4]quien quiere que todos se salven y lleguen a conocer la verdad. [5]Pues hay sólo un Dios y sólo un Mediador que puede reconciliar a la humanidad con Dios, y es el hombre Cristo Jesús. [6]Él dio su vida para comprarles la libertad a todos. Éste es el mensaje que Dios le dio al mundo justo en el momento preciso. [7]Y yo fui elegido como predicador y apóstol para enseñarles a los gentiles* este mensaje acerca de la fe y la verdad. No estoy exagerando, sólo digo la verdad. [8]Deseo que en cada lugar de adoración los

hombres oren con manos santas, levantadas a Dios, y libres de enojo y controversia. [9]Y quiero que las mujeres se vistan de una manera modesta.* Deberían llevar ropa decente y apropiada y no llamar la atención con la manera en que se arreglan el cabello ni con accesorios de oro ni con perlas ni ropa costosa. [10]Pues las mujeres que pretenden ser dedicadas a Dios deberían hacerse atractivas por las cosas buenas que hacen. [11]Las mujeres deben aprender en silencio y sumisión. [12]Yo no les permito a las mujeres que les enseñen a los hombres ni que tengan autoridad sobre ellos,* sino que escuchen en silencio. [13]Pues Dios primero creó a Adán y luego hizo a Eva. [14]Ahora bien, no fue Adán el engañado por Satanás; la mujer fue la engañada y la consecuencia fue el pecado. [15]Sin embargo, las mujeres se salvarán al tener hijos,* siempre y cuando sigan viviendo en la fe, el amor, la santidad y la modestia.

CAPÍTULO **3**
Los líderes de la iglesia
La siguiente declaración es digna de confianza: «Si alguno aspira a ocupar el cargo de anciano en la iglesia,* desea una posición honorable». [2]Por esta razón un anciano debe ser un hombre que lleve una vida intachable. Debe serle fiel a su esposa.* Debe tener control propio, vivir sabiamente y tener una buena reputación.

2:7 *Gentil(es), que no es judío.*   2:9 *U oren con ropa modesta.*   2:12 *O enseñen a los hombres ni usurpen su autoridad.*
2:15 *O serán salvas al aceptar su rol de madres, o serán salvas por el nacimiento del Niño.*   3:1 *O supervisor, u obispo;*
también en 3:2, 6.   3:2 *O debe tener una sola esposa, o debe estar casado sólo una vez; en griego dice debe ser esposo de una sola esposa; también en 3:12.*

Con agrado debe recibir visitas y huéspedes en su casa y también debe tener la capacidad de enseñar. ³No debe emborracharse* ni ser violento. Debe ser amable, no debe buscar pleitos ni amar el dinero. ⁴Debe dirigir bien a su propia familia, y que sus hijos lo respeten y lo obedezcan. ⁵Pues, si un hombre no puede dirigir a los de su propia casa, ¿cómo podrá cuidar de la iglesia de Dios?

⁶Un anciano no debe ser un nuevo creyente porque podría volverse orgulloso, y el diablo lo haría caer.* ⁷Además, la gente que no es de la iglesia debe hablar bien de él, para que no sea deshonrado y caiga en la trampa del diablo.

⁸De la misma manera, los diáconos deben ser dignos de mucho respeto y tener integridad. No deben emborracharse ni ser deshonestos con el dinero. ⁹Tienen que estar comprometidos con el misterio de la fe que ahora ha sido revelado y vivir con la conciencia limpia. ¹⁰Que sean evaluados cuidadosamente antes de ser nombrados como diáconos. Si pasan el examen, entonces que sirvan como diáconos.

¹¹De la misma manera, sus esposas* deben ser dignas de respeto y no calumniar a nadie. Deben tener control propio y ser fieles en todo lo que hagan.

¹²Un diácono debe serle fiel a su esposa, dirigir bien a sus hijos y a los demás de su casa. ¹³Los que hagan bien su trabajo como diáconos serán recompensados con el respeto de los demás y aumentarán su confianza en la fe en Cristo Jesús.

Verdades de nuestra fe
¹⁴Aunque espero verte pronto te escribo estas cosas ahora, ¹⁵para que, si me retraso, sepas cómo deben comportarse las personas en la familia de Dios. Ésta es la iglesia del Dios viviente, columna y fundamento de la verdad.

¹⁶Sin duda alguna, el gran misterio de nuestra fe es el siguiente:*

Cristo* fue revelado en un cuerpo humano
    y vindicado por el Espíritu.*
Fue visto por ángeles
    y anunciado a las naciones.
Fue creído en todo el mundo
    y llevado al cielo en gloria.

CAPÍTULO **4**
Advertencias contra los falsos maestros
Ahora bien, el Espíritu Santo nos dice claramente que en los últimos tiempos algunos se

3:3 En griego *no debe beber demasiado vino;* similar en 3:8.
3:6 O *podría caer en el mismo juicio que el diablo.*
3:11 O *las diaconisas.* La palabra griega puede traducirse *mujeres* o *esposas.*   3:16a O *de la sumisión a Dios.*
3:16b En griego *Él, quien;* otros manuscritos dicen *Dios.*
3:16c O *en su espíritu.*

Primeros pasos

¿PUEDES DISFRUTAR DE LAS RIQUEZAS?
Lee 1 TIMOTEO 6:17-19

El Señor puede y, de hecho, te bendecirá con riquezas. Estas no serán necesariamente materiales. Como lo dice el versículo 6 de este capítulo: «La verdadera sumisión a Dios es una gran riqueza en sí misma cuando uno está contento con lo que tiene». Pero si Dios te bendice con riquezas materiales, él requiere tres cosas de ti:

1. No seas arrogante, ni pongas tu esperanza en las riquezas. El versículo 10 de este capítulo dice: «Pues el amor al dinero es la raíz de toda clase de mal. Y algunas personas, en su intenso deseo por el dinero, se han desviado de la fe verdadera y se han causado muchas heridas dolorosas». La riqueza no es pecaminosa. La riqueza no es virtuosa. Todo depende del corazón de la persona. Hay personas piadosas que son ricas, y hay personas no piadosas que son pobres, y viceversa. La pregunta que debes hacerte es: «¿Poseo mis riquezas o mis riquezas me poseen a mí?».

2. Disfruta de lo que Dios te ha dado. Si Dios te bendice materialmente, no te sientas culpable por eso. Sé agradecido, porque él desea que disfrutes de lo que tienes.

3. Sé generoso, haz lo bueno, y comparte tu riqueza con otros. Junto con la riqueza viene la responsabilidad. Reconoce que eres un mayordomo de lo que Dios te ha dado, e invierte lo que tienes en su obra.

Si sigues estos tres principios, te ayudarán a ser feliz con lo que posees. Cuando le das a Dios el completo control en esta área de tu vida, nunca serás dominado por tu riqueza o por las riquezas que deseas tener.

Para comenzar el próximo tema, ve a la pág. A42.

apartarán de la fe verdadera; seguirán espíritus engañosos y enseñanzas que provienen de demonios. [2] Estas personas son hipócritas y mentirosas, y tienen muerta* la conciencia.

[3] Dirán que está mal casarse y que está mal comer determinados alimentos; pero Dios creó esos alimentos para que los coman con gratitud las personas fieles que conocen la verdad. [4] Ya que todo lo que Dios creó es bueno, no deberíamos rechazar nada, sino recibirlo con gratitud. [5] Pues sabemos que se hace aceptable* por la palabra de Dios y la oración.

Un buen siervo de Cristo Jesús

[6] Timoteo, si les explicas estas cosas a los hermanos, serás un digno siervo de Cristo Jesús, bien alimentado con el mensaje de fe y la buena enseñanza que has seguido. [7] No pierdas el tiempo discutiendo sobre ideas mundanas y cuentos de viejas. En lugar de eso, entrénate para la sumisión a Dios. [8] «El entrenamiento físico es bueno, pero entrenarse en la sumisión a Dios es mucho mejor, porque promete beneficios en esta vida y en la vida que viene». [9] Esta declaración es digna de confianza, y todos deberían aceptarla. [10] Es por eso que trabajamos con esmero y seguimos luchando,* porque nuestra esperanza está puesta en el Dios viviente, quien es el Salvador de toda la humanidad y, en especial, de todos los creyentes.

[11] Enseña esas cosas e insiste en que todos las aprendan. [12] No permitas que nadie te subestime por ser joven. Sé un ejemplo para todos los creyentes en lo que dices, en la forma en que vives, en tu amor, tu fe y tu pureza. [13] Hasta que yo llegue, dedícate a leer las Escrituras a la iglesia, y a animar y a enseñarles a los creyentes. [14] No descuides el don espiritual que recibiste mediante la profecía que se pronunció acerca de ti cuando los ancianos de la iglesia te impusieron las manos. [15] Presta suma atención a estos asuntos. Entrégate de lleno a tus tareas, para que todos vean cuánto has progresado. [16] Ten mucho cuidado de cómo vives y de lo que enseñas. Mantente firme en lo que es correcto por el bien de tu propia salvación y la de quienes te oyen.

CAPÍTULO **5**
Consejos sobre las viudas, los ancianos y los esclavos

Nunca le hables con aspereza a un hombre mayor,* sino llámale la atención con respeto como lo harías con tu propio padre. Dirígete a los jóvenes como si les hablaras a tus propios hermanos. [2] Trata a las mujeres mayores como lo harías con tu madre y trata a las jóvenes como a tus propias hermanas, con toda pureza.

[3] Atiende* a toda viuda que no tenga a nadie quien la cuide. [4] Pero, si ella tiene hijos o nietos, la primera responsabilidad de ellos es poner en práctica la sumisión a Dios en su hogar y retribuir a sus padres al cuidarlos. Esto es algo que le agrada a Dios.

[5] Ahora bien, una verdadera viuda —una mujer que realmente está sola en este mundo— es alguien que ha puesto su esperanza en Dios. Día y noche ora a Dios pidiéndole su ayuda. [6] Pero la viuda que solamente vive para el placer está espiritualmente muerta en vida. [7] Dale estas instrucciones a la iglesia, para que nadie quede expuesto a la crítica.

[8] Pero los que se niegan a cuidar de sus familiares, especialmente los de su propia casa, han negado la fe verdadera y son peores que los incrédulos.

[9] Para que una viuda esté en la lista de ayuda tiene que tener al menos sesenta años y haberle sido fiel a su marido.* [10] Debe ser alguien que se haya ganado el respeto de todos por el bien que haya hecho. ¿Crió bien a sus hijos? ¿Fue amable con los extranjeros y sirvió con humildad a otros creyentes?* ¿Ha ayudado a los que están en dificultades? ¿Ha estado siempre dispuesta a hacer el bien?

[11] Las viudas más jóvenes no deberían estar en la lista, porque sus deseos físicos podrán más que su devoción a Cristo y querrán volver a casarse. [12] De esa manera, serían culpables de romper su promesa anterior. [13] Y, si están en la lista, se acostumbrarán a ser perezosas y pasarán todo el tiempo yendo de casa en casa chismeando, entrometiéndose en la vida de los demás y hablando de lo que no deben. [14] Así yo aconsejo a estas viudas jóvenes que vuelvan a casarse, que tengan hijos y que cuiden de sus propios hogares. Entonces el enemigo no podrá decir nada en contra de ellas. [15] Pues me temo que algunas ya se han descarriado y ahora siguen a Satanás.

[16] Si una mujer creyente tiene parientes que son viudas, debe cuidar de ellas y no darle a la iglesia la responsabilidad. Entonces, la iglesia podrá atender a las viudas que están realmente solas.

[17] Los ancianos que cumplen bien su función deberían ser respetados y bien remunerados,* en particular los que trabajan con esmero tanto en la predicación como en la enseñanza. [18] Pues la Escritura dice: «No le pongas bozal al buey para impedirle que coma mientras trilla el grano». Y dice también: «¡Todo el que trabaja merece recibir su salario!»*.

4:2 En griego *cauterizada.* 4:5 O *se hace santo.* 4:10 Algunos manuscritos dicen *seguimos sufriendo.* 5:1 O *un anciano.* 5:3 U *Honra.* 5:9 En griego *haber sido esposa de un solo marido.* 5:10 En griego *y lavó los pies del pueblo santo de Dios?* 5:17 En griego *deberían ser dignos de doble honor.* 5:18 Dt 25:4; Lc 10:7.

19 No escuches ninguna acusación contra un anciano, a menos que haya dos o tres testigos que la confirmen. 20 Los que están en pecado deberían ser reprendidos delante de toda la congregación, lo cual servirá de firme advertencia para los demás.

21 Te ordeno solemnemente, en presencia de Dios y de Cristo Jesús y de los ángeles altísimos, que obedezcas estas instrucciones sin tomar partido ni mostrar favoritismo por nadie. 22 Nunca te apresures cuando tengas que nombrar a un líder de la iglesia.* No participes en los pecados de los demás. Mantente puro. 23 No bebas agua solamente. Deberías tomar un poco de vino por el bien de tu estómago, ya que te enfermas muy seguido.

24 Recuerda que los pecados de algunos individuos son evidentes, y los llevan a un juicio inevitable; pero los pecados de otros no serán revelados sino hasta después. 25 De la misma manera, las buenas acciones de algunos son evidentes. Y las buenas acciones que se hacen en secreto algún día saldrán a la luz.

CAPÍTULO 6

Todos los esclavos deberían tener sumo respeto por sus amos para no avergonzar el nombre de Dios y su enseñanza. 2 El hecho de que tengan amos creyentes no es excusa para ser irrespetuosos. Al contrario, esos esclavos deberían servir a sus amos con mucho más esmero, porque ese esfuerzo beneficia a otros muy amados creyentes.*

La falsa enseñanza y la verdadera riqueza

Timoteo, enseña estas cosas y anima a todos a que las obedezcan. 3 Puede ser que algunas personas nos contradigan, pero lo que enseñamos es la sana enseñanza de nuestro Señor Jesucristo, la cual conduce a una vida de sumisión a Dios. 4 Cualquiera que enseñe algo diferente es arrogante y le falta entendimiento. Tal persona tiene el deseo enfermizo de cuestionar el significado de cada palabra. Esto provoca discusiones que terminan en celos, divisiones, calumnias y malas sospechas. 5 Individuos como éstos siempre causan problemas. Tienen la mente corrompida y le han dado la espalda a la verdad. Para ellos, mostrar sumisión a Dios es sólo un medio para enriquecerse.

6 Pero la verdadera sumisión a Dios es una gran riqueza en sí misma cuando uno está contento con lo que tiene. 7 Después de todo, no trajimos nada cuando vinimos a este mundo ni tampoco podremos llevarnos nada cuando lo dejemos. 8 Así que, si tenemos suficiente alimento y ropa, estemos contentos.

9 Pero los que viven con la ambición de hacerse ricos caen en tentación y quedan atrapados por muchos deseos necios y dañinos que los hunden en la ruina y la destrucción. 10 Pues el amor al dinero es la raíz de toda clase de mal. Y algunas personas, en su intenso deseo por el dinero, se han desviado de la fe verdadera y se han causado muchas heridas dolorosas.

Instrucciones finales de Pablo

11 Pero tú, Timoteo, eres un hombre de Dios; así que huye de todas esas maldades. Persigue la justicia y la vida sujeta a Dios, junto con la fe, el amor, la perseverancia y la amabilidad. 12 Pelea la buena batalla por la fe verdadera. Aférrate a la vida eterna a la que Dios te llamó y que confesaste tan bien delante de muchos testigos. 13 Te encargo delante de Dios, quien da vida a todos, y delante de Cristo Jesús, quien dio un buen testimonio frente a Poncio Pilato, 14 que obedezcas este mandamiento sin vacilar. Entonces nadie podrá encontrar ninguna falta en ti desde ahora y hasta que nuestro Señor Jesucristo regrese. 15 Pues, en el momento preciso, Cristo será revelado desde el cielo por el bendito y único Dios todopoderoso, el Rey de todos los reyes y el Señor de todos los señores. 16 Él es el único que nunca muere y vive en medio de una luz tan brillante que ningún ser humano puede acercarse a él. Ningún ojo humano jamás lo ha visto y nunca lo hará. ¡Que a él sea todo el honor y el poder para siempre! Amén.

17 Enséñales a los ricos de este mundo que no sean orgullosos ni que confíen en su dinero, el cual es tan inestable. Deberían depositar su confianza en Dios, quien nos da en abundancia todo lo que necesitamos para que lo disfrutemos. 18 Diles que usen su dinero para hacer el bien. Deberían ser ricos en buenas acciones, generosos con los que pasan necesidad y estar siempre dispuestos a compartir con otros. 19 De esa manera, al hacer esto, acumularán su tesoro como un buen fundamento para el futuro, a fin de poder experimentar lo que es la vida verdadera.

20 Timoteo, cuida bien lo que Dios te ha confiado. Evita las discusiones mundanas y necias con los que se oponen a ti, con su así llamado «conocimiento». 21 Algunos se han desviado de la fe por seguir semejantes tonterías.

Que la gracia de Dios sea con todos ustedes.

5:22 En griego *con la imposición de manos.* 6:2 En griego *hermanos.*

2 Timoteo

AUTOR: PABLO | FECHA DE ESCRITURA: 67 d. de J. C. | GÉNERO: EPÍSTOLA

Pablo escribió esta segunda carta a Timoteo para animarlo a ser fiel a Cristo. *Pablo también incluyó un anticipo de cómo serían los últimos días.*

CAPÍTULO 1

Saludos de Pablo

Yo, Pablo, elegido por la voluntad de Dios para ser apóstol de Cristo Jesús escribo esta carta. Fui enviado para contarles a otros acerca de la vida que él ha prometido mediante la fe en Cristo Jesús.

2 Le escribo a Timoteo, mi querido hijo.

Que Dios Padre y Cristo Jesús nuestro Señor te den gracia, misericordia y paz.

Animado a ser fiel

3 Timoteo, doy gracias a Dios por ti, al mismo Dios que sirvo con la conciencia limpia tal como lo hicieron mis antepasados. Día y noche te recuerdo constantemente en mis oraciones. 4 Tengo muchos deseos de volver a verte porque no me olvido de tus lágrimas cuando nos separamos. Y me llenaré de alegría cuando estemos juntos otra vez.

5 Me acuerdo de tu fe sincera, pues tú tienes la misma fe de la que primero estuvieron llenas tu abuela Loida y tu madre, Eunice, y sé que esa fe sigue firme en ti. 6 Por esta razón, te recuerdo que avives el fuego del don espiritual que Dios te dio cuando te impuse mis manos. 7 Pues Dios no nos ha dado un espíritu de temor y timidez sino de poder, amor y autodisciplina.

8 Así que nunca te avergüences de contarles a otros acerca de nuestro Señor. Y tampoco te avergüences de mí, aun cuando estoy preso por él. Con las fuerzas que Dios te da prepárate para sufrir conmigo a causa de la Buena Noticia. 9 Pues Dios nos salvó y nos llamó para vivir una vida santa. No lo hizo porque lo mereciéramos, sino porque ése era su plan desde antes del comienzo del tiempo, para mostrarnos su gracia por medio de Cristo Jesús. 10 Y ahora todo esto él nos lo ha hecho evidente mediante la venida de Cristo Jesús, nuestro Salvador. Destruyó el poder de la muerte e iluminó el camino a la vida y a la inmortalidad por medio de la Buena Noticia. 11 Y Dios me eligió para que sea predicador, apóstol y maestro de esta Buena Noticia.

12 Por eso estoy sufriendo aquí, en prisión. Pero no me avergüenzo de ello, porque yo sé en quién he puesto mi confianza y estoy seguro de que él es capaz de guardar lo que le he confiado* hasta el día de su regreso.

13 Aférrate al modelo de la sana enseñanza que aprendiste de mí, un modelo formado por la fe y el amor que tienes en Cristo Jesús. 14 Mediante el poder del Espíritu Santo, quien vive en nosotros, guarda con sumo cuidado la preciosa verdad que se te confió.

15 Como tú sabes, todos los de la provincia de Asia me abandonaron, incluso Figelo y Hermógenes.

16 Que el Señor muestre una bondad especial con Onesíforo y toda su familia, porque él me visitó muchas veces y me dio ánimo. Jamás se avergonzó de que yo estuviera en cadenas. 17 Cuando vino a Roma, me buscó por todas partes hasta que me encontró. 18 Que el Señor le muestre una bondad especial el día que Cristo vuelva. Y tú bien sabes de cuánta ayuda fue en Éfeso.

CAPÍTULO 2

Un buen soldado de Cristo Jesús

Timoteo, mi querido hijo, sé fuerte por medio de la gracia que Dios te da en Cristo Jesús. 2 Me has oído enseñar verdades, que han sido confirmadas por muchos testigos confiables.

1:12 O *lo que me ha sido confiado.*

Piedras angulares

CUIDA EL CONTENIDO DE TUS PENSAMIENTOS
Lee 2 TIMOTEO 2:22

En su segunda carta a Timoteo, Pablo le da valiosos consejos sobre cómo vivir una vida pura. Este consejo incluye: (1) reconocer el poder del pecado y la posibilidad de caer en él; (2) evitar las influencias que podrían conducir a la inmoralidad juvenil; (3) perseguir la fe, el amor y la paz, y (4) pasar tiempo con otros creyentes de corazon puro.

Uno de los mayores desafíos de vivir una vida pura es cuidar la pureza de los pensamientos. Como dice un refrán: «No puedes evitar que los pájaros vuelen sobre tu cabeza, pero sí puedes evitar que hagan su nido en ella». De la misma manera, no podemos evitar que de vez en cuando un pensamiento impuro o maligno «toque» a la puerta de nuestra imaginación, pero sí podemos mantener la puerta bien cerrada.

De lo contrario, si permitimos que los malos pensamientos se infiltren en nuestra mente, podemos caer, permitiendo que nuestra vieja naturaleza prevalezca.

La buena noticia es que aunque todos somos propensos a caer, no tenemos por qué hacerlo.

Si nos mantenemos cerca del Señor y seguimos el consejo de Pablo en este versículo, edificaremos una «fortaleza» sólida alrededor de nuestra vida y de nuestros pensamientos, y será difícil que penetren las flechas de tentación de Satanás.

Para leer la próxima nota de «Pureza», ve a la pág. A29.

Ahora enseña estas verdades a otras personas dignas de confianza que estén capacitadas para transmitirlas a otros. ³Soporta el sufrimiento junto conmigo como un buen soldado de Cristo Jesús. ⁴Ningún soldado se enreda en los asuntos de la vida civil, porque de ser así, no podría agradar al oficial que lo reclutó. ⁵Asimismo ningún atleta puede obtener el premio a menos que siga las reglas. ⁶Y el agricultor que se esfuerza en su trabajo debería ser el primero en gozar del fruto de su labor. ⁷Piensa en lo que te digo. El Señor te ayudará a entender todas estas cosas.

⁸Siempre recuerda que Jesucristo, descendiente del rey David, fue levantado de los muertos; ésta es la Buena Noticia que yo predico. ⁹Debido a que predico esta Buena Noticia, sufro y estoy encadenado como un criminal. Pero la palabra de Dios no puede ser encadenada. ¹⁰Por eso estoy dispuesto a soportar cualquier cosa si ésta traerá salvación y gloria eterna en Cristo Jesús a los que Dios ha elegido.

¹¹La siguiente declaración es digna de confianza:

Si morimos con él,
    también viviremos con él.
¹² Si soportamos privaciones,
    reinaremos con él.
Si lo negamos,
    él nos negará.

¹³ Si somos infieles,
    él permanece fiel,
    pues él no puede negar quién es.

¹⁴Recuérdales estas cosas a todos y ordénales en presencia de Dios que dejen de pelearse por palabras. Esos altercados son inútiles y pueden destruir a los que los oyen.

Un obrero aprobado

¹⁵Esfuérzate para poder presentarte delante de Dios y recibir su aprobación. Sé un buen obrero, alguien que no tiene de qué avergonzarse y que explica correctamente la palabra de verdad. ¹⁶Evita las conversaciones inútiles y necias, que sólo llevan a una conducta cada vez más mundana. ¹⁷Este tipo de conversaciones se extienden como el cáncer,* así como en el caso de Himeneo y Fileto. ¹⁸Ellos han abandonado el camino de la verdad al afirmar que la resurrección de los muertos ya ocurrió; de esa manera, desviaron de la fe a algunas personas.

¹⁹Pero la verdad de Dios se mantiene firme como una piedra de cimiento con la siguiente inscripción: «El SEÑOR conoce a los que son suyos»*, y «Todos los que pertenecen al SEÑOR deben apartarse de la maldad»*.

²⁰En una casa de ricos, algunos utensilios son de oro y plata, y otros son de madera y barro. Los utensilios costosos se usan en ocasiones especiales, mientras que los baratos son para

2:17 En griego *gangrena*.   2:19a Nm 16:5.   2:19b Ver Is 52:11.

el uso diario. ²¹ Si te mantienes puro, serás un utensilio especial para uso honorable. Tu vida será limpia, y estarás listo para que el Maestro te use en toda buena obra. ²² Huye de todo lo que estimule las pasiones juveniles. En cambio, sigue la vida recta, la fidelidad, el amor y la paz. Disfruta del compañerismo de los que invocan al Señor con un corazón puro. ²³ Te repito: no te metas en discusiones necias y sin sentido que sólo inician pleitos. ²⁴ Un siervo del Señor no debe andar peleando, sino que debe ser bondadoso con todos, capaz de enseñar y paciente con las personas difíciles. ²⁵ Instruye con ternura a los que se oponen a la verdad. Tal vez Dios les cambie el corazón, y aprendan la verdad. ²⁶ Entonces entrarán en razón y escaparán de la trampa del diablo. Pues él los ha tenido cautivos, para que hagan lo que él quiere.

CAPÍTULO **3**

Peligros de los últimos días

Timoteo, es bueno que sepas que, en los últimos días, habrá tiempos muy difíciles. ² Pues la gente sólo tendrá amor por sí misma y por su dinero. Serán fanfarrones y orgullosos, se burlarán de Dios, serán desobedientes a sus padres y malagradecidos. No considerarán nada sagrado. ³ No amarán ni perdonarán; calumniarán a otros y no tendrán control propio. Serán crueles y odiarán lo que es bueno. ⁴ Traicionarán a sus amigos, serán imprudentes, se llenarán de soberbia y amarán el placer en lugar de amar a Dios. ⁵ Actuarán como religiosos pero rechazarán el único poder capaz de hacerlos obedientes a Dios. ¡Aléjate de esa clase de individuos! ⁶ Pues son de los que se las ingenian para meterse en las casas de otros y ganarse la confianza de* mujeres vulnerables que cargan con la culpa del pecado y están dominadas por todo tipo de deseos. ⁷ (Dichas mujeres siempre van detrás de nuevas enseñanzas pero jamás logran entender la verdad). ⁸ Estos «maestros» se oponen a la verdad, tal como Janes y Jambres se opusieron a Moisés. Tienen la mente depravada, y una fe falsa. ⁹ Pero no se saldrán con la suya por mucho tiempo. Algún día, todos se darán cuenta de lo tontos que son, tal como pasó con Janes y Jambres.

Encargo de Pablo a Timoteo

¹⁰ Pero tú, Timoteo, sabes muy bien lo que yo enseño y cómo vivo y cuál es el propósito de mi vida. También conoces mi fe, mi paciencia, mi amor y mi constancia. ¹¹ Sabes cuánta persecución y sufrimiento he soportado, y cómo fui perseguido en Antioquía, Iconio y Listra. Pero

3:6 En griego *y tomar cautivas a*.

Primeros pasos

ESTUDIAR LA BIBLIA ES NECESARIO PARA NUESTRO CRECIMIENTO ESPIRITUAL

Lee 2 TIMOTEO 3:16-17

El motivo principal por el cual debemos estudiar la Biblia es porque fue inspirada por el Creador del universo para guiarnos a través de esta aventura llamada vida. Este pasaje de la Escritura nos da tres razones más por las cuales debemos hacer de la Biblia parte de nuestro diario vivir:

1. La Biblia nos enseña la verdad. La Biblia es el único libro que necesitamos para descubrir las verdades fundamentales a fin de conocer a Dios y caminar con él. Algunos grupos religiosos aberrantes, o sectas, dicen que necesitamos otros libros para ayudarnos a interpretar lo que la Biblia dice. Pero la Biblia no necesita una interpretación externa. Ella habla por sí misma. De hecho, el mejor comentario de la Biblia es la Biblia misma.

2. La Biblia nos muestra lo que está mal en nuestra vida. La Palabra de Dios sirve para reprobarnos y alertarnos cuando vamos caminando en una dirección equivocada.

3. La Biblia nos ayuda a hacer lo que está bien. Si leemos y meditamos en la Palabra de Dios, seremos moldeados en el hombre o la mujer que Dios quiere que seamos.

Cuando permitimos que la Biblia nos enseñe en estas tres áreas de nuestra vida, estaremos preparados y equipados para toda buena obra (lee 2 Timoteo 3:14-16). Nuestro fundamento debe ser sólido, nuestros motivos puros y nuestro carácter más pulido. ¡Qué buenas razones para comprometernos a estudiar concienzudamente la Biblia!

Para leer la próxima nota de «Estudia la Biblia», ve a la pág. A35.

el Señor me rescató de todo eso. ¹²Es cierto, y todo el que quiera vivir una vida de sumisión a Dios en Cristo Jesús sufrirá persecución. ¹³Pero los malos y los impostores serán cada vez más fuertes. Engañarán a otros, y ellos mismos serán engañados. ¹⁴Pero tú debes permanecer fiel a las cosas que se te han enseñado. Sabes que son verdad, porque sabes que puedes confiar en quienes te las enseñaron. ¹⁵Desde la niñez, se te han enseñado las sagradas Escrituras, las cuales te han dado la sabiduría para recibir la salvación que viene por confiar en Cristo Jesús. ¹⁶Toda la Escritura es inspirada por Dios y es útil para enseñarnos lo que es verdad y para hacernos ver lo que está mal en nuestra vida. Nos corrige cuando estamos equivocados y nos enseña a hacer lo correcto. ¹⁷Dios la usa para preparar y capacitar a su pueblo para que haga toda buena obra.

CAPÍTULO 4

En presencia de Dios y de Cristo Jesús —quien un día juzgará a los vivos y a los muertos cuando venga para establecer su reino— te pido encarecidamente: ²predica la palabra de Dios. Mantente preparado, sea o no el tiempo oportuno. Corrige, reprende y anima a tu gente con paciencia y buena enseñanza. ³Pues llegará el tiempo en que la gente no escuchará más la sólida y sana enseñanza. Seguirán sus propios deseos y buscarán maestros que les digan lo que sus oídos se mueren por oír. ⁴Rechazarán la verdad e irán tras de mitos. ⁵Pero tú debes mantener la mente clara en toda situación. No tengas miedo de sufrir por el Señor. Ocúpate en decirles a otros la Buena Noticia y lleva a cabo todo el ministerio que Dios te dio.

⁶En cuanto a mí, mi vida ya fue derramada como una ofrenda a Dios. Se acerca el tiempo de mi muerte. ⁷He peleado la buena batalla, he terminado la carrera y he permanecido fiel. ⁸Y ahora me espera el premio, la corona de justicia que el Señor, el Juez justo, me dará el día de su regreso. Y el premio no es sólo para mí, sino para todos los que esperan con anhelo su venida.

Palabras finales de Pablo

⁹Timoteo, por favor ven lo más pronto posible. ¹⁰Demas me abandonó porque ama las cosas de esta vida y se fue a Tesalónica. Crescente se fue a Galacia, y Tito a Dalmacia. ¹¹Sólo Lucas está conmigo. Trae a Marcos contigo cuando vengas, porque me será de ayuda en mi ministerio. ¹²A Tíquico lo envié a Éfeso. ¹³Cuando vengas, no te olvides de traer el abrigo que dejé con Carpo en Troas. Tráeme también mis libros y especialmente mis pergaminos.

¹⁴Alejandro —el que trabaja el cobre— me hizo mucho daño, pero el Señor lo juzgará por lo que ha hecho. ¹⁵Cuídate de él, porque se opuso firmemente a todo lo que dijimos.

¹⁶La primera vez que fui llevado ante el juez, nadie me acompañó. Todos me abandonaron. Que no se lo tomen en cuenta. ¹⁷Pero el Señor estuvo a mi lado y me dio fuerza, a fin de que yo pudiera predicar la Buena Noticia en toda su plenitud, para que todos los gentiles* la oyeran. Y él me libró de una muerte segura.* ¹⁸Así es, y el Señor me librará de todo ataque maligno y me llevará a salvo a su reino celestial. ¡A Dios sea toda la gloria por siempre y para siempre! Amén.

Saludos finales de Pablo

¹⁹Dales mis saludos a Priscila y a Aquila, y a los que viven en la casa de Onesíforo. ²⁰Erasto se quedó en Corinto, y a Trófimo lo dejé enfermo en Mileto. ²¹Haz todo lo posible por llegar aquí antes del invierno. Eubulo te envía saludos, al igual que Pudente, Lino, Claudia y todos los hermanos. ²²Que el Señor esté con tu espíritu, y que su gracia sea con todos ustedes.

4:17a Gentil(es), que no es judío.   4:17b En griego de la boca de un león.

Tito

AUTOR: PABLO | FECHA DE ESCRITURA: 65 d. de J. C. | GÉNERO: EPÍSTOLA

Pablo escribió esta carta para confrontar los desafíos que Tito experimentaba como pastor de las iglesias en la isla de Creta. También describió las condiciones para los líderes de la iglesia, la enseñanza correcta y las buenas acciones.

CAPÍTULO 1

Saludos de Pablo

Yo, Pablo, esclavo de Dios y apóstol de Jesucristo, escribo esta carta. Fui enviado para proclamar fe a* los que Dios ha elegido y para enseñarles a conocer la verdad que les muestra cómo vivir una vida dedicada a Dios. ²Esta verdad les da la confianza de que tienen la vida eterna, la cual Dios —quien no miente— les prometió antes de que comenzara el mundo. ³Y ahora, en el momento preciso, él dio a conocer este mensaje, que nosotros anunciamos a todos. Es por mandato de Dios nuestro Salvador que se me ha confiado esta tarea para él.

⁴Le escribo a Tito, mi verdadero hijo en la fe que compartimos.

Que Dios Padre y Cristo Jesús nuestro Salvador te den gracia y paz.

Tarea de Tito en Creta

⁵Te dejé en la isla de Creta para que pudieras terminar nuestro trabajo ahí y nombrar ancianos en cada ciudad, tal como te lo indiqué. ⁶El anciano debe llevar una vida intachable. Tiene que serle fiel a su esposa,* y sus hijos deben ser creyentes que no tengan una reputación de ser desenfrenados ni rebeldes. ⁷Pues un anciano* es un administrador de la casa de Dios, y debe vivir de manera intachable. No debe ser arrogante, ni iracundo, ni emborracharse,* ni ser violento, ni deshonesto con el dinero.

⁸Al contrario, debe recibir huéspedes en su casa con agrado y amar lo que es bueno. Debe vivir sabiamente y ser justo. Tiene que llevar una vida de devoción y disciplina. ⁹Debe tener una fuerte creencia en el mensaje fiel que se le enseñó; entonces podrá animar a otros con la sana enseñanza y demostrar a los que se oponen en qué están equivocados.

¹⁰Pues hay muchos rebeldes que participan en conversaciones inútiles y engañan a otros. Me refiero especialmente a los que insisten en que es necesario circuncidarse para ser salvo. ¹¹Hay que callarlos, porque, con su falsa enseñanza, alejan a familias enteras de la verdad, y sólo lo hacen por dinero. ¹²Incluso uno de sus propios hombres, un profeta de Creta, dijo acerca de ellos: «Todos los cretenses son mentirosos, animales crueles y glotones perezosos».* ¹³Es la verdad. Así que repréndelos con severidad para fortalecerlos en la fe. ¹⁴Tienen que dejar de prestar atención a mitos judíos y a los mandatos de aquellos que se han apartado de la verdad.

¹⁵Todo es puro para los de corazón puro. En cambio, para los corruptos e incrédulos nada es puro, porque tienen la mente y la conciencia corrompidas. ¹⁶Tales personas afirman que conocen a Dios, pero lo niegan con su manera de vivir. Son detestables y desobedientes, no sirven para hacer nada bueno.

CAPÍTULO 2

Fomenta la enseñanza correcta

Tito, en cuanto a ti, fomenta la clase de vida que refleja la sana enseñanza. ²Enseña a los hombres mayores a ejercitar el control propio, a ser dignos de respeto y a vivir sabiamente. Deben tener una fe sólida y estar llenos de amor y paciencia.

³De manera similar, enseña a las mujeres mayores a vivir de una manera que honre a Dios. No deben calumniar a nadie ni emborracharse.*

1:1 O *para fortalecer la fe de.* 1:6 O *Debe tener una sola esposa,* o *Debe estar casado una sola vez;* en griego dice *Debe ser marido de una sola esposa.* 1:7a O *supervisor,* u *obispo.* 1:7b En griego *ni beber demasiado vino.* 1:12 Esta cita es del poeta cretense Epiménides de Cnosos (siglo VI a. C.). 2:3 En griego *estar esclavizadas por mucho vino.*

Piedras angulares
DEBEMOS SER EJEMPLO PARA OTROS
Lee TITO 2:6-8

Este pasaje nos da varias razones prácticas para vivir nuestra fe. Aunque estas palabras fueron escritas a Tito, un líder de la iglesia del primer siglo, se aplican a cualquier persona que ejerce influencia sobre otros. ¡O sea que el pasaje nos habla a nosotros! Dedica un momento para considerar estas ideas sencillas, pero muy útiles:

¿Cómo deberíamos comportarnos?

- Debemos tener dominio propio y tomar en serio nuestra vida.
- Debemos hacer buenas acciones con frecuencia, para ejemplo de los demás.
- Debemos amar la verdad.
- Debemos buscar la verdad con empeño y seriedad.
- Debemos pensar antes de hablar, asegurándonos de que nuestra conversación sea sana y afectuosa.

¿Por qué debemos vivir una vida santa?

- Representamos a Dios, quien es santo.
- Debemos ser ejemplo para los demás, especialmente para la gente joven y los nuevos creyentes.
- Nuestra conducta acallará a los que nos critican.

Para comenzar el próximo tema, ve a la pág. A31.

En cambio, deberían enseñarles a otros lo que es bueno. 4 Esas mujeres mayores tienen que instruir a las más jóvenes a amar a sus esposos y a sus hijos, 5 a vivir sabiamente y a ser puras, a

2:5 Algunos manuscritos dicen *a cuidar su hogar.*

trabajar en su hogar,* a hacer el bien y a someterse a sus esposos. Entonces no deshonrarán la palabra de Dios.

6 Del mismo modo, anima a los hombres jó-

En marcha
CREA HAMBRE ESPIRITUAL EN AQUELLOS QUE TE RODEAN
Lee TITO 2:9-10

Aunque no somos esclavos, este versículo puede aplicarse fácilmente a los trabajadores y empleados de hoy, o a cualquiera que se le pida que haga algo para otro. Jesús dio un ejemplo único de este principio, cuando dijo a sus discípulos: «Si un soldado te exige que lleves su equipo por un kilómetro, llévalo dos» (Mateo 5:41). En aquel tiempo la ley romana concedía a los soldados romanos el derecho de retener a cualquier ciudadano para llevar su carga por un kilómetro. Pero Jesús dijo a sus discípulos que hicieran aún más. Al hacerlo tendrían una audiencia cautiva para presentar el evangelio. Hoy, cuando todo el mundo reclama sus derechos, este versículo es una contradicción directa a esta popular manera de pensar. Pero todo vuelve al marco de referencia como cristianos: nuestra meta en la tierra no es ganar nuestros derechos, sino ganar almas para el Señor. Tu trabajo puede ser difícil. Puedes pensar que es mundano e insignificante. Pero no es así. Dios te ha puesto en el lugar donde trabajas por una razón: para que tu luz brille. Tu quehacer, dedicado y consagrado, puede lograr que tu empleador o tu jefe sean ganados para Cristo. Así que, busca oportunidades y «camina el segundo kilómetro».

Para leer la próxima nota de «Trabajo», ve a la pág. A51.

venes a vivir sabiamente. [7] Y sé tú mismo un ejemplo para ellos al hacer todo tipo de buenas acciones. Que todo lo que hagas refleje la integridad y la seriedad de tu enseñanza. [8] Enseña la verdad, para que no puedan criticar tu enseñanza. Entonces los que se nos oponen quedarán avergonzados y no tendrán nada malo que decir de nosotros.

[9] Los esclavos siempre deben obedecer a sus amos y hacer todo lo posible por agradarlos. No deben ser respondones [10] ni robar, sino demostrar que son buenos y absolutamente dignos de confianza. Entonces harán que la enseñanza acerca de Dios nuestro Salvador sea atractiva en todos los sentidos.

[11] Pues la gracia de Dios ya ha sido revelada, la cual trae salvación a todas las personas. [12] Y se nos instruye a que nos apartemos de la vida mundana y de los placeres pecaminosos. En este mundo maligno, debemos vivir con sabiduría, justicia y devoción a Dios, [13] mientras anhelamos con esperanza ese día maravilloso en que se revele la gloria de nuestro gran Dios y Salvador Jesucristo. [14] Él dio su vida para liberarnos de toda clase de pecado, para limpiarnos y para hacernos su propio pueblo, totalmente comprometidos a hacer buenas acciones.

[15] Debes enseñar estas cosas y alentar a los creyentes a que las hagan. Tienes la autoridad para corregirlos cuando sea necesario, así que no permitas que nadie ignore lo que dices.

CAPÍTULO 3
Hagan lo que es bueno

Recuérdales a los creyentes que se sometan al gobierno y a sus funcionarios. Tienen que ser obedientes, siempre dispuestos a hacer lo que es bueno. [2] No deben calumniar a nadie y tienen que evitar pleitos. En cambio, deben ser amables y mostrar verdadera humildad en el trato con todos.

[3] En otro tiempo nosotros también éramos necios y desobedientes. Fuimos engañados y nos convertimos en esclavos de toda clase de pasiones y placeres. Nuestra vida estaba llena de maldad y envidia, y nos odiábamos unos a otros.

[4] Pero: «Cuando Dios nuestro Salvador dio a conocer su bondad y amor, [5] él nos salvó, no por las acciones justas que nosotros habíamos hecho, sino por su misericordia. Nos lavó, quitando nuestros pecados, y nos dio un nuevo nacimiento y vida nueva por medio del Espíritu Santo.* [6] Él derramó su Espíritu sobre nosotros en abundancia por medio de Jesucristo nuestro Salvador. [7] Por su gracia él nos declaró justos y nos dio la seguridad de que vamos a heredar la vida eterna». [8] Esta declaración es digna de confianza, y quiero que insistas en estas enseñanzas, para que todos los que confían en Dios se dediquen a hacer el bien. Estas enseñanzas son buenas y de beneficio para todos.

[9] No te metas en discusiones necias sobre listas de linajes espirituales* o en riñas y peleas acerca de la obediencia a las leyes judías. Todo esto es inútil y una pérdida de tiempo. [10] Si entre ustedes hay individuos que causan divisiones, dales una primera y una segunda advertencia. Después de eso, no tengas nada más que ver con ellos. [11] Pues personas como ésas se han apartado de la verdad y sus propios pecados las condenan.

Comentarios y saludos finales de Pablo

[12] Tengo pensado enviarte a Artemas o a Tíquico. Tan pronto como uno de ellos llegue, haz todo lo posible para encontrarte conmigo en Nicópolis, porque he decidido pasar allí el invierno. [13] Haz todo lo que puedas para ayudar al abogado Zenas y a Apolos en su viaje. Asegúrate de que se les dé todo lo que necesiten. [14] Los nuestros tienen que aprender a hacer el bien al satisfacer las necesidades urgentes de otros; entonces no serán personas improductivas.

[15] Todos aquí te envían saludos. Por favor, da mis saludos a los creyentes, a todos los que nos aman.

Que la gracia de Dios sea con todos ustedes.

3:5 En griego *él nos salvó por medio del lavamiento de la regeneración y la renovación del Espíritu Santo.* 3:9 O *genealogías espirituales.*

Filemón

AUTOR: PABLO | FECHA DE ESCRITURA: 60 d. de J. C. | GÉNERO: EPÍSTOLA

Esta epístola es breve pero profunda, y contiene una maravillosa historia de la importancia del perdón entre los cristianos.

Saludos de Pablo

Yo, Pablo, prisionero por predicar la Buena Noticia acerca de Cristo Jesús, junto con nuestro hermano Timoteo, les escribo esta carta a Filemón, nuestro amado colaborador, ²a nuestra hermana Apia, a Arquipo, nuestro compañero en la lucha, y a la iglesia que se reúne en tu casa. ³Que Dios nuestro Padre y el Señor Jesucristo les den gracia y paz.

Agradecimiento y oración de Pablo

⁴Filemón, siempre le doy gracias a mi Dios cuando oro por ti ⁵porque sigo oyendo de tu fe en el Señor Jesús y de tu amor por todo el pueblo de Dios. ⁶Pido a Dios que pongas en práctica la generosidad que proviene de tu fe a medida que comprendes y vives todo lo bueno que tenemos en Cristo. ⁷Hermano, tu amor me ha dado mucha alegría y consuelo, porque muchas veces tu bondad reanimó el corazón del pueblo de Dios.

Súplica de Pablo por Onésimo

⁸Por esta razón me atrevo a pedirte un favor. Podría exigírtelo en el nombre de Cristo, porque es correcto que lo hagas. ⁹Pero, por amor, prefiero simplemente pedirte el favor. Toma esto como una petición mía, de Pablo, un hombre viejo y ahora también preso por la causa de Cristo Jesús.* ¹⁰Te suplico que le muestres bondad a mi hijo Onésimo. Me convertí en su padre en la fe mientras yo estaba aquí, en la cárcel. ¹¹Onésimo* no fue de mucha ayuda para ti en el pasado, pero ahora nos es muy útil a los dos.

¹²Te lo envío de vuelta, y con él va mi propio corazón.

¹³Quería retenerlo aquí conmigo mientras estoy en cadenas por predicar la Buena Noticia, y él me hubiera ayudado de tu parte. ¹⁴Pero no quise hacer nada sin tu consentimiento. Preferí que ayudaras de buena gana y no por obligación. ¹⁵Parece que perdiste a Onésimo por un corto tiempo para que ahora pudieras tenerlo de regreso para siempre. ¹⁶Él ya no es como un esclavo para ti. Es más que un esclavo, es un hermano amado, especialmente para mí. Ahora será de más valor para ti, como persona y como hermano en el Señor.

¹⁷Así que, si me consideras tu compañero, recíbelo a él como me recibirías a mí. ¹⁸Si te perjudicó de alguna manera o te debe algo, cóbramelo a mí. ¹⁹Yo, PABLO, ESCRIBO ESTO CON MI PROPIA MANO: «YO TE LO PAGARÉ». ¡Y NO MENCIONARÉ QUE TÚ ME DEBES TU PROPIA ALMA!

²⁰Sí, mi hermano, te ruego que me hagas este favor* por amor al Señor. Dame ese ánimo en Cristo.

²¹Mientras escribo esta carta estoy seguro de que harás lo que te pido ¡aún más! ²²Otra cosa: por favor prepárame un cuarto de huéspedes, porque espero que Dios responda a las oraciones de ustedes y que me permita volver a visitarlos pronto.

Saludos finales de Pablo

²³Epafras, mi compañero de prisión en Cristo Jesús, les manda saludos. ²⁴También los saludan Marcos, Aristarco, Demas y Lucas, mis colaboradores. ²⁵Que la gracia del Señor Jesucristo sea con el espíritu de cada uno de ustedes.

---

9 O *un preso de Cristo Jesús.* **11** Onésimo significa «útil». **20** En griego *onaimen,* un juego de palabras con el nombre Onésimo.

Hebreos

AUTOR: DESCONOCIDO | FECHA DE ESCRITURA: 68 d. de J. C. | GÉNERO: EPÍSTOLA

El libro de Hebreos fue escrito para judíos que habían aceptado a Jesús como su Mesías. Estaban en peligro de retroceder a las tradiciones del judaísmo porque no tenían raíces profundas en el suelo del cristianismo.

CAPÍTULO 1

Jesucristo es el Hijo de Dios

Hace mucho tiempo, Dios habló muchas veces y de diversas maneras a nuestros antepasados por medio de los profetas. ²Y ahora, en estos últimos días, nos ha hablado por medio de su Hijo. Dios le prometió todo al Hijo como herencia y, mediante el Hijo, creó el universo. ³El Hijo irradia la gloria de Dios y expresa el carácter mismo de Dios, y sostiene todo con el gran poder de su palabra. Después de habernos limpiado de nuestros pecados, se sentó en el lugar de honor, a la derecha del majestuoso Dios en el cielo. ⁴Esto demuestra que el Hijo es muy superior a los ángeles, así como el nombre que Dios le dio es superior al nombre de ellos.

El Hijo es superior a los ángeles

⁵Pues Dios nunca le dijo a ningún ángel lo que le dijo a Jesús:

«Tú eres mi Hijo.
Hoy he llegado a ser tu Padre»*.

Dios también dijo:

«Yo seré su Padre,
y él será mi Hijo»*.

⁶Además, cuando trajo a su Hijo supremo* al mundo, Dios dijo:*

«Que lo adoren todos los ángeles de Dios»*.

⁷Pero con respecto a los ángeles, Dios dice:

«Él envía a sus ángeles como los vientos
y a sus sirvientes como llamas de
fuego»*.

⁸Pero al Hijo le dice:

«Tu trono, oh Dios, permanece por siempre
y para siempre.
Tú gobiernas con cetro de justicia.
⁹ Amas la justicia y odias la maldad.
Por eso oh Dios —tu Dios— te ha ungido
derramando el aceite de alegría sobre ti
más que sobre cualquier otro»*.

¹⁰También le dice al Hijo:

«Señor, en el principio echaste los
cimientos de la tierra
y con tus manos formaste los cielos.
¹¹ Ellos dejarán de existir, pero tú permaneces
para siempre.
Ellos se desgastarán como ropa vieja.
¹² Los doblarás como un manto
y los desecharás como ropa usada.
Pero tú eres siempre el mismo;
tú vivirás para siempre»*.

¹³Además, Dios nunca le dijo a ninguno de los ángeles:

«Siéntate en el lugar de honor a mi derecha,
hasta que humille a tus enemigos
y los ponga por debajo de tus pies»*.

¹⁴Por lo tanto, los ángeles sólo son sirvientes, espíritus enviados para cuidar a quienes heredarán la salvación.

CAPÍTULO 2

Advertencia para no desviarse del camino

Así que debemos prestar mucha atención a las verdades que hemos oído, no sea que nos desviemos de ellas. ²Pues el mensaje que Dios

1:5a U *Hoy te doy a conocer como mi Hijo.* Sal 2:7.   **1:5b** 2S 7:14.   **1:6a** O *primogénito.*   **1:6b** O *Cuando traiga nuevamente a su Hijo supremo* [o *Hijo primogénito*] *al mundo, Dios dirá.*   **1:6c** Dt 32:43.   **1:7** Sal 104:4 (versión griega).   **1:8-9** Sal 45:6-7.   **1:10-12** Sal 102:25-27.   **1:13** Sal 110:1.

Piedras angulares

¿POR QUÉ CREÓ DIOS A LOS ÁNGELES?
Lee HEBREOS 1:4-14

A través de los siglos, la gente ha estado fascinada con los ángeles. Algunos hasta los han adorado. Pero es importante comprender que los ángeles son muy diferentes a Jesucristo, el Hijo de Dios. Un área importante de diferencia es su creación. Los ángeles son seres creados, mientras que Jesús no lo es. Debido a que los ángeles son seres creados, es erróneo adorarlos.

Si no deben ser adorados, entonces ¿para qué creó Dios a los ángeles? Dios los creó por varias razones, tres de las cuales son las siguientes:

1. Los ángeles adoran a Dios. Como afirma el versículo 6, una de las razones por las cuales Dios creó a los ángeles fue para que lo adoraran. Algunas personas pueden pensar que esto es egoísmo, pero considera cuántas personas adoran a los atletas exitosos y a otras celebridades. Usando esa comparación, estas personas no han hecho nada para merecer adoración. Sin embargo, Dios creó a los ángeles y a los seres humanos, y les dio vida. Además, Dios es más majestuoso de lo que nuestra inteligencia entiende; por lo tanto, adorarlo es simplemente la respuesta natural al estar en su presencia. Por eso es un privilegio increíble estar en la presencia de Dios. Sólo Dios es digno de adoración, y su creación, incluyendo a los ángeles, tiene que adorarlo.

2. Los ángeles sirven como mensajeros de Dios. Dios usa ángeles para enviar mensajes a sus seguidores en la tierra (versículo 7). La Biblia registra algunos de estos momentos. En el capítulo 1 de Lucas, Dios envió a un ángel a decirle a María que ella sería la madre del Mesías. También un ángel fue enviado a la tumba de Jesús para decirles a sus discípulos que él había resucitado de los muertos (Mateo 28).

3. Los ángeles ministran a los seguidores de Dios. Dios creó a los ángeles para que sirvan a sus seguidores (versículo 14). En Hechos capítulo 12, un ángel liberó a Pedro de la prisión antes de que fuera juzgado por ser seguidor de Jesús.

Aunque los ángeles representan un papel importante en la vida de los creyentes, no debemos darles el honor y la alabanza que sólo están reservados para Jesucristo.

Para leer la próxima nota de «¿Qué son los ángeles?, ve a la pág. A25.

transmitió mediante los ángeles se ha mantenido siempre firme, y toda infracción de la ley y todo acto de desobediencia recibió el castigo que merecía. ³Entonces, ¿qué nos hace pensar que podemos escapar si descuidamos esta salvación tan grande, que primeramente fue anunciada por el mismo Señor Jesús y luego nos fue transmitida por quienes lo oyeron hablar? ⁴Además, Dios confirmó el mensaje mediante señales, maravillas, diversos milagros y dones del Espíritu Santo según su voluntad.

Jesús, el hombre
⁵Es más, no son los ángeles quienes gobernarán el mundo futuro del cual hablamos, ⁶porque en cierto lugar las Escrituras dicen:

«¿Qué son los simples mortales para que
    pienses en ellos,
o el hijo del hombre* para que te
    preocupes por él?

⁷ Sin embargo, lo hiciste un poco menor que
    los ángeles
y lo coronaste de gloria y honor.*
⁸ Le diste autoridad sobre todas las cosas»*.

Ahora bien, cuando dice «todas las cosas», significa que nada queda afuera. Pero todavía no vemos que todas las cosas sean puestas bajo su autoridad. ⁹Pero lo que sí vemos es a Jesús, a quien se le dio una posición «un poco menor que los ángeles»; y, debido a que sufrió la muerte por nosotros, ahora está «coronado de gloria y honor». Efectivamente, por la gracia de Dios, Jesús conoció la muerte por todos. ¹⁰Dios —para quien y por medio de quien todo fue hecho— eligió llevar a muchos hijos a la gloria. Convenía a Dios que hiciera a Jesús, mediante su sufrimiento, un líder perfecto, apto para llevarlos a la salvación. ¹¹Por lo tanto, Jesús y los que él hace santos

2:6 O *el Hijo del Hombre.*   **2:7** Algunos manuscritos incluyen *Le pusiste a cargo de todo lo que creaste.*   **2:6-8** Sal 8:4-6 (versión griega).

GRANDES PREGUNTAS

¿Por qué un Dios bueno envía gente al infierno?

Lee HEBREOS 2:2-3

Si Dios ama a la gente, ¿por qué no salva a todos? Quizá te has hecho esta pregunta o conoces a alguien que la hizo. Aunque la pregunta es válida, erróneamente pone la culpa de la condenación de las personas en Dios. Él no desea que alguien pase la eternidad en el infierno sino que todos pasen la eternidad con él en el cielo. La Escritura dice claramente: «En realidad, no es que el Señor sea lento para cumplir su promesa, como algunos piensan. Al contrario, es paciente por amor a ustedes. No quiere que nadie sea destruido, quiere que todos se arrepientan» (2 Pedro 3:9). A través de toda la Biblia vemos el amor y la paciente invitación de Dios para que vengamos a él:

- «Vengan a mí todos los que están cansados y llevan cargas pesadas, y yo les daré descanso» (Mateo 11:28).
- «El Espíritu y la esposa dicen: "Ven". Que todos los que oyen esto, digan: "Ven". Todos los que tengan sed, que vengan. Todo aquel que quiera, beba gratuitamente del agua de la vida» (Apocalipsis 22:17).

La verdad es que hay algunas cosas que sólo Dios puede hacer, tal como limpiarnos de nuestro pecado, perdonarnos y justificarnos. Al mismo tiempo, hay algunas cosas que sólo nosotros podemos hacer, tales como venir a él, creer en él, y arrepentirnos de nuestro pecado. Pero es indudable que Dios nos ama (Juan 3:16, pág. 109; Romanos 5:8, pág. 184), y nos ha dado un don maravilloso pero peligroso. Este don es llamado: «libre albedrío». Es la habilidad de escoger entre lo recto y lo incorrecto; entre el bien y el mal; entre Dios y Satanás; y entre el cielo y el infierno. Dios no impone su salvación y su perdón sobre nuestra vida. Es nuestra decisión decir sí o no.

Todo aquel que termina en el infierno, hombre o mujer, es porque de manera voluntaria y deliberada decidió rechazar la oferta del perdón de Dios. El famoso escritor británico C. S. Lewis dijo: «Las puertas del infierno están cerradas por dentro».

Para leer la próxima nota de «Grandes preguntas», ve a la pág. 331.

---

tienen el mismo Padre. Por esa razón, Jesús no se avergüenza de llamarlos sus hermanos, [12] pues le dijo a Dios:

«Anunciaré tu nombre a mis hermanos.
    Entre tu pueblo reunido te alabaré»*.

[13] También dijo:

«Pondré mi confianza en él»,
    es decir, «yo y los hijos que Dios me dio»*.

[14] Debido a que los hijos de Dios son seres humanos —hechos de carne y sangre— el Hijo también se hizo de carne y sangre. Pues sólo como ser humano podía morir y sólo mediante la muerte podía quebrantar el poder del diablo, que tenía* el poder sobre la muerte. [15] Únicamente de esa manera el Hijo podía libertar a todos los que vivían esclavizados por temor a la muerte.

[16] También sabemos que el Hijo no vino para ayudar a los ángeles, sino que vino para ayudar a los descendientes de Abraham. [17] Por lo tanto, era necesario que en todo sentido él se hiciera semejante a nosotros, sus hermanos,* para que fuera nuestro Sumo Sacerdote fiel y misericordioso, delante de Dios. Entonces podría ofrecer un sacrificio que quitaría los pecados del pueblo. [18] Debido a que él mismo ha pasado por sufrimientos y pruebas, puede ayudarnos cuando pasamos por pruebas.

2:12 Sal 22:22.   **2:13** Is 8:17-18.   **2:14** O *tiene.*   **2:17** En griego *semejante a los hermanos.*

CAPÍTULO 3

Jesús es superior a Moisés

Así que, amados hermanos, ustedes que pertenecen a Dios y* tienen parte con los que han sido llamados al cielo, consideren detenidamente a este Jesús a quien declaramos mensajero de Dios* y Sumo Sacerdote. ²Pues él fue fiel a Dios, quien lo nombró, así como Moisés fue fiel cuando se le encomendó toda* la casa de Dios.

³Pero Jesús merece mucha más gloria que Moisés, así como el que construye una casa merece más elogio que la casa misma. ⁴Pues cada casa tiene un constructor, pero el que construyó todo es Dios. ⁵En verdad Moisés fue fiel como siervo en la casa de Dios. Su trabajo fue una ilustración de las verdades que Dios daría a conocer tiempo después. ⁶Pero Cristo, como Hijo, está a cargo de toda la casa de Dios. Y nosotros somos la casa de Dios si nos armamos de valor y permanecemos confiados en nuestra esperanza en Cristo.*

⁷Por eso el Espíritu Santo dice:

«Cuando oigan hoy su voz,
⁸   no endurezcan el corazón
como lo hicieron los israelitas cuando se
        rebelaron,
aquel día que me pusieron a prueba en el
        desierto.
⁹ Allí sus antepasados me tentaron y pusieron
        a prueba mi paciencia
a pesar de haber visto mis milagros
        durante cuarenta años.
¹⁰ Por eso, me enojé con ellos y dije:
"Su corazón siempre se aleja de mí.
Rehúsan hacer lo que les digo".
¹¹ Así que, en mi enojo juré:
"Ellos nunca entrarán en mi lugar de
        descanso"»*.

¹²Por lo tanto, amados hermanos, ¡cuidado! Asegúrense de que ninguno de ustedes tenga un corazón maligno e incrédulo que los aleje del Dios vivo. ¹³Adviértanse unos a otros todos los días mientras dure ese «hoy», para que ninguno sea engañado por el pecado y se endurezca contra Dios. ¹⁴Pues, si somos fieles hasta el fin, confiando en Dios con la misma firmeza que teníamos al principio, cuando creímos en él, entonces tendremos parte en todo lo que le pertenece a Cristo. ¹⁵Recuerden lo que dice:

«Cuando oigan hoy su voz,
   no endurezcan el corazón
   como hicieron los israelitas cuando se
        rebelaron»*.

¹⁶Y ¿quiénes fueron los que se rebelaron contra Dios a pesar de haber oído su voz? ¿No fue acaso el pueblo que salió de Egipto guiado por Moisés? ¹⁷Y ¿quiénes hicieron enojar a Dios durante cuarenta años? ¿Acaso no fueron los que pecaron, cuyos cadáveres quedaron tirados en el desierto? ¹⁸Y ¿a quiénes hablaba Dios cuando juró que jamás entrarían en su descanso? ¿Acaso no fue a los que lo desobedecieron? ¹⁹Como vemos, ellos no pudieron entrar en el descanso de Dios a causa de su incredulidad.

CAPÍTULO 4

El descanso prometido para el pueblo de Dios

Todavía sigue vigente la promesa que hizo Dios de entrar en su descanso; por lo tanto, debemos temblar de miedo ante la idea de que alguno de ustedes no llegue a alcanzarlo. ²Pues esta buena noticia —del descanso que Dios ha preparado— se nos ha anunciado tanto a ellos como a nosotros. Pero a ellos no les sirvió de nada porque no tuvieron la fe de los que escucharon a Dios.* ³Pues sólo los que creemos podemos entrar en su descanso. En cuanto a los demás, Dios dijo:

«En mi enojo juré:
"Ellos nunca entrarán en mi lugar de
        descanso"»*,

si bien ese descanso está preparado desde que él hizo el mundo. ⁴Sabemos que está preparado debido al pasaje en las Escrituras que menciona el séptimo día: «En el séptimo día Dios descansó de todo su trabajo»*. ⁵Pero en el otro pasaje Dios dijo: «Nunca entrarán en mi lugar de descanso»*.

⁶Así que, el descanso de Dios está disponible para que la gente entre, pero los primeros en oír esta buena noticia no entraron, porque desobedecieron a Dios. ⁷Entonces Dios fijó otro tiempo para entrar en su descanso, y ese tiempo es hoy. Lo anunció mucho más tarde por medio de David en las palabras que ya se han citado:

«Cuando oigan hoy su voz
   no endurezcan el corazón»*.

⁸Ahora bien, si Josué hubiera logrado darles ese descanso, Dios no habría hablado de otro día de descanso aún por venir. ⁹Así que todavía hay un descanso especial* en espera para el pueblo de Dios. ¹⁰Pues todos los que han entrado en el descanso de Dios han descansado de su trabajo, tal como Dios descansó del suyo después de crear el mundo. ¹¹Entonces, hagamos todo lo posible por entrar en ese descanso. Pero, si

---

3:1a En griego Así que, hermanos santos quienes.   3:1b En griego apóstol de Dios.   3:2 Algunos manuscritos no incluyen toda.   3:6 Algunos manuscritos incluyen fieles hasta el fin.   3:7-11 Sal 95:7-11.   3:15 Sal 95:7-8.   4:2 Algunos manuscritos dicen no combinaron fe con lo que oyeron.   4:3 Sal 95:11.   4:4 Gn 2:2.   4:5 Sal 95:11.   4:7 Sal 95:7-8.   4:9 O descanso de sabático.

desobedecemos a Dios, como lo hizo el pueblo de Israel, caeremos. ¹²Pues la palabra de Dios es viva y poderosa. Es más cortante que cualquier espada de dos filos; penetra entre el alma y el espíritu, entre la articulación y la médula del hueso. Deja al descubierto nuestros pensamientos y deseos más íntimos. ¹³No hay nada en toda la creación que esté oculto a Dios. Todo está desnudo y expuesto ante sus ojos; y es a él a quien rendimos cuentas.

Cristo es nuestro Sumo Sacerdote

¹⁴Por lo tanto, ya que tenemos un gran Sumo Sacerdote que entró en el cielo, Jesús el Hijo de Dios, aferrémonos a lo que creemos. ¹⁵Nuestro Sumo Sacerdote comprende nuestras debilidades, porque enfrentó todas y cada una de las pruebas que enfrentamos nosotros, sin embargo él nunca pecó. ¹⁶Así que acerquémonos con toda confianza al trono de la gracia de nuestro Dios. Allí recibiremos su misericordia y encontraremos la gracia que nos ayudará cuando más la necesitemos.

CAPÍTULO 5

Todo sumo sacerdote es un hombre escogido para representar a otras personas en su trato con Dios. Él presenta a Dios las ofrendas de esas personas y ofrece sacrificios por los pecados. ²Y puede tratar con paciencia a los ignorantes y descarriados, porque él también está sujeto a las mismas debilidades. ³Por esa razón, debe ofrecer sacrificios tanto por sus propios pecados como por los del pueblo.

⁴Y nadie puede llegar a ser sumo sacerdote sólo porque desee tener ese honor. Tiene que ser llamado por Dios para ese trabajo, como sucedió con Aarón. ⁵Por eso, Cristo no se honró a sí mismo haciéndose Sumo Sacerdote, sino que fue elegido por Dios, quien le dijo:

«Tú eres mi Hijo.
Hoy he llegado a ser tu padre»*.

⁶Y en otro pasaje Dios le dijo:

«Tú eres sacerdote para siempre, según el orden de Melquisedec»*.

⁷Mientras estuvo aquí en la tierra, Jesús ofreció oraciones y súplicas con gran clamor y lágrimas al que podía rescatarlo de la muerte. Y Dios oyó sus oraciones por la gran reverencia que Jesús le tenía. ⁸Aunque era Hijo de Dios, Jesús aprendió obediencia por las cosas que sufrió. ⁹De ese modo, Dios lo hizo apto para ser el Sumo Sacerdote perfecto, y Jesús llegó a ser la fuente de salvación eterna para todos los que le

obedecen. ¹⁰Y Dios lo designó Sumo Sacerdote según el orden de Melquisedec.

Llamado al crecimiento espiritual

¹¹Nos gustaría decir mucho más sobre este tema, pero es difícil de explicar, sobre todo porque ustedes son torpes espiritualmente y tal parece que no escuchan. ¹²Hace tanto que son creyentes que ya deberían estar enseñando a otros. En cambio, necesitan que alguien vuelva a enseñarles las cosas básicas de la Palabra de Dios.* Son como niños pequeños que necesitan leche y no pueden comer alimento sólido. ¹³Pues el que se alimenta de leche sigue siendo bebé y no sabe cómo hacer lo correcto. ¹⁴El alimento sólido es para los que son maduros, los que a fuerza de práctica están capacitados para distinguir entre lo bueno y lo malo.

CAPÍTULO 6

Así que dejemos de repasar una y otra vez las enseñanzas elementales acerca de Cristo. Por el contrario, sigamos adelante hasta llegar a ser maduros en nuestro entendimiento. No puede ser que tengamos que comenzar de nuevo con los importantes cimientos acerca del arrepentimiento de las malas acciones* y de tener fe en Dios. ²Ustedes tampoco necesitan más enseñanza acerca de los bautismos, la imposición de manos, la resurrección de los muertos y el juicio eterno. ³Así que, si Dios quiere, avanzaremos hacia un mayor entendimiento.

⁴Pues es imposible lograr que vuelvan a arrepentirse los que una vez fueron iluminados —aquellos que experimentaron las cosas buenas del cielo y fueron partícipes del Espíritu Santo, ⁵que saborearon la bondad de la Palabra de Dios y el poder del mundo venidero— ⁶y que luego se alejan de Dios. Es imposible lograr que esas personas vuelvan a arrepentirse; al rechazar al Hijo de Dios, ellos mismos lo clavan otra vez en la cruz y lo exponen a la vergüenza pública.

⁷Cuando la tierra se empapa de la lluvia que cae y produce una buena cosecha para el agricultor, recibe la bendición de Dios. ⁸En cambio, el campo que produce espinos y cardos no sirve para nada. El agricultor no tardará en maldecirlo y quemarlo.

⁹Queridos amigos, aunque hablamos de este modo, no creemos que esto se aplica a ustedes. Estamos convencidos de que ustedes están destinados para cosas mejores, las cuales vienen con la salvación. ¹⁰Pues Dios no es injusto. No olvidará con cuánto esfuerzo han trabajado para él y le cómo han demostrado su amor por él sirviendo a otros creyentes* como todavía

5:5 O *Hoy te doy a conocer como mi Hijo.* Sal 2:7. 5:6 Sal 110:4. 5:12 O *de los oráculos de Dios.* 6:1 En griego *acciones muertas.* 6:10 En griego *para el pueblo santo de Dios.*

lo hacen. ¹¹ Nuestro gran deseo es que sigan amando a los demás mientras tengan vida, para asegurarse de que lo que esperan se hará realidad. ¹² Entonces, no se volverán torpes ni indiferentes espiritualmente. En cambio seguirán el ejemplo de quienes, gracias a su fe y perseverancia, heredarán las promesas de Dios.

Las promesas de Dios traen esperanza

¹³ Por ejemplo, estaba la promesa que Dios le hizo a Abraham. Como no existía nadie superior a Dios por quién jurar, Dios juró por su propio nombre, diciendo:

¹⁴ «Ciertamente te bendeciré
y multiplicaré tu descendencia hasta que sea incontable»*.

¹⁵ Entonces Abraham esperó con paciencia y recibió lo que Dios le había prometido.

¹⁶ Ahora bien, cuando las personas hacen un juramento, invocan a alguien superior a ellas para obligarse a cumplirlo. Y, no cabe ninguna duda que ese juramento conlleva una obligación. ¹⁷ Dios también se comprometió mediante un juramento, para que los que recibieran la promesa pudieran estar totalmente seguros de que él jamás cambiaría de parecer. ¹⁸ Así que Dios ha hecho ambas cosas: la promesa y el juramento. Estas dos cosas no pueden cambiar, porque es imposible que Dios mienta. Por lo tanto, los que hemos acudido a él en busca de refugio podemos estar bien confiados aferrándonos a la esperanza que está delante de nosotros. ¹⁹ Esta esperanza es un ancla firme y confiable para el alma; nos conduce a través de la cortina al santuario interior de Dios. ²⁰ Jesús ya entró allí por nosotros. Él ha llegado a ser nuestro eterno Sumo Sacerdote, según el orden de Melquisedec.

CAPÍTULO 7

Melquisedec es superior a Abraham

Este Melquisedec fue rey de la ciudad de Salem y también sacerdote del Dios Altísimo. Cuando Abraham regresaba triunfante de una gran batalla contra los reyes, Melquisedec salió a su encuentro y lo bendijo. ² Después Abraham tomó la décima parte de todo lo que había capturado en la batalla y se la dio a Melquisedec. El nombre Melquisedec significa «rey de justicia», y rey de Salem significa «rey de paz». ³ No hay registro de su padre ni de su madre ni de ninguno de sus antepasados; no hay principio ni fin de su vida. A semejanza del Hijo de Dios, sigue siendo sacerdote para siempre.

⁴ Consideren, entonces, la grandeza de este Melquisedec. Incluso Abraham, el gran patriarca de Israel, reconoció esto al entregarle la décima parte de lo que había capturado en la batalla. ⁵ Ahora bien, la ley de Moisés exigía que los sacerdotes, que son descendientes de Leví, le cobraran el diezmo al resto del pueblo de Israel,* quienes también son descendientes de Abraham. ⁶ Sin embargo, Melquisedec, que no era descendiente de Leví, recibió de Abraham la décima parte. Y Melquisedec bendijo a Abraham, quien ya había recibido las promesas de Dios. ⁷ Sin lugar a dudas, el que tiene el poder para bendecir es superior a quien recibe la bendición.

⁸ Los sacerdotes que reciben los diezmos son hombres que mueren, así que Melquisedec es superior a ellos porque se nos dice que sigue viviendo. ⁹ Además podríamos decir que esos levitas —los que reciben el diezmo— pagaron un diezmo a Melquisedec cuando lo pagó su antepasado Abraham. ¹⁰ A pesar de que Leví aún no había nacido, la simiente de la cual provino ya existía en el cuerpo de Abraham cuando Melquisedec recibió su diezmo.

¹¹ Entonces, si el sacerdocio de Leví —sobre el cual se basó la ley— hubiera podido lograr la perfección que Dios propuso, ¿por qué fue necesario que Dios estableciera un sacerdocio diferente, con un sacerdote según el orden de Melquisedec en lugar del orden de Leví y Aarón?* ¹² Y si se cambia el sacerdocio, también es necesario cambiar la ley para permitirlo. ¹³ Pues el sacerdote a quien nos referimos pertenece a una tribu diferente, cuyos miembros jamás han servido en el altar como sacerdotes. ¹⁴ Lo que quiero decir es que nuestro Señor vino de la tribu de Judá, y Moisés nunca habló de que los sacerdotes provinieran de esa tribu.

Jesús es como Melquisedec

¹⁵ Ese cambio resulta aún más evidente, ya que un sacerdote diferente, quien es como Melquisedec, ha surgido. ¹⁶ Jesús llegó a ser sacerdote, no por cumplir con la ley del requisito físico de pertenecer a la tribu de Leví, sino por el poder de una vida que no puede ser destruida. ¹⁷ Y el salmista lo señaló cuando profetizó:

«Tú eres sacerdote para siempre, según el orden de Melquisedec»*.

¹⁸ Así que, el antiguo requisito del sacerdocio quedó anulado por ser débil e inútil. ¹⁹ Pues la ley nunca perfeccionó nada. Pero ahora confiamos en una mejor esperanza por la cual nos acercamos a Dios.

²⁰ Este nuevo sistema se estableció mediante un juramento solemne. Los descendientes de Aarón llegaron a ser sacerdotes sin un jura-

---

6:14 Gn 22:17.   7:5 En griego *de sus hermanos*.   7:11 En griego *la clase de Aarón?*   7:17 Sal 110:4.

mento, [21] pero había un juramento con relación a Jesús. Pues Dios le dijo:

«El Señor ha jurado y no romperá su
　juramento:
　"Tú eres sacerdote para siempre"»*.

[22] Debido a ese juramento, Jesús es quien garantiza este mejor pacto con Dios.

[23] Hubo muchos sacerdotes bajo el sistema antiguo, porque la muerte les impedía continuar con sus funciones. [24] Pero dado que Jesús vive para siempre, su sacerdocio dura para siempre. [25] Por eso puede salvar —una vez y para siempre—* a los que vienen a Dios por medio de él, quien vive para siempre, a fin de interceder con Dios a favor de ellos.

[26] Él es la clase de Sumo Sacerdote que necesitamos, porque es santo y no tiene culpa ni mancha de pecado. Él ha sido apartado de los pecadores y se le ha dado el lugar de más alto honor en el cielo.* [27] A diferencia de los demás sumos sacerdotes, no tiene necesidad de ofrecer sacrificios cada día. Ellos los ofrecían primero por sus propios pecados y luego por los del pueblo. Sin embargo, Jesús lo hizo una vez y para siempre cuando se ofreció a sí mismo como sacrificio por los pecados del pueblo. [28] La ley nombra a sumos sacerdotes que están limitados por debilidades humanas. Pero después de que la ley fue entregada, Dios nombró a su Hijo mediante un juramento y su Hijo ha sido hecho el perfecto Sumo Sacerdote para siempre.

CAPÍTULO 8
Cristo es nuestro Sumo Sacerdote

El punto principal es el siguiente: tenemos un sumo sacerdote quien se sentó en el lugar de honor, a la derecha del trono del Dios majestuoso en el cielo. [2] Allí sirve como ministro en el tabernáculo* del cielo, el verdadero lugar de adoración construido por el Señor y no por manos humanas.

[3] Ya que es deber de todo sumo sacerdote presentar ofrendas y sacrificios, nuestro Sumo Sacerdote también tiene que presentar una ofrenda. [4] Si estuviera aquí en la tierra, ni siquiera sería sacerdote, porque ya hay sacerdotes que presentan las ofrendas que exige la ley. [5] Ellos sirven dentro de un sistema de adoración que es sólo una copia, una sombra del verdadero, que está en el cielo. Pues cuando Moisés estaba por construir el tabernáculo, Dios le advirtió lo siguiente: «Asegúrate de hacer todo según el modelo que te mostré aquí en la montaña»*.

[6] Pero ahora a Jesús, nuestro Sumo Sacerdote,

se le ha dado un ministerio que es muy superior al sacerdocio antiguo porque él es mediador a nuestro favor de un mejor pacto con Dios basado en promesas mejores.

[7] Si el primer pacto no hubiera tenido defectos, no habría sido necesario reemplazarlo con un segundo pacto. [8] Pero cuando Dios encontró defectos en el pueblo, dijo:

«Llegará el día, dice el Señor,
　en que haré un nuevo pacto
　con el pueblo de Israel y de Judá.
[9] Este pacto no será como el que
　hice con sus antepasados
　cuando los tomé de la mano
　y los saqué de la tierra de Egipto.
Ellos no permanecieron fieles a mi pacto,
　por eso les di la espalda, dice el Señor.
[10] Pero éste es el nuevo pacto que haré
　con el pueblo de Israel en ese día,* dice
　el Señor:
Pondré mis leyes en su mente
　y las escribiré en su corazón.
Yo seré su Dios,
　y ellos serán mi pueblo.
[11] Y no habrá necesidad de enseñar a sus
　vecinos
　ni habrá necesidad de enseñar a sus
　parientes,*
　diciendo: "Deberías conocer al Señor".
Pues todos ya me conocerán,
　desde el más pequeño hasta el más
　grande.
[12] Y perdonaré sus maldades
　y nunca más me acordaré de sus
　pecados»*.

[13] Cuando Dios habla de un «nuevo» pacto, quiere decir que ha hecho obsoleto al primero, ha caducado y pronto desaparecerá.

CAPÍTULO 9
Reglas antiguas sobre la adoración

Ese primer pacto entre Dios e Israel incluía ordenanzas para la adoración y un lugar de culto aquí, en la tierra. [2] Ese tabernáculo estaba formado por dos salas.* En la primera sala había un candelabro, una mesa y los panes consagrados sobre ella. Esta sala se llamaba Lugar Santo. [3] Luego había una cortina detrás de la cual se encontraba la segunda sala,* llamada Lugar Santísimo. [4] En esa sala había un altar de oro para el incienso y un cofre de madera conocido como el arca del pacto, el cual estaba totalmente cubierto de oro. Dentro del arca había un recipiente de oro que contenía el maná, la vara de Aarón a la que le habían salido hojas y las tablas

7:21 Sal 110:4.　7:25 O puede salvar completamente.　7:26 O ha sido exaltado más que los cielos.　8:2 O tienda; también en 8:5.　8:5 Éx 25:40; 26:30.　8:10 En griego después de esos días.　8:11 En griego su hermano.　8:8-12 Jer 31:31-34. 9:2 O tienda; ver también 9:11, 21.　9:3 En griego segunda tienda.

del pacto que eran de piedra. [5] Por encima del arca estaban los querubines de la gloria divina, cuyas alas se extendían sobre la tapa del arca, es decir, el lugar de la expiación. Pero ahora no podemos explicar estas cosas en detalle.

[6] Cuando estos elementos estaban en su lugar, los sacerdotes entraban con regularidad en la primera sala,* durante el cumplimiento de sus deberes religiosos. [7] Pero sólo el sumo sacerdote entraba en el Lugar Santísimo y lo hacía una sola vez al año. Y siempre ofrecía sangre por sus propios pecados y por los pecados que el pueblo cometía por ignorancia. [8] Mediante esas ordenanzas, el Espíritu Santo daba a entender que la entrada al Lugar Santísimo no estaba abierta a todos en tanto siguiera en pie el tabernáculo* y el sistema que representaba.

[9] Esta es una ilustración que apunta al tiempo presente. Pues las ofrendas y los sacrificios que ofrecen los sacerdotes no pueden limpiar la conciencia de las personas que los traen. [10] Pues ese sistema antiguo sólo consiste en alimentos, bebidas y diversas ceremonias de purificación, es decir, ordenanzas externas* que permanecieron vigentes sólo hasta que se estableció un sistema mejor.

Cristo es el sacrificio perfecto

[11] Entonces Cristo ahora ha llegado a ser el Sumo Sacerdote por sobre todas las cosas buenas que han venido.* Él entró en ese tabernáculo superior y más perfecto que está en el cielo, el cual no fue hecho por manos humanas ni forma parte del mundo creado. [12] Con su propia sangre —no con la sangre de cabras ni de becerros— entró en el Lugar Santísimo una sola vez y para siempre, y aseguró nuestra redención eterna.

[13] Bajo el sistema antiguo, la sangre de cabras y toros y las cenizas de una ternera podían limpiar el cuerpo de las personas que estaban ceremonialmente impuras. [14] Imagínense cuánto más la sangre de Cristo nos purificará la conciencia de acciones pecaminosas* para que adoremos al Dios viviente. Pues por el poder del Espíritu eterno, Cristo se ofreció a sí mismo a Dios como sacrificio perfecto por nuestros pecados. [15] Por eso él es el mediador de un nuevo pacto entre Dios y la gente, para que todos los que son llamados puedan recibir la herencia eterna que Dios les ha prometido. Pues Cristo murió para librarlos del castigo por los pecados que habían cometido bajo ese primer pacto.

[16] Ahora bien, cuando alguien deja un testamento,* es necesario comprobar que la persona que lo hizo ha muerto.* [17] El testamento sólo entra en vigencia después de la muerte de la persona. Mientras viva el que lo hizo, el testamento no puede entrar en vigencia.

[18] Por eso, aun el primer pacto fue puesto en vigencia con la sangre de un animal. [19] Pues después de que Moisés había leído cada uno de los mandamientos de Dios a todo el pueblo, tomó la sangre de los becerros y las cabras* junto con agua, y roció tanto el libro de la ley de Dios como a todo el pueblo con ramas de hisopo y lana de color escarlata. [20] Entonces dijo: «Esta sangre confirma el pacto que Dios ha hecho con ustedes»*. [21] De la misma manera roció con la sangre el tabernáculo y todo lo que se usaba para adorar a Dios. [22] De hecho, según la ley de Moisés, casi todo se purificaba con sangre porque sin derramamiento de sangre no hay perdón.

[23] Por esa razón, el tabernáculo y todo lo que en él había —que eran copias de las cosas del cielo— debían ser purificados mediante la sangre de animales. Pero las cosas verdaderas del cielo debían ser purificadas mediante sacrificios superiores a la sangre de animales. [24] Pues Cristo no entró en un lugar santo hecho por manos humanas, que era sólo una copia del verdadero, que está en el cielo. Él entró en el cielo mismo para presentarse ahora delante de Dios a favor de nosotros. [25] Y no entró en el cielo para ofrecerse a sí mismo una y otra vez, como lo hace el sumo sacerdote aquí en la tierra, que entra en el Lugar Santísimo año tras año con la sangre de un animal. [26] Si eso hubiera sido necesario, Cristo tendría que haber sufrido la muerte una y otra vez, desde el principio del mundo. Pero ahora, en el fin de los tiempos,* Cristo se presentó una sola vez y para siempre para quitar el pecado mediante su propia muerte en sacrificio.

[27] Y así como cada persona está destinada a morir una sola vez y después vendrá el juicio, [28] así también Cristo murió en sacrificio una sola vez y para siempre, a fin de quitar los pecados de muchas personas. Cristo vendrá otra vez, no para ocuparse de nuestros pecados, sino para traer salvación a todos los que esperan con anhelo su venida.

CAPÍTULO 10

El sacrificio de Cristo, una vez y para siempre
El sistema antiguo bajo la ley de Moisés era sólo una sombra —un tenue anticipo de las cosas buenas por venir— no las cosas buenas en sí mismas. Bajo aquel sistema se repetían los sa-

---

9:6 En griego *primera tienda.* 9:8 O *la primera sala;* en griego dice *la primera tienda.* 9:10 En griego *ordenanzas para el cuerpo.* 9:11 Algunos manuscritos dicen *que están por venir.* 9:14 En griego *de obras muertas.* 9:16a O *pacto;* también en 9:17. 9:16b O *Ahora bien, cuando alguien hace un pacto, es necesario ratificarlo con la muerte de un sacrificio.* 9:19 Algunos manuscritos no incluyen *y las cabras.* 9:20 Éx 24:8. 9:26 En griego *los siglos.*

crificios una y otra vez, año tras año, pero nunca pudieron limpiar por completo a quienes venían a adorar. ²Si los sacrificios hubieran podido limpiar por completo, entonces habrían dejado de ofrecerlos, porque los adoradores se habrían purificado una sola vez y para siempre, y habrían desaparecido los sentimientos de culpa.

³Pero, en realidad, esos sacrificios les recordaban sus pecados año tras año. ⁴Pues no es posible que la sangre de los toros y las cabras quite los pecados. ⁵Por eso, cuando Cristo* vino al mundo, le dijo a Dios:

«Tú no quisiste sacrificios de animales ni ofrendas por el pecado.
Pero me has dado un cuerpo para ofrecer.
⁶ No te agradaron las ofrendas quemadas ni otras ofrendas por el pecado.
⁷ Luego dije: "Aquí estoy, oh Dios, he venido a hacer tu voluntad
como está escrito acerca de mí en las Escrituras"»*.

⁸Primero, Cristo dijo: «No quisiste sacrificios de animales ni ofrendas por el pecado ni ofrendas quemadas ni otras ofrendas por los pecados, tampoco te agradaron esas ofrendas» (si bien la ley de Moisés las exige). ⁹Luego dijo: «Aquí estoy, he venido a hacer tu voluntad». Él anula el primer pacto para que el segundo entre en vigencia. ¹⁰Pues la voluntad de Dios fue que el sacrificio del cuerpo de Jesucristo nos hiciera santos, una vez y para siempre.

¹¹Bajo el antiguo pacto, el sacerdote oficia de pie delante del altar día tras día, ofreciendo los mismos sacrificios una y otra vez, los cuales nunca pueden quitar los pecados. ¹²Pero nuestro Sumo Sacerdote se ofreció a sí mismo a Dios como un solo sacrificio por los pecados, válido para siempre. Luego se sentó en el lugar de honor, a la derecha de Dios. ¹³Allí espera hasta que sus enemigos sean humillados y puestos por debajo de sus pies. ¹⁴Pues mediante esa única ofrenda, él perfeccionó para siempre a los que está haciendo santos.

¹⁵Y el Espíritu Santo también da testimonio que es verdad, pues dice:

¹⁶ «Éste es el nuevo pacto que haré
con mi pueblo en aquel día* —dice el
Señor—:
Pondré mis leyes en su corazón
y las escribiré en su mente»*.

¹⁷Después dice:

«Nunca más me acordaré
de sus pecados y sus transgresiones»*.

10:5 En griego *él;* también en 10:8.   10:5-7 Sal 40:6-8 (versión griega).   10:16a En griego *después de aquellos días.*   10:16b Jer 31:33a.   10:17 Jer 31:34b.

Primeros pasos

NECESITAMOS COMPAÑERISMO CON OTROS CREYENTES
Lee HEBREOS 10:25

Pertenecer a una iglesia local y participar en ella es necesario para el crecimiento espiritual de todos los cristianos. Es algo que nunca debemos dejar de hacer. Sobre todo, esta acción es importante para el nuevo creyente por cuatro razones:

1. El compañerismo nos motiva y nos provee amor. Como cristianos necesitamos un lugar donde podamos ser animados en nuestra fe y donde se nos recuerde que somos miembros de la familia de Dios. Cuando vamos a la iglesia, nos vemos rodeados de todos los que comparten el amor por Cristo. Estar en la presencia de otros creyentes nos anima a vivir por Cristo y nos da un sentido de pertenencia y aceptación que no recibimos del mundo.

2. El compañerismo nos permite aprender de cristianos espirituales y maduros. En la Biblia se nos dice que en la iglesia primitiva, dos amigos del apóstol Pablo (Priscila y Aquila) dedicaron tiempo para ayudar a que otros creyentes aprendieran más acerca de Jesús (Hechos 18:26, pág. 164). De la misma manera, los cristianos nuevos en la iglesia de hoy pueden obtener sabiduría espiritual y conocimiento de los cristianos más maduros.

3. El compañerismo nos ayuda a discernir falsas enseñanzas. La Biblia nos advierte de falsos maestros y de enseñanzas distorsionadas, a los cuales el nuevo creyente es más susceptible; debido a que le falta mayor conocimiento de la Biblia. Una iglesia saludable que enseña la Biblia animará a los cristianos nuevos en su crecimiento, y los ayudará a discernir entre la verdad y el error.

4. El compañerismo nos prepara para la venida de Cristo. A medida que se acerca la venida del Señor, necesitamos ayudarnos unos a otros durante los tiempos difíciles y también a mantener nuestros problemas en una perspectiva correcta. Necesitamos animarnos unos a otros a vivir vidas santas y a compartir las buenas nuevas de Dios con los demás en el tiempo que nos queda. Dios desea que el cuerpo de Cristo se mantenga firme y sea una luz en medio de estos días cada vez más oscuros.

Para leer la próxima nota de «Busca y asiste a la iglesia adecuada», ve a la pág. A37.

Piedras angulares

CRISTO SOPORTÓ GRANDES DOLORES POR NOSOTROS
Lee HEBREOS 12:1-3

En el del Nuevo Testamento, la vida cristiana se compara con una carrera. Con esto en mente, debemos considerar que no es una carrera corta, sino una de larga distancia. A veces, mientras corremos esta carrera, sentiremos desánimo por las circunstancias o por lo que otros dicen de nosotros. Pero así como el buen corredor debe mantener «los ojos en el premio» nosotros también debemos pensar la carrera cristiana de la misma manera. Debemos mantener en mente por quién y para quién estamos corriendo: Jesucristo. Necesitamos «fijar la mirada en Jesús».

Corrie ten Boom, una cristiana holandesa que sobrevivió a los horrores de los campos de concentración de Hitler durante la Segunda Guerra Mundial, decía a menudo: «Mira hacia adentro y quedarás deprimido. Mira hacia afuera y quedarás angustiado. Mira a Jesús y obtendrás el descanso».

Dios nos guiará hasta el fin. Él nos da esta promesa: «Y estoy seguro de que Dios, quien comenzó la buena obra en ustedes, la continuará hasta que quede completamente terminada el día que Cristo Jesús vuelva» (Filipenses 1:6).

Para leer la próxima nota de «Perseverancia», ve a la pág. A30.

---

[18] Y cuando los pecados han sido perdonados, ya no hace falta ofrecer más sacrificios.

Un llamado a permanecer firmes
[19] Así que, amados hermanos, podemos entrar con valentía en el Lugar Santísimo del cielo a causa de la sangre de Jesús. [20] Por su muerte,* Jesús abrió un nuevo camino —un camino que da vida— a través de la cortina al Lugar Santísimo. [21] Ya que tenemos un gran Sumo Sacerdote que gobierna la casa de Dios, [22] entremos directo a la presencia de Dios con corazón sincero y con plena confianza en él. Pues nuestra conciencia culpable ha sido rociada con la sangre de Cristo a fin de purificarnos, y nuestro cuerpo ha sido lavado con agua pura. [23] Mantengámonos firmes sin titubear en la esperanza que afirmamos, porque se puede confiar en que Dios cumplirá su promesa. [24] Pensemos en maneras de motivarnos unos a otros a realizar actos de amor y buenas acciones. [25] Y no dejemos de congregarnos, como lo hacen algunos, sino animémonos unos a otros, sobre todo ahora que el día de su regreso se acerca.

[26] Queridos amigos, si seguimos pecando a propósito después de haber recibido el conocimiento de la verdad, ya no queda ningún sacrificio que cubra esos pecados. [27] Sólo queda la terrible expectativa del juicio de Dios y el fuego violento que consumirá a sus enemigos. [28] Pues todo el que rehusaba obedecer la ley de Moisés era ejecutado sin compasión por el testimonio de dos o tres testigos. [29] Piensen, pues, cuánto mayor será el castigo para quienes han pisoteado al Hijo de Dios y han considerado la sangre del pacto —la cual nos hizo santos— como si fuera algo vulgar e inmundo, y han insultado y despreciado al Espíritu Santo que nos trae la misericordia de Dios. [30] Pues conocemos al que dijo:

«Yo tomaré venganza.
Yo les pagaré lo que se merecen»*.

También dijo:

«El Señor juzgará a su propio pueblo»*.

[31] ¡Es algo aterrador caer en manos del Dios vivo!

[32] Acuérdense de los primeros tiempos, cuando recién aprendían acerca de Cristo.* Recuerden cómo permanecieron fieles aunque tuvieron que soportar terrible sufrimiento. [33] Algunas veces los ponían en ridículo públicamente y los golpeaban, otras veces ustedes ayudaban a los que pasaban por lo mismo. [34] Sufrieron junto con los que fueron metidos en la cárcel y, cuando a ustedes les quitaron todos sus bienes, lo aceptaron con alegría. Sabían que en el futuro les esperaban cosas mejores, que durarán para siempre.

[35] Por lo tanto, no desechen la firme confianza que tienen en el Señor. ¡Tengan presente la gran recompensa que les traerá! [36] Perseverar con paciencia es lo que necesitan ahora para seguir haciendo la voluntad de Dios. Entonces recibirán todo lo que él ha prometido.

10:20 En griego *Mediante su carne.*   **10:30a** Dt 32:35.   **10:30b** Dt 32:36.   **10:32** En griego *cuando fueron iluminados por primera vez.*

37 «Pues, dentro de muy poco tiempo,
   aquél que viene vendrá sin demorarse.
38 Mis justos vivirán por la fe.*
   Pero no me agradará aquél que se aparte
   de mí»*.

39 Pero nosotros no somos de los que se apartan de Dios hacia su propia destrucción. Somos los fieles, y nuestras almas serán salvas.

CAPÍTULO **11**

Grandes ejemplos de fe

La fe es la confianza de que en verdad sucederá lo que esperamos; es lo que nos da la certeza de las cosas que no podemos ver. ²Por su fe, la gente de antaño gozó de una buena reputación.

³Por la fe entendemos que todo el universo fue formado por orden de Dios, de modo que lo que ahora vemos no vino de cosas visibles.

⁴Fue por la fe que Abel presentó a Dios una ofrenda más aceptable que la que presentó Caín. La ofrenda de Abel demostró que era un hombre justo, y Dios aprobó sus ofrendas. Aunque Abel murió hace mucho tiempo, todavía nos habla por su ejemplo de fe.

⁵Fue por la fe que Enoc ascendió al cielo sin morir, «desapareció porque Dios se lo llevó»*; porque antes de ser llevado, lo conocían como una persona que agradaba a Dios. ⁶De hecho, sin fe es imposible agradar a Dios. Todo el que desee acercarse a Dios debe creer que él existe y que él recompensa a los que lo buscan con sinceridad.

⁷Fue por la fe que Noé construyó un barco grande para salvar a su familia del diluvio en obediencia a Dios, quien le advirtió de cosas que nunca antes habían sucedido. Por su fe, Noé condenó al resto del mundo y recibió la justicia que viene por la fe.

⁸Fue por la fe que Abraham obedeció cuando Dios lo llamó para que dejara su tierra y fuera a otra que él le daría por herencia. Se fue sin saber adónde iba. ⁹Incluso cuando llegó a la tierra que Dios le había prometido, vivió allí por fe, pues era como un extranjero que vive en tiendas. Lo mismo hicieron Isaac y Jacob, quienes heredaron la misma promesa. ¹⁰Abraham esperaba con confianza una ciudad de cimientos eternos, una ciudad diseñada y construida por Dios.

¹¹Fue por la fe que hasta Sara pudo tener un hijo, a pesar de ser estéril y demasiado anciana. Ella creyó* que Dios cumpliría su promesa. ¹²Así que una nación entera provino de este solo hombre, quien estaba casi muerto en cuanto a tener hijos; una nación con tantos habitantes que, como las estrellas de los cielos y la arena de la orilla del mar, es imposible contar.

¹³Todas estas personas murieron aún creyendo lo que Dios les había prometido. Y aunque no recibieron lo prometido lo vieron desde lejos y lo aceptaron con gusto. Coincidieron en que eran extranjeros y nómadas aquí en este mundo. ¹⁴Es obvio que quienes se expresan así esperan tener su propio país. ¹⁵Si hubieran añorado el país del que salieron, bien podrían haber regresado. ¹⁶Sin embargo, buscaban un lugar mejor, una patria celestial. Por eso, Dios no se avergüenza de ser llamado el Dios de ellos, pues les ha preparado una ciudad.

¹⁷Fue por la fe que Abraham ofreció a Isaac en sacrificio cuando Dios lo puso a prueba. Abraham, quien había recibido las promesas de Dios, estuvo dispuesto a sacrificar a su único hijo, Isaac, ¹⁸aun cuando Dios le había dicho: «Isaac es el hijo mediante el cual procederán tus descendientes»*. ¹⁹Abraham llegó a la conclusión de que, si Isaac moría, Dios tenía el poder para volverlo a la vida. Y, en cierto sentido, Abraham recibió de vuelta a su hijo de entre los muertos.

²⁰Fue por la fe que Isaac prometió a sus hijos, Jacob y Esaú, bendiciones para el futuro.

²¹Fue por la fe que Jacob, cuando ya era anciano y estaba por morir, bendijo a cada uno de los hijos de José y se inclinó para adorar, apoyado en su vara.

²²Fue por la fe que José, cuando iba a morir, afirmó con confianza que el pueblo de Israel saldría de Egipto. Incluso les mandó que se llevaran sus huesos cuando ellos salieran.

²³Fue por la fe que cuando nació Moisés, sus padres lo escondieron durante tres meses. Vieron que Dios les había dado un hijo fuera de lo común y no tuvieron temor de desobedecer la orden del rey.

²⁴Fue por la fe que Moisés, cuando ya fue adulto, rehusó llamarse hijo de la hija del faraón. ²⁵Prefirió ser maltratado con el pueblo de Dios a disfrutar de los placeres momentáneos del pecado. ²⁶Consideró que era mejor sufrir por causa de Cristo que poseer los tesoros de Egipto, pues tenía la mirada puesta en la gran recompensa que recibiría. ²⁷Fue por la fe que Moisés salió de la tierra de Egipto sin temer el enojo del rey. Siguió firme en su camino porque tenía los ojos puestos en el Invisible. ²⁸Fue por la fe que Moisés ordenó que el pueblo de Israel celebrara la Pascua y rociara con sangre los marcos de las puertas para que el ángel de la muerte no matara a ninguno de sus primeros hijos varones.

10:38 O *mis justos vivirán por su fidelidad;* en griego dice *mi justo vivirá por fe.*   10:37-38 Hab 2:3-4.   11:5 Gn 5:24.
11:11 O *Fue por la fe que él [Abraham] pudo tener un hijo, aun cuando Sara estaba estéril y él demasiado anciano. Él creyó.*
11:18 Gn 21:12.

²⁹Fue por la fe que el pueblo de Israel atravesó el mar Rojo como si estuviera pisando tierra seca. Pero cuando los egipcios intentaron seguirlos, murieron todos ahogados.

³⁰Fue por la fe que el pueblo de Israel marchó alrededor de Jericó durante siete días, y las murallas se derrumbaron.

³¹Fue por la fe que Rahab, la prostituta, no fue destruida junto con los habitantes de su ciudad que se negaron a obedecer a Dios. Pues ella había recibido en paz a los espías.

³²¿Cuánto más les tengo que decir? Se necesitaría demasiado tiempo para contarles acerca de la fe de Gedeón, Barac, Sansón, Jefté, David, Samuel y todos los profetas. ³³Por la fe esas personas conquistaron reinos, gobernaron con justicia y recibieron lo que Dios les había prometido. Cerraron bocas de leones, ³⁴apagaron llamas de fuego y escaparon de morir a filo de espada. Su debilidad se convirtió en fortaleza. Llegaron a ser poderosos en batalla e hicieron huir a ejércitos enteros. ³⁵Hubo mujeres que recibieron otra vez con vida a sus seres queridos que habían muerto.

Sin embargo, otros fueron torturados, porque rechazaron negar a Dios a cambio de la libertad. Ellos pusieron su esperanza en una vida mejor que viene después de la resurrección. ³⁶Algunos fueron ridiculizados y sus espaldas fueron laceradas con látigos; otros fueron encadenados en prisiones. ³⁷Algunos murieron apedreados, a otros los cortaron por la mitad con una sierra* y a otros los mataron a espada. Algunos anduvieron vestidos con pieles de ovejas y cabras, desposeídos y oprimidos y maltratados. ³⁸Este mundo no era digno de ellos. Vagaron por desiertos y montañas, se escondieron en cuevas y hoyos de la tierra.

³⁹Debido a su fe, todas esas personas gozaron de una buena reputación, aunque ninguno recibió todo lo que Dios le había prometido. ⁴⁰Pues Dios tenía preparado algo mejor para nosotros, de modo que ellos no llegaran a la perfección sin nosotros.

CAPÍTULO **12**

La disciplina de Dios demuestra su amor

Por lo tanto, ya que estamos rodeados por una enorme multitud de testigos de la vida de fe, quitémonos todo peso que nos impida correr, especialmente el pecado que tan fácilmente nos hace tropezar. Y corramos con perseverancia la carrera que Dios nos ha puesto por delante. ²Esto lo hacemos al fijar la mirada en Jesús, el campeón que inicia y perfecciona nuestra fe.* Debido al gozo* que le esperaba, Jesús soportó la cruz, sin importarle la vergüenza que ésta representaba. Ahora está sentado en el lugar de honor, junto al trono de Dios. ³Piensen en toda la hostilidad que soportó por parte de pecadores,* así no se cansarán ni se darán por vencidos. ⁴Después de todo, ustedes aún no han dado su vida en la lucha contra el pecado.

⁵¿Acaso olvidaron las palabras de aliento con que Dios les habló a ustedes como a hijos? Él dijo:

«Hijo mío, no tomes a la ligera la disciplina
  del Señor
y no te des por vencido cuando te corrija.

⁶ Pues el Señor disciplina a los que ama

11:37 Algunos manuscritos incluyen *algunos fueron puestos a prueba.*   12:2a O *Jesús, el autor y perfeccionador de nuestra fe.*   12:2b O *En lugar del gozo.*   12:3 Algunos manuscritos dicen *Piensen en cómo la gente se hiere a sí misma al oponerse a él.*

En marcha

MANTÉN TU MATRIMONIO FUERTE
Lee HEBREOS 13:4

Lamentablemente, muchas personas no toman con seriedad su matrimonio. Olvidan que hicieron sus votos delante de Dios y que incluían las palabras: «Hasta que la muerte nos separe». Así que, ¿qué pasos podemos dar para no ser otro «matrimonio muerto»? Aquí hay cuatro principios que te ayudarán a mantener un matrimonio fuerte y floreciente:

1. Camina con Dios. Al cultivar y profundizar tu comunión con Dios, tendrás el poder, la voluntad y los recursos para estar firme cuando venga la tentación.

2. Camina con tu cónyuge. Mantén vivos la amistad y el romance en tu matrimonio. Recuerda lo que hacías cuando cortejabas a tu cónyuge. Aliéntense el uno al otro. Pasen tiempo juntos. Estén interesados genuinamente en la vida del otro. Esfuércense por ser atractivos el uno para el otro. Trátense con respeto. Den pasos prácticos para mantener ardiendo ese fuego.

y castiga a todo el que recibe como hijo»*.

⁷Al soportar esta disciplina divina, recuerden que Dios los trata como a sus propios hijos. ¿Acaso alguien oyó hablar de un hijo que nunca fue disciplinado por su padre? ⁸Si Dios no los disciplina a ustedes como lo hace con todos sus hijos, quiere decir que ustedes no son verdaderamente sus hijos, sino ilegítimos. ⁹Ya que respetábamos a nuestros padres terrenales que nos disciplinaban, entonces ¿acaso no deberíamos someternos aún más a la disciplina del Padre de nuestro espíritu, y así vivir para siempre?*

¹⁰Pues nuestros padres terrenales nos disciplinaron durante algunos años e hicieron lo mejor que pudieron. Pero la disciplina de Dios siempre es buena para nosotros, a fin de que participemos de su santidad. ¹¹Ninguna disciplina resulta agradable a la hora de recibirla. Al contrario, ¡es dolorosa! Pero después, produce la apacible cosecha de una vida recta para los que han sido entrenados por ella.

¹²Por lo tanto, renueven las fuerzas de sus manos cansadas y fortalezcan sus rodillas debilitadas. ¹³Tracen un camino recto para sus pies, a fin de que los débiles y los cojos no caigan, sino que se fortalezcan.

Un llamado a escuchar a Dios

¹⁴Esfuércense por vivir en paz con todos y procuren llevar una vida santa, porque los que no son santos no verán al Señor. ¹⁵Cuídense unos a otros, para que ninguno de ustedes deje de recibir la gracia de Dios. Tengan cuidado de

que no brote ninguna raíz venenosa de amargura, la cual los trastorne a ustedes y envenene a muchos. ¹⁶Asegúrense de que ninguno sea inmoral ni profano como Esaú, que cambió sus derechos de primer hijo varón por un simple plato de comida. ¹⁷Ustedes saben que después, cuando quiso recibir la bendición de su padre, fue rechazado. Ya era demasiado tarde para arrepentirse, a pesar de que suplicó con lágrimas amargas.

¹⁸Ustedes no se han acercado a una montaña que se pueda tocar,* a un lugar que arde en llamas, un lugar de oscuridad y tinieblas, rodeado por un torbellino, como les sucedió a los israelitas cuando llegaron al monte Sinaí. ¹⁹Ellos oyeron un imponente toque de trompeta y una voz tan temible que le suplicaron a Dios que dejara de hablar. ²⁰Retrocedieron tambaleándose bajo el mandato de Dios: «Si tan sólo un animal toca la montaña, deberá morir apedreado»*. ²¹Incluso Moisés se asustó tanto de lo que vio, que dijo: «Estoy temblando de miedo»*.

²²En cambio, ustedes han llegado al monte Sión, a la ciudad del Dios viviente, a la Jerusalén celestial, y a incontables miles de ángeles que se han reunido llenos de gozo. ²³Ustedes han llegado a la congregación de los primogénitos de Dios, cuyos nombres están escritos en el cielo. Ustedes han llegado a Dios mismo, quien es el juez sobre todas las cosas. Ustedes han llegado a los espíritus de los justos, que están en el cielo y que ya han sido perfeccionados. ²⁴Ustedes han llegado a Jesús, el mediador del nuevo pacto entre Dios y la gente, y también a la sangre rociada, que habla de perdón en lugar de clamar por venganza como la sangre de Abel.

12:5-6 Pr 3:11-12 (versión griega).　12:9 O y viviremos verdaderamente?　12:18 En griego a algo que se pueda tocar.
12:20 Éx 19:13.　12:21 Dt 9:19.

---

3. No camines sobre hielo frágil. El Salmo 1 advierte sobre los peligros de las relaciones cercanas con aquellos que no aman a Dios. Debes evitar relaciones potencialmente peligrosas y provocativas. Encuentra amigos cristianos (del mismo sexo) que puedan ser honestos contigo cuando vean que estás entrando en territorio peligroso.

4. Considera el costo. Recuerda el alto precio que viene con el adulterio y la inmoralidad. ¿Estás preparado para soportar la vergüenza? ¿Comprendes la desgracia y la falta de respeto que acarrearás a tu esposo o esposa e hijos así como a la causa de Jesucristo? Unos momentos de placer pueden covertirse en una vida entera de remordimiento.

Un amor intenso por Dios y por tu cónyuge te llevará seguro, a través de las aguas peligrosas de la tentación sexual. No seas un blanco fácil para las flechas del enemigo. Persevera caminando hacia delante en tu relación con Cristo y con tu cónyuge.

Para leer la próxima nota de «Matrimonio», ve a la pág. A46.

²⁵ Tengan cuidado de no negarse a escuchar a aquél que habla. Pues, si el pueblo de Israel no escapó cuando se negó a escuchar a Moisés, el mensajero terrenal, ¡ciertamente nosotros tampoco escaparemos si rechazamos a aquél que nos habla desde el cielo! ²⁶ Cuando Dios habló desde el monte Sinaí, su voz hizo temblar la tierra, pero ahora él hace otra promesa: «Una vez más, haré temblar no sólo la tierra, sino también los cielos»*. ²⁷ Eso significa que toda la creación será agitada y removida, para que sólo permanezcan las cosas inconmovibles.

²⁸ Ya que estamos recibiendo un reino inconmovible, seamos agradecidos y agrademos a Dios adorándolo con santo temor y reverencia, ²⁹ porque nuestro Dios es un fuego que todo lo consume.

CAPÍTULO **13**

Palabras finales

Sigan amándose unos a otros como hermanos.* ² No se olviden de brindar hospitalidad a los desconocidos, porque algunos que lo han hecho ¡han hospedado ángeles sin darse cuenta! ³ Acuérdense de aquellos que están en prisión, como si ustedes mismos estuvieran allí. Acuérdense también de los que son maltratados, como si ustedes mismos sintieran en carne propia el dolor de ellos.

⁴ Honren el matrimonio, y los casados manténganse fieles el uno al otro. Con toda

seguridad, Dios juzgará a los que cometen inmoralidades sexuales y los que cometen adulterio.

⁵ No amen el dinero; estén contentos con lo que tienen, pues Dios ha dicho:

«Nunca te fallaré.
Jamás te abandonaré»*.

⁶ Así que podemos decir con toda confianza:

«El SEÑOR es quien me ayuda,
por eso no tendré miedo.
¿Qué me puede hacer un simple
mortal?»*.

⁷ Acuérdense de los líderes que les enseñaron la palabra de Dios. Piensen en todo lo bueno que haya resultado de su vida y sigan el ejemplo de su fe.

⁸ Jesucristo es el mismo ayer, hoy y siempre. ⁹ Así que, no se dejen cautivar por ideas nuevas y extrañas. Su fortaleza espiritual proviene de la gracia de Dios y no depende de reglas sobre los alimentos, que de nada sirven a quienes las siguen.

¹⁰ Tenemos un altar del cual los sacerdotes del tabernáculo* no tienen derecho a comer. ¹¹ Bajo el sistema antiguo, el sumo sacerdote llevaba la sangre de los animales al Lugar Santo como sacrificio por el pecado, y los cuerpos de esos animales se quemaban fuera del campamento. ¹² De igual manera, Jesús sufrió y murió

12:26 Hag 2:6.   **13:1** En griego *Continúen en amor fraternal.*   **13:5** Dt 31:6, 8.   **13:6** Sal 118:6.   **13:10** O *tienda.*

En marcha

DEBEMOS ANTEPONER LAS NECESIDADES DE OTROS A LAS NUESTRAS
Lee HEBREOS 13:11-13

Jesús nos dio el ejemplo máximo para vivir en humildad. Jesús, quien es Dios, vino a esta tierra y se humilló en una forma extraordinaria, haciéndose hombre. Es importante señalar que en ningún momento dejó de ser Dios, pero hizo a un lado los privilegios de su deidad para experimentar la genuina condición humana, y no evitó la aflicción, la ira, la tristeza y el dolor (lee Filipenses 2:3-11, págs. 254-255). El acto más dramático de su humillación fue cuando subió al Calvario para ser crucificado. Nadie tomó su vida, él la dio voluntariamente. Pudo haber llamado legiones de ángeles para que lo rescataran, pero prefirió sufrir y morir por nosotros.

¿Cómo debe afectar la actitud de Cristo la manera en que tratamos a otros? Debemos anteponer las necesidades de otros a las nuestras. Jesús siempre tuvo tiempo, durante su ministerio terrenal, para atender a otros. Nosotros debemos seguir su ejemplo.

Si pones la voluntad de Dios primero, y las necesidades de otros por encima de las tuyas, hallarás gozo y alegría.

Para leer la próxima nota de «Actitud hacia ti mismo», ve a la pág. A51.

fuera de las puertas de la ciudad para hacer santo a su pueblo mediante su propia sangre. ¹³ Entonces salgamos al encuentro de Jesús, fuera del campamento, y llevemos la deshonra que él llevó. ¹⁴ Pues este mundo no es nuestro hogar permanente; esperamos el hogar futuro.

¹⁵ Por lo tanto, por medio de Jesús, ofrezcamos un sacrificio continuo de alabanza a Dios, mediante el cual proclamamos nuestra lealtad a su nombre. ¹⁶ Y no se olviden de hacer el bien ni de compartir lo que tienen con quienes pasan necesidad. Estos son los sacrificios que le agradan a Dios.

¹⁷ Obedezcan a sus líderes espirituales y hagan lo que ellos dicen. Su tarea es cuidar el alma de ustedes y tienen que rendir cuentas a Dios. Denles motivos para que la hagan con alegría y no con dolor. Esto último ciertamente no los beneficiará a ustedes.

¹⁸ Oren por nosotros, pues tenemos la conciencia limpia y deseamos comportarnos con integridad en todo lo que hacemos. ¹⁹ Y oren especialmente para que pueda regresar a verlos pronto.

13:21 Algunos manuscritos dicen *en nosotros*.

²⁰ Y ahora, que el Dios de paz
—quien levantó de entre los muertos a
  nuestro Señor Jesús,
el gran Pastor de las ovejas,
y que ratificó un pacto eterno con su
  sangre—
²¹ los capacite con todo lo que necesiten
  para hacer su voluntad.
Que él produzca en ustedes,*
  mediante el poder de Jesucristo,
todo lo bueno que a él le agrada.
¡A él sea toda la gloria por siempre y para
  siempre! Amén.

²² Les ruego, amados hermanos, que hagan caso a lo que les escribí en esta breve exhortación.

²³ Quiero que sepan que nuestro hermano Timoteo ya salió de la cárcel. Si llega pronto, lo llevaré conmigo cuando vaya a verlos.

²⁴ Saluden a todos los líderes y a todos los creyentes que están allí. Los creyentes de Italia les envían sus saludos.

²⁵ Que la gracia de Dios sea con todos ustedes.

Santiago

AUTOR: SANTIAGO, EL MEDIO HERMANO DE JESÚS | FECHA DE ESCRITURA: 49 d. de J. C. | GÉNERO: EPÍSTOLA

En este libro Santiago habló acerca de la fe, haciendo énfasis en los resultados de ella. *Hizo hincapié en la necesidad de vivir una fe laboriosa y práctica.*

CAPÍTULO 1

Saludos de Santiago

Yo, Santiago, esclavo de Dios y del Señor Jesucristo, escribo esta carta a las «doce tribus»: los creyentes judíos que están dispersos por el mundo.

¡Reciban mis saludos!

Fe y constancia

²Amados hermanos, cuando tengan que enfrentar problemas, considérenlo como un tiempo para alegrarse mucho ³porque ustedes saben que, siempre que se pone a prueba la fe, la constancia tiene una oportunidad para desarrollarse. ⁴Así que dejen que crezca, pues una vez que su constancia se haya desarrollado plenamente, serán perfectos y completos, y no les faltará nada.

⁵Si necesitan sabiduría, pídansela a nuestro generoso Dios, y él se la dará; no los reprenderá por pedirla. ⁶Pero, cuando se la pidan, asegúrense de que su fe sea solamente en Dios. Y no duden, porque una persona que duda tiene la lealtad dividida y es tan inestable como una ola del mar que el viento arrastra y empuja de un lado a otro. ⁷Esas personas no deberían esperar nada del Señor; ⁸su lealtad está dividida entre Dios y el mundo, y son inestables en todo lo que hacen.

⁹Los creyentes que son pobres* pueden estar orgullosos, porque Dios los ha honrado. ¹⁰Y los que son ricos* deberían estar orgullosos de que Dios los ha humillado. Se marchitarán como una pequeña flor de campo. ¹¹Cuando el sol calienta mucho y se seca el pasto, la flor pierde su fuerza, cae y desaparece su belleza.

De la misma manera, se marchitarán los ricos junto con todos sus logros.

¹²Dios bendice a los que soportan con paciencia las pruebas y las tentaciones, porque después de superarlas, recibirán la corona de vida que Dios ha prometido a quienes lo aman. ¹³Y, cuando sean tentados, acuérdense de no decir: «Dios me está tentando». Dios nunca es tentado a hacer el mal y jamás tienta a nadie. ¹⁴La tentación viene de nuestros propios deseos, los cuales nos seducen y nos arrastran. ¹⁵De esos deseos nacen los actos pecaminosos, y el pecado, cuando se le deja crecer, da a luz la muerte.

¹⁶Así que no se dejen engañar, mis amados hermanos. ¹⁷Todo lo que es bueno y perfecto desciende a nosotros de parte de Dios nuestro Padre, quien creó todas las luces de los cielos.* Él nunca cambia ni varía como una sombra en movimiento.* ¹⁸Él, por su propia voluntad, nos hizo nacer de nuevo por medio de la palabra de verdad que nos dio y, de toda la creación, nosotros llegamos a ser su valiosa posesión.*

Escuchar y obedecer

¹⁹Mis amados hermanos, quiero que entiendan lo siguiente: todos ustedes deben ser rápidos para escuchar, lentos para hablar y lentos para enojarse. ²⁰El enojo humano* no produce la rectitud* que Dios desea. ²¹Así que quiten de su vida todo lo malo y lo sucio, y acepten con humildad la palabra que Dios les ha sembrado en el corazón, porque tiene el poder para salvar su alma.

²²Pero no sólo escuchen la palabra de Dios, tienen que ponerla en práctica. De lo contrario, solamente se engañan a sí mismos. ²³Pues, si

1:9 En griego *El hermano que es de condición humilde.* **1:10** En griego *El que es rico.* **1:17a** En griego *de lo alto, del Padre de las luces.* **1:17b** Algunos manuscritos dicen *Él nunca cambia, como lo hace una sombra en movimiento.* **1:18** En griego *llegamos a ser una clase de primicia de sus criaturas.* **1:20a** En griego *El enojo del hombre.* **1:20b** O *la justicia.*

Piedras angulares

LAS PRUEBAS DE LA VIDA TE HARAN MÁS FUERTE

Lee SANTIAGO 1:2-4

Una de las claves para crecer y ser capaz de continuar eficazmente en la vida cristiana, es ser constante y seguir adelante sin darse por vencido. Uno de los aspectos de la constancia es la paciencia. La palabra «constancia» en el versículo 3 es la palabra *hupomone* en griego, que significa «soportar pacientemente».

Esa constancia, que todo lo soporta, que nos ayuda a continuar en nuestro camino cristiano, viene y se desarrolla en tiempos de dificultades y pruebas. Durante estas pruebas o «tormentas de la vida», nuestras raíces espirituales se profundizan, fortaleciendo así nuestra fe. Claro que muchos de nosotros tratamos de evitar todas las pruebas que trae la vida. Pero Dios ha prometido que nunca nos dará más de lo que podamos soportar (lee 1 Corintios 10:13, pág. 212).

Estos tiempos de prueba pueden edificarnos o amargarnos. Todo depende de cómo veamos la situación. Si aprendemos a caminar con Dios, en una relación basada en la fe y no sólo en los sentimientos, iremos creciendo en fortaleza, y, como dice este pasaje, seremos «perfectos y completos, y no [nos] faltará nada».

Para leer la próxima nota de «Perseverancia», ve a la pág. A30.

---

escuchas la palabra pero no la obedeces, sería como ver tu cara en un espejo. ²⁴Te ves a ti mismo, luego te alejas y te olvidas cómo eres. ²⁵Pero, si miras atentamente en la ley perfecta que te hace libre y si la pones en práctica y no olvidas lo que escuchaste, entonces Dios te bendecirá por tu obediencia.

²⁶Si afirmas ser religioso pero no controlas tu lengua, te engañas a ti mismo y tu religión no vale nada. ²⁷La religión pura y verdadera a los ojos de Dios Padre consiste en ocuparse de los huérfanos y de las viudas en sus aflicciones, y no dejar que el mundo te corrompa.

CAPÍTULO **2**

No mostrar preferencia entre las personas

Mis amados hermanos, ¿cómo pueden afirmar que tienen fe en nuestro glorioso Señor Jesucristo si favorecen más a algunas personas que a otras?

²Por ejemplo, supongamos que alguien llega a su reunión* vestido con ropa elegante y joyas costosas y al mismo tiempo entra una persona pobre y con ropa sucia. ³Si ustedes le dan un trato preferencial a la persona rica y le dan un buen asiento, pero al pobre le dicen: «Tú puedes quedarte de pie allá o bien sentarte en el piso», ¿acaso ⁴esta discriminación no demuestra que sus juicios son guiados por malas intenciones?

⁵Escúchenme, amados hermanos. ¿No eligió Dios a los pobres de este mundo para que sean ricos en fe? ¿No son ellos los que heredarán el reino que Dios prometió a quienes lo aman? ⁶¡Pero ustedes desprecian a los pobres! ¿Acaso no son los ricos quienes los oprimen a ustedes

y los arrastran a los tribunales? ⁷¿Acaso no son ellos los que insultan a Jesucristo, cuyo noble nombre* ustedes llevan?

⁸Por supuesto, hacen bien cuando obedecen la ley suprema tal como aparece en las Escrituras: «Ama a tu prójimo como a ti mismo»*. ⁹Pero, si favorecen más a algunas personas que a otras, cometen pecado. Son culpables de violar la ley.

¹⁰Pues el que obedece todas las leyes de Dios menos una es tan culpable como el que las desobedece todas, ¹¹porque el mismo Dios que dijo: «No cometas adulterio», también dijo: «No cometas asesinato»*. Así que, si ustedes matan a alguien pero no cometen adulterio, de todos modos han violado la ley.

¹²Entonces, en todo lo que digan y en todo lo que hagan, recuerden que serán juzgados por la ley que los hace libres. ¹³No habrá compasión para quienes no hayan tenido compasión de otros. Pero si ustedes han sido compasivos, Dios será misericordioso con ustedes cuando los juzgue.

La fe sin buenas acciones está muerta

¹⁴Amados hermanos, ¿de qué le sirve a uno decir que tiene fe si no lo demuestra con sus acciones? ¿Puede esa clase de fe salvar a alguien? ¹⁵Supónganse que ven a un hermano o una hermana que no tiene qué comer ni con qué vestirse ¹⁶y uno de ustedes le dice: «Adiós, que tengas un buen día; abrígate mucho y aliméntate bien», pero no le da ni alimento ni ropa. ¿Para qué le sirve? ¹⁷Como pueden ver, la fe por sí sola no es

2:2 En griego *sinagoga.*   **2:7** En griego *insultan el noble nombre.*   **2:8** Lv 19:18.   **2:11** Éx 20:13-14; Dt 5:17-18.

suficiente. A menos que produzca buenas acciones, está muerta y es inútil.

[18]Ahora bien, alguien podría argumentar: «Algunas personas tienen fe; otras, buenas acciones». Pero yo les digo: «¿Cómo me mostrarás tu fe si no haces buenas acciones? Yo les mostraré mi fe con mis buenas acciones».

[19]Tú dices tener fe porque crees que hay un solo Dios.* ¡Bien hecho! Aun los demonios lo creen y tiemblan aterrorizados. [20]¡Qué tontería! ¿Acaso no te das cuenta de que la fe sin buenas acciones es inútil?

[21]¿No recuerdas que nuestro antepasado Abraham fue declarado justo ante Dios por sus acciones cuando ofreció a su hijo Isaac sobre el altar? [22]¿Ya ves?, su fe y sus acciones actuaron en conjunto: sus acciones hicieron que su fe fuera completa. [23]Y así se cumplió lo que dicen las Escrituras: «Abraham le creyó a Dios, y Dios lo consideró justo debido a su fe»*. Incluso lo llamaron «amigo de Dios»*. [24]Como puedes ver, se nos declara justos a los ojos de Dios por lo que hacemos y no sólo por la fe.

[25]Rahab, la prostituta, es otro ejemplo. Fue declarada justa ante Dios por sus acciones cuando ella escondió a los mensajeros y los ayudó a regresar sin riesgo alguno por otro camino. [26]Así como el cuerpo sin aliento* está muerto, así también la fe sin buenas acciones está muerta.

CAPÍTULO **3**
Control de la lengua
Amados hermanos, no muchos deberían llegar a ser maestros en la iglesia, porque los que enseñamos seremos juzgados de una manera más estricta. [2]Es cierto que todos cometemos muchos errores. Pues, si pudiéramos dominar la lengua, seríamos perfectos, capaces de controlarnos en todo sentido.

[3]Podemos hacer que un caballo vaya adonde queramos si le ponemos un pequeño freno en la boca. [4]También un pequeño timón hace que un enorme barco gire adonde desee el capitán, por fuertes que sean los vientos. [5]De la misma manera, la lengua es algo pequeño que pronuncia grandes discursos.

Así también una sola chispa, puede incendiar todo un bosque. [6]Y la lengua es una llama de fuego. Es un mundo entero de maldad que corrompe todo el cuerpo. Puede incendiar toda la vida, porque el infierno mismo la enciende.*

[7]El ser humano puede domar toda clase de animales, aves, reptiles y peces, [8]pero nadie puede domar la lengua. Es maligna e incansable, llena de veneno mortal. [9]A veces alaba a nuestro Señor y Padre, y otras veces maldice a

quienes Dios creó a su propia imagen. [10]Y así, la bendición y la maldición salen de la misma boca. Sin duda, hermanos míos, ¡eso no está bien! [11]¿Acaso puede brotar de un mismo manantial agua dulce y agua amarga? [12]¿Acaso una higuera puede dar aceitunas o una vid, higos? No, como tampoco puede uno sacar agua dulce de un manantial salado.*

La verdadera sabiduría proviene de Dios
[13]Si ustedes son sabios y entienden los caminos de Dios, demuéstrenlo viviendo una vida honesta y haciendo buenas acciones con la humildad que proviene de la sabiduría. [14]Pero, si tienen envidias amargas y ambiciones egoístas en el corazón, no encubran la verdad con jactancias y mentiras. [15]Pues la envidia y el egoísmo no forman parte de la sabiduría que

---

2:19 Algunos manuscritos dicen *que Dios es uno;* ver Dt 6:4.
3:6 O *porque se quemará en el infierno* (en griego *Gehenna*).
2:23a Gn 15:6.   2:23b Ver Is 41:8.   2:26 O *sin espíritu.*
3:12 En griego *de la sal.*

Piedras angulares

DEBEMOS VIVIR NUESTRA FE
Lee SANTIAGO 2:14-17

Tal vez no necesitabas cambiar tu estilo de vida antes de recibir a Cristo, pero ahora que lo has recibido, tu vida debe mostrar cambios. Si esto no ocurre, se podría dudar si Cristo ha llegado realmente a tu vida. El modo en que vives refleja lo que crees. Como dijo Juan el Bautista: «Demuestren con su forma de vivir que se han arrepentido de sus pecados y han vuelto a Dios» (Lucas 3:8).

Santiago, en los versículos 15 y 16 nos da otra razón importante para respaldar nuestra fe con acciones: se nos hará más fácil compartir nuestra fe con otros. Cuando la gente ve que tenemos genuino interés en ellos como personas, estarán mucho más dispuestas a escucharnos.

¿Puede la gente ver a Jesús en la forma en que vives? Si no es así, ha llegado el momento de que pongas a Jesús como el «piloto» de tu vida.

Para leer la próxima nota de «Fe y obras», ve a la pág. A31.

---

proviene de Dios. Dichas cosas son terrenales, puramente humanas y demoníacas. ¹⁶ Pues, donde hay envidias y ambiciones egoístas, también habrá desorden y toda clase de maldad.

¹⁷ Pero la sabiduría que proviene del cielo es, ante todo, pura y también ama la paz; siempre es amable y dispuesta a ceder ante los demás. Está llena de compasión y de buenas acciones. No muestra favoritismo y siempre es sincera. ¹⁸ Y los que procuran la paz sembrarán semillas de paz y recogerán una cosecha de justicia.*

3:18 O *cosas buenas.*

CAPÍTULO **4**
Acercarse más a Dios
¿Qué es lo que causa las disputas y las peleas entre ustedes? ¿Acaso no surgen de los malos deseos que combaten en su interior? ² Desean lo que no tienen, entonces traman y hasta matan para conseguirlo. Envidian lo que otros tienen, pero no pueden obtenerlo, por eso luchan y les hacen la guerra para quitárselo. Sin embargo, no tienen lo que desean porque no se lo piden a Dios. ³ Y, aun cuando se lo piden, tampoco lo

---

En marcha

CONTROLA TU LENGUA
Lee SANTIAGO 3:1-12

Dice un refrán: «Una mentira ha recorrido ya medio mundo mientras la verdad está todavía poniéndose los zapatos». Esto ilustra el poder que tiene el hablar con malicia. Un rumor infundado, una crítica descuidada, pueden causar gran destrucción. ¡Cuánta razón tenía Santiago cuando escribió que la lengua es una llama de fuego llena de maldad!

Desgraciadamente, son los pecados de la lengua —una calumnia, un chisme que destruye a otra persona— los que más a menudo pasamos por alto. Pensamos que como no hemos matado a nadie, no hemos cometido adulterio, ni hemos robado nada, somos gente buena. Pero Santiago dice claramente que cierta clase de conversación es mala. El contenido de la conversación de los cristianos debe reflejar lo que está sucediendo en su corazón. Después de todo, parte del fruto, o la evidencia de la presencia del Espíritu Santo en nuestra vida, es el control propio (lee Gálatas 5:22-23, pág. 240). La persona que no sabe controlar su lengua, por lo general está «fuera de control» en otras áreas de su vida. Pero la persona que domina su lengua se ha sometido al control del Espíritu Santo y será capaz de tener control en todas las demás áreas de su vida.

Para leer la próxima nota de «Conversación», ve a la pág. A49.

reciben porque lo piden con malas intenciones: desean solamente lo que les dará placer.

[4] ¡Adúlteros!* ¿No se dan cuenta de que la amistad con el mundo los convierte en enemigos de Dios? Lo repito: si alguien quiere ser amigo del mundo, se hace enemigo de Dios. [5] ¿Qué creen ustedes que quieren decir las Escrituras cuando afirman que el espíritu que Dios ha puesto dentro de nosotros está lleno de envidia?* [6] Sin embargo, él nos da aún más gracia, para que hagamos frente a esos malos deseos. Como dicen las Escrituras:

«Dios se opone a los orgullosos
pero muestra su favor a los humildes»*.

[7] Así que humíllense delante de Dios. Resistan al diablo, y él huirá de ustedes. [8] Acérquense a Dios, y Dios se acercará a ustedes. Lávense las manos, pecadores; purifiquen su corazón, porque su lealtad está dividida entre Dios y el mundo. [9] Derramen lágrimas por lo que han hecho. Que haya lamento y profundo dolor. Que haya llanto en lugar de risa y tristeza en lugar de alegría. [10] Humíllense delante del Señor, y él los levantará con honor.

No juzgar a los demás

[11] Amados hermanos, no hablen mal los unos de los otros. Si se critican y se juzgan entre ustedes, entonces critican y juzgan la ley de Dios. Les corresponde, en cambio, obedecer la ley, no hacer la función de jueces. [12] Sólo Dios, quien ha dado la ley, es el Juez. Solamente él tiene el poder para salvar o destruir. Entonces, ¿qué derecho tienes tú para juzgar a tu prójimo?

Advertencia para los que confían en sí mismos

[13] Presten atención, ustedes que dicen: «Hoy o mañana iremos a tal o cual ciudad y nos quedaremos un año. Haremos negocios allí y ganaremos dinero». [14] ¿Cómo saben qué será de su vida el día de mañana? La vida de ustedes es como la neblina del amanecer: aparece un rato y luego se esfuma. [15] Lo que deberían decir es: «Si el Señor quiere, viviremos y haremos esto o aquello». [16] De lo contrario, están haciendo alarde de sus propios planes, y semejante jactancia es maligna.

[17] Recuerden que es pecado saber lo que se debe hacer y luego no hacerlo.

CAPÍTULO **5**

Advertencia para los ricos

Presten atención, ustedes los ricos: lloren y giman con angustia por todas las calamidades

4:4 En griego ¡Adúlteras!   4:5 O que Dios anhela celosamente el espíritu humano que ha puesto dentro de nosotros? o que el Espíritu Santo, el cual Dios ha puesto dentro de nosotros, se opone a nuestra envidia? 4:6 Pr 3:34 (versión griega).

Primeros pasos

RESISTE AL DIABLO
Lee SANTIAGO 4:7-8

Satanás conoce el valor de poner un pie en el umbral de nuestros pensamientos. Sabe que el pecado no es tan sólo una acción, sino que es algo que se produce dentro de la mente y del corazón, y que en algún momento se materializa en una acción pecaminosa. Aquí hay cuatro maneras prácticas y efectivas de «resistir» al diablo y a sus tentaciones:

1. Sométete a Dios. Cuando te sometes a Dios, estás reconociendo su autoridad sobre tu vida. Porque Dios es santo, lo cual significa que es puro y sin pecado y, por lo tanto, te ayudará a vivir una vida que sea agradable a él. Pero para lograr esto, tienes que someterte a su autoridad.

2. Resiste al diablo. Resistir al diablo significa no ceder a la tentación cuando ésta se presenta. Ceder a la tentación es invitar al diablo y a sus demonios a continuar tentándote. Pero si resistes la tentación, el diablo terminará huyendo de ti, lo cual significa que abandonará su labor de tentarte.

3. Camina cerca de Dios. Cuanto más cerca andes de Dios, más lejos andarás de Satanás, tu antiguo compañero. Y cuanto más tiempo pases con Dios, en el estudio de la Biblia y la oración, habrá menos probabilidades de que caigas. Como dice el Salmo 16:8: «Sé que el SEÑOR siempre está conmigo; no seré sacudido, porque él está aquí a mi lado».

4. Lava tus manos y purifica tu corazón. Esta lista de instrucciones es un llamado al arrepentimiento para todos aquellos que alberguen el pecado en su vida. Albergar el pecado en tu vida es darle al diablo una oportunidad de trabajar en ti y a través de ti. Pero Dios es el único que debe trabajar en ti, no el diablo. Si estás albergando el pecado en cualquier área de tu vida, deja de hacerlo, confiésalo a Dios, pídele que te perdone, y entonces él obrará a través de ti.

Para leer la próxima nota de «Resiste la tentación», ve a la pág. A38.

Piedras angulares

¿EN QUÉ CREEN LOS DEMONIOS?

Lee SANTIAGO 2:19

Aunque parezca extraño, de alguna forma los demonios son certeros en sus creencias. Ellos reconocen que Jesús es el Hijo de Dios. En el Evangelio de Mateo los demonios le dicen a Jesús: «¿Por qué te entrometes con nosotros, Hijo de Dios? ¿Has venido aquí para torturarnos antes del tiempo establecido por Dios?» (Mateo 8:29). Es evidente que los demonios reconocen el poder de Jesús, ¡y tiemblan de temor de sólo pensar en él!

Es interesante que hoy muchas personas ni siquiera acepten que Jesús es el Hijo de Dios. Sin embargo, aunque creas en Dios, estos versículos demuestran que no es suficiente para evitar que vayas al infierno. Creer sin obedecer no tiene valor. Aquellos que se conforman con menos que un compromiso total con Cristo, pueden encontrarse en la compañía de los demonios en el tiempo del juicio.

Para leer la próxima nota de «¿Qué son los demonios?», ve a la pág. A25.

que les esperan. ²Su riqueza se está pudriendo, y su ropa fina son trapos carcomidos por polillas. ³Su oro y plata han perdido su valor. Las mismas riquezas con las que contaban les consumirán la carne como lo hace el fuego. El tesoro que han acumulado se usará como evidencia contra ustedes el día del juicio. ⁴Así que ¡escuchen! Oigan las protestas de los obreros del campo a quienes estafaron con el salario. El dinero que no les pagaron clama en contra de ustedes. Los reclamos de quienes les cosechan sus campos han llegado a los oídos del Señor de los Ejércitos Celestiales.

⁵Sus años sobre la tierra los han pasado con lujos, satisfaciendo todos y cada uno de sus deseos. Se han dejado engordar para el día de la matanza. ⁶Han condenado y matado a personas inocentes,* que no ponían resistencia.*

Paciencia y perseverancia

⁷Amados hermanos, tengan paciencia mientras esperan el regreso del Señor. Piensen en los agricultores, que con paciencia esperan las lluvias en el otoño y la primavera. Con ansias esperan a que maduren los preciosos cultivos. ⁸Ustedes también deben ser pacientes. Anímense, porque la venida del Señor está cerca.

⁹Hermanos, no se quejen unos de otros, o serán juzgados. ¡Pues miren, el Juez ya está a la puerta!

¹⁰Amados hermanos, tomen como ejemplo de paciencia durante el sufrimiento a los profetas que hablaron en nombre del Señor. ¹¹Honramos en gran manera a quienes resisten con firmeza en tiempo de dolor. Por ejemplo, han oído hablar de Job, un hombre de gran perse-

verancia. Pueden ver cómo al final el Señor fue bueno con él, porque el Señor está lleno de ternura y misericordia.

¹²Pero sobre todo, hermanos míos, nunca juren por el cielo ni por la tierra ni por ninguna otra cosa. Simplemente digan «sí» o «no», para que no pequen y sean condenados.

El poder de la oración

¹³¿Alguno de ustedes está pasando por dificultades? Que ore. ¿Alguno está feliz? Que cante alabanzas. ¹⁴¿Alguno está enfermo? Que llame a los ancianos de la iglesia, para que vengan y que oren por él y lo unjan con aceite en el nombre del Señor. ¹⁵Una oración ofrecida con fe, sanará al enfermo, y el Señor hará que se recupere. Y, si ha cometido pecados, será perdonado.

¹⁶Confiésense los pecados unos a otros y oren los unos por los otros, para que sean sanados. La oración ferviente de una persona justa tiene mucho poder y da resultados maravillosos. ¹⁷Elías era tan humano como cualquiera de nosotros; sin embargo, cuando oró con fervor para que no cayera lluvia, ¡no llovió durante tres años y medio! ¹⁸Más tarde, cuando volvió a orar, el cielo envió lluvia, y la tierra comenzó a dar cosechas.

Restaurar a los creyentes que se apartan

¹⁹Mis amados hermanos, si alguno de ustedes se aparta de la verdad y otro lo hace volver, ²⁰pueden estar seguros de que quien haga volver al pecador de su mal camino salvará a esa persona de la muerte y traerá como resultado el perdón de muchos pecados.

5:6a O *al Justo;* en griego dice *al justo.*   **5:6b** O ¿No se resisten a ustedes? o ¿No se opone Dios a ustedes? o ¿No los acusan ahora ellos a ustedes delante de Dios?

1 Pedro

AUTOR: PEDRO I FECHA DE ESCRITURA: 63 d. de J. C. I GÉNERO: EPÍSTOLA

El tema de la primera epístola de Pedro es el sufrimiento. Pedro escribió inspiradas palabras de consuelo para aquellos que sufrían a causa de la persecución.

CAPÍTULO **1**

Saludos de Pedro

Yo, Pedro, apóstol de Jesucristo, escribo esta carta a los elegidos por Dios que viven como extranjeros en las provincias de Ponto, Galacia, Capadocia, Asia y Bitinia.* ²Dios Padre los conocía y los eligió desde hace mucho tiempo, y su Espíritu los ha hecho santos. Como resultado, ustedes lo obedecieron y fueron limpiados por la sangre de Jesucristo.

Que Dios les conceda cada vez más gracia y paz.

La esperanza de la vida eterna

³Que toda la alabanza sea para Dios, el Padre de nuestro Señor Jesucristo. Es por su gran misericordia que hemos nacido de nuevo, porque Dios levantó a Jesucristo de los muertos. Ahora vivimos con gran expectación ⁴y tenemos una herencia que no tiene precio, una herencia que está reservada en el cielo para ustedes, pura y sin mancha, que no puede cambiar ni deteriorarse. ⁵Por la fe que tienen, Dios los protege con su poder hasta que reciban esta salvación, la cual está lista para ser revelada en el día final, a fin de que todos la vean.

⁶Así que alégrense de verdad.* Les espera una alegría inmensa, aun cuando tengan que soportar muchas pruebas por un tiempo breve. ⁷Estas pruebas demostrarán que su fe es auténtica. Está siendo probada de la misma manera que el fuego prueba y purifica el oro, aunque la fe de ustedes es mucho más preciosa que el mismo oro. Entonces su fe, al permanecer firme en tantas pruebas, les traerá mucha alabanza, gloria y honra en el día que Jesucristo sea revelado al mundo.

⁸Ustedes aman a Jesucristo a pesar de que nunca lo han visto. Aunque ahora no lo ven, confían en él y se gozan con una alegría gloriosa e indescriptible. ⁹La recompensa por confiar en él será la salvación de sus almas.

¹⁰Incluso los profetas quisieron saber más cuando profetizaron acerca de esta salvación inmerecida que estaba preparada para ustedes. ¹¹Se preguntaban a qué tiempo y en qué circunstancias se refería el Espíritu de Cristo, que estaba en ellos, cuando les dijo de antemano sobre los sufrimientos de Cristo y de la inmensa gloria que después vendría. ¹²Se les dijo que los mensajes que habían recibido no eran para ellos sino para ustedes. Y ahora esta Buena Noticia les fue anunciada a ustedes por medio de aquellos que la predicaron con el poder del Espíritu Santo, enviado del cielo. Todo es tan maravilloso que aun los ángeles observan con gran expectación cómo suceden estas cosas.

Llamados a una vida santa

¹³Así que piensen con claridad y ejerciten el control propio. Pongan su esperanza en la salvación inmerecida que recibirán cuando Jesucristo sea revelado al mundo. ¹⁴Por lo tanto, vivan como hijos obedientes de Dios. No vuelvan atrás, a su vieja manera de vivir, con el fin de satisfacer sus propios deseos. Antes lo hacían por ignorancia, ¹⁵pero ahora sean santos en todo lo que hagan, tal como Dios, quien los eligió, es santo. ¹⁶Pues las Escrituras dicen: «Sean santos, porque yo soy santo»*.

¹⁷Y recuerden que el Padre celestial, a quien ustedes oran, no tiene favoritos. Él los juzgará o los recompensará según lo que hagan. Así que

---

1:1 *Ponto, Galacia, Capadocia, Asia y Bitinia eran provincias romanas en lo que ahora es Turquía.* 1:6 *O Por eso están verdaderamente alegres.* 1:16 Lv 11:44-45; 19:2; 20:7.

Piedras angulares

EL ESPÍRITU SANTO TRABAJA CON EL PADRE Y CON EL HIJO
Lee 1 PEDRO 1:2

El Espíritu Santo tiene el distinguido honor de ser uno de los tres miembros de la Trinidad, siendo los otros dos miembros, Dios el Padre y Jesucristo, su Hijo. Este versículo muestra cómo el Espíritu Santo trabaja junto con el Padre y el Hijo en la vida de un creyente:

- El Padre nos elige y nos hace sus hijos.
- Jesús nos redimió, muriendo por nosotros cuando todavía éramos pecadores.
- El Espíritu Santo nos lleva al Señor y continúa trabajando en nosotros para que agrademos a Dios.

Los tres miembros de la Trinidad trabajan en armonía para llevarnos a una relación con Dios. Por esta razón vemos que el Espíritu Santo es, sin duda, una parte integral de lo que llamamos la «Deidad».

Para leer la próxima nota de «¿Quién es el Espíritu Santo?», ve a la pág. A23.

---

tienen que vivir con un reverente temor de él mientras sean «extranjeros en la tierra». [18] Pues ustedes saben que Dios pagó un rescate para salvarlos de la vida vacía que heredaron de sus antepasados. Y el rescate que él pagó no consistió simplemente en oro o plata [19] sino que fue la preciosa sangre de Cristo, el Cordero de Dios, que no tiene pecado ni mancha. [20] Dios lo eligió como el rescate por ustedes mucho antes de que comenzara el mundo, pero ahora él se lo ha revelado a ustedes en estos últimos días. [21] Por medio de Cristo, han llegado a confiar en Dios. Y han puesto su fe y su esperanza en Dios, porque él levantó a Cristo de los muertos y le dio una gloria inmensa. [22] Al obedecer la verdad, ustedes quedaron limpios de sus pecados, por eso ahora tienen que amarse unos a otros como hermanos, con amor sincero.* Ámense profundamente de todo corazón.* [23] Pues han nacido de nuevo pero no a una vida que pronto se acabará. Su nueva vida durará para siempre porque proviene de la eterna y viviente palabra de Dios. [24] Como dicen las Escrituras:

«Los seres humanos son como la hierba,
  su belleza es como la flor del campo.
La hierba se seca, y la flor se marchita.
[25]   Pero la palabra del Señor permanece para
  siempre»*.

Y esta palabra es el mensaje de la Buena Noticia que se les ha predicado.

CAPÍTULO **2**

Por lo tanto, desháganse de toda mala conducta. Acaben con todo engaño, hipocresía, celos y toda clase de comentarios hirientes. [2] Como bebés recién nacidos, deseen con ganas la leche espiritual pura para que crezcan a una experiencia plena de la salvación. Pidan a gritos ese alimento nutritivo [3] ahora que han probado la bondad del Señor.

Piedras vivas para la casa de Dios
[4] Ahora ustedes se acercan a Cristo, quien es la piedra viva principal del templo de Dios. La gente lo rechazó, pero Dios lo eligió para darle gran honra. [5] Y ustedes son las piedras vivas con las cuales Dios edifica su templo espiritual. Además, son sacerdotes santos.* Por la mediación de Jesucristo, ustedes ofrecen sacrificios espirituales que agradan a Dios. [6] Como dicen las Escrituras:

«Pongo en Jerusalén* una piedra principal,
  elegida para gran honra,
y todo el que confíe en él
  jamás será deshonrado»*.

[7] Así es, ustedes, los que confían en él, reconocen la honra que Dios le ha dado; pero para aquellos que lo rechazan,

«La piedra que los constructores
  rechazaron
ahora se ha convertido en la piedra
  principal»*.

[8] Además,

«Él es la piedra que hace tropezar a muchos,
  es la roca que los hace caer»*.

1:22a En griego *deben tener amor fraternal.*   1:22b Algunos manuscritos dicen *con un corazón puro.*   1:24-25 Is 40:6-8.
2:5 En griego *sacerdocio santo.*   2:6a En griego *en Sión.*   2:6b Is 28:16 (versión griega).   2:7 Sal 118:22.   2:8 Is 8:14.

Tropiezan porque no obedecen la palabra de Dios y por eso se enfrentan con el destino que les fue preparado. [9] Pero ustedes no son así, porque son un pueblo elegido. Son sacerdotes del Rey,* una nación santa, posesión exclusiva de Dios. Por eso pueden mostrar a otros la bondad de Dios, pues él los ha llamado a salir de la oscuridad y entrar en su luz maravillosa.

[10] «Antes no tenían identidad como pueblo, ahora son pueblo de Dios.
Antes no recibieron misericordia, ahora han recibido la misericordia de Dios»*.

[11] Queridos amigos, ya que son «extranjeros y residentes temporales», les advierto que se alejen de los deseos mundanos, que luchan contra el alma. [12] Procuren llevar una vida ejemplar entre sus vecinos no creyentes. Así, por más que ellos los acusen de actuar mal, verán que ustedes tienen una conducta honorable y le darán honra a Dios cuando él juzgue al mundo.*

Respeto por las autoridades
[13] Por amor al Señor, respeten a toda autoridad humana, ya sea el rey como jefe de Estado [14] o a los funcionarios que él ha nombrado. Pues a ellos el rey los ha mandado a que castiguen a aquellos que hacen el mal y a que honren a los que hacen el bien. [15] La voluntad de Dios es que la vida honorable de ustedes calle a la gente ignorante que los acusa sin fundamento alguno. [16] Pues ustedes son libres pero, a la vez, son esclavos de Dios, así que no usen su libertad como una excusa para hacer el mal. [17] Respeten a todos y amen a sus hermanos en Cristo.* Teman a Dios y respeten al rey.

A los esclavos
[18] Ustedes, los que son esclavos, deben aceptar la autoridad de sus amos con todo respeto.* Hagan lo que ellos les ordenan, no sólo si son bondadosos y razonables, sino también si son crueles. [19] Pues Dios se complace en ustedes cuando hacen lo que saben que es correcto y sufren con paciencia cuando reciben un trato injusto. [20] Es obvio que no hay mérito en ser paciente si a uno lo golpean por haber actuado mal. Pero, si sufren por hacer el bien y lo soportan con paciencia, Dios se agrada de ustedes. [21] Pues Dios los llamó a hacer lo bueno, aunque eso signifique que tengan que sufrir, tal como Cristo sufrió* por ustedes. Él es su ejemplo, y deben seguir sus pasos.

Primeros pasos
LAS PRUEBAS PULEN NUESTRA FE
Lee 1 PEDRO 1:3-7

Dios te ha escogido para un trabajo especial. Pero antes de que pueda usarte, él tiene que hacer madurar el grano de tu vida. Él hace esto permitiendo que pases por dificultades, para que tu fe sea probada y purificada. Aunque este proceso puede no ser agradable, este pasaje de la Escritura nos da cuatro indicios de lo que debemos recordar durante las pruebas de nuestra fe, para que, al final, sea más fuerte:

1. Recuerda *a quién* perteneces. Tú eres hijo de Dios (versículo 3).

2. Recuerda *qué* te ha prometido Dios. Dios te ha prometido el maravilloso don de la vida eterna (versículo 4).

3. Recuerda *quién* te está guiando. Dios te protegerá siempre hasta que alcances tu destino final: el cielo (versículos 5-6).

4. Recuerda *por qué* Dios te deja pasar por pruebas. Dios desea probar la autenticidad de tu fe, para que tu vida resulte en alabanza y gloria hasta que Jesús regrese (versículo 7).

Aunque es grato pasar tiempo en una «cumbre espiritual», por decirlo así, no podemos estar ahí para siempre. Más a menudo, al pie de esa montaña, yace la fría y dura realidad. Pero los frutos crecen mejor en los «valles» (los tiempos difíciles de la vida), y no en las cumbres (cuando todo parece ir bien). El mayor desarrollo de nuestro carácter sucede cuando aplicamos en los valles lo que hemos aprendido en las cumbres.

Para leer la próxima nota de «Sé fuerte en las pruebas», ve a la pág. A43.

[22] Él nunca pecó
y jamás engañó a nadie.*
[23] No respondía cuando lo insultaban
ni amenazaba con vengarse cuando sufría.
Dejaba su causa en manos de Dios,
quien siempre juzga con justicia.
[24] Él mismo cargó nuestros pecados
sobre su cuerpo en la cruz,

2:9 En griego *sacerdocio del Rey*. 2:10 Os 1:6, 9; 2:23. 2:12 O *el día de la visitación*. 2:17 En griego *amen la hermandad*. 2:18 O *amos porque ustedes temen a Dios*. 2:21 Algunos manuscritos dicen *murió*. 2:22 Is 53:9.

Piedras angulares

CONOCER Y CONFIAR EN DIOS ES LA FUENTE DE GOZO INDESCRIPTIBLE
Lee 1 PEDRO 1:8

Hoy en día mucha gente busca el gozo y la alegría pero no los encuentran. Quizá no comprenden en qué consiste verdaderamente la felicidad. Pueden disfrutar de la felicidad pasajera que se encuentra en las posesiones, los placeres o los logros que consiguen. Pero el gozo que Dios da, no es meramente un sentimiento pasajero: las circunstancias no lo afectan. De hecho, es un resultado natural e inmutable de nuestra fe en Cristo.

Mientras confíes en Jesús y esperes su venida, estarás lleno de un «gozo indescriptible». Este gozo no será un estado pasajero de exaltación emocional, sino una experiencia profunda y sobrenatural de contentamiento, basada en el hecho de que tu vida está bien con Dios. Y esta felicidad y alegría permanentes te sustentarán por el resto de tu vida.

Para leer la próxima nota de «Gozo», ve a la pág. A33.

para que nosotros podamos estar muertos
    al pecado
y vivir para lo que es recto.
Por sus heridas,
    son sanados.
²⁵ Antes eran como ovejas
    que andaban descarriadas.
Pero ahora han vuelto a su Pastor,
    al Guardián de sus almas.

CAPÍTULO **3**
A las esposas
De la misma manera, ustedes esposas, tienen que aceptar la autoridad de sus esposos. Entonces, aun cuando alguno de ellos se niegue a obedecer la Buena Noticia, la vida recta de ustedes les hablará sin palabras. Ellos serán ganados ²al observar la vida pura y la conducta respetuosa de ustedes.
³No se interesen tanto por la belleza externa: los peinados extravagantes, las joyas costosas o la ropa elegante. ⁴En cambio, vístanse con la belleza interior, la que no se desvanece, la belleza de un espíritu tierno y sereno, que es tan precioso a los ojos de Dios. ⁵Así es como lucían hermosas las santas mujeres de la antigüedad. Ellas confiaban en Dios y aceptaban la autori-

3:8 En griego *Muestren amor fraternal.*

dad de sus maridos. ⁶Por ejemplo, Sara obedecía a su esposo, Abraham, y lo llamaba «señor». Ustedes son sus hijas cuando hacen lo correcto sin temor a lo que sus esposos pudieran hacer.

A los esposos
⁷De la misma manera, ustedes maridos, tienen que honrar a sus esposas. Cada uno viva con su esposa y trátela con entendimiento. Ella podrá ser más débil, pero participa por igual del regalo de la nueva vida que Dios les ha dado. Trátala como es debido, para que nada estorbe tus oraciones.

A todos los cristianos
⁸Por último, todos deben ser de un mismo parecer. Compadézcanse unos de otros. Ámense como hermanos y hermanas.* Sean de buen corazón y mantengan una actitud humilde. ⁹No paguen mal por mal. No respondan con insultos cuando la gente los insulte. Por el contrario, contesten con una bendición. A esto los ha llamado Dios, y él los bendecirá por hacerlo. ¹⁰Pues las Escrituras dicen:

    «Si quieres disfrutar de la vida
    y ver muchos días felices,

En marcha

NUNCA USES UN LENGUAJE VULGAR
Lee 1 PEDRO 3:10

Una de las cosas que definitivamente debe cambiar cuando venimos a Cristo es nuestro modo de hablar. Si continuamos usando en vano el nombre de Dios o seguimos repitiendo chistes vulgares, algo no anda bien. Efesios 4:29 dice: «No empleen un lenguaje grosero ni ofensivo». Eso incluye el lenguaje vulgar. Cuando somos indiferentes a la forma en que hablamos o al

refrena tu lengua de hablar el mal
y tus labios de decir mentiras.
[11] Apártate del mal y haz el bien.
Busca la paz y esfuérzate por mantenerla.
[12] Los ojos del Señor están sobre los que
hacen lo bueno,
y sus oídos están abiertos a sus oraciones.
Pero el Señor aparta su rostro
de los que hacen lo malo»*.

Sufrir por hacer el bien

[13] Ahora bien, ¿quién querrá hacerles daño si ustedes están deseosos de hacer el bien? [14] Pero, aun si sufren por hacer lo correcto, Dios va a recompensarlos. Así que no se preocupen ni tengan miedo a las amenazas. [15] En cambio, adoren a Cristo como el Señor de su vida. Y, si alguien les pregunta acerca de la esperanza cristiana que tienen, estén siempre preparados para dar una explicación. [16] Pero háganlo con humildad y respeto.* Mantengan siempre limpia la conciencia. Entonces, si la gente habla en contra de ustedes será avergonzada al ver la vida recta que llevan porque pertenecen a Cristo. [17] Recuerden que es mejor sufrir por hacer el bien —si eso es lo que Dios quiere— ¡que sufrir por hacer el mal! [18] Cristo sufrió* por nuestros pecados una sola vez y para siempre. Él nunca pecó, en cambio, murió por los pecadores para llevarlos a salvo con Dios. Sufrió la muerte física, pero volvió a la vida en el Espíritu.* [19] Por lo tanto, fue a predicarles a los espíritus encarcelados, [20] esos que desobedecieron a Dios hace mucho tiempo, cuando Dios esperaba con paciencia mientras Noé construía el arca. Sólo ocho personas se salvaron de morir ahogadas en ese terrible diluvio.* [21] El agua del diluvio simboliza el bautismo que ahora los salva a ustedes —no por quitarles la suciedad del cuerpo, sino porque responden a Dios con una* conciencia limpia— y es eficaz por la resurrección de Jesucristo.

[22] Ahora Cristo ha ido al cielo. Él está sentado en el lugar de honor, al lado de Dios, y todos los ángeles, las autoridades y los poderes aceptan su autoridad.

CAPÍTULO 4

Vivir para Dios

Por lo tanto, ya que Cristo sufrió dolor en su cuerpo, ustedes prepárense, adoptando la misma actitud que tuvo él y estén listos para sufrir también. Pues, si han sufrido físicamente por Cristo, han terminado con el pecado.* [2] No pasarán el resto de la vida siguiendo sus propios deseos, sino que estarán ansiosos de hacer la voluntad de Dios. [3] En el pasado, han tenido más que suficiente de las cosas perversas que les gusta hacer a los que no tienen a Dios: inmoralidad y pasiones sexuales, parrandas, borracheras, fiestas desenfrenadas y abominable adoración a ídolos.

[4] No es de extrañarse que sus amigos de la vieja vida se sorprendan de que ustedes ya no participan en las cosas destructivas y descontroladas que ellos hacen. Por eso los calumnian. [5] Pero recuerden que ellos tendrán que enfrentarse con Dios, quien juzgará a todos, tanto a vivos como a muertos. [6] Por esta razón, la Buena Noticia fue predicada a los que ahora están muertos,* aunque fueron destinados a morir como toda la gente,* ahora vivirán para siempre con Dios en el Espíritu.*

[7] El fin del mundo se acerca. Por consiguiente, sean serios y disciplinados en sus oraciones. [8] Lo más importante de todo es que sigan demostrando profundo amor unos a otros, porque el amor cubre gran cantidad de pecados. [9] Abran las puertas de su hogar con alegría al que necesite un plato de comida o un lugar donde dormir.

[10] Dios, de su gran variedad de dones espirituales, les ha dado un don a cada uno de ustedes. Úsenlos bien para servirse los unos a los

---

3:10-12 Sal 34:12-16.   **3:16** Algunas traducciones colocan esta frase en el versículo 15.   **3:18a** Algunos manuscritos dicen *murió*.   **3:18b** O *en espíritu*.   **3:20** En griego *se salvaron mediante agua*.   **3:21** O *como una solicitud a Dios por*. **4:1** O *Pues el que [o Pues Aquel que] sufrió físicamente ha terminado con el pecado*.   **4:6a** En griego *predicada aun a los muertos*.   **4:6b** O *aunque la gente los haya juzgado dignos de la muerte*.   **4:6c** O *en espíritu*.

---

vocabulario de la gente que está a nuestro alrededor, dejamos una mala imagen respecto al Señor y permitimos que el pecado continúe su obra destructiva.

Si sabes que esto es un problema difícil para ti, entrégalo a Dios y él empezará a limpiar tus pensamientos. Entonces reemplaza intencionalmente el lenguaje grosero con alabanzas y agradecimiento a Dios por su bondad. Cuando te enfoques en la bondad de Dios, tu mente tendrá menos pensamientos perversos y obscenos de este mundo.

Para leer la próxima nota de «Conversación», ve a la pág. A49.
Para leer la próxima nota de «Conversación», ve a la pág. A49.

Piedras angulares

NUESTRA CONDUCTA DEBE HACER QUE OTROS GLORIFIQUEN A CRISTO
Lee 1 PEDRO 2:9-12

¿Has pensado alguna vez en el gran esquema de la vida y considerado que tu vida carece de importancia? ¿Te has preguntado si es posible hacer alguna diferencia en el mundo que te rodea? Estos versículos te mostrarán que puedes, y deberías, desempeñar un papel valioso en este mundo.

Recuerda quién eres. Primero, piensa en quién eres. Los cristianos necesitamos ser diferentes de todos aquellos que no conocen al Señor. Tu estilo de vida, tus prioridades y tu visión, harán que te distingas de los no creyentes. **Haz una diferencia.** No debemos aislarnos del mundo. Dios nos ha puesto en este mundo para que nuestra vida haga un impacto en las personas con quienes estamos en contacto. Nuestro carácter cristiano y nuestro modo de vivir lograrán que aquellos que viven una vida pecaminosa lo perciban, y los confrontará con lo que es una vida cambiada por el poder del evangelio.

Podemos decir que el momento más santo de un culto de la iglesia ocurre cuando el pueblo de Dios sale del templo y entra al mundo. Ahí es cuando la gente, al ver tu vida transformada, pregunta: «¿Qué es lo que te hace diferente?».

Algunos te criticarán, ridiculizarán u hostigarán por vivir una vida recta. Otros, sin embargo, tal vez lleguen a conocer a Jesús como resultado de tu fiel obediencia a la Palabra de Dios. Si así lo hacen, glorificarán a Dios por tu testimonio y por su salvación.

Para leer la próxima nota de «Honestidad e integridad», ve a la pág. A30.

---

otros. ¹¹¿Has recibido el don de hablar en público? Entonces, habla como si Dios mismo estuviera hablando por medio de ti. ¿Has recibido el don de ayudar a otros? Ayúdalos con toda la fuerza y la energía que Dios te da. Así, cada cosa que hagan traerá gloria a Dios por medio de Jesucristo. ¡A él sea toda la gloria y todo el poder por siempre y para siempre! Amén.

Sufrir por ser cristiano
¹²Queridos amigos, no se sorprendan de las pruebas de fuego por las que están atravesando, como si algo extraño les sucediera. ¹³En cambio, alégrense mucho, porque estas pruebas los hacen ser partícipes con Cristo de su sufrimiento, para que tengan la inmensa alegría de ver su gloria cuando sea revelada a todo el mundo. ¹⁴Así que alégrense cuando los insulten por ser cristianos,* porque el glorioso Espíritu de Dios* reposa sobre ustedes.* ¹⁵Sin embargo, si sufren, que no sea por matar, robar, causar problemas o entrometerse en asuntos ajenos. ¹⁶En cambio, no es nada vergonzoso sufrir por ser cristianos. ¡Alaben a Dios por el privilegio de que los llamen por el nombre de Cristo! ¹⁷Pues ha llegado el tiempo del juicio, y debe comenzar por la casa de Dios. Y, si el juicio comienza

con nosotros, ¿qué terrible destino les espera a los que nunca obedecieron la Buena Noticia de Dios? ¹⁸Además,

«Si el justo a duras penas se salva,
¿qué será de los pecadores que viven sin Dios?»*.

¹⁹De modo que, si sufren de la manera que agrada a Dios, sigan haciendo lo correcto y confíenle su vida a Dios, quien los creó, pues él nunca les fallará.

CAPÍTULO **5**
Consejos para los líderes y jóvenes
Y ahora, una palabra para ustedes los ancianos en las iglesias. También soy un anciano y testigo de los sufrimientos de Cristo. Y yo también voy a participar de su gloria cuando él sea revelado a todo el mundo. Como anciano igual que ustedes, les ruego: ²cuiden del rebaño que Dios les ha encomendado. Háganlo con gusto, no de mala gana ni por el beneficio personal que puedan obtener de ello, sino porque están deseosos de servir a Dios. ³No abusen de la autoridad que tienen sobre los que están a su cargo, sino guíenlos con su buen ejemplo. ⁴Así, cuando venga el Gran Pastor, recibirán una corona de gloria y honor eternos.

4:14a En griego *por el nombre de Cristo.*   4:14b O *porque la gloria de Dios, que es su Espíritu.*   4:14c Algunos manuscritos incluyen *Por ellos él es blasfemado, pero por ustedes es glorificado.*   4:18 Pr 11:31 (versión griega).

5 Del mismo modo, ustedes hombres más jóvenes tienen que aceptar la autoridad de los ancianos. Y todos sírvanse unos a otros con humildad, porque

«Dios se opone a los orgullosos
pero muestra su favor a los humildes»*.

6 Así que humíllense ante el gran poder de Dios y, a su debido tiempo, él los levantará con honor. 7 Pongan todas sus preocupaciones y ansiedades en las manos de Dios, porque él cuida de ustedes. 8 ¡Estén alerta! Cuídense de su gran enemigo, el diablo, porque anda al acecho como un león rugiente, buscando a quién devorar. 9 Manténganse firmes contra él y sean fuertes en su fe. Recuerden que sus hermanos en Cristo*, en todo el mundo, también están pasando por el mismo sufrimiento.

10 En su bondad, Dios los llamó a ustedes a que participen de su gloria eterna por medio de Cristo Jesús. Entonces, después de que hayan sufrido un poco de tiempo, él los restaurará, los sostendrá, los fortalecerá y los afirmará sobre un fundamento sólido. 11 ¡A él sea todo el poder para siempre! Amén.

Saludos finales de Pedro

12 Les escribí y envié esta breve carta con la ayuda de Silas,* a quien les encomiendo como un hermano fiel. Mi propósito al escribirles es alentarlos y asegurarles que por lo que están atravesando es en verdad parte de la gracia de Dios para ustedes. Manténganse firmes en esta gracia.

13 Su iglesia hermana aquí en Babilonia* les manda saludos, al igual que mi hijo Marcos. 14 Salúdense unos a otros con amor cristiano.*

La paz sea con todos ustedes que están en Cristo.

5:5 Pr 3:34 (versión griega).   5:9 En griego *sus hermanos*.   5:12 En griego *Silvano*.   5:13 En griego *La elegida en Babilonia*. Es probable que Babilonia se usara como símbolo de Roma.   5:14 En griego *con un beso de amor [cristiano]*.

2 Pedro

AUTOR: PEDRO | FECHA DE ESCRITURA: 66 d. de J. C. | GÉNERO: EPÍSTOLA

En esta epístola, Pedro quería recordarle a los creyentes ciertas verdades espirituales de importancia. También les advirtió acerca de los falsos maestros y les habló de la esperanza del regreso del Señor.

CAPÍTULO **1**
Saludos de Pedro

Yo, Simón* Pedro, esclavo y apóstol de Jesucristo, les escribo esta carta a ustedes, que gozan de la misma preciosa fe que tenemos. Esta fe les fue concedida debido a la justicia e imparcialidad* de Jesucristo, nuestro Dios y Salvador. ² Que Dios les dé cada vez más gracia y paz a medida que crecen en el conocimiento de Dios y de Jesús nuestro Señor.

Crecer en la fe

³ Mediante su divino poder, Dios nos ha dado todo lo que necesitamos para llevar una vida de rectitud. Todo esto lo recibimos al llegar a conocer a aquel que nos llamó por medio de su maravillosa gloria y excelencia. ⁴ Y, debido a su gloria y excelencia, nos ha dado grandes y preciosas promesas. Estas promesas hacen posible que ustedes participen de la naturaleza divina y escapen de la corrupción del mundo, causada por los deseos humanos. ⁵ En vista de todo esto, esfuércense al máximo por responder a las promesas de Dios complementando su fe con una abundante provisión de excelencia moral; la excelencia moral, con conocimiento; ⁶ el conocimiento, con control propio; el control propio, con perseverancia; la perseverancia, con sumisión a Dios; ⁷ la sumisión a Dios, con afecto fraternal, y el afecto fraternal, con amor por todos. ⁸ Cuanto más crezcan de esta manera, más productivos y útiles serán en el conocimiento de nuestro Señor Jesucristo. ⁹ Pero los que no llegan a desarrollarse de esta forma son cortos

de vista o ciegos y olvidan que fueron limpiados de sus pecados pasados.

¹⁰ Así que, amados hermanos, esfuércense por comprobar si realmente forman parte de los que Dios ha llamado y elegido. Hagan estas cosas y nunca caerán. ¹¹ Entonces Dios les dará un gran recibimiento en el reino eterno de nuestro Señor y Salvador Jesucristo.

Prestar atención a las Escrituras

¹² Por lo tanto, siempre les recordaré todas estas cosas, aun cuando ya las saben y están firmes en la verdad que se les enseñó. ¹³ Y es justo que deba seguir recordándoselas mientras viva.* ¹⁴ Pues nuestro Señor Jesucristo me ha mostrado que pronto tendré que partir de esta vida terrenal,* ¹⁵ así que me esforzaré por asegurarme de que siempre recuerden estas cosas después de que me haya ido.

¹⁶ Pues no estábamos inventando cuentos ingeniosos cuando les hablamos de la poderosa venida de nuestro Señor Jesucristo. Nosotros vimos su majestuoso esplendor con nuestros propios ojos ¹⁷ cuando él recibió honor y gloria de parte de Dios Padre. La voz de la majestuosa gloria de Dios le dijo: «Éste es mi Hijo muy amado, quien me da gran gozo»*. ¹⁸ Nosotros mismos oímos aquella voz del cielo cuando estuvimos con él en el monte santo.

¹⁹ Debido a esa experiencia, ahora confiamos aún más en el mensaje que proclamaron los profetas. Ustedes deben prestar mucha atención a lo que ellos escribieron, porque sus palabras son como una lámpara que brilla en un lugar oscuro hasta que el día amanezca y Cristo, la Estrella de la Mañana, brille* en el corazón de

1:1a En griego *Simeón.* **1:1b** O *les fue concedida a ustedes en la justicia.* **1:13** En griego *mientras esté en esta tienda* [o *tabernáculo*]. **1:14** En griego *pronto tendré que abandonar mi tienda* [o *tabernáculo*]. **1:17** Mt 17:5; Mr 9:7; Lc 9:35. **1:19** O *salga.*

Piedras angulares

DIOS ES AMOROSO Y JUSTO
Lee 2 PEDRO 3:3-9

La gente burlona descrita en este pasaje confundía la aparente tardanza del regreso de Cristo con que no habría un juicio final. Decían: «El mundo sigue igual que al principio de la creación». No sólo dudaban del regreso de Cristo, sino que también olvidaban los juicios de Dios. Lo más grave es que esta gente no tomaba en cuenta el amor y la misericordia de Dios. Es por causa de ellos que el Señor detiene su juicio, porque «no quiere que nadie sea destruido».

Este pasaje muestra dos aspectos importantes, y al parecer contradictorios, del carácter de Dios: el amor y la justicia. La Biblia nos dice que Dios es amor. A pesar de que está consciente de nuestro pecado y de cuán indignos somos, él ha declarado: «Nunca te fallaré. Jamás te abandonaré» (Hebreos 13:5). Una de las más claras demostraciones del amor de Dios fue cuando Cristo murió en la cruz por nosotros: «Pero Dios mostró el gran amor que nos tiene al enviar a Cristo a morir por nosotros cuando todavía éramos pecadores» (Romanos 5:8).

Sin embargo, el amor de Dios a menudo se malinterpreta. Muchos piensan que como Dios es amor, nunca nos va a juzgar. Pero el amor de Dios no niega el hecho de que también es justo. La Escritura dice claramente y varias veces que sólo los justos verán su rostro (Salmo 11:7). Por lo tanto, podemos estar seguros de que se debe lidiar con nuestros pecados. A los que han aceptado el don de Dios para la salvación, es decir, la muerte de Jesús en la cruz, sus pecados ya les han sido perdonados. Los que no han aceptado este don están bajo el juicio de Dios.

Para los que no son creyentes, cada día es una nueva oportunidad de creer en Jesucristo. También es evidencia del inmenso amor que Dios tiene por su creación. A causa de su santidad, Dios es inalcanzable, pero por su amor, él se acerca a nosotros. La próxima vez que te sientas tentado a dudar del compasivo amor de Dios por ti, mira a la cruz del Calvario y recuerda que no fueron los clavos los que mantuvieron sujeto a Jesús allí, ¡sino su amor por cada uno de nosotros!

Para leer la próxima nota de «¿Quién es Dios?», ve a la pág. A21.

---

ustedes. ²⁰Sobre todo, tienen que entender que ninguna profecía de la Escritura jamás surgió de la comprensión personal de los profetas* ²¹ni por iniciativa humana. Al contrario, fue el Espíritu Santo quien impulsó a los profetas y ellos hablaron de parte de Dios.

CAPÍTULO **2**
El peligro de los falsos maestros
Pero en Israel también hubo falsos profetas, tal como habrá falsos maestros entre ustedes. Ellos les enseñarán con astucia herejías destructivas y hasta negarán al Señor, quien los compró. Esto provocará su propia repentina destrucción. ²Habrá muchos que seguirán sus malas enseñanzas y su vergonzosa inmoralidad. Y, por culpa de estos maestros, se hablará mal del camino de la verdad. ³Llevados por la avaricia, inventarán mentiras ingeniosas para apoderarse del dinero de ustedes. Pero Dios los condenó desde hace mucho, y su destrucción no tardará en llegar.

⁴Pues Dios no perdonó ni siquiera a los ángeles que pecaron, sino que los arrojó al infierno,* dentro de fosas tenebrosas,* donde están encerrados hasta el día del juicio. ⁵Dios tampoco perdonó al mundo antiguo, aparte de Noé y a los otros siete miembros de su familia. Noé advirtió al mundo del justo juicio de Dios. Por eso Dios lo protegió cuando destruyó, con un gran diluvio, el mundo de los que vivían sin Dios. ⁶Tiempo después, Dios condenó las ciudades de Sodoma y Gomorra, y las redujo a montones de cenizas. Las puso como ejemplo de lo que le sucederá a la gente que vive sin Dios. ⁷Pero Dios también rescató a Lot y lo sacó de Sodoma, porque Lot era un hombre recto que estaba harto de la vergonzosa inmoralidad de la gente perversa que lo rodeaba. ⁸Así es, Lot era un hombre recto atormentado en su alma por la perversión que veía y oía a diario. ⁹Como ven, el Señor sabe rescatar de las pruebas a todos los que viven en obediencia a Dios, al mismo tiempo que mantiene castigados a los perversos hasta el día del juicio final. ¹⁰Él trata con particular severidad a los que se entregan a sus propios deseos sexuales pervertidos y desprecian la autoridad.

1:20 O *es cuestión de interpretación personal.*   **2:4a** En griego *Tártaro.*   **2:4b** Algunos manuscritos dicen *en cadenas de oscuridad.*

Estas personas son orgullosas y arrogantes, y hasta se atreven a insultar a los seres sobrenaturales* sin ni siquiera temblar. [11] Aun los ángeles, que son mucho más grandes en poder y fuerza, no se atreven a presentar de parte del Señor* cargos de blasfemia en contra de esos seres sobrenaturales.

[12] Esos falsos maestros son como animales irracionales que viven por instinto y nacen para ser atrapados y destruidos. Se burlan de lo que no entienden e igual que animales serán destruidos. [13] Su destrucción será la recompensa que recibirán por el daño que han causado. A ellos les encanta entregarse a los placeres perversos a plena luz del día. Son una vergüenza y una mancha entre ustedes. Se deleitan en el engaño* incluso mientras comen con ustedes en las reuniones de compañerismo. [14] Cometen adulterio con sólo mirar y nunca sacian su deseo por el pecado. Incitan a los inestables a pecar y están bien entrenados en la avaricia. Viven bajo la maldición de Dios. [15] Se apartaron del buen camino y siguieron los pasos de Balaam, hijo de Beor,* a quien le encantaba ganar dinero haciendo el mal. [16] Pero Balaam fue detenido de su locura cuando su burra lo reprendió con voz humana.

[17] Estos individuos son tan inútiles como manantiales secos o como la neblina que es llevada por el viento. Están condenados a la más negra oscuridad. [18] Se jactan de sí mismos con alardes tontos y sin sentido. Saben cómo apelar a los deseos sexuales pervertidos, para incitar a que vuelvan al pecado los que apenas se escapaban de una vida de engaño. [19] Prometen libertad, pero ellos mismos son esclavos del pecado y de la corrupción porque uno es esclavo de aquello que lo controla. [20] Y cuando la gente escapa de la maldad del mundo por medio de conocer a nuestro Señor y Salvador Jesucristo, pero luego se enreda y vuelve a quedar esclavizada por el pecado, termina peor que antes. [21] Les hubiera sido mejor nunca haber conocido el camino a la justicia, en lugar de conocerlo y luego rechazar el mandato que se les dio de vivir una vida santa. [22] Demuestran qué tan cierto es el proverbio que dice: «Un perro vuelve a su vómito»*. Y otro que dice: «Un cerdo recién lavado vuelve a revolcarse en el lodo».

CAPÍTULO 3
El día del Señor se acerca
Queridos amigos, ésta es la segunda carta que les escribo y, en ambas, he tratado de refrescarles la memoria y estimularlos a que sigan pensando sanamente. [2] Quiero que recuerden lo que los santos profetas dijeron hace mucho y lo que nuestro Señor y Salvador ordenó por medio de los apóstoles.

[3] Sobre todo, quiero recordarles que, en los últimos días, vendrán burladores que se reirán de la verdad y seguirán sus propios deseos. [4] Dirán: «¿Qué pasó con la promesa de que Jesús iba a volver? Desde tiempos antes de nuestros antepasados, el mundo sigue igual que al principio de la creación».

[5] Deliberadamente olvidan que Dios hizo los cielos al ordenarlo con una sola palabra y sacó la tierra de las aguas y la rodeó con agua. [6] Luego usó el agua para destruir el mundo antiguo con un potente diluvio. [7] Y, por esa misma palabra, los cielos y la tierra que ahora existen han sido reservados para el fuego. Están guardados para el día del juicio, cuando será destruida la gente que vive sin Dios.

[8] Sin embargo, queridos amigos, hay algo que no deben olvidar: para el Señor, un día es como mil años y mil años son como un día. [9] En realidad, no es que el Señor sea lento para cumplir su promesa, como algunos piensan. Al contrario, es paciente por amor a ustedes. No quiere que nadie sea destruido, quiere que todos se arrepientan. [10] Pero el día del Señor llegará tan inesperadamente como un ladrón. Entonces los cielos desaparecerán con un terrible estruendo, y los mismos elementos se consumirán en el fuego, y la tierra con todo lo que hay en ella quedará sometida a juicio.*

[11] Dado que todo lo que nos rodea será destruido de esta manera, ¡cómo no llevar una vida santa y vivir en obediencia a Dios, [12] esperar con ansias el día de Dios y apresurar que éste llegue! En aquel día, él prenderá fuego a los cielos, y los elementos se derretirán en las llamas. [13] Pero nosotros esperamos con entusiasmo los cielos nuevos y la tierra nueva que él prometió, un mundo lleno de la justicia de Dios.

[14] Por lo cual, queridos amigos, mientras esperan que estas cosas ocurran, hagan todo lo posible para que se vea que ustedes llevan una vida pacífica que es pura e intachable a los ojos de Dios.

[15] Y recuerden que la paciencia de nuestro Señor da tiempo para que la gente sea salva. Esto es lo que nuestro amado hermano Pablo también les escribió con la sabiduría que Dios le dio, [16] al tratar estos temas en todas sus cartas. Algunos de sus comentarios son difíciles de entender, y los que son ignorantes e inestables han tergiversado sus cartas, para que signifiquen algo muy diferente, así como lo hacen con

2:10 En griego *a los seres gloriosos,* probablemente se refiera a los ángeles caídos.   2:11 Otros manuscritos dicen *llevar ante el Señor;* incluso otros no incluyen esta frase.   2:13 Algunos manuscritos dicen *en las comidas de compañerismo.* 2:15 Otros manuscritos dicen *Bosor.*   2:22 Pr 26:11.   3:10 Otros manuscritos dicen *será consumida [por fuego];* incluso otros dicen *quedará destruida.*

Piedras angulares

MANTÉN UNA PERSPECTIVA ETERNA
Lee 2 PEDRO 3:10-11

Si Jesús viniera hoy, ¿te avergonzarías de lo que estás haciendo? Esta es una buena pregunta que te deberías hacer cada mañana y especialmente cuando vienen a tu cabeza pensamientos inmorales. Jesús enfatiza la importancia de mantener un corazón puro cuando dice: «Dios bendice a los que tienen corazón puro, porque ellos verán a Dios» (Mateo 5:8).

Una definición literal de la palabra puro es «sin hipocresía» o «sencillo». En otras palabras, Jesús nos dice que, para poder ver a Dios, debemos tener una devoción a él sencilla y sincera.

La Biblia nos recuerda que la esperanza del regreso de Cristo puede tener un efecto purificador en nuestra vida: «Y todos los que tienen esta gran expectativa se mantendrán puros, así como él es puro» (1 Juan 3:3). Cuando reconocemos la santidad de Dios y su regreso inminente, debemos orar junto con el salmista: «Enséñame tus caminos, oh Señor, para que viva de acuerdo con tu verdad. Concédeme pureza de corazón, para que te honre» (Salmo 86:11).

Para leer la próxima nota de «Pureza», ve a la pág. A29.

---

otras partes de la Escritura. Esto resultará en su propia destrucción.

Palabras finales de Pedro
[17] Queridos amigos, los estoy previniendo con tiempo. Manténganse en guardia para no ser arrastrados por los errores de esa gente perversa y perder la base firme que tienen. [18] En cambio, crezcan en la gracia y el conocimiento de nuestro Señor y Salvador Jesucristo.

¡A él sea toda la gloria ahora y para siempre! Amén.

1 Juan

AUTOR: JUAN | FECHA DE ESCRITURA: 85-90 d. de J. C. | GÉNERO: EPÍSTOLA

En esta carta, Juan enseña que una persona es un hijo de Dios o no lo es. No hay terreno neutral. *Juan enfatizó que si uno es realmente un hijo de Dios, esta realidad se hará evidente en su manera de vivir.*

CAPÍTULO 1

Introducción

Les anunciamos al que existe desde el principio,* a quien hemos visto y oído. Lo vimos con nuestros propios ojos y lo tocamos con nuestras propias manos. Él es la Palabra de vida. ²Él, quien es la vida misma, nos fue revelado, y nosotros lo vimos; y ahora testificamos y anunciamos a ustedes que él es la vida eterna. Estaba con el Padre, y luego nos fue revelado. ³Les anunciamos lo que nosotros mismos hemos visto y oído, para que ustedes tengan comunión con nosotros; y nuestra comunión es con el Padre y con su Hijo, Jesucristo. ⁴Escribimos estas cosas, para que ustedes puedan participar plenamente de nuestra alegría.*

Vivamos en la luz

⁵Éste es el mensaje que oímos de Jesús* y que ahora les declaramos a ustedes: Dios es luz y en él no hay nada de oscuridad. ⁶Por lo tanto, mentimos si afirmamos que tenemos comunión con Dios pero seguimos viviendo en oscuridad espiritual; no estamos practicando la verdad. ⁷Pero, si vivimos en la luz, así como Dios está en la luz, entonces tenemos comunión unos con otros, y la sangre de Jesús, su Hijo, nos limpia de todo pecado.

⁸Si afirmamos que no tenemos pecado, lo único que hacemos es engañarnos a nosotros mismos y no vivimos en la verdad. ⁹Pero, si confesamos nuestros pecados a Dios, él es fiel y justo para perdonarnos nuestros pecados y limpiarnos de toda maldad. ¹⁰Si afirmamos que no hemos pecado, llamamos a Dios mentiroso y demostramos que no hay lugar para su palabra en nuestro corazón.

CAPÍTULO 2

Mis queridos hijos, les escribo estas cosas, para que no pequen; pero, si alguno peca, tenemos un abogado que defiende nuestro caso ante el Padre. Es Jesucristo, el que es verdaderamente justo. ²Él mismo es el sacrificio que pagó* por nuestros pecados, y no sólo los nuestros sino también los de todo el mundo.

³Podemos estar seguros de que conocemos a Dios si obedecemos sus mandamientos. ⁴Si alguien afirma: «Yo conozco a Dios», pero no obedece los mandamientos de Dios, es un mentiroso y no vive en la verdad. ⁵Pero los que obedecen la Palabra de Dios demuestran verdaderamente cuánto lo aman.* Así es como sabemos que vivimos en él. ⁶Los que dicen que viven en Dios deben vivir como Jesús vivió.

Un mandamiento nuevo

⁷Queridos amigos, no les escribo un mandamiento nuevo, sino más bien uno antiguo que han tenido desde el principio. Ese mandamiento antiguo —ámense unos a otros— es el mismo mensaje que oyeron antes. ⁸Sin embargo, también es un mandamiento nuevo. Jesús vivió la verdad de este mandamiento, y ustedes también la viven. Pues la oscuridad está desapareciendo, y ya brilla la luz verdadera.

⁹Si alguien afirma: «Vivo en la luz», pero odia a un hermano* en Cristo, esa persona aún vive en la oscuridad. ¹⁰El que ama a su hermano vive en la luz y no hace que otros tropiecen. ¹¹Pero el que odia a su hermano todavía vive y camina

1:1 En griego *Lo que fue desde el principio.*   1:4 O *para que nuestra alegría sea completa;* algunos manuscritos dicen *la alegría de ustedes.*   1:5 En griego *de él.*   2:2 En griego *Él es la propiciación.*   2:5 O *demuestran que en ellos verdaderamente el amor de Dios se ha perfeccionado.*   2:9 En griego *odia a su hermano;* similar en 2:11.

Piedras angulares

NUESTRO AMOR POR OTROS REFLEJA LA CONDICIÓN DE NUESTRO CORAZÓN
Lee 1 JUAN 2:9-11

Ser cristiano es más que decir que amamos a Dios. También significa demostrar el amor de Dios a otros. Humanamente hablando, es más fácil detestar a una persona que amarla. El rencor y el resentimiento brotan con facilidad. Aún más, la amargura hacia otros es como un veneno. No sólo afecta nuestra relación con otras personas, sino que también nos ciega espiritualmente. Aún peor, albergar amargura contra otras personas es un pecado que puede llevarnos a otros pecados.

Si te es difícil amar a otros, entonces necesitas aprender a caminar «en la luz». ¿Cómo harás esto? El versículo 6 de este capítulo dice: «Los que dicen que viven en Dios deben vivir como Jesús vivió». Examina el trato que das a otras personas y entonces compáralo con el que Jesús le daba a la gente en los evangelios (Mateo, Marcos, Lucas y Juan). Aquí hay ejemplos de lo que hallarás:

- Jesús se acercó a los que nadie amaba (lee Lucas 19:1-10, pág. 97).
- Jesús le dio una segunda oportunidad a un amigo que lo había negado (lee Juan 18:25-27, pág. 131; Juan 21:15-19, pág. 135).
- Jesús mostró paciencia con todos aquellos que dudaban de él (lee Juan 20:24-28, pág. 134).
- Jesús sanó a los enfermos (lee Lucas 5:12-16, pág. 73).
- Jesús inició conversaciones con personas a quienes otros habían despreciado (lee Juan 4:4-42, págs. 110-111).
- Jesús lloró con aquellos que sufrían (lee Juan 11:1-44, págs. 120-121).

Pídele a Dios que te ayude a amar como Jesús lo hizo y verás cambios radicales en tu corazón y en tu vida.

Para leer la próxima nota de «Amor», ve a la pág. A28.

---

en la oscuridad. No sabe por dónde ir, pues la oscuridad lo ha cegado.

¹² Les escribo a ustedes, que son hijos de Dios,
porque sus pecados han sido perdonados
por medio de Jesús.*
¹³ Les escribo a ustedes, los que son maduros
en la fe,*
porque conocen a Cristo, quien existe
desde el principio.
Les escribo a ustedes, los que son jóvenes
en la fe,
porque han ganado la batalla contra el
maligno.

¹⁴ Les he escrito a ustedes, que son hijos de Dios,
porque conocen al Padre.
Les he escrito a ustedes, los que son
maduros en la fe,
porque conocen a Cristo, quien existe
desde el principio.
Les he escrito a ustedes, los que son jóvenes
en la fe,
porque son fuertes;
la palabra de Dios vive en sus corazones,
y han ganado la batalla contra el
maligno.

2:12 En griego *por medio de su nombre.*   2:13 En griego *a ustedes, padres;* también en 2:14.

En marcha

ASEGÚRATE DE QUE TUS AMISTADES HONRAN A DIOS
Lee 1 JUAN 1:7

¿Cuál es la clave para tener amistades que honran a Dios? Primero, asegúrate de que estás caminando en obediencia a Dios, viviendo «en la luz» de la presencia de Dios. Si no has tomado la firme decisión de obedecerlo, entonces probablemente te harás amigo de aquellos que tampoco han hecho esa decisión.

No amen este mundo

15 No amen este mundo ni las cosas que les ofrece porque, cuando aman al mundo, no tienen el amor del Padre en ustedes. 16 Pues el mundo sólo ofrece un intenso deseo por el placer físico, un deseo insaciable por todo lo que vemos y el orgullo de nuestros logros y posesiones. Nada de eso proviene del Padre, sino que viene del mundo; 17 y este mundo se acaba junto con todo lo que la gente tanto desea. Pero el que hace lo que a Dios le agrada vivirá para siempre.

Cuidado con los anticristos

18 Queridos hijos, llegó la última hora. Ustedes han oído que el Anticristo viene, y ya han surgido muchos anticristos. Por eso sabemos que la última hora ha llegado. 19 Esas personas salieron de nuestras iglesias pero, en realidad, nunca fueron parte de nosotros; de haber sido así, se habrían quedado con nosotros. Al irse demostraron que no eran parte de nosotros.

20 Pero ustedes no son así, porque el Santo les ha dado su Espíritu,* y todos ustedes conocen la verdad. 21 Así que les escribo no porque no conozcan la verdad, sino porque conocen la diferencia entre la verdad y la mentira. 22 ¿Y quién es un mentiroso? El que dice que Jesús no es el Cristo.* El que niega al Padre y al Hijo es un anticristo.* 23 El que niega al Hijo tampoco tiene al Padre; pero el que confiesa al Hijo tiene al Padre también.

24 Por lo tanto, ustedes deben seguir fieles a lo que se les ha enseñado desde el principio. Si lo hacen, permanecerán en comunión con el Hijo y con el Padre; 25 y en esta comunión disfrutamos de la vida eterna que él nos prometió.

26 Les escribo estas cosas para advertirles acerca de los que quieren apartarlos del camino. 27 Pero ustedes han recibido al Espíritu Santo,* y él vive dentro de cada uno de ustedes, así que no necesitan que nadie les enseñe lo que es la verdad. Pues el Espíritu* les enseña todo lo que necesitan saber, y lo que él enseña es verdad, no mentira. Así que, tal como él les ha enseñado, permanezcan en comunión con Cristo.

2:20 En griego Pero ustedes tienen una unción del Santo. 2:22a O el Mesías. 2:22b O el Anticristo. 2:27a En griego la unción de parte de él. 2:27b En griego la unción.

Primeros pasos

UN DISCÍPULO CAMINA COMO JESÚS CAMINÓ

Lee 1 JUAN 2:3-6

Si te consideras discípulo de Jesús, necesitas seguir sus pasos. Como lo dice el versículo 6, necesitas «vivir como Jesús vivió». Otra traducción dice que deberías «caminar como Cristo caminó». Caminar implica un movimiento continuo, poner un pie frente al otro y mantenerte en movimiento. Esta es la manera en que debemos seguir a Cristo. Necesitamos ser constantes. En la práctica, ¿cómo puedes vivir de la manera que Cristo lo hizo?

- Dedica tiempo cada día para Dios y su Palabra.
- A lo largo del día pasa tiempo en oración con el Señor.
- Dedica tiempo para estar en comunión con el pueblo de Dios.

Hay un enorme beneficio para el discípulo que se mantiene cerca de Cristo. Si caminamos como él caminó, la Biblia nos dice que tendremos ayuda para no pecar (lee 1 Juan 3:6, pág. 330). Por esta razón, una de las grandes señales que identifica al discípulo es que su caminar se asemeja al del Maestro.

Para comenzar el próximo tema, ve a la pág. A41.

Vivan como hijos de Dios

28 Y ahora, queridos hijos, permanezcan en comunión con Cristo para que, cuando él regrese, estén llenos de valor y no se alejen de él avergonzados. 29 Ya que sabemos que Cristo es justo, también sabemos que todos los que hacen lo que es justo son hijos de Dios.

Cualquier relación que no te inspire a obedecerlo deshonra a Dios y te inclina al pecado. Por otro lado, si estás decidido a obedecer a Dios, buscarás amigos que también hayan tomado la misma decisión. Mientras camines con amigos que comparten el mismo amor que tú le tienes al Señor, te llenarás de gozo y alegría y sentirás un fuerte rechazo a involucrarte en el pecado, y honrarás a Dios con tus amistades.

Para comenzar el próximo tema, ve a la pág. A49.

Piedras angulares

COMPRENDE LA DIFERENCIA ENTRE EL VERDADERO Y EL FALSO EVANGELIO
Lee 1 JUAN 4:1-3

Las falsas enseñanzas no son exclusivas de nuestro tiempo. También existieron en los días de los primeros cristianos. Cuando Juan escribió este pasaje, se había hecho muy popular una enseñanza conocida como el gnosticismo (que significa «conocer»). Los gnósticos enseñaban que Jesús era simplemente un hombre, engendrado en forma natural. Enseñaban también que «el Cristo» había descendido sobre Jesús en el momento de su bautismo y lo había dejado poco antes de su crucifixión. Esto, por supuesto, era falso y antibíblico. Es interesante notar que, aún hoy, algunos enseñan esta herejía.

Como lo dice este texto, necesitamos «probar» estas enseñanzas para ver si realmente vienen de Dios. Ya que los falsos maestros no llevan tarjeta de identificación, aquí hay tres preguntas sencillas para reconocer a cualquiera de quien sospeches que es un maestro falso:

1. ¿Cuál es su mayor esperanza? Algunos desean hacer un mundo mejor. Los mormones esperan ser iguales a Dios. Ellos esperan que a cada matrimonio mormón se le dé un planeta, al que ellos poblarán con hijos. Los Testigos de Jehová enseñan que Dios vendrá a la tierra en los últimos tiempos y establecerá aquí un paraíso. Su esperanza es vivir en ese paraíso terrenal. Pero la esperanza del cristiano es pasar la eternidad con Cristo en el cielo.

2. ¿Cuál es la base para esta esperanza? ¿Enseñan que puedes ir al cielo con sólo vivir una vida buena? ¿Dicen que obtienes la salvación por fe en Cristo y además realizar ciertas cosas, o rituales, tales como el bautismo, guardar el sábado u otras acciones? Debes tener cuidado con estas personas. La Biblia dice: «Dios los salvó por su gracia cuando creyeron. Ustedes no tienen ningún mérito en eso; es un regalo de Dios. La salvación no es un premio por las cosas buenas que hayamos hecho, así que ninguno de nosotros puede jactarse de ser salvo» (Efesios 2:8-9).

3. ¿Cómo ven ellos a Jesucristo? Otra señal de un falso maestro, que predica un evangelio adulterado, es lo que enseña en cuanto a la persona de Jesucristo. Este es el asunto central y primario. Muchas sectas procuran que sus enseñanzas sean más «aceptables» para los creyentes por incluir a Jesús en sus enseñanzas. Quizás usan los términos «salvado» y «nacido de nuevo» y hablan de Jesús que murió en la cruz. Algunas falsas enseñanzas pueden pasar las dos primeras pruebas, pero fallan en esta última: creer que Jesús murió y resucitó de entre los muertos.

Cualquier intento de crear dudas sobre la infalibilidad de la Biblia debe ser rechazado. Toda idea que admita otro camino hacia Dios que no sea a través de Jesucristo, es falsa. ¡Decir que Jesús no es el único camino al cielo es hacer a Jesús un mentiroso! Es erróneo reducir a Jesús, el único Hijo de Dios, llamándolo *un* hijo de Dios o *uno de muchos profetas* de Dios. La mejor manera de reconocer lo falso es conociendo la verdad: la Palabra de Dios, la Biblia.

Para leer la próxima nota de «Discernimiento», ve a la pág. A32.

CAPÍTULO **3**

Miren con cuánto amor nos ama nuestro Padre que nos llama sus hijos, ¡y eso es lo que somos! Pero la gente de este mundo no reconoce que somos hijos de Dios, porque no lo conocen a él. ²Queridos amigos, ya somos hijos de Dios, pero él todavía no nos ha mostrado lo que seremos cuando Cristo venga. Pero sí sabemos que seremos como él, porque lo veremos tal como él es. ³Y todos los que tienen esta gran expectativa se mantendrán puros, así como él es puro. ⁴Todo el que peca viola la ley de Dios, por-

que todo pecado va en contra de la ley de Dios. ⁵Y ustedes saben que Jesús vino para quitar nuestros pecados, y en él no hay pecado. ⁶Todo el que siga viviendo en él no pecará; pero todo el que sigue pecando no lo conoce ni entiende quién es él.

⁷Queridos hijos, no dejen que nadie los engañe acerca de lo siguiente: cuando una persona hace lo correcto, demuestra que es justa, así como Cristo es justo. ⁸Sin embargo, cuando alguien sigue pecando, demuestra que pertenece al diablo, el cual peca desde el principio.

¿Cómo podemos distinguir entre la verdadera y la falsa enseñanza acerca de Dios?

Lee 1 JUAN 4:1-2

La Biblia nos dice que en estos «últimos tiempos» tenemos que ser muy cuidadosos porque el anticristo y el falso profeta harán señales y milagros, y engañarán a muchos (lee 2 Tesalonicenses 2:9-10, pág. 274). Entonces, ¿cómo podemos distinguir el verdadero evangelio del que es falso? Aquí hay cuatro pruebas que puedes aplicar para tener la certeza de que las enseñanzas que estás recibiendo vienen realmente de Dios:

1. ¿Reconoce la enseñanza que Jesucristo es el Hijo de Dios y el único camino de salvación? Una enseñanza bíblica verdadera debe reconocer que Jesucristo es el Hijo único de Dios y que él «vino en un cuerpo humano» (versículo 2). La mayoría de las sectas falsas niegan la deidad de Jesucristo (que Jesús es Dios), y lo reconocen sólo como un gran maestro o, como dicen los Testigos de Jehová: la primera criatura creada. Así que fíjate bien en lo que te enseñan acerca de Jesús.

2. ¿Está la enseñanza de acuerdo con las Escrituras? El apóstol Pablo elogió a los habitantes de Berea porque ellos: «Día tras día examinaban las Escrituras para ver si Pablo y Silas enseñaban la verdad» (Hechos 17:11). No aceptes la enseñanza de ningún pastor, maestro o predicador sin examinarla primero a la luz de la Palabra de Dios.

3. Si se producen milagros, ¿traen gloria a Dios o a algún otro? Recuerda, Dios no es el único que puede hacer milagros. Como se ha mencionado anteriormente, el anticristo también puede hacerlos y engañar a muchos. En el Antiguo Testamento, cuando Dios le permitió a Moisés que hiciera milagros frente al Faraón para persuadirlo de que liberara a los hebreos, los magos del Faraón —trabajando con el poder de lo oculto— fueron capaces de imitar algunos de esos milagros (Éxodo 7:10-12, 22). Aunque algunos milagros vienen de Dios, otros pueden, en efecto, ser realizados por el diablo. Satanás es un gran imitador. En los últimos tiempos «se levantarán falsos mesías y falsos profetas y realizarán grandes señales y milagros para engañar, de ser posible, aun a los elegidos de Dios» (Mateo 24:24). No aceptes ningún milagro sin analizarlo. Asegúrate de que la persona por medio de la cual se hace el milagro tiene una fuerte relación personal con el Señor Jesús (lee Mateo 7:21-23, págs. 10-11). Y aún más importante, asegúrate de que el milagro glorifica a Jesucristo y no contradice las enseñanzas de las Escrituras.

4. ¿Es la enseñanza aceptada por todo el mundo? Contrario a la sabiduría convencional, por más popular que sea una enseñanza, eso no la hace más «correcta». Por ejemplo, el relativismo (la idea de que cada persona puede vivir del modo que desea, mientras le parezca que es bueno) es una creencia popular. Sin embargo, sabemos que la Palabra de Dios enseña algo muy diferente. Como muestra este pasaje, si el mensaje es realmente de Dios, el mundo no lo escuchará (1 Juan 4:6).

Cuanto más estudies «lo verdadero», es decir, la Palabra de Dios, más capacitado estarás para descubrir lo falso. Y recuerda: «El Espíritu que vive en ustedes es más poderoso que el espíritu que vive en el mundo» (1 Juan 4:4).

Pero el Hijo de Dios vino para destruir las obras del diablo. ⁹Los que han nacido en la familia de Dios no se caracterizan por practicar el pecado, porque la vida de Dios* está en ellos. Así que no pueden seguir pecando, porque son hijos de Dios. ¹⁰Por lo tanto, podemos identificar quiénes son hijos de Dios y quiénes son hijos del diablo. Todo el que no se conduce con rectitud y no ama a los creyentes* no pertenece a Dios.

Amor y odio entre hermanos

¹¹Éste es el mensaje que ustedes han oído desde el principio: que nos amemos unos a otros. ¹²No debemos ser como Caín, quien pertenecía al maligno y mató a su hermano. ¿Y por qué lo mató? Porque Caín hacía lo malo y su hermano lo recto. ¹³Así que, amados hermanos, no se sorprendan si el mundo los odia.

¹⁴Si amamos a nuestros hermanos en Cristo,* eso demuestra que hemos pasado de muerte a vida. Pero el que no tiene amor sigue muerto. ¹⁵Todo el que odia a un hermano, en el fondo de su corazón es un asesino, y ustedes saben que ningún asesino tiene la vida eterna en él. ¹⁶Conocemos lo que es el amor verdadero, porque Jesús entregó su vida por nosotros. De manera que nosotros también tenemos que dar la vida por nuestros hermanos. ¹⁷Si alguien tiene suficiente dinero para vivir bien y ve a un hermano en necesidad pero no le muestra compasión, ¿cómo puede estar el amor de Dios en esa persona? ¹⁸Queridos hijos, que nuestro amor no quede sólo en palabras; mostremos la verdad por medio de nuestras acciones. ¹⁹Nuestras acciones demostrarán que pertenecemos a la verdad, entonces estaremos confiados cuando estemos delante de Dios. ²⁰Aun si nos sentimos culpables, Dios es superior a nuestros sentimientos y él lo sabe todo. ²¹Queridos amigos, si no nos sentimos culpables, podemos acercarnos a Dios con plena confianza. ²²Y recibiremos de él todo lo que le pidamos porque lo obedecemos y hacemos las cosas que lo agradan.

²³Y su mandamiento es el siguiente: debemos creer en el nombre de su Hijo, Jesucristo, y amarnos unos a otros, así como él nos lo ordenó. ²⁴Los que obedecen los mandamientos de Dios permanecen en comunión con él, y él permanece en comunión con ellos. Y sabemos que él vive en nosotros, porque el Espíritu que nos dio vive en nosotros.

CAPÍTULO **4**

Cómo descubrir a los falsos profetas

Queridos amigos, no les crean a todos los que afirman hablar de parte del Espíritu. Pónganlos a prueba para averiguar si el espíritu que tienen realmente proviene de Dios porque hay muchos falsos profetas en el mundo. ²Esta es la manera en que sabremos si tienen o no el Espíritu de Dios: si una persona que afirma ser profeta* reconoce que Jesucristo vino en un cuerpo humano, esa persona tiene el Espíritu de Dios. ³Pero, si alguien afirma ser profeta y no reconoce la verdad acerca de Jesús, aquella persona no es de Dios. Tal persona tiene el espíritu del Anticristo, del cual ustedes oyeron que viene al mundo y, de hecho, ya está aquí.

⁴Pero ustedes, mis queridos hijos, pertenecen a Dios. Ya lograron la victoria sobre esas personas, porque el Espíritu que vive en ustedes es más poderoso que el espíritu que vive en el mundo. ⁵Esas personas pertenecen a este mundo, por eso hablan desde el punto de vista del mundo, y el mundo les presta atención. ⁶En cambio, nosotros pertenecemos a Dios, y los que conocen a Dios nos prestan atención. Como ellos no pertenecen a Dios, no nos prestan atención. Así es como sabemos si alguien tiene el Espíritu de verdad o el espíritu de engaño.

Ámense unos a otros

⁷Queridos amigos, sigamos amándonos unos a otros, porque el amor viene de Dios. Todo el que ama es un hijo de Dios y conoce a Dios. ⁸Pero

3:9 En griego *porque la semilla de él.*   **3:10** En griego *no ama a su hermano.*   **3:14** En griego *los hermanos;* similar en 3:16.
4:2 En griego *Si un espíritu;* similar en 4:3.

En marcha
ORA CONFIANDO TENER RESPUESTA
Lee 1 JUAN 5:14-15

Orar no es imponer al cielo tu voluntad o deseo. Orar es obtener la voluntad de Dios en la tierra. Orar no es una discusión con Dios donde tratas de persuadirlo para que haga las cosas a tu manera. Orar es una práctica en que el Espíritu de Dios te capacita para vivir a su manera. Orar no es vencer la resistencia de Dios, es obtener su buena voluntad.

el que no ama no conoce a Dios, porque Dios es amor.

[9] Dios mostró cuánto nos ama al enviar a su único Hijo al mundo, para que tengamos vida eterna por medio de él. [10] En esto consiste el amor verdadero: no en que nosotros hayamos amado a Dios, sino en que él nos amó a nosotros y envió a su Hijo como sacrificio para quitar nuestros pecados.

[11] Queridos amigos, ya que Dios nos amó tanto, sin duda nosotros también debemos amarnos unos a otros. [12] Nadie jamás ha visto a Dios; pero, si nos amamos unos a otros, Dios vive en nosotros y su amor llega a la máxima expresión en nosotros.

[13] Y Dios nos ha dado su Espíritu como prueba de que vivimos en él y él en nosotros. [14] Además, hemos visto con nuestros propios ojos y ahora damos testimonio de que el Padre envió a su Hijo para que fuera el Salvador del mundo. [15] Todos los que confiesan que Jesús es el Hijo de Dios, Dios vive en ellos y ellos en Dios. [16] Nosotros sabemos cuánto Dios nos ama y hemos puesto nuestra confianza en su amor.

Dios es amor, y todos los que viven en amor viven en Dios y Dios vive en ellos. [17] Y, al vivir en Dios, nuestro amor crece hasta hacerse perfecto. Por lo tanto, no tendremos temor en el día del juicio, sino que podremos estar ante Dios con confianza, porque vivimos como vivió Jesús en este mundo.

[18] En esa clase de amor no hay temor, porque el amor perfecto expulsa todo temor. Si tenemos miedo es por temor al castigo, y esto muestra que no hemos experimentado plenamente el perfecto amor de Dios. [19] Nos amamos unos a otros,* porque él nos amó primero.

[20] Si alguien dice: «Amo a Dios» pero odia a un hermano en Cristo, esa persona es mentirosa pues, si no amamos a quienes podemos ver, ¿cómo vamos a amar a Dios, a quien no podemos ver? [21] Y él nos ha dado el siguiente

mandato: los que aman a Dios amen también a sus hermanos en Cristo.*

CAPÍTULO 5
La fe en el Hijo de Dios

Todo el que cree que Jesús es el Cristo* ha llegado a ser un hijo de Dios. Y todo el que ama al Padre ama también a los hijos nacidos de él. [2] Sabemos que amamos a los hijos de Dios si amamos a Dios y obedecemos sus mandamientos. [3] Amar a Dios significa obedecer sus mandamientos, y sus mandamientos no son una carga difícil de llevar. [4] Pues todo hijo de Dios vence este mundo de maldad, y logramos esa victoria por medio de nuestra fe. [5] Y ¿quién puede ganar esta batalla contra el mundo? Únicamente los que creen que Jesús es el Hijo de Dios.

[6] Y Jesucristo fue revelado como el Hijo de Dios por medio de su bautismo en agua y por derramar su sangre en la cruz,* es decir, no mediante agua solamente sino mediante agua y sangre. Y el Espíritu, quien es la verdad, lo confirma con su testimonio. [7] Por lo tanto, son tres los testigos* [8] —el Espíritu, el agua y la sangre— y los tres están de acuerdo. [9] Ya que creemos el testimonio humano, sin duda alguna podemos creer el testimonio de más valor que proviene de Dios; y Dios ha dado testimonio acerca de su Hijo. [10] Todo el que cree en el Hijo de Dios sabe en su corazón que este testimonio es verdadero. Los que no lo creen, en realidad llaman a Dios mentiroso porque no creen el testimonio que él ha dado acerca de su Hijo.

[11] Y este es el testimonio que Dios ha dado: él nos dio vida eterna, y esa vida está en su Hijo. [12] El que tiene al Hijo tiene la vida; el que no tiene al Hijo de Dios no tiene la vida.

Conclusión

[13] Les he escrito estas cosas a ustedes, que creen en el nombre del Hijo de Dios, para que sepan

---

4:19 En griego *Nosotros amamos.* Otros manuscritos dicen *Nosotros amamos a Dios;* incluso otros dicen *Nosotros lo amamos.* **4:21** En griego *El que ama a Dios también tiene que amar a su hermano.* **5:1** O *el Mesías.* **5:6** En griego *Éste es el que vino mediante agua y sangre.* **5:7** Unos cuantos manuscritos muy tardíos incluyen *en el cielo: el Padre, la Palabra y el Espíritu Santo, y estos tres son uno. Y tenemos tres testigos en la tierra.*

A veces, nos gusta quedarnos en la parte final de estos versículos. Pero no olvides la primera parte. Primero tienes que «estar en Cristo» y mantener una relación saludable con él, y marchar siempre hacia adelante. Cuando esto sucede, sabrás que tu voluntad se pone en línea con la de él y que tus peticiones serán el reflejo de lo que Cristo quiere hacer en tu vida y en las de quienes te rodean. Cuando cumplas estos requisitos, puedes estar seguro de que Dios te está escuchando y contestará todas tus oraciones.

Para leer la próxima nota de «Tiempo de Oración», ve a la pág. A48.

que tienen vida eterna. [14] Y estamos seguros de que él nos oye cada vez que le pedimos algo que le agrada. [15] Y, como sabemos que él nos oye cuando le hacemos nuestras peticiones, también sabemos que nos dará lo que le pedimos.

[16] Si alguno de ustedes ve que un hermano en Cristo* comete un pecado que no lleva a la muerte, debe orar por él, y Dios le dará vida a ese hermano. Pero hay un pecado que lleva a la muerte, y no digo que se ore por quienes lo cometen. [17] Todas las malas acciones son pecado, pero no todos los pecados llevan a la muerte.

[18] Sabemos que los hijos de Dios no se caracterizan por practicar el pecado, porque el Hijo de Dios los mantiene protegidos, y el maligno no puede tocarlos. [19] Sabemos que somos hijos de Dios y que el mundo que nos rodea está controlado por el maligno.

[20] Y sabemos que el Hijo de Dios ha venido y nos ha dado entendimiento, para que podamos conocer al Dios verdadero.* Y ahora vivimos en comunión con el Dios verdadero porque vivimos en comunión con su Hijo, Jesucristo. Él es el único Dios verdadero y él es la vida eterna.

[21] Queridos hijos, aléjense de todo lo que pueda ocupar el lugar de Dios en el corazón.*

5:16 En griego *un hermano.*   **5:20** En griego *al que es verdadero.*   **5:21** En griego *guárdense de los ídolos.*

2 Juan

AUTOR: JUAN | FECHA DE ESCRITURA: 90 d. de J. C. | GÉNERO: EPÍSTOLA

En esta carta, Juan enseña que el verdadero amor cristiano es más que un sentimiento.

Saludos

Yo, Juan, el anciano,* les escribo esta carta a la señora elegida y a sus hijos,* a quienes amo en la verdad —y no sólo yo sino también todos los que conocen la verdad—, ² porque la verdad vive en nosotros y estará con nosotros para siempre.

³ La gracia, la misericordia y la paz que provienen de Dios Padre y de Jesucristo —el Hijo del Padre— permanecerán con nosotros, los que vivimos en la verdad y el amor.

Vivan en la verdad

⁴ Qué contento me puse al encontrarme con algunos de tus hijos y ver que viven de acuerdo con la verdad, tal como el Padre lo ordenó.

⁵ Les escribo para recordarles, queridos amigos,* que nos amemos unos a otros. Este mandamiento no es nuevo, sino que lo hemos tenido desde el principio. ⁶ El amor consiste en hacer lo que Dios nos ha ordenado, y él nos ha ordenado que nos amemos unos a otros, tal como ustedes lo oyeron desde el principio.

⁷ Les digo esto, porque muchos engañadores han salido por el mundo. Ellos niegan que Jesucristo vino* en un cuerpo humano. Tales personas son engañadores y anticristos. ⁸ Tengan cuidado de no perder lo que hemos* logrado con tanto trabajo. Sean diligentes para que reciban una recompensa completa. ⁹ Todo el que se desvía de esta enseñanza no tiene ninguna relación con Dios; pero el que permanece en la enseñanza de Cristo tiene una relación tanto con el Padre como con el Hijo.

¹⁰ Si a sus reuniones llegara alguien que no enseña la verdad acerca de Cristo, no lo inviten a su casa ni le den ninguna clase de apoyo. ¹¹ Cualquiera que apoye a ese tipo de gente se hace cómplice de sus malas acciones.

Conclusión

¹² Tengo mucho más que decirles, pero no quiero hacerlo con papel y tinta. Pues espero visitarlos pronto y hablarles cara a cara. Entonces nuestra alegría será completa.

¹³ Recibe saludos de los hijos de tu hermana,* la elegida por Dios.

1a En griego *El anciano.* **1b** O *a la iglesia que Dios ha elegido y a sus miembros.* **5** En griego *Te ruego, señora.* **7** O *vendrá.* **8** Algunos manuscritos dicen *han.* **13** O *de los miembros de tu iglesia hermana.*

3 Juan

AUTOR: JUAN | FECHA DE ESCRITURA: 90 d. de J. C. | GÉNERO: EPÍSTOLA

Juan escribió esta carta para elogiar a un creyente llamado Gayo, por la hospitalidad que le ofrecía a los maestros itinerantes del evangelio.

Saludos

Yo, Juan, el anciano,* le escribo esta carta a Gayo, mi querido amigo, a quien amo en la verdad.

² Querido amigo, espero que te encuentres bien, y que estés tan saludable en cuerpo así como eres fuerte en espíritu. ³ Hace poco regresaron algunos de los maestros itinerantes,* y me alegraron mucho cuando me contaron de tu fidelidad y de que vives de acuerdo con la verdad. ⁴ No hay nada que me cause más alegría que oír que mis hijos siguen la verdad.

Cuidar de los obreros del Señor

⁵ Querido amigo, le eres fiel a Dios cada vez que te pones al servicio de los maestros itinerantes que pasan por ahí aunque no los conozcas. ⁶ Ellos le han contado a la iglesia de aquí de tu cariñosa amistad. Te pido que sigas supliendo las necesidades de esos maestros tal como le agrada a Dios; ⁷ pues viajan en servicio al Señor* y no aceptan nada de los que no son creyentes.* ⁸ Por lo tanto somos nosotros los que debemos apoyarlos y así ser sus colaboradores cuando enseñan la verdad.

⁹ Le escribí a la iglesia acerca de esto, pero Diótrefes —a quien le encanta ser el líder— no quiere tener nada que ver con nosotros. ¹⁰ Cuando yo vaya sacaré a relucir las cosas que hace y sus infames acusaciones contra nosotros. No sólo se niega a recibir a los maestros itinerantes, sino que les dice a otros que no los ayuden y, cuando los ayudan, él los expulsa de la iglesia.

¹¹ Querido amigo, no te dejes influir por ese mal ejemplo. Imita solamente lo bueno. Recuerda que los que hacen lo bueno demuestran que son hijos de Dios, y los que hacen lo malo demuestran que no conocen a Dios.*

¹² Todos, incluso la verdad misma, hablan bien de Demetrio. Nosotros también podemos afirmar lo mismo de él, y ustedes saben que decimos la verdad.

Conclusión

¹³ Tengo mucho más que decirte, pero no quiero hacerlo con pluma y tinta, ¹⁴ porque espero verte pronto, y entonces hablaremos cara a cara.

¹⁵ La paz sea contigo.

Tus amigos de aquí te mandan saludos. Por favor, dales mis saludos a cada uno de nuestros amigos de ahí.

---

1 En griego *El anciano*. **3** En griego *los hermanos;* también en 5 y 10. **7a** En griego *Ellos salieron por causa del Nombre*. **7b** En griego *de los gentiles*. [*Gentiles*], que no es judío]. **11** En griego *no han visto a Dios*.

Judas

AUTOR: JUDAS, EL MEDIO HERMANO DE JESÚS | FECHA DE ESCRITURA: 65 d. de J. C. | GÉNERO: EPÍSTOLA

La epístola de Judas se centra alrededor de la gran apostasía o el abandono de la fe, que ocurrirá en la tierra antes del regreso de Jesucristo.

Saludos de Judas

Yo, Judas, esclavo de Jesucristo y hermano de Santiago, les escribo esta carta a todos los que han sido llamados por Dios Padre, quien los ama y los protege con el cuidado de Jesucristo.* ²Que Dios les dé cada vez más misericordia, paz y amor.

El peligro de los falsos maestros

³Queridos amigos, con gran anhelo tenía pensado escribirles acerca de la salvación que compartimos. Sin embargo, ahora me doy cuenta de que debo escribirles sobre otro tema para instarles a que defiendan la fe que Dios ha confiado una vez y para siempre a su pueblo santo. ⁴Les digo esto, porque algunas personas que no tienen a Dios se han infiltrado en sus iglesias diciendo que la maravillosa gracia de Dios nos permite llevar una vida inmoral. La condena de tales personas fue escrita hace mucho tiempo, pues han negado a Jesucristo, nuestro único Dueño y Señor.

⁵Aunque ustedes ya saben estas cosas, igual quiero recordarles que Jesús* primero rescató de Egipto a la nación de Israel pero luego destruyó a los que no permanecieron fieles. ⁶Y les recuerdo de los ángeles que no se mantuvieron dentro de los límites de autoridad que Dios les puso, sino que abandonaron el lugar al que pertenecían. Dios los ha tenido firmemente encadenados en prisiones de oscuridad, en espera del gran día del juicio. ⁷Asimismo no se olviden de Sodoma y Gomorra ni de las ciudades vecinas, las cuales estaban llenas de inmoralidad y de toda clase de perversión sexual. Esas ciudades fueron destruidas con fuego y sirven

como advertencia del fuego eterno del juicio de Dios.

⁸De la misma manera, estos individuos —que pretenden tener autoridad por lo que reciben en sueños— llevan una vida inmoral, desafían a la autoridad y se burlan de los seres sobrenaturales.* ⁹Pero ni siquiera Miguel, uno de los ángeles más poderosos,* se atrevió a acusar al diablo de blasfemia, sino que simplemente le dijo: «¡Que el Señor te reprenda!». (Esto ocurrió cuando Miguel disputaba con el diablo acerca del cuerpo de Moisés). ¹⁰Pero esa gente se burla de cosas que no entiende. Como animales irracionales, hacen todo lo que les dictan sus instintos y de esta manera provocan su propia destrucción. ¹¹¡Qué aflicción les espera! Pues siguen los pasos de Caín, quien mató a su hermano. Al igual que Balaam, engañan a la gente por dinero; y, como Coré, perecen en su propia rebelión.

¹²Cuando estos individuos participan con ustedes en sus comidas de compañerismo —las cuales conmemoran el amor del Señor—, son como arrecifes peligrosos que pueden hacerlos naufragar.* Son como pastores que no tienen vergüenza y que sólo se preocupan por sí mismos. Son como nubes que pasan sobre la tierra sin dar lluvia. Son como árboles en el otoño, doblemente muertos, porque no dan fruto y han sido arrancados de raíz. ¹³Son como violentas olas del mar que arrojan la espuma de sus actos vergonzosos. Son como estrellas que han perdido su rumbo, condenadas para siempre a la más negra oscuridad.

¹⁴Enoc, quien vivió en la séptima generación después de Adán, profetizó acerca de estas personas. Dijo: «¡Escuchen! El Señor viene con

---

1 O *los guarda para Jesucristo.*   **5** Igual que en los mejores manuscritos; otros manuscritos dicen *[el] Señor,* o *Dios,* o *Cristo;* uno de ellos dice *Dios Cristo.*   **8** En griego *de los seres gloriosos,* que probablemente son ángeles caídos.   **9** En griego *Miguel, el arcángel.*   **12** O *son contaminantes entre ustedes;* o *son manchas.*

incontables millares de sus santos [15] para ejecutar juicio sobre la gente de este mundo. Declarará culpables a los seres humanos por todos los actos perversos que cada uno haya hecho y a los pecadores rebeldes por todos los insultos que hayan dicho contra él»*.

[16] Estos individuos son rezongones, se quejan de todo y viven sólo para satisfacer sus deseos. Son fanfarrones que se jactan de sí mismos y adulan a otros para conseguir lo que quieren.

Un llamado a permanecer fieles

[17] Pero ustedes, mis queridos amigos, deben recordar lo que dijeron los apóstoles de nuestro Señor Jesucristo. [18] Ellos les advirtieron que en los últimos tiempos habría gente burlona cuyo objetivo en la vida es satisfacer sus malos deseos. [19] Estos individuos son los que causan divisiones entre ustedes. Se dejan llevar por sus instintos naturales porque no tienen al Espíritu de Dios en ellos.

[20] Pero ustedes, queridos amigos, deben edificarse unos a otros en su más santísima fe, orar en el poder del Espíritu Santo* [21] y esperar la misericordia de nuestro Señor Jesucristo, quien les dará vida eterna. De esta manera, se mantendrán seguros en el amor de Dios.

[22] Deben tener compasión de* los que no están firmes en la fe. [23] Rescaten a otros arrebatándolos de las llamas del juicio. Incluso a otros muéstrenles compasión* pero háganlo con mucho cuidado, aborreciendo los pecados que contaminan la vida de ellos.*

Una oración de alabanza

[24] Y ahora, que toda la gloria sea para Dios, quien es poderoso para evitar que caigan y llevarlos sin mancha y con gran alegría a su gloriosa presencia. [25] Que toda la gloria sea para él, quien es el único Dios, nuestro Salvador por medio de Jesucristo nuestro Señor. ¡Toda la gloria, la majestad, el poder y la autoridad le pertenecen a él desde antes de todos los tiempos, en el presente y por toda la eternidad! Amén.

14-15 La cita proviene de literatura intertestamentaria: Enoc 1:9.   **20** En griego *orar en el Espíritu Santo.*   **22** Algunos manuscritos dicen *Deben reprender a.*   **22-23a** Algunos manuscritos sólo tienen dos categorías de personas: (1) las que no están firmes en la fe y, por lo tanto, necesitan ser arrebatadas de las llamas del juicio, y (2) las que necesitan que se les muestre compasión.   **23b** En griego *con temor, aborreciendo hasta la ropa manchada por la carne.*

Apocalipsis

AUTOR: JUAN | FECHA DE ESCRITURA: 95 d. de J. C. | GÉNERO: APOCALÍPTICO

En este gran libro aprendemos del regreso de Jesucristo a la tierra, y también de los eventos que preceden a ese momento culminante.

CAPÍTULO 1

Prólogo

Ésta es una revelación de Jesucristo, la cual Dios le dio para mostrar a sus siervos los acontecimientos que deben suceder pronto.* Él envió a un ángel a presentarle esta revelación a su siervo, Juan, ² quien relató con fidelidad todo lo que vio. Éste es su relato de la palabra de Dios y del testimonio de Jesucristo.

³ Dios bendice al que lee a la iglesia las palabras de esta profecía y bendice a todos los que escuchan el mensaje y obedecen lo que dice, porque el tiempo está cerca.

Saludo de Juan a las siete iglesias

⁴ Yo, Juan, les escribo esta carta a las siete iglesias que están en la provincia de Asia.*

Gracia y paz a ustedes de aquél que es, que siempre era y que aún está por venir; y del Espíritu de siete aspectos* que está delante de su trono; ⁵ y de Jesucristo. Él es el testigo fiel de estas cosas, el primero en resucitar de los muertos y el gobernante de todos los reyes del mundo.

Toda la gloria sea al que nos ama y nos ha libertado de nuestros pecados al derramar su sangre por nosotros. ⁶ Él ha hecho de nosotros un reino de sacerdotes para Dios, su Padre. ¡A él sea toda la gloria y el poder por siempre y para siempre! Amén.

⁷ ¡Miren! Él viene en las nubes del cielo.
Y todos lo verán,
incluso aquéllos que lo traspasaron.
Y todas las naciones del mundo
se lamentarán por él.
¡Sí! ¡Amén!

⁸ «Yo soy el Alfa y la Omega, el principio y el fin* —dice el Señor Dios—. Yo soy el que es, que siempre era y que aún está por venir, el Todopoderoso».

Visión del Hijo del Hombre

⁹ Yo, Juan, soy hermano de ustedes, y su compañero en el sufrimiento, en el reino de Dios y en la paciente perseverancia a la que Jesús nos llama. Me exiliaron a la isla de Patmos por predicar la palabra de Dios y por mi testimonio acerca de Jesús. ¹⁰ Era el día del Señor, y yo estaba adorando en el Espíritu.* De repente, oí detrás de mí una fuerte voz, como un toque de trompeta, ¹¹ que decía: «Escribe en un libro* todo lo que veas y envíalo a las siete iglesias que están en las ciudades de Éfeso, Esmirna, Pérgamo, Tiatira, Sardis, Filadelfia y Laodicea».

¹² Cuando me di vuelta para ver quién me hablaba, vi siete candelabros de oro. ¹³ Y de pie en medio de los candelabros había alguien semejante al Hijo del Hombre.* Vestía una túnica larga con una banda de oro que cruzaba el pecho. ¹⁴ La cabeza y el cabello eran blancos como la lana, tan blancos como la nieve, y los ojos eran como llamas de fuego. ¹⁵ Los pies eran como bronce pulido refinado en un horno, y su voz tronaba como potentes olas del mar. ¹⁶ Tenía siete estrellas en la mano derecha, y una espada aguda de doble filo salía de su boca. Y la cara era semejante al sol cuando brilla en todo su esplendor.

1:1 O *de repente* o *rápidamente.* 1:4a *Asia* era una provincia romana en lo que ahora es el oeste de Turquía. 1:4b En griego *los siete espíritus.* 1:8 En griego *Yo soy el Alfa y la Omega,* se refiere a la primera y a la última letra del alfabeto griego. 1:10 O *en espíritu.* 1:11 O *en un rollo.* 1:13 O *semejante a un hijo de hombre.* Ver Dn 7:13. «Hijo del Hombre» es un título que Jesús empleaba para referirse a sí mismo.

Piedras angulares

JESÚS TIENE EL DOMINIO ETERNO
Lee APOCALIPSIS 1:4-8

Este pasaje de la Escritura confirma dos importantes aspectos acerca de Jesucristo: su majestad y su dominio. Pero Jesús es totalmente distinto a cualquier rey o gobierno que conozcamos. Los siguientes seis puntos marcan esa diferencia:

1. Él es el primero en resucitar de entre los muertos y no morir nunca más. Jesús nos da un anticipo de lo que sucederá después que muramos.

2. Él es mayor que cualquier otro rey de la tierra. Él es Señor sobre toda la creación, cosa que ningún rey de la tierra puede reclamar.

3. Él nos ama y demostró ese amor muriendo por nosotros. Pocas veces alguien en una posición de autoridad sobre otras personas se ha ofrecido a morir por ellas.

4. Él nos ha librado de nuestros pecados y nos ha dado un lugar de honor en su Reino. A quienes hemos recibido a Jesús en nuestra vida, nos ha dado un lugar de privilegio extraordinario y acceso al trono de Dios.

5. Él regresará en victoria. Este Rey atraerá la atención de todo el universo cuando regrese.

6. Él es eterno. Él ha existido y existirá para siempre. Nadie, sólo Dios, puede hacer este reclamo.

Algunas personas tienen una visión distorsionada de Jesús. Lo ven como los artistas lo han pintado, con cabello largo, quizás con un bordón en la mano y un corderito sobre sus hombros. Pero la Biblia nunca hace una descripción física de Jesús. Si la hubiera hecho, estaríamos adorando su imagen más que a él mismo. La descripción de Cristo que hace Apocalipsis, aunque no nos da un retrato físico, nos permite ver a Cristo glorificado. Y este Cristo está lleno de poder y majestad.

Para comenzar el próximo tema, ve a la pág. A22.

---

¹⁷ Cuando lo vi, caí a sus pies como muerto; pero él puso la mano derecha sobre mí y me dijo: «¡No tengas miedo! Yo soy el Primero y el Último. ¹⁸ Yo soy el que vive. Estuve muerto pero ¡mira! ¡Ahora estoy vivo por siempre y para siempre! Y tengo en mi poder las llaves de la muerte y de la tumba.*

¹⁹·Escribe lo que has visto, tanto las cosas que suceden ahora, como las que van a suceder.*

²⁰ Éste es el significado del misterio de las siete estrellas que viste en mi mano derecha y de los siete candelabros de oro: las siete estrellas son los ángeles* de las siete iglesias, y los siete candelabros son las siete iglesias.

CAPÍTULO **2**

Mensaje a la iglesia de Éfeso
»Escribe esta carta al ángel* de la iglesia de Éfeso. Éste es el mensaje de aquél que tiene las siete estrellas en la mano derecha, del que camina en medio de los siete candelabros de oro:

²»Yo sé todo lo que haces. He visto tu arduo trabajo y tu paciencia con perseverancia.

Sé que no toleras a la gente malvada. Has puesto a prueba las pretensiones de ésos que dicen ser apóstoles pero no lo son. Has descubierto que son mentirosos. ³ Has sufrido por mi nombre con paciencia sin darte por vencido.

⁴»Pero tengo una queja en tu contra. ¡No me amas a mí ni se aman entre ustedes como al principio!* ⁵ ¡Mira hasta dónde has caído! Vuélvete a mí y haz las obras que hacías al principio. Si no te arrepientes, vendré y quitaré tu candelabro de su lugar entre las iglesias. ⁶ Pero, tienes esto a tu favor: odias las obras malvadas de los nicolaítas, al igual que yo.

⁷»Todo el que tenga oídos para oír debe escuchar al Espíritu y entender lo que él dice a las iglesias. A todos los que salgan vencedores, les daré del fruto del árbol de la vida, que está en el paraíso de Dios.

Mensaje a la iglesia de Esmirna
⁸»Escribe esta carta al ángel de la iglesia de Esmirna. Éste es el mensaje de aquél que es el

---

1:18 En griego *el Hades.*   **1:19** O *lo que has visto y su significado, las cosas que ya han comenzado a suceder.*   **1:20** O *los mensajeros.*   **2:1** O *el mensajero;* también en 2:8, 12, 18.   **2:4** En griego *Has perdido tu primer amor.*

Primero y el Último, que estuvo muerto pero ahora vive:

⁹»Yo sé de tu sufrimiento y tu pobreza, ¡pero tú eres rico! Conozco la blasfemia de los que se te oponen. Dicen ser judíos pero no lo son, porque su sinagoga le pertenece a Satanás. ¹⁰No tengas miedo de lo que estás a punto de sufrir. El diablo meterá a algunos de ustedes en la cárcel para ponerlos a prueba, y sufrirán por diez días. Pero si permaneces fiel, incluso cuando te enfrentes a la muerte, yo te daré la corona de la vida.

¹¹»Todo el que tenga oídos para oír debe escuchar al Espíritu y entender lo que él dice a las iglesias. Los que salgan vencedores no sufrirán daño de la segunda muerte.

Mensaje a la iglesia de Pérgamo

¹²»Escribe esta carta al ángel de la iglesia de Pérgamo. Éste es el mensaje de aquél que tiene la espada aguda de doble filo:

¹³»Yo sé que vives en la ciudad donde Satanás tiene su trono; sin embargo, has permanecido leal a mi nombre. Te rehusaste a negarme aun cuando mi fiel testigo, Antipas, murió como mártir en medio de ustedes allí en la ciudad de Satanás. ¹⁴»Pero tengo unas cuantas quejas en tu contra. Toleras a algunos de entre ustedes que mantienen la enseñanza de Balaam, quien le enseñó a Balac cómo hacer tropezar al pueblo de Israel. Les enseñó a pecar, incitándolos a comer alimentos ofrecidos a ídolos y a cometer pecado sexual. ¹⁵De modo parecido, entre ustedes hay algunos nicolaítas que siguen esa misma enseñanza. ¹⁶Arrepiéntete de tu pecado, o de lo contrario, vendré a ti de repente y pelearé contra ellos con la espada de mi boca.

¹⁷»Todo el que tenga oídos para oír debe escuchar al Espíritu y entender lo que él dice a las iglesias. A todos los que salgan vencedores, les daré del maná que ha sido escondido en el cielo. Y le daré a cada uno una piedra blanca, y en la piedra estará grabado un nombre nuevo que nadie comprende aparte de aquél que lo recibe.

Mensaje a la iglesia de Tiatira

¹⁸»Escribe esta carta al ángel de la iglesia de Tiatira. Éste es el mensaje del Hijo de Dios, el que tiene los ojos como llamas de fuego y los pies como bronce pulido:

¹⁹»Yo sé todo lo que haces; he visto tu amor, tu fe, tu servicio y tu paciencia con perseverancia. Y veo tu constante mejoría en todas estas cosas. ²⁰»Pero tengo una queja en tu contra. Permites que esa mujer —esa Jezabel que se llama a sí misma profetisa— lleve a mis siervos por mal camino. Ella les enseña a cometer pecado sexual y a comer alimentos ofrecidos a ídolos. ²¹Le di tiempo para que se arrepintiera, pero ella no quiere abandonar su inmoralidad.

²²»Por lo tanto, la arrojaré en una cama de sufrimiento,* y los que cometen adulterio con ella sufrirán terriblemente, a menos que se arrepientan y abandonen las maldades de ella. ²³Heriré de muerte a sus hijos. Entonces todas las iglesias sabrán que yo soy el que examina los pensamientos y las intenciones de cada persona. Y le daré a cada uno de ustedes lo que se merezca.

²⁴»Pero también tengo un mensaje para el resto de ustedes en Tiatira, los que no han seguido esa falsa enseñanza ("verdades más profundas", como ellos las llaman, que en realidad son profundidades de Satanás). No les pediré nada más, ²⁵sólo que retengan con firmeza lo que tienen hasta que yo venga. ²⁶A todos los que salgan vencedores y me obedezcan hasta el final,

Les daré autoridad sobre todas las naciones.

²⁷ Gobernarán las naciones con vara de hierro
   y las harán pedazos como si fueran ollas de barro*.

²⁸Tendrán la misma autoridad que yo recibí de mi Padre, ¡y también les daré la estrella de la mañana! ²⁹»Todo el que tenga oídos para oír debe escuchar al Espíritu y entender lo que él dice a las iglesias.

CAPÍTULO 3

Mensaje a la iglesia de Sardis

»Escribe esta carta al ángel* de la iglesia de Sardis. Éste es el mensaje de aquél que tiene el Espíritu* de Dios de siete aspectos y las siete estrellas:

»Yo sé todo lo que haces y que tienes la fama de estar vivo, pero estás muerto. ²¡Despierta! Fortalece lo poco que te queda, porque hasta lo que queda está a punto de morir. Veo que tus acciones no cumplen con los requisitos de mi Dios. ³Vuelve a lo que escuchaste y creíste al principio,

---

2:22 En griego *una cama.*   2:26-27 Sal 2:8-9 (versión griega).   3:1a O *el mensajero;* también en 3:7, 14.   3:1b En griego *los siete espíritus.*

y retenlo con firmeza. Arrepiéntete y regresa a mí. Si no despiertas, vendré a ti de repente, cuando menos lo esperes, como lo hace un ladrón.

4»Sin embargo, hay algunos en la iglesia de Sardis que no se han manchado la ropa con maldad. Ellos caminarán conmigo vestidos de blanco, porque son dignos. 5 Todos los que salgan vencedores serán vestidos de blanco. Nunca borraré sus nombres del Libro de la Vida, sino que anunciaré delante de mi Padre y de sus ángeles que ellos me pertenecen.

6»Todo el que tenga oídos para oír debe escuchar al Espíritu y entender lo que él dice a las iglesias.

Mensaje a la iglesia de Filadelfia

7»Escribe esta carta al ángel de la iglesia de Filadelfia.

Éste es el mensaje de aquél que es santo y
   verdadero,
el que tiene la llave de David.
Lo que él abre, nadie puede cerrar;
   y lo que él cierra, nadie puede abrir:*

8»Yo sé todo lo que haces y te he abierto una puerta que nadie puede cerrar. Tienes poca fuerza; sin embargo, has obedecido mi palabra y no negaste mi nombre. 9 Mira, a esos que pertenecen a la sinagoga de Satanás —esos mentirosos que dicen ser judíos y no lo son— los obligaré a que vengan y se postren a tus pies. Ellos reconocerán que es a ti a quien amo. 10»Dado que has obedecido mi mandato de perseverar, yo te protegeré del gran tiempo de prueba que vendrá sobre el mundo entero para probar a los que pertenecen a este mundo. 11 Yo vengo pronto.* Aférrate a lo que tienes, para que nadie te quite tu corona. 12 A todos los que salgan vencedores, los haré columnas en el templo de mi Dios, y nunca tendrán que salir de allí. Yo escribiré sobre ellos el nombre de mi Dios, y ellos serán ciudadanos de la ciudad de mi Dios, la nueva Jerusalén que desciende del cielo y de mi Dios. Y también escribiré en ellos mi nuevo nombre.

13»Todo el que tenga oídos para oír debe escuchar al Espíritu y entender lo que él dice a las iglesias.

Mensaje a la iglesia de Laodicea

14»Escribe esta carta al ángel de la iglesia de Laodicea. Éste es el mensaje de aquél que es el

Amén, el testigo fiel y verdadero, el principio* de la nueva creación de Dios:

15»Yo sé todo lo que haces, que no eres ni frío ni caliente. ¡Cómo quisiera que fueras lo uno o lo otro! 16 Pero, ya que eres tibio, ni frío ni caliente, ¡te escupiré de mi boca! 17 Tú dices: "Soy rico, tengo todo lo que quiero, ¡no necesito nada!". Y no te das cuenta que eres un infeliz y eres un miserable; eres pobre, ciego y estás desnudo. 18 Así que, te aconsejo que de mí compres oro —un oro purificado por fuego— y entonces serás rico. Compra también ropas blancas de mí, así no tendrás vergüenza por tu desnudez y compra ungüento para tus ojos, para que así puedas ver. 19 Yo corrijo y disciplino a todos los que amo. Por lo tanto, sé diligente y arrepiéntete de tu indiferencia.

20»¡Mira! Yo estoy a la puerta y llamo. Si oyes mi voz y abres la puerta, yo entraré y cenaremos juntos como amigos. 21 Todos los que salgan vencedores se sentarán conmigo en mi trono, tal como yo salí vencedor y me senté con mi Padre en su trono.

22»Todo el que tenga oídos para oír debe escuchar al Espíritu y entender lo que él dice a las iglesias».

CAPÍTULO 4
Adoración en el cielo

Entonces, mientras miraba, vi una puerta abierta en el cielo, y la misma voz que había escuchado antes me habló como un toque de trompeta. La voz dijo: «Sube aquí, y te mostraré lo que tiene que suceder después de esto». 2 Y al instante, yo estaba en el Espíritu* y vi un trono en el cielo y a alguien sentado en él. 3 El que estaba sentado en el trono brillaba como piedras preciosas: como el jaspe y la cornalina. El brillo de una esmeralda rodeaba el trono como un arco iris. 4 Lo rodeaban veinticuatro tronos en los cuales estaban sentados veinticuatro ancianos. Todos vestían de blanco y tenían una corona de oro sobre la cabeza. 5 Del trono salían relámpagos y estruendo de truenos. Delante del trono había siete antorchas con llamas encendidas; esto es el Espíritu de Dios de siete aspectos.* 6 Delante del trono también había un mar de vidrio brillante, reluciente como el cristal.

En el centro y alrededor del trono había cuatro seres vivientes, cada uno cubierto de ojos por delante y por detrás. 7 El primero de esos seres vivientes era semejante a un león, el segundo era como un buey, el tercero tenía cara humana, y el cuarto era como un águila

3:7 Is 22:22.   3:11 O de repente, o rápidamente.   3:14 O el gobernante, o el origen.   4:2 O en espíritu.   4:5 En griego Éstos son los siete espíritus de Dios.

en vuelo. [8] Cada uno de los seres vivientes tenía seis alas, y las alas estaban totalmente cubiertas de ojos por dentro y por fuera. Día tras día y noche tras noche repiten continuamente:

> «Santo, santo, santo es el Señor Dios, el Todopoderoso,
> el que siempre fue, que es, y que aún está por venir».

[9] Cada vez que los seres vivientes dan gloria, honor y gracias al que está sentado en el trono (el que vive por siempre y para siempre) [10] los veinticuatro ancianos se postran y adoran al que está sentado en el trono (el que vive por siempre y para siempre), y ponen sus coronas delante del trono, diciendo:

[11] «Tú eres digno, oh Señor nuestro Dios,
> de recibir gloria y honor y poder.
> Pues tú creaste todas las cosas,
> y existen porque tú las creaste según tu voluntad».

CAPÍTULO 5
El Cordero abre el rollo

Luego vi un rollo* en la mano derecha de aquél que estaba sentado en el trono. El rollo estaba escrito por dentro y por fuera, y sellado con siete sellos. [2] Vi a un ángel poderoso, que proclamaba con fuerte voz: «¿Quién es digno de romper los sellos de este rollo y abrirlo?». [3] Pero nadie en el cielo ni en la tierra ni debajo de la tierra podía abrir el rollo y leerlo. [4] Entonces comencé a llorar amargamente porque no se encontraba a nadie digno de abrir el rollo y leerlo. [5] Pero uno de los veinticuatro ancianos me dijo: «¡Deja de llorar! Mira, el León de la tribu de Judá, el heredero del trono de David,* ha ganado la victoria. Él es digno de abrir el rollo y sus siete sellos».

[6] Entonces vi a un Cordero que parecía que había sido sacrificado, pero que ahora estaba de pie entre el trono y los cuatro seres vivientes y en medio de los veinticuatro ancianos. Tenía siete cuernos y siete ojos, que representan los siete aspectos del Espíritu* de Dios el cual es enviado a todas las partes de la tierra. [7] Él pasó adelante y tomó el rollo de la mano derecha del que estaba sentado en el trono. [8] Y cuando tomó el rollo, los cuatro seres vivientes y los veinticuatro ancianos se postraron delante del Cordero. Cada uno tenía un arpa y llevaba copas de oro llenas de incienso, que son las oraciones del pueblo de Dios. [9] Y cantaban un nuevo canto con las siguientes palabras:

> «Tú eres digno de tomar el rollo
> y de romper los sellos y abrirlo.
> Pues tú fuiste sacrificado y tu sangre pagó
> el rescate para Dios
> de gente de todo pueblo, tribu, lengua y nación.
> [10] Y la has transformado
> en un reino de sacerdotes para nuestro Dios.
> Y reinarán* sobre la tierra».

[11] Entonces volví a mirar y oí las voces de miles de millones de ángeles alrededor del trono y de los seres vivientes y de los ancianos. [12] Ellos cantaban en un potente coro:

> «Digno es el Cordero que fue sacrificado,
> de recibir el poder y las riquezas
> y la sabiduría y la fuerza
> y el honor y la gloria y la bendición».

[13] Y entonces oí a toda criatura en el cielo, en la tierra, debajo de la tierra y en el mar que cantaban:

> «Bendición y honor y gloria y poder
> le pertenecen a aquél que está sentado en el trono
> y al Cordero por siempre y para siempre».

[14] Y los cuatro seres vivientes decían: «¡Amén!». Y los veinticuatro ancianos se postraron y adoraron al Cordero.

CAPÍTULO 6
El Cordero rompe los primeros seis sellos

Mientras miraba, el Cordero rompió el primero de los siete sellos que había en el rollo.* Entonces oí que uno de los cuatro seres vivientes decía con voz de trueno: «¡Ven!». [2] Levanté la vista y vi que había un caballo blanco, y su jinete llevaba un arco, y se le colocó una corona sobre la cabeza. Salió cabalgando para ganar muchas batallas y obtener la victoria.

[3] Cuando el Cordero rompió el segundo sello, oí que el segundo ser viviente decía: «¡Ven!». [4] Entonces apareció otro caballo, de color rojo. Al jinete se le dio una gran espada y la autoridad para quitar la paz de la tierra. Y hubo guerra y masacre por todas partes.

[5] Cuando el Cordero rompió el tercer sello, oí que el tercer ser viviente decía: «¡Ven!». Levanté la vista y vi un caballo negro, y el jinete llevaba una balanza en la mano. [6] Y oí una voz que salió de entre los cuatro seres vivientes decía: «Un pan de trigo o tres panes de cebada costarán el salario de un día.* Y no desperdicies* el aceite de oliva y el vino».

5:1 O libro; también en 5:2, 3, 4, 5, 7, 8, 9.   5:5 En griego la raíz de David. Ver Is 11:10.   5:6 En griego que son los siete espíritus.   5:10 Algunos manuscritos dicen ellos están reinando.   6:1 O libro.   6:6a En griego un choinix [un litro o un cuarto de galón] de trigo por un denario y tres choinix de cebada por un denario. Un denario era equivalente al salario de un trabajador por un día completo de trabajo.   6:6b O dañes.

Piedras angulares
¿CÓMO SERÁ LA VIDA EN EL CIELO?
Lee APOCALIPSIS 7:13-17

El apóstol Pablo tuvo un anticipo del cielo por medio de una visión. Escribió acerca de esta experiencia en 2 Corintios 12:2-4, y dijo: «Fui llevado al paraíso». La palabra *paraíso* significa literalmente «el jardín de un rey, lleno de toda clase de frutas y de flores». Este pasaje de la Escritura nos muestra cuatro aspectos de la vida que viviremos en ese maravilloso lugar llamado paraíso.

1. Viviremos una vida sin temor ni preocupación. El cielo es un lugar de refugio (versículo 15). No habrá miedo. No habrán rejas en las ventanas ni crimen en las calles ni cualquier otro tipo de violencia. Dios será nuestro refugio.

2. Viviremos una vida sin necesidades. El cielo es un lugar completamente abastecido (versículo 16). El hambre y la sed no serán parte de nuestro vocabulario. Esto es porque el Señor nos alimentará y saciará nuestra sed.

3. Viviremos una vida sin dolor. El cielo es un lugar de bienestar y consuelo (versículo 16). La Biblia dice que en el cielo «no habrá más muerte ni tristeza ni llanto ni dolor» (Apocalipsis 21:4). Nuestros cuerpos celestiales no estarán sujetos a enfermedades, dolores ni males como los que conocemos tan bien aquí en la tierra.

4. Viviremos una vida sin tristeza. El cielo es un lugar de gozo (versículo 17). Estar en la presencia de Dios será una experiencia maravillosa y alegre. La tristeza no existirá en los cielos porque Dios secará todas nuestras lágrimas.

Podemos estar deseosos de las glorias del cielo, pero una cosa las supera a todas: pasaremos la eternidad con Jesús. Dwight L. Moody escribió una vez: «No son las paredes hechas de joyas ni las puertas de perla lo que hacen atractivo al cielo. Es estar con Dios». Que esta verdad te inspire mientras vives tu vida en la tierra.

Para comenzar el próximo tema, ve a la pág. A26.

---

⁷Cuando el Cordero rompió el cuarto sello, oí que el cuarto ser viviente decía: «¡Ven!». ⁸Levanté la vista y vi un caballo de color verde pálido. El jinete se llamaba Muerte y su compañero era la Tumba.* A estos dos se les dio autoridad sobre una cuarta parte de la tierra, para matar con espada, con hambre y con enfermedad* y con animales salvajes.

⁹Cuando el Cordero rompió el quinto sello, vi debajo del altar las almas de todos los que habían muerto como mártires por causa de la palabra de Dios y por haber sido fieles en su testimonio. ¹⁰Ellos clamaban al Señor y decían: «Oh, Soberano Señor, santo y verdadero, ¿cuánto tiempo hasta que juzgues a la gente de este mundo y tomes venganza de nuestra sangre por lo que nos han hecho?». ¹¹Entonces a cada uno de ellos se le dio una túnica blanca, y se les dijo que descansaran un poco más hasta que se completara el número de sus hermanos, los consiervos de Jesús que se unirían a ellos después de morir como mártires.

¹²Mientras yo miraba, el Cordero rompió el sexto sello, y hubo un gran terremoto. El sol se volvió tan oscuro como tela negra, y la luna se volvió tan roja como la sangre. ¹³Entonces las estrellas del cielo cayeron sobre la tierra como los higos verdes que caen de un árbol cuando es sacudido por el fuerte viento. ¹⁴El cielo fue enrollado como un pergamino, y todas las montañas y las islas fueron movidas de su lugar.

¹⁵Entonces todo el mundo —los reyes de la tierra, los gobernantes, los generales, los ricos, los poderosos, todo esclavo y hombre libre— se escondió en las cuevas y entre las rocas de las montañas. ¹⁶Y gritaban a las montañas y a las rocas: «Caigan sobre nosotros y escóndannos del rostro de aquél que se sienta en el trono, y de la ira del Cordero; ¹⁷porque ha llegado el gran día de su ira, y ¿quién podrá sobrevivir?».

CAPÍTULO **7**
El pueblo de Dios será protegido
Después vi a cuatro ángeles que estaban de pie en las cuatro esquinas de la tierra. Sujetaban los cuatro vientos para que no soplaran sobre la tierra ni sobre el mar ni sobre ningún árbol. ²Vi a otro ángel que subía del oriente llevando

6:8a En griego *era el Hades.*   6:8b En griego *muerte.*

el sello del Dios viviente. Gritó a los cuatro ángeles que habían recibido poder para dañar la tierra y el mar: [3]«¡Esperen! No hagan daño a la tierra ni al mar ni a los árboles hasta que hayamos puesto el sello de Dios en la frente de sus siervos».

[4]Y oí el número de los que fueron marcados con el sello de Dios. Fueron sellados 144.000 de todas las tribus de Israel:

[5] de la tribu de Judá 12.000
     de la tribu de Rubén 12.000
     de la tribu de Gad 12.000
[6] de la tribu de Aser 12.000
     de la tribu de Neftalí 12.000
     de la tribu de Manasés 12.000
[7] de la tribu de Simeón 12.000
     de la tribu de Leví 12.000
     de la tribu de Isacar 12.000
[8] de la tribu de Zabulón 12.000
     de la tribu de José 12.000
     de la tribu de Benjamín 12.000

Alabanza de la gran multitud

[9]Después de esto vi una enorme multitud de todo pueblo y toda nación, tribu y lengua, que era tan numerosa que nadie podía contarla. Estaban de pie delante del trono y delante del Cordero. Vestían túnicas blancas y tenían en sus manos ramas de palmeras. [10]Y gritaban con gran estruendo:

«¡La salvación viene de nuestro Dios que
    está sentado en el trono
y del Cordero!».

[11]Y todos los ángeles estaban de pie alrededor del trono y alrededor de los ancianos y de los cuatro seres vivientes; y se postraron rostro en tierra delante del trono y adoraron a Dios, [12]cantando:

«¡Amén! ¡La bendición y la gloria y la
    sabiduría
y la acción de gracias y el honor
y el poder y la fuerza pertenecen a nuestro
    Dios
por siempre y para siempre! Amén».

[13]Entonces uno de los veinticuatro ancianos me preguntó:

—¿Quiénes son éstos que están vestidos de blanco? ¿De dónde vienen?

[14]Y yo le contesté:

—Tú eres quien lo sabe, señor.

Entonces él me dijo:

—Éstos son los que muriéron en* la gran tribulación.* Han lavado y blanqueado sus ropas en la sangre del Cordero.

[15]»Por eso están delante del trono de Dios
y le sirven día y noche en su templo.
Y aquél que está sentado en el trono
    les dará refugio.
[16]Nunca más tendrán hambre ni sed;
    nunca más les quemará el calor del sol.
[17]Pues el Cordero que está en el trono*
    será su Pastor.
Él los guiará a manantiales del agua que da
    vida.
Y Dios les secará cada lágrima de sus
    ojos».

CAPÍTULO 8

El Cordero rompe el séptimo sello

Cuando el Cordero rompió el séptimo sello del rollo,* hubo silencio por todo el cielo durante una media hora. [2]Vi a los siete ángeles que están de pie delante de Dios, a los cuales se les dieron siete trompetas.

[3]Entonces vino otro ángel con un recipiente de oro para quemar incienso y se paró ante el altar. Se le dio una gran cantidad de incienso para mezclarlo con las oraciones del pueblo de Dios como una ofrenda sobre el altar de oro delante del trono. [4]El humo del incienso, mezclado con las oraciones del pueblo santo de Dios, subió hasta la presencia de Dios desde el altar donde el ángel lo había derramado. [5]Entonces el ángel llenó el recipiente para quemar incienso con fuego del altar y lo lanzó sobre la tierra; y hubo truenos con gran estruendo, relámpagos y un gran terremoto.

Las primeras cuatro trompetas

[6]Entonces los siete ángeles con las siete trompetas se prepararon para hacerlas sonar.

[7]El primer ángel tocó su trompeta, y granizo y fuego mezclados con sangre fueron lanzados sobre la tierra. Se incendió la tercera parte de la tierra, y se quemó la tercera parte de los árboles y toda la hierba verde.

[8]Entonces el segundo ángel tocó su trompeta, y una gran montaña de fuego fue lanzada al mar. La tercera parte de las aguas del mar se convirtió en sangre, [9]y murió la tercera parte de todos los seres que viven en el mar, también fue destruida la tercera parte de todos los barcos.

[10]Entonces el tercer ángel tocó su trompeta, y una gran estrella cayó del cielo, ardiendo como una antorcha. Cayó sobre una tercera parte de los ríos y sobre los manantiales de agua. [11]El nombre de la estrella era Amargura.* Hizo que la tercera parte de las aguas se volviera amarga, y mucha gente murió por beber de esa agua amarga.

[12]Entonces el cuarto ángel tocó su trompeta,

7:14a En griego *salieron de.*   7:14b O *el gran sufrimiento.*   7:17 En griego *en el centro del trono.*   8:1 O *libro.*   8:11 En griego *Ajenjo.*

y se dañó la tercera parte del sol y la tercera parte de la luna y la tercera parte de las estrellas, y se oscurecieron. Así que la tercera parte del día quedó sin luz, y también la tercera parte de la noche.

[13] Entonces miré, y oí la voz de un águila que cruzaba los cielos gritando fuerte: «¡Terror, terror, terror para todos los habitantes de este mundo por lo que vendrá cuando los últimos tres ángeles toquen sus trompetas!».

CAPÍTULO 9

La quinta trompeta trae el primer terror

Entonces el quinto ángel tocó su trompeta, y vi una estrella que había caído del cielo a la tierra, y a la estrella se le dio la llave del pozo del abismo sin fondo.* [2] Cuando lo abrió, salió humo como si fuera de un gran horno, y la luz del sol y el aire se oscurecieron debido al humo.

[3] Entonces del humo salieron langostas y descendieron sobre la tierra, y se les dio poder para picar como escorpiones. [4] Se le ordenó que no dañaran la hierba ni las plantas ni los árboles, sino solamente a las personas que no tuvieran el sello de Dios en la frente. [5] Se les ordenó que no las mataran, sino que las torturaran durante cinco meses con un dolor similar al dolor que causa la picadura del escorpión. [6] Durante esos días, las personas buscarán la muerte, pero no la encontrarán; desearán morir, ¡pero la muerte escapará de ellas!

[7] Las langostas parecían caballos preparados para la batalla. Llevaban lo que parecían coronas de oro sobre la cabeza, y las caras parecían humanas. [8] Su cabello era como el de una mujer, y tenían dientes como los del león. [9] Llevaban puestas armaduras de hierro, y sus alas rugían como un ejército de carros de guerra que se apresura a la batalla. [10] Tenían colas que picaban como escorpiones, y durante cinco meses tuvieron el poder para atormentar a la gente. [11] Su rey es el ángel del abismo sin fondo; su nombre —el Destructor— en hebreo es *Abadón* y en griego es *Apolión*.

[12] El primer terror ya pasó pero, mira, ¡vienen dos terrores más!

La sexta trompeta trae el segundo terror

[13] Entonces el sexto ángel tocó su trompeta, y oí una voz que hablaba desde los cuatro cuernos del altar de oro que está en la presencia de Dios. [14] Y la voz le dijo al sexto ángel, que tenía la trompeta: «Suelta a los cuatro ángeles que están atados en el gran río Éufrates». [15] Entonces los cuatro ángeles que habían sido preparados para esa hora, ese día, ese mes y ese año, fueron desatados para matar a la tercera parte de toda la gente de la tierra. [16] Oí que su ejército estaba

formado por doscientos millones de tropas a caballo.

[17] Así en mi visión, vi los caballos y a los jinetes montados sobre ellos. Los jinetes llevaban puesta una armadura de color rojo fuego, azul oscuro y amarillo. La cabeza de los caballos era como la de un león, y de la boca les salía fuego, humo y azufre ardiente. [18] La tercera parte de toda la gente de la tierra murió a causa de estas tres plagas: el fuego, el humo y el azufre ardiente que salían de la boca de los caballos. [19] El poder de estos caballos estaba en la boca y en la cola, pues sus colas tenían cabezas como de serpiente, con el poder para herir a la gente.

[20] Sin embargo, los que no murieron en esas plagas aun así rehusaron arrepentirse de sus malas acciones y volverse a Dios. Siguieron rindiendo culto a demonios y a ídolos hechos de oro, plata, bronce, piedra y madera, ¡ídolos que no pueden ni ver ni oír ni caminar! [21] Esa gente no se arrepintió de sus asesinatos ni de su brujería ni de su inmoralidad sexual ni de sus robos.

CAPÍTULO 10

El ángel y el rollo pequeño

Entonces vi a otro ángel poderoso que descendía del cielo envuelto en una nube con un arco iris sobre su cabeza. Su cara brillaba como el sol, y sus pies eran como columnas de fuego. [2] En la mano tenía un rollo* pequeño que había sido abierto. Se paró con el pie derecho sobre el mar y el pie izquierdo sobre la tierra, [3] y dio un fuerte grito, como el rugido de un león. Y cuando gritó, los siete truenos respondieron. [4] Cuando hablaron los siete truenos, yo estuve a punto de escribir, pero oí una voz del cielo que decía: «Guarda en secreto* lo que los siete truenos dijeron y no lo escribas».

[5] Entonces el ángel que vi de pie sobre el mar y sobre la tierra levantó la mano derecha hacia el cielo. [6] Hizo un juramento en el nombre de aquél que vive por siempre y para siempre, quien creó los cielos y todo lo que hay en ellos, la tierra y todo lo que hay en ella, y el mar y todo lo que hay en él. El ángel dijo: «Ya no habrá más demora. [7] Cuando el séptimo ángel toque su trompeta, el misterioso plan de Dios se cumplirá. Sucederá tal como él lo anunció a sus siervos los profetas».

[8] Después la voz del cielo me habló de nuevo: «Ve y toma el rollo abierto de la mano del ángel, que está de pie sobre el mar y sobre la tierra».

[9] Así que, me acerqué al ángel y le dije que me diera el pequeño rollo. Él me dijo: «Sí, tómalo y cómelo. Será dulce como la miel en tu boca, ¡pero se volverá amargo en tu estómago!». [10] Entonces tomé el pequeño rollo de la mano

9:1 O *el abismo*, o *el averno*; también en 9:11.   **10:2** O *libro*; también en 10:8, 9, 10.   **10:4** En griego *Sella*.

del ángel, ¡y me lo comí! Fue dulce en mi boca pero, cuando lo tragué, se volvió amargo en mi estómago.

¹¹Entonces me fue dicho: «Tienes que volver a profetizar sobre muchos pueblos, naciones, lenguas y reyes».

CAPÍTULO **11**

Los dos testigos

Luego se me dio una vara para medir y se me dijo: «Ve y mide el templo de Dios y el altar, y cuenta el número de adoradores. ²Pero no midas el patio exterior porque ha sido entregado a las naciones, las cuales pisotearán la ciudad santa durante cuarenta y dos meses. ³Mientras tanto yo daré poder a mis dos testigos, y ellos se vestirán de tela áspera y profetizarán durante esos 1260 días».

⁴Estos dos profetas son los dos olivos y los dos candelabros que están delante del Señor de toda la tierra. ⁵Si alguien trata de hacerles daño, sale fuego de sus bocas y consume a sus enemigos. Así debe morir cualquiera que intente hacerles daño. ⁶Ellos tienen el poder de cerrar los cielos para que no llueva durante el tiempo que profeticen. También tienen el poder de convertir los ríos y los mares en sangre, y de azotar la tierra cuantas veces quieran con toda clase de plagas.

⁷Cuando los testigos hayan terminado de dar su testimonio, la bestia que sube del abismo sin fondo* declarará la guerra contra ellos, los conquistará y los matará. ⁸Y sus cuerpos quedarán tendidos en la calle principal de Jerusalén,* la ciudad que simbólicamente se llama «Sodoma» y «Egipto», la ciudad en la cual su Señor fue crucificado. ⁹Y durante tres días y medio, todos los pueblos y todas las tribus, lenguas y naciones se quedarán mirando los cadáveres. A nadie se le permitirá enterrarlos. ¹⁰Los que pertenecen a este mundo se alegrarán y se harán regalos unos a otros para celebrar la muerte de los dos profetas que los habían atormentado.

¹¹Pero después de tres días y medio, Dios sopló vida en ellos, y ¡se pusieron de pie! El terror se apoderó de todos los que estaban mirándolos. ¹²Luego una fuerte voz del cielo llamó a los dos profetas: «¡Suban aquí!». Entonces ellos subieron al cielo en una nube mientras sus enemigos los veían.

¹³En ese mismo momento, hubo un gran terremoto que destruyó la décima parte de la ciudad. Murieron siete mil personas en el terremoto, y todos los demás quedaron aterrorizados y le dieron la gloria al Dios del cielo.

¹⁴El segundo terror ya pasó pero, mira, el tercer terror viene pronto.

La séptima trompeta trae el tercer terror

¹⁵Entonces el séptimo ángel tocó su trompeta, y hubo fuertes voces que gritaban en el cielo:

«Ahora el mundo ya es el reino de nuestro
    Señor y de su Cristo,*
y él reinará por siempre y para siempre».

¹⁶Los veinticuatro ancianos que estaban sentados en sus tronos delante de Dios se postraron rostro en tierra y lo adoraron, ¹⁷diciendo:

«Te damos gracias, Señor Dios, el
    Todopoderoso,
el que es y que siempre fue,
porque ahora has tomado tu gran poder
    y has comenzado a reinar.
¹⁸Las naciones se llenaron de ira,
    pero ahora el tiempo de tu ira ha llegado.
Es tiempo de juzgar a los muertos
    y de recompensar a tus siervos, los
        profetas,
    y también a tu pueblo santo
y a todos los que temen tu nombre,
    desde el menos importante hasta el más
        importante.
Es tiempo de destruir
    a todos los que han causado destrucción
        en la tierra».

¹⁹Después se abrió en el cielo el templo de Dios, y el arca de su pacto podía verse dentro del templo. Salieron relámpagos, rugieron truenos y estruendos, y hubo un terremoto y una fuerte tormenta de granizo.

CAPÍTULO **12**

La mujer y el dragón

Entonces fui testigo de un suceso de gran importancia en el cielo. Vi a una mujer vestida del sol, con la luna debajo de los pies y una corona de doce estrellas sobre la cabeza. ²Estaba embarazada y gritaba a causa de los dolores de parto y de la agonía de dar a luz.

³Luego fui testigo de otro suceso importante en el cielo. Vi a un gran dragón rojo con siete cabezas y diez cuernos, y una corona en cada cabeza. ⁴Con la cola arrastró la tercera parte de las estrellas en el cielo y las arrojó a la tierra. Cuando la mujer estaba a punto de dar a luz, el dragón se paró delante de ella, listo para devorar al bebé en cuanto naciera.

⁵Ella dio a luz a un hijo que gobernaría a todas las naciones con vara de hierro. Al dragón le arrebataron el hijo y lo llevaron hasta Dios y su trono. ⁶Y la mujer huyó al desierto, donde Dios había preparado un lugar para que la cuidaran durante 1260 días.

⁷Entonces hubo guerra en el cielo. Miguel y sus ángeles lucharon contra el dragón y sus

---

11:7 O *el abismo*, o *el averno.*   **11:8** En griego *la gran ciudad.*   **11:15** O *su Mesías.*

Piedras angulares

¿QUIÉN PUEDE FRUSTRAR LOS PLANES DE SATANÁS?
Lee APOCALIPSIS 12:10-12

Dios usa a sus fieles seguidores para arruinar los planes de Satanás. Aquí hay tres maneras significativas de cómo los mártires del evangelio vencieron los ataques de Satanás:

1. Ellos lo vencieron por la sangre del Cordero. La Biblia dice: «sin derramamiento de sangre no hay perdón» (Hebreos 9:22). Es sólo a través de lo que Jesús hizo por nosotros en la cruz que podemos llegar a Dios. Estas personas sabían que nunca podrían alcanzar el cielo o vencer las acusaciones de Satanás por sus propios méritos o habilidades. Sabían que no cumplían la exigencia de Dios, pero también sabían que «la sangre de Jesús, su Hijo, nos limpia de todo pecado» (1 Juan 1:7).

2. Ellos lo vencieron por su testimonio. Los creyentes descritos en estos versículos llegaron a comprender lo que Dios había hecho por ellos, y así lo proclamaron a otros. No sólo comprendieron que tenían acceso incondicional a Dios, sino que también sabían que «invadir el territorio enemigo» era alcanzar a otros con el mensaje del evangelio.

3. Ellos lo vencieron por su actitud hacia la vida. Estos creyentes amaron más a Cristo que a su propia vida. Soportaron el martirio por su fe porque sabían que una vida mejor los esperaba con Cristo en los cielos. Como dijo el apóstol Pablo: «para mí, vivir significa vivir para Cristo y morir es aún mejor» (Filipenses 1:21).

La historia relata el caso de un creyente que fue perseguido por Roma a causa de su fe. Cuando estuvo delante del emperador, éste le dijo: —Renuncia a tu Cristo o te voy a desterrar.

El cristiano respondió: —Tú no puedes desterrarme de Cristo, porque Dios dice: "Nunca te dejaré ni te desampararé".

El emperador le dijo: —Voy a confiscar tu propiedad.

El cristiano respondió pacientemente: —Mis tesoros están en los cielos, tú no puedes tocarlos.

El emperador gritó: —¡Voy a matarte!

El cristiano respondió: —He estado muerto para el mundo desde hace cuarenta años. Mi vida está escondida con Cristo en Dios. Tú no puedes tocarla.

El emperador se volvió a algunos miembros de su corte y dijo con rabia: —¿Qué podemos hacer con un fanático como éste?

Que el Señor le dé a la iglesia más cristianos así.

Para comenzar el próximo tema, ve a la pág. A24.

ángeles. ⁸El dragón perdió la batalla y él y sus ángeles fueron expulsados del cielo. ⁹Este gran dragón —la serpiente antigua llamada diablo o Satanás, el que engaña al mundo entero— fue lanzado a la tierra junto con todos sus ángeles.

¹⁰Luego oí una fuerte voz que resonaba por todo el cielo:

«Por fin han llegado
la salvación y el poder,
el reino de nuestro Dios,
y la autoridad de su Cristo.*
Pues el acusador de nuestros hermanos
—el que los acusa delante de nuestro
Dios día y noche—
ha sido lanzado a la tierra.

12:10 O *su Mesías.*

¹¹ Ellos lo han vencido por medio de la sangre del Cordero
y por el testimonio que dieron.
Y no amaron tanto la vida
como para tenerle miedo a la muerte.
¹² Por lo tanto, ¡alégrense, oh cielos!
¡Y alégrense, ustedes, los que viven en los cielos!
Pero el terror vendrá sobre la tierra y el mar,
pues el diablo ha descendido a ustedes
con gran furia,
porque sabe que le queda poco tiempo».

¹³Cuando el dragón se dio cuenta de que había sido lanzado a la tierra, persiguió a la mujer que había dado a luz al hijo varón; ¹⁴pero a ella se le dieron dos alas como las de una gran

águila para que pudiera volar al lugar que se había preparado para ella en el desierto. Allí sería cuidada y protegida lejos del dragón* durante un tiempo, tiempos y la mitad de un tiempo. ¹⁵ Luego el dragón trató de ahogar a la mujer con un torrente de agua que salía de su boca.

¹⁶ Pero entonces la tierra ayudó a la mujer y abrió la boca y tragó el río que brotaba de la boca del dragón. ¹⁷ Y el dragón se enfureció contra la mujer y le declaró la guerra al resto de sus hijos, a todos los que obedecen los mandamientos de Dios y se mantienen firmes en su testimonio de Jesús. ¹⁸ Entonces el dragón se plantó* a la orilla junto al mar.

CAPÍTULO **13**

La bestia que sale del mar

Después vi a una bestia que subía del mar. Tenía siete cabezas y diez cuernos, y una corona en cada cuerno; y escrito en cada cabeza había nombres que blasfemaban a Dios. ² Esta bestia se parecía a un leopardo, ¡pero tenía las patas de un oso y la boca de un león! Y el dragón le dio a la bestia su propio poder y trono y gran autoridad.

³ Vi que una de las cabezas de la bestia parecía estar herida de muerte, pero ¡la herida mortal sanó! Todo el mundo se maravilló de este milagro y dio lealtad a la bestia. ⁴ Adoraron al dragón por haberle dado semejante poder a la bestia y también adoraron a la bestia. «¿Quién es tan grande como la bestia? —exclamaban—, ¿quién puede luchar contra ella?».

⁵ A la bestia se le permitió decir grandes blasfemias contra Dios, y se le dio autoridad para hacer todo lo que quisiera durante cuarenta y dos meses. ⁶ Y abrió la boca con terribles blasfemias contra Dios, maldiciendo su nombre y su habitación, es decir a los que habitan en el cielo.* ⁷ Además se le permitió a la bestia hacer guerra contra el pueblo santo de Dios y conquistarlo; y se le dio autoridad para gobernar sobre todo pueblo y toda tribu, lengua y nación. ⁸ Y adoraron a la bestia todos los que pertenecen a este mundo cuyos nombres no estaban escritos en el Libro de la Vida antes de la creación del mundo, el libro que le pertenece al Cordero, que fue sacrificado.*

⁹ Todo el que tenga oídos para oír
    debe escuchar y entender.
¹⁰ Todo el que esté destinado a la cárcel,
    a la cárcel será llevado.

Todo el que esté destinado a morir a
    espada,
    morirá a filo de espada.

Esto significa que el pueblo de Dios tiene que soportar la persecución con paciencia y permanecer fiel.

La bestia que sale de la tierra

¹¹ Luego vi a otra bestia; ésta salía de la tierra. Tenía dos cuernos como los de un cordero, pero hablaba con la voz de un dragón. ¹² Ejercía toda la autoridad de la primera bestia y exigía que toda la tierra y sus habitantes adoraran a la primera bestia, la que se había recuperado de su herida mortal. ¹³ Hacía milagros asombrosos, incluso que cayera fuego del cielo a la tierra mientras todos observaban. ¹⁴ Con los milagros que se le permitió hacer en nombre de la primera bestia, engañó a todos los que pertenecen a este mundo. Les ordenó que hicieran una gran estatua de la primera bestia, la que estaba herida de muerte y después volvió a la vida. ¹⁵ Luego se le permitió dar vida a esa estatua para que pudiera hablar. Entonces la estatua de la bestia ordenó que todo el que se negara a adorarla debía morir.

¹⁶ Además exigió que a todos —pequeños y grandes; ricos y pobres; libres y esclavos— se les pusiera una marca en la mano derecha o en la frente. ¹⁷ Y nadie podía comprar ni vender nada sin tener esa marca, que era el nombre de la bestia o bien el número que representa su nombre. ¹⁸ Aquí se requiere sabiduría. El que tenga entendimiento, que resuelva el significado del número de la bestia, porque es el número de un hombre.* Su número es 666.*

CAPÍTULO **14**

El Cordero y los 144.000

Luego vi al Cordero de pie sobre el monte Sión, y con él había 144.000 que tenían el nombre del Cordero y el de su Padre escrito en la frente. ² Y oí un sonido que venía del cielo, era como el rugido de grandes olas del mar o el retumbar de fuertes truenos. Parecía el sonido de muchos arpistas tocando sus arpas juntos.

³ Ese gran coro entonaba un nuevo canto maravilloso delante del trono de Dios y delante de los cuatro seres vivientes y los veinticuatro ancianos. Nadie podía aprender ese canto aparte de los 144.000 que habían sido rescatados de la tierra. ⁴ Ellos se han mantenido tan puros como vírgenes,* y son los que siguen al Cordero dondequiera que va. Han sido comprados

---

12:14 En griego *de la serpiente*; también en 12:15. Ver 12:9.   12:18 En griego *Entonces él se plantó*; algunos manuscritos dicen *Entonces me planté*. Algunas traducciones incluyen todo este versículo en el 13:1.   13:6 Algunos manuscritos dicen *y su habitación y a todos los que viven en el cielo*.   13:8 O *no estaban escritos en el Libro de la Vida que pertenece al Cordero, que fue sacrificado antes de la creación del mundo*.   13:18a O *de la humanidad*.   13:18b Algunos manuscritos dicen *616*.
14:4a En griego *Ellos son vírgenes que no se han contaminado con mujeres*.

Piedras angulares

¿QUÉ FUNCIÓN DESEMPEÑARÁN LOS ÁNGELES EN LOS ÚLTIMOS TIEMPOS?

Lee APOCALIPSIS 14:6-7

La Biblia nos dice que los últimos tiempos estarán llenos de tinieblas espirituales. Mucha gente será engañada por creer «enseñanzas que provienen de demonios» (lee 1 Timoteo 4:1, pág. 279), y la gente se volverá extremadamente perversa, orgullosa y desobediente (lee 2 Timoteo 3:1-5, pág. 285). Vemos que estas cosas ya están sucediendo. Hay una nueva demanda por videntes, una creciente violencia en las calles y una falta absoluta de valores en las diversiones.

Este pasaje muestra que durante la Tribulación, que es generalmente reconocida como los últimos siete años en la tierra antes del regreso de Cristo, los demonios no serán los únicos que estarán activos en la tierra. Los ángeles de Dios volarán por los cielos predicando el evangelio eterno para asegurar que cada ser humano esté advertido del juicio inminente de Dios. Será el último «¡Despierten!» que se diga a la gente para que se vuelvan a Jesucristo.

Para comenzar el próximo tema, ve a la pág. A25.

---

de entre los pueblos de la tierra como ofrenda especial* para Dios y para el Cordero. ⁵Ellos no han dicho mentiras y son intachables.

Los tres ángeles

⁶Y vi a otro ángel, que volaba por el cielo y llevaba la eterna Buena Noticia para proclamarla a los que pertenecen a este mundo: a todo pueblo y toda nación, tribu y lengua. ⁷«Teman a Dios —gritaba—. Denle gloria a él, porque ha llegado el tiempo en que ocupe su lugar como juez. Adoren al que hizo los cielos, la tierra, el mar y todos los manantiales de agua».

⁸Luego otro ángel lo siguió por el cielo mientras gritaba: «Babilonia ha caído —cayó esa gran ciudad— porque hizo que todas las naciones del mundo bebieran el vino de su apasionada inmoralidad».

⁹Después un tercer ángel los siguió mientras gritaba: «Todo el que adore a la bestia y a su estatua o acepte su marca en la frente o en la mano ¹⁰tendrá que beber el vino de la ira de Dios, que se ha servido sin diluir en la copa del furor de Dios. Ellos serán atormentados con fuego y azufre ardiente en presencia de los ángeles santos y del Cordero. ¹¹El humo de su tormento subirá por siempre jamás, y no tendrán alivio ni de día ni de noche, porque adoraron a la bestia y a su estatua y aceptaron la marca de su nombre».

¹²Esto significa que el pueblo de Dios tiene que soportar la persecución con paciencia, obedeciendo sus mandamientos y manteniendo la fe en Jesús.

¹³Y oí una voz del cielo que decía: «Escribe lo siguiente: benditos son los que de ahora en adelante mueran en el Señor. El Espíritu dice: "Sí, ellos son en verdad benditos, porque descansarán de su arduo trabajo, ¡pues sus buenas acciones los siguen!"».

La cosecha de la tierra

¹⁴Entonces vi una nube blanca y sentado en la nube estaba alguien parecido al Hijo del Hombre.* Tenía una corona de oro en la cabeza y en la mano una hoz afilada. ¹⁵Entonces vino otro ángel desde el templo y le gritó al que estaba sentado en la nube: «Da rienda suelta a la hoz, porque ha llegado el tiempo para cosechar; ya está madura la cosecha en la tierra». ¹⁶Y el que estaba sentado en la nube pasó la hoz sobre la tierra, y toda la tierra fue cosechada.

¹⁷Después vino otro ángel desde el templo que está en el cielo, y él también tenía una hoz afilada. ¹⁸Luego otro ángel, que tenía poder para destruir con fuego, vino desde el altar y le gritó al ángel que tenía la hoz afilada: «Pasa ahora tu hoz y junta los racimos de los viñedos de la tierra, porque las uvas ya están maduras para el juicio». ¹⁹Así que el ángel pasó su hoz sobre la tierra y echó las uvas en el gran lagar de la ira de Dios. ²⁰Las uvas fueron pisadas en el lagar fuera de la ciudad, y del lagar brotó un río de sangre de unos trescientos kilómetros* de largo y de una altura que llegaba a los frenos de un caballo.

CAPÍTULO 15

El canto de Moisés y del Cordero

Luego vi en el cielo otro maravilloso suceso de gran importancia. Siete ángeles sostenían las

---

14:4b En griego *como primicias.*   **14:14** O *semejante a un hijo de hombre.* Ver Dn 7:13. «Hijo del Hombre» es un título que Jesús empleaba para referirse a sí mismo.   **14:20** En griego *1600 estadios* [296 kilómetros ó 180 millas].

últimas siete plagas, que completarían la ira de Dios. ²Vi delante de mí algo que parecía un mar de cristal mezclado con fuego. Sobre este mar estaban de pie todos los que habían vencido a la bestia, a su estatua y al número que representa su nombre. Todos tenían arpas que Dios les había dado ³y entonaban el canto de Moisés, siervo de Dios, y el canto del Cordero:

«Grandes y maravillosas son tus obras,
oh, Señor Dios, el Todopoderoso.
Justos y verdaderos son tus caminos,
oh, Rey de las naciones.*
⁴ ¿Quién no te temerá, Señor,
y glorificará tu nombre?
Pues sólo tú eres santo.
Todas las naciones vendrán y adorarán
delante de ti,
porque tus obras de justicia han sido
reveladas».

Las siete copas de las siete plagas
⁵Luego miré y vi que se abría por completo el templo que está en el cielo, el tabernáculo de Dios. ⁶Los siete ángeles que sostenían las siete plagas salieron del templo. Estaban vestidos de un lino blanco sin mancha alguna* y tenían una banda de oro que cruzaba el pecho. ⁷Entonces uno de los cuatro seres vivientes le entregó a cada uno de los siete ángeles una copa de oro llena de la ira de Dios, quien vive por siempre y para siempre. ⁸El templo se llenó del humo de la gloria y el poder de Dios. Nadie podía entrar en el templo hasta que los siete ángeles terminaran de derramar las siete plagas.

CAPÍTULO **16**
Luego oí una voz potente que venía del templo y decía a los siete ángeles: «Vayan y derramen sobre la tierra las siete copas que contienen la ira de Dios».

²Así que el primer ángel salió del templo y derramó su copa sobre la tierra, y a todos los que tenían la marca de la bestia y que adoraban a su estatua les salieron horribles llagas malignas.

³Después el segundo ángel derramó su copa sobre el mar, y el agua se volvió como la sangre de un cadáver, y murió todo lo que estaba en el mar.

⁴Entonces el tercer ángel derramó su copa sobre los ríos y los manantiales, y éstos se convirtieron en sangre. ⁵Y oí que el ángel que tenía autoridad sobre todas las aguas decía:

«Oh Santo, el que es y que siempre era, tú
eres justo,
porque has enviado estos juicios.
⁶ Como derramaron la sangre
de tu pueblo santo y de tus profetas,
tú les has dado a beber sangre.
Es su justa recompensa».

⁷Y oí una voz que venía del altar y* decía:

«Sí, oh Señor Dios, el Todopoderoso,
tus juicios son verdaderos y justos».

⁸Entonces el cuarto ángel derramó su copa sobre el sol, esto hacía que quemara a todos con su fuego. ⁹Todos sufrieron quemaduras debido a la descarga de calor y maldijeron el nombre de Dios, quien tenía control sobre todas estas plagas. No se arrepintieron de sus pecados ni se volvieron a Dios ni le dieron la gloria.

¹⁰Después el quinto ángel derramó su copa sobre el trono de la bestia, y el reino de la bestia quedó sumergido en la oscuridad. Sus súbditos rechinaban los dientes de angustia ¹¹y maldecían al Dios del cielo por los dolores y las llagas, pero no se arrepintieron de sus malas acciones ni volvieron a Dios.

¹²Luego el sexto ángel derramó su copa sobre el gran río Éufrates, y éste se secó para que los reyes del oriente pudieran marchar con sus ejércitos sin obstáculos hacia el occidente. ¹³Y vi que de la boca del dragón, de la boca de la bestia y de la boca del falso profeta saltaban tres espíritus malignos* que parecían ranas. ¹⁴Éstos son espíritus de demonios que hacen milagros y salen a reunir a todos los gobernantes del mundo para pelear contra el Señor en la batalla del gran día del juicio de Dios, el Todopoderoso.

¹⁵«Miren, ¡Yo vendré como un ladrón, cuando nadie lo espere! Benditos son todos los que me esperan y tienen su ropa lista para no tener que andar desnudos y avergonzados».

¹⁶Y los espíritus de demonios reunieron a todos los gobernantes y a sus ejércitos en un lugar que en hebreo se llama *Armagedón*.*

¹⁷Luego el séptimo ángel derramó su copa en el aire, y desde el trono del templo salió un fuerte grito: «¡Todo ha terminado!». ¹⁸Entonces rugieron y retumbaron truenos, y salieron relámpagos; y se produjo un fuerte terremoto, el peor desde que el hombre fue puesto sobre la tierra. ¹⁹La gran ciudad de Babilonia se partió en tres secciones, y las ciudades de muchas naciones cayeron y quedaron reducidas a escombros. Así que Dios se acordó de todos los pecados de Babilonia, y la hizo beber de la copa que estaba llena del vino del furor de su ira. ²⁰Entonces desapareció toda isla, y

---

15:3 Algunos manuscritos dicen *Rey de los siglos.*   15:6 Otros manuscritos dicen *piedra blanca;* incluso otros dicen *[prendas] blancas hechas de lino.*   16:7 En griego *oí que el altar.*   16:13 En griego *impuros.*   16:16 O *Ar-Magedón.*

las montañas se vinieron abajo y no existieron más. ²¹ Hubo una gran tormenta de granizo, y piedras de granizo, como de treinta y cuatro kilos* cada una, cayeron del cielo sobre las personas. Maldijeron a Dios debido a la terrible plaga de granizo.

CAPÍTULO **17**

La gran prostituta

Uno de los siete ángeles que derramaron las siete copas se me acercó y me dijo: «Ven conmigo, y te mostraré la sentencia que recibirá la gran prostituta, que gobierna* sobre muchas aguas. ² Los reyes del mundo cometieron adulterio con ella, y los que pertenecen a este mundo se emborracharon con el vino de su inmoralidad».

³ Entonces el ángel me llevó en el Espíritu* al desierto. Allí vi a una mujer sentada sobre una bestia de color escarlata que tenía siete cabezas y diez cuernos, y estaba llena de blasfemias escritas contra Dios. ⁴ La mujer estaba vestida de púrpura y escarlata y llevaba puestas hermosas joyas de oro, piedras preciosas y perlas. En la mano tenía una copa de oro llena de obscenidades y de las inmundicias de su inmoralidad. ⁵ Tenía escrito en la frente un nombre misterioso: Babilonia la grande, madre de todas las prostitutas y obscenidades del mundo. ⁶ Pude ver que ella estaba borracha, borracha de la sangre del pueblo santo de Dios, es decir los que testificaron de Jesús. Me quedé mirándola totalmente asombrado.

⁷ «¿Por qué te asombras tanto? —preguntó el ángel—. Te explicaré el misterio de esta mujer y de la bestia con siete cabezas y diez cuernos sobre la que ella está sentada. ⁸ La bestia que viste, antes vivía pero ya no. Sin embargo, pronto subirá del abismo sin fondo* e irá a la destrucción eterna. Los que pertenecen a este mundo cuyos nombres no fueron escritos en el Libro de la Vida antes de la creación del mundo, se asombrarán al ver la reaparición de esta bestia, que había muerto.

⁹ »Aquí se requiere una mente con entendimiento: Las siete cabezas de la bestia representan las siete colinas donde la mujer gobierna. También representan siete reyes: ¹⁰ Cinco reyes ya han caído, el sexto reina actualmente, y el séptimo todavía no ha llegado pero su reino será breve.

¹¹ »La bestia escarlata que existía pero que ya no existe es el octavo rey. Este rey es como los otros siete, y él también va rumbo a la destrucción. ¹² Los diez cuernos de la bestia son diez reyes que todavía no han subido al poder; pero éstos serán designados como reyes por un breve momento para reinar junto con la bestia. ¹³ Los diez estarán de acuerdo en entregarle a la bestia el poder y la autoridad que tienen. ¹⁴ Irán juntos a la guerra contra el Cordero, pero el Cordero los derrotará porque él es el Señor de todos los señores y el Rey de todos los reyes. Y los que él ha llamado y elegido y le son fieles, estarán con él».

¹⁵ Luego el ángel me dijo: «Las aguas donde la prostituta gobierna representan grandes multitudes de cada nación y lengua. ¹⁶ Tanto la bestia escarlata como sus diez cuernos odian a la prostituta. La desnudarán, comerán su carne y quemarán con fuego lo que quede de ella. ¹⁷ Pues Dios les ha puesto un plan en la mente, un plan que llevará a cabo los propósitos de Dios. Ellos estarán de acuerdo en entregarle a la bestia escarlata la autoridad que tienen, y así se cumplirán las palabras de Dios. ¹⁸ La mujer que viste en la visión representa la gran ciudad que reina sobre los reyes del mundo».

CAPÍTULO **18**

La caída de Babilonia

Después de todo esto vi que otro ángel bajaba del cielo con gran autoridad, y la tierra se iluminó con su resplandor. ² Dio un fuerte grito:

«¡Ha caído Babilonia, cayó esa gran ciudad!
    Se ha convertido en una casa para los
        demonios.
Es una guarida para todo espíritu
        inmundo*,
    un nido para todo buitre repugnante
    y una cueva para todo animal* sucio y
        espantoso.
³ Pues todas las naciones han caído*
    debido al vino de su apasionada
        inmoralidad.
Los reyes del mundo
    cometieron adulterio con ella.
Debido a su deseo por lujos excesivos,
    los comerciantes del mundo se han
        enriquecido».

⁴ Después oí otra voz que clamaba desde el cielo:

«Pueblo mío, salgan de ella.
    No participen en sus pecados
    o serán castigados junto con ella.
⁵ Pues sus pecados se han amontonado hasta
        el cielo,
    y Dios se acuerda de sus maldades.

16:21 En griego *un talento* [75 libras].   **17:1** En griego *está sentada;* también en 17:9, 15.   **17:3** O *en espíritu.*   **17:8** O el *abismo,* o el *averno.*   **18:2a** En griego *impuro;* igual en las dos frases siguientes donde aparecen las palabras *repugnante* y *sucio.*   **18:2b** Algunos manuscritos condensan las últimas dos líneas y dicen *un nido para todo tipo de buitres sucios* (impuros) y espantosos.   **18:3** Algunos manuscritos dicen *han bebido.*

⁶ Háganle a ella lo que ella les ha hecho a
    otros.
  Denle doble castigo por* todas sus
    maldades.
  Ella preparó una copa de terror para otros,
    así que, preparen el doble* para ella.
⁷ Ella se glorificó a sí misma y vivió rodeada
    de lujos,
  ahora denle la misma proporción de
    tormento y tristeza.
  Ella se jactó en su corazón, diciendo:
    "Soy reina en mi trono.
  No soy ninguna viuda indefensa
    ni tengo motivos para lamentarme".
⁸ Por lo tanto, estas plagas le llegarán en un
    solo día:
    la muerte, el lamento y el hambre.
  Ella será totalmente consumida por el fuego,
    porque el Señor Dios, quien la juzga, es
    poderoso».

⁹ Y los reyes del mundo que cometieron adulterio con ella y disfrutaron de todos sus lujos, se
lamentarán por ella cuando vean el humo que
sube de sus restos carbonizados. ¹⁰Aterroriza-
dos por su gran tormento, los reyes del mundo
se mantendrán a distancia y clamarán:

  «¡Qué terrible, qué terrible para ti,
    oh Babilonia, tú, gran ciudad!
  En un solo instante
    el juicio de Dios cayó sobre ti».

¹¹ Los comerciantes del mundo llorarán y se
lamentarán por ella, porque ya no queda nadie
que les compre sus mercaderías. ¹²Ella compró
grandes cantidades de oro, plata, joyas y perlas;
lino de la más alta calidad, púrpura, seda y tela
de color escarlata; objetos hechos con la fragante madera de alerce, artículos de marfil y
objetos hechos con madera costosa; y bronce,
hierro y mármol. ¹³ También compró canela,
especias, especias aromáticas, mirra, incienso,
vino, aceite de oliva, harina refinada, trigo, ganado, ovejas, caballos, carruajes, y cuerpos, es
decir esclavos humanos.

¹⁴ «De las delicias que tanto amabas
    ya no queda nada —claman los
    comerciantes—.
  Todos tus lujos y el esplendor
    se han ido para siempre
    y ya nunca serán tuyos de nuevo».

¹⁵ Los comerciantes que se enriquecieron
vendiéndole esas cosas, se mantendrán a distancia, aterrados por el gran tormento de ella.
Llorarán y clamarán:

¹⁶ «¡Qué terrible, qué terrible para esa gran
    ciudad!

¡Ella se vestía de púrpura de la más alta
    calidad y linos escarlata,
  adornada con oro, piedras preciosas y
    perlas!
¹⁷ ¡En un solo instante,
    toda la riqueza de la ciudad se esfumó!».

Y todos los capitanes de los barcos mercan-
tes y los pasajeros, los marineros y las tripu-
laciones se mantendrán a distancia. ¹⁸ Todos
clamarán cuando vean subir el humo y dirán:
«¿Dónde habrá una ciudad de tanta grandeza
como ésta?». ¹⁹ Y llorarán y echarán tierra sobre
su cabeza para mostrar su dolor y clamarán:

  «¡Qué terrible, qué terrible para esa gran
    ciudad!
  Los dueños de barcos se hicieron ricos
    transportando por los mares la gran
    riqueza de ella.
  En un solo instante, se esfumó todo».

²⁰ ¡Oh cielo, alégrate del destino de ella,
    y también ustedes pueblo de Dios,
    apóstoles y profetas!
  Pues al fin Dios la ha juzgado
    por amor a ustedes.

²¹ Luego un ángel poderoso levantó una roca
inmensa del tamaño de una gran piedra de molino, la lanzó al mar y gritó:

  «Así es como la gran ciudad de Babilonia
    será derribada con violencia
    y nunca más se encontrará.
²² Nunca más se oirá en ti el sonido de las
    arpas, los cantantes, las flautas y las
    trompetas.
  No se encontrará en ti
    ni artesanos ni comercio,
  ni se volverá a oír
    el sonido del molino.
²³ Nunca más brillará en ti
    la luz de una lámpara
  ni se oirán las felices voces
    de los novios y las novias.
  Pues tus comerciantes eran los grandes del
    mundo,
    y tú engañaste a las naciones con tus
    hechicerías.
²⁴ La sangre de los profetas y del pueblo santo
    de Dios corrió en tus calles,*
  junto con la sangre de gente masacrada
    por todo el mundo».

CAPÍTULO **19**
Cantos de victoria en el cielo
Después de esto, oí algo en el cielo que parecía
las voces de una inmensa multitud que gritaba:

18:6a O *Denle un castigo igual a.*   18:6b O *preparen la misma cantidad.*   18:24 En griego *las calles de ella.*

Piedras angulares

¿QUIÉNES IRÁN AL INFIERNO?

Lee APOCALIPSIS 20:11-15

El suceso descrito en este pasaje es el juicio final de la humanidad, también conocido como el Juicio del Gran Trono Blanco. La norma por la cual cada uno será juzgado es simple. Si tú has aceptado el maravilloso regalo de Dios de la salvación por medio de su Hijo, Jesucristo, tu nombre será hallado en el Libro de la Vida, y pasarás la eternidad en el cielo con Dios. Si has escogido rechazar a Cristo, entonces tu destino final será el lago de fuego. No hay discusión al respecto. El caso está cerrado.

Tristemente, mucha gente escoge la segunda opción. No lo hacen porque deseen pasar la eternidad en agonía, sino porque desean «seguir la corriente de todos». Hacen lo mismo que todos los demás, sin pensar por sí mismos. Jesús llama a esta elección: «la manera fácil». Al describir el camino al cielo y el camino al infierno, Jesús dice: «Sólo puedes entrar en el reino de Dios a través de la puerta angosta. La carretera al infierno es amplia y la puerta es ancha para los muchos que escogen ese camino. Pero la puerta de acceso a la vida es muy angosta y el camino es difícil, y son sólo unos pocos los que alguna vez lo encuentran» (Mateo 7:13-14). El único modo de salir de este camino ancho y «anular» tu reserva para el infierno es asegurarte de que tu nombre está registrado en el libro de reservas de Dios para el cielo: el Libro de la Vida.

Para leer la próxima nota de «¿Qué es el infierno?», ve a la pág. A27.

«¡Alabado sea el Señor!*
  La salvación, la gloria y el poder le
    pertenecen a nuestro Dios.
² Sus juicios son verdaderos y justos.
  Él ha castigado a la gran prostituta
    que corrompió a la tierra con su
    inmoralidad.
  Él ha vengado la muerte de sus siervos».

³ Y otra vez, sus voces resonaron:

  «¡Alabado sea el Señor!
    ¡El humo de esa ciudad subirá por
      siempre jamás!».

⁴ Entonces los veinticuatro ancianos y los cuatro seres vivientes se postraron y adoraron a Dios, que estaba sentado en el trono. Exclamaron: «¡Amén! ¡Alabado sea el Señor!».

⁵ Y del trono salió una voz que dijo:

  «Alaben a nuestro Dios
    todos sus siervos
    y todos los que le temen,
  desde el más insignificante hasta el más
    importante».

⁶ Entonces volví a oír algo que parecía el grito de una inmensa multitud o el rugido de enormes olas del mar o el estruendo de un potente trueno, que decían:

  «¡Alabado sea el Señor!
  Pues el Señor nuestro Dios,* el
    Todopoderoso, reina.

⁷ Alegrémonos y llenémonos de gozo
    y démosle honor a él,
  porque el tiempo ha llegado para la boda
    del Cordero,
  y su novia se ha preparado.
⁸ A ella se le ha concedido vestirse del lino
    blanco y puro de la más alta calidad».
  Pues el lino de la más alta calidad
    representa las buenas acciones del
    pueblo santo de Dios.

⁹ Y el ángel me dijo: «Escribe esto: benditos son los que están invitados a la cena de la boda del Cordero —y añadió—. Estas son palabras verdaderas que provienen de Dios».

¹⁰ Entonces me postré a sus pies para adorarlo, pero me dijo: «No, no me adores a mí. Yo soy un siervo de Dios, como tú y tus hermanos que dan testimonio de su fe en Jesús. Adora sólo a Dios, porque la esencia de la profecía es dar un claro testimonio de Jesús*».

El jinete sobre el caballo blanco

¹¹ Entonces vi el cielo abierto, y había allí un caballo blanco. Su jinete se llamaba Fiel y Verdadero, porque juzga con rectitud y hace una guerra justa. ¹² Sus ojos eran como llamas de fuego, y llevaba muchas coronas en la cabeza. Tenía escrito un nombre que nadie entendía excepto él mismo. ¹³ Llevaba puesta una túnica bañada de sangre, y su título era «la Palabra de

---

19:1 En griego *Aleluya*; también en 19:3, 4, 6. *Aleluya* es la transliteración de un término hebreo que significa «Alabado sea el Señor». **19:6** Algunos manuscritos dicen *el Señor Dios*. **19:10** O *es el mensaje confirmado por Jesús*.

Dios». [14] Los ejércitos del cielo vestidos del lino blanco y puro de la más alta calidad lo seguían en caballos blancos. [15] De su boca salía una espada afilada para derribar a las naciones. Él las gobernará con vara de hierro y desatará el furor de la ira de Dios, el Todopoderoso, como el jugo que corre del lagar. [16] En la túnica, a la altura del muslo,* estaba escrito el título: «Rey de reyes y Señor de señores».

[17] Después vi a un ángel parado en el sol que les gritaba a los buitres que volaban en lo alto de los cielos: «¡Vengan! Reúnanse para el gran banquete que Dios ha preparado. [18] Vengan y coman la carne de los reyes, los generales y los fuertes guerreros; la de los caballos y sus jinetes y la de toda la humanidad, tanto esclavos como libres, tanto pequeños como grandes». [19] Después vi a la bestia y a los reyes del mundo y sus ejércitos, todos reunidos para luchar contra el que está sentado en el caballo y contra su ejército. [20] Y la bestia fue capturada, y junto con ella, el falso profeta que hacía grandes milagros en nombre de la bestia; milagros que engañaban a todos los que habían aceptado la marca de la bestia y adorado a su estatua. Tanto la bestia como el falso profeta fueron lanzados vivos al lago de fuego que arde con azufre. [21] Todo su ejército fue aniquilado por la espada afilada que salía de la boca del que montaba el caballo blanco. Y todos los buitres devoraron los cuerpos muertos hasta hartarse.

CAPÍTULO 20
Los mil años
Luego vi a un ángel que bajaba del cielo con la llave del abismo sin fondo* y una pesada cadena en la mano. [2] Sujetó con fuerza al dragón —la serpiente antigua, quien es el diablo, Satanás— y lo encadenó por mil años. [3] El ángel lo lanzó al abismo sin fondo y lo encerró con llave para que Satanás no pudiera engañar más a las naciones hasta que se cumplieran los mil años. Pasado ese tiempo, debe ser soltado por un poco de tiempo.

[4] Después vi tronos, y los que estaban sentados en ellos habían recibido autoridad para juzgar. Vi las almas de aquéllos que habían sido decapitados por dar testimonio acerca de Jesús y proclamar la palabra de Dios. Ellos no habían adorado a la bestia ni a su estatua, ni habían aceptado su marca en la frente o en las manos. Volvieron a la vida, y reinaron con Cristo durante mil años. [5] Ésta es la primera resurrección. (El resto de los muertos no volvieron a la vida hasta que se cumplieron los mil años). [6] Benditos y santos son aquéllos que forman parte de la primera

resurrección, porque la segunda muerte no tiene ningún poder sobre ellos, sino que serán sacerdotes de Dios y de Cristo, y reinarán con él durante mil años.

La derrota de Satanás
[7] Cuando se cumplan los mil años, Satanás será liberado de su prisión. [8] Saldrá para engañar a las naciones —llamadas Gog y Magog— por todos los extremos de la tierra. Las reunirá a todas para la batalla: un poderoso ejército tan incalculable como la arena de la orilla del mar. [9] Y los vi cuando subían por toda la anchura de la tierra y rodeaban al pueblo de Dios y la ciudad amada. Pero cayó fuego del cielo sobre el ejército que atacaba y lo consumió. [10] Después el diablo, que los había engañado, fue lanzado al lago de fuego que arde con azufre, donde ya estaban la bestia y el falso profeta. Allí serán atormentados día y noche por siempre jamás.

El juicio final
[11] Y vi un gran trono blanco y al que estaba sentado en él. La tierra y el cielo huyeron de su presencia, pero no encontraron ningún lugar donde esconderse. [12] Vi a los muertos, tanto grandes como pequeños, de pie delante del trono de Dios. Los libros fueron abiertos, entre ellos el Libro de la Vida. A los muertos se les juzgó de acuerdo a las cosas que habían hecho, según lo que estaba escrito en los libros. [13] El mar entregó sus muertos, y la muerte y la tumba* también entregaron sus muertos; y todos fueron juzgados según lo que habían hecho. [14] Entonces la muerte y la tumba fueron lanzadas al lago de fuego. Este lago de fuego es la segunda muerte. [15] Y todo el que no tenía su nombre registrado en el Libro de la Vida fue lanzado al lago de fuego.

CAPÍTULO 21
La nueva Jerusalén
Entonces vi un cielo nuevo y una tierra nueva, porque el primer cielo y la primera tierra habían desaparecido y también el mar. [2] Y vi la ciudad santa, la nueva Jerusalén, que descendía del cielo desde la presencia de Dios, como una novia hermosamente vestida para su esposo.

[3] Oí una fuerte voz que salía del trono y decía: «¡Miren, el hogar de Dios ahora está entre su pueblo! Él vivirá con ellos, y ellos serán su pueblo. Dios mismo estará con ellos.* Él les secará toda lágrima de los ojos, y no habrá más muerte ni tristeza ni llanto ni dolor. Todas esas cosas ya no existirán más».

[5] Y el que estaba sentado en el trono dijo:

19:16 O En la túnica y el muslo.   20:1 O el abismo, o el averno; también en 20:3.   20:13 En griego y el Hades; también en 20:14.   21:3 Algunos manuscritos dicen Dios mismo estará con ellos, su Dios.

«¡Miren, hago nuevas todas las cosas!». Entonces me dijo: «Escribe esto, porque lo que te digo es verdadero y digno de confianza». [6] También dijo: «¡Todo ha terminado! Yo soy el Alfa y la Omega, el Principio y el Fin. A todo el que tenga sed, yo le daré a beber gratuitamente de los manantiales del agua de la vida. [7] Los que salgan vencedores heredarán todas esas bendiciones, y yo seré su Dios, y ellos serán mis hijos.

[8] »Pero los cobardes, los incrédulos, los corruptos, los asesinos, los que cometen inmoralidades sexuales, los que practican la brujería, los que rinden culto a ídolos y todos los mentirosos, tendrán su destino en el lago de fuego que arde con azufre. Ésta es la segunda muerte».

[9] Entonces uno de los siete ángeles que tenían las siete copas con las últimas siete plagas se me acercó y me dijo: «¡Ven conmigo! Te mostraré a la novia, la esposa del Cordero».

[10] Así que me llevó en el Espíritu* a una montaña grande y alta, y me mostró la ciudad santa, Jerusalén, que descendía del cielo, desde la presencia de Dios. [11] Resplandecía de la gloria de Dios y brillaba como una piedra preciosa, como un jaspe tan transparente como el cristal. [12] La muralla de la ciudad era alta y ancha, y tenía doce puertas vigiladas por doce ángeles. Los nombres de las doce tribus de Israel estaban escritos en las puertas. [13] Había tres puertas a cada lado: al Este, al Norte, al Sur y al Oeste. [14] La muralla de la ciudad estaba fundada sobre doce piedras, las cuales llevaban escritos los nombres de los doce apóstoles del Cordero.

[15] El ángel que hablaba conmigo tenía en la mano una vara de oro para medir la ciudad, sus puertas y su muralla. [16] Cuando la midió se dio cuenta de que era cuadrada, que medía lo mismo de ancho que de largo. En realidad, medía 2220 kilómetros de largo, lo mismo de alto y lo mismo de ancho.* [17] Después midió el grosor de las murallas, que eran de sesenta y cinco metros* (según la medida humana que el ángel usó).

[18] La muralla estaba hecha de jaspe, y la ciudad era de oro puro y tan cristalino como el vidrio. [19] La muralla de la ciudad estaba fundada sobre doce piedras, cada una adornada con una piedra preciosa:* la primera con jaspe, la segunda con zafiro, la tercera con ágata, la cuarta con esmeralda, [20] la quinta con ónice, la sexta con cornalina, la séptima con crisólito, la octava con berilo, la novena con topacio, la décima con crisoprasa, la undécima con jacinto y la duodécima con amatista.

[21] Las doce puertas estaban hechas de perlas,

¡cada puerta hecha de una sola perla! Y la calle principal era de oro puro y tan cristalino como el vidrio.

[22] No vi ningún templo en la ciudad, porque el Señor Dios Todopoderoso y el Cordero son el templo. [23] La ciudad no tiene necesidad de sol ni de luna, porque la gloria de Dios ilumina la ciudad, y el Cordero es su luz. [24] Las naciones caminarán a la luz de la ciudad, y los reyes del mundo entrarán en ella con toda su gloria. [25] Las puertas nunca se cerrarán al terminar el día porque allí no existe la noche. [26] Todas las naciones llevarán su gloria y honor a la ciudad. [27] No se permitirá la entrada a ninguna cosa mala* ni tampoco a nadie que practique la idolatría o el engaño. Sólo podrán entrar los que tengan su nombre escrito en el Libro de la Vida del Cordero.

CAPÍTULO **22**

Luego el ángel me mostró un río con el agua de la vida, era transparente como el cristal y fluía del trono de Dios y del Cordero. [2] Fluía por el centro de la calle principal. A cada lado del río crecía el árbol de la vida, el cual produce doce cosechas de fruto,* y una cosecha nueva cada mes. Las hojas se usaban como medicina para sanar a las naciones.

[3] Ya no habrá más maldición sobre ninguna cosa, porque allí estará el trono de Dios y del Cordero, y sus siervos lo adorarán. [4] Verán su rostro y tendrán su nombre escrito en la frente. [5] Allí no existirá la noche —no habrá necesidad de la luz de lámparas ni del sol— porque el Señor Dios brillará sobre ellos. Y ellos reinarán por siempre y para siempre.

[6] Entonces el ángel me dijo: «Todo lo que has oído y visto es verdadero y digno de confianza. El Señor Dios, que inspira a sus profetas,* ha enviado a su ángel para decirle a sus siervos lo que pronto* sucederá».

Jesús viene

[7] «Miren, ¡Yo vengo pronto! Benditos son los que obedecen las palabras de la profecía que están escritas en este libro*».

[8] Yo, Juan, soy el que vio y oyó todas estas cosas. Cuando las oí y las vi, me postré para adorar a los pies del ángel que me las mostró. [9] Pero él dijo: «No, no me adores a mí. Yo soy un siervo de Dios tal como tú y tus hermanos los profetas, al igual que todos los que obedecen lo que está escrito en este libro. ¡Adora sólo a Dios!».

[10] Entonces me indicó: «No selles las palabras proféticas de este libro porque el tiempo está cerca. [11] Deja que el malo siga haciendo el mal;

21:10 O *en espíritu.* **21:16** En griego *12.000 estadios* [1400 millas]. **21:17** En griego *144 codos* [216 pies]. **21:19** La identidad de algunas de estas piedras preciosas es incierta. **21:27** O *nada ceremonialmente impuro.* **22:2** O *doce clases de fruto.* **22:6a** O *El Señor, el Dios de los espíritus de los profetas.* **22:6b** O *de repente,* o *rápidamente;* también en 22:7, 12, 20. **22:7** O *rollo;* también en 22:9, 10, 18, 19.

deja que el vil siga siendo vil; deja que el justo siga llevando una vida justa; deja que el santo permanezca santo».

[12]«Miren, yo vengo pronto, y traigo la recompensa conmigo para pagarle a cada uno según lo que haya hecho. [13]Yo soy el Alfa y la Omega, el Primero y el Último, el Principio y el Fin».

[14]Benditos son los que lavan sus ropas. A ellos se les permitirá entrar por las puertas de la ciudad y comer del fruto del árbol de la vida. [15]Fuera de la ciudad están los perros: los que practican la brujería, los que cometen inmoralidades sexuales, los asesinos, los que rinden culto a ídolos, y a todos los que les encanta vivir una mentira.

[16]«Yo, Jesús, he enviado a mi ángel con el fin de darte este mensaje para las iglesias. Yo soy tanto la fuente de David como el heredero de su trono.* Yo soy la estrella brillante de la mañana».

[17]El Espíritu y la esposa dicen: «Ven». Que todos los que oyen esto, digan: «Ven». Todos los que tengan sed, vengan. Todo aquel que quiera, beba gratuitamente del agua de la vida. [18]Yo declaro solemnemente a todos los que oyen las palabras de la profecía escritas en este libro: si alguien agrega algo a lo que está escrito aquí, Dios le agregará a esa persona las plagas que se describen en este libro. [19]Y si alguien quita cualquiera de las palabras de este libro de profecía, Dios le quitará su parte del árbol de la vida y de la ciudad santa que se describen en este libro.

[20]Áquel que es el testigo fiel de todas esas cosas dice: «¡Sí, yo vengo pronto!».

¡Amén! ¡Ven, Señor Jesús!

[21]Que la gracia del Señor Jesús sea con el puebl santo o de Dios.*

22:16 En griego *Yo soy la raíz y la descendencia de David.*   22:21 Otros manuscritos dicen *sea con todos;* incluso otros dicen *sea con todo el pueblo santo de Dios.* Algunos manuscritos incluyen *Amén.*

Ahora que eres cristiano tendrás interés en estudiar la Biblia diariamente. Con seguridad tendrás algunas preguntas al respecto: «¿Cómo puedo estudiar la Biblia? ¿Por dónde voy a empezar a leer?». Aquí encontrarás la información que necesitas para desarrollar las técnicas básicas para un estudio efectivo de la Biblia.

Ora por sabiduría y entendimiento. La oración es uno de los aspectos del estudio de la Biblia a menudo pasado por alto y poco valorizado. La oración es esencial para obtener sabiduría y comprensión cuando se lee la Palabra de Dios. Por medio de la oración nos acercamos a Dios y nos damos cuenta de cuán incompleto es nuestro conocimiento de su Palabra, y lo necesario que es abrir nuestro corazón para recibir su instrucción. Por lo tanto, comienza cada estudio con oración. Sólo Dios puede darte la sabiduría para que comprendas su Palabra.

Lee de manera ordenada. Si recibes una carta y lees sólo unos cuantos renglones aquí y allá, el contenido no tendrá mucho sentido para ti. Pero si la lees en el orden correcto, la comprenderás. Lo mismo puede decirse de la lectura de la Biblia.

Es lamentable que muchos cristianos no comprendan lo ineficaz de este sistema. Leen una porción de Mateo, un versículo o dos de Efesios, y entonces saltan a un capítulo o dos de Apocalipsis, y se asombran de no tener un buen conocimiento de la Palabra de Dios. Además, terminan haciendo interpretaciones equivocadas de los pasajes que leen porque no comprenden el contexto de cada pasaje.

Para evitar el desarrollo de este mal hábito, necesitas disciplinarte para leer la Biblia de manera ordenada. Una forma de hacerlo es usando un plan de lectura ya establecido. Este plan tiene una lista de pasajes para leer en orden. Muchos de los métodos existentes tienen un propósito específico. Algunos dividen la Biblia en 365 partes, una para cada día del año. Otros ayudan a leer la Biblia en el orden que ocurrieron los sucesos. Por ahora, puedes empezar a usar el siguiente plan como tu guía de lectura. Empieza con el Evangelio de Juan. Este Evangelio fue escrito para que creamos que Jesús es el Hijo de Dios. Una vez que lo hayas finalizado, lee el resto del Nuevo Testamento. Cuando termines de leer el Nuevo Testamento, puedes comenzar con los libros del Antiguo Testamento. Allí verás cómo se anunció la venida de Jesús.

Termina lo que comienzas. En la vida diaria muchas veces no se ven los frutos de un trabajo hasta que está finalizado. Lo mismo puede decirse de la lectura de cualquier libro de la Biblia. Una vez que hayas elegido un libro, léelo de principio a fin. Aunque podemos recibir beneficio espiritual leyendo un versículo de un libro o un pasaje de otro, el beneficio será mayor si lees todo el libro donde está ese versículo o pasaje. Leer todo el libro pone cada versículo y cada historia en el contexto apropiado, y tendrás un conocimiento más completo de todo lo que has leído. Además, leyendo los libros de principio a fin llegarás a estar más familiarizado con la Biblia en su totalidad y descubrirás pasajes que algún día serán tus favoritos.

Medita en la Palabra de Dios, y haz preguntas. Es de suprema importancia pensar acerca de lo que has leído. Meditar en ello te lleva a descubrir la importancia del pasaje. También te ayuda a examinar tu vida a la luz de lo que Dios te revela en su Palabra.

Una de las mejores maneras para empezar a meditar en la Palabra de Dios es haciendo preguntas. Aquí hay algunas para ayudarte a comenzar.

- ¿Cuál es el tema o personaje más importante del pasaje?
- ¿A quién está dirigido este pasaje?
- ¿Quién es el que está hablando?
- ¿Acerca de qué o de quién está hablando?
- ¿Cuál es el versículo clave?
- ¿Qué me enseña este pasaje acerca de Dios?

Para ver cómo el texto se aplica a ti, hazte estas preguntas:

- ¿Hay algún pecado mencionado en este pasaje que necesito confesar o abandonar?
- ¿Hay algún mandamiento que debo obedecer?
- ¿Hay alguna promesa que puedo aplicar a mis circunstancias presentes?
- ¿Hay alguna oración que me beneficie repetir?

Invierte dinero en algunos buenos libros de referencia. La Biblia menciona muchas antiguas costumbres que no son familiares en el día de hoy. Muchas revelaciones sutiles que hay detrás de esas alusiones, que podrían darnos iluminación y apreciación de la Palabra de Dios, se pierden. Para comprender la cultura dentro de la cual fue escrita la Biblia, debes comprar algunos buenos libros de referencia.

Hay dos clases de libros de referencia que deberías adquirir: (1) un comentario sobre toda la Biblia, de uno o dos tomos y (2) un diccionario bíblico. La mayoría de los comentarios de uno o dos tomos son concisos. Te dan la información necesaria acerca de las palabras, las frases y los versículos importantes de la Biblia. No te darán un comentario versículo por versículo ni explicaciones detalladas sobre algún versículo en particular. Pero sí serán una buena fuente de información para ayudarte a entender mejor la Palabra de Dios.

Los diccionarios bíblicos contienen artículos cortos (en orden alfabético) acerca de individuos, lugares y objetos que se encuentran en la Biblia. Algunos diccionarios bíblicos también contienen mapas, diagramas, y fotografías de ciudades, regiones y objetos bíblicos. Puedes encontrar estos recursos donde se venden libros cristianos.

Si aplicas estas prácticas a tu estudio diario de la Biblia, desarrollarás hábitos que te ayudarán a crecer en tu fe.

☐ **Enero 1**
Mateo 1:1-17
Romanos 1:1-7

☐ **Enero 2**
Mateo 1:18-25
Romanos 1:8-15

☐ **Enero 3**
Mateo 2:1-12
Romanos 1:16-17

☐ **Enero 4**
Mateo 2:13-23
Romanos 1:18-32

☐ **Enero 5**
Mateo 3:1-12
Romanos 2:1-16

☐ **Enero 6**
Mateo 3:13-17
Romanos 2:17-29

☐ **Enero 7**
Mateo 4:1-11
Romanos 3:1-8

☐ **Enero 8**
Mateo 4:12-25
Romanos 3:9-20

☐ **Enero 9**
Mateo 5:1-16
Romanos 3:21-31

☐ **Enero 10**
Mateo 5:17-48
Romanos 4:1-12

☐ **Enero 11**
Mateo 6:1-18
Romanos 4:13-17

☐ **Enero 12**
Mateo 6:19-34
Romanos 4:18-25

☐ **Enero 13**
Mateo 7:1-6
Romanos 5:1-5

☐ **Enero 14**
Mateo 7:7-12
Romanos 5:6-11

☐ **Enero 15**
Mateo 7:13-29
Romanos 5:12-21

☐ **Enero 16**
Mateo 8:1-17
Romanos 6:1-14

☐ **Enero 17**
Mateo 8:18-22
Romanos 6:15-23

☐ **Enero 18**
Mateo 8:23-34
Romanos 7:1-6

☐ **Enero 19**
Mateo 9:1-8
Romanos 7:7-13

☐ **Enero 20**
Mateo 9:9-13
Romanos 7:14-25

☐ **Enero 21**
Mateo 9:14-17
Romanos 8:1-8

☐ **Enero 22**
Mateo 9:18-26
Romanos 8:9-17

☐ **Enero 23**
Mateo 9:27-38
Romanos 8:18-27

☐ **Enero 24**
Mateo 10:1-18
Romanos 8:28-39

☐ **Enero 25**
Mateo 10:19–11:1
Romanos 9:1-5

☐ **Enero 26**
Mateo 11:2-19
Romanos 9:6-18

☐ **Enero 27**
Mateo 11:20-30
Romanos 9:19-26

☐ **Enero 28**
Mateo 12:1-21
Romanos 9:27-33

☐ **Enero 29**
Mateo 12:22-37
Romanos 10:1-13

☐ **Enero 30**
Mateo 12:38-50
Romanos 10:14-21

☐ **Enero 31**
Mateo 13:1-23
Romanos 11:1-6

☐ **Febrero 1**
Mateo 13:24-35
Romanos 11:7-12

☐ **Febrero 2**
Mateo 13:36-43
Romanos 11:13-21

☐ **Febrero 3**
Mateo 13:44-58
Romanos 11:22-27

☐ **Febrero 4**
Mateo 14:1-12
Romanos 11:28-36

☐ **Febrero 5**
Mateo 14:13-21
Romanos 12:1-5

☐ **Febrero 6**
Mateo 14:22-36
Romanos 12:6-13

☐ **Febrero 7**
Mateo 15:1-20
Romanos 12:14-21

☐ **Febrero 8**
Mateo 15:21-28
Romanos 13:1-7

☐ **Febrero 9**
Mateo 15:29-39
Romanos 13:8-14

☐ **Febrero 10**
Mateo 16:1-12
Romanos 14:1-4

☐ **Febrero 11**
Mateo 16:13-28
Romanos 14:5-9

☐ **Febrero 12**
Mateo 17:1-13
Romanos 14:10-16

☐ **Febrero 13**
Mateo 17:14-21
Romanos 14:17-23

☐ **Febrero 14**
Mateo 17:22-27
Romanos 15:1-6

☐ **Febrero 15**
Mateo 18:1-20
Romanos 15:7-17

☐ **Febrero 16**
Mateo 18:21-35
Romanos 15:18-22

☐ **Febrero 17**
Mateo 19:1-12
Romanos 15:23-33

☐ **Abril 23**
Marcos 11:1-11
2 Corintios 3:7-18

☐ **Abril 24**
Marcos 11:12-27
2 Corintios 4:1-7

☐ **Abril 25**
Marcos 11:28–12:12
2 Corintios 4:8-17

☐ **Abril 26**
Marcos 12:13-34
2 Corintios 4:18–5:10

☐ **Abril 27**
Marcos 12:35-44
2 Corintios 5:11-21

☐ **Abril 28**
Marcos 13:1-13
2 Corintios 6:1-7

☐ **Abril 29**
Marcos 13:14-37
2 Corintios 6:8-13

☐ **Abril 30**
Marcos 14:1-11
2 Corintios 6:14–7:4

☐ **Mayo 1**
Marcos 14:12-31
2 Corintios 7:5-10

☐ **Mayo 2**
Marcos 14:32-52
2 Corintios 7:11-16

☐ **Mayo 3**
Marcos 14:53-72
2 Corintios 8:1-8

☐ **Mayo 4**
Marcos 15:1-20
2 Corintios 8:9-15

☐ **Mayo 5**
Marcos 15:21-32
2 Corintios 8:16-24

☐ **Mayo 6**
Marcos 15:33-47
2 Corintios 9:1-5

☐ **Mayo 7**
Marcos 16:1-20
2 Corintios 9:6-15

☐ **Mayo 8**
Lucas 1:1-25
2 Corintios 10:1-6

☐ **Mayo 9**
Lucas 1:26-56
2 Corintios 10:7-12

☐ **Mayo 10**
Lucas 1:57-80
2 Corintios 10:13-18

☐ **Mayo 11**
Lucas 2:1-20
2 Corintios 11:1-6

☐ **Mayo 12**
Lucas 2:21-40
2 Corintios 11:7-15

☐ **Mayo 13**
Lucas 2:41-52
2 Corintios 11:16-33

☐ **Mayo 14**
Lucas 3:1-18
2 Corintios 12:1-10

☐ **Mayo 15**
Lucas 3:19-23a
2 Corintios 12:11-15

☐ **Mayo 16**
Lucas 3:23b-38
2 Corintios 12:16-21

☐ **Mayo 17**
Lucas 4:1-13
2 Corintios 13:1-6

☐ **Mayo 18**
Lucas 4:14-30
2 Corintios 13:7-14

☐ **Mayo 19**
Lucas 4:31-44
Gálatas 1:1-5

☐ **Mayo 20**
Lucas 5:1-11
Gálatas 1:6-12

☐ **Mayo 21**
Lucas 5:12-16
Gálatas 1:13-24

☐ **Mayo 22**
Lucas 5:17-26
Gálatas 2:1-5

☐ **Mayo 23**
Lucas 5:27-39
Gálatas 2:6-10

☐ **Mayo 24**
Lucas 6:1-11
Gálatas 2:11-16

☐ **Mayo 25**
Lucas 6:12-16
Gálatas 2:17-21

☐ **Mayo 26**
Lucas 6:17-38
Gálatas 3:1-9

☐ **Mayo 27**
Lucas 6:39-49
Gálatas 3:10-14

☐ **Mayo 28**
Lucas 7:1-10
Gálatas 3:15-20

☐ **Mayo 29**
Lucas 7:11-17
Gálatas 3:21-29

☐ **Mayo 30**
Lucas 7:18-35
Gálatas 4:1-7

☐ **Mayo 31**
Lucas 7:36-50
Gálatas 4:8-11

☐ **Junio 1**
Lucas 8:1-3
Gálatas 4:12-20

☐ **Junio 2**
Lucas 8:4-15
Gálatas 4:21-31

☐ **Junio 3**
Lucas 8:16-18
Gálatas 5:1-6

☐ **Junio 4**
Lucas 8:19-21
Gálatas 5:7-15

☐ **Junio 5**
Lucas 8:22-25
Gálatas 5:16-21

☐ **Junio 6**
Lucas 8:26-40
Gálatas 5:22-26

☐ **Junio 7**
Lucas 8:41-56
Gálatas 6:1-10

☐ **Junio 8**
Lucas 9:1-9
Gálatas 6:11-18

☐ **Junio 9**
Lucas 9:10-17
Efesios 1:1-8

☐ **Junio 10**
Lucas 9:18-22
Efesios 1:9-14

☐ **Junio 11**
Lucas 9:23-27
Efesios 1:15-23

☐ **Junio 12**
Lucas 9:28-36
Efesios 2:1-7

☐ **Junio 13**
Lucas 9:37-43a
Efesios 2:8-13

☐ **Junio 14**
Lucas 9:43b-50
Efesios 2:14-22

☐ **Junio 15**
Lucas 9:51-62
Efesios 3:1-7

☐ **Junio 16**
Lucas 10:1-24
Efesios 3:8-13

☐ **Junio 17**
Lucas 10:25-37
Efesios 3:14-21

☐ **Junio 18**
Lucas 10:38-42
Efesios 4:1-10

☐ **Junio 19**
Lucas 11:1-13
Efesios 4:11-16

☐ **Junio 20**
Lucas 11:14-28
Efesios 4:17-24

☐ **Junio 21**
Lucas 11:29-36
Efesios 4:25-32

☐ **Junio 22**
Lucas 11:37-54
Efesios 5:1-9

☐ **Junio 23**
Lucas 12:1-12
Efesios 5:10-20

☐ **Junio 24**
Lucas 12:13-34
Efesios 5:21-33

☐ **Junio 25**
Lucas 12:35-48
Efesios 6:1-4

☐ **Junio 26**
Lucas 12:49-59
Efesios 6:5-9

☐ **Junio 27**
Lucas 13:1-9
Efesios 6:10-17

☐ **Junio 28**
Lucas 13:10-17
Efesios 6:18-24

☐ **Junio 29**
Lucas 13:18-21
Filipenses 1:1-6

☐ **Junio 30**
Lucas 13:22-30
Filipenses 1:7-11

☐ **Julio 1**
Lucas 13:31-35
Filipenses 1:12-18a

☐ **Julio 2**
Lucas 14:1-6
Filipenses 1:18b-30

☐ **Julio 3**
Lucas 14:7-24
Filipenses 2:1-11

☐ **Julio 4**
Lucas 14:25-35
Filipenses 2:12-18

☐ **Julio 5**
Lucas 15:1-10
Filipenses 2:19-30

☐ **Julio 6**
Lucas 15:11-32
Filipenses 3:1-7

☐ **Julio 7**
Lucas 16:1-14
Filipenses 3:8-12

☐ **Julio 8**
Lucas 16:15-31
Filipenses 3:13-16

☐ **Julio 9**
Lucas 17:1-4
Filipenses 3:17-21

☐ **Julio 10**
Lucas 17:5-10
Filipenses 4:1-7

☐ **Julio 11**
Lucas 17:11-19
Filipenses 4:8-14

☐ **Julio 12**
Lucas 17:20-37
Filipenses 4:15-23

☐ **Julio 13**
Lucas 18:1-8
Colosenses 1:1-6

☐ **Julio 14**
Lucas 18:9-17
Colosenses 1:7-9

☐ **Julio 15**
Lucas 18:18-30
Colosenses 1:10-14

☐ **Julio 16**
Lucas 18:31-34
Colosenses 1:15-18

☐ **Julio 17**
Lucas 18:35-43
Colosenses 1:19-23

☐ **Julio 18**
Lucas 19:1-10
Colosenses 1:24-29

☐ **Julio 19**
Lucas 19:11-27
Colosenses 2:1-10

☐ **Julio 20**
Lucas 19:28-40
Colosenses 2:11-15

☐ **Julio 21**
Lucas 19:41-48
Colosenses 2:16-23

☐ **Julio 22**
Lucas 20:1-19
Colosenses 3:1-8

☐ **Julio 23**
Lucas 20:20-26
Colosenses 3:9-14

☐ **Julio 24**
Lucas 20:27-47
Colosenses 3:15-17

☐ **Julio 25**
Lucas 21:1-4
Colosenses 3:18-4:1

☐ **Julio 26**
Lucas 21:5-19
Colosenses 4:2-6

☐ **Julio 27**
Lucas 21:20-38
Colosenses 4:7-18

☐ **Julio 28**
Lucas 22:1-23
1 Tesalonicenses 1:1-10

☐ **Julio 29**
Lucas 22:24-30
1 Tesalonicenses 2:1-8

☐ **Julio 30**
Lucas 22:31-34
1 Tesalonicenses 2:9-13

☐ **Julio 31**
Lucas 22:35-38
1 Tesalonicenses
2:14-3:4

☐ **Agosto 1**
Lucas 22:39-53
1 Tesalonicenses 3:5-8

☐ **Agosto 2**
Lucas 22:54-62
1 Tesalonicenses 3:9-13

☐ **Agosto 3**
Lucas 22:63-71
1 Tesalonicenses 4:1-8

☐ **Agosto 4**
Lucas 23:1-25
1 Tesalonicenses 4:9-12

☐ **Agosto 5**
Lucas 23:26-43
1 Tesalonicenses
4:13-5:3

☐ **Agosto 6**
Lucas 23:44-56
1 Tesalonicenses 5:4-11

☐ **Agosto 7**
Lucas 24:1-12
1 Tesalonicenses
5:12-22

☐ **Agosto 8**
Lucas 24:13-34
1 Tesalonicenses
5:23-28

☐ **Agosto 9**
Lucas 24:35-53
2 Tesalonicenses 1:1-12

☐ **Agosto 10**
Juan 1:1-14
2 Tesalonicenses 2:1-6

☐ **Agosto 11**
Juan 1:15-34
2 Tesalonicenses 2:7-17

☐ **Agosto 12**
Juan 1:35-51
2 Tesalonicenses 3:1-5

☐ **Agosto 13**
Juan 2:1-12
2 Tesalonicenses 3:6-18

☐ **Agosto 14**
Juan 2:13-25
1 Timoteo 1:1-6

☐ **Agosto 15**
Juan 3:1-21
1 Timoteo 1:7-11

☐ **Agosto 16**
Juan 3:22-36
1 Timoteo 1:12-17

☐ **Agosto 17**
Juan 4:1-30
1 Timoteo 1:18-20

☐ **Agosto 18**
Juan 4:31-42
1 Timoteo 2:1-8

☐ **Agosto 19**
Juan 4:43-54
1 Timoteo 2:9-15

☐ **Agosto 20**
Juan 5:1-24
1 Timoteo 3:1-7

☐ **Agosto 21**
Juan 5:25-47
1 Timoteo 3:8-15

☐ **Agosto 22**
Juan 6:1-15
1 Timoteo 3:16-4:6

☐ **Agosto 23**
Juan 6:16-21
1 Timoteo 4:7-11

☐ **Agosto 24**
Juan 6:22-46
1 Timoteo 4:12-5:2

☐ **Agosto 25**
Juan 6:47-71
1 Timoteo 5:3-10

☐ **Agosto 26**
Juan 7:1-13
1 Timoteo 5:11-16

☐ **Agosto 27**
Juan 7:14-36
1 Timoteo 5:17-25

☐ **Agosto 28**
Juan 7:37-53
1 Timoteo 6:1-5

☐ **Agosto 29**
Juan 8:1-11
1 Timoteo 6:6-12

☐ **Agosto 30**
Juan 8:12-30
1 Timoteo 6:13-16

☐ **Agosto 31**
Juan 8:31-59
1 Timoteo 6:17-21

☐ **Septiembre 1**
Juan 9:1-12
2 Timoteo 1:1-7

☐ **Septiembre 2**
Juan 9:13-41
2 Timoteo 1:8-14

☐ **Septiembre 3**
Juan 10:1-21
2 Timoteo 1:15-18

☐ **Septiembre 4**
Juan 10:22-42
2 Timoteo 2:1-7

☐ **Septiembre 5**
Juan 11:1-29
2 Timoteo 2:8-14

☐ **Septiembre 6**
Juan 11:30-46
2 Timoteo 2:15-21

☐ **Septiembre 7**
Juan 11:47-57
2 Timoteo 2:22-26

☐ **Septiembre 8**
Juan 12:1-11
2 Timoteo 3:1-9

☐ **Septiembre 9**
Juan 12:12-19
2 Timoteo 3:10-17

☐ **Septiembre 10**
Juan 12:20-36
2 Timoteo 4:1-4

☐ **Septiembre 11**
Juan 12:37-50
2 Timoteo 4:5-8

☐ **Septiembre 12**
Juan 13:1-20
2 Timoteo 4:9-22

☐ **Septiembre 13**
Juan 13:21-38
Tito 1:1-5

☐ **Septiembre 14**
Juan 14:1-14
Tito 1:6-16

☐ **Septiembre 15**
Juan 4:15-31
Tito 2:1-10

☐ **Septiembre 16**
Juan 15:1-15
Tito 2:11-15

☐ **Septiembre 17**
Juan 15:16-27
Tito 3:1-8

☐ **Septiembre 18**
Juan 16:1-15
Tito 3:9-15

☐ **Septiembre 19**
Juan 16:16-33
Filemón 1:1-7

☐ **Septiembre 20**
Juan 17:1-26
Filemón 1:8-25

☐ **Septiembre 21**
Juan 18:1-14
Hebreos 1:1-14

☐ **Septiembre 22**
Juan 18:15-27
Hebreos 2:1-4

☐ **Septiembre 23**
Juan 18:28-40
Hebreos 2:5-10

☐ **Septiembre 24**
Juan 19:1-15
Hebreos 2:11-15

☐ **Septiembre 25**
Juan 19:16-30
Hebreos 2:16–3:6

☐ **Septiembre 26**
Juan 19:31-42
Hebreos 3:7-14

☐ **Septiembre 27**
Juan 20:1-18
Hebreos 3:15-19

☐ **Septiembre 28**
Juan 20:19-31
Hebreos 4:1-6

☐ **Septiembre 29**
Juan 21:1-14
Hebreos 4:7-13

☐ **Septiembre 30**
Juan 21:15-25
Hebreos 4:14–5:6

☐ **Octubre 1**
Hechos 1:1-13
Hebreos 5:7-10

☐ **Octubre 2**
Hechos 1:14-26
Hebreos 5:11-14

☐ **Octubre 3**
Hechos 2:1-13
Hebreos 6:1-6

☐ **Octubre 4**
Hechos 2:14-39
Hebreos 6:7-15

☐ **Octubre 5**
Hechos 2:40-47
Hebreos 6:16-20

☐ **Octubre 6**
Hechos 3:1-26
Hebreos 7:1-11

☐ **Octubre 7**
Hechos 4:1-22
Hebreos 7:12-22

☐ **Octubre 8**
Hechos 4:23-37
Hebreos 7:23-28

☐ **Octubre 9**
Hechos 5:1-11
Hebreos 8:1-6

☐ **Octubre 10**
Hechos 5:12-25
Hebreos 8:7-13

☐ **Octubre 11**
Hechos 5:26-42
Hebreos 9:1-10

☐ **Octubre 12**
Hechos 6:1-7
Hebreos 9:11-15

☐ **Octubre 13**
Hechos 6:8–7:16
Hebreos 9:16-23

☐ **Octubre 14**
Hechos 7:17-43
Hebreos 9:24-28

☐ **Octubre 15**
Hechos 7:44-60
Hebreos 10:1-10

☐ **Octubre 16**
Hechos 8:1-25
Hebreos 10:11-22

☐ **Octubre 17**
Hechos 8:26-40
Hebreos 10:23-25

☐ **Octubre 18**
Hechos 9:1-19a
Hebreos 10:26-31

☐ **Octubre 19**
Hechos 9:19b-31
Hebreos 10:32-39

☐ **Octubre 20**
Hechos 9:32-35
Hebreos 11:1-6

☐ **Octubre 21**
Hechos 9:36-43
Hebreos 11:7-12

☐ **Octubre 22**
Hechos 10:1-23a
Hebreos 11:13-16

☐ **Octubre 23**
Hechos 10:23b-48
Hebreos 11:17-20

☐ **Octubre 24**
Hechos 11:1-18
Hebreos 11:21-23

☐ **Octubre 25**
Hechos 11:19-30
Hebreos 11:24-29

☐ **Octubre 26**
Hechos 12:1-25
Hebreos 11:30-40

☐ **Octubre 27**
Hechos 13:1-12
Hebreos 12:1-4

☐ **Octubre 28**
Hechos 13:13-23
Hebreos 12:5-11

☐ **Octubre 29**
Hechos 13:24-44
Hebreos 12:12-17

☐ **Octubre 30**
Hechos 13:45-52
Hebreos 12:18-24

☐ **Octubre 31**
Hechos 14:1-7
Hebreos 12:25-29

☐ **Noviembre 1**
Hechos 14:8-20a
Hebreos 13:1-9

☐ **Noviembre 2**
Hechos 14:20b-28
Hebreos 13:10-16

☐ **Noviembre 3**
Hechos 15:1-21
Hebreos 13:17-25

☐ **Noviembre 4**
Hechos 15:22-41
Santiago 1:1-4

☐ **Noviembre 5**
Hechos 16:1-10
Santiago 1:5-8

☐ **Noviembre 6**
Hechos 16:11-15
Santiago 1:9-18

☐ **Noviembre 7**
Hechos 16:16-40
Santiago 1:19-27

☐ **Octubre 8**
Hechos 17:1-15
Santiago 2:1-9

☐ **Noviembre 9**
Hechos 17:16-34
Santiago 2:10-13

☐ **Noviembre 10**
Hechos 18:1-8
Santiago 2:14-26

☐ **Noviembre 11**
Hechos 18:9-23
Santiago 3:1-12

☐ **Noviembre 12**
Hechos 18:24-28
Santiago 3:13-18

☐ **Noviembre 13**
Hechos 19:1-10
Santiago 4:1-6

☐ **Noviembre 14**
Hechos 19:11-20
Santiago 4:7-10

☐ **Noviembre 15**
Hechos 19:21-41
Santiago 4:11-12

☐ **Noviembre 16**
Hechos 20:1-12
Santiago 4:13-17

☐ **Noviembre 17**
Hechos 20:13-38
Santiago 5:1-6

☐ **Noviembre 18**
Hechos 21:1-17
Santiago 5:7-12

☐ **Noviembre 19**
Hechos 21:18-36
Santiago 5:13-20

☐ **Noviembre 20**
Hechos 21:37–22:16
1 Pedro 1:1-7

☐ **Noviembre 21**
Hechos 22:17-29
1 Pedro 1:8-13

☐ **Noviembre 22**
Hechos 22:30–23:11
1 Pedro 1:14-25

☐ **Noviembre 23**
Hechos 23:12-35
1 Pedro 2:1-10

☐ **Noviembre 24**
Hechos 24:1-9
1 Pedro 2:11-16

☐ **Noviembre 25**
Hechos 24:10-27
1 Pedro 2:17-25

☐ **Noviembre 26**
Hechos 25:1-12
1 Pedro 3:1-6

☐ **Noviembre 27**
Hechos 25:13-27
1 Pedro 3:7-9

☐ **Noviembre 28**
Hechos 26:1-32
1 Pedro 3:10-16

☐ **Noviembre 29**
Hechos 27:1-15
1 Pedro 3:17-22

☐ **Noviembre 30**
Hechos 27:16-44
1 Pedro 4:1-6

☐ **Diciembre 1**
Hechos 28:1-10
1 Pedro 4:7-11

☐ **Diciembre 2**
Hechos 28:11-31
1 Pedro 4:12-19

☐ **Diciembre 3**
Apocalipsis 1:1-8
1 Pedro 5:1-7

☐ **Diciembre 4**
Apocalipsis 1:9-20
1 Pedro 5:8-14

☐ **Diciembre 5**
Apocalipsis 2:1-7
2 Pedro 1:1-11

☐ **Diciembre 6**
Apocalipsis 2:8-11
2 Pedro 1:12-18

☐ **Diciembre 7**
Apocalipsis 2:12-17
2 Pedro 1:19–2:11

☐ **Diciembre 8**
Apocalipsis 2:18-29
2 Pedro 2:12-22

☐ **Diciembre 9**
Apocalipsis 3:1-6
2 Pedro 3:1-7

☐ **Diciembre 10**
Apocalipsis 3:7-13
2 Pedro 3:8-13

☐ **Diciembre 11**
Apocalipsis 3:14-22
2 Pedro 3:14-18

☐ **Diciembre 12**
Apocalipsis 4:1-11
1 Juan 1:1-4

☐ **Diciembre 13**
Apocalipsis 5:1-14
1 Juan 1:5-10

☐ **Diciembre 14**
Apocalipsis 6:1-17
1 Juan 2:1-6

☐ **Diciembre 15**
Apocalipsis 7:1-17
1 Juan 2:7-11

☐ **Diciembre 16**
Apocalipsis 8:1-13
1 Juan 2:12-17

☐ **Diciembre 17**
Apocalipsis 9:1-21
1 Juan 2:18-27

☐ **Diciembre 18**
Apocalipsis 10:1-11
1 Juan 2:28–3:6

☐ **Diciembre 19**
Apocalipsis 11:1-19
1 Juan 3:7-11

☐ **Diciembre 20**
Apocalipsis 12:1–13:1a
1 Juan 3:12-24

☐ **Diciembre 21**
Apocalipsis 13:1b-18
1 Juan 4:1-6

☐ **Diciembre 22**
Apocalipsis 14:1-7
1 Juan 4:7-15

☐ **Diciembre 23**
Apocalipsis 14:8-20
1 Juan 4:16-21

☐ **Diciembre 24**
Apocalipsis 15:1-8
1 Juan 5:1-15

☐ **Diciembre 25**
Apocalipsis 16:1-21
1 Juan 5:16-21

☐ **Diciembre 26**
Apocalipsis 17:1-18
2 Juan 1:1-6

☐ **Diciembre 27**
Apocalipsis 18:1-24
2 Juan 1:7-13

☐ **Diciembre 28**
Apocalipsis 19:1-21
3 Juan 1:1-15

☐ **Diciembre 29**
Apocalipsis 20:1-15
Judas 1:1-7

☐ **Diciembre 30**
Apocalipsis 21:1–22:6
Judas 1:8-16

☐ **Diciembre 31**
Apocalipsis 22:7-21
Judas 1:17-25

Actitud
Dios recompensará a los mansos (Mateo 5:5)
Nosotros debemos imitar la actitud de Jesús (Filipenses 2:5)

Acusaciones
Los pecados de los cristianos son perdonados (Colosenses 1:22)

Adopción espiritual
Los cristianos son hijos de Dios (Juan 1:12)
Todos los hijos de Dios son iguales ante sus ojos (Gálatas 3:28)
Dios nos escogió para que fuéramos sus hijos (Efesios 1:4-5)
Jesús es nuestro hermano espiritual (Hebreos 2:11)

Adoración *(ver también Iglesia)*
Podemos adorar gracias al sacrificio de Cristo a favor de nosotros
   (Hebreos 10:1-10)
Debemos adorar con reverencia a Dios (Hebreos 12:28)
Cuando nos acercamos a Dios, él se acerca a nosotros (Santiago 4:8)

Aflicción *(ver también Dolor)*
Dios promete consolar a los afligidos (Mateo 5:4)
Nos apenamos por los creyentes que mueren, pero un día volveremos
   a encontrarnos (1 Tesalonicenses 4:13-18)
La aflicción no existirá en el reino de Dios (Apocalipsis 21:3-4)

Alabanza *(ver Adoración)*

Alcohol
Emborracharse es pecado (Romanos 13:13-14)
Dios aborrece la borrachera (Gálatas 5:19-21)

Aliento
Alienta a tu prójimo (Romanos 15:2)
Debemos alentarnos unos a otros (Hebreos 10:24-25)

Amabilidad

Sé bondadoso con las personas que te tratan injustamente (1 Tesalonicenses 5:15)

Escoge ser amable en lugar de discutir (2 Timoteo 2:24)

Ser amable demanda esfuerzo (2 Pedro 1:5-7)

Amistad

La amistad está marcada por el sacrificio (Juan 15:13-15)

Podemos ser amigos de Dios (Santiago 2:23)

Amor

Ama a tus enemigos (Mateo 5:43-44)

Amar a Dios es el mandamiento más importante (Marcos 12:29-30)

Nada puede separarnos del amor de Jesús (Romanos 8:35-39)

El amor de Dios por nosotros supera nuestra comprensión (Efesios 3:18)

Dios es amor (1 Juan 4:16)

Anhelos

El anhelo de hacer la voluntad de Dios (1 Pedro 4:2)

Los hijos de Dios anhelan obedecer a Dios (1 Juan 2:3-6)

Armadura, la

La armadura espiritual nos prepara para la vida (Romanos 13:12)

La armadura de Dios (Efesios 6:11-18)

Arrebatamiento, el *(ver Segunda Venida de Cristo)*

Arrepentimiento *(ver también Confesión de pecado)*

Si no nos arrepentimos de nuestro pecado, pereceremos (Lucas 13:3-5)

Los ángeles se regocijan cuando un pecador se arrepiente (Lucas 15:7)

Dios quiere que todos se arrepientan y crean (2 Pedro 3:9)

Asesinato

A los ojos de Dios, el enojo cargado de odio es igual al asesinato (Mateo 5:21-22)

Aspecto físico

Los cristianos deberían cuidar más su estado espiritual que su apariencia física (1 Timoteo 2:9-10)

No juzgues a los demás por su apariencia (Santiago 2:2-4)

La belleza interior es más importante que la belleza física (1 Pedro 3:1-6)

Autoestima *(ver también Orgullo)*

Somos de gran valor para Dios (Lucas 12:4-12)

Autoridad *(ver también Respeto)*

Jesús es la más alta autoridad (Mateo 28:18)

Dios dio autoridad al gobierno (Juan 19:11)

Los cristianos deben obedecer al gobierno (Romanos 13:1-2)

Los padres son la autoridad para sus hijos (Efesios 6:1)

La Biblia es nuestra autoridad (2 Timoteo 3:16)

Los líderes de la iglesia tienen autoridad (Hebreos 13:17)

Bautismo

El bautismo significa arrepentimiento (Mateo 3:11)

Todos los seguidores de Jesús deben ser bautizados (Mateo 28:19)

El bautismo está íntimamente relacionado con una vida transformada (Hechos 2:38)

En la iglesia primitiva se bautizaban familias enteras (Hechos 16:33-34)

Bendición

Dios bendice a los que siguen a Jesús (Mateo 5:3-11)

Biblia, la

La Biblia es inspirada por Dios (2 Timoteo 3:16)

La Biblia nos ayuda a crecer espiritualmente (1 Pedro 2:2)

Bondad

Haz el bien a tus enemigos (Lucas 6:27)

Dios cuida de sus hijos (Romanos 1:6-7)

Cuida a tus padres (Efesios 6:2)

Cuida de los ancianos (1 Timoteo 5:1-4)

Los cristianos tienen que atender a los necesitados (Santiago 1:27)

Cielo, el

Pocas personas entrarán al cielo (Mateo 7:13-14)

Jesús está preparando el cielo para sus seguidores (Juan 14:2-3)

El cielo es mucho mejor que la tierra (Filipenses 1:23)

En el cielo no habrá ninguna tristeza (Apocalipsis 21:4)

En el cielo, las personas caminarán con Dios (Apocalipsis 22:5)

Conciencia (ver también Arrepentimiento)

Mantén una buena conciencia (1 Timoteo 1:18-19)

El perdón de Jesús purifica nuestra conciencia (Hebreos 9:14)

Una conciencia limpia nos ayuda a vivir la vida que honra a Dios (1 Pedro 3:16)

Confesión de pecado

Dios limpia a los que confiesan sus pecados (1 Juan 1:8-9)

Confianza (ver Fe)

Consagración

Consagra tu vida a Dios (Romanos 12:1-2)

Consuelo

Dios promete su consuelo a los que lloran (Mateo 5:4)
Dios consuela a los heridos (2 Corintios 1:3-11)
Todo sufrimiento tendrá fin (Apocalipsis 21:3-4)

Convicción

Podemos estar seguros de la vida eterna (Juan 5:24)
Nada puede separar a los hijos de Dios de su Padre (Romanos 8:35-39)

Corazón

Los de corazón puro verán a Dios (Mateo 5:8)
Las palabras y los hechos nacen en el corazón (Lucas 6:45)

Creer

Lo que uno cree afecta la manera de vivir (Marcos 1:15)
Las creencias deben ser reflejo del corazón (Romanos 10:9)
Creer es más que reconocer (Santiago 2:21)

Crítica

Ocúpate de tus propios problemas antes de criticar a los demás (Mateo 7:3-5)
En lugar de ayudar, las críticas duras pueden destruir (Gálatas 5:15)

Cruz, la

Jesús fue crucificado (Mateo 27:31-35)
Los cristianos deben llevar su propia cruz (Marcos 8:34-38)
La muerte de Jesús fue un sacrificio (Colosenses 1:20-22)
La cruz de Jesús es un ejemplo para nosotros (Hebreos 12:2)

Cuerpo de Cristo, el

Hay muchos miembros, pero un solo cuerpo (1 Corintios 12:12-13)
Los cristianos conforman el cuerpo de Cristo (1 Corintios 12:27)
Los diferentes miembros del cuerpo se ayudan unos a otros en el crecimiento
    (Efesios 4:11-12)
Jesús es la cabeza del cuerpo (Colosenses 1:18)

Culpa

Todas las personas son culpables de pecado (Romanos 3:9-12)
Jesucristo quita toda culpa (Romanos 3:23-24)

Dar cuenta

Daremos cuenta de cada palabra que decimos (Mateo 12:36)
Daremos cuenta de lo que creemos (Juan 3:18)
Dios examinará nuestros actos (2 Corintios 5:10)

Decisiones

Pídele sabiduría a Dios antes de tomar decisiones (Santiago 1:2-8)

Demonios *(ver también Satanás)*

Los demonios no son rivales para Jesús (Marcos 1:34)
Los demonios quieren destruir a las personas (Marcos 5:5)
Los demonios se someten al nombre de Jesús (Lucas 10:17)
Los demonios son poderosos (Hechos 19:16)
Los demonios no pueden separar a las personas del amor de Dios
    (Romanos 8:38-39)
Los demonios quieren engañar a las personas (1 Timoteo 4:1-2)

Descanso

Jesús promete hacernos descansar de nuestras cargas (Mateo 11:28-30)
El descanso es un don de Dios (Hebreos 4:9-11)

Dinero

No hagas del dinero lo más importante de tu vida (Mateo 6:19)
El dinero puede alejar a las personas de Dios (Marcos 10:17-24)
Los cristianos deben compartir sus recursos con los que sufren necesidades
    (Hechos 2:42-45)
No ames el dinero (Hebreos 13:5)

Dios

Dios es nuestro padre (Salmos 103:3; Mateo 6:9)
Dios es todopoderoso (Lucas 1:37)
Dios es espíritu (Juan 4:24)
Dios es omnisciente (Romanos 11:33)
Dios es conocible (Efesios 1:17)
Dios es accesible (Santiago 4:8)
Dios es amor (Jeremías 31:3; 1 Juan 4:16)

Dios, la Palabra de

La Palabra de Dios nos muestra cómo somos realmente (Hebreos 4:12)

Dios, la voluntad de

Dios dirige los acontecimientos de nuestra vida (Hechos 16:6-7)

Disciplina

El castigo debería llevar al arrepentimiento (2 Corintios 7:8-9)
A veces, Dios nos castiga para hacernos volver a él (Hebreos 12:5-11)

Discriminación

Dios no discrimina entre los suyos (Hechos 10:34)
Todos los cristianos son iguales ante los ojos de Dios (Gálatas 3:28)
Dios juzgará a los que discriminan (Colosenses 3:25)
No discrimines a los pobres (Santiago 2:1-9)

Discusiones

Debemos evitar las discusiones (Filipenses 2:14)

Dolor

Todo dolor tendrá fin (Apocalipsis 21:3-4)

Educación

Los cristianos siempre deben aprender más sobre Dios (Efesios 4:14-15)

Emociones

Jesús experimentó emociones (Juan 11:35)

Enfermedad

Jesús puede sanar las enfermedades (Mateo 4:23-25)

Los creyentes deben tener compasión de los enfermos (Mateo 25:34-40)

Enojo

El enojo puede darle lugar a Satanás en tu vida (Efesios 4:26-27)

Los cristianos deben abandonar el enojo (Colosenses 3:8)

Sé lento para enojarte (Santiago 1:19)

Envidia

En la vida del cristiano no hay lugar para la envidia (Tito 3:3)

Esperanza

La resurrección de Jesús nos da esperanza (1 Corintios 6:14)

Tenemos esperanza en Jesús (1 Corintios 15:19)

Espíritu Santo, el

El Espíritu Santo nos enseña (Juan 14:26)

El Espíritu Santo nos guía (Juan 16:13)

El Espíritu Santo vive en nosotros (Romanos 8:11)

El Espíritu Santo abre nuestros ojos espirituales (1 Corintios 2:10)

Evangelio, el

El mensaje del evangelio es para todos (Lucas 24:46-47)

Las personas deben responder al evangelio con fe (Juan 1:12)

El evangelio de Jesús (1 Corintios 15:1-5)

Creer en el evangelio trae un cambio de vida (1 Tesalonicenses 1:4-5)

Expiación

Jesús provee la expiación por los pecados (Romanos 3:23-25)

La expiación nos permite conocer a Dios (Efesios 2:13)

El pecado demanda que se haga un sacrificio (Hebreos 9:22)

El sacrificio de Jesús fue perfecto (1 Pedro 1:18-19)

No podemos mejorar el sacrificio de Jesús (1 Pedro 3:18)

Familia

Los cristianos son miembros de la familia de Dios (Efesios 2:19)

Fe

La fe es necesaria para la salvación (Romanos 3:28)
El cristianismo es la única fe verdadera (Efesios 4:5)
La fe es esperar lo que no se ve (Hebreos 11:1)
La fe acompaña a la obediencia a Dios (Hebreos 11:7-12)
Los hijos deben obedecer a sus padres (Efesios 6:1)
Las familias deben cuidarse entre sí (1 Timoteo 5:3-5)

Generosidad

Dios nos recompensará por dar a los demás (Marcos 9:41)
Ser generosos ayuda a vivir a los otros (Hechos 2:44-45)
Debemos sostener económicamente a los obreros cristianos (Hechos 28:10)
Dios ama al dador alegre (2 Corintios 9:7)
A Dios le complacen nuestras ofrendas (Hebreos 13:16)
La generosidad refleja el amor de Dios (1 Juan 3:17)

Gracia

La gracia de Dios hace posible la salvación (Efesios 1:7-8)
Dios nos acepta por su gracia (Efesios 2:8-9)
Podemos acercarnos a Dios confiadamente para recibir gracia (Hebreos 4:16)

Gratitud

Sé agradecido por la salvación (Efesios 2:4-10)
Somos llamados a agradecer en toda circunstancia (1 Tesalonicenses 5:16-18)

Hijos

Los hijos deben obedecer a sus padres (Colosenses 3:20)

Hipocresía

Cuídate de ser hipócrita en tu vida (Lucas 12:1-2)
Abandona la hipocresía (1 Pedro 2:1)

Humildad

Sé humilde al relacionarte con los demás (Filipenses 2:1-11)
Humíllate ante Dios (Santiago 4:7-10)

Iglesia, la (ver también Adoración)

Satanás actúa en contra de la iglesia (Mateo 16:18)
La iglesia envía misioneros (Hechos 13:2)
La iglesia es una familia de cristianos (Gálatas 6:10)
Cristo es la cabeza de la iglesia (Colosenses 1:18)
La iglesia está formada por los hijos de Dios (1 Juan 3:1)

Incrédulos

Debemos compartir el evangelio con los incrédulos (Juan 17:14-19)
Los incrédulos no son de Cristo (Romanos 8:9)
Debemos evitar las situaciones que ponen en peligro nuestras creencias
    (2 Corintios 6:14-18)
Los incrédulos no entrarán en el cielo (1 Juan 5:10-12)

Infierno

El infierno es un lugar de llanto (Mateo 8:12)
Dios castigará a los que no se apartan de sus pecados (2 Pedro 2:4-9)
Dios enviará al infierno a los que no creen en él (Apocalipsis 21:8)

Insultos

No insultes a los demás (1 Pedro 3:9)

Jesucristo

Jesús es el Hijo de Dios (Lucas 1:35)
Jesús es Dios (Juan 1:1-5)
Jesús da vida (Juan 10:10)
Jesús es el Buen Pastor (Juan 10:11)
Jesús se levantó de entre los muertos (Romanos 1:4)
Jesús es el Creador (Colosenses 1:15-17)
Jesús es fiel (2 Timoteo 2:13)
Jesús vendrá otra vez (Tito 2:13)

Juicio, el

Dios juzgará las palabras que decimos (Mateo 12:36)
Entrarán al cielo sólo las personas cuyos nombres están en el Libro de la Vida
    (Apocalipsis 20:11-15)

Justo/Justificación

La justificación no se obtiene por las obras (Romanos 4:18-25)
Somos hechos justos mediante la fe en Cristo (Filipenses 3:9)

Libro de la Vida, el

Los nombres de los cristianos están en el Libro de la Vida (Filipenses 4:3)
Nuestros nombres no pueden ser quitados del Libro de la Vida (Apocalipsis 3:5)
Entrarán en el cielo sólo aquellas personas cuyos nombres están en el Libro de la
    Vida (Apocalipsis 20:15)

Liderazgo

Los líderes deben ser siervos (Mateo 20:25-28)

Luz

Jesús es la Luz del Mundo (Juan 8:12)

Malas palabras

Usa un lenguaje que sea de bendición (Efesios 4:29)
El lenguaje obsceno no es adecuado para un cristiano (Efesios 5:4)
Nuestra manera de hablar refleja nuestra relación con Dios (Colosenses 4:6)
Nuestra manera de hablar debe ser un ejemplo para los demás (1 Timoteo 4:12)

Maltrato

Jesús fue maltratado (Mateo 26:67-68)
El maltrato no tiene cabida en las relaciones familiares (Efesios 5:21–6:4)

Manera de hablar

Nuestra manera de hablar debe ser amable y moderada (2 Timoteo 2:24-25)

Matrimonio

Mediante el matrimonio, dos personas se convierten en una sola
   (Marcos 10:2-12)
Las parejas casadas se unen para toda la vida (1 Corintios 7:39)

Mesías, el

El Mesías vendrá otra vez (Marcos 14:61-62)
Jesús afirmó ser el Mesías (Juan 4:25-42)
El Mesías trae salvación (Hebreos 2:10)

Misericordia

Debemos imitar la misericordia de Dios (Lucas 6:36)
Jesús es misericordioso (1 Timoteo 1:2)
La misericordia viene de Dios (2 Timoteo 1:2)

Muerte

La muerte de los creyentes los lleva a la comunión con Jesús (Hechos 7:59)
Dios da vida eterna (Romanos 6:23)
Jesús resucitará a todos los que han muerto (1 Corintios 15:20-23)
La muerte no es el fin de la persona (1 Tesalonicenses 4:13-14)
Prepara tu vida espiritual para la muerte (Hebreos 9:27-28)

Música

Debemos hacer música para la gloria de Dios (Colosenses 3:16)

Necesidades

Dios se encargará de nuestras necesidades (Filipenses 4:19)

Nacimiento

El nacimiento de Jesús (Lucas 2:7)
Los hijos de Dios han vuelto a nacer espiritualmente (Juan 1:12-13)
Para entrar al cielo, las personas deben volver a nacer espiritualmente (Juan 3:3)

Obediencia *(ver también Sumisión)*
Los que obedecen la Palabra de Dios serán bendecidos (Lucas 11:28)
Los hijos deben obedecer a sus padres (Efesios 6:1)
Los hijos de Dios lo obedecen (1 Juan 2:3)

Odio
Las personas deben deshacerse de su propio odio (Colosenses 3:8)

Oración
Jesús les enseñó a sus discípulos cómo orar (Mateo 6:9-13)
Ora en el nombre de Jesús (Juan 16:23-24)
Ora por los motivos apropiados (Santiago 4:13)
Ora de acuerdo con la voluntad de Dios (1 Juan 5:14-15)

Orgullo *(ver también Autoestima)*
Dios se opone a los orgullosos (Santiago 4:6)

Paciencia
La paciencia demuestra amor (1 Corintios 13:4)
Sean pacientes unos con otros (Efesios 4:2)

Pacto
Jesús instituyó un nuevo pacto (Lucas 22:20)
El pacto de Dios da vida (2 Corintios 3:6)
El nuevo pacto es superior al antiguo pacto (Hebreos 8:6)
El antiguo pacto prefiguró al nuevo pacto (Hebreos 10:1)

Paz
Jesús nos da paz (Romanos 5:1)
Podemos encontrar paz mediante la oración (Filipenses 4:4-7)

Pecado
Todas las personas han pecado (Romanos 3:23)
El pecado lleva a la muerte eterna (Romanos 6:23)
Jesús carga sobre sí el castigo de nuestro pecado (Romanos 8:1-2)
El pecado comienza con la tentación (Santiago 1:15)
Cuando eludimos hacer algo que deberíamos hacer es posible que pequemos (Santiago 4:17)
Dios está dispuesto a perdonar nuestros pecados (1 Juan 1:8-9)

Perdón
Debemos perdonar a otros (Mateo 6:14-15)
No lleves la cuenta de la cantidad de veces que perdonas (Mateo 18:21-35)
Perdona generosamente a los demás como Dios te ha perdonado (Colosenses 3:13)
Dios perdonará nuestros pecados si los confesamos (1 Juan 1:8-9)

Pesar (ver también Sufrimiento)

Dios promete consuelo a los que sufren (Mateo 5:4)

Dios consuela a los que sufren (2 Corintios 1:3-11)

El sufrimiento tendrá fin (Apocalipsis 21:3-4)

Poder

El poder de Dios obra en los que creen (Efesios 3:20)

Jesús es el máximo poder (Hebreos 1:1-4)

La oración puede ser poderosa (Santiago 5:16)

Preguntas

Dios recibe de buena gana nuestras preguntas sinceras (Lucas 7:18-23)

Preocupación

No debemos preocuparnos (Lucas 12:27-32)

Podemos entregarle a Dios nuestras preocupaciones (1 Pedro 1:5-7)

Problemas (ver Sufrimiento, Pruebas)

Profecía

Debemos escuchar el mensaje de Dios (1 Tesalonicenses 5:20)

Los verdaderos profetas traen palabras de Dios (2 Pedro 1:20-21)

Pruebas (ver también Sufrimiento)

Jesús entiende nuestras luchas (Juan 15:18)

Dios sabe lo que hace con nuestra vida (Romanos 8:28)

Dios espera que crezcamos por medio de las pruebas (Santiago 1:2-4)

Pureza

La pureza nace en el corazón (Mateo 5:27-30)

Quejas

Los cristianos no deben quejarse unos contra otros (Filipenses 2:14)

Reino de Dios, el

El reino de Dios está abierto para los que hacen su voluntad (Mateo 7:21)

Para entrar al reino de Dios hay que entregar todo lo que uno tiene (Mateo 13:44-45)

Nadie merece el reino de Dios (Mateo 18:23-35)

El reino de Dios está dentro de nuestro corazón (Lucas 17:20-21)

Sólo los que han vuelto a nacer espiritualmente pueden entrar en el reino de Dios (Juan 3:3)

Dios llama a las personas a su reino (1 Tesalonicenses 2:12)

El reino de Dios es inconmovible (Hebreos 12:28)

Reputación

Cuida tu reputación (2 Corintios 8:18-24)

Respeto *(ver también Autoridad)*

Los maridos y las esposas deben respetarse unos a otros (Efesios 5:33)
Los que son líderes deben tener hijos respetuosos (1 Timoteo 3:4)
Muestra respeto por todas las personas (1 Pedro 2:17)

Responsabilidad

Las personas responsables son fieles con lo que han recibido (Mateo 25:14-30)
Las personas responsables conocen sus capacidades y limitaciones (Hechos 6:1-7)
Ser responsable es beneficioso (Gálatas 6:4)

Resurrección

La resurrección de Cristo es un hecho histórico (Mateo 28:5-10)
Todas las personas resucitarán (Juan 5:24-30)
Nosotros experimentaremos la resurrección (Romanos 6:3-11)
Nuestros cuerpos resucitados serán cuerpos eternos (1 Corintios 15:51-53)

Sabiduría

Las personas sabias construyen sobre los cimientos sólidos de Dios y de su Palabra
(Mateo 7:24-27)
Dios nos dará sabiduría si se la pedimos (Santiago 1:5)

Sacrificio

Debemos sacrificarnos nosotros mismos por Dios (Romanos 12:1)

Salvación

Los que reciben la salvación se convierten en hijos de Dios (Juan 1:12-13)
La única manera de ser salvo es creer y confiar en Jesucristo (Juan 14:6)
Recibir la salvación significa que tenemos que apartarnos de nuestros pecados
(Hechos 2:37-38)
Es imposible ganar la salvación: es un regalo de Dios (Romanos 6:23)
La salvación se obtiene solamente por gracia de Dios (Efesios 2:1-9)
Dios quiere darnos la salvación (Apocalipsis 3:20)

Sangre

La sangre de Jesús sella la relación de Dios con su pueblo (Mateo 26:28)
La sangre de Jesús nos permite tener acceso a Dios (Romanos 5:8-9)
Los cristianos son redimidos por la sangre de Jesús (Efesios 1:5-7)
La sangre es necesaria para el perdón (Hebreos 9:22)

Satanás *(ver también Demonios)*

Satanás tentará a los seguidores de Jesús (Mateo 4:1-11)
Satanás es completamente maligno (Juan 8:44)
Satanás es quien gobierna temporalmente este mundo (Efesios 2:1-2)
Los creyentes tienen autoridad para resistir a Satanás (Santiago 4:1-10)

Jesús destruyó la obra de Satanás con su muerte en la cruz (1 Juan 3:7-8)

Satanás es un enemigo derrotado (Apocalipsis 20:10)

Sectas heréticas, las

Jesús es el único que da la salvación (Juan 14:6)

Los que participan de lo oculto no entrarán en el reino de Dios (Gálatas 5:19-21)

Cuida tu vida espiritual (1 Tesalonicenses 5:21)

Seguir a Jesús

Jesús quiere todo nuestro amor (Lucas 14:26-27)

Segunda Venida de Cristo

No sabemos cuándo regresará Jesús (Mateo 24:36)

El regreso de Cristo será glorioso para los que están preparados (Lucas 12:35-40)

La Segunda Venida será un tiempo de juicio para los incrédulos (Juan 12:37-50)

La promesa del regreso de Cristo (Hechos 1:10-11)

El regreso de Cristo será visible y glorioso (1 Tesalonicenses 4:16)

Jesús viene pronto (Apocalipsis 22:20-21)

Soledad

Dios está con nosotros (Mateo 28:20)

Sufrimiento (ver también Pruebas)

Los seguidores de Cristo sufrirán (Mateo 16:21-26)

Jesús puede ayudarnos por medio del sufrimiento (Hebreos 2:11-18)

Jesús demostró cómo enfrentar el sufrimiento (1 Pedro 2:21-24)

En el reino de Cristo no habrá sufrimiento (Apocalipsis 21:4)

Sumisión (ver también Obediencia)

Cristo es nuestro ejemplo de sumisión a la voluntad del Padre (Mateo 26:39, 42)

Para seguir a Cristo es necesario someterse a él (Lucas 14:27)

Dios creó líneas de autoridad para que haya relaciones armoniosas
(1 Corintios 11:2-16)

Sométete a Dios (Santiago 4:7-10)

Temor

El amor echa fuera el temor (1 Juan 4:18)

Tentación

Cómo responder cuando somos tentados (Mateo 4:1-11)

Dios nos dará la salida para escapar de cada tentación (1 Corintios 10:13)

Huye de la tentación (2 Timoteo 2:22)

Cristo puede ayudarnos, pues él también enfrentó la tentación (Hebreos 2:18;
4:15-16)

Tierra, la

Jesús sostiene la tierra (Hebreos 1:3)

Tinieblas espirituales

Jesús trae luz a la vida de quienes están en tinieblas (Juan 1:5)
Vivir sin Dios es vivir en la oscuridad espiritual (Hechos 26:17-18)
Dios nos rescató de la oscuridad eterna (Colosenses 1:13)
El castigo eterno de los pecadores será una densa oscuridad (Judas 1:4-13)

Trabajo

Nuestro trabajo para Dios nunca es en vano (1 Corintios 15:58)
Todo trabajo debe ser hecho como si fuera para Dios (Efesios 6:5-9)

Tristeza *(ver Dolor, Sufrimiento)*

Valentía

La fuerza de Jesús nos hace valientes (Juan 16:33)
La valentía nos ayuda a presentar a Cristo con audacia (Hechos 4:31)
Los cristianos deben ser valientes (1 Corintios 16:13)
Ora para recibir valor (Efesios 6:19-20)

Venganza

Jesús es nuestro ejemplo cuando somos tentados a tomar venganza
(1 Pedro 2:21-23)

Verdad

La verdad se encuentra en Jesucristo (Juan 14:6)
La Palabra de Dios es la verdad (Juan 17:17)
Debemos hablar con la verdad (Efesios 4:25)
No sólo debemos creer la verdad, sino también vivir en ella (1 Juan 1:5-7)

Vergüenza

No debemos avergonzarnos del evangelio (Romanos 1:16)
No debemos avergonzarnos de Jesús (Gálatas 1:10)

Vida

Jesús vino a dar vida abundante (Juan 10:10)
Jesús es vida (Juan 14:6)
Cristo es la razón para vivir (Filipenses 1:21)
Nuestra vida debe honrar a Dios (Colosenses 3:17)

Vida eterna

Para la vida eterna es necesario creer en Jesús (Juan 3:15-16)
Jesús vino a dar vida (Juan 10:10)
Jesús da vida eterna (Juan 11:25)
Jesús es la vida eterna (Juan 14:6)

Esta lista no sólo brinda veintitrés historias bíblicas con las que debemos estar familiarizados como cristianos, sino que además ofrece un interesante plan de lectura. Usando la siguiente lista, puedes leer una gran historia bíblica cada dos semanas durante un año.

1. El nacimiento de Jesús
Mateo 1:18-25, págs. 1-2; Lucas 1:26-38, pág. 66; Lucas 2:1-7, pág. 68
En las circunstancias más humildes y asombrosas, nace el Salvador del mundo.

2. Jesús visita el templo siendo un niño
Lucas 2:41-52, pág. 69
Cuando los padres de Jesús vuelven a su casa de la celebración de la Pascua en Jerusalén, se dan cuenta de que Jesús no está con ellos. El lugar donde lo encuentran y lo que está haciendo cuando lo encuentran, los deja asombrados.

3. El bautismo de Jesús
Mateo 3:13-17, pág. 3; Marcos 1:9-11, pág. 41; Lucas 3:21-22, pág. 70; Juan 1:29-34, pág. 108
En el bautismo de Jesús, Dios manifiesta que se complace en su Hijo y lo llama al ministerio público.

4. Satanás tienta a Jesús
Mateo 4:1-11, pág. 3; Marcos 1:12-13, pág. 41; Lucas 4:1-13, pág. 71
Jesús resiste la tentación del diablo, dándole a sus seguidores un modelo para cuando ellos se enfrenten a la tentación.

5. Jesús limpia el templo
Mateo 21:12-17, pág. 28; Marcos 11:15-19, pág. 55; Lucas 19:45-48, págs. 98-99
En un acto audaz, Jesús muestra su celo por la casa de Dios y, al hacerlo, se gana enemigos implacables.

14. El hijo pródigo
Lucas 15:11-32, págs. 92-93

En esta parábola acerca de un hijo descarriado, Jesús ilustra la misericordia y el perdón de Dios, y nos muestra cómo reconciliarnos con él.

15. Zaqueo se sube a un árbol
Lucas 19:1-10, pág. 97

Un hombre solo y despreciado encuentra amor y perdón en Jesús.

16. La última cena
Mateo 26:20-30, pág. 36; Marcos 14:17-26, págs. 59-60; Lucas 22:14-30, págs. 101-102; Juan 13:1-30, págs. 123-125

Jesús utiliza uno de los últimos momentos con sus discípulos para enseñarles importantes lecciones sobre el servicio y el significado de su sacrificio inminente.

17. La crucifixión de Jesús
Mateo 27:15-66, págs. 38-40; Marcos 15:2-47, págs. 61-62; Lucas 23:1-56, págs. 104-105; Juan 18:28–19:42, págs. 131-133

El Hijo de Dios demuestra su inmenso amor por las personas al soportar la tortura más humillante y una ejecución propia del peor criminal.

18. La resurrección de Jesús
Mateo 28:1-7, pág. 40; Marcos 16:1-8, págs. 62-63; Lucas 24:1-12, pág. 105; Juan 20:1-9, págs. 133-134

La muerte de Jesús parece ser una situación que no tiene remedio. Pero lo que sus seguidores no saben es que él se levantará de la muerte y romperá el dominio que el pecado tiene sobre la humanidad.

19. El primer sermón de Pedro
Hechos 2:14-41, págs. 138-139

Pedro, el que una vez fue un discípulo desleal y abatido, muestra su amor por Jesús predicando un sermón poderoso por medio del que muchos llegan a la fe en Cristo.

20. La conversión de Saulo
Hechos 9:1-19, págs. 150-151

Uno de los primeros perseguidores de los cristianos se convierte en creyente mientras va camino a Damasco para arrestar cristianos.

21. Un ángel rescata a Pedro de la cárcel
Hechos 12:1-19, págs. 155-156
Un grupo de oración recibe una respuesta espectacular en medio de la noche.

22. Pablo y Silas en prisión
Hechos 16:16-40, págs. 160-161
Pablo y Silas se sobreponen a sus circunstancias alabando a Dios por su bondad en medio de las pruebas.

23. El viaje de Pablo a Roma
Hechos 27:1–28:16, págs. 174-175
Una situación que aparentemente no tenía solución se convierte en una tremenda oportunidad de testimonio para el apóstol Pablo.

Recordar de memoria las Escrituras no es algo difícil de lograr. Tú ya has memorizado otras cosas: algunos teléfonos clave, tu domicilio, el cumpleaños de algún pariente y muchos otros datos. De manera que *sí* tienes la capacidad de memorizar. La buena noticia es que memorizar las palabras de la Biblia es un ejercicio renovador que el Señor usará para bendecir tu vida. Como dice su Palabra: «Pero, si miras atentamente en la ley perfecta que te hace libre y si la pones en práctica y no olvidas lo que escuchaste, entonces Dios *te bendecirá por tu obediencia*» (Santiago 1:25, cursivas agregadas).

A continuación hay algunas sugerencias que te harán más fácil memorizar la Palabra de Dios.

1. Cuando elijas un texto para memorizar, tómate el tiempo para leer los versículos relacionados a fin de que puedas comprender mejor el contexto del versículo. Eso te ayudará a definir qué quiere decir el texto.
2. Lee el o los versículos varias veces en voz alta y asegúrate de incluir la cita bíblica.
3. Reflexiona sobre la idea principal del versículo y cómo se aplica a ti en lo personal.
4. Es conveniente que escribas varias veces el versículo. Puedes escribirlo en pequeñas tarjetas que colocarás en el espejo de tu baño, en tu auto, en la puerta del refrigerador, o en cualquier otro lugar que suelas mirar.
5. Repasa con frecuencia el versículo. Como dijo alguien, un número telefónico se memoriza marcándolo, Marcándolo, ¡MARCÁNDOLO! Puedes memorizar las Escrituras repasando, Repasando, ¡REPASANDO!
6. Por último, ora a lo largo del día por el texto elegido y pídele a Dios que te ayude a comprender su significado, así como la importancia que tenga para tu vida.

Como dice el versículo de Santiago, cuanto más memorices la Palabra de Dios, más te encontrarás haciendo lo que ésta dice. De hecho, llenar tu mente con las Escrituras es una de las fuerzas más disuasivas contra la tentación. Eso se debe a que, a medida que la Palabra de Dios llene tu corazón y tu mente, es menos probable que quieras contrariar a Dios e ignorar sus órdenes. Además, concentrarte en las Escrituras a lo largo de tu día te «hará sabio» (Colosenses 3:16).

Tomando en cuenta los beneficios de memorizar las Escrituras, a continuación mencionamos algunos versículos clave que te ayudarán a comenzar con esta práctica. Los siguientes versículos han sido seleccionados para ayudarte a entender el mensaje de la salvación, para alentar tu crecimiento espiritual y para recordarte las promesas de Dios mientras recorres la vida.

EL PLAN DE SALVACIÓN DE DIOS

▶ **Debemos reconocer que somos pecadores.**

ROMANOS 3:23. Todas las personas son culpables de pecado y no cumplen con los principios divinos. *pág. 180*

SANTIAGO 2:10. Infringir una de las leyes de Dios nos hace tan culpables como el que ha infringido todas sus leyes. *pág. 310*

ROMANOS 3:10. Nadie puede declararse inocente delante de Dios. *pág. 180*

▶ **Debemos admitir el castigo por nuestros pecados.**

ROMANOS 6:23. La paga del pecado es la muerte. *pág. 186*

▶ **Debemos confesar y arrepentirnos de nuestros pecados.**

1 JUAN 1:9. Dios promete perdonar nuestros pecados cuando los confesamos. *pág. 327*

HECHOS 20:21. Debemos apartarnos de nuestro pecado y volver a Dios. *pág. 167*

▶ **Debemos creer que Cristo es el único camino de salvación.**

JUAN 14:6. Solamente Jesucristo te lleva a Dios. *pág. 125*

HECHOS 4:12. La salvación no se encuentra en ningún otro, sólo en Cristo. *pág. 142*

ROMANOS 5:8. La muerte de Cristo demuestra el amor incondicional de Dios. *pág. 184*

1 PEDRO 3:18. Cristo, quien jamás pecó, llevó el castigo de nuestros pecados a la cruz del Calvario para acercarnos a Dios. *pág. 319*

ROMANOS 10:9-10. Creer en la muerte y en la resurrección de Jesús es imprescindible para la salvación. *pág. 192*

▶ **Debemos recibir a Cristo en nuestra vida para obtener el perdón y la vida eterna.**

JUAN 3:3. Debemos «volver a nacer» espiritualmente. *pág. 109*

JUAN 3:16. Se nos promete recibir la salvación si creemos en Jesucristo, el Hijo de Dios. *pág. 109*

JUAN 10:9. Cristo es la puerta a la salvación. *pág. 119*

APOCALIPSIS 3:20. Jesús espera que lo invitemos a entrar en nuestra vida. *pág. 344*

EFESIOS 2:8-9. Únicamente mediante la fe en Jesucristo podemos recibir la salvación, no por nuestras buenas obras. *pág. 244*

TITO 3:5. La salvación que brinda Dios lava nuestros pecados y produce alegría. *pág. 289*

▶ **Tenemos la seguridad de nuestra salvación.**

JUAN 1:12. Al recibir el obsequio gratuito de la salvación nos convertimos en hijos de Dios. *pág. 107*

GÁLATAS 2:20. Se nos ha dado una «nueva» vida en Cristo Jesús. *pág. 237*

ROMANOS 8:1. Ya no tenemos por qué temer la condenación. *pág. 187*

1 PEDRO 1:3-4. Dios ha reservado para nosotros el inestimable regalo de la vida eterna. *pág. 315*

1 PEDRO 1:23. Nuestra nueva vida proviene del Dios vivo, no de un hombre mortal. *pág. 316*

JUAN 10:27-28. El Señor personalmente protege nuestra salvación. *pág. 120*

1 JUAN 5:13. Nuestra certeza se basa en la fe, no en los sentimientos. *pág. 333*

2 CORINTIOS 1:22. Dios ha puesto en nuestro corazón el Espíritu Santo como prueba de que le pertenecemos. *pág. 222*

GÁLATAS 4:6-7. Tenemos el privilegio y el derecho de ser hijos de Dios. *pág. 238*

LA OBRA DE DIOS EN NUESTRA VIDA

▶ **Dios tiene un plan y un propósito para nosotros.**

ROMANOS 8:28. Todo lo que él permite que nos suceda es para nuestro bien. *pág. 188*

2 TIMOTEO 1:9. Él nos ha escogido para que vivamos de manera santa. *pág. 283*

1 CORINTIOS 2:9. Él ha preparado cosas maravillosas para quienes lo aman. *pág. 203*

▶ **Dios nos cambiará de adentro hacia fuera.**

2 CORINTIOS 5:17. Desde el momento que aceptamos a Jesús en nuestra vida nos convertimos en una persona completamente «nueva». *pág. 225*

COLOSENSES 1:27. Jesucristo viene a vivir en nuestro corazón. *pág. 261*

COLOSENSES 3:10. Estamos siendo transformados a semejanza de Cristo. *pág. 263*

FILIPENSES 1:6. Dios completará la obra que ha comenzado en nuestra vida. *pág. 253*

FILIPENSES 2:13. Dios te infundirá el deseo de obedecerlo. *pág. 255*

2 CORINTIOS 4:16. El Espíritu Santo nos guiará a toda verdad. *pág. 224*

▶ **Él guiará nuestra vida.**

1 TESALONICENSES 5:23-24. Dios nos ayudará a mantenernos fieles a él. *pág. 272*

JUAN 16:13. El Espíritu Santo nos guiará a toda verdad. *pág. 128*

JUDAS 1:24-25. Dios tiene el poder de evitar que resbalemos y caigamos. *pág. 340*

NUESTRA RESPUESTA A LA BONDAD DE DIOS

▶ **Debemos honrar a Dios con nuestra vida.**

1 Corintios 6:19-20. Debemos recordar que nuestro cuerpo es la morada del Espíritu Santo. *pág. 208*

Romanos 12:1-2. No debemos dejar que este mundo nos adapte a su molde. *pág. 194*

Efesios 2:10. Debemos vivir ayudando a los demás. *pág. 244*

2 Timoteo 2:22. Debemos buscar la justicia, la fe, el amor y la paz. *pág. 285*

Romanos 6:13-14. Es necesario que nos entreguemos completamente a Dios. *pág. 185*

Efesios 5:18. Nuestra vida necesita ser controlada por el Espíritu Santo. *pág. 249*

Gálatas 5:22-23. Nuestra vida debe manifestar el fruto del Espíritu Santo. *pág. 240*

▶ **Debemos crecer en el conocimiento y en el amor de Dios.**

Colosenses 3:16. Es necesario que dejemos que las palabras de Cristo enriquezcan nuestra vida. *pág. 263*

2 Pedro 1:2-4. Es necesario que conozcamos mejor al Señor para llevar adelante una vida piadosa. *pág. 323*

Marcos 12:30. Tenemos que amar a Dios con todo nuestro corazón, toda nuestra alma, toda nuestra mente y todas nuestras fuerzas. *pág. 57*

Juan 14:21. Es necesario que sigamos los mandatos de Dios. *pág. 127*

Efesios 3:17-19. Es necesario que permitamos que Dios habite en nuestro corazón para que comprendamos mejor su amor por nosotros. *pág. 246*

Santiago 4:8. Cuando nos acercamos a Dios, él se acerca a nosotros. *pág. 313*

▶ **Debemos hablar con Dios en forma constante.**

1 Tesalonicenses 5:17-18. Debemos orar continuamente a lo largo del día. *pág. 272*

Mateo 18:20. Debemos proponernos orar con otros creyentes. *pág. 25*

Mateo 26:41. Debemos orar para poder resistir la tentación. *pág. 37*

Marcos 11:24. Debemos orar con la certeza de que Dios responderá. *pág. 55*

Lucas 11:9. Debemos orar con perseverancia. *pág. 85*

▶ **Debemos ser integrantes activos de la familia de Dios.**

Hebreos 10:24-25. Necesitamos asistir regularmente a la iglesia y pasar tiempo con otros cristianos. *pág. 302*

Romanos 12:4-5. Dios nos ha dado a cada uno de nosotros una función distinta en la iglesia. *pág. 194*

Efesios 5:19. Cuando alabamos a Dios en nuestras conversaciones nos alentamos espiritualmente unos a otros. *pág. 249*

1 Juan 1:7. En la medida que caminemos más cerca de Dios, más gozosa será nuestra relación con otros cristianos. *pág. 327*

Filipenses 1:2. El amor y la unidad deben caracterizar a nuestra hermandad cristiana. *pág. 253*

▶ **Debemos servir a Dios de todo corazón.**

Colosenses 3:23-24. Debemos trabajar para el Señor, no solamente para los hombres. *pág. 263*

Hebreos 12:2-3. Es necesario que mantengamos nuestros ojos en Jesús para evitar desanimarnos. *pág. 304*

1 Corintios 15:58. Nada de lo que hagamos para el Señor es un esfuerzo desaprovechado. *pág. 220*

Gálatas 6:9. Si no nos damos por vencidos, veremos resultados positivos. *pág. 241*

▶ **Debemos compartir con otros nuestra fe en Cristo.**

Mateo 4:19. Jesús quiere que seamos «pescadores» de hombres y de mujeres. *pág. 4*

1 Corintios 9:22. Debemos compartir nuestra fe con amor y discreción. *pág. 212*

1 Pedro 3:15. Siempre debemos estar preparados para dar testimonio a otros. *pág. 319*

Romanos 1:16. Jamás debemos avergonzarnos del mensaje del evangelio. *pág. 177*

▶ **Debemos perseverar en nuestra fe.**

Filipenses 3:13-14. Debemos fijar nuestros ojos en el «premio» final de esta carrera espiritual. *pág. 256*

Efesios 6:10. Debemos confiar en Dios como la fuente de nuestra fuerza. *pág. 251*

Hebreos 12:1. Debemos deshacernos de cualquier cosa que nos detenga. *pág. 304*

2 Timoteo 4:7-8. Nuestra meta debe ser terminar nuestra vida bien. *pág. 286*

LAS PROMESAS DE DIOS A NOSOTROS

▶ **A los ojos de Dios somos preciosos.**

Juan 15:15. Somos amigos de Cristo. *pág. 128*

Romanos 8:38-39. Nada puede separarnos de su amor. *pág. 189*

1 Juan 5:14-15. Él escucha nuestras oraciones. *pág. 334*

▶ **Dios es fiel.**

Hebreos 13:5-6. Él nunca nos abandonará. *pág. 306*

2 Tesalonicenses 3:3. Él nos fortalecerá espiritualmente y nos guardará del mal. *pág. 274*

1 Pedro 3:12. Él nos cuida y escucha nuestras oraciones. *pág. 319*

▶ **Él vela por nosotros.**

1 Pedro 5:7. Podemos entregarle nuestras cargas y preocupaciones. *pág. 321*

▶ **Dios nos dará paz.**

Juan 14:27. La paz que Dios nos da es duradera, no frágil. *pág. 127*

Filipenses 4:6-7. Alabar al Señor nos da una paz formidable. *pág. 257*

Colosenses 3:15. Depende de nosotros permitir que la paz de Dios controle nuestra vida. *pág. 263*

▶ **Dios nos dará fuerzas para enfrentar los desafíos de la vida.**

Juan 15:5. Nuestra fortaleza viene de Cristo. *pág. 127*

2 Corintios 3:5. Nuestra capacidad proviene de Dios. *pág. 222*

2 Corintios 12:9. Dios muestra su fuerza en nuestra debilidad. *pág. 232*

1 Corintios 10:13. Dios nunca permitirá que pases por más de lo que puedas enfrentar. *pág. 212*

Filipenses 4:13. Podemos hacer todas las cosas por medio de Cristo. *pág. 257*

Hebreos 13:6. No debemos tener miedo de lo que las personas puedan hacernos. *pág. 306*

▶ **Dios promete perdón.**

Hebreos 8:12. No sólo perdonará nuestros pecados, sino que se olvidará de ellos. *pág. 299*

1 Juan 2:1. Cuando pidamos perdón, Jesús se levantará como nuestro abogado defensor ante el Padre. *pág. 327*

▶ **Dios nos capacitará para que lo sirvamos.**

Filipenses 4:13. Con la ayuda de Cristo podemos hacer todo lo que Dios pide. *pág. 257*

2 Timoteo 1:7. A medida que compartamos nuestra fe, el Espíritu Santo nos dará coraje. *pág. 283*

▶ **La Palabra de Dios es nuestra guía infalible.**

Marcos 13:31. La Palabra de Dios permanece para siempre. *pág. 59*

2 Timoteo 3:16. Toda la Escritura es inspirada por Dios y nos proporcionará todo lo que necesitemos saber en esta vida. *pág. 286*

Hebreos 4:12. La Palabra de Dios nos revela quiénes somos en realidad. *pág. 297*

Para los autores de los evangelios, una de las principales razones para creer en Jesús fue la manera en que su vida cumplió las profecías del Antiguo Testamento sobre el Mesías. A continuación, hay una lista de algunas de las principales profecías y su cumplimiento.

PROFECÍA	*Referencia en el Antiguo Testamento*	*Cumplimiento en el Nuevo Testamento*
El Mesías debía nacer en Belén	Miqueas 5:2	Mateo 2:1-6; Lucas 2:1-20
El Mesías debía nacer de una mujer virgen	Isaías 7:14	Mateo 1:18-25; Lucas 1:26-38
El Mesías debía ser un profeta como Moisés	Deuteronomio 18:15, 18-19	Juan 7:40
El Mesías haría una entrada triunfal en Jerusalén	Zacarías 9:9	Mateo 21:1-9; Juan 12:12-16
El Mesías sería rechazado por su propio pueblo	Isaías 53:1-3; Salmos 118:22	Mateo 26:3-4; Juan 12:37-43; Hechos 4:1-11
El Mesías sería traicionado por uno de sus seguidores	Salmos 41:9	Mateo 26:14-16, 47-50; Lucas 22:16, 47-48
El Mesías sería juzgado y condenado	Isaías 53:8	Lucas 23:1-25; Mateo 27:1-2
El Mesías guardaría silencio ante sus acusadores	Isaías 53:7	Mateo 26:62-63; 27:12-14; Marcos 15:3-5; Lucas 23:8-10

El Mesías sería golpeado y escupido por sus enemigos	Isaías 50:6	Mateo 26:67; 27:30; Marcos 14:65
Se burlarían de él y lo insultarían	Salmos 22:7-8	Mateo 27:39-44; Lucas 23:11, 35-36
El Mesías habría de morir crucificado	Salmos 22:14, 16-17	Mateo 27:31; Marcos 15:20, 25
El Mesías sufriría con los criminales y oraría por sus enemigos	Isaías 53:12	Mateo 27:38; Marcos 15:27-28; Lucas 23:32-34
Al Mesías le darían vinagre y hiel para beber	Salmos 69:21	Mateo 27:34; Juan 19:28-30
Otros sortearían las prendas del Mesías	Salmos 22:18	Mateo 27:35; Juan 19:23-24
Los huesos del Mesías no serían quebrados	Éxodo 12:46	Juan 19:31-36
El Mesías habría de morir como sacrificio por el pecado	Isaías 53:5-6, 8, 10-12	Juan 1:29; 11:49-52; Hechos 10:43; 13:38-39
El Mesías resucitaría de entre los muertos	Salmos 16:10	Mateo 28:1-10; Marcos 16:1-8; Lucas 24:1-12; Juan 20:1-9; Hechos 2:22-32
El Mesías se sentaría a la diestra de Dios	Salmos 110:1	Marcos 16:19; Lucas 24:50-51

¿Qué significa cuando alguien se refiere a «la carne»? ¿Cuál es la importancia de la expresión «la sangre»? ¿Y por qué es importante «discipular» a otros? Ya sea que te hayas hecho cristiano hace poco o simplemente porque estás interesado en aprender más sobre el cristianismo, pronto descubrirás que los cristianos parecen hablar un lenguaje propio. Este glosario básico de términos y expresiones cristianas de uso común te ayudará a descubrir parte del misterio que hay detrás del vocabulario cristiano. Además, algunas de las entradas te indicarán áreas para más estudio, y así podrás ver de qué manera estas expresiones se aplican a tu vida. Si por alguna razón todavía tienes dificultad para comprender el significado de algún término cristiano (o si no está incluido en esta lista), no dudes en preguntárselo a un hermano más maduro, a algún líder de estudio bíblico o a tu pastor. Como dice el refrán: «La única mala pregunta es la que nunca se hace». Cuanto más aprendas sobre tu fe cristiana y el Dios al cual ahora sirves, más profundo y positivo será tu andar espiritual.

Aceptar a Cristo: Recibir el don de Dios de la salvación mediante la fe en Jesucristo, pidiéndole a Dios que perdone tus pecados, de los cuales te has arrepentido, e invitar a Cristo a que venga a vivir en tu corazón y permitir que el Espíritu Santo cambie tu vida. (Para más estudio, ve a «Cómo puedes conocer a Dios», pág. A9). Ver también *Arrepentirse.*

Adoración: Expresión sincera de reverencia y devoción a Dios. La adoración puede realizarse cantando canciones de alabanza, orando y meditando en la Palabra de Dios.

Alma: La existencia vital del ser humano; la esencia no física de un individuo mediante la cual percibe, reflexiona, siente y desea.

Andar: 1. Descripción de tu crecimiento o progreso espiritual. 2. Tu relación diaria con Dios.

Ángeles: Mensajeros espirituales que adoran a Dios y cuidan a los creyentes. (Para más estudio, ve a «¿Qué son los ángeles?», pág. A24).

Anticristo: Literalmente, significa «falso Cristo» o «en lugar de Cristo». La Biblia dice que un gran Anticristo, o «falso Cristo», aparecerá en los últimos días, antes del regreso de Cristo a la tierra, y engañará a muchos (ver Apocalipsis 13:1-7, pág. 351). Este término también se utiliza para describir a cualquiera que se oponga a Jesucristo y a sus enseñanzas (ver 1 Juan 2:18, pág. 329; 1 Juan 4:3, pág. 332; 2 Juan 1:7, pág. 335).

Arrebatamiento: Cuando Cristo lleve a sus seguidores de la tierra para que estén con él (ver 1 Tesalonicenses 4:17, pág. 271).

Arrepentirse: Literalmente, significa «cambiar de rumbo». Apartarse de aquellas cosas o actividades que desagradan a Dios y empezar a hacer las cosas que lo complacen. (Para más estudio, ve a «La respuesta: acepta la oferta de Dios», pág. A14).

Avivamiento: Literalmente, significa «volver a florecer». Un tiempo de renovación espiritual en el que muchos llegan a una relación de compromiso con Jesucristo; un tiempo de volver a Dios (Salmos 51:12-13). Ver también *Renovación*.

Ayuno: Cuando una persona voluntariamente se abstiene de comer por un tiempo determinado, para dedicarse a orar por una necesidad, responsabilidad o pedido específico (ver Mateo 6:17-18, pág. 8; Hechos 14:23, pág. 158).

Bautismo: 1. El bautismo en agua es una demostración externa de lo que ha sucedido en la vida del creyente: la muerte de la vieja naturaleza (cuando uno es puesto debajo del agua), y el nacimiento de una nueva naturaleza (cuando es levantado) (ver Colosenses 2:12, pág. 261). Aunque no es necesario para la salvación, demuestra la sumisión de la persona a Cristo. El bautismo también es una demostración de la buena voluntad del creyente a vivir en el camino de Dios. Jesús hizo hincapié en su importancia (ver Mateo 28:19, pág. 40). 2. El bautismo en el Espíritu sucede cuando el Espíritu Santo entra en la vida de una persona. Este bautismo sólo acontece cuando la persona ha recibido a Jesucristo como Señor y Salvador. Ver también *Llenura del Espíritu Santo*.

Caída, la: Se refiere al primer acto de desobediencia contra Dios, cuando Adán y Eva comieron el fruto del árbol que Dios les había prohibido tocar en el Jardín del Edén (Génesis 3:1-24; ver Romanos 5:12, pág. 184). (Para más estudio, ve a «El problema: el pecado», pág. A9).

Cargas: Se refiere a ayudar a otros compartiendo sus pruebas, aflicciones y preocupaciones, de manera que no se sientan solos (ver Gálatas 6:1-3, pág. 240).

Carnal: Ser controlado y motivado por la naturaleza humana pecadora, en lugar del Espíritu Santo; no vivir la vida cristiana de la manera que Jesús lo desea.

Carne, la: Se refiere a nuestra naturaleza humana pecaminosa y sus tendencias; el elemento más débil de la condición humana (ver Mateo 26:41, pág. 37; Romanos 6:19, pág. 186; Romanos 7:5-6, pág. 186).

Cena del Señor, la: La última cena de Jesús con sus discípulos. También se llama así al momento en que los creyentes se reúnen a conmemorar el sacrificio de Jesús en la cruz por ellos, recibiendo y comiendo los elementos que Jesús utilizó en la Cena del Señor (también conocida como la Última Cena). El pan simboliza el cuerpo de Jesús, partido por nosotros en la cruz, mientras que el vino (o jugo) representa la sangre de Jesús, derramada en la cruz por nuestros pecados (ver 1 Corintios 10:16-17, pág. 212). Ver también *Comunión.*

Cimientos: La base sobre la que construimos nuestra vida. Según la Biblia, los fuertes cimientos para la vida se basan en Dios y en su Palabra (Isaías 28:6; ver Mateo 7:24, pág. 11; 2 Timoteo 2:19, pág. 284).

Comunión: 1. El momento en el que los creyentes se reúnen para recordar el efecto del sacrificio hecho por ellos en la cruz, en el que reciben y comen los elementos que Jesús usó en la Cena del Señor (también conocida como la Última Cena). El pan simboliza el cuerpo de Cristo, partido por nosotros en la cruz, mientras que el vino (o jugo) representa la sangre de Jesús, derramada en la cruz por nuestros pecados (ver 1 Corintios 10:16-17, pág. 212). Ver también *La Cena del Señor.* 2. La profunda intimidad y unión que una persona puede experimentar con Dios como resultado de entrar en una relación personal con él (ver 1 Corintios 1:9, pág. 201).

Confesar: 1. Estar de acuerdo con —como en el caso de coincidir con Dios en cuanto a nuestros pecados y a nuestra condición pecadora. Reconocer ante Dios nuestros pecados y pedirle perdón (ver 1 Juan 1:9, pág. 327). 2. Reconocer públicamente tu relación y compromiso con Jesucristo (ver Romanos 10:9-10, pág. 192).

Consagración: La dedicación de servir a Dios de todo corazón y de ser usado para su gloria (1 Crónicas 29:5; ver Romanos 12:1, pág. 194; 2 Corintios 8:5, pág. 228).

Conversión: Cuando una persona toma la decisión de recibir a Jesucristo como Salvador y Señor, apartándose de la oscuridad y la inutilidad de este mundo, para acercarse a la luz y a la esperanza que hay en Cristo (ver Hechos 26:18, pág. 173).

Convicción: 1. Sentir culpa y remordimiento después de cometer alguna falta. 2. Sentir verdadera pena y pesar por la propia condición pecadora y la falta de mérito delante de Dios. El Espíritu Santo es responsable de esta convicción en la vida de los incrédulos (ver Juan 16:8, pág. 128).

Cordero, el: Referencia a Jesucristo, quien se convirtió en el «cordero del sacrificio» mediante su muerte por nuestros pecados en la cruz del Calvario (Isaías 53:7-8; ver Juan 1:29, pág. 108; 1 Pedro 1:19, pág. 316).

Cosecha, la: Describe la «recolección» de almas mediante el proceso de compartir el mensaje del evangelio con otras personas y llevarlas a Jesucristo (ver Juan 4:35-36, pág. 111; Gálatas 6:9, pág. 241).

Creyente: Alguien que ha aceptado a Jesucristo como Salvador y Señor.

Cristo: Forma abreviada del nombre «Jesucristo», el Hijo de Dios y Salvador del mundo; usado no tanto como nombre, sino como título. La palabra *Cristo* (o *Christos*) es el término griego de «el ungido» que se usaba frecuentemente para describir a los reyes judíos y a los sumos sacerdotes. (Para más estudio, ve a «La solución: Jesucristo», pág. A11).

Cruz: 1. Referencia a la muerte de Jesús en la cruz del Calvario y a lo que representa su muerte. (Para más estudio, ve a «La solución: Jesucristo», pág. A11). 2. Referencia a nuestra identificación con Jesucristo; dejar de lado nuestra ambición personal con el fin de seguir y servir a Dios (ver Mateo 16:24, pág. 24). Ver también *Negarse a sí mismo*.

Cuerpo de Cristo, el: Otro término para la iglesia; todos los que reconocen a Jesucristo como su Señor. A lo largo del Nuevo Testamento suele hacerse referencia a Jesucristo como la «cabeza» de este cuerpo (ver Efesios 1:22-23, pág. 244). Ver también *Iglesia*.

Decisión: La decisión de aceptar a Jesucristo como nuestro Salvador y Señor (por ejemplo: «La señorita hizo una decisión por Cristo después del mensaje del pastor»). La disposición de una persona de mantenerse fiel a Cristo más allá de lo que cueste.

Deidad: Todo lo que Dios es (es decir: su persona, carácter, capacidades, etc.).

Demonios: Seres espirituales que sirven a Satanás. En esencia, son ángeles caídos (aproximadamente un tercio de la población original de los ángeles), que, junto al diablo, perdieron su antigua posición en el cielo a causa de su rebelión contra Dios (ver Apocalipsis 12:4, pág. 349). (Para más estudio, ve a «¿Qué son los demonios?», pág. A25).

Devocionales: Un tiempo personal de intimidad y comunión con Dios que incluye estudiar la Biblia, orar y adorar. (Para más estudio, ve a «Estudia la Biblia», pág. A35 y «Ora», pág. A36).

Diablo: Ver *Satanás*.

Diezmo: Una porción de tus ganancias (a menudo considerado el diez por ciento de los ingresos) que separas para darle al Señor (Génesis 28:22; Malaquías 3:10). (Para más estudio, ve a «Da a Dios», pág. A41).

Discipulado: El proceso de hacer discípulos; la práctica de llevar personas a Jesucristo y de animarlos a crecer en su fe, enseñándoles sobre el Señor y mostrándoles la manera de vivir como seguidores de Cristo (ver Mateo 28:19-20, pág. 40).

Discípulo: 1. Uno de los doce seguidores originales de Jesucristo durante su ministerio terrenal. 2. El que aprende, sigue y vive según las enseñanzas de Jesucristo; el que imita a Cristo. (Para más estudio, ve a «Vive como un discípulo», pág. A41).

Divinidad: Se refiere al poder independiente y a la naturaleza santa de Dios.

Doctrina: Los principios básicos o fundamentos de un sistema de creencias (en este caso, el cristianismo).

Dones: Ver *Dones espirituales*.

Dones del Espíritu: Ver *Dones espirituales*.

Dones espirituales: Ciertos dones y capacidades sobrenaturales otorgados por el Espíritu Santo para edificar, fortalecer y alentar a la iglesia (ver Romanos 12:6, pág. 194; Efesios 4:11, pág. 246). (Para más estudio, ve a «¿Qué son los dones espirituales?», pág. 247).

Dureza de corazón: Embotamiento de la percepción espiritual; terquedad persistente o animosidad contra la voluntad y los caminos de Dios (ver 2 Corintios 4:4, pág. 223; Efesios 4:18, pág. 248).

Elección: Acto de Dios de elegir a un individuo o un grupo para un propósito o destino específico (ver Efesios 1:4-5, pág. 243).

Entrega: Ver *Rendirse*.

Espíritu, el: Ver *Espíritu Santo*.

Espíritu Santo: Una de las personas distintivas y poderosas de la Deidad trina. Sus responsabilidades incluyen convencernos de pecado, guiarnos a Cristo y, después de la conversión, ayudarnos a crecer en carácter, en fe y en conocimiento. (Para más estudio, ve a «¿Quién es el Espíritu Santo?», pág. A22).

Esposa de Cristo, la: Otro término para la iglesia o para el conjunto de creyentes cristianos (ver 2 Corintios 11:2, pág. 230). Ver también *Iglesia*.

Evangelio: 1. La «Buena Noticia» de la salvación; explicación de cómo uno puede ser salvo del castigo eterno del infierno y recibir el perdón y la vida eterna a través de Jesucristo. 2. Este término, en plural, se refiere a los primeros cuatro libros del Nuevo Testamento (ver 1 Corintios 15:1-5, págs. 217-218).

Evangelismo: Literalmente significa compartir la «Buena Noticia», o el evangelio de Jesucristo, con otras personas. (Para más estudio, ve a «Comparte tu fe», pág. A39).

Expiación: La eliminación del castigo de Dios como consecuencia del pecado, mediante el sacrificio perfecto de Jesucristo (ver Romanos 3:25, pág. 180). (Para más estudio, ve a «La solución: Jesucristo», pág. A11).

Familia de Dios: Los individuos que a lo largo de la historia han aceptado el regalo gratuito de la salvación, lo cual les ha dado derecho a ser hijos de Dios (ver Juan 1:12, pág. 107). (Para más estudio, ve a «Adoptados y seguros», pág. A19).

Fe: 1. La firme convicción que produce el pleno reconocimiento de la verdad de Dios; creencia y esperanza en Dios y en su Palabra en respuesta al mensaje de salvación (ver Juan 1:12, pág. 107). 2. Tener certeza en lo que esperas, aunque quizás no puedas verlo (ver Hebreos 11:1-40, págs. 303-304).

Fraternidad: 1. (Sustantivo). Comunión o asociación con otros creyentes. 2. (Verbo). Comunicarse y reunirse con otros creyentes para darse ánimo en la fe cristiana y asistir a los que tienen necesidades especiales (ver Hechos 2:42, pág. 139; Romanos 1:12, pág. 177; Hebreos 10:25, pág. 302). (Para más estudio, ve a «Busca y asiste a la iglesia adecuada», pág. A37).

Fruto (del Espíritu): 1. Evidencia de la obra del Espíritu Santo en nuestra vida. A menudo se puede ver en nuestras actitudes o nuestros actos (ver Mateo 7:16, pág. 10). 2. Los rasgos de carácter que el Espíritu Santo produce en nuestra vida son: amor, alegría, paz, paciencia, gentileza, bondad, fidelidad, humildad y control propio (ver Gálatas 5:22, pág. 240).

Ganador de almas: La persona que comparte activamente su fe con los demás para llevarlos a Cristo. Ver también *Obreros*.

Glorificación: El estado final del creyente después de la muerte, cuando él o ella llegue a ser como Cristo (ver Romanos 8:17, pág. 188; Filipenses 3:21, pág. 256).

Gracia: El inmerecido favor, perdón y aceptación que recibimos de Dios al aceptar a Jesucristo como nuestro Señor y Salvador (ver Efesios 2:8-9, pág. 244).

Gran comisión, la: Señala el mandato que Cristo nos dio de ir al mundo (ya se trate de ir al otro lado de la calle o al otro lado del océano), y ganar personas para el Señor, de manera que ellos también puedan convertirse en fieles seguidores de Jesucristo (ver Mateo 28:19-20, pág. 40). (Para más estudio, ve a «Comparte tu fe», pág. A39).

Hijo, el: Ver *Hijo de Dios.*

Hijo de Dios: Otra referencia a Jesucristo que denota la relación de Jesús con Dios el Padre (ver Mateo 3:17, pág. 3; Hebreos 10:29, pág. 302; 1 Juan 4:15, pág. 333).

Hora devocional: El tiempo que pasamos a solas para orar y estudiar la Palabra de Dios. (Para más estudio, ve a «Estudia la Biblia», pág. A35, y «Ora», pág. A36).

Iglesia, la: 1. (Nombre propio). El cuerpo colectivo de creyentes cristianos en todo el mundo y a través de todas las épocas. 2. (Sustantivo). El lugar donde las personas se reúnen para fraternizar con otros creyentes, aprender más sobre la fe cristiana mediante el liderazgo del pastor, y usar los dones y las capacidades otorgados por Dios para glorificarlo. (Para más estudio, ve a «Busca y asiste a la iglesia adecuada», pág. A37).

Intercesión o mediación: Orar por alguien; hacerle a Dios una petición en nombre de otro (Salmos 106:23; ver Romanos 8:26, pág. 188; Efesios 1:16-17, pág. 243). (Para más estudio, ve a «Ora», pág. A36).

Invitación: Momento cuando un pastor o evangelista —generalmente al final de la presentación del evangelio— invita a las personas a aceptar a Jesucristo. También recibe el nombre de «llamado al altar» ya que a veces se les pide a las personas que pasen al frente, a una ubicación específica, y hagan una declaración pública de su nueva fe.

Jesús: Referencia a Jesucristo, el Hijo de Dios y el Salvador del mundo. Ver también *Cristo.*

Juicio: Mención al juicio de Dios, reservado para el fin del tiempo. En ese momento, todas las personas estarán frente a Dios y serán halladas «culpables» o «inocentes» en base a su rechazo o aceptación de Jesucristo (ver Mateo 25:32, pág. 35; Hebreos 9:27, pág. 300; Apocalipsis 20:12, pág. 357).

Justificación: 1. Ser limpios de nuestros pecados. (Para una descripción más profunda de «justificación», ve a «Lo que Dios ha hecho por ti», pág. A17). 2. Estar justificado por Dios; ser justo delante de Dios.

Libertad en Cristo: Describe la libertad espiritual que tenemos como seguidores de Cristo. Mediante la muerte y la resurrección de Jesucristo somos librados del poder dominante del pecado y dispensados de la obligación de cumplir por nuestra cuenta los justos requisitos de Dios. Esta libertad no nos da derecho a ignorar las leyes de Dios. Simplemente nos permite obedecer a Dios por amor más que por obligación (ver Romanos 6:7, pág. 185 ; Romanos 8:2, pág. 187; Gálatas 5:13, pág. 240; Gálatas 6:1, pág. 240; 1 Pedro 2:16, pág. 317). (Para más estudio, ve a «Fe y obras», pág. A31).

Libro de la Vida, el: Un archivo que se encuentra en el cielo y que guarda la lista de los nombres de todas las personas que han consagrado su vida a Jesucristo y que pueden ser llamadas seguidoras de Dios (Daniel 12:1; ver Lucas 10:20, pág. 83; Apocalipsis 3:5, pág. 344; Apocalipsis 21:27, pág. 358).

Llamado: 1. (Sustantivo). La invitación de Dios a las personas para recibir el regalo y los beneficios de la salvación (ver Efesios 1:18, pág. 243; 1 Tesalonicenses 2:12, pág. 268; 2 Tesalonicenses 2:14, pág. 274). 2. (Sustantivo). Plan o propósito divinamente designado por Dios para el creyente, por ejemplo: «Él cree que tiene el llamado de Dios para...», (ver Efesios 4:1, pág. 246; 2 Timoteo 1:9, pág. 283). 3. (Verbo). Cuando Dios dirige a una persona hacia una vocación o área de servicio particular (por ejemplo: «Él cree que Dios lo llama a ser pastor»).

Llamado al altar: Ver *Invitación*.

Llenura del Espíritu Santo: 1. La entrada del Espíritu Santo en la vida de una persona, después de que él o ella han aceptado a Jesucristo como su Salvador personal (ver Hechos 2:38, pág. 139; Gálatas 4:6, pág. 238). 2. Poder dado por el Espíritu Santo a una persona para realizar una tarea determinada (ver Hechos 1:8, pág. 137; Hechos 4:31, pág. 144). (Para más estudio, ve a «Vive en el poder de Dios», pág. A39). Ver también *Bautismo*.

Lucifer: Otro de los nombres de Satanás. Ver *Satanás*.

Meditar: Contemplar y reflexionar sobre algo. Como creyentes, se nos dice que consideremos cosas como el significado de un pasaje de las Escrituras, o las verdades que aprendemos sobre el Señor por medio de nuestros pastores y maestros (Josué 1:8; Salmos 63:6; 143:5). (Para más estudio, ve a «Estudia la Biblia», pág. A35).

Mesías: La palabra hebrea para «el Ungido» de Dios (Jesucristo), quien vino a salvar al mundo cargando el castigo por nuestros pecados. Ver también *Cristo*.

Milenio: Se refiere al reinado de mil años de Jesucristo sobre el mundo durante el cual no habrá más guerras (Isaías 2:4; ver Apocalipsis 20:1-6, pág. 357).

Mundano: Ver *Carnal*.

Mundo, el: 1. Representa la condición actual de los asuntos humanos en esta tierra que se oponen a Dios y a sus caminos (ver Efesios 2:2, pág. 244; Santiago 4:4, pág. 313). 2. Las posesiones temporales de este mundo (ver Mateo 16:26, pág. 24; Colosenses 3:2, pág. 263).

Nacer de nuevo: Describe lo que sucede cuando una persona acepta a Jesucristo como su Salvador personal. En ese momento uno «vuelve a nacer» espiritualmente, escapa de la muerte espiritual y recibe la vida eterna (ver Juan 3:3-7, pág. 109).

Naturaleza pecadora: Ver *Vieja naturaleza*.

Negarse a sí mismo: Poner la voluntad y los deseos de Dios sobre los propios (ver Mateo 16:24, pág. 24).

Nueva creación: Descripción de lo que llegamos a ser cuando permitimos que Jesucristo venga a vivir en nuestra vida (ver 2 Corintios 5:17, pág. 225). (Para más estudio, ve a «Adoptados y seguros», pág. A19).

Nueva naturaleza: Aquella que nos posibilita vivir en santidad mediante el poder del Espíritu Santo. Reemplaza a nuestra «vieja naturaleza» cuando aceptamos a Jesucristo (ver Romanos 6:8, pág. 185). Ver también *Nueva creación*.

Nuevo nacimiento: Ver *Nacer de nuevo*.

Obras: Tus hechos y acciones. (Para más estudio, ve a «Fe y obras», pág. A31).

Obreros: Los que sirven activamente al Señor y comparten su fe con otras personas (ver Mateo 9:37-38, pág. 13; 1 Corintios 3:8-9, pág. 204). (Para más estudio, ve a «Comparte tu fe», pág. A39).

Oración: Conversación con Dios en la que expresamos alabanzas, necesidades, agradecimientos y preocupaciones. (Para más estudio, ve a «Ora», pág. A36).

Padre, el: 1. Referencia a Dios el Padre, fuente y dador de vida, de sabiduría y de salvación (ver Hebreos 12:9, pág. 305; Efesios 1:17, pág. 243; Santiago 1:17, pág. 309). 2. Se usa cuando se habla de Dios como el Padre de Jesucristo (ver 2 Corintios 1:3, pág. 221). 3. Se usa al describir la relación de Dios con el creyente luego de la conversión (ver Juan 1:12-13, pág. 107). Ver también *Trinidad*.

Pecado: Lo que nos separa de la relación con Dios. (Para más estudio, ve a «El problema: el pecado», pág. A9).

Pecado original: Se refiere a la primera trasgresión que cometió la humanidad, cuando Adán y Eva comieron el fruto del árbol que Dios les había prohibido tocar. Ver también *Caída*.

Pecador: Palabra utilizada para describir lo que somos por naturaleza. No somos pecadores porque pecamos; más bien, pecamos porque somos pecadores.

Pecar: «No dar en el blanco» o no cumplir con el nivel de perfección de Dios; quebrantar los mandatos divinos.

Permanecer: Mantenerse consecuentemente en comunión con Dios, guardando una relación estrecha con Jesucristo. Su uso más frecuente es en la frase «permanezcan en Cristo». (Para más estudio, ve a «Vive como un discípulo», pág. A41).

Predestinación: El concepto de que Dios sabía desde antes del comienzo de los tiempos quién lo seguiría (ver Romanos 8:29, pág. 188; Efesios 1:4, pág. 243). Ver también *Elección*.

Propiciación: Ver *Expiación*.

Pruebas: Momentos y circunstancias difíciles que ponen a prueba tu fe. (Para más estudio, ve a «Sé fuerte en las pruebas», pág. A42).

Purificar: Limpiarse o deshacerse de aquellas cosas que no agradan a Dios (ver 2 Corintios 7:1, pág. 227; Santiago 4:8, pág. 313; 1 Juan 3:3, pág. 330). (Para más estudio, ve a «Pureza», pág. A28).

Recibir a Cristo: Ver *Aceptar a Cristo*.

Re-consagración: Cuando una persona regresa al Señor después de haber abandonado su relación con él y haber vuelto a su antigua vida. (Para más estudio, ve a «¿Qué es reincidir?», pág. 103).

Redención: El precio que Jesús pagó por los pecados del mundo. (Para una descripción más profunda de «redención», ve a «El problema: el pecado», pág. A9, y «La solución: Jesucristo», pág. A11).

Regeneración: Ver *Nueva creación*.

Reincidir: Dejar de avanzar en el andar cristiano; regresión espiritual. (Para más estudio, ve a «¿Qué es reincidir?», pág. 103).

Rendirse: Ceder tus derechos personales y tu voluntad al Señor; entregar tu vida por completo al Señor para su servicio (ver Romanos 12:1, pág. 194).

Renovación: Un tiempo de introspección, confesión de pecados y nuevo despertar espiritual que lleva a que uno camine más cerca de Dios (Salmos 51:10; ver 2 Corintios 4:16, pág. 224; Santiago 4:8-10, pág. 313). Ver también *Avivamiento*.

Responsabilidad: Ser considerado responsable por tus actos. Por ejemplo, somos responsables ante Dios por lo que hacemos con los talentos y las capacidades que él nos da. (Para más estudio, ve a «Responsabilidad», pág. A49).

Resurrección: 1. Cuando Cristo se levantó de la muerte al tercer día de su crucifixión, destruyendo el poder de la muerte y completando la obra de salvación (ver Hechos 2:23-24, pág. 138; Romanos 1:4, pág. 177; Romanos 4:25, pág. 183). 2. Cuando todos vuelvan a levantarse de la muerte ante la aparición de Jesucristo (Daniel 12:2; ver Juan 5:29, pág. 112; Juan 6:40, pág. 114; Hechos 24:15, pág. 171; 1 Tesalonicenses 4:16, pág. 271).

Salvación: El medio por el cual una persona puede recibir la vida eterna, aceptando a Jesucristo como su Señor y Salvador (ver Juan 3:16, pág. 109). Ver también *Evangelio*.

Salvador: Referencia a Jesús que denota su función de darnos el regalo de la salvación y la libertad del castigo que merecemos.

Sangre, la: Se refiere a la sangre de Cristo derramada en la cruz del Calvario, cuando, esencialmente, se convirtió en el sacrificio por nuestros pecados.

Santidad: 1. Descripción del carácter de Dios, perfecto y sin pecado. 2. Mostrar en nuestra vida devoción a Dios y a sus caminos; dedicación constante a transformar nuestro carácter para que sea más parecido al de Cristo.

Santificación: Ser cada vez más parecido a Jesucristo mediante la obra del Espíritu Santo (ver Filipenses 1:6, pág. 253; 2 Tesalonicenses 2:13, pág. 274). (Para más estudio, ve a «Vive como un discípulo», pág. A41).

Satanás: El ángel caído que perdió su antigua posición de alta jerarquía angelical en los cielos por causa de su orgullo; su principal objetivo es fomentar la rebeldía contra Dios en el corazón de hombres y mujeres. (Para más estudio, ve a «¿Quién es el diablo?», pág. A23).

Segunda Venida, la: Una referencia al regreso de Jesucristo a la tierra para establecer su reino (ver Mateo 26:64, pág. 37; Hechos 1:11, pág. 137; Hebreos 9:28, pág. 300).

Señorío: Significa la supremacía y autoridad del Señor Jesucristo en la vida del creyente y sobre toda la tierra (ver 1 Corintios 8:6, pág. 210).

Siervo: 1. Nivel de compromiso que incluye la buena voluntad de servir y honrar a Dios con tu vida (Deuteronomio 10:12). 2. El acto de seguir el ejemplo de la humildad de Jesús en su relación con los demás, tratándolos mejor que a ti mismo y ayudando a atender sus necesidades (ver Filipenses 2:3-8, págs. 254-255).

Soberanía: Descripción del supremo poder y autoridad de Dios.

Testificar: Hablar a otros sobre el mensaje de salvación por medio de Jesucristo. (Para más estudio, ve a «Comparte tu fe», pág. A39).

Testigo: Quien demuestra la presencia de Dios en su vida.

Testimonio: 1. La historia de cómo llegaste a la relación con Jesucristo. 2. Relato de lo que Dios está haciendo en tu vida.

Tribulación: 1. Tiempo de intensa dificultad. 2. Descripción del tiempo inmediatamente anterior a la Segunda Venida de Jesucristo, cuando el mundo atravesará una confusión sin precedentes (ver Mateo 24:6-13, pág. 33).

Trinidad, la: Las tres personas que componen la Deidad: Dios el Padre, Dios el Hijo (Jesús), y Dios el Espíritu Santo (ver Mateo 28:19, pág. 40; Juan 14:26, pág. 127; 1 Pedro 1:2, pág. 315).

Tropezar: Retroceder espiritualmente o cometer algún pecado contra Dios, dificultando de esa manera tu crecimiento como cristiano. Ver también *Reincidir*.

Últimos días: Mención a los últimos días en el mundo, previos al regreso de Jesucristo. Ver también *Últimos tiempos*.

Últimos tiempos: Los últimos días en esta tierra antes del regreso de Cristo.

Vieja naturaleza: Aquella que sigue nuestros bajos instintos pecaminosos. Antes de que viniéramos a Cristo, estábamos bajo el control de esta naturaleza (ver Efesios 4:22, pág. 248; 2 Pedro 1:9, pág. 323).